容媛　著
罗志欢　李炳球　主编

容媛金石學文集

（三）

学术消息

东莞历代著作丛书
莞城图书馆　编

齊魯書社

贞松老人遗稿

罗振玉著　民国三十年秋出版　洋粉连纸本四册　每部定价十六元

罗振玉,字叔言,号雪堂,晚号贞松。本书为其遗著之一,故曰《贞松老人遗稿》,计收论著七种,凡十一卷,附录三卷。

(一)《后丁戊稿》计《释止》等三篇,《说文镯铃钲铙四字段注订》等二篇,《銮和考》一篇,《史记·燕世家书后》等二篇,《贞松堂吉金图序》等十四篇(内《寿序》一篇),《维摩诘经解校记跋》等六十六篇,《辛亥死事刘公传》等二篇,《致柯蓼园学士书》一通,《有邻馆记》一篇,都九十二篇。

(二)《辽海吟》一卷,《续吟》一卷,系记其九一八以后,奔走经营,献身故主;惜事与愿违,感怀悲忿,宣泄抑郁而作。其《自序》有云:"衰年望治,情见乎辞,虫鸟之吟,非求倾听,遇而存之,志我身世之悲而已。"

(三)《俗说》一卷,系补梁沈休文《俗说》所未备者。

(四)《干禄字书笺证》一卷,略云:唐人《干禄字书》《五经文字》,实能祖述许书,折衷至当;《五经文字》,犹偶有疏舛;《干禄字书》,则有纯无驳,其足以是正古籍之处极多;爰为之考校,于今本之误者正之,间有发明,附注于下。其矜慎可见。

（五）《庐山记校勘记》，以元禄本互校，举凡讹误之处，均详为注明，计校正三百三十条。

（六）《石交录》四卷，计收《石鼓》以至契丹地券等若干条，其著录范围，如新旧石刻之转徙、存佚，或未著录，及佚石、孤本，并录其文字，以传之艺林。其于叶昌炽《语石》中体例未备，或讹误者，亦间述及，如"叶氏《语石》言世传墓志始于颜延年，晋以前无有也。然洛中近年出汉《新息侯马援女胶东侯贾武仲妻马姜志》，石立于东汉殇帝延平元年，凡十五行，记事甚详，虽无墓志之名，实墓志也。其制为方石，重数百斤，亦不类六朝以后之墓志，为薄石，而加以盖，此实墓志传世之祖"（卷一页五下）。又云："晋人墓志皆为小碑，直立圹中，与后世墓志平放者不同，故无盖而有额，若《徐君夫人管氏》，若《处士成君》，若《晋沛国张朗》，三石，额并经署△△之碑，其状圆首，与汉碑形制正同，惟大小异耳。予家又藏晋元康八年《魏雏博碑》，亦圆首，其额称《晋故武威将军魏君侯柩》；贾充妻郭槐，无额，有题，亦曰《郭氏之柩》：知必植之柩前者也。"（卷二页廿五下）又云："古人墓表皆列之墓前神道，然亦有置藏内者；十数年前，洛中出《晋虎牙将军王君表》，三行，行三字，凡二石，方广仅建初尺五寸左右，盖列之圹内柩前者，此前人所未及知者也。"（同上页廿六下）又云："大同云岗石窟，其规模雄伟，不减龙门，顾未见石刻文字……予恒以为疑。顷者予门人柯燕舲赠残造象记墨本，谓是于云冈访得，文横刻于象龛上，刻字处广尺余，高不及尺，存十一行，行约八九字，惟上列一二字至三四字未泐，略可知为《茹茹可敦造象记》。……然既有此记，则他处必尚有文字；但石质不坚，不如龙门之久存不泐耳。安得好古者更往一穷搜之耶！"（卷三页十七）忆媛于民国二十五年双十节日，与聂筱珊先生、田京镐先生夫妇、郭竽女士等，往云冈，以时间仓卒，仅作走马观花之游。惟见一估人持北魏拓片数张求售,每张售价一元(后于汽车站所见每张仅售二三角),文横刻,广约二尺余,高约尺余,文字残泐,似为造石窟记?买得其一,当时无暇细读,即折叠携归。乃为同游者遗失,至今思之,犹懊悔不已。

(七)《集蓼编》一卷,为罗氏《自传》,其毕生功名事业之荣辱,与乎忧患得失,尽萃于斯。罗氏《自序》云:“幼罹穷罚,壮值乱离,颠沛余生,忽焉老至。念平生所怀,百未一偿,而忧患历更,譬如食蓼之虫,甘苦自喻。……自叙语皆质实,较异日求他人作表状以虚辞谀我,不差胜乎?”但全编仅叙述至满洲“建国”以前而止,“建国”以后岂隐痛讳言乎?其《纪恩诗》有云:“敢言捧日心无贰,妄冀回天事较岐。”其志亦足悲已。附录《家传》一卷,《行述》一卷,《著作总目》一卷。

中国古代社会新研初稿

李玄伯著　民国三十年六月北平来薰阁出版　中装毛边纸排印本
一五一面　定价十二元

中国古代社会研究,郭沫若先生已于十数年前倡导之。其所著《中国古代社会研究》,得失若何,早有定评,无庸赘述。本书各篇系分期属稿,逐一考订,颇为详赡。惟以撰著时间,先后相距数年,不无出入,如《中国古代图腾制度及政权的逐渐集中》篇内论及弟兄共权时,意见与《大宗与小宗》篇者不同是也。此项研究尚属草创,著者以初稿名之,以示谦慎耳。

蔡元培先生云:本书最精当的有五。媛案:除火的事迹及昭穆更迭外,郭沫若先生早已启发于前,著者则详为引证并发扬之。兹举例如下:

(一)中国有图腾制。我们读《说文解字》,羌下有"南方蛮闽从虫,北方狄从犬,东方貉从豸,西方羌从羊,此六种也"等语,总疑是异族相轻的习气。读"天命玄鸟,降而生商"的诗句,强以燕至的季侯为解。著者证明吾国有图腾制的经历,上述各条,均易解说;而姓氏与大小宗的由来,均洞悉源流了。(见蔡序)郭先生曾谓:"此等图形文字乃古代国族之名号,盖所谓'图腾'之孑遗或转变也。”注云：“原始民族多以动物为其族徽，号曰 Totem，‘图腾’二字乃严复所对释。”（以上见《殷周青铜器铭文研究》页四）而著者则由图形文字之国族名号推及姓氏，可谓微显阐幽矣。又谓：“我们中国古时候的所谓国，其实仅仅是一个大宗，或小宗，所以动辄便称万国万邦。《易经》中的所谓国，当然也不外是这样了。所谓王，所谓侯，不外是些大宗或小宗的酋长军长，所谓天子，所谓帝，当然也不外是个大族的最高头目。……”（见《中国古代社会研究》页四七）

（二）中国祀火的事迹。我们读《论语》钻燧改火的明文，与《周官》司爟的政令，不过认为周代的习惯罢了。寒食新火，且以介之推之死为傅会。著者证明吾国曾有祀火之典，与希腊罗马印度相同；而且木主的代表，社神的普及，方明的位置，均为祀火的演变；可谓发千载之覆。（见蔡序）诚哉斯言。

（三）中国曾有母系制。我们读《吕览》“知母而不知父”的记录，《商颂》《周颂》之推原于有娀与姜嫄与姓之从女等等，素引为可疑。著者以中国曾行母系制释之，就无可疑了。（见蔡序）郭先生曾谓：“大抵人类在原始的时候……一切男女都是自然的夫妇。”《吕氏春秋·恃君览》上有几句很重要的话，最先道破了这个秘密：“昔太古尝无君矣，其民聚生群处，知母不知父，无亲戚兄弟夫妻男女之别，无上下长幼之道，无进退揖让之礼，无衣服履带宫室畜类之便，无器械舟车城郭险阻之备。”这种群聚生活逐渐进化，就因为知母不知父的关系，逐渐的便成为母系中心的社会……（见《中国古代社会研究》页二五五）

（四）昭穆更迭，昭穆之制，不能以孙可为王父尸，子不可为父尸之别嫌为解，而兄终弟及时期，尤滋聚讼。著者以民族学中所屡载之婚级释之，其义乃明。（见蔡序）关于兄终弟及事，郭先生亦曾言及，略谓：“……殷代之兄终弟及制为历来史家所承认，而于卜辞亦得到了实物上之证明。三十一帝十七世而直接传子者仅十一二三，兄弟相及者在过半数以上。前人知其然，而不知其所以然，案此实即氏族社会所必有的现象。……”（见《中国古代社会研究》页二七四）

（五）尧舜的荐贤，尧舜的禅让，儒者传为美谈，孟子且以尧荐舜于天，舜荐禹于天缘饰之。著者以非洲民族杀耄君的典礼与埃及塞德典礼相对比，而唐虞往事，遂无复有艳称的价值。（见蔡序）郭先生曾谓：“尧的帝位不能传给丹朱，舜的帝位也不能传给商均，禹的位置也不能传给启，并不是尧舜禹是大公无私的圣人，也不是丹朱、商均等都是十恶不肖的儿子，事实上是氏族评议会不能再举丹朱、商均，而丹朱、商均也嫁到别的氏族去做女婿去了。所以当着尧皇帝要‘明扬侧陋’的时候，四岳群牧都走来会议……结果是举出了舜来。舜皇帝要组织政府的时候也遍咨四岳群牧，又由大家同意举出……夏禹去了。……那一些四岳十二牧九官二十二人不都是当时的各族各氏的家长、宗长吗？像这样的事实并不稀奇，在北美的土人中一直到现在都还有保存着的。不过在我们中国是在三千年前已经退下了舞台，所以在我们看来总觉得非常的神圣。而在二千年前的儒者也觉得非常的神圣，更有意识的把它神圣化了。”（见《中国古代社会研究》页一〇八）

其余诸如此类者尚多，读者不难覆检也。

其次，关于周民族之发祥地。（见页七三）齐思和先生亦有定评，略谓：“周民族之为渭水民族，自来无异说，惟近人钱宾四（穆）先生为《周初地理考》，将周民族之发祥地，由陕西而移至山西，由渭水而移至汾水，以后稷之邰，公刘之豳，皆在山西……并以为邰即《左传》昭公元年传之骀，又谓山西亦有稷山……且举姜嫄墓在闻喜县以为证。其说甚奇。迩来李玄伯先生《中国古代社会新研初稿》……喜其新奇，采用其说，目为事实，余读之而不能无疑焉。《诗·大雅·公刘》篇：‘笃公刘，于豳斯馆，涉渭为乱，取厉取锻。’夫公刘都豳，而涉渭取锻，则豳地近渭，极为明显。若豳诚在汾，则晋地多山，胡为跋涉数百里之外，涉渭而不涉汾，以取厉、锻乎？此其说之不成立者一也。《隋图经》，后世之书，所陈古迹，乌足信据？以之证史，极为危险，其说之不能成立者二也。是以钱君以汾释豳，盖求之音近，以稷山释骀，且举姜嫄墓为证，则征之于古迹，似皆不足以成立。豳既不能在汾上，则以骀为邰，亦不能成立，况骀地自以有骀而得名，然骀与稷，从未有谓为一人者，安可牵合之为一人乎？其不足信者三也。姜嫄后稷，显为部落图腾神话，其人且未必有，遑论其墓？且陕西邠县亦有姜嫄墓，果孰为真墓乎？其说之不能成立者四也。”（见本报第三十期页七二《西周地理考》）

中国史纲第一卷

（史前史殷周史） 翦伯赞著 民国三十五年七月生活书店出版

新中国大学丛书之一 报纸排印本一册 四〇八面

我国研究上古史者，自来多以唐虞三代即属文物礼义之邦，不惜引经据典，飘浮于神话与传说之中以求助证。及至近五十年来，河南安阳县殷墟获殷商甲骨、鼎彝、陶器、人骨、鹿骨……河北房山县周口店发现北京猿人头骨盖及石器，河南仰韶村发现新石器时代遗物，陕西宝鸡县斗鸡台又发现新石器时代文化……等。因为这些先后发掘，不只将中国历史延长了若干年代，且可从新石器时代遗物以及甲骨金文文字中以印证若干洪荒蒙昧的史迹。本书即根据最新出土之史料以为出发，打破循循相因的藩篱。如谓：

> 中国古史之能更进一步的发展，乃是由于近年以来考古学之不断的发现。由于考古学之不断的发现，于是埋藏于地下的远古遗物，到处出土，此种远古器物之出土，因而提供了中国古史研究以新而又新真而又真的资料。这些新的真实资料，不但可以考验文献上的史料之真伪，而且还可以补充文献上的史料之缺失。（见《自序》页三）

又谓：

我们生于今日，得睹古人未见之古史资料，孔子所不能征之夏礼与殷礼，吾人已能征之，司马迁靡得而记之太古时代，吾人已能记之。然而直至今日，中国还有不少的历史家，对于近千年来固有文化的成果并不接受；对于科学的发现，而视若无睹，而仍然昏迷于神话与传说之中，以至近来许多历史的巨著，不是把史前的社会避而不论，便仍然以神话的汇编当作真实的古史。（见同上页四）

又谓：

这本书，我虽不敢说，已经把殷周及其以前的古史，从神话的霉锈中洗刷出来，但至少他已使这一段古史，显出了他本来的面目。一言以蔽之，从神的历史还元为人的历史。（见同上页六）

全书二十余万言，以时代的演变画分为四阶段，每段分若干章，每章分若干节，眉目清晰，次序整然。首冠《自序》，末殿八表，关于图表的功用，著者说得亦极清楚："为了给读者以具体的概念，这本书对于各朝代的古器物，均附有图片；为了给读者以空间的概念，这本书对于各时代的历史活动范围，都附地图；为了给读者以时间的概念，这本书对于各时代的历史发展，都附有大事年表。"（见同上）

（一）前氏族社会：第一章，《中国人种的起源与历史的序幕》；第二章，《前氏族社会的经济构造》；第三章，《前氏族社会的生产关系与家族关系》；第四章，《前氏族社会的意识诸形态》。

（二）氏族社会：第一章，《中国人种的分布与氏族社会的形成》；第二章，《氏族社会的经济构造》；第三章，《氏族社会的家庭关系与社会组织》；第四章，《氏族社会的意识诸形态》。

（三）古代社会：第一章，《殷族的起源与中国古代国家的成立》；第二章，《殷代的社会生产力》；第三章，《殷代的社会经济构造》；第四章，《殷代的社会关系及其发展》；第五章，《殷代的家族关系》；第六章，《殷代社会的意识诸形态》。

（四）初期封建社会：

第一编，西周初期封建社会的形成：第一章，《周族的起源与西周封建国家的创立》；第二章，《西周社会的经济构造》；第三章，《西周社会的社会关系》；第四章，《西周社会的意识诸形态》。

第二编，春秋战国初期封建社会的发展及其转向：第一章，《春秋战国时代的世界与中国》；第二章，《春秋战国时代历史发展的倾向》；第三章，《春秋战国时代的社会经济构造》；第四章，《春秋战国时代的社会关系》；第五章，《春秋战国时代的社会意识诸形态》。综观上述各章，可知著者侧重氏族社会之演变与封建制度之形成，及农业经济之发展与私有财产制度之产生；循自然之演变，渐次形成社会之阶级。推陈出新，为研究上古史者辟一新途径。惟校对欠精，鲁鱼亥豕，比比皆是，如《自序》页三，“钱大昕”之“昕”字误作“晰”，“瞿仲容”之“容”字误作“客”，“而且学者如孙诒让”误作“而学且者……”，此虽小疵，无关宏议，亦盼著者能少留意焉。

明代思想史

容肇祖著　齐鲁大学国学研究所丛刊之一

民国三十年十月开明书店出版　排印本一册　定价三元六角

全书三百五十页。书前有著者自序。共分十章,约二十万言。第一章,《明代理学的思想的来源》;第二章,《明初的朱学》;第三章,《陆学的复活与陈献章学派》;第四章,《王学的特起——王守仁》;第五章,《王门的派分》;第六章,《朱学的后劲》;第七章,《王门的再传及其流派》;第八章,《考证学与反玄学——陈第》;第九章,《东林学派》;第十章,《明末两大儒的思想》;附录,《述复社》。

著者以为,自十七世纪黄宗羲著的《明儒学案》,自然是很好的参考书,然时代见解的迁移,一朝的思想应重新估定其价值。因此,他所参考的多半是明代思想家的原著。他不惜费力的去找寻材料,如研究陈献章思想,找到了林光《南川冰蘖集》所附录的陈献章重要的书札三十多首,为《白沙子集》所无的。又如王守仁的学生黄绾,所著有《明道编》亦难得的材料,始则佩服王守仁,极力维护师说,且结姻亲,到晚年终背师说而与之殊途。这是黄宗羲所未见的。又如何心隐、李贽的思想,因著者的努力结果对于两人的学说都有新的发现与解释。综看全书,大概明代思想仍以王守仁的学说为主潮,陈献章发其端,王畿、王艮扬其波,邹守益、罗洪先之流坚其守。至何心隐、李贽,而宋元理学才到了自由解放的极端。然而讲学问不讲到国家、社会及政治经济的关系,终究只成空虚的学问,故此东林一派即以政治运动为重,而其究竟,东林一派明为脱离王守仁的学说,而实在则仍是王门的变质。然而专制的政治制度,根本是不对的。童騃监子,高据皇帝的宝座,宦官为之爪牙,文武大臣遭其侮辱,故明代思想家亦只得以黄道周、刘宗周二大儒终局焉。著者在《自序》上认此书为未完成而匆卒付印者。即此一编,已给我们以不少的参考了。

正仓院考古记

傅芸子著　昭和十六年六月日本文求堂出版
排印洋装本一册　定价日金五圆

傅君讲学东瀛，曾数至日本古都奈良市正仓院参观所藏古物，撰有《正仓院考古记》一文，刊于《国闻周报》（十三卷二十一至二十四期）中，本书即由该文增订而成。首叙正仓院之由来，与该仓建筑年代及每年开放时间等。次正仓院之价值，述其所藏文物之种类与来源，并及我国古物流传彼邦之价值与影响。略谓："就其所含种类亦极丰富。举凡衣冠服饰，武备农工，日常器用，游艺玩好诸品，以逮佛具法物，无不赅备，凡二十种，二百四十类，五千六百四十五点。此种物品，言其来源，有为中国隋唐两代产物，经当时之遣隋使、遣唐使、留学生、学问僧及渡日僧等自中土将来者。亦有自中土或自新罗、百济东渡之工匠在日本制作者。亦有日本奈良时代（公元六四五—七八一）吸取唐代文化，或别抒新意匠，或摹仿唐制而成者，亦间有海南产物，舶载来此者。总之除若干可认为唐土传来及纯粹日本之制品外，其余亦多感受唐代文化的影响与夫带有唐代流行的趣味者也。"（见页四）次正仓院之观览，叙述入院参观之时间与手续。次三仓之概观，著者按陈列之次序，作巡礼之观感，间加按语，以说明其为中为日之物品及制造年代，兹举与中土有关者数事略述如下：

1. 北仓下前棚所陈之金银平文琴，著者略谓："……'据《献物帐》所载之银平文琴，弘仁五年(公元八一四)十月十九日出陈，后弘仁八年(公元八一七)五月十七日，易入此琴。'弘仁八年当我唐宪宗元和十二年，此琴所题之乙亥干支，最早恐即玄宗之开元二十三年(公元七三五)，最晚亦当为德宗之贞元十一年(公元七九五)也。自琴形观之，与法隆寺所藏之开元十二年(公元七二四)造琴相同；……琴之表面，装饰人物，饶有道教色彩……按玄宗时代，道教甚盛，玄宗深信之，几等于国教尊崇。又好音乐，当时蜀人雷霄造琴精品，有收归大内者；此琴制作之精，允非凡品，惜未能明其来源也……。"(见页一〇)

2. 五弦琵琶，略谓："五弦琵琶即系五弦，形如琵琶而五柱五弦故名。……按五弦胡乐，不知造者何人，起源于印度，经中央亚细亚，由龟兹国人之媒介，传入中国。隋唐九部乐中，均用此器。唐贞元(公元七八五—八〇四)中，有赵璧者，最擅斯技。元白《长庆集》中，均有五弦弹之咏，观元氏之诗，尤足想见赵璧五弦之倾倒一世。此种乐器至宋即已失传，徽宗置大晟乐府修乐时，当时即号为知乐之柳永、周邦彦辈，亦皆不知唐有五弦之器。今惟日本存此一具，询为天壤间之瑰宝！固不徒以制作技巧精美为可贵也。"(见页一二)

3. 北棚，鸟毛立女屏风，略谓："鸟毛立女屏风，凡六曲……各描树下一唐装美人，或立，或坐，恣态不同，面貌如一。世传美人衣上及点景树石，原粘有鸟毛，今皆剥落(原注，仅一扇于袖间尚存少许)。惟遗墨画美人及树石而已。……此具向皆认为唐之将来品，往年修理其中某扇时，发见天平胜宝四年(公元七五二)古记录一件，世因亦有主张乃日本国内制品与夫唐之工匠在日本所作者。余则注意文中之‘正六位下行□□秦伊美□次’数字，所谓秦某某者，恐为当时大和飞鸟(原注:今奈良地方)地方居住之归化唐人，疑制此屏风时，曾为技术的指导者或竟参与工作也。余又以为此鸟毛美人乃仿唐中宗安乐公主所创‘毛裙’的趣味而成，当时‘毛裙’大为风行，山林鸟兽，网罗杀获无数。渡海来东之工师或取其时代流行的趣味，施之于美人屏风衣上；甚至广其意匠，又有‘鸟毛帖成文书屏风’，‘鸟毛篆书屏风’之作。史册仅见‘毛裙’之记载，其他无征。今以此点观之或亦可证其制于此欤?”(见页二五)

4. 其他有关中土之物品，略谓如:“工艺品中之金银平脱、象牙拨镂、夹缬织成。日常用品如:古人所凭轼之轼，挥麈之麈，人日所用之人牲，熏褥所用之熏炉。唐舞曲中如《破阵乐》《兰陵王》《三台》《浑脱》所用之衣装舞具。乐器中之五弦、阮咸、尺八、箜篌。及今实物无存，究难获其确解。至今千百年之下，求之国内，欲睹其实物岂非一绝难之事乎？然院藏于上述诸物匪惟具存，抑且有多种珍品为吾人求之而不可得者。今皆完整无损，聚于一堂，至足充分显示唐代文化与夫奈良朝日本文化的两种优越性，弥足补吾人对于唐代文化向所不能充分领略之遗憾，其价值固超越西陲发见之一些断纨零缣的残阙品也。”(见页五)

本书叙事，尚属持平。惟谓该院所藏我国唐代文物“超越西陲发见之一些断纨零缣的残阙品”，则未敢尽同也。盖古文物之价值，各有其独特性；故谓其名贵则可，若谓以某物可取而代之则非也。

岩窟藏镜第二集

（汉式） 梁上椿著 民国三十年九月出版 景印本三册 每部定价二十四元

第一集先汉式镜，业载本报第二十八期。本集所录，则为两汉初以迄六朝之古镜，因时代较长，镜数较多，故分为初期、中期、后期三卷：

上卷，专录初期汉式镜，计共一百十一钮（内含镜范一），约以西汉流行者为范围，其作风有一部分系承先汉式而转变者。

中卷，专录中期汉式镜，计共九十七钮，约在西汉末经新汉初始见流行者。

下卷，专录后期汉式镜，计共九十钮，其中包括汉代末叶三国两晋及六朝之一部在内，其作风仍然间有初期、中期之遗风余韵者。

其体例、形式、考订等，均与第一集无异，诚研究汉镜之佳作也。

清代史

萧一山著　民国三十四年十二月上海商务印书馆出版
（同年二月重庆出版一次）　报纸排印本　每册定价四元五角

萧先生邃于史学，尤以近代史及社会秘密史为著，其已出版者计有《清代通史》上中二册，下册尚待杀青（见后记），《近代秘密社会史料》《太平天国丛书》《太平天国诏谕附考释》等。本书胥本其所持民族革命史观，与《清代通史》体材略异，二者实相辅而行。全书三〇七面，约二十万言，除《引论》《结论》及《后记》外，共分十章，每章之下分四节，综叙近三百年事变之由来，以为明古知今者鉴。

第一章，《明清之际》，第二章，《民族革命之酝酿》，第三章，《大清帝国之盛衰》，第四章，《近代之社会与经济》，第五章，《民族革命之新对象》，第六章，《民族革命之壮澜》，第七章，《曾国藩与李鸿章》，第八章，《西方帝国主义之压迫》，第九章，《东方帝国主义之压迫》，第十章，《民族自觉与国民革命》。条分缕析，简明扼要，不偏不党，立论平允，为近代史中之杰出者。兹举例如下：

1. 论满清一代，略谓："清朝建国……二百六十八年，凡十三朝十二君(太宗天聪崇德两朝)颇多英明之主。太祖太宗创业开国,勇武睿智……世祖年幼,赖多尔衮以治,驾驭贰臣,混一天下……其聪慧亦有过人者。圣祖六十一年,是清朝培植根基的时候,文治武功,都很可观,因为他有好学不倦的精神,宽大爱民的治术,虽末叶稍流纵弛之弊,但休养生息,也是守成必不可少的阶段。世宗刚毅明察,完全是政治家作风,任法治,尚廉洁,吏治澄清……无奈宵旰不遑,求治太切,颇不易得社会的谅解,遂致有暴崩之传说。高宗席累朝之积德,作太平之粉饰,好大喜功,稽古右文,虽有全盛的规模,却种衰弱的肇因。乾嘉以后,武力不竞,纪纲败坏,教徒纷起,民不聊生,但仁宗之淳厚,宣宗之节俭,均有可称。只以十九世纪为世界剧烈变动的时代,西力压迫,门户洞开,多少年民族革命的酝酿,造成太平天国的大乱,政权逐渐转移于汉人手中。文宗穆宗,巽懦童騃,曷能当此大局。然而他们也没有显著的失德。同治以后,完全是慈禧太后的天下了。她的才能敏给,意志坚强,信用曾(国藩)、左(宗棠)、胡(林翼)、李(鸿章)诸人,遂有中兴之事业,惟好逸乐,贪财货,阉寺弄柄,吏治日偷,揽权竞势,顽固骄虚,内阻自强之机,外招联军之祸,卒为清朝灭亡的最大原因。德宗毫无秦始皇的才干,偏有宋神宗的理想……结果变法无成,身被囚死。……溥仪乳臭小儿,生父是亲贵的班首,嫡母乏西太后的才略,大厦将倾,赖人支持,又不度德,不量力,自加斫伐,遂不免土崩瓦解矣。我们综论关内十帝,性格和成就都不相同,但是和明朝的君主相较,尚觉高明倍蓰。明朝除开国之君外,率多昏庸逸惰,不理朝政,一任宦官权臣胡闹。清朝……仁政惠绩,都比明朝来得多;权奸巨憝,苛刑暴敛也比明朝来得少。何以我们的先民还时时刻刻要打倒它,驱除它呢。这显然是因为种族关系。二百几十年的民族革命,完全为'蛮夷猾华'的意识所驱迫,何况'扬州十日''嘉定三

屠'又留下许多血痕呢！……"(见精论)

2. 关于太平天国的兴亡，略谓："中国民族革命的洪流，起伏约二百年，到了太平天国才发为汹涌的波涛，演出惊天动地的事业。对于反清运动作初步之结束，对于国民革命作先机之启示，在时代上是革命对象交替的关头，在社会上是新旧思想转变的枢纽。它的意义非常重大，它的影响相当长远……我们不应该以成败论人，用'长毛贼'三字把它的革命精神一笔抹杀。"(见页一六一至一九〇)

3. 论曾国藩与李鸿章，略谓："曾国藩是满清命运的挽回者，李鸿章是晚清命运的支持者；二人关系清末五十年的大局，以后推翻清室，形成军阀割据的局面，也是受他们的影响。他们是科举出身的人物，代表士大夫阶级，打倒了异教的领袖洪秀全。对于民族的革命可说是罪人，但他们在无形中转移了满人的政权，功过亦足相抵。况且以他们的时代和所受的教育，只有使他们那样做。我们不宜责备贤者，究竟他们是中国第一流的人才。曾国藩尤其是近代伟大的人物，他不仅要救满清，而且要救中国，不仅维持我国的旧文化，而且提倡科学的新事业，他的思想见解，超越当时的士大夫阶级。——李鸿章是他的得意门生。否则他们不会有那样的成就。但是他们产生在中国旧社会环境，压迫他们不能达到救中国的目的，他们不能负失败的责任，我们应当平心静气的原谅他们。"(见页一九一)

综观上述，可知著者洞观时代认识社会，与乎知人论事，有敏锐独到的眼光，得失互存，堪称良史。

(《燕京学报》1946 年第 31 期)

刘申叔先生遗书

宁武南氏校印本　民国二十五年出版　粉连纸排印本　七十册

刘师培，字申叔，又名光汉，别号左庵，江苏仪征人。少承家学，治《左氏传》。年未弱冠，而学无所不窥。其治学途径，钱玄同先生言之较详，略谓："……刘君家传朴学，奕世载德，蕴蓄既富，思力又锐……最初发表其著述之时，对于康（有为）、梁（启超）、严（复）、夏（曾佑）、章（炳麟）、孙（诒让）诸先生之作，皆尝博观，而受其影响。刘君著述之时间，凡十七年。始民元前九年癸卯，迄民国八年己未（一九〇三——一九一九）。因前后见解之不同，可别为二期：癸卯至戊申（一九〇三——一九〇八）凡六年为前期，己酉至己未（一九〇九——一九一九）凡十一年为后期。姑较言之，前期以实事求是为鹄，近于戴（震）学，后期以笃信古义为鹄，近于惠（栋）学；又前期趋于革新，后期趋于循旧。"（见钱序页二）刘氏卒于民国八年（一九一九），卒后稿本散佚。民国二十三年，南桂馨君陆续搜得刘氏遗书七十四种，为之校刊，阅三年而后竣工。

关于刘氏著述之精要及思想之变迁，钱氏说得甚为中肯，略谓：刘君著述所及，方面甚多，余所能言且认为最精要者有四事：

1. 论古今学术思想，钱氏略谓："刘君论古今学术思想之文皆前期所作。专著有《国学发微》《周秦学术史序》《两汉学术发微论》《汉宋学术异同论》《南北学派不同论》《攘书》《中国民约精义》诸书。《左庵外集》卷八及卷九皆论学术思想之文,卷十七之《近儒学案序目》《颜氏学案序》《东原学案序》三篇,亦为论学术思想者。卷十八自《王艮传》至《戴望传》十六篇亦多与学术思想有关。刘君对于学术思想,最能综贯群书,推十合一,故精义极多。……上列诸作,自以《周秦学术史序》为最精。此文以外,则《论古学原于宗教与由于实验》《论古学出于史官》《论孔学之真相》《论六艺皆官书而孔门编订之为教科书》,陈义并皆审谛。其推崇王阳明、王心斋及泰州学派诸杰,李卓吾、颜习斋及李恕谷、戴东原、章实斋、崔东壁、龚定庵、戴子高诸先生之学,尤为卓识。"

2. 论小学,钱氏略谓:"刘君于声音训诂,最能观其会通。前期研究小学,揭橥三义:一、就字音推求字义,其说出于黄扶孟,王石臞、伯申父子,焦里堂,阮伯元,黄春谷诸先生而益加恢廓。《左庵外集》卷六《正名隅论》一篇,发挥此义最为详尽。《小学发微补》及《中国文学教科书》第一册中亦及此义,而《外集》卷七《物名溯源》及《续补》,论前儒误解物类之原因,《骈词无定字释例》诸篇及《尔雅虫名今释》一书,亦与此义有关。二、用中国文字证明社会学所阐发古代社会之状况,《外集》卷六《论小学与社会学之关系》及《论中土文字有益于世界》两篇皆发挥此义,《小学发微补》中亦有言及者。三、用古语明今言,亦用今言通古语。《外集》卷十七《新方言序》中发挥此义,曾作札记三十余条,为……章公(炳麟)采入其所纂《新方言》中。此三义皆极精卓。以上关于考古者。其关于应用者,刘君以为宜减省汉字点画,宜添造新字,宜改易不适用之旧训,宜提倡白话文,宜改用拼音字,宜统一国语,凡此数端,甚为切要,近二十年来均次第着手进行。刘君于三十年前已能见到,可谓先知先觉矣。至后期(在民国纪元以后)主张,则多与前期相反,亦揭三义:一、对于《说文》主张墨守,毋稍远畔。《外集》卷十六《答四川国学学校诸生问说文书》中述说此义与前期所见相反。二、对于同音通用之字主张于《说文》中寻求本字,《外集》卷七《古本字考》及卷十六《答四川国学学校诸生问说文书》中皆言此义,而反对前期音近义通之说,且目同音通用之字为讹迹。三、对于新增事物,主张于《说文》中取义训相当之古字名之,而反对添造新字新词,《外集》卷十六《答江炎书》言之。此与前期主张亦相反。至于改用拼音字之说,则前期之末作《论中土文字有益于世界》一文时已表示反对矣,卷十七《中国文字问题序》中又申言之。”

3. 论经学,钱氏略谓:“刘君于经学,世皆谓其尊信古文,因其家传左氏之学已四世也。(刘君之曾祖孟瞻先生,祖伯山先生,伯父恭甫先生皆治左氏学)此言固是。但刘君虽尊信古文之左氏,却并不屏斥今文之《公羊》。其前期之著述中,如《中国民约精义·第一篇》《攘书·夷裔篇》《周秦学术史序》之《社会学史序》及《哲理学史序》,皆引《公羊》之说而发挥其微旨。《左庵诗录》卷四之《读戴子高先生论语注》一诗,对于戴书大加赞扬,可为刘君兼采《公羊》之证。刘君作《群经大义相通论》,谓:‘汉初经学,只有齐学、鲁学之别耳。齐学详于典章而鲁学详于故训,齐学多属于今文而鲁学多属于古文。后世学者拘执一经之言昧于旁推交通之义,其于古人治经之初法去之远矣。’(序)又谓:‘仅通一经,确守家法者,小儒之学也。旁通诸经,兼取其长者,通儒之学也。’(《公羊荀子相通考》)其作经学教科书谓:‘大约古今说经之书,每书皆有可取处,要在以己意为折衷耳。’(第一册序例)由是观之,刘君于经学虽偏重古文,实亦左右采获,不欲专己守残也。即以左氏学而论,刘君前期所作之《读左札记》及《司马迁左传义序例》二文，皆能独抒心得，不袭陈言，实与墨守汉师家法者异撰。至刘君非难今文家之文则有三篇：一、《汉代古文学辨诬》驳廖君季平之《今古学考》及康君长素之《新学伪经考》。二、《论孔子无改制之事》，驳康君之《孔子改制考》。皆前期所作。三、《非古虚》上下篇，皆后期所作。缘刘君不反对今文经说，而反对今文家目古文经为伪造及孔子改制托古之说也。又刘君对于宋元明人之经说亦多反对，见《汉宋学术异同论》中之《汉宋章句学异同论》。但刘君释经亦有新义：如谓六经本官书而孔门编订之为教科书，又如采拉古伯里氏释离卦之说，谓《周易》为古之字典，因即用其法释坤屯二卦，并略及巽、乾、坤、震、睽诸卦。盖刘君前期解经，憙实事求是，憙阐发经中粹言，故虽偏重古文，偏重左氏，偏重汉儒经说，实亦不专以此自限也。逮及后期，笃信汉儒经说甚坚。观《中庸问答》及《春秋原名》二篇，即可得其梗概。专著中《礼经旧说》《西汉周官师说考》《周礼古注集疏》《春秋古经笺》《春秋左氏传时月日古例考》至《春秋左氏传例略》六种……"

4. 校释群书，钱氏略谓："刘君校释群书之著作，前后两期皆有之而后期占大多数。两期所用之方法全同，皆赓续卢抱经先生之《群书拾补》，王石臞先生之《读书杂志》，俞曲园先生之《诸子平议》，孙籀庼先生之《札迻》，匡旧训之违失，正传写之舛讹，覃思精研，期得至当。故书雅记之疑滞，得刘君之校释发正益多矣。"（见《钱序》页三至六）

遗书七十四种，其材料之来源，计有三种：一为稿本，二为曾出版者，三为登载于各杂志中者。依各书之性质，区为甲、乙、丙、丁、戊、己六类，兹录目如下：

甲类、论群经及小学者二十二种附一种：《尚书源流考》（手稿），《毛诗札记》（手稿），《礼经旧说》十七卷又补遗一卷，《逸礼考》(手稿),《西汉周官师说考》二卷(《制言》),《周礼古注集疏》,存十三卷(手稿),《春秋古经笺》存三卷(手稿),附《春秋古经旧注疏证零稿》(手稿),《读左札记》(《国粹学报》,以下简称《国粹》,未完),《春秋左传时月日古例考》(《国粹》),《春秋左氏传答问》(抄本),《春秋左氏传古例诠微》(手稿,又《四川国学杂志》以下简称《四川》),《春秋左氏传传例解略》(《四川》),《春秋左氏传传注例略》(手稿),《春秋左氏传例略》(《中国学报》,以下简称《中国》),《群经大义相通论》(《国粹》),《毛诗词例举要详本》(手稿),《毛诗词例举要略本》(《国粹》),《荀子词例举要》(《国粹》),《古书疑义举例补》(《国粹》),《小学发微补》(《国粹》,未完),《尔雅虫名今释》(《国粹》,未完),《理学字义通释》(《国粹》,未完)。

乙类、论学术及文辞者十三种:《国学发微》(《国粹》,未完),《周秦学术史序》(《国粹》),《两汉学术发微论》(《国粹》,未完),《汉宋学术异同论》(《国粹》),《南北学派不同论》(《国粹》),《中国民约精义》三卷(上海镜今书局原印本),《中国民族志》(上海原印本),《攘书》(上海原印本),《古政原论》(《政艺通报》),《古政原始论》(《国粹》),《古历管窥》二卷(《国粹》),《文说》(《国粹》,未完),《论文杂记》(《国粹》)。

丙类、群书校释,二十四种附八种:《周书补正》六卷(抄本),《周书略说》(抄本,又《四川》《雅言》《国粹》),《管子斠补》(《国粹》),《晏子春秋斠补》定本(手稿),《晏子春秋斠补》二卷(抄本),附《晏子春秋佚文辑补》(抄本,又《四川》),附《晏子春秋黄之寀本校记》(手稿),《晏子春秋补释》(《国粹》),《老子斠补》(抄本,又《中国》《国学卮林》),《庄子斠补》(《四川》,又《雅言》《中国》),《墨子拾补》二卷(抄本),《荀子斠补》四卷(抄本,又《中国》),附《荀子佚文辑补》(抄本,又《四川》《中国》),《荀子补释》(《国粹》),《贾子新书斠补》二卷(抄本),附《贾子新书佚文辑补》(手稿),附《群书治要引贾子新书校文》(抄本),《春秋繁露斠补》三卷(抄本,又《四川》),附《春秋繁露佚文辑补》(《四川》),《扬子法言斠补》(抄本),附《法言佚文》(抄本),《法言补释》(《国粹》),《白虎通义斠补》二卷(手稿),附《白虎通义阙文补订》(抄本,又《国粹》),《白虎通义定本存》三卷(《四川》),《白虎通义源流考》(《国粹》《四川》《雅言》),《白虎通德论补释》(《国粹》),《楚辞考异》(抄本,又《中国》),《周书王会篇补释》(《国粹》),《穆天子传补释》(《国粹》),《韩非子斠补》(抄本),《琴操补释》(《国粹》)。

丁类、诗文集第四种:《左庵集》八卷(北京修绠堂翻刻本),《左庵外集》二十卷,《左庵诗录》四卷,《左庵词录》(《国粹》)。

戊类、读书记五种,《读书随笔》(《国粹》),《读书续笔》(手稿),《左庵题跋》(《国粹》),《读道藏记》(《国粹》,未完),《敦煌新出唐写本提要》(《国粹》)。

己类、学校教本六种:《伦理教科书》二册(上海国学保存会原印本),《学经教科书》二册(同上),《中国文学教科书》一册(同上),《中国历史教科书》二册(同上),《中国地理教科书》二册(同上),《中国中古文学史讲义》(国立北京大学原印本)。

青铜时代

郭沫若著　民国三十五年上海群益书社出版

郭沫若先生对于中国古代社会思想与古器物学的研究，其成绩卓越，见解新颖，学术界早有定评。至于最近出版的姊妹作——《十批判书》(见本刊第三十期，书评栏，页三一〇)与本书，系郭先生将十年来关于先秦社会和学术思想的研究成绩集合而成。两书的内容，勉强把它们划分，《十批判书》偏于批评，《青铜时代》偏于考证，而读者是必需并读的。

郭先生说："本集所收文字有的在写作年代上相隔十年，因此在见解上每每有些小有出入的地方。在这样的场合自当以年代较晚者为准。"(见《序言》)

本集除前冠《序言》，末附附录和《后序》外，共收论文十二篇，兹录目如下：1.《先秦天道之进展》，2.《周易之制作时代》，3.《由周代农事诗论到周代社会》，4.《驳说儒》，5.《墨子思想》，6.《公孙龙子与其音乐理论》，7.《述吴起》，8.《老聃、关尹、环渊》，9.《宋钘尹文遗著考》，10.《韩非初见秦篇发微》，11.《秦楚之际的儒者》，12.《青铜器时代》。附录1.《两周金文辞大系序说》，2.《周代彝铭进化观》，3.《彝器形象学试探》。内容新颖的

见解颇多,兹摘要如下:

1. 关于殷人的帝。郭先生略说:“近人王国维证明了帝俊当是帝喾。但在我看来,帝俊、帝舜、帝喾、高祖夔,实是一人。《山海经》中帝俊传说与帝舜传说相似之处可无庸论,此外如《国语》和《礼记》便各有一条足以证明舜即是喾。《国语·鲁语》:‘殷人禘舜而祖契。’《礼记·祭法》:‘殷人禘喾而郊冥,祖契而宗汤。’舜与喾分明是一人。还有《楚辞》的《天问》也有一个绝好的证据,在那儿舜的传说是叙在夏桀之后殷的先公先王之前的。从前的人不明这个情形,总以为是文字上的错误,或简编的错乱,其实断没有错得这样凑巧的。总之,根据这些资料我们可以知道卜辞中的‘帝’便是‘高祖夔’,夔因音变而为喾为俈,又因形误而为夋为俊,夋俊又由音变而为舜,后世儒者根据古代传说伪造古史,遂误帝俊、帝舜、帝喾为三人,这是明白地可以断言的。”(见页二二)

2. 关于《道德经》的作者。略说:“老子即老聃,在秦以前本来是没有问题的,而在秦以后便生出了问题来,这是什么原故呢?这是因为秦以前都知道《老子》成书甚晚,那是老子的遗说而为后人所纂集的,就和《论语》是孔门弟子所纂集,《墨子》是墨家弟子所纂集的一样,那自然是不会有问题发生的;而在秦以后的人以为《老子》是老子自己所作,故尔在一发现到书中饱和着战国时代的色彩的时候,便对于老子的存在发生了问题。其实老子的《道德经》是纂成于战国时人的环渊,环渊即关尹,即蜎蠉,即便嬛,即玄渊,古音同。”这话是很有理由的,他以为环渊是“文学的趣味太浓厚的楚人,他纂集老子遗说的态度却没有孔门弟子那样的质实,他充分地把老子遗说文学化了,加了些润色和修饰,遂使《道德经》一书饱和了他自己的时代的色彩。因此我们对于《道德经》所应取的态度,虽不是完全的不信,然而不可全信。便是文章的词藻多半是环渊的,而所言道德的精神则是老子的”(见页三八)。

3. 关于《周易》的作者。略谓:“据汉人的纪载,关于《易》学的传统有两种:一种出于《史记·仲尼弟子列传》,另一种出于《汉书·儒林传》。照这两种传授系统看来,我觉得这位作者就是楚人的馯臂子弓;子弓生于楚,游学于北方,曾为商瞿的弟子,孔子再传弟子,这些当得是事实。但是《易》的传统更他突出而上溯到了商瞿和孔子,那一定是他的后学们所闹出来的玩意。因为孔子是儒家的总本山,凡他的徒子徒孙有所述作都好像是渊源于那儿,而子弓作《易》的事迹也就被湮没了。”(见页七三)

4. 驳胡适《说儒》“高宗谅阴三年不言”不能作三年之丧解。略谓:“一个人要‘三年不言’,不问在寻常的健康状态下是否可能,即使说用坚强的意志力可以控制得来,然而如在‘古之人’或古之为人君者,在父母死时都有‘三年不言’的‘亮阴’期,那么《无逸篇》里所举的殷王,有中宗、高宗、祖甲,应该是这三位殷王所同样经过的通制,何以独把这件事情系在了高宗项下呢?但在某种病态上是有这个现象的。这种病态,在近代的医学上谓之‘失言症’(Aphasie),为例并不稀罕。据我看来,殷高宗实在是害了这种毛病的,所谓‘谅阴’或‘谅暗’大约便是这种病症的古名。阴同暗是假借为瘖,口不能言谓之瘖。亮和谅虽然不好强解,大约也就是明确与真正的意思吧。那是说高宗的哑,并不假装的。得到了这样的解释,我相信比较起古时的‘忧宅’‘倚庐’的那些解释要正确得多。”(见《驳说儒》)这种见解的确新而又新,如果不是医学内行的人,恐怕难以发出这番高论呵。

5. 关于墨子的思想。郭先生的见解也与众不同,他略说:“墨子始终是一位宗教家,他的思想充分的带有反动性。”何以见得呢:“第一,不科学,他信仰上帝,更信仰鬼神,上帝鬼神都是有情欲意识的,能生人,能杀人,能赏人,能罚人。但是你如要问他何以证明上帝鬼神是存在,他便告诉你:‘古书上是这样说,古史上有过这样的记载。’这种见解,我们能够认为它是科学吗?”第二,不民主:“他是承认着旧有的一切阶层秩序,他把国家人民社稷刑政都认为是王者所私有,不许你有思想的自由、言论的自由,甚至行动的自由,简直是一派极端专制的奴隶道德。”第三,反进化:“人类社会的一切现象由质而文,是一般进化的公例。对于过分的繁文缛礼,如厚葬久丧,而要加以反对,这是应该的,但如一味的以不费为原则,以合实用为标准,而因陋就简,那只是阻挠进化的契机。”第四,反人性:墨子的见解有许多地方不近人情,譬如他主张无情欲,同时又是主张兼爱的人,这矛盾也不知道应该怎样解决。大约对一切都爱了也便是等于没有爱了的吧?但是最不近人情的是他所定的男女婚嫁之年。他说:“丈夫年二十毋敢不处家,女子年十五毋敢不事人。”(《节用上》)丈夫二十处家都还可以说得过去,女子十五事人,那实在太说不过去了。人事未通,自身的发育都还没有完全的女子便要叫她去做母亲。墨子真可以算是没有人情的忍人!第五,名虽兼爱而实偏爱:“墨子的兼爱的主张最是动人,也最为特色。在我看来,墨子只是在那里唱高调骗人。他的最大的矛盾是承认着一切既成的秩序的差别对立而要叫人去‘兼’。兼爱了,则‘强不执弱,众不劫寡,富不侮贫,贵不敖贱,诈不欺愚’(《兼爱中》)。请问这所谓兼爱岂不就是偏爱。”第六,名虽非命而实皈命:“墨子的主张最能引起现代人的同情的可以说就是他的‘非命’。他的‘非命’是对抗儒家学说而发的,但是儒家主张有命说的本意和墨子所非难的却正相反对。儒家说‘死生有命,富贵在天’,那是教人藐视权威而浮云富贵。在这样信念之下,一个人可以保持着他自我的尊严。但有命说一失掉了本意便会流为宿命论,也正是它的流弊。墨子抓着了这一点而加以反对。然而墨子的非命其实就是宗教式的皈依;在他看来上帝鬼神是有生杀予夺之权的,王公大人也有生杀予夺之权的。‘非命’说就是叫人要对于无形的权威彻底的皈依,对于有形的权威彻底的服从。这样会引出什么样的结果呢?他可以使人贪生怕死而患得患失,后世帝王如秦皇汉武之企图长生,应该也就是由这种‘非命’论导演出来的呀。”(见《墨子的思想》)

6. 关于《韩非·初见秦篇》的作者。略谓:“容肇祖和刘汝霖氏所假定本篇作者为蔡泽或其徒之说既不能成立,则其作者应当是谁?”郭先生以为便是后来为秦庄襄王和秦王政底丞相的吕不韦。第一,吕不韦早就在做子楚的傅的,他早就是秦的属吏,故尔他尽可以称臣而效忠,内秦而外六国,以秦国为自己的国家。第二,他在五十一年的入秦虽不是初次,但他的得见昭王可以是初次,甚至是一直没有机会得见昭王。而在四十八年前初次入秦时,他仅仅是以珠宝商人的资格从事秘密活动的,那时是更没有资格得见昭王的了。第三,吕不韦是由邯郸的重围中脱出,由赵归秦的,赵的现状和军事活动在他当然明了,这和《初见秦》篇作者的条件也恰恰相应。作者过于熟习赵国,而且秦赵当时正纠缠不清,故尔一开口便是“天下阴燕阳魏,连荆固齐,收韩而成从,将西面以与秦强为难”,把主动者的赵竟至“心照不宣”了。第四,怎样“以成霸王之名,朝四邻诸侯之道”,文中虽然没有说及,但说到“战者,万乘之存亡也”,又说到“战战栗栗,日慎一日，苟慎其道，天下可有”，可见作者并不反战，而却主张戒慎，与《吕氏春秋》里面所表现的思想颇相符合。（见《〈韩非·初见秦篇〉发微》）

以上所举为其荦荦大者，可见郭先生想像力之强，时作推陈出新的见解；更兼文笔流畅，一气呵成，大有引人入胜之感。

（《燕京学报》1947年第32期）

待时轩丛刊

民国二十六年罗氏墨缘堂刊行　刻本　八册

本丛书始刊于民国二十二年癸酉，以迄民国二十六年丁丑。其中计收专著六种，兹分述如下：

（一）《宋史夏国传集注》十四卷，罗福苌注，罗福颐校补。罗福苌君专治西夏文，惜享年不永，未竟而终，为学术界之一大损失。季弟福颐，继兄遗志，校补斯编，俾成完帙，其功亦不可灭。本书“以宋史传为经，旁搜别史及其他载籍之记西夏事者采以为注，略仿裴氏之注《三国志》例，不厌其详，并记其所从出，俾读者不迷所自。乃成书未及五卷，以病遽捐馆舍。颐欲续兄之遗志，乃遵旧例，从事赓续，竭四月力，成书十四卷，前五卷有遗佚者，并为补之。”（详《传》序）诚研究西夏史者之良助也。

（二）《西夏国书略说》一卷，罗福苌著；略谓：“西夏立国，僻在西陲，未渐声教，方其盛时，虽创造国书，移译竺典，然第行于其邦域之中，流传中土者盖寡，仅存二三石刻，世固无辨释之者。致同治间，英人韦理博士，尚误以居庸关刻经中西夏书为女真小字。至光绪丙申（二十二年），法儒戴物利亚及沙畹两博士始定为西夏书。戴氏又考《感通塔记》著西夏文字。英人巴赛尔博士亦治斯学，于音义渐有所发明。逮庚子(二十六年)之乱，法人毛理斯氏得西夏译本《法华经》三册于我都下，时驻高丽法使署译官贝尔多氏亦得是经三册。岁在甲辰(三十年)，毛氏乃以研究所得刊行于世，斯时考证之资料尚缺少，而苦心钩索，途径渐启。盖西夏国书尘薶者几七百年，至毛氏时始见曙光矣。宣统庚戌(二年)，俄国柯智洛夫大佐于我国张掖黑河故地，得西夏译经盈数簏，载归俄都，中有字书，其名曰《掌中珠》者，并列中夏两文，各注音于旁，于是考究西夏国书之资材乃大备。"(见《自序》)观此，可知发现与创始研究者，皆为外邦人氏，而我国学者对于西夏文之忽略亦可见一斑矣。著者以毛理斯氏所研究之西夏文，未及造字行文之旨，遂条记研究所得，以补毛氏之略，因成斯编，以资参考。内容约分四类：(一)《书体》，分：楷书、行书、篆书、别体四种。(二)《字说》，分：字形、字声、字义。(三)《文法》，分：名字、代名字、数字、动字、形容字、状字、关系字、接续字、语助字等。(四)《遗文》，计有《重修护国寺感应塔碑》《黑水河建桥祭神敕》《莫高窟造像记》《居庸关六体刻经》、西夏官印、西夏国书铜牌、西夏国书钱、陀罗尼镜、《添品妙法莲华经》、河西字《藏经》、残《佛经》、《掌中珠》字书，并附录北平图书馆藏河西字《藏经》略目，条分缕析，注译綦详，治西夏史者不可不读也。

(三)《西夏文存》一卷《外编》一卷，罗福颐录。本书系增补王仁俊《西夏文缀》而成，其不审出处者别为《外编》，以昭矜慎。内容计分表、奏、书、铭、碑、序、后记、敕等共三十通；《外编》有表、疏、檄等八通。西夏文书体例，可由是以明矣。

(四)《辽文续拾》上下二卷，罗福颐录。本书系续拾缪荃孙《辽文存》、王仁俊《辽文萃》、黄任恒《辽文补录》之未备，计收诏敕、哀册、官告、表、书牒、祭文、碑、墓志、塔铭、杂文等八十七通而成，末附缪、王、黄三家汇目于后，颇便检寻。

（五）《小学考目录》，罗福颐录。朱彝尊著《经义考》不及小学，故谢蕴山按朱氏之例别为《小学考》专书，其意甚善。惟朱书无目，谢氏亦仍之，未免刻舟求剑。著者遂为补目，以利读者。

（六）《印谱考》四卷，罗福颐著。古铜印章，前人多簿为雕虫小技，传世谱录，藏书家亦不重视，散佚日甚。著者有鉴及此，爰将家藏翁叔均《印谱考略》残稿，及假得丁仁所藏印谱数十种，合前后所录厘为四卷。其见于翁氏、丁氏者附注于目录之下，以明出处；其余，均为罗氏家藏也。至宋元谱目见于记载者，亦著之，仿朱彝尊《经义考》兼记存佚之例也。世之治印者，其有采于斯欤。

海盐张氏涉园藏书目录

（合众图书馆藏书分目之一） 潘景郑编 顾廷龙校

民国三十五年十月出版 排印本一册

张菊生先生名元济，字筱斋，号菊生，先世业儒，为浙江海盐望族，历官刑部主事、邮传部参议、学部副大臣，现任商务印书馆董事长，合众图书馆董事长，辑印涉园丛刻。“曾以历年收藏旧嘉兴一府前哲遗著四百七十六部一百二十二册，赠与合众图书馆。并以海盐先哲遗征三百五十五部一千一百十五册，又先世著述及刊印评校藏弃之书一百四部八百五十六册，及石墨图卷各一事，先作寄存，冀日后宗祠书楼恢复，或海盐有地方图书馆之设领回移贮。既经倭乱，鉴于祠屋半毁，修复无力，本地图书馆之建设更属无望，遂改为永远捐助该馆。”（见叶记）嘉惠艺林，诚匪浅也。

全目计分四卷：第一卷、嘉兴先哲遗著，第二卷、海盐先哲遗著，第三卷、张氏先世著述及刊印评校之书，第四卷、张氏旧藏书籍。其中计有宋刊二种，明刊六十余种，评校与传钞本若干种。每卷自成一系，分合咸宜。其分类法：以四部为经，以类为纬，颇便检寻，叶景葵氏序云：“先生所藏以表章乡贤先世之精神，勤求博访,锲而不舍者数十载,始克臻此。”故此目录之最可注意者为海盐县前人之著作,搜罗特多。又宋张九成为菊生先生之远祖,张九成《横浦先生文集》有影宋钞本、明刊本等多种,而张氏先世著作亦大略可见矣。

西域画

（上辑）郑振铎编　民国卅六年九月上海出版公司发行

珂罗版本　全函六十页

郑先生专研文学，间及美术。他收藏古本小说时，常常顾及书中的插图以定去取。记得他在本校任教时，曾于民国廿一年十一月间在本校开北西厢记展览会（见本报第十二期页二七一五），笔者承郑先生一一指示版本以及其中的精致插图，由此已见郑先生对于版图的重视了。

《中国版画史图录》一书，已出至第五辑。我仅见其半。兹者《西域画》上辑又已问世，其重要性当不亚于前图。兹介绍如下：

本书共收甘肃敦煌千佛洞旧藏的绢本及纸本唐宋画六十幅，均为英国史坦因、法国伯希和携归藏于英法博物院的。关于采材方面，郑先生略说："我在编辑《中国历史参考图谱》（案该《图谱》现仅出第五，及十一至十四五辑）的时候，搜集了这一类的书籍不少；……而'图谱'为体裁所限，不能多量刊载，因此便有编成'西域画'的愿心。……这'上辑'所收的，以敦煌千佛洞旧藏的绢本及纸本的唐宋画为限，且均为史坦因、伯希和二家所将而去者。国内所藏者则未遑及之。又敦煌壁画，伯希和的《敦煌千佛洞》六卷，所收已多，而印刷不精，复制不易，故暂不收取，有待将来学者们的更精心的摄影与模写。中、下二辑所收，则为敦煌千佛洞以外的格鲁威特尔、勒柯克（德国人）及大谷光瑞（日本人）诸家书里所收的壁画及其他画幅。而西北考察团所得的壁画，不久，也许便会和世人相见。”

又说：“史坦因和伯希和的所得，数量甚多，而究竟以宗教画为最大多数。这些宗教画，给专家们以很好的研究的资料，而对于画家们也甚有影响。惟题材重复过甚，如果多量收采，不免有单调之感。故这一集里，博观慎取，只选收了六十幅。宝山里的宝物，决不止这戋戋之数，而为了能力所限，仅能取十一于千百。凡是足以表现当代风俗人情的，总竭力的网罗在内，虽然对于宗教画也并不排斥。”（以上见郑《序》页七—八）

关于该画的艺术价值，郑先生略说：“在绘画的本身来讲，这些画幅也是最可珍奇的遗物。他们的作者们并没有留下姓名来。也许还是这边远之区的画匠们之作。在当时，只是以画作佛幡、佛画为生涯，姓氏不列于画坛之中，作品难入于雅士之目。然而，就在这些最平常的没没无闻的画匠们之手，我们见到了从来不曾见到的作品。……然而他们却传下了中国画里湮没已久的人物画的一脉。我们知道，在中国古代，特别是汉，人物画是甚被重视的；画家们也以画人像为主体。有名的毛延寿画王昭君的故事，在好几个戏曲里流传着。六朝时，顾恺之也以画人物著名，传为他作的《女史箴图》，至今还存在于世。阎立本的《帝王图》也无恙。吴道子也以画人物为主。到了五代北宋以后，似乎人物画便衰落了下去，而画家们莫不从事于山水、花卉、禽鸟的创作。他们以王维、大小李将军为宗，一直到了清代的四王、吴、恽还是如此。……”

又说:“在这里,我以为发掘出古西域的若干绘画和壁画,其作用是超出于以‘绘画’来表现‘历史’之上的。这是失传了的艺术的一支大宗,这一支大宗的突然大量的在西陲的被发见,乃是中国艺术史上绝大的消息!我们的画家们,如果要有远大的前途,该从这方面寻找他们的道路。”(以上见郑《序》页七一八)

另附郑《序》和《说明》一册,关于敦煌的历史地理以及德、俄、英、法、日的探险家和学者们的掠夺经过,均于郑《序》中扼要提及。至于该画的大小、尺寸、颜色和内容,均详《说明》中。

屈原研究

郭沫若著　民国三十二年重庆群益出版社刊行　排印本一册　定价十六元

郭氏沫若对于屈原，有极深刻的认识。本书正论一四八页，附《离骚今译》四六页，将屈原的身世、作品及其时代、思想，作精辟的论述。书分四篇：一、《屈原身世及其作品》，郭氏于民国廿四年曾以《屈原》名义由开明书店出版（见本刊第廿一期页二九五），后来加以删订而成本篇。二、《屈原时代》，曾收入沫若近著，今亦大加改削。三、《屈原思想》，是新的作品，足以补充前两篇的不足。四、《离骚今译》，虽曾在《屈原》书中发表过，但也经过大大的修改。末附《自跋》，简明扼要，足见作者的苦心。兹将本书新解摘要如下：

1. 乱曰即辞曰。郭氏略说："《楚辞》在煞尾处每每要用短歌来作结，称为'乱'。《王逸》说：'乱，理也。所以发理词指，总撮其要也。'古书上也每每有训乱为治的，其实这已经就是一件怪事体，治乱音既不同，义又正反，那里会有相反的东西来相训的呢？假使乱可以训治，训理，那吗理和治不也可以训为乱吗？为着一个'乱'字，讲《尚书》的人就每每闹乱子，但在我们研究过殷周金文的人，这件怪事是已经解决了的。古金文凡司徒、司马、司空的司字都作𤔲,有治理的意思,即治丝之象。有时也写作辞(见《兮甲盘铭》),两个字其实是一个字。古文的乱字只作𤕩,或作𤔔。乱字实在是别字,是𤔲字写错了的。凡是古书上有乱字应该训治的地方应该通作𤔲。𤔲就是辞,可以知道《楚辞》的'乱曰'本来是作'𤔲曰',即'辞曰',便是《楚辞》的'辞'的命名之所由来,贾谊的《吊屈原赋》上又作'讯曰',那也是词字的错误,即是'词曰'。据此可知《楚辞》的'辞曰'在汉初还没有弄错,是后世的不通古文的人把它认错了的。"(见页四九)郭氏此解确属不刊之论呵。

2. 屈原或者是陈良的弟子? 略说:"由年代推勘起来,我揣想屈原或者是陈良的弟子,他在年少的时候便有《橘颂》那样的文章,我相信他至少也该得是受了陈良的影响。"(见页七三及一三六)

3. 女媭即女伴。略说:"原文为'女须之婵媛'。女须旧以为人名,或说为屈原姊,或说为屈原妹,均不确。今姑释为女伴,疑是屈原之侍女。"(见页一六二及注六)亦颇有理。

4. 刘向《战国策叙录》说:"横则秦帝,纵则楚王。"除秦国以外,楚国是有资格收获政治上大一统的功绩:1. 地大物博,奄有长江流域、淮水流域的一片大膏腴土地,而其南方更是无敌地带,足以供其尽量发展。2. 它的武器的资源不缺乏,《荀子·议兵篇》:"楚人铁距宛鉇,惨于蜂虿。"秦昭王也说:"楚用铁剑,故其卒强。"(见《史记·范雎传》)因为有大冶产铁区在他的境内。屈原抱有儒家的大一统见解,要把楚国达到一统天下的希望。但楚怀王、顷襄王的作为,跑上亡国的道路上,而屈原儒家的大一统希望便粉碎了。

(《燕京学报》1947年第33期)

广东丛书第一集

中国文化协会广东丛书编纂委员会编辑　商务印书馆出版

粉连纸十二开本二十八册

本丛书之编辑，由叶恭绰先生于抗战初期避难回粤，深感民族精神之有赖发扬光大，曾为文公表编印广东文献丛书之意见，赞成者甚众，遂商由中国文化协进会别组广东丛书编纂委员会主持其事，并定分期印行，约二十册至三十册为一集依次续出，期于永久不断！博访周谘，征求善本，裒为一书，以公诸世。

本书所选版本悉取罕见难得者，间取较次之本皆别有原因，如《曲江集》刊本不下八种，版刻虽多，而向无精于雠校者，兹用温汝适批校雍正十二年张氏裔孙振文所刻之祠堂本即其一例。

番禺徐氏南州书楼为前国立中山大学教授徐信符先生之藏书楼名。徐氏学识渊博，性喜庋藏，无论宋元精椠以及新刊专著，均在网罗之列，尤以有关乡先贤辈著述为最。本集所收属于徐氏庋藏及编辑者十之六，故略述焉。

本书无出版地址及刊行年月与价目，兹按叶《序》书之，俾读者可得丝毫根据。兹录目如下以资参考：

1.《唐丞相曲江张文献公集》十二卷八册　唐张九龄撰　番禺

徐氏南州书楼藏温汝适批校本

附《曲江集考证》二卷《年谱》一卷　清温汝适撰　番禺徐氏南州书楼藏原刻本

2.《武溪集》二十卷六册　宋余靖撰　常熟瞿氏铁琴铜剑楼藏明成化刻本

附《武溪集补佚》一卷《余襄公奏议》二卷　中山黄佛颐辑

3.《北燕岩集》四卷二册　明黄公辅撰　中山李氏秋波琴馆番禺黄氏忆江南馆藏原刻本

4.《礼部存稿》八卷三册　明陈子壮撰　番禺徐氏南州书楼藏原刻本

5.《莲须阁文钞》十八卷三册　明黎遂球撰　番禺徐氏南州书楼藏旧钞本

6.《喻园集》四卷三册　明梁朝钟撰　番禺徐氏南州书楼藏原刻本

7.《翁山文钞》四卷三册　明屈大均撰　番禺黄氏忆江南馆藏清初刻本

附《翁山佚文辑》三卷　番禺徐信符辑

敦煌石室画象题识

史岩著　民国三十六年二月　国立敦煌艺术研究所华西大学博物馆比较文化研究所联合出版　石印本一册百三十五页　无定价

元魏尚佛，朝野皆然，其始营造石窟，不外消灾祈福，供养超生，如洛阳之龙门、大同之云冈、敦煌之千佛，可以互相媲美。惟龙门云冈，地属中原，游客杂踏，著录较早，识者知之。千佛僻处西陲，交通梗阻，人迹罕至，而其蕴藏亦较前者为丰。晚近英人斯坦因氏，钩通千佛洞寺僧王道士将洞内所藏之经卷帧幡等捆载而去。继之法人伯希和、日人大谷光瑞、美人华尔讷等亦搜集剩余，洞内宝藏珍品，于兹已罄，其所留存者咸属于难以搬迁之壁画残塑，以及墨迹而已。该项文物，经彼等之宣扬，始为世人所震惊；惟诸氏谨作初步报告。其后罗振玉、王国维、法人沙畹、日人羽田亨、松本荣一诸氏，或印外流写本，或考证遗籍，或补订史传，或研究壁画，厥功不谓不伟；然限于一隅，未能广事搜讨，从事斯学系统之整理；且足迹未履洞窟，取资不外图片写本，以牖于知闻，故谬论丛出。迩来国人前往者虽众，但知丹青临摹，一佛二井，归炫人目，独斯题识，鲜人问津；昔陈万里君偶录什一而遗千百，复出匆偈，脱误綦多，安足引援。

民国三十二年春，著者西去陇右，实地考察，朝夕搜访，自夏徂冬，历时年半，凡属于墨迹者迻录无遗。所得以窟计，凡百零六；以题识计，都九百四十，其中题名居八百七十则，题记二十三通，发愿文十六通，功德记十通，功德铭一通，题梁四通，题额一品，旁记十四品，题字一品。其所甄录范围，以文记足以补阙考异，正讹纠谬，或与窟殿之绘、塑、建诸艺术有关，或与创建重修等史事有助者为限。就时代言，大率始魏终元，其间唐宋之迹为量最丰，明季闭嘉峪关，遗迹独阙，前清供养题名，如属于墨迹者仍经采录。至于石刻，则非本书范围，将别汇成集。清末民初亦间有之，如非文既可鄙、营造亦陋者，亦择要甄录。

关于洞窟之排比，前人各有编号，惟斯坦因所编不足廿窟，无足应用；伯希和所编，名色繁多，上下纷杂，绝无条理，遂碍稽查；官厅编号，无图作据，莫由查勘；近张大千新编，路线既成问题，耳洞尤易惑人；且各有脱漏，无法采用，固不仅难餍饫人意已也。本集所系，乃著者自定编号，辨窟性而分母子，察窟象而划段层，自南徂北，由下而上，如是虽较合理，犹恐难可人意，然列号靡遗，差足应用。并附莫高窟群立面图及新编窟号于卷首，以便对照。然如此编法是否已臻完善，则非亲履其境者难以衡量也。

关于画象之艺术，大体言之，魏隋之供养象类皆形小而简略，行列整齐，朴野简素，每自数身至十百身为一列，多则分成数层，形色单调，犹存汉武梁祠、孝堂山遗意。入唐以后，渐趋繁华，晚唐造乎极峰，参道两旁，配置逾身巨象，题名始用堆金，衣冠采饰渐见繁缛，男则峨冠绯袍，执笏佩鱼，女则凤冠绣服，圆脸丰姿，北朝乔野之习，唐人伟丽之风，于此可见。夫造象原以示供佛之虔诚，今借以铺张浮华，几失本旨，唐世风尚，于兹可得一证。五代至宋初，样式悉承唐旧，而踵事增华，惟恐弗及，殿堂宏敞，参道深远，形制独创，规模空前。男象因垂绅正笏，作端严气象，无可展其技，故多聚神于等身女象；圆姿替月，润脸呈花，栩栩欲活；衣裾图案，千变万化，大红鲜紫，五色杂映，足示东方画艺之特征；然衣冠饰纹，始好用金鎞泥刻线，容姿千百同型，知其画艺已由烂熟而趋衰颓矣。西夏蒙元之世，造窟之风大杀，故绘象至鲜，画艺既差，规模亦陋。西夏遗迹中犹可见袭踏唐宋遗范之等身象，惟色质奇劣，画技复拙，多已不寿；仅如浮云掩月，依稀可辨耳。第其服饰佹奇，束发长带，亦足供钻研之资。

关于题识之类别，就性质区之，有洋洋巨制之功德记，有十数百言之发愿文，他如题名、题梁、榜书、旁记以及杂文，罔不毕备。惟所谓杂文者，包含广泛，举凡零玑碎璧，无以命名者，或如枝指悬疣，莫可附丽者，悉归此类。

以上各项悉为著者序文之大要，其他如敦煌之伽蓝，敦煌之世家，以及洞窟创修之时代，功德主之考见等，亦均详为叙述。末附郑德坤先生英文《引言》及《提要》，以备西方人士之参考。惟甚盼与本书有关之图录早日刊行，俾得案图索骥，则相得益彰矣。

本书虽为手稿石印本，然鲁鱼亥豕亦偶难免，如《自序》页六性质与此迥然不同之迥，页十二与经变图中之旁记迥异之迥，均误作“逈”。页二十五，“然则余之辛苦所获”误作“幸苦”。此盖小疵，无关宏议。

长沙古物闻见记二卷

商承祚著　中华民国二十八年十月

金陵大学中国文化研究所出版　刻本二册　定价五元

芦沟事起，抗日军兴，沪战爆发，首都危急。商先生于廿六年十一月随金陵大学中国文化研究所迁蜀，路过长沙，得见该地钱吉甫、左堃龄、蔡季襄诸氏所藏迩年出土之桼、木、铜、匋、革、帛之属甚丰，因而留连四月，假借诸家藏器摄影摹绘，并将闻见笔之于书，此段因缘，诚意外之收获。商氏事毕去蓉。不久长沙亦遭空袭，繁盛市区，悉付一炬，该项古物是否幸免，无从知悉。商氏以丁兹国难，日在摧残之中，刊布流传，尤当急务，图录未成，乃先董理札记。

全书计分十九类九十三则：1、墓，六则；2、桼，十八则；3、木，七则；4、匏，一则；5、革，五则；6、缯，一则；7、帛，二则；8、纸，一则；9、黄蜡，一则；10、松香，一则；11、水晶、玛瑙，一则；12、琉璃，一则；13、匋，五则；14、泥，一则；15、金银，二则；16、铁，一则；17、铜，二十一则；18、石，十二则；19、铜，五则。每器详载器形大小尺寸与及文字、花纹、色泽、出土地，间图其形状并述其质之优劣精粗。首冠陈梦家先生《序》，次《自序》。关于考据方面，陈梦家先生略谓："其间若考笾铺之制，考羽觞之原始于匲，考戈、戟缚柲之制，考楚瑟为二十五弦，考楚屦之有荐与珠饰，考璏璲之制，考全剑之形制，或正旧说，或创新义，或因目验以定制度，或援经籍以名实物，其有功于考古论史岂浅鲜哉。"(见陈《序》)诚哉斯言。

惟此书出版后倏忽已十年，而图录则商先生尚珍藏行箧，未克公世，殊以为憾！甚盼商先生早日印出，以餍读者！

炳烛斋杂著

清江藩著 民国三十七年二月上海合众图书馆丛书二集之一
石印十二开粉连纸本一册 无定价

江藩，字子屏，号郑堂，江苏甘泉县人，生乾隆二十六年（1761），卒道光十一年（1831）。最脍炙人口之著作，为《国朝汉学师承记》八卷，《宋学渊源记》二卷。江氏博综群经，尤熟史事、掌故，著述等身，本书为其遗著之一，所收《舟车闻见录》二卷《续集》二卷，《端研记》一卷，《续南方草木状》一卷，《广南禽虫述》一卷《兽述》附。顾起潜先生谓："方晴江为作《募梓图》，宋帅初为之《跋》云：'《舟车闻见录》十卷，皆缮写成书矣。'今载杂著仅存四卷，已非全豹。"（见顾《序》）

1.《舟车闻见录》二卷《续集》二卷，"录中记载多朝章国故，盖先生尝佐治四库七阁之事，谙习旧闻，龚定庵推为掌故之宗，洵不虚也"（同上）。

2.《端研记》一卷，叙述明晰扼要。顾先生略谓："先生客羊城阮文达督幕最久，所得馆金尽易端溪石砚，所述允为寝馈有得之言。"（见同上）

3.《续南方草木状》一卷，《广南禽虫述》一卷《兽述》附，此二卷皆纂于穗垣,多记草木鸟兽之名,惟其中亦有讹误者,如《续南方草木状》页二云“黄芽白即北方之黄芽菜”,误。按:黄芽白即北方之大白菜而非黄芽菜也。

(《燕京学报》1948 年第 34 期)

闻一多全集

闻一多遗著　朱自清、郭沫若、吴晗、叶圣陶等编辑　民国三十七年八月
上海开明书店出版　全四册　报纸本每部定价国币五十元

闻先生名家骅，号一多，又名多，湖北浠水人。家世望族。民国十年毕业于清华外国文学系后，即赴美国留学，在科拉多大学研究外国文学，后又入芝加哥艺术学院研究美术。返国后历任武汉大学、青岛大学文学院院长，清华大学中国文学系主任，西南联合大学中国文学系教授等职，凡二十余年。他的中国文学修养很深，在北平的时候，他提倡新诗，与已故诗人刘梦苇、徐志摩、朱湘等在《北平晨报》副刊出版过《诗周刊》，举行读诗会，提倡诗朗诵；又曾与徐志摩合编《新月》月刊及《诗刊》。他的诗受十九世纪浪漫诗人的影响最深，曾著《死水》《红烛》两诗集，及长诗《奇迹》行世。在抗战期间曾编有《抗战诗选》。

关于古代文献方面，郭沫若先生略谓：

一多对于文化遗产的整理工作，内容很广泛，但他所致力的对象是秦以前和唐代的诗与诗人。关于秦以前的东西除掉一部分的神话传说的再建之外，他对于《周易》《诗经》《庄子》《楚词》这四种古籍，实实在在下了惊人的很大的工夫。他那眼光的

犀利,考索的赅博,立说的新颖而翔实,不仅是前无古人,恐怕还要后无来者的。这些都不是我一个人在这儿信口开河,凡是细心阅读他这《全集》的人,我相信都会发生同感。我现在姑且举两个例子在这儿:

第一,他有一篇《诗新台鸿字说》解释《诗经·邶风·新台》篇里面"鱼网之设,鸿则离之"的那个鸿字。两千多年来读这诗的谁都马虎过去了,以为是鸿鹄的鸿,但经一多先生从正面反面侧面来证明,才知道这儿的"鸿"是指蟾蜍,即虾蟆。古人曾叫虾蟆或蟾蜍为"苦蠪"(见《广雅·释鱼》和《名医别录》),苦蠪就是鸿的切音了,苦蠪为鸿亦犹窟窿为孔,喉咙为亢。而更巧妙的是有一种草名叫屈茏的,别名也叫着鸿。《淮南子·墬形篇》"海闾生屈茏",高诱注云:"屈茏,游龙,鸿也。"这确是很重要的发现。要把这"鸿"解成虾蟆,然后全诗的意义才能畅通。全诗是说本来是求年青的爱侣却得到一个弓腰驼背的老头子,也就如本来是想打鱼而却打到了虾蟆的那样。假如是鸿鹄的鸿,那是很美好的鸟,向来不含恶义,而且也不会落在鱼网子里,那实在是讲不通的。然而两千多年来,差不多谁都以这不通为通而忽略过去了。

其次,再举《天问·释天》里面解释"顾菟"的一条吧。"夜光何德,死则又育?厥利维何,而顾菟在腹。"这是问的月亮的情形。向来的人都把顾和菟分开来,认为顾是愿望,而菟就是兔子。到了清代的毛奇龄,认为顾菟不能分开,是月中的兔名,算是进了一步。直到闻一多先生,才又举出了十一项证据来,证明顾菟就是蟾蜍的别名。蟾蜍一名居蠩,与顾菟实一音之转,同一转语则为科斗为活东,与蟾蜍实为一体。汉《少室神道阙》刻月中蟾蜍四足一尾,宛如科斗后期之形,故知顾菟亦即科斗。闻先生举了十一例以证成其说,虽然他还在浩叹"既无术以起屈子于九泉之下以为吾质,则吾虽辩,其终不免徒劳乎？噫!”但我敢于相信他的发现实在是确凿不易的,并不是“徒劳”。(以上见郭序页一—二)

诚如郭先生所说:像这样细密新颖地发前人所未发的胜义,在《全集》中触目皆是,真是到了可以使人瞠惑的地步。(同上页三)

闻先生治理古代文献的态度,他是承继了清代朴学大师们的考据方法,而益之以近代人的科学的致密。他在《楚辞校补》的《引言》上说:“较古的文学作品所以难读,大概不出三种原因:(1)先作品而存在的时代背景与作者个人的意识形态,因年代久远,史料不足,难于了解;(2)作品所用的语言文字,尤其那些‘约定俗成’的白字(训诂家所谓‘假借字’),最易陷读者于多歧亡羊的苦境;(3)后作品而产生的传本的讹误,往往也误人不浅。《楚辞》恰巧是这三种困难都具备的一部古书,所以在研究它时,我曾针对着上述诸点,给自己定下了三项课题:(1)说明背景,(2)诠释词义,(3)校正文字。”(见乙集三四一)

又说:“这三项课题本是互相关连的,尤其(1)与(2),(2)与(3)之间,常常没有明确的界线,所以要交卷最好是三项同时交出。但情势迫我(腾出时间来作别的事)提早交卷,而全部完成,事实上又不可能。我只好将这最下层,也最基本的第三项——校正文字的工作,先行结束,而尽量将第二项——诠释词义的部分容纳在这里,这实在是权变的办法……”(见同上)其实不只《楚辞校补》一书,如《周易义证类纂》《诗经新义》《诗经通义》《庄子内篇校释》《离骚解诂》等,在闻先生自己看来也不过是视为第二第三阶段的工作了吧。

全书约百三十万言,分为八集,卷首有郭沫若《序》、朱自清《序》《事略》《年谱》,书后有吴晗《跋》、朱自清《编后记》等。甲集《神话与诗》,乙集《古典新义》,丙集《唐诗杂论》,丁集《诗与批评》,戊集《杂文》,己集《演讲录》,庚集《书信》,辛集《诗选与校笺》。煌煌钜著,蔚为大观;闻先生的天才与学问,这集可以见其大凡。然而闻先生思想的进步,在后来已超出了考证学家和文学家的范围,他的理论与实践完全一致。这样,他跑上了革命的征途,遂遭反革命者的暗杀。我们读了他的全集,除佩服外,还不免感忿也。

番禺叶氏遐庵藏书目录

顾廷龙编　民国三十七年八月上海合众图书馆出版
排印袖珍本一册　无定价

叶恭绰，字遐庵，广东番禺人，硕学宏才，公余之暇，性喜藏书，无论专刊名著，均在网罗。其所专嗜者，计有三类：1. 名山胜迹、寺观、书院、乡镇之志，蔚成大观；其中一部分已捐赠上海合众图书馆。2. 清人词集，以备从事清词钞之选辑；若别集、总集，通行者咸列插架，并有罕见秘笈，为海内所无。3. 美术考古，拟撰《识小录》，为经眼文物之考证，若国内外所著有关我国文物之图谱照片，广事搜罗，几无不备。不幸今春运粤途中，毁于沙面之火，专藏三类已失其一，殊可惜也！

本书计收史部地理类：水道总录之属、水道河之属、水道江淮海之属、水道郡邑之属、水道通论之属，山川山之属、山川川之属，专志宫殿之属、专志古迹之属、专志寺观之属、专志祠庙之属、专志陵墓之属、专志园亭之属、专志书院之属、专志圣门之属、专志会馆之属，杂记之属，游记总录之属、游记唐至明之属、游记清代之属、游记近代之属、游记游外国之属、游记外国人著述之属，边防北徼之属，边防江海之属，外记之属，总录之属，丛刻之属，方志之属，舆图之属等三十属，书凡九百六种，三千二百四十五册。其分类采国学图书馆法，略加增并，系统分明，足资研究地理者之参考。惟简目与书目分类之属略有出入，如水道郡邑之属，计收书目十三种，附录一种；而简目则赋阙如。为阅者便利计，甚盼编者能于简目空格中补添一栏，以便寻检。

（《燕京学报》1948 年第 35 期）

五十万卷楼藏书跋文

莫伯骥撰　一九四九年出版　铅印线装毛边纸本七册
代售处澳门新马路十三号益群药房

莫伯骥先生号天一，广东东莞人，生于西历一八七八年，现尚健存，惟双目已失明。先生喜藏古书，无论宋元精椠，以及明清钞本，靡不网罗，积三四十年，得书五十万余卷，名其藏书楼曰五十万卷楼，为晚近广东藏书家之冠。弱岁以案首选县学生员，学西医，曾任《羊城日报》编辑，抱残守阙，潜心著述。初著《五十万卷楼书目初编》二十二卷，于一九三六年秋间印成，旋即倭寇肆虐，广州沦陷，藏书一千三四百箧，及撰稿五十种，随之荡然。胜利后收回失书不多，稿本更无着落。

本书盖著者侨寓澳门，将书目初编改订删补而成，其中所收均属善本。书按四部编次，凡七册，六百五十页，计经部四十种，史部七十七种，子部一百零五种，集部一百八十二种，约五十万字；用力甚勤，参稽甚博。家兄肇祖序云："先生之书，五述而有三长，五述者：一曰述人，著书者之小传，书之序跋，人有可述者述之，刻书、钞书、藏书，亦必明考其人，连类附及。二曰述事，著书之缘起，以至书林掌故，谈之覼缕，不厌其详。三曰述考，文字、史迹、典故,可资考证者详述之。四曰述学,专门之学,经、史、理学、文学等,间有阐述,史学如辽、金、蒙古、满洲,以及色目人之汉化;西北之地理、社会、生活、风俗、文学、史料等,有裨学者之取益。五曰述文,书之佚篇佚句,新奇隽永之文,以及传奇志怪,足资谈助者,间亦援引。三长者:一曰博征,以科学之法治旧学,事必举证,语必求因,此一长也。二曰雠校,校传本之误,必求善本,一字之得,冰释理顺,此二长也。三曰明通,说古而不泥于古,理有独得,必求通今,此三长也。"(见页四容序)跋文所述,首重版本,觇缕所及,如抽茧丝,愈抽而愈无穷。先生此书之外,尚有撰稿约五十种,惜俱遗失,其鳞爪时可于跋文中得之。兹附列于下:

经学文献　　万姓统谱补续
资治通鉴校记　　五代史记校记
历代名臣奏议拾遗　　官史
职官分纪校证　　中国风俗史料类编
中国先民生活史　　历代文人生活史
唐诗人生活史　　满人汉化史
元高僧传　　中国近五十年史
万邦黎献画象述赞　　经籍故
清四库全书总目提要举正
清四库全书撰人考附编纂人考
研经室外集考正　　张氏书目答问述补
五十万卷楼藏书目录初编续编
清代女子著述考　　历代广东书征
叶氏藏书纪事诗补续　　书城馨逸
舞述　　塑述
贝龟石玉金五述　　校碑日札

王荆公事类
王荆公年谱补正
辛稼轩事类
曾文正公年谱
中国文学史料类编
古器物诗钞
全北宋文
权载之集校记
王文公文□集□
湛然居士集旁证
曾文正公文集旁证
历代诗方言考
全唐诗方言考
当世文编
夕阳人语
广东故
动物名实图考
福功堂随笔
福功堂日记节存
群书索引
廿四史索引

（《燕京学报》1949 年第 37 期）

明清内阁大库史料

（第一辑） 金毓黻编 一九四九年十二月沈阳东北图书馆出版 平装二册

明代档案，为研究近代史之重要资料。清入主中国，希图灭绝汉族反抗思想，曾大兴文字狱。又藉修《明史》，开博学宏词科，网罗硕学遗民。惟举凡《明史》中稍涉忌讳者，即被曲笔，甚致删芟，形存神亡，读史者深以为憾。抗战胜利后，金毓黻先生就东北图书馆所藏清室内阁大库明清档案中，甄录编次为《明清内阁大库史料》第一辑。

全书九九二面，约六十余万字，共选明代天启崇祯两朝档案五百二十五件，分编二十卷：卷一至卷八题稿，卷九至卷一四兵部行稿，卷一五至卷一九兵科抄出题本，卷二十兵科抄出奏本，分揭帖、塘报、咨文、手本、呈文等。此项史料，虽偶有残阙，亦弥足珍贵。启祯两朝正当满洲入侵之际，忌讳较其他各朝为多，有此档案，足补《明史》之缺失。

（《燕京学报》1950 年第 38 期）

浪口村随笔

顾颉刚著　一九四九年出版　油印本一册

顾颉刚先生精研古史，曾编辑《古史辨》四册(共出版七期，第一、二、三、五四册为顾先生编)，及《辨伪丛书》十一种；并著有《汉代学术史》一书。其次关于地理方面曾主编《禹贡半月刊》。关于民俗方面除编辑《吴歌甲集》及《妙峰山专号》外，曾主编广东中山大学《民俗周刊》及通俗读物编刊社之《中国名人传》。此外游踪所至，闻见所知，亦莫不笔之于书，已出版者有《王同春开发河套记》《崔东壁先生故里访问记》等，足见先生研究范围之广博，而不限于古史也。

七七事变，先生被迫离京，先至西北，继游西南，随地讲学并考察边疆民族名物制度。此书即其任教云南大学住居昆明北郊浪口村时笔记之一部分。惟是时手头无多书，不足以供参考，故此后陆续增修者不少。颜之曰浪口村者，以其始事于是时也。

全书分六卷，首冠《自序》，略谓："卷一论地理，继承昔日禹贡学会工作，为民族史与疆域史之探求者也。卷二述制度，为周秦之政治制度与社会制度作钩沉，拟以树立古代史之骨干者也。卷三考名物，此十年中学虽不进，而舟车之辙迹弥广，即今可以证古，即边疆可以证中原，对于大小名物时有会晤，创为新解者也。卷四评史事，卷五绎文籍，皆衍《古史辨》之绪，欲作一番洗刷工夫，期揭出其真相者也。卷六记边疆。吾游西北西南，见蒙藏回爨诸民，相其文化，叩其历史，知实为绝好工作园地，而自恨不能久居也，爰就实际之见闻书之，倘能使读者兴起，慷慨远行，为学术界增益新材料乎？都凡百二十二则，十七万言。其中亦有新撰文字，则皆十余年来蕴积于心而至今始得写出者耳。”（页四）

按其中所谓“即今可以证古，即边疆可以证中原”者，实例不少，如卷二《制度类》关于《夫妇避嫌》《赘婿》《烝报》《一妻多夫》等，均有新解，可补史乘之缺。尤以卷三《被发左衽》条，予小时读《论语》曾怀疑“左衽”一事，及读此书始行了然。兹略录如下，以供同好：

> 《论语·宪问》篇记孔子语云：“微管仲，吾其被发左衽矣。”……何氏集解无释。邢疏云：“衽谓衣衿，衣衿向左谓之左衽。”朱注亦云：“衽、衣襟也。”是则夷狄之俗襟向左开，殆成定说。……
>
> 予游蒙番诸地，见其衣虽设有两袖，而以便利工作之故，仅穿左臂。其贵族阶级固不必躬亲操作，而以习惯如此，虽内衣两袖俱穿，而外衣亦仅伸左袖，非天气严寒，右袖终不用也。岂特吾国边方如是，印度亦然，试观佛菩萨像，亦多袒其右臂于袈裟之外，然则苟非冠裳之国，实有类似之风。
>
> 案衽自有襟义，而亦有袖义。拜称“敛衽”，谓敛其两袖而拜也。《楚辞·招魂》状郑舞之容曰“衽若交竿”……若释为襟，则何由交乎？庄忌《哀时命》云：“左衽［按左衽为左袪之误］挂于榑桑，右衽拂于不周。”左袪与右衽对文，袪即

袖，衽亦袖也；若释为襟，则何由拂乎！故知左衽云者，谓惟左臂穿入袖中耳，其襟固仍在右也。……

散发之俗，今青海保安女子犹如此。西番妇女梳辫数十，满披于肩背而束集于腰带，自远望之俨若散发，则小变其形耳。（见页六四）

此两千多年来不为人所深究之问题，而顾先生以今边疆风俗证之，豁然贯通，诚一快事也。

又卷五《文艺类·左丘失明》条亦有新解，顾先生略谓：

幼读司马迁《报任少卿书》至“左丘失明，厥有《国语》”而疑之，以为世安有著书之盲瞽？……近读《晋语》［指在浪口村时］乃遽得一启发。《晋语》四记重耳在齐，齐姜劝之行曰：“……商人飨国三十一王。”瞽史之纪曰：“唐叔之世，将如商数。”及其为秦穆所纳，董因迎之河，又述其事曰：“君之行也，岁在大火……后稷是相，唐叔以封。瞽史记曰：嗣续其祖，如谷之滋，必有晋国。”知当时确有瞽史所记之书，为当时人所习引，其事在左丘之前，则瞽者为史殆循故事乎？

按“瞽史”一名，《国语》中尚多有。《周语下》记单襄公之言曰：“吾非瞽史焉知天道。”……据《周官》文作解，别瞽与史为二。……《周语上》记邵穆公谏厉王语曰：“天子听政，使公卿至于列士献诗，瞽献曲，史献书。”……此一“瞽史”上承“瞽献曲，史献书”而来，故知为二种人，非以瞽而为史也。又《楚语上》记左史倚相之言曰：“……临事有瞽史之导，宴居有师工之诵，史不失书，矇不失诵……”此一“瞽史”下系“史不失书，矇不失诵”，亦当析而二之。然则《晋语》两云“瞽史之纪”，盖瞽有其箴赋，史有其册书，容有同述一事者……

> 又此两种人同为侯王近侍，多谈论机会，自有各出所知以相薰染之可能，其术亦甚易相通。故《太誓》史也，而……其文皆若诗若箴，岂复誓师之辞，盖史之所作而瞽之所歌也，不则瞽闻其事于史而演其义于歌者也。……则史与瞽之所为辄为人视同一体，不加分别可知也。
>
> 左丘能成《国语》之弘制，其必不失明无异义。所以谓之失明者，盖瞽与其事常通，其文亦多合，而“瞽史”一名习熟人口，流俗不察，乃若瞽亦可以作史者。而左丘名明，遂缘瞽史之义，思其反对方面，谓之“失明”，“盲左”之称于以起，不亦诬乎！(页一〇一)

其余类此者尚多，兹不枚举。

顾先生《自序》又谓：“村居所书，实不仅此。有以问题较大，一时不易得结论而未收者，大抵皆制度也。有以所记过琐细而未收者，大抵皆名物也。此外尚有论宗教者，论文艺者，俱以待补充而未编集。将来稍解菽水之虞，得徜徉于文史之囿，当更编为四卷，制度一，宗教二，文艺三，杂记四，为《浪口村续笔》。其抗战前所为，亦拟别录为数编。俟我暮年，更将一生笔记删削合并，取英人培根之言，命之曰《拾贝编》，窃附于王鸣盛《蛾术》，李赓芸《炳烛》之后。”(页四)以顾先生之宏才硕学，必有惊人之发现。吾人将拭目以待其杀青也。

广东丛帖叙录

《广东文献丛书》之一　冼玉清编著

一九四九年六月广东省文献委员会印行　铅字本一册

冼玉清女士，能诗词，好绘画，著述有：《赵松雪书画考》《管仲姬书画考》《梁廷枏著述考》《粤东印谱考》《广东鉴藏家考》《广东女子艺文考》《苏轼儋友录》《苏轼与海南动物》《更生记》《招子庸研究》《流离百咏》等。

本书集录清乾隆四十七年(一七八二)至道光八年(一八二八)粤刻丛帖二十一种，首杜定友《序》，次著者《引言》、《广东丛帖一览》、潘仕成刻《海山仙馆丛帖一览》，次叙录藏家、摹刻者，及前人题跋与帖目，间加按语。如《贞隐园集帖》十册，跋云："按此书甲集为夏碑至周金文……癸集明帖。此帖所临，与原迹对照，精神既失，结字亦多不合。此则远逊于《吾心堂临古帖》者也。又此帖对于书家时代之先后，排比颠倒。如杨凝式为五代时人，排于唐前。虞、褚为初唐书家，反排于颜、柳之后。……"(页一四)《寒香馆法帖》六册，云："按寒香馆李北海《奂上人帖》，非真迹。朱子《云谷诗》原本在新会朱小晋家，近楷书。查朱子书多行草，此本与其他书体不相似。其纸仿硬黄，故疑为临本。

此书标题六册，而此刻仅四册，则钉装之不同耳。”（页二八）《耕云溪馆集帖》四册，云：“按《绛帖》之刻，吴氏筠清馆、叶氏耕霞溪馆、潘氏海山仙馆均有之。叶胜于吴，吴又胜于潘，终以耕霞馆为最胜。……”（页三一）语颇中肯。

惟《丛帖一览》和叙录中似宜添上版本，使读者更便检阅。如《海山仙馆尺素遗芬》，有民国十二年癸亥上海会文堂书局本，称《海山仙馆法帖》，卷三赵光致德畲二兄书内云：“……软红硌硌，无足告慰。……”因上下页关系而致重复一行。苟原本无误（因手头无原本），岂非画蛇添足乎。此版本之可贵也。又本书校对极疏忽，鲁鱼亥豕，满纸连篇，其已正误者不计，兹举例如下：1. 衍文，“宋之不足征也”，衍之字。（杜序页一）2. 落字，“听（帆）楼所刻二居士帖”，落一帆字。（页八三）

（《燕京学报》1950 年第 39 期）

陶渊明之思想与清谈之关系

陈寅恪著　一九四五年燕京大学哈佛燕京学社出版
毛边纸铅字本一册五十八面

陈寅恪先生精研魏晋南北朝隋唐五代史。本书系继《唐代政治史述论稿》及《隋唐制度渊源略论稿》之后而出者。

全书约三万字,言简意赅。前论魏晋两朝清谈内容之演变,后论陶氏族类及家传之信仰。

1. 关于清谈内容之演变,举当时所谓自然与名教二者为不可合一,即异而非同之代表人物"七贤"为例证。如主张自然最激烈之领袖嵇康,因不与司马氏合作,即坐违反名教之大罪,而为司马氏所杀。向秀因嵇康被诛,则完全改图失节,弃老庄之自然,遵周孔之名教。故自然与名教二者不可合一,即不相同,在当日名士心中向子期前后言行之互异乃一具体之例证也。阮籍虽不及嵇康之始终不屈身司马氏,然所为不过"禄仕"而已,依旧保持其放荡不羁之行为,所以符合老庄自然之旨;故主张名教身为司马氏佐命元勋如何曾之流欲杀之而后快,观于籍与曾之不能相容,是当时人心中自然与名教不同之又一例证也。刘伶之纵酒放达,亦不过有托而逃,藉此不与司马氏合作之表示,与阮籍之苟全性命同是老庄自然之旨。阮咸任达不拘,与叔父籍为竹林之游,居母丧,纵情越礼,亦可见自然与名教二者之不能合一也。山涛本来亦与嵇康同为主张自然之说者,但其人元是司马氏之姻戚。故卒依附典午,佐成篡业。至王氏戎、衍兄弟,既为晋室开国元勋王祥之同族,戎父浑、衍父乂,又皆司马氏之党与,其家世遗传环境薰习固宜趋附新朝,致身通显也。魏末主张自然之名士,经过利诱威迫之后,如阮籍、阮咸、刘伶之徒,尚可见谅于世人,盖犹不改其主张自然之初衷。至若山、王辈,其早岁本崇尚自然,栖隐不仕,后忽变节,立人之朝,跻位宰执,此等才智之士,势必不能不利用一已有之旧说或发明一种新说以辨护其宗旨反覆出处变易之弱点,故自然与名教相同之说所以成为清谈之核心者,原有其政治上实际适用之功用也。

2. 关于陶氏族类及家传之信仰,略谓,尝考两晋南北朝之士大夫,其家世夙奉天师道者,对于周孔世法,本无冲突之处,故无赞同或反对之问题。惟对于佛教则可分为三派:一为保持家传之道法,而排斥佛教;二为弃舍其家世相传之天师道,而皈依佛法;三为持调停道佛二家之态度,即不尽弃家世遗传之天师道,但亦兼取外来之释迦教义。渊明当属于第一派,盖其平生保持陶氏世传之天师道信仰,服膺儒术,而不归命释迦也。

又谓,东晋之末叶宛如曹魏之季年,渊明生值其时,既不尽同嵇康之自然,更有异何曾之名教,且不主名教自然相同之说如山、王辈之所为。盖其己身之创解乃一种新自然说,与嵇、阮之旧自然说殊异,惟其仍是自然,故消极不与新朝合作,虽篇篇有酒,而无沉湎任诞之行及服食求长生之志。推其造诣所极,殆与千年后之道教采取禅宗学说以改进其教养者,颇有近似之处。然则就其旧义革新,“孤明先发”而论,实为吾国中古时代之大思想家,岂仅文学品节居古今之第一流,为世所共知者而已哉。

综观陈先生看法之敏锐高超，无怪其批评梁启超氏于其所撰《陶渊明之文艺及其品格》一文中谓“其实渊明只是看不过当日仕途混浊，不屑与那些热官为伍，倒不在乎刘裕的王业隆与不隆”，“若说所争在什么姓司马的，未免把他看小了”，及“宋以后批评陶诗的人最恭维他耻事二姓，这种论调我们是最不赞成的”，系取己身之思想经历，以解释古人之志尚行动，皆所难通。斯言甚允。

（《燕京学报》1951 年第 40 期）

学术消息

周口店北京猿人头骨之发现

自民国十年德人基旦斯克(Zdansky)在北平西南一百一十里之房山县周口店发现猿人牙齿以后,农矿部地质调查所于民国十七年开始作大规模之发掘,是年十月得到下凹齿一枚,定名为北京猿人(Sinanthropus Pekinensis)。自是厥后,工作进行不辍,得猿人化石甚多。至十九年十二月二日,担任发掘之裴君文中,发现完好之猿人头盖骨,仅缺鼻部以下之上下颚及齿牙,余均完善,不必修理即可研究,实学术界之重要发现。在此时以前,世界上发现之猿人化石,有一八九一爪哇中部 Trinil 之 Pethecanthropus,一九〇七德国 Heideberg 之 Palaeanthropus,及一九一二英国 Piltown 之 Eoanthropus,然皆不如此次发现之北京猿人头骨之完好便于研究。据协和医科大学教授步达生君之研究,北京猿人之脑量,较爪哇猿人为大,其智力当较发达。此外经专门家初步探讨,可得而言者约有数端:

1. 以前周口店所得之猿人牙齿,经专门家之研究,知猿人之年龄有自七八岁以至于三四十岁者。以周口店蕞尔之地,已有不同之猿人成为化石,则当时此种猿人必甚繁殖。故即令不能证明亚洲为人类之最初发生地,然此种猿人在中国已甚发达,则可断言者也。

2. 在周口店发掘,获得与北京猿人同生存之他种动物化石甚多,经杨钟健博士之鉴定,知北京猿人至少在北方黄土层形成之前,已经存在。地质学上谓之属于第四纪之下部(Lower Pleistocene)或多新纪(Polycene),与爪哇猿人年代大致相同。

3. 周口店发现有中国南方所常见之水牛之化石,又有热带动物象及犀牛之化石,足以证明周口店当时气候甚暖,雨量亦多,与今之南方近似。

又据专门家考察头骨之形式及其面积,定为青年之成人头骨。坎拿大化石学家布莱克博士谓此为妇人之头骨。布莱克于本年七月三十日复于中国地质学会开“北京人”展览会,并闻将依照此头骨制成模型运往国外博物院,以供科学家之研究云。

殷墟发掘之重要记述

安阳殷墟出土龟甲兽骨文字,自前清光绪己亥(一八九九)至今三十年间,先后达数万片。村人私自发掘经古董商辗转售之海外者,不可胜计;即英籍牧师明义士所藏已达五万片。(近闻已为乱兵损其一部)民国九、十三、十六及十七年春,贩卖者皆有集众发掘之举,所得甲骨尽已杳无下落。夫殷墟蕴藏有限,经一度非科学之搜罗,即减少一部分之储蓄,且因搜求字骨而毁弃他器,紊乱地下情形,学术上所蒙损失尤大。中央研究院历史语言研究所有鉴于此,遂于十七年冬间派董作宾君前往调查。试掘旬余,知甲骨之蕴藏大体已尽,所余多属四下冲积之片。然人骨兽骨陶片杂器等出土甚多,于考古学上实有重大价值。十八年春复派考古组主任李济君及董君重往发掘。工作数月,成绩极佳。惜为当地人士阻挠,未竟全功。兹略述其重要发现于下:

1. 雕刻　器已折为三段,凑集一处,高约尺余,作一人蹲踞状,自腰至胫尚完全无缺,双手握腿部,故双臂得保存一部分,臂上镂有花纹。据李济君考察确为商代之物,至少当在三千二百年前,与西方之巴比伦埃及式样迥不相侔。

2. 陶器　较安特生在仰韶及甘肃所发现,陶作方法无大变而较精。陶器中惟礼器之鬲系殷墟与仰韶所共有者,特制作较进步,形式亦有变化耳。传世之商周礼器尊彝之属,与此次所掘获之陶器,形式相似处甚多。由此可知礼器系由用器演化而来;而铜器之形制,则完全承受瓦器也。又西方学者颇有主张商周铜器之螭龙饕餮花纹,系来自斯西亚(Scythia)者,然周之时代较西伯利亚兽形装饰盛行之时期为早,何能反受其影响?今兹所获之陶片,其花纹已多为兽形,而豕爵残片尤为精细,足证此种形饰,在殷商时代已经盛行,绝非受 Scythia 影响而后然也。

3. 铜范与青铜器　铜器内有铜箭簇之属,并掘出铜范。商代之为青铜时期(Bronze Age),得此可为确证。

4. 甲骨　掘获甲骨亦甚多。内有兽颅骨一具,据董君作宾审释文字定为麟骨。又因释为“白麟”之“麟”字,形似马而头上一角;又此文刻于兽头上,观其牙知为牛类,推知中国古代所谓麟,当即一角之牛,足以是正明以来旧说以长颈鹿为麟之非。(详董君所著《“获白麟”解》,载在《安阳发掘报告》第二期)

5. 俯身葬　获尸骨一具,身伏卧于土上,知铜器时代有俯身葬之习惯。

又据董作宾君谈本年七月间，该所又自安阳运古物四十一箱来平，有瓦器、陶片、残石、人骨、兽骨、明器、贝壳等，尤以碎陶片为多。闻已编号完竣。该所编辑之《安阳发掘报告》第一期早已刊布，第二期亦将印刷竣事，现正着手编纂第三期云。

中央研究院发掘山东谭国故城

数年前，齐鲁大学教授山东益都吴君金鼎，考得济南附近龙山镇有春秋时谭国故城，时有断瓦残砖发现，曾详细告之中央研究院。今岁晋军据济南，在龙山掘战壕，更掘出古物甚多。中央研究院于是决定来济发掘，遂与山东省政府合组山东古迹研究委员会，先发掘谭故城，明岁再及临淄齐故都。自十一月七日起开工，成绩甚佳。兹北平《益世报》所载参与发掘之董君作宾详细谈话，节录于下：

1. 谭城故址。出龙山镇东门有一小河，即《水经注》之武原河也。河东岸高原突出地面者，即谭国故城。惟《水经注》河在城东，今在城西，稍有违异耳。步上高原，即可望见谭城版筑痕迹。城纵横四百五十米，每版约厚半尺。

2. 故城情形。发掘后入地一米突，即发现谭国故城垣，垣阔十五米，版筑痕迹显然。城垣上有用汉砖所砌坟墓，知汉时谭城尚有居人。除最上层有近代物品外，自谭城城垣以下迄未发现汉以后物，知汉以后此地已为芜城矣。

3. 发掘成绩。掘出之古物，以陶器中之豆、鬲、罏为最多，尚有八分完好者。掘至谭城以下，即见灰土，杂以黑色陶片。在此地层，绝未发现谭国以后物品，足证此黑色陶片确在谭国以前。又在此地层中并未发现铜器，则此种陶片至晚亦当在铜器时代之殷商，或且在商前。陶片色黝黑，光可以鉴，且有极细之罗旋花纹，可以想见当时工业技术之进步。谭城及谭城以下所得物品，洗净编号者达一千一百九十三号，约万余件。陶器中有豆、鬲、鼎、罏、瓯，以豆、鬲为最多。铜器中有箭簇、泉币、半口齐刀。石器中有石刀、石斧等，玉石亦有二枚，据考查最晚亦系汉代之物。骨器中有骨笄、骨锥、骨针、骨箭簇及占卜之牛肩胛骨。而占卜之牛肩胛骨，实与殷墟之甲骨同时，诚殷墟以后最重要之发现矣。

又本月七日在壕内深二丈许之处，发现唐代古墓，得圆磁罐二，陶器一，色红，半截色绿有黄点若干。墓内尸骨纵横，头骸俱大于今人。该会以气候日寒，遂将工作结束矣。

北平图书馆购获河西大藏经

国立北平图书馆，于十八年十一月，购获西夏文书籍百册，经钢和泰及陈寅恪教授审查，知为《河西大藏经》之零帙。此外尚有佛像数帧，及中文书数册；中有元写本佛曲，甚可宝贵。兹转录该馆某君所撰之说明于下：

西夏文译《光明经》《华严经》等百册，折本，每本页六行，行十七字。版心题所译经名，与上虞罗氏杭县邵氏所藏残本合，盖即元时所刊《河西大藏经》之零帙也。河西字即西夏字，当元之世，河西路尚盛行西夏国书。今此项译经出土于甘肃宁夏废址，足证元平江路碛砂延经寺所刊《大宗地玄文本论》卷三后大德十年松江府僧录管主人顾文中所云施于宁夏等路之说之不谬。考河西字藏经之刊，创始于元世祖时，成宗时中断，后仍续刊，至大德时告成。今所见译经版式长短及纸墨前后不一致，即非一时所刊之证。今若据译本以校译本所据之底本中文译本，不仅数千百万之西夏图书均可通读，即其西藏文系之西夏文法亦可求其贯通。学术上最愉快之事，无过于此者矣。

又该馆自购入《河西大藏经》后，即请深通佛典之周叔迦氏编列目录，已告完竣，该馆馆刊之《西夏文专号》，当刊布之。

科学团体入川考察

北平静生生物调查所与南京中国科学社生物研究所合组四

川生物调查团，于今春赴川采集标本。三月中旬抵重庆后，分为四队。第一队由汪发缵率领，担任西川一带，北上松潘剑阁，深入秦陇之交。第二队由郑万钧率领，西入川边，盘桓建昌道之北境，以打箭炉为目的地，注重松杉两科植物之研究。第三类专采集动物，尤注重鱼类，以徐锡蕃主其事，自重庆溯江西上。第四队则方文培率领，担任川边峨嵋、马边、雷波、屏山、建昌、会里一带，深入滇黔之交，并于春秋二季，两上峨嵋，为生物生态之研究。

农矿部地质调查所，中山大学地质考察团及中国西部科学院生物标本采集团，联袂入西康，从事采集，与四川生物调查团入川边之第二队相值。历时数月，采集甚多。各团体以西康文化低落，于九月十八日假打箭炉图书馆联合举行展览会，陈列采集之标本，以灌输科学知识于一般人士。其后各团体复分三路采集，一路取道九龙赴建昌，一路由汉源赴建昌，一路则运标本，于十月十七日自康定取道雅州、成都，直趋北碚三峡，已于十一月十六日达到，计运到植物二千六百余种，鸟类五十余种，昆虫八百余种，矿物类数十种云。

又四川拟成立科学院，今岁九月，派章君树榆赴川东采集植物标本。章君身临奉节、巫溪及鄂属之天心岭、陕鄂川界之鸡心岭、牛皮寨等处，共采得标本八百余种。其森林植物类，如一千米至二千五百米山地发现之油杉，一千八百米至二千五百米山地发现之华山松、马尾松、杜松等，种类特殊，与习见之松杉不同，尤以壳斗科之植物及鸡心岭发现之空桐种为罕见云。

西北科学考查团之工作及其重要发现

西北科学考查团第一批团员黄文弼君等于民国十六年四月间出发，由内蒙至新疆哈密、迪化等地方作考古工作。历时三载，辗转数千里，于本年九月间归来，计其所得古物有汉铜器、铁器、骨器、陶器、石器、写经残纸、泥塑佛像、石型、壁画、木器、畏兀儿文字残纸、木简、墓砖、玉器、漆器等九十余箱，实为中国人在新考古者之创获。兹录黄君关于考古工作报告如下：

1. 贝勒庙北之古城。贝勒庙属喀尔喀右翼，为多罗达尔汉贝勒游牧地，故称贝勒庙。庙东北七十里许，有一故城，时大队骆驼未购齐，乃乘间于六月初间前往视查，在贝勒庙附近采拾石器。后即沿爱不哈河东北进，二日至姥弄苏木(多庙之意)，有古城遗址，房舍庙基，尚能见其仿佛。复在城中觅得汉文、蒙文石碑各一方，汉文碑记为《王傅德风堂碑记》，乃马扎罕之子八都帖木儿于至大元年立为王傅，管领德宁、砂井、净州、集宁等路，在此建设王府也。又其撰文与书丹之人，皆署明净州路，故余疑此城为金净城故址也。

2. 黑柳图，蒙名哈利乌台。因果尔有河名黑柳图河。经阴山之阳，南流，由乌兰鄂博入河套。工作地即在河之西岸。时大队先行，余留此工作发掘七日，共得铜铁器约二百余件，又骨器、陶器之类，约陈两箱。以掘得器物证之，疑为汉代兵营。此地当汉五原北境，盖汉由五原攻匈奴道必由此也。

3. 额济勒河之古庙及天仓北古堡。余当大队抵额济勒河休息时，余则乘间出发考查，先由额济勒河故道北行，途中发现一古庙，采拾写经残纸甚多。本地喇嘛称为唐古特文字，然其中字体不一，想非一种。复转西行，经索果淖尔喀巽淖尔，中国地图称为居延海。复由喀巽淖尔之西隅沿木伦河南行，在河岸古烽台遗址，捡拾铜矢镞之类若干。抵天仓后，在其北一古堡中，发现木简数枚，要皆为汉代故物，盖此一带为汉时出兵居延海，以攻匈奴之要道也。（详见余《额济勒考查记》）

以上三者，皆弼在蒙古地工作之重要区域，又沿途尚拾有石器、陶片甚多。尤以在巴丹格林大沙漠之东麓发现石器为最佳。其区域长约十余里，石器种类亦甚完备，缀采三日，约得二千余件。古代人民居住之遗迹与移徙，借此可得一证明也。

4. 马耆之明屋。余此次之复至吐鲁番也，时气候已暖，不堪工作，略一视查，即至马耆。当海都河之南，距马耆四十里，有一旧城，其西南三十里许，有若干废寺，山上山下，自成行列。土人名曰明屋，即千屋之义。曾遭兵毁，东西人士率来游历。有一庙虽遭兵燹，然尚未经前人发掘，料必有遗物保存其间。余于六月中旬乃开始工作，每日十人二十人不等，发掘十余日，发现泥塑佛像及石型若干，装陈二十余箱。石型之背面，均刻有当时通行之印度系文字。又在其西之佛洞内，掘拾写经残纸少许。发掘既竣，又踏查海都河沙及霍垒山一带，古迹亦多为外寇所毁云。

5. 库车，古龟兹国地，疆域甚大，包今之库车、沙雅、托克苏、拜城。余循序先考查库车之西面，经托克苏，至沙雅之北，转而南抵塔里木河。复由沙雅之东，而北至托和鼐中，而西返库车，行程七十余日，计掘拾铜铁诸器及泥塑像、石型、壁画等类共十余箱。

6. 和色尔佛洞。当库车之北山，渭干河西源，经行其间，在河出入山口处，依崖凿洞，石室林立。出口处为库木土拉之千佛洞，入口处为和色尔之千佛洞。和色尔佛洞较库木土拉为多，惟上下二层均被土人及东西游历人士剥掘净尽，惟上层尚未经前人到过，乃系绳凌空而上，工作十余日，计得木板经纸若干，皆印度系文书。此举为在马耆库车工作之大者。此外在仑台、库车间戈壁中踏查发现古城古址，为外人所未至者，无虑数十，以及山川河流之方位移徙。(详具余《马耆考查记》)

7. 于阗北沙漠中之古迹。此次路线太长，故旅行踏查之时间多，而工作时间少。然在于阗北之大沙漠中，曾觅得一古迹，掘获泥佛像九十余件及残纸少许，文字不同于印度，疑为吐火罗文字。

8. 叶城附近之古迹。在叶城东二十里许，地名拉一普，陶片、铜件甚多，区域颇为广大。余在此拾有铜钱百余枚，其文字类土耳其，同时拾有宋咸平、天禧、崇宁钱，则缠族入新疆之时代，藉此可得一假定也。

9. 巴楚。缠名马拉巴什。其北一站地，中国人呼为九台,缠名托和沙赖。有古城分建于和秋鲁克塔克之南麓。工作二日,掘获古物两箱,泥像、木器为稍多,残纸亦有少许,要皆为印度文书也。

10. 雅尔岩在吐鲁番城西二十里,有旧城,即古交河城。古有两河绕城,因名交河,河流故道尚存,现河底岸高,故又名崖城。余此次工作一月余,计在城中所得者,有畏兀儿文字残纸及木简少许。其城西坟院所得者,有陶器千余件,墓砖百方,皆为北魏至唐之古物,推其年号,可补高昌世次之阙。

11. 罗布淖尔,即古之盐泽,在今海之东北,因地理的变迁,渐次向东南徙,故从前之川湖久已干涸。近数年来水复故道,而从前之干河涸泽,现已汪洋一片矣。余抵此地后,尝编方舟,泛水漫游,觅得石器、玉器及木瓦草类甚多。又在楼兰东百余里觅得烽燧古址,其烽燧之具犹存。工作五日,采掘汉代木简百数十枚,漆器铜件若干,木有黄龙、元延诸年号,迄今已一千九百余年矣。(详余《考古记》中)

余抵迪化后,知吐鲁番所采集古物,已由草地运平。余乃取道北路,经西比利亚东归。日前抵平,而由草地运回之古物亦已至绥远,计所得古物,由蒙古草地运归者十余箱,由新疆运归者,第一次为四十二箱,第二次为三十五箱,迪化尚存少许。共得古物九十余箱,安然到平,喜可知也。又沿途照片五百余帧,工作图四十余幅,路线图百余页。

又第二批团员于七八月间在甘肃续有采获,成绩甚优。兹节录团员陈宗器君报告书于下:

1. 考古学方面。考古学由 F. Bergmen 担任。一,石器,古代石箭镞、石斧、石刀等采集不少,以 Hae to Logoruz Tokboi 及狗畜语二处为最多,约计十余箱。二,竹简,在额济河沿岸古墩子均有发现,以距河二百里之 Bowo Chench 为最多,新掘出者大小二百五十余片。文字均为隶书,中有元始、元康、地节、始元等年号,知为前汉遗物。此外尚有丝织品、麦粟,及鼓板、铜箭、泉币等物。

2. 古生物学方面。古生物学,由 B. Pohlin 担任考察动物化石,G. Bexell 担任考察植物化石。在 Vlan Chench 地方,发掘古代动物化石(俗称龙骨)有十三箱;据云为世界尚未发现之新种。在煤窑地方,发现小动物化石亦不少。

3. 地质方面。地质学由 N. Hovnel 担任。一,贺兰山地层构造:此山由陇北阿拉善旗东延为河套,以北之平原与内蒙沙漠之分界,其厚度有二三百里,中有山口七八处,现曾跨过四次,于地质构造极为明显。二,古海岸遗迹,在额济纳河北口居延海(即 Sogo Uor 与 Gushgn Nor)沿岸一带,系古海岸构成,深掘各地层之贝壳等以为断定时代之证据,并推论变迁之情形。

4. Gedesy 方面由宗器担任,由各团员协助。一,路线地图:在行程一千八百公里中,除前次已测定者外,此次所测定者约九百公里。二,平面测量地图:因工作需要不同其比例尺自五万之一至二百分之一不等,总计器所测定者约八百方里。三,经纬度:内蒙沿途一带之位置,多为前次考查团所测定,新测定者有经度十处纬度十二处云。

中亚调查团赴蒙调查之经过

中亚调查团赴蒙调查最后之一次，于本年三月二十三日彼此协商妥当，订立协定六条。团员组织系中美各半，美国正团长安得思，副团长谷兰级，中国正团长张席禔，副团长杨钟健。全团自五月二十六日由张家口出发，至十月五日回平。所经过之路线为万全县、张北县，沿张埠往库伦之大道，而至哈达庙、滂江、及二廉等地。其详细调查之区域为哈达庙，古尔东乌苏，突忽木乌苏，二丁欧布，及西苏金喇嘛庙等一带。计所得标本材料一百二十余箱。除有脊椎动物化石外，尚采得少量之古代植物标本，及新器时代之石器等，颇有研究之价值，此项化石，业经古物保管委员会另组专门委员会审查完毕，其中有脊椎动物化石一部分确为重复者，已照协定留在中国。其余部分须经缜密研究后，再将重复标本送还中国云。

广东中山大学之云南民族调查

广东国立中山大学语言历史学研究所西南民族调查专员杨成志君于十七年夏前往云南从事调查工作，历时年余，成绩卓著。杨君曾单骑深入川滇交界之巧家、巴布凉山及河口等地调查独立罗罗及苗、猺等部落组织与其生活状况，并搜集有巴布凉山独立卢鹿、夷人、花苗、青苗，云南昆明散民族，安南，瑶人，汉族，回教，摆夷等地民俗品二百余种，及云南昆明夷人《卢鹿经》。（详载该所一二九至一三二期周刊《云南民族调查报告》专号）

文化之劫

年来时局不靖，军事迭兴。当局虽极力注意文化事业，维护古物,然禁令宽弛,网漏吞舟,奸黠者仍得逞其狡谋。益以大兵之后,乱兵之所劫掠,匪众之所残毁,古物书籍因之而毁坏流出者何可胜数?兹就见闻所及,志其重要者数端,期以引起海内学人之注意。然耳目难周,容有关系重大而忽略不载者。读者如能以此项消息见贻,实拜嘉惠。

一　云冈石佛之厄运

山西大同云冈石佛为晋北古迹,去年四月至八月间,被外来军阀勾结古董商与附近村民乘夜斧凿佛头九十六颗,私售外人。自此消息传出后,国家学术机关至为痛惜,纷纷函电地方主管机关严加保护,使我国古代文化美术之胜迹不致再受摧残。古物保管委员会曾派常惠君前往调查。兹录常君报告如下:

十八年九月二十日下午三时至云冈,住于石佛寺。次日开始调查,从东至西,满山满谷,山坡石崖,无处作佛,查无洞基痕迹者不计外,详单列后:1. 石鼓洞失去佛头二十二颗。2. 寒泉洞失去佛头七颗。3. 碧霞洞风雨剥蚀已无佛像。4. 灵岩洞失去佛头六颗。又寺顶洞(俗名尸骨洞)失去佛头三颗。5. 阿弥陀佛洞。6. 释迦佛洞,(释迦洞内有康熙御笔金字)"庄严法相"扁额。以上二洞在寺内正院佛像完好。7. 菩萨洞失去佛头二颗。8. 佛籁洞无失。(以上二洞在西院)9. 阿閦佛洞无失。10. 毘卢佛洞无失。11. 接引佛洞失去佛头二颗。12. 离垢地佛洞无失。13. 文殊佛洞无失。(以上五洞俗名五画洞,在另一院。太和七年碑及十九年四月碑均在接引洞内。七年者,于民国八年古钦明觅得。十九年四月者,于民国十八年九月二十四日拓字工人李万寿觅得)14. 15. 今均万佛洞无失(村人居此二洞)。16. 亦万佛洞,失去佛头四颗。17. 无名洞无失。(太和十三年碑在此,于民国十二年石佛寺僧人广玉在此觅得)18. 接引佛洞失去佛头四颗。19. 普贤佛洞无失。20. 阿閦佛洞无失。21. 宝生佛洞无失。22. 白佛洞无失。以下洞皆无主佛,无从知其名,故以白佛洞后第几洞记之,无失则不书。第四洞失去佛头十五颗。第十六洞失去佛头六颗。第十七洞失去佛头七颗。第十八洞(俗名塔窑洞)失去佛头十三颗。(太和十九年碑在此洞外,约于民国十年左右发现者,字迹模糊,未有拓片)以上共失去佛头九十六颗。其所以失去如此之多者,在于今年五月初一日,有某军副官一名,来自张家口,带有马弁一名,兵士四名,及一姓郑者,另一古董商刘某,假作游历,并用零钱散施当地穷人,诱其帮忙斫凿佛头。及至寺僧知晓,急速报县,县中赶派警察到来,某副官已携带斫下之佛头行至观音堂,正与警察相遇,一兵士故与警察捣乱,一方副官携带佛头从旁路逃走,结果一无所获,只捕获嫌疑犯二名,一为古董商刘某,一为当地流氓邢润喜,后县中以邢润喜无甚嫌疑,将其释放。然不知邢某正属盗犯之一,回村后更为大胆,从此勾结该村无业之人,夜夜斫凿,故此次损失实为一大原因。虽中央及省政府迭命保护,然县中张贴告示,派警巡查,均属枉然。闻警察亦有与彼等勾结使钱之事。及至八月间,大同县长亲自视查一次,又由僧人告发当地流氓盗佛人十余名,由县中逮捕拘押,事始稍息。二十五日回至大同,赴县署与县长作最后之接洽,请县中应行注意事项如下:1. 由县中派警察常川驻守。2. 不时派员密查有无偷盗及伤毁佛像情事。3. 预防驻守警察疏忽或与村人及古玩商勾结。4. 如有外人游历预防其偷取及伤毁。5. 零星修理由县中及本地绅董担任。较大工程则请由中央拨款云。

二　长沙图书馆被焚

长沙图书馆，经营数年，庋藏颇富。叶氏观古堂藏书之一部分，亦寄呈馆内。又该馆年来搜罗湘中先贤遗著，拟为刊布，所藏亦多。本年七月底，赤卫军陷长沙，市内巨厦多罹火劫，而图书馆亦与焉。数载搜罗，悉付一炬，兴念及此，为之长叹！

三　古物流出海外

近世出土彝器以夨彝为最，上虞罗氏尝详为之考释。惟此器已为沪上商人程某以三万七千金转售诸美人矣。又今岁洛中新出古彝器数十事，中有三足彝，至为罕见，闻亦已由平转津秘密运往外洋。近时研究古史学、古文字学之风甚盛，而地下材料实为研究最好之资料。故海内学人咸注意于保存古物，立法院且为专布法规。而古物之出口者，不为之稍杀。甚望海内学人及有维护古物责任之当局，妥筹善策以为之防遏也。

四　海源阁藏书散佚

山东聊城杨氏海源阁藏书，多汪氏艺芸精舍故物，而远承黄氏士礼居之遗，宋元精椠甚多，类皆海内所仅见。去岁尝有将售出之风传，海内学人曾大声疾呼防止其流出海外。今岁鲁中构兵，杨氏所藏乃悉为乱兵所劫略。平中厂肆时发见杨氏故物，多半断简残篇，零落不完。数世庋藏，一旦散佚，且又东鳞西爪，卷帙残佚，此实学术界之重大损失，非但为杨氏私人悼惜已也。

中央研究院新刊要籍

宋元以来俗字谱 刘复

是书辑录宋元以来坊刻说部,及他书所用之俗字,以为谱,实研究近世文字学必备之资料。

金石书录目 容媛辑

此书为容庚君女弟容媛辑,分类谨严,搜罗完备。末附索引,尤便检查。金石书目录,当以此为最详赡矣。

敦煌劫余录 陈垣

是书将北平图书馆所藏写经卷轴分类排列,体裁明晰,极易检寻。敦煌卷轴,公家贮藏者,以北平图书馆为最多。虽精华先被英法攫去;然即其所遗留者,固亦足已供学者之探讨矣。然至今迄未有目录刊布,视英法诸国无目不备者,能无愧怍?此书一出,足以弥此缺憾。且部勒学术上重要资料,使之条理明秩,学者得即目求书,实目录学上之要籍也。

说文阙义疏 丁山

丁君根据金文及甲骨文字，以补正许书之阙，实叔重之诤臣，治文字学者所必当稽考者也。

校辑宋元金人词 赵万里

宋元金人词，除《彊村丛书 · 四印斋所刻词》所刊布者外，未刊者尚多。经赵君搜辑，又得数十种。其中多半出自辑录，如袁易之《静春词》、杨宏道《小炎词》、张之翰《西岩词》均不经见。此书行世，治文学者又多一研究词学之丛刻矣。

故宫博物院最近刊布书籍

太平清调迦陵音一卷 明曲阜叶华辑 价售一元二角五分

此书自明刊本叶氏所著《青莲露》内摘出。前附《迦陵音指迷十六观》，实录自张炎《词源》卷下。今所传本《词源》讹字颇多，以此本校之，当有所获。

李孝美墨谱三卷附潘膺祉墨评 价售二元五角

此书据明万历间歙县潘膺祉如韦馆刻本影印。赵斐云君取以校四库本，录为校记，附刊于后。《四库》文津本仅采松造窑有图说，余皆有说而佚其图。文渊阁本虽图说并存，而所图者与此本迥殊，当出馆臣臆补；盖其所据之祖本天一阁本，固无此六图也。后附潘膺祉《墨评》一册，皆依作者原来笔迹摹刻者也。

筹办夷务始末 定价道光朝二十四元 咸丰朝二十四元 同治朝三十元 共价七十八元

此书乃集清道光以来对外交涉之档案而成，自道光十六年议禁鸦片始，至同治十三年止。凡上谕廷章奏，以及往来之照会书札，均编年纪月按日详载，诚近百年来外交史上之重要材料也。

殊域周谘录 明严从简辑 全部定价六元

此书记载朝鲜、日本、流球、安南诸国，以及南洋群岛，蒙古，西域之地理、人情、风俗、历史颇详。以语涉异族，触清廷忌讳，列入禁书，甚少流传。故宫据明刻本排印，研究有明对外史实者所必备之书也。

淮海居士长短句 宋秦观撰 每部价洋八角

此书宋刊元印本，版已漫漶，经修补兼多钞配之叶，书末有严绳孙题识，称为北宋监本。考卷中宋讳慎敦均减笔，而敦字有剜改之痕，殆乾道时刻本。今摘印集中长短句一种，以供词家之浏览。

故宫月刊 每月一册 每册二元 每六册十一元 十二册二十二元

此书为故宫博物院新出定期刊物，将故宫原藏书画金石等器形文字罗辑影印，于原物之考据尺寸，及历存所在注释綦详。现已出至第十一期，颇多珍贵之材料，如散盘、新嘉量、颂鼎、季尊等器，唐董展《三顾草庐》、宋郭熙《山庄高逸》、元朱德润《雪溪归棹》、清郎世宁山水等图，南唐李庭珪墨迹、宋定武兰亭真本、宋苏文定公辙等墨迹。太平天国石达开职凭，太平天国忠王李秀成札，清康熙谕罗马教皇专使多罗硃笔等，则近代史上之材料，足供学者之参考。

文献丛编　每月一辑　每辑五角　半年二元七角　全年五元二角

此书原名《掌故丛编》，已出至第十辑，自第十一辑起改名《文献丛编》，现已出至第五辑，内容体裁与《掌故丛编》大致不差。其篇目真迹有《雍亲王致年羹尧书》，太平天国英王陈玉成致梁成富等书。此外如《允禩允禟案》《张倬投书案》《乾隆朝文字狱》，以及陈玉成致马融和等谕，陈炳文、张学明、陶金会《投诚禀》等篇，皆属近代史上之重要史料也。

史料旬刊　每旬一册　每册四角　半年六元五角　全年十二元

故宫博物院所藏多属有清一代史料，其整理就绪者已分别编印《文献丛编》及《丛书》行世。惟贮藏浩繁，整理需时，如恃《丛编》《丛书》又恐时日稽迟，用特加出《史料旬刊》一种，以辅《丛编》《丛书》之不及，凡属有关文献可供考征者，随时发见，即行刊布。现已出至第十五期，珍贵之材料不少，如《雍正安南勘界案》《俄罗斯喇嘛学生案》《康熙四十八年广东督抚奏西洋人进贡案》《乾隆二十四年哄咭唎通商案》《嘉庆朝哄咭唎通商案》《雍正朝外交案》诸篇，足供外交史与中西通商史之参考，及补夷务始末之不足。《嘉庆诛和珅案》中之诸件亦多为《东华录》

所未载。

北平图书馆刊行珍本经籍

今春一部分人士发起，请国立北平图书馆刊行珍本经籍，定名《北平图书馆丛书》，仿《知不足斋丛书》例以若干种为一集。开办费暂定一万元，除由图书馆筹拨一部分外，余由发起人认股，并请海内外人士认股赞助。书籍刊成，认股者得按定价核折分书。现已印出三种，其余当继续刊布也。

通制条格二十二卷 实价六元

此元代官书即大元通制中之条格也。卷内纪事至延祐年止，分户令、学令、选令、军防、仪制、衣服、禄令、仓库、厩牧、捕亡、赏令、医药、假宁、杂令、僧道、营缮等十九项。该馆以旧藏内阁大库明初墨格写本影印。

全边略记十二卷 明桐城方孔炤著 实价六元

记载明季边事至详，乾隆间入禁书目之列，流传极少。现该馆将明刻初印本影钞补足排印刊行。

埋剑记二卷 明吴江沈璟著 实价二元

沈氏为明代曲律专家,所撰传奇仅《义侠记》见刊于毛氏六十种曲。余并未见传本。该馆现从鄞县马氏借得明继志斋刻本,附图影印,以供同好。

本所刊行史学要籍二种

王荆公年谱二十九卷 蔡上翔著 附年谱推论一卷熙丰知遇录一卷 杨希闵著

蔡氏著此书,前后数十年,搜讨至勤,立意在表章荆公,辞辟历来官私书之诬妄;而考证精核,不惟荆公积谤于兹大白,即熙丰变革之真实成绩,亦昭然若揭,直宜作政治史读。旧刊颇不易得,兹为点读重印。新城杨希闵尝删节蔡氏书为《年谱节要》,于蔡氏书所未备者,恒有补苴发明。今取以散入本书,以省两读。杨氏又尝博证群书成《年谱推论》一卷,又节取李焘《通鉴长编》神宗荆公君臣问答之语,成《熙丰知遇录》一卷,尤足与蔡氏书相表里,兹亦附刊于后。此书排印告竣,即将发售,每部定价五元。

历代石经考 蒲圻张国淦著

张氏此书，稿凡数易，用力至勤。书分二编，第一编考源流，第二编考文字。此其第一编也。博综历来论石经之书，核其同异以为论断，至为精审。石经上问题已有定论者，如汉魏石经一字三字之分，读此更益明晰。聚讼未已者，如《熹平石经》经数碑数之争，读此编亦可得一总解决。唐蜀石经以下，亦一一为之疏通考证，周详精核。每一石经考之前冠以提纲一篇，使读者先得明了之概念。卷末附《历代石经一览表》，以年代为纲，分著其原流变迁，尤便检寻。治经学者必备之要籍也。书已刊刻竣事，每部定价三元。

商务印书馆印行百衲本二十四史

正史汇刻，以武英殿二十四史为最流行，数十年来，屡经翻刻重印。然其书除《两汉》《三国》《晋》《隋》五史依据宋元旧刻外，余悉以有明南北监为蓝本，脱漏滋多。且阙文之外，更有复叶脱简。《旧五代史》辑本原稿具详出处，锓板之时，悉从刊落。又于事涉异族，语犯忌讳者，辄任情为之改窜。学者病焉。商务印书馆蓄志辑刊善本全史，搜求数年，于今岁发售预约，分四年出齐。第一期已于本年八月刊出。其所据板本，除《明史》仍用殿本,新附考证;《旧五代史》采用吴兴刘氏刊原辑大典本外,余悉采宋元明刊本。《前四史》及《晋》《宋》八书、新旧《唐》、欧《史》用宋本,《南北史》《隋书》《宋》《辽》《金史》用元本,《元史》用明本,较武英殿本,固已远胜之矣。又该馆登报访来金承安四年南京转运司刊薛居正《旧五代史》原书。而广西某旧家乃有以家藏半部应征之说,闻已与该馆磋商价格,如能景印行世,则惊人秘笈复流传人间,此诚艺林之盛事,海内外史学界之所乐闻者也。

诸城王氏金石丛书之编刊

诸城王维朴先生为鲁中世家,藏书籍金石甚富。是书共分三集,先刊一二两集,都十三种四十七卷。续出三集,据云共七种二十六卷。丛书所收皆其关于金石未刊之藏本及其先辈之著述。今录其既刊者之目于后:

《嘉荫簃古泉随笔》八卷　东武刘喜海著

《金石家题跋录存》二卷　阳湖孙星衍著

《蕉叶山房藏书画碑帖目》三卷　诸城王玮庆遗著

《王氏家藏书牍选录》三卷　顺德李文田等

《泉苑萃珍》四卷　《都城收买装璜碑帖清册》二卷,《选青阁日记钞》三卷　诸城王锡棨遗著

《寰宇访碑录补遗》一卷《补目》一卷　福山王懿荣遗著

《王氏吉金释文》一卷　《古泉汇补》缺订讹二卷,《周句鑃斋藏石全目》一卷　《十布秘藏之室日记钞》四卷　诸城王绪祖遗著

《大斋所藏古器物文》十二卷　诸城王维朴辑述

程瑶田遗著之刊布

寓津某君,藏钞本程瑶田遗著《果赢转语记》,本年二月间天津《商报》《文学周刊》主编唐兰君为之刊行。(载二月十一日十八日《文学副刊》)近人所论之“联绵字”及古音韵学上之“对转”“旁转”诸例,程氏此书,早已言之。虽立说未必纯,而识见则过人远矣。此稿不在《通艺录》内,他处亦未见传本,惟王念孙曾见之,有跋载《王氏遗文》中。

上虞罗氏新著二种刊布

汉熹平石经残字集录四编　罗振玉

罗氏前尝句勒近数年出土汉石经残字,加以考证,为《熹平石经残字集录》。前三编早已出书,论者服其精核。后复集录近时所发现者为四编。顷已印刷竣事,在平沪传售矣。

丁戊稿一卷　罗振玉

此书乃罗氏丁卯戊辰间所作。其所撰《王静庵先生遗书序》及《别传》诸文,均刊入,凡六十一篇。其最可注意者,当推新出洛芒墓志及金文等题跋三十九篇,足以资史家之参证也。

(《燕京学报》1930 年第 8 期)

中央研究院续掘殷墟

中央研究院历史语言研究所,前岁发掘殷墟,成绩甚佳,本刊前期已略为介绍。研究所考古组诸君,以殷墟时代明确,他处发掘所得器物,以殷墟出土物事与之比较,即可推定年代。是殷墟知识,不啻为他处考古之度量。其在考古学上位置之重要可知。前岁发掘,以扼于兵事及地方人士之阻挠,未竟全功。今春遂复重往,以考古组主任李济之、编辑员董作宾两君董其事。开工以来,所得重要史料甚多。兹分述之:

1. 甲骨　此次发掘获刻字甲骨甚多。中有字骨一片,刻"某日贞卜鬼方"等字。以前出土之甲骨,只有"舌苦方""土方""马方"而无"鬼方",因此有人怀疑殷高宗伐鬼方事属子虚。或又以舌鬼二字音近似,谓舌方即鬼方。此片字骨既出,见于记载之殷代史实,又得一证明矣。

2. 俯身葬　考古组发掘洹水南小屯村西北之四盘磨,又发现俯身葬骨一处。合以前所发现,共得五处。铜器时期有俯身葬之习俗,于斯益信。

3. 陶器　在铁路西侧附近之高楼庄,掘得黑色陶片,有鼎罐壶盂等器,与山东谭故城所发现者相类。如能得此处与殷墟明了之关系,则足以证谭城殷墟两种文化,可以联成一系统。研究古代文化者,可以得进一步之知识矣。

4. 兽骨与石刀　此外发现兽骨——鹿头骨、鹿骨、象腿骨……甚多,旁杂以石刀。石刀与兽骨同置一处,可以想见商代虽已进化至青铜时期,尚未能完全脱离石器时代之生活也。又有一兽骨,宽约九米,长约一米半,似鲸之肩胛骨。鲸为海族,使果为鲸骨,则足以证明当时商人与海滨之关系也。

5. 铜锡　此次发掘,有一圆洞内,铜锡同时出土,可证当时不仅有铜器,且知炼铜之技术矣。

在小屯一带各村内均发现极明显之桁印土层,范围甚广,厚约二寸,有多至十七层者,疑系当时房基。其旁间有灰土坑,杂以破碎陶片兽骨,疑系房基间之空隙,用以倾弃垃圾者也。又有一方坑,长二米半,宽约一米六,四角均九十度,四壁平滑而坚,中间陶片杂出;虽不能知其用途,然可决其必为人工所造。此外有数圆洞,其一出铜、石、陶、锡器、甲骨、鸾刀、玉佩不少,下至八米,仍有所获。“鬼方”字骨即由此掘出。以此情形推测,此数圆洞或系作储藏室用者。大抵小屯村一带,当是殷都之中心,宫室咸集于是。至于四盘磨则似在城外,冢墓之所聚也。

考古组发掘工作,现时暂告一段落。发掘所得,已分别运平整理。李董诸君,亦已于五月中旬还北平矣。

燕下都考古团之重要纪述

河北易县城东南五里,有燕下都故城,历年发现古物甚多,齐侯四器,其著者也。据民国十八年十一月,北京大学考古学会调查结果,故城东西十三里,南北十里,略作斜长方形,其内外多土台共计五十余所。十九年国立北京大学、北平研究院古物保管委员会合组燕下都考古团前往发掘,初拟先掘城内东部广袤二十亩之武阳台,后以台上有庙,恐遭反对而中止。其故城内中部聚于一处之二十四台,其文化层又不甚显著,乃就城北高可七丈之老姥台及其附近加以发掘,自四月二十七日开工,五月三十一日结束,发现物品二百余袋又二十六大木箱,共万余件。二十年一月运到北平,即从事整理,编号登记,三月始毕。现依其时代分类陈列研究。详细报告,亦正在编辑中。本次所得物品,分十七类,以时代言之,燕国古物居十之八,台上层所发现汉代及隋唐遗物居十之二。依其种类言之,则燕国瓦片最多,□片次之,陶片及铜片较少。兹略述其重要发现于次:

1. 瓮棺　上古丧葬多用瓮棺。下都故城东山冈土中掘出数具。老姥台址中亦发现瓮棺残片。

2. 建筑品　建筑品以瓦当为最多,图案不下百余种,阴文者数件。筒片亦多,种类不一,有长至三尺者,图案多为两层,制作精巧,亦有图案单纯者,以其出土层次考之,殆为殷代之物。其铜器残片,及俗所谓阑干専者,管建筑之品也。

3. 苇墙柱迹　老姥台第二层深四尺之处,有古代墙垣一道,内杂苇荻,自西北而东南。垣之上端北倾作二十度,其北侧又有似柱迹者,柱皆焚化为炭,充满柱迹中。各柱径约 0.25m,各柱迹相去各 2.5m,附近发现物品,以燕瓦铜块及俗所呼为専干専者为多。

4. 陶器　陶器较瓦类为少,且多残碎。陶器中以豆鬲为多,豆上有文字及符号者凡七件,燕陶片有女字者二件,台上西南端发现长 50cm、径 48cm 互相衔接之陶筒七节,又台东百余步土岗上出土径一米余、高约一米互相连接之井阑:皆形制之奇异者。

5. 石器　台上南端深一米许之处,发现带孔石器数件,与在故城西南隅之城角村所发现者微异。

6. 铁器　台东冈上土中,发现铁斤一件,与燕时陶片、瓦类同时出土。

7. 古币　台址中及台东土冈中出土之明刀币甚多,又发现安阳布一枚。又台上北面第二层深尺许之处,发现半两钱范一件。

8. 台上南端深二尺余之处发现物品,以隋唐物品为多。兹举其重要者如次:

a. 隋五铢钱三十余枚。

b. 瓦缸数件,残盆及带孔陶片各若干件,陶盌十余件,底下有刀刻“车”字者二件。

c. 带釉陶片若干件,带釉陶罐一件。

d. 铁器　残香炉、钳、斤、铲、杈、镰刀、锄、犁、索、练、锚……钺

刀。(铲上有字者一件)

e. 铜器　铜镞、小锁、小镜。

f. 砖瓦　内有汉墓砖数事。

9. 琉璃器　台上南端发现琉璃残器数件。

山西万泉发掘成绩

晋人卫聚贤君,去岁与山西省立图书馆职员及美国数大学所组之考古团体代表董光忠发掘山西万泉县汉汾阴后土祠故址,得陶器甚多,内有“宫宜子孙”“长乐未央”“长生无极”篆文瓦当三事及“千秋万岁”字砖一方,曾运回太原公开展览。今岁复由北平大学女子师范学院、山西省立图书馆及美国数大学所组之考古团共组一发掘团,重往万泉荆村寻求新石器时代遗迹,以四月一日开工,五月十四日结束,共得古器物十六大箱。陶器内有鼎、鬲、尊、杯、罐、盘、碗、纺织轮、灯等品,内有红地黑白花彩色器物甚多,花纹亦多前此所不经见者。石器内计有石斧、锛、镞、镢等。骨器内计有骨针、簪、锥、钻、镞等。此外尚有蚌器多种,人猿骨骸多件。又发掘时,在地层中发现桃形平底地穴二十余所,深约七八尺,大小不一,大者尚有窗洞,当为人类穴居野处之居处。穴之旁有灶形之孔数所,平方硬底之池一,当即茹毛饮血时代之屠宰池。此次发掘,于人类学、考古学上贡献甚大。

掘出之器物已运回太原从事整理矣。

北京大学研究所国学门最近之工作

1. 高邮王氏遗著之整理

上虞罗叔言(振玉)先生,往岁购得高邮王念孙、引之两先生遗稿数大包,皆未经刊布之著作。罗先生尝整齐其一部分,如《方言疏证补》《释大》《毛诗群经楚辞古韵谱》诸书,已排印为《高邮王氏遗书》。其余尚有十数包,未经理董。前岁罗先生以此稿归诸北京大学国学研究所。其首尾完具,条理明秩者,仅《韵谱》及《合韵谱》整理尚易。余皆单叶零篇,未尝编次,殆晚年属稿未成之作。大部分为关于音韵学之述作,如取《易林》及西京韵文为材料,谱其用韵之字,以明西汉音韵,方法大致如《毛诗群经楚辞古韵谱》相同,盖音韵学上极重要之述作。尚有他种著述,如《读书杂志》之属。然皆未经编次,杂在一处,先后倒置,凌乱无纪。又原稿引书时有笔误,须取原书校勘。整理工作,至为烦难。研究所以此事属陆宗达君,陆君精音韵之学,爬罗剔掘,用力至勤。计整齐编次者已达四之一,余亦陆续进行不懈。全稿竣事之期,或当不远云。

2.《一切经音义引书目》

慧琳《一切经音义》卷数盈百,蕴藏古书甚富,书流传于高丽、日本,至清末始复入中国。故乾嘉诸儒,皆不获睹此惊人秘笈。清代辑佚之风甚盛,如孙星衍、任大椿、王谟、马国翰、黄奭诸人所辑各书,其涉及经学、小学二类者,只能以玄应、慧苑之书为蓝本。琳公音义之所蕴藏,数倍于玄应、慧苑之书,使诸公当时获睹此书,则所成就必将数倍于此。慧琳所引,除小学书外,如经史百家之书甚多,大半皆今所亡佚者,信古义之渊薮,学林之瑰宝也。北大国学研究所,乃有引书目之辑,以戴名扬君董其事,顷已编次告竣。学者得此引书目,即可按图索骥。其佚书之著录于史志者,按目分检,虽存什一于千百,要足以明其体制,稍窥其书之面目。其史志失录者,则可据此以补史志之阙漏。即其书幸存于今者,亦可以比勘其字句之同异、脱漏,固治文字学、音韵学、目录学者所必探索者也。

圆明园遗物展览

咸丰十年(一八六〇)八月英法联军入京,九月五日英使额尔金爵士等令焚圆明园,全园俱付一炬。自中西交通以来,西洋为祸中国以此役为最先矣。自焚毁至今,倏忽七十一年,该园之残毁与日俱甚。吾人现过海淀惟见瓦砾丛中,荒烟弥漫,蔓草遍野,能不令人有抚今追昔之感耶!

兹者营造学社与北平图书馆联合征集所得之圆明园文献遗

物,于本年三月二十一、二两日,在中山公园水榭公开展览以供同好。陈列室共分三部,计有下列各种:

一,文献

甲,图样之属　一,雷氏原存模型,今经北平图书馆整理属于圆明园部分者三百二十余处,计一千八百八十余件。二,中路全图(有慎德堂等处)。三,长春园及西洋楼平面略图。四,乾隆铜版《谐奇趣西洋楼水法图》二十页。五,民国十三年金勋所绘《圆明园图》。六,民国十五年陈文波所绘残毁后《圆明园全图》。

乙,绘图题咏之属　一,《圆明园鸟瞰彩图》。二,《乾隆御制题咏四十景图》(有殿本、天津石印本、上海石印本三种)。三,《沈源唐岱绘图》,巴黎国家图书馆藏中华书局印本。四,《大清会典礼图》四种。五,《江西挽连图》一册。

丙,则例之属　一,圆明园工程做法则例五十五种。二,桥梁并栏杆则例。三,修理船只则例。四,圆明园内拟定铺面房装修拍子及招牌幌子则例。五,谐奇趣旧水法帘幌壁衣等项则例。六,圆明园增塑包纱漆庄严定例。七,圆明园营房定例。八,圆明园内工用铅并玻璃料则例。九,圆明园内工琉璃活较比则例。十,圆明园外檐装修及运远则例。

丁,工程做法之属　一,出入贤良门、正大光明殿等座做法。二,清净地牌楼做法。三,万春园工程做法。四,清夏堂做法。五,鉴园内修理添盖各座房花厅点景平叠落游廊楼座亭子等工做法,钱粮数目清册。

戊,额名之属　圆明园扁额清单。

己,纪载之属　一,《日下旧闻考·国朝苑囿》。二,清宣宗《重修圆明园三大殿记》。三,咸丰十年焚毁档案。四,《圆明园恭纪》附海宁陈氏《安澜园记》。五,《圆明园词》并注。六,《西园引》并序。七,王湘绮《圆明园词》。八,《圆明园考》。九,《圆明园残毁考》。十,《圆明园罹劫七十年纪念述闻》。

庚,外文之属　一,法人旅行书札。二,《乾隆英使觐见记》。三,法人《记英法联军焚劫圆明园事》。四,西什库教堂所著《北京》。五,席伦所著《北京皇宫考》。

二,遗物

甲,太湖石之属　一,青云片(刻有乾隆题名及御制诗八首)。二,云片(刻有乾隆题名及御制诗一首)。三,云片(刻有乾隆题名并诗)。四,搴芝(刻有乾隆题字)。五,青莲朵(同上)。六,绘月(同上)(以上现在中山公园)。

乙,石刻之属　一,兰亭八柱册碑。二,芳簃怡春石额(现均在中山公园)。

丁,砖瓦石之属　一,文源阁残瓦石及碑石。二,舍卫城残砖瓦。三,安裕宫残砖瓦。西洋楼、谐奇趣、海宴堂、方外观等处残瓦。

戊,烫样之属　一,雷氏原存圆明园烫样十八具,中路,大宫门、同乐园、上下天光、恒春堂、思顺堂、泉石自娱、顺山殿、戏楼。南路,勤政殿。北路,课农轩。东路,廓然大公。西路,全碧堂、万方安和、两卷殿、清夏堂全样。此种烫样故宫有慎德堂等残品尚在修理中。

吾人观此庄严宏丽之模型图,则可想见当时建筑之伟大。外人摧残我国文化美术,由此亦可见一斑矣。

北平图书馆与国际学术团体合作

国立北平图书馆,年来与国际学术界发生关系日密。国外治东方学者,每有咨询事项,请求答覆,而西方人士关于中国一般问题,亦屡有咨访。兹将该馆本年度涉及国际关系之事项分述如下:

1. 去年美国历史学会等,曾共同组织一委员会,专任编辑各国官书中之定期刊物,搜罗一千八百年以后各国政府机关出版之定期刊物,一一为之登记。关于中国部分,则委托北平图书馆代为编辑。

2. 国际联合会智育互助委员会,于一九二五年出版之《现代刊物总目》,因遗漏尚多,亟待增补,关于中国部分,亦由委员会委托该馆代编。

3. 国际联合会智育互助委员会为联络各国图书馆事业起见,曾议决每国应设一咨询机关,以指导学者对于专门藏书之利用为宗旨。而各国咨询机关又应互相联络,俾各国人士可以互相利用其他各国之藏书,藉以便利世界学者。该委员会以北平图书馆为中国最大之图书馆,故委该馆为咨询机关。

4. 美国哥伦比亚大学,原藏中国书籍颇富,最近努力搜罗,以期完备。去年特与北平图书馆约定由该馆推荐一人,前往为之整理。当由该馆派定严君文郁前往服务,由该校聘为交换馆员云。

西北科学考查团考查期限延长

西北科学考查团,远征朔漠,弋获甚多。其一部分运到北平,于一月中,假女子师范学院研究所陈列展览。陈列室共分三部。一为考古室,简牍壁画墓砖之属属之。二为风俗室,陈列有新疆土人缠回衣物、饰品、乐器、经典。三则地质室,陈列有各种化石矿质及地质图,而恐龙化石亦在焉。考古方面成绩,皆历史上之重要材料,本报前期略有纪述,兹不复详。

该团于十八年二月请展期二年,至今岁二月期满。团中诸理事,以考查工作多未完成,因议决延长二年,至二十二年五月八日止,并呈由教育部转呈行政院备案矣。

西陲学术考查团之组织

近年以来，国内学术团体，远涉边疆，作学术之考查，如西北科学考查团、静生生物调查所、地质调查所诸机关，成绩咸斐然可观。然皆为一二机关之单独行动，或窘于经费，规模未能恢宏。中央诸当轴及学术界闻人，乃发起为大规模之组织，定名为西陲学术考查团，由国家拨定经费，国府指定各学术机关参加，团员以本国人为限。经费之充裕，组织之完备，盖前此所未有也。该团组织大纲，已拟定通过，并已推定蔡元培、李石曾、吴稚晖、戴季陶、陈布雷、朱家骅、翁文灏、傅斯年、竺可桢、李四光、徐炳昶、钱昌照、杨杏佛、秉志为理事，蔡元培为理事长，以处理全国事务。

考查团共分五组：1. 地理，2. 地质，（以上共为一组，由地质调查所、地质研究所、两广地质调查及气象研究所担任）3. 生物，（由静生生物调查所、自然历史博物馆担任）4. 人类，5. 考古，（共为一组，由历史语言研究所、社会科学研究所担任）考查范围分三期进行。第一期由张家口经内蒙阿拉善至新疆迪化至阿尔泰约一年半。第二期自迪化分向塔城、伊犁、喀什噶尔约一年。第三期自喀什噶尔沿昆仑山且末附近入青海经西宁归，约一年。总计须时四年。考察范围与中瑞合办之西北科学考查团、地质调查所与中山大学合办之西康考查团、建设委员会设计中之西北经济考察团至兰州为止者，均不重复。以专家八人至十二人助手若干人并得携带学生，分任调查。经常费规定每年十五万元，专作考察之用。其专家薪俸，仍由各委派团体自行担任，该团得略予津贴。并定临时费八万元，向外国购买机械，及置办应用物品，为出发时之需用。该团预定明年四月出发，历时四年，至民国二十四年而复归内地云。

取消一九学术考查团之经过

一九学术考察团之组织，远在民国十八年。盖法旧有哈尔德考察团之组织，尝以爬行汽车，两次巡行非洲，横贯撒哈拉大沙漠。继又思爬行亚洲，于十八年派代表卜安与中国学术团体接洽。是年八月与学术团体协会签订合同于北平团城。法方以哈德为团长，中方以褚民谊为团长，预定十九年出发。后因事不果行，乃改在今岁四月。预定路线，法方用爬行汽车七辆由欧出发，经小亚细亚、土耳其斯坦至伊犁、疏附，是为西队。华方用爬行汽车由津出发，经北平、张家口、百灵庙、肃州、安西、哈密、吐鲁蕃、焉耆、库车至疏勒（疏附）为终点，与法团会合，再同回北平，然后遵平汉、粤汉线出龙州至安南，法人由此经印度回欧。

四月初，卜安及其同行乘爬行汽车抵平，不经检查即在西山停放，又不听团长褚民谊之约束，擅自开车往张家口，车上不悬中国国旗。北平学术界愤其无礼，曾提出抗议，经法方道歉始已。爬行汽车以轮带损坏，迟至五月十六始再西发。法方对于华团员备极轻蔑，又数违背合同。汽车仍不肯插中国国旗，又不得团长许可，擅摄影片。自张家口出发之时，法方不待华团员到达，先自开车，中国团员不得已，另雇汽车始得追及。卜安原为军人，尤极横暴，时制止中国团员将考查情形揭诸报纸。行至途中，卜安痛殴中国团员郝景盛，继之以詈。我国团员大愤，惟以行至荒凉无人之境，法方又挟有枪械，乃隐忍不决裂，推郝景盛、周宝韩折回北平报告。郝、周乃随骆驼队到张，转平绥路到平。国人得知法方无礼情状，愤慨异常，群请政府予以严厉制裁。中央方面，亦电令地方长官，制止该团前进。褚民谊氏初亦有电报告法方无礼情形，乃不数日复来电称“纠纷已圆满解决，重复前进，直往哈密”。而报载巴黎国际殖民地博览会陈列该团照片，称为黄种巡察团，与黑种巡察团并举，侮辱我国国体，舆论更为愤激。古物保管委员会以法人无礼过甚，万无令其再前进之理，乃议决取消合作办法，请政府饬驻法公使查明巴黎殖民地博览会内容，提出严重抗议；更请地方官严令停止该团前进，新疆金主席树仁亦已电令地方官严拒其西入新疆境界矣。

本校考古旅行团之行程

本校国学研究所久有调查古迹之议，诚以近年天灾人祸纷至叠乘，不知有若干古迹已被摧毁，亟当调查情形，筹一保存方案，以备政府之采择。本年三月中，组织旅行团，加入者有容庚、顾颉刚二教授，及研究院学生郑德坤、林悦明二君。嗣以四月初旬正放春假，洪煨莲、吴文藻二教授亦约同行。

四月三日下午出发，由平汉路南下，先至定州，次至正定，访众春园、中山靖王墓、隆兴寺、青塔、花塔诸处。更从邯郸赴大名，观宋北京故城及崔东壁先生故里。自是入河南境，先至彰德，参观中央研究院之发掘殷虚工作。由此至郑州，转陇海路至洛阳，游伊阙，观龙门造像及白香山墓。

十六号之夜，洪、吴两教授启程归。容教授等仍留洛阳，访白马寺、金墉城等处，为本校购得汉砖、唐墓志及明器若干事。二十日，顾教授与林君同乘陇海车至灵宝，游函谷关。翌日，乘长途汽车赴西安，游汉故城、大小雁塔、碑林、华清池诸地。出，游潼关及陕州。在此期间，容教授及郑君在洛阳办理古物装箱及转运之事。

二十七日，两组在开封会合，游铁塔、繁塔及挑筋教寺遗址等，以河南博物馆关百益馆长之指导，返车而西，至巩县，访石窟寺及宋皇陵。

五月二日，至徐州。翌日，转津浦路至济宁。欲访武梁祠，中途遇大雨，交通阻绝不达，乃至曲阜谒孔林及孔颜庙。至泰安，游岱庙、泰山及蒿里山。林君忽患喉疾，乃于七日先归。渠担任照相职，在此一月中摄得八百片，至此遂停摄，可惜也。

九日，至济南，游龙洞及千佛山等。是时容教授亦抱微恙，郑君则以考试期近，皆北归。顾教授继续调查，由胶济路行，先至龙山，观谭故城及平陵故城。至临淄，观齐故城及诸大冢。至青州，观东阳故城、衡王府、范公亭等。至青岛，游崂山，观太清宫之《道藏》及华严庵之《释藏》。二十九日，回校。

六月二十三日，在校中适楼开照片展览会一天。以古物尚未运到，碑帖亦未整理，故均未陈列。调查报告，洪、顾二教授所作之《崔东壁先生故里访问记》一篇已在本期学报内发表。余文当陆续刊布，或列为专号，在明年之本报内发表之。

引得编纂处之工作

西文重要书籍，皆附有 Index，甚便检寻书中内容。中国旧籍，素阙此类研究工具。按中外书籍引得之编制，虽根本理论相同，而其实际办法，则中国线装书籍为独难。洪煨莲教授创办引得编纂处,惨淡经营,近已出书三种。觉其有足注意者三点:西洋以字母拼字,各字排列,早有公认次序。中国之学术工具检字方法,或以韵,或以部首,皆不便于初学者之用;即改依笔画排列,亦嫌同笔画之字太多。近时汉字检字新法,有数种,引得所用之庋擷法即其一也。检字排列,实较他种为整齐,而同一号码之字数亦较少。然是否最易通行,惟久试乃知。今所已出版各种,后皆附有拼音引得,盖即庋擷检字之引得也。以罗马字母拼汉字,稍受中学教育者,皆能为之;是不劳学习检字新法,而引得仍可用也。此其一。《说苑》《白虎通》,皆采用《四部丛刊》本,可称适当。此外更参考通行各本,制附各本卷页推算表;是《四部丛刊》本之引得,亦可应用于别种版本也。此其二。古籍流传既久,讹误漏衍,常所不免。清儒治学,校勘唯勤。然校勘记录,或离书单行,或仅附书后,往往不加标号,读者遂有往返寻检,功半事倍之劳。引得于原书目注后,兼载校勘卷叶,是一检而两得。此其三。以上三点,皆为西书 Index 所无,且所不必有;而用诸中国旧籍,则甚便利。故特表而出之,为介绍焉。

《学报》近向洪教授征求消息,得其覆函,可知其工作近况,附载于后:

本处自去秋开办以来,即有编辑三人(聂崇岐、李书春、田继综三君),经理一人(马锡用君),书记缮写员六人至十人不等。余虽负主任之名,实只担指导之义务,一切切实试验工作,皆编辑诸君力也。计现时已出版共三种:

(一)《说苑引得》,一九三一,二月,修正版。我们先以《说苑》作试验,以其目、注、取舍之例较为易定也。然初版既印就,即觉现时通行铅印之模,太不一律,遂复修改庋擷检字法,以期应用于各种铅字。初版本除赠送友人十余本作纪念外,余尽作废。修正版即依已修改之度撷法排列者。

（二）《读史年表附引得》，一九三一，二月。我们本拟寻一本纪年的书来做引得，以省攻史者翻检之劳，但坊间通行各书，颇有讹误；所含材料，又苦不足。不得已而托燕京大学历史学系历史方法班中诸生新编年表，详经杜联喆女士校订，然后为编引得。凡汉以来史料中所遇见之朝号、年号，及各帝王之庙号、尊号、谥号、陵号、名讳、代讳字眼，及生卒年代，皆可于表及引得中检之。表上具公历年数及甲子纪元，并附标年度尺一，用之可省指算之劳。此书既出版后，我们乃发觉尚应改良者二点：（一），名讳之具两字者，应上下二字各编入引得中；（二），装订当改蝴蝶装，庶可减现时 19×13 篇幅之半也。

（三）《白虎通引得》，一九三一，六月。美国 Eric M. North 博士收得《说苑引得》后，即来函谓卷数之号码较页数之号码应用较黑印模。《白虎通引得》之印刷，即用其议。我们始编引得时，尚以《白虎通》为班固所著，后乃觉其为东汉末三国初作品；拙序一文，稍加考订。《引得编纂》，本不必越俎考据，此又意外事也。

此外余曾以英文为《引得编纂》一文，登诸《中国社会及政治学报》（Indexing Chinese Books，*The Chinese Social and Political Science Review*，U. L. XV. No. 1，April，1931）。该文所附之第二表，尚是旧法度撷。度撷法修改后，本处遂重印该文单行本，附以新表，专备赠送之用。编辑同人，又已草就《引得编纂法》一书，详叙编纂条例；但以试验时期尚未过去，未敢冒昧付印。计引得之编纂，虽西洋久有成法，可资参考，究以中外书籍性质不同，故处处有待磋商，其中尤以目注去取为难。必如何而后不徒费用引得者之时间，而彼所欲寻检之材料皆按图索骥可得，是则有待于经验之造成也。

本处正从事编纂之数种引得，亦可于此预先奉告：

（一）《考古质疑引得》。根据《海山仙馆丛书》本，参以《啸园丛书》《聚珍版丛书》《后知不足斋丛书》各本，注意叶氏考据条目，及所引用书籍。

（二）《崔东壁遗书引得》。根据顾颉刚先生新编之编目校补标点本，注意崔氏考据条目。至彼所引用书籍，皆现时通行版本，无资校雠，故引得从略。

（三）《书林清话及余话引得》。用原版。注意目录学家所欲寻检之材料。

（四）《仪礼引得附郑注引书引得附贾疏引书引得》。经注用《四部丛刊》影明徐氏仿宋刊本，疏用阮刻本。

（五）《明儒学案引得》。注意人名及学说。此为哲学类书籍引得之试验。

（六）《四库全书总目及未收书目引得》。此项卡片为美国 Iames R. Ware 先生所编，本处详加校订，审定条例，以编引得，俾便翻检提要者之用。

（七）《大藏经及续藏经中书名及译著人名引得》。此项卡片，大半为美国哈佛大学图书馆中日文部原编，本处细加校补，并由许地山先生增入梵文原名。

（八）《十九种艺文志综合引得》。所谓十九种者如下：

(1)《汉书艺文志》 (2)《补后汉书艺文志》(姚振宗) (3)《补三国艺文志》(姚振宗) (4)《补晋书艺文志》(文廷式) (5)《隋书经籍志》 (6)《旧唐书经籍志》 (7)《新唐书艺文志》 (8)《补五代史艺文志》(顾怀三) (9)《宋史艺文志》 (10)《宋史艺文志补》(卢文弨) (11)《补辽金元艺文志》(卢文弨) (12)《补三史艺文志》(金门诏) (13)《补元史艺文志》(钱大昕) (14)《明史艺文志》 (15)《清史稿艺文志》 (16)《禁书总目》 (17)全毁书目 (18)抽毁书目 (19)违碍书目

此项引得,为本处自需工具之一。各史艺文志所举书籍,多已亡佚;著录条例,又驳杂不一;著人著作之分合,必多有错误。倘编就出版,亦只可作为初稿而已。

以上各种,或正在标点钩目,或正度撷卡片,或已开始缮写。清稿大约于数月内,半可出版。我们深望国内外学者对于已出版之各种引得,肯加以严格批评,庶未出版各种,渐次改良,至幸!

各地发现古墓

I　察哈尔怀安

察哈尔怀安县城东南八里，有隆起之土阜四，俗呼“四疙疸坡”，又号“假粮台”。去冬有猎户逐獾至其处，獾入土阜穴中，猎户破土追獾，始知为古冢，因掘获古器物数事，售于张家口，颇得善价。乡人嗜利，竞往私掘。事闻于县教育局，一面禁止乡人继续破坏，一面公开发掘，得殉葬铜器、漆器及其他物事。铜器有洗、印及薰炉，印为龟纽，文作“五庆充印”四字。漆器则有奁及印盒，奁底有款识，作“安阳侯家”四字。有一墓内棺尚完好，上覆以旌书墓内人姓名——当即铭旌穿以木竿，竿植于墓壁，触手辄成灰。棺内衣服尚存，衣为红色，尚鲜明未褪。衣上文绣甚精，里面针痕整齐，与近世刺绣之法迥异，颇类机器缝纫之针迹。惟质已腐败，稍动即成粉屑。往时古物出土，大半皆铜器、陶器。漆器则日本发掘乐浪，始获得之。至汉时刺绣，则前此所未尝有。今兹两者俱得之，可谓美术史上之重要发现已。县教育局各机关，发掘后即将墓封闭。复请北京大学教授马叔平先生(衡)来怀安鉴定，马先生来怀安为之审定器物名称。时墓已封闭，马先生以不获睹墓内情状，又恐有重要遗物为发掘时所遗漏,将与察省当轴商议为第二次之发掘以观其究竟。前此所掘出之漆器诸物,马先生亦已商得学术机关及地方当局同意,将运平整理云。

Ⅱ 广东木塘冈

近数年来,国人迭次发现古物,对于考古学及研究古代文化者,自有莫大之关系。最近广州东门外永泰乡之木塘冈(即今执信学校校园),于本年一月间发现汉冢。经由广州博物馆聘请胡君肇椿为发掘专员,会同执信学校发掘,历时半月,成绩不凡。惜该冢已经明代盗发,棺椁与重器均失!仅得戈二,弩机一,残陶片数十筐。兹由谢君英伯、蔡君哲夫、胡君肇椿等考定及蔡谈女士,从破陶片凑合而成者二十余事,其余仅能推测其形,而不能成器者又十数事。兹据蔡谈女士云,凑合之器如下:

陶屋二 一稍大,屋右有梯,梯上两犬相逐,前者及门,回首瞰际,神态活现。屋中前门,一人席地而坐。犹见汉人起居。屋后一人倚窗外望,屋傍有狗窦,内大犬一,小犬一。是冢有兵器,及此屋有四犬,可想此冢中人,为武夫而好田猎者。

盘一 有釉,花纹极精,有盖,亦鲜见也。

博山炉一 釉色浓厚,制作精湛,山顶栖一凤,海尚存,而炉身已失。

洗一 甚浅,似今之碟,釉色精美,知宋之汝窑所由仿效者也。

榝一 甚巨,有釉,花纹精细,

奁二 一大,一小,皆有盖,有釉。

觯一 制作古茂,质黑而坚。

铛一 三足,直鋬,无流,有盖,盖上活环,釉色花纹俱精美绝伦。

龙头铛一 直鋬有龙头,无足。

壶一

羽觞七　俗名鹅瓢。罗振玉得有籀文者，定名羽觞。吾家(蔡谈女士自称)藏有银光绿釉者甚精。此七事皆无釉。

井亭一

鬼灶一　前所见鬼灶多一端有突，或作龙首，一端有门，或有灶婢。此则一端有突，而门开于侧，亦创见也。

豕一

鸡二

凫二

Ⅲ　四川南溪

川人罗君伯希，闻南溪东门外约三里余之大桥附近，往年曾发现古冢两处，乡农不知，随即掩覆。遂于今春二月二十四日，约同教育局长曾君孟良等访于附近土人，果得古冢两所。罗君鉴定，此冢为六朝所葬，并于若干年前，曾被人发掘，因两棺之盖均移置于地，陶器破片，凌乱隧中，非曾经发掘不致于此也。至五铢钱颇大，系梁武帝时所铸之五铢，故确定为梁代古冢无疑。宋冢，亦于往年由陈君禹图发见，因隧道深广，惧不敢入。此次罗君与曾君等，持灯而入，约里余而至墓门。两旁立翁仲，形状魁梧，约五六尺。又数武，左转一祭堂在焉，两廊有六翁仲，排立左右。祭堂后有石级十余，循级而上，竖一丰碑，高可七尺，文曰："宋武经大夫周歧之墓。"旁有小楷一行，文曰："庆历十六年立。"碑后为墓室，有石门，钥之甚坚，由窗棂内窥，朱棺爍然，以灯灼之，恐有蛇虺不敢入。现罗曾二君筹商将瓦棺两具，及陶器翁仲五铢钱等悉舁于教育局之图书馆室中，为异日博物之陈列。至宋冢中之朱棺及翁仲，则拟为小规模之发掘云。

Ⅳ　徐属白山

徐属邳睢交界，西南八里，之白山。四月间，乡人正在耕作，觉地下有石，颇碍进行，竭力将该石移去，则见下有一洞，深黑而大，以火烛之，有石柱二，雕双龙，琢工之细，近世罕有。复有石窗棂一，工琢亦佳，地下石上古钱数枚，取之已成粉碎。又铜锅一具，满贮清水，磁瓶一具，小玉人二，惜因游人太众，已被人趁乱窃去。铜山图书馆为考验古物计，拟日内派员前去发掘云。

熹平石经继续出土

吾国经刻，以东汉熹平石经为最早，刊立未久，即遭董卓之乱，此后北魏隋唐，迭有残毁。清代流传类皆重刻本或伪刻本。近年原石出土甚多，存字之多，以去年所出《周易》一石为最。碑阳为《家人》至《归妹》等卦，碑阴《文言》《说卦》共约五百字，为文素松君所得。今年复出其下截，碑阳为《家人》至《涣》，碑阴《系辞》《文言》《说卦》亦约五百字，为于右任君所得。又出《仪礼乡酒礼》一石，约八十余字，为罗振玉君所得。首行云："乡饮酒第十。"今本作"乡饮酒礼"，其次序在第四，与石本大异。其余小者百数十石，在洛阳待售。罗振玉君拓其所藏三十一石为《汉熹平石经残石》，其中异文足校正今本者不少云。

汉晋碑志出土

Ⅰ　袁安碑

司徒公汝南女阳袁安召公，授《易》孟氏□，
永平三年二月，庚午，以孝廉除郎中。四□(年)
十一月，庚午，除给事谒者。五年四月乙□，
迁东海阴平长。十年二月，辛巳，迁东平□
城令。十三年十二月，丙辰，拜楚郡□(太)
守。十七年八月，庚申，征拜河南尹。□(永)
初八年六月，丙申，拜太仆。元和三年，五□月，
丙子，拜司空。四年六月，己卯，拜司徒。
孝和皇帝加元服，诏公为宾。永元四年，□(三)
月，癸丑，薨。闰月，庚午葬。

袁安墓碑去岁河南偃师出土，乡人不识，以石为他用，截去其下一字。碑高四尺余，广二尺许，与前出土之袁敞碑相若。篆书甚遒劲，与袁敞碑相伯仲，结体用笔亦相类，殆出一人手书。每行下一字虽截去，然犹可据上下文义，推测得之也。

碑文历叙安官位升迁，悉与史合。时日干支，推之亦无违失。且碑文间有可以补正史文者。范书《安传》称安传祖(良)学

习《孟氏易》,与碑文"授《易》孟氏"正合,下脱损者,当是"学"字。安为楚郡太守,范书叙在永平十四年,碑文叙在十三年冬;《后汉纪》称安举孝廉为郎,碑文作"以孝廉除郎中",皆当以碑文为是。盖袁宏、范晔后世之纪叙,不如碑文作于当代,为能得其真也。《章纪》"章和元年六月,癸卯,袁安为司徒"。《安传》叙安为司徒,亦在章和元年。按元和四年七月,壬戌,改元章和,安拜司徒在六月,故碑文仍书元和四年六月己卯。且是年六月有己卯而无癸卯(据陈援庵先生《二十史朔闰表》)。据此足以正史文之违失。《和纪》"永元三年正月,丙子,皇帝加元服"。《东观记》十八《安传》"和帝始加元服,太后诏安为宾"(亦见《和纪》永元三年注引),碑文亦与之符合。惟安卒于永元四年,越十三年和帝始崩(元兴元年十二月癸未)。碑文称"孝和皇帝加元服",直举和帝之谥,则此碑之立,当在和帝崩后。窃谓碑广阔既同袁敞碑,书体又与之相同,殆出一手,疑此碑之立当与袁敞碑时代相去不远,或且同时,敞死于安帝永初四年,故此碑得举和帝之谥也。

Ⅱ 左棻墓志

左棻字兰芝,齐国临菑人,
晋武帝贵人也。永康元年
三月十八日薨,四月廿五
日葬峻阳陵西徼道内。(以上正面)
父熹字彦雍,太原相,弋阳太守。
兄思字泰冲。
兄子髦字英髦。
兄女芳字惠芳。
兄女媛字纨素。
兄子聪奇字骠卿,奉贵人祭祠。
嫂翟氏。(以上背面)

《左棻墓志》，去岁在洛中出土，闻以四百金为张伯英君钫购去，长约一尺，广半之，字作隶书，甚俊逸有致，完整无缺。

《晋书·左贵嫔传》称棻“善缀文，武帝闻而纳之，泰始八年(按《武帝纪》应在九年)拜修仪。……后为贵嫔，姿陋无宠，以才德见礼”，考《初学记》卷十引臧荣绪《晋书》谓“武帝采汉魏之号，以拟周之六宫：置贵妃、贵人、夫人，是为三夫人；淑妃、淑媛、淑仪、修容、修华、修仪、婕妤、容华、光华，是为九嫔”。独无贵嫔之名。《晋书》载胡芳初拜夫人后为贵妃，而亦蒙贵嫔之号(《晋书》三十一《后妃传》有《胡贵嫔传》)，似贵嫔为三夫人之殊称。然臧书明分三夫人与九嫔为二等，品级厘然；三夫人不宜以贵而蒙贱称；疑《晋书》或失之也。史不载棻字，又不言其卒年，志文足以补其阙漏。据《晋书·惠纪》“永康元年三月癸未(二十二日)，贾后诏害庶人遹于许昌。夏四月癸巳(初三日)，梁王肜、赵王伦废贾后为庶人”，则棻卒葬之时，晋世变乱方作，疑葬不如礼，故埋圹之石，简而无文。晋武帝葬峻阳陵，棻殁附葬于西徼道内，与史文亦合。

《志》著棻父名“熹字彦雍，太原相，弋阳太守”。考《晋书·左思传》载思父名雍，《世说新语·文学》篇注引《左思别传》亦作雍，惟《御览》百四十五引王隐《晋书》作“采侍御史左维女为修仪”，维字盖雍字脱损而讹，是诸书皆以棻父名雍，据此可以正史家之违失。盖志苟非伪造，纪载自较史籍为得其真，自来作伪者，皆依据正史力求其符合，不敢故意立异也。《思传》称“雍起小吏，擢殿中侍御史”，《御览》引王隐《晋书》称“采侍御史左维女为修仪”，则棻入宫时其父方官侍御史。魏晋定制，太守国相位第五品，侍御史位第六品(《宋书·百官志》)，则棻父为太原相弋阳太守，在棻入宫之后。《武纪》太康十年省国相改为内史，棻父为太原相，当在太康十年以前也。

志数棻之家世,叙兄嫂及兄之子女甚详悉。左思二子,《晋书》本传失载。惠芳、纨素并见于左思《娇女诗》(《玉台新咏》卷二),惟《文选·三都赋》序注引臧荣绪《晋书》称思"妹芳入宫",与他书不合,"芳"盖与"棻"形音义并近而讹,不得据此疑志文。《娇女诗》惟叙二女之字,不及其名,《思传》则名字并不载,据此可以补之。

海源阁藏书散佚本末纪略

聊城杨氏海源阁藏书,去冬遭兵祸散失,上期学报已略有纪述,而语焉不详。兹复略纪其始末于次。

前岁海源阁主人杨敬夫,以县城屡遭兵燹,因择善本书籍最精者运存天津,所余虽大半为明清刊本,然仍多宋元精椠及名人手校本,为外间所罕见。山东省立图书馆长王献唐尝亲往调查,方与省府谋善后处置办法。既而土匪据聊城,盘踞海源阁,常以书籍出售。有时且割裂包物,或带出作枕,至有以《蔡中郎集》擦烟枪之事,但损失仍不及百分之一。逮王冠军据聊,素念杨氏藏书美富,价值又昂,因从天津请一书籍古玩专家号称九爷者来聊,尽检善本及珍贵之字画古玩以去。王冠军后移防河北,即将所掠运归保定原籍。杨氏事后亦将劫余残书装五十余箱运济,然皆寻常版本,且多残缺不完,无复宋元精椠矣。王冠军死,其妄时货其存书,保定奎文堂得之最多。闻有《蔡中郎集》(黄荛圃、顾涧薲校跋)、元本《事文类聚》二残本。北平书贾闻之,蜂集保定,亦有所采获,运平转售。北平、东方两图书馆,傅沅叔先生均有所得。(闻黄荛圃校本《刘子新论》已归傅先生)济南市上,时发现海源阁藏书,山东省立图书馆购得者有黄荛圃、朱秋崖、何义门合校《封氏闻见记》,吴枚庵手抄黄荛圃手校《江淮异人录》,明本《武夷新集》刘武仲兄弟合书字册,明本《许白云集》五种。又黄荛圃校《穆天子传》、顾千里校《说文系传》,归王献唐君。尚有黄荛圃校《林和靖集》《绍兴十八年同年小录》《吕衡州集》等书为北平书贾所得,《林集》闻归胡君若愚,他书则不知其下落矣。又高唐邮局长刘君以贱值得二十种,有元本《范德机集》、宋本《韦苏州集》及明刻本抄本,愿以廉价让归省立图书馆,此聊城藏书散失之大略也。

其运存天津者,早有出售之风传。闻有宋椠本若干种,叶誉虎、张岱杉、梁众异三君合出六万元,杨不肯让。后乃以厂肆书贾王某之介绍,以八万五千三百金售与日人。据传其书单,凡宋椠《王摩诘集》《荀子》《陶诗》《淮南鸿烈解》《新序》《说苑》(以上均北宋本)《楚辞》《三谢诗》《愧郯录》《庄子》《范文正公文集》《柳先生文集》《管子》《韦苏州集》《皇杜岑常四家诗集》《吕东莱集》《蔡端明集》《山谷刀笔》《晋书详节》《孙可之集》《会稽三赋》《云庄四六余话》,共二十三种。然海源阁珍贵典籍,未散出者尚多。据傅沅叔先生《海源阁藏书纪略》所载则宋本尚得三十余部,元本二十余部,而古钞秘校尤多,泰半为陆敕先、何义门、顾千里、张讱庵诸先贤名笔;黄荛圃所校多至十余种。杨氏父子所盛自矜异之四经四史(宋巾箱本《毛诗》,宋本《尚书蔡氏传》,宋抚州本《礼记》,宋严州本《仪礼》,宋乾道本《史记》,宋本《前后汉书》《三国志》)均尚在藏中。则海源阁藏书,散佚虽多,精华固尚得幸存。山东省立图书馆，虑私家庋藏之不易保存，乃与杨氏交涉，收归公家，提出办法三项：1. 尽数捐出，由政府建海源阁图书馆贮藏之。2. 请名人估定价格，杨氏半捐半卖。3. 官府完全收买。杨氏亦表示愿与政府从长计议。甚望双方能商得具体办法，俾此举得早日实现也。

山东掖县大藏经之毁坏

山东掖县有明刻棉纸《大藏经》一部，系清初顺治年间大学士张端所捐，藏于北门内大悲阁，计三万余册。去年，掖县驻兵占住大悲阁，阁内《藏经》时有损失。当时县长黄连将《经》运至海南寺储藏楼上。今春民团驻海南寺，又将该《经》移至楼下，露积于走廊内，经风雨剥蚀，损坏更多。迨该县师范讲习所借住海南寺，又由走廊内移至楼下，将完好者储于楼下，破碎残页，则揉成纸团藏于鼓楼内。山东教育厅据报，掖县海南寺《大藏经》有被师范讲习所焚毁事，特派山东图书馆馆长王君献唐前往调查，始得其真像。王君又以教育厅欲将残余《大藏经》运往山东图书馆保存事商诸当地各界人士，并督饬九中学生分别整理，结果，得整齐者二千二百七十五册，其余残篇零叶及揉废之纸团分装十八大麻袋，预备运回济时再加整理。此种不介意之无形摧残，诚学术界之重大损失也。

潍县高氏私售古砖瓦被扣

潍县高庆龄氏为清代古物收藏家，计其前后收集秦汉砖瓦七八百方之多，著有《上陶室砖瓦文捃》一书。兹者高氏后裔不能继承先人遗志保存，竟于本年五月间，将全部砖瓦售与日人古董商大田。此项陶器运至青岛时，被胶济路管理局扣留检验，计有碑碣二件，秦汉砖瓦五箱共五百三十一件。山东教育厅闻讯，即呈教育部及分函青岛各机关，请依照国府颁布之古物保存法第六条之规定，应即全部没收，并派厅员吴景寿君赴青接洽，已将该项古物押运回济交省立图书馆附设之金石保存所保管。

天龙山石刻之厄运

山西太原县属天龙山麓佛寺岩壁,有元魏时所造佛像,与大同云冈石佛同为东方雕刻美术之杰作。日本文学博士常盘大定曾为专书论列其价值,甚引起东西学者之注意。日人每年来此游览者相续于道。彼国某大学学生,以研究此山石刻佛像为博士论文之材料,专来太原,寓居山下,朝夕观赏摩挲。盛誉远播,遂为外人所垂涎,乃时有无赖盗卖之事。二三年来,以盗窃而损失残缺者甚多。事闻于教部,乃于去春致电晋省府,请加意珍护。省府责成太原县长,乃驱逐寺住持,另派专员看守。近闻有冀人王某,尝任平津卫戍司令部行营科长,贿看守人将造像凿下甚多,装数大箱运出晋境。此与本报上期所纪云冈石佛之厄运,皆佛教美术文化之巨劫也。

乾隆十三排铜版地图

故宫博物院于民国十四年发现铜版地图于造办处，十八年由文献馆整理审查，知系《乾隆十三排铜版地图》，版片完整无缺。此图南至琼海，北极俄罗斯北海，东至东海，西至地中海，西南至五印度南海合为一图，纵约一丈七尺，横约二丈三尺，而剖分为十三排百零四叶，每叶注明经纬度数。盖本康熙时所测绘之图，而更益康熙时未入版图之天山南北路，远至塔什干萨马尔及喀什米尔一带。前后竭西洋天主教士白晋(Bourvt)、雷孝思(Regio)、杜德美(Jnrtonx)等十余人之精力经数十年而后成。镌此版者为法兰西人蒋友仁(P. Michnel Benoit)，尝以创制圆明园喷水池著名者也。此版成后，曾印刷百部，装潢进呈，今宫中尚有存本。胡林翼之一统舆图，号称完善，即根据此图而成，则此图固为后来一切舆图之蓝本矣。现故宫拟用原版印刷百部以飨学者，即将发售预约。研究地理学者，所宜购置也。

广西瑶歌记音

赵元任著　中央研究院历史语言研究所出版　定价一元

苗瑶诸族,自为部落,向与国人隔绝。曩时关于苗瑶民族之纪述,除偶有记其风俗习惯者外,绝无专门之研究。赵先生覃研语言音韵之学,躬往调查,记瑶族歌曲之音,其在语言学语音学上之价值,自不待言。而以科学方法,于瑶民族作学术上之探讨,当以此书为嚆矢,此尤足纪述者也。

厦门音系

罗常培著　中央研究院历史语言研究所出版　定价二元

研究语言音韵之学,首重实地调查。著者昔旅居厦门,尝亲访问语言,征集当地通俗韵书里巷谣谚及教士所为罗马字注音诸书,互相参究。其后又请林君藜光发厦门乡音,记述以为《厦门音系》七章。于声韵调之审辨,字音话音之比较,剖析甚精;而厦音特征足以窥见古今流变者记之尤详。凡所诠发类皆于音韵学有所贡献。采新方法以治音韵,故能明白精审。研究近代语音及古音韵学者,所必探讨也。

敦煌掇琐

刘复　中央研究院历史语言研究所出版　定价四元

此书为刘半农先生留学法国时,从法国国家图书馆所藏敦煌写本中录出之一百零四种散文。全书分为三集,上集为文学史料,中集为社会史料,下集为语言史料。此种宝贵史料,虽出自我国,但早已为外人攫去,此刻复由刘先生点滴录回,海内学者当必以先睹为快也。

安阳发掘报告

中央研究院历史语言研究所出版　每册定价一元五角

此书为中央研究院历史语言研究所出版之专刊,现已出二期。今按第一二期所登载者,均本该所发刊计划,分期发表研究结果之宗旨。如,《安阳发掘之经过》《殷墟地层研究》与及材料分析整理后之《殷商陶器初论》《商代龟卜之推测》《新获卜辞写本》《获白麟解》等,均有确切之考证,冲破向来考古学家专在故纸堆中搜寻材料之沉寂空气,诚足称为学术界之曙光也。第三期早已付印,即将出书矣。

新刻元典章校补

陈垣　北京大学研究所国学门刊行　定价十元

《元典章》六十卷，载当时法令例案，中多蒙古译名，为治元代政治、经济、法律、宗教、语言、风俗者之要籍。四库馆臣谓其兼杂方言俗语，弃而不录，世间传本遂稀。清季武进董康氏始自日本假得钞本，由法律馆同人醵资重刊，沈家本为之跋，称吏部阙仓库官，兵部缺军装等门，无从补足。且其书缮刻虽精，而谬误不少，有目无书者尤多，不仅如沈氏所云也。新会陈援庵先生往岁尝购得巴陵方功惠藏旧钞本《元典章》及阙里孔宪培藏影元钞本《典章新集》，尝据以校沈刻本。民国十四年，故宫发现汲古阁藏元刻本，陈先生后又购得彭氏圣道斋钞本，复假得涵芬楼藏吴氏绣谷亭影元钞本前集，陈先生据此五本详校一次，得沈刻本讹误衍脱颠倒万二千余条，仿宋楼大防《乐书正误》体式而稍变之，成札记六卷，又增补其脱漏字句较多者为阙文三卷，又为改作表格一卷。《元典章》经斯校理，廓清沉霾，始有善本可读。著者自序谓“元本误处，经诸家校改，时有异同，欲求一是，往往因一名之细，一字之微，反覆参稽，竟至累日”，可以知其用力之勤，校雠之精审矣。陈先生别有《释例》四卷，另刊单行；又有《元典章人名地名部族名索引》，亦拟锓板行世，与此书互相表里，皆治元史者所必稽考者也。

胡适文存三集

亚东图书馆出版　定价二元四角

此适之先生自十三年夏至十九年春所著之散文，厘为九卷。第一卷为论衡时事之作，可以代表其对于国内若干重要问题之态度。第二卷至第三卷则整理国故之文字，如《治学的方法与材料》一文，说明“尊重事实尊重证据”与“大胆的假设小心的求证”的科学方法。第四卷中整理佛教史之文字，如《禅学古史考》《菩提达摩考》，皆精核不磨之作。卷五六则旧小说之考证，因新得材料，对于《红楼梦》《忠义水游传》《三侠小五义》《海上花》诸书，均有所论列考证。七、八、九三卷，则读书记与序跋杂文，中如《读吕氏春秋》《论禅宗史的纲领》《再论王莽》诸文，前此未尝发表，今皆收入。以三集与先行世之一、二两集参看，可以觇适之先生十年来思想与治学方法，态度之进展矣。胡氏更将《文存》之文选出二十二篇为《胡适文选》，亦少年课外之一佳读本也。

高等国文法

杨树达著　商务印书馆出版　纸面二元　布面三元五角

自《马氏文通》出版，我国始有科学组织之文法书。惟创始者难为功，此著述之恒例。又马氏涉猎广博，训诂之学，非其专业，故《文通》大体虽佳，而精密不足。此书立意在匡补马氏。著者究心训诂之学，甚有心得，又通东西洋文法，故其所建设，多适合国文风味，厘然有当于人心。文法著作，自《文通》而外殆不能不推此书矣。闻日本东京帝国大学及东京文理科大学汉文科，皆已采用此书为教本；又九州帝国大学某教授，函商著者，请求翻译；日本人已公认此书之价值矣。

马氏文通刊误

杨树达著　商务印书馆出版　价一元二角

著者以欲修正《马氏文通》,既建设的编著《高等国文法》一书。惟彼书乃著者十年在北平师范大学、清华大学教授时所编纂,乃教本体裁,不适于绳愆纠谬,故复著此书。据其自序谓马氏之失约有十端:一曰不明理论;二曰所见不莹,致所定词类与组织动摇不定;三曰强以外国文法律中文,失中文固有之风味;四曰不知古人有省略;五曰强分无当;六曰不识古文有错综变化,泥于词位而误释;七曰误认组织;八曰误定词类;九曰不明音韵故训;十曰误读古书。书中剖析明白,抉擿无遗,可谓马氏之诤友矣。于文法学有兴味者,取此书与《文通》对勘,亦有趣味之工作也。

光绪朝外交史料

清王彦威辑

道光以后，中外交涉日繁，列强威胁陆续缔结不平等条约。清廷尝派大臣，编纂道、咸、同三朝外交档案，成《筹办夷务始末》，已由故宫影印行世。光绪以后，阙焉未续。黄岩王弢夫先生(彦威)僇直枢垣，凡遇章奏有关中外邦交者，每手自甄录，积成巨帙，为《光绪朝外交史料》，往往多留中未存档案者。先生哲嗣王希隐君(亮)秉承先志，编纂成书，凡正本百八十卷，《西巡大事记》十六卷，复案年案事成索隐十六卷，顷已付印发售预约。此书与《夷务始末》衔结，皆研究中国外交史者重要之资料也。

方志考稿甲集

瞿兑之著　天春书社出版　定价四元

瞿氏此书，皆就天津任氏所藏方志而丛录之，凡三巨册，厘为六编。计旧直隶、东三省、山东、河南、山西、江苏十省，凡通志、府州县志约六百种，每种系以提要一则。瞿君自序谓“每书必首严其名称，次述其纂修之年月与纂修者之姓名，次述旧志之沿革，次述其类目，次辨其体例，最后评其得失，尤注意其所苞之特殊史料”，体例斟酌得宜，内容亦复相称。方志之重要，为近世史家所共认。然著录虽多，整理无闻。各省县近常创修新志，主其事者苦于无通例足以遵循。瞿君此书搜罗达数百种，提要能详其体例，评骘得失。其有裨于旧志之整理与新志之修定，断可知也。

永乐大典戏文三种

北平古今小品书籍印行会印　价一元五角

《永乐大典》收入杂文戏剧，向无人见过，且未经人道及。前数岁叶誉虎(恭绰)君偶自伦敦购第一三九九一《永乐大典》一册，即为戏文三种，其目为《小屠者》《张协状元》《宦门子弟错立身》，诚惊人之发现也。北平古今小品书籍印行会，致力于刊布民间文学作品，前曾影印《清平山堂话本》行世。兹复假得北平图书馆藏此三种戏文钞本，用仿宋聚珍字排印，以广其传。书首冠以叶誉虎君序文一篇，以明得书之原委云。

清人杂剧

郑振铎选印

长乐郑振铎君,收藏戏曲小说珍本甚多,前尝影印《南九宫词》一书行世。顷又以所藏清人杂剧二百余种,略仿沈泰《盛明杂剧》分四集影印。初集已出书,兹志其目于下:

临春阁(吴伟业)	通天台(吴伟业)	扯淡歌(嵇永仁)
泥神庙(嵇永仁)	笑布袋(嵇永仁)	骂阎罗(嵇永仁)
读离骚(尤　侗)	吊琵琶(尤　侗)	桃花源(尤　侗)
黑白卫(尤　侗)	清平调(尤　侗)	昆明池(裘　琏)
集翠裘(裘　琏)	鉴湖隐(裘　琏)	旗亭馆(裘　琏)
霸亭庙(张　韬)	蓟州道(张　韬)	木兰诗(张　韬)
清平调(张　韬)	雀罗亭(曹锡黼)	兰亭序(曹锡黼)
宴滕王(曹锡黼)	同谷歌(曹锡黼)	桃花吟(曹锡黼)
放杨枝(桂　馥)	题园壁(桂　馥)	谒府帅(桂　馥)
投园中(桂　馥)	伏生授经(石韫玉)	桃叶渡江(石韫玉)
乐天开阁(石韫玉)	贾岛祭诗(石韫玉)	罗敷采桑(石韫玉)
琴操参禅(石韫玉)	对山救友(石韫玉)	判　艳(严廷中)
洛城殿(严廷中)	谱秋(严廷中)	

澂秋馆吉金图

北平商务印书馆代印　定价陆圆

此书所收殷周彝器：鼎七，鬲二，甗一，敦七，簠一，簋一，尊五，罍一，壶二，卣六，觚四，觯一，斝二，爵四，盉一，夋一，匜一，兵器四，汉杂器七，镜二十四，五代元明杂器三，凡八十五器，以全形拓本缩印。全形拓本之长处在能使花纹展现于纸上，而其短处则花纹之位置失其真。《梦坡室获古丛编》亦以全形拓本缩印，然持与此较，拓工工拙顿异。模拓全形，著于僧达受，其后若巴慰祖、李锦鸿、尤撍珊辈能得其传。此图皆为周康元所拓，不可谓非今之能手也。各器间有王国维、罗振玉两先生题识。所藏以卿作各器为佳，有鼎一，敦一，尊一，卣二，觚一，文繁简不同，可资比较。而召夋一器，尤称异品。或称夋，或称彝，或称尊，或称锎，尚无定名。花纹斜上，亦为他器所未观。孙壮为之编次，《卿鼎》《卿敦》文全相同，而一题《卿鼎》，一题《公违敦》；《妊鼎》图上题作“妊鼎”，而目上乃误作“钲鼎”，是则疏于检点也。《尹父丁尊》之前两象形字，乃后人加刻。陈子良与吴式芬、陈介祺、潘祖荫、吴大澂等同时，较之四家，不可谓富。然吴陈所藏皆未成书，潘吴虽成书，而不能尽其所藏；且四家中除潘氏尚有藏弆外，其三家散佚殆尽。惟澂秋馆藏器独存，且有增益，复印行此书，“绍先人未竟之志，餍海内乐观之心”（罗序语），故人乐有贤子孙也。然东邻之人，方且鬼瞰其室，作囊括之想，贤子孙其慎念之哉。

甲骨文字研究二卷

郭沫若撰述　大东书局出版　定价五元

此书分上下二卷，上卷首自序，次序录，次《释祖妣》《释臣宰》《释寇》《释攻》《释作》《释封》《释挈》《释版》《释耤》《释朋》《释五十》《释龢言》《释南》《释繇》《释蚀》《释岁》，凡十六事。下卷《释支干》及自跋。自序言：“余之研究卜辞，志在探讨中国社会之起源，本非拘拘于文字史地之学；然识字乃一切探讨之第一步，故于此亦不能不有所注意。且文字乃社会文化之一要征，于社会之生产状况与组织关系略有所得，欲进而追求其文化之大凡，尤舍此而莫由。前者余既有《卜辞中之古代社会》以专论之，其关于文字考释之事者则汇辑而为兹编。”甲骨文字发见以来，若罗振玉、王国维，于商代制度未尝不有所阐发。然为经典所束缚，虽知卜辞中有多父多母之事实，而必曲为之说，以免离经叛道之嫌。郭君治社会学，知家族进化之历史，血族群婚，亚血族群婚，乃婚姻之演进一定之邮程，故直言而无隐。此种新解识，于甲骨文字上实有相当之贡献。要之郭君所释诸字，未必遽为定论，然而眼光之敏锐，有使人倾服者焉。

殷周青铜器铭文研究二卷

郭沫若著　大东书局出版　定价七元

自序云："曩岁已成《甲骨文释》一书，专辑考释甲骨文字者以为一编矣；今复就平时于金文中所略有心得者，费一阅月之力，成文凡十有六篇，以集成此录。"卷上为《殷彝中图形文字之一解》《戊辰彝考释》《大丰皀韵读》《令彝令皀与其他诸器物之综合研究》《公伐郐钟之鉴别与其时代》《鲁侯角释文》凡六篇；卷下为《新郑古器之一二考核》《者瀘钟韵读》《晋邦蠤韵读》《秦公皀韵读》《国差罎韵读》《齐侯壶释文》《释丹析》《戈琱戟𫐓必彤沙说》《说戟》《跛丁卯斧》凡十篇。上卷所录者乃殷末周初之古文，下卷之前六篇乃春秋时代之文献，故著者谓"不仅可以征文，亦且可以考史"。此书长处，在独出心裁，不拾前人牙慧，如图形文字，宋以来解释皆支离破碎；近人解为文字画，亦有未安。此书谓："此等图形文字，乃古代国族之名号，盖所谓图腾之孑遗或转变。"不可谓非较佳之解释。然《陶斋吉金录》（卷一）禁上十一器（一器无字），具七种不同之族徽，则又何说。他如"钲钺""丹析"之解，可为定论，姑不备举。举所欲与著者商榷者。

著者于古文字喜于声类求其解，故谓王国维之《说文谐声谱》，于述作时实未尝须臾离于左右。然《谐声谱》约所有字于二十一部之中，果声同者便可相通假耶？郑康成云："其始书之也，仓卒无其字，或以音类比方假借为之，趣于近之而已。受之者非一邦之人，人用其乡，同言异字，同字异言，于兹遂生矣。"(《经典释文》条例引)此经典所以多异文之故。如谓《夨命段》之炎，《睘卣》之厈，《中鼎》之寒，"均即奄字之对译"，则同时所作之器，于同一地名，用字歧异若此，岂理也哉。况王国维谓"鄘与奄声相近"，又以鄘为奄矣。又如《者㽙钟》之皮㸐，王国维云："以声类求之，当即《史记·吴泰伯世家》之颇高。"著者谓"此乃颇高之父柯转"。㸐之为"从黄焦声"，抑为"古然火字"，此一疑问。其名为转，抑为柯转，此二疑问。皮㸐之为颇高，为柯转抑二者俱非，此三疑问。又如《齐侯壶》𢀛之为段，为就，为舅书中引证，均非究极之证明也。

《睘卣》："王在厈。王姜令作册睘安夷伯。夷伯宾睘贝布。扬王姜休，用作文考癸宝尊器。"王姜与王为二人，在厈者为王，令睘者为王姜，睘扬王姜休非扬王休，本文甚明。王姜当解作王之妻。《睘尊》："在厈，君令余作册睘安夷伯。"殆尊称王之妻王姜为君，如《礼记·玉藻》"君命屈狄"，注"君，女君也"之例。著者谓"周之初年，其内外臣工犹称其君为王姜"，"王姜即成王"，亦可异矣。又《夨令段》"作册夨令尊宜于王姜，姜赏令贝十朋"，不言王而言姜，姜亦可谓指成王乎？如可称其君为姜，则《同姜鬲》之同姜，《己侯敦》之己姜，《师趛父敦》《叔家父敦》之孟姜皆将指其君乎？抑前例专指"周之初年"而言，此数器皆不能以此解释乎？

《新郑古器之一二考核》一文，可商之点甚多。《王子婴次卢》之残足，意乃铸器时由底部灌铜所残留之痕迹，未经磨砻者。

此器在地之上层，其出土视他器为先，故有疑与他器非一系。著者以《残丰》为此器之座，未经目验，遽作肯定之词，此其一。王国维据许书以卢为饭器，其说可信。著者以下有座，遂推断为燎炭之炉，此其二。更推断卢字上泐蚀之庈字为尞，以少声与尞声同在宵部之相合，而不顾其字形之相远，此其三。以婴次为郑子婴齐，实较王国维谓为楚公子婴齐为优。然郑子为傅瑕所杀，何以殉葬品若是之多，且若是之巨丽。著者谓"子仪之死，本由于厉公之阴谋，然观其入国即责傅瑕有二心而杀之，俨若归国定难者，然则于郑子及其二子之丧，必隆礼而厚葬之，以示君人者之至尊而掩己之阴恶"。然厉公憾原繁而逼之死；原繁亦明言"以官爵行赂劝贰而可以济事"，何"归国定难"之可言。自栎入，缓告于楚，安知不是畏楚之讨乱。庄公十六年楚伐郑及栎为缓告不礼，又安见其隆礼厚葬而掩恶乎？与王国维以鄢陵之役，楚师宵遁为解，同属遁辞，此其四。叶形之饰时见于壶盖及敦盖上。但所见皆为单层，而新郑之壶则为二层。叶形皆疏通及有种种纹饰，是否取材于莲花未可知。谓"恐于春秋初年或其前已有印度艺术之输入，故中原艺术家受其影响"，亦太早计。又如《鲁侯角》形制与常见之爵同，惟缺去两柱为异，意当以爵名之。著者谓形制至壮美可爱，在青铜器中当推为有数之美术品，未免张皇其辞，此其五。

自程瑶田以戈内之有刃者为戟，马衡作《戈戟之研究》承其说。罗振玉校订《金文著录表》，亦据此以定戈戟之名。著者据《考工记》"与刺重三锊"之文，谓"就文法而言，刺之为物终当与胡、援、内等之戈体分离而后始可言与"。著者又以"此尚不足以破程氏之说"，复举古物上之反证，惜乎著者未见近出之《大良造鞅之造戟》也。内有刃而铭以戈者何，盖戈为大共名，举戈可以包戟也。著者一误于"与刺"二字，再误于以刺为直刃。戟之是否为直刃，乃一当讨论之问题。汉人已开辨论之端，郑众注《考工记》谓："刺，谓援也。"郑玄云："刺者，著柲直前如镈者也。"是二人一以为句兵，一以为直兵矣。许慎《说文》："戟，有枝兵也。"其意若木枝之衺出，则非以为直兵可知。使余平□其说，则《左·襄二十三年传》"或以戟钩之（指栾乐）断肘而死"，《晏子春秋》（《内篇杂上》）"戟钩其颈，剑承其心"，二者实戟为钩兵之有力证据。著者所图之戟，乃合戈矛而为一，微论与实物不合，即按之《考工记》于戈之一部分如此详说，而于矛之一部分只以"与刺"二字了之，亦觉其不伦。马氏据东汉画像谓"汉虽有戈戟之名，已变其形制"，其言亦有可议者。今传世之《上党武库戟》（藏上虞罗氏）、《成固戟》（藏番禺商氏），皆属汉器，其形制与周器无大差异也。

此书用西文横行式左右书写，而用中国书本式前后装钉，右半叶由左而右读完，复转读左半叶，颠倒费时，此虽或书估无识之为，亦足令人生不快之感，故附及之。

晚晴簃诗汇二百卷

徐世昌编　民国二十年耕堂刻本

清代诗选集如沈德潜之《国朝诗别裁集》，谢墉等之《熙朝雅颂集》，孙铉之《皇清诗选》，符葆森之《国朝正雅集》，以及专选妇女作品,如恽珠之《国朝闺秀正始集》等,皆清中叶以前编定,范围过狭。徐世昌谓:“原为其体,取舍因时,虽各成书,殆同独赏。”(序)所以有清一代诗选集中最宏富者应推徐氏之《晚晴簃诗汇》。全书所选诗家,起明末遗民孙奇逢、顾炎武,迄于康有为、严复等并及闺秀、方外、万国,合共六千一百五十九家。书前列各帝御制诗。除总目外,书中附有依韵编之人名索引。

是书编定体例依朱彝尊《明诗综》而参以他书。惟各家次序颇杂,以各帝所作诗置篇首,各亲王附诸帝后。至于宗室则中叶以前者列在亲王后,中叶以后者依行辈入各编。其余则有科目者依科目,无科目者依时代,以次排列。亦有以子从父、以弟从兄者,编者自称为变例。但亦有错误:如纳兰性德是明珠之子,性德入三十七卷而明珠乃在三十八卷。

编者自序成于民国十八年全书编成尚未付刊时。序中谓清代“三百年间,诗满天地”之故有四:(一)皇帝之提倡甚力。(二)因考据金石题咏故物而发为诗歌。(三)中叶以后文纲弛而国势衰,诗人因多风刺之作。(四)海外之交通使诗境更新。此四种原因,似应与所选诗章及其编法有关系,然除将皇帝所作之诗放在最前以外,在全书编列方法上看不出此种原因之重要。

关于各诗人编者皆加以诗话,或将他人评语列入,而加以注明。每人下附以小传。

我以为诗选除将各人之诗选出代表作以外,尚应在编定方法上表示出各时代风气之异同,以及各时代之诗之特色,然此岂易言。如此书之伟大亦可为今日最完备之一部清诗综矣。

(《燕京学报》1931年第9期)

东特区文物研究所考察团工作之经过

东省特别区区立文物研究所科学考察团于本年九月初筹备就绪，即组织地质、生物两组考察团，分赴穆棱县属及东京城等处实地调查及采集标本。团长兼地质调查组组长阿也尔特君，副团长兼古生物调查组组长尹赞勋君，久舍夫君佐之。于九月十日由哈尔滨出发，工作二十日。兹将其大要略述如下：

（一）地质组之工作：九月十日离哈，十一日抵穆棱县属之下城子站，尹赞勋君及久舍夫君即赴马桥河一带调查地质。是日自哈抵宁安县，所见几尽为火成岩及变质岩，故无化石可寻。十二日早，阿尹久三君同赴下城子东北调查，并参观大理石产地二处。下午又到站西验金矿，得知含量尚多，惟区域太小，殊不值大规模之开采。（今春曾有俄人试采，成绩不良，事已搁置）十三日赴太平川，所见皆花岗岩及云母片岩。十四日，即沿穆棱河南下，折入扣河沟北支，沿路所遇，多云母片岩及砂岩。十五日，由下城子赴兴源镇（即旧穆棱县治）。地质组三人，中途折入岳林子沟，调查各种岩石之分体。十六日，阿尹久三君向砍椽沟出发。

翌日登砍椽沟北山，旋入扣河沟南支，沿沟所得，颇可与十四日工作结果相印证。十八日，工作地点在猴石沟，沟口之山为伟晶花岗岩。入口行约半里，即见北山山岩，石墙耸立，经风化作用，软者去，坚者存，遂成奇形异状之石柱。间有形肖猿猴者，故居民名此沟曰猴石。沟之北山有变质石灰相之露头数处，昔曾取之制灰，今已歇业。十九日，全体步行赴穆棱站。途中所采除普通火成岩外，得火山喷出之岩石数种，其色暗红，居民多认为铁矿。二十一日，只在路局公园以东调查，区域虽小，而调查精密，成绩颇佳。即晚阿也尔特因事回哈，顺便将前十日间所采岩石带回。二十三日，尹君一人登西山，又沿铁路考查，得岩石多种，成切面图一幅。二十四日晚，乘中东路车赴海林。科学考察团在第一考察区域之工作已完。二十六日，尹、久二君赴宁安西白庙子附近山地，遇伟晶岩石多种，罕见矿石；间有美丽悦目者，可作饰品。二十七日，东行渡牡丹江，入花脸沟后，即登北山。山上所见，均系圆形石子，剖而视之，知由长石斑岩中冲来。山顶为玄武岩，下为何种岩石，因无露头，无从得知。二十七日，在对面山上得同样之石子，并含石子之地层，始知今日所见现象之解释长石斑岩之石子，含有结晶完整之石英，或他种六方柱之矿石。二十八日，仍东行渡江，登花脸沟南山，临江处悬崖绝壁，层序分明，尽为砂岩，间有数层砾岩。砾岩中之石子，与昨日所见者成分相同，故可断定花脸沟北山亦由砂岩间砾岩构成。壁中有煤炭一层，为一寸至二寸，含树干及树枝甚多；惟保存不善，颇难断定年代。二十九日，离宁安，向东京进行，沿途砂岩切面数处，可见地质构造。玄武岩之分布亦甚广，惟在平原，不在山顶。三十日，尹君会同怕诺索夫君勘察东京城。城内发掘工作，因考古组未携照像器，今日只将有名地点摄影而归。久君则整理标本，及计划在镜湖附近之工作。十月一日，久君带工人一名赴苇子沟，榆村沟一带调查，定二日始可回东京城。此段工作，俟异日再行报告。按地质组工作区域有二：一，为穆棱县煤矿区迤南一带，可补以前研究未到之处。一，为东京城南及镜泊湖附近地质。现第一段工作已完。第二段工作业已开始，所得结果，颇称满意。

（二）生物组之工作：九月十日，全团离哈，次早抵下城子，即会同地质组赴马桥河附近，考察生物，得知沿铁路两旁人烟日密，难得奇草异木，野鸟猛兽，于十二日即购置应用物品，准备远征。十三日早，组长鲁喀世金君携团员菲尔索夫君向浑云河上游进行。计在该河流域及四周山林工作九日，考察区方圆五六十里。于二十一日遄返穆棱站，与他组相会。此段成绩甚佳，计得哺乳类二件，鸟类标本三十六件，两栖及爬虫类二十余瓶，此外尚得有脊椎动物多种。植物方面，共采枝叶二千余件，果实种子四十余种，其中罕见者，有松柏科之 Taxus taccat。动物方面，有乌苏里乌鸡及白眼捕蝇雀。二十二至二十四日，在穆棱河及大石头河流域搜罗生物，计前后共获鸟类十八件，植物一百余件。其中极堪注意者，一为初次发现之特别螃蟹，一为东省罕见之日本种蝙蝠。二十四日，离穆棱，晚抵宁安。连日在牡丹江两岸猎取飞禽两种，翠蛙一种。其中可贵者有乌苏里山鸽，及三趾啄木鸟。江中产鱼十二种，尽数网罗。昆虫及软体动物，所得亦多。植物方面，虽种类颇少，而杜松一物则颇可贵。此外又调查当地渔猎两业，以备参考。二十九日，抵东京城。三十日，获西藏黑熊一头，经两日工夫，始能将骨骼皮毛收拾完竣。现在重振精神，准备向镜泊湖出发，期得更好之成绩云。（十一月十一日《北平晨报》）

山东古迹研究会
二次发掘谭国故城

中央研究院历史语言研究所与山东省政府合组之山东古迹研究会，去年冬，发掘济南城东六十里城子崖谭国都城，获骨、蚌、陶、石、器皿等甚多，本报第九期业经叙述。本年十月间，该会因在上次发掘虽有不少珍异物品发现，惟尚有待于材料之补充以作证明，故实行第二次发掘。其工作人员，中央研究院方面计有梁思永、吴金鼎二君，山东图书馆方面计有刘屿霞、王湘、张善、刘锡增四君。工作历二十日，共掘四十五坑，占地面一五二零，八方公尺①。计所得陶器、骨器、蚌器、石器六十大箱，业已全数运送山东古迹研究会分别整理研究。

其次关于谭都城墙及西北角高地之陶窑三座亦均有研究之价值。谭都城墙方位为不规则之形状，大概随当时人民散居之部落而建筑者。其建筑之时代，尚不能确断，但大致可判为商朝。外有烧制陶器之土窑三座，其形势结构均甚合度。其筑造

① 编按：合 1520.8 平方米。

时代,据研究推断,大概为铜器时代之陶窑。

其次关于上下两文化层之分界及其悬殊之异点,业已大体解决。下层为石器时代,上层为铜器时代。铜石分界已可看清,主要分别之点可由陶器上看出。而关于陶器之鉴别:(一)形色,铜器时代者,式样少而笨拙;石器时代者,色样多而灵巧。(二)陶质,铜器时代者含沙少,而表面粗糙;石器时代者,含沙多而表面光滑,且粗者极粗,细者极细。年代最早者,式样灵巧,陶器表面光滑;年代晚者,反笨拙而粗糙,此亦最可惊异之事。(三)颜色,大概铜器时代者为灰色,石器时代者为黑色。闻城子崖地形及其周围之地势,业已详细测量绘图,俟此次所获物品研究完毕,即可合成全部之报告云。(十一月十一日《北平晨报》)

房山县十字石刻

北平古物保管委员会以平西房山县发现古代景教遗留之石刻,于九月十三日特派该会秘书庄尚严君、干事王作宾君二人前往调查。据云:碑在距周口店十八里之深山中,其路程系由平汉路琉璃河站下车,转支路至周口店,又西行十五里,至柴厂村,由此登山,行约三里至十字寺,即碑所在之地。据寺内辽应历十年碑,知本名三盆山崇圣院,至元至正二十五年改名十字寺,可证此碑元时已发现,碑今在庙内大雄宝殿前祟阶上。石共二方,各方一尺五寸,阙其一面,合置成口形。前后刻有十字,其一面十字之两侧,刻有叙利亚文字,译言“仰望此,依靠此”。其左右两侧,各刻盆花。据辽碑,知自辽时已为佛刹。元代虽有十字之名,但亦只认为晋唐时之古物,并不知其系景教遗物也。寺及其山地,于二十年前,由僧人龙海售与民人张云甫为私产,张氏改为山庄。现此石刻由中央研究院历史博物馆移运到平,保存陈览,并摹拓全形分赠各学术机关云。

山东省立图书馆砖瓦图书展览会

山东省立图书馆自前清提学使罗正钧氏创办以来,历年收藏金石书画已属不少。迩自王献唐君长馆后,又悉心收罗,而省府复能支拨巨款,供其随时收买,遂得日益宏富。该馆于本年七月间,在大明湖畔举行砖瓦图书展览会,以唤起社会人士保存古物与文化之兴趣。其展览内容:(一)潍县高氏所藏之秦汉砖瓦,即高氏售与日人后经胶济铁路管理局查出,为教育厅没收者(载本报第九期,国内学术消息栏)。并附有许印林所辑之《攀古小庐瓦当文字》及《砖文》。(二)城子崖陶片,即去冬发掘龙山镇古谭子国所得之古物。(三)罗泉楼古泉,即济南玉函山房马国翰所藏,现归该馆保存者。(四)汉画像石,即去年在滕县所发现及该馆历年收藏者。(五)图书,(甲)聊城杨氏海源阁旧藏,匪乱后散出,经该馆收买者。(乙)明文渊阁古书,即前清内阁大库所藏之蝴蝶装本,本年经该馆收买者。(丙)其他善本书,有马惠阶历年收藏,经该馆以十二万元收买者。此外尚有陆续收买之珍本若干,亦均陈列展览云。

西清续监乙编

北平古物陈列所印行　石印本每部两函二十本　定价大洋二十四元

清高宗敕编内府藏器为《西清古鉴》《宁寿鉴古》及《西清续鉴》甲乙两编。《西清古鉴》于乾隆十六年内府刊行。《宁寿鉴古》及《续鉴》甲编于宣统二年已由涵芬楼依宁寿宫写本缩印行世,而乙编则于民国初由盛京行宫移藏武英殿宝蕴楼,考古学家以未得观读为憾焉。今北平古物陈列所将所藏稿本缩印成书,凡二十卷,五十一类,都九百零二器。《古鉴》三书,器多散佚。惟此书各器,由盛京行宫移存古物陈列所,完整无缺。民国十六年,周肇祥任所长时,招致名流,从事鉴定。十八年春,本校教授鉴定委员会委员容庚君选印九十二器为《宝蕴楼彝器图录》,取以相较,颇饶兴味。其有文字而真之器已印入《图录》中,其未印入者大抵属于可疑与伪作者也。容君又著有《西清金文真伪存佚表》(本刊第五期),亦可与此相参证。容君今年春,联合中央研究院,北平图书馆,清华图书馆,南开图书馆,燕京图书馆等拟合资将此书全部彝器尽行撮影，从事研究，尚未得所方允许。然所中人假如以发扬学术文化为己任者，当有赞同之一日。观此书之印行，可以瞻之。

秦汉金文录

容庚辑　中央研究院历史语言研究所出版　实价十五元

纂辑一代吉金文字，勒为专书，斯读者手此一编，无旁求编检之苦。此录所收，秦器八十六，汉晋器七百四十九，实为秦汉金文之总汇。其自序一篇，甘苦有得，附录于此，以当介绍：

《金文编》之印行，于今七年矣。当时所写定者，仅上编殷周金文，其下编秦汉金文，虽三易稿，仍感材料之不足，未敢印行。十五年夏，任燕京大学教席，俸给略丰，得节其余资以购金石书籍拓本之属，然职务繁，反不若读书北京大学时之专于所学，未遑续为之也。邹安先生编行《周金文存》后，即欲继续《汉金文存》。予尝贻书敦促之，去年过杭，承以目录见假，然终未睹其成。默念汉金之视周金诚不若其鸿篇巨制，然汉篆石刻仅十余种；开母少室两石阙铭外，皆简陋残缺不足观，玺印只具姓名职官，镜鉴笔画太简，署年号者始于新，无西京物。《说文解字》九千余字，虽集篆书之大成，而传写未可尽信。欲求两京文字转变之迹，未有胜于器物铭者。即欲考铸铜之官,产铜之地,制器之数,度量权衡之制,以及当时通行之吉语,亦皆可求之于此。需要既多,余独不可先为之乎。自是常怀策励之心,欲代邹先生成之。吾校有国学研究所,余曾以印行《汉金文录》为请。惟所中用费年有定额,此书印费若干不能作精密之估计,无从请款;拓本多藏诸友人,款苟无着,更无从乞假,此议遂作罢矣。去年夏,与中央研究院历史语言研究所所长傅斯年先生谈及此事,亟蒙赞同。余笑谓:子能筹印费者,当为所中成之。彼应曰:诺,如子言。余惟秦金总集,有罗氏之《秦金石刻辞》,故初未之及。洎汉金既毕,亦遂并及秦金。今全书告成矣,回思此一年半间之经过,有三难事足述者:

一曰搜集。宋代吉金诸书,所收秦金之有铭者凡二,汉金之有铭者凡五十二;清《西清古鉴》四书,所收无秦金,汉金,凡四十三,合而计之不及百器。《积古斋款识》以后所收渐富,摹写渐精。计《积古斋》秦器五,汉晋器九十八;《两罍轩》秦器一,汉晋器四十四;《簠斋》秦器十四,汉晋器五十四;《陶斋》秦器二十八,(除权量外皆非秦器,故未列入)汉晋器一百二十八;(符镜未列入)《愙斋》秦器十九,汉晋器八十。各家所收以《陶斋》为最多,而合秦汉器计之亦不及二百器。秦汉鲜瑰奇伟丽之器,不为人所重视,拓本流传甚罕,故搜集至难。罗振玉先生收藏吉金拓本之富,海内无足与抗衡者。去年暑假,偕董作宾先生往谒于旅顺,承以十数巨册相假。道过天津,复从陈承修先生假得《猗文阁集金》。北平同好,各出所藏,以相增益。今年暑假,至苏州,假得潘氏遽庵所藏;至上海,假得刘氏善斋所藏。各家拓本数十册,留吾家者经年,微相知不至此。然求之同好也十册不为吝，求之市贾也一纸亦大难。吾家去城十数里，有进城三五次而后能得一纸者，有不能购而手摹之者，有既摹而复购得之者。记有一建初八年高镫在李估之手，乞其拓本，终不吾与，但得对写一过而已，心窃憾焉。此类事固常观者也。本书所收虽未能尽宇内之所有，然视《陶斋》著录已四倍之，亦良足自慰矣。

二曰鉴别。《积古斋》著录百器，其疑伪者约四之一。虽前修未密，亦鉴定之难。《奇觚室》著录秦权量九器，无一真者；汉四十八器，翻刻疑伪者十之七。如此著书，孰愈盲瞽。王国维先生《金文著录表》，后经罗振玉先生十余年来之笺识补正，最称精审。然有以真为伪者，如《大贯壶》。以疑伪为真者，如《洴共厨铜壶》《建昭元年雁足镫》《黄山镫》《贻荡宫镫》《元康镫》。有入之真而复入之疑者，如《绥和壶》。盖疑似之间不易质言，虽离娄之明犹不免有以貌似眩之者耳。《光和量》，罗先生之子福颐言其可疑。陈庆镛言："此器出自嘉庆二十年岁在乙亥，杨司马开福于睢州挑浚引河得之。"(《筠清馆》卷五)后入潘氏攀古楼，潘氏固好古不妄者，余未敢以其字之劣而疑之也。《建昭宫鼎》，余初见拓本而伪之，继见原器而真之，复细阅拓本据罗福颐先生之言而伪之。此一器也，余已三易其主张矣。《犛廿六年诏量》，王罗两先生皆信为真。余以其器为小勺，何得于勺中刻始皇诏。后观遽庵所藏全形旧拓本，仅一犛字而无始皇诏，乃始恍然知此为汉器，始皇诏则后人所加也。善斋藏器亦有一勺，形状相同，有始皇诏而无犛字，则亦后人妄为之。多歧如此，是吾辈所鉴定者，其遽足尽信乎。将以尽吾之知，不敢掉以轻心而已。然以伪为真，去之尚易；以真为伪，补之则难。故余于此书又不敢避滥收之讥。凡在两可之间者,辄补注疑伪字于目下,以待商榷焉。罗福颐、商承祚两先生指正不少,敬申谢意。

三曰整理。余集各家之拓本不下五千纸,大都不书器名。以少御众,莫若以《金文著录表》为根据,于是先为著录表之整理。《表》于诸著录,只注书名,不记卷叶,如《从古堂款识学》,以藏家为先后,不以时代器名为先后者,遂使检索一器,时须遍阅全书。则卷叶不可不注也。表中各器往往歧出。如《馆陶家镫》,镫也,而亦见之于鼎。《第十三鼎》,鼎也,而亦见之于器盖。《内者乐卧镫》,镫也,而亦见之于熨斗。《阳信家铜鉐镂》,前后凡两见。《扶侯钟》,钟也,歧出而为《阳嘉二年钟》;或称《雷师作壶》,见于壶。又如《积古斋元康鐎斗》,王氏据罗氏之说改作熨斗,而不知《金石契》所图之形乃为行镫。《积古斋新莽始建国石权》,审其文义,确为承水盘。《两诏量》误析为二者一器,《元年诏版》误析为二者三器。则伪误不可不正也。次之为拓本之整理。拓本多者数十见,少者一二见,较其施墨之优劣以为去取,遂有一铭而盖与器分取两家拓本者,又有此家之铭而补以他家之图者。拓本既选定,付之照相打样,然后排比,是以印刷之事亦较他书为艰巨焉。

此书成,继而作《秦汉金文编》,乃吾志也,不敢告劳。然吾之生,正当甲午战败之后。先子赋诗云:"时局正需才,生男亦壮哉,高轩一再过,都为试啼来。"今者岛夷肆虐,再入国门。余不能执干戈,卫社稷,有负祖若父之期许。"国耻未雪,何由成名",诵李白《独漉》之篇,不知涕之何从也,"雄剑挂壁,时时龙鸣",余宁将挟毛锥以终老耶。每一念此,觉后书之作有未敢逆亿者矣。

二十年十二月六日,容庚书于燕京大学燕东园。

汉晋西陲木简汇编

张凤编著　上海有正书局出版　定价大洋十六元

是书所收，即清季匈牙利人斯坦因氏游弋新疆时发掘古长城遗址烽燧斥堠所得之汉晋以还简牍；盖“天下之瑰宝，人世之奇珍也”(自序)。斯氏既得此简，法教授沙宛氏曾译述印行其一部；而罗叔言先生前亦曾辑印若干，为《流沙坠简》。我国学术界即惊为破天荒之一事，实则斯氏所携去者固不止沙罗两氏所印。张凤君曩于留学欧洲时，该简方由马伯禄教授考订，张君亦承马氏之招致，相与寻讨，因得尽见而撮影之。张君归国以还，知者莫不敦促付印，以与马氏有夙约，荏苒六年，乃付手民。虽于马氏为失信，而此简出土垂二十余年，流之外府之我国奇珍瑰宝，及今乃得于卷帙影像中窥其全豹，其亦可少餍吾国学术界之饥渴乎。

此书计分初，二两编，初编即前沙氏印本，二编则为未经考释印行之诸简。卷首冠叶恭绰君序。次自序，文内并缀各简说略，撮目如下：(一)《急就》第十四木觚，(二)竿木，(三)方乡表，(四)都督署检，(五)仙师符，(六)壬子癸亥简，(七)建安十年历书，(八)刻券二，(九)《风雨诗》简，(十)晨时鼓一通简，(十一)起高轩简，(十二)素巾各简，(十三)平旦徼巡简，(十四)望见简。再次为木简二编释文凡例。末附木简二编释文与木简出处及斯氏原号表。

叶序云:“我国文字留存方法进步之程序,大致系:一刀楔,二漆书,三墨写。其中刀楔又分金,石,骨,木各种。漆书墨写,又分竹,木,帛,石,纸各种。古代遗物流传至今者,以金,石,纸三者为较多,骨,竹,木为较少,帛为最少。”又曰:“刀楔以后,未有纸以前,其间殆越千年。其时文物制度历史风俗之研究,舍金,石,布,帛外,将何所恃乎?则不得不曰简册。”又曰:“我国篆,隶,八分,章草,草隶,楷之蜕嬗,及其详细区别,曩昔往往累万言不能推证,以无真迹可据也。今此编诸体俱备,依以擘阐,可一扫扪钥之谈。”则此书裨益于我国文化历史上研究之价值,更无待编者烦言矣。

高昌專集

(第二分本) 黄文弼著 西北科学考查团理事会印行 定价八元

西北科学考查团远征朔漠,弋获极多。此书为黄文弼先生从所获得之墓專中择其字迹明显者八十四方影印者。其自序云:“余于民国十九年在吐鲁番所获墓專共计一百二十四方,由其年号与官阶作《高昌麹氏纪年》及《高昌官制表》;并叙述发现状况,均叙《高昌》第一分本中。今又择原專之字迹显明者八十四方付之影印，并注明原專之尺寸墨色及出土地，为《高昌》（第二分本）。”又云：“其專文虽可识而影印不显者则录释其文于下以作比验，余四十方或因墨底红字影印不显，或字迹模糊，必用水浸湿方可认识，故皆撮录其文于專集之次，再以校记附于后焉。”又另出有《高昌專集赘言》单行本，详叙各物之出土地，及其分类编纂之缘由，并述以后续编之工作计划，兹将其大要略述如下：第一辑《高昌》，因实物之种类，分为四分本。第一分本研究论文。第二分本即《高昌專集》。第三分本陶集。第四分本梵文，吐货罗文及畏兀儿文等。第二辑《蒲昌》，分为两分本。第一分本为罗布淖尔北岸古址中之汉简及同地出土之其他对象，并附考释。第二分本为古湖岸之居民，举凡在土已东所采集之物，如玉器，石器，木器，草制等。第三辑《焉耆》，为泥塑佛像，雕刻与陶型等。第四辑《龟兹》，凡轮台，库车，拜城，托克逊，沙雅诸县境内所采集之物均归是辑，分为两分本。第一分本为壁画，泥像。第二分本为文字，印章，钱币等。此种重要之参考资料，诚考古学家所欲先睹者也。

商务印书馆百衲本二十四史第二次出版

此书第一期出版时，本报第八期已略有介绍。今第二期业已出版，计《后汉书》《三国志》《新五代史》《辽史》《金史》五种，兹摘录提要如下：一，《后汉书》，宋绍兴本。书中桓构二字，多书“渊圣御名”及“今上御名”字样，填字亦有剜改痕迹，知此书刊成当在高孝之际，系南宋监本，与《史》《汉》等同为江东两淮漕司所分刊者。按范书在北宋时，已多舛讹，故刘贡父撰《东汉刊误》一卷，多所指摘是正，顾《刊误》所载应行校正之字，此本不误者凡得三十余条，是其所从出祖本，为贡父所未见，而当将此本之采择翻雕，亦为北宋最旧最普通之本可知矣。一，《三国志》，宋绍熙本。《三国志》世所通行者，以明南监冯梦桢所刊大字本为最佳。宋本世不多见，海内最著名之聊城杨氏所藏，尚不知流落何处。此本《魏志》前三卷，系从日本帝国图书馆所藏宋绍熙本影印。其《蜀志》目录前有咸平六年中书门下一牒，是此本亦源出于北宋监本。衢本避讳至桓字止，乃刊于高宗绍兴之世，当与《史》《汉》等同时为南宋监本。而绍熙本则避讳至廓郭等字，是成书已在宁宗即位之后，后于衢本者约四五十载。衢本倘得全书，或更胜于是本。今杨本不可得见，而以衢本足成绍熙全刻，已可称有珠联璧合之钜观矣。一，《五代史》，宋庆元中建阳坊刻本。晁氏《读书志》谓欧阳永叔《新五代史》成，藏于家；殁后朝廷闻之，取以付国子监刊行。按永叔之殁，在熙宁五年，是此书以北宋监本为第一刻。士礼居所刊《季沧苇书目》中，有北宋版《五代史》十六本，末有赵松雪跋，今不知尚在人间否？此本每半页十行，行十八字，与监本版式亦颇相似，当系摹仿官本翻雕者。卷末多有“庆元五年鲁郡曾三异校定”一行。三异为周益公门客，曾校欧阳全集，此书当其同时所校。现在北宋全帙既难踪迹，实不得不推此本为最善本矣。一，《辽史》，元刊本。是书比较稍逊，殆已有明补本羼入其中。然足订正今本舛误之处者亦复不少。一，《金史》，元至正初刊本。其缺卷以元

覆本补之。乌程施北研著《金史详校》,未获见此,此本出而施书可不作矣。(十月十日《大公报》)

古史辨第三册

顾颉刚编著　北平景山东街朴社出版

定价合装甲种四元　乙种三元二角　丙种二元四角

顾先生《古史辨》第一册行世以后,曾震撼史学界。嗣综合赞成反对诸论文为第二册,已于去夏刊布。今第三册又排印告竣,业已出书。此册所收论文,上篇为讨论《周易》者,下篇为讨论《诗三百篇》者,大凡六十六篇,四十余万言。书首冠以自序一篇,略谓:"于《易》则破坏其伏羲神农的圣经的地位而建设其卜筮的地位;于《诗》则破坏其文武周公的圣经的地位而建设其乐歌的地位。"继又述说所谓建设只是恢复其原来面目,所谓破坏只是移出其所托之时代而置之于出现之时代之意。又谓:"古书是古史材料的一部分,必须把古书的本身问题弄明白,始可把这一部分材料供古史的采用而无谬误,所以这是研究古史的初步工作。"因此顾先生希望秦汉以前之书均经过如此之讨论,使古书问题之解决可以促进古史问题之解决。最后述说居今治学,当分工,当干苦工,对于问题之提出当急进,对于问题之解决当缓进,表示其治古史学之态度。按古史材料日出不穷,诚不当以古书自限，然古书既占古史之重要地位，则古书材料之分析及其时代之考定，确为今日急迫之需求。得顾先生努力为之，甚望若干年之后得竟其全功也。

崔东壁先生知非集

燕京大学图书馆出版　影印本一册　定价大洋一元二角

清代学者崔东壁(述)先生竭四十年之精力，著书三十四种，八十八卷。其弟子陈履和为刻《崔东壁遗书》，未竟而卒，余稿早佚。年来因胡适之，顾颉刚诸先生之介绍，中国学术界始知崔氏于经学史学之贡献不凡，以致遗书翻印数次；然其内容仅十九种，五十四卷。而所余之诗集等是否尚在人间，尤为学术界人士之所属目。去年洪煨莲教授偶于本校图书馆破书堆中，得写本诗词一册，上题“崔东壁知非集一卷”。全本纸质脆裂，是百余年前遗物。中有赋三首，诗一百六十四首，词十四首，遂付印行。末附洪教授序文一篇，考定其为未定稿本，并云内有诗十九首，词十四首，出东壁先生手书云。

本校图书馆引得编纂处最近刊行引得三种

考古质疑引得　每册定价六角

仪礼引得　附郑注及贾疏引书引得

《仪礼》为汉以前重要礼经，惟辞义古奥，素称难读，故《四库提要》亦谓儒者罕通也。该处特为是书编印引得，举凡书中之仪文名物，逐一记纂，莫不提要钩玄，俾读者得以随时引据，无需呻吟占毕之劳；又以是书郑注贾疏引用诸书现多亡佚，更为之分别引得，以为辑佚者之助。其经注引得根据《四部丛刊》本，其疏则用影江西刻本，均按庋擷号码，顺序排列，亦附拼音及笔画引得。(其他略)

(《燕京学报》1931 年第 10 期)

故宫图书馆近况

故宫博物院图书馆自馆长江瀚，副馆长袁同礼，二氏接事以来，整理内部，成绩卓然。收藏古书二十八万七千六百九十五册。该馆成立之始，即以外西路之寿安宫为馆址。据宫史所载，原为咸安宫旧址，乾隆辛未（西历一七五一）恭祝孝圣宪皇后六旬寿庆所建，其后辛巳（西历一七六一）七旬大庆，复重加修葺，称觞于此。外院东西庑各五间，自该馆成立后，即以东庑为善本书库，西庑为阅书室，内院南殿为春禧殿，北殿为寿安宫，左右庭楼，回抱相属，今添置玻璃改作书库。东楼上下排列经史二部及志书，西楼上下排列子集二部及丛书，北楼则辟为殿本书库，南殿西屋辟为满文书库，南殿东屋则专藏杨氏观海堂藏书。此外东西后院之福宜斋，萱寿堂，则辟为重复书书库。其与寿安宫毗连之英华殿，亦划归该馆。十九年夏，修饰完竣，以为善本书及佛经陈列室。文渊阁之《四库全书》，及摛藻堂之《四库全书荟要》，皆保存原状，不予更动。散在其他各宫殿之图书，俱集中于寿安宫，分类移送各库，编目整理，惟宫中图籍，自乾嘉以后，或被偷窃，或被虫蚀，致曩时遗籍，散佚甚多，至可惜也。

该馆自十八年四月以来，分工进行，规模略具。其所藏书籍情形如下：

（一）文渊阁《四库全书》，十九年十月，曾按照《四库总目》分部，逐一检查，至十一月方始竣事。昔年曾有残缺，后由清内务府以文津阁本钞补者，计经部一种，子部七种，集部一种，此外并无缺少，共三千四百五十九种，三万六千零七十八册。

（二）摛藻堂原藏之《四库全书荟要》，十九年秋间，着手整理，先按原书与排架图，一一查对登录，再行插架，共四百七十三种，一万一千一百五十一册。

（三）善本书库：共有善本书九百三十九部，一万一千八百五十七册。内有宋刊本五十部，八百五十四册；元刊本八十部，一千四百三十八册；明刊本四百六十四部，七千五百一十二册；《宛委别藏》一百六十二部，七百六十五册；旧写本一百八十四部，一千二百八十八册；又宋元明刊及名家写本佛经共一百二十三部，三百四十八册。

（四）殿本书库：共藏殿本书八百零六部，二万五千零六十册。又殿版开化纸《图书集成》一部，五百零一十九册（内缺一册）。殿版竹纸《图书集成》一部，五千零一十七册（内缺三册）。

（五）经部书库：共九百九十部，七千五百一十册。又汇刻六十二部，五千七百八十册。

（六）史部书库：共有史书一千三百一十六部，二万八千二百六十一册。

（七）子部书库：共有子书一千五百三十九部，一万六千七百零一册，又大字石印本《图书集成》四部，共二万零一百七十六册。

（八）集部书库：共有集本书一千八百四十五部，二万零十三册。又丛书一百零六部，七千二百五十五册。

（九）满文书库：共有满文书三百六十二部，一万二千八百四十三册,内有精写本御制五体《清文鉴》一部,三十六册,为海内极罕见之书。

(十)杨氏观海堂书库:杨氏观海堂藏书于十八年冬,由太高殿分馆移入该馆,共一千六百六十七部,一万五千九百零六册。

(十一)志书书库:清史馆旧藏各种书籍,除十九年二月点交国府接收一部分(共计三万一千九百四十七册)外,尚存各省方志,共二千八百一十四部,二万五千二百九十二册。

(十二)重复书书库:共五千三百一十九部,七万零八百三十册,内经部,七百九十二部,九千九百一十七册。史部,六百四十七部,一万九千八百二十九册。子部,二千四百八十四部,一万二千八百零五册。集部,一千三百九十六部,二万八千二百三十二册。

(十三)杂书库:将各书库内之杂书,一并提出,于萱寿堂外院西屋,设杂书库,共一千一百七十五部,六千一百九十三册。

该馆书籍除善本书,满文书,观海堂书,方志书,重复书,杂书另立书库外,其较普通之书,均以《四库总目》体例,分为经,史,子,集四大部,外加丛书部,暂附于集部之后,以各处宫殿之书尚未提竣,故暂用卡片,以便随时可以插入。此项卡片及书签,均系自制,每一片上除书名,著者,卷数,册数,版本外,并注原藏地点及点查号数两栏,以便检寻。至于书签,亦标明书藏(原题版本)(审定版本)字样,取其登记严密,易于寻检。殿本书库,则暂以《宫史》及《续宫史》所定编次为范围,自实录以迄石刻,计分十六类,其编目排架略与其他书库不同,盖专为钦定之书而设,以存前朝文物之盛,合之可成巨观也。各库书目之编制,大致均已就绪,其属于善本者,则由专门委员张庾楼校正;属于殿本者,则由专门委员陶兰泉增订体例。其《四库目录》《丛书目录》《满文书目录》《杨氏观海堂藏书目录》,均由馆员依次编就,当陆续付印云。

北平中国营造学社整理之明初岐阳王世家文物

北平中国营造学社迩来致力于古物之整理及保存,不遗余力。朱桂莘氏近复与岐阳王李明仲公之廿一世孙李国寿商洽,出其家藏古代文物,以供考证。李氏因将其先人所藏累世世袭之遗物,若衣冠,器用,图画,谱牒等五十六种,悉数让归该社。近经该社数月之功力,明其世系,次其年月,其已整理就绪之一部分如下:

(一)吴国公墨敕:署龙凤九年,是明太祖即位前之四年也。明初奉韩林儿正朔之事,为明人所讳言,仅见于野史,此为绝好之史证矣。纸墨如新,并有太祖手押。(二)明太祖御帕并《纪恩册》:李景隆以懿亲子弟,宴见宫中,太祖即以所食点心裹之帕中以赐,景隆退而藏其帕,以为世宝,并为《纪恩册》以记其事,亦见于《族谱》。此帕今居然无恙,黄色未渝,丝缕犹韧,又于《纪恩册》中拆出明弘治中历书残叶,足以证其确为明时故物,盖实物能证史迹者,似此真罕见矣。(三)岐阳武靖王像册。(四)岐阳武靖王《别传》一卷:为明人写本,与《明史》及李贽王世贞诸记载相较，颇有异同，可窥见洪武中多少佚闻秘事。(五)李氏历代行像一册。(六)李氏《族谱》三卷：此谱刊于康熙中，其十五世孙延基所修也。中含珍奇之史材不少，惜其体例芜杂耳。(七)万历诰敕一卷。(八)平番得胜图：按此图虽未载明与李氏之关系，而图中人名，地名，斑斑可考，确为万历初年洮州战役纪功之作，与《明史·西域传》及甘省诸志相合。以之考证明代行军制度，真可宝之物也。(九)残甲二片：相传为文忠所御，谅亦不虚。(一〇)张三丰画像：三丰为近代神话传说集中之人物，此像经李氏裔孙手跋，谓为三丰所自绘，其与李氏之关系无可疑，此一证物当尤为研究民俗学者所珍视。(一一)陇西恭献王李贞画像(一世始祖)。(一二)皇姊孝亲曹国长公主画像(一世配)。(一三)岐阳武靖王李文忠画像(二世)。(一四)岐阳王配曹国夫人毕氏画像。(一五)三世袭曹国公李景隆画像。(一六)三世曹国夫人袁氏画像。(一七)四世赠南京锦衣卫指挥使李佑画像。(一八)四世追赠临淮侯夫人金氏画像。(一九)五世追赠临淮侯李萼画像。(二〇)五世赠临淮侯夫人关氏画像。(二一)六世南京锦衣卫指挥使李璇画像。(二二)六世赠临淮侯夫人许氏画像。(二三)七世袭临淮侯李沂画像。(二四)七世临淮侯夫人田氏画像。(二五)八世太保袭临淮侯李庭竹画像。(二六)八世临淮侯夫人徐氏画像。(二七)九世太保袭临淮侯李言恭画像。(二八)九世临淮侯夫人史氏画像。(二九)十世赠临淮侯后军都督府佥书李宗城画像。(三〇)十世赠临淮侯夫人徐氏画像。(三一)十一世袭临淮侯李邦镇画像。(三二)十一世临淮侯夫人杨氏画像。(三三)十二世太师柱国临淮侯李弘济画像。(三四)十二世临淮侯夫人徐世画像。(三五)十三世清封资政大夫李祖述画像。(三六)十三世清封夫人方氏画像。(三七)十三世方夫人行乐图。(三八)十三世方夫人行乐图。(三九)十三世方夫人影像。(四〇)十四世资政大夫世袭三等(阿达哈哈番)李德灿像。(四一)十四世中宪大夫台州府同知李德耀像。(四二)十四世诰封恭人郭氏(复姓金氏)画像。(四三)十五世中宪大夫福建水口盐运同知李廷基像。(四四)十五世诰封恭人张氏画像。(四五)十六世奉政大夫江苏太湖同知李世金像。(四六)十六世诰封宜人毛氏画像。(四七)七世李濂配缪淑人画像(李性之母赠临淮侯夫人)。(四八)十世李宗城半身画像。(四九)李德耀行乐图立轴。(五一)李延基行乐图(李秩绘)。(五二)李延基亲书手卷。(五三)李世金小像。(五四)李世钟像一轴。(五五)李氏地契。(五六)李祖权自绘祖茔图。

营造学社诸君整理此项材料,因而成《李文忠集传》一篇,《李景隆集传》一篇,《李氏四世以下世系记》一篇,《李氏入清以来世系记》一篇,《李氏族谱世系表》一篇,《李氏画像考》一篇,《平番得胜图考》一篇,于李氏六百年中之历史,考证颇详,最近且曾将该项遗物于社中陈列,以供研究云。

山东图书馆创办罗泉楼汉画堂

山东省立图书馆年来收集古书金石颇力,庋藏日富,最近创办罗泉楼、汉画堂,即藉该馆原有之湖天一角楼陈列,并拓印《上陶室砖瓦文捃》以广流传。

《上陶室砖瓦文捃》：山东潍县高氏藏秦汉砖瓦最多，去夏曾以二千元售与日人，为省府教育厅扣留，几经交涉，始运至济南图书馆保存（见本报第九期本栏）。现图书馆长王献唐氏将所得高氏秦汉砖瓦拓印八部，以广流传，凡六百种，仍名之曰《上陶室砖瓦文捃》。（闻所拓较高翰生原本多十二种，高本原有秦十二字砖等十二种亡去，已另仿制）

汉画堂：图书馆前后所存汉代画像石甚夥，大小凡五十块，现均嵌之壁上。去夏由潍县运来墓门石刻三块，式尤奇古，上为三羊，取三阳开泰之意，其下立二石，刻作人形，则神荼郁垒也。运到该图书馆后，亦嵌于壁上，仍作墓门状。

罗泉楼：山东藏泉家甚多，其尤著者，为莱阳初渭园，历城马竹吾，诸城刘燕庭，王戟门，利津李竹朋，均有专书行世。就中马氏《红藕花轩泉品》，以精博称；后其手稿，书板，泉币，均为其婿李氏取去。光绪十三年，曾以残板印书行世。迭经世变，零落散佚。去春李氏后裔，以古泉及《泉品》原刻板六百一十板捐与该图书馆，又于市上先后得百四十板，共七百二十四板，一千二百二十九品，博采旁证，蔚为大观。现一一陈列于湖天一角楼上，更名为罗泉楼。以泉品各类，分架胪列，如贝货，钱币，刀币，圜法等，略括流变，条理明显，颇可为研究古货币学者之参考。

山东益都县苏埠屯发现周代铜器

山东益都县苏埠屯，相传为战国时苏秦之墓地，去年二月间，附近农民掘地，掘出铜器九件，均为周代器物，在古代文化上，颇有参考价值。山东省立图书馆馆长王献唐氏，恐此项古物流落外人之手，乃函请益都县政府教育局购为官有，以保存文化。嗣该物已被人运售潍县，乃复索回，由益都县政府主持，介绍归教育局以三百元购归官有。及去秋九月中旬，苏埠屯又续出周代铜器九件，较第一次掘出者尤佳。有文字者凡四器，计方鼎一，盉一，爵二。鼎盉文同，凡四字，曰作巩豖彝；爵文各一字，曰豖。贾人到济，向山东图书馆接洽，愿以八百元售归山东图书馆。图书馆当劝其送藏益都图书馆，俾众集一处，作有系统之研究。今已为益都民众教育馆购藏云。

青岛大学发现鱼蟹新种

青岛大学生物学系师生,平时对于海滨生物之采集,异常注意。关于鱼,虾,介壳之类,属青岛产者,大半加以鉴定。据最近报告发现二新种,蟹类有杨振声氏蟹(Halicarcinus YangiShen),为纪念该校杨校长而命名。此蟹原种记,将在北平静生生物调查所沈嘉瑞先生所著之《中国蟹志》上发表。鱼类有曾省氏鱼(Heterddontus Tsengi Edngandwang),由方质之,王以康二先生鉴定,闻其原种记,将在南京中国科学社生物研究所刊物内披露。

研究生物,首重标本之采集,既可供展览,又可作研究材料。故该校生物系,对于此事积极进行,且对于新种之搜集,不遗余力。最近巴黎喻慕韩先生允曾省之先生之要求,将伊历年在法京博物馆研究已定名之山东半岛产蟹类标本二十余种,寄赠该校生物学系保存,业由该校去函致谢矣。

研究河南古迹

河南为古代建都之地,历年既久,古迹蕴藏地中者甚富,国内考古队屡次发掘历代古物。国立中央研究院为调查发掘研究该省古迹,特与河南省政府暨河南大学协商合作,共组河南古迹研究会,并于三月十五日下午二时在河南博物馆开会,出席委员杜襄,李济,张嘉谋,关百益,董作宾,王公度,主席林嘉谋,议决要案如下:(一)通过经费每年二二五六元,开办经费七八三八元。(二)本会工作费,本年分春秋两季工作,每季需洋二千元,分别函请院,府拨发。(三)聘请顾问十五人。(四)本年春季工作计划:(1)调查:先就豫东商邱一带,豫西洛阳一带调查。(2)发掘:依本会办法第八条之规定,以浚县为试办区,在最早可能时期内从事发掘。兹录中央研究院与省府及河南大学合组办法如下:

院府合组办法:(一)兹经国立中央研究院之提议,由国立中央研究院与河南省政府各聘委员二人至五人组织河南古迹研究会。(二)国立中央研究院所聘委员,由国立中央研究院历史语言研究所推荐之。(三)本会设委员长一人,工作主任一人,秘书一人,由委员互选之。(四)本会工作,暂分调查,发掘,研究三步，其科学的指导之责，由国立中央研究院任之；其保护之责，由河南省政府任之。（五）本会会址设于开封，并于发掘处设立办事处。（六）本会工作费用，由国立中央研究院与河南省政府分任之，遇必要时，由国立中央研究院独任之。（七）发掘所得古物，均存本会内，以便研究。惟因研究之方便，得由本会通过，提出一部分他处研究，但须于一定期内交还本会。（八）发掘工作暂以浚县为试办区。

院校合组办法：（一）为辅助河南古迹研究会工作上之方便起见，河南大学对研究会：（甲）供给办公室，陈列室，研究室，研究员宿舍等。（乙）借与研究上需用之参考书籍，仪器，及其他学术用品。（二）为辅助河南大学将来考古学之发展，及养成河南大学学生将来继续研究会工作之能力起见，河南古迹研究会对河南大学：（甲）指导河南大学学生之参加发掘及研究工作。（乙）将发掘情形及研究结果，每年在河大以讲演或报告之，最少一次。（三）以上合作办法，有不便时，得经双方同意修正之。（四）以上合作办法，经双方交换公函后，即生效力。

该会订定合作办法后，即派委员郭宝钧会同河南省政府代表马元材赴浚筹备。四月十六日正式开工，各坑发掘虽深度均不及二米，而出土物品已属不少，如石斧，甲骨，蚌刀，瓦甗，瓦鬲，铜镞，石镞，骨镞，鹿角，锯骨等，均与安阳小屯出土者相类。其西南角有板筑一段，该板筑之北段，旧已外露，东西宽约四米，南北长约十六米，高约六米。其西南段则为深厚之黄土所掩护，而黄土层与板筑层之间，分界显然。板筑东壁，多系灰土所填，与板筑同在一平面之上，上述各物即大半出于此种灰土中云。

本校国学研究所特派罗香林君前往闽粤二省调查南疆部落畲蛋黎瑶诸民族

闽粤二省,民族复杂,畲民,蛋民杂处,黎瑶汉各族同居,而汉族又可分为客家,福老,广府(又称本地),福州四系;而语言习性各异,国人鲜有注意之者。西人虽间有记载,然皆有所锢蔽,非失之穿凿附会,即病于传闻失实,求其真能暴露华南诸族诸系之真象者,戛戛乎其难觏也。国学研究所以华南民族在学术上颇为重要,非积极提倡研究与调查,无以引起国内外学者之注意,以促成华南语言,文化,人种,及其与中国北,中二部之关系等诸问题之解决。去年秋季,拟委罗君香林使纂集客家史料。近日复派罗君使与北平协和医科教授西人史蒂芬生(Dr. P. H. Stevenson)博士,协往华南,测验畲民,蛋民,黎人,福老,客家诸族系,并调查其语言,文化及社会生活与状况。史氏系协和解剖,人类诸学教授,于中国人种,研究有年,此次往南疆测验,系中央研究院所委托。罗君昔在清华大学研究客家问题,于华南其他族系,素亦有志探索者。罗君与史氏原拟于三月四日,自平赴沪，先测验驻沪十九路军诸客家官佐与兵士，后以暴日炮击淞沪，罗等乃决乘轮赴粤。关于南下后之工作，暂限粤闽二省，拟先调查诸栖息珠江水面之蛋民，并测验其人类。再往高雷钦廉，作普通考察。后赴琼崖，测验山居黎人，并调查自广东内地迁居海南之客家，再返棹广州，测验各布厂之客家工人。东走惠州，溯东江，趋梅县，顺韩江，而出潮汕。更泛海至厦门，测验其人种。北上福州，探察闸北之畲民。客家一系，为汉族中至坚苦耐劳之人民，散布地域，颇为广漠。其在福建，如长汀，宁化，上杭，武平，清流，连城，归化，永定，云霄等县，皆为客家居地，其在广东，占地尤阔。东则韩江上游，东北东江一带，北部北江流域，西则赤溪一县，皆为客家所居。此外如钦州，廉州，开平，陵水，东莞，番禺，香山等县，亦杂有客家。其在广西，如桂平，平南，贵县，武宣，陆川，马平，柳城等县，亦多客家。此外湖南之汝城，郴州，浏阳，平江，江西之赣南全道，四川之隆昌，荣昌，台湾之彰化，诸罗，皆为客家聚居之地。总其人口，已达一千四百余万，占中国全人口百分之三而有奇。其人勇于进取，善为小本经营，不易为人同化。又善移殖，所至能自成村落。惟器量狭小，好赌气，喜斗狠，故常为邻居所排斥。但其语言文化，则确有足供吾人积极研究之价值。罗君此行，当必有甚多新材料，可供学术界之研究也。

贞松堂集古遗文十六卷

罗振玉著　民国二十年出版石印本

民国三年王国维先生著《国朝金文著录表略例》云："罗叔言参事拟将所藏拓本，前人未著录者，悉印入《集古遗文》中，数年之间，期竣此事。"今此书之成，乃在十七年之后，所收自三代至元吉金文字一千五百二十五器，视《著录表》所记《集古》者已突过之。铭文由其子福颐摹写，工整可媲《攈古录金文》，然终不若影印原拓之得其真。复惜其于前人未著录者补之，而于前人摹刻之误者未遑正之也。兹闻罗氏复裒集续得墨本三百三十八器，为补遗三卷，吾人尤亟盼其早印行焉。

两周金文辞大系

郭沫若著　昭和七年一月文求堂书店出版
定价精装日金四圆五十钱　平装日金三圆五十钱

郭氏迩年来潜心于古代社会之探讨,而致力于甲骨卜辞及古器物铭。去夏曾撰著《甲骨文字研究》及《殷周青铜器铭文研究》二书(见本报第九期出版界消息),时有创获,颇为时流所称道。此书《解题》云:(一)本书分上下二编,其目的在求周代彝铭之历史系统与地方分类,定名为《两周金文辞大系》;但其文辞过简,或无多发明者在所不录。(二)上编宗周文,凡一百三十又七器,仿《尚书》体例,以列王为次。武王之前,幽王之后,王室之器均无可征。(三)下编列国文,凡一百一十四器,仿《国风》体例,以国别为次。其次以长江下游为起点,沿长江流域溯流而上,于江河之间顺流而下,更沿黄河流域溯流而上,故始于吴而终于秦。盖此书之目的在求年代与国别之条贯。"国别之征至易易,年代之考订则戛戛乎其难",著者盖自知之。故国别除《沈子也毁》沈器而以为鲁器,《孚林父毁》释孚为孙以为卫器,尚可商榷外,其余无大疵议。年代则常有顾此失彼,不能自圆其说者:(一)成昭穆懿共诸王可以金文征之;而《效父彝》戮父鼎之休王,段毁之曾王,于史无征,遂谓“休王即孝王也,古休孝本同音字”。“曾王当是曾孙周王,文王之曾孙则为康王”,强为比附。(二)《宗周钟》定为昭王器,铭云“及孳乃遣间来逆邵王,南夷见夷具见廿又六邦”,与《成鼎》“亦唯噩侯驭方率南夷东夷广伐南国东国”,《明公毁》“唯王令明公遣三族伐东国”,《南宫中鼎》“王令中先省南国”有关;《小臣谏毁》与《成鼎》皆言“殷八自”亦有关。然《成鼎》以为夷王时器,《明公毁》《南宫中鼎》《小臣谏毁》以为成王时器。(三)《令彝》与《周公毁》字体极相近,同属初周字体,而以《令彝》属之成王,《周公毁》属之厉王。凡此种种,不能悉举,故年代之大部分,可云失败。而其解释,亦有穿凿者:如《令毁》末一册字,云:“册者书写之意,某册犹今人落下款某某书也。”《臣辰盉》亦云:“臣辰册者,臣辰题也。”然《臣辰壶》(见《贞松堂集古遗文》七)册字在辰字两旁,故知解作书题之不当。《吕行壶》“吕行蕣孚贝,乎用作宝尊彝”。吕疑与《吕鼎》之吕为一人,此以吕行为人名,此器属之成王,《吕鼎》属之穆王。贝乎二字原作,疑马字,非贝乎二字也。昔梁廷枏作《书余》一书,录金文之过百字者十九种以为《尚书》之余。孙星衍亦收周金文三十器于《续古文苑》中。此书沓录更富,标点字句,略有解释,可作《古文苑》观。郭氏谓“就文字之体例,文辞之格调,及器物之花纹形式以参验之,一时代之器大抵可以踪迹”,惜郭氏于此书,未能如所言以事推求,故其所得未能尽满人意耳。

碑传集补

闵尔昌纂录　一九三一年一月本校国学研究所出版

全书六十卷及卷末　分订二十四册　定价大洋二十元

闵氏之纂此书,盖补钱仪吉《碑传集》、缪荃孙《续碑传集》之遗漏及晚出者。凡历十数寒暑,用力至勤。全书分二十七类:曰宰辅,曰部院大臣,曰内阁九卿,曰翰詹,曰科道,曰曹司,曰使臣,曰督抚,曰河臣,曰监司,曰守令,曰校官,曰佐贰杂职,曰武臣,曰忠节,曰逸民,曰理学,曰经学,曰畴人,曰文学,曰孝友,曰义行,曰艺术,曰党人,曰释道,曰列女,末附集外文,凡三十余万言。《自序》云:“续集分卷比诸原书微有增损:兹编盖阙宗室,功臣,蕃臣,客将四目。其理学,经学,从衎石之旧仍分为二。复以鄙意增使臣一目者,纪晚近始设之官也。增畴人一目者,用阮文达、罗茗香例也。增党人一目者,志革命所由起也。增释道一目者,衎石已采秦小岘之《诗僧野蚕碎琴传》于附存文矣。释老列传,又前史例也。列女中辩通一目无之,增母仪一目者,依刘子政例也。艺风本有《补编》十四卷,余尝假得其总目观之,文约百篇,颇有《耆献类征》曾经载入者。李书既已通行,凡所收文字,兹编即不更录姓名。有重见者,大抵纪述较详云。”

国立北平图书馆馆刊西夏文专号

民国二十一年一月出版　定价大洋二元

国立北平图书馆于十八年秋，购入宁夏发现之西夏文佛经百余册，皆属宋元精椠，为海内所仅见者。该馆于购得时，曾招待北平学术界开会展览，复以十九年该馆馆刊四卷三号之地位出此专刊，以为得书之纪念。

此书计分四类，（一）插图（十三幅），（二）专著（六篇），（三）释文（二十二篇），（四）目录（七篇），末附专著补遗（一篇），凡四十余万言。其启事云："因念斯学湮沉数百年，近二十年来断简遗文，时出人间，东西学者苦心冥索，于是此绝国方言，乃得渐通其读，而西夏一代史事亦因之增添无数之新资料矣。"

国内治西夏文者，首推罗福成，福苌两先生。福苌英年早逝，仅著有《西夏国书略说》一书。福成孜孜不倦，复赞助此刊作大规模之介绍与研究，合中俄日三国学者以成之，在学术史上实有相当之价值也。

清季外交史料(第一集)

王弢夫辑　王希隐编　全书一百二十卷装订六十册

北平外交史料编印处发行　甲种定价一百廿元　乙种九十五元

是书为王弢夫氏供职前清枢垣时所纂,其子希隐补辑,并编分类索引,萃三十余年之心力,始克告成。凡光宣两朝不平等条约成立之程序,以及通商、画界、作战、议和之重要文电,并总署外部与各使会议笔记,搜罗殆尽。此项秘稿,前清例不宣泄,片纸只字,均为现行有效之事实。诚近六十年来外交史上之重要史料,与故宫博物院所印道光、咸丰、同治三朝《筹办夷务始末》相衔接者也。

文学论文索引

张陈卿、陈璧如、李维垿等编辑

民国二十一年一月　中华图书馆协会出版　定价大洋一元六角

近日杂志繁多,学者每苦不能遍览,则杂志论文索引为学术界人士必需之工具矣,民十八及民二十中华图书馆协会曾出版《国学论文索引》,正续二编,颇为阅者所称许。近月该会又出版《文学论文索引》,搜罗中国杂志报章一百六十二种,由光绪三十一年起至民国十八年二月止。其凡例云:"本书内容分上中下三编:上编为总论,包括文学的通论和通论各国文学两种论文。前者因内容而分子目,后者以国界分子目。中编为分论,依作品之体制分为诗歌,戏曲,小说等项。辞赋虽为中国所特有,亦文体之一种,立为一类,与诗歌小说并列。下编为文学家评传,以国家分组,排列次序略依作家之年代;同年代的,以论文之多寡为序。"又云:"本书虽为文学论文索引,亦略为提纲挈领之介绍;如序跋,批评等,则注明所序跋批评的作品之作者或性质。"采材颇丰,便于检寻,其有裨于学术界诚匪鲜也。

中国地方志综录初稿

朱士嘉撰　北平地学会出版

是书系就国内外各图书馆搜藏之中国地方志撮录而成，计收方志四千九百余种，八万二千四百余卷（内一百九十余种，卷帙未详）。每书除胪举卷数，编纂人，编纂时期及版本外，并详其藏书之处。是书第一章江苏省已由民国二十一年《地学杂志》第一期发表，其余各省，闻亦将陆续付印云。

四库总目引得

本校引得编纂处出版　定价国内四元　国外美金二元　邮费酌加

《四库总目》一书，卷帙繁重，寻检殊感困难。海宁陈乃乾氏曾编有索引,附刊行世。惟以著作人姓名排比,在第知其书名者,仍苦无由查阅。该处复加研究,编成《四库全书总目及未收书目引得》,朝代,姓名,卷数,叶数一一具载,参用皮撷,拼音,笔画诸法,尤便检查。

考古学杂志(创刊号)

广州市黄花考古学院出版　定价大洋四角

文化事业,向来荟萃于文化中心之北平,故物以类聚,刊物亦随之兴起。广东黄花考古学院不甘沉默,毅然出版《考古学杂志》季刊,以冲破南方沉闷之空气;苟不因政局变迁而转移,未始非学术界之秀也。其篇名录下:

《黄花考古学院的组织和使命》谢英伯,《考古学研究热潮中现代考古学者应取的态度与方法》胡肇椿,《南越朝台残瓦考》曾传轺,《从西南民族说到独立罗罗》杨成志,《广东古代木刻文字录存》蔡守,《戟辨》胡肇椿,《铺首》曾传轺,《杯之比较研究》胡肇椿,《高绵瓦考》曾传轺。

西南研究(创刊号)

广东中山大学西南研究会一九三二年二月出版

零售二角　半年一元　全年一元八角

《西南研究》月刊为广东中山大学西南研究会新兴刊物之一,该校因鉴于西南边疆之藩篱,日为强邻之所侵蚀,故于十七年夏,曾派专员杨成志君前往川滇等地调查,杨君所创获之材料,其整理就绪者,已陆续于该校刊物中发表。兹为发扬科学之探讨,及唤醒政府及民众注意西南边疆问题与设施,故毅然创刊《西南研究》月刊。兹录目如下:

《国立中山大学西南研究会成立宣言》,《今昔话西南》梁心,《西南民族的研究》杨成志,《新云南建设中最急切之问题》林超,《广西对越的攻守问题》梁心,《贵州现状》何观洲,《广州考古事业之纪略》胡肇椿,《云南的五种特征》杨成志,《安南民族概别》杨成志,《西藏魔鬼的跳舞》叶美棣女士译。

(《燕京学报》1932 年第 11 期)

西北科学考查团近况

西北科学考查团第一批团员黄文弼先生等于十九年九月间回平,其工作概况,与弋获古物等情已志本报第八期本栏。兹团员袁复礼先生又于本年五月十一日回平,其工作范围大部属于地质之考察,而气象亦略加测验焉。此次携回物品计有四十二箱,其中以石片为最多。兹录袁先生报告如下:

西北考查团于十六年离平,先抵包头,前进逾黑教堂而至呼家园。在呼家园左近,已发现石器时代之古物化石等,为数不多。气候测验则无时间断。两个月后,行经海流图地方,发现汉唐古址。再由海流图至三德庙,沿途掘获石器颇多。由此逾乌拉山,全团分三路而行,预定在新疆哈密会齐。赫定,徐炳昶等为中路大队,先抵额济纳河。丁仲良,那林,贝哥等为北路大队,经沙漠至额济纳河与中队会齐,北行至哈密。南路大队为本人与詹君等四人,由三德庙经大水沟至勤县(甘肃)绕道至额济纳河,再往哈密。十七年一月三路在哈密会齐。十七年三四月间,又重新划为两队,分北疆,南疆从事考察。南路事务比较重要,参加人数较多,计有:丁仲良,那林,徐炳昶,陶德以及研究气象之学生等十余人。北路只本人与差役数人，因工作比较单纯也。南路工作则为考古，地质，气候等，大都为补赫定氏前次考察之不足，该一行业于二十年夏返平结束。北路工作范围自迪化迤东至新疆北部边境，大部属于地质之考察，气象亦略加测验。

工作时间历四年半，于去年十二月十七日始首途东返，途中仍留意考察，藉补不足，所经路途多无人迹；即偶有骆驼行踪之各地，亦竭力避免，以冀有所发现，结果归途中，又觅到有考古石器者四处，有动物化石者一处。经内蒙南山之中，拟考察草地，民地，分界地，以及汉人如何选土之方法，因吾人研究学理者选择可耕之地，有时反不及久处田间之乡农。则其选择方法如何，当然为吾人所亟愿明悉者。不幸此地因军队剿匪，适成战区，左躲右避，终无法进行，只得废然放弃。由百灵庙经一天一夜之路程赶至由长盛泰口处入绥境，但长盛泰以西六七里即有土匪盘据，黑夜张望，可见烽火。余等乃绕道往包头，包头正北茂明安地方有湖三个，在昔干涸，今夏积水，当详加测量。抵包头后未停，径去归化，计由百灵庙至绥驼行共四日，抵绥稍留，即于昨日返平，此本团行程之大概状况。

全团此行所得结果可分以下数段述之：

（一）关于地质方面　南疆考察之一行，发见极古之地层甚多。瑞典团员那林在罗布淖尔获得志留纪之三叶虫，为重要发现之一。北疆本人发现侏罗纪恐龙与煤层，其中石油及铁皆有，极为奇特。本人对于侏罗纪煤层曾作详细之研究，将来拟专文论述。我国内部辽，吉，热各省皆有侏罗纪之煤层，皆应加以探讨，盖此次所得材料，尚感觉不甚充足也。此外丁仲良与那林先后发现第三期地层，并掘获海内生物之贝壳类化石等。发现地点则为由喀什噶尔至和阗之途中。古代石器以内蒙各地为最多。去时采得七千块,归来又采得一万余块,其中小块者占大半,亦有较大者,但为数不多,只有成形之石盘,约一尺见方,以石做成之箭头,斧头,与瓦片刀刻瓦片等,多为前所未见者,足供考据之用。依石器,陶器,铜器,迨汉,唐而后之聚散问题,用考古学之方法,解决南疆,北疆之河道问题。盖人民居住地址,与河湖有密切关系;人率为近水而居,水道迁移,人亦迁移,湖水干涸,人或移居湖底也。

(二)气候方面　气候测验结果,本人与团员气象家郝德氏共得以下结论,亚洲中部气候变化,并不十分显著,只暂时的雨水,使之增加或减少。那林氏则谓冰期时代前后,气候有变动,有人则谓在第三期中间气候有变动,亦即地壳之变动。当时喜马拉亚山尚为平地,迨成山后,亚洲气候始生变化。当过额济纳河时,郝德曾问本人对于那林氏所言之意见,本人除答以前述本人之观察外,并补充谓当时或火山爆裂,使空中水分凝结而气候始发生变化亦未可知?郝氏颇表赞同。

(三)河道变迁　有时有雨水或山上石土冲下之结果,而使水道改变,地震时,土石下落,可截断湖水。地壳在冰期前后,曾有一种迟慢的变动,成弯弓形,亦可使河断而为湖。本人归途中,路经内蒙某地,该地原属平坦,去年因雨水连绵,今年竟成三湖。平地泉现有两湖,据闻亦系因去年雨多之故,确否不详。惟已足证气象变迁与河道之关系,由此可证明其他一切。

(四)今后整理　全团此次采集物品共运回平者四次,每次俱达八九十箱之多。此次本人带回计四十二箱。此项采集品已有临时编目与登记，将来分类后，则制成永久编目及永久登记，以便随时陈列。著述方面，全体团员各就本人工作分段分类而作，每册二三百页不等，凑成一巨帙，而由徐炳昶及赫定两氏著一通论，冠之篇首。此外本人自离平迄归来，每日工作皆有日记，亦拟加以整理后，另行印行，公之世人云。

中央研究院近况

中央研究院为我国最高学术机关，成立以来，迄今数载，虽时感经费支绌未能充分发展，然经该院同人积极策划进行，其规模成绩亦颇有可观。兹据该院秘书主任许寿裳氏七月间谈院务概况如下：

物理化学工程实验馆　该馆建筑及初步设备经费，自前年一月经由中华文化基金委员会一次拨付五十万元后，三月即在上海梵王渡附近白利南路开始建筑，嗣因金价高涨，所有材料又均购自外国，故除原有五十万元外，尚差十余万元。本年一月又经文化基金委员会允加拨十二万元，并已收到六万元。淞沪抗日战起，行将落成之实验馆，改为临时难民收容所，致又稍有损失，现正赶筑，一俟完工后，原在上海法租界、霞飞路之三实验所即行迁入。

天文研究所　该所现已在紫金山山顶开始建筑，原定建筑费三十万元。因政府财政万分艰难，故力求缩小，以能容纳新自外国购回之重要天文仪器为合度。因明年国际将举行经度测量，我国经度自前清康熙一度测量后，迄今已逾二百年，为测量准确度数，报告国际大会计，此项建筑，实已不能再缓。所有工程图样，二三年前已计划妥善，建筑费亦已由本院经常费项下再三撙节凑足。

气象研究所　该所仍在南京鼓楼，以限于地势，难于扩充。但明年国际将举行高空测候，我国国土既不在两极，又无探险经费，故仅于前数月特派员分赴山东泰山及四川峨嵋山，测量高空，明年六月当可完竣。

地质研究所　该所早与北平地质调查所合作，过去调查所已将西南地质大概调查，故研究所即注意东南数省。现曹国宾先生（前本院研究员）已回晋调查，测量全省煤油矿，本院亦拨助大批测量仪器，一俟调查测量完竣，即行开发。

博物馆　该馆本拟派人分赴各省采集标本，亦以经费支绌，于六月六日仅派二人先赴江西采取植物标本，以次及于各省。再本院本年在河南浚县安阳发现殷代骨，石，陶器，约一百四十箱，一部已运北平历史语言研究所，一部则交开封市保存。

总之，本院职掌，关系国家文化科学至为重大，国家财政虽万分困难，亦当尽力设法徐图发展云。

河南考古新发现

国立中央研究院于十二月二十六日,在亚尔培路中国科学社明复图书馆,举行第一次公开讲演。主讲者为该院历史语言研究所考古组主任李济博士。讲题为《河南考古最近之发现》。并将浚县出土之西周古物多件陈列展览。讲辞如下。

考古组最近在河南考古工作地,仍在安阳及安阳南之浚县,兹分述如次:

安阳发掘之结果,现已为第七次。前三次发掘结果多见于历史语言研究所出版之《安阳发掘报告》。最近四次发掘,皆有关于殷商建筑之发现。殷商建筑,以版筑为基础,现已发现者,为长方形及四方形之台基。方形台基为纯净黄土作成,前有石柱基础,四围有全副猪骨数架,大约为殷商祭祀所在之地。此类遗址甚多,研究院拟继续发掘,在相当时期,大约殷商宫殿之制度可得一轮廓之规定。

浚县发掘,开始于今年春季,此地有铜器时代之陵墓甚多,叠经土豪流氓及古董商盗掘,残毁殆尽。自考古组在此工作以来,已清理墓葬八座,均曾经盗过者。但仍有若干残余之殉葬物,多为车马装饰,及戈,矛,斧,戟等。最可惊异者,为此类墓葬,多有马殉葬。墓葬之旁,多另筑马坑,最大者有马骸六十余架,并有车马之装饰甚多。由车饰可以寻得古战车之制度之一部,实为考古界最近之大贡献也。此类已盗掘之墓葬,未清理者尚多。明春研究院仍继续进行清理,届时当已新发现可报告云。

保存角直保圣寺唐塑之经过

堆塑为我国特殊之艺术,而古代作品之存留者乃至少。其仅存于今者以山东灵岩之宋塑罗汉及宝坻之元刘兰所塑释道各像为最著。自江苏吴县角直镇保圣寺唐塑罗汉像发现,而吾国艺术界乃为之一震。保圣寺相传始于萧梁,遗迹莫考。其塑壁及罗汉十八尊,则《甫里志》中且定为唐之杨惠之所塑。惠之本画家,在唐代与吴道子齐名,因不愿与吴争胜,乃遁于塑造之途,独辟新径焉。保圣寺塑像是否真出杨惠之手,除志书外,犹无确证。然《昆山志》曾详述玉峰慧聚寺中杨惠之塑天王像之事实,则距离不远之保圣寺同为杨惠之所塑亦属可能。该寺以年代悠久,已毁坏不堪,民国七年顾颉刚先生往游,偶见塑像,惊为绝技,赞赏不已。十一年顾先生复偕陈万里先生往游,而大殿倒坍已甚,原塑已有委地者数尊,遂摄取照片携归,作文字之宣传,并以示北京大学校长蔡元培先生。蔡先生即函角直乡绅沈柏寒君请其设法保存,惜当时以经费关系,未果。事为日本东京美术学校教授大村西崖所闻，即束装来苏鉴赏，并摄照二十八幅归国，著为《吴郡奇迹塑壁残影》一书，誉为东亚瑰宝，而于海山之塑壁尤盛称之。

十二年，栋梁日损，岌岌可危，蔡先生等复商诸沈柏寒君与地方长者，将塑像先行卸下，完整者仅得九尊，暂存于甫里小学之破屋中。其后叶恭绰先生往观，叹为绝作，请于大学院，筹商保存之术，并自任捐款之责。十八年，教育部聘蔡元培，叶恭绰等十八人为委员，组织保存唐塑委员会，议建新屋以安置之。教育部拨款万元以为之倡，旋苏省府亦允拨三千元，各方善信又集资一万元有奇，历时三载，乃克告成，名为甪直保圣寺古物馆，业于本年十一月十二日举行开幕典礼。馆内除唐塑像九尊外，所有保圣寺其他古代建筑物，亦均搜集陈列其中，以供研究。唐塑罗汉得以留存于今日者，叶恭绰，蔡元培，顾颉刚诸先生之功不可没也。

山东图书馆收藏陈氏古物及齐唐造像

潍县陈簠斋氏所藏金石，喧赫宇内。其最著之毛公鼎，辗转售归他氏。至周秦以来之万印，闻已运至天津，抵押于某银行。其藏于潍县之金石，尚有石刻砖瓦等，计秦汉瓦当二百九十四件，汉魏六朝砖一百零八件，齐法货泥钱范二百二十八件，周秦有文瓮沿十四件,六朝泥造像一件,周秦两汉陶器三十八件,六朝有文字石造像二十件,石磬二件,元磁罐一件,历代钱币由周秦至明共一千四百八十九品,皆在文献历史上有重大价值。最近亦接洽出售。事为山东省立图书馆馆长王献唐氏所闻,报告于教育厅长何思源氏,何氏即派王氏亲往调查,乃与物主接洽,收归公家保存。再三磋商,始定砖瓦石刻等二千三百七十五件,价二千七百元,历代钱币一千四百八十九品,价三百元,共计三千元。本年八月二十三日省府会议议决准教育厅长何思源提案,由教育预备项下拨款收买云。

又该馆于十二月间购得唐清泰二年延晟墓志砖一,北齐造像九。造像在广饶,临淄交界处出土。按该地为六朝时千佛寺遗址,寺内造像甚多,前已发现数尊,均被人攫去,此能运到该馆保存亦云幸矣。

影印宋碛砂版藏经

我国书籍刻版始于唐末五代,其始实因流通佛教经典。然雕刻佛教全藏,则始于宋太祖开宝四年(九七一),命张从信往四川雇工开雕,至太宗太平兴国八年(九八三),凡历十三年而告成,号为蜀版,世称为北宋本,最为精工。惜久已散佚,现在流传之残本,亦须重价方可得之。此后宋朝续刻《大藏经》四次,其末一次系理宗嘉熙年间(约一二三七——二四〇?)于碛砂(今苏州甪直镇东南)之延圣寺开雕藏经,至元武宗至大三年(一三一〇)方告成,世称为“碛砂版”。此藏版式每页六行,每行十七字,与南宋之《思溪藏》同[《思溪藏》为南宋绍兴二年(一一三二)浙江省湖州所刊]。

宋朝五种藏经,世皆无完全藏本,“碛砂藏”则见者尤少。不料陕西省西安之开元卧龙等寺犹存孤本,殆犹完璧。朱庆澜先生等于民国十九年因放赈至西安,始见此法宝赫然存在,恐日久散失,爰有影印流通之议。南北佛教同志叶恭绰先生等均极赞同,遂于上海组织“影印宋版藏经会”(会址设上海威海卫路一八〇号),筹画款项,积极进行。先派人赴陕西点查册数,计共六千三百五十六卷,所缺者仅一百七十三卷,拟以北平松坡图书馆所贮之宋“思溪藏”残本补之。为不失原形起见,决定用石版印刷,其版式则将原来之每十版缩为二版,而尺寸则与原来略同,以省篇幅。现印之本六英寸高,十英寸半阔,三英分厚,江西连史纸印刷,装成中国线装书式样,全书计五百九十二本。每本约装自一百四十版至一百六十余版不等。每本首页插图一种。全部书占面积计八英尺有零立方。现已委派员工赴陕西摄影运沪印刷。拟印五百部,定价七百五十元;预约五百二十五元,不日即可发售预约,民国二十三年底全书告成。此等巨帙,一旦以真相出现于世,不徒流通法宝,为佛教徒所欢迎,当亦世界好古承学之士所急欲先睹为快者也。

北西厢记展览会

国中之搜集旧本小说剧曲者，公家有北平图书馆，孔德学校，私人有董康，吴梅，马廉，而本校教授郑振铎先生亦其一也。郑先生所编之《清人杂剧》等，业已行世。兹于本年十一月十九，二十两日，在其住宅（燕京大学天和厂一号）开一《北西厢记》展览会，陈列明清刊本王实甫《西厢记》，及有关此书之著作二十七种（六种假自北平图书馆，用“平”字注明），其中明刊本十七种，清刊本九种，近刊本一种，多为坊间所不易得之善本。录目如下：

（甲）明刊本 （一）《增编会真记杂录》，隆庆元年（一五六七）众芳书斋刊本，一册，卷首有图四幅，为何铃刻，图极精，版亦精。（二）《元本出相北西厢记》，万历庚戌（一六一〇）起凤馆刊本，二册，图为汪耕绘，黄一彬刻。（三）《新校注古本西厢记》，万历甲寅（一六一四）方诸馆刊本，八册，首册有图二十二页，为新安黄应光镌。（四）《西厢记》，天启间（一六二二?）凌濛初刊本，四册，首册有图十页，为新安黄一彬刻。（五）《北西厢记》，崇祯辛未（一六三一）李告辰刊本，四册，首册有图二十页，为铅山陈洪绶写。（六）《张深之先生正北西厢秘本》，崇祯己卯（一六三九）刊本，五册（平），首册有图六页，为铅山陈老莲绘，武林项南州刊。以上五种版图均极精。（七）《陈眉公先生批评西厢记》，万历间（一六一四？）萧腾鸿刊本，一册，卷中有图十余幅，为刘次泉等刻。（八）《李卓吾先生批点西厢记真本》，崇祯庚辰（一六四〇）醉香主人刊本，六册（平），卷首有陈洪绶等所绘《十美图》十幅。以上二种版图亦精。（九）《会真记辩》，弘治癸亥（一五〇三）员鼒刊本，一册。（一〇）《田水月山房北西厢藏本》，万历间（一六一〇？）王起侯刊本，二册。（一一）《西厢会真传》，天启间（一六二四？）闵氏三色刊本，四册（平）。以上三种均为难得之本。（一二）《董解元西厢记》，天启间（一六一五？）闵遇五刊本，二册（平）。（一三）《雍熙乐府》，嘉靖间（一五六〇？）郭勋刊本，二十册，中载《北西厢记》全曲，惟无道白。（一四）《王实甫西厢记》，天启间（一六二五？）闵遇五刊本，二册（平），后附《五剧笺疑》。（一五）《李卓吾先生批点西厢记真本》，崇祯庚辰（一六四〇）醉香主人刊本，二册。（一六）《弦索辨讹本西厢记》，崇祯己卯（一六三九）沈宠绥刊本，四册。（一七）《三先生合评元本北西厢》，明末（一六四〇？）固陵孔氏刊本，四册（平）。

（乙）清刊本　（一）《西厢记谱》，乾隆甲辰（一七八四）纳书楹刊本，四册。（二）《重订西厢记谱》，乾隆乙卯（一七九五）纳书楹刊本，二册。以上二种为曲谱，精刊本。（三）《贯华堂第六才子书》，康熙戊子（一七〇八）汪氏刊本，十册，首册附《十美图》十幅。（四）《贯华堂第六才子书》，嘉庆间（一八〇〇？）刊本，八册。（五）《笺注第六才子书释解》，邓汝宁音义，道光间（一八三〇？）致和堂刊本，六册。（六）《贯华堂注释第六才子书》，道光间（一八三〇？）刊本，六册。（七）《增注第六才子书释解》，光绪丁亥（一八八七）铅印本，四册。（八）《桐华阁校本西厢记》，道光癸未（一八二三）吴兰修刊本，四册。（九）《董解元西厢记》，宣统间（一九一〇？）暖红室刊本，二册；屈伯刚以屠赤水本校过，末有吴瞿安手跋。

(丙)近人刊本　《毛西河论定西厢记》,董康石印本,六册。

闻郑先生尚拟于明春集合《临川四梦》各本开一展览会,如此收集整理,由版本之异同以求其递变之迹,诚文学史上之大贡献,亦研究文学史者之根本工作也。

国立北平图书馆编纂专门目录及辑佚校勘工作

国立北平图书馆迩来努力编纂目录,其主要者,为专门目录之编纂,次要者,为辑佚及校勘之工作。兹将该馆本年度已成及正进行之工作分述如下:

(甲)已成工作　(一)《文学论文索引》。(二)《孙渊如外集》。(三)《西夏文专号》。(以上三书见本报第十一期)(四)《书画书录解题》。(五)《东京及大连所见小说书目提要》。(以上二种见本报本期)(六)《中国官书书目》,此书为胡英君所辑,将国民政府成立以后,政府机关之出版品,经该馆入藏者,辑一专目,依机关排列,极便检寻。(七)《中国通俗小说书目》,该馆委托孙楷第君任整理之役,共八卷,著录之小说八百余种,末附满文,日文,西文译本简目。(八)《李慈铭遗书》,李慈铭所校史书,由王重民君就其书眉,随时移录,年来曾印出《越缦堂读史札记》三十卷，本年又搜得《罗庵游赏小志》一卷，《越缦堂乐府外集》二卷，于常熟曾氏所刻骈体文及该馆所印之文集外又搜《骈文补遗》一卷，《文集补遗》一卷；又李氏所校《世说新语》已承物主借予移录，为《校勘记》二卷；又李氏诗集自光绪元年以后未有刻本，乃遵其遗志从其日记内录其诗为《杏花香雪斋诗》二集，自光绪元年至十四年，共得诗七百五十一首，按年排比，厘为七卷，又从《越缦堂诗话补编》及他人唱和集得若干首，为一卷。（九）《西文参考书目》，该馆西文参考书曾于民国十六年六月编印目录，早已绝版，而年来新增之书为数颇多，亟有重行排印之必要，此目为汪长炳君所编辑，凡二千六百三十七种，末附索引，极便检寻。

（乙）进行工作　（一）《善本书志》，该馆所藏善本书大半为内阁书库旧藏，近五年入藏之书亦不鲜，除去重复者将近五千种，又除简目已告竣，付诸木刻外，并由赵万里君编录为志，详述每书之版本及收藏源流，已完成全数五分之二，拟次第刊行，以补简目之未备。（二）《增修小学考》，此书系与中国大辞典编纂处合作刊品之一，从清代四十五家文集内，录出序跋五十余篇，又搜补新印新著书三十余种，去岁就写之《说文》《尔雅》两大部分及杂字书等，亦各有增补修订，脱误不少，全书分为一百卷，约分订五十册　。（三）《晚明史籍考》，此书为谢国桢君所编辑，已历四年之久，除上年度前往江浙各地搜集材料外，去秋并东渡考查，将日本所藏之书一律加入，末附人名书名索引，已印就四份之三强矣。（四）《汉唐间西域及南海诸国古地理书辑佚》，我国自张骞通西域，迄今三千余年，中西交通有关之载籍，不为不多。此书为向达君所编辑，以其旧稿为根据，现已钞录竣事，尚待再为写定，每种别有提要，略述各书源流及作者生平事迹，成书大约有二十卷之谱。（五）《方志目》，该馆所藏方志共三千余种,近年采购,除普通版本者外,颇多明刊本,尽为海内孤帙,兹由谭新嘉,谭其骧二君辑成专目,依省排列。(六)《圆明园史料汇编》,该馆自购入样子雷之圆明园模型及工程图样后,即拟将关于该园之中西文记载汇为一编。本书拟分为三部:第一部专汇录汉籍中关于圆明园事件之纪录文字;第二部拟将关于圆明园之地样一一为之缩写模型,为之摄影;第三部拟将中西人士论述及圆明园之文献广为搜罗,加以移译。兹第一部分已大致钞撮就绪。(七)《中兴礼书正编》三百卷,《续编》八十卷,除缺六十二卷外,尚存三百二十四卷,海宁蒋光煦家传钞本,经叶渭清君校阅,本年三月始校完,现正整理校记,分门类标条,约分十六卷。(八)《中国通俗小说提要》,此书系与中国图书大辞典编纂处合作刊物之一,前后搜集宋元以来长篇小说及短篇小说千余种,略依四库目录之体例编成。此书长篇章回小说已完成者十之六七,预计年终可以竣事;短篇小说提要之完成,则尚有待。(九)《太平广记引书考》,《太平广记》引用自汉至唐五代乙丙二部之书约一千余种,去年已将每条下所注书名一一辑出,写成目录,本年仍由孙楷第君继续编辑,关于此项工作进行者有二项:1,作者姓名及朝代,2,书之存佚。(十)《唐人写经》,本年度继续审查写经详目,仍由胡鸣盛君担任,共计审定四千五百余卷,现已蒇事。此外又由许国霖君编《写经目录库索引》《佛说无量佛经索引》《维摩诘所说经索引》《大般涅槃经索引》《佛说阿弥陀经索引》《大方广佛华严经索引》《佛说乐师经索引》,共七种。(一一)《饮冰室藏书目录》,该馆于民国十九年春,承梁任公先生亲属会之盛意,将梁先生全部藏书寄存该馆,去年新馆落成,特辟一室,以其所校书籍,稿本,碑帖,及生前所用文具书桌等置于其中,藉资永久纪念。其普通书籍则庋置于书库,藏书目录则由陈贯吾君编订,已完成十分之九,一俟写完,即可付印。(一二)《北平各图书馆西文书联合目录续编》,此书自去岁印就后,中外学者咸称便利,惟所收之书,仅至十九年五月入藏之书为止。近二年来,各图书馆新增之书为数颇多,亟有印行《续编》之必要,该馆现联合各馆继续编纂,约今冬可以付印。

彊邨遗书之编刻

朱古微先生(祖谋)于去春作古,年七十五,词坛零落,学者悲叹。其所编刻《彊邨丛书》,集合唐宋金元人词集,取其善本,校雠而刊定之,十余年来风行艺苑。没后,其《遗书》已付刊,不久当可出版。本校教授张孟劬先生(尔田)为之作序,论其在词学上之地位甚悉。兹先刊于此以慰读者。

彊邨先生既捐馆舍,治命以遗书已刻未刻者付龙君榆生继成之。越明年,杀青斯竟,都若干种,若干卷,具如目。榆生以余尝从奉手,知先生之深者,邮而问序于余。

余窃维先朝文治昭融,康熙乾隆两朝首开鸿词之科,登进方闻之彦,凡士之明一经通一艺者,麟萃凤翥,求之而皆在。而大晟燕乐,历唐五代宋以讫于元明,年逾千祀,响绝复延,亦愈晚而愈大昌,先生实裒然称为首殿焉。尝揆所原,厥盛有四:明代沿胡元余习,淫哇塞聪,知曲而不知词,杨升庵辈又臆造为自度之腔,破规偭律,益紊变而不可纪。万红友氏起,审于五要,精于四上,取宋贤乐句节度而忖比之,标《尊前》之逸唱,正《啸余》之妄作,而后倚声者人知守律,是为词学之一盛。夫吹万不同而毕止于一者,天籁也;众制殊诡而必剂于符者,元音也。是故有诗,沈休文始辨四声;有词,朱希真乃制四部。天水末叶,无名氏著《菉斐轩词韵》,以入声分配三声,论者谓其专为北曲而设。胡文焕,沈去矜,程名世诸人承之,向壁虚造,迷误伶伦,词之杂流由斯而作。戈顺卿氏起,辞而辟之,知词有异曲之部则稽之《混成》遗谱,知词有随律之声则本之守斋绪言,通转之例必严,腹舌之谐斯准,而后倚声者人知审音,是为词学之再盛。方是时也,家家自以为握灵蛇之珠,抱荆山之玉矣。然而真宰弗存,郑声遂竞,登山临水,义不轨夫乐哀;充箱照乘,词惟陈夫舄履,洵有如金应珪氏所讥之三蔽者。张皋文氏起,原词人忠爱悱恻,不淫不伤之旨,《国风》十五导其归,《离骚》廿五表其洁,翦擿孔翠,澡瀹性灵,崇比兴,区正变,而后倚声者人知尊体,是为词学之三盛。先生守律则万氏,审音则戈氏,尊体则张氏,而尤大有功于词苑者,又在校勘。前此常熟毛氏,无锡侯氏,江都秦氏,广刊秘笈,流播艺林,是谓搜佚;下逮知圣道斋彭氏,双照楼吴氏,或精钞,或景宋,则又志在传真:虽未尝无功于词,而皆无当于词学。先生则不惟搜佚也,必核其精;不惟传真也,必求其是。盖自王佑遐之校《梦窗》,叙述五例以程己能,先生循之,津涂益辟。是故乐府之有先生而后校雠乃有专家,下与陈晁竞爽,上与向歆比隆,六义附庸,蔚为大国,遂使声律小道高跻乎著作之林,与三百年朴学大师相揖让乎尊俎之间,在于三累之上。

呜呼,可谓词学之极盛已!而先生自所为词,亦复跨常迈浙,凌厉跞朱,逌然而龙鸾翔,畅然而兰茁发。拟之有宋,声与政通,如范如苏如欧阳,深文而隐蔚,远旨而近言;三熏三沐,尤近觉翁。先朝大臣词,嶰筠稚圭固不论,即并世词流,半塘之于碧山,叔问之于白石,夔笙之于梅溪,敷芬散条,殆亦莫能相掩。语曰,“惟其有之,是以似之”,岂与夫怀铅握椠之宾,折杨皇荂之客等量齐观,同年而语者哉!

先生大节荦荦,于国史自当有传,而余独缅述夫先朝词学兴废之由,及先生所以振绝甄业者著于篇,以为之序。榆生从游也晚,露钞雪纂,丹墨恒手,乃克完先生未竟之绪,庶几不孤先生之知者,谨书之。

壬申十月,钱唐张尔田撰。

国立中央研究院 历史语言研究所新刊书籍二种

一、西夏研究 (第一辑) 王静如著 二十一年出版 定价三元

西夏(即大夏)建国在内蒙古鄂尔多斯阿拉善及陕甘一带,拓地数千里,凡九主,历二百余年。其自制文字行于该国,迄蒙古中叶,社稷虽墟,而河西,陇右尚用其文字,则当时政治制度及文化之进展可见一斑矣。惜我国史官编纂宋辽金三史时未能详

细叙述,实为遗憾。

当民国前十数年始有法国戴维利亚(M. Devéria),毛利瑟(M. G. Morisse),英国布色尔(S. W. Bushell),对于西夏钱币,《莲花经》以及居庸关石刻有所讨论。后俄国柯智落夫(P. K. Kozlov),匈人斯坦因(A. Stein)前后在哈拉霍托[Khara - Khoto]获得西夏古物经籍,又历数学者之探讨,始开西夏研究之端绪。王先生昔曾研究吐蕃、倮㑩语言及佛经故事,对于斯举亦有相当认识。此书为其贡献之开端。全书约二十余万言,以佛经考释占四分之一,其次官印等物亦有叙及,与《北平图书馆馆刊西夏文专号》足以互相参考。

二、中国俗曲总目稿 刘复共李家瑞等编 二十一年五月出版 全二册定价八元

歌谣,俗曲等民间文艺,向不收入志书,不为文人所重视。自民国六年,北京大学歌谣研究会开始征集歌谣,后兼收俗曲,文学传统思想遂为之打破,并有专门学者潜研斯学,刘李诸先生是也。

刘先生序云:"歌谣与俗曲的分别,在于有没有附带乐曲:不附乐曲的如'张打铁李打铁',就叫做歌谣;附乐曲的如'五更调',就叫做俗曲。所以俗曲的范围是很广的:从最简单的三句五句的小曲起,到长篇整本,连说带唱的大鼓书,以至于许多人合同扮演的嘣嘣戏,中间有不少的种类和阶级。但我们没有把皮黄和昆曲包括在内。这里面也没有多大的理由,只是因为这两种已经取得正式的舞台剧的资格,不在'杂耍'之列;若是望文生义,以为'雅''俗'之分在此,那就错了:小曲中很有极雅的雅词,皮黄昆曲中也尽有俗不可耐的作品。"观此可知此书取材之范围。

此书为刘先生等费三年之精力所作,计搜集十一省,首河

北，次江苏，广东，四川，福建，山东，河南，云南，湖北，安徽，江西，都六千余种。每种摘录书首两行，以见内容之一斑，如标题同，而内容不同者亦并录之，否则标题下注明“与前种略异”或“与前种不同”。闻李先生以研究所得已写成《北平俗曲略》一书，可与此书相辅而行，不久即可出版云。

明史本纪附原本补本异同录

民国二十一年四月　故宫博物院印行　每部五册　定价三元五角

《明史》校刊于乾隆四年，后以蒙古人地名音译未真，特命馆臣照辽金元三史例查核改订。乾隆四十二年后以其“意存简括，于事迹要领不能胪纪精详，于史法尚未允协”，特敕廷臣并将《本纪》“逐一考核添修，务令首尾详明，辞意精当”。《四库全书·明史·本纪》即据改本缮录，然原本流行，改本稀见，故王颂蔚作《明史考证捃异》，亦以未见《本纪》改本为憾。此据故宫所藏殿本景印，由段琼林取与原本对勘，为《明史本纪原本补本异同录》附后。初以为既有《异同录》，则改本徒费纸墨，可不必印。及取原本改本校雠恭闵帝数页，知段君所录异同颇有未尽者。昔人云“校书如扫落叶”，于此征之矣。

书画书录解题

余绍宋著　民国二十一年六月

国立北平图书馆刊行　每部六册　定价四元

余先生精擅书画,旁及艺术史之研究。曾辑著《画法要录》及《中国画学源流概观》二书,为学术界所称道。此书所收书画书籍自东汉迄今,凡八百六十种,大别为十类:(一)史传,(二)作法,(三)论述,(四)品藻,(五)题赞,(六)著录,(七)杂识,(八)丛辑,(九)伪托,(十)散佚。每类复分若干子目,又撮其要指撰成解题,其主要之点有四:(一)正体例,(二)辨疏舛,(三)重考证,(四)存珍本。博引繁征,详审精核,言书画书目者必以此书为最富。末附著者时代及著书年分表,与著者索引,尤便检寻。

日本东京及大连图书馆所见中国小说书目提要

孙楷第著　二十一年

国立北平图书馆及中国大辞典编纂处出版　定价大洋八角

稗官小说素为我国士大夫所不齿，故历代史书艺文志中虽有小说一门，而所著录之书极为简略；且皆为笔记之类，以章回体表现者不列焉。自近年受外国潮流之激荡，文学之传统观念为之改变，始有研究小说史之专家，而孙楷第君即为沉潜于此学之一人。去年九月，孙君远渡东洋，且游大连，求中土之佚籍，依据所见，详记其版刻之形式，与内容之异同；有时将原书序言录出，并将其本事撮要，使未读原书者亦可知其梗概，厥功甚伟。

全书分为东京，大连二部，东京一部取材于宫内省图书寮，内阁文库，帝国图书馆，及私家如尊经阁，静嘉堂，成篑堂，学者如盐谷温，神山闰次，长泽规矩也等处；大连一部则取材于满铁图书馆。其述东京者凡六卷：卷一叙述宋元版本；卷二至卷五叙明清版本。第二卷中，详论短篇说部，并论及短篇小说丛书，如《古今小说》《三言》《二拍》等，说明现代通行之《今古奇观》即选自此数书中。卷三,讨论长篇讲史类,即演义小说,对于《隋唐演义》祖本《唐书演义》各种版本详篇胪列,使读者明白褚人获本《隋唐演义》之真正历史地位。卷四,讨论烟粉类及灵怪类长篇小说,其中复详论《西游记》,参证各种版本回目之异同。卷五,叙述公案类、劝戒类等长篇小说,对于《水浒传》讨论尤为详尽。卷六附录传奇,通俗类书,及子类小说。

大连满铁图书馆部分为二组:第一组为短篇总集,并详述李笠翁之《连城璧》。第二组,论讲史类,烟粉类,灵怪类等长篇小说。

胡适之先生序云:"孙子书先生是今日研究中国小说史最用功又最有成绩的学者。他的成绩之大,都由于他的方法之细密。他的方法,无他巧妙,只是用目录之学做基础而已。他在这几年之中,编纂中国小说书目,著录的小说有八百余种之多。他每记载一种书,总要设法访求借观,依据亲身的观察,详细记载板刻的形式与内容的异同。这种记载便是为中国小说史立下目录学的根基。这是最稳固可靠的根基,因为七八百年中的小说发达史都可以在这些版本变迁沿革的痕迹上看出来。所以孙先生本意不过是要编一部小说书目,而结果却是建立了科学的中国小说史学。"非过誉也。

金陵大学中国文化研究所丛刊三种

一、《古今伪书考》补证 黄云眉著 二十一年八月出版 实价一元二角

辨伪之书非有意与古人作对,亦非欲举伪书而一一焚毁之,践踏之以绝其根株而后快,明乎此然后知其自有不可不辨者在也。姚际恒《古今伪书考》钞撮马端临《文献通考》,宋濂《诸子辨》,胡应麟《笔丛》等所言,排比成书,取舍随意,往往不惟于情理之所安。近人顾实因就姚氏所考而重考之,欲以匡姚氏之失,虽有独到之见,而其多武断则一也。此书据姚顾二考为之补证,每条例清人及近人辨伪之文于前,不足则以《四库提要》继之,又不足则以己意补之。约计取材于他文者十之六,《提要》十之一,己意十之三。

黄君自序云:"姚氏,辨伪者也,顾氏,辨辨伪者也,非所谓竺古护前之徒也。真伪愈辨而愈著:姚氏伪之,顾氏真之,云眉又从而伪之。求真而已,非求胜也。真其所真,伪其所伪,使真伪各得其用,此吾辈读书应有之态度;而际此学术多方开展之时,

亦所以为来者辟一读书之坦途也。”观此可知黄君作此书之志矣。

二、《词源》疏证 蔡桢(嵩云)纂 二十一年十一月出版 实价大洋七角

《词源》二卷,宋张炎撰,张氏工长短句,并著有《山中白云词》八卷,《四库全书》已著录。是编分上下二卷:上卷缕述律吕宫调管色犯声及讴曲旨要等,全属音律之事。下卷自陈作词意见,首列音谱拍眼二节,仍涉及音律范围。盖张氏先人晓畅音律,家学渊源,涵濡既深,宜其于词重视音律如此也。清儒凌次仲,方仰松,陈兰甫,郑叔问诸家,均于是书有所阐发;顾凌氏究燕乐之原,陈氏穷声律之变,各有偏重,方氏《词尘》,郑氏《斠律》,搜积较专,亦仅及全书之半,且犹多未备。蔡君此编则采取古今论及《词源》者,汇录而详释之,原著误处亦为之考证辨明,诚佳著也。

三、天一阁藏书考 陈登原著 二十一年九月出版 实价大洋七角

陈君于民国十九年执教宁波湖西市立女子中学,课余之暇,为天一阁之游。后询戴季石君以范氏藏书故事,笔录之,更加以考核,成此书。全书分九段:(一)三百年前浙东藏书之盛,(二)天一阁主人,(三)天一阁收藏之来原,(四)天一阁之组织及管理,(五)天一阁与《四库全书》,(六)《天一阁书目》及其内容,(七)菁华小记,(八)天一阁藏书之散佚,(九)天一阁之善后问题。末附附录四:(1)沈叔埏《书天一阁书后》,(2)缪荃孙《天一阁始末记》,(3)杨铁夫《重编天一阁藏书目录序》,(4)《重编宁波范氏天一阁图书目录》。

关于善后问题,陈君载戴季石君与张让三书云:“鄙意:预备万数之代价,劝范氏效丰南禺(坊)故事,将残余之书,另贮一

室，其余均归公书库支配，仍存天一阁之名，公立范司马之主，以留纪念，而示大同。否则订约开放，归公修葺，作为永远租借。古书古迹双方保存，想起东明公而问之，亦必以此举为两全其美尔。”其意甚善，范氏之后裔及国中学界名流得无因此书之憬惕，及早筹亡羊补牢之计，使我国已有四百年历史之图书馆得永存于天地间乎？

历代讳字谱

张惟骧（季易）辑　壬申小双寂庵刊本　定价二元四角

殷以前无避讳，讳始于周，周人以尊神而立此制。《左传》云："以讳事神，名终将讳之。"讳名见于经籍始此。汉有天下，避讳之制以兴，始也尊帝王而讳其名，继则讳及同音，如武帝名彻兼避辙；其后外戚与及私人著述，亦往往讳其父名，而有家讳。降至唐宋，讳字愈多，宋代刊行之书，避忌诸字几至不可穷诘，读者苦之。

张惟骧君此书集汉迄清二千余年，历朝所避讳之字，以韵排比，分上下二卷，末附《家讳考》一卷，搜罗宏富，足供参考。按吾国工具书素寡，张君近年著作乃专力于此，其已刊行者有《疑年录汇编》《历代帝王疑年录》《名人生日表》《太史公疑年考》《明清巍科姓氏录》等，其未刊者有《疑年录汇编补遗》《清代毗陵名人小传》《清代名人小名录》《续名人生日表》，皆极便于承学之士者也。

本校引得编纂处最近刊行引得五种

一、明代敕撰书考附引得 李晋华编著 二十一年六月出版 每部定价大洋一元五角

此书搜集明代诸臣奉敕编纂，及御制，御批，御注，御编，御选等书，起于洪武以迄崇祯，历二百七十七年，得二百余种。其中成于洪武，永乐两朝者超过半数，洪武一朝又几两倍永乐。正德以后，权臣专政，文物制度均少改进，故敕撰书亦遂减少。观此一编，足见明代政治之趋向及帝王提倡文治之程度焉。

全书采取材料以明各朝实录，杨士奇之《文渊阁书目》，孙能传之《内阁藏书目》，黄虞稷之《千顷堂书目》，及张廷玉等之《明史 · 艺文志》，傅维麟之《明书经籍志》等书为根据，而以北平图书馆及故宫博物院图书馆所藏之本对勘之，并详叙其版本与形式之异同。首冠顾颉刚先生序，末附《书名存佚表》等。按明代史料，北平最富，而研究之者寥寥，殊为史学界遗憾。李君专治明史，尚有《明史纂修考》《倭祸记实》诸篇行将脱稿。倘得振起风尚，使承学之士不负北平之遗物，则将来之成绩固可预期

者也。

二、三十三种清代传记综合引得 杜连喆,房兆楹合编 二十一年十二月出版 定价大洋五元

“一部《十七史》不知从何说起”,以其卷帙繁多,检寻不易,故为学者所苦;此无他,工具不完善而已。年来本校引得编纂处极力提倡,刊行各种史籍引得,俾用之者有事半功倍之效,此书亦其一也。

逊清一朝,几三百年,其传记遗事已成专书者,不下数十种,辑录之繁简,排比之次序,各有不同;如欲集诸传记中某一人之事迹互相参订,则不知何书何卷中已经收录,检查需时,极感不便。杜女士与房先生有鉴于此,费数年之精力,录清代传记书籍三十三种,综合胪列,编成此书,收罗弘富,方法严密,诚治史学者之良好工具也。惜《贰臣传》《逆臣传》《金石学录》等书均未收入,不无阙憾;倘杜女士与房先生异日能作一补篇,则更臻完善矣。本书所收书目如下:(一)《清史稿》(《列传》之部),(二)《清史列传》,(三)《国朝耆献类征》(初编),(四)《碑传集》,(五)《续碑传集》,(六)《碑传集补》,(七)《国朝先正事略》,(八)《中兴将帅列传》,(九)《从政观法录》,(一〇)《大清畿辅先哲传》(附列女传),(一一)《满州名臣传》,(一二)《汉名臣传》,(一三)《国朝汉学师承记》,(一四)《宋学渊源记》,(一五)《颜李师承记》,(一六)《清儒学案小识》,(一七)《文献征存录》,(一八)《国朝名臣言行录》,(一九)《清画家诗史》,(二〇)《清代学者象传》,(二一)《清代闺阁诗人征略》,(二二)《国朝名家诗钞小传》,(二三)《国朝诗人征略》(初编),(二四)《国朝诗人征略》(二编),(二五)《飞鸿堂印人传》,(二六)《国朝书画家笔录》,(二七)《国朝画识》,(二八)《墨香居画识》,(二九)《国朝书人辑略》,(三〇)《鹤徵录》,(三一)《鹤徵后录》,(三

二)《己未词科录》,(三三)《国史列传》(又名《满汉大臣列传》)。

三、全上古三代秦汉三国六朝文作者引得 二十一年九月出版 定价大洋四角

《全上古三代秦汉三国六朝文》七百四十余卷,清严可均辑。严氏学识渊博,精通校勘,著有《说文翼》《唐石经校文》《四录堂类集》诸书。以清帝设馆编纂《全唐文》,遂独力编辑此书以开其先路。自上古以迄有隋,凡数千年之鸿篇钜制,及片语单词,均网罗无遗。严氏自序云:“揪五厄之散亡,扬万古之天声,唐以前文,咸萃于此。”观此可知其自负之一斑矣。然以卷帙繁多,综合匪易,错漏之处,在所不免。书成,扬州鲍氏拟刻未果。光绪十九年黄冈王毓藻始为之刊行;而原书本有《韵编全文姓氏》五卷,王氏付梓时已告阙遗。民国十四年,江都闵孙奭为之补成五卷,于去秋七月出版。本校引得编纂处按庋撷号码编为引得,并于孙氏之书多所校正,非徒排比成书已也。

四、《诸史然疑》校订附引得 二十一年四月出版 定价大洋四角

杭世骏撰,纠史文疏漏,凡《后汉书》十四条,《三国志》六条,《晋书》三条,《宋书》三条,《魏书》八条,《北史》六条,《陈书》三条。其中虽间有据误本而发议论之处,但订讹考异,所得为多,于史学不无补益。本校引得编纂处赵贞信先生以杭氏七种本为蓝本,而注《知不足斋丛书》本,《昭代丛书》本,《道古堂外集》十二种本之异文于下,并检查杭氏所引之史文,其有不合者亦记出之,末附引得,展卷了然。

五、引得说(特刊之四) 洪业著 一九三二年十二月出版 非卖品

洪煨莲先生(业)以少时读书不知利用学术工具之苦,故后

来教书,决不令青年再蹈其覆辙,处处留心于工具之使用。然中国前代学者,最不注意于工具书之纂辑,甚且鄙笑之,故此类书弥少,青年虽欲使用而不得,故洪先生以此事为己任,久欲作一大规模之编制。十九年,承哈佛燕京学社允予以款项之补助,遂于是年秋设立引得编纂处,集合同志数人,精研探讨,以庋擷方法为其检字术。先后刊行旧籍引得九种:(一)《说苑引得》,(二)《白虎通引得》,(三)《考古质疑引得》,(四)《历代同姓名录引得》,(五)《崔东壁遗书引得》(在印刷中),(六)《仪礼引得》(三,四,六见本报十期),(七)《四库全书总目及未收书目引得》,(八)《全上古三代秦汉三国六朝文作者引得》,(九)《三十三种清代传记综合引得》(见本期)。特刊四种:(一)《读史年表引得》,(二)《诸史然疑校订附引得》,(三)《明代敕撰书考附引得》,其有裨于艺林诚匪浅也。

此书分三篇:(一)《何谓引得》,(二)《中国字庋擷》,(三)《引得编纂法》,叙述引得之来源及功用,对于庋擷检寻法言之尤为详尽。为供有志研究者之参考,函索即寄云。

滕县发现周代古物及汉代石室

山东滕县安上村农民陈世发兄弟以耕地掘获古铜器十四种,事为省政府所闻,特派省立图书馆馆长王献唐氏及省府候差员张书绅，女子习艺所所长刘献庭等亲赴该处调查，并运济保存。王氏奉命赴滕，因游览曹王墓而发现汉代石室，及画石数千方，诚我国文化史上空前之创获。兹据王氏谈赴滕县调查古物，及发现汉代石室之经过分录如下：

调查古物及运济经过　本人前奉教育厅命，会同省府所派张书绅、刘献庭于四月四日偕同滕县第二区第八乡乡长陈忠海，由济赴滕调查安上村发现之古代铜器。到滕县后，与县长崔公甫、第五科科长魏希鸿等晤面，知此项古物系安上村农民陈世发、陈世富兄弟二人耕地所掘获，计共十四件，乃商定遵省府令运济保存。当由乡长陈忠海负责，由陈世发缴送古物十一件，计为鼎，盘，匜各一件，敦鬲各四件，其他零件四件。闻尚有三件藏于其弟陈世富家内，本人乃复于七日赴安上村调查，顺便往游曹王墓，当又将陈世富所藏三件，于九日一并带至滕县。续获之三件系鼎一，罍一，壶一，敦盖一，计前后所获大小共二十二件。此次所获之古物为铜质，惟只有两敦盖上之文字可考，其数有十六字，十七字不等。其余铜器因绿锈厚约一寸，是否有字，须洗刷后方知。敦盖上之字为“孟攸父作幻白宝敦其子子孙孙永宝用”字样。据本人断定确为周代之物，似为食时所用之整套礼器。山东图书馆所保存之古物九千余件，整齐贵重无有逾此者，即山东数十年来亦从未有此整个之重要古物发现。此项礼器排列，均有次序；最奇怪者，有一鼎内有整个之鱼，虽已有骨无肉，但有一半鱼骨贴于鼎边；鼎足之下端尚有席纹，且未经改变。此物之主人，在敦盖上证明系孟姓所有，孟子为邹县人，邹滕两县接壤，时代皆为周朝，足证为孟子之同族；但系孟子之先辈或后辈尚须续查，同时所获除鼎盘等物外，尚有陶片，兽骨，蚌壳，陶片之花纹样式，皆为周朝，最显明者陶器及鬲，为秦汉所无，均系商周时代所有。据推测此项古物，当初系放置一箱内，且按次序排列，上面有盖；因所获鼎敦等物皆敞口，而内中无土，证明上面之盖虽已腐烂，而尚虚架，经发掘始毁者。据陈氏兄弟云：上面之土有木纹，又可以证明确系木箱，而在底下铺席者，又证明古物出现之地为一土台，台上当日有人居住，是以其下有井，且有兽骨陶片等物；故该土当中系灰色，周围皆为黄土。至存放办法，拟第一步先整理，将毁破者补好，有字者考出，作一好木棹，按原来排列之次序排列，先存放古物美术展览室内，并作一书以详记其事云。

发现汉代石室之经过　安上村东去十里，有曹王墓，仿佛一小山。据居民谈，山上有坟墓九十九个；惟据调查，实际仅有八个。墓上有方口，与地平；自口下，即见石室。四面墙壁各有门，门内方形为屋一大间，其深或可见边，或不知其尺寸；屋上皆石版，撑以石柱；所有石版皆为汉代画像，统计大小千余块。屋高七八尺，宽一丈左右；井口有石盖，盖有槽，中有鼻可提。土人相传系曹操之父墓。但据本人考察，疑为汉代人避乱所筑。其口非门，乃石室之天窗。现虽发现八个，相信必有数十个尚未发现；且石室必互相贯通，惜为土埋蔽，甬道迷失耳。此次发现之石室，为汉代遗留之完整者，其在文化上之价值甚大；而室内汉代画像，其价值尤为重大。历来所发现汉代画像虽多，但皆系断片；至何种画像用诸墙壁，何种用诸柱石，皆未能考得。此次石室发现后，画像之种类及用途皆得藉以证明；同时汉代宫室建筑形式亦可得而知。石室画像极多，雕刻精粗不一，且汉画石遗弃地面及山上者不可胜数；惜乡愚无知，或以之建筑房屋，或以之修筑庙宇，桥梁，殊深浩叹！本人见此情形，已决予搜集保存。保存之法：第一步，先行清山，以便调查井口(即石室天窗)确数，打通各石室相通地道，以期整个石室完全出现，俾人得入内游览；并在井口建筑小亭，以蔽风雨。第二步，即搜集散失各处之汉代画石，建室保存，以便各方人士参观考察；已经用以建筑庙宇，桥梁，房舍者，则一一调查，勒令永远保存。以上两者所费仅数千元，而古代遗物可以永久保存。本人已赶拟预算，呈请省府及教育厅准核矣。

泰山麓发现唐明皇封禅玉简

山东泰山，为五岳之尊，历代帝王无不封禅致祭，以彰其丰功伟绩，即所谓报天地之功也。秦汉时甚重此礼，后世相沿，有《史记·封禅书》等可以稽考；其所用一切金石祭器，皆与中国历史文化上有重大关系。惟祭后多严密珍藏，以示尊崇之意。自唐代以来，此项祭品，迄无发现，故后世考古家欲为文化历史之考讨而不可得。不料最近泰安忽发现唐(玄宗)致祭泰山所用玉简，祭文，玉器之事，诚属中国文化上未有之奇获，足为伟大之纪念者也。兹将详情分述如下：

宝藏之所在　泰山山之下津浦路泰安车站以北，有一小山名曰蒿里山，山上有阎王庙，庙前有一塔，其建筑年代无可考，但据故老传说，知其为唐代物而已。十七年革命军北伐之役，山上之庙及塔均为军火所摧毁。旋某军驻防泰安,乃派兵扫除山上残砖破瓦,并在该塔原址筑一纪念碑,今巍然矗立,乘津浦车路过该地,十数里外即可望见。不知者固不料此塔之下曾有珍贵之宝藏发现也。

发现之经过　当某军部扫除该塔时,因改建纪念碑,乃先掘除塔根之残砖;不意塔底之下忽发现五色土,与北平社稷坛形式相同;土成一方形,四周为赤白青黑四色,中为黄色。掘土兵士,见其土质特别,即报告官长;某军首领知其下必有宝藏,乃令向下挖掘,当在赤白青黑各色土内,掘获大批玉器。考其文字,皆唐明皇(玄宗)封禅泰山所用之祭品也。

玉简之刻文　后又在当中黄色土中,掘获一五尺见方之石盒,盒外雕刻极为细致,开启石盒,复有一金盒在内,刻花尤精。金盒之内,有白玉版十五块,平排于内,长约一尺,宽二寸左右,每版之上皆刻隶字,形体与唐明皇所立泰山铭同,联读十五版上之文,则唐明皇封禅泰山之祭文也。祭文词句录下:

> 维开元十三年,岁次乙丑,十一月辛巳朔,十一日辛卯,嗣天子臣隆基,敢昭告于皇地祇:臣嗣守鸿名,膺兹丕运,率循地义,以为人极,夙夜祗若,讫未敢康;赖坤元降灵,锡之景佑,资植庶类,屡惟丰年,或展时巡,报功厚载;敢以玉帛牺齐,粢盛庶品,备兹瘗礼,式表至诚;睿宗大圣真皇帝,配神作主:尚飨。

按开元为唐明皇(玄宗)年号,其十三年在民国纪元前一一八七年,隆基为玄宗之名。上文为在蒿里祭皇地之文,当另有在泰山祭皇天之文,待他年之发现也。

古物之价值　据泰安之考古家谈,此项古器为空前之发现;金盒内雕刻祭文之版即古玉简也。其重要处,一方面可以考量古代封禅泰山典礼仪式,一方面可见古代书简之形象,与中国历史文化极有关系,其价值当不在过去发现任何古物之下云。

北平图书馆秦豫访古

北平国立北平图书馆于四五月间特派馆中职员徐森玉(鸿宝),刘子植(节),向觉明(达),王以中(庸)四人往秦豫两省采访古碑碣拓片,并考查古物古迹。先于四月二日由平汉车转陇海路,西赴洛阳,访伊阙及金墉城,白马寺等。继即西去西安,访碑林,大小雁塔,兴教寺,牛头寺,华严寺,崇仁寺,千福寺及未央宫遗址。更由西安乘驴车西往盩厔县南之东西楼观台,仙游寺及祖庵镇之重阳宫等处。乃由西安经原路东回洛阳;更由偃师转赴嵩山;始由郑州回平。计费时日五星期,所得甚丰。

据云在盩厔东观楼之西,发现大秦寺旧址,与景教史迹颇有关系。又拓得白马寺,骊山,马嵬驿,千福寺,大小雁塔,西安文庙,偃师之升仙观等拓片全份,以及零星稀见之拓片数十种。重阳宫系全真教始祖重阳子之道观,有宋金元碑三十余,为研究道教之重要史料,金石家向少注意;此次大部分拓来,其中元代蒙古文诏书十余种,皆涉及也里可温事,尤为重要。其他如楼观台,少林寺(在嵩山麓),河洛图书馆等处调查所得之重要碑志,均拟拓其全份。此外又购得西安新出土之唐墓志两方,《骉氏钟》一,及土俑冥器数种。在西安得方玉润(著《诗经原始》者)手写日记数十册,《洪濛室丛书》,及其他稀见之古籍数种。更在洛阳西之七里河附近,见有新石器遗迹云。

北平图书馆馆务消息

国立北平图书馆近年努力进行,成绩斐然。最近半年来时局虽属紧张,然其事业仍照常发展。兹略纪半年来重要事务实况,以作介绍。

(一)各方赠与该馆书籍,时所恒有。而本年春季所接收前平汉铁路总工程师普意雅先生全部遗书实为大宗。普氏族华垂三十年,生平对于地学富有研究,曾测绘沿铁路线详细地图三十二种余,虽稿本实为重要贡献。普氏殁后,其夫人朱德容女士举其全部遗书悉赠该馆云。

(二)本年内该馆所购书,可以称述者为影印本朝鲜《李朝实录》。李朝正当吾国明清两代,关系我国史料颇多,得此足备研究史学者之重要参考。余如宋明刊本,亦多精美无比。西文整部杂志,较上年又增十余种。

(三)此半年内,该馆除《馆刊》及《读书月刊》等定期刊物外,新编印出版者有九种如下:(1)《馆藏方志目录》,(2)《晚明史籍考》,(3)《小说书目》,(4)《北平图书馆故宫博物院满文书联合目录》,(5)《中兴馆阁书辑考》,(6)《馆藏善本书目》,(7)

《国史艺文志辑本》,(8)《北平各图书馆西文期刊联合目录》,(9)《永乐大典现存卷目表》。

余如编目阅览纂辑等事,与夫事务之整理,尤为一般观察所称许云。

正定隆兴寺调查

正定隆兴寺,即隋之龙藏寺,宋初铸大悲菩萨铜像,易名龙兴寺;清又改为隆兴;俗以铜像高大无匹,称之为大佛寺。层楼杰阁,谈燕晋佛教遗迹者无不叹美焉。本校考古旅行团曾于前年旅行至其地,睹其残毁,愁然伤之,虑名迹之不可终保,故于今年春假结集第二次之旅行团,莅寺考察,历时一星期。举凡摄影,测量,拓碑及考究寺史,佛名,金石遗迹诸工作,均一一为之。中国营造学社梁思成先生后至,复对于其建筑作精密之研究。本校拟汇集诸论文及图象,刊《正定隆兴寺》一册,闻梁先生业已慨允加入云。

抽印四库全书珍本

教育部以《四库全书》关系我国文化至巨,原有七部,劫余仅存三部,而以文渊阁所藏为较完善,亟应印行以资流通。爰于四月廿四日呈请行政院,将其中向未付印及已绝板之珍本约八九百种,先行付印。业经行政院会议通过,并于六月二十一日与商务印书馆订立影印《四库全书》未刊珍本合同,由中央图书馆派员伴同至沪古物储藏处摄影,尽六个月摄毕,于摄影日起,二年内将书印齐。第一年为预约及制版期,每部约装一千五百册,售价及印额归商务决定;至多一千五百部,以十分之一归中央图书馆。除非不能摄全,不得抽印单行本;再版另订合同。兹将中央图书馆筹备处长蒋复璁六月十日谈抽印该书经过摘录如下:

《四库全书》,计有文津,文渊,文溯,文源,文汇,文宗,文澜等七部。前四部均为朝廷宫苑所藏,谓之内廷本,其册页甚大,钞写精工,纸张亦佳。后三部藏于外省,谓之民本,册页较小,钞写纸张亦较逊。七部之中,尤以文渊钞写最早。此七珍本,历受兵燹,迭经沧桑。现文津则由北平图书馆收藏,文渊为故宫博物馆保管。文溯昔亦在平,后被张作霖索去,藏之于辽宁;九一八后,谅已为日人囊括而去矣?

文源则昔藏于圆明园内,已于英法联军之役毁于兵火。文汇,文宗,亦于洪杨之役被毁。文澜因历年散失,毁去三分之二;惟现已补钞完全,但钞工纸张远不及昔耳!此部现为浙江图书馆所藏。故我国现所存者仅文津,文渊,文澜三部而已。

《四库全书》内容,包括我国列代文物之精华,编入之书籍达三千四百余种之多;如果全部付梓,不特财力有所不逮,且事实上亦不需要,盖因其中所录,具有刻本者,已有二千六百余种之多,实无需再行付印。现拟先选印三百余种,俟将来经费有办法时,再印四百余种。此先印之三百余种,业经余及各专家会同选定,至选择之标准:(一)以外间绝无留存之古本,(二)只有钞本者,(三)宋元间虽有刻本,而至今已散失无从寻觅者。至此次翻印底本,则决用文渊之一部,因该部钞写最早,错字较少;且此次故宫博物院之古物全部南迁,该书亦随各物运抵上海,更可减少一笔运费也。

此次翻印,完全由商务印书馆承办,现已会商多次,对各项原则均已决定,其合同草案亦已呈行政院批准。内容如下:(一)先选印三百余种,计纸张九万页,装一千五百册为一部;印一千五百部。(二)限两年内完全印成。(三)其全部印工材料各费均由商务印书馆担任。(四)印就后送本处若干部,余听商务印书馆发售,本处抽取版税。(五)版权为国立中央图书馆所有,将来续印须先得本处同意,续由本处抽纳版税等项。

古动物化石发现

中央研究院地质研究员李捷,朱森,丘立我等,奉派往湘桂间,研究南岭山脉之构造及各地矿床之成因。自出发以来,由湘入桂沿途详细考察,对于山脉及矿产之研究多所弋获。李君等已于二月间行抵桂林,曾在北门外某石洞中发现脊椎动物化石(俗名龙骨)及螺蚌化石甚多。据云,此类化石为百万年前生物之遗迹,与城周围红色粘土之沉积属于同一时期。按该红土层,在我国南部分布极广,其生成之时期,历经中外地质学家之研究,迄未解决。今得此化石,则红土之年代即可推定。此种发现,于我国地质学上有莫大之贡献,诚科学界之创获也。

广东中山大学民俗学会民俗周刊复刊

广东中山大学语言历史研究所民俗学会成立于民国十七年三月，曾出版《民俗周刊》一百十期，专号若干期，内容丰富，颇为社会人士所乐道。后以该所改组，同人星散，中断已逾三载。去秋容肇祖先生旧地重来，觉学校为国家制造人材之地，学术为文化进步所关，不忍该会之凋落，提议续组该会，续出周刊，经文史研究所主任朱希祖先生允可，已于本年三月二十一日（即该《周刊》第一期纪念日）续出《民俗周刊》一百一十一号，内容体裁均与前无异。此后继续搜集材料，讨论问题，必可将岭外风俗歌谣整理就绪。近年浙江福建两省有志从事民俗学者甚多，得中山大学为之前导，俾收分工合作之效，此真南方学术界之好消息也。

故宫古物南迁略志

外患日亟,华北垂危。中央对于故宫博物院所藏古物及善本图书,深虞波及,故决作迁移之举。嗣以北平各界人士反对,曾引起若干纠纷。卒于二月六日晚在警备森严中离平南下矣。此次南运古物,为档案,《四库全书》及古物之精华部分。兹分述如下:

第一批,计文献档案一千零六十四箱,图书六百零二箱(内《四库全书》五百三十六箱,《图书集成》三十二箱,明本及清殿本等三十四箱),古物四百五十二箱,总共二千一百一十八箱,尚余九百箱则待第二批起运。已运及待运两批古物,总数约三千箱左右,占故宫博物院全部物品十分之一。古物品类及其数量,计古物装六百箱,档案三百箱,《四库全书》千余箱。内计:(甲)清史档案共二十类。(乙)古物:(一)承乾宫清瓷一千一百五十一件。(二)景仁宫商周铜器二百六十件。(三)陈列室八处古物七种,计:1. 乾隆生平欣赏玩器七百零一件,2. 各种盆景插屏等类陈设品,共二处三十九件,3. 清代藩属进贡整支象牙五十一支,4. 清代列帝御用及各处所藏各种刀剑六十七件,5. 各种金器品三百五十二件,6. 各种旧拓碑帖十三件,7. 历代古镜五十七件;此外尚有旧玉一百七十六件,新玉一百六十四件,及历代名画与郎世宁画等。(丙)书籍:(一)善本书九百三十九部,(二)殿本书五百五十九部,(三)经部九百九十部,(四)史部一千三百十六部,(五)子部一千五百三十九部,(六)集部一千八百四十五部,(七)方志书库二千八百十四部,(八)观海堂藏书库一千五百五十九部,(九)满蒙文书库三百六十二部;此外如重复书库五千三百十九部,杂书库一千一百七十五部,则暂行留平。

按此项古物自二月七日离平南运,九日抵浦口,因中央对于存放处所未曾决定,遂留滞浦口逾旬余,始决以一部分存京,一部分存沪;其存沪一千零五十六箱,则于三月三日由浦装招商局轮船起运,五日抵埠即运藏天主堂街二十六号,前仁济医院旧址。

第二批,古物计一千五百六十四箱(其中七十箱为中央研究院发掘所得之古物),大半为铜玉器与书画等,于三月二十二号由俞同奎氏押运抵沪,亦庋藏天主堂街库房。

第三批,古物计四千零六十四箱,另六十四包,内包括故宫颐和园及古物陈列所三处古物,于三月二十九日由行政院参事柳民钧押运抵沪,卸存库房。

第四批,古物计约四千余箱,及颐和园古物二百余箱,于四月二十日由平起程,继续运沪存储。

第五批,古物五千七百六十三箱,于五月廿三日抵沪,仍卸存库房云。

地理学家张相文先生逝世

张相文先生,字蔚西,江苏泗阳县人。生于清同治五年丙寅岁(一八六六)十二月二十九日。民国二十二年(一九三三)一月十六日,经久病后,卒于北平寓舍。享寿六十七岁。生时执教于上海南洋公学、广州师范学校及北京大学,南北学人受教者甚多。又手创中国地学会,为国人以近代方法研究地学之始。忽然去世,我国地理学界丧一大师矣。兹将其一生著作依年代列之于下:

《初等中等中外地理教科书》三册　文明书局出版,光绪二十七年

《列国岁计政要》八册(与宁乡傅运森南通白作霖自日文合译)　文明书局出版,光绪二十七年

《家政学》一册(与杭州韩澄同译)　文明书局出版,光绪二十七年

《万法精理》三册　文明书局出版,光绪二十八年

《地文学》　文明书局出版,光绪三十四年出版,宣统元年二版,民国二年三版

《滦阳纪行》《地学杂志》　宣统二年

《大梁访碑记》《地学杂志》 宣统二年

《粤西琐谈》《地学杂志》 宣统二年

《冀北游览记》《地学杂志》 宣统三年

《豫游小识》《地学杂志》 宣统三年

《齐鲁旅行记》《地学杂志》 民国元年

《五台山参佛日记》《地学杂志》 民国元年

《导淮一夕谈》 民国元年

《塞北纪行》《地学杂志》 民国三年

《河套与治河之关系》 民国三年

《长城考》 民国三年

《成吉思汗陵寝之发现》 民国四年

《王同春小传》 民国四年

《成吉思汗陵寝辨证书附新发见成吉思汗及帖木儿郎像》 民国五年

《关于徐海路线质问政府书》 民国五年

《成吉思汗陵寝之旁证》 民国六年

《黄花冈义烈记》 民国六年

《中国地理沿革图序》 民国七年

《记朱侯》 民国八年

《帝贼谱》两卷 民国九年

《西游录今释》(西游录今注) 《地学丛书》内乙编 民国十年

《西游记辨讹》 民国十年

《佛经四大洲说》 民国十年

《地学丛书》乙编 民国十年

《韩边外志》 民国十年

《阎古之全集并跋》 民国十一年

《中国地学会新置会所记》　民国十二年

《佛学地理志》三卷　民国十四年刊

《泗阳县志》　十二册　民国十四年

《南园丛稿》　十卷　民国十八年

《江苏通志稿》(未刊)　民国十九年

《湛然居士年谱》

《论导淮不宜全淮入江》

《佛与孔子并世考》

先生各种文稿甚多,其中常有发他人所未发,言他人所未言者。如《大梁访碑记》载犹太人事迹,在外人言之固已甚久,而中国人特往访之,登之杂志者,当以此为最先矣。《元史·耶律楚材传》记在太祖时,楚材即蒙信任,言听计从;而先生《湛然居士年谱》,则证楚材当太祖时,职不过一书记耳,固未曾一见即以治天下匠亲用之;楚材在蒙古之得施鸿纶,至太宗时始然也。《成吉思汗陵寝辨证书》为与屠敬山先生辨论成吉思汗陵寝应在伊克昭盟,虽是非究竟一时难判,要不失史学上大辨论也。古今言黄河者皆注意下流之筑堤及疏浚,而先生《河套与治河之关系》一篇,证明黄河上流河套地方之垦辟,与下流河水溃决关系至为明了,见者皆服为有识之论,将来治河者,当取材焉。又近代一班人皆视现在长城为秦之长城,而先生《长城考》则谓现在长城为明代边墙,秦之长城尚在更北;此论既出,后之制图者皆翕然从之。至于《地理教科书》等虽仅供初学之用,而在光绪年间实为开风气之作,亦不容忽视也。

殷契卜辞

附释文及文编　容庚　瞿润缗同著　廿二年六月

哈佛燕京学社出版　定价每部十元

民国十八年,燕京大学哈佛燕京学社购得徐坊旧藏甲骨千余片,由容庚先生选取八百七十四片,与瞿润缗先生同为考释及文编。复经商承祚,唐兰,董作宾诸先生校定,甚为矜慎。甲骨文之发现,于今三十五年。其编纂字典若王襄之《簠室殷契类纂》,商承祚之《殷虚文字类编》,所收之字皆甚简略,不足以应研究甲骨文者之寻求。此书将所收《卜辞》中所有之字,编为文编附于后,其习见不能尽录者,则别为备查,甚便检阅。且《卜辞》之印刷模糊者,可于文编中参校得之,不可谓非编纂甲骨文字者相当之进步。愿当世学者依文编之法,取《殷虚书契》等书而尽编之,则善矣。

山西万泉县阎子疙瘩(即汉汾阴后土祠遗址)之发掘

二十一年十二月太原山西公立图书馆美国华盛顿福利尔艺术陈列馆合刊

此书为汉英文合订本,叙述山西万泉县阎子疙瘩(即汉汾阴后土祠遗址)发掘之经过,及掘获古物之种类与地形地质之分析,并附有各坑掘获器物数目统计表一幅,地图四幅,图版二十一幅。

掘获之古物,砖类有:方砖,长方砖;瓦类有:筒瓦,扁瓦;陶器类有:灰色粘土质之陶器,红色粘土与砂混合质之陶器,黑灰色粘土与砂混合质之陶器,杂类陶片;用具类有:石器类,铜器类,铁器类,蚌器类,骨器类,琉璃器;杂件:凡不属于上述各种各类之发现,概归此类,计有兽骨,兽牙,鹿角,石灰,腐木等。每类之下均详细说明其品质及形状之大小异同,足供考古学家参考。

按,此项工作系由卫聚贤君发起,美国福利尔艺术馆(The Freer Gallery of Art)赞成之,由该馆主任毕士博(C. W. Bishop)委托董光忠君与山西公立图书馆合作。发掘工作于民国十九年十月三十日始,至十一月八日止。工作人员除卫董二君外,尚有中央研究院张蔚然君,山西图书馆聂光甫君。所得古物,均归山西图书馆保存。其工作目的为发掘汉武帝所立之汾阴祠,故所得“千秋”砖及“长乐未央”“长生无极”等瓦当甚多。惟日期过短,仅为试探之性质耳。

古史辨第四册(诸子丛考)

罗根泽编著　二十二年三月朴社出版　甲种四元二角
乙种三元四角　丙种二元六角

顾颉刚先生编著之《古史辨》已先后刊行三册,第一册:均为与胡适之钱玄同两先生往返讨论之信札,其中有一大部分已在《读书杂志》发表过,虽有多数问题未经讨论出结果,然继续研究之骨干,已在其中建树矣。第二册:上编为古史问题,中编为孔子和儒家问题,下编为关于《读书杂志》中古史论文和《古史辨》第一册之批评,综合赞成反对诸论文。第三册:上编讨论《周易》,下编讨论《诗三百篇》(见本报十期)。行世以后,曾震撼史学界。今第四册由罗雨亭(根泽)先生编著。罗先生专研诸子,著有《管子探源》《孟子评传》诸书,对于《墨子》《老子》《庄子》《荀子》《战国策》《尹文子》《邓析子》《燕丹子》《慎子》《孔丛子》《新书》《新序》《说苑》等书均有考证。此书汇集各家考订儒墨道法四家文字,分上下两编,集合各家讨论诸子书之真伪及诸子年代问题,大凡六十八篇,四十余万言。首冠顾颉刚先生序,次钱穆先生序,次自序,详述今后研究计划及编纂之步骤,均有长篇议论发挥。自序云:"我粗略将近人研究诸子的成绩分为三类:(一)文字的校勘与注释。(二)学说的研究。(三)人的年代行实,书的真伪年代的研究。现在所搜辑者只是第三类,将来如有机会,将一、二两类也搜辑印行。"观此可知此书仅刊行其计划中之一部分,苟异日尽能实现,则其成绩必更有可观也。

北平图书馆新刊书籍三种

一、晚明史籍考 安阳谢国桢编 二十二年出版 全部十册 连史纸每部九元 毛边纸每部七元

明季野史,其数至繁,然经清乾隆间屡次焚禁,已百不存一,以是明清易代之际,清开国之初,史事莫详,考史者憾焉。谢君国桢费数年之力,关于清初史料,既辑为《清开国史料考》,复将明季稗乘,辑为斯书,凡二十卷,附通检一卷,所辑野史已见未见者,都一千一百余种。

其内容:卷一,为通记上,通史;卷二,通记中,南明史事;卷三,通记下,丛书目录;卷四,万历至崇祯;卷五,卷六,党社;卷七,卷八,流寇;卷九,甲乙之际;卷十,卷十一,南明三朝;卷十二,鲁监国;卷十三,赐姓始末;卷十四,清初三藩;卷十五,城守

义师;卷十六,史狱;卷十七,卷十八,传记;卷十九,杂记;卷二十,诗话传奇附。

是书所搜辑史籍,时代范围由明天启崇祯,以迄清康熙平定三藩时为止。所著录者概以成书为限,短篇论文概不列入。

其编制之法,略效杨凤苞《南疆逸史》跋例,以时代为先后,而以时实内容之分类副之。盖分时期为二:其在甲申国变以前事,则万历至崇祯为一时期,而以当时事实类录于后;甲申国变以后事,则以南明三朝至清初三藩为一时期,亦以当时事实类录于后。其总记有明一代史事,及明季野史丛书之属,则为通记,类录于首,仿刘歆《七略》例也。

目录之学,原为导人治学之工具,非仅为征辑文献,徒垂久远而已。故兹篇所列党社,流寇,甲乙之际,史狱等篇,皆各自为类,以供学者之探讨。如党社卷内,则分记魏党之书,记东林党之书,记争三案之书,记缇骑四出逮捕时情状之书,记复社之书,记其他诸社之书。凡欲治党社史者,按此目录,逐类搜辑,即可无事他求矣。

其次则为辨书籍之真伪。明季稗乘,种类既繁,更加毁禁,故书多真伪杂出,不可不亟辨之。如《黄梨洲遗书》内记郑成功事者乃有二书,一为《赐姓始末》,一为《郑成功传》。同时记一人事,不应更作二书。且《郑成功传》记至康熙三十九年,则太冲已早卒,是此书乃郑亦邹《明季遂志录》之一种,非梨洲原书也。又如瞿共美之《东明闻见录》《粤游纪闻》刻在《明季稗史》中,然二书所记事实,首尾衔接,何以更为二名?及见传钞本《备征录》,乃知二书即瞿共美之《天南逸史》也。又如顾宁人之《明季实录》,冯梦龙之《中兴伟略》,佚名撰之《南都莛言录》,均钞辑当日奏疏时闻而成。观之似同钞袭,而内容实各自为书。凡此诸事,皆研究明清史籍者所当注意者也。

再次则为明史籍之源流。目录之书罗列众籍,如不能详其源流,则读者何所取材?易见之籍,家有之书,不加介绍,人尚易知。若罕见之籍,如查继佐《罪惟录》,李天根《爝火录》,流传天壤仅有一本,故必加以介绍,间附叙跋目录,使治斯学者虽未见其书,亦可知其书之内容与源流也。

以上三则,皆就本书所包含之内容而言。惟挽近旧本史籍日出,后来所出当不止此千余种者。其遗漏之处,或作为补篇;其失检之处,或重为校正,一人之精力有限,所当待诸将来。惟观现在史学界之现象,注于考古而昧于察今,重于史料而忽于方法。读者倘能因此等书籍,而引起治近古史之兴味,遂将此书所举,排比其事实,著为长编,或为某一问题之研究,或更引而伸之,整理太平天国,清季外交,及近代政治社会之史料,此皆史界之应有事也。

二、国立北平图书馆方志目录 谭新嘉,谭其骧编 二十二年五月出版 四册定价五角

方志之于史学,不特关系一地之乡邦文献,亦且可资于国史之搜讨。其价值之重大迨为近今学人所通认。故迩年以来,海内外各图书馆,并争事搜集,而编次专目以公之于世者,亦已数见不鲜,然核计之则少者不过数百部多至千余部而已。国立北平图书馆先后收藏方志达三千八百余种,五千二百余部,视他家为独多,且其中古地志有得自内阁大库者,有得自范氏天一阁,毛氏汲古阁,陈氏稽瑞楼者,近年地志有为教育部所征得之于全国各地移拨而来者。而其专目乃迟迟未出,海内学人跂望之者盖久矣。最近该馆编纂诸人,迅为排比成篇,付之印行,是书业已于上月出版,举凡各志之卷数册数及刻版年代纂修人名氏,皆详载无遗;其有不详于原书者,则加以简短之注释考证。又以金石目录之学为时人所特重,凡各志之有此二项者,皆标出之。卷

末并附索引,检寻甚便。凡研究史地学及目录学者,盖不可不人手一篇也。

三、北平图书馆中文舆图目录 王庸,茅乃文编 民国二十二年四月出版 定价一元

吾国地图向少专门目录,而图书馆中特辟专室以藏地图者,在国内亦为仅见。北平图书馆特设舆图部专事采访国内外新旧地图,以供学者之参考。近三年来搜访新旧地图二三千种,此即其所藏中文地图之目录也。观该目中所列,其古者则宋代地图碑刻拓片,与夫清代官绘官刻;及私人绘刻之舆图,可称大部齐备;新者则近日坊间新出版地图之较有价值者,亦几搜罗无遗。而其中最可贵者:有清代官绘之黄淮运河等水道堤防图百余种;各省陆军测量局,海军部水道测量局,顺直水利委员会,上海浚浦局以及各省建设厅等所实地测绘之图,皆为通常所少见者;而各县政府制绘之县图四五百幅,汇于一处,尤为难得也。此目分编为区域图与类图两大种。区域图以各省区分,类图则为地形,山脉,河流等特殊性质之图。每图多注明其比例尺,板框,图色,制图人,制图年,出版地及出版人,幅数或册数等,甚为详明。是不仅为阅览该馆舆图者翻检之便,即研究或采访舆图,以及从事地理目录之学者,亦可作为参考也。

按国内图书馆之藏舆图甚多而有目录刊行者,尚有北平地质调查所图书馆。惟该馆以新测绘地图及西文地图胜,而北平图书馆则多旧本地图。且北平图书馆另有特藏舆图(有目录印行,每册一角),多明清精绘本,未列此目之内,而西文图目则尚未印行也。

邵二云先生年谱

黄云眉编著　二十二年一月金陵大学中国文化研究所出版
实价大洋八角邮费在外

邵晋涵，字与桐，一字二云，号南江，浙江余姚人。生乾隆八年(西元一七四三)，卒嘉庆元年(一七九六)，年五十四。乾隆三十六年(一七七一)进士。四库馆开，充纂修官。博闻强识，靡不综贯，尤长于史。其最著名之著作为《尔雅正义》，盖殚思十年，三四易稿而成。洪亮吉赠之诗曰："君疏《尔雅》篇，订正五大儒。使我心上疑，一日顿扫除。"孙星衍亦赠诗曰："经经自相勘，所失无毫厘。征信汉魏儒，阙疑不自欺。"其为时彦推服如此。其他若《孟子述义》《穀梁正义》等，身后皆散佚，甚可惜也。

为邵氏作年谱者，有余姚朱兰；书凡四卷，今已不可见。黄云眉君惜朱谱之不传，惧乡献之无征，爰采诸家文集笔记所载与先生有关涉者，分年系缀，辑为是谱；其不能分年者，则别其性质，依类附载。脱稿后交商务印书馆付印，不料遭"一·二八"之变，是稿竟与该馆同成灰烬，黄君搜觅箧中残纸，重加排比，并增采材料，视初稿益加充实。书首附墓图一，手迹二，印章二，使读者想见其人云。

中国通俗小说书目

孙楷第著　二十二年三月中国大辞典编纂处，
国立北平图书馆出版　定价一元五角

孙君素嗜说部，费三年之精力，移录纂辑，先成《日本东京及大连图书馆所见中国小说书目提要》八卷（见本报十二期），复综合国内外所见中国旧小说，录为简目，以成此书。

此书所收，以语体小说为主，自宋迄清，凡已佚未见及现存诸书，都凡六百余种，厘为七卷，以四部总之：曰宋元部，曰明清讲史部，曰明清小说部甲，曰明清小说部乙。第四部中又分四类：（一）烟粉，（二）灵怪，（三）公案，（四）风世。又附录五卷：（一）存疑目，（二）丛书目，（三）日本训译中国小说目录，（四）西译中国小说简目，（五）满文小说简目，并作凡例及分类说明冠于首。其所采录者，公家藏书则有孔德学校，国立北平图书馆，清华大学图书馆，燕京大学图书馆。私家则有鄞县马氏，江安傅氏，绩溪胡氏，泰兴丁氏，长乐郑氏，通县王氏，歙县吴氏，嘉定徐氏等。除版本从同者外，颇有孤本秘笈为所未闻者，则尽取以著录。其他如日本东京及大连公私家藏书，亦亲往移录，并详加考校。吾国学者对于小说素所鄙视，书目中著录小说者寥寥无几，贵古贱今，重文言而轻俗语，故《四库》著录，于通俗小说实无一焉。通俗小说之有目录，当以此为嚆矢，已自可传。况乎其用力之勤，搜罗之备，尤使吾人如游五都之肆，目眩神怡，不能自已者乎！余兄希白喜收小说，得百余种。余尝钞写其序目，取校此书，有可补正者，如：

《续红楼梦》四十回　嘉庆十年刻本　海圃主人著

《双凤奇缘》二十卷七十八回　三让堂刻本　道光癸卯（二十三年）饶云凤序

《兰蕙齐芳》二卷二十六回　京话日报社铅字本　卡斌室主人李光尘编著

《海国春秋》十卷四十回　光绪甲辰（十三年）上海书局石印本

《笏山记》三卷六十九回　光绪甲辰（三十四年）广智书局铅字本　东莞冷道人蔡守白著（道光十六年诸生，著作甚富。此书原稿藏邑人张伯桢家）

而所记版本亦多异。此皆可补者也。《红楼圆梦》三十回，嘉庆甲戌（十九年）红蔷阁写刻本，余兄亦有其书。《二度梅》《五美缘》云“皆无名氏小说，不能定其先后”。不知《二度梅》上有乾隆四十七年松林居士序，《五美缘》寄生氏序作于壬午，首页有“道光壬辰（十二）年刊”，则一为乾隆时人，一为道光时人。《南北史演义》，《南史》六十四（原误西）卷，《北史》三十二卷，乃《南史》三十二卷，《北史》六十四卷之误（书名及著作者姓名索引误同）。《北史》有许宝善序，而不言《南史》，不知《南史》亦有之。《南史》原刊有“玉峰陈景川局镌”一行，在回目之后。此皆可正者也。郑振铎先生序谓“不录传奇文和文言的小说，似仍留一个阙憾在”。余以为弹词及笔记小说亦当收入。愿著者“扩充此书，成为更完备的《中国小说书目》”（亦郑序语），人同此心，故敢以所知质于著者,而非以指摘为能也。著者倘有意乎?

本校引得编纂处最近刊行引得及特刊四种

(第一种略)

二、世说新语引得 一九三三年五月出版 定价一元五角

《世说新语》,宋临川王刘义庆撰,所纪分三十八门,起后汉迄东晋,皆轶事琐语,为一代珍闻。梁刘峻又参酌诸书,为之注释,并行于世。惟是书名称,颇为纷歧,《隋志》及两《唐志》子部小说家类所著录,《北堂书钞》《艺文类聚》《初学记》《史通》等书所征引,皆称《世说》。《唐志》子部杂家类录著之王方庆《续世说新书》与段成式论澡豆事,谓"近览世说新书"。近世敦煌发现之唐写本《世说》残卷,尾题"《世说新书》卷第六",亦足以为证。宋世于《世说》《世说新书》二名之外,又有《世说新语》之称,于是一书遂有三名。《东观余论》谓:"《世说》之名肇于刘向,其书已亡,故义庆所集名曰《世说新书》;其改称《世说新语》不知起于何时。"现该处据《四部丛刊》影袁本编制成书,以其较善而且较通行故也。按今日《世说》版本,虽多由袁本脱化而来,然行格叶数,每多不同,故是书另附有《袁本世说新语卷页内容表》,可与他版互推,按图索骥,极为便利。

三、容斋随笔五集综合引得 一九三三年五月出版 定价二元

清代考据之学导源于宋而讳言宋。其实倘使无朱熹，王应麟之流，亦何能有顾炎武与阎若璩哉。洪迈博览群书，兼综经史，出入百家；其著述甚众，见于《宋史·艺文志》者约三十种，而士林独重其《容斋随笔》，盖以其考核者之多，有以开朴学之先路也。惟是书卷帙繁重，检寻不易，该处聂崇岐君因取光绪二十年皖南洪氏重刊本编为引得，治考据者当有取于斯。

四、勺园图录考 洪业著 一九三三年二月出版 定价三元五角

《勺园图》者，园主人明米万钟所绘《勺园修禊图》也。旧藏天津陈氏，近归燕京大学。洪先生执教该校十有余年，自闻该校校址有米氏勺园之说，即注意搜集平西史地材料。历时八九载，搜录竟盈筐箧。去年该校购得此图，遂以摄影制版，将所集材料撰成录考，发表之，以餍同好。洪先生序云："录者全仿清朱彝尊《日下旧闻》意，辑校与勺园有关之史料若干条，以备考也。考者，师清高宗敕撰《日下旧闻考》意，间于录后加按语，辨异同也。"

全书首冠自序，次《勺园图》八叶，次《勺园主人米万钟之家世》，次《勺园故事胜景题咏》《勺园所在地》，末附勺园邻近地图四幅及引得，展卷了然。

按《燕京学报》第六卷，页一一四七至一一五三，载有许地山先生所撰《燕京大学校址小史》一文。关于勺园所在地之问题，洪先生之结论与许先生文稍不同，可资参考。

齐大季刊

（第一期） 二十一年十二月齐鲁大学出版

齐鲁大学于去冬出版《齐大季刊》，内容丰富，多专门论著。兹录目如下：《商代文化》明义士，《论审美范畴的起源》慈炳如，《释示》昺衡，《近代政治思想之三大潮流》吴广治，《河图洛书考》彭翔生，《文学与作家》舍予，《跋李南涧抄本古文尚书考》栾调甫，《释□》涌泉，《地球的年龄》司克德，附录一《地球是什么作成的》，二《地球的重量是多少》陈德云，《元素之发现》王友竹。

（《燕京学报》1933 年第 13 期）

历城唐代造像及章邱济阳明代佛经

济南教育厅督学冯光荣君于十二月间赴距历城县城八十里之南乡视察教育，偶在千佛崖发现造像五六百座，高者过人，小者亦有二三尺不等，皆就绝壁悬崖中雕石而成，经考察结果，确为唐代之物。查我国历史上以六朝时代雕像为最盛，唐去六朝尚不远，盖仍有其遗风也。崖下更有神通寺，四门塔，九顶松寺，虽多破败，然仍有碑记可考。其地万山重叠，交通阻塞，知者甚鲜。冯氏拟向历城县政府报告，设法保护。

又冯氏到章邱、济阳两县，复见有明代佛经五千余卷，向皆存于民众教育馆内，计章邱共有三千余卷，济阳共有二千余卷，过去历次移交，均视为废物，任意堆积，以致零乱不堪。此次冯氏加以整理，见其中颇多重要材料，尤以章邱民教馆所存者，于整理时竟发现佛经全部目录，十分详尽，并有写经多种，尤为名贵云。

滕县发掘纪要

山东为古青兖二州,齐鲁旧邦,春秋战国时代,滕,薛,邹,郿各国建都于此,复为孔孟等故乡,人文荟萃,彪炳载籍。泰山矗立中域,向为历代帝王封禅之处,黄河横贯东西,史称北方文化策源地,与中国民族历史文化,皆有深切之关系。最近中央研究院与山东省政府合组古迹研究会,因鉴于滕县迭次发现周代铜墓汉器画像,乃决定发掘邹,滕,峄三县,以探讨商周文化历史及春秋战国古城遗址。发掘人员,山东省政府派山东省立图书馆长王献唐及牟祥农君。中央研究院派研究员董作宾,助理员祁延霈,测绘员王湘,潘悫两君。董氏于本年十月十四日由京出发,十五日到济即与王氏商定进行办法如下:

(一)发掘程序　此次发掘范围,定为邹,滕,峄三县,但三处面积甚大,势难同时进行,且事先亦须先行测量,检定目标,然后方能从事发掘。现决定第一步,先由滕县之曹王墓(传系曹操父嵩之墓?)及发现周代鼎匜之安上村发掘,以搜寻是否尚有陶器,石器,骨壳,铜器,以及残碑断碣等。次考查滕薛两国城垣遗址。第二步,再赴邹县考查邹国故都,最后至峄县考查郿国及卑梁城故址。惟此项工作春秋两季行之最便,冬畏严寒,夏避霪雨,均属不利。预计滕县工作本年内可完成,至邹峄两县则须待明年。

(二)发掘目的　发掘目的约为两项:(1)考查春秋战国邹滕等古国故址,并以前历代遗留物品,如陶器,石器,骨,壳,铜器等。(2)考查汉墓石室之形制及其画像。因据王馆长上次考查,墓中汉代画石极多,预料经土人摧毁者不过仅表面上之一部,若再从事发掘,或另有佳品,石上或有字迹。现土人虽名之曰墓,实际上或为昔人避乱时所筑之石室(?),起自何人,建自何代,尚未敢定。俟发掘有获,再从而推研,始能断定也。

(三)古物处置　古物将来之处置,如获有骨版,贝壳,陶片,铜器等,当随时收取考查,作为古代文化历史上之佐证,再择地保存,其石室及汉画像,则就地交由地方官吏及当地绅耆维护保存,对于古物决完全拓印拓片,或摄照片,或造模型,或详绘图解。所有一切费用,均由中央研究院担任云。

十九日董氏等到滕,翌日即赴安上村,布置就绪,即于二十四日起迄十一月底止,工作月余,掘获古物颇多。兹据各报纪载略述如下:

(一)安上村　安上村北俗呼之为谷堆顶,大约以其地灰土高出地面而成一谷堆也,东面高山为狐骀山,西称桃山,按诸历史为郲国之地。此次在该地共发掘四十三坑,所得物品大致可分为六类:

(1)陶类　周代豆,鬲,敦等九件,在今春陈姓兄弟掘获周代铜器处迤南一墓葬中所得。鬲足,豆,罍,尊,彝之类残器皆有,最可注意者则为近似城子崖出土之黑光陶片亦见于该地,惟形质较粗,不如城子崖之精致。在一古井中得绳纹灰色之陶片二,红色陶片一,上均有戳记,字作篆体,商代陶器上刻字者甚多,惟从未见印有戳记者;此种印字陶片为临淄一带及滕薛等遗址陶器中常见之品，其时代当较晚。圆形瓦盆一个直径二公寸许，类似瓦缶。

（2）骨类　A. 骨器，有骨锥，骨镞，带孔扁针等。B. 兽骨，鹿角八九枝，野猪牙数枚，牛羊腿骨颚骨等颇多。C. 人骨，在今春发现周代铜器处掘获葬于该地之主人骨骸一副，山东大学人类学教授刘咸断定为年在二十五至三十岁之中年妇女遗骸。董氏云，依地址历史及以前出土铜器中之铭识，考证为周武王封陆终后裔于邾国为附庸，六传至訾父，生夷父及叔术二人，夷父娶嬴氏，国色也。夷父为周天子所诛，叔术继承国位，杀向周天子谗害夷父之鲁大夫鲍广父及梁买子，仍以嬴氏为妻（见《公羊传》）。谷堆顶葬者，当为嬴氏，因鼎及盘匜皆有“此嬴”“孟嬴”名字也。小孩骨二具，其年龄约在五六岁至十二三岁之间，其掩埋年代在遗址废弃之后。其余零碎之额骨，腿骨等亦有。董氏又云，将来拟将所有兽类骨骼送至北平请杨钟健氏考查云。

（3）石器　有石镞，带孔石镰，石凿，石刀，石斧等，形制皆类殷墟出土者。

（4）铜器　铜镞及残铜屑。孟嬴墓葬中出铜刀一件。

（5）蚌器　蚌制镰刀，刀口作锯齿形，极似城子崖下层黑陶文化之出品。

（6）龟甲　腹甲四块，内二块有钻灼及卜兆之痕迹。董氏谓为类似小屯出土之商代物，极有价值云。

（二）曹王墓　从二十六日起开工，计发掘墓圹十五处，石匣六个。在三官庙门墙壁内拆出汉代画石二十五方，雕刻人物车马鸟兽等颇精致。石壁上有一星状花纹，形似现在党国旗之白日，惟芒角较少，仅有四个而已。在墓圹中所掘获物品如下：

（1）画石　一为孔子见老子残图，上有隶书“孔子”二字，据牟君谈，余前见嘉祥县武梁祠及肥城之孝堂山汉画石刻，其作风与此大致相同。凡古代之祭堂中多有此种画石,想系当时之习尚。在武梁祠者较为完整,上刻隶书共十二字,镌刻之衣纹皆平面;惟今次所得者仅余一角,衣上均刻有花纹,其工较为精细。方石一,中刻一盘形,中绘两鱼,盘之两旁刻酒杯各一,均带两耳作椭圆形。墓门之上,框长方石一,雕刻之花纹系方胜形,工亦不精。其余马形,鱼形,及方块纹,蜿蜒之花纹等画石均有。

(2)陶器　陶尊之破片二块,尚能拼合完整。陶盾箍轮,瓦片,红陶片等亦有。

(3)铜器　五铢钱最多,其中有二枚形体略小,似梁代无缘之五铢。又汉文帝时所用之半两钱一个,边沿完好,字迹清晰。铜盾一,形似铜钟。铜条及铜片大约系一铜盆破碎者。

(4)铁器　铁刀一柄,铁环一只,与现时女工做针黹时所用之顶针略同。铁钉一,长约数寸。

(5)铅器　铅簪一。

(6)银器　银杯二。

抽印四库全书续志

教育部令委中央图书馆筹备处选印《四库全书》未刊珍本,及该处与商务印书馆签订合同已略志本报上期。合同既缔,北平故宫博物院以主权关系因而出面交涉,请将合同原文修正。

同时国内学者以所定名称及所选书籍皆有未当,攻击颇烈。后教育部与故宫博物院理事会修正合同,复由教育部聘请之选印《四库全书》目录委员会将拟印之本重为选定,其事始寝。闻选定之书已于十一月十七日在上海天主教堂街故宫办事处开始影印,兹录全目如下:

(甲)经部 (一)易类:《了翁易说》一卷,《周易新讲义》十卷,《读易详说》十卷,《易变体义》十二卷,《周易经传集解》三十六卷,《厚斋易学》五十二卷,《西溪易说》二十卷,《易通》六卷,《周易经传训解》二卷,《周易详解》十六卷,《淙山读周易记》二十一卷,《读易举要》四卷,《易原奥义》一卷,《固易原旨》六卷,《周易程朱传义折衷》三十三卷,《周易衍义》十六卷,《周易图说》二卷,《周易文诠》四卷,《易象钞》四卷,《周易札记》三卷,《周易像象述》五卷,《易用》五卷,《易源就正》十二卷,《大易通解》十五卷,《大易释言》三十六卷,《周易图书质疑》二十四卷,《周易章句证异》十一卷。(二)书类:《絜斋家塾书钞》十卷,《书义断法》六卷,《尚书疑义》六卷。(三)诗类:《毛诗讲义》十二卷,《诗赞绪》十八卷,《诗演义》十五卷,《读诗略记》六卷,《毛诗类释》二十一卷,《诗疑辨证》六卷。(四)礼类:《周礼详解》四十卷,《礼经本义》十七卷,《月令解》十二卷。(五)春秋类:《春秋例要》一卷,《春秋经解》十二卷,《春秋谳》二十二卷,《春秋比事》二十卷,《春秋左传要义》三十一卷,《春秋分记》九十卷,《春秋集义》五十卷,《春秋明志录》十二卷,《春秋辑传》十三卷凡例二卷,《春秋质疑》十二卷,《读春秋略记》十卷,《春秋管窥》十二卷。(六)五经总义类:《融堂四书管见》十三卷,《五经稽疑》十二卷,《十三经注疏正字》八十一卷,《十三经义疑》十二卷,《九经辨字读蒙》十二卷。(七)四书类:《蒙斋中庸讲义》四卷。(八)乐类:《古乐书》二卷。(九)小学类:《俗书刊误》十二卷,

《篆隶考异》二卷,《增修校正押韵释疑》五卷,《音韵述微》三十卷,经部书共计六十一种。

(乙)史部 (一)编年类:《两朝细目各要》十六卷。(二)纪事本末类:《平定三逆方略》六十卷,《石峰堡纪略》二十一卷。(三)别史类:《南北史合注》一百五卷,《春秋战国异词》五十四卷,《通表》二卷,《摭遗》一卷。(四)诏令奏议类:《谠论集》五卷,《左史谏草》一卷。(五)传记类:《忠贞录》三卷附录一卷,《廉吏传》二卷。(六)地理类:《水经注集释订讹》四十卷,《海塘录》二十六卷,《蜀中广记》一百八卷。(七)职官类:《礼部志稿》一百十卷,《太常续考》八卷,《土官底簿》二卷。(八)政书类:《政和御制冠礼》十卷,《五礼新仪》二百二十卷,《庙学典礼》六卷。(九)目录类:《吴中金石新编》八卷。(十)史评类:《六朝通鉴博议》十卷,《两汉笔记》十二卷,史部书共计二十种。

(丙)子部 (一)儒家类:《近思录集注》十四卷,《戒子通录》八卷,《家山图书》一卷,《双桥随笔》十二卷。(二)兵家类:《武经总要》四十卷。(三)医家类:《脚气治法总要》二卷,《集验背疽方》一卷,《扁鹊神应针灸玉龙经》一卷。(四)天文算法类:《原本革应新书》五卷,《七政推步》七卷,《庄氏算学》八卷。(五)术数类:《皇极经世索隐》二卷,《皇极经世观物外编衍义》九卷,《易通变》四十卷,《观物篇解》五卷附《皇极经世解起数诀》一卷,《大衍索隐》三卷,《玉照定真经》一卷,《星命渊源》五卷,《星命总括》三卷,《演禽通纂》二卷,《遁甲演义》二卷,《禽星易见》一卷。(六)艺术类:《绘事微言》三卷,《六艺之一录》四百六卷《续编》十二卷。(七)谱录类:《钦定西清砚谱》二十五卷。(八)杂家类:《乐庵遗书》四卷,《言行龟鉴》八卷,《元明事类钞》四十卷。(九)类书类:《实宾录》十四卷,《职官分纪》五十卷,《名贤氏族言行类稿》六十卷。子部书共计三十四种。

（丁）集部　（一）别集类：《韩文举正》十卷，《外集》三卷，《五百家注音辨柳先生文集》二十一卷，《外集》二卷，《新编外集》一卷，《龙城录》二卷，《附录》八卷，《文庄集》三十六卷，《范太史集》五十五卷，《乐全集》四十卷，《云溪居士集》三十卷，《问山集》六十卷，《乐静集》三十卷，《灌园集》二十卷，《襄陵集》十二卷，《东堂集》十卷，《竹隐畸士集》二十卷，《洪龟父集》三卷，《跨鳌集》三十卷，《庄简集》十八卷，《东窗集》十六卷，《忠惠集》十卷附录一卷，《杉溪居士集》十三卷，《筠溪集》二十四卷，《忠穆集》八卷，《东牟集》十四卷，《相山集》三十卷，《云溪集》十二卷，《北海集》四十六卷附录三卷，《五峰集》五卷，《斐然集》三十卷，《浮山集》十卷，《缙云集》四卷，《堆室集》四卷附录一卷，《郑忠肃奏议遗集》二卷，《高峰文集》十二卷，《艾轩集》九卷附录一卷，《方舟集》二十四卷，《网山集》八卷，《定庵类稿》四卷，《澹轩集》八卷，《尊白堂集》六卷，《东塘集》二十卷，《九华集》二十五卷附录一卷，《芸庵类稿》六卷，《莲峰集》十卷，《昌谷集》二十二卷，《省斋集》十卷，《后乐集》五十卷，《性善堂稿》十五卷，《鹤林集》四十卷，《东涧集》十四卷，《渔墅类稿》八卷，《沧州尘缶编》十四卷，《冷然斋集》八卷，《可斋杂稿》三十四卷，《续稿》八卷，《续稿后》十二卷，《涧泉集》二十卷，《篔窗集》十卷，《壶山四六》一卷，《臞轩集》十六卷，《东野农歌集》五卷，《庸斋集》六卷，《张氏揣轩集》六卷，《字溪集》十一卷附录一卷，《潜山集》十二卷，《苇航漫游稿》四卷，《秋声集》六卷，《梅岩文集》十卷，《庐山集》五卷，《英溪集》一卷，《则堂集》六卷，《富山遗稿》十卷，《在轩集》一卷，《心泉学诗稿》六卷，《稼村类稿》三十卷，《桐江续集》三十七卷，《剩语》二卷，《青山集》八卷，《小亨集》六卷，《青崖集》五卷，《养吾斋集》三十二卷，《东庵集》四卷，《陈秋岩诗集》二卷，《兰轩集》十六卷，《玉井樵唱》三卷，《西岩集》

二十卷,《艮斋诗集》十四卷,《王文忠集》六卷,《矩庵集》十五卷,《伊滨集》二十四卷,《瓢泉吟稿》五卷,《野处集》四卷,《子渊诗集》六卷,《午溪集》十卷,《傲轩吟稿》一卷,《桐山老农文集》四卷,《佩玉斋类稿》十卷,《麟原文集》二十四卷,《性情集》六卷,《可闲老人集》四卷,《玉笥集》十卷,《覆瓿集》七卷附录一卷,《尚䌹斋集》五卷,《草泽狂歌》五卷,《樗庵类稿》二卷,《可传集》一卷,《独醉亭集》三卷,《希澹园诗》三卷,《荥阳外集》七十卷,《毅斋诗文集》八卷附录一卷,《兰庭集》二卷。(二)总集类:《周文馆唱和诗》十卷,《南岳唱酬集》一卷附录一卷,《天台前集》三卷,《前集别编》一卷,《续集》三卷,《续集别编》六卷,《十先生奥论》四十卷,《诗家鼎脔》二卷,《玉山纪游》一卷,《三华集》十八卷,《文氏五家诗》十四卷,《吴都文粹遗集》三十六卷《补遗》一卷,《译文记》四十五卷。(三)诗文评类:《竹庄诗话》二十四卷,《颐山诗话》二卷。集部书共计一百十七种。

经史子集四部共计二百三十二种。

国立北平研究院
植物研究所之工作进行

国立北平研究院植物研究所,于民国十八年开始筹备,聘请刘慎谔博士为主任。该所筹备之初,即择定天然博物院内之来远楼为所址,即行开始工作,一方面从事北平附近之采集,一方面整理各方赠送之标本。数年以来,渐事扩充,增加设备,举行长期远途之采集,并于研究工作以外,为普及生物知识起见,与天然博物院合办植物园以资研究。兹将其工作进行分述如下:

(一)已往工作　该所二三年来之工作,最要者为采集与整理标本,平时研究则以分类为主。该所着手采集,始于十八年九月间,主任刘氏曾抽暇赴西山东陵各一次,因时已晚秋,草木衰落,所得标本不多,然实为该所采集标本之始。以后每年有若干处之采集,分记如下:(1)十九年五月二十二日,该所职员开始分别出发采集,计助理员夏纬瑛赴热,以中途遇匪,未克前往。六月十五日转赴北戴河,百花山,灵山等地采集,九月十日回所,计得标本千号。助理员孔宪武,练习员王作宾,于五月二十二日赴小五台山采集,六月二十日回所,计得标本五百号。又刘主任与王作宾赴江苏,浙江,福建,广东等省采集,于六月五日出发,得标本五百余号。于八月二十七日转赴五台山采集,于九月二十八日回所,又得标本五百余号。此外尚在北平附近西山东陵一带作小规模采集者多次。(2)二十年刘主任于五月由平起程赴内蒙,甘肃,新疆,天山南北路一带采集标本并研究植物分布。孔宪武于五月二十日出发赴吉林经威虎岭,黄泥河,敦化,小白山,镜泊湖等地,于十月十九日回所,共得标本千余号。夏纬瑛及助理员白荫元于七月十六日出发内蒙,经绥远,包头,五原,及伊克昭盟等处,于九月二十九日回所,共得标本八百余号。其中高原,高山,沙漠之植物皆有一部。练习员刘继孟赴雾灵山,于五月二十五日出发,七月三日回所,得标本五百号。八月二日又赴南口采集,十四日回所,得标本约三百号。助理员王云章及王作宾赴小五台山采集,于六月二十五日出发,八月三日回所,共得标本四百余号。并于是年春赴雾灵山采得生活之野山植物八十余种,分植于植物园内。(3)二十一年,出发采集及调查计有二批,一在黄河流域,一赴昆仑山,西藏,印度。黄河流域多为沙丘所占,土质松散干燥,其干地性之植物在社会至为奇特。该所助理员郝景盛与王作宾于五月出发,沿黄河西进,专作此种研究并采集,曾赴许昌,郑州,登封,嵩山,裕寨山,洛阳,嵩县等处,达陕西,由洛南,商州西进,跨华山沿秦岭,赴长安然后归所,采集标本约千余种。昆仑山中及西藏高原除有少数欧人曾前赴采集外,中国植物学家尚未履其地。该所主任刘氏自新疆天山北路采集后,经天山南路继续西进,达新疆之叶城,入昆仑山,复由于阗,和阗再经叶城,过加级沟,候姆岭。西至拉达马达西藏之西北部。以上各处峰峦起伏,植物之生长情形颇异。此浩远困顿之旅行,于植物分布及生态学上将有所贡献。(4)二十二年,刘主任由拉达克至印度,考察印度北部之植物至大吉岭,现已经南洋回国。

(二)现在工作　该所工作人员,除搜集未归者外,余均在所内工作。其工作分整理标本,及编辑植物图志与专门研究三项:(1)标本,迁入新标本室后,即从事整理,作为系统之分类,及审定名称,此部工作至为繁重。(2)编辑《中国北方植物图志》,已编辑完竣,现在编制中者为第二卷至第四卷《中国植物汇编》。(3)专门研究,因设备上方便起见,现于植物之分类方面,每人专攻一科或数科,以求深造。现从事研究之科,有豆科,禾本科,蔷薇科,伞形科,菊科等等。该所因财力所限,研究工作不求范围宽大,仅求致力专精,现以植物分类为研究标准,拟于最近期间将中国北部如蒙古,新疆,及黄河沿岸诸省之植物调查完竣,并将北方之植物谱从速制成,然后再将研究之植物推广,并涉及植物分类各种问题。

(三)将来计划　(1)分设研究室。植物研究所现在研究,因事实上之需要，侧重高等植物之分类方面，下等植物，仅以余力稍事顾及而已。惟藓苔菌藻等物，范围至广，其研究方法与高等植物不尽同，故设备亦异，拟将现有研究室，专充研究高等植物之用，另筑房屋，设立下等植物，或隐花植物研究室。又研究生物不应专重室内工作，应求接近自然，亲赴野外观察植物生长之现象，此等工作亦非短期出外之采集所能奏效。欧美各国常有因地方特殊情形，在野外设立研究室，以便作长期之实地考察。该所拟本此意，于北平附近或较远地方，先设立一高山植物研究室。(2)添置图书仪器。该所藏书不敷应用，又以远处郊外，查阅北平城内各处藏书时，往返极感不便，故最近对于图书尽量购置。至于仪器因拟分设研究室，故尚须添加者甚多。(3)设立自然保护区域。自然界万物群处，争长竞生，每因人力实施，即更换面目，或破坏无余，珍奇物种竟至消灭，殊堪痛惜。故欧美各国，俱有自然保护区域之设，此区域之内，生物消长，一任自然，国人尚不顾虑及此。即如北平附近数处，硕果仅存之小森林，年来亦横遭残伐，不数年将令成童山秃岭，无复葱郁之象矣。该所此次尚拟于此方面留意，或自设自然保护区域，并设研究室一所于其中。(4)推广植物园。植物园之设立，非仅供社会观感，学校教材，亦所以保留活标本，为研究时之参考。即植物分类学上，亦时有问题，须观察植物生处方可解决者。该所现除拟推广原有之植物园外，尚拟于天然博物园内，择相当地点设置林木园，并另建温室。又此次该所由新疆，蒙古等处，运回种子甚多，久拟设立一边陲植物园，以限于经费，未能实行。除上述各园外，尚拟辟一试验场以供研究之用云。

海南生物采集团

北平静生生物调查所，中国科学社生物研究所，中央研究院自然历史博物馆，及北京大学，山东大学，清华大学生物系等六学术机关，为调查及采集海南岛之生物起见，特组织海南采集团。静生生物调查所派何琦及唐善康君，科学社派王仲济博士及王以康君，自然历史博物馆派伍献文博士，山东大学派左景烈讲师及刘咸教授，并推定左君为总领队，王以康君为副领队，以左君在广东中山大学农林植物研究所时曾至海南，深入五指岭，采集七阅月之久，通黎语故也。该团调查期间，预定为一年。拟分两组，一组深入该岛之五指岭，一组则专在该岛沿海区域调查，以采集动物标本为主，植物方面，则只采隐花植物，兰科植物与木材标本。以显花植物标本，广东中山大学农林植物研究所近数年来积极采集，故不采重复。刘咸教授则往研究海南之人种学与民俗学。该团定于明年一月初出发，想该团将来在生物学上必有重大贡献也。

中央研究院派员考察苗疆经过

民国十七年夏，广东中山大学语言历史学研究所曾派杨成志君往川滇交界之巧家，巴布凉山及河口等地调查罗罗及苗瑶等部落生活（见本刊第八期）。此为汉人深入苗瑶等族调查之嚆矢。同年该校生物采集队，曾到广西瑶山采集动植物标本，队员任国荣君著有《广西瑶山两月观察记》行世。二十年该生物采集队第四次入广西瑶山，主队住罗香瑶村。外分二支队，一住古陈，一住罗蒙，庞新民君则住古陈分队中，于采集标本之暇，常调查各瑶村之风俗习尚，著有《广西瑶山调查杂记》，姜哲夫亦著有《记广东北江瑶山荒洞瑶人之建醮》（以上见中央研究院历史语言研究所集刊第四本第一分）。本年夏中央研究院特派研究员凌纯声及芮逸夫，勇士衡等，赴湘黔交界处之苗疆，考察苗族状况，于五月一日由京出发，历时二十余日，始抵凤凰，得该地军事当局保护，于六月初深入苗寨考察，工作进行颇为顺利。该团本拟再赴贵州东部考察黔苗，惟以贵州铜仁及湖南芷江一带发生战事，交通梗阻，未克前往，业已于八月间由湘返京。据凌君谈此次工作，系分文化，语言，体质三方面考察。分述如下：

（一）苗族文化　苗人之物质生活，如衣食住行，虽有与汉人同化之处，然保存苗族之特点尚多，尤以妇女之服饰为显著。精神生活，如宗教，音乐，鼓舞，艺术等，尚存其本来面目，受汉化极少。苗人信鬼，所祭之鬼，有七十余堂之多，业已调查到五十余堂。苗族鼓舞之风至今盛行，其舞有二人，一人以长棒击鼓边打拍子，一人执二短棒击鼓，同时舞蹈，颇为可观。在祭鬼或娱乐时，常举行此种鼓舞大会。社会与家庭生活，如婚姻丧葬等，一本旧习，不与汉人相同。嫁娶礼节甚单简，惟重视唱歌，男女两家唱歌者，多至数十人，常唱和至三日之久。现在苗族之统治者，实际上仍为前清设置之土守备，土千总，土把总，土外委，此种土官，至今尚未革去。

（二）苗族语言　在汉苗杂处之地，能操汉语者不少，然在深山穷谷之苗民，则完全说苗语。其语音元音中无圆唇前部合口音，辅音中无唇齿音而有小舌爆发音。语法则名词前大抵均有冠字，形容词常在名词之后。又在其语言中，可推知其文化程度。其言方向，无东西南北，只有日出与日入两个方向，以代表东西，而无南北之称。一年不分春夏秋冬，只分寒暑两季。语言中无咸字，常以苦代咸。苗疆最缺乏者为盐，昔日得盐，视为珍品。此外共记苗歌一百零五首，其唱歌音调甚单简，有如汉人之山歌。苗人个个是歌人，稍聪明者，大都能作歌。

（三）苗人体质　苗人有纯苗与杂苗之分，纯苗只限于吴，龙，廖，石，麻五姓，其他欧，阳，洪等姓为杂苗，系汉人入赘苗族之后裔。此次共测量苗民二百余人，均系严格选择之纯苗。此外尚采集标本一百四十余件，内中有苗人接龙祭鬼所戴之银帽子，重三十五两，形式甚奇特，制作复杂，需工甚多。吃牛大典所用之五花柱及飞鸡冠，以及苗人最信奉人类始祖之木偶，均为可贵之民族学标本云。

悼柯劭忞简朝亮先生

柯劭忞先生于八月三十一日上午七时四十分,在北平太仆寺街逝世,享年八十四。简朝亮先生于九月二十九日午,在广州逝世,享年八十三。两先生皆耆年硕德,博学能文,一月之间,顿失南北两大儒,此学术界所同深哀悼者也。兹将两先生略传列下:

柯劭忞先生字凤孙,山东胶县人。少孤,幼承母教。中清同治丁卯庚午并科举人,光绪丙戌进士,授翰林院庶吉士,散馆后改编修,擢国子监司业,提督湖南学政,改翰林院侍讲,转侍读,授贵州提学使,署学部右参议,充京师大学堂监督,升典礼院学士,授山东宣慰使,督办山东全省团练。民国成立,隐居不仕,专事著述。廿四史中,《元史》最称芜杂。先生根据《永乐大典》及金石文字与西方史料,删正增补,成《新元史》,于民国十一年刊行。十二年,日本东京帝国大学赠与文学博士学位。十三年廉泉为编印《蓼园诗钞》,王国维先生最称道之。十八年,刊行《春秋穀梁传注》。《清史稿》中《天文志》《时宪志》亦先生所作也。未出版者有《说经札记》《尔雅注》《后汉书注》《文献通考校注》《文选补注》《佚史补》《蓼园文集》等书。

简朝亮先生字竹居，广东顺德县简岸乡人。自其祖旅居南海县佛山镇，咸丰元年先生于此诞生。家极贫，僦屋侨居，岁时伏腊，追责临门。年十九，为童蒙师。年二十一，进县学。年二十四，受学于朱次琦先生，凡三年。年二十七，娶杨明经女。年二十九，设馆广州六榕寺，先后丧父母。年三十六，以宗人劫盗事系讯于县署。年四十，在故里简岸乡之读书草堂讲学。年五十至连州阳山县将军山之读书山堂讲学，函谕草堂诸子多购书庋藏其中。明年成《尚书集注述疏》五十卷。光绪三十四年年五十八，礼部奏聘为礼部顾问官，辞不赴。明年，返居佛山镇忠义乡双桂堂，于此读书讲学及著述。民国六年年六十七，成《论语集注补正述疏》十卷，继是复成《孝经集注述疏》一卷，《礼记子思子言郑注补正》四卷，《毛诗说集传》一卷，《朱九江先生讲学记》一卷，《读书草堂集》十三卷附注三卷，《读书草堂明诗》四卷。如简先生者，诚一代之经师也哉。

殷契佚存

二卷附考释　商承祚著　民国廿二年影印本　定价十四元

甲骨文字之发见，于今三十余年。流布之功，首归罗振玉先生。甲骨质脆易碎，非若金石之可以久存，出土之日即澌灭之期，印行尤不容缓。北京大学收藏六百余片，吾人冀其印行者十余年于兹,而终不获见也,今乃见其一部分于《续编》及《佚存》中,窃为校中执事羞之。《续编》所收约二千纸,《福氏》所收三十七纸,《佚存》所收一千纸。《福氏》及《佚存》皆有释文而《续编》无之。《续编》与《佚存》所收间有相同者,而《续编》印刷为精。《佚存》中四二六,四二七,五一八三片,皆雕错之骨而有文字者,与彝器铭文相类,为前所未见。商承祚先生序中举《宰亩殷》与骨文"壬午王田于麦麓,获赏戠兕,王锡宰丰寑小觜祝,在五月,隹王六祀肜日"相比,谓观其文字,绳其句法,与器之时期相先后。余谓《母癸斝》(《陶斋吉金录》卷三第三十二叶)"癸巳王锡小臣邑贝十朋,用作母癸尊彝,隹王六祀,肜日,在四月"所纪年月,尤为吻合。惟《母癸斝》先于骨文五十日。书此以告商君。

三代秦汉金文著录表八卷
内府藏器著录表二卷

罗福颐著　民国廿二年墨缘堂石印本　定价八元

清代吉金书籍十余种,著录三千余器,名称歧异,真赝错出,读者苦之。王国维先生通各家之书,为《国朝金文著录表》六卷,检索甚便。王氏既没,罗振玉先生为印行《王忠懿公遗书》,于此书略有增订。厥后鲍鼎先生重印《国朝金文著录表》,复为

《补遗》二卷,《校勘记》一卷,颇收伪器,未餍人意。兹罗福颐先生重订而为此书,增行款,藏器家,出土地三项,于诸家著录并注卷叶,此视前书为胜者。然不收邹安之《周金文存》,《内府藏器表》表中列容庚之《宝蕴楼彝器图录》而引用书目无之,实为疏失。内府藏器归故宫博物院所有,于今十年。取校《西清古鉴》《续鉴》《宁寿鉴古》三书,尚存十之三四。若容庚之《西清金文真伪存佚表》及此《内府藏器著录表》皆暗中摸索,宁能尽当。而院中人无一为之者,吁！可异矣。

双剑誃吉金文选

于省吾撰集　二十二年夏出版　北平琉璃厂来薰阁代售　定价六元

彝器款识为商周遗文,确而有征。即其文章之美,如《毛公鼎》《颂鼎》,亦视《文侯之命》《孔悝鼎》之载于《书》《礼》者为过之。故孙星衍《续古文苑》,严可均《全上古三代文》均有甄录。若梁廷枏之《书余》,录金文之过百字者仅得十九种。若龚自珍之《殷周彝器文录》,则未成书。近人郭沫若著《两周金文辞大系》,得文二百七十五篇。然上编宗周文,某为武王时器,某为成王时器,虽言之凿凿,而不尽可信。此书则以选文为主,共得四百六十九首,以文之最高古者为上卷,都一百三十一首,词调较逊者为下卷,都三百三十八首,正可与其师吴闿生《汉碑文选》

并行,为选文中另备一格。其释文考证则较郭书为矜慎也。

颂斋吉金图录

容庚著　民国廿二年七月出版　影印本一册　定价十元

容氏为学,孜孜不息,故克于古铜器之研究有巨量之贡献。既为《金文编》以通其文字,为《殷周礼乐器考略》《汉代服御器考略》以考其形制,又致力于材料之搜集,为《宝蕴楼》及《武英殿彝器图录》二书。此则其五年来节衣缩食以得之者,凡三十九器。影印甚精,而附考释于后。如□郢率铎,王成周铃,六朝灶,银错车马漏壶,银鸡彝皆属希有之品,其余各器亦皆未经著录者。昔人著书,重视文字而忽略花纹,摹拓花纹与文字并列自此书始,是足传也。

古代铭刻汇考四种

郭沫若著　昭和八年十二月日本文求堂出版　定价日金六元

全书凡四种：一般契余论，二金文续考，三《石鼓文》研究，四汉代刻石二种。郭氏自信甚坚，故其著作之佳处在善疑，其缺处亦在善疑。

甲骨文之“不[illegible][illegible]”，孙诒让释为“不绍龟”，胡光炜释为“不䵶黿”，董作宾释为“不㝵龟”，陈邦福释为“不锫鼄”，郭君释为“不镘黽”。果孰是也，果孰非也耶？又如[illegible]之与[illegible]，吾人观之不过先后繁简之不同。郭君谓：“[illegible]字确是狗之初文，象贴耳人立之形，此乃狗之惯态。其或作[illegible]若[illegible]者，以狗乃家畜，有肩帔或颈索以系之。”（《论狗甲》）其释《𠫑羌钟》则以[illegible]为羌字（《金文余释之余·释𠂤氏》），于此书中则写作芍（《嗣子壶》），是郭君亦徘徊歧路而不知所适从矣。

《石鼓文》著于唐，其中缺泐甚多。后人考释，以意属读，异说纷纭。郭君仿《诗序》例标举文中二字以为石之名，自视以一二或甲乙称之者为胜。然吴东发《石鼓读·叙鼓》已如此，与郭氏同异各半。十石之次第，郭君所举薛尚功，郑樵，施宿，王厚之，震钧五家。然尚有吴东发（《石鼓读》），刘心原（《奇觚室乐石文述》)二家,似为郭君所未见者。与郭君所猜各异,比而观之,亦一有趣之事也。

(一)《我水》 郭作《吾水》

吴一

刘四 右一鼓言车驾出猎,从臣争为前驱也。

郭五 此石叙作畤既成,将畋游以行乐。

(二)《我车》 郭作《车工》

吴二 施氏及《古文苑》以《我车》为第一,今不从者,以《我水》一鼓,言莱道,言驾乘,而未言及田猎也。

刘七 右一鼓言车马驰逐也。

郭六 此石叙初出猎时情景。

(三)《田车》 郭同

吴三

刘五 右一鼓言车驾出舍邍野而猎也。

郭七 此石叙猎之方盛。

(四)《銮车》 郭作《銮敕》

吴四 薛氏《田车》次三,《銮车》次四,按《田车》"其原有旆",告获也;《銮车》遬禽,兽禽也。从之。

刘九 右一鼓言猎获论功也。

郭八 此石叙猎之将罢。

(五)汧 郭作《汧沔》

吴五 田猎以禽兽为主,《周官》泽虞在山虞后,𡻕人在兽人后。

薛氏以此为甲鼓,非是。

刘三 右一鼓言汧水衜池多鱼,美游猎之地也。

郭一 此石称道汧源之美与游鱼之乐,刻石渭滨,而称道汧源者,溯始也。

（六）《霝雨》 郭同

吴六 按此篇言既猎而归，当次九，今以后之鼓剥泐，姑次六。

刘十 右一鼓言士马冒雨涉汧而归也。

郭二 此石追叙初由汧源出发攻戎救周时事。

（七）作邍 郭同

吴七 郑氏次八，薛氏次七，按《周官》山虞莱道在未田之前，以事叙之，此当第一。但此篇为虞人所作，推周家序爵之义，附于后可也。今姑仍薛氏之次。

刘二 右一鼓言除道表木布罟以备猎也。

郭四 此石叙作西畤时事，先辟原场，后建祠宇，更起池沼园林以供游玩，石虽半折，然其全文可想见也。

（八）《吴人》 郭同

吴八 按中有太祝字，其享字，田后事也，当次十，今姑次八。

刘一 右一石言虞人敬护苑囿以致禽也。

郭十 此石叙猎归献祭于畤也。

（九）《騚騚》 郭作《马荐》

吴九

刘八 右一鼓文残不成句，然言騚騚，言草，言雉，亦猎事也。

郭九 此石盖叙罢猎而归时，途中所遇之情景。

（十）《滔滔》 郭作《而师》

吴十 按《騚騚》有芊芊微微字，雉字，言田猎也。《滔滔》有小大具来乐天子字，言诸侯从猎也。当次《銮车》之下，以成句者少，姑次九，十。

刘六 右一鼓言群臣从猎也。

郭三　此石追叙凯旋时事。中当有天子命辞，惜残泐无从属读。

审是可知释者自有其主观之见解，未易遽为评判。又如立石之时代，郭君定为襄公八年始受命为诸侯作西畤所作，乃谓“《霝雨》一石乃追记出师之始，所谓‘其奔其敌，□□其事’者，即攻戎救周之事”。吾人于此，只有倾佩郭君想象力之强，未敢置信也。

《攈古录》著录之《陈侯午敦》，其状如球，下半为器，下有三环为足，旁有两环为耳；上半为盖，上亦有三环。盖无铭。《陈侯因資敦》其状相同，失盖。热河行宫所藏之《陈侯午敦》，下有三熊足而非三环，两耳作环形，上有兽首。郭君疑与《攈古录》著录者为一器一盖，非也。

《吕不韦戈》一面凿款，一面铸款“诏事”二字。秦戈常有其例。郭君谓“此二字不伦不类，疑是后人仿刻”，亦非也。

小檀栾室镜影

徐乃昌著　二十二年出版　石印本三册一函　定价廿元

罗振玉曰：“刻画之精巧，文字之瑰奇，辞旨之温雅，一器而三善备焉者，莫镜若也。”然自宋以来，若《博古图》《西清古鉴》《浣花拜石轩镜铭集录》《金石索》诸书，皆附诸彝器图录之后。

其为专书者，若徐元润之《铜仙传》，则有说而无图。若梁廷枏之《藤花亭镜谱》，往往误收日本镜而不能辨。近人罗振玉之《古镜图录》，则又有图而无说。古镜之有图而无佳著，遂使日本学者以此自矜，亦可耻矣。徐乃昌君小檀栾室藏镜逾千，喧赫宇内，吾人属望也弥久，以为其书一出，庶可洗国人不学之耻乎。比购读之，其失望也弥甚。镜之浮雕者，断非椎拓所能显。此书以拓本石印，遂使建安及海兽葡萄等极佳之镜，印成一片模糊，且于铭文亦无一字之释，求如《藤花亭》之精绘详说而不可得，复何言哉。宣哲作序，极"贡谀"之能事，其所谓三善者正其三失。惟所收三百八十三钮，下及元明，斯以多为胜尔。

故宫殿本书库现存目

陶湘撰辑　二十二年五月故宫博物院图书馆出版

铅字本三册　实价二元五角

全书分上中下三卷，卷上：实录，圣训，御制，钦定，校刊。卷中：方略，典则，官书，经学，字学，史学，志乘，类纂，仪象，目录，类书，总集，进呈。卷下：清文书目，校刻梵经，书影，内府书籍总表，附录。其类别均参酌宫史为之，"凡谕旨，序记，引，跋，题辞，已见《宫史》《续宫史》者不录；惟补刻《通志堂经解》及重刻《明史本纪》等外间罕知修改内容仍录之，其为《宫史》所不及载者

均录焉。残书不录,如无其书虽残亦录,注明现存卷册以俟搜补”。(见凡例)

陶君撰辑此书,用力至勤,凡遇有积疑,必穷加考证,书中所附各条,常有举世以为疑者,一观陶君按语则涣然冰释,如聚珍版《丛书》,其先后增刊部帙多少,迄今聚讼不休,以陶君考证内府现存者实为一百三十八种,盖合原单一百二十六种,加以后辑《尚书详解》等四种,新辑之《诗经乐谱》等八种而言,然后知福本增刊《春秋传说纂例》《河朔访古记》等书十种为一百四十八种,广雅书局不察,据以重刻,并附校勘,风行海内,苟非陶君考证,则实不知其为误也。又《大清统一志》四库著录为五百卷,以陶君考之则阁写殿刊二本皆第四百二十四卷,其书于乾隆五十五年刊行,是为第二次修本。今宫中虽有三次增修之五百六十卷本,而事在道光二十二年修成,不应为乾隆修四库书预知其数,可知确为馆臣之误。光绪辛丑年上海鸿宝斋石印缩本《一统志》五百卷,其全书与刻本同,惟缩本自第四百四卷后,即以内外蒙所属及朝贡诸国强增卷帙以符五百本之数。兹得陶君详为考证,使秘阁之籍,一旦絜领提纲呈露于人前,其有禅艺林诚匪浅也。惟此编分析部次与通例有殊,或一书而写刻所分先后重出,检寻不易,似宜后附引得,庶便寻求也。

内阁大库书档旧目

二十二年中央研究院历史语言研究所出版　实价一元

国立中央研究院历史语言研究所整理明清内阁大库残余史料，发现书档旧目二十种。此项旧目原为清代内阁典籍厅收贮，或清查内阁大库及清单。虽多残缺不完，然欲明了大库储藏情形及稽核散佚史料，此目录至为重要。该所按年排比汇集成书，首冠方甦叙录，叙述该书内容颇详尽。

西夏研究

（第二辑）　王静如著　二十二年中央研究院历史语言研究所出版　定价三元

《西夏研究》第二辑（第一辑见本报上期页二七二八）文凡七篇，

第一篇,引言(中英文各一篇),叙述《金光明最胜王经》在中国译本以及其本身演变之程序,并将高丽本与西夏本校雠,胪列其异同之点。第二至第五篇,为《金光明最胜王经夏藏汉合璧考释》(卷一至五)附注释文。第六篇,《论四川羌语与西夏语》,内容分为三部:(一)西夏民族原始地之考察,(二)敏你雅(Mi - nia)即西藏称党项之 Mi - nyag,亦即《唐书·党项传》所称之弭药,(三)羌语弭药语与西夏语之比较。王氏以羌语及弭药语与西夏民族名号及语言有密切关系,遂以美人保尔斯(Gordon T. Bowles)氏在四川金大川一带作语言调查所得材料为研究西夏语之根据,并以图表说明其连接之关系,又将其所记录与西夏文意相同之字尽量录出,其他更有巴卜尔氏所录 Me - nia 语亦一并列入。第七篇《再论西夏语音及国名》〔答伯希和(P. Pelliot),聂历山(N. A. Nevsky),屋尔芬顿(Stuart N. Wolfenden)诸教授〕,辨论其在《集刊》二本二分所发表之《西夏文汉藏译音释略》,及《西夏研究》第一辑,关于西夏语是否有鼻尾音或半鼻尾音,及关于西夏语是否有复辅音问题。国人对于西夏文极罕研究,王氏于去年著《西夏研究》第一辑,今复成第二辑,其毅力殊可佩也。

哈佛燕京学社
燕京学报专号四种

（一）唐代长安与西域文明 （《燕京学报》专号之二） 向达著 二十二年十月出版 铅字本一册 定价二元

此书叙述唐代长安与西域间文物之交互影响。唐开元天宝之际，天下升平，玄宗以声色犬马为羁縻诸王之策，重以蕃将大盛，异族入居长安者多，于是长安胡化盛极一时，如服饰，饮食，宫室，乐舞，绘画等，宛然西域。至西亚宗教，如火祆教，景教，摩尼教等亦于此时盛行于长安。本书考此诸题至为深博。

冯承钧所著之《唐代华化蕃胡考》（见《东方杂志》第二十七卷十七号），仅以蕃胡华化为限，材料亦止于两《唐书》。日本桑原骘藏之《隋唐时来往中国之西域人》（见《支那学论丛》），考证俱精确，为隋唐史研究上辟一新叶。本篇则将中国史料及耳目所能接及者，为之抉择排比成书，末附图四十余幅，足供研究交通史者之参考。

（二）《明史》纂修考 （《燕京学报》专号之三） 李晋华著 二十二年十二月出版 铅字本一册 定价二元

《明史》修于清初，至乾隆四年始告成，历四君逾百年之久，为前代史所未有。近年研究《明史》有成绩可称者，如：陈守实之《明史稿考证》，黄云眉之《明史编纂考略》，均有创获，其他则罕闻。李君晋华读陈黄之作，觉有未尽，续写《明史纂修考》一篇，取材更备，考证亦更详焉。

其书内容共分十章，于《明史》及《明史稿》之优劣，辑诸家评语，估其价值，颇为翔实；而四朝修史诏谕，及当日馆臣往来讨论，或录其全文，或节其要旨，均足以供研求《明史》之参考。《明史》一书，今人只知有王鸿绪稿本，及乾隆钦定之本，而不知当日在馆纂修官大半均拟有成稿，各稿进呈后再由总裁官核定，徐元文为监修及总裁时委万斯同核定者有四百十六卷，王鸿绪为总裁时再延万氏重增损为四百六十卷至五百卷，最后王鸿绪妄加删削始为三百十卷之《明史稿》，及张廷玉等改修，乃成《明史》三百三十六卷。由纂修各官之稿变为万氏第一次核定稿，再为第二次核定稿，再为王稿，再为张廷玉等稿，其展转变迁之迹，均有存书可考，惜世人多未留意及此。李君将《明史》各稿广为搜检，考其先后，还其本来面目，使当日纂修诸人之苦心孤诣得表白，王氏攘窃之罪亦成定谳，而万季野以布衣在史局二十余年，九阍不知，其潜德幽光亦灼然在人耳目，尤足称焉。其他可称处尚多，不尽述。顾颉刚先生为之序，谢国桢先生亦有跋，均称道之。

（三）嘉靖御倭江浙主客军考 （《燕京学报》专号之四） 黎光明著　二十三年一月出版　铅字本一册　定价二元五角

黎先生研究明代倭寇问题，已历十年，所收集之史料甚多，此为其第一部著作。书分上下两编，上编言沿海卫军之腐败，故调各省客兵御倭，然因种类复杂，故统制既难，军纪尤坏，时人遂主张团练乡兵，其后乃大收成效，又述军饷之筹支与办理之人物;下编则分述各种军队之调遣召募与作战情况,如广西之狼兵;湖南之土兵;江北,山东,河南,河北,山西等处之北方兵;四川,广东,福建,浙江等处之南方兵,以及僧兵,水军,家丁,打手,盐徒,沙民与各文职官,各生员,各义勇所督率之民兵等,皆为有条理之编纂;末附《严家兵考》,亦饶有兴趣。

引得编纂处近刊引得及特刊四种

(一)《佛藏》子目引得 (引得第十一号) 三巨册 定价四十元 一九三三年三月出版

佛教典籍,浩如烟海,凭记忆检查既费神智,依目录翻阅,亦耗时光;且往往徒劳无获,学者苦之。引得工作虽大有助于寻觅材料,便于研究,然施于佛乘者,以前尚少有人为此功德无量之举。旧籍之中,如梁宝唱《经律异相》,唐道世《法苑珠林》,《诸经要集》,李师政《法门名义集》,宋道诚《释氏要览》,法云《翻译名义集》,明一如《大明三藏法数》……等虽属引得性质之书,然其排列方法,非用数目,即用分类,皆不甚适于用。故另行编制,允为当务之急也。

《佛藏子目引得》,为许地山君所编,始终襄理其事者,则为引得编纂处李书春君。内容共分五部:(一)《撰译者引得》;

(二)《梵音引得》;(三)《经品名引得》;(四)《旧录引得》;(五)《史传引得》。所根据者为《大正藏》《续藏》《卍字藏》及《弘教藏》等四种藏经。后三藏只作参照之用,故子目页数仅记《大正藏》而略其余。现已出版者为前三部引得,其《旧录》及《史传》两部则由李书春君继续编排,随后刊出,深冀其能早日脱稿也。

此书编制上之特点,可称述者颇多:如人名之下括以朝代;其人或经品异名者,于异名下用互见法,书见本名,而于本名下括其异名,并注明编,撰,述,记,说,造,译,注,问,答,著,集,补注,订正,拈别,集梓,治定,击节,颂古,评唱,参阅,录集……等字样:使阅者一览即知某一人属于何时,某人或经品有若干异称,及某人对某种经品致力之性质。惜有时异名不予立目,似未免稍涉粗疏,如《佛祖统纪》下括其简称《统纪》,而遍查《经品名引得》中,并无《统纪》之目,即其一例。然此种瑕不掩瑜之小疵,在如是庞然钜制中,固不宜苛责也。总之,佛藏子目有较完善之引得,此书实为首创。其能省学者之时光与神智而便于学术之探讨,可断言也。

(二)《苏氏演义》引得 (引得第十四号) 郑毅编 一册 定价四角 一九三三年十二月出版

唐苏鹗《苏氏演义》为考订名物之作。书本十卷,惟遗佚已久。清修《四库全书》,始由《永乐大典》中辑出,厘为二卷,即近世通行诸本之所宗也。《四库提要》谓今本《古今注》及《中华古今注》多有钞袭《演义》之处。然《演义》间引崔正熊语,正熊为《古今注》作者崔豹之字,则苏氏似亦不无取材于原本《古今注》之处。崔书已失,不能据以覆按矣。郑毅君据《榕园丛书》本为之编制引得,想可为治考据求博识者之所资乎。

(三)日本期刊三十八种中东方学论文篇目附引得 (引得特刊第六号) 于式玉编 一厚册定价 洋宣纸本五元五角 报纸本四元

日本自隋唐以还,即吸收中国文化以自实。迄于晚近,虽以感染西洋文化,突飞猛进,蔚为强国,但对中国文化,则并未摒而不顾。其对中国研究之机关,约略统计,已有二十余处;则所发行刊物之质量,从可知矣。其研究方面,大致别为二途:一为"支那学者"之工作,一为"支那通"之工作。前者为学术的,目的在于求知,故多重既往;后者则为实用的,目的在备侵略拓殖之参考,故多重现在。其文之立论荒谬蓄意诬蔑者固属不少,然精到正确足资借镜者亦比比多是。惟散在杂志之中,搜寻检查皆不甚易,汇集其篇目而编为引得,实为不容缓之要图也。

《日本期刊三十八种中东方学论文篇目附引得》,即系应此种需要而编纂者。全书共分四篇:第一篇,《分类篇目》。大致依照中华图书馆协会《国学论文索引》之方法,酌与变通。每条篇目之后,附以著者或译者姓名,所在之刊物卷数期数,及出版年代。第二篇,《著者引得一》。依日本读法而用罗马拼音,按字母顺序排列。拼音之后,括以原名。人名之下。附列所作论文篇目及各该篇目见于第一篇之页数。由之覆检该页,即可知该文载于何种期刊第几卷第几期也。第三篇,《著者引得二》。依中国字庋撷法,按号码之小大顺序排列。人名之下,附列所作论文篇目及各该篇目见于该书第一篇之页数。检查方法,一如第二篇。第四篇,《篇目引得》。依中国字庋撷法排列。篇目之下附以著者及该篇目见于该书第一篇之页数。覆检方法,亦如第二篇。四篇之中,前二篇为李安宅夫人于式玉女士所编,后二编则引得编纂处所编,其所根据之三十八种期刊为:(1)《史学杂志》,(2)《史学界》,(3)《史林》,(4)《东洋史讲座》,(5)《史苑》,(6)《史潮》,(7)《历史地理》,(8)《满鲜地理历史研究报告》,(9)《历史□地理》,(10)《地学杂志》,(11)《考古学杂志》,(12)《考古学讲座》,(13)《东洋学艺杂志》,(14)《艺文》,(15)

《东洋学报》,(16)《支那》,(17)《支那学》,(18)《东洋文化》,(19)《佛教研究》,(20)《国华》,(21)《佛教美术》,(22)《东洋美术》,(23)《美术研究》,(24)《满铁调查资料》,(25)《满铁调查报告书》,(26)《经济论丛》,(27)《东亚经济研究》,(28)《外交时报》,(29)《人类学杂志》,(30)《科学知识》,(31)《图书馆杂志》,(32)《白鸟博士还历纪念东洋史论丛》,(33)《内藤博士还历纪念支那学论丛》,(34)《内藤博士颂寿纪念史学论丛》,(35)《高濑博士还历纪念支那学论丛》,(36)《狩野教授还历纪念支那学论丛》,(37)《小川博士还历纪念史学地理学论丛》,(38)《桑原博士还历纪念东洋史论丛》。惟收录仅限于燕大图书馆所藏,且残缺不完,未能予用者以极完善之工具,为可惜耳。倘将来能广事搜罗,补其阙漏,则实学人之大幸也。

(四)《封氏闻见记》校证附引得 (引得特刊第七号) 赵贞信编 华装二厚册 定价五元

《封氏闻见记》,唐封演撰。所述多历代掌故,而尤详于唐,可裨正史者不少。赵贞信君依据《雅雨堂丛书》本,与天一阁藏明钞本,莫友芝藏旧钞本,凌绂曾藏钞本,《四库全书》本,海源阁藏朱黄合校本,秦篑刻本,《学海类编》本,《学津讨原》本,《畿辅丛书》本,封氏家刻本等,相互校勘,并参稽百余种书籍,考订其异同,补正其阙误,为《封氏闻见记校证》一书。内容除正文十卷一依原来次序外,并有顾颉刚君序,赵君自序,诸名贵钞本及刻本之图像,诸家对《闻见记》之序跋,与夫封演之遗文,封氏诸闻人之传记,《封氏世系表》等,搜罗颇为勤苦。末附《引得》,更便检查之用。允为近今出版最完备之书也。

数年来,整理国故之风,甚嚣尘上,然多注重枝节之考证,求其肯从事诸种基础工作,如校勘,训释,标点,引得,辨伪者,尚不多观。是实为畸形之发展,终非学术正轨也。夫古籍流传,多则二千余年，少亦有百余年之历史，中经多次辗转钞刻，其能不失本真者，实不易得。倘不先加以一番整理工夫，而贸贸然引之用之，据为可靠之资料，则求其结论之不入于歧途，陷于错误者，乌可得哉。以《封氏闻见记》而论，就质言，其在学术上之地位原不甚高，就量言，仅区区十卷，亦不为大，而经赵君爬罗补苴之后，其讹误脱落，乃在百处以上。则他书之质重量多者，可不待言矣。陶渊明云"实迷途其未远，觉今是而昨非"。深冀从事国学诸君子，勿徒斤斤于当世之名，而能知所先后，多注意于基础工作，以造福于后生也。

(《燕京学报》1933 年第 14 期)

天龙山北齐石佛之劫

中国之佛教石室，以敦煌之千佛岩、大同之云岗、洛阳之龙门及太原之天龙山为最著。天龙山之圣寿寺石窟，雕凿于北齐时代，其作风形式与雕凿于北魏隋唐间之千佛岩、云岗、龙门相较，可谓别树一帜。且北齐大宗石刻，传世甚少，尤足珍贵。山在今省治南约四十五里，即古之晋阳，北齐始祖高欢曾筑宫避暑于此，其子文宣帝建号，复依山建寺多处，今均损坏。惟圣寿寺巍然独存，寺为皇建元年建，志称内有石室二十四龛，统计大小造像约及百数，近年中外学者不辞僻远，前往游览者日多。乡民无知，间有铲凿佛像售诸外人情事，惟所毁究属有限，大部分尚可保持原状，供人考究。不意去岁噩耗传来，该寺石室内所有造像被人铲凿一空，寺之所存仅一高二十四尺之石佛，然两目亦被击毁，此必因其高大逾垣，无法移售，故愤而出此破坏举动。此外造像不论大小，只余斧凿迹，甚至窟顶小像亦被凿取无遗，一千四百年来仅存之北齐佛教艺术品，从此永不可复见矣。

北平学术界同人，风闻其事，推古物保管会人员前往实地调查属实，屡思就近侦查扣留；以资究办，无如对方运售方法异常狡黠秘密，迄难缉获，直至去冬中央研究院所属历史博物馆人员始查得有一小批飞天造像由晋运平待售，当即报告古物保管委员会人员化装侦查，获有确据，始通知北平市公安局派警赴长巷二条某客栈内，将其铺掌张姓拘捕，据供该项石像，业因债务关系，抵押于某国人，并供系太原某客栈店主侯某所寄存，当由平市公安局勒限指拿，现在侯某亦经捕获，业归太原法院审理。

又据闻每像平均售价万元，奸人所得不过百万元。大多数为美国纽约收藏家温次洛拨所购得，尚有一小部分似在某国人之手，惟甚隐秘云。

中国营造学社古代建筑之研究进行

中国营造学社于民国十八年成立，当时系属私人组织，嗣以成绩甚佳，外人颇予注意，至民国二十二年呈请北平社会局准予立案，并转呈教育部备案，批准后，遂扩大成为公共研究机关。该社现设在中山公园内，全年经常费万五千元，由中华文化教育基金董事会补助，如临时需要费用，则由该社自行筹募。

该社分法式、文献两组。法式组考查各代建筑，主任梁思成，助理邵力工，并有研究生四人。文献组搜集整理各代历史上关于建筑学之纪载，主任刘敦桢，编纂梁启雄、单士元，校理宋麟征，并有书记四人，分赴故宫图书馆、北平图书馆等处研究与钞录，北平图书馆并为该社辟有专门研究室。此外会计、庶务、工务各一人。社长朱启钤。关于研究工作，该社曾出版汇刊，每年四期。兹据该社文献组主任谈工作进行情况如下：

法式组工作　法式组年来测绘辽、金、宋建筑二十余座，曾派员赴正定、大同、蓟县、宝坻、赵县等处工作，已陆续将结果发表。在正定所测绘者有龙兴寺大佛殿、天宁寺、广济寺、临济寺、阳和楼。在大同所测绘者有辽金时代之华严寺、善化寺等，制有平面、立体、内部结构断面等图样，大部完竣，日内即可发表。山西大同云岗石窟石佛，虽极著名，但因外人调查著作已甚多，故此次调查较少。赵县有名之赵州桥亦已测量完竣。查过去测量工作，多致力于木质建筑暨庙宇等，其原因：（一）木质建筑易朽，（二）古代建筑以木料为基本，石质及琉璃建筑则仿木制，将来工作或从事陵寝之测量。

文献组工作　文献组现正整理明清史料，一部整理样式，一部整理内务府档案，由康熙年直至清末，各项工程图样皆在雷姓手中，嗣因雷姓析产，图样陆续售出，现已不知下落，多残缺不完。一部现存北平图书馆，一部存中法大学图书馆，保存者多非完璧，且其图样多未记载年月，经研究断定其年代多为道光年后者，且官书上对此亦无记载，该组即根据该项图样进行研究圆明园之建筑。至于北平市沟渠图样，闻存于董姓手中，曾见一张系内城者，外城则已不知，是否可靠，亦难确定。此外清代雍乾时代工程作法，则例书内并无图样，且亦难读，该社正补具图样，大部亦已绘成云。

陕西考古会之工作进行与戴院长之反对发掘古墓

陕西考古会自成立后,即根据第一次会议议决案,从事发掘民政厅内发现《颜勤礼碑》之地层,以探其究竟是否尚有古迹可考。于本年二月间开始发掘以来,至第八日即发现唐代兴庆宫及大明宫之图碑,至发现后之第三日,考古会职员复在大湘子庙街发现唐代太极宫图碑一块,至是唐代三大名宫遂完全发现。此外并掘得宋代名画家文与可画竹石碑一块,画态挺秀,颇珍贵。此后该会仍继续发掘,经四日之工作(三月七日),在民政厅二门内深可二米尺余,掘获唐砖数十块,一部分上镌有"天下太平"字,余为条纹、绳纹、手印、棱形格子、方格文、篆文等数种。其长约二米寸八,厚四米分五,宽一米寸三分四,在地平下复掘得开元钱数枚,地平上掘得铁钱多枚。惟因钱土混合,形色模糊,刻尚不能断定为唐代抑宋代物。又在地平下掘得黑色圆瓷片数十块,系唐代物,为人力所磨成之儿童玩具,由此可证明唐代已有瓷器。且由连日考察所发掘之古物,可证明现在陕西民政厅即为唐时之中书府所在地,因之该会现仍继续发掘,以期更有新发现。按陕省为历代帝都所在地，故一砖一瓦亦足资历史上之考证，只以多年来无人注意，以致考古材料虽多有发现，每见弃置，自考古会成立后，此弊可矫矣。又陇海路西潼段工程局近来在沿途发掘出若干瓦石器具等古物，均交考古会保管，以供研究云。

考古会主任徐炳昶氏于三月间回平。兹录其发表西北考古谈话如下：

本会现设陕西民政厅旁院，该厅为前清藩署故址，亦即唐中书省故址，该地已数次发现唐碑。民国十一年冬，驻军曾在该处发现颜鲁公书之《颜勤礼碑》，现藏绥靖公署内之小碑林中。去年北平研究院史学研究会派本人等前往陕西考古，风闻掘获《颜勤礼碑》时，工人见碑下尚有数石，以告工头，但该时工头因军人不能照例发给工资，作工愈多，赔本愈甚，遂饬工人掩藏云云。同人等因下层埋石，恐仍系唐碑，即欲发掘，后寻得当日包工之工头，请其指定原碑出土地方，并询以下层埋石情形，讵该工头坚不承认，遂尔中止。后又闻彼曾亲自告人，谓《颜勤礼碑》下确尚有埋石，并闻该碑最初发现，尚在坑中时，即曾招工人拓出若干份，是为最初拓本，即俗所谓“坑拓本”者，现价值颇贵。同人由此线索寻觅当日之拓碑工人，指定坑穴，但因事忙，未能动工。本年二月本人离西安时，因此类工作需时无多，乃令何士骥、张嘉懿二人抽空发掘，现得报告已得一残碑，为大明宫(小部分)与兴庆宫图，以与旧志中所绘图比较，颇多异点。图有比例尺颇精，至刻石时期，尚待考证。又得唐代碑头、碑坐及带纹碑边等。又得一唐《独孤氏墓志盖》，又有宣和钱、大观钱、正隆钱及宋瓷、明成化瓷片等。现尚在追求大明宫之大部分，工事仍在进行中。至报告中言二宫均在今西安城东关外金花落地方，则颇有错误，唐长安城内宫殿共分三处，一，西内太极宫，在今城内偏西北处；二，东内大明宫，在今城外东北隅；三，南内兴庆宫，在今城东关内外，今金花落村即其东界，此次发现二宫图，当有裨于考证不少。又据报告，西内太极宫之一部残碑，亦于城内小湘子庙街道旁寻得，似此则唐宫之研究，当有新进步云。

该会正在计划发掘宝鸡斗鸡台，戴传贤忽于四月十二日在西安发电请中央研究院蔡院长等严禁发掘古墓，当时曾引起学术界人士之注意及评论，而该会发掘斗鸡台之初步计画行将因此电而改期实行矣。兹录戴院长蔡院长之函电及该会主任徐炳昶氏对于考古意义之解释如下：

（一）戴传贤电

上海中央研究院蔡院长，南京汪院长，王教育部长，江西蒋委员长钧鉴：近年以来，研究国学科学诸家，忽起发掘古墓，寻取学术材料之风，在学术界中或视若当然，而在爱国爱民者，则痛心疾首，呼吁无声，哭泣无泪。中国今日弱极矣，学术教育败坏极矣，应作之事，不知其几千万，何必发墓，然后为学，民德之薄，至今而极，此心不改，灭亡可待。掘墓之事，明明为刑律严禁，古代于自掘禁墓者，处以凌迟，现今各省亦有以死刑处之者，令诸君子何心，而自掘民族全体所应共爱共敬之古人坟墓，以自伤其祖先之德，败其同胞之行，而引后世子孙以不正之趋向耶。我总理首创民族主义，以培植民德为本。蒋总司令于千辛万苦，焦头烂额之中，确知非培植民德，不足救亡，彼专家诸君子之心行，果有合于斯道耶？于人民之私掘小小无名坟墓者，轻则处以五年禁锢，重则处以枪决，而于彼公然掘墓，掘墓之结果，复大倡其破弃民族历史，毁灭民族精神之偏见者，反公然以国家之力而保护之，岂我国民政府所应取之道哉。伏祈一面通令全国，凡一切公然发墓取物者，无论何种理由，一律依刑律专条严办，庶几足以正民心，而平民怨；一面苦劝诸君子，改其无益之行，变其无用之心，致力于救国救民之学，以培国本，而厚国力，不胜至诚祈祷之至。戴传贤叩。真。

(二)蔡元培覆函

季陶先生大鉴，奉读真电，备悉一是，愿言之怀，非电可尽，敬函述之。先生关怀民德培植，民族隆替，慈悲之心，仁人之言，曷胜感佩。惟所斥责学术团体发掘之事，按以弟所所之于考古人士者殊有异乎先生所闻。盖近年来古墓古迹之破坏，主动由于中外之古玩商人，而地方机关保护不周，更有或暗通契合，明征税项者(即如洛阳此风三数年前始息)，至于地痞土劣之操纵，尤无所不至，此恶风固远在近年间所有之学术发掘以前，更不因学术发掘而转炽，且正考古诸君到处呼吁，求有以止之，其奔走之劳，亦稍有效者也。查年来作发掘工作者，有地质调查所及敝院之历史语言研究所，地质调查所之发掘，以原人及远史为主，与墓葬大体不相涉。然其近年最珍贵之发现，又为远古人类之骨骸。历史语言研究所之工作，以上古遗址为宗，如殷虚，如平陵故城，皆所谓古代居民之遗址，非北芒九京之类，其有涉及埋葬之事，不出二端:(一)后代间有葬于古代遗址中者，发掘时遇之，只得清理。(二)已为人盗掘之墓地，或已自然暴露之墓，惧其历史的价值永湮，不得不加以清理，其工作皆付之专家之手，犹之医校病院，有时必需解剖人体；后者正为救护其史值，前者正如筑路开矿，遇到葬埋，不得不动。若曰筑路为公，则私人凿井建房亦时遇之，首都建住宅区，亦得移坟，以中国历史之悠长，不动土则已，一动土则无论何事均难免遇到遗骸遗物耳。先生所谓破坏民族历史，按以弟所闻，似适如其反，恐以告者之过也。中国古史，在《史记》所包罗之六艺外者，昔列传闻之科，故清代今文经学家有谓上古茫昧无稽者，然若干年来金文之研究，使吾人重读《尚书》，怡然理顺，而西周献典，吾人所知，反比司马子长为多。又如殷墟所发现，使吾人惊异古代中原文化之高大，详知当时戎祀之大事，校正《史记》之误字，明识玄王之世系，并可一洗以古代为茫昧之野谈。孔子曰："殷礼吾能言之，宋不足征也，文献不足故也，足则吾能征之矣。"荀子曰："欲观圣王之迹，则于其粲然者矣。"今也，殷商故文，可征实多，诗书所略，复成粲然，将中国信史向上恢复千年；岂特未破坏民族历史，而以先生之怀古弥深，似当不以为劣，然而转以殷忧者，必是告者颠倒其词耳。近数年来，科学发掘之事，虽有而实稀。然其成绩已闻域外，其工作之细密谨严，有可佩者。先生向所谓"向世界赶上去"者，今日实不多有，此转是其一端。闻之同事及他人，此工作所遭反对，以古董商及其勾通之地方上盗掘者为本，而私人之好收藏者间有之，或以辗转误传而达先生之所，驾返京后，一究其实在，当释然耳。弟以为政府保护古迹，禁止私掘，应取更有效之手段，此外之学术事件，自当出之以慎重，而不宜泛加之以禁止，恢复千年古史，其用大矣。鄙见如此，想荷赞同。敬覆，并颂政祺。不备。弟蔡元培敬启。四月十四日

(三)徐炳昶氏对考古意义之解释

戴院长在此陕省灾后，农村破产，墓案层见叠出之时，发表真电，主张严禁发掘古墓，寻取科学材料，此虽非对本会直接发言，要与本会职责不无关系。真电所主张者不外复兴民族精神，创造宗教，使人民有中心之信仰，以奠立建

国之基础。此种意义，不惟我们同情赞许，即全国同胞，亦所希冀者。但在此二十世纪科学倡明之时，要创造宗教，设与科学冲突，则为绝对不可能之事。至戴院长主张创造人民中心信仰之意，我们并不落戴氏之后，我们总希望以科学创造宗教，人民要有与科学符合之中心信仰。考古会初到陕省之始，一般人均抱怀疑态度，认所为考古即是劫墓贼。此种见解，实在错误已极。试观欧美各国对于我国古代历史极为注意，凡一古代遗物，无不视为至宝；我国连年所发现之古代名贵遗物，一半为外国金钱所收买，一半为国人所破坏，以致我国学者之欲资参考者，往往尚须借重于外国之博物院，此不特徒叹可惜，亦天下之大笑话也。故与其令其遗弃损失，曷若发掘之以作参考。再以我国历史而言，三代以前之历史，终无正确之明了，陕西为周秦汉唐之故地，以科学眼光及事实之证明，断定石器时代以前古迹颇多，将来定有良好之发现，得知商代以前之历史与文化。但发现古迹，并不以掘墓为目标，即考古家欲知之古代历史，亦并不需要知民族英雄或帝王国相等之遗迹；所要明了者即古代生活状况及古代历史之真实情形；即吾人站在复兴民族精神之立场上，亦主张扫除古陵，至扫除与发掘究有何种分别，此诚一最大之关键。盖发掘是把陵墓内所藏之物一概取出，送至博物院供科学家之研究。其扫除者谓何，即是要把民族英雄帝王国相等值得后代纪念的陵墓掘开，将所有之遗物及棺柩不稍加以移动，加之以整理建筑，设立以门户，甚至安设电灯，周围或造林，以作公园，供人民公开之浏览，得进一步瞻仰古代前贤之遗风余韵，此与复兴民族精神之意义更为切合。现今应扫除者有三大陵，（一）秦始皇陵，（二）汉武帝陵，（三）唐太宗陵，不过值此财政奇绌，刻尚不易办到，然此种意义与戴院长之主张想亦极为符合。深望社会认识考古并非掘墓，我们且愿追随戴院长之后，复兴民族精神，仍须以与科学相符合之中心信仰以创造宗教云。

广胜寺金刻藏经影印

山西赵城广胜寺藏金刻藏经，中有金天眷年号，经上海影印宋版藏经会理事范成法师发见一事，已志各报。按我国佛经雕版，唐已有之，今存伦敦不列颠博物院之敦煌遗书中，有唐咸通九年（八六八）王价刊之《金刚经》，即为我国境内发见现存最古之佛经。至于《大藏》雕版，则当始于宋太祖开宝四年（九七一）之蜀刻藏经，全书依开元录，用千字文编号，定版式为梵策形，每页五行，行十五字。此后我国雕版之藏经如宋东禅寺版，开元寺版，思溪版，碛沙版，元杭州版，明南北藏本，莫不循开宝之旧，用梵策式。卷子式佛经除敦煌写本诸经外，殆久已不为人所知矣。

广胜寺藏全部为刊本，而纯用卷子式，木轴朱漆两端，与传世唐人经卷相同，此为以前言藏经版本者所绝未及知者也。至于全书内容，以无总目，与传世各藏有何异同，尚难详知，惟就去岁徐森玉先生借来北平影印诸卷观之，便有今日大藏失收之佚籍不少，如玄逸撰大唐开元《释教广品历章》三十卷，杨亿等编大中祥符《法宝录》二十二卷，吕夷简编修景祐《法宝录》二十一卷，只见至元勘同《法宝总录》卷十，亦只有目无书，而广胜寺藏赫然俱在。最重要者为法相宗之各种著述，如《瑜伽师地论遁论记》等，我国久已失传，仅从东瀛得睹一二，不谓广胜寺藏俱有其书，诚艺林之快事也。不仅此也，如清素之《瑜伽师地论义演》四十一卷，窥基之《因明正理论过类疏》一卷，只《至元录》著录，为久佚之籍，今从广胜寺藏中复得睹此二书。又《成唯识论掌中枢要》传世俱作四卷，而《至元录》著录三卷本，今广胜寺本上中下三卷俱全，犹是元代著录之旧，以此对勘今本，可知其分合乖讹之处，至于可以校正今本之讹文脱句，胜义重重，更无论焉。借平者约三百卷，现闻拟分三处影印：关于经录部分者，如大唐开元《释教广品历章》《天圣释旧总录》（不见各家经目著录），大中祥符《法宝录》，景祐《法宝录》四种共存四十六卷，由国立北平图书馆为之影印。关于法相宗著述如《唯识述记》，《唯识述记科文》（窥基撰，《大藏》失收），《唯识论疏》，《因明正理论过类疏》，《观弥勒菩萨上生兜率天经疏》，《成唯识论掌中枢要》（上中下三卷本），《大乘法苑义林章》，《般若波罗蜜多心经函赞》，《阿弥陀经通赞疏》，《因明入正理论疏》，《妙法莲华经玄赞》，《瑜伽师地论略纂疏》，《瑜伽师地论义演》，《瑜伽师地论记》，《瑜伽师地论》，共十五种，约七十三卷，则归北平三时学会影印，据云刊印过半，杀青可待。其余诸种，大率为碛砂藏所缺者，故携至上海由影印宋版藏经会影印云。

又闻去岁十月间山西某处亦发现古版藏经多种，其中有隋唐以来古德写经三十余卷，宋开宝间官刊藏经三十余卷，俱是宋版宋印，经尾题跋，历历可考，作卷子式。又有元刻《普宁藏》三千四百余卷。按自来只知敦煌石室中有六朝隋唐以来写经，至于中原从未之闻。又开宝本藏经仅日本存遗数卷，彼邦学者矜为秘笈。《普宁藏》传世亦复稀若星辰,若此之三千余卷,未之前闻。凡此皆去岁对于我国佛教史上之重要发现也。

辽海丛书

辽阳金毓黻氏近辑《辽海丛书》,分三集刊行,第一集十四种十六册,目为:杨循吉《辽小史》一卷,《金小史》八卷(据上虞罗氏本),吴廷燮《辽方镇年表》一卷,《金方镇年表》一卷,《永乐别录》二卷,《宣德别录》二卷(稿本),黄维翰《渤海国记》三卷(稿本),洪皓《松漠记闻》二卷(顾氏文房小说本),高士奇《扈从东巡日录》二卷(原刊本),杨宾《柳边纪略》五卷(赵扔叔刊本),博明《凤城琐录》一卷(三种本及传钞本),杨同桂《沈故》四卷(原刊本),朝鲜柳得恭《滦阳录》二卷,《燕台再游录》一卷(传钞本)。第二集十一种十六册,目为:嘉靖重修《辽东志》九卷(钞校本),嘉靖《全辽志》六卷(传钞本),康熙《辽阳州志》二十八卷(传钞北平圕藏本),《塔子沟纪略》十二卷(原刊本),《岫岩志略》十卷(传钞本),何汝霖《沈阳纪程》一卷(原刊本),景方昶《东北舆地释略》四卷(稿本),屠寄《黑龙江舆图及图说》一卷(原本),吴廷燮《奉天郡邑志》一卷(稿本政略本)。第三集九种十六册,目为:贺钦《医闾集》九卷(明刊本),戴亭《庆芝堂集》十九卷(原刊本),曹寅《楝亭书目》四卷(传钞上虞罗氏本),刘廷玑《在园杂志》四卷(原刊本),

常纪爱《吟草》一卷(原刊本),金科豫《解脱纪行录》一卷(家藏钞本),金朝觐《三槐书屋诗钞》四卷(稿本),李放《皇清书史》十卷,《画家知希录》三卷(稿本)。举凡三十四种,多为外间希见之本,闻已发刊,成书可待。

蒙兀儿史记将增刊出版

武进屠敬山(寄)氏所撰《蒙兀儿史记》,素为世所推重。惟屠氏原著随撰随刊,迄未完成。故所留传版本,多寡亦复不同:有订八册者,有订十册者,有十册之外续订四册共十四册者。而所谓十四册者,流传不广,每获一本,估人居为奇货,非百金莫办。近其哲嗣屠孝宧君,有志整理先人遗业,于旧版之外,重为增刊。计原版共六十一卷,增补再刊八卷,完全重刊九卷,新刊六十二卷,缺稿十四卷,写样未刊四卷,共计一百五十八卷,实存一百四十四卷,装订三十余册,比前印者多出一倍。闻近已付印,不久可以发行预约,价约四十元左右,想为海内外治蒙古史者所乐闻也。

刘师培遗著之发刊

刘师培为近代罕匹之硕学，身后著作稿本，散佚各处。往岁赵万里君曾潜心访辑，钞撮不少。最近闻南桂馨拟刊刘氏遗书，即以赵君所录为据，计划已就，即可发刊，诚盛事也。按刘氏学问，末年殚心三礼，《礼经旧说考略》《周礼古注集疏》二书尤为精粹。又入蜀讲学，为刘氏学问转变关键，在川出《国学杂志》而外，关于《左传》之著作不少。此等书外间不无传本，发刊遗书，允宜肆意搜求，以成全璧也。

李越缦手稿之发现与日记余册之印行

李慈铭遗书自归北平图书馆后，整理迻录，成《读史札记》三十卷，《读书记》四卷，《文集》十二卷，俱以印行；其他札记若干卷待刊。案越缦著述生前刊行者不多，去岁北平图书馆复以顾颉刚先生之介绍，购入越缦手稿，计：《丧服经传节要》一册，《越缦经说》上一册，《复社绍兴姓氏录》一册，《萝庵游赏小志》一册，《柯山漫录》一册，《困学楼丛抄》一册，《越缦山房丛稿》一册，《知服堂读书学略》二册，《越缦笔记》一册，《萝庵日抄》一册，《越缦堂日记》一册，《越缦堂集》二册（即《白华绛跗阁诗》甲集至己集初定本），《湖塘林馆骈体文钞》初集一册，《越缦堂外集》一册，《庚寅病榻小草》一册，《越缦笺牍》一册，共十六种十八册，其已有刊本者只三种。又《越缦堂日记》共七十三册，民九印行者只《孟学斋》至《荀学斋》五十一册。《孟学斋》以后八册归樊山，樊山卒后，书亦不可究诘。《孟学斋》以前手稿实存十三册半，又传录半册，欲印而未果。去岁由蔡孑民先生将此十四册送北平图书馆收藏。该馆遂与商务印书馆商定将手稿十三册半影印行世，传余者则用活字排印，以竟前功，已于去年九月初订定合同云。按此十三册半起咸丰四年三月十四日，讫同治二年三月三十日，正与《孟学斋日记》衔接。按咸丰四年先生年二十六，九年二月二十七日始辞家入都。首六册半为在家日记，后七册半为居京师时日记；入都以后撮录邸钞较详。先生幼年情况，咸同两代朝章国故，洪杨捻匪之消灭，英法联军入京后，当时坊巷之联卫，商人为质而请和，正史所不纪，野史所未闻，均于此书一一征之，其关系非浅鲜也。

清华大学购得郝兰皋遗稿

清华大学中国文学系近以巨资购得郝兰皋遗稿，已刊与未刊者三十六种。按郝氏名懿行，字恂九，号兰皋，生乾嘉间，潜心著述，深于名物训诂之学，为朴学宗师之一，素为艺林所推重。生平著述五十余种，刻入遗书内者仅二十四种，余尽秘藏于家，世所鲜闻。数年前曾于太原书肆中发现手校《颜氏家训》，举世视为异宝。近有郝氏六世孙，来平售其遗稿，遂由该校出资购得，作为研究《尔雅》之参考。其总目未刊者计有：《古文考证》《晋文钞》《偷闲集》《汉纪摘要》《文心雕龙补注》《大戴礼补注》《说文广诂》《九经古义摘钞》，校《前后汉书》《新序》《说苑》《淮南子》《盐铁论》《世说新语》《韩诗外传》《水经注》《广韵玉篇》

《昭明文选》《九经古义》《风俗通》《穆天子传》《小尔雅》《急就篇》《丸啸斋集》《灌园小史》《风星正源》等。已刊者计有:《读书记》《易说》《诗问》《碧窗杂记》《诗书拾遗》《梅臾闲评》,校《列仙传》《山海经》《汲冢周书》《竹书纪年》,均颇足珍贵,闻该校已聘定许骏斋先生整理该遗著云。

广西教育厅苗瑶教委会调查苗瑶计划纲目

广西教育厅苗瑶教育委员会自成立以来,积极进行工作,为推行苗瑶教育起见,于三月九日第七次会议,决议进行调查工作如下:

(一)分区分期调查　该会已划定兴安、全州、灌阳、龙胜、融县、三江、罗城等七县为第一区。东兰、南丹、凤山、凌云、西林、西隆、镇边、天保等八县为第二区。修仁、榴江、象县、荔蒲、蒙山、平南、桂平、武宣等八县为第三区。并拟于最近期间,先调查第一区完毕,以便先期实施。

(二)调查范围　该会调查苗瑶状况,其范围包括省内苗瑶居住地之历史、地理、语言、文字、宗教、风俗、习惯,及其社会经济、政治、文化之制度,以澈底明了其生活状况,为以后一切教育实施之基础。并根据调查之结果:(一)以制定分期推行苗瑶教育方案,(二)编辑苗瑶教科书,(三)训练苗瑶教育之师资,(四)筹划苗瑶教育之经费。此外并以调查研究所得,编辑为有系统之报告书,使苗瑶之社会组织、生活状况、人口分布、种族类别、言语系统等问题能详细明了,以为该省施政之参考,庶几冶各种族于一炉,解决千百年来对立之种族问题,使成为一中华民族,并旁事搜集种种之资料,举凡有裨于学术上之研究者,无不亟求兼收并蓄,期于言语学、人类学、民俗学、社会学等俱有相当之效力。

(三)苗瑶社会调查计划纲目　(甲)种族及人口,(一)沿革,(二)族别,(三)盛族著族姓氏,(四)始祖,(五)移殖状况,(六)人口分布,(七)每村区之人数。(乙)自然之状态,(一)地势及山脉,(二)方位,(三)气象,(四)河流,(五)土壤,(六)森林,(七)动物,(八)植物,(九)矿物。(丙)经济之状态,A. 谋生方式,(一)农业状况,(二)渔猎状况,(三)手工业状况,(四)雇佣制度;B. 经济组织,(一)贸易状况,(二)土地制度,(三)货币制度,(四)贷金及抵押制度,(五)租税制度,(六)交通方法。(丁)社会之状态,(一)族制及家制,(二)亲族关系,(三)居住状况,(四)饮食状况,(五)衣服习尚,(六)婚丧庆制岁节仪礼,(七)社会制裁力,(八)集会状况,(九)娱乐方法,(十)男女地位及其有关系者。(戊)政治之状态,(一)各族各村之组织及法治精神,(二)各族各村之关系,(三)各地治安情形,(四)各地之民团组织,(五)各族同化之程度,(六)各族之政治观念,(七)未同化者与汉人之感情状况,(八)服从汉官抑土酋。(己)心理之状态,A. 信仰习惯及迷信,(一)信仰何宗教,(二)是否祀祖,(三)关于自然及无生物之迷信,(四)关于动物之迷信,(五)鬼魂及妖怪之迷信,(六)巫术,(七)师巫之地位及势力,(八)魔术及占卜,(九)迷信之医术,(十)对于生死的观念及见解,(十一)

琐碎的习惯及迷信。B. 文化生活,(一)言语,(二)文字,(三)音乐,(四)戏剧,(五)歌谣,(六)历史及传说,(七)神话,(八)故事。

善斋吉金录

庐江刘体智著　民国二十三年二月自印本　十二册　定价四十元

吾国近日收藏吉金之富,首推庐江刘氏善斋。刘氏拟将所藏分为十录,先将乐器、礼器、古兵、度量衡、符牌五录印行,其□器、玺印、泉币、镜鉴诸录尚有待也。其书形式、绘画图象、摹拓文字,记尺寸而不加考释,与《陶斋吉金录》同。所收乐器四十一,礼器五百九十一,古兵一百二十,度量衡五十四,符牌六十五,凡八百七十一器。器皆有铭识,伪者约十之一。其中如十二《鬲钟》,《大忽雷》,《小忽雷》,二《大盨》,《臣辰卣》,二《曾姬无恤壶》,《曶壶盖》,《夨尊》,《蘧父己象尊》,《亚牺鸮尊》,《仆父丙角》,《隹角》,《臣辰盉》,《夆叔匜》及盘,《小臣敦》,二《师兑敦》,《沈子佗敦盖》,《鸟戈》,《永用戈》,《左关铧》,二《刚汉勺》,皆至精之品。然间流海外,不尽属其所藏矣。

唐五代西北方音

罗常培著　中央研究院历史语言研究所单刊甲种之十二
二十二年出版　定价二元六角

罗君潜研语言音韵之学有年，曾出有《厦门音系》一书（见本刊第九期页一九〇四），颇为语言音韵学者所称道。兹者又集敦煌所出汉藏对音《千字文》残卷，汉藏对音《大乘中宗见解》残卷，藏文译音《阿弥陀经》残卷，藏文译音《金刚经》残卷，《唐蕃会盟碑》拓本等而成此书。前四种系敦煌石室中写本，后一种是唐穆宗长庆二年刻石。据罗君云此五种材料中有四种已为东西学者所取用，惟第二种却从陶慕士等将材料发表后始终未有人利用过。故罗君决意以缜密之方法重新整理。

其整理之方法，用以上几种汉藏对音材料同切韵比较去推溯其渊源，然后再以六种现代西北方音比较以探讨其流变。其审辨之确，剖析之详，皆极精谛，在语言音韵学上之价值自不待言矣。

本篇内容：首冠自序，次汉藏对音《千字文》残卷影印八页。（一）《本篇所用的几种材料》，（二）《从敦煌汉藏对音写本中所窥见之唐五代西北方音》，（三）《从〈开蒙要训〉的注音中所窥见的五代敦煌方音》,(四)《唐五代西北方音与现代西北方音的比较》,(五)《唐蕃会盟碑中之汉藏对音》(附《唐蕃会盟碑》左右侧拓本三页),附录一《汉藏对音〈千字文〉与切韵音及六种现代西北方音的比较》,二《汉藏对音〈千字文〉残卷索引》《大乘中宗见解藏音索引》。

明代倭寇考略

(《燕京学报》专号之六) 陈懋恒著 二十三年六月出版 定价二元八角

倭寇以明中叶为最猖獗,沿海数千里,莫不遭其蹂躏,差幸干城之将有俞大猷、戚继光等,使倭寇终不得逞;然用兵二十载,东南糜烂不堪矣。

此书考据倭寇之来源、进展,勘定诸事颇精审详尽。全书分八章:一,引言。二,倭寇之来源,叙述日本亡命武人、失业人民等,以内乱繁兴,征敛无度,天灾荐至,人民流离失所,遂多流为寇盗。时我国张士诚、方国珍等旧部及浙江失业人民,沿海奸民等,亦以赋敛繁苛,细民无诉,相率附倭,引导劫掠。三,叙述日本之轻蔑我国态度,及入犯之背景,由于我国武备废弛,政治黑暗,将士卑劣。四,沿海各省之倭祸,以辽东、山东、江南北、浙江、福建、广东六省,尤其是福建所受最烈。五,倭寇之首领,或略举其出身事迹,或仅录姓名。六,叙述倭寇劫掠以前之准备,进退时之秩序号令，及伪诈官民耆老、焚劫财物、掳掠妇女等情；由是倭寇之伎俩以明。七，叙述明嘉靖时沿海之卫戍及增筑县城战船等严加防备。又以俞大猷、戚继光等将帅之英明，民众义勇团之勇敢善战，卒将倭祸戡定。八，结论。全书约十万言，参考书籍七十余种，并附图表说明；比之《三百年前倭祸考》材料较为丰富。惟其内容详略各有不同，可以互相参考。

禹贡半月刊

顾颉刚、谭其骧主编　每期零售洋一角　预定半年十二期一元
全年廿四期二元　北平成府蒋家胡同三号禹贡学会发行

《禹贡》半月刊为顾颉刚、谭其骧两先生主编。顾先生现任教燕京大学，北京大学中国古代地理沿革史，谭先生现任教辅仁大学中国地理史，因感史地材料之多，而又苦于不能利用，非有一班人将旧材料，作深切之钻研，以为治史地之基础不可，遂决意联合三校同学，将彼此看得到之材料及想得到之问题，互相传告，公开讨论，因此遂有禹贡学会之组织，与《禹贡》半月刊之产生。该刊创刊于本年三月一日，现已出至第一卷第八期，按已出八期观之，大率后出更胜。

顾先生云："我们自己觉得，这是一班刚入门的同志的作品，说不到成绩和贡献……'九层之台，起于累土；千里之行，始于足

下’，这是颠扑不破的名言。我们现在所应自问自责的，就是我们有没有把一畚一畚的泥土堆积起来，有没有向着目的地开步走去。至于九层之台和千里之行的最终成就，那是几年或几十年后的事情，甚而至于是数世以后的事情，我们工作的人固然不必性急，就是旁观的人也不必为我们着急。”（见该刊第二期《编后》）

按吾国史地定期刊物在出版界中最为相形见绌，大多中途夭折；甚望该刊能本一畚一畚的泥土积起来之精神，为史地学界开一新纪元。

客家研究导论

罗香林著　二十二年十一月兴宁希山书藏出版　每册实价一元五角

关于客家研究著作，虽中西人士业已略有讨论，惟客家民系之形体规准，迄今尚乏专书。罗君本为客籍，而又以研究客家问题为己任，故其潜研数载，成绩颇有可观。本书为其研究客家问题中之嚆矢，“除此导论以外，个人已编好的尚有《客家调查报告书》及《客家史料丛刊第一集》等二书；此外另有（一）《客家文化分析》，（二）《客家著作叙目》，（三）《客家风俗》《客家人》等书，亦拟着手选述”云。（见页二四）

全书分八章：首冠朱希祖序，次吴康序，次自序，均序述颇详。第一章,述广东西路主客互相倾轧之往事,及研究客家著述之源流。第二章,述客家之来源及迁徙之由来。第三章,述客家之分布及其自然环境。第四章,述客家之语言与古代中原汉族之语言息息相通。第五六两章,述客家文教,以说明客家为有文化之种族,并非相传猺狁等野蛮名词所可诋毁。此数章客观之叙述,为全书最精审之作。第七章,述客家之特性,对于客家男子之努力往外发展,妇女之俭朴勤劳尤为详尽。第八章,述客家与近代中国,以太平天国革命,而证明客家人士之爱国心不亚于其他民系。第九章,为客家一般趋势之观察,叙述客家人士之个性及其思想行动,言之详彻,如数家珍;惟稍涉主观,用以策励客家保其所长,不可妄自菲薄,亦作者苦心孤诣之所在,究无伤于大体。全书三百页,计约三十万言,并附有图表说明,如南宋客家各氏迁移表,客家迁徙路线图,客家分布图,纯客家住县人口表,客语韵数表,客语声纽表等,足供研究客家者之参考。

沙南疍民调查专号

(《岭南学报》专号,第三卷第一期) 二十三年一月出版 定价大洋八角

我国南方之民族种类最复杂,如黎、苗、瑶、疍、客家等类是也。但黎、苗、瑶等,以居处深山穷谷与普通人不相往来,故人多以少见生怪;疍民则不然,其所居处地几全在通都大邑,人烟稠

密之河口，凡曾到闽江及珠江流域之人类，得见此种水上居民之特色。惟本处人民以习见之故反不加注意。但从民俗学上看，其地位之重要，实不亚于苗瑶等族。岭南大学社会研究所有见及此，故特别注意之。照岭南社会研究所计划，关于疍民研究范围，是包括闽江及珠江两流域，只因人力财力各种困难，故先从较少地方着手，然后逐渐扩大范围，因此，遂决意选择住居广州之东南与岭南大学对面之沙南为研究起点。

全书分上下两编：

第一编，个案统计：（一）叙述沙南一百二十九家疍民姓氏，及人口之多寡，性别与家属之分配，人口疏密及增减率等。（二）叙述沙南疍民之男女老幼职业及收入之多寡。（三）叙述沙南疍民之家庭生产力及生产人数与家庭人数比较，生活费之支配等。（四）叙述教育及健康状况，以上各项均有图表说明。

第二编，社会状况：（一）居住与服饰，叙述沙南建筑物及男女之装饰。（二）家庭及妇女，叙述沙南之家庭生活及婚姻制度与仪式，妇女职业教育及其地位等。（三）职业及社会，叙述沙南居民之职业及社会治安。（四）娱乐卫生慈善事业等，叙述沙南居民各种时节之风俗习尚及娱乐赌博等；关于卫生常识则甚缺乏，慈善事业则量力而助，颇具热心。（五）教育状况及宗教信仰，叙述私塾之窳败，及创办学校之动机与开办之经过始末，校务进行状况，及迷信崇拜等等。其宗教观念则由于惧怕鬼神作祟而崇拜，无甚深刻信仰；有病则信巫不信医。（六）歌谣及语言，歌谣可分二种，1. 歌谣。按其歌谣与广州普通歌谣无甚分别。2. 妇女哭辞，系婚丧礼所用者。语言，亦因与广州接近，大同小异，惟少用鼻音及喉舌音。

总观以上分类及图表等颇为缜密，惟重复繁琐之处亦复不少，如《各种职业略说》与《男女所操之职业不同》《沙南居民的职业》《妇女的职业》颇多重复之处，如能略为删节或归并则更增完善矣。

引得编纂处最近刊行引得及特刊四种

一、《太平广记》篇目及引书引得 （引得第十五号） 邓嗣禹编 一九三四年一月出版 定价三元

中国古籍，以叠遭兵火之劫，先秦两汉三国六朝之著作，至唐代几丧失大半，迨宋则更十不存一。幸赖类书，辗转征引，尚得稍窥一二。《太平广记》即类书之一也。

宋受周禅，以十数年之努力，政治渐入常轨。太宗嗣位，已呈升平气象，于是大兴文教，置馆编书，而《太平广记》遂于是时缀辑竣事。

《广记》共五百卷，分九十二大类，百五十余小类，征引诸书，旧云三百四十三种，今查实有四百七十五种，于古代传奇琐事、秘籍遗文，以及有关社会风俗之作，摭拾最富，宜嗜古者之珍若拱璧也。邓嗣禹君以该书卷帙浩繁，遍阅既难，检查不易，因将篇目及引书分别为之编作引得，以收按图索骥、事半功倍之效，造福学人，洵为无量。篇首有邓君《序文》，及《太平广记分类表》，读《序》既可知《广记》修撰之动机，与今本《广记》之窜

乱;览《表》又可将《太平广记》内容大致,一目了然;尤属便于用也。

二、《新唐书宰相世系表》引得 (引得第十六号) 一九三四年三月出版 定价三元

我国家族观念,较任何民族皆强,故世系之讲求,自古即为人所重。汉魏以还,门阀思想益盛,私家谱牒于是勃兴,此由《世说》刘注引书及《隋书·经籍志》可窥知也。降及唐代,此风不替,《新唐书》承其余绪,遂有《宰相世系表》之修撰。

《新唐书》之《宰相世系表》,实为正史中之创体。其所搜罗有唐宰相九十八族之谱系,大致尚称完备;虽间有讹谬,或昭穆互易,或兄弟倒置,然其在学术上之价值,固仍在也。

洪煨莲先生去岁主讲燕大史学系"历史研究法",嘱受业者周一良、李子魁、刘选民、张家驹诸君,取《唐宰相世系表》试编引得;更由引得编纂处蔡金重君校讹补阙,付印问世。凡人名,谥号,别号,封爵,以及官称之冠以地名者,皆在引得之列,盖不仅便于检查,且可因之以补地方志职官篇之缺遗也。

三、《水经注》引得 (引得第十七号) 郑德坤编 一九三四年五月出版 定价十元

《水经》撰人,久成疑难:或以为桑钦者,《唐六典》也;或以为郭璞者,《旧唐书·经籍志》也;或以桑、郭并著者,《新唐书·艺文志》也。其后郑樵、晁公武并主出于桑氏之说,而王应麟、蔡珪则维持成于郭璞之论;于是问题愈莫能定。洎乎清代,阎若璩、胡渭,既破桑、郭著《水经》之说;戴震、赵一清、全祖望、杨守敬等更推寻考订,断归三国时人所作;于是千余年之聚讼,至此遂告解决,惟撰人则仍不知也。

《水经注》有二:一仅二卷,郭璞撰;一则四十卷,郦道元撰。郭氏之作,后合于《山海经》,遂乏单行之本;而郦氏书乃独为人

知，专用《水经注》之名焉。

郦氏之书，列叙千余水道，及郡邑沿革，古迹遗闻，首尾详尽，有条不紊，既为治古地理者所必读，而其引用古籍四百余种，现时存者十不二三，又为辑佚者所必资。至其铺叙山水，笔致生动，写景文字，实臻上乘，更为历来爱好文艺者所欣赏。惟卷帙繁多，检寻匪易，学者苦之。郑德坤君年来致力《山》《水》二经，颇著成绩，特就余暇，将郦氏《水经注》编为引得，以便查检。凡书中之郡国都邑，山水人物，以及方言谣谚，碑碣遗文，皆在引得之列，允为嗜郦书者之良好工具。而篇首郑君序文，于《水经注》之传刻源流，叙述特详，又可视为一篇《水经注》版本考也。

四、《清画传辑佚三种》附引得 （引得特刊第八号） 洪业辑校 一九三四年一月出版 定价一元

燕京大学图书馆藏写本《画人备考》八卷，所收皆有清画家小传。传末注所引书，共八种，其中《读画辑略》《读画随笔》及《画人补遗》三种，不但今无传本，即近代诸画传书中，亦未著录。洪煨莲先生爰为辑出付印，名曰《清画传辑佚三种》。想为关心艺术者所乐稽考者也。

（《燕京学报》1934 年第 15 期）

北平研究院
五年来之工作进行及成绩

国立北平研究院成立于民国十八年秋，迄本年九月十八日为五周年纪念。该院虽限于经费，设备上未能尽善尽美，但经该院同人努力，成绩亦颇可观。兹将该院所属各所之工作进行略述如下：

（一）动物学研究所　设于西直门外天然博物院，据该所主任陆鼎恒氏云，该所主要工作可分为两方面，(1)分类研究，为免与其他机关重复起见，则以鸟类、爬行类、鱼类、软体动物、棘皮动物、环虫动物、节足动物、拟软体动物、腔肠动物、海洋生物学等为中心。(2)采集工作，由民国十八年至二十二年曾由该所派员赴东陵、兴隆山、雾灵山、保定、唐河、白洋淀、大清河、塘沽、烟台港、炮台山、崆峒岛、厦门岛、梧州、香港、澳门、青岛、杭州、威海等处采集，共获得一万数千件。本年五月研究员张玺、顾光中及绘图员周雰光，赴山东半岛、烟台、威海、荣城、石岛一带采集，共得前所未有之鱼类五十余种，及无脊椎动物标本七百余件。七月陆氏赴青岛参加中华海产生物学会，研究青岛之苔藓虫类。张修吉氏赴青岛采集头足类、海鞘类及多毛类,现正研究中。论文已发表者共十数篇,丛刊已出至二卷一号。最近发表者计有张玺著之《烟台海滨动物之分布》,陆鼎恒著《荷属南洋群岛之蜥蜴数种》及《动吻类在动物界之位置》,张凤瀛著《中国沿岸之海参类》等篇。又张玺著《青岛沿岸后腮类之研究》一篇,业已付印,行将出版。其他爬行动物蛇类,烟台鱼类志第二卷,环虫动物,水螅虫类等门类,或在研究中,或在编著中。至该所最近计划共分四点:(1)完成烟台海滨生物研究所,该所三年来向该处地方当局接洽,而稍具规模之研究所,迄未能成立。一面固由于经费困难,他方亦由于动物学之研究,在国内尚不能为一般人所了解,更难得多数人之同情。而海滨研究所之设立,最低需有研究室、饲养室、图书室、标本室及宿舍,俾得长期在研究室工作。(2)希望最短期间能完成华北沿海动物志。(3)拟就国内各大湖研究淡水生物。(4)充实关于水产动物学图书杂志。

(二)植物学研究所　在天然博物院之西北隅之来远楼,该所标本陆续采集制造者,已达万种,三万余号。其采集经过路线遍于国内,尤注重于华北各省及西北省份之采集,以为编辑各省植物志之准备。本年刘继孟氏曾于五月十六日赴河北山西间太行山脉采集,曾得标本六百号,并于八月末再派职员二人经绥远、甘肃,入新疆作长期采集。该所职员分采集所得之号数统计,约刘慎谔八千号,孔宪武六千七百七十号,郝景盛三千三百七十余号,夏纬瑛二千七百余号,王作宾一千九百五十余号,刘继孟一千六百八十四号,白荫元二百八十号,王云章百二十号,梁书明二百八十余号,再加与各机关交换之标本,总数达三万号。据刘慎谔云所派赴新疆等地长期采集标本者,约二三年后方可东返,但仍以不过长江为原则,集中精力于黄河流域及迤北诸地。至该所研究工作,已发表之论文近四十篇。另有较大之工作,即为《本草纲目》植物上之研究。担任此项工作者,为专任研究员钟观光氏。钟氏对于国学素有根底,且鉴于《本草纲目》为我国纪载植物之专书,而固有名称与今植物学上多所冲突,错误百出,不能实用。故其工作侧重于校正中国固有之植物名称,与今日之科学名称对照,确定属种,将来一旦公诸社会,对于医理及化学分析,当有所贡献。现钟氏终日研究,预期三年内可集其大成。该所为便于研究起见,曾与天然博物院合作,于民国十九年四月创办植物园。该园亦位于博物院西部,距植物学研究所不远,占地约四十亩。所植植物多为外间少经见者,如文冠果、太平花、乌臼、大花玉兰、七叶树、海松、东部赤松、阿氏松、漆树等,均难培植,今则集名贵花草于一处,亦蔚为大观。又该所过去之工作均着重于纯科学研究,将来亦拟兼重实用,研究各种病理森林诸问题,及分类研究下等植物,并拟择一自然保护区域,不加人工,考察植物自然生长情态。前在平请划东陵之一部作为保护林区,未得结果,最近将来仍继续交涉划其他地带,俾便早日促其成功云。

(三)生理学研究所　该所亦在天然博物院内,其研究论文,多在国外之重要杂志发表;其在国内发表者不多,过去五年总计有:(1)经利彬《脊椎动物之脑量》,(2)经利彬、章韫《胎金鱼的鳍及鳞之复生》,(3)经利彬《槐实之生理作用》,(4)经利彬、石原皋《槐实之精液与血之关系》,(5)经利彬《槐实之精液与血中糖质之研究》,(6)章韫之《胎桑蚕胎体中肠壁膜之构造》,(7)经利彬、吴炳宋、石原皋之《中国北方食料与血中磷钙质之含量》,(8)经利彬、章韫之《胎金鱼腮盖复生情形》,(9)经利彬、石原皋之《疲劳肌肉能使动物生长加速之初步研究》,(10)经利彬、吴炳宋之《麻醉剂对于尿素之作用》,(11)经利彬、石原皋之《党参的生理作用之研究》,(12)经利彬、石原皋之《党参对于血球及血压之作用》,(13)经利彬、石原皋之《党参对于血压作用继续之研究》,(14)经利彬、石原皋之《芎劳之生理作用》,(15)经利彬、吴炳宋之《车前对于尿量之排泄及其成分之变异之研究》,(16)经利彬、石原皋之《中国产槲寄生之效用》,(17)经利彬、熊懋桢之《脊椎动物脑之比重及水分之含量》等编。现正进行中之工作属于生理方面者,(1)大戟之生理作用。中国旧医籍载大戟有峻下去水之效,但有剧毒,现时第一步,研究大戟精液对于动物中之毒量。第二步,研究大戟是否有峻下之功,并考其作用是否与同科之巴豆作用相同。第三步,研究大戟与各部组织之水分之含量之关系。此项工作已大部完成。(2)党参对于血球之作用。以上两项均由经利彬、石原皋两氏担任研究。属于生物化学方面者,(1)《金鱼肌肉肝及生殖腺所含淀粉之变化之研究》,(2)《蛇肌肉肝及生殖腺所含淀粉之变化之研究》,(3)《蚯蚓肌肉之淀粉之研究》。以上三项由经利彬、吴炳宋两氏负责,年内可渐次完成。属于实验生物学者,有经利彬、熊懋桢氏《脊椎动物脑之比重及水分之含量》,此项工作已开始一年之久,所获纪录已达两千。关于鸟类者,已发表,至若软骨鱼类、硬骨鱼类、两栖类、爬虫类、哺乳类等项,均在整理中。

(四)地质学研究所　设于兵马司及丰盛胡同二处。北所为土壤化验二部,现仍继续工作。南部为陈列所,陈列之标本,共分四部,(1)建筑石料,计有东北花岗石、中国中部南部之花岗石、蒙察正长岩、二长岩、斑岩、大岩弹等。(2)化石类,珊瑚石硅化木,云南之动物化石,中国北部昆虫化石,北部白垩纪鱼化石,动植物化石,中南部奥陶纪三叶化石,山西古代植物化石等,多有重要之发现。鹿骨化石,虎类骨骼化石,猿人,猿人骨骼,中国猿人文化遗迹等,不仅为地质学之珍贵材料,确亦足供研究古代历史者之参考。(3)矿物类,计有金矿类、锑矿类、汞矿、铅矿、铅锌矿等百数十种。又煤矿,如煤之演化时代,由木至变煤之过程,均以实物代表出之,则无异为一完整之煤历史。再如定炭量,镜下观察,表面观察,均为研究煤矿者重要工作之一种。

(五)测候所　该所在民国二年时成立,设于天然博物院内,后始归并于北平研究院,作为附属机关之一。其工作始终未曾间断,每日北平气象预报系由该所发出,并曾预制民国三年至二十二年气候测量表、风向雨量表、每月平均比较表等。

(六)理化部　包含物理、化学、药物、镭学等四研究所,设于东皇城根,中法大学之迤北。主任严济慈氏。(1)物理部,除严氏与钱临照氏曾发明压力对于照相作用外,其他如压力对于照相片感光性之影响、水晶扭电现象、水晶柱之荡动、碱金属之吸收光谱、拉曼效应、X 光线设备、磁偏光研究、经纬度测量等项研究均有相当成绩。(2)化学研究所,设有燃烧室,内有电炉数具,其热度可增至一千四五百度。天秤室,精细天秤可称万分之一瓦之重量。X 光室,分析结晶之组织,其电力经变压器后,可增至十二万五千瓦。工业化学研究室,正进行桐油之干燥、井陉汽油用途之分析两项研究,对于我国工业前途之影响,实深巨大。(3)药物研究所,研究部现迁移在沪,在平者只有制药部。除历次发表关于断肠草、麻黄草、莽草、闹羊花、具母、洋金花等项论文外,并出品有止血药、维他命 B、大枫子油、麻黄素等。(4)镭学研究所,该所存有镭之本形二管,一重千分之五瓦,一重千分之七瓦,价值约二万元云。

胶东考古团

山东古迹研究会前以胶东海滨一带,曾发现黑陶,认为在考古上颇有研究之价值,特派地质专家祁延霈偕王湘赴日照、即墨等地考察。祁、王两氏于六七月间先后返抵济南,据谈在该县城西城子村及古城两地,曾发现汉城遗址痕迹,后由海道乘船至日照城西四十五里之两城镇地方,有地约数亩,瓦砾堆积,内石刀、石斧、鼎足、石箭头诸物随地皆是,俯拾即得,当断为石器时代黑陶时代遗物。此外附近之丹土村、刘家楼、尧王城等处,亦有破碎黑陶器发现,现正在研究整理中云。

新疆发现西汉论语残简

黄文弼君去秋由教育部派赴新疆考查教育及古文化，经一年之跋涉，现已返抵北平。据黄君云：彼去秋十月初旬，随铁道部新绥公路查勘队出发，经蒙古草地首途赴新，至额济纳河时曾发现一庞大之汉代古址。在黑城之东又有营垒遗址共八十余座，面积约四十余里，似为汉时讨匈奴时屯兵之所。在古址一二百里地左近并有村庄。元太祖征西，曾记有破黑水诸城之说，当即斯址也。在此处停留约两月，至今年二月初始到达哈密，适逢变乱，迪化路隔，乃至焉耆，雇驼转至罗布淖尔考查。在前十九年春所发现之古址中(见本报第八期本栏)，觅得西汉《论语》残简及记居庐仓事简，颇为珍贵。木简上书"余亦欲毋加诸人。子曰赐非"。今本《论语》赐下多一"也"字。至记居庐仓事，则为"居庐赀仓从邮行"。惟据《魏略》所载无"赀"字，想系被作《魏略》人删去，而"居庐赀"乃匈奴语也。又在附近发现古道一条，距所发现之烽火台约五里许，东西行，确为《魏略》所载汉代通西域之中道。沿道旁拾得五铢钱、铜矢镞八百余枚。又在孔雀河沿途探检古代农村、房舍、沟渠、古冢等。后因天气炎热，驼马多有死亡，所携带之食粮亦已告罄，乃转赴迪化考查教育。其所得古物均由新绥汽车载运，现尚未至平，中且有关于罗布淖尔海地形变迁之问题，盖罗海有北移现象，因孔雀河水改道也。

悼刘复先生

刘复先生字半农，江苏江阴县人，生于清光绪十七年(一八九一)五月二十七日。先生为学有恒，博通文史，尤精语言音韵学。民国六年任北京大学预科教授，并与陈独秀、胡适、钱玄同诸先生努力于文学革命。八年兼任北京高等师范学校本科讲师。九年春，教育部派往欧洲留学，入伦敦大学之大学学院(University College)。十年夏，转入巴黎大学兼在法兰西学院(Collége de France)听讲。十一年冬，经巴黎大学之特种试验，许应法国国家文学博士试。十四年春，提出论文，受该项学位，得光荣之考语，同时被巴黎语言学会(Société Linguistique de Paris)推为会员。是年夏，受法国学院(Institut de France)之伏尔内奖(Prisx Volney，语言学专奖)，秋季回国，任北京大学国文系教授，兼研究所国学门导师，并兼中法大学讲师。十五年，兼师范大学讲师。十六年，辞国立各校讲席，对刘哲谢不敏也。十七年任教育部特约著述员，并中央研究院历史语言研究所特约研究员。十八年春，复任北大国文系教授。同年夏，兼任辅仁大学教务长。十九年，兼任北平大学女子文理学院院长。二十年夏，辞去一切

兼职，专任北大文学院研究教授。（以上见半农自写履历）

本年暑假往西北考查方言，由北平经绥远，至百灵庙，染病归来，七月十四日下午二时一刻卒于北平协和医院，享年四十四岁。此学术界所同深哀悼者也。

兹将其著作目录列下：

甲　著述

《中国文法通论》　民八

《中国文法讲话》上卷　民二十一

以上关于文法者

《四声实验录》　民十

《汉语字声实验录》　法文　民十四

以上关于语音者

《国语运动史》　法文　民十四

以上关于国语者

《瓦釜集》　民十五

《扬鞭集》上中二卷　民十六

以上属于文学者

《半农杂文》第一册　民二十三

《半农杂文》第二册　印刷中

以上杂文

《半农谈影》　民十六

以上关于艺术者

乙　发明

音高推算尺　民十四

最简音高推算尺　民十九

乙二声调推断尺　民二十三

四声模拟器　民十八

刘氏音鼓甲种　民十四

刘氏音鼓乙种　民十九

轻便浪纹计　民二十三

以上关于语音者

审音鉴古准　民二十三

以上关于乐律者

古度量衡举　民二十三

仿汉制新造日晷仪　民二十三

点直曲检字法

丙　编纂

《太平天国史料》十六种　民十五

《敦煌掇琐》上辑　民十九

《敦煌掇琐》中辑　民二十一

《敦煌掇琐》下辑　民二十三

《宋元以来俗字谱》　与李家瑞合编　民十九

《中国俗曲总目》　与李家瑞等合编　民二十一

《初期白话诗稿》　民二十二

《歌谣》《在北大日刊》发表共手辑四册　后于《歌谣周刊》中陆续登出

丁　翻译

《比较语音学大纲》　民十九

以上语音学

《乾隆英使觐见记》　民五

《苏莱曼东游记》

以上中外交通史料

《茶花女》　民十五

《法国短篇小说》　民十六

《国外民歌译》　民十七

以上文学

戊　校点

《香奁集》　民十五

《西游补》　民十八

元秘史译音用字考

陈垣著　民国二十三年二月国立中央研究院
历史语言研究所刻本　定价一元二角

陈先生精于校勘之学，于《元秘史》一书，曾比较过五种本子：一为文廷式钞本，一为李文田钞本，一为鲍廷博抄本，一为内阁大库藏洪武椠本，一为内阁大库藏永乐二年抄本。他以为“伯”与“别”为蒙古语过去动词语尾之音译，汉文义译为“了”。此等“了”字，《华夷译语》音译为八，为伯，为巴，为别，《秘史》则音译为罢，为毕。然《秘史》始译时，亦参用伯、别等字，后乃一律改为罢。二卷一页，于两处“来了”之“亦舌列罢”下，均注有“原作别”三字，二页于“做了”之“孛鲁罢”下，又注“原作伯”三字。由“别”与“伯”之改为“罢”，是于音译之外而附以意义者。各本“原作伯”“原作别”之注均无异，可名为罢字本《元秘史》，而伯字本《元秘史》或《秘史稿》尚未能发现也。

他又据《华夷译语》之汉语与蒙语对译，而知汉译《秘史》之法为进步，如了之译八，译别，改为译罢，译毕，而残留未改之译别，译巴者极少。因推其例以求《秘史》之译音用字，如《华夷译语》“山”译“阿兀剌”，《秘史》作“阿屼剌”，山之字译音中每有从山，从石，从土；水之字从水；用“泐”字小注者必为水；口之字从口，从言，从食，从齿；目之字从目；足之字从足，从辵，从走；门之字从门；衣之字从衣，从纟，从巾；器之字从金，从皿；鸟之字从鸟，从翼；鼠之字从鼠；虫之字从虫；马之字从马；羊之字从羊，皆可比例而推。至于其他有意义之音译字，及《秘史》以前有意义之音义字，及《秘史》总译用字不尽依音释，音符之不尽同译语，又皆阐释详明。至顾广圻跋数称其所见者为元椠本，陈先生谓之译音用字及伯之改罢，儿之加舌，丁之改勒诸节观之，则《元秘史》之译尚在《华夷译语》之后，何得有元时椠本？尤为不易之论。书末附各种本子图，并可资参考。

元典章校补释例六卷

陈垣著　国立中央研究院历史语言研究所出版　定价十元

陈先生在二十年中，搜集得数种《元典章》钞本。民国十四年故宫发见《元典章》元刻本。民国十九年，他与其门人用元刻本对校沈家本刻本，后来又用诸本互校，校得沈家本刻本讹误衍脱颠倒之处凡一万二千余条，写成《元典章校补》六卷，又《补阙文》三卷，《改订表格》一卷。（民国二十年北京大学研究所国学门刊行）《校补》刊成之后，他又从一万二千余条错误之中，选千余条，各依其所以致误之由，分别类例，以成此书。胡适先生序云：“我要指出援庵先生的《元典章校补》及释例有可以永久作校勘学的模范者三事：第一，他先搜求善本，最后得了元刻本，然后用元人刻本来校元人的书；他拼得用极笨的死工夫，所以能有绝大的成绩。第二，他先用最古刻本对校，标出了所有的异文，然后用诸本互校，广求证据，定其是非，使我们得一个最好的，最近于祖本的定本。第三，他先求得了古本的根据，然后推求今本所以致误之由，作为‘误例’四十二条，所以他的例都是已证实的通例：是校后归纳所得的说明，不是校前所假定的依据。”陈先生自序谓“《元典章》为考究元代政治，法律，经济，民族，风俗，宗教，语言，文字必不可少之书，而沈刻雕板之精，舛误之多，又为他书所未有，利用之以为校勘学之资，可于此得元代语言特例，并古籍窜乱通弊。”书中卷一为行款误例；卷二为通常字句误例；卷三为元代用字误例；卷四为元代用语误例；卷五为元代名物误例：共四十二条。卷六为校例，八条。其方法之谨严，雠校之精细，胡适先生谓“是中国校勘学的一部最重要的方法论”，非过誉也。

甲骨文编

孙海波著　民国二十三年十月燕京大学哈佛燕京学社出版

石印本五册　定价大洋十四元

甲骨文字在古史学、古文字学上所占之地位渐为世人所注目。辑甲骨文字以为字典者,有若王襄之《簠室殷契类纂》,商承祚之《殷虚书契类编》,成书已十余年,不无遗失。且收字以形为主,形同者每被刊落,不便检查。孙君乃取《铁云藏龟》《铁云藏龟之余》《铁云藏龟拾遗》《殷虚书契》《殷虚书契后编》《殷虚书契菁华》《龟甲兽骨文字》《戬寿堂所藏殷虚文字》八种,编释其文,逐字排比而影摹之。其字太多不能尽摹者,记其卷页,别为备查一卷附于后。其方法与《殷契卜辞》所附之《殷契文编》相同,诚研究甲骨文字所不可缺之通检也。第惜晚出之书若《殷虚书契续编》《殷契佚存》尚未收入,又如中央研究院所发掘者尚未印行,则拾遗补阙尚有待于异日。

武英殿彝器图录

容庚著　民国二十三年二月燕京大学哈佛燕京学社出版
景印本二册　定价大洋二十二元

民国三四年，政府迁奉天、热河两行宫古物于北平，辟太和、文华、武英三殿为古物陈列所，隶属于内政部。十六年二月，所长周肇祥以所中古物真伪杂糅，设立古物鉴定委员会审定之。委员容庚，将所选定之奉天行宫彝器九十二器，编为《宝蕴楼彝器图录》于十八年二月印行。容君复继续选定热河行宫彝器百器为《武英殿彝器图录》，摹拓花纹，与文字并列，视前书更为精美。其中如《颂壶》《鱼匜盘》《乘舆金缶》皆独一无二之品。《颂壶》考释四千言，于诸家之记载，文字之训释，均极详尽。《陈侯午錞》附以周氏藏器拓本，旁征博引。诚近日金石界之名著也。

双剑誃吉金图录

于省吾著　民国二十三年五月出版　景印本二册　定价大洋二十元

于氏前曾选录吉金文字为《双剑誃吉金文选》，载本报第十四期。兹复以其所藏商周器五十三，商周古兵五十二，秦器一，汉器九，辑为此书。以视《善斋吉金录》著录之八百七十一器，不可谓富，而鉴别无伪，矜慎过之。考释亦雅洁可诵。《戉王剑》引容希白说，谓即《秦始皇本纪》琅邪台刻石之从臣戉王。兹据容氏所作《鸟书考》(载本期学报)复考定为越王，足证考古之不易言也。

陕西金石志

武树善编　民国廿三年续修陕西通志稿　铅印本十六册　定价九元

陕西为周秦汉唐故都,碑刻之矗立于地上,古物之埋藏于地中者极富。《陕西通志》列经籍而不录金石,识者憾焉。此编凡三十卷,补遗二卷,所收历代金石,至明止。文见于王氏《金石萃编》等书者不复录。辑录名家题跋,间加案语。著者谓:"历代相传彝器,强半出自关中。诚以古之畿辅,宝物自多;且土脉高燥,历久不坏。惟地瘠民贫,无人出重资以保存。偶有一器出土,贩贾深闭固拒不令人闻知,窃载赴京或东南以求善价。往往天下喧传而秦人尚懵然罔觉。若《毛公鼎》《善夫克鼎》《季子盘》者不一而足。"其言绝沉痛。然岂特秦人为然,出一异器,方将不胫而走海外,而国人且懵然罔觉也。此书舛误太多:如七十二字之《克鼎》,《三代秦汉金文著录表》凡七器,而此编只举其一。《朝侯小子碑》,秋浦周氏藏,见于《居贞草堂汉晋石影》,而以为转入东瀛。《邓孟壶盖》见于卷三页十八,云归于陶斋详见《吉金录》,复重见于补遗上页三,而云不知转移何处。不知此器由陶斋转归上虞罗氏,著录于《梦郼草堂吉金图续编》。良由著者所见之书太少也。

明史佛郎机吕宋和兰意大里亚四传注释

(《燕京学报》专号之七) 张维华著

二十三年六月出版 铅字本一册 定价大洋二元五角

中西交通起于西汉,至明则渐趋繁盛。吾国史书多述其事。惟散出群书,检寻不易,且多疏略脱漏,及名称错乱分歧,如《明史·吕宋传》为记载西班牙人之事迹,其呼西班牙人,皆曰佛郎机。《佛郎机传》为记载葡萄牙人之事迹,其呼葡萄牙人,亦曰佛郎机。其后虽渐有蒲都丽家及干系蜡等之异称,然在初时则无别也(见卷一页五)。又《海国图志》于《佛兰西国总记》下注云:"佛郎机,一作佛郎西,一作拂兰祭,一作法兰西,一作和兰西,一作勃兰西。"其所志往往与西籍不合者,如《明史》谓西班牙为大吕宋,而于灭今吕宋后,呼其地为小吕宋,然证之西洋史籍,西班牙则先无名吕宋之说。盖西班牙之名,先时知者甚少,因其据有吕宋,统辖其地,遂以大吕宋名之,而于原吕宋岛,则加以"小"字,以示臣属之意,后人沿袭其说,积久而渐忘其意,遂以大吕宋为西班牙原有之称,其谬甚矣(见卷二页七四)。张君专研历史，遂决意广事搜罗，详为考证注释。西人东来之迹，由是以明。

本篇以中文史料为经，西文载籍为纬，材料丰富，条理分明，其要有三：一曰溯源，抉其言之所据，明其去取之迹，则其致误之由可立见。二曰辑补，以《明史》四传所载之文颇为简略，非广事搜证无由明其原委。三曰比证，吾国载籍有须与西文对证而始明者，亦有破西人近于饰掩之说者。全书约八万言，参考书籍百余种，厘为四卷，末附尤西堂初修《明史·外国传·佛郎机吕宋和兰欧逻巴四传》原稿，万（季野）王（鸿绪）二史稿及《明史佛郎机吕宋和兰意大里亚四传互校》，《明史佛郎机吕宋和兰意大里亚四传大事年表》。

宋元南戏百一录

（《燕京学报》专号之八） 钱南扬著

二十三年十二月出版 铅字本一册 定价三元

中国戏曲虽有千余年之历史，惟向来只当玩好，不为学者所注意。自王静安先生作《宋元戏曲史》，始有条理可言。惟王先生是历史学及文字学家，不通音律，故书中无一语及律。又论南戏渊源，虽颇多创获，而在曲录中仍未为南戏专立一目，却将宋元南戏都误入于明无名氏传奇之下。不知当宋元明之间，在杂剧和传奇以外,还有一种鼎足而立之南戏。钱君生长浙西,对于南戏有精深研究,五年前曾作《宋元南戏考》一文(登载本报第七期),先考南戏目录,次论南戏内容,颇为详尽。而钱君复屡次增订,历时五六载,以成此文。

本篇首总说,一名称,二起源和沿革,三结构,四曲律,五文章,六名目。次收南戏四十五本。顾颉刚先生序谓:"其目的固在辑佚,但看他的总说,论结构,论曲律,其精密已远过前文;在现在所有的材料之下,能作如此的研究,已可说达到了顶点。"诚非过誉也。

史地周刊

《大公报·史地周刊》于九月二十一日创刊,现已出至第十期,内容新颖,颇足打破以前史地学界循循相因,一见令人头痛之干枯沉闷空气。兹录目如下:第一期,张荫麟《甲午战前中国海军》,容庚《清史稿解禁议》。第二期,素痴《关于历史学家的当前责任》,王维诚《汉明求法说新辨》。第三期,思齐《对于地理学几个错误的观念》,伊《北宋太学生的抗金运动》。第四期,既敷《大齐傀儡传》,洪思齐《评苏俄地理》。第五期,燕雏《晚明与现代》,吴晗《晚明流寇之社会背景》。第六期,吴世昌《地域正名》。第七期,《清末革命史料之新发现》(刘师培与端方书),侯仁之《读房龙〈世界地理〉》。第八期,刘汉《对于黄河应有之认识》,陈增敏《华北平原土壤之利弊及其救济》。第九期,罗尔纲《水浒传与天地会》。第十期,吴晗《明末的士宦阶级》,杜明甫《评最新修订中国形势一览图》。

十三经索引

叶绍钧编　二十三年八月开明书店出版　实价大洋五元五角

《十三经》为探究中国文化必读之书,惟卷帙浩繁,检寻不易,学者苦之。兹者叶君与其母妻等编辑《十三经索引》及将《十三经》经文标点节数,以便对检,嘉惠艺林,诚匪浅也。该书断句,以讽诵时停顿为一条,如:"惟十有三年春,大会于孟津,王曰,嗟我友邦冢君。"则析为四条。每条下简注经名及篇目。又凡三传经文有互异者,则简称同者曰[春];其互异者,则以"[左]经""[公]经""[穀]经"等别之。一语重见于一章或一节者,仅注某经某章或某节。一语并见于一经之数章者,次即省去经名,如"拜送[周]秋仪,図丧一";并见于一章之数节者,次注更省去篇目,如"大夫卒受者図大 2,3"。以此类推,检寻颇便。苟扩而充之,每字皆有引得,则其贡献当更大也。

引得编纂处最近刊行引得及特刊五种

一、《唐诗纪事》著者引得 （引得第十八号） 一九三四年七月出版 定价五角

宋安仁、计有功《唐诗纪事》，共八十一卷，采摭有唐一代之散章佚句，附以著者之世系爵里，嘉言懿行，以人为纲，以诗为纬，使读者因人以知诗，因诗以知人，盖非徒有裨风雅，且可为研究唐代史实者之助也。书中所收有唐诗人，数逾千家，寻觅殊为不便。李书春君，因取《四部丛刊》本《唐诗纪事》，将著者姓名字号，分别录出，编为引得，其便于查检，不待言也。

二、《宋诗纪事》著者引得 （引得第十九号） 一九三四年七月出版 定价三元五角

宋承唐人余风，能诗者极夥，惟每散见于诸家记载与夫地方志乘，其有专集传于世者，则不多观。清雍乾之际，钱塘厉鹗，以熟于宋代掌故著名于世，曾仿计有功《唐诗纪事》体裁，为《宋诗纪事》百卷，所收凡三千八百余家。书成后百余年，归安陆心源以其遗漏尚多，又为《补遗》百卷，增多约三千家，其厉书讹误

者，间亦加以补正。李书春君编《〈唐诗纪事〉著者引得》既成，又取乾隆十一年厉氏原刻《宋诗纪事》及光绪十九年陆氏家刻《宋诗纪事补遗》，将著者姓名字号，分别综合为之引得，以为检查之助焉。

三、《元诗纪事》著者引得 （引得第二十号） 一九三四年七月出版 定价五角

清嘉定钱大昕以《元史》疏略，颇有意于改修，终以恐触忌讳，未敢着笔，仅成零星著作数种，《元诗纪事》即其一也。惟其事迄无刊本，而陈揆稽瑞楼所藏钞本二册，现又不知流落何所。近人闽侯陈衍，以唐宋之诗皆有纪事，而钱氏之《元诗纪事》又不幸而失传，因取元明诸书，参考钩稽，为书四十五卷，亦曰《元诗纪事》。所收约计千家，虽间有遗漏讹误，然于研究元史，亦不稍无裨益。李书春君既将唐宋二诗纪事著者编为引得，因又取涵芬楼本陈氏《元诗纪事》，将著者依前二书之例，编为引得焉。

四、清代书画家字号引得 （引得第二十一号） 蔡金重编 一九三四年十月出版 定价三元

古者男子二十而冠，冠而字；字之者，所以敬其名以便他人之称谓也。后世礼文日繁，人之名字亦随之加多，如：小名，小字，别名，别字，别号，道号，谥号，私谥，纷然杂沓，骤遇之，每难即辨其为谁何。此种风气，以书画家为尤甚，一人字号每至多逾十数。

书画之在中国，自古即为人所重。三国而还，精八法擅绘事者，代不乏人，然其手迹之能传于今者，则不及百一；惟清以距现代近，其亡且仅二十三年，故清人作品现时存者尚属不少。洪煨莲先生以清之书画家甚多而字号又繁复难辨也，因择关于清代书画家之传记八种，嘱蔡金重君，将其字号录出，编为引得。全书共分二编：第一编为《人名引得》，以本名为主，括其各种字

号，并注明出处，以便他人勘对；第二编为《字号引得》，以字或号为主，下括本名，不注出处，盖避与第一编重复也。所收计共五千七百余人，虽或有缺遗，然其能予人以检查便利可断言也。

五、《毛诗》引得 附标校经文（引得特刊第九号） 一九三四年十月出版 定价三元

《诗》为词章之祖，且包含古代社会史料甚多，为治文学、小学、史学与夫研究古代民俗者所必参考之书。引得编纂处以《诗》在学术上之价值既大，而为用又弘，因据阮刻《十三经注疏》将《毛诗》经文，校勘标句，并加篇章号码，重为排印；其经文有异文见于《十三经注疏校勘记》者，亦逐条列入，又仿照西洋"堪靠灯"（Concordance）做法，取新印经文，逐字为之引得，如"在河之洲"一句，"在""河""之""洲"四字，每字皆有引得，下列原句，并注明所在之页篇章数，其便于检查，不劳言喻。而做法之详细，似亦较开明书店《十三经索引》以一句首字为主者为稍优。倘能将其他诸经，依照《〈毛诗〉引得》做法，继续编制引得，则于学术上之贡献当益大矣。

（《燕京学报》1934 年第 16 期）

浑源出土古器

山西浑源县东峪村乡民高凤山，于地中发现商周古物。近该县绅商纷起争端，其事始传于外，为中央古物保管委员会闻知，特函该县绅董探询真相，经过情形颇为曲折。兹将详情探志如次。

古物发见及经过

先是，民国十二年旧历正月十三日晚间，有浑源县西南十五里东峪村乡民高凤山，于其田地内发现古物，尽力挖掘，所获甚多。高乃一农人，初不之识，仅将易于出售者藏之。该项铜器被一于姓购去，因此轰传闾里。县长谢思承闻之，即饬县衙警士佐成纬，赴东峪村调查，除高凤山收存者不计外，大小共得三十六件，存于县立图书馆。十三、四年间，平津古物商闻讯，复经估价，有法国商人拟以四万元成交。旋以阎冯之役，因而停顿。十五年，县绅某以四万元购去，但款项则当时只付一小部分，约定民国十八年缴清。讵次年该绅逝世，其子继承产业，款项即行停付。至二十一年，始由县中绅董交涉，将原物取出，由麻某监定，云系商周时代之祭器，价值甚巨。旋有北平古物商愿出十万元购买，未果。于是经该县绅学各界议定，非出价五十万元，绝不肯售。以致有人出价至三十万，亦未成议。展转至今，酿成重大纠纷。

古物保委会彻查

古物保管委员会北平办事处为保护古物机关,对此事之进展甚为注意。因闻该项古物有运赴太原,且有被外人收买之说,而该县绅董又正向各方呼吁,遂以职责所关,不容缄默,特函该县绅董,详报盗卖经过,以资处置,而便究办。原函略云,前接北平故宫博物院转来呈文一件,具悉浑源出土之商周铜器,确为希世珍宝,如任其分散,殊属可惜。现本处职司保管,不能听贪官劣绅等之自由处置。惟不审三十六件铜器是否仍在国内。前县长袁兴华等之现在住址,可否代为探明,并将出土年月及盗卖经过,据实呈报。如能来平面陈,则更善矣云云。

商周铜器名称

闻浑源县绅董即将遴选代表来平,向古物保委会面陈经过。其三十六器由麻氏鉴定图说录次:

(一)牺尊一,牛形,颈背股之上各有圆口一。背上口安一缸,缸口双环。缺尾。通体雕刻双勾云雷纹,紫铜质,翡翠色,头部朱色。重二十二斤,头高一尺零五分,身高九寸,长一尺七寸五分。(二)尊一对,瓶形,硕腹长颈,口与底雕刻双勾云雷花纹,蟠似夔龙。横线五通上下界为五部,刻镂飞禽动物,翔舞欲活。下层刻水鸟,底部刻绳辫形。紫铜质,翡翠色,朱蓝相间。缺两耳。高一尺三寸五分,口径五寸,底径五寸八分,腹径八寸,共重二十二斤。(三)罍一对,扁腹缸形。腹硕口微敞,遍刻夔龙夹极细双勾云。紫铜质,色朱碧,有白斑。口径六寸,腹径一尺,底径四寸五分,一重九斤十二两(缺底),□重十一斤。(四)小牺尊一对,形若獐,鼠头兔尾牛蹄,竖耳翻唇。通体双勾团花纹。紫铜质,青绿色,间有朱色,背上有缺痕(询悉原有二对,背上各有瓠卢,一贮绿粉,一贮绿水。出土时质软如泥,俱毁弃,只留其一)。高三寸五分，长六寸五分，各重一斤十四两。（五）圆鼎一对，方耳三足，雕刻双勾云纹。腹横一界线，分上下两部，上有花纹，下光面。紫铜质，高五寸，径六寸，重三斤。（六）无盖圆鼎一对，米粒花纹。紫铜质，朱蓝相间，白斑点。腹部界横凸线一道。高七寸半，径八寸，口径四寸六分，重六斤四两。（七）有盖圆鼎一对，方耳三足。紫铜质，上部绿色，下部朱色，里翠蓝色，白斑。雕刻双勾云雷纹，盖有虎形三。高五寸五分，径六寸，重四斤六两。（八）嵌石炉一，盖有曲颈兽头三。目突向外，足膝作兽纹，宝石眼睛，里翠色杂五彩。连盖高四寸五分五，口径六寸，重二斤七两。（九）圆鼎一对，方耳缺盖，满雕双勾云雷纹。紫铜质，朱翠色，有白斑。中部界横线，三足。高二寸五分，径长三寸八，重一斤。（十）半圆豆一对，光面无花，紫铜质，里翠色。高三寸，径六寸，重一斤十五两。（十一）圆豆一，有盖如敦，四周爬伏蜥蜴二对，双勾豸夹云雷纹。紫铜质，朱翠色白斑。连盖高五寸五分，径五寸五分，重三斤一两。（十二）嵌铜豆一，有盖，两旁有环如耳。夔龙纹。紫铜质，朱翠色，里亦翠色，上部多白晕。连盖高六寸，重三斤二两。（十三）圆豆一对，耳有盖，椭形。紫铜质，豸纹，色赭翠相间。连盖高四寸五分，长口径四寸二分，短口径三寸八分，重一斤九钱。（十四）洗一，浅盘形，上硕下撮，底平边直。四周刻夔龙纹，底刻龟蛇鱼鸟。紫铜质，色深绿，间朱翠。高二寸七分，径六寸二分，重一斤六两。（十五）温壶一，胆瓶形，两耳双环，大腹长颈，盖有双环，腹有一环。朱翠色。径长三寸三分，腹径六寸，底径四寸，连盖高一尺，重六斤。（十六）鈄斗（？）一，形如鼎，双耳三足，向外斜立，无花纹。紫铜质，色朱翠相间。连盖高五寸，口径二寸五分，腹径三寸五，重一斤四两。（十七）铜爵环一，形如马口。黄铜质，无花纹，重六两。

中央研究院安阳田野工作之经过及重要发见

此次安阳工作参加人员：梁思永、石璋如、刘耀、祁延霈、胡福林、尹焕章六人。廿三年十二月二日至十一日国立中央研究院历史语言研究所考古组主任李济到安阳视察指导。

工作日期：廿三年九月二十七日梁思永等到安阳筹备。十月三日正式开工发掘，十二月二十九日收工。二十四年一月一日结束，为期逾三月。其间十月十五日至二十一日全体工作人员出发至洹河上流做调查工作。

发掘工作共二处：

甲　侯家庄西北冈之发掘

侯家庄位于洹河北岸，在安阳县城西北约十二里。在本季发掘之前殷虚发掘团曾于此庄附近工作两次：第一次，二十一年春季，在庄西之高井台子发掘，发现包含仰韶、城子崖、小屯三期重叠之文化堆积。第二次，二十三年春季，地点在庄南，发现小屯期堆积及完整刻字龟版七块。两次发掘皆居住遗址。本季工作地点在庄北约里半之西北冈，为一面积广大之殷代墓地。

墓地之准确面积:因尚未发掘完毕无从知之,但据探沟之情形推测约在五十亩以上。本季工作虽已占地约二十亩,但实际开掘之面积不过三千方公尺。此三千方公尺之开掘面积又可分为东西两区。

西区为四大墓　最大者墓室平面作亚字形,占面积约四百六十余方公尺;东,西,南,北四方各有一墓道;挖掘至七公尺半深尚未到底。余三墓,墓室平面皆作方形,较大之两座皆约二十公尺见方,占面积约四百方公尺,最小者亦有十八公尺见方,占面积约三百二十四方公尺;三座之东,西,南,北四方皆各有一墓道,最长者达三十二公尺;一座掘至八公尺深,到底尚有三公尺许,余两座仅露出墓形。四座之南北轴方向皆北偏东约十四至十六度。四墓均经过古代及现代两次盗掘。

东区为埋葬密集之小墓丛　本季发现小墓六十三座,但此区尚未发现之墓,当三倍此数。所发现之六十三座中,三十一座尚未发掘,三十二座已发掘。此三十二座小墓,根据其形制内容之不同,可分为六种:

一、长方形,南北长约二公尺三公寸,东西约一公尺,底深一公尺七公寸,南北轴北偏东约十五度。埋葬完全之人骨架,头向北,随葬有较大件之铜器。得两座。

二、长方形,南北长约二公尺三公寸,东西约一公尺二公寸,底深四公尺七公寸,北偏东约十度。埋葬无头之肢体骨,随葬有铜刀,铜戚,砂岩制磨石。共得五座。

三、长方形,南北长约二公尺,东西约八公寸(间有较大及较小者),底深四公尺三公寸,北偏东约十度。埋葬无头之肢体骨,无随葬物。

四、方形,南北长约一公尺,东西约九公寸,底深约三公尺,北偏东约十度。埋葬无肢体之头骨十个,排列整齐;除一座外,皆无随葬物。共得六座。

五、方形，南北长约一公尺六公寸，东西约一公尺八公寸，北偏东十度。埋葬完全之人骨架，头向南，面向上，无随葬物。

六、无清楚之墓形，俯身葬，多无随葬物，一座有牙饰。

本季工作之重要发见：

一、铜器品　东区小墓中出成形器物一百二十四件，完整者在半数以上，精品二十七种，皆极鲜见或前未见之物。根据同出之陶器知为殷代遗物。此发见，不但增加若干新材料，并给予殷代铜器研究以确实可靠之标准。西区大墓中仅出铜器之残片三百余块及与小屯出土同样之铜镞九个。

二、石制品　皆出自西区大墓中。完整及残缺者共计约在千件以上。但最名贵而可称国宝者，为一完整之白色大理石雕刻之立体神话动物。其形与虎最似，但其曲膝跪坐之姿态可以表现其离真实动物之模形已甚远。全身雕花纹。背部有长方形深槽，与前在小屯村发见之人形石刻为同性质之物。大概是建筑物之一部分。全体高约三十六公分。此雕刻之发现使吾人对于殷代物质文化之发达得更深刻之印象，同时在中国艺术史上增加一件最古之材料。

三、玉制品　得四件，皆出西区大墓中，二作鱼形，二长方形。

四、松绿石制品　得千余件，皆出西区大墓中。大部分为镶嵌之装饰片。不同之形式有数十种。

五、骨制品　除极少数，皆出西区大墓中。其中最名贵者为雕花之骨器，得二百余片，惜皆残碎。此种“花骨”前此仅发现于小屯村，对于殷代美术之研究为极宝贵之材料。此外得无花纹之骨栖七百余件，骨镞三千余件，残骨器百余件，皆与小屯村出土者同。

六、龟版　本季虽未发见刻有文字之甲骨,但得一面涂有红色之龟版碎片多块,皆出自西区大墓中。

七、牙制品　得八百余件,大部出自西区大墓中。大部为镶嵌用之装饰片。在东区一俯身葬之侧发见此种牙饰原来排列之形状(成饕餮文),惜受此饰片之物已腐化无遗。不同之形式有数十种。

八、蚌制品　得五百余件,皆出自西区大墓中。大部为镶嵌用之装饰片。不同之形式有数十种。此种蚌饰与上述之松绿石饰,牙饰,合而研究,对殷代纹饰必有重要之发现。

九、白陶片　得千余片,皆出自西区大墓中。其中最名贵者带有刻文,得六七十片。此种刻文白陶,前此仅发见于小屯村。余大部带有绳文。

根据上列物质文化遗物,吾人可以断定:

十、西北冈墓地为殷代之墓地。西区之四座大墓为殷代帝王之陵墓。因大墓规模之宏大,绝非平民甚或王公所能办。且其中所出遗物,如“花骨”,白陶,石刻,蚌,牙,石饰等,前此仅发现于殷代帝王宫室所在地之小屯村,殆皆殷代帝王独得享用之物。殷代帝王陵墓所在地,不见于记载,不闻于传说,此次不但发现一部分陵墓之所在地,并得以知其形制内容,乃考古学对于中国文化史极大之贡献。

十一、殷代以人殉葬之习惯。在西区大墓道中发见排列放置整齐之无肢体人头,及无头之肢体骨。在东区之小墓中发现专埋人头骨之墓及专埋肢体骨之墓。皆为殉葬之牺牲者无疑。

十二、殷代人体之资料。得人头骨百余个,完整者约三分之一;肢体骨数十副。此实为殷代人体资料之第一次大收获。有此一批资料吾人可以研究殷代一部分人之体格及其与现代华北居民之异同。乃至进一步研究殷代一部分人之来源。此种发现对于人体学、人种学之重要,极为显然。

西北冈已开掘之面积,尚不及全墓地四分之一,即有此划分时代之发现,其对于中国文化史之研究实占有最重要之地位。故本年春季殷虚发掘团拟作较大规模之发掘,希望能将墓地全部挖掘完毕。但此计划之实现,需款甚巨,绝非国立中央研究院历史语言研究所考古组经费所能独力担负。

又据该团调查所得,知安阳西北乡一带尚有与西北冈相似之墓地两三处。于此盗掘盛行,禁令无效之时,欲为中国文化史救此不获重见之材料,惟有在短时期内将其尽力清掘。但此更非中央研究院之经济力量所能独力办理。

乙　秋口同乐寨之发掘

同乐寨为刘耀、石璋如等所发现,位于洹河北岸,在侯家庄西北约三里余。工作人员:梁思永,石璋如,胡福林。工作日期:十一月一日至十二月五日。本季工作地点在寨墙内,为黑陶文化与彩陶文化重叠堆积之居住遗址。

重要发现:

一、黑陶时期之灶;

二、几种未前见之黑陶器;

三、琢制石器。在长城以南之新石器时代遗址中,琢制石器极罕见。此次同乐寨黑陶文化层中发见多数之琢制石器,不但增益黑陶文化之内容,并引起长城南北琢制石器之文化的及时代的关系问题,其重要实不可忽视。

陕西考古会近况

陕省考古会工作组主任徐炳昶氏于去年十一月间,率工作人员六七人,前往宝鸡县斗鸡台,继续发掘工作。因其公子在平病剧,故徐氏于二月初返平。据谈,陕省古物材料甚为丰富,兴平,扶风,岐山,凤翔,宝鸡等县,均为周秦时最有关系地方,蕴藏之古物,可供一二十年之发掘。近二月来,在斗鸡台工作之结果,虽无特殊之发现,但掘得之古物亦不少,就中以陶器为最多,铜器等次之,陶器中并有三代以前者。宝鸡县为古陈仓县。陈仓旧县址,在宝鸡东十五里地方。该处工作分两处进行,一处有一蓄水池,掘至六丈深,并无特别收获。惟在该池近旁六七尺地方,掘出圆洞七八所,虽不在一直线上,但相距甚近,高可三四尺,人低头可入,其中除破砖烂瓦外,发现箭头,戈矛,铜片甚多,以无直接证物,不能遽断其属何时代。刻正继续发掘中,究有若干洞,尚不可知。总之斗鸡台发掘工作,若详细去做,亦须二三年,不过吾人拟于本年暑期前作一结束,再工作三月,即可完毕。将来再往凤翔,兴平等县,大致工作后,再择材料特别丰富者详细发掘,以免顾此失彼,减少工作效能。至于西安市内莲湖公园古物之发掘,系另一部分,由在美研究考古学,在希腊雅典工作过一半年之罗茂德君主持。该处原为唐时之承天门旧址,犹北平之天安门,中华门。然比经发掘后,乃系一古墓,发现有陶器片及古钱多件。其中有汉灵帝时钱,想此墓必在汉以后,隋唐以前。余过西安时,曾往视察一次。罗君因阻力甚多,拟停止工作,经余劝勉后,刻仍继续发掘中云。

又该会在宝鸡斗鸡台之发掘工作,于五月初业暂作小结束,所有古物已全部运回西安。工作组人员亦陆续返回省城,暑期后,即从事整理研究,编制报告,约半年内可以竣事。至下期工作地点,因该会拟定研究之对象为周秦民族之文化,则此掘工作,大约不外周之丰京或秦之雍二遗址也。兹将此次发掘斗鸡台工作情形约述于次。

发掘范围,分为两区:一、戴家沟东,二、废堡内外,其东西相距,不过里许。一、戴家沟东,该区包括三代至隋之墓葬及石器时代末期人民之住居。在此区工作,所获器物,以陶器为最多。按近世考古学者,对于陶器,最为重视,盖以其遗留丰富,形制与花纹繁复,便于比较及鉴定时代为考古学上之基本材料,故学者每称近世考古学为陶片考古学也。中国考古学,经近年中外学者之努力,可谓自无而有,然于陶器之研究,尚少进步。欧美学者,对于中国陶器,颇注意搜集,但因来源出于购买,对于出土情形,几全不明了,故未能有具系统之研究。该会此次发掘所获陶器之丰富,在国内可称首屈一指;且已证明三代之殉葬器物亦即其日常所用,与汉以后之明器专为殉葬而特制者不同,于研究上价值尤高也。至于早期之石器骨器,所获亦复不少,而铜器则种类不多。此外,更发见三代或三代以前制陶工厂一处,规模甚大;完全未经扰乱之住居一处及部分存留者数处,亦颇重要。至汉以后之钱类铜铁器物等殉葬物品,不及列举。二、废堡,去年上半年发见大废井一座,发掘工作费时甚久,所获兵器为最多。

后继续在井外打探坑，发见住居甚夥，密集井周，其分布情形，约以井为中心，渐远渐稀。发见器物，多兵器，其为古人驻兵之地，可无疑义。由各方面推测，疑即魏郝昭所筑及坚守之陈仓，虽少直接证据，但在所有发见器物中，向无其他反证也。将近收工时，于堡东门外地下发见城垣版筑，收工时仅作出一部，其于全部之问题，关系甚大，则有待于来日之继续发掘矣。

故宫文献馆所藏明清档案之整理

档案为史之原料，其重要类能言之。明清档案大约有四种来源：（一）内阁大库，（二）军机处，（三）内务府，（四）宫中。

内阁大库档案曾一度流出，北京大学及中央研究院历史语言研究所各收藏其一部分，而其余之部分，则仍属于故宫文献馆管理范围。以数量言之，文献馆所有之内阁档案，远比北京大学及中央研究院所藏者为多。军机处档案则全部为文献馆所收藏。其卷册较有系统而完整。内务府及宫中档案亦全部属于文献馆，为清宫内宫廷生活之记载，其数量较少，而其社会的历史价值亦较微。

兹将文献馆所藏档案之概况及一年来整理工作分别介绍如下：

文献馆所藏档案

明清档案之主要部分,保存文献馆中,故文献馆对于档案所负之责任,甚为重大。馆长沈兼士氏,及馆员刘官谔、单士元、杨学文诸氏,皆负责工作,故整理之成绩,甚为可观。

文献馆所藏档案,以内阁大库者为最多,依其旧有名称,可分为十一类,每类数量约略如次。

一、红本　即各省督抚镇按及各部院之题本,经内阁票拟呈进奉旨后,交阁用红笔书于本之上角,因称红本。库存起乾隆迄光绪,凡百零一架,约三千五百余捆。

二、史书　摘记红本之事由谕旨,分吏,户,礼,兵,刑,工六科,按月为册,谓之史书。起顺治迄光绪凡二十九架,约二万四千余本。

三、黄册　为各部院随本进呈之钱粮奏销等册,亦称报销册。内分吏,户,礼,刑,工,理藩院,都察院,太常寺,光禄寺等衙门,计有八十四类,共二九九八册,如连兵部及京外各省黄册计之,其实数约达五千册。此中关系经济史料者最多。计汉文黄册已校勘目录片者二六九四张,编号至四四三三号,缮写目录共一一七六号。附北大汉文黄册,拟定残缺黄册名称七六〇本,缮写目录片三六四二张,就北大刊印之目录与原册校对,自顺治朝起已校至雍正朝。

四、敕书　明至宣统约五百余件。

五、诏书　起乾隆讫光绪,约百余件。

六、折件　明天启、崇祯及清顺治、康熙各朝之题,奏,咨,启等。

七、满文老档　原档三十七本又重抄本二部,共七百二十本。全书者仅七种。

八、书籍　有一百零三种,间有宋元旧刊。全书者仅七种。

九、实录　分红绫皮、黄绫皮本,计汉文二部,满文一部,蒙文二部。

十、圣训　亦分红绫皮、黄绫皮，计满、汉文各二部。

十一、起居注　起康熙迄光绪九朝，凡四千五百余本。

至于军机处档案之数量与质量，皆甚为重要。其内容可分为二类：

一、档册　档册为分类登记文件事务簿册，种类甚多，归纳言之，可并合为：目录，上谕，奏议，外交，军事，藩属等项，计有八千余册。

二、奏折　即月折或折包，多为抄录内外奏折之副本，以其按月包存故名。奏折数目约有八十余万件。其附件可占其十之二三。

合军机处全部档案言之，实数当在百万以上。其中八分之一为有关金融，财政，海关，厘金，盐务，通商，矿政，交通，捐输等之折片。社会调查所已加以研究，当可得若干可贵之结果。

内务府档案，为研究皇帝经费之最好资料，二十二年度底（即二十三年六月止）以前该馆已约略清理者计得：（一）事简档四架，（二）红本档一架，（三）奏稿档三架，（四）堂谕档一架，（五）来文略节一架，（六）档册三架。

宫中档案，为请安册，引见履历，缴回朱批奏折，光宣电报，晴雨录等。

一年来整理工作

民国二十二年上季，华北时局危急，文献馆奉国民政府行政院令，将院内重要文物移沪保存，先后运走五批，其运沪文物计三千七百七十三箱。故自二十二年五月以后，文献馆所有之档案分存于北平上海两处，其整理工作，亦不得不二地同时进行。但因平沪悬隔，该馆工作人员有限，整理工作上诸多困难，二十二年度中南迁档案，难于整理。迄二十三年度（即本年度）开始，定平沪两地同时工作之计划，而逐步实施。

对于南迁文物之整理，该馆已特派工作人员四人驻沪，负责进行，其工作方针如次。

一、对于宫中档案，重在分类编目，并择尤刊印。

二、对于内务府档案，继续整理未曾整理之部分，并选择重要档案，分类编印。

三、对于内阁大库档案，其中之红本及史书，继续编目工作，对于满文老档，因有关于清代开国之史迹，决继续翻译。

四、对于军机处档案，主要工作为编印外交史料。其次为补编随手登记档案，第三为校对奏折。

五、对于实录，除已印行者外，续作校对工作，并决编一目录先行付印。

六、对于地图，决行整理选辑付印。

在北平文献馆所存未南运之档案中，自二十三年八月起迄本年四月，就整理编目与编辑出版两项主要工作言，略述如次。

甲 整理编目

一、内务府档案

(1)内务府堂档册：先从事初步整理工作，依形式分格，扎捆，标时代，上木架。次依朝代编年，第三步再依性质分类，第四步编目并缮写卡片。已经过初步整理者一零零八七五件，已登记者二四二五八件，编有分类草目者四五零一件。

(2)升平署戏剧档案，已整理完竣者，计有：甲，总本题纲三十一本；乙，节令承应题纲一四零本；丙，宴戏五八本；丁，开场戏二一七本；戊，承应大戏一七九本；己，寿戏五八本；庚，灯戏二二本；辛，昆弋单折戏三八七本；壬，乱弹戏一八六本。计已登记者八八六五件，已编目者七九七五件。

(3)造办处地图，将地图分为边防，海边，山川，区域，武功，效贡，军事，交通等八类。此外营造图又可分为寺庙，名胜，河道等七类。详为编目分类，缮写卡片，并精细校勘，以求名称与内容之符合。现已登记者一零七四件，已编目者六零四件（舆图房地图已编完）。

二、军机处档案

（1）照会，军机处档案，除已南运者外，所余杂件中有道咸同光四朝之各国照会三千八百余件，关系近代外交史甚巨，故特加以整理。其方法：甲，分国，乙，分朝代，丙，排年月日，丁，贴号，戊，加签，己，摘由编目，庚，缮写目录及目录片，依次进行。现法美二国已摘由编目者共计五六四件。

（2）电报，军机处杂件中有军机处与各省往来电报约一千三百余件，多关系光绪辛丑条约事。其整理方法为：甲，排年月日，乙，摘由登记。现已编缮目录五零零件。

（3）奏折，军机处档案中尚有奏折甚多，皆为折包中佚出者。其清理方法为：甲，分朝代，乙，排年月日，丙，摘由登记。刻已清完一千三百余件，已登记嘉庆道光二朝者九九九件。

（4）咨文，在杂档中咨文亦不少。已将时代分清者约一千件。

（5）地图，军机处旧藏地图，其关系异常重要，亦按照整理造办处地图方法，加以清查，现已查清者约有二百件。

三、内阁大库档案

内阁大库中现存之档案，以清代黄册为主，其分类列目及缮写卡片工作，均告完竣。

已发见重要史料

由宫中发现之件：

1. 舆图房旧存京城全图。

2. 马神庙公主府图样及大学堂档案。

3. 总营内务府则例档(系七司三院各等处办事细则)。

4. 城内河道沟渠图。

由内阁大库发见之件:

1. 阿济格略明事件之满文木牌。

2. 蒙文崇德元年朝鲜国颂扬《睿德碑》文。

由军机处发见之件:

1. 汉满文俄罗斯档。

2. 满文奏折内夹有西文、回文、藏文及西人所书满蒙文文件。

乙 编辑出版

(1)编印《清内阁库贮旧档辑刊》。已次第全部出版。

(2)《文字狱》第九辑。

(3)《文献丛编》出版第十九至二十四诸辑。

(4)校勘《太宗实录》。

(5)《文献馆现存清代黄册目录》。

(6)《阿济格略明事件之满文木牌》。

(7)《清季各国照会目录》,第一册(英国)已出版,第二册(美法)编印中。

中央研究院筹组海产考察团

中央研究院,为研究中国沿海各省海水度之深浅,含盐成分,及鱼类,介属,海带,海藻等动植物生长状况起见,特于本年一月间组织海产考察团实地研究,贡献于国内学术界暨渔业有关团体,而谋海产之增进收获。对于考察范围,现已规定将中国沿海划分为四区,第一区为渤海,由威海卫至秦皇岛段。第二区为黄海,由浙江至江苏段。第三区为东海,由江西至福建段。第四区为南海,由福建至广东段。除精确测量化验外,并随时作生物调查。预定两年竣事。工作时期,每年五月至十月止。

该院以考察团进行上项工作,时间甚久,非有较大船只,周密设备,难收效果,曾于去岁派员赴威海卫视察,并赴青岛访晤第四舰队司令谢刚哲,接洽借用兵舰事项,业由谢氏允予充分协助。月初复由中央研究院长蔡元培氏,函请谢氏允予借用,已接得谢氏函复,谓可拨借宁海军舰应用。该舰载重一千二百吨,内部设备完全,可为考察团尽量服务。现闻该考察团将于三月底由该院派定人选,组织就绪后,即于五月初出发,开始第一区工作云。

北平地质调查所拟定三年工作计划

实业部北平地质调查所,近拟定所中三年工作计划,计分实地调查及实验室研究两种工作,业经呈准实业部备案,决于下年度起实行。兹录如次:(一)详测甘肃宁夏青海地质,以便与从前在陕西绥远之工作相连络,而供政府开发西北之参考。此项工作,正在进行中。(二)详测四川赤盆地,及其中所含之石油矿产,以作大规模探勘之预备。(三)详测华北煤田,以求得合理化之利用。(四)研究华南之金属矿产,尤注意云南之锡,湖南之锑、铅、锌及江西之钨,又拟与国防设计委员会合作,详细测查几个较有希望之铜、铅、锌矿以谋其实地开发。(五)调查云南西部地质,以便与以前调查者相连络,而谋得云南全省地质图之完成。(六)调查业已过半之地质图幅逐渐补测,陆续完成。以上系专指调查工作而言。至于实验室又分下列各项:(一)继续古生物之鉴定和研究,仍探讨生物进化之迹,地层变迁史。(二)继续研究矿物岩石,鉴别名称,详定性质,俾得一系统之纪述。(三)对于金属矿产,拟详加分析,以供采冶计划之参考,并做精密之显微镜研究,以期详究其成因,明定其分数。(四)关于燃料之研究,除继续前列各项工作外,尚拟添置机器设备,作大规模之试验。此项试验,将于新由全国经济委员会拨款,在南京建造之燃料研究室中行之。

古史辨(第五册)

顾颉刚编著　二十四年一月北平朴社出版

甲种四元三角　乙种三元五角　丙种二元七角

凡曾读《古史辨》者,莫不延颈以望顾颉刚先生早日将研究古史问题之结论公布。现在第五册已出版,虽尚未解决一切今古文问题之纠纷,而较《新学伪经考》及《史记探源》已迫进一层,谅可给予读者以若干之慰藉矣?

全书约五十万言,分上下两编,上编讨论汉代今古文经本问题,系探求今古文学之来源及其演变。从民国十六年四月起,至二十三年一月止。有钱玄同,钱穆,顾颉刚,张西堂,胡适诸先生等讨论文字。其中有主今文者,则谓《左传》《周礼》经刘氏改篡或伪造。主古文者,则谓二书皆先秦旧籍。聚讼纷纭,莫衷一是。至钱玄同先生之《重论经今古文问题》及钱穆先生之《刘向歆父子年谱》,集二家学说之大成,可作研究今古文经本异同者之参考。下编讨论汉代今古文学学理问题之阴阳五行说起源及其与古帝王系统关系问题,解剖其内容,以明其构成层次与是非曲直。从民国十二年起至二十三年十月止。向来言阴阳五行者，皆谓《洪范》已为周初人言之。如梁启超先生之《阴阳五行说之来历》，及刘节先生之《洪范疏证》，皆有详细讨论，顾颉刚先生之《五德终始说下之政治和历史》对于今古文学及阴阳五行说更有详明系统之叙述，尤为重要。

明元清系通纪

孟森著　廿四年北京大学出版　定价四元

本书分前，正二编，清之祖先有可追至明以前而无年可编者，则列作前编，以穷其源委。关于满洲名义，据孟先生考证略云，满洲二字即文殊，系清世君主之美称。因其部落称君为文殊(即满洲)，因曰满洲国。当其先，盖建州曾称为满洲部落，犹今之世界称帝国，王国，公国，侯国之类。对其部落以外，曰我满洲如何云云，犹中国人言奉皇上诏旨云云。在口语及文字之中，亦颇顺习，故太宗创造国名，而推行无滞。正编以明代之纪元，叙清代之世系，成一编年之文，排列顺序，起洪武，迄宣德。其中材料，有为《明史》削而不存，《清史》讳而不著者，均收罗略备，足补明清两史之缺。

清初三大疑案考实

孟森著　廿四年北京大学出版　定价八角

孟森先生对于明清史素有研究。本书为其著作之一，内分三编，(一)《太后下嫁考实》，该事流存迄今，无论男女老幼凡喜述掌故者莫不知清世祖太后下嫁摄政王事。兹据孟先生考证略云，在诏敕官书与使节辞令中均无太后下嫁之明文，足证当时无此事实。当时无之，而二百数十年尚传其说，此有数故。清初人民皆不餍夷族入主，先有视为无礼教之成见，会摄政王逼肃亲王豪格死于狱，而取其福晋。此为当时摄政王罪状，所明载奏疏及谕旨者，自是事实。肃王为太宗长子，世祖亲兄，此可以无礼，则去无礼太后者几希。天下哗传明遗老由此而入诗，国人转辗而据以腾谤。后人好奇遂无从辨正。(1)然皇叔父曷为而改称皇父？(2)初薨之日，曷为尊为懋德修道广业定功安民立政诚敬义皇帝，庙号成宗？(3)其罪状曷为而称其亲到皇宫内院？则虽未举行下嫁之大典，而其下嫁之事实似有不可磨灭者，况取肃亲王福晋更可证其为淫乱之人乎。以皇父与尚父仲父比，未能令人心折。孟氏与胡适信谓“事实只有两途：一则太后实行下嫁，一则非但不下嫁，并无不可告人之暧昧情事”。第恐事实终出于暧昧之第三途，而非如孟氏所言耳。（二）《世祖出家事考实》，清世祖好佛，常延高僧入禁中，尊礼甚至。故相传世祖在位十八年，弃天下如敝屣，遁入五台为僧。据孟先生考证略云，据《玉林国师年谱》及《王文靖集》《张宸杂记》等书，皆载有世祖晏驾及崩于痘之事甚详，足证世祖出家之说不确。（三）《世宗入承大统考实》，世称康熙诸子夺嫡，为清代一大疑案。据孟先生考证略云，圣祖三立后，惟元后有子胤礽，立为太子。其夺嫡也，先之以大阿哥胤禔则用魔道，是以有第一次废储。发觉以后，青宫复建，胤禔永禁，事在康熙中，处分已毕，不入雍正时兄弟相戕案内。继之以八阿哥胤禩之阴谋，内外党与甚盛，太子卒废。圣祖末年，诸王大臣所默喻上意知为将来神器之所归者，乃十四阿哥胤禵。胤禵为世宗同母弟。世宗于夺嫡事实无所预。而雍正间翦灭诸弟，辄牵涉胤禩夺嫡，而又非为故太子泄忿，就官书之布在耳目间者观之，惟觉其事外有事，所谓假手焉尔。然孟氏又云："传位一事，独为正确之秘密。世宗惟信其漏泄者为相嫉之诸弟；而泄之于诸弟者即隆科多，故隆科多与诸弟皆获重谴。"（四页）又云："圣祖以病势不重而忽大变之故，不能无疑。参汤一碗之说明见谕中，较之斧声烛影出于他人之笔者，至少不能无同等之嫌疑也。"（页廿一）是孟氏已自疑之。要之，此三疑案除世祖之死而非出家无可疑外，若太后之下嫁，世宗之传位，毋宁谓以此书之辨而益明。著者之长在搜采之博，而条理未足以副之，有未能令读者了然者。孟氏云："尤可异者，欺罔罪第一款：'圣祖仁皇帝升遐之日，隆科多并未在皇上御前，亦未派出近御之人，乃诡称伊身带匕首，以防不测。'此一款竟以隆科多未预见圣祖升遐为说，欲为世宗湔雪净尽。"（页十九）此点微误。盖皇上指世宗而非圣祖也。

史地社会论文摘要月刊

上海大夏大学史地社会学研究室出版

一卷一至五期每期零售五分　六期起每期零售七分

今之杂志刊物充栋，良莠不齐，其遍阅之难，与收藏不易相等。前国立编译馆《图书评论》内辟有杂志论文分类摘要栏，分文哲学等，实予学术界人士方便不少。乃该刊竟中途停版。大夏大学史地社会研究室同人因感该项工作之重要，遂毅然继起创办《史地社会论文摘要月刊》，内分历史，地理，社会三栏，将国内较有价值之定期刊物摘要，并著明每篇论文之出处，以便读者翻检原文，颇称便利。从去年十月起，现已出至一卷七期，共收论文四百八十余篇，历史类较社会类稍多，地理比较最少。据云希望将来能逐渐扩充，将国内外与史地社会有关之论文摘要起来。果能如是，诚治斯学者所同盼也。

吴窓斋先生年谱

(《燕京学报》专号之十) 顾廷龙著

二十四年三月哈佛燕京学社燕京学报社出版 铅字本 定价六元

吴窓斋先生与晚清政治学术关系甚巨。此谱搜列遗事,纤巨毕载。《年谱》之后有附录两种:一为《著述目》,一为《藏器目》。

关于政治方面,系从故宫博物院所藏清军机处档案中录出吴氏自秀才以迄去官所上折奏,择要附入。若对俄葡一再发勘界之议,督河时陈河工利弊,皆有卓见。金石鉴别方面,凡题记随笔,均行摭入。若《积古斋钟鼎款识》批语向来未有传录。《季贞鍪》向亦不见形拓,今得吴氏手摹之本,皆极有裨于考古。又《论古杂识》稿本于所得古物,往往记之甚详,皆金石家之一掌故也。书画方面,凡所绘长卷巨册,精心名构,录其原题,记其原委,系诸作年。吴氏画笔,山水人物花卉,无一不能,书首各制一景,可见一斑。

此谱材料,搜集垂六年,编订缜密,间加考证。研究近代史及金石书画者,当引之为良助也。

善斋吉金录

庐江刘体智著　民国二十四年二月出版　石印本十五册　定价四十元

此书前出乐器，礼器，古兵，度量衡，符牌五录，本刊第十五期已记之矣。兹复续出玺印，泉，镜，梵象，任器五录。玺印分玺与印两种。玺复分官玺，姓名，吉语，习语，两面五类。印复分官印，官名姓名，吉语姓名，姓，名，姓名，复姓，姓名印，姓名私印，姓名之印，回文，鸟虫书，吉语，肖形，套印，两面，押印，宋元以下杂印，道家十九类。其印中尚有若干可入之玺者。其侍从木府乃市府之误，封泥有市府可证。泉分空首布，方足布，尖足布，员足布，大刀，磬折刀，尖首刀，自周至明圆泉，及无考，外国，厌胜，异币诸品。末为泉范。中以四朱方圜各泉一百品为罕见。背或有临淄，淳于，淄，驺诸地名。其异币中除蚁鼻钱外皆非泉也。镜自秦至明。其中有年号者三十三面，足与徐氏小檀栾室所藏三十六面相埒，而以司马昭平淮南镜为巨擘。吾国言镜之书，一为绘画，一为摹拓，此合二者而用之，独未见摄影者。观日本镜谱影印之精，辄自惭形秽。此书绘画者清晰而摹拓者模黏，两相对照，窃疑两者皆失之。徐刘两君相友善，倘能合两家所藏年号镜而精印之，或足雪吾国镜谱鲜佳著之耻乎。梵象自齐至吴越。如后魏太和十一年造象，羊弘造象，赵虎臣造象皆属精品。任器自周至明。汉器中多伪器，如建武廿年鼎，大吉尊，建武十年钟，司马扶钫，龙渊宫壶，元始元年壶，承安宫豆，莲西宫铜錾，莲西宫铜鸟衣，大吉羊洗，长安下领宫雁足镫，承安宫行镫，龙渊宫铜薰炉，泝阳宫铜薰炉，丙午神钩皆是也。要之，如此巨著，以一人之力聚之，魄力之雄，求之古人，惟端方差足与比。则此书之仿《陶斋吉金录》而作也固宜。

考古学社考古专集三种考古丛书一种

考古学社成立于去年九月，以我国古器物学之研究，纂辑，及其重要材料之流通为主旨。社中经费不过百余元，而社员乃能努力于自身学问上之发展，及考古专集、考古丛书之刊布，是亦埋头苦干声中值得吾人嘉许之一社团也。兹将其重要刊物四种介绍如次。

一、古石刻零拾　东莞容庚著　民国二十三年十二月影印本　定价四元

此书所收《诅楚文》《泰山刻石》《袁安碑》《袁敞碑》《苏君神道》《素下残石》《左棻墓志》七种。前六种乃篆书，后一种乃隶书。《诅楚文》宋人讨论者至多，清人多袭宋人之说。此分

(一)原石之发见,(二)诅祝之制度,(三)文字之校释,(四)史实之考索,(五)拓本之流传,(六)著录表六章,考释至为详尽。《泰山刻石》录《绛帖》本,可知原石之形状。至于详细考释,别有《秦始皇刻石考》(见本刊)。袁安袁敞两碑均以碑为纲,而疏注《后汉书》本传及《后汉纪》诸书于其下,可以互相发明。时人有疑此两碑为伪作者,经此辨证,足以塞其口矣。《苏君神道》《素下残石》二种,则以篆书之佳存之。左棻之才,久著称于世。此志石铭辞,均甚质朴,可称墓志中逸品。考释分志石出土,《晋书》小传,卒时政变,棻之年岁,棻之著作,棻之亲属六节。区区七石,于史迹及文字上皆有极大关系,零拾云乎哉。

二、楚器图释　永嘉刘节著　民国二十四年影印本　定价三元

安徽寿县,古寿春也。楚考烈王二十二年,与诸侯共伐秦,不利而去,东徙寿春,命曰郢,即其地。今县东南三十里,有朱氏集,朱氏聚族居之。距集二三里,有小土阜,名李三孤堆,又名楚王墓。民国二十年,寿大水,四乡贫民掘古墓,货所得以为生。次年朱兰室醵资鸠工掘孤堆,得金石器物无数。风传至县,乃遣役禁私掘。教育局继之而起,其所得及没收自朱氏者共八百余件。先存平民教育馆,其重要之器复被窃。乃由省政府提存安徽省立图书馆,大小七百余件。此书所录罍一,盘一,剑一,簠三,豆二,勺一,凡九器,乃中华教育文化基金董事会以二千零三十元购自尊古斋而寄存于北平图书馆者。考释一绪言,二铭文考释,三年代及地理,四形制与纹样,五余论。附录唐兰《寿县所出铜器考略》。其铭文考释有未能惬人意者,如曾侯钟“楚王酓章作曾侯乙宗彝”,唐兰谓乙为曾侯之名是也,此乃谓乙宗为小宗。经史果有声超夫人,则读圣超为声超可也。今经史并无声超,则圣超何烦改读。佀乖,佀乖綤,佀,与佀綤;秦忑,秦峉苛,与秦苛固不能遽定为一人,即如其说“秦忑,或秦苛,铸客

之名,而但卒与盘埜为监修之官”,于文义仍不可通,何如阙疑之为得也? 酓即熊,刘氏无异词者。释酓肯为负刍字形之误,似不如马衡先生释为熊元之有一字之合。且熊元时国力尚强,两鼎及诸簠铸于熊元,及熊悍战获兵铜,补铸鼎盘各器,其说亦可通。负刍二年,秦使将军伐楚,大败楚军,亡十余城。四年,秦将王翦破楚军于蕲,而杀将军项燕。五年秦将王翦蒙武遂破楚国,虏楚王负刍,灭楚。负刍即位,灭亡是惧,恐无暇多铸彝器也。又刘氏云:“楚自考烈王二十二年至酓肯嗣立之元年凡七年。”考考烈王之子幽王在位凡十年,七年乃十一年之误。

此书之铭文除三簠依原大外,余皆放大且放大之多少殊不一致。又《楚王盘》铭二行,但卒一行放大而楚王一行缩少。书中未有言及何也。

《宝楚斋藏器图释》,方氏宝楚斋主人著,民国二十三年十二月印行。

此书著录鼎,毁,簠,豆,勺,匜凡十器。其《寿县楚器出土记》于出土原委记载颇详。附孙壮《楚器考》。以非卖品,故附记于此。

三、海外吉金图录 东莞容庚著 民国二十四年印行 定价三十元

吾国古物之流入外邦者无算,非特原物不可复归,即印本亦不易得见。若住友氏之《泉屋清赏》,国中所藏恐成孤本。容氏有慨于此,遂有此书之辑。兹编为日本之部,采录之书七种,合得一百五十八器。原书解说之讹误者,为之补正;而拓本之模黏者,苟得旧拓,亦为更易,固不徒辑录而已也。

四、古文声系 孙海波著 二十四年北平来薰阁书店发行 影印本四册一函 每部定价四元

孙君于去年十月编就《甲骨文编》行世，今又辑成此书，其对于古文字研究之深，用力之勤，可想见也。

本书以声为经，以文为纬，综殷周甲骨文字数千，纳于古韵二十二部中，首系声母，以谐声孳生之字，分条胪列于下。又分文字之进化为四：一曰图绘，二曰象形，三曰假借，四曰转注。并指事会意于象形，隶形声于会意。其释义也，不泥于古，不囿于《说文》，间亦阙其所不知者而姑存旧说。如甲骨金文之字有为字书所无者，苟能确定其音读，间亦采入。而奇文异体，或不识之字，或形体相同者，阙焉，颇称矜慎。

松花江下游的赫哲族

凌纯声著　二十三年中央研究院历史语言研究所出版

上下二册　每部定价五元

本书作者凌纯声君前于民国十九年春夏间与商承祖君同赴东北调查赫哲族；在松花江下游，自依兰以至抚远一带实地考察该民族生活状况与社会情形，历时三月，所得材料及标本颇多；经两年之研究与整理，始成此书。

全书分三章，(一)《东北的古代民族与赫哲族》，先以各家研究为比证，再以其近代生活方式，风俗习惯及宗教信仰等，证明通古斯非东胡民族之译音，通古斯乃东夷民族之一种。次考东北各民族名称之起源,及赫哲与 Goldi 名称之由来及其转变与采决。次述我国文献中记载之赫哲及现代赫哲族与其地理之分布。(二)《赫哲的文化》,分为物质,精神,家庭,社会四项,关于衣,食,住,行,宗教,艺术,娱乐,婚姻,政治,法律等,各方面均有详细叙述。并云,近数十年来,以汉族移殖斯土者如潮涌,因杂处而互通婚姻,故其社会生活,已完全汉化。(三)《赫哲的语言》,分为语音,语法,语汇三项,以国际音标与注音罗马字对照,并以赫哲语,国语例字列表以明之。末附赫哲故事十九则,大约分为四类。1. 英雄故事,2. 宗族故事,3. 狐仙故事,4. 普通故事。在此项故事中,虽不能当为史实,至少亦可找出过去文化片断材料,如文物,制度,思想,信仰等。此为我国记载赫哲族最新之作也。

国学论文索引三编

刘修业编辑　二十三年十月中华图书馆协会发行　定价一元

索引为学术之工具,以一二人之精力,而省却多数学者之苦心焦思,诚甚便也。

本书共分十七类:(一)总论,(二)经类,(三)小学,(四)考古学,(五)史学,(六)地理,(七)诸子,(八)文学,(九)科学,工业附,(十)政治,(十一)经济学,商业附,(十二)社会学,(十三)教育,(十四)宗教,(十五)艺术,(十六)音乐,歌舞附,(十七)图书目录学。所收杂志报共一百九十二种,约由民国十七年起至二十二年五月止。

刘女士前于民国二十二年曾编辑《文学论文索引续编》,今又编成此书问世。以最短之时间,完成最大之工作,实堪钦佩。然有误者,举例如下:

(一)朝代　《张篁溪生圹志铭》列入明代,而《篁溪钓图传》则列入清至民国,同是一人一事一书,而因著作者不同之故竟分为两朝代。今篁溪先生犹健在,寓居北平,岂编者按日编入,无暇一读其原文乎?

(二)笔画索引　《续编》与《三编》不符合者,如《续编》称《中山大学语言历史研究所周刊》,以"中"字为首,列入四画。《三编》则称《国立中山大学语言历史研究所周刊》,以"国"字为首,例入十一画。因笔画之误,遂至编者重收其书,而生以下诸误:

(1)《续编》与《三编》合收之文　如《国立中山大学语言历史研究所周刊》,《关于诗经通论及诗的起兴》,互见《续编》一〇,《三编》一二。《离骚的成分问题》,互见《续编》一〇七,《三编》二二〇。《毛公鼎铭考》,互见《续编》三五,《三编》四七。

(2)《续编》与《三编》遗漏之文　如《说文建首系表》,《泉州谈荟》等(以上均见第十集一〇九期)。

(3)《续编》与《三编》分类出入者　如《英吉利占领广州之役史料》一文,《续编》入历代史料栏,《三编》则入中外史栏。

《中山大学语言历史研究所周刊》,《续编》云收至十一集三,四期合刊(按即第十一集一二五至一二八期合刊,大约以该册为十一集之第四册故称为三,四期合刊),又百期纪念专号(按百期纪念专号系入第九集,未知编者何故特别提出?)。《三编》则云续前编收九十七至一三二期。观此,《三编》所收该刊不过三十五期,而重复者竟达三十一期。愿编者将来编辑四编,或其他索引时,稍留意耳!

引得编纂处最近刊行引得二种

一、《刊误》引得 (引得第二十二号) 侯毅编 民国二十三年十一月出版 定价大洋五角

《刊误》二卷,唐末李涪撰,本五十篇,今存四十九篇。前半多为纠正朝廷典制之作,后半则兼及日常琐事,由之可以窥知唐代社会风俗之一斑。侯毅先生以其有裨于唐史之研究不少,因取《榕园丛书》本,为之编制引得。手此一编,谅可为留心礼俗与夫唐代掌故者检查之助焉。

二、《太平御览》引得 (引得第二十三号) 民国二十四年一月出版 定价大洋九元

北宋四大类书,曰《太平广记》,曰《太平御览》,曰《文苑英华》,曰《册府元龟》,今皆流传于世。其中《太平御览》一书,以引用古书二千余种,现时存者十不二三,故尤为承学之士所珍贵。惟全书一千卷,寻觅材料,深为不易,学者苦之。引得编纂处为救济此种缺憾,因取清嘉庆间鲍崇城刻本《御览》,编为引得,以便查检。全书共分二部:一为《篇目引得》,一为《引书引

得》。二者均用中国字庋撷法排列，其下并均注明所在之卷页数。引得之前，附有《太平御览编目表》，及约有万字之长序，于《御览》之修撰缘起，动机，成书年月，及参与撰修诸人，与夫《御览》本身之讹误，均有阐明。学者手此一编，真不啻按图索骥，其能收事半功倍之效，可断言也。

燕京大学图书馆目录初稿（类书之部）

邓嗣禹编　二十四年四月燕京大学图书馆出版　铅字本一册　定价四元

类书之作，始于魏文帝敕编《皇览》。俟以典籍日繁，遍览不易，于是类事类文之书应运而起，苟检一事，而随类相从者若干事毕露于前，其用良便。

燕京大学图书馆所藏中西文书籍约七万余种，概制活叶式卡片目录，每书均有著者书名分类及参考分析等片，依法排列，馆内阅者，固不难按片而索。若欲流传馆外，人手一编，则不若簿录式之目录为便。该馆拟将馆藏各书，分别提要，陆续刊行；此书乃其嚆矢，后将继此而刊行者，尚有若干种云。

类书之分，尚无定义。此编大致以《四库全书》与八千卷楼所著录者为准绳。以《四库》分类方法，则为学者所习用；丁氏书目，搜罗颇备，亦甚通行，故乃折衷两者，以为去取。著录各书共三百一十六种，计分十门：（一）类事门，（二）典故门，（三）博物门,(四)典制门,(五)姓名门,(六)稗编门,(七)同异门,(八)鉴戒门,(九)蒙求门,(十)常识门。每门之下,复按书之多寡,内容体例之同异,另分系属。各书除书名、卷数、著者姓名及版本外,均撮有简短提要,间加按语,使读者一阅而知其内容梗概。末附现代辞书录略,原分门类各书引得,笔画检字引得,拼音引得,本编著录各书引得。

城子崖

(中国考古报告集之一) 李济等著 民国二十四年五月中央研究院历史语言研究所出版(原书未载出版年月) 定价大洋八元

城子崖在山东历城县龙山镇之东北,其遗址于民国十七年四月为吴金鼎君所发见。十九年十月,由中央研究院与山东省政府合组山东古迹研究会从事发掘,于十一月七日开工,工作一月,因天寒地冻,于十二月七日停工。后以二十年四月间在河南安阳又发见大致相同之遗物,证明城子崖文化所及之范围甚广,顿觉城子崖遗址实有再度发掘以详察内容及充实材料之必要。复于是年十月九日至三十一日为第二次之发掘。此乃发掘之报告也。全书共七章:(一)城子崖遗址及其发掘之经过。(二)城子崖地层之构成。(三)建筑之遗留。(四)陶片。(五)陶器。(六)石骨角蚌及金属制器。(七)墓葬与人类兽类鸟类之遗骨及介类之遗壳。附录城子崖与龙山镇。图版五十四面。此次发掘虽无重大发见,然历史语言研究所考古组总动员以成此报告,其体例之严密,印刷之精美,为中国考古学上开一新纪元。殷虚报告集继是书而印行,此尤吾人所企望者也。

(《燕京学报》1935 年第 17 期)

河南汲县山彪镇新获古物

河南汲县山彪镇有晚周时代一大墓地，年来迭有古物出土，中央研究院于民国二十年春曾派郭宝钧氏前往调查，认为极可大作，以方有事于殷墟及浚县发掘未遑及此。本年夏据地方报告又有大批古物出现，乃由中央研究院与河南省政府合组之河南古迹研究会声请发掘，经于八月初旬开工，工作月余，掘获古铜石器等七类，六十六种，四百七十余件，现已全数运汴，于十月二十九日由古迹会招待开封学术新闻界公开展览一日。兹将较有关系各种采录于下：

1. 乐器类　是类有编钟十四，编磬十，磬残破，钟皆完整，花纹精美，按自来关于编钟堵肆之数解说不一，此堵闻出自一墓中完整无缺之南壁，自西而东，依次排列，可与研究堵肆问题者以极好参考。旧载《齐侯镈铭》分铸七钟，知正合基音七正七倍之数，而古今著录编钟数，无过于十四者，盖有由也。

2. 礼器类　最特色者为大鉴二，形制与华盛顿复利尔陈列馆所藏之四耳猎盂（见徐中舒《古代狩猎图考》）极似，壁嵌白色物质饰水陆战争兵器船舶图象，每鉴为人物二百三十，极生动有力，开汉代战争狩猎壁画之先河。

又大壶四，花纹繁缛，盖饰花瓣形物六，中空，别以圆版承立鸟，覆盖空处与新郑所谓莲鹤方壶者略同。新郑方壶，论者多谓鹤，非壶上物，莲盖可倒置，不知盖实空洞无底，得此证明益可恍然矣。

又提梁壶一，形制介于卣与钟之间，与柏林博物馆所藏之杕氏猎壶（见徐中舒前文图版一）同，惟花纹不为狩猎，且非嵌镶耳。

又鼎五，形制全同，大小递减，亦合编列之意。同墓所出者河南博物馆尚藏二鼎，形制花纹全同，而大小递增，与此原为一组，知鼎之总数应为七，岂周末所谓诸侯七鼎者曾经实行一时欤？

其他复有豆四，敦一，簠一，方器二，兽尊一，盘二，釜一，甑一，鬲三，瓿一，匜二，匕二，勺四，箕一，各具特异之点，不及备述。

3. 车器类　有軎辖衔镳辔勒铃环辂七种，其中堪称述者环皆二连三连，已非西周时代所有，而镳为自然之角所制成，则镳篆或体所以从角者亦有由也。

4. 兵器类　兵器共百余件，戈多长胡刺内，演进形制极显著，其一错金鸟书四字，又一镌“□□王□王用戈”七字，戈之胡中有小孑刺者，其他有斧镈剑矛锐镞等。又有类似弓饰之弣弭峻等件。

5. 文具类　所谓文具，实即制作木简之器用，非真如后世之文具，以其出于同一处所，且有极腐朽类似木简及漆皮物存在，姑以文具名。此中有锥（笔？）削刀凿锯磋铜夹砺石等件，有似尺之长匕一，附于腐简之面，长 0.232m，与诸家考定之周尺长度略近。

6. 杂具类

7. 陶石骨贝类

此二类含物甚杂，有不经见不可名者，现均由原调查人分类整理研究，想正式报告不久即可问世以公同好云。

北平研究院考察彭城北齐石刻经过

国立北平研究院史学研究会考古组主任徐炳昶，历史组主任顾颉刚，以磁县彭城镇一带，古代石刻甚多，特于九月间偕工作人员数名前往该处考察，历时三周余，于十月初旬返平。据徐氏谈：前闻磁县彭城镇一带，北齐时代之石刻甚多，为实地详细考察起见，遂与顾颉刚先生偕同工作人员数名，前往该处。彭城距磁县约四十余里，其北有小山，曰鼓山。有两大寺，一在南，一在北，相距二三十里，在南端者，名南响堂寺（即在彭城镇外）；北端者，名北响堂寺，则属河南省之武安县界。二寺皆就山凿石，洞中石刻佛像及石经碑甚多，雕工且甚精致。虽不如龙门及云岗石刻之多，但大大小小之佛像与碑文，触目皆是，确为北齐时物。惟已损坏不堪，多数佛头，已被劣绅凿掉盗卖，殊为可惜。最有趣者，为多数被凿无头之石像，有经后人模仿在原石壁上雕刻成头者，与原像甚肖，然不幸此种之石像头，现亦有若干被凿卖，国人对古物之不知爱护，由此可见一斑。该处石刻，在古代文化及东方艺术上颇有价值，故余与顾先生先行返平，留各工作人员在该处摄影，拓印碑文，以便将来汇集成书，现正着手搜求材料，俟在该处工作人员返平，即行开始编辑，将以《南北响堂寺石刻》作书名云。

临沂县发现汉墓画像石刻

山东嘉祥县汉武梁祠画像石刻，所刻多故事画，如伏羲，祝融等帝王像，曾子，闵子等孝子故事，曹沫，专诸等刺客故事，及孔子见老子，诸画像，刻划质朴，为故事画之祖。考古者多重视之。本年八月间临沂县亭子村农夫，掘土得古墓一处，四周全为汉画石，墓内并有五铢钱甚多，及衣饰所用小铜器。该县民教馆闻信，派人往查，并将画像拓本及零件等送县，由县长转呈省府，省府交教育厅审核有无保存价值；教厅又转交省立图书馆审查。据馆长王献唐审查结果，谓该画全为阳纹，其古史画伏羲像作人首蛇身，略与武梁祠同。石高丈余，花纹较武梁祠略粗，而极浑厚伟大，足以代表鲁东南部古代艺术作风，当有保存之价值。该画石于十一月十日已运一方来济，存省立图书馆，其余以高大笨重，难于运输。王献唐君拟日内赴临沂视察，仍设法将该石运济保存。

又闻该古墓中除画石，古钱，铜器之外，尚有其他古物现已为人取去。且初发见时，完整可以考察古代墓室之构造及陈列装饰，今已凌乱，不可得而考矣。

十二家吉金图录

商承祚著　民国廿四年五月金陵大学中国文化研究所出版

影印本二册一函　定价大洋二十六元

此书所收，乃于省吾，方焕经，方若，王辰，周进，孙壮，孙政，张玮，张允中，黄浚，商承祚，叶恭绰十二家所藏，凡一百六十九器。每器照其形状，拓其文字及花纹，而加以考释。如寿州所出楚器，共收入二十一器：逗䟫铭之鼎二，簋一，甗一，尊一，卣一，斝一，觚二，爵二，共十一器，皆于制器之数可资参考者。如三年杖首，内公钟钩，夨王方鼎盖，陈侯午錞，偖作父癸尊，方鬲，铸客盘，偖作父癸簋，皆彝器中之形状罕见者。伯泺父壶盖铭疑伪刻。晋寿升铭亦疑伪刻，即不伪，以容量言乃斗而非升。何大万盉形状乃鐎也，不当名盉。楚王乔鼎乔高也，犹䣄灵德鼎之称小鼎，不烦改读为铋。又此鼎通耳盖左高53.8公寸，右减10.2公寸，何至左右相差至五分之一之巨，此必有误者也。

金文续编

容庚著　民国廿四年六月商务印书馆出版
石印本二册　定价大洋二元二角

容庚先生于民国十四年刊行《金文编》，所收为殷周彝器文字。此编为秦汉彝器文字，所以续《金文编》者，计收字九百五十一，重六千〇八十四，附录三十三，重十四，乃国立中央研究院历史语言研究所专刊第八种。秦汉金文，向罕重视，容氏既撰集《秦汉金文录》得秦器八十六，汉器七百四十九，集秦汉器之大观。兹复賫录其字为《金文续编》，由篆变隶之轨迹，得此较然明白。今日学者竞言简字，取材于小说书中，不知秦汉金文中已有若干简字足供吾人之采撷。至其摹写之矜慎，犹其余事焉。容氏近复重订《金文编》，吾人亟盼其能早日印行也。

汉代圹砖集录

王振铎撰　一九三五年五月北平考古学社出版
石印本一册一函　定价大洋三元

我国汉代画像,留存迄今,足资吾人摩挲玩赏者,除山东嘉祥县武梁祠,肥城县孝堂山石室画像外,其次则为墓砖。墓砖之有专书,始于晚清陆心源之《千甓亭砖录》,冯登府之《浙江砖录》,吴隐之《遁庵古砖存》等,其搜罗之富,考据之详,自无可议。惟长方中空之大圹砖,著于王佐《新增格古要论》,名之曰"琴砖",盖不知此砖之用也。至邹安《广仓専录》始搜集二十余种。

本书专收此种圹砖,分上下二卷,上卷为各圹砖拓片之全形,计图六十九,下卷为各砖范模,计图一百四十四。砖之形制,有空腹,长方形,方形,方柱形,三角形。花纹则有几何图案,铺首,楼树,人物,动物,骑射,车御,营造,货币等。其图像系就原拓片缩影,原拓尺寸附记于目录之下,展卷了然。末附附说,叙述矿砖之命名,制造,应用,及范模分析等,颇为详尽。

金文分域编四册

（余园丛刻第二种） 柯昌济撰 民国廿四年出版
定价大洋五元 北平琉璃厂来薰阁代售

自来搜罗金石者，大都分地以求。宋王象之《舆地碑记》以迄孙星衍《寰宇访碑录》，乃至各省郡县金石志，作者无虑十数家，而其内容皆偏于石刻之类。铜器偶尔涉及，但略而不详。今日之言殷周彝器者，于文字之外，尤留心于古代地理。首当注意者，即为各器物之出土地，而诸家著录大都阙如，偶或一二提及，亦辗转误传不可尽信，学者引以为憾焉！胶西柯昌济氏少承家学，尤笃好殷周遗文。其所作《金文分域编》，积稿十年，即本分地以求之指，辑录殷周宗彝，及汉唐宋元以来铜器，类入今日省县之分域，各以其地相从，为书凡二十有一卷。每地之下又分六项以论述之。一曰出土：各地所出器物及各彝器坑地所出之纪录是也；二曰旧闻：经史载籍所记重器制造可备史料者是也；三曰本在：唐宋以来经公私所保存，寺观所置造，未经掊掘贩徙者是也；四曰考征：器物文字载有地名，足以阐证史籍者是也；五曰存疑：前人著录近代审为不甚翔实者是也；六曰附录：各地所出器物仅得大凡，以及摭拾之余不属于以上诸类者是也。他若于出土考征二目之器仅能知其地在某省，而未悉其县邑者，别为余载一目以附之。综观是书，搜辑甚勤，凡所论述，亦有未可笃信者，要不失为治金文学者之一良友也。

封泥存真

国立北京大学研究院文史部编辑　廿三年八月商务印书馆出版
石印本一册　定价大洋三元七角

清道光之初，封泥始稍稍出土，刘喜海《长安获古篇》收入三十种。吴式芬，陈介祺著《封泥考略》，始有专书。民国以后，罗振玉著《齐鲁封泥集存》，周明泰著《续封泥考略》，相继刊布，斯学益彰。惟各书除摹拓及考证其文字外，不言形制，未免有憾。

本书撰集该校所藏潍县郭氏旧藏之封泥百七十七枚，除摹拓印文外并影写其实状，俾读者由此以求玺印之用法，并考见简牍之形制。又此集有"杜丞之印"四字封泥，足以校正吴氏《封泥考略》疑"杜丞"二字为"杜陵之监丞"之误。"句莫乡印"《封泥集存》作"郇"，"郡乡之印"《集存》作"眛"亦误。首冠马叔平(衡)先生序，对于封泥之用法发挥甚详。

章氏丛书续编

章炳麟著　民国廿二年北平刻本　定价伍圆

《章氏丛书》十六种，浙江图书馆刊本，刻成于民国八年。此《续编》七种，今年始刻成。章炳麟先生为治国学者之老前辈，其《章氏丛书》，早为学者所推崇，无烦赘述。此《续编》中，第一种为《广论语骈枝》一卷，其自作《后序》云："尝观齐鲁皆孔安国所传，而鲁《论》文或难晓，盖多因古文真本，齐师则有所改定者。其后马氏(融)古文说兴，大抵半下己意，半因齐读。犹郑(玄)笺《毛诗》，时与故言有异。后汉传古《论》者独马氏一人，故郑读之从古耳。怀此疑义，不欲自秘，遂为疏证如干条。间亦敷说大义，稍述故事。其文既少，略依刘氏(台拱)《骈枝》为名。"案此书所疏释，颇多创见。如解"无适也，无莫也，义之与比"，以为："《诗·卫风》：'谁适为容。'《传》：'适，主也。'《小雅》：'小人莫之。'《传》：'莫，谋也。'君子治天下，不建己，故无主。不用智，故无谋。动静不离于理，是曰'义之与比'。其后慎到闻其说，曹参施诸政。"又解"浴乎沂，风乎舞雩，咏而归"，以为："《释文》：郑云，'鲁读馈为归，今从古'。案古文'齐人馈女乐'，鲁亦作归，字例如此。然此则事义迥殊矣。《记·玉藻》言，'醷面既晞，则进禨进羞，工乃升歌。浴既晞，则进饮’。此浴沂当兼醴沐。风乎舞雩，则晞也。馈即进禨进羞，咏即乐工升歌之类，是乃古人常事。必托时于暮春，择地于郊野者，斯则祓禊之事。”此可见其新颖之见解。虽所说不多，有足资参考者。

第二种为《体撰录》一卷。内有《大衍说》《极数定象答问》《说周量》《说汉量》，皆就算数以为说。

第三种为《太史公古文尚书说》一卷。此书之作，以为孔安国之书不传，惟司马迁尝从问故。今以《史记》一书考之，犹略得《尚书》古文二十许事。段玉裁著《古文尚书撰异》，谓《史记》所引皆今文。章先生遂谓“段氏只知杜(林)，卫(宏)，马(融)，郑(玄)为古文，不知师读之各异也”。又云:“段氏强诬史公，谓其所称皆今文，于是不得不谓《书序》为今文所有，此真所谓掩目捕雀者也。至马氏称逸十六篇，绝无师说，此在后汉言之则然，以杜卫诸公未说十六篇耳。若孔氏传都尉朝，朝传庸生:以讫哀平之季，师说固在。刘子骏(歆)欲立《古文尚书》，其《移让博士》称及十六篇，若无师说，何以立学?《律历志》所述《三统历》，本刘所作，中引《伊训》《武成》之文，若无师说，何得率尔称述?……西京古文诸师说经之辞，世相传授，未有传注著录。至后汉杜伯山辈，不说逸书，则其师说自亡。季长又后于伯山百年，何得不云绝无师说乎?此非可以尚论西京也。”案《史记》所引《尚书》，章先生以为古文而非今文，其言甚辩。章先生附记又云:“近洛阳伪作《熹平石经》，有二十九篇《书序》，正因段氏谬说，造此欺世。百篇之序，本自合编，有则俱有，无则俱无，宁有割取篇目，以应今书者?其妄可知。”章先生尊信汉《古文尚书》，而不知《熹平石经》所用之《尚书》为今文欧阳《经》。(见钱玄同先生《重论经今古文学问题》，《古史辨》第五册页四十)章先生以洛阳所出之《熹平石经》《书序》文残碑为伪，而钱玄同先生则认以为真。(见同上)章先生所疑,大约亦如其二十年前作《理惑论》(《国学论衡》)之疑甲骨文字为伪耳。

第四种为《古文尚书拾遗》二卷。其自作《后序》云:"民国二十一年夏,返自宛平,盛暑少事,念棘下生孔安国之绪言,独存于《太史公书》,往反抽读,略得统纪,因成《太史公古文尚书说》一卷。次以己意比考,通其故言,以旧书雅记征其事状,复成《古文尚书拾遗》二卷。"此书于诂训时有新解,可备参考。如卷一于《般庚》下"今予其敷心腹肾肠历,告尔百姓于朕志"。解云:"《今文尚书》'腹肾肠历',作'优贤扬历',历字断句。案《三体石经》古文历皆作鬲。此文本云'今予其敷心腹肾肠鬲'。鬲者,肓也。今人谓之横鬲膜。俗字作膈,亦常以鬲字断句。古文家循守字例,遂读鬲为历耳。"又卷二《吕刑》"鸱义奸宄",解云:"马云:'鸱,轻也。'义者,《三朝记·千乘篇》说盗义妖贼间谍谗贷八罪云'诱居室家有君子曰义'。居者,止也。室家,谓妇。君子,谓夫。言诱止有夫之妇也。此孔子说《吕刑》古义。"

第五种为《春秋左氏疑义答问》五卷。章先生以为孔子作《春秋》,因鲁史旧文而有所治定,其治定未尽者,专付左丘明,使为之传。《传》虽撰自丘明,而作传之旨悉本孔子。因设为问答,以诠明其梗概。其要在使因史修经,论事作传之旨,由之昭晰。此为《古文春秋》派之微言大义学,本为对抗《今文春秋》派之微言大义而出。然而从断烂朝报式之《春秋》经,以找寻古圣人之微言大义,不免堕汉儒习尚,无论为古文左氏学,为今文公羊学,或穀梁学,依附传闻影响之词,以为千古不传之秘,此只作茧自缚,而未由得其真理者也。

第六种为《新出三体石经考》一卷,钱玄同先生手书付刻。近洛阳所出《三体石经》其文为《尚书·多士》《无逸》《君奭》《春秋僖公经》《文公经》。章先生著此书,以为"《石经》古文甚多，而籀文希见。以四十率之，籀文居一，古文居三十九。凡《说文》所未录，《经典释文》所阙者，于是乎可考。……”“于是稽撰本末，理其文字，以备不贤识小之义云”。章先生据卫恒《四体书势》，以为《三字石经》古文，出邯郸淳所写，至正始中立石，淳宜已前卒，而淳弟子辈据淳所书真本，书丹入石。虽书势不逮，其字形则无异。章先生尊信《说文》而鄙彝器款识之学，以为“古文浩博，《说文》不能兼录，而见之于是碑。然其同者十七，异者十三而已。既以三体相检，其字有定，不容立异，非若释铜器款识者，人人可以用其私也”。又云：“释款识者，以其文本难知，可得自擅，望形相似，即曰某字，因其私臆，更诬《说文》，自宋杨南仲以至清之钱、阮，已多疏略。及吴荣光，陈介祺，吴大澂，转益穿凿，缪戾滋甚。世有如郑珍者，固当辞而辟之。唯独《石经》三体自定，非可盲目以辨黑白也。今为之说，在以六书简别，明其形声，辨其正借。其有古字变化，笔迹不常，时采款识，用相证明，必于文义比顺，形体明白，信而可征者，非是则舍焉。”此为他著述此书之大旨。然许慎《说文解字》所采古文，往往由于当日郡国所出彝鼎。章先生只知尊信《说文》而不并研彝器款识，不免贵耳贱目。然而章先生甘抱残缺，独著所知，此《新出三体石经考》，多据《说文》为说，有可资参考者。读者取其所长可也。

第七种为《菿汉昌言》六卷。案《章氏丛书》中有《菿汉微言》一卷，为章先生口义，吴承仕先生所记，凡百六十七首，起自民国四年乙卯（西历 1915）以讫五年丙辰（1916），作于幽囚忧愤之中。此《菿汉昌言》六卷，乃章先生所自记，多言玄理，并著读书心得。评论宋明以来理学家言，亦多独到之见。章先生最近治学之趋向，可于此见之。

日知录校记

黄侃著　廿二年国立中央大学出版 铅字本一册　定价大洋三角

张继于民国二十一年得清雍正时旧钞《日知录》,其题签云"何义门批校精钞本",书前有光熙,李慎,仌翠堂,殷树柏诸家印记,书中有朱笔,蓝笔评校,书法颇拙,改字又多不当,评语时伤庸陋,必非何焯所为。钞者避清讳至胤字而止,盖雍正时人也。黄侃以黄汝成《集释》及《刊误》与钞本对校,则《刊误》所云原写本作某者,钞本类与之同;《集释》中据原本及引沈彤校本补潘耒刻本者,钞本亦多完具,知钞本实自原本移写。考今本所刊落者,有全章,如卷六《素夷狄行乎夷狄》条,今仅存其目;卷二十八《对襟衣》条下《左衽》条上有《胡服》一条,今全删之。有全节,如卷四《纳公孙宁仪行父于陈》条删七十七字,卷七《考次经文》条删九十二字,自余删句换字:如本朝改有明,改明朝,国初改明初,国朝改明代,先帝改天子改崇祯,丑虏改寇难,夷狄改外寇,夷狄之种改朔漠之姓,不可遽数。考潘耒刊《日知录》于康熙三十四年,历二百三十八年而始复其真。窃恐此书之再遭禁锢也,故备录《素夷狄行乎夷狄》一条于下,抱顾氏身世之感者将谓之何哉。

"素夷狄行乎夷狄",然则将居中国而去人伦乎?非也。处夷狄之邦而不失吾中国之道,是之谓"素夷狄行乎夷狄"也。六经所载,帝舜猾夏之咨,殷宗有截之颂,《礼记》明堂之位,《春秋》(朝)会之书,凡圣人所以为内夏外夷之防也如此其严也。文中子以元经之帝魏,谓"天地有奉,生民有庇,即吾君也",何其语之偷而悖乎。宋陈同甫谓"黄初以来,陵夷四百余载,夷狄异类迭起而主中国,而民生常觊一日之安宁于非所当事之人。以王仲淹之质而犹为此言,其无以异乎凡民矣"。夫亡有迭代之时,而中华(无)不复之日,若之何以万古之心胸而区区于旦暮乎。(杨循吉作《金小史》序曰:"由当时观之,则完颜氏帝也,盟主也,大国也;由后世观之,则夷狄也,盗贼也,禽兽也。")此所(谓)偷也。汉和帝时,侍御史鲁恭上疏曰:"夫戎狄者四方之异气,蹲夷踞肆,与鸟兽无别。若杂居中国,则错乱天气,污辱善人。"夫以乱辱天人之世,而论者欲将毁吾道而殉之,此所谓悖也。孔子有言"居处恭,执事敬,与人忠,虽之夷狄,不可弃也",夫是之谓"素夷狄行乎夷狄"也。若乃相率而臣事之,奉其令,行其俗,甚者导之以为虐于中国,而藉口于"素夷狄"之文,则子思之罪人也已。

中国文学史大纲

容肇祖著　民国廿四年九月景山书社出版
定价甲种一元五角　乙种一元

中国文学史著作，除各史文苑传、文学传、文艺传外，在中国最早者为林传甲之《中国文学史》，出版于光绪三十年(1904)。以后著述渐多，而最著者则为刘师培之《中古文学史》，搜佚钩沉，典雅有则，惜未完成。谢无量先生之《中国文学史》，取材丰富，惟范围未确定，每每侵入学术史领域；又取材不谨严，故上说至五帝文学。朱希祖先生之《中国文学史要略》，则又泛说中国一切著述。此外尚有若干种，一切皆以文言为中国文学史之中心。至胡适先生《国语文学史》《白话文学史》出，文学史遂发生一创新之观念，即不以文言为中心，而以文学为原则。加以戏曲小说研究渐渐兴起，而王国维《宋元戏曲史》，鲁迅先生《中国小说史略》等著作，更能引人生趣。而矫枉过正者，遂有作中国文学史，偏于白话文学之倾向。如郑振铎先生之《中国文学史》，实偏重白话材料而忽略文言。又近年以来，著文学史者，受美国文学界之影响，关于史学著述，每每屏除于文学之外。故近二十年间，中国文学史著作，虽如雨后春笋，求其不偏不倚，提要钩玄者,尚未易多觏。此书共分四十七章,从殷墟甲骨文字记录起,以至民国新文学止。于先秦之材料,鉴别最严,解说亦清楚。惟以为“古代国家疆域不大,语言文字大约是一致,而且是统一。积渐有文字之歧异”。以殷墟文字证之,则文字之笔画,本不统一。文字本来已跟不上语言,文字之始创必简陋,古初文字安能与语言合一。此为作者所忽略之点。此书多采近人成说,所采尤以胡适、傅斯年两先生之说为多,采用之中,颇具选择眼光。至于作者所特有之见解,从王褒《僮约》及敦煌本《韩朋赋》,推测汉朝已有白话故事赋,亦自有其理由。又以为梁陈文学已有新发展,颇有独到之见解。其最优之点,以文学为演变不断之历史,每种体裁,为本原之探讨,而叙述简明,用新颖眼光而不偏激。然而此书名为大纲,前半选材阐说,允为适宜,后半言简意赅,微伤简略,甚愿作者于再版时,加以增订也。

清人杂剧二集

郑振铎辑　廿三年五月长乐郑氏影印本　一函八册定价八元

郑振铎(西谛)先生精研小说戏曲,并喜收藏,关于王实甫《北西厢记》一书,收藏有二十一种之多,其中明本清本多为坊间所不易得之善本(见本报十二期《北西厢展览》),其收藏之富可想见矣。

郑先生于民国二十年曾出《清人杂剧》第一集，计有吴伟业《临春阁》等三十八本（见本报第九期）。在第一集出版时二集即已编就待印，历时三载始克行世，郑先生谓："数年来，人事倥偬，屡经大变，无复有闲情及此。然所见乃益广。洪昉思之《四婵娟》剧，初以为终不可得者，竟亦得之于陈乃乾先生许。海宁朱氏举所藏剧曲，归之北平图书馆，中有清剧二十余种，足以增益我书。于是《二集》所录，较拟目乃有所变易。弃去若干比较易得之作，而益以昉思、幼髯诸氏之稿本。斯类未刊之稿本，少纵即逝，固不能不亟为之传布于世也。"

本篇计收徐石麒《买花钱》等杂剧四十本，郑先生于《题记》中每著作人均为撰一小传，展卷即知著作者生平及其著述兴趣之趋向。兹录目如下：

买花钱（徐石麒） 大转轮（徐石麒） 浮西施（徐石麒）
拈花笑（徐石麒） 孔方兄（叶承宗） 贾阆仙（叶承宗）
十三娘（叶承宗） 狗咬吕洞宾（叶承宗） 龙舟会（王夫之）
风流冢（邹式金） 空堂话（邹兑金） 醉画图（廖　燕）
诉琵琶（廖　燕） 续诉琵琶（廖　燕） 镜花亭（廖　燕）
咏雪（洪　昇） 簪花（洪　昇） 斗茗（洪　昇）
画竹（洪　昇） 蓝关雪（车江英） 柳州烟（车江英）
醉翁亭（车江英） 游赤壁（车江英） 讯翂（张声玠）
题肆（张声玠） 琴别（张声玠） 画隐（张声玠）
碎胡琴（张声玠） 安市（张声玠） 看真（张声玠）
游山（张声玠） 寿甫（张声玠） 璇玑锦（孔广林）
女专诸（孔广林） 松年长生引（孔广林） 苎萝梦（陈　栋）
紫姑神（陈　栋） 维扬梦（陈　栋） 乔影（吴　藻）
老圆（俞　樾）

古音系研究

魏建功著　廿四年五月北京大学出版　定价二元四角

古音之学，发轫于宋，及至清代，斯学方盛。清初以前，如陈第之《毛诗古音考》，只求读《诗》无所龃龉。自段玉裁《六书音韵表》出，本戴震以古韵通小学之说而发扬光大之，斯学乃显。惟诸家之所谓古者，统三代秦汉之综称，或以《三百篇》为本，或以《广韵》二百六韵为本，以一地概四方，以一时概千古，其汗漫支离，在所难免。

魏建功先生专研斯学十载，旁征博引，阐发详明，在其分部一节，提出声韵兼顾，时地划清，及注重语言三点。又在审音一节，列入沿革比较，连绵词及古成语释音，与语根转变考释三种方法，皆能发前人之所未发。沈兼士先生云："大凡一种学问，其理论的研究愈精密，则其应用之效力益广大。余知此书一出，于音韵训诂应用方面，必将推陈出新，更多发明，岂徒古音系本身问题得以解决而已哉?"诚哉斯言。

引得编纂处最近刊行引得四种

一、八十九种明代传记综合引得 （引得第二十四号） 田继综编 民国廿四年五月出版 定价国币二十元

明人重气节，尚标榜，故私史之作，远超前代。其见于诸家著录者，为量之多，固无论矣；即幸而存于今日者，约略计之，亦尚不下一百余种。引得编纂处前既印行《三十三种清代传记综合引得》，以明传较多，检查尤为不易，因择其较普遍或较重要者，自正史以至私人记述交游之作，都共八十九种，亦综合为之引得，俾下接《清传》而为研究明史者之助。是编共分二部：一为字号引得，一为姓名引得；纂辑方法，较《清传》尤为精密。则其便于检寻，不待言也。

二、《道藏》子目引得 （引得第二十五号） 翁独健编 民国廿四年七月出版 定价国币六元

释道二家，影响于我国学术思想以及社会风俗者，至深且钜。引得编纂处前既请许地山先生编《佛藏子目引得》，出版问世，今又请翁独健先生取《道藏》及《道藏辑要》，编为《道藏子目引得》，以期与《佛藏子目引得》并行，而为研究二氏者之助。全书共分四部：（一）分类引得，完全依照《道藏》目录次第排列；

(二)经名引得;(三)撰人引得;(四)史传引得。三者皆用中国字庋撷法排列,欲检查《道藏》而思收事半功倍之效者,则此书实为不可须臾离者也。

三、《文选注》引书引得 (引得第二十六号) 一九三五年十月出版 定价贰元伍角

《昭明文选》,自唐以来,注本有二:曰李善注,曰五臣注。前者偏重一字一辞之本源,后者偏重一章一句之意义;前者征引繁博,而后者则鲜。后世对二者虽毁誉不同,但短长互见,究不宜偏废也。南宋以还,好事者为收互相参稽之效,乃将二注合而为一,名之曰"六臣注",然二注之单行者,则仍不在少数。引得编纂处以李善注引用之书,现时亡者大半,而五臣注间引之一二典籍,今亦多已不存,因取《四部丛刊》本《六臣注文选》,将注中引用书名,辑为引得,谅于嗜古博览之士不无禆助也。

四、《周易》引得 (引得特刊第十号) 一九三五年十月出版 定价贰元伍角

《周易》虽本为卜筮之书,然自儒家收为经典,为之传释后,遂含有不少哲学思想。引得编纂处以欲明了古代社会风俗以及先民思想者,《周易》为不能不读之书,因仿照该处《毛诗引得》(一九三四年十月出版)方法,先据阮刻《十三经注疏》,将《周易》经文,校勘标句,并加篇章号码,重为排印,继取新印经文,逐字为之引得。其便于检查,当不劳言喻也。

古物保管委员会工作汇报

（二十四年五月出版　非卖品）

二十世纪以来，欧美学者，竞以东方学术相号召，不惜重金购置吾国古物。奸商嗜利，搜求盗窃以供其求，古刹荒丘顿遭浩劫。张继、马衡诸先生有鉴及此，遂发起组织古物保管委员会，以维护古物。其初会址设于上海，十七年北伐成功，即设分会于北平团城。俟以北平为数百年故都，文物赖以保存者尤多，众议将总会迁移至北平分会旧址。本报告自十七年九月起至二十三年十月止，汇集历年工作报告。其所办各案，如民国十七年九月间美国天产博物院蒙古采集队队长安得思氏未经我国政府同意，假旅行调查之名，在蒙古私采古物。该会探知，会同北平文物临时委员会协议扣留，禁止出口，并交涉分别保管与研究办法，始允许其携带若干出境。十八年夏美国天产博物院又拟组织考查团赴蒙采集有脊椎动物标本，因经前次之协定，故与该会协商合组中亚考查团，并允许互订办法六条，由该会加以委托赴蒙考察，不独古物赖以保存，于我国主权亦赖以维护，有裨学术诚匪浅也。其他如该会与北平研究院，北京大学考古学会合组之燕下都考古团及扣留莽权等皆有相当价值。兹录其工作要目于下：

（一） 扣留美人安得思在蒙古私采古物之始末

（二） 委托中亚考查团赴蒙古考察之始末

（三） 本会与北平研究院，北京大学考古学会合组燕下都考古团赴易县发掘之始末

（四） 追究盗卖山西天龙山北齐石刻之始末

（五） 扣留外商亚尔伯特私运古石刻之始末

（六） 扣留假借谭墓名义夹运石器之始末

（七） 山西浑源县出土大批古铜器案办理之始末

（八） 缉护私卖安徽寿县出土楚王鉈鼎之始末

（九） 扣留莽权之始末

（十） 保护天庆寺古代浴室之始末

（十一）保护五塔寺之始末

（十二）黄寺调查报告

（十三）柏林寺藏经板调查报告

（十四）点查柏林寺所藏经板数目报告

（十五）报国寺调查报告

（十六）善果寺调查报告

（十七）西山石佛殿调查报告

（十八）大宫调查报告

（十九）山西大同云冈调查报告

（二十）中国大学发现唐墓调查报告

（二一）香山慈幼院发现辽碑调查报告

（二二）涿县石佛石狮等调查报告

（二三）怀柔县法藏寺调查报告

（二四）北平五坛庙调查报告

（二五）净意庵调查报告

(二六)保明寺调查报告
(二七)明陵长城调查报告
(二八)刘瑾坟墓调查报告
(二九)长陵园调查报告
(三十)延寿寺佛像调查报告
(三一)宝塔寺调查报告
(三二)天龙山石窟佛像调查报告
(三三)隆平县唐祖陵调查报告
(三四)行唐县古墓调查报告
(三五)内政部坛庙管理所锯伐古柏调查报告
(三六)蔚县张家庄古墓调查报告

中国明器图谱

郑德坤编著　廿四年十一月厦门大学出版　定价六角

郑先生于民国二十二年曾与沈维钧先生合著《中国明器》(《燕京学报》专号之一)一书,叙述颇详。此书继《中国明器》之后,将厦门大学文学院文化研究所所藏之中国明器二百十五种中选录一百三十一器,上自三代下迄于唐。从各种明器图像观察,则可想见当时社会生活情形之一斑。又从艺术方面考察其进化程序,则知其由简而繁,由粗而精,至唐则已趋于极点。

内分《史略》《图说》《图版》三部,《史略》系将《中国明器》之书内容节录重订而成。《图说》则叙述每器之形状大小色泽。但图谱之作,以图为主,此书印刷太劣,未免遗憾耳。

(《燕京学报》1935 年第 18 期)

殷墟发掘工作近况

数年来中央研究院在安阳发掘之区域,除小屯村四周外,有花园庄西地,有高楼庄北地(大约为殷都之城关),有侯家庄南地与西北岗(系殷帝王陵),有秋口村西南之同乐寨(距城约十三四里,该地所获,系新石器时代物,在殷墟以前)。此次为第十三次发掘,于三月十九日开工,约六月底可竣。现在安阳之人员,有石璋如,潘实君,李纯一,高晓梅,王子湘,尹子文及豫省府所派之孙文青,初用工人七十余名,近达百人,均系熟练者,每日给工资四角,工作时各职员各看一坑,督促监视,视土色及出土物情况,详细登记编号。

本年工作目的,注重发掘殷代建筑遗址之全部,俾能绘出略图,以窥古代宫殿之真象,然遇有古物,遂即检出,因时间仓卒,未分类统计,惟总编号已至一千三百以上,唐代陶俑完整者二十余个,罐亦有十余个,殷代陶器大都破碎,能相合者,正由工人用胶糊粘中,其他骨、蚌、石均须至工作完毕,然后运南京研究。现所发掘地区,在小屯东北数十武,面积约八九亩,沟坑深者二丈余,浅者一二尺至五六尺不等,其发掘地区之西南,有墓葬五所,发掘团尚未将骨骼取去,北边三个,东西成行列,西边之一个,内仅骨骼一具，中间一个，内有四具，东边一个竟有七具之多，南边两墓葬地，骨骼位置颠倒，皆在六具以上，不知系当时殉葬，抑大加杀戮后而殡者。

再东则为殷代建筑遗址，成墙形，土细而硬，显系经过板筑。其显然之柱顶石，东西南北行列均有，均不规则，形似取之水中或山岗者，每石下土均坚硬异常，用手尚去不动，必当时特别用人工打实者。惟仅系一部，必全现后，方能见真象。又灰土坑甚多，长方椭形者均有，以掘出之土系灰色故名。其中发掘出之陶片，系殷代物。

南北响堂寺石刻全部加以椎拓整理

国立北平研究院史学研究会考古组主任徐炳昶自去年六月间由陕西率领考古工作人员返平后，即从事整理工作，刻已将一部分发掘报告整理完成，惟一部分发掘古物，尚存陕西考古会内，徐氏本拟于春假时率全体人员返陕整理，因该组去年秋间曾派龚元忠，马丰等一部工作人员赴河北磁县之南响堂寺及河南武安县之北响堂寺，将两寺自北齐以来所刻之造像，佛经（如《维摩诘经》《胜鬘经》《弥勒成佛经》《妙法莲华经》《华严经》《无量寿经》《文殊般若经》《涅槃经》等），碑记，以及附近所有石刻，尽加照相椎拓，共得三百四十余件返平。徐氏当偕史学研究会会员及顾颉刚先生等率领工作人员何乐夫,刘佩韦等,从事编纂整理,现亦大致就绪,闻《老子道德经》古本校刊(计石刻十余种,写本数种,木本数种),及考古组之调查报告二书,不久即可付印。徐氏为节省工作时间起见,决先派苏秉琦,白万玉,龚元忠,陆式薰等四人赴陕整理,俾全部发掘报告得以早日完成。该四人定四月十三日早车离平,徐氏本人,暂留平指导平方整理工作,俟各种刊物完成付印后再赴陕从事考察,决定下期发掘地点及工作方针。该组此次对于南北响堂寺所有石刻,全部加以椎拓整理,在我国尚系初次,于艺术史佛教史上度必有相当贡献。该组并拟对云岗,龙门,巩县以及其他各处之造像石刻亦作同样之个别整理云。

福建晋江县中山公园发现唐墓

本年四月初旬,福建晋江县(即泉州)区署征工整理城内中山公园北部体育场,工人无意中发现古砖坑数穴。厦门大学文学院教授兼文化陈列所主任郑德坤先生闻讯,即与该校教授林惠祥,庄为机两先生前往查勘并监督发掘;工作兼旬,计共发掘四墓,所得金属品,墓砖(内有贞观三年葬字样),陶器等唐代古物颇多。该项古物现存厦门大学文化陈列所,由郑先生等分别整理研究并编辑详细报告书云。兹据郑先生报告摘要录下:

遗迹　在福建晋江县中山公园北部,计唐墓四座,坐向东南十度,正排,作斜线,由北而南。甲墓距乙墓二六六点九公寸,乙墓距丙墓三一三点一公寸,丙墓距丁墓三三三点二公寸。墓系由砖砌成,作长方形。墓坑分墓庭墓室二部,墓庭左右砌砖为龛,上作圆拱。墓门另砌砖为塞。四墓并已遭发掘,坑内遗物极凌乱。墓坑顶盖砌砖情形多不可详,惟甲墓后部尚存小段,为外宽内狭之砖所砌成,向中点作斜拱,但不同庭龛之作半圆形。

遗物　四墓遗物多少不等,分记如下:

甲墓(一)陶器　杯,双耳瓿,杯座,壶,并着碧釉;碟灶,匙,不着釉。

(二)金属器　铁块,似断钉;装饰小铜物件,或方或圆;五铢钱。

(三)墓砖　除有花纹者外,有倒文"贞观三年闰十二月廿五葬"字样。

乙墓(一)陶器　溺器,双耳瓿,碗,壶,烛台,灶,多着碧釉。

(二)金属器　五铢钱,铜块,铁块。

(三)墓砖　除有花纹者外,未发现有铭文砖块。

丙墓(一)陶器　灶,溺器,双耳瓿,杯,三足杯,壶,匙,鼎,洗,盂,豆,盆,碗,杯,盘等,多着碧釉,或不着釉,或着黑釉。

(二)金属器　簪。

(三)墓砖　除有花纹者外,有作倒文"岁次癸丑"等字样者。

丁墓(一)陶器　三足碟,灯,杯,盘,并着碧釉。

(二)金属类　铁块。

(三)墓砖　除有花纹者外,有作"贞观三年岁次己丑"等字样者,字体倒文。

所掘四墓,除最末端之丁墓,因阻碍运动场跑道,奉当地政府谕示仍旧填平外,其他三墓,由厦大文化陈列所加筑短墙一周，以资保存，并立石于旁，说明古迹；所得古物现全部存于厦大文化陈列所。

郑先生又云：此次发现于已极有益处，关于研究明器上有许多新发明。虽是唐墓，惟明器墓砖等均保存魏晋时代形式。明器之研究，本以时代为分划，此次之发现，可知亦可以用地方为分划，南北文化之演进，不是完全相同。如明器种类之增加，质地之变换，装饰之新颖等，均有其特殊之点云。

关于北平图书馆所藏和林碑之解说及新近购藏辽金元碑之消息

和林在唐为突厥地，自唐开元间，突厥内附，屡通信使，建立有《苾伽可汗碑》《阙特勤碑》，为考史者所征。元代崛起蒙古，凌轹欧亚，上都，和林诸地，均为元代名城，中外人士，辐辏云集。远如意大利，传教之士如柏朗嘉宾（John of Piano de Carpini），罗伯鲁（Milliam of Rubruick）诸人均不远万里，来集和林，因之元代上都，遂震动于寰宇。惟暴风急雨，曾不终朝，元运告终，声华消歇，和林之名，亦渐不为人称道。明初李文忠，常遇春，虽一至和林，永乐以后，直以丁零北海视之。嘉隆万历以还，女真窥边，朝士惟以分党为怀，已无远略，学者并上都之不知，遑论和林哉！清康熙间远征噶尔旦驻跸克鲁伦河，其距元代大斡耳朵相去非远。于是西比利亚以南诸地,均入吾国版图。承学之士,若齐召南,徐松,均治西北地理之学,考定和林所在之地,搜辑其碑碣史料文字。同光间治边疆史地之风尤盛,若何秋涛,洪钧于东北西北边疆史地,均有撰述,洪钧《元史译文证补》尤能启迪后学。当时并有李文田据俄总署影印和林碑(W. Radloff Atlas d. Alteertümer in d. Mong olei.)而作《和林金石考》。李氏为治西北史学专家,著有《元秘史注》等书,此则校辑和林自唐以金石文字约十五六种,附以和林诗,撮辑甚勤,考证亦详。近人罗振玉氏复据三多所藏和林碑拓本重校,校出舛讹颇多,较李氏本为善(媛案:曾见李氏原稿于其孙李棪家,有原稿不误而江缪两刻本误者)。盖考证古城古地,异域文字,非假金石碑碣无以知其究竟也。北平图书馆历年搜辑金石文字甚多,其关于和林者,共辑有二十种四十一张,较李氏所辑大体已备;然为李氏所无者,如元《日字藏文碑》,明《重修云泉寺碑》《蒙古国书碑》《沙喇乌苏碑》《卓索伦碑》《图噜克圪奢碑》,不下七八种,元明以来研究和林之金石文字,庶乎粗备矣。

该馆所辑和林碑以外,尚获有热河出土之《辽陵石刻》,及最近热河大名城河南小榆树林子出土大辽《静安寺碑铭》,契丹文及汉文凡四张,又热河赤峰县乌丹城出土元《蓟国公碑》《张氏先德碑》《竹温台碑》《儒学记碑》等,约数十种。凡以上所述诸碑,皆为“九一八”以后日人采辑所得者。在昔日军阀蟠踞以前,曾无人问及,今者东北史迹,日渐发现,吾人思之能无慨然。故该馆于金石碑碣一项,颇专力收集边疆石刻,已获有辽金元碑碣不下三四百种,期欲与学者共讨论之。(见四月二日《大公报·图书副刊》一百二十四期)

善斋彝器图录三册

容庚著　民国二十五年五月

哈佛燕京学社北平办公处出版　定价二十二元

庐江刘体智君于民国二十三年印行其所藏为《善斋吉金十录》，读者当知其收藏之富。二十年秋容庚君至上海摄照其所藏彝器四五百事拟另编为专书，然所摄之影，未能惬意，犹冀再去而"一·二八"难作，刘氏迁居，彝器分存数处，不便重照，稿遂搁置。兹容君选取一百七十五器，编为此书。其中为《羼羌钟》《师旅鼎》《沈子簋盖》《舀壶盖》《令尊》皆民国以来出土器中铭文之至佳者，作考释者数家。容君序云："余等自刘氏取归《羼羌钟》拓本照本也，友人为考释者数家。初均主灵王时说，余以为不类。郭沫若以为安王时，将沿其说，后见温廷敬据《水经注》主为威烈王时，卒改从之。瑞典高本汉作《羼羌钟之年代》一文，其于灵王威烈王安王三说皆曾加以甚深之思辨，谓威烈王时说诱人接受，且钟之纹饰与其所称之'淮式'更相符合。然卒从灵王时说，譬如临三神山，风辄引去，终莫能至，则以先入之言乱之也。又如'羼羌作戎氒辟韩宗敵率征秦迮齐'一句，刘节释戎氒为戎氏，韩宗为阳宗，敵者编钟之原始语义也。吴其昌吴闿生从之。唐兰释戏为伐;初释韩为旟,后据马衡先生说谓古印韩姓多如此作,乃释为𩍐,读为韩;又读𢽍为盘,云乐器名。徐中舒以戏从匕,即匕首之匕,谓屭羌出征之前先作剑也;𢽍为人名。郭沫若释屭羌为屭狗:释戏为戎,假为大钟之镛;旟宗𢽍为韩烈侯取。取实𢽍之坏字。温廷敬谓作戎即古称兴师,后世称起兵之义;𢽍率犹言统率。多歧如此,是亦瞎子断扁之又一例也。”是可知考释之难,而容君考释之矜慎矣。

吕氏春秋集释

二十六卷附考一卷　许维遹编　清华大学出版　定价陆元

《吕氏春秋》一书,为先秦古籍之一,自毕沅校注以来,始较易读。然自毕沅刻书以后,校释者如梁玉绳,蔡云,陈昌齐,王念孙诸家,皆另有创获,各自成书。后来作者如俞樾,孙诒让,刘师培等,时有补益之功。然而汇合众说集为一书者,久未有人。许君此书,据引用诸书姓氏所列,至七十九人,真便利不少。然而校注一事,实不易言。如《论衡》一书,刘盼遂先生有《论衡校笺》(载《国立北平图书馆馆刊》第八卷第五号及第六号)于《书虚篇》“短书”说道:“此云短书者,世俗以真是之传为短书也。”刘先生为王国维弟子,王国维著《简牍检署考》于古策书长短,言之最晰,并颇引《论衡·量知篇》《谢短篇》之文。《书虚篇》所云“并谓短书不可信用者”，言《论衡》之书，其书策短，人不信也。东汉时古书策长，时人著书策短，王国维所考甚明。而刘先生作校笺时，竟忘其师说，于此见注书之不易也。此《吕氏春秋集释》卷六《制乐篇》“今室闭户牖，动天地，一室也”，引孙锵鸣曰“此句疑有脱误”。许君大约信从其说，故此句作成一句，中间不为分逗圈点。然而此句文义明白，自无脱误，盖说天人感应，以为一室之内之所为，能感动天地也。然而许君如此，犹可谓之矜慎。卷五《大乐篇》：“大乐，君臣父子长少之所欢欣而说也。”《集释》引俞樾曰：“大，疑夫字之误。”俞氏之说，错误显然，许君未有驳正。此文“大乐”，指君臣父子长少所同乐，故曰大乐。若改“夫乐”，则本文与篇名无关，而全篇无有说“大乐”者，不知篇名义何取也？然而许君于此尚未表示意见，似不能持以非难。又此篇有云：“先圣择两法一。”高注云：“择，弃也。法，用也。”《集释》引松皋圆曰：“择释，古字通用。”俞樾曰：“择乃释字之误。《长见篇》‘视释天下若释躧’，注亦训释为弃，是其证。”许君说：“维遹案，松说是。”案此则俞说有证而可从者，许君反从松说，似去取未公。然而许君犹可曰不愿改原文也。又此篇有云：“天下太平，万物安宁。皆化其上，乐乃可成。”高注云：“化犹随也。”许君云：“维遹案，上字当作正，形近之误也。正与平宁成为韵。(《君守篇》，亦以平正宁为韵)若作上则失其韵矣。”许君强改“上”为“正”，以增一韵，不知此句可以无须用韵者。如依许君所改，则高注“化犹随也”为无义矣。皆随其上，文义显然。皆随其正，则另成一种意义。且此文毕沅云：“物，《御览》作民。”如依民字看之，则原意为：“天下太平，万民安宁。皆随其上，乐乃可成。”与下文“大乐，君臣父子长少之所欢欣而说也”，意义相符合。如此，则意义何等明白。自然物字可以包民在内，我不一定主张“物”字改“民”，不过欲解释“上”字之万不能改为

"正"耳。最奇者,许君引《君守篇》,以平正宁为韵为据,古人作文,无有印板韵脚者,宁有依韵叠韵之例乎?即此《大乐》一篇,《集释》之滋疑窦如此。校勘一事,真不易言,戴震所谓"徒增一惑以滋识者之辨之也"者真不少。《集释》所引各家之说亦颇有之。如卷十三《务本篇》云:"人之议多曰'上用我则国必无患'。用己者未必是也,而莫若其身自贤。而己犹有患,用己于国,恶得无患乎?己,所制也。释其所制,而夺其所不制,悖。"高注"己所制也"以下,云:"言身者,己所自制也。释己而不修,故曰夺乎所不制,乃悖谬之道也。"《集释》引陶鸿庆曰:"己所制也上,当有身者二字。高注云,言身者己所自制也,即其证。夺当奋字之误。奋犹矜也。《荀子·子道篇》:'奋于言者华,奋于行者伐。'杨注云:'奋,振矜也。'是也。上文云:'人之议多曰,上用我则国必无患。'此即承上言之。"陶氏以为"己所制也"上,应加"身者"二字,盖据高注以为言。而不知一加"身者"二字于本文,则高注为无义。本文云:"身者,己所制也。"高注亦云:"言身者己所自制也。"注与本文重规叠矩,何贵于注乎?实则"己"字承上文"用己者""己犹有患""用己于国"而言,不必更出"身者"二字。若高注则不妨加"身者"二字以为释也。又"释其所制",紧承上文"己,所制也"而来,与下"夺乎其所不制",意义相对相反成文。《广雅·释诂》云:"敚,取也。"敚即古夺字。高诱注本书《长见篇》云:"释,弃也。"一弃一取,相对相反成义。弃所制之己,使犹有患,而取所不制之国,云必无患,故曰悖也。陶氏强改夺字为奋,义不若原文之密切矣。陶氏增字,改字,一条而有二误,许君未加意见于其间,可见定其是非之难也。总之,许君《集释》一书,勤劬集有七十九家之书,在材料上可称集大成之作,便利学者不少。至于结束整理之责任,定是非之准的,尚有待于将来也。又《集释》中所列引用诸书姓氏,遗去最早之宋黄震一家。黄氏所著《读吕氏春秋》见《黄氏日抄分类》卷五六,有可采者。毕沅校本亦有引用。未知许君注意及否?

三皇考

（《燕京学报》专号之八） 顾颉刚、杨向奎合著 民国二十五年一月哈佛燕京学社北平办公处出版 铅字本一册 定价四元

战国之时,国家纷乱,人民疾苦,一般思想家意欲救乱,遂托古改制,假造三皇五帝圣贤君主之治世,以期吸引当时君民之信仰。及秦王政统一天下,命丞相御史等议帝号,臣下奏言:"古有天皇,地皇,泰皇,泰皇最贵",三皇具体之名至是始出现。由此辗转相传,愈演愈系统化。至刘歆提出天统,地统,人统之新"三统"说,《纬书》乃称天皇,地皇,人皇之新三皇。又总计历来所称有实名之三皇有五说,(一)伏羲,燧人,神农。(二)伏羲,女娲,神农。(三)伏羲,祝融,神农。(四)伏羲,共工,神农。(五)伏羲,神农,黄帝。杂乱纷歧,传说不一。而尚能维系人心二千余年之久者则以"一般人不觉得其中有问题;少数人知道其中有问题,但因怕闹麻烦也不敢讨论"之故。况三皇之时为一般人所认为黄金时代,"陶渊明高卧北窗下,凉风暂至,自谓'羲皇上人'就是这个好梦的追求者"(均见顾氏自序)。大家更不愿打破此"好梦"也。

自宋代史学家刘恕，清代辨伪大家崔述在其所著《通鉴外纪》《补上古考信录》中力辟三皇传说之后，继之有康有为《孔子改制考》第一篇《上古茫昧无稽考》，及夏曾佑《中国历史教科书》等将三皇五帝时代总列为传疑时期（康氏并以三皇为刘歆伪造）。本编著者顾颉刚君十年前所编之《本国史教科书》亦列《传说中的三皇五帝》一章："想不到到了民国十八年，这部教科书竟因没有承认三皇五帝而被禁了。"（见顾氏自序）惟虚不掩实，自经此一番爬梳，虽强有力者欲保持其庄严亦已不可能矣。

此书搜罗宏富，博引旁征，先考皇字之原义（《诗经》中"思皇多士"之"皇"字似不作动词解，本书略有误）。及名词之皇字之出现，皇之由神化人，皇为人王位号之实现等。略谓皇字本为形容词，用以状高伟之神与人者，后经《楚词》用以称上帝，皇字由是而变为名词。皇之由神化人，始见于《吕氏春秋》（此书又以神农列于五帝之前）。自秦始皇统一天下，采上古帝位号号曰皇帝，尊庄襄王为太上皇，从此皇字又成为人王之位号。其层累地造成之历史之背景起因，由是以明。次述太一勃兴及西汉时三皇与太一之消长，伏羲等与三皇并家之纠纷，盘古之出现，与三皇时代之移后，女娲地位之升降。更由杨向奎先生遍读《道藏》，搜辑道教中之三皇与太一之材料，作系统之说明，如抽丝剥茧般将其历史与传说本身之演变经过和盘托出，其伪造之真迹得此益彰。次述《河图》《洛书》及《三坟》与古《三坟书》证其为刘歆改窜与后人伪作。末述近代对于三皇之祭祀与信仰，谓三皇在汉代本为最高无上之统治阶级，及至元代，祀三皇之典礼改由医师主办，故三皇之变为自由职业者亦有由也。本书虽略有遗漏之处，惟经童书业及翁独健两君之序跋均有补充，又有顾君之补遗七则，已可称为完善之作矣。

汉代学术史略

顾颉刚著　二十四年八月上海亚细亚书局出版　每册定价七角

战国以前之经史，多为汉代学者所删改，故对于汉代学术未有切实考证以前，欲将全部上古史保留或推翻皆不可能；惟有将其爬梳抉剔，使之与事实较为相近而已。顾颉刚君为现代古史辨伪专家，除编辑《古史辨》四册，集诸家之言论以为辨伪之基础外，最近又出版此书及与杨向奎君合著之《三皇考》（《燕京学报》专号之八）。其用力之勤，可见一斑矣。

全书共分二十二章，以阴阳五行说为汉代思想之骨干，故第一章即论阴阳五行说及其理想中之政治制度。略云，自古即有受命之说，其后便演变为封禅，由封禅而郊祀与求仙。于是整个西汉时代，几为受命改制之潮流所笼罩。次述王莽之受禅，如何利用时代之潮流，以实现其篡位之阴谋，又如何改造五德及重新整理古史之系统，以为袭古行事之根据与步骤。此中黑幕虽早经清代学者揭穿，然尚未能将其构造迷魂阵之布局指出。本书作者于此数章独能阐发详明，可称为全书最有精采之一部。其次关于经古文学之建立，祀典之改定及《月令》之实行等章，叙述亦极中肯。最后以曹丕钞袭王莽利用谶纬学来移汉鼎之故事为结束。材料丰富，条理分明，言浅意深，尤适宜于初学者之参考。

先秦诸子系年

钱穆著　二十四年十二月商务印书馆出版　定价四元五角

经书与子书，在中国古籍中占两大部分，如欲明了古籍是否为儒家经典，必须在诸子方面得到正确认识，然后方能分析其成分及测验其全体。钱君治诸子学有年，曾著《论孟要略》及《墨子惠施公孙龙》《老子辨》诸书，已陆续刊布。此书尤集钱君治诸子之大成，以年为经，以人为纬，分年考订，排比联络；上自孔子，下迄李斯，凡先秦诸子，不论显晦，无不网罗。自序云："余草《诸子系年》，始自民国十二年秋。积四五载，得《考辨》百六十篇，垂三十万言。一篇之成，或历旬月，或经寒暑。少者三四易，多者十余易，而后稿定。自以创辟之言，非有十分之见，则不敢轻以视人也。"其考核之精密，用力之勤劳，于此可见一斑矣。

全书分为四卷，每卷附有《通表》，《通表》之后附有《列国世次年数异同表》《战国初中晚三期列国国势盛衰转移表》《诸子生卒年世表》及《考辨索引》，极便检寻。第一卷大体属孔子一生及其门弟子事业之一部，乃先秦诸子学术萌芽之期也。第二卷，大体属墨子一生及其弟子与孔子弟子之晚出一辈，如子夏，曾子及其后辈子思，曾西，李克，吴起之徒。其时儒墨相抗，三家分晋，田氏篡齐及魏文，鲁缪礼贤等，乃先秦诸子学术酝酿之期也。第三卷，大体研讨商鞅，惠施，及庄周，孟轲等。其时秦孝公变法，诸侯称王。齐兴稷下，游士奋起，为先秦学术烂缦壮盛之期。第四卷，研讨荀卿，公孙龙，及吕不韦，韩非，李斯等。其时孟尝中立称侯，平原，信陵之擅赵。魏，春申，文信之专楚秦。养士之风大盛，诸国大权不入游士即入亲贵。及秦亡六国，焚书坑儒，乃先秦学术没落之期也。全书搜罗材料至富，考辨至详，足资参考。又此书因考论诸子生卒时事，而牵连及于战国史上各项重要之问题，于《战国策》《竹书记年》《史记》等书，均有极精辟之考订。此书不仅为治诸子学者所必备，凡探讨战国史实者，允宜人手一编也。

国策勘研

（《燕京学报》专号之十一） 钟凤年著

廿五年二月哈佛燕京学社北平办公处出版 铅字本一册 定价三元

《战国策》自刘向改定，曾巩重校，及高诱，姚宏，鲍彪，吴师道等先后附注及改正错误讹舛之处虽多。惟其语意之难通，文字之讹夺，未能尽满人意者仍复不少。本编首列姚本《战国策》刘向总目及姚本分目，次鲍本《战国策》总目及分目。以其卷章彼此所隶国及章目之先后多有不同,故于每章互注彼目所在,于姚目曰“鲍隶某卷某君第几”,鲍本曰“姚隶某策第几”,以便检寻。次为辩误,将其可议之章摘要录出,如某字应作某解,或某字为某字之误,某字为衍字,均用括弧括之,以资识别。次集前人之解说,更考之他书,或见闻所及,于诸舛误凡可推索而得者,俱详为论证,并下已意以为判断焉。

胡适论学近著第一集

胡适著　二十四年十二月商务印书馆出版　定价甲种四元　乙种三元

这一集共分五卷,是胡先生从民国十九年至二十四年五年中讲学的成绩。这一集的成绩,真贡献不少了。第一卷第一篇文字是《说儒》,他《自序》说是:“提出中国古代学术文化史的一个新鲜的看法,我自信这个看法,将来大概可以渐渐得着史学家的承认,虽然眼前还有不少怀疑的评论。”这文大致说:(一)儒是殷民族的教士;他们的衣服是殷服,他们的宗教是殷礼,他们的人生观是亡国遗民的柔逊的人生观。(二)儒的生活:他们治丧相礼的职业。(三)殷商民族亡国后有一个“五百年必有王者兴”的预言;孔子在当时被人认为应运而生的圣者。(四)孔子的大贡献:(1)把殷商民族的部落性的儒扩大到“仁以为己任”的儒;(2)把柔懦的儒改变到刚毅进取的儒。(五)论孔子与老子的关系;论老子是正宗的儒。附论儒与墨者的关系。这文把儒的来源和儒的演变,即孔子的大贡献,将儒的宗旨扩大与改进,说了出来,弄成了一种很有证据,很有系统,很有演化的新说,真是新鲜的看法了。本来孔子是殷的遗裔,又是儒家的宗主,胡先生从衣服,从语言,从柔懦的教义,加以综合的淹博的说明,这一种新说的确是可以成立的。凡是新说的成立,并不是马上要取旧说而代之,但是能站立得住而不被攻破,不能不说是新说的成立了。冯友兰先生著《原儒墨》篇,是向着这新说攻击的,似乎尚未有撼动到些少(原文见《清华学报》十卷二期)。儒有柔懦的意义,这是在文字本身的音义上找出的证据。冯先生以为"胡先生因宋国有个正考父谦卑自牧,以为'宋国所以能久存,也许是靠这种祖传的柔道'。其实在《左传》上看来,宋并不靠柔道立国。例如宣公十四年'楚子使申舟聘于齐曰:无假道于宋','及宋,宋人止之。华元曰:"过我而不假道,鄙我也。鄙我,亡也。杀其使者,必伐我,伐我亦亡也。亡一也。"乃杀之。'楚人果伐宋,把宋国围到'易子而食,析骸以爨'之程度;然而华元还说:'虽然城下之盟,有以国毙,不能从也。'(宣公十五年)这是何等的刚强。"冯先生这话所举的华元的例,是在宋襄公与楚战于泓(西历前638)后四十余年(前595—前594)。宋人的柔道立国经历几百年后至宋襄公要立武功,定霸业之后,还是以柔道立国么?胡先生已说宋襄公的野心要做复兴民族的运动,已承认宋襄公已不是柔懦的了。冯先生又在宋襄公后四十余年找到华元不是柔道的例,那能证明宋襄公以前的宋国不是以柔道立国呢?这是不能摇动胡先生的见解分毫的。其次,冯先生说:"公孟子曰:'君子必古言服然后仁。'……下文是:'墨子曰:"子(公孟子)法周而不法夏,非古也。"'据此,则公孟子之古言服,乃是周言周服,墨子时所谓'古',不必即'指被征服的殷朝'。"在表面看,冯先生似有理由。然查《墨子·公孟篇》则上述原文并非与相连接的。在本文之前有“公孟子戴章甫,搢忽,儒服而以见子墨子”云云。孙诒让《间诂》引《士冠礼记》云:“章甫,殷道也。”《墨子》原文云:“……然则不在古服与古言矣。且子法周而未法夏也。”上句“不在古服与古言矣”,结束前文辨言服,“且子法周而未法夏也”,是另起下文。毕沅注云:“谓节葬节用之属,墨氏之学出于夏。”孙诒让《间诂》亦引毕说为注。然则所说法周不法夏,是指学说,不指言服,毕沅,孙诒让解亦如此。是冯先生所持之理由,不合于毕沅,孙诒让,他反驳胡先生的话转无据了。冯先生此外尚有一些理由,是另持一说,而未能于胡先生的新说为根本的摧撼,故此胡先生《说儒》一篇确然可以成立为一种新说。

卷一共有三篇文字,第二篇是《评论近人考据老子年代的方法》,第三篇是《校勘学方法论》。这两篇讨论治学方法的问题,一篇是考证学的方法,一篇是校勘学的方法。这两篇可见胡先生对于方法的严密的见解。

卷二全是有关佛教的史料的文字。最大的贡献是《楞伽宗考》《荷泽大师神会传》《坛经考》等篇。他为楞伽宗,禅宗的来源及演化,找到了极重要的材料,作了最清楚的叙述和考证,在我国思想史上是最有价值的文字。其次《四十二章经考》及《与陈援庵先生书》,很可以见到他的考证学上严密的讨论的见解。这卷又有一篇《陶弘景的真诰考》为关于道教史料的文字,涉及《四十二章经》的问题,是考证学上很有趣的一桩事。

卷三全是整理小说史料的文字。有《醒世姻缘传考证》,证明是蒲松龄所作。最好的是最后找到杨复吉《梦阑琐笔》的证据,不然,也是不能证实的。有《辨伪举例》,辨石印本《聊斋诗集》的伪作及蒲松龄的生卒。这两篇有趣极了,寓严密的考证于有趣的事件当中,真是可以"愈头风"的作品。有《跋乾隆庚辰本脂砚斋重评石头记钞本》,可见胡先生对于《红楼梦》的考证,到此材料愈充足了,到了最后的定论的时期了。末了附一篇《西游记的第八十一难》,是作者有意做的假骨董,幸而收入在这集内,不然,又要累倒以后的考证家了。

这书第一二三卷,是胡先生在学术界上最大的贡献,大都是考据的文字。第四卷是他对于国内几个重要的思想问题发表的文字,文笔是极流畅的,这是他要给青年读者去读的文字,去平心静气去想想的问题。第五卷是一些杂文,是全集的附录,也有可注意的一些见解。

魏晋的自然主义

容肇祖著　二十四年十二月商务印书馆出版　定价三角

此书分七章:(一)何晏王弼的思想;(二)阮籍嵇康的思想;(三)向秀郭象的思想;(四)鲍敬言的思想;(五)张湛的思想;(六)杨泉的思想;(七)陶潜的思想。末附《读抱朴子》一篇,分述葛洪的思想及说魏晋的方士。此书为系统的整理魏晋思想家的学说之一部著作,虽然偏于道家或自然主义方面,其时士大夫之思想,大略可以概见,可供研究中国思想史者之参考。

清代文集篇目分类索引

民国二十四年十一月出版　国立北平图书馆索引组编　定价六元

清代学者除校雠考订著有专书外，凡有所得多宣于篇章，故文集盛行，超越前代。本篇共收文集四百四十种，都四百家，上起明末，下迄民国，大抵内容以学术考据有关者为限。“总题以‘清代文集索引’，其中如钱谦益《牧斋初学集》，实刻于崇祯，以既收《有学集》，故并为录入。又如近时学者亦兼有附入者，如章太炎先生《太炎文录初编》及《检论》，杨遇夫先生《积微居文录》是；凡此连类及之，固非以清代为限，故初拟名‘近代文集篇目索引’。嗣以所收究以清儒为主，遂仍从今名书。”(见凡例)书分四编：甲经类，一易经，二书经，三诗经，四周礼，五仪礼，六礼记，七礼总义，八春秋三传，九孝经，十四书类，十一乐律类，十二经总义，十三小学类。乙史地类，一正史类，二编年类，三纪事本末类，四别史类，五杂史类，六诏令奏议类，七传记类，八史钞类，九载记类，十时令类，十一地理类，十二职官类，十三政书类，十四目录类，十五金石类，十六史评类。丙诸子类，一儒家类，二兵家类，三法家类，四农家类，五医家类，六天文算法类，七数术类，八艺术类，九谱录类，十杂家类，十一类书类，十二小说家类，十三释家类，十四道家类，十五论诸子文，十六杂论。丁文集类，一楚辞类，二别集类，三总集类，四诗文评类，五词曲类，六八股文。每类之下按其性质，复分若干细目；编首有所收文集目录及著者姓氏索引，并将著者姓氏籍贯，文集编印经过撰一简短提要，因类推求，检寻颇便。

歌谣周刊

北平国立北京大学研究院文科研究所歌谣研究会出版　北平沙滩北京大学出版组发行　每期零售铜元六枚　全年四十期连邮费共收大洋五角

“北京大学开始征集歌谣是在民国七年(一九一八)的二月。从七年五月底起，刘半农先生的《歌谣选》陆续在北大《日刊》上发表，前后共计登出了一百四十八首。民国九年冬天成立了‘歌谣研究会’，由沈兼士，周作人两先生主持。民国十一年十二月十七日，是北京大学的二十五周年纪念日，北大研究所国学门举办了一次成绩展览，并在这一天刊行了第一期《歌谣周刊》。《歌谣周刊》是歌谣研究会主编的，编辑最出力的是常惠先生，顾颉刚先生，魏建功先生，董作宾先生一班朋友。这个周刊继续了两年半，共收了九十七期，字数至少有一百万。其中有研究古今歌谣和民俗学的论文，有各地歌谣选，有歌谣专集。据徐芳女士的统计，《歌谣周刊》里发表的歌谣总数是二千二百二十六首。”(见胡适复刊词)观此可知其过去的成绩与历史。既有过去成绩与历史价值存在,则今后更应努力使之继续发荣滋长,完成其未完之使命;故该刊已于本年四月四日复刊,第二卷第一期由徐芳,李素英两女士负责编辑。门类分为论文,歌谣,谜语,故事,风俗,纪事,通讯诸项。现已出至二卷六期,内容充实,材料丰富;除各地歌谣选录及通讯外,每期均有关于歌谣之论著。兹录目如下:第二卷第一期(以后简称某期)胡适之复刊词,徐芳之《儿歌的唱法》。二期,朱光潜之《从研究歌谣后我对于诗的形式问题意见的变迁》,李素英之《吴歌的特质》。三期,周作人之《绍兴儿歌述略序》,容肇祖之《说山歌的起源》,顾颉刚之《卖解的歌》。四期,吴世昌之《打趣的歌谣》,孔藏《广州的民歌》。五期,魏建功之《从如皋山歌与冯梦龙山歌见到采录歌谣应该注意的事》。六期,李长之之《歌谣是什么》,杨向奎之《歌谣中的姑嫂》。

(《燕京学报》1936年第19期)

最近周口店续发现中国猿人头盖骨及左下颚骨之经过

以发现中国猿人头骨而为世人所称道之周口店，北平地质调查所每年春秋两季，均派人到该处作大规模之发掘，曾于民国十七年发现一猿人头盖骨，近数年来，发掘之结果，以猿人应用石器之发现为最著，所得已逾数万件。其他如兽类化石亦复不少，惟关于猿人之材料，除零星头骨片及牙齿有少量发现外，并无其他重要收获。不期本年秋季，又在同一地点发现猿人完整头骨三具及左下颚骨一面，其收获之伟大，实出人意表，所得之件，皆为研究中国猿人极关重要之材料。兹就贾兰坡君报告先后所得经过情形分述如下：

十月二十二日上午十时五分，在由洞顶堆积往下，深约二十四米地方(距一九二九年裴文中氏发现之头盖骨，南约十米，上约六米)，发现猿人左下颚骨一面，当发现之始，最先露出一前臼齿，随即搜掘，渐又露出颚骨碎块，始知为猿人左下颚无疑，惟因化石之上下均有灰石巨块，惜将颚骨压碎，起出后，当晚将各部凑成，并略加修理，于廿三日即派人送平。此下颚除最后部之臼齿及门齿原已残缺外,余均保存完好。

十一月十五日早,天适降雪,至九时始开始工作。九时半在临北灰石墙处(距下颚下一米,西北六米半),忽见骨片一块,经详细鉴定,确属猿人头骨部分,当即加意探掘,后又在附近之半米内,发现多量之头骨碎块,其眉骨,耳骨,亦均露出,知为完整猿人头盖骨无疑。当将附近周围六方米内面积均划为特殊区域,以便小心从事。同时并将该化石按件取出,携回办事处内,经过烘干及修理,以便凑齐运平。不意午后四时一刻,又由该处(略北下四公寸)发现另一猿人头骨一具,惟保存情形与先者相仿,均裂成碎块状,是时天已将黑,当夜不能取出,即派六人守护以防意外,并一面电告平所当局。适杨克强所长因事赴陕。十六日午十二时,魏敦瑞,卞美年二氏来周,看毕即进行掘出,在周亦加以整理,惟因手续繁多,一时二者不能同时完毕,就先出土者之头骨,即由魏卞二氏携平,其后出土者则由贾兰坡于十七日夜亲自送平。

十一月廿六日早九时又在掘出下颚地方之南(下一米)发现一猿人头骨,此骨保存情形较好,比前二者尤为完整,其神经枢纽部分完全保存,实为以往所未曾发见者,是日夜则由贾君携送北平,以备研究。

又此项材料由该所与北平协和医院合聘之魏敦瑞君研究,据云大者属男,小者属女,其完备远出以前所得者。就现在所有材料而论,可知中国猿人之脑骨,男者自九五〇至一一〇〇立方公寸,女者自八五〇至九五〇立方公寸,此种男女脑骨分别之大,远过于现代人类,但与猿类颇相近。由此亦可得猿类与人类间之一可靠连锁。在如此远古之猿人化石内,中国猿人材料之完备,实已出全世界其他各处所得者之上云。

陕西发现新石器时代遗址

陕西考古会于民国二十二年开始计划调查周代丰，镐，犬邱，秦国之雍以及相类之遗址。二十三年春，开始在宝鸡县东五十里之斗鸡台发掘。该地经徐炳昶先生等考为陈仓县旧址。除夏季停工外，直至二十四年春季止，计时一载。所发掘之地分为二区，在戴家沟东者，名曰沟东区。在堡子内外者，名曰废堡区。两区距离约五六百公尺。惟废堡区几全属秦以后遗物，与本文所叙新石器时代无甚关系，故从略。兹据徐炳昶先生报告该地发现新石器时代及与其有密切关系之仰韶时代略述如下：

普通划分文化层时代，以为最上层文化层与现今时代距离较近，文化层愈下，时代距离愈远。惟斗鸡台戴家沟东，则不能以之为准绳。以该地在新石器时代及其末期为民居，至三代及秦汉以后始为墓地。故居民遗迹在当时之地面，或近当时之地面，墓葬遗迹必在当时地面之下，以为极明显之理。

该会于二十三年春开始发掘，不久即注意及仰韶层中之陶片，该陶片内有若干条文比普通绳纹宽，故名之曰篮纹。其色及质与该层常见之红陶片无甚差异，惟数量极少，并不常见。直至次年发掘 H 坑十四号墓东偏处发现一蒙古包式之古代民居，上口甚大，当为居民所从出入之处。此种住所，即《诗经·大雅·绵》所谓"陶复陶穴"之"复"。在该处获得破陶片不少，惟无一完整者。后经该会技术员白万玉君凑合成四五器，虽非完整，但亦可窥其原状之一斑矣。以其与仰韶时期陶器之特征不同，故知其为另一时代之遗物，因名之曰标准坑（即新石器时代坑）。

仰韶期陶片之特征，（一）就颜色言，主要者为红色，上面间或有黑色花纹或黑白两彩之花纹。斗鸡台所得者仅有黑彩花纹，其次是黑灰色。（二）就形色言，斗鸡台所得约可分为四式，1. 身浅，底宽平，口阔，无缘（徐先生等假定边卷者始名为缘，不卷者仅名曰唇），上磨光无纹，若古代盘洗之属；2. 身较深，圜底或狭平底，口阔，磨光无纹，若古代之盂；3. 身甚深，底平，口与身称，窄平或窄斜缘（斜平依上面定之），粗绳纹，若今人所用之缸；4. 腹深，口小，底尖，颈狭，缘宽平，腹被细绳纹或无纹。其质料则1、2式较精美，3、4式较粗糙。至于该会所发现新石器时代之陶器，就颜色言，有红，有灰，有黑，均为天然色，绝无加彩。就饰纹言，有一部分绳纹者，与仰韶期及瓦鬲期之纹相同；篮纹则为仰韶期所无。另有一种细刻纹及点状纹，亦为此期所独有。形状方面，就其所凑合之数器观之，则有细颈鼓腹，平底之罍形器，直坐，平底，双唇之角形器及有鋬，薄肉瓶等均为仰韶期中所未见。质地比较粗糙，无仰韶期之精制红陶。

新石器时代坑中，尚有若干骨器，石器等类，惟与仰韶期无甚显著之分别。

徐先生又云，从前在旧石器时代以后，新石器时代末期以前，尚有一页空白；惟经彼等发掘斗鸡台后，才将此一页空白补上。其在历史价值上之收获，于此可想见矣。

第十四次殷墟发掘工作近况

中央研究院第十三次殷墟发掘工作于本年六月底结束后，当即将出土遗物运京整理研究。于本年九月二十日开始殷墟第十四次发掘工作，预定工期一百日至十二月卅日收工。工作地点仍为河南安阳县，小屯村北地，洹河南岸，工作人员为梁思永，石璋如，高去寻，王湘，尹焕章，王建勋，李永淦，石伟，魏鸿纯，潘悫等十人，及中央古物保管委员会派监察委员袁同礼，及河南省政府派参加员王思睿。初用工人七十名，现已达百名左右。

本次工作目的仍为继续第十三次未竟的工作，而寻求古代地面上建筑遗留的整个组织，及地面下穴，窖等遗迹的分布情形。兹将开工以来的概况分述于次：

1. 遗迹　房基遗留三处，础石均行列有绪，现仅寻得其一部分，仍在继续寻求中。

灰坑有的深及水面，有的浅仅一公尺余，另有台级可上下地下穴。

“水平”这是假定的名词，也是十三，十四两次的新发现，其长度漫延两次工作全区，而尚未寻得起点及级点，其平面形制为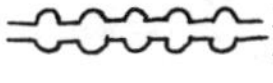形，纵横交织于房基之下，现在穷乡僻壤的泥水匠尚

有用这种方法寻取地平面而打筑房基的,故假定其为“水平”,至是否真为当时之水平,则正在发掘寻求探讨中。

2. 墓葬　早期的墓葬有每坑十架,或五架,以及数目不等之俯身葬。头骨与躯体虽均在一墓中,但相距颇远,显系被杀后而行埋入者,故头骨与脊椎骨不接近。其中间或有蚌饰殉葬物。

唐墓为数颇夥,多系打破殷代建筑遗留而埋入者。墓道从地面斜下深入地下的墓室;墓室的形制有似刀形的,有似丁字形的。殉葬物有四耳磁罐,圈足大盘,铁镜,铁剪,陶俑,陶狗,猪,鸡,骆驼,马,牛,人面兽等动物,并有井,灶,仓,车等用具,另具一代之殉葬风格。

3. 遗物　以陶片兽骨为最多,蚌,石次之,两较完整之陶器亦有数十件,完整的牛,马,羊,狗等兽骨亦有数具。十三次发现甲骨文较多,十四次尚未发见。

陕西考古会第三届年会会务报告

陕西为我国文化发祥地,周秦汉唐,均建都于此,地下埋藏古代文物,不知凡几。陕西省政府于二十三年与国立北平研究院合组陕西考古会,历年来先后发掘西安及宝鸡斗鸡台各处所获古物颇多。该会于本年十一月十六日在西安举行第三届年会,除在陕各委员均出席外,北平研究院委员李书华,徐炳昶等

均到陕与会,决议明春继续发掘斗鸡台,并通过该会会务报告。兹将经过情形撮要如下:

(甲)调查事项

一、调查陇海铁路出土古物

陇海路展修入陕,不无古物发现,当经派员协同铁路工程人员赴施工区域调查,承工程段李段长乐知及各当事人竭力协助,计发现送交来该会者,有米家崖出土陶器六十余号,窑村出土陶器十一号,西安车站掘获最多,陶器,铜器,石器共一百九十余号,其中有白石残佛一尊,雕工精妙,尤为不易得之古物。最近该路在斗鸡台附近兴工,该会以该地系历史名迹,复派员前往调查,计得出土古物有铜钫,铜镜,古泉等十余号。

二、调查渭惠渠出土古物

本年郿县渭惠渠动工所经区域如常兴绛帐等地,多属前代胜迹。省政府邵主席函嘱该会派员前往调查,当经函商陕西水利局厘订发现古物办法八条,依照实行,调查所获古物。历次运回者共计一百五十号,约分陶器,铜器,铁器三种,大抵皆为殉葬器物,其中有带彩陶壶,鼎,瓦,仓数件,花纹精细最堪珍贵。

(乙)发掘事项

该会斗鸡台发掘工作,由工作组徐主任率领人员负责进行,所得古物一部分运往北平研究,一部分存放该会,至研究结果,现正从事整理。此外莲湖公园及兴龙巷发现已盗古墓,由该会派员整理编有报告。兹再将经过略述于后:

一、莲湖公园发掘

二十四年一月莲湖公园北湖北岸发现古砖壁一段。该地在唐代为承天门之嘉德门,因疑系宫墙遗址,有关唐代宫城考证,经议决派罗懋德负责发掘,九日结束,查系古墓,且已被盗,在学术上无大关系。根据葬物中五铢钱,鉴定其时代为汉灵帝以后墓。计检得古物二十五号。

二、兴龙巷发掘

本年四月西京筹备委员会函告该会,城内兴龙巷发现古砖,当经派员查勘后,从事发掘,计工作五日,考得该处有殉葬物,形状凌乱,间有人骨,已经盗发。墓室形态及殉葬器物,大致与普通汉墓无异,但所获泉货有小五铢钱,乃东晋时铸,则其时代当在晋后,然全部葬物未能尽睹,殊不能为详确之判定。出土古物有含玉蝉,破陶器,古泉等共十八号。

(丙)整理事项

一、古物之整理

该会二年来由发掘调查购买捐赠所得古物,总计九百八十余号,分部陈列三室,以供阅览,其重号或无学术意义者,则置储藏室。其日常整理工作如下:一,清查全部古物;二,施行总登记;三,修补破烂陈列品;四,鉴定陈列品之名称;五,黏贴标笺。

二、修理东岳庙壁画

西安东岳庙殿内绘有古代壁画,因房屋年久失修,阴雨渗漏,致将画壁冲毁,浮土拥挤凸出,势将脱落。该会准省政府公函估计修理,工作计分两段,关于修葺房屋,招商承包,八月间兴工业经完竣,用洋九百一十九元七角,壁画则由该会工作组白万玉负责修理,估计需洋八百二十七元,现未告蒇。

(丁)拓印事项

一、拓印碑刻

陕西历代碑刻文字,从无专书。该会拟搜集周秦汉唐以逮明清石刻文字,印成巨帙。然此项工作,非短时期所可蒇事,拟先由拓碑着手,年来从事准备赴各地拓印,计已得四百余种。

二、拓印寺庙古钟

寺庙古钟文字所载当时宗教风俗,官秩名称,在历史文化上,颇可作为参证资料。此类记载,殊无专书。该会搜拓陕西唐宋元明古钟,拟就其形式文字编列印行。特派工拓印,已得关中各县三十九份。

(戊)编纂陕西金石一览

本省金石之多,为他省所不及,而时代变迁,散佚甚夥。著录文书,多不完备。该会拟先就有关金石之载籍及省府州县各志所记载之金石器物,编录名称,然后分途派员,或委托当地绅士,驰赴所在实地考证,记录其实在情形,期成陕西较完备精确之金石目录,以供历史家之参考。但非短时期内所能完成,草册已经编妥,考证尚未着手。

禹贡学会最近工作之进行及购买光宣档案之经过

禹贡学会为顾颉刚先生领导组织,专研古今地理沿革问题,及边疆问题者,并于民国二十三年创办《禹贡半月刊》,目的在供给研究者以发表著作之机会与搜集材料之方便,以期引起国人研究地学之兴趣,而作普及地理常识之鼓吹。现已出至六卷九期,内有专号六种,(一)《利玛窦世界地图专号》,附有《坤舆万国全图》,(二)《西北研究专号》,(三)《回教与回族专号》,(四)《东北研究专号》,(五)《后套水利调查专号》,(六)《南洋研究专号》。又游记丛书五种,(一)李书华著《黄山游记》,(二)谢刚主著《两粤记游》,(三)李书华著《房山游记》,(四)李书华著《天台雁荡山游记》,(五)谭惕吾著《新疆之交通》。边疆丛书一种,清陈克绳著《西域遗闻》。又出有地图底本甲种二十六种,乙种六种,丙种二种。其内容以经纬线分幅,大小一律,可以随便分合使用。每幅皆分印浅红,浅绿及黑色套版三种,使用者可按自己拟加添之色而采购,以免靠色不显之弊。

该会于本年五月间正式成立后,即迁入北平小红罗厂八号新会址办公(按该会会址为张国淦先生所捐赠)。七月间得中英庚款委员会补助边疆研究费一万五千元,会务日益发达,现有专任研究员及编辑员若干人,担任编纂丛书及整理档案工作。于暑假期曾派员往包头绥远一带实地考察,后套水利专号即为该团员考察归来报告之一。

又本年六七月间,闻北平头发胡同文学斋有大批财政部档案出售,该会以其具有重要史料价值,亟欲购买。惟以限于经费,仅能就中选取清光绪宣统二朝之完善者,为数约三四万卷,重约四千余斤,价值千元。现已编号者约全部三分之一,其分类名目略举如下:(一)户口,(二)田赋,(三)漕运,(四)白粮,(五)仓储,(六)库藏,(七)盐课,(八)常关,(九)海关,(一〇)杂课,(一一)杂税,(一二)粮饷,(一三)驿站,(一四)河工,(一五)洋药,(一六)土药,(一七)洋货,(一八)土货,(一九)水旱,(二〇)囚粮。此项档案都为故宫博物院文献馆,北京大学,及中央研究院历史语言研究所所未有,而该会能补充之,其价值之名贵可想而知也。

悼国学大师章太炎先生

章先生名炳麟，字枚叔，浙江余杭人，慕顾宁人处士之为人，又改名绛，别号太炎。生于前清同治七年(1868)，少治经学，从德清俞樾游，瑰意独行，不事科举，故得泛览典文，旁及当代政书。因读《东华录》及晚明野史诸书，即抱种族思想。故除治学外，喜言革命。癸卯(1894)与刘师培，邓实，黄节等创办《国粹学报》于上海，发扬国故，倡义光复。与蔡元培，孙毓筠等设教于爱国学社，该社成立时先生为《苏报》撰文，主张排满，并以序邹容《革命军》一书，及作《驳康有为书》，痛斥保皇之非，事为两江总督所觉，派员来查，遂成大狱。先是先生与宋平子交，平子劝读佛书，始观《涅槃》《维摩诘》《起信论》《华严》《法华》诸书，渐近玄门，而未有所专精也。及遭祸系狱，始专读《瑜伽师地论》及《因明论》《唯识论》等，乃知《瑜伽》为不可加。出狱后，孙中山先生自东京遣使来迎赴日，入同盟会，主民报社笔政，并集留东游学诸子，讲授佛学历史相勖勉，且以富贵利禄为戒，听众耸然。辛亥(1911)武昌起义，先生归国，于开国建设大计多所匡敕。民国元年，袁世凯执政，聘先生为高等顾问，先生察觉袁氏内怀忮心，乃自诡筹边，去之辽沈，诸所规划。惟以外扼于陈昭常辈，内制于袁氏私昵，复闻宋教仁为袁氏所杀，遂弃官归上海。召民党故旧议讨袁氏，义师桡败，死亡流窜者相继。先生以袁氏捕杀老党人不已，复抵北京，造总统府诟詈，袁幽禁之，绝食十四日不得死。五年袁氏死，黎元洪摄大政，送先生归沪，并书“东南朴学”四字赠之。以护法之役，孙公被推为大元帅，先生以大元帅秘书名义游滇，黔，蜀，常举北伐大义督责三省将帅。计不时定，愤而出蜀，取道鄂西，经湘，黔边境以趋粤，桂。后以军政府改制，孙公去粤，先生返沪。十二年七月创办《华国杂志》。二十一年应门弟子邀游平，是夏南返，秋移居苏州。同人爰集国学会，请先生讲学。二十四年以讲学旨趣不同，特立章氏国学讲习会，从学者愈众。国民政府致医药费万金，移作会费，间数日辄躬隶讲席，虽衰病犹不自息。同年创办《制言半月刊》。先生博通古今，文宗魏晋，治小学音韵尤精。生平讲学几四十年，门弟子遍全国。本年六月十二日以旧疾胆囊炎复发，经医生断为鼻菌中毒入腹，延至十四日晨七时三刻逝世，享年六十九岁。兹录其著述要目如下：

（一）已刊

《章氏丛书》（民国八年浙江图书馆刊本　民国十三年上海古书流通处印本　上海世界书局石印本）

《春秋左传读叙录》一卷

《鐂子政左氏说》一卷

《文始》九卷

《新方言》十一卷附《岭外三州语》一卷

《小敩答问》一卷

《说文部首均语》一卷

《庄子解故》一卷

《管子余义》一卷

《齐物论释》一卷又《重定本》一卷

《国故论衡》三卷

《检论》九卷

《太炎文录初编》五卷《补编》一卷

《葑汉微言》一卷

《章氏丛书续编》(民国二十二年北平刊本)

《广论语骈枝》一卷

《体撰录》一卷

《太史公古文尚书说》一卷

《古文尚书拾遗》二卷

《春秋左氏疑义答问》五卷

《新出三体石经考》一卷

《葑汉昌言》六卷

(二)未刊

《七略别录佚文征》一卷并序(光绪二十七年二月辛丑)

《驳箴膏肓评》一册

《膏兰室札记》四卷(光绪十七八年左右著)

《猝病新论》四卷

自定年谱一册(又草稿一册)(自清同治七年一岁起至民国十一年五十五岁止)

荀子柬释

梁启雄著　二十五年九月商务印书馆出版　定价三元伍角

《荀子》一书，自王先谦《集解》印行以来，号称善本，而该书亦较为易读。然王氏集解中，所采各家之说，虽颇称完备，而尚有缺遗者，如王懋竑《读书记疑》，俞樾《荀子诗说》是。又有书行于后，而《集解》未及采取者，如王绍兰《读书杂记》(罗振玉印入《雪堂丛刻》)，孙诒让《札迻》是。又近人之校释《荀子》，特标创见者，如刘师培之《荀子校补》，胡适之《中国哲学史大纲》等是。又如日儒久保爱等所据之宋本等，亦有足资取益者。然则自王先谦《集解》盛行以后，至现在又宜有更定之本。

梁启雄先生为梁启超之弟，以王先谦《荀子集解》为底本，更集益王氏所遗及上述诸家等之校释，参以己见，汰芜存精，以成《荀子柬释》一书，可称为后来居上之作。其自序云，致力于是书者三事：(一)《荀子》以久晦之故，杨倞已谓"编简烂脱"，后世传钞转刻者，又多沿讹袭谬；更以奥谊艰辞，多难索解；清儒举正有所未逮，训诂有所未莹；每一检览，疑滞丛生；故赓续钻研，实不容已。(二)王氏《集解》，훕集前说，虽云粗备，但王予中说遗而未采，王畹馨《读书杂志》，孙仲容《札迻》，并刊于《集解》

后;而近儒校释,布在方策;东儒笺解,中土难遘;若辗转寻阅,旷时良多;故亟宜搜撮以为《集解》增补。(三)《集解》众说繁巨,多耗读者之时力;倘削繁就简,择善而从,使修学之士,得以含其英而咀其华,则时力既省,谊旨亦邕;故撮要钩玄,洵为急务。上列三事,为梁先生此书所致力之点,确是能见其大。细观此书,其结果亦足以副其所期。其第三事,与近人之以丛钞为著述者,意指亦大相远。全书校释,既简明易阅,而又用新标点,尤便读者。然而注释中间有可商讨者,如《解蔽篇》云:“知道察,知道行,体道者也。”此书标点改为:“知道,——察,知道,行,体道者也。”注据其伯兄梁启超曰:“此文之意谓:‘知道者何?其明察足以知道,其力行足以体道之谓也。’”如此解读,似未免求深反晦之弊,未尽可从。又如《正名篇》“异形离心交喻,异物名实互纽”,王念孙曰:“名实互纽,即上文所谓名实乱也。今本‘互’字,上下皆误加点,杨所见本已然,故误读为胡泫切,而所说皆非。”刘师培《校补》云:“‘玄’当作‘互’,与‘交’对文。此谓物异其外则彼此共喻,异其内则称者互淆。即《博物志》八引魏文语,所谓武夫怪石似美玉,蛇床乱蘼芜之类也。”此书于“互”字则仍照为“玄”,而以“名”字为“各”字之误,解说云:“异形,若方圆。离,与‘丽’古字通。《周礼·大司寇》‘而未丽于法’。注:‘丽,附也。’喻,读为‘愈’。《尔雅·释诂》:‘愈,病也。’言有形而无名则异形附于心,不能以言达之而交病矣。”又云:“异物,若牛马。名,当为‘各’,损泐而讹。言有物而无名则异物在前,不能以言表之,而名实互结不分矣。此言无名之害,不能名实,故知名实当作‘各实’。”以此解与刘师培所释相比,似不如刘师培之圆满。此为过于求自创一解之弊,在著者或以为空前之发现,而读者未免堕五里雾中。校释古书,全免此弊者,盖不易也!杨树达先生称此书为普及之善本,大致尚可相称。

书末附《荀子传征》，及《荀子行历系年表》，亦可备参考。

韩非子考证

容肇祖著　国立中央研究院历史语言研究所单刊乙种之三
商务印书馆出版　铅字本一册　定价五角

《韩非子》一书，内容颇为混杂，开首《初见秦》篇，已绝对不是韩非所作。此书将今传本《韩非子》五十五篇，细为考订。以为《史记》卷一〇八《韩长孺列传》云“尝受《韩子》杂家说于驺田生所”，遂疑《韩子》一书，早已与杂家说相混。又疑《史记》所举《韩子》，如《孤愤》《五蠹》《内外储》《说林》《说难》各篇，尚不是严格之标准。因据《史记》卷八十七《李斯列传》二世责问李斯之言，及李斯以书对二世，有引《韩非子·五蠹篇》之语，又有引《显学篇》之语，遂以《五蠹》《显学》为韩非子所作，无可疑之篇。据此二篇，以推证其余各篇，结果可证为韩非所作者，凡十八篇。书中分类为十三：（一）确为韩非所作者；（二）思想与韩非合而又有旁证足证为韩非所作者；（三）从学说上推证为韩非所作者；（四）与韩非有关系的记载因而附入《韩非子》书中者；（五）可证为韩非所作，而后段搀入他人之文者；（六）《史记·韩非传》全录其文而似可疑者；（七）司马迁举其篇名而尚可疑者；（八）黄老或道家言混入于《韩非子》书中者；（九）他家言法可确定为不是韩非所作者;(十)文著“非”名似尚可疑者;(十一)游说家言并见于《国策》而非韩非所作者;(十二)并见于《商君书》而未知谁作者;(十三)未定为谁作的篇章而姑俟续考者。末附《韩非子年表》。

书前自序说及著此书之方法,有云:“我由《五蠹》《显学》以证其余的各篇,由内容意义的部分相同,以求其同出于一手的韩非的著品。这种方法,似乎是太狭隘了,或者有些篇章同出于一手,而内容完全各异的,我们便会失掉了。然而我们本求真的目的,与其失之宽,无宁失之严。与其无参验而失之诬,不如必参验而阙其疑。或者以为这方法又太宽了,因为偶有相符的意义,便以为同出于一手。其实《韩非子》一书,和杂家说相混合,不如他书混有立心作伪的篇章;又韩非当战国的末期,他的思想特立的见解,别人不易和他相同,而且《五蠹》《显学》是他的作品中最杰作,包含他的见解最富,表见他的思想最真,拿以比例各篇,而结果可证为他所作的共十八篇,以五十五篇之数计之,约得三分之一,这不能说为太宽了。或者以为这种方法,于考证学上不尽可征,然而我以为这种方法在考证别书时或不尽可用,而在《韩非子》一书上,于最可靠的篇章中,明显的给我们最大的根据。如以《五蠹》《显学》互证,则意义相同之例,亦颇有之。”可见作者对于方法应用之审慎。

此书第七章为司马迁举其篇名而尚可疑者,举《内储说》上《七术》“殷之法,刑弃灰于街者。子贡以为重,问之仲尼……”一条,又同篇有“公孙鞅之法也,重轻罪……”一条。作者以为:“以上是两条,其实只是一事,不过由于传说的变异,而遂有上述的不同。案《史记·李斯列传》,斯上书对二世有云:‘故商君之法,刑弃灰于道者。夫弃灰,薄罪也。而被刑,重罚也。彼唯明主为能深督轻罪。夫罪轻且督深而况有重罪乎?故民不敢犯也。'然则刑弃灰于道者,是商君之法,即公孙鞅之法,而不是殷之法。所以由商君之法而演变为殷之法,是有他的来源,亦有他演变的时间的关系。由商君在传说上很易误为'商',因商为朝代的名号,商又称殷,遂演变为殷。这大概经过一个长时间才有这样的演变,因此又有子贡问仲尼的传说了。李斯和韩非是同门师友,不应李斯知为商君之法,而韩非偏说是殷之法,并且承认子贡问仲尼的传说。在商君的时代,离韩非的时代不过一百年左右,这样的时间,也不应有这样速的演变。因为这一条的缘故,我疑心《内储说》不是韩非作的。……"此为作者所发现之一例,可见作者之细心。

又如第十一章,证明《初见秦》内容所表现之时代,为蔡泽入秦至相秦中之时代,结论只云"说是蔡泽所作,是有很大的可能"。可见作者体例之谨严。其他新颖见解亦颇不少。

汉武梁祠画象录

容庚著　二十五年十月考古学社印行　每部二册定价八元

武梁祠画像自宋洪适著录三石于《隶释》《隶续》,元明两代无言及之者。至清朱彝尊见第一石之上半剪装拓本于马氏衎斋书屋,即世所称唐拓本也。容氏定为元至正四年石室遭水灾被湮没以后之明拓本。嘉庆五年,黄易刻于《小蓬莱阁金石文字》

中。后经火灾,其伏羲,祝诵,神农三图被毁,黄帝,颛顼,帝喾三图只存一角,余尚存八图,今藏济宁李氏。

乾隆四年,黄易于汪本家得见武梁祠拓本。五十一年八月,至嘉祥,于紫云山访得武梁祠三石,孔子见老子一石,前石室十四石,后石室九石,祥瑞图四石。五十四年,李克正,刘肇镛督工建祠,续得左右室十石。同治十年,轩辕华续得何馈一石,祥瑞图有鸟如鹤一石。光绪六年,续得王陵母一石,与左右室第一石相衔接。

自原石发见后,颇引起学者之注意,王昶缩刻其武梁祠三石于《金石萃编》,冯云鹏选刻其全石于《金石索》,张德容钩刻其文字于《金石聚》。瞿中溶作《武梁祠堂画像考》,武梁祠画象之有专著自瞿始。然于画像仅择摘四十图,至民国十六年乃由吴兴刘氏刊行。容氏此书分图像,考释两部分。图像收武梁祠三石,乃黄易手拓以赠贝墉者。蔺相如之"相"字尚存目旁,可称最初拓本。何馈一石亦初拓未有陈锦题字。其余各石则以未得佳拓仅录题字以俟续补。然题字如武王发之"王发"二字完全,且题签之数无缺,亦嘉庆初佳拓也。考释故事,则瞿氏书已十得八九,此订正其赵代夫人聂政二条。其董永一条《太平御览》引刘向《孝子图》缺去"家贫困苦,至于农月,与辘车推父于田头树荫下,与人客作,供养不阙"五句,与此图全不相合。书印成后复据《敦煌零拾》本另纸补入。

此书于前后左右室诸石只印题字而无画象,吾人读之固有不足之感。然取校陆和九《汉武氏石室画象题字补考》有可知陆氏之疏误者:如陆氏书首列《新旧拓本简明一览表》列有明拓本,清初拓本,乾隆拓本。考石室之发见在乾隆五十一年,彼墨广安得明拓,清初拓而收藏之。其所藏之清初整纸本蔺相如之"相"字全泐,而此书尚存目旁,可证其在乾隆以后。其于梁高行石秋胡妻,邢渠哺父,蔺相如,秦王下屡言唐本。考所谓唐拓本仅得伏羲石上半之二列,彼安得唐本而见之。至于新出《祥瑞图》一石,陆氏摹误尤多也。

参加伦敦中国艺术国际展览会出品图说

伦敦中国艺术国际展览会筹备委员会编辑

二十五年商务印书馆出版　共四册　第一册三元　二至四每册五元

中国文化启发最早,其有史可稽者已有三千余年之历史,在世界上自有其不可磨灭之光辉。公历一九三五年为前英皇乔治第五世登极二十五周年纪念,在英国伦敦举行盛大庆祝。国民政府行政院于民国二十三年冬决定选送本国艺术珍品运往英伦参加国际展览,藉以沟通中西文化。当时国人对于该项国宝出国之安全问题,颇为注意。兹幸无恙归来,且于六月间曾在首都公开展览,任人参观,差堪慰藉。惟首都以外人士,欲观未得,颇有负隅之叹!兹者此书出版,可供中外人士之赏鉴观摩,实为艺林之佳事也。

出品机关,计有故宫博物院,古物陈列所,中央研究院,北平图书馆,河南博物馆,安徽省立图书馆,而选自故宫博物院,古物陈列所者为最多。

全书分四册。第一册铜器，上起商周，下迄战国，其中所收器物：(一)烹饪器及食器，为鬲，鼎，敦，甗，簠，簋，豆，盨等三十八件。(二)容器，温器，及饮器类，为罍，壶，钟，钫，卣，盉，爵，斝，觚，尊等四十二件。(三)寻常用器类，为盘，鉴，匜，镫，奁等九件。(四)乐器类，为钟，镈，钲等七件。又新郑铜器群八件，寿县铜器群四件，总计一百零八件。首有中国青铜器之起原，及铜器之种类，时代，地域，与在艺术上史料上之价值，均有简单提要说明。

第二册瓷器。瓷器系由古陶器精进而成，其质为土，土有地域美恶之分，其制造有精粗之别，故其种类因之而异。本书所收，计有瓶，壶，尊，碗，炉，洗，套杯，罐，觚，香薰炉，鼎，笔筒等器物，凡三百五十二件。首有瓷器概说，叙述瓷器原始，及历代名窑所在地域，与出品种类；瓷器之胎骨与釉色，纹片之天然与人为，及关于前人所谓"古月轩器"，即今称之为"珐琅彩瓷"，均有详细说明。其年代起宋迄清，顺序排列，颇便检寻。

第三册，书画。我国书学画学，融会贯通，相互而行，在艺术上有极悠久之历史与价值。此册所选之书画从唐至清，计共一百七十五件，有唐李昭道之《洛阳楼》《春山行旅图》；五代刁光胤之花卉写生册；宋巨然之《寒林晚岫图》；宋蔡君谟(襄)，苏东坡(轼)，黄庭坚(鲁直)，米元章(芾)四家墨宝；元赵孟頫《重江叠嶂图》，黄公望《富春山居图》；明仇英《秋江待渡图》，《柳塘渔艇图》，《梅石抚琴图》；清王时敏仿黄公望山水，王鉴《烟浮远岫图》等，均为名贵之珍品。首有书画说明，关于书学画学之演进及各名家技术作风，中国画之特点及其绘画法。此次出品之概要，均提纲挈领叙述。读者展卷即知其梗概矣。

第四册，其他类。(一)织绣。宋缂丝花鸟，群花祝寿，米芾七言诗,明织崔白花卉等二十九件。(二)玉器。水晶,玛瑙,青田石,雄精,犀角等器物七十件。(三)景泰蓝。瓶,觚,盘,尊,罐,碗,杯,盘,壶等十六件。(四)剔红(即雕漆)。墩,盘,圆盒等五件。(五)折扇。二十柄,均为仇英,董其昌等名人所绘。(六)家具,文具。有景泰蓝仙山楼阁屏,红木画案,白玉雕松笔筒,白玉图章,宋澄泥石渠砚等十九件。(七)考古选例。有卜用甲骨,鹿头刻辞,石刀,石斧,骨笄,各种骨器,矢镞,戈,矛,斧,铜器残片,铜范,骨刻,牙刻与石刻,白陶,黑陶等殷商古物,又有隋处士卜仁葬器及墓志等,计共一百十三件。(八)珍本古书。有六朝敦煌写本《大方广佛华严经》《大涅槃经》;五代雷峰塔之《陀罗尼经》;北宋刊本《文选》《册府元龟》;南宋《国朝二百家名贤文粹》《乐书》《国朝诸臣奏议》;金刻《改并五音类聚四声篇》等五十种。中国艺术精华,于此可见一斑矣。

书画鉴三种

容庚著　二十五年考古学社印行　每部三册定价七元

晚近因摄影印刷之便,故书画册之印行至夥。书店所出,至为简陋,求如邓实之于《神州国光集》《神州大观》,记载尺寸,并加略说者已不可多得。故宫博物院所出,于印刷编辑两方面皆有相当进步。此则欲合谱录,传记,收藏于一书,分集印行,计出

三种:

一、《二王墨影》 著录王羲之十一帖,王献之一帖,附录王珣一帖,大抵出于唐摹者为多。传世二王墨迹,萃于是矣。

二、《颂斋书画录》 著录十六人。

三、《伏庐书画录》 著录二十二人。于诸家小传,剪裁颇费苦心。尤注意于生卒年月,如金堡,今无,蓝瑛,华喦,居廉为《疑年录汇编》所未载。邢侗,张穆,傅山,黄易《汇编》载录而未详。金农《汇编》以为卒于乾隆二十九年,年七十八,此则据罗聘题《冬心先生续集》以为卒于乾隆二十八年,年七十七;朱昂之《汇编》据齐学裘《见闻随笔》以为道光五年,年七十余,此则据姚元之《竹叶亭杂记》以为生于乾隆二十九年;改琦《汇编》以为生乾隆三十九年,卒道光九年,此则据《玉壶山房词选》姜皋诔以为生乾隆三十八年,卒道光八年三月。惟此书于赵之琛云咸丰十年卒,年七十余。余观《支那名画宝鉴》(967)赵自题画云"咸丰二年春三月,七十二叟赵之琛写",则赵当生于乾隆四十六年,卒年八十,仍可补此书。

此画初出二三册未足为富,惟冀容君继续不已,能出至四五十册,庶几巨观。并世之收藏家苟能依此印行,未始不远胜于《三秋阁书画录》《解斋书画录》之有说无图也。

古今典籍聚散考

陈登原著　二十五年一月商务印书馆出版　定价九角

秦始皇焚书，为中国文化之一大浩劫，无论乡村老妪，或仅识一二之孩童，均能知之。故书籍之亡失，以秦为祸首。此后，焚书禁书之事，代所恒有。然其为时之经久，诛求之苛细，则莫若清代为甚：总计焚书二十四次，毁书一万三千八百六十二部，其未详者尚不在内。可见典籍之厄运，除天灾人事外，政治之压迫及禁毁为尤多。然每朝于定鼎升平之日，即下令征求书籍，孤本秘笈，从事网罗。惟征集之广，搜罗之富，功业之伟，亦莫若清代。其所编纂之《四库全书》，有裨艺林，诚匪浅鲜。其次私人之收藏，亦以明清两代为最盛，如海宁范氏之天一阁，山东聊城杨氏之海源阁，杭州鲍氏之知不足斋，汪氏(汪启淑)之开万堂，汪氏之振绮堂，孙氏之寿松堂，吴氏之瓶花斋等，均为当时巨擘。惟以兵燹之摧残，后人之不继，现硕果仅存者，只天一阁而已。

本书叙述古今典籍聚散之由，分隶四厄：一曰政治，二曰兵燹，三曰藏弃，四曰人事。以类区分，以事为经，以时为纬，其有不以类收入者，则随事附记，如论藏书家之后嗣，语及阮元修《曝书亭诗》,则以曝书亭来由附焉。然综次既多,不免拙于联贯。用制索引,以便求检。如某事虽分隶几处,然阅者一加检阅即可得综合以观,庶可作中国典籍史视焉。(以上见凡例)

全书约二十万言,搜罗宏富,首有凡例,叙引,提要,末附著者刍言,以为欲补救此四厄者,莫若:(一)将孤本罕笈印行,以广流通。(二)收拾遗著稿本,补编或续编《四库全书》。(三)藏书家之自觉,除公物散处各方者,如山东掖县《藏经》等,已经国民政府明令归公保管外,关于私人爱好而收藏者:1. 应公诸天下任人钞录,并设法致力翻刻。2. 仿效梁任公(启超)先生办法,身后将所藏书籍,寄存公家图书馆,以免人存书存,人亡书亡之弊。用意甚善。现在印刷术进步,传布书籍甚易,公藏之图书馆亦多。读此书者,能无憧憬于历代书籍之厄,而思所以补救之乎?

博物馆学通论

陈端志编著　民国二十五年七月上海市博物馆出版　定价一元二角

博物馆事业,在欧美发轫最早,推行迄今,已有百余年历史,其进步之速,大有一日千里之势,故除中央博物馆外,有地方博物馆,乡土博物馆,户外博物馆,路旁博物馆,教育博物馆,儿童博物馆。教育博物馆内又分小学,中学,专门以上学校博物馆。

惟中等学校课程,是各科学之基础,不若小学之简单,又不如专门以上学校博物馆可偏重于一方面,因此各著名中学迄今还多未设立。其他如动物园,植物园,水族馆等,亦莫不俱备。故博物馆之设立,无论通都大邑,或穷乡僻壤,几无处无之。于是关于博物馆之专门书籍及刊物等出版,亦如雨后春笋,应运而生。虽不能说登峰造极,然观其进步之显著,比观吾国,实瞠乎其后也。

我国博物馆之设,虽在逊清光绪末年,以张季直氏所创之南通博物馆为始,迄今亦有三十余年之久。惟以推行不力,及政府与学术界人士之不注重,故博物馆之设立,寥若晨星。近年虽积极向前迈进,惟除通都大邑外,仍属寥寥无几。出版物方面只有《南通博物苑品目》及《中国博物馆协会会报》《中国博物馆一览》《西湖博物馆馆刊》等,仍感极度贫乏。上海市博物馆有鉴于此,力谋发展博物馆学,以促进民众智识与兴趣,特约馆内外专家编译丛书,暂分博物馆学,历史,艺术,考古四类。第一期先出十种,兹录目如下:甲类:《博物馆学通论》(陈端志,即本书),《征集品之修复与保存》(胡肇椿),《地方博物馆实施法》(陈端志)。乙类:《上海棉布》(徐蔚南),《顾绣考》(徐蔚南)。丁类:《考古学研究法》(郑师许,胡肇椿),《考古发掘讲话》(胡肇椿),《古玉概说》(胡肇椿),《铜鼓考略》(郑师许),《漆器考》(郑师许)。此书之出,可称为该馆丛书之嚆矢。

此书约十万言,共分十八章:(一)概论,(二)博物馆的演进,(三)我国博物馆事业之发轫,(四)博物馆的种类及效能,(五)中央及地方博物馆,(六)户外博物馆,(七)(八)教育博物馆(上)(下),(九)动植物园及水族馆,(十)博物馆的搜集和整理,(十一)博物馆的制作和修理,(十二)博物馆的陈列,(十三)博物馆的说明,(十四)博物馆的利用,(十五)博物馆宣传,(十六)馆舍建筑的改进,(十七)陈列器具的设计,(十八)工作人员的养成。每章之下,另分细目。近来我国地方博物馆之设,日渐增加,此书之作,虽属草创,实能适应时代之要求也。

引得编纂处最近刊行引得二种

一、崔东壁遗书引得 引得第五号 民国二十五年十二月出版 定价国币四角

大名崔东壁(述)为乾嘉学术上一怪杰,惟以居处僻乡,少与中朝人士往还,故生前名不甚彰,卒后声闻亦不甚著。近年以来,学风丕变,崔氏之名以有人为之揄扬,始大噪于世,而其著作遂亦渐为人所珍重。

十余年前,顾颉刚先生以治古史,爰将《崔氏遗书》重为整理,并加新式标点,由上海亚东书局代为印行。引得编纂处以该书为量既钜,检查綦难,因为之编制引得,附于书后,以便读者之寻觅资料。该书已于今夏全部出版。惟《东壁遗书》,版本不只一种,引得编纂处为大多数能适用计,因又将该项《引得》重为排校,单独印行,并附《叶数推算表》,俾有其他版本《遗书》者亦能收按图索骥之效;其便利于学林,可不劳言喻也。

二、《礼记》引得 引得第二十七号 民国二十五年十二月出版 定价国币五元

《礼记》为说礼文字之一大总汇。凡研究古代礼俗，名物，以及儒家对政治社会之思想者，皆不可不细加参考。引得编纂处前既为《仪礼引得》，又以《礼记》《仪礼》二书相辅而行，故又将《礼记》编为《引得》，以为检查之助。此书纂编方法，折衷于引得及“堪靠灯”（Concordance）之间，举凡《礼记》中之名词及重要动词均依次排列，余如虚字及介系等词，则皆从省略，避烦琐也。书前有洪煨莲先生长序，于《礼记》一书之来源及两汉礼学传授之始末，考订精详，多发前人所未发，可作《礼记》纂辑史读，亦可作两汉礼学师承记读。

史学消息

二十五年十月燕京大学历史学系出版

零售每册八分 预定半年五册三角五分全年十册七角

本刊为燕京大学历史学系创办，由该系同学担任编辑。每月一期，每期预定十六开报纸三十页左右，惟第一期则超出三分之二以上。内容分为：(1)国内外史学界消息，包含发掘，著作，人物，陈列等项，(2)讲演录，(3)调查报告，(4)本系消息，(5)历史学会会务，(6)历史学会会员消息，(7)通讯。著作一项，又

分为 a. 西洋汉学论文举要,b. 日本“支那学”论文举要,c. 书报批评介绍,d. 各国关于汉学的新刊书。大体侧重国外方面,盖国内方面已有若干种刊物介绍矣(见一卷一期本刊的内容)。现已出至一卷三期。

(《燕京学报》1936 年第 20 期)

斗鸡台掘获仰韶期前古物

北平研究院史学研究会考古组主任徐炳昶先生于四月十二日率领一部工作人员前往进行后,已于该月下旬在斗鸡台戴家沟以西地方开工发掘。

兹据六月十七日徐炳昶先生谈:本人此次赴陕督率员工继续发掘斗鸡台,以解决本组对新石器时代所发生之数种问题。此次发掘工作结果甚佳,发现仰韶期较前之人居数处,为本组之新发现。因本组只有仰韶期最前之物,与此次所得可以互相印证。本年春季发掘工作决定十九日全部结束,所有工作人员,二十日即由陕乘车携所得陶片等物四十余箱返平,从事整理。

徐氏又谓:本人今日接在陕人员来函报告:最近发掘一坑,全份车辆马匹,为二马一车,马骨完整,车辆齐全,文饰物色均尚完好。在此坑中又发现第二辆之马首,因本期工作如期结束,故仅第一辆发掘完毕,不继续掘第二辆,俟秋季再继续工作。至所得车马,拟暂不运平。此次所得车马仅知完整,其他详情则未言明,究为何时物,尚不敢断定,恐系六朝北周时代之物?由殉墓中发现者,于考古学上颇有价值,因历来发掘终未有完整者,此尚为初次云。

容媛 著
罗志欢 李炳球 主编

容媛金石學文集

（二）

金石学卷
考古学卷
学术消息

莞城图书馆 编

东莞历代著作丛书

齊魯書社

秦汉石刻题跋辑录目录

目　录

秦

西汉

新

东汉

附录一

(非秦汉刻或时代存疑者)

附录二

(伪刻)

(《秦汉石刻题跋辑录》,容媛辑录,胡海帆整理,上海古籍出版社2009年版)

汉故谷城长荡阴令张迁表颂集释

(一)碑文①

汉故谷城长荡阴令[1]张君表颂

君讳迁,字公方,陈留已吾人也[2]。君之先,出自有周。周宣王中兴,有张仲队孝友为行[3]。披覽诗雅[4],焕知其祖。高帝龙兴,有张良善用籌帯,在帷幕之内,决胜负千里之外,析珪于留[5]。文景之间,有张释㞢建忠弼㞢谟。帝游上林,问禽狩所有。苑令不对[6]。更问啬夫,啬夫事对。于是进啬夫为令,令退为啬夫。释之议为不可,苑令有公卿之才,啬夫喋喋小吏[7],非社稷之重。上从言。孝武时有张骞广通风俗[8],开宓畿寓[9],南苞八蛮,西羁七戎,北震五狄,东勤九夷[10],荒远既殡[11],各贡所有。张是辅汉[12],世载其德。爰既且于君[13],盖其緭縺[14],缵戎鸿绪[15]。牧守相系[16],不殒高问[17]。孝弟于家,中謇于朝[18]。治京氏易[19]。聪丽权略,蓺於从畋[20]。少为郡吏,隐练职位,常在股肱[21]。数为从事,声无细闻。征拜郎中,除谷城长[22]。蚕月之务[23],不闭四门。臈正之僚,休囚归贺[24]。八月荚民[25],不烦于乡,随就虚落,存恤高季,路无拾遗[26],犁种宿野。黄巾初起,烧平城市[27],斯县独全。子贱孔蔑[28],其道区别[29]。《尚书》五教,君崇其宽[30]。《诗》云恺悌[31],君隆其恩。东里润色[32],君垂其仁。邵伯分陕[33],君懿于

---

① 编按:这篇碑文,因时代特点,字形多有特征。编录时除了此下第六部分“文字之考证”所考证的字,其他以容媛先生列出并简化的形式呈现。考证之字以考证专列的字形原样呈现,而不拘以形式的统一。

棠[34]。晋阳珮玮，西门带弦[35]，君之体素，能双其勋。流化八基[36]，迁荡阴令[37]。吏民颉颃，随送如云。周公东征，西人怨思[38]。奚斯赞鲁，考父颂殷[39]。前喆遗芳，有功不书，后无述焉。于是刊石竖表，铭勒万载。三代以来，虽远犹近。《诗》云旧国，其命惟新[40]。

於穆我君[41]，既敦既纯。雪白之性，孝友之仁。纪行来本[42]，兰生有芬，克岐有兆[43]，绥御有勋。利器不觌，鱼不出渊。国之良榦，垂爱在民。蔽沛棠树[44]，温温恭人[45]。乾道不缪，唯淑是亲。既多受祉[46]，永享南山[47]。干禄无疆[48]，子子孙孙[49]。

惟中平三年，岁在摄提，二月震节，纪日上旬[50]，阳气厥枡[51]，感思旧君。故吏韦萌等，佥然同声[52]。赁师孙兴[53]，刊石立表[54]，以示后昆。共享天祚，亿载万年。

碑阴

故安长韦淑玲钱五百　故吏韦公逴钱七百　故吏韦孟光钱五百

故从事韦少王钱五百　故吏韦排山钱四百　故吏韦孟平钱三百

故从事韦元雅钱五百　故吏范巨钱四百　故守令韦元考钱五百

故从事韦元景钱五百　故吏韦义才钱四百

故从事韦世节钱五百　故吏韦辅节钱四百

故守令韦叔远钱五百　故吏韦元绪钱四百

故守令范伯犀　故吏韦客人钱四百

故吏韦金石钱二□　故从事原宣德钱三百

故督邮范齐公钱五百　故吏韦公明钱三百

故吏范文宗钱千　故吏范成钱三百

故吏范世节钱八百　故吏韦辅世钱三百

故吏韦府卿钱七百	故吏范国方钱三百
故吏范季考钱七百	故吏韦伯善钱三百
故吏韦伯台钱八百	故吏汜奉祖钱三百
故吏范德宝钱八百	故吏韦德荣
故吏韦公俊钱五百	故吏范利德钱三百
故吏汜定国钱七百	故吏韦武章
故吏韦闰德钱五百	故吏驺叔义
故吏孙升高钱五百	故吏韦宣钱三百

(二)碑之形状及建立年月与所在

碑:高六尺三寸,广二尺六寸,厚五寸。碑文,隶书十五行,而第十三行后空一行,方接第十四行年月。每行四十二字,字径九分。额:篆书二行,字径二寸八分,居碑文第八行至第十三行之上,盖碑文偏右而空其左也。阴:隶书三列,上中皆每列十九行,下列三行,字径一寸一分。① 顶圆,下无龟趺,中无穿。牛氏《金石图》,碑之四旁有螭绕之,今砖砌不见。② 汉灵帝中平三年(一八六)③二月上旬立。在山东东平州学明伦堂。

① 本文与以下三家所载碑之高广尺寸同:褚峻《金石经眼录》页六七。牛运震《金石图》册二。翁方纲《两汉金石记》卷一二页一。以下三家所载与本文稍异:阮元《山左金石志》卷八页九云:“碑高七尺五寸,广二尺五寸。”张德容《二铭草堂金石聚》卷一一页二五云:“碑高七尺三寸,广三尺。”孙葆田等纂《山东通志》卷一四九页三六云:“碑并额高六尺余,广三尺弱。……字径寸许,额篆书……字径三寸。”

② 翁方纲《两汉金石记》卷一二页七。

③ 孙承泽《庚子销夏记》卷五页一一云:“建于中平十年。”叶奕苞《金石录补》卷四页三云:“中平二年。”皆误。

（三）碑之出土年代

此碑出土年代，异说纷纭，莫衷一是，有谓为宋时出土者，翁方纲云：

郑耘门太史所藏王百谷本，焕字具全，有金孝章题签，顾云美书释文者，已是明拓本。则此似是宋拓矣。《金石文字记》引《山东通志》云："近掘地得之。"然地志所载金石，其系述久近，亦不尽可凭，安知非宋时已出，而洪（适）娄（机）未之见耶。[①]

有谓为元时出土者，欧阳辅云：

全榭山云："此碑以后出，故完好。"然文贞（杨士奇）已跋，则至迟亦元世出现也。[②]

有谓为明时出土者，有马、洪、方朔、李、方若氏五家。马邦玉云：

按此碑不著于欧阳（修）赵（明诚）氏洪（适）氏之录，明都穆始载于《金薤琳琅》……《通志》云"近世始出"，不详出之年月，大约在前明之初。[③]

洪颐煊云：

右……碑明时始出。[④]

方朔云：

……《张迁碑》相传明时掘地得之，故欧、赵、洪三公皆

---

① 《复初斋集外文》集三页七。媛案：孙葆田等所纂之《山东通志》已改为明世出土矣。

② 《集古求真补正》卷三页三三。

③ 《汉碑录文》卷四页三一。

④ 《平津读碑记》卷一页二〇。

未著录。①

李文田云：

……碑本明代始出，而疑《通志》《隶释》之不载，盖其疏也。都穆《金薤琳琅》及杨慎《金石古文》并录，固何必以赵(崡)郭(宗昌)不见为病乎。②

媛案：近人方若氏引都穆《金薤琳琅》谓："都氏官京师时，于友人处见数十年前拓本。"③都氏只云旧拓，未尝说数十年前。

其余泛指后出晚出或近出者，有孙承泽、朱彝尊、谢堃、万经、武亿等。④

媛案：此碑始著录于明都穆《金薤琳琅》。都氏谓："余官京师时，尝于景太史伯时处见旧拓本，不及录。……"⑤都氏为明弘治十二年己未(一四九九)进士，授工部主事，历礼部郎中，加太仆少卿。⑥ 则其见此碑时不能早于弘治十二年。洪武元年(一三六八)至弘治十二年(一四九九)为百三十一年，如宋或元拓，都氏

① 《枕经堂金石书画题跋》卷三页二五。

② 《燕京学报》第二六期页二五八。

③ 《校碑随笔》页四一。

④ 孙承泽《庚子销夏记》卷五页一一云："……考之《通志》《金石略》既无其目，而《集古录》《金石录》及《隶释》《隶续》并不载，岂亦出自近代耶？而近代人如秦中、赵崡及郭宗昌搜访旧碑，亦不之及，何也？"朱彝尊《曝书亭金石文字跋尾》卷二页一五云："……《张迁碑》不著于欧阳氏、赵氏、洪氏之录，殆后时而出者。……"万经《汉魏碑考》页六云："……碑亦出近代，故欧、赵、洪俱不载。……"武亿《金石一跋》卷二页三云："……碑向为欧阳、赵、洪所未目及，独近世始著录。"谢堃《书画所见录》卷一页一一云："张迁与衡方二碑出土稍晚，诸书莫载。……"

⑤ 《金薤琳琅》卷六页一一。

⑥ 《明史稿》列传一六二页一三。朱彝尊《明诗综》卷二七下页一九。陈田《明诗纪事》卷丁八页五。过廷训《明朝分省人物考》卷二二页三六云"……正德中举进士……"，误。

必详为记载，泛称旧拓，则百或数十年间拓本亦可。马邦玉谓为“前明之初”出土，似属可信。

(四)碑文之阙泐

此碑出土较晚，字特完好可读，为汉碑中之不易得者。关于明清拓本之阙泐，新旧拓本之异同，兹略述如下：

(1)明季与清初及近拓之异同

方若云：

明季出土本，第八行，“东里润色”四字完好无损，第九行颉颃之颃字右半未泐。……至国初(清初)拓本，则只色字完好，下君字左未损，第九行“随送如云”之如字，口右上角亦未损。乾隆年间拓本，首行謀字帚旁下垂二笔尚可辨。第八行，“东里润色”四字，东字泐半，然上左角未与上恩字并连，里字泐，润字泐半，其水旁尚存中点，色字与下君字泐大半。近拓本，首行謀字帚旁已作章，殆漫灭下垂二笔也。第四行，“北震五狄”之五字泐半。第七行，“休囚归贺”之囚字，末笔泐与石花全连。又“犁种宿野”之犁字，下二画右端损甚，宿字一钩亦损。第八行，“君隆其恩”之君字，不止损及笔画口处，且泐恩字，下左角泐东字，润字存半，色字存小半。第十一行，“铭勒万载”之勒字力旁上泐。海丰吴氏藏“东里润色”四字未泐本，惟东字少损，润字门处少损。①

(2)明季与乾嘉拓本之异同

罗振玉云：

此碑初出土时，“东里润色”四字尚存，予仅见吴中祝氏一本，后归天津庞氏，庞氏身后，估客携至都中，不知归何

① 《校碑随笔》卷二页一一。

许矣。此本有金氏冬心斋印……乃冬心先生旧藏(明拓本)。……以黄氏小蓬莱阁本校之,“君諱迁”之諱字从巾,尚完好。黄本(乾嘉拓本下同)巾字已作十,“披览诗雅”之披字,扌旁仅缺少许,黄本则所缺倍之。“高帝龙兴”之帝,此本冖尚完好,黄本旁泐痕与画连合。“征拜郎中”之拜,此本完好,黄本损末笔下半。“君隆其恩”此本之恩心字不损,黄本已损首笔。“东里润色”,此本色字不损,黄本损半。“君垂其仁”之君,此本未损,黄本损三之一。“随送如云”此本如字不损,黄本口损强半。此乃明季拓本。至黄本笔画虽存之字,亦不如此之精明,新旧拓本之悬殊,更不仅分辨于一笔一画间也。①

(3)清乾嘉间与近拓之异同

罗振玉云:

此有小蓬莱阁印,乃乾嘉间所拓,其与明季本异同已于前本言之,以校近拓,则君諱之諱字下已从十,今本又改作十横画加波磔,不仅二小竖画泐矣。“北震五狄”之五字,明本横画末微有泐痕,此本倍之,近拓则泐下一角。又“休囚归贺”之囚,口字,此本完好,近拓损末画。“犁种宿野”,此本犁字牛之二横画间有直裂痕广分许,近拓则泐痕大如银杏,宿字此本完好,近拓宀损一角。“西门带弦”,此本带字之冖尚可见,近拓则冖下均损。“吏民颉颃”,此本颃字之页尚见下一角,近拓全泐。“铭勒万载”,此本勒字完全,近拓损力。此乾嘉本与近拓之异同也。②

---

① 《雪堂所藏金石文字簿录》页三九。翁方纲《复初斋集外文》集三页七云:“予尝见焕字阙脚者已是数十年前拓本,则此焕字具全,是明拓本无可疑者。”

② 《雪堂所藏金石文字簿录》页四〇。

(五)真伪之异说

此碑通用假借之字特多,如宾旁加歹,暨字离为既且。顾炎武以为无理。疑好事者得古本而摹之石,遂讹谬至此。附和其说者,有万经、吴玉搢。怀疑者,有顾蔼吉、卢文弨。反驳之者,则有褚峻、牛运震、钱大昕、翁方纲、桂馥、阮元、洪颐煊、马邦玉、冯云鹏、张德容、郑珍等。兹摘要分述如下:

(1)谓为摹刻者:

顾炎武云:

……荒远既殡者宾之误,中謇于朝者忠之误,而又有云"爰既且于君"则暨之误。古字多通,而宾旁加歹已为无理,又何至以一字离为二字也。……岂好事者得古本而摹之石,遂讹谬至此耶。①

(2)附和者:

万经云:

亭林(顾炎武)以宾旁加歹为无理……暨分既且更属难解,宜亭林疑为好事者模刻,遂讹谬至此。②

吴玉搢云:

《金石文字记》疑"爰既且于君"为暨字之误,极为有理。但任书者不应疏忽若此,遂讹一为两。③

(3)怀疑者:

顾蔼吉云:

……按以殡为宾,见《礼记·曾子问》。以中为忠,与

① 《金石文字记》卷一页三一。林侗《来斋金石刻考略》卷上页二〇全袭此文。

② 《汉魏碑考》页六。

③ 《金石存》卷九页一四。

魏《吕君碑》同，说在第一卷东真二韵。惟以既且为暨，有不可解。然字画古拙，恐非摹刻也。①

卢文弨云：

……暨字分作既且二字，得毋书者不谙文义，致有斯误？②

(4)反驳之者：

褚竣云：

碑以殡为宾，以中为忠，暨字分为既且二字，乃当时书碑者误，非重刻也。③

牛运震云：

予观《张迁碑》之端直朴茂与《衡方碑》大相类，其为先汉法物无可疑者。……世徒见《张迁碑》字形方，而碑体螭围，遂臆贬为魏，以与《受禅》《孔羡》诸碑比，悲夫！此与耳食者何异。至若碑以忠为中，以宾为殡，以暨为既且，此则其点画之借，摹刻之讹，益足征古文之简易疏阔，虽善赝者不能仿其谬，而好事者乃执此以为依托之券验，不亦悖乎……④

钱大昕云：

顾宁人(炎武)读作"爰暨于君"。……以既且为暨乃由臆断，遽诋碑为讹谬，岂其然乎。⑤

翁方纲云：

……是碑撰文之人未必即书石之人，想东汉能书胥吏之类固不乏人，竟似草稿，审视未明，而茫然下笔者，如此则

① 《隶辨》卷七页七三。

② 《抱经堂文集》卷一五页二。

③ 《金石经眼录》页六七。

④ 《金石图》册二。

⑤ 《潜研堂金石文跋尾》卷一页二八。

爰之为爰，暨之为既且……或皆误笔，未可执一以论矣。①
又云：

方纲……入州学，获观是碑……石质苍黝而不细腻，然视江宁《天玺碑》则苍古过之。在江宁时，汪君庸夫，持旧拓残本来，谓今碑是重刻。予以今本对之，实是一石，岂以其无穿疑为重刻乎？必因顾宁人（炎武）之语傅会之耳。②
桂馥云：

……古人书石，误则仍之。《李翕碑》，时府二字本系题名之首，误接年月作大字，于是题名遂无时府二小字。北魏《高堪墓志》"痛矣长离"误书离长，此在铭词之末，何难改写，而亦仍之。既且亦误书不复改耳。书石者不尽通人，难免误谬。③
阮元云：

……既且二字，顾宁人以为暨字之分，遂疑是碑为后人摹刻，殊属非是。④
洪颐煊云：

"爰既且于君"，暨字分为二，顾亭林疑为后人重刊，其实当时撰文一人，书石一人，古碑往往有文义相属，中空一格，此无足怪。⑤
马邦玉云：

或以篇内宾作殡……疑好事者得旧拓而摹刻之，故讹

---

① 《两汉金石记》卷一二页六。
② 同上页七。
③ 《札朴》卷八页一八。
④ 《山左金石志》卷八页九。
⑤ 《平津读碑记》卷一页二〇。

误如此。今观此碑字，古直苍浑，居然汉刻之佳者。非摹刻也。①

冯云鹏云：

……窃谓此碑词旨淳古，隶法朴茂，非后人所能为者。盖当时作者一人，书者一人，镌碑时未经校对，刻工又不识字，故有失笔；大凡能文者不尽善书，善书者不尽能文，今世每有书法圆美而文义茫然者，古人宁独无之。观古者求其大略而已，不必斤斤也。②

张德容云：

此碑前半叙事颇拙，后半则文章尔雅，训辞深厚，自是东汉人手笔，非后人所能伪作。论者以欧、赵、洪三家未经著录，遂指摘其字画讹误，疑以为伪，是大不然。……③

郑珍云：

……余谓此碑字体浑厚，决非后人摹刻，亦非不识文理之胥吏所能，汉人作书，有转注为各事专字而互相通用者，亦有本字与转注各字互相通用者，诸碑及经典本不止千百。如此碑宾作殡，《孙根碑》“无猾不傧”，宾又作傧，皆用转注字为本字也。此碑与魏《吕君碑》“君以中勇”忠皆作中，此用本字为转注字也。学者不明此指，遂概谓之假借矣。……④

综观上述，可知字之通假转注，以及文辞之颠倒（详见八《文辞之批评》条），他碑亦所尝有。至于暨字离为既且（详见六《文字之考证》爰既且于君条），则恐系书吏或镌石者所为，未可据以疑为摹刻也。

---

① 《汉碑录文》卷四页二八。

② 《金石索》册四。

③ 《二铭草堂金石聚》卷一一页二五。

④ 《巢经巢文集》卷五页一五。

（六）文字之考证

1. 故谷城长荡阴令

(1)官名

钱大昕云：

汉制大县置令，小县置长。《后汉书·王堂传》“迁谷城长”，盖县之大小亦时有更易也。①

方朔云：

“故谷城长荡阴令”者，故即如今之前任，非已故也。二官连书，以前为谷城长今为荡阴令也。大县曰令，小县曰长。②

(2)地名

方朔云：

案东汉时东郡置谷城、东阿二县，北齐省谷城为东阿，宋时凡三迁，明时乃迁于谷城镇，今之东阿汉之谷城也。在唐宋元时皆隶东平府……。③

媛案：谷城本春秋齐谷邑，亦曰小谷。《左传》庄七年冬，夫人姜氏会齐侯于谷。《续汉书·郡国志》属河南郡。即今山东省东阿县治。

荡阴县，战国时魏邑，《史记·鲁仲连邹阳传》“魏安釐王使将军晋鄙救赵，畏秦，止于荡阴不进”④，即此。汉置荡阴县，《续汉书·郡国志》荡阴属河内郡。故城在今河南省汤阴县西南。

2. 陈留己吾人也

---

① 《潜研堂金石文跋尾》卷一页二八。

② 《枕经堂金石书画题跋》卷三页二五。

③ 《枕经堂金石书画题跋》卷三页二五。

④ 《史记》卷八三页一。

媛案:“畱”即“留”字。《续汉书·郡国志》,己吾属陈留郡,后汉置。故城在今河南省宁陵县西南四十里。

3. 张仲队孝友为行

《诗·小雅·六月》:“张仲孝友。”毛传:“张仲,贤臣也,善父母为孝,善兄弟为友。”郑笺云:“张仲,吉甫之友,其性孝友。”①《后汉书·郑兴传》:“杜林曰:‘昔张仲在周燕翼宣王,而诗人悦喜。’”李贤注:“张仲,周宣王时贤臣也。”②皮锡瑞云:“案毛传……郑笺……皆以孝友二字平列为义。孔疏引《尔雅》李巡注云:‘其人孝,故称孝友。’是李说不以孝友平列,而以孝友为能孝之友,或出于三家(齐鲁韩)《诗》……。”③媛按:《张表碑》:“张仲孝友。”《张元祠堂碑铭》:“其先张仲,以孝友左右周室。”与李贤注合。

4. 披覽诗雅

“覽”即“覽”字。桂馥云:

> 碑书覽作覽,案《尧庙碑》:“博覽众文。”《督邮班碑》:“攬生民之上掺。”并从臨,碑作臨,又臨之变也。《续汉书》:“盗伏于覽下。”《汉书·陈尊传》注作覽。盖隶体从监者多变从臨。《韩诗外传》览乎阴阳之交,览本或作临。④

媛案:“诗雅”指《诗经·小雅》。

5. 有张良善用籌帯在帷幕之内决胜负千里之外析珪于留

《史记·张良传》云:

> ……良数以《太公兵法》说沛公,沛公善之,常用其策。……汉六年正月,封功臣,良未尝有战斗功。高帝曰:

---

① 《十三经注疏·毛诗》卷一〇之二页四。

② 《后汉书》卷六六页一。

③ 《汉碑引经考》卷三页二七。

④ 《札朴》卷八页一九。

"运筹策帷帐中,决胜负千里外,子房功也。自择齐三万户。"良曰:"始臣起下邳,与上会留……臣愿封留足矣,不敢当三万户。"乃封张良为留侯。……①

媛案:"譸"即"筹"字。"帯"即"策"字。顾霭吉云:"帯即策字,《说文》策从朿,帝亦从朿,变策为帯,与帝字同。"②

王念孙云:

……幕字盖本作莫。《史记·廉颇蔺相如传》:"市租皆输入莫府。"《冯唐传》:"上功莫府。"(原注:以下二传《汉书》同)《李将军传》:"莫府省约文书籍事。"《后汉书·吴汉传》:"莫府上兵簿。"皆以莫为幕。《史记索隐》引崔浩云:"古者出征为将帅,军还则罢,治无常处,以幕帟为府署,故曰莫府。"是汉时帷幕字通作莫也。今碑文作幕,巾字甚小,局促于莫字之下,不成字体,盖后人补刻也。(原注:碑中字上下相距,自有定式,今于莫下加巾字,则字形太长,致与下字迫近,比之诸字疏密悬殊矣。)而《金薤琳琅》已作幕,则明时碑文已然矣。③

6. 张释㞢建忠弼㞢谟帝游上林问禽狩所有苑令不对

媛案:"㞢"即"之"字。武亿云:

其文历叙君之先,出自有周张仲,并列及汉张良、张释之、张骞,独引释之事以约《汉书》为文,而语尤拙滞。《张释之传》:"上登虎圈,问上林尉禽兽簿。"今碑作苑令,《百官志》上林苑令一人,苑令自后汉始有此名。又《传》惟云尉,而故易作令。为文迁就,皆于事为失其实。《传》云:"诏释之,拜啬夫为上林令。"今碑云"进啬夫为令"是矣。若云令,更为啬夫,反多赘此一语何也?其下更云"释之议

① 《史记》卷五五页四。

② 《隶辨》卷五页四四。

③ 《汉隶拾遗》页三一。

为不可，苑令有公卿之才”，尤为误会。释之称绛侯，东阳侯，以是二人为长者，足副公卿耳。碑乃以苑令当之，其亦粗涉史传，好以意为之，遂不悟其谬也。①

媛案：“禽”即“禽”字，变离为禹，汉《周憬功勋铭》：“出于王禽之山。”禽亦作禽。狩即兽字，《汉书·张释之传》：“文帝……问上林尉禽兽簿。”②汉《杨孟文石门颂》“恵虫蔽狩”，洪适云：“蔽狩为虣兽。”③亦以狩为兽。

7. 啬夫喋喋小吏

媛案：“啬夫”即“啬夫”，“喋喋”即“谍谍。”《史记·张释之冯唐列传》云：“岂敩此啬夫谍谍。”司马贞《索隐》云：“《汉书》作喋喋。喋喋，多言也。”④

8. 孝武时有张骞广通风俗

《汉书·张骞李广传》云：

张骞汉中人也。建元中为郎。时……汉方欲灭胡……骞以郎应募，使月氏……经匈奴，匈奴得之，传诣单于，留骞十余岁，骞因不得月氏要领，留岁余还。后二年，汉击走匈奴单于于幕北。天子数问骞大夏之属，骞曰：“……今单于新困于汉，而昆莫地空，蛮夷恋故地，又贪汉物，诚以此时厚赂乌孙，招以东居故地，汉遣公主为夫人，结昆弟，则是断匈奴右臂也。既连乌孙，自其西大夏之属，皆可招来而为外臣。”天子以为然。拜骞为郎中将，将三百人，多持节副使。骞既至乌孙，即分遣副使使大宛、康居、月氏、大夏，皆颇与

① 《金石一跋》卷二页三。梁章钜《退庵题跋》卷二页二九云：“以翕狩为禽兽。”媛案：误禽为翕。

② 《汉书》卷五〇页一。

③ 《隶释》卷四页七。

④ 《史记》卷一〇二页一。

其人俱来，于是西北国始通于汉矣。①

9. 开㝎畿寓

“㝎”即“定”字。卢文弨云：

它如开畿寓，开下阙一字，碑作㝵，上似众头，下似之字，又颇近于窆字，而音义不可晓。揆其意，则当为辟，岂声之转，遂可借用欤。②

孙桢云：

开下作㝵，当是㝵，通作泛。③

李文田云：

㝎即定字，变宀从穴耳。《尹宙碑》：“富波侯相。”《隶释·孙叔敖碑》：“家富人喜。”《成阳灵台碑》：“贫富相均。”《唐扶颂》：“不侮寘矜。”诸富寘字同例。或疑为㝵，非也。④

媛案：李说是也。

10. 南苞八蛮西羁七戎北震五狄东勤九夷

皮锡瑞云：

《释地》：“九夷、八狄、七戎、六蛮，谓之四海。”疏引李巡所注本，谓之四海，下更三句云：“八蛮在南方，六戎在西方，五狄在北方。”案《明堂位》称：“九夷、八蛮、六戎、五狄。”李注所据本与《明堂位》正合，似当从李注本为是。《周礼·职方氏》及《布宪》注亦引《尔雅》云：“九夷、八蛮、六戎、五狄，谓之四海。”与《蓼萧》笺、《中候》注“九夷、八狄、七戎、六蛮，谓之四海”不同。是郑君所据《尔雅》已有两本，或同于李，或同于郭矣。此颂作八蛮、五狄，与李所据

① 《汉书》卷六一页一。

② 《抱经堂文集》卷一五页二。

③ 《石云先生金石评考》页七。

④ 《燕京学报》第二六期页二五八。

本同，而云七戎，不云六戎，则又同郭注本。盖作颂者所据之本，与李本又皆微有参差不合也。①

11. 荒远既殡

“殡”假借为“宾”。

顾炎武云：

……殡者宾之误……古字多通，而宾旁加歹已为无理。……②

顾蔼吉云：

……按《礼记·曾子问》：“反葬奠而后辞于殡。”郑氏注云：“殡当为宾，声之误也。辞于宾，谓告将葬启期也。”此碑仍《礼记》之误耳。③

万经云：

亭林以宾旁加歹为无理。南原（顾蔼吉）据郑康成《曾子问》注驳之，不知奠而后辞，于殡原不必改作宾，先儒多言之者，不足以折亭林也。④

郑珍云：

……汉人作书，有转注为各事专字而互相通用者，亦有本字与转注各字互相通用者。……如此碑宾作殡，《孙根碑》“无猾不傧”，宾又作傧，皆用转注字为本字也。⑤

媛案：诚如郑氏所云，汉碑多通假转注，似无可疑。

12. 张是辅汉

媛案：“是”假借为“氏”。汉《韩敕修孔庙后碑》“韩君于氏

---

① 《汉碑引经考》卷六页四九。
② 《金石文字记》卷一页三一。
③ 《隶辨》卷一页六二。
④ 《汉魏碑考》页六。
⑤ 《巢经巢文集》卷五页一五。

愤慉之思”,《督邮斑碑》“要道氏综”,均以氏为是。《汉书·地理志》云:“至元孙氏为庄公。”师古曰:“氏与是同,古通用字。”①《三国·吴志·是仪传》云:“是仪……本姓氏……孔融嘲仪言氏字民无上……仪遂改焉。”②

13. 爰既且于君

“爰既且”三字解释,诸家异见分歧,各执一说。孙桢谓“爰既且于君”当是既祖。③ 顾炎武谓“爰既且于君”则暨之误。④ 吴玉搢、卢文弨、王念孙、李文田、郑业敩等,皆以为郅确。⑤ 钱

① 《汉书》卷二八下页六。

② 《三国·吴志》卷一七页一。

③ 《石云先生金石评考》页八。

④ 《金石文字记》卷一页三一。

⑤ 吴玉搢《金石存》卷九页一四云:“《金石文字记》疑‘爰既且于君’为暨字之误,极为有理。……石云谓既且当作既祖,然于义亦难通。”卢文弨《抱经堂文集》卷一五页一云:“爰暨于君,暨字分作既且二字,得毋书者不谙文义,致有斯误。”王念孙《汉隶拾遗》页三二云:“‘爰既且于君’,义不可通,明是爰暨于君之误,《魏元丕碑》‘爰暨于君’,即其明证矣。”《燕京学报》第二六期页二五八李文田云:“‘爰既且于君’,顾亭林《金石文字记》以‘既且’为‘暨’之误,是矣。《礼记·祭义篇》‘見閒以俠甒’,郑氏注云:‘見閒当为覸字之误也。’然则汉代写官,固有误分一字为两字者,顾氏说自为有据。钱阮二氏曲为之辞,恐非也。《后汉书·赵咨传》载咨遗子敕云‘爰暨暴秦,违道废德’,此东汉人用‘爰暨’之证。《班彪传》载彪《史记后传略论》云:‘暨于诸侯,国自有史。’《隶释·帝尧碑》:‘暨于亡新,圮汉之业。’此东汉人用‘暨于’之证。”郑业敩《独笑斋金石文考》第二集卷七页八云:“碑云‘爰暨且于君’,顾亭林、翁覃溪谓当作爰暨于君,书碑者视草稿不宷,误分暨字为既且二字,此说郅确。《礼·祭义》‘見閒以俠甒’,郑注‘見閒当为覸’。《史记·赵世家》‘触龙言愿见太后’。桂氏《札朴》云:‘龙言乃詟字误分为二,《赵策》作触詟。’又《范雎蔡泽列传》:‘吾持粱刺齿肥。’《集解》《索隐》并云:‘刺齿当作齧。’(原注:‘王渔洋郎中《王公澧墓志铭》,“同学富人子,持粱刺齿肥,公并日而食”。陈检讨集朱锡鬯,陆义山《招饮诗》:“人生刺齿肥,此外那足顾。”明知是误字,而仍用之者,词翰家但取其古藻,亦犹傅毅之用淮雨、王融之用侮食也。’)盖一字误作二字,临文时或不免,经史中固有之矣。芸台阮氏谓:‘既且即终始之谊,且读平声。’此碑非误,即如所言,按之文义,究未合也。”

大昕谓:“详其文义,谓张氏仕汉,世世有德,后有兴者且于君也。”①翁方纲谓钱说颇似牵强,“爰既且”三字自当阙疑。② 阮元谓既,终也;且,始也;且既与祖同字同音,则其谊亦同。方朔亦以为然。马邦玉则谓可备一说。③ 张德容谓“爰,于也。既,

---

① 钱大昕《潜研堂金石文跋尾》卷一页二八云:“‘爰既且于君’,详其文义,谓张氏(原注:是即氏字)仕汉,世世有德,后有兴者,且于君也。顾宁人读作爰暨于君,以既且为暨字之误。释爰为爰,虽本都氏,尚在疑似之间?以既且为暨,乃由臆断。”

② 翁方纲《两汉金石记》卷一二页六云:“‘爰既且于君’,辛楣(钱大昕)谓:‘详其文义,言后有兴者,且于君也。’此说颇似牵强。而顾宁人谓:‘既且二字是暨之误。因执此以疑碑出摹刻,致兹讹谬。’愚按二家之说,皆为过当,爰既且三字,自当阙疑。”

③ 阮元《山左金石志》卷八页九云:“元案,既,终也,且,始也。《诗》:‘终风且暴’,‘终温且惠’,‘终和且平’,‘终其永怀,又窘阴雨’,终皆当训既。《诗·郑风·溱洧》:‘女曰观乎,士曰既且,且往观乎。’既且即终始之谊,与此可相证也。详元所撰《释且篇》。”阮元《揅经室第一集》卷一页一二《释且篇》云:“且,始也。且既与祖同字同音,则其谊亦同。《尔雅·释诂》:祖,始也,凡言祖皆有始谊。(原注:如祖训始,庙祖祭为柩始行。《史记·食货志》引《书》曰:‘黎民祖饥。’又《诗》:‘四月维夏,六月徂暑。’郑《笺》云:‘徂犹始也。’)言且亦即有始谊,经传中言既某且某者,皆言终如此,始又如此。(原注:既训终,且训始。)王怀祖(念孙)给事谓元曰:‘《诗》言:“终风且暴”,“终和且平”,“终温且惠”,终皆当训既,言既风且暴也。’(原注:郑《笺》训终风为终日风,此望文生谊。《尔雅》遍释《诗》中风名,独无终风。且终和、终温又将何说。)元为之加证曰:终即既,既,终也,且,始也。《诗·郑风·溱洧》:‘女曰观乎,士曰既且,且往观乎。’既且即终始之谊,且读平声,与乎乎字为韵。‘且往观乎’之且,即蒙上既且为言,愈见修辞之善。汉《张迁碑》:‘爰既且于君。’文例可与此相证也。”方朔《宜禄堂收藏金石记》卷一页十四云:“既且二字,见于阮文达公《释且》一篇。”马邦玉《汉碑录文》卷四页三二云:“暨误为既且更无别解。而仪征阮氏引《诗》‘士曰既且’释之,云既终也,且始也,亦备一说。或又爰既之爰即后字,言后有兴者且于君也。按此碑末行有后字不作异文。”

终也……犹言于终且在君尔”①。郑珍谓爰既二字连,且于二字连,爰既犹于后也。②

媛案:顾炎武云“暨字离为既且”,确属不刊之论。张表碑立于建宁元年(一六八),有“爰暨后稷”。《魏元丕碑》刊于光和间(一八一——一八三)。[因光字以下阙,桂馥云:“……元丕继郭闳为刺史,后乃辞疾家居,卒于光和四年(一八一)。”③]有“爰暨于君”,可为东汉人用爰暨之明证。诸家异说可迎刃而解矣。

14. 盖其繟縺

“繟縺”借为“蟺连”即蝉联。

顾霭吉云:

繟即繵字,与缠同。《史记·扁鹊传》:“动胃繵缘。”《正义》曰:“繵缘谓脉缠绕胃也。”④

翁方纲云:

縺,陵延切,縺缕不解也,此盖以为缠联字也。⑤

媛案:繵縺即今蝉联,禅字古作禮,故纏亦可作繟,假为蝉,同声通用。縺联声同。蝉联或作蝉连,或作婵连,或作婵联,或作繵縺,古皆同声通用也。此繵縺以明张氏世世相汉也。

---

① 张德容《二铭草堂金石聚》卷一一页二五云:“爰,于也。既,终也。爰既二字读断,犹言于终且在君尔,文义未尝不通。此句总束上三段即起下文,故用盖其二字提起言之。此古人文法所尝有,不足为疑。”

② 郑珍《巢经巢文集》卷五页十五云:“《诗·陈风》:‘谷旦于差’,《释文》旦本亦作且,王音七也,反是王肃本作谷且于差。此碑且于,正用诗词所据,盖同王本。爰既二字连,且于二字连,爰既犹于后也。顾(炎武)氏必绳以爰及之义,谓离暨字为二文,诬矣。”

③ 《札朴》卷八页二八。

④ 《隶辨》卷二页六。

⑤ 《两汉金石记》卷一二页四。

15. 缵戎鸿绪

《诗·大雅·烝民》:“缵戎祖考。”毛传训戎为大。郑笺云:“戎犹女也。……女施行法度,于是百君继女先祖先父,始见命者之功德。……”①

媛案:《帝尧碑》:“圣汉龙兴,缵尧之绪。”与此碑意义相同,犹言继续光大其祖考之事业也。

16. 牧守相系

“系”即“继”字之通写。

李文田云:

“牧守相系”,系即继字之通写。《后汉书·安帝纪》:“延平八年八月,皇太后诏长安侯祜年已十三,亲德系后,莫宜于祜。”章怀注:“系即继也。”②

17. 不殒高问

“殒”“陨”古通用。《诗·大雅·绵》:“肆不殄厥愠,亦不陨厥问。”毛传:“陨,坠也。”郑笺:“小聘曰问。……文王见太王立冢土,有用大众之义,故不绝其怨恶恶人之心,亦不废其聘问邻国之礼。……”③媛案:其意威德并行,不忝前业;欲亲人善邻,故不废其聘问之使。

皮锡瑞云:

……郑笺孔疏以问为聘,义颇迂曲。《孟子》曰:“肆不殄厥愠,亦不殒厥问,文王也。”赵(岐)注言:“文王不殄绝畎夷之愠怒,亦不能殒失文王之善声问也。”赵解“问”为“声问”,较笺疏之说为胜,其义或出三家(齐鲁韩)。“不殒厥问”,犹左氏传云不殒其名也。《仲秋下旬碑》云:“功冠当

① 《十三经毛诗注疏》卷一八之三页六。

② 《燕京学报》第二六期页二五八。

③ 《十三经注疏》卷一六之二页九。

世,(原注下缺)烈不殞厥问。”是以问为声闻之闻。张君《表颂》引《诗》作“殞”字,与《孟子》合。以问为声问,与赵注合。皆当出于三家诗,可引此碑为三家诗之证。毛义简略,未知与三家同否?胡承珙《毛诗·后笺》云:“毛训殞为坠”,聘问不得以坠言,传意或与郑异?赵注《孟子》以问为声问,其义较优,似可用以述毛,胡氏亦知赵注优于郑笺,然用以述毛,无明文可据也。《孟子校勘记》,宋九经本,岳本,咸淳衢州本,孔本,考文古本,同闽监毛三本。韩本殞作陨,注同。是殞陨通用。案《一切经音义》殞字书作陨,同于敏反。①

18. 中謇于朝

“中”借为“忠”。

顾霭吉云:

《金石文字记》云:“中者忠之误。”按《书》:“仲虺之诰,建中于民。”《释文》云:“中本作忠,中忠字古或通用。”又魏《横海将军吕君碑》:“君以中勇,显名州司。”亦以中为忠。②

19. 治京氏易

媛案:京氏,即京房,汉元帝时人,《汉书》卷七五有传。京氏治《易》,长于灾异。《汉书·艺文志》有孟氏《京房》十一篇,又灾异孟氏《京房》六十六篇,又京氏《段嘉》十二篇。“易”俗“昜”字。顾霭吉云:“按《说文》易从日,碑变作昜,与易字相混,今俗因之。”③

---

① 《汉碑引经考》卷三页四二。

② 《隶辨》卷一页二。

③ 同上卷五页四七。洪颐煊《平津读碑记》卷一页二〇云:“‘治京氏易’,京氏长于灾变,分六十卦更直日用事,以震离兑坎为方伯监司之官,专主四时。此云:‘二月震节’,即京氏义也。”

20. 蓺於从畋

“蓺”即艺字。“於”即“于”字。“畋”即“政”字之误。吴玉搢云:“‘艺于从政’,诸家皆作从畋,非也。此盖用鲁《论》‘求也艺,于从政乎何有’句。政字左畔微有损坏,遂与畋字疑似。”①翁方纲谓:“此说于文义极通。然恐吴氏所藏本,此字纸墨坏耳。今以精拓之本与旧拓本相对,谛审明白是畋字,并非政字,左畔因损而疑似也。”②

媛案:艺苑真赏社影印古鉴阁明拓本,明明是畋字,足证翁说至确。

李文田云:

> “艺于从畋”,畋即政之误文。《后汉书·郎顗传》:“伏见光禄大夫黄琼果于从政,明达变复。”《儒林传》:“周堪果于从政,数有直言。”一艺一果,皆用《论语》成文者。③

皮锡瑞云:

> 从政见《雍也》。……政作畋乃误字,不必强为之辞。④

媛案:李皮二氏之说是也。

21. 常在股肱

《左传·昭公九年》:“君之卿佐,是谓股肱。”⑤汉《武斑碑》:“为帝股肱。”《樊安碑》:“作主股肱。”《孟郁修尧庙碑》:“股肱贤良。”媛案:“常在股肱”,犹言常在左右翼助也。

---

① 《金石存》卷九页一五。

② 《两汉金石记》卷一二页四。

③ 《燕京学报》第二六期页二五八。

④ 《汉碑引经考》卷六页九。张德容《二铭草堂金石聚》卷一一页二五云:“‘艺于从畋’,自是从政之讹,翁覃溪谓是胥吏误笔。容按:此字上半损缺其左旁,田字较肥,似亦后人所凿,并非当时原误。”郑珍《巢经巢文集》卷五页一六云:“政之为畋,实出俗儿戏镵使然。”

⑤ 《十三经注疏·春秋左传》卷四五页四。

22. 除谷城长

媛案:“城”即“城”字。汉《吴仲山碑》:“未曾阙城。”《孙根碑》:“换元氏考城令。”魏《横海将军吕君碑》:“汜没樊城。”土旁均加点作圡。

桂馥云:

> 城碑作城,隶体土旁加点作圡,又变为土,曾见铜印文,睦字土作圡,缪篆原与隶通。①

23. 蠶月之务

“蠶”即“蚕”字。《诗·豳·七月》:“蚕月条桑。”②媛案:蚕月,治蚕之月。条取大桑,蚕盛之时。疑当在阴历三月?

24. 臈正之僸休囚归贺

“臈”俗“腊”字。“僸”即“际”字。僸字解释颇有异同:都穆、顾霭吉释際为际。桂馥初释为祭,引《左传》:“周公杀管叔,而蔡蔡叔。”注云:“蔡,放也。”翁方纲、冯云鹏以为甚辨。其后桂馥又以腊正非行刑时,当读为際。武亿谓因腊纵囚,当释为祭祀之祭。郑业敩谓:僸当释为際。若以僸为祭,则正字为赘文,碑语转觉难通矣。兹分述如下:

(1)释僸为際

都穆《金薤琳琅》释文,僸作際。③

顾霭吉云:“按僸即際字,碑复变阝从人。”④

桂馥云:

> 腊正之际,曩读为蔡蔡叔之蔡。(媛案:见下释僸为蔡条。)既思章帝诏云:“春秋重三正,慎三微,共定律,无以十一月

① 《札朴》卷八页一九。

② 《十三经毛诗注疏》卷八之一页六。

③ 《金薤琳琅》卷六页一一。

④ 《隶辨》卷四页二八。

十二月报囚，止用冬初十月而已。”然则腊正非行刑时，当读为際。《成阳灵台碑》：“□□之際，道小衰沮。”《孔耽神祠碑》：“初鲁遭亡新之際。”①

郑业敩云：

……傺当从都南濠（穆）、顾南原（霭吉）释为際。盖腊为岁终，正为正旦，故曰腊正之際。《汉书·严延年传》：“自为母御归府舍，曰毕正腊。”师古曰：“腊及正岁礼毕也。”是其明证……。②

（2）释傺为蔡

桂馥云：

碑云：“臈正之傺，休囚归贺。”……案傺字不见于书，傺即祭之异文。隶书偏旁，随意增减，如《孙叔敖碑》，以淚为泉。《孟郁修尧庙碑》，以欄为阑。此类不可枚举。《小尔雅》：“蔡，法也。”《尚书·禹贡》：“二百里蔡。”郑康成注：“蔡之言杀，减杀其赋。”《春秋左氏传》：“周公杀管叔，而蔡蔡叔。”注：“蔡，放也。”《释文》云：“上蔡字说许作𣀉。”《玉篇》云：“𣀉，《书》作蔡字。”《汉书·宣帝纪》：“元康三年，诏骨肉之亲，粲而不殊。”《昌邑王传》作“析而不殊”。吴仁杰曰：“粲当作𣀉。”《说文》：“𣀉，散之也。”散与析同义。此碑盖谓张君治谷城，末减狱讼，省刑释囚。故下文云：“《尚

① 《札朴》卷八页一九。《燕京学报》第二六期页二五九李文田云：“‘臈正之傺’，傺即際字，《隶释·成阳灵台碑》：‘□□之際，道小衰阻。’又《孔耽神祠碑》：‘初鲁遭亡新之際，苗胄析离。’两際字可证也。《授堂金石跋》以为祭祀之祭，盖失考耳。桂未谷以为蔡字，解为蔡杀，不知章帝元和二年诏云：‘《月令》冬至之后，有顺阳助生之文，而无鞠狱断形之政。’其定律无以十一月十二月报囚。然则腊正不杀人矣，何云蔡乎。”媛案：桂未谷（馥）初释傺为蔡，后释为際，恐李氏见前而未见后耳。

② 《独笑斋金石文考》第二集卷七页八。

书》五教，君崇其宽。《诗》云恺悌，君隆其恩。”是则傺之为蔡，无可疑者。都氏何据，而释为際邪。①

翁方纲云：

桂君此条甚辨，故采之。②

冯云鹏云：

其“臈正之傺”，傺字，都氏释为際。桂未谷释为蔡……其说良是。盖臈晦放囚，故云休囚归贺也。因蔡字与蔡姓无别，故加立人作傺。……③

(3)释傺为祭

武亿云：

……此碑盖谓张君治谷城，末减狱讼者，省刑释囚。故下文云：“《尚书》五教，君崇其宽。《诗》云恺悌，君隆其恩。”是则傺之为祭，无可疑者。余谓傺释作为蔡，句内臈正无所属矣。傺指祭祀之祭，汉正腊日，有此旧典。《续汉书》：“季冬之月，星回岁终，阴阳已交，劳农夫，享腊以送故。”(原注：《初学记》引今本，无“以送故”三字。)《独断》：“腊者岁终大祭，从吏人宴饮是也。”《后汉书·虞延传》：“每至岁时伏腊，辄休遣徒系，各使归家，并感其恩，应期而还。”《华阳国志·王长文传》：“试守江原令县，收得盗贼长文，引见，诱慰，时值腊晦，皆遣归家。狱先有系囚亦遣之。”此皆因腊纵囚，与碑所称正合。④

郑业敩云：

……案虚谷所证当矣。但以傺为祭祀之祭……则正字

① 翁方纲《两汉金石记》卷一二页四引。

② 同上页五。

③ 《金石索》卷四。

④ 《授堂金石文字续跋》卷一页七。

为赘文,碑语转觉难通矣。[①]

媛案:都、顾、桂、郑四家释傺为际,确无可疑。《论语·泰伯》:"唐虞之际。"[②]永寿二年(一五六)《州辅碑》有"建立之际"。初平五年(一九四)《高联修周公礼殿记》有"四百年之际"。建安五年(二〇五)《樊敏碑》有"楙(即楚字)汉之际"。以上際字均作介于其间解。此碑谓"腊正之傺",亦犹腊月与正月之间也。

25. 八月荚民

"荚"即"算"字省文。都穆释作莫。[③] 误。顾霭吉释作策,谓"荚民"即驱策之意。[④] 亦误。钱大昕谓"八月算人",见《后汉书·皇后纪》。[⑤] 马邦玉谓:"此碑云算民,而《后汉书》作算人,盖汉原称算民,唐太子贤辈乃改为人耳。[⑥]《山东通志》谓"八月算民",如今之查户口。[⑦] 媛案:钱氏等解释虽确,但不若李文田、郑业敩两氏引证周详。兹录如下:

李文田云:

"八月荚民",顾南原(霭吉)《隶辨》误为荚字。钱竹汀(大昕)跋尾读为算,是也。《后汉书·皇后纪》曰:"汉法常因八月算人。"章怀注又引《汉仪注》云:"八月初为算赋。"又《周礼》"九赋",郑注曰:"赋,今之算泉。"孔疏云:"汉法,民年二十已上至六十出口赋,人百二十以为算。"又

① 《独笑斋金石文考》第二集卷七页九。
② 《十三经·论语注疏》卷八页三。
③ 《金薤琳琅》卷六页一一。
④ 《隶辨》卷五页四四。
⑤ 《潜研堂金石文跋尾》卷一页二八。
⑥ 《汉碑录文》卷四页三二。
⑦ 《山东通志》卷百四九页〇四。

《周礼·大比》郑司农云："五家为比，故以比为名，今时八月案比是也。"孔疏云："汉时八月案比而造籍书，故以汉法八月况之。"寻诸数说，则两汉编户籍，征口赋，并在八月也。①

郑业斅云：

碑云："八月筭民，不烦于乡，随就虚落，存恤高季。"《潜研堂跋》引《后汉书·皇后纪》："八月算人。"案范史当本作算民，其作人者乃太子贤作注时以避讳改之，（媛案：唐太宗讳世民，故唐人改民为人。）故《文选》载蔚宗此论，仍作算民也。算民亦谓之案比，《周礼·小司徒》："及三年则大比。"郑司农曰："五家为比，故以比为名，今时八月案比是也。"疏："汉时八月案比而造籍书。"又《续汉书·仪礼志》："仲秋之月，县道皆案户比民，年七十者授之杖，哺之糜粥，八十九十，礼有加赐。"《吕氏春秋》高诱注："阴气发，年老衰，故共养之。今八月比户，赐高年鸠杖粉粢，是也。"《后汉书·郑均传》："赐均谷千斛，常以八月，长吏存问，赐羊酒。"《后汉纪》："樊英疾笃，赐告归，诏所在县，常以八月存问高年时，致羊酒如故事。"可知因算民而存恤高年，汉制本如此。然范书《本纪》："元初四年诏曰：《月令》仲秋养衰老，授几杖，行糜粥，方今案比之时，郡县多不奉行，虽有糜粥，糠秕相半，长吏怠事，莫有躬亲，甚远诏书养老之意。"是其时官吏视为具文，罕有实行者，而张君独能亲就虚落存恤之，此碑故特以致颂欤。②

26. 路无拾遗

① 《燕京学报》第二六期页二五九。

② 《独笑斋金石文考》第二集卷七页九。

《史记·孔子世家》:“孔子……由大司寇……行摄相事……三月,粥羔豚者弗饰贾,男女行者别于涂,涂不拾遗。”①

27. 黄巾初起烧平城市

《后汉书·皇甫嵩传》:“汉灵帝光和六年(一八三),初,巨鹿张角自称大贤良师,奉事黄老道……符水咒说以疗病……百姓信向之。角因遣弟子八人,使于四方……转相诳惑……连结郡国,自青、徐、幽、冀、荆、扬、兖、豫八州之人莫不毕应。……讹言苍天已死,黄天当立,岁在甲子,天下大吉。……大方(方犹将军号也)马元义等……会期发于邺。……约以三月五日,内外俱起。未及作乱,而张角弟子济南唐周上书告之,于是车裂元义于洛阳……及百姓有事角道者诛杀千余人。……角等知事已露,晨夜驰敕诸方,一时俱起,皆著黄巾为摽帜,时人谓之黄巾,亦名为蛾贼。……所在燔烧官府,劫略聚邑,州郡失据,长吏多逃亡,旬日之间,天下响应,京师震动。”②

28. 子贱孔蔑

《史记·仲尼弟子列传》:“宓不齐,字子贱,少孔子四十九岁(原注:《索隐》《家语》‘少孔子三岁’,此云四十九不同),孔子谓子贱:君子哉,鲁无君子,斯焉取斯。子贱为单父宰,反命于孔子曰:‘此国有贤不齐者五人(原注《索隐》《家语》云:“不齐所父事者三人,所兄事者五人,所友者十一人。”与此不同),教不齐所以治者。’孔子曰:‘惜哉!不齐所治者小,所治者大,则庶几矣。’”③

---

① 《史记》卷四七页四。

② 《后汉书》卷一〇一页一。

③ 《史记》卷六七页八。戴震《水经注》卷二五页一五云:“昔宓子贱之治也,孔子使巫马子期观政。入其境,见渔者,问曰:‘子得鱼辄放,何也?’曰:‘小者,吾大夫欲长育之故也。’子闻之,曰:‘诚彼形此,子贱得之善矣,惜哉!不齐治者小也。’”

媛案:“荬”即“蔑”字,小也。“子贱孔荬”,言孔子惜子贱所治之地太小也。顾霭吉云:“荬,《说文》作蔑,上从丫,碑变从草,下从戌,复变作弌。”①

29. 其道区别

《论语·子张》:“譬诸草木,区以别矣。”何晏集解:“言大道与小道殊异,譬如草木异类区别。”②

30. 尚书五教君崇其宽

《尚书·尧典》:“帝曰:‘契,百姓不亲,五品不逊,汝作司徒,敬敷五教在宽。’”孙星衍注:“史迁‘逊’作‘驯’,一重‘五教’二字。马融曰:‘五品之教。’郑康成曰:‘五品,父母兄弟子也。’”③

31. 诗云恺悌

媛案:“恺悌”,《诗》皆作“岂弟”。《诗·大雅·迥酌》:“岂弟君子,民之父母。”毛传:“乐以强教之,易以说安之,民皆有父之尊,有母之亲。”④

皮锡瑞云:

> ……《吕氏春秋·不屈篇》惠子曰:“恺悌君子,民之父母。”恺者大也,悌者长也,长且大者则为民父母。引经作恺悌,与毛《诗》不同,训恺悌为长大,亦与毛传不同,此今古文之不合者也。此三碑作恺悌,(媛案:即此碑与魏《受禅碑》:“迈恺悌之教。”《胡公碑》:“公乃布恺悌。”)皆与汉人所引今文合。其训解当亦用三家《诗》。⑤

① 《隶辨》卷五页三一。

② 《十三经注疏·论语》卷一九页二。

③ 孙星衍《尚书今古文注疏》,《皇清经解》本卷一〇二页六。

④ 《十三经注疏·毛诗》卷一七之三页七。

⑤ 《汉碑引经考》卷三页五〇。

32. 东里润色

《论语·宪问》:“子曰:‘为命,裨谌草创之,世叔讨论之,行人子羽修饰之,东里子产润色之。’”何宴集解引马融注云:“子产居东里,因以为号。更此四贤而成,故鲜有败事。”①

33. 邵伯分陕

“邵”即“召”字,古通用。《史记·燕召公世家》:“其在成王时,召公为三公,自陕以西召公主之,自陕以东,周公主之。……召公之治西方甚得兆民和。召公巡行乡邑,有棠树,决狱政事其下。自侯伯至庶人,各得其所,无失职者。召公卒,而民人思召公之政,怀棠树不敢伐,歌咏之,作甘棠之诗。”②

34. 君懿于棠

《诗·国风·小序》:“甘棠,美召伯也。召伯之教,明于南国。”《诗》云:“蔽芾甘棠,勿翦勿伐,召伯所茇。蔽芾甘棠,勿翦勿败,召伯所憩。蔽芾甘棠,勿翦勿拜,召伯所说。”③

35. 晋阳珮玮西门帶弦

媛案:晋阳指董安于,赵简子用为晋阳令。董安于又作董阏于,安阏古通用。《韩非子·十过篇》:“夫董阏于,简主之才臣也,其治晋阳而尹铎循之。”④西门指西门豹,魏文侯用为邺令。见《史记·魏世家》。⑤

《韩非子·观行篇》云:“西门豹之性急,故佩韦以缓己。董安于之心缓,故佩弦以自急。”⑥

---

① 《十三经注疏·论语》卷一四页二。
② 《史记》卷三四页一。
③ 《十三经注疏·毛诗》卷一之四页四。
④ 《韩非子》卷三页三。
⑤ 《史记·魏世家》卷四四页二。
⑥ 《韩非子》卷八页六。

吴玉搢云：

“晋阳佩玮，西门带弦。”颠倒用之，岂别有传耶？抑误笔耶？①

张澍云：

……若南郑赵宣之妻杜泰姬曰：“西门豹佩韦以自宽，宓子贱带弦以自急。”又以带弦为宓不齐事，未知所据何书？②

“珮”通作“佩”。顾蔼吉云：

按《集韵》珮通作佩。《韵会》云：“称其服用则从人，名其器则字从玉。”③

“帶”即“带”字。《柳敏碑》：“帶树松兮。”带亦作帶。

36. 流化八基

“基”即“朞”字。顾蔼吉云：

按以基为朞。《周礼·地官》：“质人邦国朞。”《释文》云：“朞本或作基。”《灵台碑》：“承祠基年。”《柳敏碑》：“传于万基。”《任伯嗣碑》：“基月有成。”《严举碑》：“口示万基。”《刘曜碑》：“未口基月。”《费凤别碑》：“基月而致道义。”皆以基为朞。④

卢文弨云：

……“八基”即“八朞”，盖张君在谷城凡八年而后迁也。⑤

---

① 《金石存》卷九页一六。

② 《养素堂文集》卷一八页一。

③ 《隶辨》卷四页三六。

④ 《隶辨》卷一页三一。

⑤ 《抱经堂文集》卷一五页二。孙桢《石云先生金石评考》页七云：“八基者，谓子贱以下八事。”媛案：非也。

李文田云：

“流化八基”，基即期字。……以碑立中平三年(一八六)计之，则迁以光和二年(一七九)为谷城长也。黄巾初起，事在中平元年(一八四)。①

37. 迁荡阴令

顾蔼吉云：

按《汉书·地理志》：“河内郡荡阴。”师古曰：“荡音汤。”《广韵》作簜。《注》云：“簜，水名，在邺。今簜阴县单作汤。”②

媛案：荡阴在今河南省汤阴县。

38. 周公东征西人怨思

《诗·豳风·破斧》：“周公东征，四国是皇。”③《孟子·梁惠王篇》：“汤一征，自葛始，天下信之。东面而征，西夷怨。”④

皮锡瑞云：

……案《公羊·僖四年传·解诂》曰：“古者周公东征则西国怨，西征则东国怨。”《诗》曰：“周公东征，四国是皇。”今《春秋·公羊》说与三家今文说多同。此颂亦盖引三家说也。⑤

又云：

《梁惠王》“东面而征，西夷怨”，非周公事也。张君《颂》或兼用《诗》义，见《诗考》。《王纯碑》云：“出将征西。”故易《孟子》文为西征。《任伯嗣碑》无征西事，而亦云

① 《燕京学报》第二六期页二五九。

② 《隶辨》卷二页三八。

③ 《十三经注疏·毛诗》卷八之三页一。

④ 《十三经注疏·孟子》卷二下页三。

⑤ 《汉碑引经考》卷三页一六。

西征，则不可解？或以荆部在洛阳西耶？抑传本不同耶？[1]

39. 奚斯赞鲁考父颂殷

媛案：《诗·鲁颂·閟宫》："新庙奕奕，奚斯所作。"[2]《文选·两都赋注》引《韩诗》薛君章句曰："奚斯，鲁公子，言新庙奕奕然盛。"[3]《国语·鲁语》："正考父校商之名颂一十篇于周大师，以那为首。"[4]《史记·宋微子世家》云："宋襄公之时，修行仁义欲为盟主，其大夫正考父美之，故追道汤、契、高宗、殷所以兴，作《商颂》。"[5]《后汉书·曹褒传注》引《韩诗》薛君章句曰："正考甫孔子之先也，作《商颂》十二篇。"[6]汉《费汎碑》："感奚斯之德。"《杨统碑》："庶考斯之颂仪。"《曹全碑》："嘉慕奚斯考父之美。"《张纳碑》："庶慕奚斯口口之义。"《绥民校尉熊君碑》："昔周文公作颂，宋成考父，公子奚斯，追羡遗迹，纪述前勋。"《度尚碑》："于是故吏感清庙之颂，叹斯父之诗。"《杨震碑》："故感慕奚斯之追述。"皮锡瑞云：

> 案此诸碑皆汉人用三家释三《颂》之义，以《周颂》为周文公作，《商颂》为正考父作，《鲁颂》为公子奚斯作也。成考父即正考父，考斯即考父奚斯，斯父即奚斯考父。……汉三家《诗》立学，《毛诗》不立学，故汉碑所引用皆三家《诗》。奚斯作《颂》，明见《韩诗》……尝据《鲁颂》文以断之，毛郑皆误，《韩诗》不误。《毛诗·駉·序》曰："季孙行父请命于周，而史克作是《颂》。"郑《诗谱》曰："僖复鲁旧制，未遍而

---

① 同上卷六页四〇。

② 《十三经注疏·毛诗》卷二〇之二页七。

③ 《六臣注文选》卷一页三。

④ 《国语》卷五页一二。

⑤ 《史记·宋微子世家》卷三八页九。

⑥ 《后汉书》卷六五页三。

薨，国人美其功，季孙行父请命于周，而作其《颂》。”毛郑盖谓《鲁颂》皆史克作，作于僖公薨后，故解奚斯所作为作《庙》不为作《颂》。……史克见《左传·文公十八年》，宣公时尚存。见《国语》，其年辈在后。若奚斯，见《左传·闵公二年》，年辈在前，作《颂》于僖公之时，于理正合。且《左传·文公二年》已引《閟宫》之诗，作《颂》不当在谅暗三年中，则必作于僖公生前，当从《韩诗》说，为奚斯所作。汉人引诗各处皆合，必无皆误之理。毛氏之误，不必为之讳。段茂堂(玉裁)乃强改毛传作是庙也之庙字为诗字，以传合汉人所引三家之说。陈硕甫疏毛传从段，则又童牛角马矣。……据汉碑引三家《诗》以考父与奚斯并称，则考父是作《商颂》之人，不当如《毛诗》说为得《商颂》之人矣。①

40. 三代以来虽远犹近诗云旧国其命惟新

卢文弨云：

文后忽赘“《诗》云旧国，其命惟新”二语，不晓所谓？汉时风俗，固不知有忌讳类如此。②

武亿云：

……碑后又言：“《诗》云旧国，其命惟新。”经句亦可裁节，便以成文，愈为巨谬矣。惟旧国今作邦，疑亦非避讳，或汉时所传本如此，《樊毅碑》《刘熊碑》皆直书邦字可证也。③

俞樾云：

“三代以来，虽远犹近。《诗》云旧国，其命维新。”按上文既云：“于是刊石竖表，铭勒万载。”便可径接铭词，乃又缀此四句，殊为不伦。窃疑此四句，当在“前喆遗芳”之下，

① 《汉碑引经考》卷三页七二。
② 《抱经堂文集》卷一五页三。
③ 《金石一跋》卷二页三。

其文本云："奚斯赞鲁，考父颂殷。前喆遗芳，三代以来，虽远犹近。《诗》云旧国，其命惟新。有功不书，后无述焉。于是刊石竖表，铭勒万载。"盖引奚斯考父二事，而继以此四语，以见鲁殷二国，有二子为之赞颂。故功烈常存，虽远如近，国虽旧，而命则新也。若有功不书，则后无述矣。①

媛案：《孟子·滕文公》《礼记·大学》均谓："《诗》云：周虽旧邦，其命惟新。"②诚如武氏所云裁节经句以谕功烈常存也。

41. 於穆我君

"我"即"我"字。《毛诗·周颂·清庙》："於穆清庙，肃雝显相。"③《维天之命》："於穆不已，於乎不显。"毛传："於，叹辞也。穆，美也。"④

皮锡瑞云：

於穆见《清庙》，《史晨碑》云："於穆肃雍。"合下肃雍显相言之。《华山堂阙碑》云"於穆堂阙"，犹"於穆清庙"也。⑤

42. 纪行来本

来字解释，颇有异辞，顾云美释来为桼。翁方纲谓恐非，疑是误笔。⑥ 王念孙释作求，谓求其始也。始谓初生时也。李文

---

① 《读书余录》卷二页二八。

② 《十三经注疏·孟子》卷五上页四。《十三经注疏·礼记》卷六〇页一。

③ 《十三经注疏·毛诗》卷一九之一页四。

④ 同上页五。

⑤ 《汉碑引经考》卷三页六四。

⑥ 翁方纲《两汉金石记》卷一二页四云："顾云美释来为桼……来亦恐非桼字。"

田云:“以文势论之,求字甚确。《山东通志》释作采,谓采取也。”①媛案:王李二氏之说是也。王念孙云:

> “纪行来本”,来即求字,言纪其行而求其始也。始谓初生时也。故下文云“兰生有芬,克岐有兆”矣。来字首笔作曲形,自右而左,与上文“三代以来”之来字不同。而《金薤琳琅》乃直作来矣。隶书求字或作来,与来字相似。……《两汉金石记》以来字为误笔,亦非也。②

李文田云:

> “纪行来本”,翟文泉《隶篇》以为求字,引《祀三公山碑》“乃来道要”为证。以文势论之,求字甚确。③

43. 克岐有兆

“兆”即“兆”字。《毛诗·大雅·生民》:“诞实匍匐,克岐克嶷。”毛传:“岐,知意也。嶷,识也。”郑笺云:“能匍匐,则岐岐然意有所知也,其貌嶷嶷然有所识别也。”④

44. 蔽沛棠树

媛案:《说文》:“蔽或作蔽。”“沛”即“芾”字之假借。《毛诗·国风·甘棠》,(《诗》详34《君懿于棠》条)毛传云:“蔽芾,小貌,甘棠,杜也。”孔疏引舍人曰:“杜赤色者名赤棠。”⑤《魏元丕碑》:“蔽芾其纵。”亦以蔽为蔽。全祖望云:“蔽芾二字,足证二南之异文。”⑥

---

① 《山东通志》卷百四十九页四〇云:“纪行来本,本上是采字,采取也。”

② 《汉隶拾遗》页三三。

③ 《燕京学报》第二六期页二五九。

④ 《十三经注疏·毛诗》卷一七之一页五。

⑤ 同上卷一之四页四。

⑥ 《鲒埼亭集》卷三七页一。

45. 温温恭人

《毛诗·小雅·小宛》:"温温恭人,如集于木。"①《大雅·抑》:"温温恭人,维德之基。"毛传:"温温,宽柔也。"②

46. 既多受祉

《毛诗·小雅·六月》:"既多受祉,来归自镐。"③《鲁颂·閟宫》:"既多受祉,黄发儿齿。"④

47. 永享南山

《毛诗·小雅·天保》:"如南山之寿。"⑤

48. 干禄无疆

《毛诗·大雅·旱麓》:"岂弟君子,干禄岂弟。"毛传:"干,求也。"⑥《论语·为政》:"子张学干禄。"何晏集解引郑玄曰:"干,求也。禄,禄位也。"⑦

49. 子子孙孙

《毛诗·小雅·楚茨》:"子子孙孙,勿替引之。"毛传:"替,废。引,长也。愿子孙勿废,而长行之。"⑧商周金文,多"子子孙孙"语。

50. 岁在摄提二月震节纪日上旬

媛案:《尔雅·释天》:"大岁在寅曰摄提格。"⑨其纪立碑岁月在中平三年,盖丙寅岁也。赵绍祖云:

---

① 《十三经注疏·毛诗》卷一二之三页二。
② 同上卷一八之一页七。
③ 同上卷一〇之二页三。
④ 同上卷二〇之二页六。
⑤ 同上卷九之三页四。
⑥ 同上卷一六之三页三。
⑦ 《十三经注疏·论语》卷二页三。
⑧ 《十三经注疏·毛诗》卷一三之二页七。
⑨ 《十三经注疏·尔雅》卷六页三。

……二月震节，按《礼记·月令》："始雨水。"郑注云："汉初以雨水为二月节。"孔疏云："汉初惊蛰为正月中，雨水为二月节。"今此碑言二月震节，则其时已变矣。①

51. 阳气厥枡

"厥"即"厥"字。顾蔼吉谓"碑变欠为㠯"②。"枡"即"析"字。《尚书·尧典》："以殷仲春，厥民析。"孔安国传："厥，其也，言其民老壮分析。"③汉《孔耽神祠碑》："苗胄枡离。"《鲁峻碑》："枡薪弗何。"均以析作枡。

52. 僉然同声

"僉"即"佥"字。《说文》佥字下从从，碑变作灬。汉《孟郁修尧庙碑》："僉然同谋。"《樊敏碑》："州里僉然。"佥字下均从灬。

53. 赁师孙兴

赵绍祖云：

"赁师孙兴，刊石立表。"孙兴当是石工之名。《武氏石阙铭》亦云："使石工孟季，季弟卯，造此阙。"孙宗作师子，此后世记某某镌刻之祖。④

54. 刊石立表

有谓表字侧之半衣字为后刻者，牛运震云：

……碑后行刻一衣字于表字侧，不知其所谓？褚峻尝

---

① 《古墨斋金石跋》卷一页二〇。《山东通志》卷百四九页四〇云："二月震节，纪日二旬。"案：震节，龙节也。易震为龙。二旬二十日，是龙节之专日也。《谈荟》云："二月二十日谓之小分龙日，晴分嫩龙主旱，雨分健龙主水。"意小分龙日，即汉之震节欤？旧识二旬为上旬，误矣。媛案：确为上旬不误。况二亦为篆书之上字乎。

② 《隶辨》卷五页二五。

③ 《十三经注疏·尚书》卷二页九。

④ 《古墨斋金石跋》卷一页二〇。

见旧拓本,无此侧刻半表字,乃知为后人踵设,殆厌碑刻表字非隶体,矫而是正其旁,斯为沾沾不胜喜事者耳。然益足发明是碑之为真古文矣。①

张德容云:

若十四行末表旁之半表字,其为后人戏刻无疑。翁氏(方纲)必以牛(运震)、褚(峻)之说为非,而别为之说,未免穿凿无谓。②

有谓原石所有者。翁方纲云:

……此半表字……实是原石所有,褚氏牛氏之说非也。③

李文田云:

褚千峰(峻)云:"第十四行末衣字,旧拓无之。"翁覃谿(方纲)《两汉金石记》力言其非。今按图容字十九行,盖余幅太多,书碑者往下移写,而洗抹未尽,刻者即依其余字刻之。推寻其故,殆为此耳。褚氏以为沾沾好事者所为,似不然也。④

媛案:此半表字为原石误刻近是。

(七)张氏先世之考证

王世贞云:

至谓其先有曰良,曰释之,曰骞者。按良韩人,释之南阳堵阳人,骞汉中人,宗系绝不相及,文人无实乃尔。⑤

---

① 《金石图》册三。
② 《二铭草堂金石聚》卷一一页二五。
③ 《两汉金石记》卷一二页三。
④ 《燕京学报》第二六期页二五九。
⑤ 《弇州山人稿》卷一三四页二。

全祖望云：

其文叙张氏先世，历举张仲、张良、张释之、张骞，此乃六朝碑版攀援祖宗之滥觞。然何以不及张安世、张敞也？①

（八）文辞之批评

媛案：此碑前半叙事牵强，后半词旨敦朴，有东京风。王世贞云：

文辞翩翩，有东京风，独叙事未甚详核耳。②

张德容云：

此碑前半叙事颇拙，后半则文章尔雅，训辞深厚。③

（九）字体之批评

媛案：此碑字体方整浑雄，为汉碑之佳者。

（1）碑额

朱彝尊云：

碑额字体在篆隶之间，极其飞动。④

方朔云：

碑额十二字，意在篆隶之间，而屈曲填满，有似印书中缪篆，人因以篆目之。⑤

（2）书体之总评

王世贞云：

① 《鲒埼亭集》卷三七页一。

② 《弇州山人稿》卷一三四页二。

③ 《二铭草堂金石聚》卷一一页二五。

④ 《金石文字跋尾》卷二页一五。

⑤ 《枕经堂金石书画题跋》卷三页二五。

书法不工，而典雅饶古。①

牛运震云：

其端直朴茂与《衡方碑》同。②

孙承泽云：

书体方整尔雅，汉石中不多见者。③

法式善云：

笔法淳古，深得汉人遗意。④

马邦玉云：

此碑字，古直苍浑，居然汉刻之佳者。⑤

郭尚先云：

汉碑严重平硬，是碣为冠。⑥

方朔云：

碑字雄厚朴茂。⑦

徐树钧云：

此碑在汉人书中，坚朴浑厚，当为第一。碑阴尤佳。⑧

梁启超云：

书势雄深浑穆，如有魔力强吾侪终身钻仰。⑨

---

① 《弇州山人稿》卷一三四页二。

② 《金石图》册二。

③ 《庚子销夏记》卷五页一一。

④ 《存素堂文集》卷三页二二。

⑤ 《汉碑录文》卷四页三一。

⑥ 《芳坚馆题跋》卷一页四。

⑦ 《枕经堂金石书画题跋》卷三页二五。

⑧ 《宝鸭斋题跋》卷上页六。

⑨ 《饮冰室文集》卷七七页四三。

（十）书人之考证

谢堃云：

张迁衡方二碑……字画文法与《鲁峻碑》如出一手，将谓峻碑是中郎（蔡邕）所书，则二碑亦蔡书矣，何蔡书之多也？汉碑比比，工书者多，岂得尽谓蔡中郎所书耶。①

（十一）碑阴题名之考证

媛案：碑阴题名，用名用字，说者不一。洪适《隶释·跋韩敕碑阴》谓汉人题名必书字，否则，非门生父党即示其卑也。欧阳修《集古录·跋杨震碑阴》谓："疑其所书皆是字，盖后汉时人见于史传者，未尝有名两字者也。"吴玉搢驳洪氏之说谓此碑"同是故吏，而或名或字有异"。赵绍祖驳欧阳氏谓史传无二名者非也。兹录吴、赵二氏之说如下：

吴玉搢云：

右汉张迁碑阴凡四十一人，一人姓名不可见，前碑云："故吏韦萌等刊石立表。"此阴韦姓二十五人（原注：案第二行据旧拓本亦姓韦，凡韦姓实二十六人）而独无萌。然二名者多，盖皆书其字也。惟范巨、范成、韦宣三人则又名而不字。《隶释》云："汉人题名必书字，否则各有说也。杨震碑阴，定博诸人，不名者，非其门生也。逢盛碑阴，崔孟祖数人，不名者，乃其父党也。题名于《韩敕碑》左凡八人，鲁之二鹿一傅，不名者别守相之尊也。张纳碑阴，主簿白文以下，不称字者，示其卑于从事李元也。史晨后碑，五官掾孔畼六人不称字者，亦示其卑于长史李谦也。"洪公之言，其详尽如

① 《书画所见录》卷一页一二。

此，独此则同是故吏，而或名或字有异，又不知当有何说以定之也。①

赵绍祖云：

……昔欧阳永叔《跋杨震碑阴》，以为后汉见于史传者，未尝有两名字者也，疑其所书皆是字尔。今按此碑所书，亦当为字，第不知范巨、范成、韦宣又何以书名也？以余考之，范史二名者甚多，顾或者又谓蔚宗（范晔）好错举名字，然其中有明白而无疑者，如：郑康成之孙，名之曰小同，而苏不韦字公先，成翊世字季明，谢夷吾字尧卿，马日磾字翁叔是也。然则谓史传无二名者亦非也。②

（十二）碑阴文字之考证

“氾”字音“梵”。吴玉搢云：

氾字音梵，本作氾，与氾字音杞者形声各别。皇甫氏曰：“本凡氏，秦乱，避地于氾水，改姓氾。汉有氾胜之，著书十八篇，言种植事。”碑有氾姓二人，非范之省文也。又其书作氾，与音杞之字无别，遂读作杞亦非。③

“玠”即“珍”字。翁方纲云：

碑阴玠即珎字，吴山夫（玉搢）作玲，非也。故守令范伯犀，故吏韦德荣、韦武章、驺叔义，此四行下原石皆无字，吴山夫皆谓阙三字，又于韦武章下多出钱字，皆非也。其上列第二人亦姓韦，但其名二字不可识。凡韦氏者二十六人，吴山夫云廿五人，亦非也。氾定国钱七百，韦孟平钱三百，牛

① 《金石存》卷九页一八。
② 《金石文钞》卷一页三七。
③ 《金石存》卷九页一九。

氏《金石图》皆讹作五百。①

媛案:《闻妙香室》校本《金石存》,诸字皆已改正。

张德容云:

碑阴范伯扉,扉字上一横细极,下非字虽泐犹可辨。诸家多释作犀,非也。②

媛案:此字拓本模糊,不敢附会。姑从旧说。

(十三)立碑人之考证

有谓谷城人立者。李文田云:

迁为谷城长,故城在今东阿县西,而碑出于东平,则东平州之西北,仍汉谷城地也。迁已迁荡阴令,此碑乃立于谷城,则是谷城人立去思碑也。③

郑业敩云:

……案碑云:"化流(媛案:'化流'即'流化'之误)八基(同朞),迁荡阴令。吏民颉颃,随送如云。周公东征,西人怨思。奚斯赞鲁,考父颂殷。"明是张君解谷城任,吏民所立之去思碑也。则韦叔珍以下,皆谷城人无疑。何有于荡阴乎。且汉人碑额,皆有意义,如孔彪为博陵太守,再迁河东太守,碑但题博陵太守者,博陵民所立也。王稚子二阙,一题河内温令,一题兖州刺史雒阳令,一为温民立,一为雒阳民立也。此碑额以谷城长冠于荡阴令之上,其义亦犹是,非荡阴人所立自明。著录家自《金薤琳琅》以下,无不题曰《荡阴令张

---

① 《两汉金石记》卷一二页六。

② 《二铭草堂金石聚》卷一一页二五。万经《汉魏碑考》页七云:"末行书付礼二字,不解?"郑珍《巢经巢文集》卷五页一六云:"碑阴下列空处刻付讫二楷书,则知……为一时妄凿无疑。"

③ 《燕京学报》第二六期页二五八。

迁碑》者，亦未之思尔。①

有谓荡阴人立者。叶奕苞云：

碑阴……自故安国长韦叔珍以下，皆……不署郡邑，岂皆荡阴之人，仕于外，如安国者，非必张君之所属耶？②

媛案：谷城人立之去思碑是也。

（十四）不言出钱之人数

钱大昕云：

范伯□、韦德荣、韦武章、驺叔义四人，不言出钱之数。曹全碑阴亦有类是者。③

（十五）摹刻本

方若云：

光绪十八年壬辰（一八九二）毁于火，常熟翁（同龢）氏摹刻之，神气全失。④

（《燕京学报》1946 年第 31 期）

---

① 《独笑斋金石文考》第二集卷七页一〇。

② 《金石录补》卷四页三。

③ 《潜研堂金石文跋尾》卷一页二九。

④ 《校碑随笔》卷二页一二。

汉郎中郑固碑集释

(一)碑文

汉故郎中郑君之碑

君讳固,字伯坚,蓍君元子也。[①]含中和之淑质,履上仁□□□,孝友著乎闺门,至行立乎乡党。[②]初受业于殴阳,[③]遂穷究于典藉。膺游夏之文学,[④]襄冉季之政事。[⑤]弱冠仕郡,更诸曺掾史,[⑥]主薄、督邮、五官掾、功曺。入则腹心,出则爪牙,[⑦]忠以卫上,清以自脩,犯颜謇愕,[⑧]造膝佹辞,[⑨]加以好成方类,推贤达善,[⑩]逡遁退让,[⑪]当垚以此服之。邦后珍玮,以为储举,先屈计掾,奉我□贡,清眇冠乎群彦,[⑫]悳能莭乎垩心。[⑬]延熹元年二月十九日,诏拜郎中,非弗好也,[⑭]目疾锢辞。[⑮]未满期限,从其本规。乃遘凶愍,年卌二,其四月廿四日遭命陨身,痛如之何。先是,君大男孟子有杨乌之才,[⑯]善性形于岐嶷,[⑰]□□见于垂髦,年六岁而夌,[⑱]大君夫人所共哀也。故建防共坟,配食斯坛,[⑲]目慰考妣之心。[⑳]琦、瑶、延以为至悳不纪,则钟鼎奚铭。昔姬公颂武,弟述异兄,[㉑]综实(疑宾字)□,□□行,于蔑陋,勯咠敢忘。[㉒]乃刊石,以旌遗芳。其辞曰:于惟郎中,寔天生悳。[㉓]颐亲诲弟,虔恭竭力。教我义方,导我礼则。传宣孔业,作世幞式。[㉔]从政事上,忠以自勖。贡计王庭,华夏归服。帝用嘉之,显拜殊特。将从雅意,色斯自得。[㉕]乃遭氛灾,陨命颠沛。[㉖]家失所怙,国□忠直。俯哭谁诉,卬唬为告。嗟嗟孟子,苗而弗毓。奉我元兄,修孝罔极。魂而有灵,亦歆斯勒。

(二)碑阴

中部督邮一人,门下督盗贼剧一人,门下议史一人,门下书佐二人,骑吏剧一人,故吏五人,书佐十二人,行义剧一人,循行十九人,书佐剧三人,午六人,缺一人,小□一人。铭曰:竖建靑碧,惟故臣吏;慎终追远,谅暗沉思;守卫坟□,□□礼备;陵成宇立,树列既就。圣典有制,□□墓侧,永怀□□,不可□□。以义割思(原注:似志字),写著遗辞,以明本意。魂灵瑕显,降垂嘉佑。[1]

刘青藜云:

> 右碑阴题名凡作三段,乡里名字俱详,而铭勒于后。题名后铭,他碑所无,而其字缺者尚少;故详录如右。循行见《汉志》,《集古录》作修行,似误?[2]

媛案:右碑阴,各家著录及媛所见拓本,皆赋阙如。只刘青藜《金石续录》一书记其事,其中有无讹误?敬希博雅之士指正焉!

(三)碑之形状及所在

碑高六尺四寸,广三尺三寸,[3]厚六寸。[4] 隶书,文凡十五

---

① 《金石续录》卷一页六上。

② 同上。

③ 《金石萃编》卷十页一上。《济州金石志》卷二页二六下云:"以汉尺度之,碑高连额八尺六寸,广三尺七寸,又残石高八寸,广二尺一寸。"

④ 《金石图》册一。

行,行二十九字,[①]字俱径一寸三分,[②]行间方若棋局。额篆书,二行,题“汉故郎中郑君之碑”,阴文八字,字径三寸。[③] 上锐下方,额下有穿,[④]后汉延熹元年(158)四月廿四日卒。无葬日。在山东济宁州学。[⑤]

(四)碑之存亡及出土年代

是碑不知何时断而为三。清初拓本只存上段,每行十九字,凡二百五十四字,又半字三。雍正六年(1728)戊申,州人李琨于济宁州学泮池左,得残石,高六寸,阔一尺六寸,凡二十字,又半字四,因移置于碑旁。至乾隆四十三年(1778)戊戌,李琨之子东琪与定海蓝嘉瑄掘起入地之半,凡尺许,计六十字,又半字五。盖土人相传以为中段已亡,而今一旦掘起升高,始知此段实与上下两段相连,[⑥]此碑由是始克复完。

案:碑文原为四百零九字,宋洪氏《隶释》著录时阙十三字。[⑦] 自中下二段沉埋后,仅存上段二百五十四字,又半字三。

---

① 媛案:除第十一行七字,第十五行二十五字,其余皆二十九字。《巢经巢文集》卷五页一〇上云:“文凡十四行,行三十字。”误。

② 《济州金石志》卷二页二七上云:“字俱径一寸三分。”《金石图》册一云:“字径一寸一分。”

③ 《济州金石志》卷二页二六下云:“额字径三寸。”《金石图》册一云:“字径一寸五分。”

④ 《山左金石志》卷八页三上。关于穿之为用,详见《金石文字记》卷一页一四上。

⑤ 《金石图》《济州金石志》皆云:“在济宁州学孔子庙戟门西侧。”《山左金石志》云:“在济宁州学戟门西侧;又残石,高六寸,广一尺五寸余,今嵌明伦堂东壁。”《汉碑录文》云:“在济宁儒学。”《金石萃编》《艺风堂金石文字目》云:“在山东济宁州学。”《校碑随笔》云:“在山东济宁。”《汉石存目》云:“在济宁州学戟门西侧。”

⑥ 《两汉金石记》卷八页三六上至三八下。

⑦ 《隶释》卷六页一七。

及雍、乾间中下二段先后出土，所谓最完者不过三百三十七字，又半字十二，其中六十字已剥泐不可考矣。至于都穆谓欧阳公(修)云"碑文磨灭为不可晓"，[①]及翁方纲谓"欧阳《集古录》已目为零落之余"为不实。[②] 然欧阳公所见之拓本，或因拓工太劣，又以其"难得而可喜"，[③]惋惜之余，故所云如是。又牛运震谓"碑亡其半"，顾蔼吉谓"碑已中断"，翁方纲谓："皆失其实。"[④]马邦玉亦谓顾氏之言为"臆说"。[⑤] 大概牛、顾两氏所据为乾隆四十三年升碑以前拓本，如王念孙所云："向来拓本，唯存不全之上段。"[⑥]苟如是，则中下两段，彼等均未之见也。

(五)人地之考证

案：郑君既非显宦，又无殊能，故史传无稽，仅后汉应邵《风俗通义》略涉其事云：

> 豫章太守汝南封祈武兴，泰山太守周乘子居，为太守(按落守字)李张所举，函封未发，张病物故，夫人于柩侧下帷见六孝廉曰：……李氏……咨嘉休懿，相授岁贡……今……以夭年终，而诸君各怀进退，未肯发引……正相追随蓬勃坟柏，何若曜德王室，昭显亡者……乘与郑伯坚即日辞行，祈与黄叔度、郅伯向、盛孔叔留随辖柩。[⑦]

---

① 《金薤琳琅》卷七页一〇上。
② 《两汉金石记》卷八页四〇上。
③ 《集古录跋尾》卷二页一四下。
④ 《两汉金石记》卷八页三九下。
⑤ 《汉碑录文》卷二页一八上。
⑥ 《汉隶拾遗》页一五上。
⑦ 《风俗通义》(《四部备要》本)卷五页三上。

所谓伯坚即固也。以此知固系汝南郡人,①可补碑文之阙。

(六)文字之考证

1. 蓍君元子也

案:《汉书·地理志·济南郡》著,颜师古曰:"音竹庶反,又音直庶反,而韦昭误以为蓍龟之蓍字,乃音弛咨反,失之远矣。"②今以碑云"蓍君元子也"证之,韦昭不错。③ 韦昭系三国吴人,以持正为孙浩所杀。④ 距此碑立时相去约百年,当时韦昭必系实录。若由后汉延熹元年至唐颜师古注《汉书》时,则相去

---

① 郑珍《巢经巢文集》卷五页一〇上至一一上云:"其时郡守李张举六孝廉,固居其一,封、黄、郅、盛四人,以举主丧纪不行;惟乘与固至京师,固拜郎中,而固逾月即卒也。"碑云:"邦君珍玮,以为储举。"储者,副贰也。此举或子居为首,固列第二,荐名已高,又迫夫人之命,故二人不得不行,而四人可从其志欤。拜郎之后,固当即辞荣,周亦旋退,其为不得已应荐甚明。碑云"非其好也",良非虚饰。应氏讥子居去丧即宠,殆不谅乎。李张于史传无考,所举六孝廉者,周子居则陈仲举目为世之干将。黄叔度则荀季和称为国有颜子。封武兴、郅伯向、盛孔叔事虽失传,即此服勤举主,甘弃名禄,其厚意高行已可概见。而固骖靳黄周之列,则称"孝友文学,清修退让,好成方类"者,皆其实录,宜此一石,阅数千年,使其名义与叔度、子居同彪炳末沫也。

② 《汉书》(光绪二十九年五洲同文局本,下同)卷二八上页三二上。

③ 冯浩《孟亭居士文稿》卷四页一九上云:"……鲁国蕃县,应劭曰:'邾国也,音皮。'师古曰:'郡县之名,土俗各有别称,不必皆依本字。'《后汉书·郡国志》南国著,又鲁国蕃。此碑君元子也,上一字不似蕃,亦不似著,当是后汉时直有称著为蓍者;故韦昭云,然未可规其误也。浩既揣为此说,及检《隶释》果作蓍字,洵可据为韦氏之一助云。"媛案:艺苑真赏社影印古鉴阁藏宋拓本"蓍"字尚清晰(见图),所谓著县、蕃县皆可勿论。

徐宗幹《济州金石志》卷二页二七上云:"按《汉志·济南郡》有著县,《通志》云即今济阳县曲堤镇之故城址是也。韦昭误以为蓍龟之蓍,颜师古讥之。碑云:'著君元子',盖郑君之父尝为著令故也。洪氏《隶释》误作蓍,今改正之。"媛案:《四部丛刊》本《隶释》作著,他本作蓍。

郑珍《巢经巢文集》卷五页一一下注云:"案《汉书·地理志·济南郡》有著县,魏收《地形志》作蓍。盖其父为蓍令,故称蓍君也。"

④ 详见《三国·吴志》(光绪二十九年五洲同文局本)卷二〇页七下《韦曜传》,注云:"曜本名昭,史为晋讳改之。"

约四百余年矣，焉知其间不无传写之误欤？又《魏书·地形志·济南郡》著，注云："二汉、晋属治著城。"则当以著为是。

2. 至行立乎乡党

《论语·雍也》："以与尔邻里乡党乎。"郑注："五家为邻，五邻为里，万二千五百家为党。"[①]又《论语·乡党》："孔子于乡党，恂恂如也。"邢疏："恂恂，温恭之貌。"[②]此言郑君在乡党中以德行著称。

3. 初受业于殴阳

殴即欧字之通假。至谓"初受业于殴阳"者，乃滥用欧阳氏世传授《尚书》学。《汉书·儒林传》：

> 欧阳生，字和伯，千乘人也。事伏生，授兒宽……宽授欧阳生子，世世相传，至曾孙高……高孙地余……地余少子政，为王莽讲学大夫，由是《尚书》世有欧阳氏学。[③]

《后汉书·儒林传》：

> 欧阳歙，字王思……自欧阳生传伏生《尚书》，至歙八世，皆为博士。……[④]

碑谓"初受业于殴阳，遂穷究于典籍"，乃指郑君先习《尚书》也。

4. 膺游夏之文学

《论语·先进》："文学子游、子夏。"[⑤]游者，子游也，姓言，名偃，字子游，春秋吴人，孔子弟子，特习于礼，尤以文学著。[⑥]

夏者，子夏也，姓卜，名商，字子夏，春秋卫人，孔子弟子，与

---

① 《十三经·论语注疏》（民国十五年锦章图书局本，下同）卷六页一下。

② 同上卷一〇页一上。

③ 《汉书》卷八八页一二上。

④ 《后汉书》卷一〇九上页九上。

⑤ 《十三经·论语注疏》卷一一页一上。

⑥ 《史记》（光绪二十九年五洲同文局本，下同）卷六七页一一下《仲尼弟子列传》。

子游并列文学科。①

5. **裹冉季之政事**

裹即褭字，今作怀。②《论语·先进》："政事冉有，季路。"③冉者，姓冉，名求，字子有，春秋鲁人，孔子弟子，居政事科。仕为季氏宰。④

季者，姓仲，名由，字子路，一字季路，春秋鲁人，孔子弟子，有政事才，初仕于鲁，后仕卫，为孔悝邑宰。⑤

6. **弱冠仕郡更诸曹掾史**

吴玉搢云：

> 刘太乙《续金石录》云："弱冠仕郡咨曹掾史。"欧本作诸，今本诸字虽少漫漶，肰笔画具在，亦不作咨。⑥

媛案：吴氏之说是也。惟郡下脱一更字，与原文稍有出入。

又案：郡下一字诸家皆作"吏"；惟艺苑真赏社影印古鉴阁藏宋拓本(下同)显然是更。字之第四五笔右旁石花虽相连，然第六笔直画上则与第一横画平头；倘若吏字，则此直笔必然突出第一横画之上。且更字中之"曰"，左旁三画分明，可为更字之明证。更者，经历也。"更诸曹掾史"，于文义亦无轩轾。及后检阅《金石聚》双钩本的是更字。并谓："更诸曹，犹云历诸曹耳。"⑦可谓不谋而合。

---

① 同上页一二上。

② 《济州金石志》卷二页二六下云："'裹冉季之政事'，褭即怀字。《隶释》作褎，非是。"媛案：《隶释》作"褭"，而非作"褎"，《说文解字注》八篇上页一一一：褭从衣褎声。碑变作裹，亦无不可。今字阙，姑从《隶释》。

③ 《十三经·论语注疏》卷一一页一上。

④ 《史记》卷六七页四上《仲尼弟子列传》。

⑤ 同上页四下。

⑥ 《金石存》卷六页二二下。

⑦ 《金石聚》卷六页四七下。

7. **入则腹心出则爪牙**

《毛诗·小雅·鸿雁之什》“予王之爪牙”,《正义》曰:“鸟用爪,兽用牙,以防卫己身;此人自谓王之爪牙,以鸟兽为喻也。当为王闲守之卫者,谓防闲守御之卫也。”①媛案:郎中主更直宿卫,与下文“忠以卫上”之义正合。

又各家录文,除《汉碑录文》作“出则爪耳,②入则腹心”外,其余如《隶释》《金石古文》《金薤琳琅》《两汉金石记》《金石萃编》等,均作“入则腹心,出则爪牙”。

8. **犯颜謇愕**

“犯颜”谓直言谏说。《史记·管晏传》:“至其谏说,犯君之颜。”③

愕即愕字,义作谔。謇愕,正值貌。《后汉书·陈蕃传》:“謇愕之操,华首弥固。”④

9. **造脨仢辟**

脨即膝字,变桼为朿。与新莽候钲“重五十朿斤”字同。或作朿,汉《韩敕碑》“洓不水解”,漆作洓。造膝者,促膝也。王引之谓:造当读为蹙,古字造与蹙通。蹙者,促也、近也。蹙膝而言者,君臣促膝密语,不使左右闻之也。⑤

---

① 《十三经·毛诗注疏》卷一一之一页五上。

② 《汉隶字源》下平页一八上亦作与,云:“与即牙字。”

③ 《史记》卷六二页五上。

④ 《后汉书》(光绪二十九年五洲同文局本,下同)卷九六页九上。

⑤ 《经义述闻·春秋穀梁传》(《皇清经解》本)卷一二〇四页二一下《故士造辟而言条》云:……造当读为蹙(原注:古字造与蹙通。《大戴礼·保傅》篇:“灵公造然失容。”《韩子·难篇》:“景公造然变色。”即蹙然也。《韩子·忠孝篇》:“舜见瞽瞍,其容造焉。”即《孟子·万章》篇:“舜见瞽瞍,其容有蹙也。”)蹙者,促也(原注:见《小雅·小明》篇传),近也(原注:《考工记·弓人注》);蹙膝而言者,君臣促膝密语,不使左右闻之也。

佹字解释,颇有异同,宋洪适作诡。① 清顾蔼吉谓:诡与佹古通用。佹辞,即佹诗之义。② 阮元谓:《玉篇》:佹,戾也,九委切。③ 钱大昕谓:诡诸(或佹诸)《石经》犹是佹字。则古书佹诡通用矣。④ 梁启超谓:佹辞即危辞也。旧释作诡,非是。⑤ 媛案:危辞实不若诡辞有所本而合于经传。洪适云:"固以曹掾事其郡将,而云:'犯颜謇谔,造膝诡辞。'汉人用事不拘碍如此。"⑥

10. 推贤达善

《礼记·儒行》:"推贤而进达之,不望其报。"孔疏:"儒者欲举人之时,必程效其功,积累其事,知其事堪可,乃推而进达之,不妄举人也。"⑦

11. 逡遁退让

关于逡遁二字,各家解释,稍有异同:欧阳修谓遁当作循。⑧

---

① 《隶释》卷六页一八上。

② 《隶辨》卷三页五下云:"按温峤《侍臣箴》云:'或造膝诡辞',与碑语正同。"诡与佹,古盖通用。《穀梁传》"晋侯诡诸卒",《释文》云:"诡,《左氏》作佹。"《荀子·赋篇》:"天下不治,请陈佹诗。"杨倞注云:"请陈佹异激切之辞,言天下不治之意也。"碑云佹辞,即佹诗之义。

③ 《山左金石志》卷八页三上。

④ 《潜研堂金石文跋尾》卷一页一三下云:"《春秋》晋侯诡诸卒,陆德明云:'《左氏传》作佹诸。'今本《左氏》亦作诡。惟《石经》犹是佹字。此碑'造膝佹辞'亦以佹为诡,则古书佹诡通用矣。"

⑤ 《饮冰室文集》卷七七页八上。

⑥ 《隶释》卷六页一八上。

⑦ 《十三经·礼记注疏》卷五九页四上。

⑧ 《集古录跋尾》卷二页一四下。

朱彝尊谓遁为循之假借。① 赵明诚谓逡遁是逡巡之意。惟古人用字多假借,故时有难晓处。② 顾炎武谓逡遁当是逡巡之异文。③

---

① 《金石文字跋尾》卷二页一八下云:"文有逡遁二字,顾宁人谓是逡巡之异文,退而引《三礼注》以证之,且博稽《晏子春秋》作巡遁,《汉书》作逡循。《庄子》作蹲循,《灵枢经》《亢仓子》作遵循。又谓逡遁之异文,笔之《金石文字记》。以予考之《集韵》,逡、遁、逡三字牵连书之,均七伦切,音义则一,《说文》释辵字云:'乍行乍止也。'遁字虽音徒困切,而配之以辵,当读如'足缩缩如有循'之循,以为假借则可,不得谓之异文矣。宁人作《音论》,惜《集韵》不存,未知是书尚存天地间,故于诸书疑义未尽晰尔。"

② 《金石录跋尾》卷一五页五上云:"贾谊《过秦论》云:'九国之师,遁巡不敢进。'颜师古曰:'遁音千旬反,流俗书本巡字误作逃,读者因之,而为遁逃之意。'……今此碑有云:'推贤达善,逡遁退让。'详其文义,亦是逡巡之意,然二字决非一音,盖古人用字与后世颇异,又多假借,故时有难晓处,不知颜氏何所据,遂音遁为逡乎。"

③ 《金石文字记》卷一页一二下云:"'逡遁退让'者,逡巡之异文也。《管子》:'桓公蹵然逡遁。'《汉书·平常传赞》:'逡遁有耻。'《叙传》:'逡遁致仕。'《周礼·司士》注:'王揖之,皆逡遁,既复位。'《仪礼·士昏礼·大射礼·公食大夫礼》注:'辟逡遁。'《乡射礼》注:'少退,少逡遁也。'《聘礼》注:'辟位逡遁',又'三退三逡遁也'。又'辟位逡遁'。又'辟于其东面,位逡遁也'。又'退为大夫,降逡遁。'《士丧礼》注:'辟逡遁,辟位也。'《特牲馈食礼》注:'辟位逡遁。'《礼记·玉藻》注:'俛逡遁,而退著屦也。'皆同此文。颜文推《匡谬正俗》曰:'贾谊《过秦论》:九国之师,遁巡而不敢进。遁者,盖取循声,以为逡字,当音七均切。'然余考之古书,亦多不同,如《晏子春秋》有云'晏子巡遁而对',有云'晏子逡循对曰'。《汉书·万章传》:'章逡循甚惧。'《外戚传》:'逡循固让。'皆以下字为循。而此碑及《汉书·礼注》,又以遁为巡。又如《庄子》:'忠谏不听,蹲循勿争。'《灵枢经》:'黄帝避席,遵循而却。'《亢仓子》:'荆君北面,遵循稽首。'又逡循之异文。而《王莽传》:'俊俭隆约,以矫世俗。'师古曰:'逡音千旬反,退也。'其字从彳,则又逡之异文也。"

又页一三下云:"汉人书有《遁甲·开山图》,《云麓漫钞》曰:'世传遁甲书,甲既不可隐,何名为遁。'因引此碑证为循甲,言以六甲循环推数也。今按遁字,古人以代巡字者多,当是巡甲。《太玄经》云:'巡乘六甲,与斗相逢。'"

洪适谓当读如本字。[1] 赵绍祖韪其说。[2] 媛案：王先谦《汉书补注》关于"九国之师，遁巡而不敢进"之遁巡二字，引沈钦韩云："《新书》作逡遁是也。遁、巡、循皆一字。"[3]以此证之，洪氏谓读如本字，是也。况顾氏引《三礼注》及《管子》《汉书》等十余事，均作逡遁，当无全用异文之理，何必削趾适履，强古文而就今文乎。

12. **清眇冠乎群彦**[4]

眇妙古通用。《周易·说卦》："妙万物而为言者也。"王肃注作眇。[5]《楚辞·九歌》："美要眇兮宜修"，洪兴祖补注："眇一作妙，眇与妙同。"[6]《汉书·律历志》："究其微眇。"[7]《艺文志》："乐尤微眇。"[8]《中山靖王传》："每闻幼眇之声。"[9]《儒林传·张山拊传》："总五经之眇论。"[10]以上颜师古注皆云眇读曰妙。汉《袁良碑》："朕以妙身，袭裘继业。"以妙作眇，可见妙眇古通用矣。

13. **悳能蕑乎垩心**

---

① 《隶释》卷六页一八上云："《秦纪》引贾生云：'九国之师，逡巡遁逃，而不敢进。'《陈涉世家》则删逡巡二字。班史又作遁巡。故颜师古读遁为逡，而诋潘岳用遁逃为非。《游侠传》'逡逡有退让君子之风'，此云'逡遁退让'，盖用《史记》语。欧读遁为循，赵又惑于颜注，予谓皆当读如本字。"

② 《古墨斋金石跋》卷一页一〇下云："顾亭林、朱竹垞，举碑中逡遁二字，旁征博引，辗转相训，其实二字并无深义，只当如洪氏读作本字为是。"

③ （民国五年上海同文图书馆本）卷三一页一四下。

④ 《隶辨》卷四页五七上云："清眇冠乎群伦。"此字已泐无可考，姑从《隶释》。

⑤ 《周易王氏注》（光绪十八年玉函山房辑佚书本）卷下页一一下。

⑥ 《楚辞补注》（同治十一年金陵书局重刊本）卷二页六下。

⑦ 《汉书》卷二一上页一九上。

⑧ 同上卷三〇页八下。

⑨ 同上卷五三页一〇上。

⑩ 同上卷八八页一四下。

悳即悳字。《说文》:“悳,外得于人,内得于己也。从直从心。”[①]碑作悳。“道德”之“德”,此即其本字。

垩即圣字。《说文》:“圣,从耳呈声。”[②]呈下从王,碑变从土。

14. **非卑好也**

卑即其之借字。王念孙云:

案:碑内其字或作其,或作其,唯此其字作卑,上从由,亦犹《杨著碑》基字之作壂也(原注:《隶释》《汉隶字原》《隶辨》皆作壂,今此碑已亡,而世间拓本直改壂为基矣)。卑者,其之借字也。《说文》:“卑,举也,从廾(原注:音拱),由声。”《春秋传》曰:“晋人或以广队,楚人卑之。”今《春秋传》卑作巷(原注:《说文》:“綥帛苍艾色,从糸卑声。《诗》曰:缟衣綥巾。”今《诗》綥作綦)。《广韵》云:“卑,《说文》音其。”其与卑同音,故字亦相通。《校官碑》“雅容其闲,其字作卑”,正与《说文》同。此碑作卑下从丌(原注音基),则与《说文》小异,其实一字也。《隶释》直书作其,则非其原文矣。[③]

15. **目疾锢辞**

疾锢,谓坚久之疾也。《汉书·贾谊传》:“失今不治,必为锢疾。”颜师古注:“锢疾,坚久之疾。”[④]“疾锢”,“锢疾”乃文字之颠倒。欧阳修谓:

锢当作固,疑汉人用字多假借;又疑“以疾锢辞”,谓疾

---

① 《说文解字注》十篇下页四九。

② 同上十二篇上页三二。

③ 《汉隶拾遗》页一五上。

④ 《汉书》卷四八页一三上。

已坚固。若云以疾笃辞，览者详之。①

乃未检《汉书》以致疑耳。② 至于张埙谓："以疾、句法作读(豆)，锢辞之锢，当作固，其弟撰碑，避其兄之讳也。"③则差之毫厘，谬以千里矣。因郑固自拜官至卒，仅六十四日，故云"未满期限"，可知"以疾锢辞"，乃不得已之事实，何得谓"以疾"为句乎。④

锢又作痼，《后汉书·周章传》："邓太后以皇子胜有痼矣……群臣以胜疾非痼。"李贤注："痼，犹废也。"⑤亦可为证。

16. **君大男孟子有杨乌之才**

武亿云：

碑多损磨，其文云："男孟子，杨乌之才。"又铭词："嗟嗟孟子，苗而弗毓。"案下又有"元兄修孝罔极"之文。庶长曰孟，此即郑君庶子之早夭者。《法言·问神篇》："育而不苗者，吾家之童乌乎，九龄而与我元文。"碑盖袭用此语。当时《法言》大行，人传为学，以见于文如此。《汉书·扬雄传》："其先出自有周伯侨者，以支食采于晋之扬，因氏焉。"《左传》杨从木，今碑杨乌亦从木，汉之称雄氏族者，杨与扬

---

① 《集古录跋尾》卷二页一四下注。

② 《隶辨》卷四页二二下云：……碑乃正用锢字，非借锢为固，欧公偶忘《汉书》，是以疑耳。

③ 《两汉金石记》卷八页四〇下引。

④ 《金石萃编》卷一〇页一〇下云：张舍人埙谓，此句当以以疾为读，非。

⑤ 《后汉书》卷六三页一七上。

两用之，其见于此碑可考也。①

嫒案：武氏之说是也。惟谓：碑多损磨，其文云："男孟子，杨乌之才。"今观艺苑真赏社本，男上有"是君大"三字，虽稍有泐痕，但于字体无甚妨碍，子下杨上之"有"字，亦极清晰，可补武氏之阙。

17. 善性形于岐嶷

岐，知意也，嶷，识也。《毛诗·大雅·生民之什》"克岐克嶷"，郑笺："能匍匐，则岐岐然意有所知也，其貌嶷嶷然有所识别也。"②

---

① 《授堂金石一跋》卷一页九上。

桂馥《札朴》卷八页二〇上云："案《法言·问神篇》：'育而不苗者，吾家之童乌乎，九龄而与我玄文。'注云：'童乌，子云之子也，九龄而与杨子论玄。'碑称杨乌即童乌。《宋书·范泰传》：'杨乌豫玄，实在弱龄。'《文士传》：'桓焉坐有客为诗曰甘罗十二，杨乌九龄。'与碑称杨乌同。今写子云姓从手，碑从木。杨修称吾家子云。是子云姓本木旁也。《太平御览》(三百八十五)引刘向(原注：疑是杨雄)《别传》：'杨信字子乌，雄第二子，幼而聪慧，雄算《玄经》不会，子乌令作九数而得之。'又疑《易》'羝羊触藩'，弥日不就。子乌曰：'大人何不云荷戟入榛。'读此始知烏是字，而《法言》亦称乌者，犹曹孟德称子建也。汉辽西太守赵苞母为鲜卑所得，呼苞曰：'威豪，人各有命，何得相顾。'威豪，苞字也。《通鉴》慕容宝之子会，字道通，宝谓众曰：'道通年少，岂可当专征之任。'孙策母曰：'公瑾与伯符同年，小一月耳。'《魏略》单固系廷尉，见母不仰视，母字谓之曰'恭夏'。《晋书》卫璪母曰：'我不能舍仲宝去也。'《隋书》皇后忿然曰：'晛地伐渐不可耐。'晛地伐，房陵王字，是父母皆字其子也。"

又云："桓谭《新论》：'杨子云为郎，居长安，素贫，比岁亡其两男，哀痛之，皆特归葬于蜀，以此困乏。雄察达圣道，明于死生，宜不下季札；然而慕怨死子，不能以义割恩，自令多费，而致困乏。'《南齐书·太祖本纪》：'王绚，小字童乌。'"嫒案：《汉碑录文》卷二页一九所引全袭此文。

罗振玉《雪堂金石文字跋尾》卷丙二页五下云："此碑及唐《张兴墓志》、《梁思亮墓志》，书扬雄之姓皆作杨，不从扌。昔人谓杨雄字当作扬，得此可正其误。"

② 《十三经·毛诗注疏》卷一七之一页五上。

18. **年六岁而夭**

媛案：自《隶释》以下各家录文[①]均作七岁，而艺苑真赏社本显然是六岁，兹特校正之。

19. **建防共坟配食斯坛**

阮元云：

建字下洪释阙，今验拓本确是防字。[②]

媛案：阮氏之说是也。

又云：

案：《尔雅·释地》“坟大防”。李巡云：“坟谓厓岸，状如坟墓，名大防也。”孙炎云：“谓堤也，坟之有防，所以护卫兆域者。”此因孟子祔葬，故云“建防共坟”，其义自明。[③]

郑珍云：

先是大男子一段，盖固夫妇合葬并迁其所爱殇子祔之。汉人坟前置一石龛，为墓祭时依神之所，谓之坟坛。牛氏《金石图》言居摄二坟坛，其石龛并崇一尺，广二尺，厚一尺五分，椁四围而凿其中，刻字于内，是其制也。碑云“配食斯坛”谓此。[④]

20. **㠯慰考妣之心**

顾炎武云：

碑又书妣为毕，与《堂邑令费凤碑》同。而《玉篇》云：

---

① 详见《著录表》《文字之属》各书。

② 《山左金石志》卷八页三上。

③ 同上。钱大昕《潜研堂金石文跋尾》卷一页一三上云：“《丧服传》，不满八岁以下，为无服之殇。郑君长男孟子七岁而夭，乃建坟与固配食，此礼之过而失其中者。全祖望《鲒埼亭集》卷三七页五上云‘配食斯坛’，盖祔葬者。亦金石文字中之一例也。”

④ 《巢经巢文集》卷五页一一上。

“姕,必媚切,女名。”此又后人之解也。[1]

吴玉搢云:

今此碑妣字尚存,并不作姕,或亭林误记他碑之字也。[2]

媛案:吴氏之说是也。又《堂邑令费凤碑》无姕或妣字,《费凤别碑》《隶释》亦作妣。[3]

21. **昔姃公颂武弟述其兄**

姃即姬字。碑云:“昔姬公颂武,弟述其兄。”周公乃武王之弟,可见撰碑者为郑君之弟矣。铭又云:“颐亲诲弟,虔恭竭力。教我义方,导我礼则。……奉我元兄,修孝罔极。”皆其明证。至于撰碑者为谁,又于文内“琦、瑶、延以为至悳不纪”,可以知之。然琦、瑶、延是否为郑君三弟之名,抑延字为请铭之辞,或延、长也,颇有异议:清阮元谓:“琦、瑶当是郑君二子之名,盖其弟从兄子之请而撰此铭也。”[4]洪颐煊谓:《尔雅》:“延、长也。琦、瑶当是其两弟之名。”[5]赵绍祖谓:“琦、瑶、延者,固之弟也。”[6]牟农谓:“《山左金石志》以延字为请铭之辞,文义牵强,且汉人从无其子清铭之例;琦、瑶、延当是三人列名,皆郎中之弟。”[7]郑珍谓:“碑乃固弟所立,琦、瑶、延其三弟名也。”[8]媛案:琦、瑶二字同为玉字边旁,其为郑君两弟之名无疑。然延字作人名解,亦较延为请铭之辞,或延、长也,为合理。

---

① 《金石文字记》卷一页一三下。
② 《金石存》卷六页二二下。
③ 《隶释》卷九页二二上。
④ 《山左金石志》卷八页三下。
⑤ 《平津读碑记》卷一页一〇下。
⑥ 《古墨斋金石跋》卷一页一〇下。
⑦ 《济州金石志》卷二页二六下引。
⑧ 《巢经巢文集》卷五页一〇上。

关于“公颂”二字存泐问题，翁方纲谓：“昔姬下洪空二格，以今谛审石本，姬下是公字，公下当是颂字；此实石痕可仿佛，非以文义度之也。”①媛案：艺苑真赏社本，姬下之“公”字，笔画尚清晰，公下“颂”字右旁之页尚隐约可见，左旁则极模糊。似是颂字。翁氏之说是也。

22. 于蔑陋𣅀敢忘獸

蔑即蔑字。《说文》：蔑，上从艹，碑变从丷，下从戍，②复变作弌。王念孙云：

> “于蔑陋”者，于音乌，叹词也。蔑陋，谓鄙小也。（原注：郑注《君奭》云：“蔑、小也。”高注：《淮南·修务篇》云：“陋，鄙小也。”）《汉书·韦元成传》云“于蔑小子”，与此“于蔑陋”同义。兄、行、忘、芳为韵，兄读若荒，行读若杭，《隶辨》以“行于蔑陋”四字为句，则既失其义，而又失其韵矣。③

獸即独字。《说文》：独，从犬蜀声，④碑变犬在右旁。

𣅀即曷字。《说文》：曷，从曰匃声，⑤匃从亾，碑变作匕，今俗因之。

此言于郑君虽极小之事，亦不敢忘也。

23. 寔天生悳

悳即德字。《论语·述而》：“子曰：‘天生德于予，桓魋其如予何。’”孔疏：“孔子发此语言天生德于予者，谓天授我以圣性，

---

① 《两汉金石记》卷八页三六上。

② 《说文解字注》四篇上页六四。《隶辨》卷五页三一上。

③ 《汉隶拾遗》页一六上。

④ 《说文解字注》十篇上页六二。

⑤ 同上五篇上页五五。《隶辨》卷五页二七上。

德合天地,吉无不利,桓魋必不能害我。”①碑乃假此以喻郑君。

24. **作世幞式**

幞即幙字,以幞为模。王昶云:

《隶释》作幞式,注云:“碑以幞为模。”昶考古字,从无以幞模通用者,今审石本,模字左旁作木,显然从木。洪氏见其结体与巾相类,故误为幞也。②

媛案:艺苑真赏社本显然从巾,《隶释》不误。至于王氏谓“左旁作木,显然从木”,但细观杨乌之杨字,罔极之极字,木旁均作木,可证王氏之说不确。且碑文中错字、别字,时有所见,偶尔误笔,何足为奇。倘王氏必以古字绳之,则碑文中字体之错误,比比皆是也。③ 又刘青藜《金石续录》云:“□世恒式。”④又误幞为恒矣。

25. **色斯自得**

关于色斯二字,王引之谓汉人多以色斯二字连读。⑤ 钱大昕谓汉、魏人用色斯二字为歇后语。⑥ 皮锡瑞赞成王说。⑦ 媛

---

① 《十三经·论语注疏》卷七页三下。

② 《金石萃编》卷一〇页一〇下。

③ 请参看本报第三十一期拙著《张迁碑集释》,可见一斑矣。

④ 卷一页五下。

⑤ 《皇清经解》卷一二一五页四下云:“《论语·乡党篇》曰:‘色斯举矣,翔而后集。’……色斯,犹色然惊飞貌也。《吕氏春秋·审应篇》曰:‘盖闻君子犹鸟也,骇则举。’哀六年《公羊传》曰:‘诸大夫见之,皆色然而骇。’何注曰:‘色然,惊骇貌。’义与此相近也。汉人多以色斯二字连读。”

⑥ 《潜研堂金石文跋尾》卷一页一三上云:“《论语》‘色斯举矣’,斯乃语辞。而汉、魏人多用色斯字,如王充《论衡》‘翔而后集,色斯而举’,《费凤碑》‘色斯轻翔’,《费凤别碑》‘色斯高举’,《元宾碑》‘翻署色斯’,《抱朴子·外篇》‘明哲色斯而幽遁’,《内篇》‘杜渐防微,色斯而逝’,皆以斯连上读。若《张寿碑》‘常怀色斯’,《斥彰长田君碑》‘色斯去官’,《抱朴子·外篇》‘或色斯而不终日’,《三国志·崔琰传》‘哲人君子,俄有色斯之志’。此碑亦云:‘将从雅意,色斯自得。’则竟以色斯当远举之意,所谓歇后语也。”

⑦ 《汉碑引经考》卷六页二一下。

案:汉《祝睦碑》"色斯翻翔",《祝睦后碑》"色斯举矣",《元宾碑》"翻翥色斯",《费凤碑》"色斯轻翔",《费凤别碑》"色斯高举",《张寿碑》"常怀色斯",《斥彰长田君碑》"色斯去官"。若以碑证碑,当如王氏所说:色斯二字连文为义,当作色然解。色然者,忽然也;忽然自觉得其乐也。

26. **陨命颠沛**

《论语·里仁》"造次必于是,颠沛必于是",《正义》曰:"云造次急遽者,造次犹言草次。"郑玄云:"仓卒也。"皆迫从不暇之意。故云急遽,云颠沛、偃仆者。[1] 媛案:碑云:"乃遭氛灾,陨命颠沛。"陨命颠沛,犹言忽然丧生也。

(七)文辞之批评

全祖望云:

碑文谫劣之甚,崔、蔡之波靡也。[2]

(八)字体之批评

牛运震云:

书画略与《景君碑》相类。予叔父梦英评曰:"枯老劲拙,如苍藤古柏,望而可敬。"[3]

钮玉树云:

书法颇遒劲。[4]

万经云:

---

① 《十三经·论语注疏》卷四页一上。

② 《鲒埼亭集》卷三七页四上。

③ 《金石图》册一。

④ 《钮匪石遗文》页五下。

笔法坚劲遒紧。[1]

媛案：字体方整，书法苍劲是也。

（九）著录表

1. 目录之属

《寒山金石林时地考》二卷　明赵均撰　《粤雅堂丛书》本　卷上页一三

《天下金石志》十五卷　明于奕正编　崇祯五年坛勺堂刻本　山东页十

《古今书刻》二卷　明周弘祖集　《丽楼丛书》本　卷下页二八

《菉竹堂碑目》六卷　明叶盛撰　《粤雅堂丛书》本　卷二页一

《寰宇访碑录》十二卷　清孙星衍邢澍同撰　嘉庆七年平津馆自刻本　卷一页四

《潜研堂金石文字目录》八卷　清钱大昕著　长沙龙氏重刻全集本　卷一页四

《山右金石录》二卷附校语　清夏宝晋纂　光绪八年归安石氏校刻本　卷八页二

《竹崦庵金石文字目录》五卷　清赵魏集　宣统元年吴士鉴校刻本　卷一页四

《攈古录》二十卷　清吴式芬著　家刻本　卷四页一七

《艺风堂金石文字目》十八卷　缪荃孙著　光绪三十二年刻本　卷一页九

《汉石存目》二卷　清王懿荣纂　民国四年《雪堂丛刻》罗振玉校补本　卷上页四

《山左汉魏六朝贞石目》一卷《续目》一卷《再续》一卷　田士懿辑述　民国十二年刻本　《目录》页四《再续》页二

---

① 《汉魏碑考》页二下。

《蒿里遗文目录》十一卷《补遗》一卷《续编》一卷　罗振玉辑　民国十五年东方学会铅字本　卷一页一

2. **图象之属**

《金石图》四册不分卷　清牛运震集说褚峻摹图　乾隆八年及十年原刻本

《百汉砚碑》一卷　清万承纪辑　光绪十八年石印本　页一六

3. **文字之属**

《隶释》二十七卷　宋洪适著　乾隆四十二年钱唐汪氏刻本　卷六页一七

《隶续》二十一卷　宋洪适著　乾隆四十二年钱唐汪氏刻本　卷七页三

《金石古文》十四卷　明杨慎著　《学古斋金石丛书》本　卷八页七

《金薤琳琅》二十卷《补遗》一卷　明都穆著　《学古斋金石丛书》本　卷七页八

《金石存》十五卷　清吴玉搢著　嘉庆二十四年山阳李氏闻妙香室许梿写刻本　卷六页二一

《两汉金石记》二十二卷　清翁方纲撰　乾隆五十四年南昌使院自刻本　卷八页三五

《山左金石志》二十四卷　清毕沅、阮元同撰　嘉庆二年小琅環仙馆自刻本　卷八页二

《金石萃编》百六十卷　清王昶撰　嘉庆十年刻本　卷十页一

《汉碑录文》四卷　清马邦玉辑　光绪七年补正本　卷二页一七

《济宁州金石志》八卷　清徐宗幹辑　道光二十五年刻本　卷二页二二

《二铭草堂金石聚》十六卷　清张德容著　同治十一年二铭草堂钩刻本　卷六页三八

《函青阁金石记》四卷　清杨铎撰　民国二十年陈准校刻本　卷

三页二一

《汉碑文范》四卷《附编》一卷　吴闿山纂　民国十五年武强贺氏刊本　卷三页一四

4. 题跋之属

《集古录跋尾》十卷　宋欧阳修著　光绪十四年《行素草堂金石丛书》本　卷二页一四

《集古录目》五卷　宋欧阳棐撰　光绪十年缪荃孙辑本　卷一页四

《金石录》三十卷《目录》十卷《跋尾》二十卷　宋赵明诚著　光绪十三年《行素草堂金石丛书》本　《目录》卷一页五《跋尾》卷十五页四

《金石文字记》六卷　清顾炎武著　《指海》本　卷一页一二下

《金石文字跋尾》六卷　清朱彝尊著　《翠琅玕馆丛书》本　卷二页一八

《来斋金石刻考略》三卷　清林侗纂辑　道光二十一年《春晖堂丛书》本　卷上页一六

《金石录补》二十七卷《续跋》七卷　清叶奕苞著　光绪十三年《行素草堂金石丛书》本　《续跋》卷二页八

《金石续录》四卷　清刘青藜著　《学古斋金石丛书》本　卷一页五

《汉魏碑考》一卷　清万经著　民国九年《房山山房丛书》本页二

《观妙斋藏金石文考略》十六卷　清李光暎纂　雍正七年刻本　卷二页三六

《金石三跋》《一跋》四卷《二跋》四卷《三跋》二卷《续跋》十四卷　清武亿著　道光十一年《授堂遗书》重刻本　《一跋》卷一页九

《潜研堂金石文跋尾》六卷　清钱大昕著　长沙龙氏重刻全集本　卷一页一三

《平津读碑记》八卷《续记》一卷　清洪颐煊著　嘉庆二十一年

刻本　卷一页十

《汉隶拾遗》一卷　清王念孙著　同治九年金陵书局重刊《读书杂志》本　页一五

《古墨斋金石跋》六卷　清赵绍祖辑　《聚学轩丛书》第二集本　卷一页一〇

《读汉碑》一卷　清俞樾著　《春在堂丛书·俞楼杂纂》第二十五　页四

《宝鸭斋题跋》三卷　徐树钧著　宣统二年石印本　卷上页五

《独笑斋金石文考》《第一集》五卷《第二集》八卷　郑业敩著　民国十八年石印本　《二集》卷三页八

《校碑随笔》六卷　方若著　民国七年朝记书庄石印大本　页一〇

《雪堂金石文字跋尾》四卷　罗振玉著　民国九年《永丰乡人稿》本　卷丙二页五

《雪堂所藏金石文字簿录》一卷　罗振玉撰　民国十六年东方学会石印本　页二〇

《景邃堂题跋》三卷　李根源撰　民国二十一年《曲石丛书》本　卷二页二一下

《集古求真》十五卷　欧阳辅著　民国二十二年石印手稿本　卷九页七

《集古求真续编》十卷《补正》四卷　欧阳辅著　民国二十二年石印手稿本　《补正》卷三页二〇

5. 字书之属

《汉隶字源》五卷《碑目》一卷　宋娄机辑　汲古阁刻本　《碑目》页一四

《隶辨》八卷　清顾蔼吉撰　康熙五十七年玉渊堂刻本　卷七页一五

6. 义例之属

《汉魏六朝墓铭纂例》四卷　清李富孙著　《行素草堂金石丛书》本　卷一页四

7. **文集之属**

《孟亭居士文稿》五卷　清冯浩撰　嘉庆七年刻本　卷四页一九

《鲒埼亭集》三十八卷　清全祖望撰　嘉庆九年刻本　卷三七页四

《札朴》十卷　清桂馥撰　《心矩斋丛书》本　卷八页二一下

《湖海文传》七十五卷　清王昶辑　道光十七年刻本　卷七二页一

《巢经巢文集》六卷　郑珍著　《清代学术丛书》本　卷五页九

《钮匪石遗文》一卷　清钮玉树著　《滂喜斋丛书》本　页五

《饮冰室文集》八十卷　梁启超著　民国十五年中华书局聚珍活字本　卷七七页八

《弗堂类稿》三十一卷　姚华撰　民国十九年中华书局聚珍活字本　序跋丙上页一〇

（《燕京学报》1949 年第 36 期）

此图按艺苑真赏社本缩小三分之一

考古学卷

目　录

中国考古学文献目录

1900－1949（报刊资料部分）

目 录

壹 总类

五　外国人在中国的考古

（一）西北地区

（二）华北、东北地区

（三）其他

附:外国考古学家传记

六　金石目录

七　金石题跋及杂著

八　评介序跋

贰　考古学分论

一　原始社会

（一）综论

（二）旧石器时代

（三）新石器时代

（四）人类学研究

二　夏商周时代

（一）综论

（二）夏

（三）商

（四）周

三　秦汉时代

四　三国两晋南北朝

五　隋唐及以后各代

（一）隋唐

（二）宋辽金

（三）元明清

六　杂著

七　评介序跋

叁　田野考古资料

一　综述
二　北京市
三　河北省
四　山西省
五　内蒙古自治区
六　辽宁省
七　吉林省
八　黑龙江省
九　江苏省
一〇　浙江省
一一　安徽省
一二　福建省
一三　江西省
一四　山东省
一五　河南省
一六　湖南省
一七　广东省
一八　广西壮族自治区
一九　四川省
二〇　云南省
二一　陕西省
二二　甘肃省
二三　新疆维吾尔自治区

肆　考古学专论

一　古文字学

（一）综论

（二）六书

（三）说文解字

1　总论

2　考释与研究

3　目录

4　方法

5　传记

6　杂著

7　评介序跋

二　殷墟甲骨卜辞

（一）发现及著录

（二）综论

（三）考释与研究

1　文字

2　文法、文例

3　社会、文化

4　经济

5　历史、地理

6　世系

7　礼制

8　宗教

9　天文、历法

（四）方法

（五）目录

（六）杂著

（七）评介序跋

三　铜器及铭文

（一）综论

（二）考释与研究

1　文字

2　文法

3　文化、经济

4　历史、地理

5　礼制

6　天文、历法

7　铜器纹饰

（三）题跋

（四）方法

（五）目录

（六）杂著

（七）评介序跋

四　简牍、写本

（一）发现与论述

（二）考释与研究

（三）杂著

（四）评介序跋

五　石刻

（一）发现与论述

（二）考释与研究

1　秦刻石

2　石经

3　碑

4　经幢

5　墓志

6　杂刻

（三）方法

（四）目录

（五）传记

（六）杂著

（七）评介序跋

（八）伪刻

六　货币与度量衡

（一）货币

1　总论

2　考释与研究

3　著录

4　字书

5　方法

6　目录

7　传记

8　杂著

9　评介序跋

（二）度量衡

七　玺印与封泥

（一）概论

（二）考释与研究

1　释字

2　释图象

3　器物研究

（三）方法

（四）目录
（五）杂著
（六）评介序跋
　　附：符牌

伍　美术考古

一　通论
二　雕塑
（一）总论
（二）专题研究
　　1　画像石
　　2　石造像
　　3　陵墓雕刻
　　附：明器
　　4　泥塑
　　5　其他
（三）目录
（四）杂著
（五）评介序跋
三　石窟寺
（一）调查与论述
　　1　河北、内蒙古、山西
　　2　江苏、河南
　　3　四川、云南
　　4　陕西、甘肃
（二）杂著
四　古代建筑

（一）总类

（二）专题研究

1　寺、观、坛、殿

2　都市

3　长城

4　桥梁

5　塔

6　园林

7　陵墓

8　砖瓦

（三）方法

（四）目录

（五）传记

（六）杂著

（七）评介序跋

五　绘画与书法

（一）绘画

1　发现

2　总论

3　各代分论及画家

4　画论

5　方法

6　目录

7　著录

8　题跋

9　传记

10　杂著

11 评介序跋

(二)壁画

(三)书法

(四)书画

六 陶瓷与窑址

(一)综述

(二)考释与研究

(三)目录、传记

(四)杂著

(五)评介序跋

七 工艺美术

(一)玉器

(二)铜镜

(三)漆器

(四)琉璃

(五)刺绣

(六)文房四宝

附:金银器

陆 古代科学技术

一 概述

二 铜及其他有色金属的冶炼

三 铁器的使用及研究

四 指南针、指南车、造纸、火药

五 杂著

柒 古代文化生活

一 音乐

二 舞蹈

三 杂著

捌 历史地理、名胜古迹与游记

一 综述

二 北京

三 河北、山西、内蒙古

四 辽宁、吉林、黑龙江

五 江苏、浙江

六 安徽、福建

七 江西、山东

八 河南

九 湖北、湖南

一〇 广东、广西

一一 四川、云南

一二 陕西、甘肃、新疆

一三 评介序跋

玖 民族史与民族志

一 综述

二 古代少数民族

(一)总论

(二)夏商周时代

(三)秦汉—隋唐时代

(四)五代—元明时代

三 近代、现代少数民族

(一)内蒙古、东北地区

拾　中外文化交流与外国考古

引用丛书、报刊一览表

编后记

壹　总类

一　考古学通论

论考古学莫备于金石　刘师培　国粹学报　3/35:1－4　1907.10

考古学　李济 讲　章熊 笔记　清华周刊　25/8:472－475　1926.4

考古学通论　[日]滨田耕作 著　本馆 译　历史博物馆丛刊　1/1:1－10,1/2:11－26,1/3:27－42　1926.10－1927.2

现代考古学与殷墟发掘　李济　安阳发掘报告　2:405－410　1929.12　史学杂志　2/4:附录3－6　1930.9　插图一

中国考古学之过去及将来　梁任公 讲　周传儒 记　重华月刊　1:1－13　1931.5　1926年秋欢迎万国考古学会会长瑞典皇太子东来之演讲

一年来之中国考古学　郑师许　中华月报　2/1:A58－61　1934.1

中国考古学之过去与将来　李济　东方杂志　31/7:11－17　1934.4

十年来之中国考古学　郑师许　大夏　1/5:159－172　1934.10

中国考古学概述 张永康 湖南大学季刊 1/1:1－10 1935.1

考古学大意 关百益 讲述 赵惜时 笔记 河南博物馆馆刊 1:10－24,2:1－13 1936.7,8

考古学与乡村政治 郑师许 考古社刊 5:1－5 1936.12

地下考古与地面考古 王幼侨 河南博物馆馆刊 5:1－7,9:1－7,11:1－7 1936.12,1937.5,8

古迹之界说及其年代论 李明悬 河南博物馆馆刊 15:1－3 1938.3

考古学与其他科学之关系 黄文弼 读书通讯 78:5－6 1943.11 1. 历史学 2. 地理学 3. 语言文字学 4. 地质学 5. 人类学

实物史料与文献史料 讷斋 文物周刊 59 1947.11

古器物学概说 罗福颐 历史与考古(沈) 1:44－75 1946.10

近代新发现古物之种类 柳燕诒 枕戈半月刊 1/2:20－21,1/3:21 1932.8

考古学与金石学 黄文弼 读书通讯 47:2－3 1942.8

中国金石学绪言 刘节 大公报图书副刊 8－10 1934.1.6、13、20

金石学大纲 顾鼎梅 科学 18/4:571－572 1934.5

中国金石之厄运 刘盼遂 清华学报 9/3:743－764 1934.7

中国金石学之过去及其材料 沈维钧 艺浪 2/2－3:1－12 1936.6

宋代之金石学 王国维 国学论丛 1/3:45－49 1928.4

清代金石学述要 朱杰勤 东方杂志 39/1:105－109 1943.3

中国古代文化鸟瞰 [日]滨田耕作 著 汪馥泉 译 青年界 1/5:1－32 1931.7

中国文化之初源及其地理背景 [美]弼萧普 著 朱炳海 译 方志月刊 6/2:25－35 1933.2

中国南北文化的起源 [美]Capl Whiting Biohon 著 黄泽浦 译

集美周刊 18/2:1－9,3:3－16 1935.9,10

中国文化东南早于西北说 吕思勉 讲 吕翼仁 记 光华大学半月刊 5/1:9－13 1936.10

中国文化起源与世界文化移动之研究 李长傅 东方杂志 34/7:169－175 1937.4

中国文化之起源及发达 林惠祥 东方杂志 34/7:177－194 1937.4

中国文化起源于东南发达于西北的探讨 卫聚贤 东方杂志 34/7:147－157 1937.4

吴越文化传播于黄河流域的说明 卫聚贤 东方杂志 34/10:63－70 1937.5

中国古文化由东南传播于黄河流域 卫聚贤 江苏研究 3/5－6:1－12 1937.6

从伏羲等陵说到文化始于东南 孔令谷 说文月刊 2/1:37－47 1940.5

中国文化之起源 [日]桥本增吉 著 钟英 译 真知学报 3/1:147－158(译自平凡社出版《东洋古代史》) 1943.3

中国文化发展的南向与北向说的新论 冯汉骥 学思 3/6:120－123 1943.3

中国古代文明起源考 侯外庐 文风杂志 1/2:31－47 1944.1

中国文化的形成 郑德坤 文史杂志 5/3－4:10－18 1945.4

二 考古方法与技术

考古学的新方法 傅斯年 讲 王培棠 笔记 史学(中) 1:195－206 1930.12

考古学研究法 斯石鹿 艺风 2/12:21－30 1934.12

国立北京大学文科研究所第六次学术讲演——考古学方法

论　夏鼐 讲演　图书季刊(新)　3/1－2:143－150　1941.6

考古学上的证据　[英]W. M. Flinders Petrie 著　刘朝阳 译　中山大学语言历史学研究所周刊　2/18:147－155　1928.2 徐克 译　史学(中)　2:1－7　1933.3　题名《考古学之征验》

东亚考古学之研究法　[日]滨田耕作 著　姚薇元 译　新晨报副刊　618(原载日本《刁江刊报》创刊号)　1930.5.30

滨田耕作日文译本考古学研究法序例　胡肇椿 译　学术世界　1/7:54－55　1935.12

孟德鲁斯(Montelius)与考古学研究法　郑师许　大陆杂志　1/8:19－23　1933.2

考古学研究法　[瑞典]孟德鲁斯 著　郑师许、胡肇椿 译　学术世界　1/2:30－39,1/3:53－59,1/4:47－56,1/5:32－49,　1/6:5－22　1935.7－11

考古学研究法译者序　郑师许　学术世界　1/7:51－53　1935.12

调查古迹　吴景超　清华学报　5/1:59－69　1919.12

考古与搜访　李鉴昭　河南博物馆馆刊　9:1－9　1937.5

古代遗物之整理法　陈百城　学生杂志　18/3:25－31　1931.3

＊保存石器的新法　云　东方杂志　20/17:69　1923.9

古器物学研究议　罗振玉　湖社月刊　31－40:114－122,41:1－3　1931.3－4

中国古物之范围与种类　罗香林　新社会科学季刊　1/4:183－196　1934.12

考古学之辅助科学与研究方法　葛定华　河南大学学报　1/1:1－8　1934.4

论研究金石应具之辅导学识　(金石学研究法第一章)　朱建新　真知学报　2/6:20－24　1943.2

论金石之访求(金石学研究法第二章)　朱建新　真知学报

3/1:23－27　1943.3

重修粤东金石略议　黄仲琴　岭南学报　2/2:145－148　1931.7

谈拓术　欣如　北平晨报艺圃　1931/2:10－13

椎拓古器　北平晨报艺圃　1931/12:25

簠斋传古别录　（清）陈介祺　艺林月刊　29:16,30:15,31:15,32:15－16,33:15,34:14,35:10,36:12,40:11　1932.5－12,1933.4

墨拓术　蒋玄佁　说文月刊　1/合订本:785－803　1940.8

三　文物考古与博物馆工作

（一）文物保护与政策法令

发掘古物办法之意见（中央四机关在教部开会议定）　大公报　1929/6:9　史学杂志　1/3:8　1929.7

古物保存法　国闻周报　7/24:2－3　1930.6　1930年6月2日宁府命令公布

古物保管委员会组织条例　古物保管委员会工作汇报:1　1935.5

立法院通过中央古物保管委员会组织条例　中国博物馆协会会报　1/2:28　1935.11

内政部咨行各省保护有关古迹古物　中国博物馆协会会报　1/4:49　1936.3

行政院公布古物奖励规则　中国博物馆协会会报　1/5:27　1936.5

扣留外商亚尔伯特私运古石刻之始末（附拓片）　古物保管委员会工作汇报:59－64　1935.4　图三

扣留假借谭墓名义夹运石器之始末　古物保管委员会工作汇报:65－72　1935.5　由清肃顺墓拆下之石狮及牌坊

山西浑源县出土大批古铜器案办理之始末　古物保管委员会工作汇报:73－76　1935.5　图一七

缉获私卖安徽寿县出土楚王铊鼎之始末 古物保管委员会工作汇报:77－78 1935.5 图三

扣留莽权之始末 古物保管委员会工作汇报:79－80 1935.5 图三

中央古物保管委员会补助修理古建筑 中国博物馆协会会报 1/2:28－29 1935.11

中央古物保管委员会在平设立驻平通讯处 中国博物馆协会会报 1/3:21 1936.1

古物保管委员会近取缔安阳殷墟盗掘古物 中国博物馆协会会报 1/3:21 1936.1

中央古物保管委员会决议修葺西安碑林及洛阳古迹 中国博物馆协会会报 2/1:19 1936.9

古物保委会西安办事处培修黄陵 中国博物馆协会会报 2/1:19 1936.9

*中央古物保管委员会保护江北汉墓——请郭沫若等暂停发掘 说文月刊 3/4:117－118(原载1940年4月27日重庆《新蜀报》) 1941.10

津海关布告古物出口应呈验教内两部护照 中国博物馆协会会报 1/3:21－22 1936.1

古物保管委员会北平分会组织条例 古物保管委员会工作汇报:2 1935.5

古物保管委员会北平分会办事细则 古物保管委员会工作汇报:3－4 1935.5

古物保管委员会北平分会古迹文物登记细则 古物保管委员会工作汇报:5－6 1935.5

故都文物研究会之经过及未来展望 张半陶 播讲 故都旬刊 1/3:13－16 1946.11

古物保管委员会天津支会组织条例 古物保管委员会工作汇

报:9　1935. 5

古物保管委员会浙江分会组织条例　古物保管委员会工作汇报:7 - 8　1935. 5

安徽古物保存会之发起　国粹学报　4/38:6　1908. 1

本院与陕西省政府合组陕西考古会经过　北平研究院院务汇报　5/4:67 - 76　1934. 7

豫胡石青关百益等组织保存石窟寺古迹委员会　中国博物馆协会会报 1/2:29　1935. 11

* 川省成立古物保存会　报　科学　24/11:843　1940. 11

保存古物　岂凡　一般　8/1:253 - 256　1929. 5

保存古物刍议　郑振铎　大学　6/3 - 4:22 - 29　1947. 8

维护古文物的紧急动议　韩寿萱　大公报图书周刊　36　1948. 2. 6

北平文物必须整理与保存　梁思成　大公报　1948/4:13 - 14

论文化事业之争执　柳诒徵　史学杂志　2/1:1 - 7　1930. 3　发掘安阳殷墟甲骨之经过——陈列安阳殷墟甲骨暨器物之感言——江苏省政府咨教部文

中央研究院历史语言研究所傅斯年君来函　史学杂志　2/4:附录 1 - 2　1930. 9　关于柳诒徵《论文化事业之争执》一文问题

冢中枯骨作祟——我亦参加戴季陶与蔡孑民王世杰徐炳昶诸先生之笔战　熊梦飞　文化与教育　17:2 - 7,18:7 - 13　1934. 4,5

陕西考古会之工作进行与戴院长之反对发掘古墓　燕京学报　15:259 - 265　1934. 6　附录 1. 戴传贤电　2. 蔡元培覆函　3. 徐炳昶氏反对考古意义之解释

* 卫聚贤报告汉墓试掘经过　说文月刊　3/4:118 - 119(原载 1940 年 4 月 28 日重庆《国民日报》)　1941. 10

(二) 考古机构、团体及其工作

中华考古学会宣言及简章　中山大学语言历史学研究所周刊

3/30:22－24　1928.5

本校筹备考古学系之计画(北京大学)　马衡　中山大学语言历史学研究所周刊　1/10:240－242　1928.1

河南发见古物文献录最　史地学报　2/7:129－136　1923.11

北京大学研究所调查河南新郑孟津两县出土古物纪事　晨报副刊　263－268、271－277　1923.10.18－20、22－31

北大国学研究所考古学会之过去与未来　傅振伦　北大学生　1/3:119－131　1931.2

考古学社简章　考古社刊　1:1－2　1934.12

考古学社缘起　邵子风　考古社刊　1:2－3　1934.12

考古学社之成立及愿望　容庚　考古社刊　1:4－6　1934.12

考古学社之使命　刘节　考古社刊　2:3－5　1935.6

记考古学社　容庚　东方杂志　33/1:339－341　1936.1

史学研究会工作报告　北平研究院院务汇报　6/5:111－119　1935.9

史学研究会历史组工作报告　北平研究院院务汇报　7/3:109－143　1936.5

史学研究会工作报告　北平研究院院务汇报　7/5:73－82　1936.9

平研院史学会历史考古计划　科学　21/5:409　1937.5

＊寿县史迹考查团组织成立　学风　6/5:1－4　1936.8　附寿县史迹考查团章程、寿县史迹考查团请款说帖

＊寿县史迹考查团请领采掘执照　学风　6/6:1　1936.9

＊寿县古迹考查团拟发掘皖北古物　中国博物馆协会会报　2/1:19　1936.9

＊发掘寿县古物事尚待商酌　学风　7/4:1－6　1937.5

＊发掘寿县古物事势将搁浅　学风　7/5:1－3　1937.6

＊寿县史迹考查团　科学　21/6:486　1937.6

黄花考古学院的组织和使命　谢英伯　考古学杂志　1:1－8　1932.1

广州考古事业之纪略　胡肇椿　西南研究（中）　1:55－58　1932.2

陕西考古会工作报告　史学研究会　何士骥执笔　北平研究院院务汇报　6/1:79－85　1935.1

＊陕西考古会近况　燕京学报　17:204－206　1935.6

＊陕西省考古会将在丰镐附近发掘　中国博物馆协会会报　1/4:50　1936.3

＊陕西省考古会最近拟定渭惠渠发现古物处理法　中国博物馆协会会报　1/5:28－29　1936.5

＊测量各地古迹遗址调查寺庙古物碑碣　古物保管委员会西安办事处　中国博物馆协会会报　1/1:16　1935.9

陕西考古会第三届年会会务报告　燕京学报　20:596－598　1936.12

＊西北科学考查团消息　徐旭生　北京大学研究所国学门月刊　1/7－8:882－883　1927.11　徐旭生致沈兼士、马衡书

纪西北科学考察团　记者　国闻周报　6/6:1－9　1929.2

＊西北科学考查团　缪　史学杂志　1/1:1－2　1929.3

西北科学考查团的消息——黄文弼致马幼渔诸人函　地学杂志　18/2:295　1930

＊西北科学考查团近况　燕京学报　12:2706－2709　1932.12

考古学研究热潮中现在考古学者应取之态度与方法　胡肇椿　考古学杂志　1:9－21　1932.1

附:国际考古工作会议

第十五次国际人类学及史前考古学会议记　刘咸　科学　15/7:1015－1054　1931.7

国际人类学及史前考古学巴黎会议记　刘咸　科学　16/4:

507－535 1932.4

纪第二届国际人类科学大会(哥本海根,1938年) 徐益棠 民族学研究集刊 3:119－127 1943.9

(三)博物馆工作

1. 综论

中国博物馆史略 傅振伦 东方杂志 41/15:35－40 1945.8 附中国博物馆统计表

论吾国急宜提倡博物馆事业 郑师许 学术世界 1/9:1－4 1925.3

博物馆与陈列馆 L. C. Everard 著 李永增 译 中国博物馆协会会报 1/4:1－8 1936.3

现代博物院学 杨成志 北平研究院院务汇报 7/3:97－103 1936.5

如何创设博物馆 刘咸 科学 20/5:340－341 1936.5

关于陈列馆的意见 杨钟健 科学 20/5:400－406 1936.5

现代化博物馆与学校合作问题初论 胡肇椿 学术世界 1/12:1－6 1936.7

博物馆与民族复兴 王幼侨 中国博物馆协会会报 2/1:14－16 1936.9

博物馆与学术研究 蒋大沂 文物周刊 1 1946.10

博物馆的“馆” 蒋大沂 文物周刊 4 1946.10

博物馆该怎样“博” 杨宽 文物周刊 5 1946.10

博物馆里也该有教师 杨宽 文物周刊 3 1946.10

展览会的举办 杨宽 文物周刊 9 1946.11

博物馆与市政建设 杨宽 文物周刊 12 1946.12 图一

办博物馆的算盘该怎么样打 蒋大沂 文物周刊 11 1946.12

怎样充实博物馆的内容 杨宽 文物周刊 18 1947.1

博物馆与物种展览会　杨宽　文物周刊　17　1947. 1

论推展我国社会教育必须扩展博物馆事业　杨宽　文物周刊　55　1947. 10

对于博物馆的希望　陈梦家　大公报　1948/6:6

建设民国地理博物院意见书　白眉初　地学杂志　18/2:183－189　1930

我国有建立一个美术馆的必要　高秉衢　艺风　2/3:68－69　1934. 3

民俗博物馆在现代中国之重要性　荆三林　学术世界　2/2:53－56　1936. 12

首都将设儿童𡪤　中国博物馆协会会报　2/3:14－15　1937. 1

谈中国目前所需要的博物馆　裴文中　光明日报　1949/8:27

圕𡪤𢒉的关系　罗伯赐(Henry D. Roberts)讲　章新民 译　图书馆学季刊　10/4　551－564　1936. 12　（原载 Library Association Record. 4th Ser. ,V. 1,1934）

美术馆三字缩写体的商榷　章新民　图书馆学季刊　11/1:50　1937. 3

按"𢒉"即美术馆三字之缩写，系著者创造，今又以为"𢒉"不如"𡈽"的恰当

我对于圕𡪤𢒉三字的商榷　汤因　图书馆学季刊　11/2:246　1937. 6

按"圕"系图书馆三字之缩写，1929 年 1 月中华图书馆协会在南京开第一次年会时议决通用

"𡪤"系博物馆三字之缩写，1926 年 7 月中国博物馆协会在青岛开第一次年会时议决通用

"𢒉"系美术馆三字之缩写，系章新民创造

地方博物馆之目的与组织　荆三林　中国博物馆协会会报　2/2:10－14　1936. 11

吾国陶器瓷器之陈列法　傅振伦　中国博物馆协会会报 2/4：1－4　1937.3

陈列品的“加工”　蒋大沂　文物周刊　6　1946.10　图一

2. 工作动态

中国博物馆协会成立记　重熙　科学　19/5：741－745　1935.5

组织中国博物馆协会缘起附组织大纲　中国博物馆协会会报 1/1：1－5　1935.9

成立大会纪事附欧美博物馆展览会纪事　中国博物馆协会会报　1/1：5－9　1935.9

博物馆图书馆联合年会　科学　20/8：693－694　1936.8

中国㙜协会第一次年会开会纪事　中国博物馆协会会报　2/1：1－10　1936.9

附中国㙜协会、中华圕协会展览会纪事

中国博物馆协会复会辞　马衡　大公报　1948/6：6

中国博物馆协会复会　安志敏　燕京学报　35：288－289　1948.12

＊国立中央博物院筹备处工作报告　中国博物馆协会会报 1/2：17－20　1935.11

＊中央博物院理事会成立　科学　20/5：417　1936.5

＊中央博物院收买古物　科学　21/2：162　1937.2

在沪收买刘某古铜器尊彝镜鉴及小校经阁金文石文墨本等多种

＊国立中央博物馆筹备开放陈列室　文物周刊　69　1948.1

故宫古物　华年周刊　1/21：405　1932.9

再论古物　华年周刊　1/22：423－424　1932.9

古物南迁记略　清茅　北辰杂志　5/3：16－18　1933.2

＊故宫古物南迁略志　容媛　燕京学报　13：249－250　1933.6

＊故宫博物院十周年纪念　科学　19/11：1794－1795　1935.11

国立北平故宫博物院古物馆工作报告（1935 年 6－12 月）

中国博物馆协会会报 1/4:11－29 1936.3

故宫博物院上年度工作概况 中国博物馆协会会报 2/1:22－24 1936.9

*故宫博物院南京分院成立 中国博物馆协会会报 2/3:14 1937.1

*故宫国宝历险记 燕京学报 31:226－227 （原载7月7日天津《大公报》） 1946.12

古物陈列所书画忆录 顾颉刚 现代评论 1/19:12－16,1/20:16－17,1/21:16－18,1/23:17－18,1/24:15－18 1925.4－5

古物陈列所古物不可分散 国闻周报 7/45:1－4 （原载11月7日天津《大公报》） 1930.11

赠与及寄托草约 大公报艺术周刊 40 1935.7.6

福开森藏品赠华及寄托草约

略书福开森博士设立古物馆之意义 钱桐 大公报艺术周刊 40 1935.7.6

*福开森古物馆开幕 科学 19/7:1173－1174 1935.7

文华殿福氏古物参观记略 平凡 大公报艺术周刊 40 1935.7.6

1. 文华殿 2. 铜器 3. 陶瓷 4. 书画 5. 漆器

福氏所藏中国古铜器 中舒 大公报艺术周刊 40 1935.7.6

古物陈列所记略 周肇祥 国学丛刊(国) 4:61－67,5:60－67 1941.10

附修订特许研究古物规则

*北平故宫博物院接收古物陈列所 燕京学报 33:306－307 （原载9月1日天津《大公报》） 1947.12

博物馆艺术陈列所工作报告 北平研究院院务汇报 2/4:1－24 1931.5

*博物馆艺术风俗理工三陈列品说明 北平研究院院务汇报

4/3:1－4　1933.5

博物馆工作报告　北平研究院院务汇报　7/5:105－108　1936.9　中国博物馆协会会报　1/3:17－18　1936.1

北平市旧存铁炮全拨历史博物馆——市府训令公安工务两局遵照　北平晨报教育界　1931/5:15

＊燕京大学史前陈列馆重行开幕　燕京学报　35:289　1948.12

本院沿革要略　严智怡　河北第一博物院半月刊　1－4　1931.9－11

河北博物院沿革及概况　中国博物馆协会会报　1/4:21－24　1936.3

河北博物院民国廿四年度工作报告　中国博物馆协会会报　2/2:14－19　1936.11

本院征集物品分类及手续　河北第一博物院半月刊　1　1931.9

1. 征集物之分类：

（一、动物　二、植物　三、矿物及岩石　四、化石　五、礼器　六、货币　七、简书　八、符牌　九、玺印　十、陶旊　十一、武器　十二、舟车　十三、建筑　十四、日用器　十五、衣服　十六、佩饰　十七、农器　十八、渔猎器　十九、工用器　二十、方伎用器　廿一、宗教用器　廿二、丧葬婚娶用器　廿三、古迹风景像片　廿四、风俗像片　廿五、世界人种风俗　廿六、度量衡　廿七、掌故　廿八、纪念　廿九、其他）

2. 征集物之手续：

（一、移存　二、寄赠　三、寄陈　四、价购　五、附则）

天津市立美术馆五年来实施工作概况　严季聪　中国博物馆协会会报　1/4:29－37　1936.3

国立沈阳博物院筹备委员会概况　沈阳博物院筹备委员会汇刊　1:1－5　1947.10

＊接收东北图书古物情形　燕京学报　31:227－228(原载9月4日天津《大公报》)　1946.12

＊国立沈阳博物馆近况　文物周刊　69　1948.1

＊上海市立博物馆新建筑落成　中国博物馆协会会报　1/2:30　1935.11

上海市博物馆筹备经过报告　李大超、胡肇椿　中国博物馆协会会报　2/3:6－10　1937.1

＊上海市馆正式开幕　中国博物馆协会会报　2/3:15－16　1937.1　科学　21/2:158　1937.2　图书展望　2/4:86　1937.2

＊本馆最近入藏之青铜器二三事　熊庵　文物周刊　29　1947.4　(上海市博物馆)

＊记本馆新入藏之王氏钟氏滕氏所捐明器　熊庵　文物周刊　32　1947.4　(上海市博物馆)

＊丁仲祜先生捐赠本馆之晴韵馆古钱　熊庵　文物周刊　57　1947.10　(上海市博物馆)

充实内容与建设馆舍　杨宽　文物周刊　58　1947.10　(上海市博物馆)

中国天主教五大文化事业述概　图书季刊(新)　2/3:500－509　1940.9

1. 徐家汇藏书楼　2. 北堂图书馆　3. 徐家汇天文台　4. 震旦博物院　5. 北疆博物馆

震旦博物院概况　中国博物馆协会会报　1/3:2－11　1936.1

震旦博物院　科学　25/9－10:573　1941.10

记亚洲文会博物院的开创　王重文　大公报　1948/6:6

浙江省立西湖博物馆概况　浙江省立西湖博物馆馆刊　1:1－22　1933.6

浙江省立西湖博物馆章程　浙江省立西湖博物馆馆刊　1:163　1933.6

西湖博物馆历史文化部征求物品　浙江省立西湖博物馆馆刊 1:163－166　1933.6

本馆之沿革　河南博物馆馆刊　1:38－39　1936.7

“馆藏明器图考”编制计划之扼要说明　李鉴昭　河南博物馆馆刊　11:1－2　1937.8

参加整理馆藏陶器之回顾　雷雨田　河南博物馆馆刊　11:25－27　1937.8

＊开封博物馆参观记　北平晨报教育界　1931/8:2

广州的博物馆　映厂　旅行杂志　22/10:19－21　1948.10

广州市博物馆、岭大博物馆

广西省立博物馆近况及过去工作　中国博物馆协会会报　1/4:38－43　1936.3

中国西部科学院附设公共博物馆五年工作计划大纲　中国博物馆协会会报　1/2:20－25　1935.11

＊四川省正式成立博物馆　图书月刊　1/3:44（原载渝《大公报》）　1941.3

私立华西协合大学博物馆概况　科学　19/9:1473－1477　1935.9

华西协合大学博物馆概况　葛维汉　中国博物馆协会会报　1/3:11－16　1936.1

发刊辞　历史博物馆丛刊　1/1:1－4　1926.10

发刊辞　严智怡　河北第一博物院半月刊　1　1931.9

中州金石丛刊发刊辞　蒋恢吾　考古社刊　3:171－174　1935.12

附中州金石丛刊凡例

发刊词　文物周刊　1　1946.10

广州市立博物馆主编之《博物馆学特刊》发表　文物周刊　69　1948.1　（广州《中山日报》副刊）

3. 文物展览

中央研究院古物之展览　史学(中)　2:344-345　1933.3

*首都举行西北文物展览　中国博物馆协会会报　1/2:31　1935.11

*全国美术展览会着手筹备　中国博物馆协会会报　2/3:11　1937.1

第二次全国美术展览会　简又文　逸经　28:3-8,29:55-61　1937.4-5

二全美展观后感　陆丹林　逸经　29:62-63　1937.5

教育部第二次全国美术展览会　燕京学报　21:285-292　1937.6

1. 图书　2. 刻印　3. 美术工艺　4. 建筑图案及模型　5. 雕塑　6. 西画　7. 现代画　8. 历代书画　9. 摄影

此外,中央研究院河南安阳发掘古物另外编号自成一系统:

1. 衣服　2. 装饰　3. 饮食　4. 起居　5. 兵器　6. 音乐　7. 陈设　8. 建筑　9. 丧葬　10. 书契

*筹办全国博览会　中国博物馆协会会报　2/3:12　1937.1

*国立中央博物院筹备处之么些文物展览　图书季刊(新)　5/4:110　1944.12

*中国学术院展览文物　图书展望(复刊)　9:34　1948.10

*考古照片展览　北京大学研究所国学门周刊　1/5:24　1925.11

北平研究院世界文化合作中国协会民众艺术联合展览　北平研究院院务汇报　5/5:199-209　1934.9

*古代文物展览会在京举行　图书展望(复刊)　9:34　1948.10

*五千年前之陶器展览　史学(中)　2:345-346　1933.3

汉汾阴后土祠遗址出土物展览

＊烽火中看东北文物——记沈阳东北文物展览会 树 大公报 1947/10:21－22 燕京学报 33:308－310 1947.12

国父诞辰纪念上海市立博物馆举行“国父事迹文物展览会”之意义 陆丹林 文物周刊 8 1946.11

上海市立博物馆举办上海抗战文献展览会征集陈列品缘起 文物周刊 14 1946.12

历代明器展览会的举办 上海市博物馆 文物周刊 52 1947.9

＊敦煌艺术在沪展览 图书展望(复刊) 9:34－35 1948.10

＊奄城金山两地古物匋片展览会 中国博物馆协会会报 1/4:53－54 1936.3

＊西湖博物馆展览浙古代出土物品 图书展望 2/4:86 1937.2

＊秦汉砖瓦将在济公开展览 北平晨报 1931/6:17

大明湖畔两展览会——砖瓦—图书 北平晨报 1931/7:18－24

1. 潍县高氏所藏秦汉砖瓦 2. 城子崖陶片 3. 罗泉楼古泉 4. 汉画像石 5. 图书

附录砖瓦图书为什么要开展览会

＊山东省立图书馆砖瓦图书展览会 燕京学报 10:2169－2170 1931.12

＊山东图书馆创办罗泉楼汉画堂 燕京学报 11:2430－2431 1932.6

＊山东图书馆收藏陈氏古物及齐唐造像 燕京学报 12:2713 1932.12

＊鲁省立图书馆决购汉魏石经并收买海源阁佚本 北平晨报 1934/4:8

山东省进德会金石书画展览会展览物品纪略 余秉甲、王献

唐等 进德月刊 1/3:45 - 54,1/4:45 - 54,1/5:47 - 52 1935.10 - 1936.1

图书馆美术展览会之概观 蒋孝丰 集美周刊 172:1 - 4 1928.4

此次展览会中展出种类甚多,包罗中外兼及古今,如殷墟书契、流沙坠简、秦汉瓦当、历朝名家碑碣法帖、墓志书画、古陶古磁、钟鼎彝器,无不具备

历史社会学展览标本始末记 历史社会学会 厦大周刊 15/30:12 - 13 1936.5

海南岛黎苗民物展览会 科学 21/6:487 - 488 1937.6

*广东文物展览会之举行 图书季刊(新) 2/1:141 1940.3

广东文物展览会之陈列品目 图书季刊(新) 2/2:272 - 273 1940.6

(四)国外文博通讯

1. 博物馆工作

博物馆之历史 君实 译 东方杂志 15/2:85 - 87(译自日本《东洋学艺杂志》) 1918.2

欧美博物馆史略 Sir F. Kenyon 著 万斯年 译 国闻周报 13/29:31 - 38 1936.7

外国博物馆史略 傅振伦 东方杂志 41/24:44 - 49 1945.12

欧美博物馆及美术馆陈列法之演进 李瑞年 中国博物馆协会会报 1/2:1 - 12 1935.11

现代博物馆之形式与功用 Clarence S. Stein 著 赵儒珍 译 中国博物馆协会会报 1/5:1 - 6 1936.5

博物馆的理想建筑法 B. I. Gilman 著 李永增 译 中国博物馆协会会报 2/4:4 - 14 1937.3

日本博物馆举要 丁士选 河南博物馆馆刊 7 - 8:1 - 10 1937.4

新嘉坡莱佛士图书馆与博物院　侯仁之　益世报史地周刊　24　1947.1.14

＊苏俄最近组织之东方艺术馆开幕　中国博物馆协会会报　1/2:32　1935.11

克里波里博物馆增陈哥伦布日记　中国博物馆协会会报　1/2:33　1935.11

苏维埃联邦博物馆概观　傅振伦 译　中国博物馆协会会报　2/2:1-10　1936.11

苏联博物馆界概况　傅振伦　沈阳博物院筹备委员会汇刊　1:11-15　1947.10

德国自然科学及工艺博物馆游记　刘衍淮　中国博物馆协会会报　2/3:3-5　1937.1　图二

伦敦科学博物馆概况　赵儒珍 译　中国博物馆协会会报　1/2:12-16　1935.11

＊伦敦博物馆新获重要艺术品　中国博物馆协会会报　1/2:34　1935.11

英皇亨利第十七半身像一座,系意大利著名雕刻师陶瑞吉安纳(1472-1522)所制

英国博物院参观纪略　傅振伦　中国博物馆协会会报　1/5:6-21　1936.5

博物院——伦敦杂记之七　佩弦　中学生　70:33-39　1936.12

伦敦创设美术实验所　中国博物馆协会会报　1/2:34-35　1935.11

英国艺术品基金团概况　赵儒珍 译　中国博物馆协会会报　2/1:11-13　1936.9

法国国立自然历史博物馆三百年纪念　珣　科学　19/8:130-131　1935.8

法国鲁屋博物院参观记　傅振伦　国闻周报　14/27:33－36　1937.7

记坎拿大国立博物馆　赵儒珍 译　中国博物馆协会会报　2/3:1－3　1937.1

卫生博物馆　周尚　学生杂志　22/5:37－41　1945.4

芝加哥的博物馆　钟宝炎　旅行杂志　22/3:21－25　1948.3

远东考古博物院汇刊　史学消息　1/1:14－15　1936.10

简称 BMFEA,瑞典出版

2. 中国文物出国展览

巴黎博物院之东方美术品　国粹学报　3/33:4　1907.8

巴黎中国绘画展览　秦宣夫、李健吾　文学(月刊)　1/5:658－675　1933.11

巴黎中国画展览会　东方杂志　30/23:插图　1933.12

1. 宋代画(无名氏)　2. 双马(赵孟频作)　3. 僧像(元初杰作)　4. 狂醉图(唐代杰作)　5. 骑士及其传说(敦煌古画唐初杰作之一)

参加巴黎博览会征品委员会成立　中国博物馆协会会报　2/3:12－14　1937.1

对伦敦中国艺展意见　叶恭绰　国画月刊　1/6:137－140　1935.4

伦敦中国艺展预展　东方杂志　32/9:插图　1935.5

伦敦中国艺展中之绘画　施翀鹏　国画月刊　1/7:152－157,1/8:170－175,1/9－10:189－196 又 208　1935.5－8　图一三

参加伦敦中国艺术国际展览会铜器说明　唐兰　史学论丛　2:1－24　1935.11

伦敦特约专家论中国艺术——为中国艺展而作　[英]罗兰斯滨源 著　材 译　大公报艺术周刊　62(译自《中国艺术》一书序言)　1935.12.14

伦敦中国艺展近讯及各国出品选述　唐惜分、庄尚严　大公报

艺术周刊 62 1935.12.14 图一

1. 玉器 2. 铜器 3. 书画 4. 西北出土汉唐古物 5. 陶瓷器 6. 雕塑 7. 织绣 8. 漆器剔红及家俱

伦敦中国艺术展览会品类概说 贺昌群 大公报艺术周刊 65 1936.1.4

中国艺术国际展览会参观记 傅振伦 北平故宫博物院年刊:137-168 1936

赴英参加伦敦中国艺术国际展览会记 庄尚严 北平故宫博物院年刊:113-136 1936 图一六 插图八

英国博物院中国绘画观摩记 傅振伦 逸经 27:35-37 1937.4

*本馆参加伦敦艺展古物运回 学风 6/5:1 1936.8 (安徽省立图书馆)

中国艺展 科学 25/5-6:348 1941.6 (在莫斯科东方博物馆)

3. 流失国外的中国文物

近五十年中国历史文物之丧失 吴世昌 大公报史地周刊 20 1935.2.1

抗战中我国文物之损失与近代流落日本之文物 贺昌群 大公报 1946/9:3

战时文物损失的调查 熊庵 文物周刊 5 1946.10

*秦汉砖瓦精品之沦亡 教育杂志 23/8:259-260 1931.8

我国古石刻及古画之流出海外 吴世昌 大公报史地周刊 38 1935.6.7

海外我国古铜古磁概述 吴世昌 大公报史地周刊 62 1935.11.29

中央古物保管委员会调查流出国外古器物 中国博物馆协会会报 2/3:11 1937.1

*故宫博物院举办流落国外中国文物照片展览会 中国博

物馆协会会报 2/3:11 1937.1

＊流落海外之中国文物照片展览会 傅振伦 史学消息 1/4:37 1937.3

不列颠博物院内中国古物记略 东北文化月报 3/8:48－50 1924.8

1. 典籍类 2. 古画类 3. 古铜器 4. 陶瓷玉器类 5. 邮票类

＊不列颠博物院购入中国古物 中国博物馆协会会报 1/1:18 1935.9

记大英博物院之中国陶瓷 傅振伦 河南博物馆馆刊 5:1－5 1936.12

旅英杂记 那志良 河南博物馆馆刊 11:1－10,13:1－6, 14:1－5 1937－1938

1. 伦敦中国艺术国际展览会杂记 2. 记伦敦维多利亚博物院中之中国铜器 3. 伦敦两大博物院中之中国玉器

福氏所藏中国古铜器 中舒(徐中舒) 大公报艺术周刊 40 1935.7.6

四 金石学家、考古学家传记

征访中国历代金石家传略叙例 陈准 责善半月刊 1/9:23 1940.7

历代金石家传略叙例 陈准 说文月刊 1/合订本:727－728 1940.8

纪念考古家袁康 卫聚贤 江苏研究 3/5－6:1－6 1937.6 (又收入《吴越文化论丛》264－281 1937.7)

李易安夫妇事迹系年 陈郁文 中国文学会集刊 6:89－101 1941.4

易安居士事辑后语附徐益藩跋 夏承焘 中国文学会集刊 6:85－86 1941.4

清代金石学家顾亭林先生　许敬武　河南大学文学院季刊　2:171－172　1930.9

关于武亿　荀珏　责善半月刊　1/1:9－12　1940.3

钱竹汀先生小像　国粹学报　6/68:插图　1910.6

钱大昕和他的著述　张荫麟　清华周刊　309:古籍新评1－10　1924.4

龚定庵之金石学　朱杰勤　文澜学报　3/1:1－22　1937.3

吴荣光自订年谱　吴荣光　南华　1/1:1－10　1937.1

阮芸台先生遗像　青鹤杂志　3/10:插图　1935.4

吴县吴清卿先生遗像　青鹤杂志　1/10:插图　1933.4

愙斋自订年谱　(清)吴大澂 遗著　青鹤杂志　1/21:1－3,1/23:1－3,2/1:1－3,2/3:1－3,2/5:1－3,2/7:1－3,2/9:1－5,2/11:1－4,2/13:1－3,2/15:1－4,2/17:1－3,2/19:1－4,2/21:1－4,2/23:1－5　1933.9－1934.10

谭晚清金石大师吴大澂　申石伽　越风半月刊　1/10:8－11　1936.3

孙仲容先生遗像　国粹学报　7/81:插图　1911.6

瑞安孙仲容先生诒让遗像　青鹤杂志　1/2:插图　1932.12

孙诒让传　章绛　国粹学报　4/44:2－3　1908.7

孙诒让传　章梫　亚洲学术杂志　2:1－7　1921.11

如是我闻之孙仲容先生　王礼　图书展望(复刊)　5:11　1947.10

瑞安孙氏遗书总序　宋慈抱　图书展望(复刊)　5:12－13　1947.10

孙仲容先生百岁纪念专辑导言　陈博文　图书展望(复刊)　5:1　1947.10　图一

瑞安孙先生传记　陈光汉　图书展望(复刊)　5:2－7　1947.10

我对朴学大师孙诒让先生的认识　李笠　图书展望(复刊)

5:9 – 10 1947.10

书孙诒让年谱后 戴家祥 图书展望(复刊) 5:22 – 23 1947.10

谈瑞安孙黄二氏遗事 雁迅 图书展望(复刊) 5:25 1947.10

孙仲容先生著书目录表 编者 图书展望(复刊) 5:26 1947.10

孙诒让先生百年诞纪念 陈梦家 申报文史周刊 7 1948.1.24

孙仲容先生生平与学术贡献 洪焕椿 东方杂志 44/9:35 – 40 1948.3

善藏金石书画之端陶斋遗像 青鹤杂志 1/23:插图 1933.10

罗君楚先生遗照及墓碣 寐叟 亚洲学术杂志 3:特载 1922.3 图一

罗君楚传 王国维 亚洲学术杂志 4:文苑 11 – 12 1922.9

王静安先生壮年小像 国学论丛 1/3:插图 1928.4

王静安先生最近小像 国学论丛 1/3:插图 1928.4

王静安先生传 徐中舒 东方杂志 24/13:45 – 50 1927.7 图一

王忠悫公事略 樊炳清 文字同盟 4:10 – 12 1927.7

个人对于王静安先生之感想 陆懋德 文字同盟 4:29 – 33 (原载北京《晨报》) 1927.7

祭海宁王忠悫公文 罗振玉 文字同盟 4:44 – 45 1927.7

述先师王静安先生治学之方法及国学上之贡献 朱芳圃 东方杂志 24/19:39 – 66 1927.10

王国维与学术界 蒋彝潜 金陵光 16/:1:1 – 4 1927.11

1. 外族文字和林三碑之发现 2. 六朝唐人经卷 3. 元明清旧档案 4. 汉魏晋简书 5. 殷墟甲骨文字

王国维先生考古学上之贡献 容庚 燕京学报 2:326 – 342

1927.12

静安先生与古文字学 徐中舒 文学周报 5/合订本:11－67 1928.2

追忆王静安先生 徐中舒 文学周报 5/合订本:67－71 1929.2

王静安先生年谱 赵万里 国学论丛 1/3:81－134 1928.4

王静安先生纪念号序 梁启超 国学论丛 1/3:1－2 1928.4

王观堂先生学术 吴其昌 国学论丛 1/3:181－198 1928.4

王观堂先生挽词并序 陈寅恪 国学论丛 1/3:237－239 1928.4

王静安先生之考证学 蠡舟 大公报文学副刊 24 1928.6.18

海宁王国维先生 戴家祥 南大半月刊 28:29－49 1936.4

王观堂先生评传 王森然 真知学报 3/2:20－27,3/3－4:88－98 1943.6－1944.1

王静安遗著目录 赵万里 文字同盟 4:13－16 1927.7

王静安先生著作详目 赵万里 北京大学研究所国学门月刊 1/7－8:877－882 1927.11

王静安先生著述目录 赵万里 国学论丛 1/3:135－144 1928.4

王静安先生手校手批书目 赵万里 国学论丛 1/3:145－179 1928.4

松翁自叙 罗福颐 节录 考古社刊 3:175－189 1935.12

吊上虞罗先生 柯昌泗 中和月刊 1/8:3－8 1940.8

罗振玉先生评传 王大曼 新东方杂志 1/8:71－87 1940.9

悼罗振玉先生 容媛 燕京学报 28:257－266 1940.12

祁延霈事略 中国考古学报 2:1－2 1947.3 图一

吴其昌先生逝世 王钟翰 燕京学报 30:328 1946.6

李景聃事略 中国考古学报 2:1－2 1947.3 图一

吴金鼎博士逝世　安志敏　燕京学报　35:285-287　1948.12

六十自述　杨寿祺　考古社刊　3:190-194　1935.12

五　外国人在中国的考古

(一) 西北地区

近年新疆的考古学上的发明　[奥]钢和泰 讲演　廷谦 笔记　晨报副刊　7-8　1923.1.11-12　东北文化月报　2/2:21-26　1923.2

西北的探检事业　贺昌群　中学生　13:17-31　1931.3

中国西北之种种发见　[日]石田幹之助 著　洪懋熙 译　地学季刊　1/3:107-112　1934.1

西域文化浅说　贾敬颜　益世报史地周刊　8-9　1946.9.24,10.1

斯文海定中亚探检底业绩　[日]石田幹之助 著　唐敏杲 译　学术界　1/4:9-15　1943.11

戈壁沙漠中古都的发掘　方可　中学生　5:83-89　1930.5

黑城探检记　[瑞典]斯文赫定(Sven Hedin) 著　侯仁之 译　禹贡半月刊　1/9:23-28(原文载本年英国 *The listener*　2月号,原名:The 'Black City' of the Gobi Desert)　1934.7

司坦因甘新考古史料辑要　孙守先　地学杂志　16/1:23-41　1928.9

斯坦因黑水获古纪略　向达　北平图书馆馆刊　4/3:1-17　1930.6　插图二

附斯坦因氏黑水所获西夏文书略目

斯坦因敦煌盗经事略　吴金鼎　国闻周报　7/33:1-7　1930.8　图二

斯坦因氏与敦煌石室　周予同　学生杂志　17/9:20-27,17/10:30-38　1930.9-10

斯坦因敦煌获书记　向达 译　图书馆学季刊　4/3-4:429-438

（译自斯氏所著 *Serindia* 第二册第二十一章第一节） 1930.12

斯坦因第三次中亚考古略记 觉明（向达）译 大公报文学副刊 159－163 1931.1.26－2.23

敦煌取经记 ［英］斯坦因 著 贺昌群 译 小说月报 22/5：621－641（译自斯氏所著 *Serindia* 第二册第二十一章第三节至第二十二章第三节） 1931.5 图版四

斯坦因千佛洞取经始末记 王竹书 译 北平图书馆馆刊 9/5：29－60（译自斯氏所著 *On Ancient Central Asian Tracks* 第十二至十四章） 1935.9－10

伦敦所见斯坦因采集之吾国西北文物 傅振伦 国闻周报 14/2：31－36 1937.1

罗布沙漠考察记 ［英］斯坦因 著 吴传钧 译 新中华（复刊） 2/5：94－105（译自美国地理学会《地理评论》9 卷 1 期） 1944.5

斯坦因氏所考见之中西交通 周谷城 历史社会季刊 1/2：8－12 1947.9

日本大谷光瑞之新疆掘地记 国粹学报 5/61：6－8（原载日本《神州报》） 1909.11 地学杂志 1/1：6－8 1910.2 题名《佛教史迹探险》

德人新疆考古的新发见 ［德］兰柯克 著 东方杂志 24/23：43－49（原载本年 11 月伦敦 *The Sphere* 图画周刊） 1927.12 图四

德国在中国新疆考古学的探险结果 邹素 译 益世报学术周刊 22 （此文本为日本松田君介绍 A. Von Le Coq 所著《中央亚细亚之佛教遗物》一书的叙述与评论，载日本《史学杂志》第 38 期第 3 号） 1929.4.2

中国土耳其斯坦地下的宝藏 ［德］勒哥克（Albert von Le Coq）著 陶谦 译 地学杂志 19/4：533－558，20/1：117－126，20/2：301－316，21/1：99－116，22/2：193－206 1931－1933

敦煌石室访书记 ［法］伯希和 著 陆翔 译 北平图书馆馆刊 9/5：3－27（译自安南法国《远东学院院刊》8 卷 501－529 页） 1935.

9－10

中国西域探检报告书 ［法］伯希和 著 陆翔 译 说文月刊 2/5:33－39(原载1910年12月法国《考古研究院院刊》,继转载于法国《远东学院院刊》卷10,此文系据《远东学院院刊》选译) 1940.8

俄人黑水访古所得记 罗福苌 遗编 北平图书馆馆刊 4/3:1－6 1930.6 插图一

所得西夏文书录目

西行考古记 ［美］Langdon Warner 著 蔡受百 译 国闻周报 2/8:13－16,2/12:22－25,2/15:13－17,2/20:14－17 1925.3－5 图七

西域考古记举要 ［法］郭鲁柏(V. Goloubew)撰 冯承钧 译 华北编译馆馆刊 1/1:1－30,1/2:1－26 1942.10,11

西域考古记举要(附录) ［法］格鲁赛(Grousaet)撰 冯承钧 译 华北编译馆馆刊 1/3:1－16 1942.12

(二)华北、东北地区

*第三次亚洲考古队在蒙古考察之结果 胡焕庸 科学 8/9:982－985 1923.9

发现恐龙蛋和其他化石

蒙古探险记 ［美］达鲁菲(Roy Chapwau Andrews) 著 翠问(受百) 译

国闻周报 3/11:37－39,3/12:32－35 1926.3－4 图二

戈壁考古记 ［美］Roy Chapwau Andrews 著 黎东方 译 边事研究 5/2:11－18 1937.1 插图一

美国博物馆考古队调查戈壁沙漠的方法与结果 谌亚达 学艺 8/8:1－4 1927.7

安得思蒙疆考古记 李书春 地学杂志 16/2:281－300 1928

美人安得思自1918－1925年五次至蒙古考古记

*安得思蒙古考查团的工作 地学杂志 18/2:295 1930

在距张家口西北三百里处发见一化石极多区域

扣留美人安得思在蒙古私采古物之始末　古物保管委员会工作汇报:11－19　1935.5　图二

委托中亚考查团赴蒙古考察之始末　古物保管委员会工作会报:21－40　1935.5

日人在华之考古事业　安志敏　益世报史地周刊　5,7　1946.9.3、17

八年来日人在华北诸省所作考古工作记略　宿白　大公报图书周刊　2　1947.1.11

日本鸟居龙藏氏调查热河省境契丹文化的经过　魏建猷　燕京学报　15:243－253　1934.6

日人在东北的考古　冯家昇　燕京学报　19:173－195　1936.6

九一八以来日人在东北各省考古工作记略　安志敏　益世报史地周刊　32,34－35　1947.3.11、25,4.1

(三)其他

*英国 Bristol 大学来华考古　考古学会杂报　1:2(原载《史学消息》4卷1期)　1937.5

异哉所谓"中法学术考察团"　周予同　学生杂志　18/8:1－10　1931.8

附:外国考古学家传记

中亚考古探险者斯坦因　哲生　东方杂志　26/17:94－96　1929.9

斯坦因小传及其重要著作　边疆半月刊　2/8:74－75　1937.4

安特生(J. G. Andersson)先生年谱初稿　裴文中　辽海引年集:358－361　1947.7

介绍日本考古学者　丁士选　考古社刊　6:61－83　1937.6

1. 滨田博士传略及其论著要目　2. 梅原先生传略及其论著要目

福开森博士传略　大公报艺术周刊　40　1935.7.6

六　金石目录

宋代金石书考目　杨殿珣 撰　容庚 校补　考古社刊　4:191－

203　1936.6

宋代金石佚书目　杨殿珣 撰　容庚 校补　考古社刊　4:204－228　1936.6

中国近三十年来之出版界(考古学之部)　孙海波　华北编译馆馆刊　2/8:1－11　1943.8

1. 甲骨　2. 金　3. 货币　4. 石刻　5. 陶瓷　6. 玺印　7. 竹简

海州美术书目志——美术志　许啸庐　国粹学报　4/38:4－9　1908.1

金石学著述分类引言　王小隐　坦途　10:3－7　1928.4

惠定宇考古应查书目　真有益斋抄本　山东图书馆季刊　1/1:71－76　1931.3

入藏中文书书目——古器物学书目　北平图书馆月刊　1/5:385－397，1/6:503－522　1928.9－12

新世金石列目附叙例　王謇　江苏省立苏州图书馆年刊:1－16(目录),1－4(叙例)　1936

金石书编目商榷　甦生　真知学报　2/5:36－41　1943.1

艺风堂金石文字目讹误举例　罗尔纲　国学季刊　6/1:145－166　1937.3

馆藏金石拓片目录　学觚　1/8:16－22,1/9:16－24,1/10:14－20,1/11:16－24,1/12:16－22,2/1:21－30,2/2:13－18,2/3:11－18　1936.9－1937.4　(中央图书馆筹备处)

盛京清宫藏品录　历史博物馆丛刊　1/1:1－18,1/2:19－42,1/3:43－56　1926.10－1927.2

本馆庋藏之物品——人文部以出土地点分部开列　赵惜时　河南博物馆馆刊　1－15　1936.7－1937.11

本所藏古器物书画目录　中山大学语言历史学研究所周刊　6/62－64:111－126　1929.1

曲阳金石简明目录(汉—五代)　高子珍　北平图书馆馆刊

8/6:87－111 1934.11－12

献县金石录 灐山 河北月刊 4/5:1－2 1936.5

上海金石录 泽人 学林 10:135－170 1941.8

安阳金石目跋 顾燮光 文艺杂志 8:5 1914

安阳金石目序 吴士鉴 文艺杂志 9:6－7 1914

安阳金石目例言 范寿铭 文艺杂志 11:8－11 1914

唐长安城金石考自叙附目录 张鹏一 北平图书馆馆刊 10/2:1－7 1936.4

七 金石题跋及杂著

簠室题跋 王襄 河北第一博物院半月刊 7－24,26－29,31－48,50－60,81,83,85 1931.12－1934.3, 1935.1－3

1. 题自书残本隶古定尚书

2. 题汉琴亭侯国刻石、题日作千九砖

3. 题寄剑弟贞卜文题字、题唐李文韩妻墓志砖、题秦铁权铜诏版、题东坡残石像、题汉君车画像石拓本

4. 题宝化宝三化宝六化、题临彝器款识册

5. 题垣化金币、题立戈形父辛鼎、题六朝人写经

6. 题白麻纸六朝人写经

7. 题唐人写经残页、题圣字残瓦

8. 题隋虎符、题陶灶、题旧藏封泥拓扇、题甲子表

9. 题旧藏唐虎符、题旧藏太康镜、题汉利成家钟、题汉驺氏镜、题流沙坠简、题十七权钱、题秦诏版册

10. 题秦铁权铜版

11. 题秦木量铜版、题秦诏版摹本、题始皇诏版、题李书般若波罗蜜多心经

12. 题虢季子伯盘

13. 题唐李文韩妻墓志砖、题唐人写经册、题唐人写经、题后汉韩勑造孔庙礼器碑、题后汉史晨秦祀孔子庙碑

14. 题后汉荡阴令张迁表颂、题后汉白石神君碑、题后汉司隶校尉鲁峻碑、题后汉祀三公山碑

15. 题后汉鲁相乙瑛置庙百石卒史碑、题后汉执金吾承武荣碑、题后汉北海相景君碑、题后汉豫州从事尹宙碑

16. 题后汉鲁孝王刻石、题后汉卫尉卿衡方碑、题后汉封龙山碑

17. 题隋苏孝慈墓志

18. 题魏孙辽浮图铭记、题隋龙藏寺碑、题魏元象二年姚敬遵造像记、题唐崔夫人独孤氏墓志

19. 题唐王孝宽砖塔铭

20. 题所集刘铁云藏残石墨本册、题魏永安残石、题题名残石、题所集造像记册

21. 题所摹古玺册、题所钞说文古籀补增辑字册

22. 题半两石膏范、题古俑

23. 题贞卜文

24. 题婕伃妾赵玉印、题所录贞卜文册

25. 题所写敬吾心室识篆图册

26. 题魏刁遵墓志、题魏元显魏墓志

27. 题古玺封泥

28. 题新莽残量

29. 题宗妇敦

30. 题唐雷询墓志

31. 题宋爨龙颜碑

32. 题北齐武平造像

33. 题所集造像记第二册、题道因碑残本

34. 题晋爨宝子碑

35. 题虢季子伯盘

36. 题汉器图册、题开封灯

37. 题温卧行烛盘

38. 题阳泉使者舍薰炉

39. 题隋舍利塔铭

40. 题大圣慈寺铜像铭、题宋澄泥砚、题吴越国砖塔藏经、题汉罪人葬志拓本、题戒鬲拓本、题殷契拓本

41. 题晋公庵拓本、题乙瑛碑拓本、题所录殷契、题易穞园殷契拓册、题上郡虎符拓本、题泰灵嘉神瓦拓本

䂬古庼金石题跋　曹铨　国专月刊　1/2:17－18　1935. 4

1. 殷商甲骨刻文考　2. 汉封龙山颂拓本跋

旧云庵题跋　陶北溟　古学丛刊　3:1－13,4:1－10　1939. 7－9

1. 武周玉玺　2. 七姬权厝志

汪容甫致毕秋帆书　国粹学报　5/53:1　1909. 3

内容为论金石书画

兰云菱寝楼笔记　况周颐　国粹学报　5/55:1－5，　6/69:3－5，6/70:6－7，　6/71:7－9　1909. 6,1910. 7－9

褉堪墨话　顾燮光　文艺杂志　9:49－58,10:45－53,11:41－57,12:41－50　1941

陈寿卿与吴平斋手札　中国学报　5:1－10,6:17－25,8:1－10　1913. 4,6

东武王氏商盉堂金石丛话　王维朴　东方杂志　27/2:55－62　1930. 1　图版六

种瓜亭笔记　王崇烈 遗稿　河北第一博物院半月刊　1－20,22－24,26,28－48　1931. 9－1933. 9

古董录　王汉章　河北第一博物院半月刊　36－48,50－65,67,70,72,75,78,80,82,84,86,88,90,92,94,96,99,101,104,106,108,109,111,113,115,117,120,123,125,127,129,131,133　1933. 3－1937. 3

金石琐录　苏莹辉　国专月刊　1/2:52－54,2/1:66－69,3/5:43－61　1935. 4,9,1936. 6

潘文勤金石手札钞八通　杨树达　考古社刊　4:329－334　1936. 6

抱残守缺斋日记二则　(清)刘鹗　考古社刊　5:343－344

1936.12

怀铅随录　唐兰　考古社刊　5:143－158,6:315－334　1936.12－1937.6

1. 释真　2. 释陀　3. 书碧落碑后　4. 书金石书录目后　5. 古器物铭　6. 宣和印谱　7. 宋代印谱考　8. 卜辞彝铭多倒书　9. 考古图释文与考古图释　10. 续考古图之作者　11. 管子奇字　12. 读晏子　13. 读穆天子传　14. 赵孟庎壶跋　15. 古文字之字母式排列　16. 释示宗及主　17. 十四面匋琼　18. 释内　19. 释礿犳　20. 禘郊祖宗报

考古图释文之作者　容媛　考古社刊　5:141－142　1936.12

答唐立厂先生《怀铅随录》关于《金石书录目》之批评

沓庵琐记　刘文兴　考古社刊　6:335－346　1937.6

1. 汉延熹封龙山碑初拓本　2. 连筠簃丛书本汉石例校记　3. 宝应宁国寺宋砖跋　4. 尔雅补注残本　5. 元至治三年袁州路万载县档案

石墨余馨　俞陛云　中和月刊　2/6:18－26　1941.6

读石墨余馨后记　朱鼎荣　中和月刊　3/1:77－79　1942.1

石墨余馨续编　俞陛云　中和月刊　3/3:17－22,3/4:48－53　1942.3－4

辛巳金石偶谭　柯昌泗　中和月刊　2/10:4－9　1941.10　图一

1. 虑虎尺　2. 武孟子男靡婴买地玉券

八　评介序跋

各国古物保管法规汇编续编　（中央古物保管委员会 编译　1935 年出版）　殿珣　中国博物馆协会会报　1/5:39　1936.5

博物馆学通论　（陈瑞志著　1936 年上海市博物馆出版）　图书展望　1/11:75　1936.8　祜　大公报图书副刊　147　1936.9.10　容媛　燕京学报　20:635－637　1936.12

教育部第二次全国美术展览会专集　（教育部第二次全国美术展览会管理委员会编　1943 年商务印书馆影印本）　图书季刊(新)　5/

1:81 1944.3

参加伦敦中国艺术国际展览会出品图说 （伦敦中国艺术国际展览会筹备委员会编辑 1936年商务印书馆出版） 殷珣 中国博物馆协会会报 2/1:32－33 1936.9 仲 图书季刊 3/3:168 1936 容媛 燕京学报 20:618－620 1936.12

中国艺术国际展览会英文纪念册 （1936年伦敦Faher and Faher公司出版） 维 中国博物馆协会会报 2/3:26 1937.1

我的探险生涯 〔[瑞典]斯文赫丁 著 孙仲宽 译 1933年西北科学考查团丛刊之一〕

探险生涯亚洲腹地旅行记 〔[瑞典]斯文赫定 著 李述礼 译 1934年开明书店出版〕 觉明 图书季刊 1/3:142－146 1934.9

考古发掘方法论 〔[英]吴理 著 胡肇椿 译 1935年商务印书馆出版〕 殷珣 中国博物馆协会会报 1/2:35－36 1935.11

古物之修复与保存 （胡肇椿、曹春霆 编著 1936年出版） 中国博物馆协会会报 2/2:33 1936.11

金石著录名家考略一卷续一卷再续一卷拾遗一卷 （田士懿著 1935年山东省立图书馆印行） 珣 中国博物馆协会会报 1/1:22 1935.9

吴愙斋先生年谱 （顾廷龙 著 1935年燕京大学哈佛燕京学社出版） 玉府 图书季刊 2/1:63－64 1935 容媛 燕京学报 17:221 1935.6 图书展望 1/2:42 1935.11

金石书录目 （容媛 辑 1936年商务印书馆出版） 殷珣 中国博物馆协会会报 2/1:31－32 1936.9 龄 大公报图书副刊 150 1936.10.1

金石学 （朱剑心 著 1940年出版） 悟 图书季刊(新) 3/1－2:98－99 1941.6

评金石书目四种 容庚 北平图书馆月刊 2/2:163－171 1929.2

石庐金石书志 空山 大公报文学副刊 88 1929.9.16

评高田忠周之古籀篇　王献唐　山东图书馆季刊　1/1:11－52　1931.3

诸城王氏金石丛书　(王维朴　编　1930年铅字本)　慰　北平图书馆馆刊　4/2:147　1930.3－4

辽居杂著乙稿　(罗振玉　著　1933年5月出版)　图书季刊　1/1:40－41　1934.3

内收熹平石经集录续补一卷、增订高昌麹氏年表一卷、高昌専录一卷、增订唐折冲府考补焚稿一卷等几十种

毛凤枝金石萃编补遗稿本　王重民　大公报图书副刊　86　1935.7.4

吴窸斋尺牍　〔(清)吴大澂　撰　1938年商务印书馆出版〕　衣　图书季刊(新)　1/2:191　1939.6　容媛　燕京学报　26:273　1939.12

双剑誃古器物图录二卷　(于省吾　著　1940年海城于氏珂罗版本)　容媛　燕京学报　28:278－279　1940.12　燕生　图书季刊(新)　3/1－2:99－100　1941.6

汾阳县金石类编十卷　(高凉迂叟　编辑　1935年石印本)　珣　中国博物馆协会会报　1/1:22－23　1935.9

满洲金石志稿第一册　〔[日]松本丰三　编　1936年南满铁道株式会社出版〕　殿珣　中国博物馆协会会报　2/1:31　1936.9

潍县文献丛刊第二辑一册　(丁锡田　编　1933年8月潍县和记印书局铅字本)　孝孟　图书季刊　1/1:44－45　1934.3

安徽通志金石古物考稿十八卷例目一卷　(徐乃昌　纂　安徽通志馆石印本)　殿珣　中国博物馆协会会报　1/2:40　1935.11

吴中金石新编八卷　〔(明)陈玮　编　1935年商务印书馆影印四库全书本〕　中国博物馆协会会报　1/4:61－62　1936.3

评河南金石志图第一集　(关百益　著　1934年河南博物馆印行)　赵万里　清华大学学报　11/2:560－564　1936.4

陕西金石志　(武树善　编　1934年续修陕西通志稿铅字本)　容

媛 燕京学报 16:222 1934.12

关中金石文字新编四卷 〔(清)毛凤枝 辑 1935年金佳石好楼会稽顾氏石印本〕 殿珣 中国博物馆协会会报 1/2:29-40 1935.11

陇右金石录 (张维 纂 1943年甘肃省文献征集委员会出版) 图书季刊(新) 5/4:98-99 1944.12

古迹的发现与其影响——近百年古城古墓发掘史序 郑振铎 民铎杂志 10/5:1-7 1929.11

清代金石学家列传稿序 许敬参 河南博物馆馆刊 7-8:15 1937.4

金石学著述考叙 愚公 艺观 6:5-7 1929.8

陈氏金石丛书序 周庆云 图书馆学季刊 4/2:265 1930.6

记明成化景宋钞本金石录 姜蛰庵 河南图书馆馆刊 4:27-28 1934.12

金石录后序作年考 王璠 学风 5/2:1-4 1935.3

读金石录后序作年考以后 汝舟 学风 5/4:1-2 1935.5

李易安金石录后序署年记疑 吴庠 中国文学会集刊 6:87-88 1941.4

李清照金石录后序作年考 黄盛璋 东方杂志 44/12:36-41 1948.12

雁荡金石志叙 刘光汉 瓯风杂志 7:1-2 1934.7

雁荡金石志叙 何士循 瓯风杂志 7:2 1934.7

重刻东瓯金石志序 陈謐 瓯风杂志 12:6-7 1934.12

歙县金石志序 陈训慈 文澜学报 3/1:9-11 1937.3

抄本平津馆金石萃编跋 陈准 图书馆学季刊 7/4:716 1933.12 瓯风杂志 6:6-7 1934.6

吴愙斋尺牍跋 谢国桢 考古社刊 6:353-356 1937.6

读吴愙斋尺牍 刘骏 斯文 1/7:7-12,1/9-10:18-24 1941.1

贰　考古学分论

一　原始社会

(一)综论

史前学研究概述　岑家梧　广州学报　1/1:1－10　1937.1

史前学发达略史　裴文中　现代学报　1/6－7:1－12　1948.6

近十年来中国史前时代之新发现　翁文灏　科学　11/6:707－721　1926.6

中国之史前遗存　缪凤林　东方杂志　25/11:59－71　1928.6

中国最近发现之新史料　李济 讲　余永梁 笔述　中山大学语言历史学研究所周刊　5/57－58:1－4　1928.12

中土史前时代的光景——石器时代　湘灵　清华周刊　35/5:23－38,35/6:43－52　1931.3－4

过去之中国的化石与石器发现考略　刘铭恕　文化批判　4/2:60－79　1937.4

中国东南沿海发现史前文化遗址的探讨　卫聚贤　说文月刊　1/合订本:637－648　1940.8　(此文已在香港《自然界》9卷4期发表)插图一

中国史前学上之重要发见　裴文中　史学年报　3/2:1－6

1940.12 (又收入《中国史前时期之研究》 1948.12)

中国史前文化的推测　杨筠如　暨大文学院集刊　2:1－19　1931.6

史前人类及其文化　林惠祥 讲　陈元恒 记　厦大周刊　12/13:1－8　1932.12

史前文化　王进展　安徽大学月刊　1/1:1－13,1/3:1－27,1/4:1－24,1/5:1－28　1933.2,4,5,6　图三三

中国史前文化概略　裴文中　益世报社会思想　57－58　1933.12.11、18

中国新旧两石器时代的文化相　[日]西村真次 著　勖庵 译　文化与教育　46:20－23(译自西村真次著《世界古代文化史》中国文化之部)　1935.2

我国史前文化　郑师许　中山学报　1/1:7－24,1/8:67－77,2/1:26－28,2/2:73－96　1941.11，1943.1，8，1944.2

中国史前期概况　金稗　中国学生　1/6:24－28　1943.3

中国史前史　翁文灏 讲　历 记　清华周刊　30/6:9－11　1928.12

我国史前史的轮廓　何炳松　暨南学报　1/1:1－11　1936.6

中华民族已有五十万年之历史　陈正谟　新中华(复刊)　1/10:24－30　1943.10

有史以前中国社会概论　白进彩　新晨报副刊　297－300,304－305　1929.6.17－22

中国原始人类与其社会之形成　徐心芹　朔望半月刊　1:14－20　1933.5

中国古代社会新论(史地讲座讲稿之一)　卫聚贤　史地丛刊(大夏大学)　1:1－3　1933.11

中国的原始社会　程憬　大陆杂志　2/2:97－104,2/3:71－77,2/4:101－107　1933.8－10

中国古代氏族社会之研究　钟道铭　东方杂志　31/1:161－169　1934.1

中国的氏族社会　卫聚贤　新中国杂志　1/5:1－5,1/6:1－6　1934.4,6　行素杂志　1/5－6:1－19　1935.1

中国史前社会的研究　徐平　文化批判　2/2－3:208－223　1935.1

中国史前社会　非斯 著　苏亦农 译　中国经济　3/3:1－9（译自日本《历史科学》1934年11月号）　1935.3

中国石器时代社会研究　岑家梧　现代史学　3/2:1－16　1937.4

史前期的人类社会　中英　中国学生　1/1:34－39　1942.11

从说文解字看原始社会　秦和鸣　历史社会季刊　1/2:135－145　1947.9

中国史前经济考　何建民　中国经济　2/12:1－11　1934.12

传说中尧舜禹时代的劳动生产性　吴泽　劳动季报　7:31－53　1935.11

中国原始共产社会经济研究　吴泽　劳动季报　8:87－110　1936.3

人类原始之生活　陈映璜　师大月刊　27,31　1936.6,1937.1

中国石器时代底生产技术　陶大镛　说文月刊　2/5:49－66　1940.8

古人对石器之观念　安志敏　益世报史地周刊　10,12　1946.10.8、22

史前时代的华北　［日］三森定男 著　徐闻 译　中日文化　1/1:87－96　1941.1

河套之史前文化　裴文中　中央亚细亚　2/2:10－19　1943.4（又收入《中国史前时期之研究》　1948.12）　插图二

满洲先史时代之研究（节译）　［日］八木奘三郎 著　东北文化

月报 3/10:30－40,3/11:19－25 1924.10－11 插图三

原始时代之东北 冯家昇 禹贡半月刊 6/3－4:11－27 1936.10

原始时代东北居民与中国之关系略识 田凤章 禹贡半月刊 7/5:1－6 1937.5

史前之东北与中原的关系 郑师许 现代史学 4/4:28－40 1942.3

辽宁省之史前文化 安志敏 益世报史地周刊 74,78 1947.12.30,1948.1.27

四川史前文化 郑德坤 学思 2/9:5－14 1942.11

西马拉雅山脉史前的先民住窟 H. D. Terra 著 贺昌群 译 东方杂志 28/14:75－82 1931.7

汉中区的史前文化 陆懋德 说文月刊 3/11:7－8 1943.11

甘肃考古 裴文中 讲演 北大史学会 记 申报文史周刊 3－4 1947.12.20、27

新疆之史前考古 裴文中 中央亚细亚 1/1:34－39 1942.7

中国古用石器考 刘师培 国粹学报 3/27:1－5 1907.2

中国上古石器图说 陆懋德 清华学报 1/1:82－88 1924.6

石器概说 林惠祥 厦门大学学报 1/2:1－12 1932.10

环状石斧考 安志敏 益世报史地周刊 108 1948.9.28

(二)旧石器时代

中国第四纪人骨之发见 翁文灏 科学 13/1:1－6 1928.1

周口店猿人之发现与其在学术上之意义 杨钟健 中学生 3:17－24 1930.3 科学 14/7:1046－1049 1930.3 题名《周口店猿人头骨发现之经过——北平地质调查所公开演讲》

附录 1. 所长翁文灏先生的开会词 2. 步达生先生的报告 3. 裴文中先生的报告 4. 杨钟健先生的报告

中国猿人化石之发见 裴文中 科学 14/8:1127－1133

1930.4

北京猿人　翁文灏 演讲　计荣森 笔记　大公报　1930/4:29

中国猿人与人类进化问题　杨钟健　科学　15/9:1379－1398　1931.9

周口店猿人之文化　裴文中　大公报现代思潮　40,41,43　1932.6.25,7.2、6

河北房山县周口店之猿人　李学清　科学的中国　1/1:14－18　1933.1

中国猿人的新研究　［美］魏敦瑞 著　杨钟健 译评　地质论评　1/1:63－65　1936.2

北京猿人之发现——中国上古史新史料目录学第一章　郑德坤　厦大图书馆馆报　1/5:9－13　1936.2

中国旧石器时代遗迹之发现——中国上古史新史料目录学第二章　郑德坤　厦大图书馆馆报　1/7:12－17　1936.4

中国猿人之先驱　［美］魏敦瑞(Franz Weidenreich)　月报　1/3:619－620(原载1937年2月24－25日《大公报》)　1937.3　科学　21/7:523－528　1937.7　图三

北京人之研究　［美］Weidenreich 著　孙克刚 译　历史教育　2:35－37　1937.5

北京人参观记　［日］驹井卓 著　吴业盛 译　月报　1/5:1093(译自《世界日报·文艺春秋》)　1937.5

中国猿人　［法］布勒 著　裴文中 译　地质论评　2/3:233－246　1937.6

中国猿人　［法］布勒 著　杨钟健 评　地质论评　2/3:294－297　1937.6

*“北京人”为馘首人种　科学　22/1－2:68　1938.2

*猿人与“北京人”　涛　科学　22/5－6:243－244　1938.6

*关于“北京人”之新发现　珣　科学　22/9－10:448

1938.10

＊“北京人” 珣 科学 22/7-8:352 1938.8 插图一

[美]魏敦瑞演讲《北京人与其特性对于人类演化问题》

“北京人”在那里 裴文中 大公报 1945/12:4 （又收入《中国史前时期之研究》 1948.12）

吊北京人 陈旭麓 大公报 1948/10:15、17

北京人是怎样发现的 [美]安德鲁斯 著 陶宏 译 中学生 205:25-31 1948.11 图二

旧石器时代人类葬仪之研究 裴文中 益世报社会思想 30 1933.6.5

原始人与火 杨第甫 史地知识 1/3:35-40 1936.7

中国史前人类生活之状况 裴文中 中国学报 1/1:1-9 1944.3 （又收入《中国史前时期之研究》 1948.12）

从“北京人”到“东北人” 裴文中 讲演 大公报 1946/10:17

十万年前住居东北的古代人 [日]德永重康 著 魏建猷 译 文化批判 2/5:56-64 1935.4

札赉诺尔原人接收颠末 阎文儒 大公报 1946/11:10-11

东北旧石器时代问题 佟柱臣 沈阳博物院筹备委员会汇刊 1:164-192 1947.10 图一七

附1. 东北旧石器时代遗迹调查年表 2. 东北旧石器时代文献

(三)新石器时代

中石器时代之研究 郑师许 学术世界 2/1:54-57,2/2:20-24 1936.10-12

中国史前文化之传布及混合 裴文中 大公报文史周刊 11 1946.12.25 （《又收入中国史前时期之研究》 1948.12）

中国细石器文化略说 裴文中 燕京学报 33:1-6 1947.12 （又收入《中国史前时期之研究》 1948.12）

中国之彩陶文化 裴文中 历史与考古（沈） 1:2-10

1946.10 （又收入《中国史前时期之研究》 1948.12）

中国彩陶文化概观　安志敏　益世报史地周刊　17　1946.11.27

甘肃彩陶文化新论　安志敏　益世报史地周刊　52　1947.7.29

安特生彩陶分布说之矛盾　荆三林　新中华（复刊）　6/7:42－46　1948.4

中国黑陶文化概说　裴文中　中国学报　3/3:1－8　1945.3（又收入《中国史前时期之研究》 1948.12）

山东省之史前文化　安志敏　益世报史地周刊　64　1947.10.21

记新发现的石器时代的文化　袁复礼　国学季刊　1/1:188－191　1923.1　史地学报　2/4:133－135　1923.5

小屯龙山与仰韶　梁思永　庆祝蔡元培先生六十五岁论文集下:555－567　1935.1　图版二

龙山文化与仰韶文化之分析　刘耀　中国考古学报　2:251－282　1947.3

黄河下游的屈肢葬问题　高去寻　中国考古学报　2:121－166　1947.3　插图八　图版二

湖州钱山漾石器之发现与中国文化之起源　慎微之　时事新报古代文化　4　1937.4.14　江苏研究　3/5－6:1－6　1937.6　图七（又收入《吴越文化论丛》217－232　1937.7）

从湖州钱山漾发现石器说起　慎微之 演讲　时事新报古代文化　14　1937.6.23

江苏古文化时期之重新估定　卫聚贤 讲演　江苏研究　2/6:1－3　1936.6

浙江古文化的时期重新估定　卫聚贤　时事新报古代文化　1－6,11,13－14　1937.3.24、31,4.7、14、21,6.2、16、23

江南出土古物的经过及感想　卫聚贤 讲演　陈志良 笔记　时事新报古代文化　14　1937.6.23

浙江石器年代的讨论　卫聚贤　江苏研究　3/5－6:1－5

1937.6 （又收入《吴越文化论丛》295－309 1937.7）

石器的形成与地层之探讨——质卫聚贤先生 刘之远 江苏研究 3/5－6:1－2 1937.6（又收入《吴越文化论丛》290－294 1937.7）

浙江果有新石器时代文化乎？ 胡行之 江苏研究 3/5－6:1－3 1937.6 （又收入《吴越文化论丛》282－289 1937.7）

南阳新石器时代初步探讨 孙文青、刘兴唐 金陵学报 10/1－2:119－130 1940.5

东北自然环境与史前文化区——论东北新石器时代 佟柱臣 辽海引年集:111－152 1947.7 插图一

小营子史前文化之研究 安志敏 学原 2/8:26－36 1948.12

（四）人类学研究

人类学 克罗伯尔 著 陶谦 译 齐大月刊 1/5:371－394,1/6:477－503,1/7:565－590,1/8:673－733,2/2:123－135,2/3:243－256,2/4:359－368,2/5:519－531,2/6:619－630,2/7:715－726 1931.2－1932.4 插图一四

附录人体测量法

世界人类概况 陈曾绾 史地丛刊（大夏大学） 1:1－10 1933.11

如何研究人类学 吴汝康 读书通讯 46:6－8 1942.7

人类学史的发展 杨成志 文科研究所集刊 1/1:3－16 1943.10 民族学研究集刊 3:90－102 1943.9

古人 Hendrik Willem van Loon 著 骆启荣 译 学生杂志 9/4:22－32,9/5:16－25,9/6:25－32,9/7:22－28 1922.4－7

人类起源之时代 ［德］宾古 演讲 石焕如 译 地学杂志 2/16:1－4 1911.7

人类本原考 F. P. Stoc Bridge 著 雷伯伦 译 地学杂志 13/4－5:31－44（译自 1921 年美国纽约的《时事杂志》） 1922.8

人类学上的发见　程小青　学生杂志　9/9:11－17　1922.9

人体化石　刘叔琴　中学生　7:67－81　1930.8

人类是怎样进化成功的　［美］格里哥雷 著　何公超、陈济川 译　青年界　3/2:145－161　1933.4

化石人类及其文化　［日］鸟居龙藏 著　施孟实 译　科学　17/6:962－969(原载日本昭和5年10月《地学杂志》)　1933.6

人类的祖先是怎样的　金仲华　中学生　45:23－30　1934.5

人类的起源　拉托尼加斯 著　温健公 译　文史　1/4:23－34　1934.12

人类起源之又一说　公　科学　19/3:436－437　1935.3

亚洲之西藏可称为人类之“摇篮”

冰河时代的人类　［日］西村真次 著　陈铎 译　地学季刊　2/3:13－16　1935

人类原始于亚洲说　葛利普博士 Dr. A. W. Graban 原著　盛莘夫 译　浙江省立西湖博物馆馆刊　3－4:1－13　1935.6

该文葛利普博士曾于本年中国地质学会第十一届年会时在北京大学理学院公开讲演,并名题为 Did Man Originate in Asia

人类的起源　A. L. Kroeber, Ontbrology Chapter 著　陈季祥 译　厦大历史社会学会会刊:1－9　1935.6

人类的起源　［英］韦尔斯 著　郭沫若 译　中学生　71:81－96　1937.1

人类的原始　加聂尔 著　王钟羽 译　食货半月刊　5/4:1－13,5/5:5－21　1937.2－3

从人与猿之关系说到人类的祖先　吴汝康　读书通讯　94:12－13　1944.7

人类的来历　吴泽霖　东方杂志　44/3:42－46　1948.3

石器时代前之人种　陈霆锐 译　大中华　2/3:1－7(译自美国《科学杂志》)　1916.3

亚洲原人时代之研究 司蒂芬生 著 翁文灏 译 科学 9/8:872－879 1924.12

人种由来的问题 长青 中学生 31:119－124 1933.1

文字学上之中国人种起原考 陈钟凡 国学丛刊(东) 1/2:87－94 1923.8

中国文化之原始 [法]Henri Maspéro 著 蒂若 译 中法大学月刊 4/3:79－92 1924.1

中国远古人类 [瑞典]安特生 讲 乐季纯 译述 历史博物馆丛刊 1/3:1－5 1927.2

中国人种及文化之由来 金兆梓 东方杂志 26/24:73－82 1929.12

中国人种的起源 刘奂唐 文化批判(中国民族史研究特辑):1－28 1935.9

中国颅骨学之发展 吴定良 学术汇刊 1/2:15－30 1944.12

殷代与近代颅骨容量之计算公式 吴定良 人类学集刊 2/1－2:1－14 1941

二 夏商周时代

(一)综论

小屯与仰韶 李济 安阳发掘报告 2:337－347 1930.12 图版二

再论小屯与仰韶 徐中舒 安阳发掘报告 3:523－558 1936.6

仰韶文化与小屯文化 任友三 中学生 72:81－91 1937.2

奴隶制度之理论的基础 卓炯 劳动季报 10:17－32 1937.1

奴隶社会发展的规律性 刘亚生 劳动季报 11:127－143 1937.5

春秋时代母系之遗痕——中国母系时代研究的片断 丁迪豪 进展 1/5:1－17 1932.7

关于中国古代母系社会的考证　任达荣　东方杂志　32/1:71－76　1935.1

由三代都邑论其民族文化　丁山　中央研究院历史语言研究所集刊　5/1:87－129　1935　图三七

中国上古农业之史的探讨　陈安仁　中山学报　1/1:25－41　1941.11

中国古代社会中的酒　(周)一良　食货半月刊　2/7:1－10　1935.9

中国古代车战考略　顾颉刚、杨向奎　东方杂志　34/1:39－54　1937.1

说车器(辉县发掘报告之一)　郭豫才　河南博物馆馆刊　11:1－5　1937.8

先秦殉葬考　安志敏　益世报史地周刊　26,28　1947.1.28,2.11

中国石棚之研究　[日]鸟居龙藏　燕京学报　31:119－136　1946.12

中国古代文化的新考察——特别关于贝文化和玉文化　[日]市村赞次郎 著　公常 译述　清华周刊　39/7:613－627　1933.4

(二)夏

夏民族考　程憬　大陆杂志　1/5:35－43,1/6:85－89　1932.11－12

夷夏东西说　傅斯年　庆祝蔡元培先生六十五岁论文集下:1093－1134　1935.1

夏民族起于东方考　杨向奎　禹贡半月刊　7/6－7:61－79　1937.6

夏民族起于西北补证　卫聚贤　说文月刊　1/合订本:399－402　1940.8

夏民族发祥于岷江流域说　罗香林　说文月刊　3/9:43－63　1943.1

夏族的起源与史前之鄂尔多斯 翦伯赞 中山文化季刊 1/1:119-124 1943

诸夏的分布与鼎鬲文化 翦伯赞 中山文化季刊 1/2:256-263 1943

传说中夏代之家族制奴隶经济 吴泽 劳动季报 6:33-54 1935.8

夏都考 吕思勉 光华大学半月刊 2/2:7-9 1933.10

(三)商

小屯地面下的先殷文化层 李济 学术汇刊 1/2:1-13 1944.12 图版一

龙山小屯仰韶文化与夏殷民族渊源考(殷代史之一节) 吴泽 历史社会季刊 1/1:11-24 1947.3

商代母系制的诸形态 丁迪豪 历史科学 1/3-4:1-17 1933.7

殷代铜器足征说兼论郮中片羽 徐中舒 考古社刊 2:34-39 1935.6

殷人之分布及其径路 [日]小川琢治 著 汪馥泉 译 中国社会 2/4:52-64 1936.4

殷商民族发源地质疑 陈绍箕 学术月刊(暨) 1/2-3:101-104 1933.7

读殷商民族发源地质疑后 卫聚贤 学术月刊(暨) 1/2-3:105-112 1933.7

商人自契至汤八迁重考与商民族兴于东土驳议 梁园东 东方杂志 30/19:152-160 1933.10

殷人自江浙迁徙于河南 卫聚贤 时事新报古代文化 3 1937.4.7 江苏研究 3/5-6:1-5 1937.6 (又收入《吴越文化论丛》46-62 1937.7)

殷人服象及象之南迁 徐中舒 中央研究院历史语言研究所集

刊 2/1:60 - 75 1930.5 图一

安阳殷墟之哺乳动物群 杨钟健 国闻周报 13/1:1 - 6 1936.1

安阳殷墟扭角羚之发见及其意义 杨钟健 中国考古学报 3:261 - 265 1948.5 图版一

殷周民族与井水文化 郭豫才 河南博物馆馆刊 9:1 - 5 1937.5

殷墟沿革 董作宾 中央研究院历史语言研究所集刊 2/2:224 - 240 1930.8

访殷墟记 故吾 中和月刊 1/5:34 - 41 1940.5

俯身葬 李济 安阳发掘报告 3:447 - 480 1931.6 插图一五 图版一八

殷墟之石刀 安志敏 燕京学报 33:77 - 94 1947.12 插图一八

古奄城考 潘抑强 学术世界 1/3:19 - 23 1935.8 图六

(四)周

论西周封建社会的形成 刘亚生 劳动季报 11:145 - 153 1937.5

春秋战国社会略考 陈伯达 太白半月刊 2/12:542 - 546 1935.9

阡陌与井田 [日]小川琢治 著 汪馥泉 译 学术 3:31 - 67 1940.4

春秋战国间种田工具的演进及其影响 (童)丕绳 文物周刊 78 1948.4

周初地理考 钱穆 燕京学报 10:1955 - 2008 1931.12

西周地理考 齐思和 燕京学报 30:63 - 106 1946.6

古燕国辨 童书业 文史杂志 2/9 - 10:75 - 76 1943.10

燕下都武阳城故址考 傅振伦 新晨报文化特刊 13 - 14

1929.12.22,1930.1.26

燕下都城址内外土台之考究 傅振伦 新晨报副刊 670-672, 674-675 1930.7.24-26、28-29

易县燕墟研究初步 王庆昌 北平研究院院务汇报 1/3:1-6 1930.9

燕下都遗迹考 傅振伦 地学杂志 21/1:11-28,21/2:113-131 1933

战国疆域沿革考 钟凤年 禹贡半月刊 2/8:2-10,2/11:17-26,3/7:13-26 1934.12-1935.6

战国时代秦疆域考辨 钟凤年 燕京学报 31:1-34 1946.12

周代丧制概略 汪章才 史地学报 3/5:45-57 1925.1

论浚县辛村卫国墓葬之年代 丁山 文物周刊 19 1947.1

洛阳金村古墓为东周墓非韩墓考 唐兰 大公报文史周刊 2 1946.10.23

洛阳金村古墓为东周墓非韩墓考的商榷 杨宽 文物周刊 6 1946.10 图一

关于洛阳金村古墓答杨宽先生 唐兰 大公报文史周刊 9 1946.12.11

论洛阳金村古墓答唐兰先生 杨宽 文物周刊 30 1947.4

从长沙楚墓出土的"革屦"说到"履""屦""舄"的区别 童书业 文物周刊 14 1946.12 图一

论长沙楚墓的年代 杨宽 文物周刊 50 1947.9 图二

古代越族的文化 罗香林 江苏研究 3/5-6:1-12 1937.6 图一 (又收入《吴越文化论丛》89-132 1937.7 此文系《古代越族考》中的第五节)

巴蜀文化 卫聚贤 说文月刊 3/4:1-29 1941.10 图九二

巴蜀古文化之研究 于右任 说文月刊 3/7:3 1942.8

巴蜀文化 卫聚贤 说文月刊 3/7:33—70 1942.8 图一五〇

成都白马寺出土铜器辩　商承祚　说文月刊　3/7:77－81　1942.8

漫谈巴蜀文化　缪凤林　说文月刊　3/7:121－125　1942.8

巴蜀在中国文化上之重大贡献　傅振伦　说文月刊　3/7:131－139　1942.8

三　秦汉时代

论秦疆域　陈恭禄　斯文　1/9－10:2－6　1941.2

汉代史迹摘记　姚鉴　留日同学会季刊　4/1－2:45－62　1945.6

1. 长安城址　2. 曲阜鲁城址　3. 汉汾阴后土祠址　4. 洛阳太学遗址　5. 辽东汉郡县治址　6. 乐浪四郡遗迹　7. 汉代西域的遗迹

敖仓故址考　荆三林　文史杂志　2/9－10:77－84　1943.10　插图一

汉代丧葬制度考　杨树达　清华学报　8/1:13－149　1932.12

汉墓漫谭　孙宗文　说文月刊　3/4:45－61(原载重庆《时事新报·学灯》)　1941.10

汉墓摘记　姚鉴　中国学报　1/4:16－25　1944.6

广州龟冈汉冢之研究　曾传轺　中山大学文史学研究所月刊　1/5:39－44　1933.5

西汉黄肠木刻考　汪宗衍　中山大学语言历史学研究所周刊　4/38:32－33　1928.7

广州龟冈南越古冢出土

广东古代木刻文字录存　蔡宁　考古学杂志　1:55－63　1932.1　(未完)

南越文王胡冢出土

杯之比较研究　胡肇椿　考古学杂志　1:80－87　1932.1　图四

广东东郊木塘岗汉冢之研究之一部

广州龟冈出土木刻文字新释　张子祺　文物周刊　33　1947.5　图版三

广州东山古冢中大木考　关寸艸　艺观　2:65　1929.4　益世报艺术周刊　30　1929.10.23

四川新津等地汉崖墓砖墓考略　商承祚　金陵学报　10/1－2:1－18　1930.5　图三

重庆附近发现之汉代崖墓与石阙研究　常任侠　说文月刊　2/2:43－46　1940.5

重庆附近之汉代三种墓葬　常任侠　说文月刊　3/4:77－81　1941.10

1. 崖墓　2. 砖墓葬　3. 石棺葬

汉代的重庆　卫聚贤　说文月刊　3/4:93－108　1941.10

乐山的蛮洞　味橄　说文月刊　3/4:83－85　（原载1940年12月20日《星期评论》6期）　1941.10

崖墓稽古录　刘铭恕　中国文化研究汇刊　6:31－42　1946

汉崖墓题识“内”字之一解　高去寻　国学季刊　6/4:115－120　1946.12

汉代的井干　甄鼎　文物周刊　62　1947.11　图五

论汉代之陆运与水运　劳榦　中央研究院历史语言研究所集刊　16:69－91　1948.1

汉代边塞的概况　劳贞一　边政公论　3/1:48－50　1944.1

楼兰之位置及其与汉代之关系　黄文弼　演讲稿　史学年报　3:147－151　1931

四　三国两晋南北朝

三国时代疆域考　郑璜　史地丛刊（大夏大学）　1:1－10　1933.11　插图三

三国时代的丧葬礼　余维炯　正风半月刊　3/4:374－380

1936.10

当涂出土晋代遗物考　徐中舒　中央研究院历史语言研究所集刊　3/3:313－330　1932　安徽大学月刊　1/2:1－28　1933.3

石棺考　关葆谦　艺林月刊　12:10－11,13:6－7,14:6,15:2　1930.12－1931.3

河南洛阳邙山发现

中国古史籍中的高勾丽服饰与通沟出土墓壁画中的高勾丽服饰　童书业　文物周刊　72　1948.2　插图一

古代的"袴"　徐家珍　文物周刊　72　1948.2　插图三

五　隋唐及以后各代

(一)隋唐

唐胡禄考　［日］驹井爱和 著　罗霈霖 译　中山大学文史学研究所月刊　1/1:83－85(译自《史苑》第7卷第4号)　1933.1.15　图一〇

胡禄即箭筒

唐代的胡式女袍　徐家珍　文物周刊　55　1947.10

唐代妇女的围巾"披帛"考　童书业　文物周刊　56　1947.10　图六

唐代妇女的西装——胡服式半袖裙襦考　童书业　文物周刊　57　1947.10　图五

唐代妇女"红妆"考　童书业　文物周刊　58　1947.10

唐代妇女发髻谱　徐家珍　文物周刊　58,59,61,65,73,76,77　1947.10－12,1948.2－3

唐代妇女髻发谱之讨论　任铭善　文物周刊　73　1948.2

雪峰寺枯木庵木刻考　石庐　艺观　5:7－8　1929.7

唐代对于西藏文化之影响　马鹤天　新亚细亚月刊　12/5:15－20　1936.11

(二)宋辽金

南宋诸陵遗事记　张一纯　福建文化(新)　2/2(总33):74-81　1944.6

契丹文化探访记　[日]鸟居龙藏 著　芥舟 译　新蒙古　1/4:57-61　1934.4

契丹黑山黑岭考　[日]鸟居龙藏　燕京学报　28:161-174　1940.12

契丹民族丧葬制度之变迁及其特点　刘铭恕　中国文化研究汇刊　1:115-153　1941.9

西夏文化轮廓　卢前　新中华(复刊)　1/10:70-79　1943.10

1. 年代　2. 文字　3. 宗教　4. 钱币　5. 碑刻　6. 文学

金临潢路界壕边堡址　李文信　辽海引年集:153-179　1947.7

金上京城佛寺考　[日]鸟居龙藏　燕京学报　34:107-132　1948.6　插图二

金上京城及其文化(上篇)　[日]鸟居龙藏　著　燕京学报　35:129-204　1948.12　插图三

(三)元明清

成吉思汗陵寝辨证书　张相文　地学杂志　7/4-5:1-3　1916.6

答张蔚西成吉思汗陵寝辨证书　屠寄　地学杂志　7/10:1-6，7/11:1-6　1916.11-12　东方杂志　14/1:29-33，14/2:77-84　1917.1-2

再答屠敬山成吉思汗陵寝辨证书　张相文　地学杂志　8/8-9:1-15　1917.9　东方杂志　14/9:67-70，14/10:73-78，14/11:79-86　1917.9-11

成吉思汗陵寝之旁证　张相文　地学杂志　8/10:1-6　1917.10

蒙古陵寝之神秘及成吉思汗之博克多　蛰公　新蒙古　4/1:

24－29　1935.7

达尔哈特部与成吉思汗陵寝　钟吕恩　边政公论　3/8:17－22　1944.8

成吉斯汗之死期及地点与葬地　姚薇元　边政公论　3/8:22－23　1944.8

明陵肇建考略　华绘　禹贡半月刊　2/12:32－36　1935.2

奴儿干都司考　［日］鸟居龙藏　燕京学报　33:7－76　1947.12　插图三

旧都古墓考　奉宽 遗稿　故都旬刊　1/2:6－8,1/3:8　1946.11

六　杂著

东北史迹概说　安志敏　益世报史地周刊　71　1947.12.9

汉魏时代东北之文化　冯家昇　禹贡半月刊　3/3:13－23　1935.4　插图一

古代四川之文化　徐中舒　史学季刊　1/1:28－41　1940.3

锄头下的苍洱与中原　石璋如　新中华(复刊)　4/15:24－28、36,4/16:28－31　1946.8

近年国人西域研究之发展　冯先恕　中央亚细亚　2/4:29－41　1943.10

中亚古物发现以后　周桓　益世报史地周刊　41　1947.5.13

鼎与鬲　［日］滨田耕作 著　闻宥 译　东方杂志　26/3:77－83　1929.2

原始鼎铉之推测　刘厚滋　辅仁学志　7/1－2:113－124　1938.12　插图五　图四

中国铜器铁器时代沿革考　章鸿钊　科学　6/7:676－692　1921.7

铜器铁器变迁考　章炳麟　华国　2/5:1－8　1925.3

关于铜兵器、铁兵器变迁问题

古代人民之住所　董光忠、张蔚然　美术丛刊　2:29-33　1933.1　图一〇

坐与坐具考　王家樑　集美周刊　18/6:1-6,18/13:9-18　1935.10.12

“床”与“胡床”　童书业　文物周刊　31　1947.4

胡床　黄永年　文物周刊　80　1948.4

占卜的源流　容肇祖　中央研究院历史语言研究所集刊　1/1:47-87　1928.10　古史辨　3:252-303　1931.11

战国秦汉之历法　[日]新城新藏 著　沈璿 译　学艺　9/8:1-28,10/2:1-19,10/4:1-23　1929.7-1930.5

谈葬制　方欣安　说文月刊　3/4:67-81　1941.10

中国古代殉葬考　何达　亚洲文化论丛　1:117-138　1942.6

题凑考　岑家梧　考古社刊　4:277-280　1936.6

题凑翰桧说　（辉县发掘报告之一）　许敬参　河南博物馆馆刊　6:1-3　1937.2

中国古代葬玉的研究——注重珠衣玉匣方面　刘铭恕　历史与考古　4:2-9　1937.6

殓玉镇胸的又一证　裘善元　北京大学研究所国学门周刊　1/9:10-11　1925.12　图二

说“白人”坟　包渔庄　边政公论　4/7-8:51-58　1945.8

原人的坟墓与巨人——春晖山馆笔记之一　苏雪林　珞珈月刊　2/3:819-820　1934.11

匕之研究　孙海波　睿湖　2:111-121　1930.10　图八
附刘盼遂“释匕”

匕器考释　曹诗成　史学年报　2/5:39-54　1938.12　插图一〇

广武残瑗记　郭豫才　河南博物馆馆刊　14:1-4　1938.1　图三四

剪刀小记　甄鼎　文物周刊　51　1947.9　插图八

释“椠”“案” 章卷益 文物周刊 49 1947.8 图一

七 评介序跋

文化人类学 （林惠祥 著 商务印书馆出版） 叶为耽 大公报图书副刊 21 1934.4.7

答叶为耽先生评文化人类学 林惠祥 大公报图书副刊 27 1934.5.19

化石人类学 〔[日]鸟居龙藏 著 张资平 译 1935年商务印书馆出版〕 祜 大公报图书副刊 105 1935.11.14

史前中国社会研究(中国社会史纲第一册) （吕振羽 著 1934年人文书店出版） 乃鼎 大公报图书副刊 45 1934.9.22

中国原始社会之探究 （曾友松 著 商务印书馆出版） 李伯黍 华年周刊 5/20:378 1936.5

中国史前时期之研究 （裴文中 著 1948年商务印书馆出版） 安志敏 燕京学报 36:327-328 1949.6

史前时期之西北 （裴文中 著 1948年南京西北通讯社出版） 安志敏 益世报史地周刊 104 1948.8.31 燕京学报 35:264-267 1948.12

甘肃史前考古报告初稿出版 （1948年经济部中央地质调查所北平分所油印本） 安志敏 燕京学报 34:303-308 1948.6

青铜时代 （郭沫若 著 1945年文治出版社出版） 图书季刊(新) 6/3-4:54-55 1945.12 （郭沫若 著 1946年群益书社出版） 容媛 燕京学报 32:232-237 1947.6

青铜时代之上界与下界——读郭沫若先生《青铜时代》书后 王夔 益世报史地周刊 77 1948.1.20

斗鸡台沟东区墓葬 （苏秉琦 著 1948年北平研究院史学研究所出版） 安志敏 燕京学报 35:261-264 1948.12

《万安北沙城》提要 宿白 大公报图书周刊 63,64

1948.8.23、30

六朝陵墓调查报告 （朱希祖 总编辑 1935年中央古物保管委员会出版） 殿珣 中国博物馆协会会报 1/2:38 1935.11

评黄文弼近著高昌三种 向达 北平图书馆馆刊 6/5:119-131 1932.9-10 国风半月刊 2//4:8-15 1933.2

1.《高昌》内中录文五篇(一、吐鲁番发现墓砖记 二、墓砖目录 三、高昌麴氏纪年 四、高昌官制表 五、新疆发现古物概要) 2.《高昌専集》 3.《高昌疆域郡城考》

罗布淖尔考古专刊序录 黄文弼 责善半月刊 2/6:4-8 1941.6

中国考古报告集之一——城子崖发掘报告序 李济 东方杂志 32/1:1-5 1935.1

发刊语 李济 安阳发掘报告 1:1 1929.12

安阳发掘报告序 蔡元培 安阳发掘报告 1:1-3 1929.12

编后语 李济 安阳发掘报告 4:729-733 1933.6

斗鸡台沟东区墓葬编后记 苏秉琦 史学集刊 5:267-277 1947.12

长沙古物闻见记序 陈梦家 图书季刊(新) 2/3:347-352 1940.9

关于骷髅作酒器的通讯 次舟、顾颉刚、中舒 责善半月刊 1/12:23 1940.8

关于商锡永(承祚)《长沙古物闻见记》一书的讨论

答孙次舟《长沙古物闻见记读后记》 商承祚 斯文 1/9-10:7-9 1941.2

驳商承祚《答孙次舟〈长沙古物闻见记读后记〉》 孙次舟 责善半月刊 2/1-2:30-32 1941.4

关于伪皇族案及《长沙古物闻见记》 张政烺 责善半月刊 2/8:23 1941.7

《东方考古学丛刊甲种》读后记　安志敏　大公报图书周刊 58－59　1948. 7. 19、26

1. 貔子窝　2. 牧羊城　3. 南山里　4. 营城子　5. 东京城　5. 赤峰红山后

读《乐浪》书后　杨树达　北平图书馆馆刊　5/4:7－9　1931. 7－8

叁　田野考古资料

一　综述

近四十年中国考古学上之重要发现与古史之展望　姚绍华　新中华　4/19:51－62　1936.10

二十二年一月至十月国内古物之发现　王光祥等九人　女师学院期刊　2/1:1－12　1933.12

＊山西河南发现新石器时代遗迹十五处　卫聚贤　中山大学语言历史学研究所周刊　4/37:35　1928.7

吴越考古汇志　卫聚贤　说文月刊　1/合订本:363－394　1940.8

近年西北考古的成绩　贺昌群　燕京学报　12:2657－2704　1932.12

西北近几年来考古学上两大重要发现　傅振伦　天山月刊　1/3:39－43　1934.12

1. 两汉简牍(一、黄君所得之木简　二、贝氏所得之木简)　2. 新莽权衡

蒙新旅行之经过及发现　黄文弼 演讲　国学季刊　2/3:623－628　1930.9　地学杂志　18/3:439－446　1930.9　题名《蒙新考古报

告》 女师大学术季刊 1/4:1－6 1930.12 题名《西北科学考察团在新疆考古情况报告》

第二次蒙新考察记 黄文弼 禹贡半月刊 4/5:51－58 1935.11

蒙古新疆两地考古经过 黄文弼 演讲 熊玮光 笔记 责善半月刊 1/3:10－12 1940.4

二 北京市

周口店采集研究之经过 李捷 科学 13/1:7－17 1928.1 图四

地质学的重大发现"北京人" 白华 译 国闻周报 6/30:1－4 1929.8 图三

＊周口店之化石头骨 北辰杂志 2/3:23－24 1930.4

周口店之骨化石堆积 杨钟健 科学 14/8:1099－1126 1930.4

＊周口店发现猿人下颚化石 北平晨报 1936/11:1

＊周口店又发现猿人化石 科学 20/12:1082 1936.12

＊地质调查所报告发掘猿人经过 科学 21/2:160－161 1937.2

周口店最近发现之中国猿人述略 [美]魏敦瑞、贾兰坡 科学 21/3:236－238 1937.3

＊从安特生博士说到北京猿人 禹贡半月刊 7/6－7:363(原载1937年3月4日《中央日报》) 1937.6

＊地质调查所在北平西郊之考古工作 安志敏 燕京学报 32:262－263 1947.6

古庙村遗址概说 安志敏 益世报史地周刊 46 1947.6.17

＊地质调查所在房山良乡之考古工作 安志敏 燕京学报 34:308－309 1948.6

房山良乡访古纪行 安志敏 益世报史地周刊 100 1948. 8. 3

*北平私立中国大学发现唐代墓志 地学杂志 17/2:287-289 1929

咸亨元年(670)仵钦墓志

中国大学发现唐墓调查报告 常惠 王宪章 古物保管委员会工作汇报:111-112 1935. 5

*北平西山慈幼香院发现辽碑 地学杂志 17/2:289-291 1929

开泰九年(1020)燃身头陀赞公舍利塔记

长陵园调查报告 王作宾、傅一清 古物保管委员会工作汇报:142-143 1935. 5

大招山发现古物记 黄艺锡 地学杂志 6/11:4-6 1915. 11

北京西山明太监王贵墓出土古物

明太监王贵墓出土遗物 河北第一博物院半月刊 8-100 1932. 1-1935. 11

北大拟掘京西大宫密窟 屏 史地学报 3/6:123-126 1925. 5

大宫调查报告 常惠 古物保管委员会工作汇报:101-103 1935. 5

刘瑾坟墓调查报告 王作宾 古物保管委员会工作汇报:141-142 1935. 5

三 河北省

*燕下都考古团工作简报 地学杂志 18/2:293-295 1930

燕下都考古记 傅振伦 地学杂志 18/4:449-478 1930 图一

易县燕下都故址调查报告 常惠 北平研究院院务汇报 1/1:13-26 1930. 5 图一四

易县燕下都考古团发掘报告　常惠　北平研究院院务汇报　1/3:1－4　1930.9　图版六

＊燕下都考古团之重要纪述　燕京学报　9:1913－1915　1931.6

本会与北平研究院北京大学考古学会合组燕下都考古团赴易县发掘之始末　古物保管委员会工作汇报:41－53　1935.5

燕下都发掘报告　傅振伦　国学季刊　3/1:175－182　1932.3

蔚县张家庄古墓调查报告　王作宾、傅一清　古物保管委员会工作汇报:161－166　1935.5　图二

怀安汉墓发掘访问记　张维华　禹贡半月刊　7/8－9:175－179　1937.7

隆平县唐祖陵调查报告　傅一清　古物保管委员会工作汇报:151－156　1935.5

南宫发现古物　河北月刊　1/10:2(原载天津10月4日《益世报》)　1933.10

行唐县古墓调查报告　傅一清　古物保管委员会工作汇报:157－159　1935.5　插图一

巨鹿宋代故城发掘记略　历史博物馆丛刊　1/1:1－7　1926.10　图版二

附录1. 符九铭先生梦云室丛谈(巨鹿故城)　2. 梁任公先生中国历史研究法　3. 巨鹿县三明寺妙严殿记

巨鹿出土大观二年秋河决时埋覆之物　河北第一博物院半月刊　4－40　1931.11－1933.5

东陵盗案纪　记者　国闻周报　5/34:1－6　1928.9　图四

四　山西省

＊地质调查所又掘出古物　地学杂志　17/2:286(原载《益世报》)　1929

岩石中有石器时代斧刀

山西万泉新石器时代遗址发现的经过和见解　卫聚贤　东方杂志　26/4:69－77　1929.2　图五

＊万泉石器时代古物　大公报　1931/5:29

＊山西万泉发现大批石器时代器皿——考古学家卫聚贤等掘得现正整理将公开展览　大公报　1931/6:4

山西万泉石器时代遗址发掘之经过　董光忠　师大月刊　3:99－110　1933.3　插图三　图版五

汉汾阴后土祠遗址的发现　卫聚贤　东方杂志　26/19:71－81　1929.10

＊晋南闻喜县新发现汉瓦　中国博物馆协会会报　1/2:27　1935.11

＊山西祁县城内发现汉魏古物　中国博物馆协会会报　1/1:15－16　1935.9

＊晋西发现唐代铜瓷器　图书月刊　2/3:45　1942.11

五　内蒙古自治区

＊札赉诺尔发现原人头骨　安志敏　燕京学报　32:259－261　1947.6

蒙古高原考古纪要　贾敬颜　益世报史地周刊　91－92　1948.5.26,6.1

＊西北科学考查团发现新石器时代之遗物　中山大学语言历史学研究所周刊　1/1:26　1927.11

热河查尔干庙林西双井赤峰等处所采集之新石器时代石器与陶片　梁思永　田野考古报告　1:1－67　1936.8　插图二五　图版一〇

赤峰附近新发见之汉前土城址与古长城　佟柱臣　历史与考古(沈)　1:32－43　1946.10　图一〇

辽圣宗永庆陵被掘纪略　刘振鹭　艺林月刊　32:11－12　1932.8

金临潢路界壕边堡址　李文信　辽海引年集:53－179　1947.7

成吉思汗真影　地学杂志　6/3:57 插图　1915.3

元成吉思汗石像　艺林旬刊　49:插图　1929.5

像在河套某蒙旗

元太祖成吉思汗遗像　新蒙古月刊　1/1:插图　1934.1

成吉思汗陵寝巡礼　东方杂志　32/12:插图　1935.6

成吉思汗陵寝及遗物弓矢甲胄等

元成宗石象　艺林旬刊　50:插图　1929.5

六　辽宁省

朝阳附近之新石器时代遗迹　[日]八幡一郎 著　高桂华 译　禹贡半月刊　7/5:11－19(译自日本昭和 11 年 11 月《考古学杂志》26 卷 11 号)　1937.5

沙锅屯洞穴层位之研究　安志敏　燕京学报　36:71－86　1949.6

*中日学者合作之发掘古物　晓夫　文字同盟　3:3－6　1927.6

辽阳北园壁画古墓记略　李文信　沈阳博物院筹备委员会汇刊　1:122－163　1947.10　插图九

乐浪郡之遗迹　[日]关野贞 著　祁蕴璞 译　地学杂志　18/1:21－34　1930.3

叶柏寿行纪　李文信　中央博物馆时报　9:32－39　1941.1

发现辽代砖室墓

辽金旧墓记　金毓黻　东北丛镌　7:1－3　1930.7　插图三

奉天市塔湾发见之古坟　李文信　中央博物馆时报　5:26－29　1940.5　图二

锦州北镇县出土宋辽金古钱整理记 罗福颐 中央博物馆时报 22:33－40 1944.4

七 吉林省

吉林市附近之史迹及遗物 李文信 历史与考古(沈) 1:22－31 1946.10

吉林龙潭山遗迹报告(一) 李文信 满洲史学 1/2:57－61 1937.9 图四

＊延边发现古冢 中山大学语言历史学研究所周刊 2/24:346 1928.4

＊延吉发现古冢 中山大学语言历史学研究所周刊 3/29:28 1928.5

东丹王陵考察记 金毓黻 满洲学报 3:1－4 1937.12 图四

八 黑龙江省

昂昂溪史前遗址 梁思永 中央研究院历史语言研究所集刊 4/1:1－44 1932 插图二五 图版九

九 江苏省

＊南京发现新石器时代遗址 卫聚贤 东方杂志 27/1:65 1930.1

松江戚家墩的文化遗址 蒋大沂 文物周刊 69 1948.1 图四

＊关于虎邱吴王阖闾坟的发现 尤符赤 华年周刊 1/15:295－296 1932.7

＊苏州发现吴越古城遗迹 中国博物馆协会会报 1/4:50 1936.3

＊南京市上海路发现六朝古墓 中国博物馆协会会报 1/2:27

1935.11

金陵六朝陵墓巡视记　罗香林　广州学报　1/2:1－17　1937.4 插图三

＊建设梁萧秀墓　中国博物馆协会会报　1/1:16　1935.9

＊南京小营发现之梁代铁钱　季梁　科学　18/4:572－573 1934.5

南京访古记　陈志良　江苏研究　3/5－6:1－5　1937.6

南京明故宫发掘古物记　缪凤林　史学杂志　1/6:1－3 1929.12

一〇　浙江省

＊杭州古荡发现大批古石器　科学　20/7:597　1936.7

＊浙杭县发现黑陶文化遗址　杭州通讯　历史教育　1:44－45 1937.2

杭县第二区远古文化遗址试掘简录　施昕更　时事新报古代文化　4－5　1937.4.14、21　江苏研究　3/5－6:1－7　1937.6　（又收入《吴越文化论丛》 1937.7）

杭县第二区的史前遗存与黑陶文化　何天行　时事新报古代文化　9　1937.5.19

＊天目山发现新石器　图书月刊　1/5:42（原载上海《正言报》） 1941.6

＊富春江南岸发现石器残片　图书月刊　1/5:42（原载上海《正言报》）　1941.6

＊西湖发现战国庆忌塔址——塔圮时距今三百年　禹贡半月刊　7/6－7:365（原载1937年1月19日《申报》）　1937.6

双城访古记　陈志良　时事新报古代文化　16　1937.7.7

附录张凤双桥访古记

海盐秦山滩的文化遗址　帕勒满 著　曹鋆 译　文物周刊　69

1948.1

绍兴出土古物调查记　张捄亢　文澜学报　3/2:1-20　1937.6　图二〇

＊绍兴古墓群出土的古物　熊庵　文物周刊　8　1946.11

＊劫后雷峰记　春风　东方杂志　21/18:48（节录《时报》）　1924.9　国闻周报　1/10:4　1924.10

一一　安徽省

安徽寿县史前遗址调查报告　王湘　中国考古学报　2:179-250　1947.3　插图四七

＊寿县发现殷商时代古物　北平晨报　1933/10:15

＊寿县发现古物　北平晨报　1933/7:10

＊寿县出土古物　冷　北平晨报　1934/2:2

寿州出土铜器　向达、刘节　大公报图书副刊　29　1934.6.2

寿州出土楚铜器补述　徐中舒　大公报图书副刊　31　1934.6.16

寿县楚墓调查报告　李景聃　田野考古报告　1:213-279　1936.8　插图四　图二

＊谈寿县土中埋没的史迹　犀牛　禹贡半月刊　7/6-7:365-366　（原载1937年5月3日《中央日报》）　1937.6

＊合肥双墩集发现古墓　学风　6/5:4-5　1936.8

＊本馆奉令查勘和县西埠古墓　安徽图书馆　学风　7/1:1-2　1937.1

＊皖北蒙城发现古墓　科学　19/12:1933　1935.12

＊凤台发现大批铜器　学风　7/1:3　（原载2月9日《大公报》）　1937.1

＊凤台古物续有出土　学风　7/2:1　1937.2

＊寿县众兴集石家集发现古墓　学风　7/3:1-2　1937.3

＊寿县发现“印子金” 学风 7/4:6 1937.5

一二 福建省

＊闽西发现古代石器 科学 21/8:661－662 1937.8

林郑庄三先生发掘泉州唐代古墓经过 厦大周刊 15/26－27:4 1936.5

邵武协和大学校地南宋古墓发掘研究报告 金云铭 福建文化季刊 1/2:69－75 1941.7

迭理迷实墓 黄仲琴 中山大学语言历史学研究所周刊 1/4:21－23 1927.11 插图一

迭理迷实为元漳州路达鲁花赤，墓在漳州东市，有碑及碑铭

金门明监国鲁王墓 黄仲琴、夏廷棫 中山大学语言历史学研究所周刊 6/69:47－50 1929.2

郑成功墓被掘之始末 谢云声 逸经 26:40－41 1937.3

一三 江西省

赣垣发现汉代两古迹 史学杂志 1/2:4（原载3月20日《申报》） 1929.5

汉蔡邕石经、汉代王公陵墓

南昌出土之古镜与汉砖 蔡敬襄 国闻周报 12/27:补白 1935.7 图三

汉长生竟、汉龙虎竟、汉建宁砖

＊赣西发现汉晋古墓 燕京学报 31:231（原载12月9日天津《大公报》） 1946.12

一四 山东省

发掘龙山城子崖的理由及成绩 李济 山东省立图书馆季刊 1/1:197－200 1931.3

发掘日照古物　科学　20/6:521-522　1936.6

平陵访古记　吴金鼎　中央研究院历史语言研究所集刊　1/4:471-486　1930　插图一　图版五

山东大辛庄商代遗址的发现　F. S. Drake 著　何天行 译　学术　3:13-22　1940.4　图六

历城县王舍人庄商代遗址的发现　F. S. Drake 著　何天行 译　学术　4:20-25　1940.5　图九

＊山东益都县苏埠屯发现周代铜器　北平晨报　1932/1:7　燕京学报　11:2431-2432　1932.6

山东益都苏埠屯出土铜器调查记　祁延霈 遗著　中国考古学报　2:167-177　1947.3　图版二

滕县安上遗址发掘纪要　许星园、马维新　励学　1:162-176　1933.12　图三六

＊考古史上伟大贡献安上村曹王墓古国遗址之奇获——鲁南考古实地视察记　北平晨报　1933/10:31-11:1、3

＊考古续记　北平晨报　1933/11:4、5

安上遗址和曹王墓考古之继续

＊安上村曹王墓奇获极多　北平晨报　1933/11:6

＊鲁南考古奇获益多　北平晨报　1933/11:9

曹王墓获得汉画像石、安上村发现商代龟板

＊鲁南考古续记　北平晨报　1933/11:13、14

1. 曹王墓　2. 安上村

＊滕县曹王墓发现完整汉墓——鲁南考古续记　北平晨报　1933/11:19

＊安上村又有新收获　北平晨报　1933/11:26

＊滕县发现周代古物及汉代石室　容媛　燕京学报　13:240-243　1933.6

＊山东临沂发现汉墓画像石刻　容媛　燕京学报　18:203-

204　1935.12　中国博物馆协会会报　1/2:27－28　1935.11　科学　20/1:75　1936.1　学术世界　1/8:120－121　1936.1

＊济南古物出土　中山大学语言历史学研究所周刊　2/24:346　1928.4

山东滕县下黄沟村宋代墓葬调查记　潘悫　中央研究院历史语言研究所集刊　11:469－471　1944.9

＊齐鲁旧闻　飞生　地学杂志　4/8:20　1913.8

鲁东古城　科学　19/12:1934　1935.12

＊临沂发掘古代城墟　科学　20/12:1082　1936.12

＊泰山下发现唐明皇封禅文　华君　中学生　34:4－5　1933.4

＊泰山麓发现唐明皇封禅玉简　燕京学报　13:243－244　1933.6

一五　河南省

调查河南孟津县出土古器报告书　马衡　国学季刊　1/4:764－767　1923.12

仰韶器物小记　郭豫才　河南博物馆馆刊　11:1－4　1937.8

南阳仰韶彩陶发现记　孙文青　金陵学报　10/1－2:131－133　1940.5

南阳的史前遗迹　刘兴唐　东方杂志　42/12:33－39　1946.6

浚县发掘述略　适斋　河南政治月刊　4/4:1－20　1934.4　图六

河南浚县大赉店史前遗址　刘燿　田野考古报告　1:69－89　1936.8　插图一三　图版九

后岗发掘小记　梁思永　安阳发掘报告　4:609－625　1933.6　插图五　图版五

＊偃师古灰城遗址发见石斧　李鉴昭　河南博物馆馆刊　7－

8:10 1937.4 图一

豫东商邱永城调查及造律台黑孤堆曹桥三处小发掘 李景聃 中国考古学报 2:83-120 1947.3 插图一四 图版八

河南考古之最近发见 李济 讲演 曹聚仁 记 国闻周报 11/24:1-6 1934.6

安阳洹上之特产及发见物 武龙章 地学杂志 2/17:15-16 1911.8

民国十七年十月试掘安阳小屯报告书 董作宾 安阳发掘报告 1:3-36 1929.12

小屯地面下情形分析初步 李济 安阳发掘报告 1:37-48 1929.12 附录一 插图九 图三

最近安阳殷墟之发掘与研究 周予同 中学生 9:29-36 1930.10

本所发掘安阳殷墟之经过 傅斯年 安阳发掘报告 2:387-403 1930.12 大公报 1930/3:8-25 题名《发掘殷墟之经过》

殷墟地层研究 张蔚然 安阳发掘报告 2:253-285 1930.12 图一 插图二

民国十八年秋季发掘殷墟之经过及其重要发现 李济 安阳发掘报告 2:219-252 1930.12 图版一一 插图六

安阳最近发掘报告及六次工作之总估计 李济 安阳发掘报告 4:559-571 1933.6 图版六

B区发掘记之一 郭宝钧 安阳发掘报告 4:579-596 1933.6 图一

B区发掘记之二 郭宝钧 安阳发掘报告 4:597-608 1933.6

摘记小屯迤西之三处小发掘 吴金鼎 安阳发掘报告 4:627-633 1933.6

第七次殷墟发掘E区工作报告 石璋如 安阳发掘报告 4:709-728 1933.6 插图一五 图版一

＊安阳殷墟发掘团发掘品送京研究　中国博物馆协会会报 1/1:15　1935.9

河南安阳发见之古物——以古墓新发见之出土物为主　[日]梅原末治 著　胡绍堂 译　河南博物馆馆刊　6:1-4,7-8:1-4,9:1-8,10:1-6,11:1-6,12:缺,13:1-4　〔原载1936年《东方学报》(京都)第七册,凡六章,兹仅译其一〕　1937.2-11　图一六

小屯的文化层　石璋如　六同别录上:1-42　1945.1　图一五

小屯后五次发掘的重要发现　石璋如　六同别录上:1-35 1945.1　插图一三

河南安阳后冈的殷墓　石璋如　六同别录上:1-26　1945.1 插图一三　中央研究院历史语言研究所集刊　13:21-48　1948.9　增图版三

殷墟最近之重要发现附论小屯地层　石璋如　中国考古学报 2:1-81　1947.3　插图二四　图版一四

殷墟最近之重要发现附论小屯地层后记　石璋如　中国考古学报　4:291-302　1949.12　图版一

浚县辛村古残墓之清理　郭宝钧　田野考古报告　1:167-200 1936.8　图版一二

调查河南新郑古器报告书　马衡　国学季刊　1/4:759-764 1923.12

新郑古物出土调查记　马衡　东方杂志　21/2:27-30　1924.1 图六一

新郑古器发见记　王幼侨　河南博物馆馆刊　9:1-6,10:1-8,11:1-14,13:1-3,14:1-6,15:1-11　(原载《新郑古器发现记》一书) 1937.5,6,8,11-1938.1,3

＊河南古迹研究会拟发掘汲县古物　中国博物馆协会会报 1/1:15　1935.9

＊豫汲县山彪镇掘获古物已运汴展览　北平晨报　1935/10:4

＊河南汲县山彪镇新获古物　容媛　燕京学报　18:200－202　1935.12

＊豫古物研究会发觉山彪镇古物经过　北平晨报　1936/2:12

第一次调查试掘汲县山彪镇古物小记　许敬武　河南政治月刊　7/4:1－3　1937.4

参加汲县山彪镇古物发掘报告　汪志中　河南政治月刊　5/12:1－4,6/1:1－12　1935.12－1936.1　插图九

＊豫省洛阳龙门辉县古物多被盗掘　容媛　燕京学报　21:292－294　1937.6

＊战国时代铜器出土　科学　21/7:580　1937.7

韩君墓发见略记　北平图书馆馆刊　7/1:145－149　1933.1－2　插图三　图版八

驫羌钟出于此墓

＊临汝境内发现古鼎　中国博物馆协会会报　1/1:16　1935.9

中央研究院及北平图书馆将发掘汉太学遗址　禹贡半月刊　7/6－7:366(原载1937年1月14日《晨报》)　1937.6

信阳汉冢发掘记　历史博物馆丛刊　1/2:1－12　1926.12　图二

＊豫淮阳县发现汉墓　考文学会杂报　1:2－3　1937

遂平许家村古冢调查记　许敬参　河南博物馆馆刊　15:5－6　1938.3

宛东访古记　孙文青　考古社刊　4:183－190　1936.6

附表一、宛东遗迹发见表　附表二、宛东访古器物表

＊巩县掘出唐代石佛　科学　21/9－10:758　1937.9.10

一六　湖南省

＊湖南发见殷朝古物　地学杂志　17/2:286－287(原载11月23日北平《英文导报》)　1929

中国长沙古物指南　商承祚　说文月刊　4/合订本:29－34

1944.5

长沙古物出土记　蒋玄佁　申报　1948/7:6、8、12

一七　广东省

＊广东潮州发见史前遗迹　燕京学报　34:311－312(原载4月18日北平《华北日报》)　1948.6

＊香港史前遗迹发现　报　科举　24/5:415－416　1940.5

香港访古纪　陈志良　说文月刊　1/合订本:705－708　1940.8

香港舶辽洲史前遗物发现记　[英]D. J. Finn, S. J. 著　黄素封译　说文月刊　1/合订本:687－704(原载1932年12月香港《自然科学杂志》3卷3－4期)　1940.8

海丰史前遗物发见记　[英]R. Maglioni 著　黄素封 译　说文月刊　1/合订本:663－686　1940.8

发掘东山猫儿冈汉冢报告　蔡寒琼、谈月色　考古学杂志　创刊号:93－96(下缺)　1932.1

调查员村乡发现晋代古冢始末记　商承祚　中山大学语言历史学研究所周刊　3/30:1－7　1928.5　插图六

一八　广西壮族自治区

＊桂林发现六朝古墓　燕京学报　34:310－311(原载2月1日天津《大公报》)　1948.6

有宋泰始六年(465)地券一方

一九　四川省

＊四川歌乐山人类遗迹之再度探寻　顾知微　科学　28/6:273　1946.12

华西的史前石器　郑德坤　说文月刊　3/7:83－92　1942.8

广汉古代遗物之发现及其发掘　林名均　说文月刊　3/7:93－

101 1942.8

四川威州彩陶发现记 林名均 说文月刊 4/合订本:7-11 1944.5

＊重庆发现汉墓 科学 20/1:75 1936.1

＊重庆发掘汉墓 报 科学 24/7:576-577 1940.7

＊重庆江北发掘汉墓所获五铢 卫聚贤 泉币 1:75-76 1940.7 图二

关于发现汉墓的经过 郭沫若 说文月刊 3/4:35-39 1941.10

整理重庆江北汉墓遗物纪略 常任侠 说文月刊 3/4:41-43 1941.10

江北汉墓图版一八 说文月刊 3/4:图版 1941.10

沙坪坝发现古墓纪事 金静庵 说文月刊 3/4:81-82 1941.10

＊郭沫若等在渝发掘汉墓 说文月刊 3/4:111 1941.10

＊发掘汉墓——地点在江北培善桥 说文月刊 3/4:111-112(原载1940年4月14日重庆《中央日报》等) 1941.10

＊江北汉墓发现汉砖甚多今日继续发掘 说文月刊 3/4:112-113(原载1940年4月15日重庆《新蜀报》等) 1941.10

＊发掘汉墓继续进行 说文月刊 3/4:113(原载1940年4月15日《新华日报》) 1941.10

＊发掘汉墓又有新发现 说文月刊 3/4:113(原载1940年4月15日重庆《时事新报》) 1941.10

＊川江北汉墓又发现九座 说文月刊 3/4:113-114(原载1940年4月16日重庆《新华日报》) 1941.10

＊汉墓发掘昨又发现一汉墓 说文月刊 3/4:144(原载1940年4月18日重庆《大公报》等) 1941.10

＊继续发掘汉墓获五铢钱近千 说文月刊 3/4:114-115(原

载 1940 年 4 月 19 日重庆《国民公报》等） 1941. 10

＊汉墓发掘第六日发现铁剑陶俑 说文月刊 3/4:115（原载 1940 年 4 月 20 日重庆《大公报》等） 1941. 10

＊汉墓发掘暂作结束——今日公开展览 说文月刊 3/4:115－116（原载 1940 年 4 月 21 日重庆《国民公报》等） 1941. 10

＊汉墓古物观赏记 襄谟 说文月刊 3/4:116－117（原载 1940 年 4 月 22 日重庆《益世报》） 1941. 10

＊涪陵又有汉墓发现 说文月刊 3/4:125（原载 1940 年 7 月 31 日重庆《扫荡报》） 1941. 10

＊重庆的汉墓 卫大法师（卫聚贤） 旅行杂志 19/1:3－4 1945. 1

＊重庆掘获汉代砖陶 智慧 49:20 1948. 6

＊中大历史学会试掘史迹纪事 金毓黻 说文月刊 2/2:47－48，3/4:43－44 1940. 5，1941. 10

＊彭山考古之重要发见 图书季刊（新） 4/1－2:197－198 1943. 6 文物周刊 5 1946. 10

四川蛮洞发掘记 岑家梧 民族学研究集刊 6:31－36 1948. 8 插图二

＊四川南溪发现宋梁古冢 北平晨报 1931/4:3 燕京学报 9:1931－1932 1931. 6

＊梁宋古冢 史学（中） 1:342－343 1933. 3

四川南溪李庄宋墓 王世襄 中国营造学社汇刊 7/1:129－139 1944. 10 图三

乾道辛夘墓 刘致平 中国营造学社汇刊 7/2:1－4 1945. 10 图九

王建墓的发掘 李致刚 旅行杂志 19/4:54－55 1945. 4

前蜀王建墓 大沂 文物周刊 12 1946. 12

＊成都抚琴台发现古墓 燕京学报 30:352 1946. 6

*川康古迹考察团发掘成绩　燕京学报　30:351－352　1946.6

二〇　云南省

*国立中央博物院工作近况　图书季刊(新)　2/1:130－131　1940.3

1939 年在云南大理共发见古墓十七座,古代遗址十二处,其中有七处属于史前期,五处属于南诏期。已发掘的遗址有五处,其中三处属史前期

*云南考古发掘　报　科学　24/6:508－509　1940.6

昭通梁堆发掘记　张希鲁　艺林月刊　30:16,31:16,32:16　1932.6－8

云南昭通考古小记　张希鲁　考古社刊　2:25－27　1935.6

*云南昭通县发现大批汉代古物　北平晨报　1937/5:9　禹贡半月刊　7/6－7:366－367　1937.6

云南昭通的汉墓　张希鲁　说文月刊　3/4:75－76　1941.10

晋宁访古记　徐炳昶　史学集刊　4:88－90　1944.8

二一　陕西省

西北考古记略　何士骥　读书通讯　52:14－15　1942.10

陕西调查古迹报告　徐炳昶、常惠　北平研究院院务汇报　4/6:1－17　1933.11

长安城外鱼化寨新石器时代之遗址　何士骥　西北史地季刊　1/1:123－130　1938.2　插图六　图四四

渭南故市发现古代史前陶器　容媛　燕京学报　34:309－310　1948.6

*西北大学教授王子云氏在长安近郊发现周代陶器　中央图书馆馆刊(复刊)　1/1:文化消息 57　1947.3

传说中周都的实地考察　石璋如　中央研究院历史语言研究所

集刊　20下:91－122　1949.12　插图一一

＊西安三桥镇发现汉代造币厂遗址　科学　20/3:242　1936.3

修理张骞墓工作报告　何士骥　说文月刊　3/10:157－167　1943.5

瑶镇汉遗址发现之经过及考略　许锡五　说文月刊　5/5－6:95－96　1947.1

＊陕西耀县发现魏碑　中国博物馆协会会报　1/1:16　1935.9

＊教部文物考察团在陕发现六朝石刻　图书月刊　1/3:43　1941.3

唐大明兴庆及太极宫图残石发掘报告　何士骥　北平研究院院务汇报　5/4:53－61　1934.7　图二　（见5卷3期插图）

＊陕西邠县新发现唐姜嫄公刘庙碑　中国博物馆协会会报　1/3:23　1936.1

＊咸阳昭陵附近发现唐代石狮　中国博物馆协会会报　1/3:23　1936.1

＊陕西大荔最近发现隋唐古物　中国博物馆协会会报　1/5:29　1936.5

＊陕西省古碑调查　科学　20/5:422　1936.5

二二　甘肃省

＊武都发现原人骸骨　图书季刊(新)　7/1－2:102　1946.6

＊裴文中博士甘肃考古志略　安志敏　燕京学报　33:311－313　1947.12

＊西果园附近发现新石器时代人类遗迹　说文月刊　3/10:185(原载1941年11月2日甘肃《民国日报》)　1943.5

临洮寺洼山发掘记　夏鼐　中国考古学报　4:71－137　1949.12

＊甘肃狄道发现古物　科学　9/1:104－105　1924.1　史地学

报　3/1－2:224　1924.5－6

西北科学考查团在甘工作近况——团员陈宗器致该团理事函　地学杂志　19/1:155－156　1931

二三　新疆维吾尔自治区

西北考查团在新疆考古情况报告　黄仲良　大公报　1930/9:27

西北科学考查团之工作及其重要发现　燕京学报　8:1610－1614　1930.12

西北科学考查团又有发现　地学杂志　18/3:447－448(原载8月29日北平《新晨报》)　1930

论新疆省阿克苏出土之石刀　安志敏　学原　1/11:33－36　1947.4　图三

新疆发现古物概要　黄文弼　东方杂志　28/5:40－43　1931.2(又收入《高昌》第一分本附录1－7)

二千年前古冢内腊尸与汉简　黄文弼　大公报　1931/2:13

记新疆二麻札　黄文弼　新亚细亚月刊　5/3:99－100　1933.3

肆　考古学专论

一　古文字学

(一)综论

中国文字学叙论　李笠　中山大学语言历史学研究所周刊　7/83-84:(缺页)-25　1929.6

中国文字学是什么　闻宥　中山大学语言历史学研究所周刊　9/101:1-7　1929.10

本文是著者所编《中国文字学通论》的首章

中国文字本质的研究　闻宥　中山大学语言历史学研究所周刊　11/125-128:32-70　1930.4

本文是著者所编《中国文字学通论》的一章

小学发微补　刘光汉　国粹学报　1/5:3-6,1/6:4-6,1/7:3-6,1/8:5-7,1/9:5-6,1/10:5-6,1/12:2-6,2/13:5-6,2/17:3-5,2/19:4-5,2/22:1-2,2/23:4　1905.5-1906.10

汉宋小学异同论　刘光汉　国粹学报　1/8:12-13　1905.8

正名隅论　刘光汉　国粹学报　2/22:1-12,2/23:7-11　1906.9-10

中国文字之起源　吴贯因　庸言　1/14:1-9,1/15:1-8

1913.6－7

历代文字变革考　弌山　民权素　6:名著5－6　1915.5

汉字起源考　丁山　中山大学语言历史学研究所周刊　4/44－45:1－25　1928.9

最近二十年间中国旧学之进步　抗父(樊炳清)　东方杂志 19/3:33－38　1922.2

最近二三十年中国新发现之学问　王国维　学衡　45:1－13 1925.9　东北文化月报　5/4:43－47　1926.4

文字学上之古代社会观　张世禄　国学丛刊(东)　1/2:69－73 1923.8

文字学上中国古代社会勾沉　丁兴瀼　学风　3/6:23－24,3/7:11－14　1933.7－8

中国文字学上之原始宗教考　陈钟凡　国学丛刊(东)　1/2:85－87　1923.8

文字学上中国古代宗教勾沉　丁兴瀼　学风　4/8:1－5 1934.10

从文字学上所见初民之习性　陈钟凡　国学丛刊(东)　1/2:73－85　1923.8

从文字学上观察之上古人民生活　陈植亭　集美周刊　266:1－4,267:1－2　1931.3

中国古文字里所见的人形　[英]金璋(L. C. Hopkins)著　王师韫译　中山大学语言历史学研究所周刊　11/125－128:104－133 1930.4

文字学上中国古代货币勾沉　丁兴瀼　学风　5/2:1－6 1935.3

从中国文字学上所见诸边裔民族之源流　盛襄子　新亚细亚月刊　11/6:1－18　1936.6

从文字上看官吏的由来　马叙伦　大学　6/3－4:41－45

1937.8

从文字学上考见中国古代之声韵与言语　胡朴安　学林　9:113－167　1941.7

论汉字意符之范围　甄尚灵　中国文化研究汇刊　3:171－196　1943.9

初期意符字发微　沈兼士　大公报文史周刊　1　1946.10.16

中国文字形体变迁新论　钱玄同　北京大学月刊　1/1:101－111　1919.1

金石骨甲古文字与文字形体之发明　赵华煦　国学丛刊(东)　1/2:61－63　1923.8

古文变迁论　胡光炜 讲　曾昭燏 录　文艺丛刊　1/1:5－33　1933.11

中国原始文字考　黄永镇　东方杂志　31/19:169－173　1934.10

商周文字互异之商榷　(柳)燕诒　枕戈旬刊　4:12－13　1932.4

中国文字形体的演变　金祖同　兴建月刊　1/3:57－60,1/4:99－103　1939.12－1940.1　说文月刊　1/合订本:205－212　1940.8

汉儒识古文考上下　章炳麟　国学丛编　1/5:1－3,1/6:1－2　1932.3,5

书体考始　马叙伦　国粹学报　3/29:1－6,3/30:1－5　1907.4－5

古文籀文与小篆繁简辨　朱师辙　中大季刊　1/2:1－10　1926.6　国学月刊(大)　1/1:1－5　1926.10

篆书各字隶合为一字篆书一字隶分为数字举例　杜镇球　考古社刊　2:29－33　1925.6

玉梅花庵论篆　李瑞清 遗著　国学论丛　2/4:88－96(下缺页)　1925.10

说篆　商承祚　书学　1:50 - 55　1943.7

鸟书考　容庚　燕京学报　16:195 - 203　1934.12　图二〇

鸟书考补正　容庚　燕京学报　17:173 - 178　1935.6　图一六

鸟书三考　容庚　燕京学报　23:287 - 289　1938.6　图五

隶变考叙　李凤鼎　女师学院期刊　1/2:1 - 3　1933.7

隶变考　杨振淑　女师学院期刊　1/2:3 - 43　1933.7

说隶　吴兆璜　书学　5:37 - 40　1945.9

韬庐隶楷　汪仲伊 遗著　益世报艺术周刊　12 - 14　1929.6.18、25,7.2

章草之研究　卓君庸　大公报艺术周刊　5　1934.11.4　图八

皇象章草急就篇石本之研究　茹欲立　朔望半月刊　6:15,7:18 - 19,8:14,1933.7 - 8

急就篇新证　于省吾　辽海引年集:1 - 17　1947.7

飞白考　容庚　岭南学报　10/1:99 - 117　1949.12　图一八

文字学之革新研究(字形部)　沈兼士　北京大学月刊　1/2:35 - 37　1919.2

研究文字学“形”和“义”的几个方法　沈兼士　北京大学月刊　1/8:47 - 50　1921.2

清儒治文字学之派别及其方法述略　陈旦　国学丛刊(东)　1/2:63 - 67　1923.8

近三十年来中国治文字学者的派别及方法　郑师许　学艺　12/1:1 - 7,12/2:21 - 23　1933.2 - 3

中国文字学之历史观与今后研究之新途径　赵焕文　师大国学丛刊　1/1:80 - 86　1930.11

治文字学之几条方法　陈柱尊　学艺　12/5:1 - 6　1933.6

中国文字的组织——中国文字学研究法之一　姜亮夫　青年界　4/2:59 - 71　1933.9

研究中国文字的方法与参考书　姜亮夫　青年界　4/5:97 -

112　1933.12

比较文字学浅识　林柷敔　东方杂志　34/8:51－67　1937.4

古代文字学的方法论　李旦丘　学术　3:108－116　1940.4

中国文字之原流与研究方法之新倾向　马叙伦　学林　6:1－32,7:147－177,8:111－144　1941.4－6

研究中国文字学的新途径　罗逸民　读书通讯　125:10－14　1947.1

古文六例　章炳麟　国学论衡　3:1－3　1934.6

中国文字学教学方法之商榷　高文　金陵学报　8/1－2:97－103　1938.5

论治中国语言文字学之要籍　殷孟伦　斯文　1/11:2－5,1/12:2－7　1941.3

系统的文字学参考书目举要　沈兼士　北京大学研究所国学门月刊　1/5:494－503　1927.2

评中国文字变迁考　徐中舒　一般　2/3:452－461　1927.3

桂馥何绍基隶释隶续评校　叶启勋　金陵学报　1/1:223－267　1931.5

古文声系　（孙海波 著　1935 年来薰阁出版）　容媛　燕京学报　17:225－226　1935.6

古文字学导论　（唐兰 著　1935 年出版）　萱　大公报图书副刊　113　1936.1.16　图书季刊　2/4:236－237　1935

文字学概论　（汪国镇 编著　1939 年商务印书馆出版）　敬　图书季刊(新)　1/4:430　1939.12

文字学史序　刘光汉　国粹学报　1/4:1－5　1905.4

文字学名词诠释自叙　叶俊生　国学丛刊(东)　2/3:102　1924.9

文字学名词诠释叙　陈衍　国学丛刊(东)　2/3:102　1924.9

孙氏古文声系序　刘盼遂　大公报图书副刊　70　1935.3.14

(二)六书

六书总论　郑师许　学艺　13/8:1－13　1934.10

六书说约　马培棠　德音　1:1－15　1932.6

六书的渊源　万湘澂　南诏季刊　1:11－25　1935.3

六书古义　张政烺　中央研究院历史语言研究所集刊　10/1:1－22　1948.4

六书发微　蒋志范　学海月刊　2/2:16－21　1945.2

象形通论　郑师许　学艺　14/3:27－38　1935.4

论六书指事之源　陈启彤　雅言　1/1:1－5　1913.12

指事通论　郑师许　学艺　14/4:5－13　1935.5

读说文会意字之管见　陈泽寰　国学月刊(天)　1/3:22　1937.6

中国六书中之形声　蒋善国　晨报副刊　2240－2241，2243－2248　1928.3.23－24、26－31

形声阐微　陈柱尊　学艺百号纪念增刊:340－344　1933.3

形声字声中有义略证　杨树达　清华学报　9/2:289－307　1934.4

附论中国语源学问题

形声字之字义与形旁之关系　陈兆年　论学　2:1－11　1937.2

说文形声字之分析　甄尚灵　中国文化研究汇刊　2:225－248　1942.9

谈形声字　蔡剑飞　青年界(复刊)　3/4:37－41　1947.6

转注说　刘师培　国粹学报　5/60:1－2　1909.10

论转注　陈启彤　雅言　1/3:1－6　1914.1

转注正义　李翘　学衡　26:1－7　1924.2

读李翘君转注正义篇书后　方竑　学衡　39:1－5　1925.3

转注说　汪荣宝　华国　1/9:1－6　1924.5

转注说　戴君仁　中山大学语言历史学研究所周刊　1/5:107－110　1927.11

转注正解　刘大白　东方杂志　25/23:81－84　1928.12

六书转注录甄微　刘盼遂　学文　1/2:1－5　1931.1

答李翘转注本于方言说　宋文蔚　德音　1:1－2　1932.6

转注发疑　章东岩　民大中国文学系丛刊　1/1:6－11　1934.1

转注问题参考资料　吴予天　学艺　13/2:141－281　1934.3

转注平议　陈柱　国学论衡　9:24－34,10:49－55　1937.3－6

六书解诂及释例　顾实　国学丛刊(东)　1/2:1－46　1923.8

六书释例　曾运乾、那铭书　东北大学周刊　71:19,72:14－15　1929.5

六书札记　粟孚　国专月刊　1/5:22－23　1935.7

六书疏证摘记——锊　马叙伦　说文月刊　2/6－7:17－21　1940.10

六书叙　倪羲抱　国学杂志　2:6－7　1915.4

书许氏说文解字六书正论后　孙海波　国学月刊(国)　1/1:22－24　1945.1

(三)说文解字

1. 总论

谈谈中国字典的鼻祖——说文　君五　北辰杂志　6/3:29－32　1934.2

说文解字叙通释　种因　学生杂志　8/2:1－19,8/3:1－12　1921.2－3

说文叙小笺　金毓黻　东北丛镌　7:1－5　1930.7

许慎说文解字叙讲记　冯振心　学艺　12/1:37－52　1933.2

说文解字讲记(节录)　冯振心　学艺　13/1:83－92,13/2:59－65,13/3:63－69,13/4:75－82,　13/5:89－92,　13/6:55－59,13/8:77－83,13/9:75－81,13/10:71－78　1934.2－6,8,10－12

说文解字序　章太炎 讲演稿　国风月刊　7/4:12-21　1935.11

徐锴的说文学　周祖谟　大公报文史周刊　23　1947.3.28

段玉裁说文学之研究　唐文播　学思　3/4:83-89　1943.2

说文师说　刘盼遂　北强月刊　2/2:59-76　1935.2

论说文为眼学　陈泽寰　国学月刊(天)　1/1:21　1937.4

说文解字所用字体说　董众　东北丛镌　1:1-15　1930.1

古本字考　刘师培　国学丛刊(东)　2/3:69-74　1924.9

说文数名古文考　舒连景　励学　3:46-47　1935.4

说文中之古文考　商承祚　金陵学报　4/2:179-216,5/2:267-298,6/2:243-262,10/1-2:235-270　1934.11,1935.11,1936.11,1940.5

说文籀文古文考　孙海波　文哲月刊　1/8:58-78　1936.9

甲金文中所见说文之逸文　孙海波　师大月刊　26:177-184　1936.4

说文重文考(卷上)　朱孔彰　中国学报(续)　4:1-2,5:3-4　1916.4-5

古重文考　刘师培　国学丛刊(东)　1/1:85-87　1923.3

说文重文小篆考　叶启勋　金陵学报　6/2:266　1936.11

篆文偏旁同形异部考　张梦达　女师学院期刊　3/1:1-32,3/2:1-23　1935.1-6

说文异字而偏旁全同之比较　冯振　国专月刊　3/2:1-2　1936.3

说文凡某之属皆从某考并叙　张智敏　女师学院期刊　4/1-2:1-18　1936.6

说文借体说　潘重规　文哲季刊　2/2:379-391　1932

造字时有通借证　杨树达　复旦学报(文)　1:1-14　1944.10

说文读若字研究　刘秀生　中山大学语言历史学研究所周刊　4/41:12　1928.8

说文解字读若音订　陆志韦　燕京学报　30:135－278　1946.6

说文读若探源　杨树达　学原　1/5:71－84,1/6:55－68　1947.9－10

说文双声叠韵联语考释　吴庭让　东北大学周刊　53:10－12,54:10－12,55:10－12,56:8－10,57:17－19,58:15－17,59:18－20,60:28－30,61:15－17,62:9－11,63:16－18,64:20－22　1928.9－1929.1

说文汉语疏　刘盼遂　国学论丛　1/2:113－146　1927.9

说文里所见的方言　何格恩　岭南学报　3/2:110－136　1934.4

说文中译音字之研究　郑师许　学艺　14/6:1－10　1935.8

文字孳乳之一斑　杨树达　学原　2/6:32－38　1948.10

2. 考释与研究

孙仲容先生遗著　国粹学报　5/56:1－6　1909.5

释棐－释翼－释畴－释踖

说文疑义　陈启彤　国学杂志　1:1－6　1915.3

告—哭—器—羌、闽蛩、狄、貉、僰、夷—凤—麦、来—禾—亘、家—咸

读说文别释　高潜子　学术世界　1/9:48－49　1936.3

释及—释∀—释凹—释六—释[illegible]

说文别释　高淞荃　古学丛刊　1:1－5,2:6－10,3:11－20　1939.3－7

释○—释[illegible]—释凵—释星—释云—释回—释申—释[illegible]—释凹—释卄—释[illegible]—释云—释真—释[illegible]—释函—释弟—释甲—释由—释斗—释[illegible]

字说　方国瑜　师大国学丛刊　1/1:49　1930.11

释武—释革—释贞—释伐—释信—释用

字说　商承祚　师大国学丛刊　1/2:7－8　1931.5

释申—释靁

字说　高潜子　师大国学丛刊　1/2:8－10　1931.5

释[illegible]—释星—释[illegible]—释云

字说　胡吉宣　青鹤杂志　2/9:1－2　1934.3

塱、望、遻

实庵字说　陈独秀　东方杂志　34/5:51－61,34/6:79－86,34/7:74－57,34/10:71－78,34/13:241－253　1937.3－7

积微居字说　杨树达　东方杂志　37/11:33－38　1941.6

语源学论文十二篇　杨树达　清华学报　9/4:897－911　1934.1

1. 释旐　2. 释嫁　3. 释放　4. 释晚　5. 释经　6. 释旃　7. 释暍　8. 释滓　9. 释籢　10. 释晋　11. 释谨　12. 鹨天龠释名

语源学论文十篇　杨树达　文史哲季刊　2:49－56　1943.6

1. 释徹　2. 释革　3. 释荆　4. 释图　5. 释告　6. 释ㅐ　7. 释工　8. 释岂　9. 释正　10. 释僉

凝红轩说字　李寿义　学海月刊　1/3:21－24,1/6:10－14　1944.9,12

1. 释乱　2. 释曾　3. 释詹　4. 释簠簋　5. 释乍　6. 释弻　7. 释式弋　8. 释必　9. 释豙　10. 释介

羌庐说字　独活　读书通讯　123:8－13　1946.12

释广—释疒—释监—释品—释凡—释燮—释羊—释夭—释南—释音—释乏—释士—释之—释尋

释醜　汪东　雅言　1/11:2－3　1914.12

说稽　章太炎　雅言　1/8:1－2　1914.7

释豊　曹松叶　国学丛刊(东)　1/2:123　1923.8

释叒　乔云栋　国学丛刊(东)　1/2:125　1923.8

释勿　李万育　国学丛刊(东)　1/2:126　1923.8

释仁　金致中　国学丛刊(东)　1/2:126－128　1923.8

释寅　谢寅　国学丛刊(东)　1/2:128　1923.8

释辰　吴绍瑄　国学丛刊(东)　1/2:128－129　1923.8

释辰　冯式权　中法大学月刊　2/2:19－26　1932.11　插图三

释身　汪荣宝　华国　1/6:1－3　1924.2

释夔　汪荣宝　华国　1/7:1－3　1924.3

释身　何士骥　女师大学术季刊　1/2:1　1930.6

释身　方国瑜　师大国学丛刊　1/3:21－29　1932.3

释家补证　卫聚贤　国学月报　2/11:581－584　1927.11

释家　陈蠹园　学海月刊　1/3:20－21　1944.9

释武　商承祚　中山大学语言历史学研究所周刊　2/20:222　1928.3

释良　顾廷龙　中山大学语言历史学研究所周刊　4/42:25　1928.8

释克　顾廷龙　中山大学语言历史学研究所周刊　4/42:26　1928.8

释侊　朱芳圃　中山大学语言历史学研究所周刊　6/70:12－13　1929.2

释芈　胡吉宣　中山大学语言历史学研究所周刊　10/113:1－2　1930.1

释丙　邵履常　中山大学语言历史学研究所周刊　10/117:1－3　1930.2

立字质疑　商承祚　中山大学语言历史学研究所周刊　11/125－128:134－135　1930.4

十字说　谭戒甫　文哲季刊　1/3:611－620　1930.10

释数篇　陈柱　暨南大学文学院集刊　1:1－16　1931.1

释友　包树棠　集美周刊　268:1－2　1931.3

地古文作太说　邓尔雅　岭南学报　2/2:1－3　1931.7

说制　杨树达　国学丛编　2/1:1　1932.10

释爿　吴予天　中国文学会集刊　1:1－5　1933.6

字源　谷霁光　清华周刊　39/11－12:1091－1097　1933.6

1. 释我　2. 释父甫　3. 释屰

释醵　杨树达　国学丛编　2/2:1　1933.8

释慈　杨树达　国学丛编　2/2:1－2　1933.8

释能篇　杨协赓　女师学院期刊　2/1:1－4　1933.12
释帝　张震泽　励学　2:55－66　1934.6
释鐮　杨树达　考古社刊　2:43－44　1935.6
释物　张人骏　国专月刊　1/5:19－22　1935.7
释宰　朱大可　青鹤杂志　4/12:1－3　1936.5
释𣎾　栾调甫　山东省立图书馆季刊　1/2:17－20　1936.12
释珠　陈松茂　厦门图书馆声　4/4－6:18－19　1937.3
释朱　闻一多　文学年报　3:7－12　1937.5
释行　栾调甫　励学　7:1－5　1937.5
释丌　盛子敬　学风　7/5:1－3　1937.6
释任释鬼释克　蒋礼鸿　中国文学会集刊　5:1－4　1940.4
释慭　季廉方　群雅　1/2:9－11　1940.5
释甹　季廉方　群雅　1/5:8－9　1940.8
释祡　陈陆　中和月刊　3/2:27－38　1942.2
释白　岸堂　真知学报　3/1:28－29　1943.3　插图一
释至　肖璋　浙江大学文学院集刊　3:1－71　1943.8
说文小证　赵希敏　故都旬刊　1/3:3　1946.11
释晨—释告
"不""坯""芣苢"　"栝棬"诸词义类说　沈兼士　大公报文史周刊　4　1946.11.10
说瞿—读沈兼士先生芣苢说献疑　杨树达　大公报文史周刊　10　1946.12.18
释"抛"　唐兰　大公报文史周刊　12　1947.1.1
释人尸仁𡰥夷　于省吾　大公报文史周刊　14　1947.1.15
释士　梁念萱　国学丛刊(东)　1/2:122　1923.8
释王　李俶　国学丛刊(东)　1/2:122　1923.8
释皇　汪荣宝　国学季刊　1/2:387－389　1923.4　华国　1/1:

1－4　1923.9

释王皇㞷　顾实　国学丛刊(东)　2/3:83－85　1924.9

释皇篇补义　刘节　国学月报　2/11:585－587　1927.11

释王　(柳)燕诒　枕戈旬刊　4:12　1932.4

士王皇三字之探原　徐中舒　中央研究院历史语言研究所集刊　4/4:441－448　1934

释王　姜亮夫　志林　3:1－19　1942.1　插图二一

王皇名号溯源　朱芳圃　新中华(复刊)　6/12:39－41、18　1948.6

述录方二字义　赵万里　国学丛刊(东)　1/2:129－130　1923.8

释夊夂干皆从止变形　庞树家　国学丛刊(东)　1/2:123－125　1923.8

释㞢帀旦百　刘纪泽　国学丛刊(东)　1/2:125－126　1923.8

贝鼎同字说　王汉　国学丛刊(东)　1/2:130　1923.8

有畜同字说　张景玉　国学丛刊(东)　1/2:130　1923.8

释䀠瞿　王瀛波　河南中山大学文科季刊　1:73－75　1930.1

释[illegible][illegible]　何士骥　女师大学术季刊　1/1:1－2　1930.3

释蔡杀　胡吉宣　中山大学语言历史学研究所周刊　10/114:1－2　1930.1　中央大学半月刊　1/11:135－137　1930.4

古甘口二字相通说　陈定民　中法大学月刊　1/4:35－38　1932.2

十文说义　杨树达　文哲季刊　5/2:357－366　1936

释贩—释诗—释义—释颊—释骰骭—说觋—说测—说皤—尔雅窕闲说—尔雅木自弊神说

史之渊源考　葛定华　河南大学学报　1/3:1－20　1934.10

史字的本来意义　姚名达　齐大国学季刊　1/1:1－14　1940.11

说文燕召公史篇名醜解　张政烺　六同别录上:1－6　1945.1　中央研究院历史语言研究所集刊　13:173－178　1948.9

3. 目录

说文建首系表　李翘　中山大学语言历史学研究所周刊　10/109:1－25　1929.12

说文解字六书分类表　王汝英等廿九人　女师学院期刊　2/2:1－38　1934.7

说文音韵部表　里文澜　女师学院期刊　2/2:1－21　1934.7

说文四十一声旁转数目总表　姜忠奎　文史丛刊(山东)　1:133－134　1934.5

说文声转表叙论　姜忠奎　励学　7:6－11　1937.5

4. 方法

论以说文证史必先知说文之谊例　柳诒徵　北京大学研究所国学门周刊　2/15－16:1－4　(原载东南大学《史地学报》第3卷第1、2合期)　1926.1

论说文谊例代顾颉刚先生答柳翼谋先生　容庚　北京大学研究所国学门周刊　2/15－16:31－33　1926.1

说文解字研究法　种因　学生杂志　14/11:21－29,14/12:57－61　1927.11－12

读王氏说文释例　于鬯　国学杂志　1:1－3　1915.3

说文解字考异订例　(清)王仁俊 遗著　中国学报(续)　3:1－5　1916.3

说文解字考异订叙例　王捍郑 遗著　中国学报(续)　3:1－5　1916.3

文字形声谊参衍略例　高晋生　东北大学周刊　75:11－13,76:33－35　1929.6

说文或体字考叙例　董璠　女师大学术季刊　1/2:1－4　1930.6

说文重文入部例证　柳燕诒　枕戈半月刊　1/4:21－22　1932.8

文字声转注声广例　吴予天　学艺　12/6:49－56　1933.7

说文解字段注释例序例　吕宗宾　学艺　15/3:1－6　1936.4

说文所称古文释例　孙次舟　中国文化研究汇刊　2:185－223　1942.9

释说文读若例　朱孔彰　国粹学报　7/80:1－3　1911.6

说文读若考例言　方勇　北京大学研究所国学门周刊　2/15－16:33－37　1926.1

说文疑义举例　金毓黻　东北丛镌　9:1－4　1930.9

段注说文武断说举例　刘世昌　师大月刊　22:179－191,26:185－196　1935.10,1936.4

5. 传记

仓颉传说汇考　周澍　文学年报　7:61－69　1941

许叔重事略　敬言　东吴学报　1/1:1－6　1933.3

6. 杂著

与尤莹问答记　章太炎　雅言　1/5:1－4　1914.2

答四川国学学校诸生问说文书四通　刘师培　雅言　1/9:1－5　1914.8

田潜一切经音义引说文笺　北京大学研究所国学门周刊　2/15－16:37－39　1926.1

与顾起潜先生论说文重文书　丁山　中山大学语言历史学研究所周刊　1/4:24－27　1927.11

上黄季刚师论说文重文书　刘盼遂　学文　1/4:35－36　1931.9

说文练习笔记　王静安 讲授　刘盼遂 记　国学论丛　2/2:293－302　1930.12

读说文虫䖵蟲三部札记　王善业　燕京学报　11:2415－2422　1932.6

说文识小录　唐桂馨　古学丛刊　1:1－5,2:6－10,3:11－16,4:17－21,5:22－26,6:27－31,7:32－37,8:38－43,9:44－48　1939.3－1940.7

壮学室笔记　徐德庵　责善半月刊　2/16:20－23　1941.11

7. 评介序跋

说文解字辨证　陈衍学　中国学报　3:1－10,5:1－10,7:1－11,9:1－8　1912.11－1913.3,5,7

说文校案　奚世幹　国学杂志　1:1－2,2:1－4　1915.3－4

金石骨甲文字学者疑许书古文平议　张世禄　国学丛刊(东)3/1:65－73　1926.8

说文解字部首删正　何大定　中山大学语言历史学研究所周刊 9/105:1－16　1929.11

说文系传三家校语抉录　王献唐　山东图书馆季刊　1/1:1－70 1931.3

1. 顾千里手校汪刻本　2. 桂未谷手校汪刻本　3. 王菉友校祁刻本　4. 附辑朱竹君、王怀祖、吴西林校语

订正说文　(于)非厂　北平晨报艺圃　1932/2:1

桐人？相人？——说文校订之一　瞿润缗　文学年报　1:1－5　1932.7

附王董宬先生答书

丁福保编说文解字诂林正编及补遗　(1933年上海医学书局出版)　郑师许　图书评论　2/1:67－68　1933.9

说文答问疏证校异　潘承弼　北平图书馆馆刊　8/5:65－87 1934.9－10

许书干支建首形义正讹　杨沂孙 遗著　学海月刊　1/2:11－12,3:10－19　1944.8－9

正段　罗君惕　考古社刊　5:281－295　1936.12

评清代文字学家段玉裁氏之说文解字注　吴英华　工商学志 8/1:1－4　1936.5

说文统释自序　钱大昭　国学杂志　2:1－3,3:1－5　1915.4－6

说文质疑广诂叙　宋育仁　国学月刊(成)　11:19－32　1923.8

说文部首笺正序　问琴阁　国学月刊(成)　23:51－55　1924.8

说文古籀补补叙　姚华　学衡　42:1－2　1925.6

说文解字段氏注摘例序　沈兼士　北京大学研究所国学门周刊　1/1:6　1925.10

说文转注考叙　姜忠奎　学衡　60:3－4　1926.12

说文声谱自序　刘盼遂　国学论丛　1/2:293－295　1927.9

说文重文疏叙　刘盼遂　学文　1/1:43－45　1930.11

说文钥绪言　丁福保　青鹤杂志　2/3:1－5　1933.12

说文古籀三补序　马叙伦　图书馆学季刊　8/3:495－499　1934.9

说文古籀补跋　黄绍箕 遗稿　李笠 校录　之江学报　2:1－4　1933.4

跋丁少山覆刻宋监本说文解字　周祖谟　益世报读书周刊　32　1936.1.16

二　殷墟甲骨卜辞

(一)发现及著录

*商朝龟板出现　问一　东方杂志　7/5:杂俎9　1910.5

安阳洹上之特产及其发现物　武龙章　地学杂志　2/17:16　1911.8

甲骨文之发现及其考释　容庚　国学季刊　1/4:655－673　1923.12

殷墟龟甲文字发掘的经过　[加拿大]明义士 著　陈柱 译　东方杂志　25/3:43－45　1928.2

殷墟甲骨文之发现及其著录与研究　萧炳实　东方杂志　25/15:65－72　1928.8

殷墟甲骨之新发现　浦江清　大公报文学副刊　59　1929.2.25

*发掘殷墟龟甲文　大公报　1930/1:13

＊殷墟古物之重要发现　大公报　1930/2:16

＊林泰辅的清国河南省汤阴县发见的龟甲牛骨　闻宥　中山大学语言历史学研究所周刊　11/122:14-15　1930.3

＊殷墟古物在三次发掘中发现更完整之字骨证明商代尚用石器　大公报　1931/5:5

殷墟甲骨纪略　王汉章　美术丛刊　1:34-40　1931.10

河南考古之最新发现　李济 讲演　曹聚仁 笔录　国闻周报　11/24:1-6　1932.6　燕京学报　12:2711-2712　1932.12

甲骨文之发现及其价值　陈村牧 讲　肖呈祥、林文境 记　厦大周刊　13/1:16-17　1933.9

我国甲骨学发现史　郑师许　文学期刊　2:30-38　1935.2

甲骨文发现之经过及其贡献　张述　集美周刊　18/4:1-5　1935.10

安阳侯家庄出土之甲骨文字　董作宾　田野考古报告　1:91-165　1936.8　图四七

战后殷墟出土的大龟七版　胡厚宣　文物周刊　22-25,27-31　1947.2-4　图一四

我怎么搜集的这一批材料　胡厚宣　新中国日报　1946/4:20

秦汉时发现甲骨文说　卫聚贤　说文月刊　1/合订本:435-438　1940.8

秦汉时发现甲骨说补证　卫大法师(卫聚贤)　说文月刊　3/9:8　1943.1

甲骨文已现于古代说　何天行　学术　2:58-60　1940.3

陕西曾发现甲骨的推测　何天行　学术　2:61-63　1940.3

殷墟书契前编三卷　罗振玉　国学丛刊　1:1-31,2:1-28,3:1-20　1911(未完)　图二九一　(已有专书出版　1913年影印本四册,1932年重印本四册)

新获卜辞写本　董作宾　安阳发掘报告　1:131-182　1929.12

(二)综论

关于"甲骨学" 周予同 学生杂志 17/2:24－32 1930.2

三十五年来的甲骨学 陈竞明 考古社刊 3:1－52 1935.12

甲骨学概要 胡厚宣 大学 2/1:48－56 1943.1

甲骨学提纲 胡厚宣 大公报文史周刊 13 1947.1.8

1. 辨名 2. 出土 3. 时代 4. 分期 5. 类别 6. 大小 7. 数量 8. 来源 9. 卜法 10. 卜辞 11. 文例 12. 字数 13. 长文 14. 典册

甲骨学概况 容庚 岭南学报 7/2:1－44 1947.7

甲骨学之过去与将来 闻宥 民铎杂志 9/5:1－11 1928.10

甲骨文之历史及其价值 陆懋德 演讲 清华周刊 298:12－14 1923.12 晨报副刊 326 1923.12.25

甲骨文字学史 冯宗麟 中央大学半月刊 1/2:183－188 1929.11

甲骨研究之史的发展 吴汶 复旦学报 2:1－7 1935.9

日本甲骨之收藏与研究 徐嘉瑞 国学月报 2/1:21－30 1927.1

商代失国靁卜考 陈邦福 中山大学语言历史学研究所周刊 3/30:8－11 1928.5

龟甲 陈邦福 益世报艺术周刊 7 1929.5.14

河南安阳之龟壳 秉志 安阳发掘报告 3:443－446(原载《静生生物调查所汇报》1卷13期) 1931.6

龟甲文 汐翁 华北日报华北画刊 89 1931.7.5

谈龟 默厂 枕戈旬刊 2:5－6 1932.4

甲文尝鼎谈 毕任庸 青年界 9/5:36－41 1936.5

殷墟甲骨文字 董作宾 读书通讯 69:3－6 1943.7

甲骨文字 方诗铭 益世报史苑 18 1947.1.10

新获卜辞写本后记 董作宾 安阳发掘报告 1:183－213

1929.12　插图三　新晨报文化特刊　1929/3:17,4:7,5:12,6:15,7:21,8:25

大龟四版考释　董作宾　安阳发掘报告　3:423－441　1931.6　插图三　图版五

大龟四版考释商榷　瞿润缗　燕京学报　14:161－183　1933.12　图四

释后冈出土的一片卜辞　董作宾　安阳发掘报告　4:705－708　1933.6　图一

甲骨文中"周侯"辨论　董作宾、孙海波　新晨报副刊　683　1930.8.6　附图

贞人质疑　陈窘宪　中山大学文史学研究所月刊　2/1:15－21　1933.10　图四

关于董作宾《大龟四版考释》一文问题

卜辞中之繇辞及其他　沈启无　真知学报　3/2:7－13　1943.6

甲骨文与易之史学观　鲁默生　史学专刊　3/1:84－100　1938

商代龟卜之推测　董作宾　安阳发掘报告　1:59－130　1929.12　图四一

骨卜考　瞿润缗　燕大月刊　8/1:36－44　1931.5

卜法管见　［日］日名静一 著　胡福林 译　德音　1:1－18　1932.6

龟卜通考　沈启无、朱耕菴　华北编译馆馆刊　1/1:1－9,1/2:1－16,1/3:1－26,2/1:1－20,2/2:1－27　1942.10－1943.2　图一二

(三)考释与研究

1. 文字

殷商贞卜文字考　罗振玉　国粹学报　6/69:1－2　1910.7　(另有1910年玉简斋石印本)

说契　叶玉森　学衡　31:1－10　1924.7

殷墟文字考　商承祚　国学丛刊(东)　2/4:113－124　1925.10

殷墟文字考　余永梁　国学论丛　1/1:181－187　1927.6

殷墟文字续考　余永梁　国学论丛　1/4:1－11　1928.10

殷墟文字孳乳研究　闻宥　东方杂志　25/3:53－58　1928.2

甲骨文字中乂文之研究　闻宥　中山大学语言历史学研究所周刊　11/125－128:1－7　1930.4

殷墟文字用点之研究　商承祚　中山大学语言历史学研究所周刊　11/125－128:8－17　1930.4

殷墟书契解诂　吴其昌　文哲季刊　3/2:221－268,3/3:425－452,3/4:635－690,4/2:211－258,4/4:658－732,5/1:1－48,5/4:713－760,6/3:485－532　（未完）　1934.5－1937

释后冈出土的一片卜辞　董作宾　安阳发掘报告　4:705－708　1933.6　图一

殷墟卜甲拓本并释文　河北第一博物院画报　59　1934.2　图一

卜骨拓本并释文　河北博物院画刊　89　1935.4　图一

柏根氏旧藏甲骨文字考释并序　［加拿大］明义士　齐大季刊　6:1－28,7:31－74　1935.6,12　图七四

卜辞文字小记　孙海波　考古社刊　3:53－74，　4:11－21　1935.12－1936.6

固—次—吹—我—予—目—歫—或—戋—侵—婡—啚—卒—盛—兜—采—儐—买—霾—通—旋—工—鼎—冲—滋—汏—泗—洧—湄—鹰—丩—麻—侐—卣—晶—昌—曲—祐—爨—币

卜辞文字小记续　孙海波　考古社刊　5:45－57　1936.12

叀—赤—戕—纪年称岁—妆—万人—禕—卉—五臣—堇—禦

释·口二一之演变　瞿润缗　文学年报　5:189－194　1939.5

释干支　陈启彤　雅言　1/3:1－7,1/4:1－8　1914.1－2

守玄阁字说　陈柱　华国　1/9:1－6　1924.5

释元—释天—释丕—释叟—释革

释中史　顾实　国学丛刊(东)　2/3:85－89　1924.9

释工　刘盼遂　学衡　49:1－3　1926.1

释旁　丁山　北京大学研究所国学门周刊　2/18:119－121　1926.7

释百(申说文义)　戴家祥　国学论丛　1/4:43－45　1928.10

释皂　戴家祥　国学论丛　1/4:13－19　1928.10

释甫　戴家祥　国学论丛　1/4:21－42　1928.10

释千　戴家祥　国学论丛　1/4:47－48　1928.10

数名古谊　丁山　中央研究院历史语言研究所集刊　1/1:89－94　1928.10

获白麟解　董作宾　安阳发掘报告　2:287－335　1929.12　插图五　图七

说[illegible]　丁山　中央研究院历史语言研究所集刊　1/2:233－249　1930

附释非—释梦—释蒙

释午　魏建功　辅仁学志　2/1:7－28　1930.1　图一

释九锡　刘盼遂　国学论丛　2/2:227－228　1930.12

卝[illegible][illegible]解　张凤　暨南大学文学院集刊　1:1－7　1931.1

释因茵西囱茜目眉眉宿佰佰弻卧瞎等十四文　刘盼遂　国学丛编　1/3:1－3　1931.9

释栽菑　林义光　国学丛编　1/3:1－2　1931.9

获白兕考　唐兰　史学年报　4:119－124　1932.6

说壴　瞿润缗　中山大学文史研究所辑刊　1/2:227－237　1932.6

释示　綦衡　齐大季刊　1:19－21　1932.12

释驭嫠　董作宾　安阳发掘报告　4:697－703　1933.6

说叒　胡厚宣　中山大学文史学研究所月刊　2/3－4:81－82　1934.1

释女　李星可　中法大学月刊　4/3:47－50　1934.1

释南　昺衡　齐大季刊　4:43－44　1934.6

释“采”“眉”　孙海波　行素杂志　1/4:1－3　1934.11

示为古之祭器说　关玉润　磬石杂志　3/1:6－15　1935.1

释帝　黎正甫　磬石杂志　3/3:129－136，　3/4:200－203　1936.3

释癸[illegible][illegible]三字附论万字音　陈兆年　学术世界　1/6:64－68　1935.11

哭噩同源考　邵子风　考古社刊　3:112－116　1935.12

释天　[美]顾立雅　燕京学报　18:59－71　1935.12

说董　董作宾　考古社刊　4:7－10　1936.6

释四方之名　唐兰　考古社刊　4:1－6　1936.6

“鬼”字原始意义之试探　沈兼士　国学季刊　5/3:45－60　1936.7

附录郭沫若先生来函、陈寅恪先生来函

史字新释附尹夾　陈梦家　考古社刊　5:7－12　1936.12

史字新释补证附论鸟纲　陈梦家　考古社刊　5:13－16　1936.12

释自　孙海波　禹贡半月刊　7/1－3:49－53　1937.4

释狘狘　孙次舟　历史与考古　4:17－23　1937.6

关于董作宾《安阳侯家庄出土之甲骨文字》质询

释为释豖　闻一多　考古社刊　6:185－194　1937.6

释畋释豖　陈梦家　考古社刊　6:195－202　1937.6

吴越释名　卫聚贤　江苏研究　3/5－6:1－2　1937.6　（又收入《吴越文化论丛》1－6　1937.7）　说文月刊　1/合订本:407－410　1940.8

仲雍之国——释吴　何天行　江苏研究　3/5－6:1－4　1937.6（又收入《吴越文化论丛》133－147　1937.7）

释[illegible]　闻一多　清华学报　12/3:561－566　1937.7

说滴　葛毅卿　中央研究院历史语言研究所集刊　7/4:545-546　1938.5

释牢　胡厚宣　中央研究院历史语言研究所集刊　8/2:153-158　1939.9

希杀祭古语同原考　沈兼士　辅仁学志　8/2:1-13　1939.12

释屯　于省吾　辅仁学志　8/2:1-4　1939.12

说圞　闻一多　金陵学报　10/1-2:71-80　1940.5　图一二

释越　何天行　学术　4:64-69　1940.5

卜辞弜弗通用考　张宗骞　燕京学报　28:57-69　1940.12

爽字说　张政烺　六同别录上:1-6　1945.1　中央研究院历史语言研究所集刊　13:165-171　1948.9

甲骨文字小记　徐宗元　中大学报　3/1-2:135-138　1945.5

释赏—释朋—释信—释攺—释宁—释頼瞽—释澧

甲骨文从比二字辨　屈万里　六同别录中:1-4　1945.12　中央研究院历史语言研究所集刊　13:213-217　1948.9

积微居字说　杨树达　复旦学报　3:534-566　1947.5

释干支——殷契辨疑之一　陈书农　学原　2/4:44-52　1948.8

2. 文法、文例

汉以前的文法研究　何定生　中山大学语言历史学研究所周刊　3/31:1-12,3/32:1-9,3/33:1-18　1928.5-6

殷契亡尤说　丁山　中央研究院历史语言研究所集刊　1/1:25-28　1928.10

卜辞㞢戜即荧惑说　林义光　国学丛编　1/4:1-4　1931.11

易经与卜辞的比较研究　李星可　中法大学月刊　5/4:1-36　1934.7

释冎　陈梦家　考古社刊　5:17-22　1936.12

殷契亡囚说　戴蕃豫　考古社刊　5:23-44　1936.12

释丝用丝御　胡厚宣　中央研究院历史语言研究所集刊　8/4:467-484　1939.12

王若曰古义　董作宾　说文月刊　4/合刊本:327-333　1944.5

自不踬解　屈万里　六同别录中:1-3　1945.12　中央研究院历史语言研究所集刊　13:209-211　1948.9

商周字例自序　戴家祥　中山大学语言历史学研究所周刊　7/82:1-4　1929.5

关于"尾右甲"卜辞(董作宾氏典册即龟版说之商榷)　唐兰　国学季刊　5/3:203-210　1936.7　图一六

契文卜王释例　许敬参　河南博物馆馆刊　4:1-20, 5:1-8　1936.10,12

骨文例　董作宾　中央研究院历史语言研究所集刊　7/1:5　1936.12　图三〇

论殷代的记事文字　胡厚宣　益世报人文周刊　25-31　1937.6-8

卜辞记事文字史官签名例　胡厚宣　中央研究院历史语言研究所集刊　12:305-322　1948.1　图版五

卜辞同文例　胡厚宣　中央研究院历史语言研究所集刊　9:135-220　1937.9　图版三五

卜辞杂例　胡厚宣　中央研究院历史语言研究所集刊　8/3:399-456　1939.10　插图七五

卜词字例隅释　李笠　岭南学报　7/2:45-56　1947.7

3. 社会、文化

殷民族的社会　程憬　中山大学语言历史学研究所周刊　2/16:87-92　1928.2

商民族的氏族社会　程憬　中山大学语言历史学研究所周刊　4/39:1-12,4/40:1-12,4/42:1-14　1928.7-8

殷民族的奴隶制度　丁迪豪　进展　1/1:1-29　1931.8

殷代奴隶史　丁迪豪　历史科学　1/5:1－20　1933.9

中国奴隶社会史——附论　王宜昌　读书杂志　2/7－8:1－78　1932.8

古代的中国社会　王礼锡　读书杂志　3/3－4:1－30　1933.4

中国古代社会简述　李立中　中国社会　1/3:38－48　1933.11

中国的奴隶社会　卫聚贤　新中国杂志　1/1:1－18,1/2:1－14,1/3:1－8,1/4:1－10　1933.12－1934.3

殷代奴隶制度研究　吕振羽　劳动季报　2:5－28　1934.7

殷商之社会组织　束世澂　四川大学季刊　1:94－103　1935.7

殷代奴隶社会研究之批判　翦伯赞　劳动季报　6:7－32　1935.8

从中国文字上看社会和邦国家族的意义　马叙伦　大学　6/1:2－4　1937.6

剖面的殷代社会举例　金祖同　说文月刊　2/1:49－62　1940.4

夏殷时代的中国奴隶社会　邓初民　文化杂志　2/2:18－25　1942.4

殷周是奴隶社会考　郭沫若　学习生活　3/1:2－7　1942.4

中国之奴隶史的本质　曾仲谋　中山大学师范学院季刊　1/3:191－201　1944.6

由商书盘庚篇看殷商社会的演变　冯汉骥　文史杂志　5/5－6:34－47　1945.6

汤誓和般庚里的“众”与“有众”　王达津　读书通讯　126:12－14　1947.2

从“高宗谅阴”说到武丁父子们的健康　董作宾　中国青年　7/2－3:5－10　1942.9

殷人疾病考　胡福林(胡厚宣)　学思　3/3:1－8,3/4:9－12　1943.2　(又收入《甲骨学商史论丛》初集3:1－15　1944.3)

读胡厚宣殷人疾病考　杨树达　志学月刊　2/23:7－12　1945.8

从古文字中观察古代家宅演进之情形　蒋大沂　学术　3:104－107　1940.4

殷代妇女地位的推测　白雪樵　齐鲁大学学史丛刊　1　1944.12

由甲骨文考见商代之文化　陆懋德　清华学报　4/2:1319－1335　1927.12

商代文化　[加拿大]明义士　齐大季刊　1:1－8　1932.12　插图一

殷商文化丛考　胡厚宣　新梦　1/5:28－29,1/6:30－31　1933.9－12

殷商民族与文化　姜蕴刚　说文月刊　4/合刊本:193－202　1944.5

卜辞时代的文学和卜辞文学　唐兰　清华学报　11/3:657－702　1936.7

殷商文学史论　曾璧中　厦大周刊　14/30:20－32　1935.6

4. 经济

殷代经济研究　吴泽　劳动季报　5:33－52　1935.5

殷商经济史　何达　亚洲文化论丛　1:1－90　1942.6　插图一一

殷代之农业与物质文化　李泰华　读书通讯　90:2－8　1944.5

中国农业技术发展史　王兴瑞　现代史学　2/3:82－108　1935.1　插图一○

耒耜考　徐中舒　中央研究院历史语言研究所集刊　2/1:11－59　1930.5　插图五二

释臿——从中国古代农具发展探讨古代社会　尚健菴　中山文化季刊　2/2:240－250　1945.9

甲骨文中之食　夏甲亘　北平晨报艺圃　1935/12:24、25、27、28、30

甲骨金文中所见的殷代农稼情况——中国文化史国民经济篇田制章的第一节　吴其昌　张菊生先生七十生日纪念论文集:323－368　1937.1

关于殷人不常厥邑的一个经济解释　傅筑夫　文史杂志　4/5－6:22－30　1944.9

5. 历史、地理

王静安先生古史新证讲授记　吴其昌　清华周刊　25/7:406－408　1926.4

古史新证　王国维　国学月报　2/8－10:365－399　1927.10　燕大月刊　7/1－2:1－29　1930.12

读王静安先生古史新证书后　孙海波　考古社刊　2:51－59　1935.6

殷史蠡测　张龙炎　金陵学报　1/1:151－188　1931.5　图一

殷契钩沉　叶玉森　学衡　24:1－20　1932.12　（1929年已有专书出版）

从卜辞中所见的殷民族　李梦英　史学　1:79－90　1935.1

商史征　纪和宣　真知学报　2/6:2－19　1943.2

甲骨文地名考　［日］林泰辅 著　闻宥 译　中山大学语言历史学研究所周刊　9/104:1－7,9/105:17－30　1929.11

鬼方黎国并见卜辞说　林义光　国学丛编　1/2:1－4　1931.7

鬼方墉见卜辞说　傅东华　群雅　1/3　1940.6

说弇　孙海波　学文　1/4:1－8　1931.9

鬳夷考　丁山　中央研究院历史语言研究所集刊　2/4:419－422　图一

夷方和徐方　程憬　大陆杂志　1/7:109－113,1/8:25－30　1933.1－2

表较新旧版殷墟书契前编并记所得之新材料 ［加拿大］明义士 齐大季刊 2:119－132 1933.6

由甲骨卜辞推论殷周之关系 孙海波 禹贡半月刊 1/6:2－8 1934.5 插图四

辨殷商 丁山 文史丛刊（山东） 1:23－30 1934.5

佳夷考——梦甲室商代地理小记之一 陈梦家 禹贡半月刊 5/10:13－18 1936.7 图二

东画与澅 董作宾 禹贡半月刊 6/2:37－39 1936.9 图一〇

商代地理小记（二） 陈梦家 禹贡半月刊 7/6－7:101－108 1937.6

商代的浙江 厈堂 真知学报 2/3:2－10 1942.11

殷金文卜辞所见国名考 柯昌济 国学丛刊（国） 14:44－60 1944.7

甲骨地名与殷代地理新考 吴泽 中山文化季刊 2/1:73－88 1945.6

虎方考释 项英杰 中国文化 1:20－25 1945.9

殷困民国考 饶宗颐 文理学报 1/1:29－43 1946.6

殷代国际地位蠡测 沈西林 史学（中） 1:1－14 1930.12

殷商拓地朝鲜考 蒋逸雪 东方杂志 41/21:42－45 1945.11

6. 世系

卜辞所见殷先公先王三续考 吴其昌 燕京学报 14:1－58 1933.12

论雍己在五期背甲上的位置 董作宾 中央研究院历史语言研究所集刊 8/4:457－466 1939.12 插图一四

卜辞下乙说 胡厚宣 北京大学四十周年纪念论文集乙上:47－57 1940.1 附图 （又收入《甲骨学商史论丛》初集 3:1－13 1944.3）

商王名号考 陈梦家 燕京学报 27:115－142 1940.6

𡆥为根圉考（殷史探原之一） 饶宗颐 责善半月刊 1/13:7

1940.9

卜辞中之[illegible]即昌若说　胡小石　文史哲季刊　2:41－42　1943.6

曹圉考　朱芳圃　儒效月刊　2/2－3:3－5　1946.6

殷卜辞中所见先公先王再续考　朱芳圃　新中华(复刊)　5/4:26－28　1947.2

甲骨卜辞中的蚀字　周祖谟　申报文史周刊　15　1948.3.20

7. 礼制

揅契枝谭(卷甲)　叶玉森　学衡　31:1－10　1924.7　(1929年已有专书出版)

甲骨中殷商庙制征　刘盼遂　女师大学术季刊　1/1:1－5　1930.3

殷商制度考(殷史论丛之一)　束世澂　中央大学半月刊　2/4:1－40　1930.11

殷代人祭考　吴其昌　清华周刊　37/9－10:1016－1024　1932.5.7

论殷人祖妣之称　林义光　国学丛编　2/1:1－3　1932.10

殷卜辞婚嫁考　温丹铭　中山大学文史学研究所月刊　1/5:1－4　1933.5

帚矛说　董作宾　安阳发掘报告　4:635－664　1933.6

宗法考源　丁山　中央研究院历史语言研究所集刊　4/4:399－415　1934　插图二

殷周之际的农业的发达与宗法社会的产生　曾謇　食货半月刊　2/2:10－14　1935.6

古文字中之商周祭祀　陈梦家　燕京学报　19:91－155　1936.6

五等爵在殷商　董作宾　中央研究院历史语言研究所集刊　6/3:413－430　1936.7　图三

祖庙与神主之起源——释且宜俎宗祏祊示主室等字　陈梦家　文学年报　3:63－70　1937.5

卜辞所见之殷代家族制度　葛启扬　史学年报　2/5:55－65　1938.12

未有谥法以前的易名制度　唐兰　中央日报读书　1　1939.10.8

射与郊　陈梦家　清华学报　13/1:115－162　1941.4

殷商之土地制度　万国鼎　文史杂志　4/5－6:31－34　1944.9

殷代帝王名谥世次世系家族与继承制研究　吴泽　中山文化季刊　1/4:513－524　1944.5

谥法滥觞于殷代论　屈万里　六同别录中:1－8　1945.12　中央研究院历史语言研究所集刊　13:219－226　1948.9

殷代兄终弟及即选举制说　徐中舒　文史杂志　5/5－6:29－33　1945.6

殷人兄弟相及质疑　施之勉　东方杂志　42/5:41－43　1946.10 再版本

殷商时代的妇女婚姻及族制　毛起鷄　中国杂志　1/1:39－40　1947.2

殷代贡纳制考辨——殷史新考之一　吴泽　历史社会季刊　1/2:20－30　1947.9

匏居札记之一——殷周人不以日为名说　赵光贤　益世报人文周刊(新)　28　1947.11.17

8.　宗教

中国古代“天”的观念之发展　陈高傭　暨南学报　2/1:83－122　1936.12

商代的神话与巫术　陈梦家　燕京学报　20:485－576　1936.12 插图一二

五行之起源　陈梦家　燕京学报　24:35－53　1938.12

甲骨文所见殷代之天神　胡厚宣　责善半月刊　2/16:2－8　1941.11

殷代的巫觋阶级与占卜　随何　申报月刊复刊号　2/2:118－122　1944.3

9. 天文、历法

殷文丁时卜辞中一旬间之气象纪录　董作宾　气象学报　17/1－4:1－3　1943.12

再谈殷代气候　董作宾　中国文化研究所集刊　5/合刊:1－17　1946

商代卜辞中的气象记录　[德]魏特夫 著　陈家芷 译　大学　1/1:19－27,1/2:31－47　（原载美国《地理杂志》1940 年 1 月号）　1942.1－2

魏特夫商代卜辞中的气象纪录　董作宾　中国文化研究所集刊　3/1－4:81－88　1943.9

气候变迁与殷代气候之检讨　胡厚宣　中国文化研究汇刊　4上:1－83　1944.9　（又收入《甲骨学商史论丛》2 集下:1－64　1945.3）

论殷卜辞中关于雨雪之记载　胡厚宣　学术与建设　1:3－14　1945.8

甲骨文四方风名考　胡厚宣　责善半月刊　2/19:2－4　1941.12（改订稿又收入《甲骨学商史论丛》初集 2:1－6　1944.3）

甲骨文四方风名考补证　丁树声、胡厚宣　责善半月刊　2/22:23　1942.2

甲骨文中之天象记录　胡厚宣　责善半月刊　2/17:2－6　1941.11

二十八宿起源之时代与地点　竺可桢　思想与时代　34:1－25　1944.5

殷末周初日月食考　刘朝阳　中国文化研究汇刊　4 上:85－119　1944.9

甲骨文之日珥观测纪录　刘朝阳　宇宙　15/1 - 3:15 - 16　1945.1 - 3

中康日食考辨　杨宪益　中央日报文史周刊　37　1945.2.4

仲康日食内在的难题　岑仲勉　和平日报人文　22　1947.3.1

论二十八宿之来历　钱宝琮　思想与时代　43:10 - 20　1947.3

关于岁星　唐兰　中央日报读书　2　1939.10.29

殷人祀岁星考　章鸿钊　学艺　17/9:12 - 25　1947.9

卜辞中所见殷历　董作宾　安阳发掘报告　3:481 - 522　1931.6

殷历质疑　刘朝阳　燕京学报　10:2009 - 2059　1931.12

说十三月　孙海波　学文　1/5:19 - 22　1932.5

殷商无四时说　商承祚　清华周刊　37/9 - 10:1014 - 1015　1932.5

读殷商无四时说　郑师许　岭南学报　3/2:140 - 144　1934.4

再论殷历　刘朝阳　燕京学报　13:89 - 152　1933.6

从瓶甲骨金文中所涵殷历推证　吴其昌　中央研究院历史语言研究所集刊　4/3:291 - 329　1934　插图四二

殷历中几个重要问题　董作宾　中央研究院历史语言研究所集刊　4/3:331 - 353　1934　插图三

卜辞历法小记　孙海波　燕京学报　17:90 - 124　1935.6

古代中国的历法　王宜昌　食货半月刊　2/3:19 - 23　1935.7

三论殷历　刘朝阳　史学专刊　1/2:67 - 103　1936.2　图六

殷商疑年　董作宾　中央研究院历史语言研究所集刊　7/1:45 - 66　1936.12

春秋周殷历法考（附春秋历朔新谱）　莫非斯　燕京学报　20:263 - 329　1936.12

十二辰考　傅运森　张菊生先生七十生日纪念论文集:369 - 407　1937.1

研究殷代年历的基本问题　董作宾　北京大学四十周年纪念论

文集乙上:146－171　1940.1

“朞三百有六旬有六日”新考　董作宾　中国文化研究所集刊 1/1:98－104　1940.9

“一甲十癸”辨　胡厚宣　责善半月刊　2/19:4－5　1941.12（又收入《甲骨学商史论丛》初集2:1－2　1944.3）

殷代年岁称谓考　胡厚宣　中国文化研究汇刊　2:1－29 1942.9　（又收入《甲骨学商史论丛》初集2:1－13　1944.3）

殷历谱后记　董作宾　六同别录中:1－25　1945.12　中央研究院历史语言研究所集刊　13:183－207　1948.9

关于殷历谱纠譎　陈子展　申报春秋　1947/8:26

《殷历谱纠譎》鲁实先著,为驳董作宾《殷历谱》而作

(四)方法

论六书条例不可径用于甲骨文字责彦堂　天行(魏建功)　新晨报文化特刊　6－7　1929.3.17,4.7

研究甲骨文字的两条新路　闻宥　中山大学语言历史学研究所周刊　百期纪念号:1－6　1929.10

甲骨文研究的扩大　董作宾　大公报　1930/3:25－27、29、31 史学杂志　2/3－4:6－14　1930.9　安阳发掘报告　2:411－421 1930.12

甲骨文断代研究例　董作宾　庆祝蔡元培先生六十五岁论文集上:323－424　1933.1　插图八

殷墟甲骨文字辨伪初论　陈松茂　厦门图书馆声　2/3:5－6 1933.3

(五)目录

甲骨金石书目分类略述　黄仲琴　中山大学图书馆周刊　2/3:2－4　1928.5

甲骨年表　董作宾　中央研究院历史语言研究所集刊　2/2:241－260　1930.8

殷契书目录　陈准　图书馆学季刊　6/1:121　1932.3　瓯风杂志　1:1-2,6:3-5,7:6-8　1934.1,6-7

甲骨学目录并序　李星可　中法大学月刊　4/4:1-32　1934.2

甲骨文材料之统计　胡厚宣　月报　1/5:1093(译自日本《中国文学月报》24号)　1937.5

(六)杂著

契膏疏记　戴蕃豫　考古社刊　1:32-37　1934.12

卜筮　天浑　枕戈旬刊　4:10-11　1932.4　(见《习静轩笔记》)

闲话甲骨文　金且同　说文月刊　1/合订本:813-814　1940.8

学术通讯　董作宾　鲁实先　责善半月刊　2/15:22-23　1941.10

关于历术问题的讨论

卜辞零简　胡厚宣　责善半月刊　2/18:15-20　1941.12

孔德所藏卜辞写本录副　金祖同　说文月刊　3/1:85-88　1943.8

国立中央研究院董作宾氏之甲骨学研究工作　图书季刊(新)　5/1:93-95　1944.3

(七)评介序跋

殷虚文字类编　商承祚　中山大学语言历史学研究所周刊　11/122:13　1930.3

获白麟解质疑　方国瑜　师大国学丛刊　1/2:11-15　1931.5

甲骨文字研究　(郭沫若 著　1931年上海大东书局出版)　松(刘节)　北平图书馆馆刊　5/4:116　1931.7-8　余逊、容媛　燕京学报　9:1947-1948　1931.6

殷墟文字之批判　[日]饭岛忠夫 著　郑师许 译　大陆杂志　1/10:59-64　1933.4

读殷虚文字之批判　郑师许　大陆杂志　1/10:65-70　1933.4

殷契卜辞　(容庚、瞿润缗 著　1933年燕京大学出版)　松(刘节)

燕京学报 13:256 1933.6

卜辞通纂考释 （郭沫若 著 1933年日本文求堂影印本） 松（刘节） 燕京学报 13:253－256 1933.6

殷契佚存考释 （商承祚 著 1933年金陵大学文化研究所出版） 青松 大公报图书副刊 7 1933.12.21 北平图书馆馆刊 7/6:112－113 1933.12 图书馆季刊 1/1:38－39 1934.3 积微 大公报图书副刊 41 1934.8.25

评殷契通释 （徐协贞 著 文楷斋刻书处发行） 戴家祥 大公报图书副刊 20 1934.3.31

龟甲文字概论 （陈晋 著 1933年中华书局出版） 戴家祥 大公报图书副刊 21 1934.4.7

介绍天下第一奇书——徐协贞先生新著殷契通释 虞廷 文史（北） 1/2:81－92 1934.6

评甲骨文字理惑 陈庚 大公报图书副刊 168 1934.8.4

甲骨学文字编 （朱芳圃 著 1933年商务印书馆出版） 戴家祥 大公报图书副刊 38 1934.8.4 图书季刊 1/3:151－152 1934.9 敏 史学消息 1/4:30 1937.3

甲骨文编 （孙海波 撰集 1934年燕京大学出版） 容媛 燕京学报 16:220 1934.12 云斋 益世报人文周刊 14－15 1937.4.9、16

甲骨学商史编十卷 （朱芳圃 编 1935年中华书局石印本） 珣 中国博物馆协会会报 1/1:21－22 1935.9

评郭沫若近著两种 ［法］马伯乐 著 陆侃如 译 文学年报 2:61－71 1936

1.《甲骨文字研究》 2.《中国古代社会研究》

答马伯乐先生 郭沫若 文学年报 2:1－4 1936

库方二氏藏甲骨卜辞 〔［美］方法敛 摹 1935年商务印书馆出版〕 殿珣 中国博物馆协会会报 1/4:59 1936.3 梦家 燕京学报 19:236－237 1936.6

甲骨书录解题 （邵子风 著 1935 年商务印书馆出版） 图书展望 1/7:63 1936.4 殷珣 中国博物馆协会会报 1/4:59－60 1936.3

殷契萃编附考释 （郭沫若 著 1937 年日本文求堂出版） 容媛 燕京学报 22:299－300 1937.12

甲骨文录 （孙海波 著 1938 年河南通志馆出版） 容媛 燕京学报 23:312－313 1938.6

天壤阁甲骨文存 （王懿荣 旧藏 唐兰 撰集 1939 年辅仁大学丛书本） 储皖峰 辅仁学志 8/2:4－6 1939.12

读天壤阁甲骨文存 陈梦家 图书季刊(新) 1/3:287－291 1939.9

读天壤阁甲骨文存及考释 魏建功 辅仁学志 9/1:61－79 1940.6

铁云藏龟零拾 （李旦丘 编 1939 年中法文化出版委员会出版） 陈梦家 图书季刊(新) 1/4:431－432 1939.12 孙海波 中和月刊 1/2:133－134 1940.2

甲骨地名通检 （曾毅公 编 1939 年齐鲁大学国学研究所出版） 孙海波 中和月刊 1/1:129－130 1940.1 容媛 燕京学报 27:262 1940.6

殷虚书契续编校记 （曾毅公 辑 1937 年齐鲁大学国学研究所出版） 海波 中和月刊 1/1:128－129 1940.1 敬 图书季刊(新) 2/1:77 1940.3 容媛 燕京学报 27:261－262 1940.6

金璋所藏甲骨卜辞 〔[美]方法敛 摹 白瑞华 校〕 孙海波 中和月刊 1/2:139－140 1940.2

述方法敛所摹甲骨卜辞 陈梦家 图书季刊(新) 2/1:45－49 1940.3

述方法敛所摹甲骨卜辞补 陈梦家 图书季刊(新) 2/3:325－330 1940.9

方法敛博士对于甲骨文字之贡献 董作宾 图书季刊(新)

2/3:297－324　1940.9

殷契遗珠二卷附发凡一卷　（金祖同 编　孔德图书馆出版）　孙海波　中和月刊　1/2:134－138　1940.2　容媛　燕京学报　27:259－260　1940.6

评殷契遗珠并论罗氏前编的来源　陈梦家　图书季刊(新)　2/1:42－44　1940.3

诚斋殷虚文字　（孙海波 编　1940 年修文堂书店出版）　梦甲室（陈梦家）　图书季刊(新)　2/3:434　1940.9　容媛　燕京学报　27:261　1940.6

双剑誃殷契骈枝　（于省吾 著　1940 年出版）　容媛　燕京学报　28:278　1940.12

甲骨叕存一卷附释文一卷　（曾毅公 撰　1939 年齐鲁大学出版）　孙海波　中和月刊　2/1:155－157　1941.1

读曾毅公君殷虚书契续编校记　胡厚宣　责善半月刊　2/15:9－15　1941.10

甲骨学商史论丛初集　（胡厚宣 著　1944 年齐鲁大学国学研究所出版）　图书季刊(新)　5/4:73　1944.12

甲骨学商史论丛二集　（胡厚宣 著　1945 年齐鲁大学国学研究所石印本）　图书季刊(新)　6/3－4:52－54　1945.12

甲骨六录(甲骨学商史论丛三集)　（胡厚宣 编著　1945 年齐鲁大学国学研究所出版）　图书季刊(新)　6/3－4:54　1945.12

殷契摭佚　（李旦丘 编　1941 年孔德图书馆丛书本）　中法汉学研究所图书馆馆刊　1:165－166　1945.3

龟卜　（金祖同 编　1948 年北平修绠堂出版）　徐宗元　燕京学报　36:325－327　1949.6

铁云藏龟序　吴昌绶　学文　1/3:49－50　1931.7

铁云藏龟自序　刘鹗　学文　1/3:50－53　1931.7

附孙海波信

殷虚书契前后编集释序　叶玉森　岭南学报　3/2:137－139　1934.4

甲骨文编序　容庚、唐兰　行素杂志　1/4:1－5　1934.11

1. 容庚序　2. 唐兰序

商辞序　商承祚　金陵学报　6/2:263－265　1936.11

甲骨文辨证序——为章太炎致金祖同论甲骨文书　郭沫若　说文月刊　2/6－7:15－61　1940.10

跋董作宾新获卜辞写本　邓尔雅　中山大学语言历史学研究所周刊　7/75:27　1929.4

新获卜辞写本跋　余永梁　安阳发掘报告　1:215－218　1929.12

新获卜辞写本后记跋　傅斯年　安阳发掘报告　2:349－385　1930.12

芝加哥博物馆殷契摄影记　叶玉森　中山大学语言历史学研究所周刊　11/125－128:144－145　1930.4　图二

陈君松茂响拓明义士殷虚卜辞跋　张凤　厦门图书馆声　2/3:5　1933.3

增订殷虚书契考释后记　邵子风　燕京大学圕报　67:1－2　1934.6

书《库方二氏藏甲骨卜辞》印本　胡光炜　图书馆学季刊　9/3－4:493－498　1935.12　图四

戬寿堂殷虚文字考释补正　许敬参　考古社刊　3:75－80　1935.12

铁云藏龟释文补正　许敬参　考古社刊　3:81－88　1935.12

殷商贞卜文字考补正　罗振玉　考古社刊　5:59－76　1936.12

簠室殷契徵文校录　孙海波　考古社刊　6:253－263　1937.6

三　铜器及铭文

(一)综论

中国之铜器时代　马衡　北京大学研究所国学门月刊　1/6:580－583　1927.9　史学杂志　1/3:1－4　1929.7　古史辨　2:32－37　1930.9

评马衡中国之铜器时代　缪凤林　史学杂志　1/3:3－8　1929.7　古史辨　2:37－43　1930.9

中国铜器研究　[美]福开森 著　陈幼璞 译　学术　4:26－35　1940.5

中国青铜器时代的结束　姚鉴　辽海引年集:209－213　1947.7

殷虚铜器五种及其相关之问题　李济　庆祝蔡元培先生六十五岁论文集上:73－104　1933.1

殷商铜器之探讨(先秦艺术史之一章)　高去寻　史学论丛　1:1－30　1934.7

殷墟青铜器研究　吴泽　中山文化季刊　2/2:227－239　1945.9

记小屯出土之青铜器(上)　李济　中国考古学报　3:1－99　1948.5　插图二〇　图版一九

记小屯出土之青铜器(中)　李济　中国考古学报　4:1－69　1949.12　插图二一—三九　图版二〇—三四

三种安阳铜刀考　[德]艾克 著　胡隽吟 译　中德学志　5/1－2:386－387　1943.5

中国上古铜兵考(上篇)　陆懋德　国学季刊　2/2:287－297　1929.12

戈戟之研究　马衡　燕京学报　5:745－753　1929.6　图一三

戟辨　胡肇椿　考古学杂志　创刊号:64－70　1932.1　图六

戈戟余论　郭宝钧　中央研究院历史语言研究所集刊　5/3:313－326　1935　插图八　图版三　图二

弋射与弩之溯原及关于此类名物之考释　徐中舒　中央研究院历史语言研究所集刊　4/4:417－439　1934　插图三　图版二

陶斋旧藏古酒器考　[美]福开森　学衡　51:1－10　1926.3

殷周礼乐器考略　容庚　燕京学报　1:83－142　1927.6　图一三五

古器释名　郭宝钧　庆祝蔡元培先生六十五岁论文集下:689－708　1935.1　插图三六

释角—释斝—释爵—释觵—释觯—释觚—释壶—释尊—释缶—释鼎—释鬲—释甗甑—释瓶与瓿—释瓨与㼽—释皿—释盘

九鼎考　孙蜀丞　努力学报　创刊号:12－19　1929.9

大禹九鼎所在考　王猩酋　考古社刊　4:266－276　1936.6　插图一

九鼎考略　杨明照　文学年报　4:37－46　1938.4

释鼎　方国瑜　东北丛镌　17:1－7　1931.5

释俎　陈唯深　厦大周刊　10/5:10－11　1930.10

释爵　陈柱　国学论衡　7:经训36－39　1936.4　插图二

说尊彝　徐中舒　中央研究院历史语言研究所集刊　7/1:67－68　1936.12

说丰　高亨　河南博物馆馆刊　4:1－3　1936.10

说铺　高亨　河南博物馆馆刊　5:1－2　1936.12

说削(辉县发掘报告之一)　许敬参　河南博物馆馆刊　7－8:1－2　1937.4　图版二　插图三

说兵器(辉县发掘报告之一)　郭豫才　河南博物馆馆刊　7－8:1－9　1937.4　图版三

说毕(辉县发掘报告之一)　郭豫才　河南博物馆馆刊　9:1－3　1937.5　图版二

说甑(辉县发掘报告之一)　郭豫才　河南博物馆馆刊　10:1－4　1937.6　图六

说匏形尊(辉县发掘报告之一)　许敬参　河南博物馆馆刊　11:1－3　1937.8　图一

说豆(辉县发掘报告之一)　郭豫才　河南博物馆馆刊　13:1－

6 1937.11

瑚琏考 陆懋德 齐大国学季刊 1/1:1－3 1940.11

古代饮酒器五种—“爵”“觚”“觯”“角”“散” 唐兰 大公报文史周刊 35 1947.8.8 图一

簠簋觚觯说 孔德成 说文月刊 4/合刊本:13－15 1944.5

阳识象形商受觯说 (黄)予向 中和月刊 2/2:2－5 1941.2

铺首 曾传轺 考古学杂志 创刊号:71－79 1932.1 插图六

甲饰 王献唐 说文月刊 3/7:71－76 1942.8 图七

论所谓“秦式”铜器 郑师许 岭南学报 4/2:7－27 1935.6 图二

新郑铜器为战国作物考 孙次舟 历史与考古 1:3－7 1937.2

汉代服御器考略 容庚 燕京学报 3:403－416 1928.6 图四二

汉代戈戟考 蒋大沂 中国文化研究所集刊 3/1－4:31－66 1943 插图三〇 图八

论戈柲之形式 蒋大沂 中国文化研究汇刊 3:309－326 1943.9

附录1. 跋郭宝钧先生教育部交管长沙古物之检讨(关于戈柲之部分) 2. 河南吉金图志剩稿影印战鉴拓本跋

宋安州出土古器考 朱希祖 北京大学研究所国学门月刊 1/6:584－586 1927.9

古代图缋文字之异同及其分合 陈钟凡 国学丛刊(东) 1/2:46－56 1923.8

金文名象疏证 吴其昌 文哲季刊 5/3:469－564,6/1:183－262 1936.6,12 图四

古代东西土古籀文字不同考 金德建 文澜学报 3/1:1－47 1937.3

(二)考释与研究

1. 文字

定庵藏器及释文辑南海吴氏筠清馆金文 (清)龚自珍 中国学报 8:1－8 1913.6〔已收入筠清馆金文(共三十四器)〕

王静安先生古金文字讲授记 吴其昌 清华周刊 25/16:967－971 1926.6 插图二

虢叔旅钟—克钟—齐侯镈钟—王孙遗诸钟—沇儿钟—邾公牼钟—邾公钔钟—郘钟—丂甲盘

端陶斋商周吉金款识考释 王捍郑 艺观 2:49－55 1929.4

东轩金文释 秦更年 青鹤杂志 1/11:1－4 1933.4

盂鼎释文

金文正郭 温廷敬 史学专刊 3/1:41－44 1938

叔夷钟订释—厣壶订释

旧云庵金文释略 陶北溟 古学丛刊 2:1－4,5:1－2,6:3－5 1939.5－1949.1

毛公鼎—郘钟—王孙遗者钟—邾公华钟—师望鼎—大鼎—梁亡智鼎—克簋—公伐徐鼎

读金器刻词三卷 马叙伦 学林 2:1－24,3:25－47,4:48－74 1940.12－1941.2

柯尔所藏中国古铜器介绍附考识 郑飞而 国学丛刊(国)10:35－43,11:31－39 1942.9,11

积微居金文说 杨树达 学原 1/3:81－88,1/9:33－41,2/1:29－34 1947.7,1948.1,5 (已收入《积微居金文说》 1959.9)

安阳武官村出土方鼎铭文考释 张凤 文物周刊 9 1946.11 图一

司母戊方鼎

邲其卣三器铭文考释 丁山 文物周刊 37－38 1947.6 图四

周代吉金年月考　刘师培　国粹学报　6/73:5－9　1910.11

散季敦—师旦鼎—毕敦—师訇敦—师遽敦—大鼎—大敦盖—鄘侯敦—谏敦—兮田盘—遂攸諆鼎—师稣敦盖—师晨鼎—颂壶—颂鼎—史颂鼎—寰鼎—寰盘—虎敦—曶鼎—趩尊—召伯虎敦—召伯虎敦（又一器）—史伯硕父鼎—盂鼎—望敦—伯克尊—鬲攸从鼎—师毁敦—牧敦—鄂敦

馆藏周代彝器记　历史博物馆丛刊　1/1:1－5　1926.10

周康侯鼎—周牺尊—周内言卣—周牺首罍—周雷纹壶—周召仲簠—周盟簋—周雷纹觚—周子爵—周素洗

大丰簋铭考释　周名辉　学原　2/4:53－60　1948.8

臣辰盉铭考释　郭鼎堂（沫若）　燕京学报　9:1738－1744　1931.6　图二　（又收入《金文丛考》10:227－232　1932.7　附图）

沈子簋铭订释　温廷敬　中山大学文史学研究所月刊　3/3:141－143　1935.1

沈子它敦盖新释　郑师许　中山大学文史学研究所月刊　1/5:5－12　1933.5　图版四

䣄散跋　丁山　中央研究院历史语言研究所集刊　2/4:415－418　1932　图版一

井侯毁考醳　于省吾　考古社刊　4:22－26　1936.6

题康侯敦　（吴）北江　雅言　甲申/2:15　1944.6

周公子明两器释文　柯昌泗　辅仁学志　1/2:3　1929.9　图版二

麦氏四器考　刘节　浙江学报　1/1:11－14　1947.9　图三（又收入《古史考存》350－355　1958.2　附图）

作册令尊及作册令彝铭考释　唐兰　国学季刊　4/1:21－29　1934.3　图五

令夨彝　马叙伦　国学季刊　4/1:15－20　1934.3　图一

令彝新释　陈梦家　考古社刊　4:27－39　1936.6

令彝令毁与其它诸器之重研　温丹铭　史学专刊　1/2:339－

349　1936.2

盂鼎铭考释　王国维　国学月报　2/8-10:409-412　1927.10（已收入《观堂古金文考释五种》及《王忠悫公遗书》）

释妹辰　朱英　考古社刊　3:107-111　1935.12

关于吴大澂盂鼎释文问题

遹敦考释　徐中舒　中央研究院历史语言研究所集刊　3/2:279-293　1931.12　插图二　图版四

夨彝考醳　吴其昌　燕京学报　9:1661-1732　1931.6　图版二

班毁铭跋　丁山　史学集刊　4:69-75　1944.8

班毁铭跋书后　徐炳昶　史学集刊　4:76-79　1944.8

颂壶考释　沈维钧　艺浪　2/2-3:1-2　1936.6

颂壶考释　容庚　文学年报　1:1-6　1932.7

陕西新出土器铭考释　郭沫若　说文月刊　3/10:153-155　1943.5

1. 大师虘簋　2. 善夫吉父器　3. 梁其器

散氏盘释文　易培基　国学丛刊(东)　1/1:91-92　1923.3　图一

吴氏散氏盘释文补正　李淑　国学丛刊(东)　1/1:94-95　1923.3

论散氏盘书二札　章炳麟　国学丛刊(东)　1/1:92-94　1923.3

散氏盘的说明　何庚　语丝　6:2-3　1924.12　图二

散氏盘铭楚风楼释文　周正权　学衡　16:1-9　1923.4　国学丛刊(东)　3/1:23-32　1926.8　(1923年已有专书出版)

散氏盘铭考释　王国维　国学月报　2/8-10:399-409　1927.10　(已收入《观堂古金文考释五种》及《王忠悫公遗书》)

记散氏盘　余永梁　中山大学语言历史学研究所周刊　1/5:111-113　1927.11　图一

散盘今释　黄葆戉　东方杂志　27/2:51-54　1930.1　图一

附陈宝琛、陈衍、褚德彝、吴士鉴等跋尾

散盘释汇　夏清贻　东北丛镌　1:1－56　1930.1　图一

散盘句读　方国瑜　东北丛镌　5:1－13　1930.5

散氏盘铭补释　(清)黄绍箕 遗稿　李笠 校　文澜学报　1:1－5　1935.1

散氏盘为氏羌族器考　柯昌济　中央亚细亚　1/2:47－49　1942.10

克鼎释文　(清)孙诒让 著　国粹学报　6/66:1－4　1910.4

克鼎铭考释　王国维　国学月报　2/8－10:412－414　1927.10（又收入《观堂古金文考释五种》及《王忠悫公遗书》）

毛公鼎铭考　[日]林泰辅 著　明朝 译　中山大学语言历史学研究所周刊　10/116:1－6　1930.1

毛公鼎之年代　鼎堂(郭沫若)　东方杂志　28/13:79－97　1931.7　(又收入《金文丛考》8:125－168　1932.7　附图)

毛公鼎之研究追记　鼎堂(郭沫若)　东方杂志　28/16:31　1931.8　(又收入《金文丛考》8:128、131　1932.7)

驳郭鼎堂先生毛公鼎之年代　吴其昌　东方杂志　30/23:63－76　1933.12

毛公鼎拓本跋　张之纲　瓯风杂志　11:2－3　1934.11

毛公鼎之年代　温廷敬　史学专刊　1/3:309－314　1936.4

毛公鼎铭柬注　高亨　志林　3:1－15　1942.1

周王㝬钟考　唐兰　北平故宫博物院年刊:1－16　1936.7

虢季子白盘年代新考　孙次舟　齐大国学季刊　1/2:1－20　1941.6　图版二

函皇父诸器考释　卫聚贤　说文月刊　2/3:1－4　1940.6　图八

论皇父　卫聚贤　说文月刊　2/10:1－5　1941.1

再释凾皇父　傅斯年　说文月刊　2/10:6　1941.1

说凾皇父　杨树达　说文月刊　2/10:7－8　1941.1　责善半月刊

1/23:2－3　1941.2

说遂启諆鼎　吴闿生　北平图书馆馆刊　6/4:1－2　1932.8

题余畜簋　吴北江　雅言　庚辰/1:22－23　1940.1

秦公钟簋之时代　容庚　考古社刊　6:352　1937.6

秦之钟镓金人考——藤田氏及原田氏说质疑　史岩　金陵学报　10/1－2:43－56　1940.5

周公华钟释文　沈廷墉　国粹学报　3/30:6　1907.5　图一

曾侯簠跋　杨树达　文史集刊　1:5－6　1948.1　（已收入《积微居金文说》 3:71－72　1959.9）

邾公钧钟　丁山　文物周刊　52　1947.9

读春秋邾国彝铭因论邾之盛衰　顾颉刚　文物周刊　46　1947.8　图一

邾公牼钟铭“玄镠肤吕”解　徐家珍　文物周刊　48　1947.8

簷太史申鼎铭跋　丁山　史学集刊　4:62－63　1944.8

者减钟释　温廷敬　中山大学文史学研究所月刊　3/2:63－65　1934.12

城虢仲簋　冯友梅　文物周刊　5　1946.10　图一

郑井叔妥宾钟记　章炳麟　华国　1/12:1－2　1924.8

晋公錐簋考释　唐兰　国学季刊　4/1:11－13　1934.3　图版二

董武钟肊考　谭戒甫　文哲季刊　5/3:565－581　1936　图二

陈侯四器考释　徐中舒　中央研究院历史语言研究所集刊　3/4:479－506　1933　图八

齐叔弓钟铭跋　丁山　史学集刊　4:64－68　1944.8

薛氏款识齐侯钟铭读法考　郭宝钧　说文月刊　4/合刊本:17－22　1944.5

齐弓镈考释——宋代金文校释之一　孙海波　师大月刊　22:52－58　1935.10

洹子孟姜壶跋　杨树达　说文月刊　5/3－4:27－28　1945.8

（已收入《积微居金文说》 2:52－54 1959.9）

国佐𨱔为齐人铸以祀火正者说 陈小松 文物周刊 32 1947.4 图二

陈□壶考释 陈梦家 责善半月刊 2/23:2－3 1942.11

陈骍壶考释 杨宽 文物周刊 34 1947.5

陈骍壶铭跋 丁山 责善半月刊 2/6:2－4 1941.6

跋陈逆二器铭 童丕绳 文物周刊 45 1947.7

左关锞 陈墨迻 艺观 5:54 1929.7

论句鑃其夷即越王句践——句鑃其夷戈跋 丁山 文史杂志 3/1－2:43－46 1944.1 插图二

禺邗王壶考释 陈梦家 燕京学报 21:207－229 1937.6 图版一〇

说攻吴与禺邗 刘节 禹贡半月刊 7/1－3:119－120 1937.4 图一 （又收入《古史考存》153－155 1958.2 附图）

释"攻吴"与禺邗 童书业 文物周刊 39 1947.6

楚公逆镈铭跋 丁山 史学集刊 4:93－99 1944.8 插图一

楚公逆镈铭跋 朱芳圃 河南大学学术丛刊（复刊） 1:1－2 1946.12

题曾姬壶 北江（吴闿生） 雅言 辛巳/3:10 1941.3

楚王庵章钟铭"西旟"解 童书业 文物周刊 73 1948.2

寿春新出楚王鼎考释 胡光炜 国风半月刊 4/3:1－4 1934.2

寿春新出楚王鼎铭考释（又一器） 胡光炜 国风半月刊 4/6:1－4 1934.3 图三

寿县所出铜器考略 唐兰 国学季刊 4/1:1－10 1934.3 图一七

安徽省立图书馆新得寿春出土楚王铊鼎铭释 胡光炜 国风半月刊 5/8－9:1－2 1934.11 图一

智君子鉴考　唐兰　辅仁学志　7/1－2:101－111　1938.12　图五

㕣羌钟补考　吴其昌　北平图书馆馆刊　5/6:43－52　1931.12

㕣氏编钟考　刘节　北平图书馆馆刊　5/6:35－42　1931.12　图二　德音　1:1－10(又收入《古史考存》86－93　1958.2)　附图

㕣羌钟考醳　唐兰　北平图书馆馆刊　6/1:83－88　1932.2

跋㕣羌钟考释　刘节　北平图书馆馆刊　6/1:89－92　1932.2

答怀主教书——论㕣氏钟出土处沿革　刘节　北平图书馆馆刊　7/1:151－152　1933.2

㕣羌钟铭释　温廷敬　史学专刊　1/1:195－200　1935.12

㕣羌钟之年代　［瑞典］高本汉 著　刘叔扬 译　考古社刊　4:281－307　1936.6

㕣羌钟的制作年代　杨宽　文物周刊　4　1946.10　图一

与容希白论高本汉评金村古墓聚英书　温廷敬　史学专刊　3/1:114－115　1938

关于㕣羌钟年代问题的讨论　附容希白答温丹铭书

昭王之諻敦跋　柯昌泗　考古社刊　4:43－44　1936.6

邵王之諻鼎及殷铭考证　张政烺　中央研究院历史语言研究所集刊　8/3:371－378　1939.10

上郡守疾戈考释　杨宽　文物周刊　33　1947.5

新城大令戈铭考辨　杨宽　文物周刊　26　1947.3

汉卫鼎考　(清)孙诒让　国粹学报　6/63:1　1910.1

簠斋金文考(壬申仲冬再定本)　(清)陈介祺　北平图书馆馆刊　11/1:1－26　1937.2

汉十六年鋈—渔阳郡孝文庙甗鍑二器—尚浴府金行烛槃—桂宫镫—阳泉使者舍熏炉—沈阳宫镫—开封镫—汉镫考记(附)

读汉金文小记　顾廷龙　史学年报　2/5:445－461　1938.12

关于彝器中"其"字"尔"字的通讯　何定生、余永梁　中山大

学语言历史学研究所周刊 4/39:29－30 1928.7

貟字说 戴家祥 国学论丛 2/1:7－9 1929.8

𢀛字说(商周字例互易例坿录) 戴家祥 中山大学语言历史学研究所周刊 10/111:1－2 1929.12

㚖字说 戴家祥 中山大学语言历史学研究所周刊 11/125－128:100－103 1930.4

释监 栾调甫 国学汇编 1:24－25 1932.10

释舍予 栾调甫 国学汇编 2:26－31 1934.6

释殷 姜寅清 国学论衡 4上:1－6 1934.11

尚书中台字新解 容庚 考古社刊 2:39－43 1935.6

关于尚书中台字新解之讨论 沈春晖 考古社刊 3:203－208 1935.12

释底渔 陈梦家 考古社刊 4:40－42 1936.6

关于宋王俅《啸堂集古录》中宰辟父敦释文问题

释粱与𣏟 朱奇 青鹤杂志 4/16:1－5 1936.7

说彝 刘节 图书季刊 3/3－4:185－192 1941.12 (又收入《古史考存》163－173 1958.2)

释裕 北江(吴闿生) 雅言 癸未/9－10:17－18 1943.10

释嬴 刘节 文史集刊 1:87－92 1948.1 (又收入《古史考存》341－349 1958.2)

2. 文法

金文释例初藁卷一 胡光炜 中山大学语言历史学研究所周刊 2/17:113－120,2/18:135－146 1928.2

金文醳例卷三 胡光炜 金陵大学文学院季刊 1/2:1－34 1931

周金文中所见代名词释例 容庚 燕京学报 6:1041－1046 1929.12

金文略例 鲍鼎 东方杂志 27/2:37－49 1930.1

金文嘏辞释例　徐中舒　中央研究院历史语言研究所集刊　6/1:1-44　1936.3

金文略例　朱建新　真知学报　1/3:15-26　1942.5

图象文字名读例　张凤　说文月刊　1/合订本:185-192　1940.8

记姬鬳彝铭识例　魏建功　辅仁学志　3/1:1-4　1932.1

周金文中之“双宾语句式”　沈春晖　燕京学报　20:375-408　1936.12

蔑曆解　戴君仁　辅仁学志　9/2:125-126　1940.6

释古铭辞蔑曆为叙勋之专用辞　陈小松　中和月刊　3/12:25-33　1942.12

诗“对扬王休”解　杨树达　大公报文史周刊　13　1947.1.8

论彝铭中的“休”字　唐兰　申报文史周刊　10　1948.2.14

3. 文化、经济

略论殷商的青铜器文化　蒯伯赞　文风杂志　1/1:3-9　1943:12

殷周文化之蠡测　徐中舒　中央研究院历史语言研究所集刊　2/3:275-280　1931.4　插图二

开国前周人文化与西域关系　丁山　禹贡半月刊　6/10:23-26　1937.1

周代散体文发展之趋势　蒋天枢　复旦学报(文)　1:77-85　1944.10

周金文所见之吉凶宜忌日　岑仲勉　东方杂志　42/10:24-29　1946.5

井田论考　何健民　中国经济　3/3:1-6　1935.3

井田制度探原　徐中舒　中国文化研究汇刊　4/上:121-156　1944.9

附冯汉骥先生述英卡(Inca)帝国之田制

金文中所窥见的西周货币制度　莫非斯　食货半月刊　4/7:1－9　1936.9

4. 历史、地理

由陈侯因資镎铭黄帝论五帝　丁山　中央研究院历史语言研究所集刊　3/4:517－536　1933

经史金文证补　温廷敬　广州学报　1/1:1－24,1/2:1－10　1937.1－4

周公旦父子考　陈梦家　金陵学报　10/1－2:113－118　1940.5

文武周公疑年　丁山　责善半月刊　2/1－2:2－9　1941.4

论小雅六月于征之王　丁山　责善半月刊　2/19:5－9　1941.12

考证文武吉甫即兮伯吉父

金文地名考　余永梁　中山大学语言历史学研究所周刊　5/53－54:1－29　1928.11

金文地名表　谢彦华　中山大学语言历史学研究所周刊　7/81:23－31　1929.5

莽京考　王国维　学衡　41:1－2　1925.5　（又收入《观堂集林》12:525－528　1961.6）

莽京考　温廷敬　史学专刊　1/4:45－50　1936.12

莽京新考　唐兰　史学论丛　1:1－8　1934.7

谭“谭”　董作宾　中央研究院历史语言研究所集刊　4/2:159－174　1933　插图一三　图二

春秋�分三国考　王献唐　国学汇编　2:12－22　1934.6　图一

同毁地理考（西周地理考之一）　唐兰　禹贡半月刊　3/12:12－14　1935.8　图二

古邗国考　刘节　禹贡半月刊　4/9:1－4　1936.1　（又收入《古史考存》　141－145　1958.2）

两周金文中古地名辑录　张希周　励学　7:81－102　1937.5

周金地名小记 孙海波 禹贡半月刊 7/6－7:109－124 1937.6

散氏盘石鼓文地理考证 陈子怡 禹贡半月刊 7/6－7:141－151 1937.6

散氏盘地名考 [日]小川琢治 著 汪馥泉 译 学术 4:47－63 1940.5 图二

记周公东征 孙海波 禹贡半月刊 2/11:2－12 1935.2

金文武功文献考辑 游寿 文史哲季刊 2/2:177－217 1945.3

5. 礼制

周代官名略考 杨筠如 中山大学语言历史学研究所周刊 2/20:201－208 1929.3

论所谓五等爵 傅斯年 中央研究院历史语言研究所集刊 2/1:110－129 1930.5

西周官制考略 牛夕 清华周刊 39/2:165－182 1933.3

两周金文所见职官考 斯维至 中国文化研究汇刊 7:1－25 1947.9

附录两周金文所见职名职掌表

中国家族制度中子孙观念之起源 吴其昌 女师大学术季刊 1/3:1－14 1930.9

“家”之来源与中国古代士庶庙祭考 姜亮夫 民族杂志 1/8:1331－1362 1933.8 图一五

周金文中的宗法纪录 曾謇 食货半月刊 2/3:24－30 1935.7

西周铜器中之宫庙及由之而考订其年代 莫非斯 考古社刊 6:87－135 1937.6

郭沫若谥法之起源驳议 陈文松 福建文化(新) 2/2(总33):1－24 1944.6 (郭著见日本《支那学》第6卷1号 又收入《金文丛考》5:88－100 1932.7)

释杨毁“讯讼取徵五寽”——周礼“以两剂禁民狱入钧金”新证之一 陈小松 文物周刊 40 1947.6

释趞毁“取徵五寽”——周礼“以两剂禁民狱入钧金”新证之二 陈小松 文物周刊 41 1947.7

释牧毁“取徵五寽”——周礼“以两剂禁民狱入钧金”新证之三 陈小松 文物周刊 42 1947.7

释㦰毁“取徵五寽”——周礼“以两剂禁民狱入钧金”新证之四 陈小松 文物周刊 43 1947.7

释㲃甗“取徵十寽”——周礼“以两剂禁民狱入钧金”新证之五 陈小松 文物周刊 44 1947.7

释番生毁“取徵廿寽”——周礼“以两剂禁民狱入钧金”新证之六 陈小松 文物周刊 45 1947.7

释毛公鼎“取徵卅寽”——周礼“以两剂禁民狱入钧金”新证之七 陈小松 文物周刊 46 1947.8

6. 天文、历法

中国古代社会之天文学 曾铁忱 中国社会 1/1:22－29 1934.7

我国上古的天文历数知识多导源于伊兰 岑仲勉 学原 1/5:34－54 1947.9

上古天文材料 陈梦家 学原 1/6:88－99 1947.10

周初之年代 [日]新城新藏 著 戴家祥 译 国学论丛 2/1:55－148 1929.8

新城博士周初之年代商兑 吴其昌 国学论丛 2/1:243－268 1929.8

殷周之际年历推证 吴其昌 国学论丛 2/1:149－241 1929.8

金文历朔疏证 吴其昌 燕京学报 6:1047－1128 1929.12

金文历朔疏证续补 吴其昌 文哲季刊 2/2:325－367,2/3:

597-641,2/4:739-810 1932—1933 图二

月霸论 赵曾俦 史学杂志 2/2:1-18 1930.5

西周历朔新谱及其他 莫非斯 考古社刊 5:209-269 1936.12

"四分一月"说辨正 董作宾 中国文化研究所集刊 2/1-4:1-23 1941.9

四分一月说辨正商榷 鲁实先 东方杂志 40/21:31-41 1944.11

7. 铜器纹饰

古代镂金学发微 刘师培 国粹学报 3/27:1-4 1907.2 图一〇

由铜器研究所见到之古代艺术 郭宝钧 文史杂志 3/3-4:3-20 1944.2

楚器纹缋的研究 熊海平 民族学研究集刊 1:239-260 1936.5 图二九

饕餮考 郑师许 东方杂志 28/7:75-81 1931.4

饕餮考——中国铜器花纹之图腾遗痕的研究 孙作云 中和月刊 5/1:2-19,5/2:13-25,5/3:12-16 1944.1-3

附录1. 说传说上之乐正夔即夏后启 2. 释九辩九歌九招 3. 说夔即夏、夏国号新解

饕餮即图腾并推论我国青铜器之源起 岑仲勉 东方杂志 41/5:51-56 1945.3

饕餮纹样溯源 赵擎寰 说文月刊 5/3-4:29-36 1945.8

古代狩猎图象考 徐中舒 庆祝蔡元培先生六十五岁论文集下:569-617 1935.1 插图六

中国古代车马狩猎图纹考 [日]驹井和爱 著 罗霈霖 译 文史汇刊 1/2:187-190 (原载日本《市村博士古稀纪念·东洋史论丛》) 1935.6 图二

评徐中舒先生“委蛇”论　黄永年　文物周刊　78　1948.3　图一

神话中的一种怪蛇——委蛇　黄永年　文物周刊　79　1948.3

关于铜器蟠虺纹的通讯　郑师许　历史与考古　2:27－28　1937.3

(三)题跋

夏庐题跋　胡光炜　国学丛刊(东)　1/1:95－99　1923.3　插图九

跋毛公鼎—跋鲁公伐郐鼎—跋拍盘—跋楚公钟(三器)—跋徐王锠(三器)

读金器刻识　马叙伦　国学季刊　5/1:83－94　1935

1. 周𦃃驹父鼎　2. 周宋夫人鼎盖　3. 商父丙卣　4. 邵钟　5. 郘公钫钟　6. 戎都鼎　7. 亚中奉尊形彝　8. 中禹彝

古钟鼎彝器训释七首　吴北江　正风半月刊　3/10:1207－1208　1937.1　雅言　甲申/2:13－15　1944.6　题名《跋吉金文七首》

师望鼎—大丰敦—宗周钟—公违鼎—伯懋父敦—太保敦—寡子卣

周齐侯二罍旧拓本　周肇祥　艺林月刊　15:9　1931.3　图三

题仲山父戈拓本二首　周贞亮　国学丛刊(国)　4:41－43　1941.10

西汉阳泉使者舍铜熏炉　周肇祥　艺林月刊　32:4　1932.8　图一

汉征和桂宫铜鋬　于右任、周肇祥　艺林月刊　29:6　1932.5　图一

汉成山宫铜渠斜款识　退翁(周肇祥)　艺林月刊　36:3　1932.12　图一

始建国铜铺首跋　陈进宧　艺观　4:59　1929.6

东汉上蔡侯邓骘造铜镳斗　周肇祥　艺林月刊　102:16　1938.6　图一

题唐玄宗戊寅投紫盖洞铜简　卢前　书学　3:157　1944.9

跋唐玄宗投紫盖仙洞告文铜简　马衡　书学　3:1－2　1944.9　图一

抚州宝应寺铜钟拓本跋尾　李凤高　国粹学报　5/61:3　1909.11

南汉熨斗跋　国学论衡　5下:考古6　1935.6

南昌龙兴寺铜钟拓本跋尾　李凤高　国粹学报　5/61:1－3　1909.11

万寿岩宋开宝铸钟题记　黄雁汀　厦门图书馆声　3/10:12－14　1936.7

(四)方法

吉金彝器之辨伪方法　郑师许　学艺　12/6:1－10,7:7－14　1933.7,9

金文辨伪　婴闇(秦更年)　青鹤杂志　1/18:1－3,1/19:1－4,1/21:1－4,1/22:1－4,1/23:1－6,1/24:1－6　1933.8－11

古代彝器伪字研究　商承祚　金陵学报　3/2:243－294　1933.11　插图五二

古代彝器伪字研究补篇　商承祚　考古社刊　5:297－306　1936.12　图一

论古铜器之鉴别　徐中舒　考古社刊　4:229－247　1936.6

关于铜器研究之基本事项　孙次舟 讲演　孔玉芳 笔记　责善半月刊　2/9:15－17　1941.7

周王陵车弁释文　李淑　国学丛刊(东)　1/1:99－102　1923.3　图一

汤盘孔鼎之商榷　郭鼎堂　燕京学报　9:1733－1738　1931.6　图三　(又收入《金文丛考》　4:81－87　1932.7)

汤盘孔鼎之重榷　温廷敬　中山大学文史学研究所月刊　3/2:59－62　1934.12

散盘真伪辨　陆和九　国学丛编　1/3:1－2　1931.9

正考父鼎铭辨伪　郭鼎堂　东方杂志　32/5:67－69　1935.3

晋侯平戎盘辨伪　容庚　考古社刊　6:145－151　1937.6

(五)目录

宋代金文著录表　王国维 辑录　容庚 重编　北平图书馆月刊 1/5:259－324　1928.9－10

齐楚古金表(重订本)　胡光炜　图书馆学季刊　2/3:343－360 1928:9　国风半月刊　4/11:1－10　1934.6

西清金文真伪存佚表　容庚　燕京学报　5:811－876　1929.6

金文疑年表　吴其昌　北平图书馆馆刊　6/5:9－70,6/6:63－122 1932.9,12

吴县潘氏攀古楼吴氏愙斋两家藏器目　顾廷龙　北平图书馆馆刊　7/2:69－97　1933.3－4

理想中之商周古器物著录表　唐兰　考古社刊　1:22－24 1934.12

安徽省立图书馆所藏寿县出土楚器简明表　朱拜石　学风 5/7:1－10　1935.9

海外吉金图象著录表略例　丁士选　考古社刊　6:84－85 1937.6

(六)杂著

文华殿福氏古物参观记略　平凡　大公报艺术周刊　40 1935.7.6

论美术援地而区　刘师培　国粹学报　3/31:3－4　1907.6

论兵器之产地

上代象形文字中目文之研究　闻宥　燕京学报　11:2353－2375　1932.6　插图一三

吴季子之子逞剑记　吴葭　东方杂志　27/1:58　1930.1　图一

先秦时代之马面及其源始　[日]驹井和爱 著　孙作云 译　考

古社刊 5:320－324 1936.12 插图二

汉五柞宫门环 邹适庐 河北第一博物院半月刊 46 1933.8 图一

杨宁史呈献古铜器观后记 安志敏 益世报史地周刊 29 1947.2.18

(七)评介序跋

关于高本汉教授“中国铜器定期制”之意见 明 史学消息 1/1:11－12 1936.10

古籀余论 〔[清]孙诒让 著 1929年燕京大学校刊本〕 燕 北平图书馆月刊 3/3:451 1929.9

金文编 (容庚 撰集 1939年商务印书馆增订再版本) 衣 图书季刊 1/2:173－174 1939.6 容媛 燕京学报 25:245－247 1939.6

金文续编 (容庚 著 1935年商务印书馆出版) 龄 大公报图书副刊 95 1935.9.5 图书季刊 2/3:191 1935 容媛 燕京学报 18:204－205 1935.12

评容庚金文编 戴家祥 大公报文学副刊 28 1928.7.16

答戴家祥君评金文编 容庚 大公报文学副刊 31 1928.8.6

金文丛考 (郭沫若 著 1932年日本文求堂出版) 松 北平图书馆馆刊 6/6:125－126 1932.12 燕京学报 12:2723－2725 1932.12

金文世族谱 (吴其昌 著 1936年商务印书馆出版) 殷珣 中国博物馆协会会报 2/1:29 1936.9

金文分域编四册 (柯昌济 编集 1935年出版) 容媛 燕京学报 18:205－206 1935.12 殷珣 中国博物馆协会会报 1/3:38 1936.1

攈古录释文订 沙孟海 中山大学语言历史学研究所周刊 9/102:1－17 1929.10

续殷文存二卷 （王辰 编纂 1935年考古学社出版） 殷珣 中国博物馆协会会报 1/4:60 1936.3

殷周青铜器铭文研究 （郭沫若 著 1931年上海大东书局出版） 松 北平图书馆馆刊 5/4:117 1930.7－8 余逊、容媛 燕京学报 9:1948－1951 1931.6

商周彝器通考 （容庚 著 1941年燕京大学出版） 容媛 燕京学报 29:232－242 1941.6

两周金文辞大系 （郭沫若 著 1932年日本文求堂出版） 松 北平图书馆馆刊 6/1:135－136 1932.2 容媛 燕京学报 11:2441－2443 1932.6

两周金文辞大系商兑 刘节 北平图书馆馆刊 6/3:125－134 1932.6

两周金文辞大系吴彝考释质疑 陈小松 文物周刊 63 1947.12 图一

三代吉金文存 （罗振玉 辑 1937年出版） 北平图书馆馆刊 11/1:135 1937.2 容媛 燕京学报 21:294－295 1937.6

浑源彝器图 （商承祚 1936年金陵大学出版） 虚 大公报图书副刊 191 1937.7.22

新郑彝器 （孙海波 编 1937年河南通志馆出版） 容媛 燕京学报 22:300－302 1937.12 梦甲室 图书季刊 2/3:435－436 1940.9

浚县彝器 （孙海波 著 1937年河南通志馆出版） 容媛 燕京学报 23:313－315 1938.6

郑冢古器图考 （关葆谦 著 1940年中华书局出版） 尺蠖 图书月刊 1/2:45－46 1941.2

楚器图释 （刘节 著 1935年北平图书馆出版） 舍 图书季刊 1/4:220－221 1934.12 大公报图书副刊 67 1935.2.21 容媛 燕京学报 17:223－225 1935.6

《楚器图释》及《尚书新证》评议　吴其昌　大公报图书副刊 77　1935.5.2

1. 刘节著《楚器图释》 2. 于省吾著《尚书新证》

三代秦汉金文著录表八卷内府藏器著录表二卷　（罗福颐 著　1933年墨缘堂出版）　容媛　燕京学报　14:263－264　1933.12　滋圃　北平图书馆馆刊　7/6:113－114　1933.12　大公报图书副刊 7　1933.12.21　图书季刊　1/1:39－40　1934.3

秦汉金文录八卷　（容庚 编辑　1931年中央研究院历史语言研究所石印本）　容媛　燕京学报　10:2171－2174　1931.12

评秦汉金文录金文续编两书　郑师许　学术世界　1/12:29－31　1936.7

宋代吉金书籍述评　容庚　庆祝蔡元培先生六十五岁论文集下:661－687　1935.1

景印明朱刻本历代钟鼎彝器款识二十卷　〔薛尚功 著　1935年据明崇祯六年(1633)朱谋垔刻本影印〕　玉府　图书季刊　2/1:65　1935

待时轩传古别录　（罗振玉 辑　罗福颐 摹　1928年影印本）　麟　北平图书馆月刊　2/5:435　1929.5

评梦坡室获古丛编　蠡舟　大公报文学副刊　17　1928.4.30

评容庚宝蕴楼彝器图录　素痴(张荫麟)　大公报文学副刊　69　1929.5.6

评宝蕴楼彝器图录　商承祚　中山大学语言历史学研究所周刊百期纪念号:101－102　1929.10

答商承祚先生评《宝蕴楼彝器图录》　容庚　中山大学语言历史学研究所周刊　11/121:15－16　1930.3

澂秋馆吉金图　（陈宝琛 家藏　孙壮 编次　1931年商务印书馆出版）　明　北平图书馆馆刊　5/3:111－112　1931.5－6　余逊、容媛　燕京学报　9:1946－1947　1931.6　非厂　北平晨报艺圃　1931/7:11

贞松堂集古遗文 （罗振玉 辑 1931 年大连贻安堂出版） 松 北平图书馆馆刊 5/5:119 1931.9－10 容媛 燕京学报 11:2441 1932.6

贞松堂集古遗文补遗三卷 （罗振玉 撰集 1932 年蟫隐庐出版） 松 北平图书馆馆刊 6/6:126－127 1932.12

贞松堂吉金图三卷附录一卷 （罗振玉 藏 罗福颐 编 1935 年墨缘堂影印本） 殿珣 中国博物馆协会会报 1/5:41 1936.5

西清续鉴乙编 〔(清)高宗 敕编 1931 年北平古物陈列所出版〕 松 北平图书馆馆刊 5/5:120 1931.9－10 容媛 燕京学报 10:2170－2171 1931.12

国朝金文著录表补遗二册附王表校勘记一册 （鲍鼎 著 1931 年蟫隐庐出版） 北平图书馆馆刊 6/1:136－137 1932.2

颂斋吉金图录 （容庚 著 1933 年影印本） 青松 北平图书馆馆刊 7/6:111－112 1933.12 图书季刊 1/1:37－38 1934.3 容媛 燕京学报 14:265 1933.12

双剑誃吉金文选 （于省吾 撰集 1934 年出版） 滋圃 大公报图书副刊 6 1933.7 容媛 燕京学报 14:264 1933.12

双剑誃吉金图录 （于省吾 著 1934 年出版） 滋圃 大公报图书副刊 41 1934.8.25 容媛 燕京学报 16:221 1934.12

善斋吉金录 （刘体智 著 1934—1935 年出版） 容媛 燕京学报 15:273－274,17:222－223 1934.6,1935.6

武英殿彝器图录 （容庚 著 1934 年燕京大学出版） 容媛 燕京学报 16:221 1934.12

吉金文录 （吴闿生 集释 南宫邢氏刻本） 滋 图书季刊 2/1:64 1935

十二家吉金图录 （商承祚 著 1935 年金陵大学出版） 殿珣 中国博物馆协会会报 1/2:37 1935.11 龄 图书季刊 2/3:190－191 1935 容媛 燕京学报 18:204 1935.12

评十二家吉金图录　郑师许　学术世界　1/11:37－38　1936.5

鞞华阁集古录跋尾十五卷　（柯昌济 著　1935年余园丛刻本）　殿珣　中国博物馆协会会报　1/3:37－38　1936.1

善斋彝器图录　（容庚 辑　1936年燕京大学出版）　容媛　燕京学报　19:237－238　1936.6　芬　大公报图书副刊　191　1937.7.22

尊古斋所见吉金图初集　（黄浚 辑　1936年出版）　唐兰　图书季刊　3/3:147－149　1936.9

历代著录吉金目　〔[美]福开森 编辑　1939年商务印书馆出版〕　容媛　燕京学报　25:257－259　1939.6　毓　图书季刊(新)　1/4:449－450　1939.12

西清彝器拾遗　（容庚 编　1940年考古学社出版）　容媛　燕京学报　27:263－265　1940.6　梦甲室　图书季刊(新)　2/3:435　1940.9

痴庵藏金　（李泰棻 撰　1940年出版）　容媛　燕京学报　28:279　1940.6　珣　图书季刊(新)　3/1－2:100　1941.6

河南吉金图志剩稿　（孙海波 编　1939年考古学社出版）　梦甲室　图书季刊(新)　2/3:434－435　1940.9

山东金文集存三卷　（曾毅公 撰　1940年齐鲁大学出版）　波　中和月刊　1/11:121－123　1940.11　观　图书季刊(新)　2/4:642　1940.12　容媛　燕京学报　28:279－280　1940.12

海外吉金图录附考释　（容庚 著　1935年考古学社影印本）　殿珣　中国博物馆协会会报　1/2:37－38　1935.11　容媛　燕京学报　17:225　1935.6

海外中国铜器图录第一集　（陈梦家 编　1946年北平图书馆出版）　唐兰　大公报图书周刊　22　1947.7.4

古籀拾遗自叙　（清)孙诒让　国粹学报　4/41:6　1908.4

古籀拾遗序　（清)俞樾 遗著　瓯风杂志　1:1　1934.1

古籀余论序　陈准　图书馆学季刊　2/2:289－290　1928.3　艺

观 6:50－51 1929.8

金文编序 容庚 国学季刊 1/4:709－715 1923

金文编补遗序 鄦斋 枕戈半月刊 1/6:27 1932.9

续殷文存序 于省吾 北平图书馆馆刊 9/4:7 1935.7－8

续殷文存序 孙海波 大公报图书副刊 105 1935.11.14

周金文存序 王謇 国学商兑 1/1:25－27 1933.6

重订金文疑年表序 温廷敬 史学专刊 3/1:107 1938

续编金文疑年表序 温廷敬 史学专刊 3/1:108 1938

宣炉汇释自叙 邵锐 艺林旬刊 16－50 1928.6－1929.5

传古别录第一集序 关葆谦 撰 艺林旬刊 18,21－23 1928.6－8

宋代著录金文汇编序 弓英德 励学 4:121－138 1935.6

吉金文录自序 吴北江 正风半月刊 2/12:1243－1247 1936.8

秦汉金文录(自序) 容庚 燕京学报 10:2171－2174 1931.12

善斋彝器图录序 容庚 考古社刊 4:323－325 1936.6

宋宣和博古图录 商承祚 中山大学语言历史学研究所周刊 11/122:11－13 1930.3

宣和博古图撰人 岑仲勉 中央研究院历史语言研究所集刊 12:353－361 1948.1

宋拓石本历代钟鼎彝器款识法帖残叶跋 徐中舒 中央研究院历史语言研究所集刊 2/2:161－170 1930.8

宋拓石本历代钟鼎彝器款识法帖残本再跋 徐中舒 中央研究院历史语言研究所集刊 2/4:468－470 1932

日照丁氏藏器目跋 陈邦福 图书馆学季刊 7/2:339 1933.6

读郁华阁金文记 顾廷龙 燕京学报 14:193－199 1933.12

嘉庆元年刻十六长乐堂古器款识考四卷跋 叶启勋 金陵学

报 6/2:275－276 1936.11

吕大临考古图释文跋 唐兰 图书季刊(新) 3/1－2:56－58 1941.6

四 简牍、写本

(一)发现与论述

＊新疆发现西汉论语残简 燕京学报 16:214－215 1934.12

汉章草木简发见于宋 孔令谷 说文月刊 2/10:89－90 1941.1

中国书籍制度变迁之研究 马衡 图书馆学季刊 1/2:199－213 1926.6 图九

纸未发明前之中国书 [法]沙畹 著 冯承钧 译 图书馆学季刊 5/1:47－65 1931.3

古代书籍制度考 俞士镇 古学丛刊 5:1－9 1939.11

简书发现考 容肇祖 中山大学语言历史学研究所周刊 百期纪念号:88－100 1929.10

简策说 傅振伦 考古社刊 6:1－38 1937.6

我国古代的图书——竹帛 屈万里 读书通讯 48:2－4 1942.8

国立北京大学文科研究所第三第四两次公开学术讲演——敦煌学导论提要 向达 讲演 图书季刊(新) 3/1－2:136－142 1941.6

敦煌经卷在中国学术文化上之价值 姜亮夫 说文月刊 3/10:73－81 1943.5

(二)考释与研究

汲冢竹书考 黎光明 中山大学语言历史学研究所周刊 3/31:13－23,3/32:10－23,3/33:19－30 1928.5－6

汲冢竹书考略 屈万里 图书月刊 2/1:14－20 1942.1

汲冢竹书考 陈梦家 图书季刊(新) 5/2－3:1－15 1944.6－9

汉晋遗简偶述 陈槃 中央研究院历史语言研究所集刊 16:309－341 1948.1

汉晋遗简偶述续稿 陈槃 岭南学报 10/1:53－82 1949.12 图一一

汉晋西陲木简二编急就二简校读 张凤 暨大文学院集刊 2:1－16 1931.6

简牍以长短别尊卑考 黄盛璋 东南日报 1948.4.7

汉代的木简 马衡 西北文物展览会特刊:1－3 1936.5

斯文海定楼兰所获缣素简牍遗文抄 北平图书馆馆刊 5/4:25－64 1931.7－8

释居庐訾仓——罗布淖尔汉简考释之一 黄文弼 国学季刊 5/2:65－69 1936.5 图二

敦煌户籍残简考 [日]玉井是博 著 万斯年 译 北平图书馆馆刊 8/3:19－32 1934.5－6

新获之敦煌汉简 夏鼐 中央研究院历史语言研究所集刊 19:235－261 1948.10 插图三

居延汉简考证补正 劳榦 六同别录下:1－15 1946.1 中央研究院历史语言研究所集刊 14:229－242 1949.12

居延汉简考释序目 劳榦 中央研究院历史语言研究所集刊 10:647－658 1948.4

汉武年号延和说 傅振伦 考古社刊 6:39－41 1937.6

汉武帝征和年号考 夏鼐 申报文史周刊 11 1948.2.21 附图

汉简中之武帝诏 劳贞一 图书季刊(新) 5/2－3:16－18 1944.6－9

汉简永元六年历谱考 董作宾 现代学报 1/1:69－73

1947.1

从汉简所见之边郡制度　劳榦　中央研究院历史语言研究所集刊　8/2:159－180　1939.9

烽燧考　贺昌群　北京大学四十周年纪念论文集乙上:77－102　1940.1　图一　文史哲季刊　2:63－92　1943.6

汉代兵制及汉简中的兵制　劳榦　中央研究院历史语言研究所集刊　10:23－55　1948.4

汉简中的河西经济生活　劳榦　中央研究院历史语言研究所集刊　11:61－75　1943

唐写残本尚书释文考证　龚道耕　华西学报　4:考证1－18　1936.6

敦煌写本唐大顺元年残历考　董作宾　图书月刊　3/1:7－8　1941.1

敦煌纪年　董作宾　说文月刊　3/10:83－100　1943.5

(三)杂著

居延残简　卢前、朱锦江　书学　4:2　1945.2

关于裘元善所藏汉简

跋裘元善旧藏汉简　刘国钧　书学　4:1　1945.2

敦煌石室纪略　王汉章　美术丛刊　1:41－46　1931.10

读敦煌石室访书记及斯坦因千佛洞取经始末记后　伊陀　海潮音　17/12:48－53　1936.12

敦煌石室稽古录　罗福颐　岭南学报　7/2:73－113　1947.7

(四)评介序跋

汉晋西陲木简汇编　(张凤 编释　1931年上海有正书局出版)　明　北平图书馆馆刊　5/4:118　1931.7－8　容媛　燕京学报　10:2174－2175　1931.12

流沙坠简校补　贺昌群　北平图书馆馆刊　8/5:137－154　1934.10　大公报图书副刊　78　1935.5.9,16　图书季刊　2/1:1－18

1935

居延汉简考释(释文之部) (劳榦 著 1943年中央研究院历史语言研究所出版) 毓 图书季刊(新) 4/3－4:105－106 1943.12 周桓 燕京学报 33:284－286 1947.12

居延汉简考释(考证之部) (劳榦 著 1944年中央研究院历史语言研究所出版) 图书季刊(新) 6/1－2:100 1945.6 安志敏 燕京学报 32:246－249 1947.6

五 石刻

(一)发现与论述

＊洛阳郊外发现汉石经 北平晨报 1931/2:2

周易496字

＊熹平石经继续出土 余逊、容媛 燕京学报 9:1932－1933 1931.6

＊曲阜发现汉墓石刻 科学的中国 2/11:31 1933.12

辽宁新发见金国书摩崖 周肇祥 艺林月刊 17:6 1931.5 图一

＊新女直国书碑之发现 刚 大公报图书副刊 48 1934.10.13 容媛 燕京学报 16:211－214 1934.12

元八思巴蒙文圣旨碑发现记 冯汉骥 四川博物馆 2:1－6 1948 图二

史学研究会调查北平庙宇碑记报告 北平研究院院务汇报 1/2:11－32,1/3:5－10,1/4:1－7,2/1:1－7,2/2:1－6,2/3:1－11,2/4:1－10,2/5:1－8,2/6:1－6,3/1:1－4,3/2:1－5,3/3:1－5,3/4:1－3 1930.7－1932.7 图二二

中国历代石刻概略 大风 美术丛刊 1:50－51 1931.10

古器物学概说——周秦以来石刻篇 罗福颐 沈阳博物院筹备委员会汇刊 1:76－94 1947.10

论碑版法帖　太炎　制言半月刊　11:1－3　1936.2

碑帖概论　祝嘉　读书通讯　40:7－9　1942.4

隘庐秦汉石刻跋　杨寿祺　考古社刊　5:123－141　1936.12

1. 泰山十字残石　2. 瑯邪台刻石　3. 峄山刻石　4. 赵群臣上酬石刻(赵廿二年即文帝后六年)　5. 凤凰刻石题字(考为始元元凤间)　6. 五凤石刻(五凤二年)　7. 甘泉石刻残字(翁方纲考为昭、宣之间)　8. 麃孝禹碑(河平三年)　9. 上谷卿坟坛刻石(居摄二年)　10. 祝其卿坟坛刻石(居摄二年)　11. 莱子侯刻石(天凤三年)　12. 王尊颂德刻石(西汉)　13. 朝侯小子残碑　14. 益州牧杨宗墓道(西汉)

滇金石跋录　李根源　国学商兑　1/1:18－25　1933.6

孟孝琚碑—爨宝子碑—爨龙颜碑—王仁求碑—南诏德化碑—崇圣寺钟—袁滋题名—三十七部会盟碑—腾越宝峰山佛殿碑记—永历帝玺—集鹰山石

滇金石跋录　李根源　国学论衡　2:1－6,3:12－19　1933.12　1934.6

地藏寺梵字经幢—元世祖平云南碑—崇圣寺碑—无照元鉴禅师行业记—景善残碑—王骥誓江碑—侯琎钟铭—华严寺碑—咸阳王墓碣—二忠墓碑—叠水河罗喻两诗刻—段贞女碑—大观堂修造记—刘綎誓众碑—李晋王定国令谕—滇四币拓片—东岳庙钟—厉祭坛碑—宋芷湾种松碑—刘荫堂腾越怀古石刻

(二)考释与研究

1. 秦刻石

石鼓文

石鼓说　太炎　民权素　9:名著1－2　1915.8

石鼓文疏记引辞　马叙伦　北平图书馆馆刊　7/6:5－6　1933.11－12

石鼓释文序　马叙伦　图书馆学季刊　8/2:275－276　1934.6

石鼓文概述　任熹　考古社刊　5:77－114　1936.12

跋石鼓文研究　马叙伦　东方杂志　34/18－19:61－69　1937.10

石鼓文研究　醒元　学术杂志　1/1:69－99　1943.9

石鼓发微　蒋志范　学海月刊　1/2:46－50　1944.8

石鼓文研究三事质疑　沈兼士　辅仁学志　13/1－2:61－86　1945.12

猎碣考释初稿　张政烺　史学论丛　1:1－74　1934.7

石鼓文地名考　古华山农　国学杂志　1:1－5,2:1－5,3:1－6　1915.3－6

石鼓文及其社会的背景　古铁　中原文化　2:9－13　1934.2

秦刻十碣时代考　罗君惕　考古社刊　3:98－106　1935.12

石鼓为秦刻石考　马衡　国学季刊　1/1:17－26　1923.1

石鼓为秦文公时物考　马叙伦　北平图书馆馆刊　7/2:1－3　1933.3－4

石鼓时代研究　杨寿祺　考古社刊　3:89－97　1935.12

石鼓为秦文公鄜畤旧物考　许庄叔　文史杂志　5/3－4:80－81　1945.4

石鼓文刻于秦灵公三年考　唐兰　申报文史周刊　1－2　1947.12.6、13

驳唐兰“石鼓文刻于秦灵公三年考”　叶华　文物周刊　67　1947.12

评唐兰先生“石鼓文刻于秦灵公三年考”　童书业　文物周刊　68　1948.1

关于石鼓文的时代答童书业先生　唐兰　申报文史周刊　13　1948.3.6

论石鼓文的时代再质唐兰先生　童书业　文物周刊　77　1948.3

因唐童二先生的辩论而记及石鼓文“殹”字的读解　凤　文

物周刊 77 1948.3

论石鼓文用"遊"不用"朕"——再答童书业先生 唐兰 申报文史周刊 21 1948.5.1

关于石鼓文"遊"字问题——致文史编者的一封公开信 唐兰 申报文史周刊 28 1948.6.19

关于文物周刊第85期童书业《论石鼓文用字三质唐兰先生》

石鼓文时代考——隘卢石鼓研究之一 杨若渔 文物周刊 74 1948.2

姚大荣石鼓为元魏时物说驳议 杨寿祺 考古社刊 5:115-122 1936.12

辟俞正燮姚大荣石鼓为北魏时物说 罗君惕 考古社刊 6:153-160 1937.6

石鼓文"廓"字之商榷 苏秉琦 史学集刊 1:127-133 1936.4

诅楚文

诅楚文考释 郭沫若 中国建设 4/6:28-35 1947.9

读秦诅楚文后 杨宽 文物周刊 59 1947.11

秦始皇纪功刻石

秦六石说 陆和九 民大中国文学系丛刊 1/1:3-4 1934.1

泰始皇刻石考 容庚 燕京学报 17:125-171 1935.6

附录各刻石著录表

泰山石刻考 陈志良 说文月刊 1/合订本:457-477 1940.8

记瑯琊台秦刻石东面释文 林钧 艺观 6:1-4 1929.8 插图一 中山大学语言历史学研究所周刊 百期纪念号:76-79 1929.10

瑯琊台秦碑考证 王孝甫 北平华北日报图书周刊 46 1935.9.16

2. 石经

综述

谈石经　张汝舟　学风　5/7:1－12　1935.9

读石经笔记　张厚璜　河北第一博物院画刊　134,136,138　1937.4－6

历代石经考　慕寿祺　责善半月刊　2/4:9－11　1941.5

汉魏石经之发见与学术关系　吴宜常 演讲　大公报　1930/3:31

洛阳石经考　陈子怡　女师大学术季刊　1/1:1－30　1930.3　图四

集拓新出汉魏石经残字序　马叔平　艺林旬刊　28－31　1928.10－11

汉魏石经残字叙　王献唐　北平华北日报图书副刊　28－30　1935.5.13、20、27

汉石经

汉石经考提纲　张国淦　河北第一博物院半月刊　8　1932.1

从实验上窥见汉石经之一斑　马衡　庆祝蔡元培先生六十五岁论文集上:65－72　1933.1

汉石经汇考　余祥森　真知学报　3/1:1－22　1943.3

第十六期熹平石经释文辨误　河北第一博物院半月刊　18　1932.6

汉石经残字跋尾　罗振玉　北平图书馆月刊　3/2:155－157,3/3:299－302　1929.8,9

汉熹平石经残字　河北第一博物院半月刊　8－19,22,24,27,54,63,95－96,98－99,102,104,107－108,110－112,115－118,123,126－128,134,136,138－139　1932.1－1937.6　图四一

汉熹平石经残字集录续补　罗振玉　满洲史学　2/4:22－30　1939.3

汉熹平石经周易残字跋　刘节　燕京学报　11:2377－2396　1932.6　（又收入《古史考存》66－85　1958.2）

文于二氏所藏汉熹平石经周易残石校字记　胡光炜　国风半月刊　5/2:1－7　1934.7

汉熹平石经周易残字跋　顾鼎梅　学术世界　1/12:100　1936.7

汉石经周易为梁丘氏本考——跋张溥泉先生藏汉熹平石经周易残石　屈万里　中央图书馆馆刊(复刊)　1/1:26－28　1947.3

新出土伪熹平石经尚书残碑疏证　吴承仕　国学丛编　1/5:1－11　1932.3

汉石经鲁诗小雅二石读校记——依罗振玉先生写定本　方国瑜　师大国学丛刊 1/1:47－48　1930.11

新出汉熹平春秋石经校记　王献唐　说文月刊　3/8:59－66　1942.9

汉熹平石经论语尧曰篇残字跋　马衡　国学季刊　1/3:505－507　1923　图一

汉熹平石经后记真伪考　陈子怡　女师大学术季刊　1/1:1－4　1930.3

汉熹平石经后记真伪考内的自行更正　陈子怡　女师大学术季刊　2/1:12　1931.4

魏石经

新出三体石经考　章炳麟　华国　1/1:1－6,1/2:1－8,1/3:1－10,1/4:1－13　1923.9－12　图一

三体石经兴废考　陈梅庵　课艺汇选　2:65－66

魏正始石经残字跋　罗振玉　国学季刊　1/3:509－520　1923

跋三体石经残文　周正权　学衡　25:1－4　1924.1

章太炎论魏正始三体石经书　章炳麟　国学丛刊(东)　1/3:153　1923.9　图一

与于右任论三体石经　章炳麟　华国　1/4:1－3　1923.12

与弟子吴承仕论三体石经书　章炳麟　华国　2/4:1－5

1925.2

书洛阳续出三体石经后 (章)太炎 制言半月刊 15:1-2 1936.5

释𧰼 吴承仕 华国 2/4:1-2 1925.2

此文当与章炳麟论三体石经参看

正始石经尚书尧典残字跋 罗振玉 北平图书馆馆刊 5/1:1-2 1931.1-2

魏三体石经残石二段跋 周肇祥 艺林月刊 101:2 1938.5 图二

跋顾鳌藏魏正始石经 金祖同 说文月刊 2/4:103-106 1940.7

跋魏三体石经残石 周肇祥 国学丛刊(国) 6:67-68 1942.1

论魏三体石经古文之来源并及两汉经古文写本的问题 孙次舟 齐大国学季刊 1/1:1-45 1940.11

正始石经书者辨(中古文学系年的一段) 陆侃如 大公报图书周刊 51 1948.5.24

唐以后石经

唐石经(周易) 西京日报圕半月刊 2 1935.7.28

蜀石经考异叙录 吴检斋(承仕) 努力学报 创刊号:1-6 1929.9 国学论衡 5上:84-90 1935.6

题蜀石经毛诗残石 罗希成 责善半月刊 1/17:12-13 1940.11

蜀石经残石跋 罗希成 说文月刊 2/4:1-2 1940.7 图二

宋拓蜀石经跋 刘体乾 四存月刊 5:26-28 1921.8

北宋嘉祐石经 乐嘉藻 河北博物院画刊 119,124 1936.8,11

宋范祖禹书古文孝经石刻校释 马衡 中央研究院历史语言研究所集刊 20上:19-21 1948.6

旧杭州府学南宋石经考　张崟　浙江图书馆馆刊　4/1:1-21　1935.2

3. 碑

综述

论汉碑　游寿　书学　5:25-29　1945.9

汉碑用字义正　黄节　国粹学报　3/27:1-5,3/30:6-7,3/31:1-3　1907.2-6

汉碑校读(五种)　何士骥　北平研究院院务汇报　6/6:43-62　1935.11　图七

三公之碑—祀三公山碑—元氏封龙山之颂—三公山神碑—白石神君碑

隘庐汉碑跋三种　杨寿祺　考古社刊　4:77-84　1936.6

1. 杨量买山记(地节二年)　2. 博陵太守孔彪碑(建宁四年七月)　3. 孙吴禅国山碑跋

水经注碑录附考　储皖峰　国学月报汇刊　2/5:247-249,2/6:303-306　1929

汉司隶校尉鲁峻碑—魏范巨卿冢碑

记汉魏五碑　坡邻　雅言　庚辰/2:21-27　1940.3

1. 汉成阳灵台碑　2. 汉凉州刺史魏元丕碑　3. 汉幽州刺史朱龟碑　4. 汉小黄门谯敏碑　5. 魏范式碑

碑跋　刘庠 遗著　青鹤杂志　5/11:1-13,5/12:1-2,5/13:1-4　1937.4-5

汉度尚碑跋—汉处士严发碑跋—魏中郎徐庶碑跋—魏镇东将军胡质碑跋—晋司马石苞碑跋—后魏太武帝摩崖字跋—云摩碑跋—刁遵碑跋

翔鸾阁金石跋尾　陶北溟　古学丛刊　7:1-6　1940.3

曹全碑未断本—魏毌邱俭丸都刻石跋

鲁山县新出二石记　许敬参　考古社刊　4:85-97　1936.6　图二

1. 汉都乡正卫弹碑释文 2. 北周宇文恪起龙华浮图造像记释文

孤桐题跋 章士钊 青鹤杂志 1/10:1－2,1/13:1－2 1933.4－5

跋孔褒碑—跋校官碑—跋光和三公山碑—跋裴岑纪功碑—唐庼铭跋—汉仓颉庙碑两侧跋

鲁学斋金石文跋尾 延龄 中和月刊 2/9:5－8 1941.9

晋当利里社残碑及碑阴跋—后梁赠中书令泰宁节度使刘郛残碑跋—西魏秦州刺史元遐碑跋—唐中大夫赵王府咨议参军吕怀俊墓志跋—唐诸葛武侯新庙碑跋—汉武都太守耿勋碑跋

读碑小识 茫子 中和月刊 4/4:4－10 1943.4

乙瑛、史晨碑—孔宙、孔褒、孔谦碑—隋仁寿年间舍利塔下铭—岱岳观题刻、潘尊师碣—明翻刻本李北海书娑罗树碑—三世佛赞碑额—妒神颂碑—复溪州铜柱记、天龙寺千佛楼碑

唐碑提要 黄仲琴 中山大学图书馆周刊 1/2－5 1928.3－4

以滇南碑传为例略论碑传之史料价值——滇南碑传集序 万斯年 责善半月刊 1/22:2－8 1941.2

滇贤碑传集叙 徐炳昶 史学集刊 4:91－92 1944.8

边陲石刻跋文译丛 韩儒林 译 边政公论 1/11－12:73－80 1942.7

1. J. J. Ramstedt 刊北蒙古二回纥文墓碑跋(一、唐药罗葛汗阿答碑 二、唐回纥登里啰没密施颉翳德密施苾伽可汗碑) 2. 边陲蒙文碑刻 3. 辽宁最早之满文石刻(一、大金喇嘛法师宝记 二、莲花净土实胜寺碑记 三、平定朝鲜碑 四、敕建护国法轮寺碑记 五、敕建护国广慈寺碑记 六、敕建护国永光寺碑记 七、敕建护国延寿寺碑记 八、庄达尔汉把鬼鲁亲王碑 九、兴祖真皇帝碑文 十、肇祖原皇帝碑文 十一、大喇嘛坟塔碑文 十二、景祖翼皇帝碑文 十三、显祖寅皇帝碑文) 4. 元代汪古部二残碑跋(一、老笼苏木之德风堂碑 二、王墓耶律公神道碑)

汉代

跋陈仲甫独秀先生藏前汉碑 葛康素 书学 2:54 1944.1

图一

群臣上醻石刻

汉三老讳字忌日记原石记　周肇祥　艺林旬刊　71　1929.12

汉马姜碑跋　柳燕诒　枕戈半月刊　1/2:20　1932.7

钩本戚伯著碑跋　章士钊　青鹤杂志　1/3:1　1932.12

袁安碑　余逊、容媛　燕京学报　9:1933－1934　1931.6

汉袁安碑跋　周肇祥　艺林月刊　18:3　1931.6　图一

汉袁安碑　张宗芳　河北第一博物院半月刊　9　1932.1　图一

汉先灵侍御史河内温令王稚子阙　退翁(周肇祥)　艺林月刊 12:3　1930.12　图一

汉司空袁敞碑跋　马衡　北京大学研究所国学门周刊　1/2:1－2 1925.10

元氏县汉祀三公山碑考释　河北月刊　3/3:1－2　1935.3 图一

汉祀三公山碑　退翁(周肇祥)　国学丛刊(国)　9:插图 1942.7　图一

禹陵窆石辨　周嵩尧　艺林月刊　70:15,71:11－12　1935.10－11

汉敦煌太守裴岑破北匈奴纪功碑跋尾　吴其昌　国学季刊 2/2:389－395　1929.12

读碑偶记　董少牧　中国美术会季刊　1/2:95－96　1936

汉裴岑纪功碑

汉裴岑纪功颂碑考　王森然　师大学刊　1:1－6　1942.6

汉三公山神碑考略　陈铁卿　河北月刊　3/5:1－6　1935.5

三公山神碑考记　秦荣甲　河北月刊　3/7:补白　1935.7

石门颂集释　高文　斯文　1/1:14－18,1/2:11－16　1940.10

跋石门颂　张震泽　东方杂志　41/12:48－51　1945.6

乙瑛碑集释　高文　斯文　2/12:5－9　1942.5

礼器碑集释 高文 斯文 1/7:5-6,1/9-10:16-18,1/14:9-12,1/16:16-21 1941.1-5

汉孟璇碑跋尾 吴其昌 北平图书馆馆刊 4/5:1-3 1930.9-10

昭通汉碑考 王东培 书学 1:24-28 1943.7

昭通孟孝琚碑释文 张希鲁 旅行杂志 18/7:42 1944.7

孟孝琚碑跋 五华 3:46(录《昭通志》) 1947.3 图一

刘平国碑跋 沈家本 中国学报 4:19-23 1913.2

见《枕碧楼偶存稿》

书王静安先生刘平国治□谷关城诵跋后附校订刘平国治□谷关城诵刻石原文 储皖峰 国学论丛 2/1:305-320 1929.8

后汉龟兹左将军刘平国工作记 周肇祥 艺林月刊 7:6 1930.6 图一

拜城博者克拉格沟摩崖 黄文弼 女师大学术季刊 1/4:1-7 1930.12 图五

汉永寿四年龟兹左将军刘平国摩崖

汉龟兹左将军刘平国东乌累关城制亭诵跋尾 吴其昌 清华周刊 37/4:1-4 1932.3.19

东汉白山磨崖释文 田北湖 国粹学报 4/46:1-7 1908.9

刘平国摩崖

郑固碑集释 高文 斯文 2/17-18:9-13 1942.8

汉郎中郑固碑集释 容媛 燕京学报 36:141-166 1949.6

元氏县封龙山碑考释辑略 河北月刊 3/2:1-4 1935.2 图一

汉西岳华山庙碑商邱本流传始末记 傅华 国粹学报 7/82:12-13 1911.8

玲珑本汉西岳华山庙碑考 李棪 考古社刊 4:62-76 1936.6 图一

道宁斋观宋拓西岳华山碑四明本 挈园 北平晨报艺圃 1935/

11:15

史晨前碑集释　高文　斯文　1/23-24:12-19　1941.9

史晨后碑集释　高文　斯文　2/3:2-5　1941.11

郭有道先生碑(建宁二年正月)　杨寿祺　说文月刊　1/合订本:517　1940.8

汉西乡侯兄张君残碑跋　杨树达　国学丛编　1/5:1　1932.3

汉池阳令张君残碑跋　余嘉锡　辅仁学志　4/2:1-6　1934.6

夏承碑集释　高文　斯文　3/13:7-10　1943.7

孔彪碑集释　高文　斯文　2/15:4-11　1942.6

西狭颂集释　高文　斯文　3/3:4-7　1943.2

郙阁颂集释　高文　斯文　3/10-11:5-9　1943.6

娄寿碑　陈志良　说文月刊　1/合订本:762　1940.8

乐都新发现东汉灵帝光和三年护羌校尉赵宽碑考证　冯国瑞　西北论衡　10/7:16-18　1942.7

新出汉三老赵宽碑考释　王献唐　说文月刊　3/10:119-126　1943.5

乐都出土汉赵宽碑三跋其后更作歌志感　冯国瑞　文史杂志　2/9-10:69-70　1943.10

赵宽碑与边疆史料　陈宗祥　边疆通讯　1/11:12-14　1943.9

元氏县汉三公山碑考释辑略　河北月刊　3/4:1-3　1935.4　图二

汉故郎中赵菿残碑图并说明及残文　孙文青　史学集刊　4:80-81　1944.8　图一

汉故郎中赵菿残碑跋　孙文青、劳榦、张政烺　史学集刊　4:82-87　1944.8

汉党锢刻石残字　陈邦福　河北第一博物院半月刊　28　1932.11　图一

曹全碑集释　高文　书学　5:12-24　1945.9

汉故谷城长荡阴令张迁表颂集释　容媛　燕京学报　31：137－186　1946.12

樊敏碑考略　任乃强　说文月刊　4/合订本:49－56　1944.5　图二

三国两晋南北朝

跋孙吴禅国山碑　杨寿祺　艺文杂志　1/1:1－2　1936.4

晋辟雍碑考证　余嘉锡　辅仁学志　3/1:1－2　1932.1

晋咸宁辟雍碑并额及附记　河北第一博物院半月刊　11－12　1932.2－3　图二

晋辟雍碑跋　张鹏一　北平图书馆馆刊　7/6:1－3　1933.11－12

晋辟雍碑跋　陈伯弢　制言半月刊　13:1－2　1936.3

晋太学盛德隆熙颂碑跋　许平石　河南博物馆馆刊　4:1－8　1936.10

晋处士成晃碑跋　柯昌泗　朔风　13:644　1939.10

高昌麹斌造寺碑释文并跋　罗振玉　亚洲学术杂志　3:1－8　1922.3

高昌宁朔将军麹斌造寺碑跋　王国维　亚洲学术杂志　3:1－2　1922.3　（又收入《观堂集林》20:986－989　1961.6）

符秦广武将军□产碑跋　唐实父　朔风　16:869－871　1939.12

高丽好太王碑释文　罗振玉　国粹学报　4/47:1－4　1908

好大王碑考释　刘节　国学论丛　2/1:11－54　1929.8　（又收入《古史考存》16－65　1958.5）

跋刘子植好大王碑考释　梁启超 遗著　北平图书馆馆刊　5/4:1－2　1930.8

郑氏高丽国永乐好太王碑释文摹考书后　叔明　雅言　庚申/1:23－25　1940.1

后魏太武帝东巡第二碑跋　周肇祥　艺林月刊　72:1　1935.12　图一

说爨　吴兆璜　书学　5:41－42　1945.9

晋爨宝子碑与宋爨龙颜碑

爨碑有六　希鲁　旅行杂志　18/9:27　1944.9

除爨龙颜爨宝子二碑外尚有四碑　1. 爨王墓碑　2. 晋爨府君碑　3. 兴古太守爨府君碑　4. 爨云碑

记魏宕昌公晖福寺碑　李涵础　考古社刊　4:98－99　1936.6

孝文吊比干墓文碑跋　谷霁光　大公报图书副刊　161　1936.12.17

郑道昭摩崖石刻历访记　翟润之　坦途　6:3－5　1928.1

石门铭校考　董作宾　图书季刊(新)　2/2:193－195　1940.6

宋拓梁上清真人许长史旧馆坛碑考　陆和九　辅仁美术月刊　1:13　1933.4　图一

跋魏张猛龙碑　陈士廉　中国学报　1:26－27　1912.11

瘗鹤铭跋　陈进宧　艺观　2:64－65　1929.4

魏修太公吕望祠碑跋　许平石　河南博物馆馆刊　6:1－4　1937.2　附图

齐西门君碑颂跋　许平石　河南博物馆馆刊　7－8:1－5　1937.4　图二

记北齐乾明夫子庙碑　瞿昭旂　中和月刊　1/4:49－51　1940.4

新罗真兴王巡狩管境碑之研究　刘节 辑　张光业 译　北平图书馆馆刊　5/6:25－34　1931.12

1.《新罗真兴王巡境碑考》[日]内藤虎次郎著(见《艺文》2/4:82－92)　2.《真兴王巡境碑考》[日]津田左右吉著(见《朝鲜历史地理》1:124－133)

新罗真兴王巡狩管境碑考　[日]今西龙 著　杨维新 译　北平

图书馆馆刊 9/2:33-65(原文见日本《考古学杂志》第12卷1、3、13号) 1935.4 图三

1. 黄草岭碑 2. 北汉山碑 3. 昌宁碑

曲阳县魏定州刺史邸公碑说明 施棨 河北月刊 4/11:6 1936.11 图一

隋唐

隋鬳使君碑 艺林月刊 4:7 1930.4 插图一

隋龙藏寺碑 河北月刊 3/6:1-2 1935.6 图四

隋通道记跋 周肇祥 艺林月刊 36:5 1932.12 图一

跋内府藏北宋本九成宫醴泉铭 钱复 文艺捃华 1/5:7-8 1934.11

碧落碑跋 于省吾 考古社刊 5:58 1936.12

唐马君起供养石浮图碑 黄仲琴 中山大学图书馆周刊 2/1:4-5 1928.5.6

唐开业寺石佛堂碑 河北月刊 3/6:1-2 1935.6 图一

唐顺陵碑 张海若 国学丛刊(国) 11:29-31 1942.11

王右军兴福寺碑考 施法天 书学 5:32-36 1945.9

和林三唐碑跋 释持 亚洲学术杂志 2:1-7 1921.11

1. 阙特勤碑跋 2. 突厥苾伽可汗碑跋 3. 唐□姓回鹘受登里啰汩没密施合毗伽可汗圣文神武碑跋

和林三唐碑纪略 乐嘉藻 河北第一博物院半月刊 44-48,50-60 1933.7-1934.3

蒙古之突厥碑文导言 [丹麦]V. Thomsen 著 韩儒林 译 禹贡半月刊 7/1-3:213-222 1937.4

阙特勤碑跋 李慈铭 中国学报 2:24-26 1912.12

阙特勤碑跋 (清)盛昱 中国学报 7:1-6 1913.5 图二

阙特勤碑跋 三多(六桥) 文艺杂志 8:5-7 1914

阙特勤碑跋 六桥 益世报艺术周刊 16 1929.7.16

阙特勤碑　黄仲琴　中山大学语言历史学研究所周刊　百期纪念号:80－87　1929.10

再谈阙特勤碑　黄仲琴　中山大学语言历史学研究所周刊　10/120:12－15　1930.2

唐阙特勤碑考(志伯愚初拓本)　陆和九　辅仁美术月刊　2:12－15　1933.5　图一

突厥文阙特勤碑译注　韩儒林　北平研究院院务汇报　6/6:13－42　1935.11

跋突厥文阙特勤碑　岑仲勉　辅仁学志　6/1－2:249－273　1937.6

突厥文苾伽可汗碑译释　[丹麦]V. Thomsen 译　韩儒林 重译　禹贡半月刊　6/6:1－14　1936.11

突厥文回纥英武威远毗伽可汗碑译释　王静如　辅仁学志　7/1－2:186－240　1938.12

突厥文暾欲谷碑译文　[丹麦]V. Thomsen 译　韩儒林 重译　禹贡半月刊　6/7:21－30　1936.12

突厥暾欲谷碑铭译文笺证　朱延丰　志林　4:1－9　1943.1

易州刺史田畹德政碑　陈铁卿　河北月刊　3/8:1－2　1935.8　图二

创建清真寺碑　[日]桑原骘藏 著　牟润孙 译　禹贡半月刊　5/11:49－55　1936.8

唐太尉尚书丞相宋璟神道碑考略　张承谟　河北月刊　1/5:9　1933.5

大秦景教流行中国碑英译与 Barry O'Toole 之序文　朱偰　益世报学术周刊　17－18　1929.2.26－3.4　图一

驳景教碑出于盩厔说　洪业　史学年报　4:1－12　1932.6

景教碑文纪事考正跋　朱倓　文史杂志　2/7－8:77－78　1942.8

景教碑之SARAG为“洛师”音译　岑仲勉　东方杂志　42/11:24－26　1946.6

读平淮西碑质疑　张公量　史学　1:33－44　1935.1

碑见《昌黎先生集》第30卷

平淮西碑始末考　许世瑛　留日同学会季刊　5:17－26　1943.9

唐蕃会盟碑跋　姚薇元　燕京学报　15:89－99　1934.6

唐蕃舅甥和盟碑　绳　边疆研究季刊　1:9　1940.9

唐蕃舅甥和盟碑考　任乃强　康导月刊　5/7－8:3－11　1943.11

宋辽金

宋仁宗皇帝皇太后遣沙门怀问诣摩伽陀国为太宗皇帝建塔碑考　周肇祥　艺林月刊　47:16,48:14,49:12－13,50:10　1933.11－1934.2　古学丛刊　6:1－7　1940.1

大理国段氏与三十七部会盟碑跋　方国瑜　图书季刊(新)3/3－4:219－226　1941.12

桂林元祐党籍碑史迹考　莫伯强　说文月刊　5/5－6:118－120　1947.1

校补韩蕲王碑　柳诒徵　史学杂志　1/3:1－2　1929.7

宋光宗书“云汉昭回之阁”碑(金石之一)　淳穆　文物周刊　30　1947.4　图一

观三绝碑记　刘梦秋　文史杂志　5/3－4:91　1945.4

辽碑九种跋尾　孟森　国学季刊　3/3:397－419　1932.9　图九

1. 圣宗哀册　2. 道宗哀册　3. 仁德皇后哀册　4. 钦爱皇后哀册　5. 仁懿皇后哀册　6. 宣懿皇后哀册　7. 故相国武威贾公墓志　8、9. 皆契丹文,未能辨

辽道宗仁圣大孝文皇帝哀册及篆额　艺林月刊　47:9－10　1933.11　插图三

辽道宗及宣懿皇后契丹国字哀册初释　王静如　中央研究院历史语言研究所集刊　3/4:467－478　1933　图版四　图二

契丹国书碑刻　艺林月刊　32:10－12,39:9　1932.8,1933.3　插图五

热河契丹国书碑考　厉鼎煃　国学季刊　3/4:563－572　1932.12　插图二

辽庆陵出土文字　周肇祥　艺林月刊　32:10－11　1932.8　图三

仁懿皇后哀册篆额—契丹国书碑刻—文武大孝宣皇帝哀册文

读日本羽田博士契丹文字之新资料书后　厉鼎煃　国风半月刊　5/5:5－6　1934.9

记辽陵石刻及其他关于讨论辽陵之文字　谢国桢　大公报图书副刊　66　1935.2.14　图书季刊　2/3:141－147　1935

香山慈幼院发现辽碑调查报告　常惠　古物保管委员会工作汇报:112－113　1935.5

重修护国寺感应塔碑铭　罗福成　北平图书馆馆刊　4/3:1－27　1930.5－6

西夏皆庆寺感通塔碑跋　(清)严可均　北平图书馆馆刊　4/3:28　1930.5－6

校金完颜希尹神道碑书后　徐炳昶　史学集刊　1:3－18　1936.4　图二

附录光绪吉林通志(卷一百二十)考证

大金皇弟都统经略郎君行记跋　罗福成　东北丛镌　20:1－4　1931.8

开封金碑考证　张邃青　东北文化月报　3/1:11－14　1924.1

宴台金源国书碑考　罗福成　国学季刊　1/4:687－691　1923.12

女真国书碑跋尾　罗福成　北平图书馆月刊　3/4:457　1929.10

东北丛镌 5:1 1930.5 图一

金源国书碑跋 毛汶 国学论衡 3:考古27-30 1934.6

女直字碑考及续考 刘师陆 考古社刊 5:173-178 1936.12

宴台金源国书碑释文 罗福成 考古社刊 5:191-208 1936.12 图版一二

宴台女真文进士题名碑初释 王静如 史学集刊 3:49-68 1937.4 图版六

元明清

金石补编(元碑) 朱文藻 浙江图书馆报 5:1-38,6:1-37 1930.7,1931.12

成都蒙文圣旨碑考释 韩儒林 中国文化研究所集刊 2/1-4:137-149 1941.9 四川博物馆 2:1-13 1948 图二

北镇庙元御香碑考 罗福颐 满洲史学 1/2:21-22 1937.9

金密国公琦全真教祖碑 陈教友 亚洲学术杂志 3:1-7 1922.3

重建大圣寺灵瑞塔碑记校正 商承祚 中山大学语言历史学研究所周刊 5/52:14-16 1928.10

元张弘范碑残石 罗原觉 考古社刊 5:167-172 1936.12

耶律希亮神道碑之地理人事 岑仲勉 史学专刊 1/4:1-44 1936.12

明太祖的白话文 曾士莪 国闻周报 11/39:补白 1934.10
自制皇陵碑文

洪武圣谕碑考 [法]沙畹 著 陆翔 译 说文月刊 2/4:97-102 1940.7

明太祖御制皇陵碑考 张一鹏 大众 1:137-138 1944.1

明奴儿干永宁寺碑考 [日]内藤虎次郎 著 谢国桢 译 北平图书馆馆刊 4/6:5-22 1930.11-12

明奴儿干永宁寺碑女真国书图释 罗福成 满洲学报 5:1

1937.12

奴儿干永宁寺碑补考　罗福颐　满洲学报　5:97－103　1937.12

关于创建清真寺碑　白寿彝　禹贡半月刊　7/4:46　1937.4

潮安县重修黄孝子墓记　丘复　中山大学文史研究所月刊　2/5:203－206　1934.2

大清皇帝功德碑跋　东暟　亚洲文化论丛　1:173－176　1942.6

清故太常寺卿袁忠节公神道碑　木公　雅言　庚辰/1:25－27　1940.1

清福珠哩殉难碑　河北第一博物院半月刊　40　1933.5　图一

中俄界碑表　魏声和　东北丛镌　7:1－3　1930.7

4. 经幢

易县唐玄宗注道德经石幢　河北月刊　3/8:1－2　1935.8　图一

焦山道德经残幢考并跋　叶遇春　制言半月刊　1:1－8　1935.9

道德经碑幢刻石考　王重民　东方杂志　23/14:95－102　1926.7

跋辽幢两记拓本　退翁(周肇祥)　国学月刊(国)　1/2:22　1945.2

香山新出土辽澄赞上人舍利舌塔幢　周肇祥　艺林月刊　8:11　1930.8　图四

保定莲花池六幢考　郑宾于　北京大学研究所国学门月刊　1/1:21－30　1926.10

保定莲花池六幢考跋　马衡　北京大学研究所国学门月刊　1/1:31　1926.10

保定莲花池六幢亭记　陈铁卿　河北月刊　3/9:1－4　1935.9　图五

河间景德寺陀罗尼塔　王用舟　河北月刊　2/7:补白　1934.7　图一

居庸刻石辨文　刘复　北京大学月刊　1/2:67－80　1919.2　图二

元代六体(汉、西夏、蒙古、畏吾尔、梵、藏文)刻经

居庸关石刻　罗福成　北平图书馆馆刊　4/3:1－45　1930.6

居庸关元刻咒颂音补附考　奉宽　史学年报　2/1:45－55　1934.9

居庸关云台五体石刻文考略　华北政务委员会教育总署 纂订　教育时报　16－17:27－28　1944.4

昆明近出元尊胜陀罗尼咒石幢汉字题记考释　胡小石　说文月刊　2/5:29－31　1940.8

故都雍和宫之碑文　半僧　正风半月刊　4/4:365－369　1937.4

5. 墓志

两晋南北朝

左菜墓志铭　浦江清　清华中国文学会月刊　1/1:1－4　1931.4　图一

左菜墓志　余逊、容媛　燕京学报　9:1934－1936　1931.6

跋北魏墓志十种　陆湛　学海月刊　1/4:43－46　1944.10

1. 寇臻墓志盖(正始三年)　2. 寇臻墓志(正始三年)　3. 寇治墓志铭(孝昌二年)　4. 寇凭墓志(神龟二年)　5. 寇演墓志(神龟二年)　6. 王绍墓志(延昌四年)　7. 刘华仁墓志(正光二年)　8. 陆绍慕志(建义元年)　9. 严震墓志铭(延昌二年)　10. 张敬墓志铭(孝昌二年)

北魏元飏暨妻王氏齐郡王妃常氏墓志铭合装本跋尾　杜甓庐　说文月刊　2/11:31－32　1941.2

魏乐陵王元彦墓志铭　河北第一博物院画报　66　1934.6　图一

魏元怀墓志跋　孙文青　河南博物馆馆刊　9:1－2　1937.5

图一

北魏元昭墓志铭并盖跋　周肇祥　艺林月刊　6:7－8　1930.6　图二

后魏龙骧将军洛州刺史李遵墓志并盖跋　周肇祥　艺林月刊　94:3－4　1937.10　图二

跋魏故雍州刺史南平王元暐墓志及补南平王暐传　孙文青　河南博物馆馆刊　1:1－5　1936.7　图一

北魏江阳王元继墓志铭　舜庵　北平图书馆月刊　2/5:1　1929.5　图一

后魏尔朱袭墓志并篆盖跋　周肇祥　艺林月刊　37:7－8　1933.1　图二

后魏闾仪同夫妇墓志　周肇祥　艺林月刊　58:13　1934.10　图一

跋魏元显魏铅志　牛克卿、关百益、许平石 等　河南博物馆馆刊　2:1－4　1936.8

元魏赠荆州刺史宗欣墓志铭并盖　周肇祥　艺林月刊　112:9－10　图二

后魏瑶光寺尼慈墓志铭　艺林月刊　44:14　1933.8　插图一

隋唐五代

前陈散骑侍郎刘府君墓铭并序　南华　1/1:1－6　1937.1　图二

跋尔朱敞父子墓志　赵万里　图书季刊(新)　9/1－2:26－28　1948.6

跋隋渡辽将军上柱国普安公司兵参军事杨暘墓志铭　刘盼遂　北平图书馆馆刊　6/2:12－13　1932.4

隋张夫人陶贵墓志铭跋　陆和九　辅仁美术月刊　4:15－16　1933.7　图一

李虎墓志铭跋　杜光简　责善半月刊　2/18:22－23　1941.12

1925 年出土于甘肃清水县

跋洛阳近出陈叔明墓志 赵万里 图书季刊(新) 8/3-4:11-13 1947.12

隋肖球墓志 周肇祥 艺林月刊 95:2 1937.11 图一

跋馆藏卢文构李月相夫妇墓志 舜庵 图书季刊(新) 7/3-4:10-11 1946.12

唐故文林郎守益州导江县主薄飞骑尉张府君墓志跋尾 国粹学报 5/58:5-6 1909.8

仵钦墓志并盖跋 周肇祥 艺林旬刊 70 1929.12 图一

泉男生墓志跋 柳翼谋 史地学报 3/3:1-2 1924.7 图二

唐泉男生墓志跋 许平石 河南博物馆馆刊 10:1-3 1937.6 图一

唐扶余隆墓志跋 许平石 河南博物馆馆刊 11:1 1937.8 图一

唐张览墓志跋 许平石 河南博物馆馆刊 13:1-3 1937.11 图一

唐初画家郎馀令妻李道真墓志跋 周肇祥 艺林月刊 52:14 1934.4 图一

跋大同前承务郎行赵州赞皇县主簿刘含故李夫人墓志铭 刘盼遂 北平图书馆馆刊 6/2:11-12 1932.4

乌崒也拔勤豆可汗墓志考释 杜光简 责善半月刊 2/13:9-10 1941.9

唐弘化公主墓志铭跋 慕寿祺 责善半月刊 2/14:9 1941.10

跋慕少堂先生所赠唐人墓志二种 杜光简 责善半月刊 1/19:8-10 1940.12

1. 圣武周圣历二年弘化公主墓志 2. 唐开元二十六年慕容明墓志

波斯国酋长阿罗憾丘铭考释 [日]羽田亨 著 淇园 译 亚洲文化论丛 1:151-158 1942.6

武威唐代吐谷浑慕容氏墓志　夏鼐　中央研究院历史语言研究所集刊　20上:313－342　1948.6　图二

瞿木夫贤力毗伽公主阿那氏墓志跋补正　石墨斋　学海月刊　1/2:50－51　1944.8

唐诗人王之涣墓志跋　退翁(周肇祥)　艺林月刊　38:2　1933.2　图一

李邕墓志铭跋尾　罗根泽　图书月刊　2/6:7－8　1941.1

唐崔锝墓志跋　平石　河南博物馆馆刊　15:1－2　1938.3

唐李休墓志跋　养庵(周肇祥)　艺林旬刊　58　1929.8　图一

唐河内常俊墓志跋　周肇祥　艺林旬刊　46　1929.3　图一

唐前虢州金门府折冲张公夫人王氏墓志跋　周肇祥　艺林月刊　107:12　1938.11　图一

嵩县唐墓所出铁翦铜尺及墓志之考释　孙次舟　中国文化研究汇刊　1:61－114　1941.9

唐张道升墓志并盖跋　周肇祥　艺林月刊　106:5－6　1938.10　图二

唐太原府参军苗蕃墓志跋　周肇祥　艺林月刊　50:6　1934.2　图一

唐故太原府参军事苗君墓志跋　许平石　河南博物馆馆刊　5:1－3　1936.12

梁守谦墓志与唐代宦官——隋唐冢墓遗文史事丛考之一　游寿　中央图书馆馆刊(复刊)　1/1:29－35　1947.3

唐故朝议郎行尚书司封员外郎柱国清河崔公墓志铭并序　河南博物馆馆刊　5:1－2　1936.12　图一

跋崔用刍墓志　许同莘　河南博物馆馆刊　5:1　1936.12　图一

唐张氏墓志铭释　刘师培　国粹学报　3/37:1－3　1907.12　图一

跋崔慎由墓志　俞介禧　河南政治月刊　6/12:文苑1　1936.12

跋崔报墓志 俞介禧 河南政治月刊 6/12:文苑 1－2 1936.12

唐故朝议前行宣州南陵县尉柱国张府君墓志铭 黄仲琴 中山大学图书馆周刊 1/6:5－7 1928.4.29

唐敬延祚墓志跋 周肇祥 艺林旬刊 44 1929.3 图一

唐陆日岘妻王氏墓志 周肇祥 艺林旬刊 60 1929.8 图一

跋高句丽大兄冉牟墓志兼论高句丽都城之位置 劳榦 中央研究院历史语言研究所集刊 11:77－86 1943

后唐西方邺墓志跋 庐逮曾 益世报读书周刊 52 1936.6.11

后周赵凤墓志跋 庐逮曾 益世报读书周刊 68 1936.10.1

后周宋彦筠墓志跋 庐逮曾 益世报读书周刊 60 1936.8.6

宋元明清

宋贾黯墓志铭并跋 东皚 亚洲文化论丛 1:139－143 1942.6

宋尚书礼部郎中上护军范阳县开国伯祖士衡墓志铭 柯昌泗 辅仁学志 2/1:5－6 1930.1 图一

宋许州长史孙君墓志铭跋尾 孟森 国学季刊 4/2:151－154 1934.6 图一

宋蒲远犹墓志跋 退翁(周肇祥) 艺林月刊 104:12 1938.8 图一

李明仲先生墓志铭 阚铎 中国营造学社汇刊 1/1:6 1930.7

宋张景道埋铭跋 黄仲琴 中山大学文史学研究所月刊 2/1:31 1933.10

跋楚雄新出土南宋高公墓志 张希鲁 考古社刊 4:175－182 1936.6

辽彭城郡王刘公墓志铭并跋 历史博物馆丛刊 1/3:1－8 1927.2

附录 1. 李馥塘君原记 2. 李馥塘君来书

辽彭城郡王刘继文墓志跋 奉宽 燕京学报 7:1411－1416 1930.6

评辽彭城郡王刘继文墓志铭　舒天民　东北丛镌　12:1－15　1930.12

附奉宽跋

北汉刘继文墓志疏要　陈陆　中和月刊　2/11:12－29　1941.11

辽韩瑜韩椅墓铭考证　毕任庸　人文月刊　7/3:1－12　1936.4

热河林东契丹国书墓志跋　卞鸿儒　东北丛镌　14:1－4　1931.2

辽金吾卫上将军肖德温墓志跋　罗继祖　满洲学报　7:9－11　1942.2

辽上京盐铁副使郑恪墓志跋　罗继祖　满洲学报　7:12　1942.2

丘海里墓记　陈沅　广州学报　1/2:7－21　1937.4

上海法租界新出土之四百年前唐镗父子墓志铭考　黄炎培　人文月刊　2/2:1－15　1931.3

读唐镗父子墓志铭考后论三事　潘光旦　人文月刊　2/4:1－10　1931.5

明吕乾斋吕宇卫祖孙二墓志考　洪业　燕京学报　3:521－536　1928.6

明米昆泉墓志铭　颖(房兆颖)　燕京大学圕报　5:2－3　1931.3

安龙发现明永历帝三子溍悼王沔殇王澧冲王圹志铭考证　陶元珍　文史杂志　5/7－8:60－67　1945.8

奉天分馆藏辽阳马氏四世墓志考　罗福颐　中央博物馆时报　5:24－26　1940.5

湖北知府张君墓志铭　王闿运　遗著　青鹤杂志　4/9:1－3　1936.3

叶侍讲(昌炽)墓志铭　曹元弼　亚洲学术杂志　1:1－4　1921.8

6. 杂刻

西汉河平刻石　刘铜　河北第一博物院半月刊　4　1931.11　图一

新莱子侯为支人封冢刻石　退翁(周肇祥)　国学丛刊(国)　13:1　1943.8　图一

汉琅邪相刘君神道石柱续考　孙次舟　历史与考古　3:2－8，4:9－17　1937.4,6

东汉谷堰石方题字考证　许平石　河南博物馆馆刊　3:1－3　1936.9

天风五石　卢前　文史杂志　3/5－6:85　1944.3

1. 青神朱秉题名　2. 简阳会仙友　3. 新繁二十四字砖　4. 新都赵孝妇义文象　5. 忠县丁房石阙

汉王保卿买地券跋　王国维　学衡　47:1　1925.11　（又收入《观堂集林》18:915－916　1961.9）

黄初残石　颜斋　亚洲文化论丛　2:105－107　1943.7

魏毌丘俭讨高句骊丸都山纪功刊石跋尾　吴其昌　北平图书馆月刊　3/3:303－316　1929.9

魏讨高句丽丸都纪功残石　退翁(周肇祥)　艺林月刊　27:10　1932.3　图一

魏毌邱俭丸都纪功石刻残石　乐嘉藻　河北第一博物院画报　56　1934.1　图一

大晋龙兴皇帝三临辟雍皇太子又再莅之盛德隆熙之颂跋　顾廷龙　燕京学报　10:2147－2160　1931.12　图三

晋安邱长王君神道阙跋　柯昌泗　中和月刊　3/4:14－15　1942.4

晋韦子平雖　陈直　山东图书馆季刊　1/1:1－3　1931.3　图一

北凉主客长史阴尚宿捐建道场记　周肇祥　艺林月刊　14:5　1931.2　图一

栖霞石刻题名小纪　任鼐　广州学报　1/2:1－10　1937. 4

定兴县北齐石柱　刘敦桢　中国营造学社汇刊　5/2:29－66　1934. 12　图版一二

附录1. 标异乡义慈惠石柱颂　2. 石柱功德题名　3. 石屋墨笔功德题名　4. 沙丘寺碑　5. 定兴县志金石志　6. 沈曾植跋

河南博物馆所藏特别石刻三种考　关百益　河南博物馆馆刊　4:1－7　1936. 10　图五

1. 魏石棺考　2. 隋邴法敬等造象考　3. 女直进士题名碑考

河北石刻辑释　陈铁卿　河北月刊　3/9:1－6　1935. 9

1. 隋李士谦砖浮图记石刻　2. 易州铁像颂　3. 正定龙兴寺大悲观音铜像图记石刻　4. 元敬君墓碣铭　5. 北齐刘专造像记释文

隋舍利塔铭跋　金毓黻　志林　1:1－4　1940. 1

唐八都坛神君实录　陈铁卿　河北月刊　3/7:1－3　1935. 7　图二

旅顺黄金山唐井题记跋　周肇祥　艺林月刊　5:2　1930. 5　图一

唐崔忻记验井刻石记　张宗芳　河北第一博物院半月刊　54　1933. 12　图一

徐宋见闻记　王广庆　国学论衡　4上:考古1－4　1934

商邱颜真卿八关斋会报德记石刻

桐君山唐頠等题名书　周肇祥　艺林月刊　88:9　1937. 4　图一

唐贞元十年册封南诏开路刊石　黄仲琴　中山大学文史学研究所月刊　1/2:11－14　1933. 2

唐袁滋豆沙关题名跋　向达　金陵学报　10/1－2:135－139　1940. 5　图一　图书季刊(新)　2/3:355－358　1940. 9

郎官石柱题名新著录　岑仲勉　中央研究院历史语言研究所集刊　8/1:21－77　1939. 10

宋傅尧俞篆立宋目夷君墓碣跋　退翁(周肇祥)　艺林月刊 91:14　1937.7　图一

宋戒石铭跋　退翁(周肇祥)　国学丛刊(国)　1:1　1941.3 图一

宋傅二娘造石水笕记石刻　罗原觉　考古社刊　5:159 - 165 1936.12

宋井栏顾衙复泉题记跋　顾元昌　中山大学文史学研究所月刊 1/4:49 - 50　1933.4

宋周元公墨刻考　周肇祥　古学丛刊　1:1 - 5　1939.3

米南宫还珠洞题名　莫伯强　说文月刊　5/5 - 6:120 - 121 1947.1

涪州石鱼文字所见录　(清)姚觐元、钱保塘　艺林月刊　54 - 80 1934.6 - 1936.8　(已有专书出版)

旧京西山故翠微寺画像千佛塔记跋——释迦如来灵牙舍利函灵光寺并翠微公主墓附　奉宽　史学年报　2:143 - 146　1930 图一

房山十里寺中元也里可温石函跋　周肇祥　艺林月刊　26: 9 - 10　1932.2　图二

威远营刻石考　李苑文　禹贡半月刊　2/9:12 - 14　1935.1

明万历十二年征西游击将军刘綎征缅甸渡金沙江时筑坛誓师词刻之于石

威远营刻石考补正　李苑文　禹贡半月刊　3/6:5 - 10　1935.5

明彭孟阳百花冢题字跋　退翁(周肇祥)　艺林月刊　63:15 1935.3　图一

青天白日石刻的发现及其他　魏应麒　中山大学语言历史学研究所周刊　6/72:15 - 22　1929.3

北平梨园金石记　张次溪　正风半月刊　1/1:103 - 105　1935.1

御制土尔扈特全部归顺记　张绿子　沈阳博物院筹备委员会汇

刊 1:103－105 1947.10

红崖古刻记(二则) 孙壮、无畏 艺林旬刊 23 1928.8 图一

题红崖古字墨本 潘文勤旧藏 茫父 艺林旬刊 25 1928.9

续题红崖古刻 莲花庵 艺林旬刊 27－29 1928.9－10 图一

红崖碑考释 墨逡 艺观 5:卷首 1929.7 图一

红崖碑杂考 闻宥 边政公论 4/2－3:8－12 1945.3 图二

红岩石刻探访记 [法]雷柏茹 著 陆翔 译 说文月刊 2/2:55－56 1940.5

贵州红崖石刻 卫聚贤 说文月刊 2/10:1 1941.1 图一

红岩石刻探访记书后 高鲁 说文月刊 2/10:17－18 1941.1 图一

安顺衙署红岩石刻跋 瞿鸿锡 说文月刊 2/10:18－19 1941.1

(三)方法

考石文论 刘咸炘 成大史学杂志 2:158－159 1930.5

汉魏六朝碑额纪例 郑文焯 国粹学报 4/41:5－6 1908.4

汉石经碑图叙例 张国淦 国闻周报 8/22:1－4,8/24:1－4,8/26:1－4,8/28,1－4,8/30:1－4,8/32:1－4,8/34:1－4,8/36:1－4,8/38:1－4,8/42:1－4,8/44:1－3 1931.6－11

河南博物馆藏历代墓志图录凡例 孙文青 考古社刊 4:326－328 1936.6

(四)目录

补拓北平石刻续目 史学研究会 北平研究院院务汇报 5/4:111－114 1934.7

燕京大学图书馆所藏石刻草目 容媛 燕京大学圕报 122:2－10,123:2－9,124:2－9,125:2－9,126:5－12,127:5－12,128:5－12,129:3－10,130:4－11,131:4－11,132:5－12,133:3－10,134:4－11 1939.1－8

河南博物馆藏石拓片目　史学研究会　北平研究院院务汇报 4/4:1－16,4/5:1－17,4/6:1－13　1933.7－11

河南博物馆藏石刻目录提要　孙文青　河南博物馆馆刊　3:26－34　1936.9

泾县石刻纪略　胡韫玉　国粹学报　7/75:1－5　1911.1

跋缪辑集古录目　杨殿珣　北平图书馆馆刊　10/1:77－80 1936.1－2

欧阳修集古录目考　姚薇元　广州学报　1/1:1－5　1937.1

石经论著目录　杨殿珣　北平图书馆馆刊　10/6:31－60 1936.11－12

1. 石经通论　2. 熹平石经　3. 正始石经　4. 开成石经　5. 广政石经　6. 嘉祐石经　7. 绍兴石经　8. 金石经　9. 清石经

集拓新出汉魏石经残字目　马衡　新晨报文化特刊　2－4 1928.10.14,11.25,12.30

滇南碑传集序目(附录)　方树梅　责善半月刊　1/19:15－23, 1/20:20－24　1940.1

国立北平图书馆藏云南碑目初编　范腾端　图书季刊(新) 8/1－2:66－78　1947.6

颜鲁公碑帖目自叙附颜鲁公碑帖目　陈天锡　书学　1:31－42　1943.7

跋陈伯稼先生颜鲁公碑帖目　沈士远　书学　1:30　1943.7

缪筱珊批校仁民爱物斋手藏碑目并考证跋　宽予　上海市立图书馆馆刊　5:12－13　1948.9

金石补编元碑目录　朱文藻　浙江图书馆报　5:1－5　1930.7

顺德李氏所藏碑刻书籍寄存及让与燕京大学图书馆　容媛　燕京学报　26:251－265　1939.12

北平寺庙碑目　史学研究会　北平研究院院务汇报　2/3:1－10, 2/4:13,2/5:1－17,2/6:1－16,3/1:1－17,3/2:1－24,3/3:1－16,3/4:1－

6,3/5:1－6,3/6:1－10　1931.5－1932.11

北平四郊寺庙碑目　史学研究会　北平研究院院务汇报　5/1:5－9,5/2:1－6　1934.1,3

北平庙宇碑刻目录及凡例　张江裁、许道龄　北平研究院院务汇报　7/1:167－198,7/2:95－128,7/3:145－184　1936.1－5

北平东岳庙碑刻目录　刘厚滋　北平研究院院务汇报　7/6:115－138　1936.11　图六

国子监碑目　范腾端　图书馆学季刊　5/3－4:441－458　1931.12

易县碑目　孟桂良　考古社刊　6:203－252　1937.6

陕西省大小碑林碑目　史学研究会　北平研究院院务汇报　4/1:1－16,4/2:1－15,4/3:1－14　1933.1,3,5

三韩冢墓遗文序目　李汉青 遗稿　李恩绩 据墨本校录　学术界　2/1:55－64　1944.2

幢目　叶恭彝 遗著　北平图书馆月刊　3/3:381－400,3/4:515－534　1929.9,10

馆藏贞石录　历史博物馆丛刊　1/2:1－10,1/3:11－12　1926.10－1927.2

墓志(北魏—唐)

馆藏李唐墓志目　范腾端　北平图书馆馆刊　9/3:95－113,　9/4:105－123,9/5:89－109,9/6:111－134　1935.5－12

共读楼所藏近人墓志目　陈乃乾　人文月刊　7/4:1－12,7/5:13－26　1936.5－6

(五)传记

石师录　褚德彝　国粹学报　6/72:1－4,6/73:1－4,6/74:1－4　1910.10－12

(六)杂著

金石证史　岑仲勉　史学专刊　1/4:51－80　1936.12

金仙与上仙　何格恩　岭南学报　6/1:131－132　1937.2

关于岑仲勉《金石证史》中的“金仙长公主碑”一条的讨论

贞石证史　岑仲勉　中央研究院历史语言研究所集刊　8/4:495－596　1939.12

续贞石证史　岑仲勉　史料与史学下:263－322　1945.11　中央研究院历史语言研究所集刊　15:225－280　1948.4　图一

碑帖研究意见书　黄仲琴　中山大学语言历史学研究所周刊　8/88:42－43　1929.7

拟辑松筠草堂藏碑考缘起　杜镇球　考古社刊　1:6－10　1934.12

答汪旭初论碑文书　章太炎 遗著　制言半月刊　29:2　1936.11

沙南侯获碑刘平国碑　边铎月刊　1/10－11:39　1947.1

新安访碑记　韬翁(汪仲伊)　艺观　1:39－40　1926.6　益世报艺术周刊　21　1929.8.2

吴郡西山访古记　李根源　国闻周报　3/30:26－29,3/31:31－35,3/32:27－31,3/33:25－29,3/34:26－31,3/35:29－34　1926.8,9

主要内容为访碑并谒前贤丘墓

歙县访碑记　叶为铭　浙江图书馆馆刊　4/5:1－3　1935.10

(正文前题目为《徽州访碑记》)

附1. 宋建炎三年造大圣菩萨宝塔碑文　2. 明嘉靖二十三年叶晴重修宋塔碑记

延陵访碑记　周厚坤　旅行杂志　10/1:85－90　1936.1　图四

延陵访古　芳杜　旅行杂志　23/12:11　1949

唐大历十四年翻刻延陵季子庙碑

四川访碑录　(清)刘喜海　艺文杂志　1/2:1－16　1936.5

此为刘喜海《金石苑》全稿本之一,其全稿未经刊行。涵芬楼所藏全稿本曾经况夔笙整理,惜已遭兵燹,付之一炬。此吉光片羽,洵足宝也

山右访碑诗　秦宝玑　图书馆学季刊　5/3－4:366　1931.12

山左访碑记　蛰人　国闻周报　12/5:1－4　1935.1

灵岩碑碣目—碑阳法春施主题名—龙洞碑碣—佛峪碑碣

马哥孛罗时代中国的基督教　[加拿大]明义士　齐大季刊　3、5合刊:169－185　1934.12

有关景教碑

元代日僧邵元在华所撰碑　梁盛志　中和月刊　3/11:15－21　1942.11

大梁访碑记　张相文　地学杂志　1/2:6－10　1910.2

明正德七年重建清真寺碑

访问长乐郑和天妃灵应碑杂记　郑鹤声　大公报史地周刊　110　1936.11.6

明郑和赴西洋刻记　周肇祥　艺林月刊　116:12－13　1942.3　图一

郑和航海事迹之再探　刘铭恕　中国文化研究汇刊　3:131－170　1943.9

有关马哈只碑、娄东天妃宫碑

词记山花碑　闻宥　中国文化研究所集刊　1/1:28　1940.9　图一

此碑现在大理圣元寺壁,著者考为明代杨黼所作

秦州杜诗石刻记　冯国瑞　国风半月刊　6/5－6:42　1935.3

奉海路沿线萨尔浒访碑记　韩振华　东北文化月报　6/1:22－28　1927.1

嘉兴访碑记　简又文　逸经　14:3－7　1936.9　图四

关于河南沁阳九十人造像碑之通讯　何植三、马衡　北京大学研究所国学门月刊　1/1:32－33　1926.10　图一

1. 何植三致马衡书 2. 沁阳周刊新闻(转录) 3. 九十人造象碑跋

关于北平图书馆所藏和林碑之解说及新近购藏辽金元碑之消息 燕京学报 19:232－23□ (原载 4 月 2 日大公报《图书副刊》124 期) 1936.6

＊燕京大学图书馆入藏顺德李氏碑刻书藉之概略 图书季刊(新) 2/2:267－268 1940.6

赴磁县武安县南北响堂寺及其附近工作报告 马丰 北平研究院院务汇报 7/4:111－119 1936.7

整理河南博物馆藏石刻记 孙文青 河南博物馆馆刊 1:26－37 1936.7

馆藏石刻整理经过及其序说 孙文青 河南博物馆馆刊 6:1－21,7－8:1－6 1937.2,4

整理西安碑林计划书 古物保管委员会西安办事处 中国博物馆协会会报 1/4:8－11 1936.3

拟编蒿里遗文著录表 罗福颐 考古社刊 2:27－29 1935.6

(七)评介序跋

石鼓释文二卷 (强运开 著 1935 年商务印书馆石印本) 珣 中国博物馆协会会报 1/1:24 1935.9

石鼓文疏记 (马叙伦 疏证 1935 年商务印书馆出版) 殿珣 中国博物馆协会会报 1/2:36－37 1935.11

覃研斋石鼓十种考释一卷 (赵椿年 纂 1936 年刻本) 中国博物馆协会会报 2/4:28 1937.3

石鼓文研究 (郭沫若 著 1939 年商务印书馆出版) 敬 图书季刊(新) 2/3:436－437 1940.9

石鼓考缀 (许庄述 著 1947 年贵阳许学窘影印本) 中央图书馆馆刊 1/4:46－47 1947.12

历代石经考 (张国淦 编 1930 年燕京大学出版) 余逊、容媛 燕京学报 8:1623－1624 1930.12

汉熹平石经残字集录 （罗振玉 撰 1929—1930年出版） 燕 北平图书馆月刊 3/3:447 1929.9

汉石经残字集录续编一卷补遗一卷三编一卷补遗一卷 （罗振玉 撰 1929年石印本） 燕 北平图书馆月刊 3/4:567 1929.10

汉魏石经残字二卷校录一卷 （屈万里 校录 1934年山东省立图书馆拓印） 珣 中国博物馆协会会报 1/1:22 1935.9

魏三字石经集录 （孙海波 编 1937年考古学社出版） 容媛 燕京学报 22:303-306 1937.12

孙氏魏三字石经集录校正 商承祚 清华学报 13/2:1-9 1941.10

国立北平图书馆藏碑目 （范腾端 编 1941年北平图书馆出版） 贯 图书季刊 （新）4/3-4:108 1943.9.12

北平庙宇碑刻目录 （张江裁、许道龄 编 1936年北平研究院出版） 中国博物馆协会会报 2/2:37 1936.11

河北石征第一集 （河北月刊社 编 1935年出版） 于 图书季刊 2/1:63 1935

畿辅碑目二卷待访目二卷 （樊彬 辑 1935年河北博物馆铅字本） 殿珣 中国博物馆协会会报 1/4:62 1936.3

辽陵石刻集录 （金毓黻 辑 1934年辽宁影印本） 伯平（冯家昇） 燕京学报 15:275-278 1934.6

滇南碑传集 （方树梅 编 1942年北平图书馆西南文献丛刊本） 图书季刊（新） 5/1:80-81 1944.3

碑传集补 （闵尔昌 纂录 1931年燕京大学国学研究所出版） 容媛 燕京学报 11:2444 1932.6

崇雅堂碑录五卷碑录补四卷 （甘鹏云 编 1935年息园铅字本） 殿珣 中国博物馆协会会报 1/2:40 1935.11

佛金山馆秦汉碑跋一卷 〔（清）牟房 著 1935年瑞安陈氏襄殷堂校印本〕 殿珣 中国博物馆协会会报 1/4:62 1936.3

突厥文阙特勤碑译注 （韩儒林 著 1935年北平研究院出版） 吉东 燕京学报 19:253－254 1936.6

千唐志斋藏石目 （郭玉堂 编 1935年出版） 藏 大公报图书副刊 97 1935.9.19

伊阙石刻图表 （关百益 著 1935年河南博物馆影印本） 方 大公报图书副刊 95 1935.9.5 图书季刊 2/3:189－190 1935 珣 中国博物馆协会会报 1/1:23－24 1935.9

观沧阁藏魏齐造象记 （王公度 收藏 1935年商务印书馆出版） 殿珣 中国博物馆协会会报 1/3:40－41 1936.1

南北响堂寺及其附近石刻目录 （何士骥、刘厚滋 编 1936年9月北平研究院总办事处出版） 龄 图书季刊 3/4:255－256 1936 大公报图书副刊 159 1936.12.3 殿珣 中国博物馆协会会报 2/3:23 1937.1

居贞草堂汉晋石影 （周进 编 1929年6月石印本） 燕 北平图书馆月刊 3/4:567－568 1929.10

古石刻零拾七种 （容庚 著 1934年考古学社出版） 容媛 燕京学报 17:223 1935.6

读容希白君古石刻零拾 杨树达 考古社刊 2:46－48 1935.6

答杨树达先生书 容庚 考古社刊 2:49－50 1935.6

定庵题跋 （由云龙 著 1939年铅字本） 思 图书季刊(新) 1/2:183－184 1939.6 容媛 燕京学报 27:266 1940.6

石交录 （罗振玉 著 1941年贞松老人遗稿本） 容媛 燕京学报 31:188－189 1946.6

语石自序 （清)叶昌炽 国粹学报 6/69:1 1910.7

(八)伪刻

岣嵝碑 黄仲琴 中山大学语言历史学研究所周刊 2/18:161－163 1928.2

汉五凤石函记　顾鳌　说文月刊　2/1:63－69　1940.4

晋左芬墓志伪刻　周肇祥　艺林月刊　25:11　1932.1　图二

唐三平大师碑　黄仲琴　岭南学报　3/2:168－169　1934.4

契丹小字"故太师铭石记"之研究　李文信　满洲"中央博物馆"论丛　3:67－74　1942.4

六　货币与度量衡

(一)货币

1. 总论

中国古泉学的检讨　谢瑞龄　古泉学　2:54－56　1936.6

何谓泉货学　张絅伯　古泉学　3:16－24　1936.12

古泉学纲要　丁福保　说文月刊　2/1:5－25,2/2:15－26,2/3:11－30,2/4:11－24　1940.4－7　(1940年有《古钱学纲要》石印本出版)

1. 总论　2. 周与列国　3. 秦　4. 汉　5. 三国　6. 晋　7. 南朝　8. 北朝　9. 隋　10. 唐　11. 五代　12. 十国　13. 北宋　14. 南宋　15. 辽　16. 西夏　17. 金　18. 元　19. 明　20. 清　21. 外国一、朝鲜　22. 外国二、琉球　23. 外国三、日本　24. 外国四、安南　25. 无考品跋

古泉略说　董昱　浙江省立西湖博物馆馆刊　1:论著1－8　1933.6

货币源流考　吴桂华　北京大学研究所国学门月刊　1/7－8:742－751　1927.11

我国货币制度沿革考　方达观　东北文化月报　5/3:20－50　1926.3

中国历代货币沿革史　李蔚之　东吴学报　1/1:90－108　1933.3

历代钱币沿革概观　张珍楼　女师学院期刊　2/1:1－8,2/2:1－10,3/2:1－4　1933.12,1934.7,1935.6

历代货币制度变迁述略　岑泉庵　古泉学　4:16－18　1937.3

中国货币演变述略　卫聚贤 讲　陶大镛 记　说文月刊　2/4:3－10　1940.7　图一一

历代泉币考　钱无咎　新中华(复刊)　1/10:89－96,1/11:75－80　1943.10－11

论中国史前之币制　张凤　中山大学语言历史学研究所周刊　11/123－124:1－12　1930.3

上古货币推究　郑家相　泉币　1－18,20－22　1940.7－1944.1

古化沿革及变迁　郑家相　古泉学　1:2－6　1936.6

中国金属货币起源考　童书业　文物周刊　80　1948.4

中国钞币源流考　卓天祺　新东方杂志　2/2:138－146　1940.12

自唐迄清的中国纸币　郑合成　中国经济　2/9:1－5　1934.9

释贝　李俶　国学丛刊(东)　1/2:104－114　1923.8

中国最古的货币——贝壳　卫聚贤　古泉学　2:18－33　1936.9　图二

说贝(辉县发掘报告之一)　郭豫才　河南博物馆馆刊　6:1－3　1937.2　图五

中国古代贝货之由来与吴越民族之关系　蒋玄佁　说文月刊　1/合订本:415－422　1940.8

中国古代贝币考　王名元　东方杂志　38/8:30－36　1941.4

贝币考　俞棪　泉币　26:2－5　1944.9

说聿贝　黄宾虹　泉币　27:2－3　1944.11

云南用贝考　江应樑　新亚细亚月刊　13/1:19－28　1937.1

货币释名　张絅伯　泉币　1:7－12　1940.7

泉钱辨名　张絅伯　泉币　21:5－7　1943.11

钱泉平议附编者跋　罗伯昭　泉币　21:7－9　1943.11

“泉”后于“钱”说　陈铁卿　泉币　21:1－5　1943.11　中和月刊　4/11－12:1－4　1943.12

再论泉钱辨名　张䌹伯　泉币　22:3－5　1944.1

刀布泉钱名币之由来及其变化　郑家相　泉币　22:6－9　1944.1

五铢之研究绪言　郑家相　泉币　12:4－10　1942.5

五铢之研究绪言　张䌹伯　泉币　13:2－4　1942.7

五铢之研究绪言之更正　郑家相　泉币　13:13　1942.7

2. 考释与研究

释字

□化与秦汉半两之联系且可释为朋贝说　陈恕斋　泉币　11:14－16　1942.3

释□　罗伯昭　泉币　20:10－11　1943.9　图一

□化考　俞棪　泉币　28:4－5　1945.1　图一

釿为古钱字说　陈铁卿　泉币　15:2－6　1942.11　图一

说釿　张䌹伯　泉币　16:1－4　1943.1

再说釿古钱字　陈铁卿　泉币　18:1－6　1943.5

再说釿并答陈君铁卿　张䌹伯　泉币　18:6－10　1943.5

釿辨　陈铁卿　中和月刊　4/8:21－24　1943.8

古布釿字之研究　郑家相　泉币　23:3－7,24:7－12,25:9－11,26:5－8　1944.3－9

附梁布□字之考正

古文钱字考证　罗伯昭　泉币　22:1－3　1944.1　图一

释齐刀之"杏"　陈铁卿　泉币　17:4－6　1943.3

梁当锊金释义　王建训　泉币　25:1－4　1944.7

共字币考证　俞棪　泉币　27:3－4　1944.11

说两　罗沐园　泉币　26:8－9　1944.9

五铢变体五卅钱　王荫嘉　泉币　1:48－49　1940.7　图一

世平百钱释义　张季量　泉币　19:9－10　1943.7　图一

再说珍与宝　罗伯昭　泉币　12:2-4　1942.5　图一

临安府牌贰伯文省释疑　罗伯昭　泉币　4:3-6　1941.1　图一

再说临安府牌贰百文省　罗伯昭　泉币　6:1-5　1941.5　插图三

沐园创获贰即贰之铁证　王荫嘉　泉币　7:37-38　1941.7

贰字余音　罗伯昭　泉币　8:5-6　1941.9　插图一

我亦来谈贰字　伊近岑　泉币　9:28-29　1941.11

元粮钞之贰字　王荫嘉　泉币　15:17　1942.11

商周

殷周货币考　王名元　中山大学文史学研究所月刊　3/3:91-122　1935.11　插图三三

先秦货币沿革考　陈鲲化　正风半月刊　1/11:52-57　1935.6

先秦货币考略　叶受祺　学风　6/6:1-9　1936.9

先秦货币考　［日］吉田虎雄 著　陈观 译　说文月刊　2/1:26-34　1940.4

历代钱谱　丁福保　泉币　3-18　1940.11-1943.5

列国币考　陈直　史学杂志　2/1:1-4　1930.3　说文月刊　3/1:117-120　1941.8

题名《古泉杂考》

鱼币之我见　鲍鼎　泉币　1:12-21　1940.7　图二

周大泉宝货考　孙诒让　国粹学报　6/63:1-2　1910.1

四币范齐泉化考释　顾沄　艺观　3:1-14　1929.5

四币范齐刀布考释　顾若波　艺观　4:19-28　1929.6

古圜金刀布文字考　若波　艺观　5:1-6　1929.7

分布方足布考释　张季量　泉币　3:21-22　1940.11　图一

明刀之研究　郑家相　泉币　1:29-39　1940.7　图七

燕布之新发现　郑家相　泉币　23:8-9　1944.3　图一

古布不称化辨　陈铁卿　华北编译馆馆刊　2/5:1－10　1943.5

战国用金广证　徐震堮　史地学报　3/4:45－50　1924.12

郢爰金印模　退翁(周肇祥)　艺林月刊　112:13　1940.4　图一

秦汉

秦汉币制之演变及其理论之争议　汤晓非　说文月刊　3/2－3:39－50　1941.9

秦楚之际及汉初货币概论　罗伯昭　泉币　2:1－5,3:1－4　1940.9　图一一

前汉货币问题之研究　王肇鼎　中山大学语言历史学研究所周刊　1/7:149－156　1927.12

本文是《前汉经济状况之推测》中的一章

两汉币制略　费致浚　燕大月刊　5/1－2:39－52　1929.11

两汉货币制度的研究　郭垣　中国经济　2/9:1－5　1934.9

两汉货币制度　韩克信　食货半月刊　1/12:8－21　1935.5

方孔制钱考　张䌹伯　泉币　14:9－12　1942.9　图二

半两之研究　郑家相　古泉学　4:8－9　1937.3

半两之研究绪言　郑家相　泉币　15:11－16　1942.11

秦半两及荚钱之研究　陈恕斋　泉币　10:2－5　1942.1　图一

半两钱考　张䌹伯　泉币　11:5－10　1942.3

附致郑君家相函

两甾钱考　郑家相　泉币　32:4－6　1945.9

汉高柳临菑等四铢钱　陈进宜　古泉学　3:41　1936.12　图八

撒帐钱考　丁福保　泉币　14:15－16　1942.9　图一

五铢之研究　郑家相　泉币　2－11,13－14,16　1940.9－1942.3,7,9,1943.1

汉武五铢叙论　陈铁卿　泉币　31:2－3,32:2－4　1945.7－9

建武五铢范年月日考　罗伯昭　泉币　7:3－4　1941.7　图一

关于郑家相《五铢之研究》一文的商榷

三铢钱铸造年代考　傅薪　北平半月刊　4:6 – 8,5:7 – 8,6:7 – 8　1943.8 – 9

三铢钱行罢时期应从汉纪说　陈铁卿　泉币　28:2 – 4　1945.1

新莽货币志(中国货币史丛书之五)　张䌹伯　泉币　3:28 – 31,4:17 – 23,5:9 – 19,6:16 – 18,7:20 – 23　1940.11 – 1941.9

小五铢钱考　张䌹伯　泉币　8:1 – 4　1941.9　图一

新莽六泉(录古泉汇考未刻稿)　(清)翁树培　古泉学　2:3 – 9　1936.9

新莽十布(录古泉汇考未刻稿)　(清)翁树培　古泉学　3:1 – 15　1936.12

新莽错刀(录古泉汇考未刻稿)　(清)翁树培　古泉学　4:1 – 4　1937.3　图二

国宝金匮"时代"与"用途"之探讨　蔡季襄　泉币　1:22 – 27　1940.7　图三

汉西域大秦国褭蹏金考　蔡季襄　泉币　19:1 – 6　1943.7　图一

汉献帝钱　罗伯昭　泉币　23:7 – 8　1944.3

跋汉朱提银锡白金　张希鲁　旅行杂志　19/4:55　1945.4

三国两晋南北朝

直百五铢非刘备铸说　罗伯昭　泉币　11:10 – 14　1942.3

方贝丰货　王君复　泉币　27:12　1944.11　图一

太清丰乐钱考　郑家相　泉币　1:40 – 42　1940.7

太夏真兴　张叔驯　泉币　32:7 – 8　1945.9　图一

两铢钱考　张䌹伯　泉币　6:6 – 8　1941.5　图三

梁代货币考　朱希祖　广州学报　1/1:1 – 11　1937.1

记南京出土之梁五铢泥范　商承祚　金陵学报　5/2:433 – 442　1935.12　图一五

南京新出土梁普通四年五铢钱范考　朱希祖　制言半月刊 37－38:1－7　1937　图二

所谓天监五铢之疑问　罗伯昭　泉币　1:27－29　1940.7　图一

说永安五铢(背土字)　郑家相　泉币　21:10－11　1943.11

太平百钱非吴制说　罗伯昭　泉币　18:10－12　1943.5　图一

隋唐五代

隋五铢穿右竖画之由来　陈铁卿　泉币　19:6－9　1943.7　图一

唐代货币之一考究　秦璋　中国经济　1/2:1－5　1933.5

附唐代纸币考略

唐浙西观察使端午进奉银铤续考　周肇祥　艺林月刊　2:13－14　1930.2

安禄山铸安永一十等钱说　罗伯昭　泉币　24:5－7　1944.5　图二

闲话乹元重宝　罗伯昭　泉币　15:6－9　1942.11　图五

五代货币制度　戴振辉　食货半月刊　2/1:16－20　1935.6

南汉钱史　罗伯昭　泉币　5:1－4　1941.3　图六

南汉乾亨钱　王荫嘉　泉币　14:12－15　1942.9　图四

助国牡国钱考　陈仁涛 授意　王荫嘉 考述　泉币　4:1－3　1941.1　图二

牡国元宝钱正误　高善谦　泉币　12:1－2　1942.5　插图二

牡国元宝钱正误　张絅伯　泉币　13:1－2　1942.7

大齐通宝考　罗伯昭　古泉学　2:16－17　1936.9　图二

题足斋藏天德通宝钱拓本　郑家相　泉币　6:29　1941.5　图一

宋代

宋代纸币研究　周鸿绪　滇黔月刊　2/3:5－10　1937

北宋楮币起源考　李埏　浙江大学文学院集刊　4:1－16　1944.8

宋代钞法之研究　沈嵩华　福建文化(新)　3/1:53－58　1947.3

交子之起源　[日]加藤繁 撰　朱希祖 译　现代史学　1/3－4:192－205　1933.5

交子发达考　[日]日野开三郎 著　傅安华 译　东方杂志　31/14:141－162　1934.7

跋庆历铁母及五子钱之重出　王荫嘉　泉币　11:47－48　1942.3　图二

通宝绍圣钱之分析　罗沐园　泉币　30:3－4　1945.5　图一

建国通宝钱考　罗伯昭　泉币　7:4－6　1941.7

建国通宝补说　沐园(罗伯昭)　泉币　10:41　1942.1

宣和靖康纪元之谶　王荫嘉　泉币　17:1－2　1943.3　图四

建炎改元始末　罗沐园　泉币　17:3－4　1943.3　图二

招纳信宝钱(录古泉汇考未刻稿)　(清)翁宜泉　古泉学　5:3－4　1937.6　图一

宋绍兴元年刘光世铸

行在会子考　张絅伯　泉币　9:1－3　1941.11　图一

行在会子库铜版跋　王荫嘉　泉币　11:1－2　1942.3

西川嘉定铁钱之分析　罗伯昭　泉币　13:5－8　1942.7　图一

论铁钱(未刻稿)　饶登秩　古泉学　1:53－54　1936.6

银质太平通宝墨本跋　程文龙　古泉学　4:15　1937.3　图一

绍兴二十七年御书通宝两等钱附福宁万寿金钱　王荫嘉　泉币　2:14－22　1940.9　图八

赵宝重兴之我见　高善谦　泉币　17:2－3　1943.3　图一

题足斋藏崇庆至宁二钱拓本　郑家相　泉币　6:29－30　1941.5　图一

辽西夏金元

契丹文大钱　郑家相　泉币　15:18－19　1942.11

契丹文大钱辨　张果园　泉币　16:10－12　1943.1

辽钱考　郑家相　古泉学　3:24－34　1936.12　图二九

辽代货币新考　秦佩珩　东方杂志　44/1:53－55　1947.1　益世报经济周刊　26　1947.2.7

辽巡贴千宝钱考　陈进宜　古泉学　5:34　1937.6

辽大康通宝银泉考　罗福颐　中央博物馆时报　16:1－2　1942.4

介绍新发现一种西夏文钱　赵权之　泉币　3:22－23　1940.11　图一

金国书钱　无畏居士　艺林月刊　54:4　1934.5　图一

金兴定宝泉钞版　退翁(周肇祥)　艺林月刊　83:5　1936.11　图一

大朝通宝(录古泉汇考未刻稿)　(清)翁树培　古泉学　2:10－11　1936.9

大朝通宝续考　宣愚公　古泉学　2:11－15　1936.9

元大朝金合钱考　陈进宜　古泉学　5:34　1937.6　图一

元钞辑闻　王荫嘉　泉币　16:6－10　1943.1

开元路退毁昏钞印跋　罗福颐　满洲史学　2/1:38　1938.5

至元元宝钞板拓本跋　退翁(周肇祥)　艺林月刊　94:12　1937.10　图二

大元通宝大小字之比较　王荫嘉　泉币　15:9－11　1942.11　图二

八思巴字大元通宝跋　韩儒林　中国文化研究汇刊　3:361－363　1943.9　图一

周伯琦书至正权钞　王荫嘉　泉币　19:10－11　1943.7　图一

天启通宝钱(录古泉汇考未刻稿)　(清)翁宜泉　古泉学　5:1－3　1937.6　图四

篆文徐天启钱先后发现史 罗沐园 泉币 28:6－7 1945.1 图一

安南陈裕宗绍丰大治钱之繁变 王荫嘉 泉币 14:21－24 1942.9 图七

大治钱补遗 王荫嘉 泉币 27:4－5 1944.11 图一

其他

早欢斋泉说(未刻稿) 饶登秩 古泉学 1:29－43 1936.6

寿鑫斋钱话三卷 朱彭寿 古学丛刊 4:1－4,5:5－10,6:11－14, 7:15－20, 9:1－□□ 1939.9－1940.7

知止斋搜藏古泉说略 杨铭修 兴建月刊 1/4:105－108 1940.1

辽东锐锋刀考释 俞棪 泉币 24:1－3,25:6－7 1944.5－7

著者更正云此类化刀实为张垣出土,前传辽东者误也,当正其名为张垣锐刀。

突厥钱币考 [苏]A·伯恩史坦 著 张铁弦 译 说文月刊 3/10:181－185(原文载1940年列宁格勒出版《冬宫博物院东方馆集刊》第二本) 1943.5

寓钱考 李鉴昭 河南博物馆馆刊 14:1－4 1938.1

义记金钱考 张季量 泉币 4:6－9 1941.1

3. 著录

商周

石贝二品 郑家相 泉币 8:35 1941.9 图二

节墨邑之𠮷化(背开封) 张叔驯 藏品 郑家相 说明 泉币 2:43－44 1940.9 图一

郢爰金 罗沐园 藏 泉币 17:19－20 1943.3 图一

齐明刀(背齐化共金) 张叔驯 藏品 郑家相 说明 泉币 7:40 1941.7 图一

阳城小布 罗沐园 藏 泉币 13:25－26 1942.7 图一

垛二釿　李映庵　泉币　22:32－33　1944.1　图一

阴晋一金化　张叔驯　泉币　1:66－67　1940.7　图一

晋化刀　罗伯昭　泉币　1:59　1940.7　图一

虞一金化　张叔驯 藏品　郑家相 说明　泉币　2:42　1940.9　图一

济阴(传形)　张叔驯 藏泉　郑家相 说明　泉币　4:37　1941.1　图一

安阴　罗伯昭　泉币　6:32　1941.5　图一

山阳大布　罗沐园 藏　泉币　20:43－44　1943.9　图一

共字币　陈声亮 藏　泉币　20:43　1943.9　图一

晋半小直刀　方子才　泉币　27:12－13　1944.11　图一

离石圆足布(背十七)　罗伯昭　泉币　8:36－37　1941.9　图一

北箕小布　张季量 藏　泉币　18:28　1943.5　图一

武坪圜金　罗伯昭　泉币　1:60　1940.7　图一

蔺(圜金)　张季量　泉币　2:49　1940.9　图一

长垣一金化　陈恕斋 藏品　郑家相 说明　泉币　5:36－37　1941.3　图一

长垣一釿　陶庭耀 藏　泉币　17:20　1943.3　图一

半睘　张叔驯 藏品　郑家相 说明　泉币　2:44　1940.9　图一

良金一朱　罗伯昭　泉币　3:41－42　1940.11　图一

秦汉

重一两十二铢　陈恕斋 藏品　郑家相 说明　泉币　5:37－38　1941.3　图一

重一两十二一珠　张子远 藏　泉币　21:29－30　1943.11　图一

重一两十二一珠(附戴醇士泉盒)　罗沐园 藏　泉币　27:8－9　1944.11　图一

明彡 戴葆庭 泉币 1:64－65 1940.7 图一

四曲文钱 马定祥 藏 泉币 19:30 1943.7 图一

半两八铢泉肉好周郭 张季量 藏 泉币 25:16 1944.7 图一

半半两 俞棪 泉币 28:11 1945.1 图一

赤仄五铢传形(背略) 陈恕斋 泉币 24:19 1944.5 图一

汉寿富钱 戴足斋 藏 泉币 24:18 1944.5 图一

双胎五铢 李华生 泉币 10:36 1942.1 图一

货泉(背大吉昌宜牛羊) 罗伯昭 泉币 3:42－43 1940.11 图一

货泉(背宜官秩吉) 马定方 藏 泉币 19:29－30 1943.7 图一

大泉五十铜范(底款二万石侯) 戴葆庭 泉币 5:39－40 1941.3 图一

大泉五十常乐未央 张季量 藏 泉币 21:29 1943.11 图一

小五铢泥残范 郑家相 泉币 1:74－75 1940.7 图一

方贝货泉 罗伯昭 泉币 4:38－39 1941.3 图一

新莽布泉两面同文 戴葆庭 泉币 10:36－37 1942.1 图一

王莽货泉异文二品 郑家相 泉币 6:38－39 1941.5 图二

国宝金匮直万泉 张䌹伯 泉币 7:41－42 1941.7 图一

如言半两 戴葆庭 泉币 6:40 1941.5 图一

日千半两 王荫嘉 泉币 6:40－41 1941.5 图一

汉压胜钱 郑家相 泉币 8:35－36 1941.9 图一

两晋南北朝

汉晋五铢压胜之变化 郑家相 泉币 11:46－47 1942.3 图三

直百(传形) 陈亮声 泉币 10:34－35 1942.1 图一

凉造新泉　戴葆庭　泉币　1:65　1940.7　图一

凉造新泉　张季量　泉币　9:35　1941.11　图一

五铢重轮　郑家相　泉币　10:35－36　1942.1　图一

汉兴与五泉　陈亮声 藏　泉币　13:26－27　1942.7　图一

汉兴钱　陈亮声 藏　泉币　14:37　1942.9　图一

景和　罗伯昭　泉币　2:45　1940.9　图一

太清丰乐　戴足斋 藏　泉币　17:22－23　1943.3　图一

五铢女钱(背大阔缘)　房良 藏　泉币　26:13　1944.9　图一

五铢穿上下飞鸟　戴葆庭　泉币　5:38－39　1941.3　图二

隋唐五代

乹元重宝　杨成麒　泉币　5:42　1941.3　图一

乹元重宝二品(背祥云与瑞雀)　戴葆庭　泉币　6:39　1941.5　图二

大历元宝(背上下月)　戴葆庭　泉币　9:40　1941.11　图一

大历之大历　陈恕斋　泉币　11:45－46　1942.3　图一

建中肥字异书　马定祥 藏　泉币　26:13　1944.9　图一

开元通宝(背右福)　戴葆庭　泉币　5:39　1941.3　图一

永背左挑开元　马定祥 藏　泉币　16:33　1943.1　图一

开元(背京京)　李映庵　泉币　17:24　1943.3　图一

回纥钱　高善谦　泉币　24:18－19　1944.5　图一

闽大开元铜品　罗伯昭　泉币　10:31　1942.1　图一

永平元宝　罗伯昭　泉币　2:45－46　1940.9　图一

草隶开元(宝字传形铅钱)缩十乾亨(初铸铜钱)　王荫嘉　泉币　6:35－36　1941.5　图二

乹亨重宝(乹字传形背邕)开元通宝(宝字传形俱铅泉)　张季量　泉币　6:34　1941.5　图二

乹亨通宝　陈仲璧　泉币　8:38　1941.9　图一

天成元宝　张叔驯 藏品　郑家相 说明　泉币　2:45　1940.9　图一

天成元宝　李映庵　泉币　16:37　1943.1　图一

乹封泉宝(背天府铁范铜泉)　张季量　泉币　1:62－63　1940.7　图一

乹封泉宝大钱(背天府)　戴葆庭　泉币　2:51　1940.9　图一

乾封泉宝(背天府铜钱)　陶庭耀　泉币　9:36　1941.11　图一

乾封泉宝　张叔驯 藏泉　郑家相 说明　泉币　4:37－38　1941.1　图一

天福元宝　陈恕斋　泉币　4:42－43　1941.1　图一

广政通宝　张季量　泉币　3:44　1940.11　图一

大蜀通宝　罗伯昭　泉币　3:43－44　1940.11　图一

天德重宝(背殷)　戴葆湘 藏　泉币　14:36－37　1942.9　图一

保大元宝钱(背天)　戴葆庭　泉币　2:51　1940.9　图一

永通泉货(二品)　戴葆庭　泉币　3:50　1940.11　图二

永通泉货(篆书)　张季量　泉币　4:41　1941.1　图一

永通泉货　陈恕斋　泉币　6:37－38　1941.5　图一

唐国通宝阔缘　戴葆庭　泉币　4:44　1941.1　图一

异书篆文唐国　罗沐园 藏　泉币　19:28　1943.7　图一

唐国通宝当二说释疑　罗伯昭　泉币　21:34－35　1943.11　图二

关于罗沐园藏“异书篆文唐国”问题

阔缘大唐　罗伯昭　泉币　10:31－32　1942.1　图一

宋代

宋元通宝(广穿四种)　戴葆庭　泉币　2:52　1940.9　图四

太平通宝(铁母二品)　戴葆庭　泉币　9:40－41　1941.11　图二

淳化元宝　罗伯昭　泉币　2:46　1940.9　图一

缩水淳化　高莘原　泉币　25:19　1944.7　图一

淳化折十大铁泉　罗伯昭　泉币　12:29　1942.5　图一

应运铁钱　罗沐园 藏　泉币　26:11－12　1944.9　图一

泉志应元保运钱正误　罗沐园　泉币　17:27－28　1943.3 图一

应感铁钱　罗沐园　泉币　30:7　1945.5　图一

至道元宝三体书　张季量 藏　泉币　15:33　1942.11　图一

咸平阔缘大钱　戴葆庭 藏　泉币　22:31　1944.1　图一

祥符元宝(背日月)　戴葆庭　泉币　10:37　1942.1　图一

祥符元宝(背星)　张叔驯 藏品　张絅伯 说明　泉币　10:37－38　1942.1　图一

天圣元宝(变体)　陈亮声　泉币　9:39　1941.11　图一

庆历重宝(铁母)　罗伯昭　泉币　11:47　1942.3

至和重宝(背虢)　王荫嘉　泉币　7:43－44　1941.7

至和重宝(光幕)　戴葆庭　泉币　7:44　1941.7　图一

笠屐熙宁(二品)　王荫嘉　泉币　10:39－40　1942.1　图二

元丰通宝　戴葆庭　泉币　1:65　1940.7　图一

隶书元丰通宝　王荫嘉　泉币　1:60　1940.7　图二

元丰篆书(折二铁母钱)　王荫嘉　泉币　2:48－49　1940.9 图一

元丰通宝(铁母)　罗伯昭　泉币　6:33　1941.5　图一

篆书元祐通宝(折二母钱)　蒋伯埙　泉币　4:43－44　1941.1 图一

元大祐铜钱　罗伯昭　泉币　7:42－43　1941.7　图一

篆元祐通宝(背陕)　陈亮声　泉币　9:38－39　1941.11　图一

绍圣通宝(背施)　罗伯昭　泉币　2:46　1940.9　图一

铁通宝绍圣(背上字) 马定祥 藏 泉币 18:29 1943.5 图一

元符通宝(铁母) 杨成麒 泉币 4:45 1941.1 图一

楷书元符(铁母) 罗伯昭 泉币 6:33 1941.5 图一

篆文崇宁元宝(小平) 高善谦 泉币 28:13 1945.1 图一

行书大观通宝 张䌹伯 泉币 1:66 1940.7 图一

出号大观 罗伯昭 泉币 5:34-35 1941.3 图一

大观通宝(铁范大泉) 张季量 泉币 11:45 1942.3 图一

大观通宝(背阶铁母) 马克武 泉币 16:36-37 1943.1 图一

政和通宝(铁母泉) 戴葆庭 泉币 3:50-51 1940.11 图一

真正政和 陈亮声 藏 泉币 17:20-21 1943.3 图一

政和折二铁泉(背上月) 张季量 藏 泉币 28:12 1945.1 图一

宣和通宝(背陕小品异书) 张季量 泉币 2:49-50 1940.9 图一

宣和铁母 罗伯昭 泉币 4:39-40 1941.1 图一

宣和元宝(封泉四品) 张季量 泉币 9:35 1941.11 图四

折二铁宣和 马定祥 藏 泉币 17:21 1943.3 图一

宣和元宝(篆隶各一品) 李映庵 泉币 26:13-14 1944.9 图二

靖康小平铁母泉 罗伯昭 泉币 6:32 1941.5 图一

靖康通宝(折二篆书) 张叔驯 藏 张䌹伯 说明 泉币 10:38 1942.1 图一

建炎通宝(折三点建) 戴葆庭 泉币 6:40 1941.5 图一

建炎通宝(折二楷书别品) 张季量 藏 泉币 14:35-36 1942.9 图一

四星建炎铁母二品 王荫嘉 泉币 10:40-41 1942.1 图二

临安府牌伍伯文省　丁福保 藏　泉币　18:30　1943.5　图一

绍兴通宝铁母　罗伯昭　泉币　3:43　1940.11　图一

绍兴通宝(背一传世薄肉真书铜品)　吴颂尧　泉币　6:36　1941.5　图一

绍兴通宝(小平铁母)　戴葆湘　泉币　8:39　1941.9　图一

绍兴元宝(双钩文)　高善谦　泉币　18:31－32　1943.5　图一

乾道元宝(背正)　陈亮声　泉币　10:35　1942.1　图一

当三淳熙(铁母)　罗伯昭　泉币　5:35　1941.3　图一

淳熙元宝(背春小平铁母)　罗伯昭　泉币　7:43　1941.7　图一

篆淳熙元宝(背利铁母)　罗伯昭　泉币　9:36－37　1941.11　图一

淳熙元宝(小平篆书)　陈恕斋　泉币　11:46　1942.3　图一

淳熙元宝(背春拾铜品)　罗沐园 藏　泉币　31:6　1945.7　图一

淳熙通宝折二铁泉(背春十二下)　伊近岑　泉币　9:39－40　1941.11　图一

淳熙小平铁钱(背十二下)　杜磬　泉币　14:38　1942.9　图一

绍熙元宝(背光二)　罗伯昭　泉币　4:40　1941.1　图一

绍熙元宝大铜钱　韩氏 藏　泉币　13:25　1942.7

绍熙通宝大铜钱　戴葆庭　泉币　12:31－32　1942.5　图一

南宋瘦金体大钱(二品)　张絅伯　泉币　5:31－34　1941.3　图二

庆元通宝、绍定元宝

庆元元宝银泉　蔡季襄　泉币　2:50－51　1940.9　图一

嘉泰通宝(背汉二铜品)　高莘原　泉币　7:45－46　1941.7　图一

开禧元宝(背利铁母)　马克武　泉币　17:24　1943.3　图一

大宋通宝当拾　陶庭耀 藏　泉币　16:32　1943.1　图一

端平通宝细字　戴葆庭　泉币　4:44　1941.1　图一

端平通宝铁折二　郑家相　泉币　12:30-31　1942.5　图一

端平元宝(背定伍东上铁母)　罗伯昭　泉币　12:30　1942.5　图一

金太平　罗沐园　泉币　29:10　1945.3　图一

辽西夏金

应历通宝　张叔驯　泉币　30:6-7　1945.5　图一

大字保宁　郑家相 藏　泉币　25:16　1944.7　图一

保宁通宝　张叔驯 藏　泉币　31:5　1945.7　图一

统和元宝　罗伯昭　泉币　6:33-34,7:39　1941.5,7　图一

直读重熙　罗沐园 藏　泉币　16:33　1943.1　图一

沐园有重熙双璧　王荫嘉　泉币　23:11-12　1944.3　图二

助国手大安元宝　马定祥 藏　泉币　25:17-18　1944.7　图一

天正　高善谦　泉币　13:28　1942.7　图一

西夏文大安钱　郑家相　泉币　6:39　1941.5　图一

西夏文大安宝钱两品　戴葆庭　泉币　7:44-45　1941.7　图二

贞观重宝　方若雨　泉币　16:36　1943.1　图一

西夏大德通宝　张叔驯　泉币　1:67-68　1940.7　图一

天盛铁钱(背西)　王荫嘉　泉币　1:61　1940.7　图一

天盛(背西)　程伯逊　泉币　23:18-19　1944.3　图一

乾祐元宝　马定祥 藏　泉币　21:31　1943.11　图一

阜昌通宝大钱　张子远　泉币　3:45　1940.11　图一

篆书阜昌钱三品　诸葛韵生　泉币　5:40-41　1941.3　图三

皇统元宝　李映庵　泉币　18:31　1943.5　图一

大定通宝铁钱　杜磐　泉币　6:36－37　1941.5　图一
泰和通宝折十大钱　赵权之　泉币　2:47－48　1940.9　图一
泰和通宝(大钱)　赵权之　泉币　3:45－46　1940.11　图二
泰和通宝(小平)　王荫嘉　泉币　3:47　1940.11　图一
泰和通宝(小平)　罗伯昭　泉币　6:32－33　1941.5　图一
小平泰和通宝　卢翰屏 藏　泉币　15:32　1942.11　图一
至宁元宝　古泉学　2:15　1936.9　图一
元明清
支钞半分　郑家相 藏　泉币　28:9－10　1945.1　图一
说交钞半分　罗沐园　泉币　29:14　1945.3
至元通宝(背玉)　李映庵　泉币　20:47　1943.9　图一
蒙文大元通宝母钱　罗伯昭　泉币　9:37　1941.11　图一
至正通宝(背上蒙文下十)　张季量　泉币　1:63　1940.7　图一
至正之宝权钞五分　陈亮声 藏　泉币　16:31　1943.1　图一
折二龙凤通宝　戴葆庭 藏　泉币　15:32－33　1942.11　图一
天佑通宝幕贰字　诸葛韵笙　泉币　10:39　1942.1　图一
天启永宝(背右十小平泉附折二泉背上二下星)　张季量　泉币　1:63　1940.7　图二
崇祯雕母　罗沐园　泉币　32:8　1945.9　图一
隆武(背南)　冯少泉　泉币　23:19　1944.3　图一
兴福通宝　王荫嘉、丁宗琪 藏　泉币　29:12　1945.3　图一
绿雪馆泉谈　陈仁涛　古泉学　1:17－22　1936.6
1. 顺治　2. 康熙　3. 雍正　4. 乾隆　5. 嘉庆、道光　6. 咸丰　7. 同治、光绪、宣统
后素楼清钱谈　张䌹伯　古泉学　4:10－14　1937.3　图七
雍正通宝(背满文宝泉祖泉)　张季量　泉币　1:64　1940.7

图一

雍正宝源祖钱　缪继珊　泉币　22:33　1944.1

嘉庆宝□局名未详　罗沐园　泉币　28:12　1945.1　图一

咸丰重宝（背二十）　戴葆庭　泉币　1:65-66　1940.7　图一

咸丰宝德当五祖钱　王希贤　泉币　23:19　1944.3　图一

咸丰戴书当十铁泉　马定祥　泉币　29:11-12　1945.3　图一

关于平靖胜宝　戴葆湘　古泉学　4:19-20　1937.3　图八

安古柏金钱　kann 藏　沐园 译　泉币　32:7　1945.9　图一

光绪通宝（机制小平钱样）　张絅伯 藏　泉币　29:7-8　1945.3　图一

广东初铸银币　郑家相　泉币　4:45-46　1941.1　图一

光绪喀什叁钱　顾炳元 藏　泉币　30:8　1945.5　图一

喀什三钱　顾炳元 藏　泉币　31:7　1945.7　图一

光绪廿五年奉天五角　顾炳元 藏　泉币　31:5-6　1945.7　图一

广东半分铜币　杨成麒 藏　泉币　29:10-11　1945.3　图一

吉林丁未一角　陈亮声 藏　泉币　30:8-9　1945.5　图一

清光绪三十三年

吉林戊申二角异版　kann 藏　泉币　28:11　1945.1　图一

清光绪三十四年

光绪通宝雕母（背满文宝源汉文宇字）　王荫嘉　泉币　1:61　1940.7　图一

白铜福建官局十六样币　房良 藏　泉币　27:10-11　1944.11　图一

新疆省造光绪二钱　kann 藏　泉币　32:8　1945.9　图一

阴文吉字宣统二角　kann 藏　沐园 译　泉币　27:11　1944.11　图一

其他

天策府宝　毛大顺 出品　沐园 说明　泉币　15:34　1942.11　图一

铜五金　罗沐园 藏　泉币　15:31　1942.11　图一

高昌吉利　包申甫　泉币　17:24　1943.3　图一

文滴宝泉　罗伯昭　泉币　4:40－41　1941.1　图一

通行泉货　王荫嘉　泉币　4:41－42　1941.1　图一

通行泉货　罗伯昭　泉币　7:42　1941.7　图一

应感通宝　卢翰屏 藏　泉币　13:26　1942.7　图一

永昌通宝(篆书左背录)　张季量　泉币　7:45　1941.7　图一

4. 字书

古泉文集联　王光烈　东北丛镌　13:1－36　1931.1

泉文书体变迁概述　陈仁涛　古泉学　1:13－15　1936.6

论传形　陈铁卿　泉币　20:1－9　1943.9

5. 方法

古泉质疑　岑子潜　古泉学　2:50－51　1936.9

大元通宝　高善谦　泉币　7:49－50　1941.7　图一

新币十一铁质疑　张絅伯　泉币　11:51－52　1942.3

庆元大钱质疑　张絅伯　泉币　12:35－36　1942.5

关于鲍子年(康)《观古阁泉说》中之庆元大钱问题

回文从衡文与正德钱　王荫嘉　泉币　16:25－26　1943.1

大元镇库银　张絅伯　泉币　19:31　1943.7　图一

开元读开通说正误　陈铁卿　泉币　22:9－12　1944.1

研究刀布之我见　郑家相　泉币　29:4－6,30:4－6　1945.3－5

“开通元宝”与“开元通宝”　童书业　文物周刊　12　1946.12

宋通元宝　童书业　文物周刊　15　1946.12

6. 目录

古泉小辞典摘要(附跋)　金维城　古泉学　4:21－44　1937.3

洪文安公藏泉表　罗伯昭　泉币　10:20－23　1942.1

7. 传记

洪文安公年谱　罗伯昭　泉币　9:26－27　1941.11

凤阳府教授倪迂存先生传　丁福保　古泉学　5:30　1937.6

鲍子年先生略传　杨恺龄　古泉学　1:15－16　1936.6

宣愚公先生传　张宗儒　泉币　18:22－23　1943.5

刘嘉灵传　罗沐园　泉币　16:25　1943.1

杨老圃先生传　张宗儒　泉币　31:9－10　1945.7

近世古泉家(录癖泉臆说)　高焕文　古泉学　5:4－9　1937.6

丁仲祜先生奋斗史　鲍鼎　泉币　5:26－28,6:30－31,7:34－35,8:33－34,9:31－34,10:27－29　1941.3－1942.1

畴隐居士自序　丁福保　泉币　9:30－31　1941.11

赤仄老人传　郑家相　泉币　31:4－5　1945.7

8. 杂著

学术通讯　张凤　中山大学语言历史学研究所周刊　9/106:27　1929.11

1. 古铁币二种铲,一文曰罨左,一文曰厗　2. 字读为不吾告,即诗不吾告猷旧文也　3. 铜器中斧属亦为钱币

弁言　杨恺龄　古泉学　1:1　1936.6

论古泉家不识权度之缺点　丁福保　古泉学　1:8－12　1936.6

古钱与艺术　郑师许　古泉学　2:52－54　1936.6

为上海市博物馆接收晴韵馆收藏古钱小记　郑师许　考古社刊　4:45－61　1936.6

研究会会讯　古泉学　1:55,2:57,3:54　1936.6－12

第一、二次研究会研究题目为“古泉之重量”、第三次研究题目为“文贝”二字、第四次研究题目为“安阳刀”、第五次会员各出藏泉传观研究、第六次研究题目为“大朝通宝研究”、第七次研究题目为“赤侧五铢”、第八次研究题目为“新莽十布”、第九次研究题目为“宋徽宗钱”

对于研究古泉与权度关系之希望　吴承洛　古泉学　3:49－53　1936.12

古泉丛谈　戴葆庭　古泉学　3:42－49　1936.12

函授古泉学社缘起及简章　丁福保　古泉学　4:45－46　1937.3

寒云泉简　袁克文　古泉学　4:4－8　1937.3

读史札记　郭豫才　河南博物馆馆刊　7－8:10　1937.4
关于钱币札记

文明远东泉谱考商榷书　张䌹伯　泉币　1:76－90　1940.7

本志发刊辞　张䌹伯　泉币　1:1－6　1940.7

金陵陈君来函　陈恕斋　泉币　5:45　1941.3

泉林新语　罗沐园　泉币　5:28－30　1941.3

南国来鸿　叶恭绰　泉币　5:44　1941.3
关于新得大齐通宝铜钱并诗二首

与丁仲祐君　叶恭绰　泉币　7:53　1941.7

与王荫嘉君二通　高善谦　泉币　7:51－53　1941.7

鲍胡泉简摘钞并序　张季量　泉币　8:29－32　1941.9

青蚨飞去复飞来　陈亮声　泉币　9:29－30　1941.11　图一
汉兴钱失而复得

许君士琦寄示咏古大泉诗感赋二截句以广其意　岑子潜　泉币　11:43　1942.3

咏古巨直大泉改旧作　许士琦　泉币　11:43　1942.3

得刘燕庭先生六泉记　丁福保　泉币　11:37－39　1942.3　图四

题靖恂先生重装古泉汇　陈郁　泉币　13:20　1942.7

前题即用陈君原韵　梁津　泉币　13:20　1942.7

梁范馆谈屑　郑家相　泉币　13:22－24,15:28－30,16:28－30,17:17－18,18:23－26,19:23－26　1942.7,11－1943.7

与卢翰屏　罗沐园　泉币　14:39　1942.9

刘荣庭两次来函附答　沐园　泉币　15:35－36　1942.11

读泉币第十三期后率赋长歌　薛剑园　泉币　15:28　1942.11

答张䌹伯书　王荫嘉　泉币　16:38－40　1943.1

锡母之探讨　高善谦　泉币　16:4－6　1943.1　图二

清仪阁日记抄　王荫嘉　泉币　17:16－17　1943.3

清史稿不载七钱三分之主币　王荫嘉　泉币　18:14－16　1943.5　图二

张文襄公粤省购办机器试铸银铜钱全案附跋　王荫嘉　泉币　19:16－22，20:19－28　1943.7－9　图二

皇宋通宝圣宋元宝折二泉连拓　张䌹伯　泉币　20:38－39　1943.9　图一

致郑家相　陈铁卿　泉币　21:32　1943.11

最近致力于[illegible]化问题之研究

答陈铁卿　郑家相　泉币　21:32－33　1943.11

关于释[illegible]字问题

拟定钱范为钱镕说　罗伯昭　泉币　22:12　1944.1

致后素楼　王荫嘉　泉币　22:33－34　1944.1

答荫嘉书　张䌹伯　泉币　22:34－36　1944.1

1. 泉最早见于周礼　2. 钱最早见于诗经

东汉五铢范(图略)　张䌹伯　泉币　25:11－12　1944.7

题金山程吴泉先生大泉五千之室图咏并序　岑子潜　泉币　27:7－8　1944.11

古泉新知录续编印成戏题三绝　陈铁卿　泉币　27:8　1944.11

咏古泉二首　丁福保　泉币　28:7　1945.1

藏泉名家歌　王君复　泉币　32:6　1945.9

论古钱币三事　王毓铨　申报文史周刊　7　1948.1.17

1. 贝之用为货币想在殷末 2. 金币始于西周至春秋末战国大盛
3. 美国古钱学会藏有东汉银铤大小二银条五

9. 评介序跋

谱录(未刻稿) 饶登秩 古泉学 1:45-53 1936.6

翁氏古泉汇考书后 (清)鲍康 古泉学 1:27-28 1936.6

记翁树培古泉汇考及古泉汇 容庚 文学年报 4:181-188 1938.4

新币墨本书后附拓本 陶北溟 古学丛刊 8:1-6 1940.5
图一

*王献唐氏研究中国古代货币之著作 图书季刊(新) 5/4:110-111 1944.12

古泉汇考自叙(未刻稿) (清)翁树培 古泉学 1:23-27 1936.6

古钱大辞典自序 丁福保 古泉学 1:6-7 1936.6

古钱大辞典例言 丁福保 古泉学 2:34-38 1936.9

古钱大辞典八大特色 丁福保 古泉学 2:38-49 1936.9

古泉学大纲绪言 丁福保 古泉学 3:37-40 1936.12

上古货币推究序 郑家相 泉币 1:57-58 1940.7

历代钱谱绪言 丁福保 泉币 1:50-57,2:33-37 1940.7-9
古泉学 5:31-33 1937.6

周秦汉晋金银货币图考序 郑家相 泉币 3:37-38 1940.11

寿泉集拓自序 王荫嘉 泉币 3:39 1940.11

寿泉集拓乙编小序 郑家相 泉币 5:30 1941.3

寿泉集拓丙编自序 张季量 泉币 6:27 1941.5

寿泉集拓丁编自序 陈亮声 泉币 6:28 1941.5

寿泉集拓戊编自序 戴葆庭 泉币 8:32-33 1941.9

寿泉集拓辛集序 王荫嘉 泉币 10:23-24 1942.1

寿泉集拓壬编自序 张䌹伯 泉币 10:24-25 1942.1

二十八宿研斋善本书录　王荫嘉　泉币　4:35－36　1941.1
洪遵泉志十五卷万历三十一年刊本、赵之谦章安杂说一卷手稿本
古化文字汇编自序二　郑家相　泉币　11:40－43　1942.3
泉家遗墨集序　张季量　泉币　11:40　1942.3
后素楼泉稿序　张季量　泉币　15:27－28　1942.11
中国古币考第一集序　郑家相　泉币　28:7－9　1945.1
关外出土尖首刀拓本叙言　郑家相　泉币　10:26－27　1942.1
新莽货币范序　越致　艺观　3:47－49　1929.5
梁五铢土范图说叙言　郑家相　泉币　7:35－36　1941.7
癖泉忆旧杂记序　岑子潜　泉币　31:4　1945.7
观古阁藏铁钱拓本序　(清)胡石查　泉币　12:23－24　1942.5
胡石查手拓观古阁藏铁泉序　(清)鲍子年　泉币　10:30　1942.1
重印胡石查手拓观古阁藏泉序　叶焕彬　泉币　12:24－26　1942.5
近代泉币拓本自序　徐寄庼　古泉学　1:22　1936.6
近代泉币拓本补遗自序　徐寄庼　古泉学　1:28　1936.6
鲍子年先生遗札跋　杨恺龄　古泉学　2:1－2　1936.9　图一
晴韵馆收藏古泉述记跋　丁福保　古泉学　5:13－14　1937.6
遗箧录跋　丁福保　古泉学　5:27－29　1937.6
巽斋钱录跋　丁福保　古泉学　5:20－22　1937.6
古泉丛话跋　丁福保　古泉学　5:16－18　1937.6
泉史跋　丁福保　古泉学　5:18－20　1937.6
吉金所见录跋　丁福保　古泉学　5:14－16　1937.6
泉货汇考跋　丁福保　古泉学　5:25－27　1937.6
钦定钱录跋　丁福保　古泉学　5:22－24　1937.6
题周氏泉拓　张季量　泉币　2:41　1940.9

跋丁氏旧藏明版洪志　张䌹伯　泉币　2:37 - 41　1940.9

拾古斋泉帖跋　王荫嘉　泉币　14:31　1942.9

后素楼泉稿跋　郑家相　泉币　16:26 - 27　1943.1

后素楼泉稿跋　宣愚公　泉币　17:14 - 16　1943.3

合肥龚氏藏金爰拓册跋　王荫嘉　泉币　19:23　1943.7

历代钱表跋　张季量　泉币　21:21 - 23　1943.11

名古屋泉谈跋　王荫嘉　泉币　22:24 - 26　1944.1

题郑氏上古货币推究　张季量　泉币　29:6　1945.3

(二)度量衡

中国历代之尺度　王国维　学衡　57:1 - 6　1926.9

中国历代尺数考　曾士莪　国闻周报　11/38:8　1934.9

汉唐之尺度及里程考　[日]足立喜六 著　吴晗 译　人文月刊 5/6:1 - 14,5/7:15 - 30(译自日本《东洋文库论丛》第二十之一《长安史迹之研究》第二章,昭和 8 年 12 月出版)　1934.8—9　凡桐 译　北强月刊　2/3:41 - 58　1935.3

得周尺记　[美]福开森　大公报艺术周刊　40　1935.7.6

商鞅量与商鞅尺　唐兰　国学季刊　5/4:119 - 126　1936.9 图八

徐子之官镙考　坚甫(白坚)　雅言　辛巳/2:13 - 14　1941.2

汉里之实长　[日]桑原骘藏 著　仇庐 译　禹贡半月刊　4/2:12 (节译桑原骘藏《支那学研究者之任务》)　1935.9

综论汉代尺度　杨宽　文物周刊　52　1947.9　图一

汉代木尺　熊庵　文物周刊　16　1947.1

新嘉量之校量及推算　刘复　辅仁学志　1/1:1 - 30　1928.12 图版二　插图七

莽量函率考　颜希深　燕京学报　8:1493 - 1515　1930.12　图七

莽权价值之重新考定　刘复　中央研究院历史语言研究所集刊

3/4:507－508 1933 图三

新嘉量五量铭释 励乃骥 国学季刊 5/2:71－84 1936.5

新嘉量考释 马衡 北平故宫博物院年刊:17－30 1936 图版二

释庣 励乃骥 北平故宫博物院年刊:31－54 1936 图一〇

新嘉量铭跋 杨树达 考古社刊 5:6 1936.12

新莽铜权 艺林月刊 12:16 1930.12 插图一

论秦敲与唐尺书 王国维 文字同盟 4:56－57 1927.7

河南出土唐代铜尺考证 孙次舟 大学 1/1:28－41 1942.1

中国历代尺度考 （杨宽 著 1938年商务印书馆出版） 毓 图书季刊(新) 1/3:310－312 1939.9

七 玺印与封泥

(一)概论

滨虹羼抹——叙摹印 黄质 国粹学报 3/30:1－3,3/33:1－4,4/38:1－3,4/39:1－4 1907.5－1908.2

1. 总论〔一、上古三代玺印之原始 二、秦汉铜玉印之时代 三、六朝唐宋杂品印之时代 四、元明刻石印之时代 五、国朝(清)摹印之复古 六、历代伪托前古之印〕 2. 古印之流传(一、铜石印之制作 二、杂品印之优劣 三、刻石印之精美 四、篆刻为文人旁及之学 五、新安篆刻之学派 六、印文歧异之原因 七、古人相印之术) 3. 考证古今(一、玺印 二、集古印谱之源流 三、古今印文之变迁 四、古代玺印之制 五、古今印制之殊异 六、古印成文) 4. 摹印篆法(一、缪篆笔法 二、摹印刀法 三、玺印之朱白文 四、品题摹印 五、宝爱古印 六、印钮 七、篆刻石章 八、篆刻余论)

古印概论 黄宾虹 东方杂志 27/2:71－78 1930.1 图九

印学概论 沙孟海 东方杂志 27/2:79－90 1930.1 图六八

1. 创制时期(以制度为主)(一、玺 二、汉晋官私印 三、九叠文

四、词句印　五、图书赏鉴印　六、斋馆别号印　七、花押印　八、圆朱文）

2. 游艺时期（以作家为次序）（一、文何　二、皖派　三、浙派　四、邓派　五、赵之谦　六、吴俊卿、赵时棡　七、附论）

古印说略　吾行　中国学生　1/3:92-93　1942.12

周秦印谈　（黄）予向　中和月刊　1/11:54-57　1940.11　图五

封泥辨　赵公岂　国粹学报　7/76:1-2　1911.2

汉代封泥略说　王宝正　益世报史地周刊　107　1948.9.21

（二）考释与研究

1. 释字

三代小鉨所见之吉语一斑　罗君美　艺林旬刊　23-24　1928.8

古鉨用于匋器之文字　亼虹　艺观　3:1-4　1929.5

古印文字证　（黄）予向　中和月刊　2/5:2-9　1941.5　图二

古印文字证　（黄）予向　中和月刊　2/7:3-12　1941.7　图三

释许——古印文字证之一　颀厂　故都旬刊　1/1:2　1946.11　图二

释夔——古印文字证之二　颀厂　故都旬刊　1/2:1　1946.11　图二

释傩——古印谈之一　（黄）予向　中和月刊　1/12:28-33　1940.12　图四

释绥——古印谈之一　（黄）予向　中和月刊　2/4:51-55　1941.4　图一

释站　柯昌泗　中和月刊　1/2:3-10　1940.2　图三

以新出土的元代站官官印三枚为考核“站”字之佐证，并将元时驿站制度加以解释

2. 释图象

古鉨印中之三代图画　黄予向　古学丛刊　2:1-6　1939.5

古画鉨　春草　美术　3:34　1935　图八

龙凤印谈　（黄）予向　中和月刊　1/7:36－39　1940.7　图二　双龙古玺、凤文古玺

中国绥远出土之万字十字架徽章　佐伯好郎、P. R. Sacki 著　胡立初 译　齐大季刊　3、5 合刊:187－194　1934.12

汇印聂克逊先生所藏青铜十字图　齐大季刊　3、5 合刊:4－114　1934.12

3. 器物研究

释秦王翦玉印　吴景洲　说文月刊　5/5－6:75－76　1947.1　图一

汉封泥考略　陈直　艺观　3:1－7　1929.5

汉官印跋四篇　柯昌泗　辅仁学志　2/1:1－4　1930.1　图四　1. 君侯之玺　2. 扶恩相徒丞　3. 三老舍印　4. 祈侯家监金彭祖字长史信印

汉婕伃玉印考　（清）方濬益 遗著　北京大学研究所国学门周刊　2/13:14－16　1926.1　图一

汉横野大将军莫府卒史张林印　罗子期　艺林旬刊　53　1929.6　图一

广州部曲将印　黄仲琴　岭南学报　3/4:155－156　1934.6　1932 年广州出土铜印

魏崇德侯金印跋　周肇祥　艺林月刊　75:5　1936.3　图一

五代元从都押衙铜记　周肇祥　艺林月刊　27:2　1932.3　图一

南汉骠骑将军章跋　谈月色　艺林月刊　9:5　1930.9　图一

宋金枪直指挥使新朱记　无畏居士　艺林月刊　94:6　1937.10　图一

宋清塞副指挥使朱记跋　周肇祥　艺林月刊　3:11　1930.3　图一

宋奉宁军节度观察留后印　周肇祥　艺林月刊　30:12

1932.6　图一

宋虎翼左第二军第五指挥第五都朱记跋　周肇祥　艺林月刊 110:3－4　1939.2　图一

宋熙河路兵马钤辖印　退翁（周肇祥）　艺林月刊　48:10 1933.12　图一

宋正都头记　周肇祥　艺林月刊　89:15　1937.5　图一

宋乐平团印跋　退翁　艺林月刊　91:8　1937.7　图一

金郊社署印　退翁（周肇祥）　艺林月刊　83:15　1936.11　图一

金蔺庄社商酒务记跋　周肇祥　艺林月刊　78:16　1936.6 图一

金广丰仓印　金毓黻　东北丛镌　11:插图　1930.11　图一

金越王府文学印　退翁（周肇祥）　艺林月刊　1:10　1930.1 图一

金印造宝券库印跋　周肇祥　艺林月刊　5:14　1930.5　图一

金上京路军马提控印记　金毓黻　东北丛镌　18:插图　1931.6 图一

金上京路万户印出土记　伏蟾　东方杂志　9/2:11－12 1912.8　图一

金鄜延路第九将蕃第八十三指挥记　退翁（周肇祥）　艺林月刊　92:2　1937.8　图一

金军马副总领印　退翁（周肇祥）　艺林月刊　104:5　1938.8 图一

元行省堂厨库记　周肇祥　艺林月刊　115:9　1941.11　图一

元提领所经历司印　退翁（周肇祥）　艺林月刊　76:8　1936.4 图二

蒙古管民总把印记　周肇祥　艺林月刊　66:2　1935.6　图一

元冀州知事印　退翁（周肇祥）　艺林月刊　100:11　1938.4 图一

元隆镇卫北口亲军上百户印　退翁(周肇祥)　艺林月刊　58:6　1934.10　图二

元韩林儿管军万户府印跋　周肇祥　艺林月刊　98:12　1938.2　图一

与庄庄上人释蒙古文昌平路印书　玨庐　新晨报文化特刊　3　1928.11.25　附图

蒙文四印考音　天行(魏建功)　新晨报文化特刊　11－12　1929.8.25,9.22　附图

蒙文四印考音写后记　天行(魏建功)　新晨报文化特刊　12　1929.9.22

秋梦庵藏畏吾文印　玨庐　新晨报文化特刊　2　1928.10.14　附图

元汉军万户印　马超群　东北丛镌　10:插图　1930.10

察司半印考　马衡　图书月刊　3/5－6:1－3　1945.12

明成讨温卫指挥使司印　周肇祥　艺林月刊　96:13　1937.12　图一

明永历卅年官印　黄仲琴　岭南学报　2/4:71－75　1933.6　图二

山左近出五官印考　王献唐　山东省立图书馆季刊　1/2:75－95　1936.12　图五

1. 汉乐陵官署印　2. 汉菑川司马印　3. 新莽横县马丞印　4. 明黄家闸条记　5. 夔州防御史符

河套所出押记考　退翁(周肇祥)　艺林月刊　75:14　1936.3

(三)方法

摹印谈屑　观生　女师学院期刊　1/1:1－8　1933.1

陈师曾先生摹印评述　王友石　新东方杂志　1/5:197－203　1940.6

治印杂说　王世　艺林月刊　84:15,85:12,86:8,87:7,88:8,89:

7,90:7,91:6 - 7,92:6 - 7,93:5 - 6,94:5　1936. 12 - 1937. 10

谈刻印　马衡　说文月刊　4/合订本:25 - 42　1944. 5

印笺说　徐坚　艺林月刊　114:12,115:11,116:11　1941. 7, 11,1942. 3

论治印之篆法与刀法　吾行　中国学生　1/6:89 - 91　1943. 3

枫谷语印　郭组南　学海月刊　1/3:64 - 74,2/1:35 - 37　1944. 9,1945. 1

明人制印色方　甘旸　艺林月刊　26:16,27:15 - 16　1932. 2 - 3

清朝内廷御制印泥法　吴迪生　北平晨报艺圃　1931/6:17 - 7:1　湖社月刊　21 - 30:169 - 173,31 - 40:91 - 92　1929. 8 - 1931. 3　（未完）

(四)目录

雪云庄知见古铜印谱目录　一藏　新晨报文化特刊　10　1929. 7. 21

1. 印邮　2. 十砚楼古铜印粹

温故居所见印谱题识　罗福颐　辽海引年集:384 - 394　1947. 7

1. 郭氏松谈阁印史二卷补遗一卷　2. 顾氏集古印谱六卷　3. 范氏集古印谱十卷　4. 俞氏爰园印薮四卷　5. 秦汉印范五卷　6. 集古印正五卷附说一卷　7. 古今印则四卷　8. 金薤留珍五集　9. 师意斋秦汉印谱六册　10. 稽古斋印谱十集　11. 汉铜印丛十二卷　12. 讱葊集古印存三十二卷　13. 印征二卷　14. 续古印式二卷　15. 铜鼓书堂藏印四册　16. 双虞壶斋印存八卷　17. 铁琴铜剑楼集古印谱　18. 汉印偶存二卷

聂克逊先生所藏青铜十字图表　[加拿大]明义士　齐大季刊　3、5 合刊:115—161　1934. 12

铜十字分部编次例　[加拿大]明义士　齐大季刊　3、5 合刊:163—167　1934. 12

附索引表

(五)杂著

论篆刻在艺术中的地位　侯石年　艺风　2/6:52 - 55　1934. 6

再续三十五举　(清)姚晏　艺林月刊　76:16,77:16,78:16,79:16,80:16,81:14,83:10,84:11－12　1936.4－12

印林清话　娱堪老人　中和月刊　1/9:62－70,1/10:77－84　1940.9－10

夜雨雷斋印话　沙邨　国风月刊　7/4:32－35,8/2:45－50　1935.11,1936.2　(8卷2期署名沙文若)

寿山石考　李大翀　北平晨报艺圃　1935/4:26

寿山石　闲人　北平晨报艺圃　1935/11:2

青田石考　李大翀　北平晨报艺圃　1935/5:1

青田小识　甲亘　北平晨报艺圃　1935/11:1

说印　寂园叟 著　农父 补辑　艺林月刊　107－118　1938.11－1942.10

谈谈印石　吾行　中国学生　2/2:104－105　1943.5

粤东印谱考　冼玉清　岭南学报　5/1:101－142　1936.7

治印名家及其流派　吾行　中国学生　2/3:104－106　1943.6

(六)评介序跋

古印谱谈　铜芝　艺观　1:31－36　1926.6

1. 宣和集古印史　2. 宣和集古印史官印序　3. 宣和集古印史自序　4. 刻秦玺自序　5. 秦玺考

明清画家印鉴　〔王季铨、[德]孔达　编　1940年商务印书馆出版〕　希白(容庚)　燕京学报　28:285－287　1940.12

评明清画家印鉴　罗樾(Max Loehr)评　胡隽吟 译　中德学志　3/合订本:339－341　1941

读龚纶氏寿山石谱书评　章鸿钊　学艺　13/6:105－108　1934.8

古玺通释考序　宣愚公　艺观　1:19－20　1926.6

滨虹草堂古印谱序　黄滨虹　艺观　2:63－64　1929.4

石庐印存序　陈墨迻　艺观　5:54－55　1929.7

石庐印存自序　石庐(林钧)　艺观　6:49－50　1929.8

千石楼印识序　马公愚　说文月刊　1/合订本:808　1940

宋元押印存序　孔令谷　说文月刊　2/10:8　1941.11

汇印聂克逊先生所藏青铜十字序　[加拿大]明义士　齐大季刊　3、5合刊:1－3　1934.12

清将军印谱并序　无闷　新晨报文化特刊　4－5　1928.12.20(未完)

附:符牌

怀铅随录——新郪虎符作于秦王政十七年灭韩后　唐兰　申报文史周刊　29　1948.6.26

伪周云麾将军龟符　艺林月刊　11:7　1930.11　插图一

宋宝祐铜虎符　退翁(周肇祥)　艺林旬刊　70　1929.12　图一

元金符考释　鲍汴　河北第一博物院半月刊　45　1933.7　(图见本刊32期)

明北平行都指挥使司夜巡铜牌　退翁(周肇祥)　艺林月刊　6:13　1930.6　图二

明锦衣卫指挥使马顺牙牌　周肇祥　艺林月刊　117:7　1939.3　图一

明隆庆五年考试官牙牌　周肇祥　国学丛刊(国)　3:1　1941.7　图二

伍　美术考古

一　通论

中国美术学变迁论　刘师培　国粹学报　3/30:4 - 5,3/31:1 - 2　1907.5 - 6

中国艺术考古学之回顾　岑家梧　读书通讯　39:3 - 6　1942.4

中国艺术考古学之前瞻　岑家梧　读书通讯　40:3 - 4　1942.4

中国艺术概论　[法]爱里霍(Elie Faure)著　蔡威廉 译　亚波罗　5:349 - 364　1928.12　附图

读了爱里霍 Elie Faure 之后　林文铮　亚波罗　5:365 - 374　1928.12

福开森讲中国美术　北平晨报教育界　1931/1:15、22 - 23、29 - 30,2:5 - 7

中国"图像美术"概论　陈壹如　美术丛刊　3:1 - 4　1934.1

中国的美术　滕白也　文化建设　1/1:109 - 123　1934.10

中国美术感言　洪友兰　中国美术会季刊　1/1:9 - 13　1936.1

中国艺术源流　[德]Ludwig Bachhober 著　方竑 译　大公报艺术周刊　89　1936.6.27　图二

美术与工艺　陈之佛　中国美术会季刊　1/2:10－15　1936.6

从中国艺术以探索中国文化　唐君毅　论学　2:28－36　1937.2

中国艺术底科学化　洪毅然　大学　1/7:37－42　1942.7

中国艺术的演变及其前途　郭乾德　大学　2/9:27－29　1943.9

中国古代原始艺术考略　吴泽　文化批判　3/2:79－84　1936.3　插图一二

中国史前艺术之探讨　陈钟凡　学术世界　1/10:6－8　1936.4　图一二

中国古代艺术上的图谱(上)　陈钟凡　现代史学　2/3:171－198　1935.1　图六六

几个古代的美感观念　王逊　益世报文学周刊　116　1948.10.25

秦汉美术史　朱杰勤　文史汇刊　1/1:107－284　1935.3　(1936年已有专书出版)

论秦汉诸美术与西方之关系　傅抱石　文化建设　2/10:95－107　1936.7

两晋时代之艺术　[日]关野贞 著　伯英 译　艺浪　1/4:4－5　1930.6

清代的美术　[日]上野菊尔 著　吴蒲若 译　艺风　3/5:63－65　1935.5

中国佛教艺术溯源　常景宗　北平晨报艺圃　1935/5:21、22、24

善导大师与净土艺术　戴子规　学艺　17/3:2－7　1937.3

两晋南北朝之佛教与艺术　汧支　燕大月刊　1/3:50－56　1927.12

敦煌佛教艺术的系统　贺昌群　东方杂志　28/17:69－90　1931.9　图八

唐代艺术的特征　滕固　文艺丛刊　2/1:141－158　1935.6

＊库车艺术之劫　杨永颐　燕京学报　31:231－232(原载8月4日天津《大公报》)　1946.12

契丹王朝之佛教艺术　戴蕃豫　大公报星期文艺　12　1946.12.29

原稿系《佛教美术史》中国篇之一章,有删节

中国画与西洋画　丰子恺　一般　2/2:200－206　1927.2　图七

西洋画之中国画化　丰子恺　中国美术会季刊　1/3:84　1936

中国美术在现代艺术上的胜利　婴行　东方杂志　27/1:1－18　1930.1

明清之际中国美术所受西洋之影响　向达　东方杂志　27/1:19－38　1930.1　附图

清画传辑佚三种序　洪业　燕京大学圕报　57:1－2　1933.10

图案枝谭　关葆谦　艺林旬刊　5,8,10－17,61－72　1928.2－6,1929.8－12　艺林月刊　1:11　1930.1

说说中国图案学　王汉章　美术丛刊　2:3－4　1933.1　图七

图案法的研究　[日]杉浦非水、渡边素舟 著　吴蒲若 译　艺风　2/11:51－73　1934.11

图案艺术　徐振鹏　益世报艺术周刊　18　1947.5.8　图七　图例二三

回纹图案之由来　林俊德　艺风　2/12:85－86　1934.12　图五

古代的唐草文图案　雪帆　文物周刊　76　1948.3

中国北部古代艺术考察报告　洪征厚、梁洽民、薛光、姜书竹、邵洵、卞民　亚波罗　17:1615－1672　1936.10

图腾艺术史序　陈钟凡　考古社刊　4:319－322　1936.6

三千年来的虹蜺故事　熊海平　民族研究集刊　2:255－260　1940.3

古代艺术中所见之羽翼图腾考(中华民族文艺思想史稿之

一节）　朱锦江　说文月刊　3/1:37－52　1941.8　文史杂志　5/9－10:3－8　1945.10　题名《中国古史中羽翼图腾之探究》　图三

从人首蛇身像谈到龙与图腾　闻一多　人文科学学报　1/2:1－20　1942.12

凤——从燕子变成了孔雀　李海云　文物周刊　4　1946.10　图一

说羽人——羽人图羽人神话及飞仙思想之图腾主义的考察　孙作云　沈阳博物院筹备委员会汇刊　1:29－75　1947.10　插图一三

研究中国艺术史计划　陈钟凡　考古社刊　3:154－170　1935.12

中国美术史研究方法　朱杰勤　新中华（复刊）　1/10:80－88　1943.10

中国美术史　（郑昶 编　1935年中华书局出版）　殿珣　中国博物馆协会会报　1/3:41－42　1936.1

东洋美术史（上卷）　（史岩 著　1936年商务印书馆出版）　于鹤年　大公报图书副刊　158　1936.11.26

秦汉美术史　（朱杰勤 著　1936年商务印书馆出版）　姚渔湘　大公报图书副刊　149　1936.9.24

评中国艺术综览　〔[美]福开森 著　1939年商务印书馆出版〕　王逊　图书季刊（新）　2/1:50－58　1940.3

二　雕塑

（一）总论

谈雕刻　欣如　北平晨报艺圃　1931/3:8－11

雕刻　亚士顿（Leigh Ashton） 著　秦宣夫 译　大公报艺术周刊　72　1936.2.29　图五

伦敦艺展特约专家论中国艺术

中国雕塑科学化　郭乾德　大学　1/10:18－28　1942.10

造像通说　项英杰　新中华(复刊)　2/6:77－86　1944.6

雕塑欣赏　王临乙　益世报艺术周刊　10　1947.3.13　图五

唐代以来民间的石刻艺术　天马　艺风　1/9:38－40　1933.11　图三五

古器物上的十二属神像　刘铭恕　历史与考古　3:18－19　1937.4

(二)专题研究

1. 画像石

后汉画像石说　[日]关野贞 著　姚振华 译　东方杂志　5/10:11－15　1908.10

馆藏新出汉画石刻考释　董井　山东省立图书馆季刊　1/2:141－149　1936.12

论鲁西画像三石——朱鲔石室孝堂山武氏祠　劳榦　中央研究院历史语言研究所集刊　8/1:93－127　1939.10　插图七　图四

汉武梁祠画像考　容庚　大公报艺术周刊　55－56　1935.10.26,11.2　图五　(1936年已有《汉武梁祠画象录》出版)

汉武氏祠画像一二考释　孙次舟　历史与考古　3:14－17　1937.4

武梁祠后石室所见黄帝蚩尤战图考　刘铭恕　中国文化研究汇刊　2:339－365　1942.9　图四

武氏祠画象与题字　杨寿祺　说文月刊　2/1:71－75　1940.4

汉代武梁祠象题字　马小进　广大学报(复刊)　1/1:65－68　1949.3

南阳草店汉墓享堂画象记　孙文青　国闻周报　10/41:1－2　1933.10　图一三

南阳汉画像石刻之历史的及风格的考察　滕固　张菊生先生七十生日纪念论文集:483－502　1937.1　图一五

论南阳汉画像中的乐舞——驳滕固先生　孙次舟　历史与考

古 3:9－14 1937.4

汉左表墓石画说明书 卫聚贤 说文月刊 1/合订本:456,3/4:86 1940.8,1941.10

四川新津出土汉画象石刻 艺林月刊 90:11,91:8,92:10 1937.6－8 插图三

汉画象中之政治组织 瞿益锴 华北编译馆馆刊 2/4:1－6 1943.4

从祁弥明图象石所见的古代负剑术与原始运搬术 刘铭恕 历史与考古 3:19－22 1937.4

2. 石造像

石芝西堪南北朝造像记跋尾 郑文焯 国粹学报 5/52:6 1909.闰2

北凉沮渠安周造像碑铭跋 周肇祥 艺林旬刊 39 1929.1 图一

南齐永明西凉曹□丘等造像 艺林月刊 66:7 1935.6 插图三

北魏太和阎惠端等造像记 退翁(周肇祥) 艺林旬刊 69 1929.11 图一

梁天监五年造像跋尾 游寿 图书月刊 3/1:10－11 1943.11

北魏神龟三年建兴郡端氏县水碓升合村邑子造像 艺林月刊 24:15－16 1931.12 插图三

魏李相海造像碑跋 马衡 北京大学研究所国学门月刊 1/1:12－20 1926.10

魏刘根造像记跋 许平石 河南博物馆馆刊 9:1－2 1937.5 图一

洛阳石瑶门魏造象小记 李鉴昭 河南博物馆馆刊 13:1－3 1937.11 图三

魏天平张僧安造像 艺林月刊 34:12 1932.10 插图一

东魏齐州长史乞伏锐造像记跋　陶良锦　国学汇编　2:22　1934.6

齐刘碑造像铭跋　许平石　河南博物馆馆刊　14:1－2　1938.1

中国之古佛出世　问一　东方杂志　7/5:9　1910.5

西安掘土得隋开皇佛像

易县城东南二十五里解村镇国寺马长和等造像记　傅振伦　新晨报文化特刊　13　1929.12.22　图一

隋易州易县陵云乡民造像　艺林月刊　3:10　1930.3　插图一

栖霞寺塔雕刻释迦涅槃　史地学报　3/8:插图　1925.10

栖霞隋石塔所刻释迦受生　史地学报　3/6:插图　1925.4

栖霞隋石塔所刻释迦受乐　史地学报　3/6:插图　1925.4

栖霞寺塔雕刻释迦苦行　史地学报　3/8:插图　1925.10

辽上京城内遗存之石人考　[日]鸟居龙藏　燕京学报　36:25－46　1949.6　图二

涿县石佛石狮等调查报告　常惠　古物保管委员会工作汇报:113－119　1935.5

3. 陵墓雕刻

霍去病墓上石迹及汉代雕刻之试察　滕固　金陵学报　4/2:143－156　1934.11　图一二

汉琢天禄石兽　涵楚　艺林月刊　59:4　1934.11　图二

巴县沙坪坝出土之石棺画像研究　常任侠　金陵学报　8/1－2:7－16　1938.5　说文月刊 1/合订本:711－718　1940.8

芦山新出汉石图考　任乃强　康导月刊　4/6－7:13－33　1942.10　插图七

辨王晖石棺浮雕　任乃强　康导月刊　5/1:7－17　1943.4

四川省立博物馆所藏汉代石函浮雕与陶制明器图说　孔玉芳　说文月刊　5/3－4:37－46　1945.8

南京丹阳六朝陵墓的石兽　陈志良　说文月刊　1/合订本:

719－726　1940.8　图一

后魏古冢石门　艺林月刊　21:7　1931.9　插图一

记隆平县唐陵石仪　王绍年　河北月刊　2/10:1－5　1934.10　图九

入秦访骏记　张玉风　国闻周报　12/33:1－10,12/34:1－10　1935.8－9　图一五

唐昭陵石马　艺林旬刊　29－32,35,37:插图　1928.10,12－1929.1

昭陵浮雕　旅行杂志　10/7:美术图　1936.7　图四

唐代石刻——昭陵六骏之一飒露紫　编者　中学生　201:44－45　1948.7

元也里可温石函　艺林月刊　26:9－10　1932.2　插图二

附:明器

明器称谓考　黄永年　文物周刊　36　1947.5

明器称瓦器而不曰陶瓷之含义　李明悬　河南博物馆馆刊　13:4　1937.11

论木明器在古明器中的地位　黄永年　文物周刊　35　1947.5

战国汉唐明器中的木俑(木明器形制考之一)　黄永年　文物周刊　60－61　1947.11

汉唐明器中的木马(木明器形制考之一)　黄永年　文物周刊　56　1947.10

汉代木明器考　杨宽　文物周刊　40　1947.6　图一

纸冥器的起源　杨宽　文物周刊　39　1947.6

宋代的明器制度("唐以后明器衰微问题的研究"之一)　黄永年　文物周刊　50　1947.9

元明的明器制度("唐以后明器衰微问题的研究"之二)　黄永年　文物周刊　51　1947.9

近代的明器制度("唐以后明器衰微问题的研究"之三)

黄永年 文物周刊 53 1947.9

明器群中的动物像 宽正 文物周刊 15 1946.12 图三

明器中的辟邪器座 童书业 文物周刊 35 1947.5 图二

考明器中的“四神” 杨宽 文物周刊 48 1947.8 图一

十二生肖——十二支神像 章卷益 文物周刊 5 1946.10

“十二支神像”补考 黄永年 文物周刊 49 1947.8

魌头与方相 黄永年 文物周刊 14 1946.12

“方相”的流变 黄永年 文物周刊 10 1946.11

论长沙出土的木雕怪神像 杨宽 文物周刊 13 1946.12 图一

汉陶灶并识文 河北第一博物院半月刊 22 1932.8 图二

两釜近口处均有阳识，小釜之识曰“内七石”，大釜之识曰“内五十四石”

记本馆新得之明器陶阙 熊庵 文物周刊 37 1947.6（上海博物馆藏品）

汉代的“阙” 童丕绳 文物周刊 42 1947.7 图三

汉代门阙前的“罘罳” 杨宽 文物周刊 60 1947.11 图二

汉代之釉陶俑 ［日］原田淑人 著 胡肇椿 译 睿湖 1:25－37 1929.6 图九

记馆藏汉代陶俑 童书业 文物周刊 53 1947.9 图版一（上海博物馆藏品）

从馆藏六朝陶俑说到六朝陶俑的作风 童书业 文物周刊 54 1947.10 图版一（上海博物馆藏品）

馆藏的唐代昆仑奴俑 熊庵 文物周刊 65 1947.12 图一（上海博物馆藏品）

唐陶俑 河北第一博物院半月刊 18－20 1932.6－7 图三

论唐代明器群中的瓦质怪兽 黄永年 文物周刊 13 1946.12 图一

陶山神　河北第一博物院半月刊　15　1932.4　图一

明代的陶米囤　蒋大沂　文物周刊　18　1947.1.19　图一

本馆所藏之明代明器群　蒋大沂　文物周刊　45　1947.7.30　图一(上海市博物馆藏品)

略论陶俑之制作技巧　甄鼎　文物周刊　38　1947.6

略论明器的辨伪方法　甄鼎　文物周刊　68　1948.1

"馆藏明器图考"编制计划之扼要说明　李鉴昭　河南博物馆馆刊　11:1－2　1937.8

4. 泥塑

塑述　莫天　东方杂志　27/2:105－122　1930.1

塑史　夐父　北平晨报艺圃　1935/4:2、3、6、8、9

谭塑　王璞子　中和月刊　1/8:47－60　1940.8

汉译塑壁残影　[日]大村西崖 著　叶瀚 译　文字同盟　6:12－13,8:1－7,9:6－13,10:26－30,11:8－10　1927.9－1928.1

杨惠之的塑像　顾颉刚　小说月报　15/1:18－20　1924.1

杨惠之塑像续记　顾颉刚　现代评论　4/82:13－16　1926.7

杨惠之塑像考　叶瀚　文字同盟　3:14－16　1927.6

杨惠之塑像与巩县石窟礼佛图之关系　叶瀚　文字同盟　5:2－3　1927.8　附图

四记杨惠之塑像　顾颉刚　燕大月刊　5/3:1－13　1929.12　中山大学语言历史学研究所周刊　10/117:4－12　1930.2

五记杨惠之塑像　顾颉刚　燕大月刊　5/4:1－8　1930.1　中山大学语言历史学研究所周刊　10/118:1－7　1930.2

角直保圣寺古物馆塑壁新装之一部　东方杂志　29/7:插图　1932.12

赵城兴善寺古塑罗汉像　艺林月刊　48:10　1933.12　插图一

5. 其他

秦代钟鐻金人之艺术学的考察　史岩　中国文化研究汇刊　1:

1－39　1941.9　图一〇

南梁永元铜造像　艺林月刊　41:14　1933.6　插图一

隋岳侯延造鎏金释迦象　契斋　美术　3:33　1935.12　图一

隋开皇造像　艺林旬刊　4　1928.2　图一

象牙雕刻考略　泽人　学林　5:东方哲学之体系　77－82　1941.3

战国木雕社神像考　蔡季襄　学术　3:68－76,4:42－46　1940.4－5　图九

古木雕罗汉像　艺林月刊　16:10　1931.4　插图一

曹溪南华寺宋刻五百罗汉记　邓尔雅　中山大学文史学研究所月刊　1/3:7－8　1933.3

(三)目录

南阳画象集目录及说略　关葆谦　艺林旬刊　47－57　1929.4－7

记孝堂武氏两祠并汉石画存目　勤厉　艺浪　1/4:10－15　1930.6

(四)杂著

殷商的石雕艺术——二届全国美展观后感　蒋玄佁　时事新报古代文化　8　1937.5.12

题汉射阳石门画像诗　邓实　国粹学报　4/43:9－10　1908.6

南阳汉画象访拓记　孙文青　金陵学报　4/2:157－172　1934.11

保存唐塑运动之经过　陈彬和　中山大学语言历史学研究所周刊　6/70:14－20　1929.2

角直观塑记　熊适逸　东方杂志　27/2:123－131　1930.1　图五

六角保圣寺记游　符赤　华年周刊　1/9:175－177　1932.6

角直保圣寺罗汉非杨塑辨　黄颂尧　艺浪　1/8:44－45　1932.12

唐塑波澜　范烟桥　珊瑚半月刊　2/1:1－24　1933.1　插图八

角直罗汉观光记　赵君豪　旅行杂志　7/1:1－9　1933.1　图一〇

角直归来纪　吴笑生　东吴学报　1/1:160－199　1933.4　图三

角直游记　盛成　新中华　5/13:155－158　1937.7

（五）评介序跋

南阳汉画象汇存　（孙文青 编纂　1937年金陵大学出版）　容媛　燕京学报　23:315－316　1938.6

南阳草店汉墓画象集　（孙文青 编撰　1944年河南南阳雨湘图书馆出版）　图书季刊　（新）　5/4:99－100　1944.12

汉武梁祠画象题字补考一卷　（陈培寿 撰　1926年石印本）　殿珣　中国博物馆协会会报　1/3:39－40　1936.1

汉武梁祠画象录　（容庚 著　1936年10月考古学社印行）　藏云　图书季刊　3/4:242－245　1936.12　容媛　燕京学报　20:610－612　1936.12　殿珣　中国博物馆协会会报　2/3:22－23　1937.1

造像度量经附续补　〔（清）工布查布 评述　1874年刊本〕　敦桢　中国营造学社汇刊　6/2:171－172　1935.12

南阳汉画集序　关葆谦　艺林旬刊　45－46　1929.3

南阳草店汉墓画象集自序　孙文青　河南博物馆馆刊　5:6－15　1936.12

三　石窟寺

（一）调查与论述

1. 河北、内蒙古、山西

下花园之北魏石窟　［日］鸟居龙藏 演讲　燕京学报　27:233－250　1940.6

辽上京城以南伊弗山上之辽代佛刹　［日］鸟居龙藏　辽海引年集:276－347　1947.7

记大同武州山石窟寺　陈垣　东方杂志　16/2:129－133,16/3:129－134　1919.2,3　图九

大同云冈石窟佛像记　袁希涛　地学杂志　11/2－3:1－2　1920.3　东方杂志　17/4:119－120　1920.2　图一

大同云冈游记及其感想　吴新吾　晨报五周年增刊:50－52　1923.12.1　图五　时事新报艺术　31　1923.12.16　题名《大同云冈石窟》　国学丛刊(东)　2/1:143－146　1934.3　题名《大同云冈游记》署名吴法鼎

大同云冈石窟志略　兑之　国闻周报　6/42:1－4,6/43:1－6　1929.10－11　图二

云冈石窟　婴行　东方杂志　27/2:91－104　1930.1　图版二

调查云冈造像小记　赵邦彦　中央研究院历史语言研究所集刊　1/4:433－443　1930　图三

大同云冈石窟　方山　南大半月刊　10:1－13　1934.2

大同石窟寺　谢国桢　国风半月刊　5/6－7:55－60　1934.10

山西大同云冈调查报告　常惠　古物保管委员会工作汇报:103－110　1935.5　图五

大同云冈石佛　刘选民　大公报艺术周刊　73－74　1936.3.7、14

云冈石佛小记　周一良　考古社刊　4:100－117　1936.6

大同佛像　史地学报　3/5:插图　1925.1

中国古代雕刻　东方杂志　29/8:插图　1932.12　图四

大同云冈石窟之石刻

云岗石佛　旅行杂志　10/7:美术图　1936.7　图六

云冈石窟后魏比丘尼惠定造像记　周肇祥　艺林月刊　80:4　1936.8　图一

云冈大茹茹可敦造象跋　周肇祥　艺林月刊　81:12　1936.9　图一

云冈窟寺　东方杂志　30/22:插图　1933.11

大同与云岗　涛声　正风半月刊　4/6:555-557　1937.5

＊云岗石佛之厄运　余逊、容媛　燕京学报　8:1616-1617　1930.12

武州石窟记　兑　中和月刊　5/6:8-17　1944.6

附大同近地古迹(一、大华严寺　二、善化寺　三、九龙壁　四、久胜楼)

云岗石窟与域外艺术(佛教美术史中国篇之一节)　戴蕃豫　边疆人文　4/合刊:1-13　1947

天龙山石窟关野贞氏报告　杨志章 译　学林杂志　2/2:1-11　1925.11

天龙山石窟造像考　杨志章　学林杂志　2/4:1-20　1926.6

＊天龙山石刻之厄运　余逊、容媛　燕京学报　9:1939　1931.6

＊天龙山北齐石佛之劫　容媛　燕京学报　15:256-257　1934.6

追究盗卖山西天龙山北齐石刻之始末　古物保管委员会工作汇报:55-57　1935.5　图一

天龙山石窟佛象调查报告　王作宾　古物保管委员会工作汇报:146-151　1935.5

中国佛教美术之光——山西天龙山石窟造像考　谈玄 译述　海潮音　16/8:34-49(译自小野玄妙《大乘佛教美术之研究》之一段)　1935.8

山西太原天龙山北齐造像大讲楼二层佛座伎乐供养之一　中山大学语言历史学研究所周刊　2/24:插图　1928.4

山西太原天龙山北齐造像第十窟门首金刚力士　中山大学语言历史学研究所周刊　2/24:插图　1928.4

山西石佛考查记　马鉴、周一良　燕京学报　18:189-198　1935.12　图一七

祁县石窟和新出土的魏齐隋唐等石造像

2. 江苏、河南

栖霞山千佛岩 史地学报 3/4:插图 1924.11

摄山佛教石刻小记 郑鹤声、向达 东方杂志 23/8:49－74 1926.4 图一七

1. 千佛岩 2. 隋舍利塔

摄山石刻补记 向达 东方杂志 26/6:73－86 1929.3 图一

洛阳伊阙石窟佛像记 袁希涛 东方杂志 17/23:86－88 1920.12

洛阳龙门之造像 崔盈科 中山大学语言历史学研究所周刊 5/55:9－11 1928.11

龙门造像杂记 许同莘 地学杂志 17/1:111－118 1929.3

洛阳龙门 钱王倬 旅行杂志 8/7:73－79 1934.7 图二

龙门纪游 周弃子 越风 2/1:45－47 1937.1

龙门石窟考 [法]沙畹 著 陆翔 译 说文月刊 2/6－7:35－41 1940.10

记伊阙浮雕 陈与龄 旅行杂志 22/9:41－48 1948.9 图一〇

龙门造像 旅行杂志 10/7:美术图 1936.7 图八

伊阙古迹图序 关百益 河南博物馆馆刊 5:1－5 1936.12

唐王峧及宝山调查报告 徐炳昶 北平研究院院务汇报 7/4:97－110 1936.7 图四

宝山访古记 孙文青 河南博物馆馆刊 2:1－9 1936.8 插图二

3. 四川、云南

四川大足之古代石刻 东方杂志 32/5:插图 1935.3 图八

大足石刻参礼 王仲博 旅行杂志 20/7:16－23 1946.7 图七

大足龙冈区石刻记略(世界学院中国学典馆大足石刻考察

团考察记略之一） 杨家骆 文物周刊 20 1947.2

大足宝顶区石刻记略（世界学院中国学典馆大足石刻考察团考察记略之二） 杨家骆 文物周刊 21 1947.2 图一

大足龙冈宝顶以外各区石刻记略（世界学院中国学典馆大足石刻考察团考察记略之三） 杨家骆 文物周刊 22 1947.2

大足石刻——唐宋造像新发现 吴显斋 旅行杂志 21/3:17-20 1947.3 附图

三台县千佛岩造象及赵岩之考察 郑励俭、杨曾威、金毓黻 志林 1:1-5 1940.1 图五

广元千佛崖在艺术上之价值 吴景洲 新中华（复刊） 2/4:97-105 1944.4

云南北方天王石刻记 王逊 文史杂志 3/3-4:53-59 1944.2

4. 陕西、甘肃

陕西邠县之造像 崔盈科 中山大学语言历史学研究所周刊 5/56:16-18 1928.11

敦煌莫高窟现存佛洞概况之调查 何正璜 说文月刊 3/10:47-72 1943.5 插图三

敦煌的佛教美术 震雷 说文月刊 3/10:81-82 1943.5

敦煌石室——西行鳞爪之一 无斋 旅行杂志 17/12:10-13 1943.12

说敦煌石室 范云迁 讲 吴运瑞 记 中国文化 2:42-47 1946.6

古代敦煌的文明 仰之 中学生 205:44-46 1948.11 图一

麦积山石窟志 冯国瑞 说文月刊 3/10:129-142 1943.5

*天水麦积山发现石佛窟 燕京学报 32:261-262（原载2月20日天津《益世报》） 1947.6

安西榆林窟调查报告 阎文儒 历史与考古（沈） 1:11-21

1946. 10

(二)杂著

广元纪游　钱公来　文史杂志　4/3－4:71－75　1944. 8

阳关探访记　史岩　边疆研究论丛　31－33:103－118　1945

＊国立敦煌艺术研究所成立　燕京学报　30:350　1946. 6

论敦煌千佛洞的管理研究　方回　文史杂志　4/1－2:44－54（原载1942年12月27日《大公报》）　1944. 7

四　古代建筑

(一)总类

中国美术建筑之过去与未来　刘既漂　东方杂志　27/2:133－139　1930. 1　图版二

中国之建筑　空了 译　大公报艺术半月刊　16－18(译自英国Banister Fletcher著《建筑史》之一章)　1930. 2. 6－3. 6

中国建筑之美　乐嘉藻　大公报艺术半月刊　19　1930. 3. 10

中国建筑　麟炳　中国建筑　1/1:30－31　1933. 7

中国的建筑　范文照　文化建设　1/1:135－139　1934. 10

日本伊东忠太博士讲演——支那建筑之研究　中国营造学社汇刊　1/2:1－11　1930. 12　湖社月刊　31－46　1930. 6－1931. 9

英人爱迪京(J. Edkine)论中国建筑　瞿祖豫 译　中国营造学社汇刊　2/2:1－28(原载《亚东学会华北支会月报》XXIV,1859－90)　1931. 9　(附原文)

我国建筑史之展望　朱启钤　时事新报建筑特刊　52－55　1937. 3. 24、31,4. 14、21

中国建筑史概论　[美]福开森 著　毛心一 译　说文月刊　2/4:87－96　1940. 7

中国建筑简史　毛心一、金渚啸　说文月刊　2/8:73－108　1940. 11

中国建筑与宗教　宋寿祥　艺风　3/9:95－96　1935.9

佛教对于中国建筑之影响　刘敦桢　科学　13/4:506－513　1928.4

中国历代宗教建筑艺术的鸟瞰　孙宗文　中国建筑　2/2:44－47,2/3:32－34,2/4:39－43,2/5:43－45,2/6:28－31　1934.2－6　图九

论中国建筑之几个特征　林徽音　中国营造学社汇刊　3/1:163－179　1932.3　图四

中国建筑之特征及其演变　王璞子　中和月刊　1/2:37－63　1940.2

中国营造图案史概述　陈仲篪　逸经　7:12－15　1936.6　插图二

中国古代建筑装饰术之雕与画　朱枕木　中国建筑　2/1:55－56　1934.1

明堂通考　杨宗震　女师大学术季刊　1/2:1－44　1930.6　附图

明堂建筑略考　杨哲明　中国建筑　3/2:57－60　1935.2　插图五

大壮室笔记　刘敦桢　中国营造学社汇刊　3/3:129－171,3/4:111－122　1932.9,12　图一六

两汉第宅杂观—两汉官署—两汉道路附渴乌喷水—方—汉长安城及未央宫—橛—辩辍畊录记宋宫殿之误—西汉陵寝—东汉陵寝

汉代的建筑式样与装饰　鲍鼎、刘敦桢、梁思成　中国营造学社汇刊　5/2:1－27　1934.12　图版二八

汉代的多层建筑　杨宽　文物周刊　43　1947.7　图二

礼经制度与汉代宫室　劳榦　北京大学四十周年纪念论文集乙上:124－145　1940.1　插图一一

汉武梁祠建筑原形考　[美]费慰梅 著　王世襄 译　中国营造学社汇刊　7/2:1－40(译自 *Harvard Journal of Asiatic Studies.* Vol.6,No.1,1941.3)　1945.10

云岗石窟中所表现的北魏建筑　梁思成、林徽音、刘敦桢　中国营造学社汇刊　4/3 - 4:169 - 217　1933.12　插图四七

六朝时期之东西堂　刘敦桢　说文月刊　4/合刊本:59 - 64　1944.5

我们所知道的唐代佛寺与宫殿　梁思成　中国营造学社汇刊　3/1:75 - 114　1932.3　图二六

明代营造史料　单士元　中国营造学社汇刊　4/1:116 - 117,4/2:88 - 99,4/3 - 4:259 - 269,5/1:77 - 84,5/2:116 - 126,5/3:110 - 138　1933.3 - 1935.3　图版九

中国建筑屋盖考　乐嘉藻　河北第一博物院半月刊　3 - 13　1931.10 - 1932.3　图三一

柱石之进化　华林　东方杂志　21/21:108 - 110　1924.11

轩考　乐嘉藻　河北博物院画刊　80,82,84　1935.1 - 3　图一一

识小录　陈仲篪　中国营造学社汇刊　5/3:139 - 150,5/4:153 - 164,6/2:158 - 168　1935.3,6,12　附图版及插图

1. 门饰之演变　2. 营造法式所载之门制(一、版门,二、乌头门)

斗栱考　乐嘉藻　河北博物院画刊　104,106,107,110,112　1936.1 - 5　图一三

栭柱　商承祚　中国文化研究汇刊　1:41 - 60　1941.9　图一二

栭柱即斗栱

释阙　孙次舟　金陵学报　10/1 - 2:95 - 104　1940.5

云南一颗印　刘致平　中国营造学社汇刊　7/1:63 - 94　1944.10　图版二〇

穴居杂考　龙非了　中国营造学社汇刊　5/1:55 - 76　1934.3　图版七

河北省西部古建筑调查纪略　刘敦桢　中国营造学社汇刊　5/4:1 - 55　1935.6　插图一一　图版三二

正定调查纪略　梁思成　中国营造学社汇刊　4/2:1 - 41

1933.6 图八四

大同古建筑调查报告 梁思成、刘敦桢 中国营造学社汇刊 4/3-4:1-168 1933.12 插图一九七 图版三六

晋汾古建筑调查纪略 林徽音、梁思成 中国营造学社汇刊 5/3:12-67 1935.3 插图一三 图版二七

苏州古建筑调查记 刘敦桢 中国营造学社汇刊 6/3:17-68 1936.9 插图一六 图版二七

河南省北部古建筑调查记 刘敦桢 中国营造学社汇刊 6/4:30-129 1937.6 插图四七 图版三二

中国营造学社工作近况——调查川康古建筑及附属艺术 图书季刊(新) 2/2:270-272 1940.6

(二)专题研究

1. 寺、观、坛、殿

中国的宫殿与寺观 陆德麟 亚丹娜 1/2:26-36 1931

鲁灵光殿 [日]关野雄 著 景华 译 华北编译馆馆刊 1/3:1-7(译自日本《考古学杂志》第31卷第9号) 1942.12 图三

记山西五台山佛光寺建筑 梁思成 中国营造学社汇刊 7/1:13-62,7/2:1-40 1944.10,1945.10 图六一

平郊建筑杂录 梁思成、林徽音 中国营造学社汇刊 3/4:98-110,5/4:137-151 1932.12,1935.6 附图

西山石佛殿调查报告 常惠 古物保管委员会工作汇报:99-100 1935.5 图三

报国寺调查报告 常惠、金希贤 古物保管委员会工作汇报:96-98 1935.5

桂林开元寺考 陈志良 说文月刊 2/11:53-59 1941.4

蓟县独乐寺观音阁山门考 梁思成 中国营造学社汇刊 3/2:1-92 1932.6 图六二 卷首图七

附录独乐寺大悲阁记、王于陛修独乐寺记

宝坻县广济寺三大士殿　梁思成　中国营造学社汇刊　3/4:1－52　1932.12　图三八　卷首图七

团城承光殿考　古籁堂客　国学丛刊(国)　2:40－43　1941.6

北平护国寺残迹　刘敦桢　中国营造学社汇刊　6/2:2－31　1935.12　插图一〇　图版一二

保明寺调查报告　颜虚心　古物保管委员会工作汇报:130－131　1935.5

北平智化寺如来殿调查记　刘敦桢　中国营造学社汇刊　3/3:1－69　1932.9　图六八

保护五塔寺之始末　古物保管委员会工作汇报:83－86　1935.5　图一

延寿寺佛像调查报告　王作宾　古物保管委员会工作汇报:143－144　1935.5

旋螺殿　卢绳　中国营造学社汇刊　7/1:111－127　1944.10　图版六

净意庵调查报告　颜虚心　古物保管委员会工作汇报:129－130　1935.5

善果寺调查报告　常惠、金希贤　古物保管委员会工作汇报:98－99　1935.5

北平五坛调查报告　颜虚心、孙俊才　古物保管委员会工作汇报:125－129　1935.5

天坛—地坛—朝日坛—夕月坛—先农坛

怀柔县法藏寺调查报告　孙俊才、赵振赓　古物保管委员会工作汇报:119－124　1935.5

宝塔寺调查报告　王作宾、傅一清　古物保管委员会工作汇报:144－146　1935.5

黄寺调查报告　常惠　古物保管委员会工作汇报:87－88　1935.5

2. 都市

中国古代都市建筑工程的鸟瞰　杨哲明　中国建筑　1/1:23-28　1933.7　插图四

长安都市之建筑工程　杨哲明　中国建筑　3/2:61-63　1935.2　图一

长安都市建筑工程之研究　陈仲篪　中国建筑　3/3:46-47　1935.8

关于杨哲明“长安都市建筑工程”二文原稿的错误和意见及《明堂建筑略考》

洛阳都市建筑之沿革　杨哲明　中国建筑　2/11-12:42-45　1934.11

北魏洛阳城图的复原　劳榦　中央研究院历史语言研究所集刊20上:299-312　1948.6　图六

燕京故城考　奉宽　燕京学报　5:883-911　1929.6　插图二

1. 辽南京　2. 金中都　3. 元大都　4. 明北京

元大都城坊考　王璧文　中国营造学社汇刊　6/3:69-120　1936.9　图版五

元“大都”“上都”平面考　［日］驹井和爱 著　薛兰 译　中和月刊　4/1:15-21　1943.1

3. 长城

长城考　张相文　地学杂志　5/9:1-3　1914.9

长城考　洪铭　学生杂志　4/2:45-56　1917.2　插图二

万里长城考　橐吾　东北文化月报　4/3-4:14-21　1925.3-4

长城　刘虎如　学生杂志　18/3:70-76　1931.3

万里长城　朱维明　中学生　54:87-98　1935.4　附图

万里长城考　寿鹏飞　国学丛刊(国)　1:12-18,2:16-22　1941.3,6

秦长城东端考　傅运森　地学杂志　2/17:1-3　1911.8

赵长城遗址　可权　地学杂志　4/8:21　1913.8

赵长城考　张维华　禹贡半月刊　7/8-9:41-60　1937.7

北边长城考　徐琚清　史学年报　1:15-19　1929.7

齐长城考　张维华　大公报史地周刊　49　1935.8.23　禹贡半月刊　7/1-3:121-148　1937.4

4. 桥梁

我国古代桥梁　叶影柱　科学的中国　7/1:3-9　1936.1　图一四

赵县大石桥　梁思成　中国营造学社汇刊　5/1:1-31　1934.3

广济桥考　饶宗颐　史学专刊　1/4:285-301　1936.12　图三　插图二　图版一六

附录 1. 安济桥券壁刻字钞录　2. 光绪赵州志所载安济桥、永通桥文献照录

石轴柱桥述要(西安灞浐丰三桥)　刘敦桢　中国营造学社汇刊　5/1:32-53　1934.3　图版二〇

卢沟桥考略　傅增湘　雅言　癸未/1:24-26　1943

5. 塔

中国塔考　乐嘉藻　河北第一博物院半月刊　30-48,50-53　1932.12-1933.11　图二八

复艾克教授论六朝之塔　刘敦桢　中国营造学社汇刊　4/1:138-147　1933.3　图九

唐宋塔之初步分析　鲍鼎　中国营造学社汇刊　6/4:1-29　1937.6　插图三　图版一四

泉州东西塔沿革考　孟群　集美周刊　171:19-20　1928.4

悯忠寺多宝塔　竹厂　中和月刊　2/11:11　1941.11

雷峰塔得经记　孙儆庐　东方杂志　21/18:120　1924.9

开封之铁塔　龙非了　中国营造学社汇刊　3/4:53-77　1932.12　图一三　河南政治月刊　3/8:1-16　1933.9

宜宾旧州坝白塔宋墓　莫宗江　中国营造学社汇刊　7/1:95－110　1944.10　插图一五

福清两石塔　[德]艾克 著　梁思成 译　中国营造学社汇刊　4/1:15－21　1933.3　图一〇

瑞云塔、水南塔

蓟县观音寺白塔记　梁思成　中国营造学社汇刊　3/2:93－99　1932.6　图四

记护国寺舍利塔中之藏塔　姚彤章　北平研究院院务汇报　4/3:1－2　1933.5

附录元延祐二年三月舍利宝塔记

6. 园林

中国苑囿园林考　乐嘉藻　美术丛刊　1:46－50　1931.10

中国园林建筑　王璞子　中和月刊　1/7:12－35　1940.7

北平宫殿池囿考　袁震　清华周刊　35/4:13－40　1931.3

圆明园史料　文献丛编　18:1－16,19:17－27,20:28－31,21:32－40　1934.3－11　图一

同治重修圆明园史料　刘敦桢　中国营造学社汇刊　4/2:100－155,4/3－4:271－339　1933.6,12　图四七

圆明园遗物与文献之展览　中国营造学社汇刊　2/1:1－6　1931.4　（见《本社纪事》）

圆明园遗物与文献之展览　向达　中国营造学社汇刊　2/1:1－21　1931.4

亭考　乐嘉藻　河北第一博物院半月刊　14－19,21－24,26－31　1932.4－12　图二八

7. 陵墓

宋永思陵平面及石藏子之初步研究　陈仲篪　中国营造学社汇刊　6/3:121－147　1936.9　插图七

明长陵　刘敦桢　中国营造学社汇刊　4/2:42－59　1933.6　图

三五

明陵长城调查报告　黄鹏霄、王作宾　古物保管委员会工作汇报:131－141　1935.5

易县清西陵　刘敦桢　中国营造学社汇刊　5/3:68－109　1935.3　插图一　图版四九

8. 砖瓦

砖的起源　叶百丰　文物周刊　3　1946.10

圹砖琐言　丁士选　考古社刊　6:43－60　1937.6　插图九

潍县高氏上陶室砖瓦考释　丁稼民　国闻周报　9/5:1－5　1932.1

1. 沦亡海外之十二字韵文砖　2. 保留上陶室砖瓦略考

汉魏六朝之墓砖　傅抱石 译　文艺月刊　10/2:1－11　1937.2

汉朱书圹砖小记　许敬参　河南博物馆馆刊　11:1－4　1937.8　图一六

汉圹砖　河北第一博物院半月刊　31　1932.12

汉河阴乐陵孙桢墓砖　河北第一博物院半月刊　48　1933.9　图一

广州城砖考释　温廷敬　中山大学文史研究所月刊　2/3－4:57－58　1934.1

汉亭长砖　溥心畬　故都旬刊　1/2:2　1946.11

成都出土汉砖　艺林月刊　73:4　1936.1　插图一

汉规矩砖　严敦杰　说文月刊　3/4:63－65　1941.10　图四

魏邺宫残砖拓本跋　(清)孙诒让　国粹学报　6/66:4　1910.4

横山晋墓古砖考　东山　国艺月刊　1/5－6:21－23　1940.6　插图一

苏州郊外横山出土

晋太安砖跋题记　非厂　北平晨报艺圃　1932/5:6、7、9－11、13－14、16－17

南朝仓砖　艺林月刊　61:12　1935.1　插图一

宋军首副总秦永泰墓砖跋　平石　河南博物馆馆刊　15:1-2　1938.3

东魏孙昂砖志　艺林月刊　28:16　1932.4　插图一

隋赵洪専志跋　罗振玉　国粹学报　5/62:1-2　1909.12

美人画砖拓本　俞平伯　语丝　35:123　1925.7　图四

斯坦因所得唐代高昌砖志　北平图书馆馆刊　4/4:插图　1930.7-8　图版二

唐故米国大首领米公墓志铭考　何遂　北平图书馆馆刊　6/2:141-144　1932.4

唐张行宽殡志砖　周肇祥　艺林月刊　63:6　1935.3　插图一

唐长安城尚宫砖考　张鹏一　国风半月刊　8/12:30-31　1936.12　图一

撮录洪武宅京城砖　金受申　学艺　18/7:22-26　1948.7

鄞城古甓录序　冯贞群　国风半月刊　8/9-10:59　1936.10

平和县城砖　黄仲琴　岭南学报　2/4:76-77　1933.6

福建平和县城砖考释　温丹铭　中山大学文史学研究所月刊　2/3-4:59-61　1934.1

瓦当文表序　柯昌泗　新东方杂志　1/1:92-104　1940.2

附凡例及著录表

汉十二字瓦当(维天降灵延元万年天下康宁)　退翁(周肇祥)　国学丛刊(国)　10:插图　1942.9

汉兰池宫当　艺林月刊　15:13　1931.3　插图一

西汉杜阳瓦当跋　陈小怡　西北史地季刊　1/1:112　1938.2

汉西海郡安定瓦当考　冯国瑞　国风半月刊　6/5-6:40-42　1935.3

汉与华相宜瓦记　周肇祥　艺林月刊　64:2　1935.4　图一

千秋万岁余未央瓦　艺林月刊　38:4　1933.2　插图

汉五谷满仓瓦　艺林月刊　70:8　1935.10　插图一

汉张角瓦当　河北第一博物院半月刊　28　1932.11　图一

南越朝台残瓦考　曾传轺　考古学杂志　1:22－31　1932.1　插图二

高绵瓦考　曾传轺　考古学杂志　1:88－92　1932.1　插图一

记广州梁宝庄严寺遗瓦　陆丹林　文物周刊　14　1946.12　图一

题渤海故宫残瓦　许同莘　东北丛镌　20:1　1931.8

(三)方法

营造辞汇纂辑方式之先例　阚铎　中国营造学社汇刊　2/1:1－20　1931.4

宋李明仲营造法式中之取径围法　蔡祚章　中国建筑　3/5:50－51　1935.11

建筑中国式宫殿之则例1727—1750　中国营造学社汇刊　1/2:1－12(译自美国《亚东社会》月刊)　1930.12

营造算例　中国营造学社汇刊　2/1:1－16,2/2:1－30,2/3:1－20　1931.4,9,11

牌楼算例　刘敦桢　中国营造学社汇刊　4/1:39－81　1933.3　图五九

清官式石桥做法　王璧文　中国营造学社汇刊　5/4:59－136　1935.6　插图八　图版一一

清官式石闸及石涵洞做法　王璧文　中国营造学社汇刊　6/2:49－72　1935.12　图版八

(四)目录

潍县高氏上陶室砖瓦保留沦亡纪略　刘阶平　国闻周报　9/1:1－6,9/2:1－6,9/3:1－4,9/4:1－4　1932.1　图版二

宝应刘氏食旧德斋收藏宋甓目　刘文兴　考古社刊　5:325－343　1936.12

存素堂入藏图书河渠之部目录　朱启钤　中国营造学社汇刊 5/1:98－117　1934.3

元大都寺观庙宇建置沿革表　王璧文　中国营造学社汇刊 6/4:130－161　1937.6

北平图书馆藏样式雷藏圆明园及内庭陵寝府第图籍总目　金勋　北平图书馆馆刊　7/3－4:127－146　1933.5－8

圆明园四园详细地名表　金勋　北平图书馆馆刊　7/3－4:147－176　1933.5－8

圆明园匾额清单　中国营造学社汇刊　2/1:1－11　1931.4

琉璃瓦料正式名件分类表　中国营造学社汇刊　2/3:1－4　1931.11

琉璃瓦料无定例名件表　中国营造学社汇刊　2/3:1－6　1931.11

(五)传记

哲匠录　朱启钤 辑　梁启雄、刘敦桢 校补　中国营造学社汇刊 3/1:123－161,3/2:125－159,3/3:91－120,4/1:83－113,4/2:61－85,4/3－4:219－258,5/2:74－105,6/2:116－157,6/3:148－182　1932.3－1936.9

中国造园家考　陈植　江苏研究　2/1:1－4　1936.1

1. 王维　2. 白居易　3. 李德裕　4. 倪瓒　5. 计成　6. 朱之瑜　7. 李渔　8. 袁枚

李明仲八百二十周忌之纪念　中国营造学社汇刊　1/1:1－24　1930.7　附图　北平晨报艺圃　1931/3:30－31,4:2、4、6、10、12、14、17、19、22、24、26、27、28

附录　1. 李明仲画像之意匠　2. 祭文　3. 征求宋李明仲逸书遗迹启事

叠石名家张南垣父子事辑　谢国桢　北平图书馆馆刊　5/6:13－23　1931.11－12

(六)杂著

为什么研究中国建筑　编者　中国营造学社汇刊　7/1:5-12　1944.10

中国建筑科学化　陈觉玄　大学　1/12:8-20　1942.12

由建筑谈到艺术与人生　安敦礼　艺风　3/12:81-84　1935.12

中国营造学社缘起　朱启钤　中国营造学社汇刊　1/1:1-6　1930.7

中国营造学社开会演词　朱启钤　中国营造学社汇刊　1/1:1-10　1930.7

复刊辞　中国营造学社汇刊　7/1:3-4　1944.10

社长朱桂辛先生周甲寿序　瞿兑之　中国营造学社汇刊　3/3:121-127　1932.9

营造算例印行缘起　中国营造学社汇刊　2/1:1-4　1931.4

中国建筑展览会开幕　中国博物馆协会会报　1/5:32-35　1936.5

东西堂史料　刘敦桢　中国营造学社汇刊　5/2:106-115　1934.6

中国沟渠史料　卢杰　中和月刊　1/11:19-32　1940.11

咏汉长无相忘瓦　刘光汉　国粹学报　1/7:11-12　1905.7

题延光砖拓本次沫若韵　卢前　说文月刊　2/10:6　1941.8

题单于和亲千秋万岁安乐未央十二字砖五言三十韵　五石　北平晨报艺圃　1932/4:23

关于福建平和城砖考释通讯及书后　中山大学文史学研究所月刊　2/5:223-226　1934.2

四川彭县破塔何以不全倒塌　叶济澜　东方杂志　25/17:89-90　1928.9　图二

伯希和先生关于敦煌建筑的一封信　梁思成　中国营造学社

汇刊　3/4:123 - 129　1932.12　图二

刘士能论城墙角楼书　中国营造学社汇刊　3/1:179 - 180　1932.3

汉严卯斋笔录　奉宽 遗著　故都旬刊　1/1:10　1946.11

故都城门名称沿革、燕京八景因革

明代工事　孟刚　故都旬刊　1/1:14　1946.11

关于北京宫殿城垣修缮事

杭州六和塔复原状计划　梁思成　中国营造学社汇刊　5/3:1 - 11　1935.3　图版一〇

仿建热河普陀宗乘寺诵经亭记　王世埼　中国营造学社汇刊　2/2:1 - 20　1931.9

曲阜孔庙之建筑及其修葺计划　梁思成　中国营造学社汇刊　6/1:1 - 162　1935.9　图一　插图二四　图版一七

北平旧建筑保存意见书　乐嘉藻　大公报艺术半月刊　14 - 15　1930.5.8、29

保护天庆寺古代浴室之始末　古物保管委员会工作汇报:81 - 82　1935.5　图二

故宫文渊阁楼面修理计划　蔡方荫、刘敦桢、梁思成　中国营造学社汇刊　3/4:78 - 87　1932.12　图三

修理故宫景山万春亭计划　梁思成、刘敦桢　中国营造学社汇刊　5/1:85 - 92　1934.3　图版六

(七)评介序跋

中国建筑史　〔[日]伊东忠太 著　陈清泉 译　1937年商务印书馆文化史丛书本〕　仲　中和月刊　1/4:114 - 116　1940.4

仿宋重刊营造法式校记　中国营造学社汇刊　1/1:1 - 28　1930.7

英叶慈博士论中国建筑——内有涉及营造法式之批评　[英]W. Perceval Yetts 著　中国营造学社汇刊　1/1:1 - 14(译自《白利

登》杂志1927年3月号） 1930.7 （附原文）

英叶慈博士营造法式之评论 ［英］W. Perceval Yetts 著 中国营造学社汇刊 1/1:1-2 1930.7 （附原文）

英叶慈博士以永乐大典本营造法式花草图式与仿宋重刊本互校之评论 中国营造学社汇刊 1/2:1-6（译自伦敦学院《东方学艺研究院周刊》卷5第4章85680页） 1930.12 （附原文） 附图

法人德密那维尔评宋李明仲营造法式 ［法］P. Demieville 著 唐在复 译 中国营造学社汇刊 2/2:1-35（原载1925年越南《远东学院丛刊》第1-2卷213-264页） 1931.9 （附原文）

工段营造录附扬州画舫录涉及营造之纪述识语校记 李斗 中国营造学社汇刊 2/3:1-64 1931.11

营造法式版本源流 谢国桢 中国营造学社汇刊 4/1:1-14 1933.3 附图

明鲁般营造正式钞本校读记 刘敦桢 中国营造学社汇刊 6/4:162-164 1937.6 插图一

园冶识语 〔《园冶》三卷 （明）计成 著〕 阚铎 中国营造学社汇刊 2/3:1-12 1931.11

题姚承祖补云小筑卷 朱启钤 中国营造学社汇刊 4/2:86-87 1933.6

任启运宫室考校记 阚铎 中国营造学社汇刊 2/1:1-5 1931.4 北平图书馆馆刊 5/3:49-52 1931.5-6

建筑设计参考图集序——建筑式样与建筑师 梁思成 中国营造学社汇刊 6/2:73-79 1935.12 大公报文艺 64 1935.12.22

建筑设计参考图集简说 （梁思成 主编 刘致平 编纂） 中国营造学社汇刊 6/2:80-105 1935.12 图五

栾 〔［日］奥村伊九良 著 《支那学》第7卷第4号〕 敦桢 中国营造学社汇刊 5/4:166 1935.6

法源寺考 〔［日］中田源次郎 著 《东方学报》（东京）第5册续编

第323－359页〕 史学消息 1/1:24 1936.10

评中原佛寺图考 〔[丹麦]艾术华 著 1937年伦敦牛津大学出版〕 梁思成 图书季刊(新) 2/3:426－428 1940.9

辽金时代之建筑及佛像二册 〔[日]关野贞、竹岛卓一 著 日本东方文化学院东京研究所出版〕 敦桢 中国营造学社汇刊 5/3:151 1935.3

万年桥志述略 刘敦桢 中国营造学社汇刊 4/1:22－38 1933.3 图二二

抚郡文昌桥志之介绍 刘敦桢 中国营造学社汇刊 5/1:93－97 1934.3

六朝佛塔之舍利安置 〔[日]小杉一雄 著 《东洋学报》第21卷第3号〕 敦桢 中国营造学社汇刊 5/3:151－152 1935.3

隋仁寿舍利塔式样 〔[日]小杉一雄 著 《中央美术》第8号〕 敦桢 中国营造学社汇刊 5/3:152 1935.3

泉州双塔 〔[德]艾克、[法]戴密微 著 1935年美国哈佛大学出版社出版英文本〕石"亭塔"之结构研究——第一章泉州双塔 〔[德]艾克 著 辅仁大学《华裔学志》1935年第1卷第2期〕 梁思成 中国营造学社汇刊 6/3:183－186 1936.9

汉代圹砖集录二册 (王振铎 著 1935年考古学社出版) 敦桢 中国营造学社汇刊 5/4:165 1935.6

英华华英合解建筑辞典 (杜彦耿 编译 1936年上海市建筑协会出版) 梁思成 中国营造学社汇刊 6/3:186－194 1936.9

五 绘画与书法

(一)绘画

1. 发现

三种汉画之发现 贺昌群 文学季刊 1/1:233－236 1934.1

巨鹿发掘宋大观二年以前埋覆残画 张厚璜 河北第一博物

院半月刊　5　1931.11　图一

观天津博物院历史部收藏巨鹿发掘宋大观埋覆残画答客问　刘宝慈　河北第一博物院半月刊　5　1931.11　图一

2. 总论

古今画学变迁论　刘师培　国粹学报　3/26:1－3　1907.1

绘画源于实用说　陈师曾　绘学杂志　1:17－19　1920.6　湖社月刊　21－30:100－103　1929.8－1930.5

中国画学源流之概观　余绍宋　晨报副刊　1395－1399　1926.5.24－6.2

中国绘画之源流及其变迁　邓以蛰　晨报副刊　1398　1926.5.31

绘画的起源　根天　艺观　3:9－12　1929.5

中国绘画史略　潘天授　新艺术　7:164－172,8:192－197,9:203－210　1926.8－9　亚波罗　5:382－402　1928.12

四朝画史辑要　金荫湖　湖社月刊　55－80　1932.6－1934.7

佛教流入后的中国绘画　莫运选　艺术　10　1923.7.14

中国画与佛教之关系　吕凤子　金陵学报　1/1:59－64　1931.5

域外绘画流入中土考略　寿(潘天授)　亚波罗　16:1558－1575　1936.5

中国艺术思想的演变　伯精　新东方杂志　1/1:84－88,1/2:68－71,1/3:63－67,1/4:73－79　1940.2－5

中国绘画思想之进展　傅抱石　读书通讯　25:5－8　1941.5

从历史看艺术的发展　李桦　益世报艺术周刊　58,60　1948.2.27,3.12

中国隐士与中国绘画　蒋星煜　新中华(复刊)　1/7:131－137　1943.7

中国画法之演变　李宝泉　逸经　29:48－54　1937.5

国画分期学法　黄宾虹　益世报艺术周刊　15－19　1929.7.9－8.6

董北苑画法表微　姚大荣　东方杂志　27/1:125－142　1930.1

宋画与元画　李濂　北平晨报学园　1935/8:12－19

什么叫做图案画　郑明盘　集美周刊　18/11:2－3　1935.12

图案画(Design)概论　周礼恪　艺术　23　1923.10.21　附图

古代中国图案画考略　王汉章　美术丛刊　1:8－13　1931.10　图三

3. 各代分论及画家

汉晋

汉甲观堂画九子母　孙海波　国学月刊(国)　1/6:33－34　1945.8

顾恺之的肖像画　叶季英　民族杂志　3/2:419－426　1935.2

顾恺之的艺术　汪亚尘　国画月刊　1/1:11－12,1/3:43－46　1934.11,1935.1　1卷1期题名《论顾恺之》

晋顾恺之女史箴图考证　孙桂恩　大学　1/12:29－36　1942.12

近人对于顾恺之女史箴图真伪之争论　孙仲威　文物周刊　74　1948.2　图一

晋顾恺之女史箴图研究　孙仲威　文物周刊　75　1948.3

唐宋

唐朝初中期之绘画　[日]胁本乐之轩 著　伯英 译　艺浪　1/5:8－10　1930.11

唐画之变迁　林坚之　北平晨报学园　216－218　1931.12.24、25、28　湖社月刊　51－77　1932.2－1934.4

王维的美术　徐恒之　学风　2/9:40－45　1932

唐画偶谈　施翀鹏　新中华(半月刊)　3/11:72－73　1935.6

关于李昭道《洛阳楼阁图》和《春山行旅图》

故宫藏画所见　葛康俞　大公报艺术周刊　46－47　1935. 8. 16、24　图一〇

唐卢鸿《草堂十志图》

诗佛画祖王摩诘　质庐　中国学生　1/6:91－97　1943. 3

唐周昉仕女画论　岑家梧　文史杂志　3/3－4:60－76　1944. 2

论吴道子无款十指钟馗图　邓以蛰　大公报星期文艺　2　1946. 10. 20

敦煌出土的唐朝画炽盛光佛　［日］泽村专太郎 著　吴蒲若 译　艺风　3/4:44－46　1935. 4　图三

郭熙与宋朝山水画　［日］泷精一 著　方纪生 译　大公报艺术周刊　71　1936. 2. 22

宋代陷北之美术考古家毕少董　刘铭恕　中国文化研究汇刊　7:73－82　1947. 9

元明清

元朝之绘画　［日］相见香雨 著　伯英 译　艺浪　1/9－10:1－4　1933. 12

元代四大画家　［日］今关天彭 著　吴蒲若 译　艺风　2/3:49－54,2/5:31－38　（译自日本《中央美术通》134 号,原名《元四大画家之事迹》）　1934. 3,5

1. 梅花道人吴仲圭　2. 黄鹤山樵王叔明　3. 黄大痴　4. 倪云林

元代四大画家　郑秉珊　中国学生　1/4:66－71　1943. 1

黄子久事迹与画迹考　郑秉珊　中华月报　6/3:85－102　1943. 9

倪云林和他的传世名迹　钱夷斋　艺浪(复刊)　4/1:4－6　1946. 12

倪云林十万图考　张谷雏　美术　4:23　1936. 1

明代的绘画——苏州绘画史上的黄金时代　［日］坂井犀水 著　伯英 译　艺浪　1/6:1－4　1931

唐寅的画　程造之　江苏研究　3/2－3:1－5　1937.3　图二

董其昌画像　童丕绳　文物周刊　17　1947.1　图一

董其昌画学的渊源(明代上海大画家董其昌画学研究之一)　徐家珍　文物周刊　64　1947.12

董其昌画学的批判(明代上海大画家董其昌画学研究之一)　徐家珍　文物周刊　67　1947.12

胜清画概　无逸老人　东方杂志　14/6:91－96　1917.6

清朝画坛概况　雪翁　中国美术会季刊　1/2:21－27　1936.6

清代的绘画　[日]坂井犀水 著　伯英 译　艺浪　1/8:39－42　1932.12

清代无画论　陈小蝶　国画月刊　1/2:18,1/3:37　1934.12－1935.1

书小蝶清代无画论后　贺天健　国画月刊　1/3:37　1935.1　图一

清代绘画之特征——并祝三十七年美术节　俞剑华　文学　16　1948.3

籀庐画谈　黄宾虹　艺观　4:41－52,5:31－45,6:41－48　1929.6－8

中国美术丛论(上)　朱杰勤　史学专刊　2/1:343－384　1937.8

1. 恽南田评传　2. 书画家之郑板桥　3. 清代金石学述要

墨缘小录　潘曾莹　艺林月刊　73－98　1936.1－1938.2

渐江大师事迹佚闻　黄予向　中和月刊　1/5:26－32,1/6:46－65　1940.5－6

垢道人佚事　黄予向　中和月刊　4/3:7－13　1943.3

傅山及其艺术　刘开渠　现代评论　6/146:14－18　1927.9

娄东派画人四王恽吴　程造之　江苏研究　1/5:1－7　1935.9

吴渔山晋铎二百五十年纪念　陈垣　辅仁学志　5/1－2:1－23

1936.12 图一

清朝两个代表作家 李松阁 美术 1:14－18 1935.9

1. 王麓台 2. 石涛僧

论王石谷 胡锡佑 绘学杂志 2:16－17 1920

王石谷山水之研究 秦仲文 大公报文学副刊 169 1931.4.6

石涛与后期印象派 刘海粟 艺术 15 1923.8.25

画家石涛 郑秉珊 真知学报 2/2:55－69 1942.4

谈谈大涤子 李智超 辅仁美术月刊 1:11,2:10－11,3:12－15,4:13－14,7:6 1933.4－7,10

释石谿事迹汇编 元同 中和月刊 3/3:2－16,3/4:75－79,3/5:62－72 1942.3－5

文华殿陈列的香妃肖像 汪亚尘 艺术 19 1923.9.23

怪杰郑板桥 秋芷 大公报艺术周刊 47 1935.8.24

郑板桥及其作品 何一鸿 新东方杂志 2/2:161－178 1940.12

翟大坤的作风 刘开渠 现代评论 6/136:17－18 1927.7

北平崇效寺楸阴感旧图考 张江裁 北平研究院院务汇报 7/6:97－111 1936.11 图二

近代

滨虹论画 黄质 国粹学报 4/45:1－3,4/46:1－3,4/48:5－6 1908.8－11

近数十年画者评 黄宾虹 东方杂志 27/1:155－157 1930.1

近代画家概论 沈珊若 东方杂志 27/1:159－161 1930.1

论画宜取所长 黄宾虹 国画月刊 1/7:148 1935.5

从绘画之见解及技术上追念高奇峰先生 叶恭绰 大公报艺术周刊 62 1935.12.14 图三

吊吴昌硕先生文 湖社月刊 1－10:102 1927.12－1928.9

吴昌硕与陈师曾 湖社月刊 1－10:66－78 1927.12－1928.9

吴昌硕先生绘事丛录　王个簃　逸经　14:27－28　1936.9　图一

一代艺师吴昌硕　陆丹林　逸经　15:28－31　1936.10　图三

齐白石　盛成　逸经　18:25－28　1936.11　图四

高剑父先生的画　温源宁 著　曹珪 译　大公报艺术周刊　89（原载英文《天下月刊》5月号）　1936.6.27　图一

溥心畬先生（故都名画家介绍之一）　仁甫　故都旬刊　1/2:13　1946.11

4. 画论

中国绘画研究导论　马采　中山学报　2/1:29－35　1943.8

顾恺之以前的画论　汪亚尘　新艺术　8:175－184　1926.8

赵文度论画　艺林月刊　83:14　1936.11

石涛的画论　刘开渠　现代评论　4/95:10－12　1926.10

国画理法论　龙铁崖　中国美术会季刊　1/3:1－10　1936.9

中国画理举要　李濂　大公报艺术周刊　86－88　1936.6.6、13、20　图九

国画中的色彩论　王轸远　艺术　18－20　1923.9.16、23、30

中国画与水彩画　汪亚尘　艺术　24　1923.10.28　朔望半月刊　2:24－26　1933.5　题名《国画与水绘》

国画的象征　姚渔湘　北平晨报艺圃　1932/12:2、6、9、12－13、26、30－1933/1:17、21

中国画与远近法——美术讲话　丰子恺　中学生　41:221－238　1934.1　插图五

自然与国画　汪亚尘　艺术　20　1923.9.30

中国画之仿古与写生　林绛欣　人间世　36:7－8　1935.9

国画与写生　徐京　艺浪　1/6:15－17　1931

再论国画写生　徐京　艺浪　2/1:1－2　1934.6

中国画写生探讨　刘枕青　益世报艺术周刊　19　1947.5.15

中国画之皴斡渲刷　(于)非厂　北平晨报艺圃　1931/12:19

指画略传　白也(滕固)　史学年报　3:177－182　1931.8　插图四

续指头画说　林彦博　湖社月刊　63－79　1933.1－1934.6

指画略说　滕白也　艺风　3/5:89　1935.5

且园指画　尔王　北平晨报　1935/12:4

山水画

中国山水画谈　贺履之　东方杂志　15/9:184－185(原载《时报》)　1918.9　绘学杂志　1:1－3　1920.6

论山水画　李濂　清华周刊　41/5:68－85　1934.4　中国学报　1/1:92－114　1944.3　(封面署名李戏鱼,篇名下署名伯精,微有增订)

论山水画　海戈　人间世　14:13－14,16:12－13,17:26－27　1934.10－12

山水画的艺术价值(美术漫谈)　歌川　新中华(半月刊)　3/1:156－157　1935.1

中国山水画在画科中打头之论证　贺天健　国画月刊　1/4:51－56　1935.2　图一

中国山水画的古典主义与自然主义　李宝泉　国画月刊　1/4:57－59　1935.2　图一

国画山水之我见　田养颐　中国美术会季刊　1/2:106－107　1936.6

山水画和道家　佟贵廷　清华周刊　45/10－11:45－49　1937.1

中国山水画论　傅抱石　文史杂志　3/3－4:21－32　1944.2

论中国山水画的本质　萧望卿　益世报文学周刊　49　1947.7.19

中国山水画之源流及其发展　李杨　学艺　17/5:2－17　1947.5

中国山水画起源考　童书业　学术　4:128－136　1940.5

中国山水画思想的渊源　(谢)海燕　国画月刊　1/4:61-66,1/5:121　1935.2,3　图四

中国山水画滥觞时期之推考　贺天健　国画月刊　1/4:67-70　1935.2　图一

中国山水画今昔之变迁　黄宾虹　国画月刊　1/4:59-60　1935.2　图一

从汉墓画砖上见到的汉代山水画　承名世　文物周刊　29　1947.4　图四

六朝的山水画　承名世　文物周刊　15　1946.12

唐代山水画漫谈　童丕绳　责善半月刊　1/3:6-10,1/6:10-16　1940.4-5

唐代中期以后的山水画　(童)丕绳　文物周刊　20　1947.2

开元天宝间的山水画　吴承钧　益世报艺术周刊　32　1947.8.14

中国山水画气韵的研究　胡佩衡　绘学杂志　2:6-11　1920

中国山水画点苔法　胡冷庵　湖社月刊　31-40:93-104　1930.6-1931.3

中国山水画写生的问题　胡佩衡　绘学杂志　3:3-7　1921

中国山水画之写生　俞剑华　国画月刊　1/4:71-75　1935.2

对于中国山水画写生商榷——敬答吴英鹤先生　俞剑华　国画月刊　1/8:179-180,1/9-10:197　1935.6-8　图一

山水画中的皴法　承名世　文物周刊　76　1948.3　图四

山水画各家杂说　苏吉亨　女师学院期刊　2/2:6-8　1934.7

中国山水画鉴赏家临摹家创作家之考核　胡钟英 遗作　国画月刊　1/4:91　1935.2

花卉鸟兽画

墨兰指　汪之元　艺林月刊　1:11-12,2:3-4,3:7-8　1930.1-3

画兰源流　姚渔湘　北平晨报艺圃　1931/9:23、26、28、29,10:2、3

画梅源流　姚跨鲤　北平晨报艺圃　1931/11:13、14、16－19、21

中国画竹源流　姚渔湘　北平晨报艺圃　1931/9:1－2、5、7－9

写竹集前人名论　蒋和　艺林月刊　25－34　1932.1－10

画竹之研究　醉陶　北平晨报艺圃　1936/5:8、11

略论花鸟画——花鸟画新论补遗　刘枕青　益世报艺术周刊　32　1947.8.14

唐代花鸟画的发展　岑家梧　历史社会季刊　1/2:67－71　1947.9

画马我见　梅湖　湖社月刊　21－30:152－156　1929.8－1930.5

人物画

中国人物画　姚渔湘　北平晨报艺圃　1932/2:15、17、20、23－24、29,3:1、7、11

中国人物画之起源及其演变　陈觉玄　学思　1/9:17－21,1/10:19－22,1/11:23－27,1/12:25－29　1942.5－6

人物画概说　陈子彝　艺浪(复刊)　4/1:7　1946.12

人物画范　徐操　艺林旬刊　2－52　1928.1－1929.6

论人物画之难与线条的重要　刘开渠　晨报副刊　1434　1926.8.23

人物画服饰器用颜色调合法　失名　艺林月刊　43:13－14,44:14　1933.7－8

论汉代人像画的技术　童书业　文物周刊　7　1946.11　图一

论六朝人像画的技术　童书业　文物周刊　16　1937.1

唐代的人像画　童书业　文物周刊　11　1946.11　图二

文人画

文人画　存天阁主　晨报副刊　1441－1442　1926.9.8、11

文人画谈概　安敦礼　艺风　3/7:29－32　1935.7

中国文人画概论　[日]泷精一 著　傅抱石 译　文化建设　3/

9:71－84　1937.6

谈文人画　李桦　益世报艺术周刊　45　1947.11.28

文人画与画家画　陆丹林　艺风　3/2:85－86　1935.2

关于院体画和文人画之史的考察　滕固　辅仁学志　2/2:65－85　1931.9

文人画之源流及其评价　陈中凡　文史杂志　4/1－2:37－43　1944.7

文人画的价值　陈衡恪　绘学杂志　2:1－6　1920

文人画之穷途与中国绘画之前路　银戈　亚波罗　16:1595－1598　1936.5

画论罪言　俞剑华　国画月刊　2:17－18　1936.5　图一

画派

对于国画派别的我见　凌文渊　讲演　清华周刊　28/7:362－366　1927.11

国画宗派说暨各体式之商榷　金荫湖　湖社月刊　83－91　1934.11－1935.6

南北宗　王钧初　大公报艺术周刊　48　1935.8.31　图三

画宗与画家　葛康俞　大公报艺术周刊　71－72　1936.2.22、29

论画家之南北二宗　张思珂　金陵学报　6/2:135－150　1936.11

谈国画系统　田养颐　中国美术会季刊　1/4:38－40　1937.1

中国山水画之派别　平山　清华周刊　27/9:399－405,27/10:449－454　1927.4

论中国山水画之派别　贺履之　湖社月刊　1－10:111－113,11:4－5　1927.12－1928.10

清代山水画之研究　陈师曾　湖社月刊　11－19　1928.10－1929.6　（从16册起改名为《清代山水画派别之研究》）

中国山水画南北分宗说新考　童书业　齐鲁学报　2:177－234

1941.7

中国山水画之南北宗　叶季英　民族杂志　2/9:1417－1438　1934.9

山水画的南宗北宗(绘画漫谈)　施翀鹏　新中华(半月刊)　3/20:72、60　1935.10

中国山水画南北分宗说辨伪　童书业　考古社刊　4:248－265　1936.6

山水画南北宗说考　启功　辅仁学志　7/1－2:147－160　1938.12

北方派山水画的创立　童书业　学术　3:165－171　1940.4

南宗抉秘　华琳　艺林旬刊　1－15　1928.1－5

山水画非南北宗论　钱夷斋　艺浪(复刊)　4/2:7　1947.1

论明代山水画派及画家之特色　姜蜀轩　进德月刊　1/12:23－25　1936.8

明代山水画派衍概观　段无染　真知学报　2/6:29－36,3/2:62－66　1943.2,6

吴派概略　徐京　艺浪(复刊)　4/1:28－30　1946.12

清代山水之派别　陈师曾　绘学杂志　1:3－8　1920.6

清代山水画派辑略　何怡如　中国美术会季刊　1/4:45－48　1937.1

中国花卉画之起源及其派别　潘天授　前途杂志　1/4:1－11　1933.4

清代花卉之派别　陈师曾　绘学杂志　1:8－12　1920.6　湖社月刊　20:9－12,21－30:63－66　1929.7－1930.5

5. 方法

顾青霞画引　艺林月刊　81:15－16　1936.9

石涛画语录解　乌以锋　湖社月刊　1－10:108－111,11:7－8,12:11－12,13:8－9,14:11－12　1927.12－1929.3

画学心法问答　(清)布颜图　艺林旬刊　54－72　1929.6－12　艺林月刊　1－24　1930.1－1931.12

柴丈画说　(清)龚贤　湖社月刊　21－30:133－138　1929.8－1930.5

画筌析览　(清)汤贻汾　艺林月刊　4－24　1930.4－1931.12

梦幻居画学简明　(清)郑绩　艺林月刊　25－72　1932.1－1935.12

苦瓜和尚画语录诠释　杨溥　湖社月刊　80－89　1934.7－1935.4

溪山卧游录　(清)盛大士　艺林月刊　71－101　1935.11－1938.6

绘事雕虫　(清)迮朗　艺林月刊　73－111　1936.1－1939.3

绘事发微　(清)唐岱　艺林月刊　85:16,86:15－16,87:16,88:16,89:13,90:13－14　1937.1－6

宾虹画语录　张虹　学术世界　1/12:11－13　1936.7

龚半千画诀　艺林月刊　83:14,84:13,85:8,86:7　1936.11－1937.2

国画上"六法"的辩解　汪亚尘　艺术　7　1923.6.14

中国绘画的思想——金原省吾的画六法论　丰子恺　东方杂志　27/1:67－81　1930.1

东洋画六法的论理的研究　丰子恺　东方杂志　27/1:83－105　1930.1

画论蠡测　俞剑华　国画月刊　1/2:24－26,1/3:40－42　1934.12－1935.1　图四

六法和山水画　张微庐　国画月刊　1/6:140－141,1/7:162－163,1/8:178　1935.4－6　图一

气韵生动略辨　滕固　新艺术　1:23－27　1926.5

气韵浅说　马企周　国画月刊　1/7:148－149　1935.5

中国画论由气韵生动到墨戏的研究　李宝泉　文化建设　1/8:101－112　1935.5

论绘画的技巧与气韵　侯石年　艺风　3/2:18－20　1935.2

论气韵　马振麟　中国美术会季刊　1/3:47－48　1936.9

国画的美　吴景洲　新中华(复刊)　2/10:114－117　1944.10

从中国历代画论说明中国画怎样改造自然　叶一鹤　中国文化　2:35－38　1946.6

画贵立意　夏敬观　国画月刊　1/1:7　1934.11

再论中国绘画的意境　伍蠡甫　文史杂志　3/3－4:33－52　1944.2

中国艺术意境之诞生(增订稿)　宗白华　书学　3:3－19　1944.9

中国画的精神　周礼恪　艺浪　1/5:11－14　1930.11

中国的绘画　郑午昌　文化建设　1/1:125－134　1934.10

精神重于物质说　(黄)宾虹　国画月刊　1/11－12:225－227　1935.8　图一

中国画之传神术　蔡申之　中和月刊　1/1:67－77　1940.1

中国画的一贯精神　张安治　大学　2/9:19－26　1943.9

传模移写画家末事　俞剑华　读书通讯　163:6－10、19－20　1948.8

艺术上的情感和技巧　汪亚尘　艺术　25　1923.11.4

中国画特有的技术　吕凤子　金陵学报　2/1:161－164　1932.5

国画技巧论略　厉道诚　艺风　3/7:60－61　1935.7

中国画技法之史的简核　李宝泉　大公报艺术周刊　49－50　1935.9.7、14　图三

中国画的技术与派别　姚渔湘　国闻周报　10/21:1－6,10/22:1－6　1933.5－6

雪景画法之研究　牛新北　湖社月刊　14:1－4　1929.1

中国画之解剖　蒋锡曾　东方杂志　27/1:59－65　1930.1

绘妙　(明)茅一相　艺林月刊　24:1－2,25:8－9,26:7－8　1931.12－1932.2

画麈摘录　(明)沈颢　艺林月刊　27:6－7,28:5－6,29:5－6,30:5　1932.3－6

中国画论上的法与品　戏鱼(李濂)　清华周刊　41/2:1－8　1934.4　中原文化　4:5－12　1934.3

画法要旨　黄宾虹　学艺　14/1:45－52　1935.2　国画月刊　1/1:8－10,1/2:22－24,1/3:39－40,1/5:122－124　1934.11－1935.3　图二

画要　乌以风　学风　5/1:1－5　1935.2

幽梦影画语　陆丹林　国画月刊　1/6:138－140　1935.4　图一

绘画之理论与技法　贺天健　国画月刊　1/7:149－152　1935.5　图一

国画鲁言　邓以蛰　湖社月刊　91:3－10　1935.6

绘画之标准论　贺天健　国画月刊　1/9－10:184－188　1935.8　图一

学画心得数则　姜丹书　国画月刊　1/11－12:230－232　1935.8

论笔墨　马振麟　中国美术会季刊　1/4:41－44　1937.1

绘事津梁　(清)秦祖永　艺林月刊　103:14－15,104:10－11,105:11－12,106:11,107:9－10,117:4,118:3－4　1938.7－11,1942.5,10

画谈　(黄)予向　中和月刊　1/1:45－50,1/2:77－80　1940.1－2

谈素描　雷迅　中国学生　1/3:88－91　1942.12

中国绘画墨法论　张衡　读书通讯　89:10－11　1944.5

中国绘画之骨法与输入之凹凸法　叶季英　金陵学报　2/1:165－170　1932.5

中国美术受世界美术影响的部分　陈定谟　厦大周刊　12/5:3－4　1932.10

论中西画法之渊源与其基础　宗白华　文艺丛刊　1/2:47－68　1934.10

中西画法之比较谈　朱小峰　新晨报副刊　226－227　1929.4.1－2

东西绘画的异点　倪贻德　青年界　4/2:85－96　1933.9

东方的绘画方法　Kojro Tomita 著　俞剑华 译注　读书通讯　141:2－4　1947.9

怎样研究中国绘画史　讷斋　文物周刊　54　1947.10

临摹古画方法论　承名世　文物周刊　12　1946.12

鉴古名画论略　黄宾虹　东方杂志　22/3:100－104,22/17:84－87,22/21:89－94,23/4:83－96　1925.2,9,11－1926.2

宣和临古十七景图卷辨伪　童书业　文物周刊　17　1947.1

桐阴画诀匡谬　俞剑华　国画月刊　2:21－24　1936.5

6. 目录

画学研究参考书目　余绍宋　文字同盟　3:26－31,6:24－27,8:19－22　1927.6－11

宋季翰林图画院暨画学史实系年　史岩　中国文化研究汇刊　3:327－360　1943.9

明代画谱解题　傅惜华　中国学报　1/4:53－66,1/5:34－48　1944.6,7

7. 著录

天籁阁珍藏名画记　葆园　国粹学报　6/63:3－6,6/65:1－2,6/68:1－2　1910.3－6

赖古堂藏画记　国粹学报　6/68:8　1910.6

淑园藏画录　莼衷　故都旬刊　1/3:10　1946.11

福氏赠华国画撰述及感想　秦宣夫　大公报艺术周刊　41

1935. 7. 13

8. 题跋

小鸥波馆画寄　潘曾莹　艺林旬刊　16－49,51－72　1928. 6－1929. 12　艺林月刊　1:1－2,2:1－2　1930. 1－2

题画一得　莲花庵　艺林旬刊　24,26,30－32,34－69,71－72　1928. 8－1929. 12　艺林月刊　1－20　1930. 1－1931. 8

明人题白云茅屋图卷跋　周肇祥　国学丛刊(国)　8:56　1942. 5

板桥题画　(清)郑燮　艺林月刊　41:14,42:13,43:10－11,44:11,45:13－14,46:11－12,47:9－10,48:9－10,49:9　1933. 5－1934. 1

春觉斋论画跋　顾廷龙　燕京大学圕报　82:2　1935. 10

墨井题跋　(清)吴历　艺林月刊　98:16,99:14,100:14,101:14,102:14　1938. 3－6

变学斋题画　何正熙　艺林月刊　115:15－16,116:15　1941. 11,1942. 3

9. 传记

古今画人生日表第一辑　蔡守　艺林月刊　4:13,5:7,6:7,7:4　1930. 4－7

古今画人生日表第二辑　周肇祥　艺林月刊　10:11,11:10－11,14:11,15:14－15,16:6,17:6　1930. 11－1931. 5

历代福建画家　翁国樑　福建文化　2/16:19－23　1934. 4

娄东画友录　刘崇义　艺浪　1/6:32－33　1931

新安艺苑略草稿　汪尚贤　学风　3/4:53－70　1933. 5

卷首插图所列国画十家小传节述　雪翁　中国美术会季刊　1/3:72－74　1936. 9

1. 石涛　2. 金农　3. 文徵明　4. 八大山人　5. 郑板桥　6. 夏珪　7. 梅瞿山　8. 戴文进　9. 任伯年　10. 沈南苹

倪高士年谱　沈世良　湖社月刊　18,19,21,31,42－46,48－93

1929.5－1935.8

明代画家沈石田先生传　芸人　艺观　2:19－36,3:19－32　1929.4－5

墨井道人传校释　陈垣　东方杂志　34/1:33－35　1937.1

石涛上人疑年考　杨伯庐　艺林月刊　49:11－12,50:7－8　1934.1－2

金拱北先生事略　湖社月刊　1－10:2－3　1927.12

10. 杂著

国画的兴衰　沈天白　艺术　16　1923.9.1

重新估定中国的画底价值　林风眠　亚波罗　7:536－557　1929

我们怎样看中国画　凌叔华　大公报艺术周刊　3　1934.10.21　图四

读《我们怎样看中国画》　秦宣夫　大公报艺术周刊　7　1934.11.18　图七

国画价值之商榷　施翀鹏　国画月刊　1/6:130－132　1935.4　图一

国画与人生　丰子恺　中学生　68:37－42　1936.10

画家与画匠　俞家康　艺术　1　1923.4.14

历代御府画院之兴废　夏敬观　国画月刊　1/6:126－129　1935.4　图一　（未完）

宋代画院考略　寿　亚波罗　15:1493－1499　1936.1

附宋代画院人名简录

画家之态度　徐培基　国画月刊　1/6:133－134　1935.4　图一

中国画家的分布移殖与遗传上篇　潘光旦　人文月刊　1/10:1－15,2/1:17－31　1930.11－1931.2

齐白石杂谭　陆丹林　逸经　18:28－29　1936.11

再敬答吴英鹤先生　俞剑华　国画月刊　1/11－12:228－229

1935.8

与宾虹论画　陈柱尊　国画月刊　1/11－12:229－230　1935.8

与陈柱尊教授论画书　黄宾虹　学术世界　2/1:97　1936.10

论画示三女蕙英　陈柱　学术世界　2/1:10－12　1936.10

石青石绿　（于）非厂　北平晨报艺圃　1931/1:27－29

国画色彩杂谈　尚其逵　中国美术会季刊　1/3:37－39　1936.9

谈写意画　吴文质　国画月刊　1/6:135－137　1935.4　图一

没骨花图考　童书业　齐鲁学报　1:191－198　1941.1

中国绘画上题款之起源及其形式之演化　俞宗杰　艺风　3/5:47－50　1935.5

画之题识谈　龙铁崖　中国美术会季刊　1/2:85－90　1936.6

题画文学考　［日］青木正儿 著　方度 译　益世报艺术周刊 76－79　1948.7.30,8.6、12、20

题洛神图　怀冬　湖社月刊　12:16　1928.11

西圃题画诗　（清）潘遵祁　艺林月刊　4－19　1930.3－1931.7

论画绝句　（清）吴修　艺林月刊　21－46　1931.9－1933.10

退园题画诗　水竹邨人　艺林月刊　21－54　1931.9－1934.6

立庵随笔　钱保昂　湖社月刊　1－10,14,16－18,20,51－54 1927.12－1932.5

艺术与赏鉴　汪亚尘　艺术　22　1923.10.14

国画的欣赏问题　夏省吾　进德月刊　2/5:46－47　1937.1

中国画的欣赏　童书业　文物周刊　71　1948.1

国画上地理的观察　汪亚尘　艺术　35　1924.1.13　艺风　1/1:17－19　1933.1　图一

谈国画的临摹和创造　夏纬珍　大公报艺术周刊　65 1936.1.4

临摹古画的重要　承名世　文物周刊　10　1946.11

中国绘画的科学化　洪毅然　大学　1/8:17－21　1942.8

中国绘画科学化　陈觉玄　大学　1/10:9－17　1942.10

关于"中国绘画科学化"之讨论　陈觉玄　大学　2/3:35－40　1943.3

关于"中国绘画科学化"的再商榷　（陈）觉玄　大学　2/4:26－33　1943.4

中国古绘画的材料及变色后还原之研究　蒋玄佁　说文月刊 4/合订本:797－803　1944.5

中国画史人名大辞典凡例　黯公　艺观　6:37－40　1929.8

11. 评介序跋

西伦氏中国古代绘画史　（Osvald Siren, *History of the Ancient Chinese Painting The Medici Society*, London, 1933）　群　北平图书馆馆刊　7/6:128－130　1933.11－12　藏　图书季刊　2/2:124－126　1935

中国绘画论　（傅抱石 撰辑　1935年商务印书馆出版）　殿珣　中国博物馆协会会报　1/5:42　1936.5

支那山水画史　〔[日]伊势专一郎 著　东方文化学院京都研究所报告5〕　藏　图书季刊　2/1:66　1935

"文姬归汉图"研究　〔[日]鸟居龙藏 著　东方学报（东京）第6册第43－60页〕　史学消息　1/1:25　1936.10

支那名画宝鉴　（东京大学冢巧艺社编　1936年出版）　龄　图书季刊　3/4:257－258　1936　大公报图书副刊　160　1936.12.10

中国名画观摩记　（施翀鹏 著　1936年商务印书馆出版）　殿珣　中国博物馆协会会报　2/3:24－25　1937.1

爽籁馆藏画简评　秦仲文　大公报文学副刊　163、164　1931.2.23－3.2

爽籁馆欣赏　〔[日]阿部房次郎 收藏　[日]伊势专一郎 解说　1929年日本博文堂出版〕

爽籁馆欣赏第二辑　〔[日]阿部房次郎 收藏　[日]原田谨次郎 解说　1939年出版〕　希白（容庚）　燕京学报　28:281－285　1940.12

宝绘集 〔[法]虚白生室 藏品 1937年影印本〕 中国博物馆协会会报 2/4:29 1937.3

古画评三种总考(初稿) 史岩 中国文化研究汇刊 2:367-402 1942.9

上篇(南齐)谢赫古画品录、中篇(梁)姚最续画品录、下篇(唐)沙门彦悰后画品录

论顾恺之至荆浩之山水画史问题 傅抱石 东方杂志 32/19:177-183 1935.10

此文为日本伊势专一郎著《"自顾恺之至荆浩支那山水画史"を读む》而作

姚最"续画品"之意向 汪亚尘 新艺术 3:91-100 1926.6

读画学书斋读书志 吴辟疆 国学论衡 3:考古30-35 1934.6

西域画(上辑) (郑振铎 编 1947年上海出版公司发行) 容媛 燕京学报 33:288-290 1947.12

写在《西域画》之后 西谛(郑振铎) 大公报图书周刊 32-33 1947.12.13、26

韫辉斋唐宋以来名画集序录 郑振铎 大公报图书周刊 25 1947.8.15

颂斋读书记 容庚 文学年报 7:145-154 1941

1. 画说 (明)莫是龙 2. 画法册 (清)龚贤 3. 皇清画汇八卷、国朝画徵后录四卷 (清)袁树 4. 红豆树馆书画记八卷 (清)陶樑 5. 画论丛刊六册 于海晏校辑

(二)壁画

两晋至隋异域输入壁画的考证 陈竺同 文学季刊 2/3:677-692 1935.9

唐代式壁画考略 滕固 东方杂志 31/13:63-66 1934.7 插图三

题敦煌千佛洞壁画留真　顾颉刚　文史杂志　5/7－8:68　1945.8

略论敦煌壁画的临摹方法　李丁陇　文物周刊　64　1947.12

罗氏高昌壁画菁华的年代商榷　阎文儒　沈阳博物院筹备委员会汇刊　1:16－23　1947.10　图六

中国壁画历史的研究　郑午昌　东方杂志　27/1:107－124　1930.1　图四

游蓬溪宝梵寺观唐代画壁记及游宝梵歌　张幼荃　艺林月刊　37:1－2,38:15　1933

山西壁画七佛像题辞　叶瀚　北京大学研究所国学门月刊　1/1:1　1926.10　图二

山西兴化寺壁画名相考　黄文弼　北京大学研究所国学门月刊　1/1:2－7　1926.10

关于壁画之讨论　易培基、黄文弼　北京大学研究所国学门月刊　1/1:8－9　1926.10

1. 易培基致沈兼士书　2. 黄文弼致易先生书

壁画考语跋　马衡　北京大学研究所国学门月刊　1/1:10－11　1926.10

西安东岳庙壁画记　钱公来　文史杂志　3/3－4:102－103　1944.2

夕照寺画壁记　鲍汴　北平研究院院务汇报　2/2:插页　1931.3　图二

敦煌石室画象题识　（史岩 著　1947年敦煌艺术研究所华西大学博物馆比较文化研究所联合出版）　容媛　燕京学报　34:286－289　1948.6

（三）书法

中国社会——文化发展草书（上）　胡秋原　读书杂志　3/3－4:1－96　1933.4

书学　寿钤　益世报艺术周刊　2－10、12－13　1929.4.9－6.25

中国书学史绪论　胡小石　书学　1:9－23　1943.7

书学源流考略　吕咸　书学　4:33－34　1945.2

中国书法为世界最高尚的艺术　[美]福开森 讲演　大公报 1931/1:29

书法小史　孙以悌　史学论丛　1:1－41　1934.7

书林藻鉴　马宗霍　国学论衡　5下:1－23,6:1－8　1936.10－12(1936年商务印书馆有专书出版)

弄翰余沛　刘咸炘　艺林月刊　93－104　1937.9－1938.8

兰亭独孤本并跋残字记　祁景颐　青鹤杂志　1/2:1－5 1932.12

宋仲温藏定武兰亭考　夏甲旦　北平晨报艺圃　1935/11:22

八十一刻兰亭记　容庚　文学年报　5:149－172　1939

兰亭五记　容庚　文学年报　6:129－155　1940

二王墨迹见传考　容庚　大公报史地周刊　86　1936.5.22

阁帖传真录　方若　湖社月刊　21－30:40－63,31－40:42－58 1929.8－1931.3

阁帖源流考略　李心庄　书学　3:36－39　1944.9

大观帖第六卷榷场残本考　玉风　大公报艺术周刊　41 1935.7.13

三希堂帖平议　奚侍园　课艺汇选　2:67－68

诸帖刊误　张伯英　古学丛刊　1:1－5,2:6－11　1939.3,5

三希堂石渠宝笈法帖、墨妙轩法帖

陆放翁手迹石刻　莫伯强　说文月刊　5/5－6:121－122 1947.1　(见《桂林文献漫录》)

书法分方圆二派考　刘师培　国粹学报　3/32:1－4　1907.7

松寿轩第一集论书法　曹恕伯　湖社月刊　12:13－14,13:11－12　1928.11－12

学书述要　蒋吟秋　艺浪　1/4:7－9　1930.6

书法管见　汪沄　艺林月刊　21－40　1931.9－1933.4

学书迩言　杨守敬　辅仁美术月刊　1:5－6,2:3－4,3:5－6,4:2,7:3－4　1933.4－7,10

汉溪书法通解　戈守智　艺林月刊　64－85　1935.4－1937.1

书法索原　叶炜白　国学月刊　3/2:45－49,3/4:52－58　1936.3,5

论书法　陈柱　学术世界　2/2:16－19　1936.11

历代书学论文索引初编　书学　1:73－89,2:116－134,3:166－199,4:98－127　1943.7－1945.2

艺术家的蔡邕　沙孟海　中山大学语言历史学研究所周刊　10/112:1－12　1930.1

附蔡邕著作考略

书家王鲁生先生传　龙铁崖　中国美术会季刊　1/1:23－28　1936.1　附遗墨

与姜生志纯论书法书　陈柱　国学月刊　3/3:68－70　1936.4

补正宋四家墨刻簿　（清）王懿荣 编　周肇祥 补正　古学丛刊　5:1－5,6:1－5,7:6－9,8:10－14,9:15－19　1939.11－1940.7

兰亭集刻序　容庚　燕京大学圕报　129:2　1939.4

长洲张氏重摹玉枕兰亭旧拓本跋　傅华　国粹学报　7/82:11　1911.8

陶渊明诗帖跋　林宰平　大公报艺术周刊　53　1935.10.5　图六

小来禽馆帖跋　勺圃　中和月刊　1/7:99－105,1/11:67－72　1940.7,11

十七帖弘文馆本—宋刻弘文馆十七帖—宋拓王右军书—宋拓泉州阁帖—淳化阁帖福清本—泉州帖别本—澄清堂帖—晋祠铭—泉州残帖—书谱江阴本—淳熙秘阁续法帖

书同州圣教序记后　顾随　益世报人文周刊　新24　1947.10.20

(四)书画

书画同源论　冯稷家　绘学杂志　1:8-10　1920

中国画的特色——画中有诗　丰子恺　东方杂志　24/11:41-50　1927.6

书画　[英]劳兰斯秉宁 著　秦宣夫 译　大公报艺术周刊　67-68　1936.1.18,2.1　图八　湖社月刊　100:5-28　1936.3　题名《伦敦艺展特约专家论中国艺术书画》

“诗”与“画”　章毅然　中国美术会季刊　1/2:15-16　1936.6

再论“画”与“诗”　章毅然　中国美术会季刊　1/3:19-25　1936.9

中国诗与中国画　钱钟书　责善半月刊　2/10:2-8　1941.8

论中国诗书画的交融　朱锦江　东方杂志　40/16:46-51　1944.8

中国书画之源流　蒋吟秋　艺浪(复刊)　4/2:6　1947.1

中国文字与美术　刘枕青　益世报艺术周刊　10　1947.3.13

元赵松雪之书画(1254—1322)　冼玉清　岭南学报　2/4:1-70　1933.6

元管仲姬之书画(1262—1319)　冼玉清　岭南学报　3/2:181-223　1934.4

庚辰降生之书画家　(黄)予向　中和月刊　1/2:33-36　1940.2

元破临安所得故宋书画目　褚德仪 校录　国粹学报　7/82:1-8　1911.8

天瓶斋书画跋　(清)张照　艺林月刊　3-27　1930.3-1932.3

天瓶斋书画跋二卷为乾隆三十八年(1773)其婿孔继涑辑刊

麓云楼书画记略　汪士元　艺林月刊　1－28　1930.1－1932.4

厂甸书画寓目记　秦仲文　艺林月刊　4－10,16－42　1930.4－1933.6　(从16期题名《厂甸书画记》)

賸賸斋书画记　(清)谢诚钧　艺林月刊　43－69,85－104　1933.7－1935.9,1937.1－1938.8　(已有专书出版)

平津馆鉴藏书画记　(清)孙星衍　艺林月刊　57,60－82　1934.9,12－1936.10

玉雨堂书画记　(清)韩泰华　艺林月刊　61－86　1935.1－1937.2

书画鉴　但焘　华国　1/1:1－8,1/2:1－8,1/3:1－10,1/4:1－8　青鹤杂志　5/1:1－7,5/4:1－6,5/6:1－4,5/8:1－4,5/10:1－6,5/12:1－5　1936.11－1937.5

关于鉴别书画的问题　马衡　张菊生先生七十生日纪念论文集:471－482　1937.1

延嬉室书画经眼录　黄頵士　中和月刊　1/1:149－152,1/2:166－170,1/3:149－152　1940.1－3　故都旬刊　1/1:3,1/2:9－10　1946.11　署名匑庵

我所见的宋徽宗书画　于非闇　益世报艺术周刊　61　1948.3.25

张伯驹先生收藏古字画展览记略　宋毓珂　益世报艺术周刊　86　1948.10.15

张伯驹氏书画展览会　容媛　燕京学报　35:289－294　1948.12

游艺卮言　叶德辉　艺林月刊　90－107　1937.6－1938.11

1. 法书　2. 名画　3. 辨别　4. 考证　5. 装潢　6. 收藏　7. 箴规　8. 记录　9. 避就　10. 帖刻

装潢杂谈　拯冬　湖社月刊　15:10－12,16:12－15,17:5－8,18:8　1929.2－5

装潢　非厂　北平晨报艺圃　1932/1:9

书画与装潢　蒋吟秋　艺浪　2/2-3:1-3　1936.6

装潢志　周嘉胄　艺林月刊　113:6,114:3,115:2,116:3,117:3　1940.6-1942.5

书画鉴三种　（容庚著　1936年考古学社出版）　燕京学报　20:624-625　1936.12

1. 二王墨影　2. 颂斋书画录　3. 伏庐书画录

伏庐书画录　（陈汉第 收藏　容庚 编录　1936年12月考古学社出版）　殿珣　中国博物馆协会会报　2/3:25　1937.1

评中国墨竹书画册　〔[加拿大]怀履光 著　1939年加拿大 University of Toronto 出版〕　浦江清　图书季刊19(新)　2/3:429-431　1940.9

六　陶瓷与窑址

(一)综述

陶瓷小史　朱杰勤　史学专刊　1/3:255-307　1936.4

中国陶瓷总说　泽人　学林　7:111-121　1941.5

古陶瓷述略　董昱　浙江省立西湖博物馆馆刊　1:8-12　1933.6

吴晋时代的浙江陶瓷　陈万里　说文月刊　4/合订本:57-58　1944.5

四川古代的陶瓷器用　傅振伦　文史杂志　3/5-6:48-53　1944.3

中国古代陶业之科学观　王琎　科学　6/9:869-882　1921.9　插图三

竹园陶说　刘子芬　东方杂志　23/16:89-94　1926.8

中国古代陶鬲及陶鼎之研究　裴文中　现代学报　1/2-3:49-78,1/4-5:37-55　1947.3-5　插图一一

古陶残器絮语　王襄　燕京学报　35:213－226　1948.12　图二一

高井台子三种陶业概论　吴金鼎　田野考古报告　1:201－211　1936.8

黑陶　吴金鼎 讲　刘骏 记　斯文　1/17－18:23－25　1941.6

殷商陶器初论　李济　安阳发掘报告　1:49－58　1929.12　图一六

商代灰色陶器之新材料　[德]罗越 著　顾华 概译　中德学志　5/12:382－383　1943.5

瓷史　糟粕　北平晨报艺圃　1935/9:24、25、27、30，11:1、2、4、5，1936/3:13、14、16、18、20－23

中国古瓷之研究　乘骏　东方杂志　11/5:1－7　1914.11　插图三

古瓷考略　权伯华　东方杂志　27/2:141－149　1930.1

概述历代瓷窑

我国瓷器的起源问题　甄鼎　文物周刊　66　1947.12

谈瓷别录　道在瓦斋　岭南学报　5/1:1－22　1936.7　图一〇

中国瓷业之过去与未来　孙福熙　东方杂志　27/2:153－159　1930.1　图六

原始瓷器的发现——本馆发掘戚家墩的宝贵收获　熊庵　文物周刊　79　1948.3　（上海博物馆）

汉瓷与晋瓷　丕绳　文物周刊　16　1947.1　图一

五代之瓷器　傅振伦　学术杂志　1/1:37－45　1943.9

最近南京出土之柴窑　何遂　金陵学报　4/2:173－178　1934.11　插图二　图六

我在北婆罗洲购得柴窑之考证　符志光　说文月刊　3/1:129－130　1941.8

传疑的柴窑瓷器　黄永年　文物周刊　28　1947.4

福州豹屏山古圹瓷器出土记　叶长青　东方杂志　25/18:91－94　1928.9　图五

访邛崃十方堂古窑记　杨枝高　华西学报　4:考证 19－25　1936.6

调查龙泉青瓷报告　陈万里　中山大学语言历史学研究所周刊　4/48:6－11　1928.9

宋龙泉窑的青瓷　徐家珍　文物周刊　41　1947.7

越器之史的研究　陈万里　越风半月刊　1/1:26－28　1935.10

越窑陶瓷考　傅振伦　辽海引年集:348－357　1947.7

古文献上的"越瓷"——越瓷研究之一　童书业　文物周刊　18　1947.1

汝窑　曾二　东方杂志　27/2:35－36　1930.1

汝器油工研究　逸樵　北平晨报艺圃　1935/11:5

汝窑考略——宋瓷研究之一　徐家珍　文物周刊　26　1947.3　图一

当阳瓷记　周肇祥　艺林月刊　67:10　1935.7－8　图四

明代的青花瓷器　童书业　文物周刊　25　1937.3　图二

明青与康青之比较　苇庭　东方杂志　27/2:151－152　1930.1

清瓷考略　复父　北平晨报艺圃　1935.3.15、16、18

郎窑考　童书业　文物周刊　19　1947.1

中国历代陶瓷器图案概观　陈之佛　中山文化教育馆季刊　2/3:983－994　1935.秋

(二)考释与研究

河南博物馆藏殷墟陶器考——罂缶　周子樾　河南博物馆馆刊　15:1－2　1938.3

汉代之釉陶俑　[日]原田淑人 著　胡肇椿 译　睿湖　1:25－37　1929.6　图九

晋太始陶尊　艺林月刊　70:13　1935.10　插图一

在国外发见之魏神符陶壶研究　韩槐准　东方杂志　38/14:25－27　1941.7

抚顺高丽城址陶片考　毕任庸 译　人文月刊　7/4:1－3　1936.5

唐三彩凤头瓶　艺林月刊　61:14　1935.1　插图一

从唐朝陶瓷工艺所见到的当时社会情况　傅振伦　文史杂志　3/9－10:22－36　1944.5

景德之陶　黄炎培　东方杂志　11/5:1－7　1914.11

宋修内司官窑青泉碗出土记　线白　浙江省立西湖博物馆馆刊　1:97－99　1933.6

壶雅　谈溶　国学论衡　3:考古44－48　1934.6

古月轩瓷考　杨歉谷　国学论衡　3:考古35－44　1934.6

中国最古的文字已发现　卫聚贤　时事新报古代文化　10　1937.5.26　图八

良渚黑陶刻纹

吴子陶罍跋　孙文青　河南博物馆馆刊　2:1－18　1936.8

陈常匋釜考　唐兰　国学季刊　5/1:79－81　1935　图二

平陵陲㝵立事岁陶考证　张政烺　史学论丛　2:1－20　又1－4　1935.11　图一

附补记及郭沫若先生、张履贤先生通讯并识语

汉熹平二年张淑敬墓硃书辟央瓦盆文考释　郭象升　国学论衡　6:考古1－2　1935.12

兽形足盆形像考释　黄文弼　国学季刊　3/3:523－533　1932.9　插图二　图版三

本编为西北科学考查团短篇论文之一，摘录雅尔崖古冢中遗物图说第二一、二二两图说明

(三)目录、传记

瘦碧庵藏陶记　郑文焯 遗著　青鹤杂志　5/8:1－4　1937.3

霍仲初——瓷器的实验成功者 王愚 人物杂志 1/5:46-47 1946.6

(四)杂著

略论瓷器花绘的鉴别 章卷益 文物周刊 62 1947.11

宋定辨伪 焦木 北平晨报艺圃 1935/10:30

记宋明以来名瓷之款制 刘节 大公报艺术周刊 39 1935.6.29 图九

明代仿古器 逸樵 北平晨报艺圃 1935/11:2

清初华瓷之西洋化与郎窑问题 丝倩 珞珈月刊 1/4:303-308 1934.2

(五)评介序跋

中国陶瓷史 (吴仁敬、辛安潮 著 1936年商务印书馆出版) 杨宽 制言半月刊 36:6-11 1937.4

中国史前陶器 (吴金鼎 著 1938年伦敦 Kegan Paul 公司出版) 曾昭燏 图书季刊(新) 2/2:227-229 1940.6

景德镇瓷业史 (江思清 著 1936年中华书局出版) 杨宽 制言半月刊 43:4-6 1937.6

瓷器与浙江 (陈万里 撰 1941年金华国民出版社出版) 维 图书月刊 3/1:43-47 1943.11 愚 图书季刊(新) 7/3-4:37-38 1946.12

饮流斋说瓷质疑 杨歗谷 国学论衡 2:考古7-17 1933.12

越器图录自叙 陈万里 越风半月刊 1/7:7-9 1936.2

唐代越器专集引言 陈万里 越风半月刊 1/22-24:26-27 1936.12

历代名瓷图谱真伪考 [法]伯希和 著 冯承钧 译 中国学报 2/2:38-54 1944.10

读古匋文舂录 张政烺 益世报读书周刊 90 1937.3.11

古匋文舂录自序 顾廷龙 燕京大学圕报 92 1936.6

古匋文舂录序　闻宥　励学　6:1－2　1936.7

七　工艺美术

(一)玉器

说玉　朱建新　真知学报　2/2:20－29　1942.10

古玉通论——古玉展览绪言　郑德坤　文史杂志　5/9－10:44－48　1945.10

古玉在中国美术之位置　陈大年　美术　5:27　1936.6

论古杂识　(清)吴大澂 遗著　江苏省立苏州图书馆年刊:1－6　1936

研究中国古玉问题的新资料　李济　六同别录中:1－3　1945.12　中央研究院历史语言研究所集刊　13:179－182　1948.9

说玉器(辉县发掘报告之一)　许敬参　河南博物馆馆刊　10:1－12　1937.6　图一七　插图一五

古玉文字　方药雨　美术丛刊　1:28－33　1931.10　图三

释圭　包树棠　厦大周刊　10/13:1－11　1930.12

释圭　鲍鼎　说文月刊　2/11:13－31　1941.2

释圭之商兑　陈大年　说文月刊　5/1－2:9－10　1944.11

关于鲍鼎《释圭》一文之商兑

圭之研究　陈大年　说文月刊　4/合订本:23－27　1944.5

玉策时代考　万伯先　光华大学半月刊　4/5:27－30　1935.12　图二

商刻玉匕饰　王襄　河北第一博物院半月刊　30　1932.12.10

周玉刀及铭文　河北第一博物院半月刊　41　1933.5　图二

研究　王纶阁　河北第一博物院半月刊　48　1933.9

关于本刊第41期《周玉刀及铭文》释文的商榷

"行气铭"释文　郭沫若　中国建设　4/5:55　1947.8　图二

行氣宋剑珌铭文考醳　王季星　学原　2/3:46－52　1948.7

插图二

剑鞘上的玉附件璏　蒋大沂　文物周刊　3　1946.10　图五

古玉兵杂考——跋华大所藏古玉四器影本　蒋大沂　中国文化研究汇刊　2:291－338　1942.9　插图二四　图版二

古玉戚　艺林月刊　15:5　1931.3　插图一

谷璧考　容易　北京大学研究所国学门周刊　2/13:21　1926.1　图一

古玉辟邪　艺林月刊　24:3　1931.12

元顺帝上皇太后尊号玉册第六版　退翁　艺林月刊　76:14　1936.4　图一

团城之玉佛附说明　古物保管委员会工作汇报:图版　1935.5　图版一

团城之玉瓮附说明　古物保管委员会工作汇报:图版　1935.5　图版三

登封如意图考　关百益　河南博物馆馆刊　6:1－2,7－8:6,9:1,10:1－4　1937.2,4－6　图九

记巴黎之中国玉器展览会　戈公振　东方杂志　24/17:63－66　1927.9

谈旧玉　欣如　北平晨报艺圃　1920/12:23－24

琉璃厂观宝玉记　章鸿钊　科学　6/8:859－865　1921.8

馆藏古玉记　历史博物馆丛刊　1/3:1－9　1927.2　图三

再论古玉字象玉佩　江绍原　清华周刊　38/12:18－22　1933.1　图一

致沈尹默公开信稿

玉纪　（清）陈性 著　周肇祥 评　艺林月刊　35－43　1932.11－1933.7

古玉概说　〔[日]滨田耕作 著　胡肇椿 译　1936年中华书局出版〕　殷珣　中国博物馆协会会报　2/4:29　1937.3

评中国古代雕玉 〔[德]Alfred Salmony 著 1938 年美国 Berkeley 城 The Gillick Press 出版〕 唐兰 图书季刊(新) 2/4:625－627 1940.12

奕载堂古玉图录跋 陈准 图书馆学季刊 4/1:99－100 1930.3

古玉图录后跋 徐乃昌 图书馆学季刊 4/1:100－101 1930.3

(二)铜镜

古镜漫谭 东生 国艺月刊 1/2:85－87 1940.2

镜考 乐嘉藻 河北第一博物院画报 57－64,68,70,72,74,76 1934.1－11 图九

评汉以前的古镜之研究并论"淮式"之时代问题 高去寻 六同别录中:1－19 1945.12 中央研究院历史语言研究所集刊 14:1－19 1949.12

汉代镜铭谈屑 天木铎 燕大月刊 10/3:98－105 1934.5

中国古铜镜杂记 Oscar Karlbeck 著 张荫麟 译 考古社刊 4:308－318(译自《中国科学美术杂志》4 卷 1 期) 1936.6 图一五

河南博物馆藏汉唐以来铜镜考 许敬参 河南博物馆馆刊 14:1－5 1938.1

1. 尚方圆镜 2. 长宜子孙镜 3. 明光镜 4. 海兽葡萄镜

唐镜文中之西方意匠 姚鉴 中央亚细亚 1/1:4:40－44 1942.7

1. 海马葡萄镜 2. 鸟兽相对文镜 3. 人物相对图象镜 4. 宝相华镜团花镜

山字纹镜 宽正 文物周刊 2 1946.10 图一

汉五凤元年镜 艺林月刊 90:10 1937.6 图一

汉昭明镜 艺林月刊 69:4 1935.9 图一

论合用"职""屋"二韵铭文的铜镜 徐家珍 文物周刊 9 1946.11.17 图一

补论合用职屋二韵铭文的铜镜 宽正 文物周刊 72 1948.2

莽镜考 何士骥 说文月刊 4/合订本:43－48 1944.5

汉驺氏镜　艺林旬刊　1:2　1928.1.1　图一

汉高周君用镜　艺林旬刊　6:4　1928.2.21　图一

汉长宜子孙镜　艺林旬刊　7:4　1928.3.1　图一

汉天鹿镜　艺林旬刊　22:4　1928.8.1　图一

汉善铜镜　艺林旬刊　25:4　1928.9.1　图一

汉角王巨虚镜　艺林旬刊　41:4　1929.2.11　图一

汉侯氏作镜　艺林旬刊　45:1　1929.3.21　图一

汉月如山酒如池镜　艺林旬刊　63:4　1929.9.21　图一

汉尚方御镜　艺林旬刊　72:3　1929.12.21　图一

汉辟雍明堂镜　艺林月刊　16:7　1931.4　图一

怀安汉冢出土器物之三　艺林月刊　76:11　1936.4　图二

汉画象镜　艺林月刊　24:封面插图　1931.12

云鹤镜　艺林月刊　62:2　1935.2　插图一

回文古镜录　郑文焯　国粹学报　5/52:7　1909.3

古美人大王镜　艺林月刊　2:14　1930.2　插图一

唐涂漆嵌金双龙镜　艺林月刊　87:4　1937.3　插图一

藤花亭镜谱　知堂　益世报读书周刊　59　1936.7.30

汉三国六朝纪年镜图说　〔[日]梅原末治 著　1932年日本京都桑名文星堂出版〕　安志敏　燕京学报　31:209－210　1947.12

岩窟藏镜第一集(先汉式)第二集(汉式)　(梁上椿 著　1940－1941年出版)　容媛　燕京学报　28:281,31:200　1940.12,1946.12

小檀栾室镜景　(徐乃昌 藏器并撰集　1933年石印本)　郑师许　图书评论　1/7:49－51　1933.3　青松　北平图书馆馆刊　7/6:111　1933.12　容媛　燕京学报　14:268－269　1933.12　青松　图书季刊　1/1:37　1934.3

古竟景序　容庚　燕京大学圕报　79:2　1935.8

小檀栾室镜影序　习懒　说文月刊　1/合订本:518　1940.8

汉三国六朝纪年镜集录序记　［日］梅原末治 著　鼎 译　大公报图书副刊　76　1935.4.25

（三）漆器

一件有铭文的战国式漆器　蔡季襄　学术　2:53－55　1940.3　图二

酌酒的羽觞　杨宽　文物周刊　1　1946.10　插图二

鸟形的羽觞　熊庵　文物周刊　15　1946.12

汉漆栖　艺林月刊　63:2　1935.3

汉扣器考　陆树勋　古学丛刊　1:1－7,2:8　1939.3,5

平脱螺钿髹器考　陆树勋　古学丛刊　3:1－13　1939.7

剔红戗金犀皮三种髹器考引言　陆树勋　古学丛刊　7:1－6,8:7、10－14　1940.3,5

乐浪遗迹出土之漆器铭文　［日］内藤虎次郎 著　容庚 译　北京大学研究所国学门月刊　1/1:34－38（译自日本《艺文》第17年1号）　1926.10　图二

乐浪遗迹出土之漆器铭文考　容庚　北京大学研究所国学门月刊　1/1:39－42　1926.10　图二

乐浪出土之画象漆器　［日］原田淑人 著　姚薇元 译　清华周刊　33/7－8:24　1930.4

乐浪出土汉箧图象续考　刘铭恕　历史与考古　1:14－17　1937.2

汉画隅录　［日］滨田耕作 著　剑五 译　中和月刊　2/1:56－66　1941.1　图四

日人在朝鲜乐浪及南满营城子等汉墓中所掘获的漆器上的画像

夹纻漆像源流考　陆树勋　古学丛刊　4:1－8　1939.9

古代的夹纻术（零墨新笺）　杨宪益　新中华（复刊）　4/11:41－42　1946.6

汉代漆器纪年铭文集录　［日］梅原末治 著　刘厚滋 译　考古

社刊 6:161－183 1937.6

漆器考 （郑师许 著 1936年11月中华书局出版） 殿珣 中国博物馆协会会报 2/3:24 1937.1

支那汉代纪年铭漆器图说 〔[日]梅原末治 著 1944年日本京都桑名文星堂出版〕 安志敏 燕京学报 31:208－209 1946.12

(四)琉璃

说琉璃 黄节 国粹学报 3/36:1－3 1907.11

琉璃今之宝石说 徐钟令 地学杂志 8/10:1 1917.10

璆琳考证 章鸿钊 地学杂志 9/2－3:89－96,9/4－5:1－4 1918.5

璧流离—瑾瑜—伪琉璃—青金石—玻璃—青瓷

琉璃辨 胡肇椿 中山文化教育馆季刊 2/4:1257－1262 1935.冬

流离及颇梨 陆树勋 古学丛刊 5:1－8,6:9－16 1939.11－1940.1

琉璃考释 潘莳 文风学报 1:1－16 1947.3

琉璃与禹贡 张震泽 说文月刊 4/合订本:357－359 1944.5

琉璃窑轶闻 中国营造学社汇刊 3/3:173－177 1932.9

琉璃釉之化学分析 [英]叶慈 著 瞿祖豫 译 中国营造学社汇刊 3/4:88－97 1932.12

(五)刺绣

刺绣源流述略 邹竹崖 东方杂志 27/2:161－165 1930.1

刺绣艺术史 常景宗 北平晨报艺圃 1935/4:12、13、15

顾绣源流小志(吴越散雅之一) 陆树楠 江苏研究 2/12:1 1936.12

蜀锦——缎为蜀中原产六朝时由蜀输入江南 徐中舒 说文月刊 3/7:127－129 1942.8

明弘治十四年驿符(缂丝) 奉宽 跋 姚彤章 记 河北博物院画刊 93 1935.7 图一

吐鲁番发现的熊首图案绢布之考察 刘铭恕 说文月刊 3/

10:173 - 174　1943.5

存素堂丝绣录　桂莘(朱启钤)　湖社月刊　15,17,21 - 77　1929.2 - 1934.4

(六)文房四宝

文房四友考　朱建新　真知学报　2/5:28 - 35　1943

笔志　胡韫玉　国粹学报　7/78:1 - 4,7/79:1 - 4　1911.4 - 5

笔的考证　周榦庭　齐大月刊　1/2:149 - 152　1930.11

毛笔谈　江左文人　北平晨报艺圃　1933/10:20 - 12:16

毛笔的起源　志良　说文月刊　1/合订本:736 - 737　1940.8

记汉居延笔(西北科学考查团短篇论文之一)　马衡　国学季刊　3/1:67 - 72　1932.3　图三　艺林月刊　56:11 - 15　1934.8　图一

论中国之笔与文字　乐嘉藻　河北第一博物院画刊　93,96,98,99,101　1935.7,9,10,11

中国墨之研究　唐凌阁　东方杂志　34/11:61 - 66　1937.6

说墨　朱锦江　书学　4:38 - 45　1945.2

释墨　王重民　北平图书馆馆刊　7/1:1 - 2　1933.2

黛考　克勉　北平晨报艺圃　1935/11:27

清墨说略　凌宴池　大公报文艺副刊　20　1933.11.29

滨虹羼抹——叙造墨　黄质　国粹学报　4/42:1 - 4　1908.5

清内务府墨作则例　艺林月刊　49:16,50:14,51:12 - 13　1934.1 - 3

中舟藏墨录　袁励准　艺林月刊　1 - 33　1930.1 - 1932.10

蝬斋藏墨记　湖社月刊　60:9 - 10,61:7 - 8,62:9,63:9　1932.11 - 1933.2

谈墨工李廷珪　陈隽如　北平晨报艺圃　1935/12:13 - 14

谈北宋李惟一墨　翊云　正风半月刊　1/24:25　1935.12

笺考　李大翀　北平晨报艺圃　1935/2:2、6、8

戕谈　秋　北平晨报艺圃　1935/12:9

澄心堂纸　翟履道　北平晨报艺圃　1935/5:7、8

澄心堂纸之商榷　复父　北平晨报艺圃　1935/5:17

砚之研究　[日]阪岛茂 著　傅西河 译　东北文化月报　4/3－4:137－144,4/5:94－99,4/6:83－91,4/7:68－77,4/8:102－113,4/9:67－79,4/10:76－86　1925.3－10　图一三

研石　李大翀　北平晨报艺圃　1935/4:13、15

端溪砚坑记略　枕冬　湖社月刊　17:11－12　1929.4

端溪砚坑考　计楠　艺林月刊　72－90　1935.12－1937.6

端砚之研究——砚的研究之一　克勉　北平晨报艺圃　1936/1:29、31,2:3、5

歙砚与澄泥之研究——砚的研究之二　克勉　北平晨报艺圃　1936/3:17、18、20、21、22、23

东坡龙马砚记　瞻麓斋主人　国艺月刊　1/3:74－75　1940.3　图一

东坡龙马砚考　怀希　国艺月刊　1/4:13－14　1940.4

汉五铢砖砚记　梁鸿志　青鹤杂志　4/14:2－3　1936.6

凤池砚　蒋大沂　文物周刊　7　1946.11　图一

砚林　余怀　艺林月刊　51:15－16,52:16,53:16,54:15,55:15,56:9,57:11,58:11,59:11　1934.3－11

附:金银器

郑冢黄金甲饰　关葆谦　艺林旬刊　28　1928.10　图一

楚银错辕饰考　蔡季襄　学术　2:56－57　1940.3　图二

陆　古代科学技术

一　概述

中国历史上的奇器及其作者　张荫麟　燕京学报　3:359－381　1928.6

中国古代科学上的发明　王治心　协大学术　1:167－179　1930.6

二　铜及其他有色金属的冶炼

周代合金成分考　梁津　科学　9/10:1261－1278　1925.3

殷代冶铜术之研究　刘屿霞　安阳发掘报告　4:681－696　1933.6　插图五　图版五

周铸青铜器所用金属之种类及名称　岑仲勉　东方杂志　41/6:41－47　1945.3

周代铸器所用金属考　朱芳圃　东方杂志　42/18:53－54　1946.9

剑冶谈　章玉和　中和月刊　3/7:10－19　1942.7　插图二

再述中国用锌之源起　章鸿钊　科学　9/9:1116－1127　1925.2　插图二

五铢钱化学成份及古代应用铅锡锌镴考　王琎　科学　8/8：839－854　1923.8　插图三

宋钱成份内之铅　梁　科学　7/8:839－841　1922.8

元之浸铜术　王荫嘉　泉币　27:5－7　1944.11

三　铁器的使用及研究

*考古史上重要发现——济南附近发现周代铁器　约　北平晨报　1935/5:12

*济南发现周代铁器　熙　科学　19/5:772－773　1935.5

小南营庄古墓发现与人骨铜器并存之铁器

用铁时代问题的研究　莫非斯　食货半月刊　2/7:11－18　1925.9

略论中国铁器时代之开始　历阳　新晨报副刊　1929/3:21－23

古代中国铁器之研究　[日]松本三郎 著　汪馥泉 译　青年界　2/5:19－38　1932.12　华年周刊　4/33:648－651,4/34:665－672　1935.8

关于中国古代用铁的研究　王兴瑞　现代史学　1/3－4:318－337　1933.5

古代社会铁器工业的传播　象天 译　清华周刊　42/11－12:83－91(译自 *Geographical Review*, October 1933)　1935.1

中国古代铁制兵器先行于南方考　朱希祖　清华学报　5/1:1475－1487　1928.6

答朱希祖君(附来书)　大公报文学副刊　32－34　1928.8.13、20、27

关于朱希祖《中国铁制兵器先行于南方考》一文的讨论

关于《古代铁制兵器先行于南方考》之讨论　朱希祖　新晨报副刊　1928/9:17－22　大公报文学副刊　39－41　1928.10.1、8、15

1. 再致大公报文学副刊编辑书 2. 三致大公报文学副刊编辑书

再答朱希祖君 大公报文学副刊 46 1928.11.19

1. 袭用问题 2. 中国古代铁兵先行于北方之证据

关于《古代铁制兵器先行于南方考》之讨论 章鸿钊 新晨报副刊 136-137,139-140 1928.12.21-22、24-25

就朱希祖君《古代铁制兵器先行于南方考》及其与大公报文学副刊往来辩论书敬贡一言

关于《中国古代铁制兵器先行于南方考》之又一讨论 绍来 新晨报副刊 152-153,155 1929.1.11-12、14

就绍来君讨论中国古代铁兵问题后之所感 章鸿钊 新晨报副刊 165-167,169 1929.1.24-26、28

结论中国古代铁兵问题并答章鸿钊君 绍来 新晨报副刊 173-174,176-177 1929.2.1-2、4-5 附图

就文副对于铁兵问题之结论申述所见 章鸿钊 新晨报副刊 180 1929.2.8

评近人研究中国古代先用铁兵之地点 陆懋德 新晨报副刊 194 1929.2.27

关于《中国古代铁制兵器先行于南方考》之讨论 朱希祖 益世报学术周刊 18 1929.3.4 新晨报副刊 1929/3:9、11

五致大公报文学副刊编辑书并答章鸿钊、绍来、陆懋德三君

为古代铁兵问题进一解 翁文灏 益世报学术周刊 19 1929.3.10

中国古代铁兵考 （答文科李生问） 陈汉章 史学杂志 1/4:1-4 1929.9

南昌大安寺杨吴大和五年铁炉考 李凤高 国粹学报 5/56:4-5 1909.6 图一

纠正南昌大安寺杨吴大和五年铁炉考 赵慈垕 国粹学报 7/82:9-10 1911.8

铁券　竹　中和月刊　2/11:29　1941.11

唐昭宗给钱镠铁券拓本　周肇祥　艺林月刊　66:13　1935.6　图一

明宪宗赐朱永铁券考　刘官谔　史学年报　2/4:121－126　1937.12　图二

四　指南针、指南车、造纸、火药

中国的罗盘针考　［德］F. Hirth 著　蒋荫楼 译　中山大学语言历史学研究所周刊　3/29:14－20　1928.5

罗盘针起源考　［德］Friedrick Hirth 著　毓瑞 译　中原文化　21:12－19　1935.5

司南指南针与罗经盘——中国古代有关静磁学知识之发现及发明　王振铎　中国考古学报　3:119－259,4:185－223　1948.5,1949.12(未完)

说式——作为王振铎先生司南考的一个介绍　向达　大公报文史周刊　31　1947.6.13　插图三

论“式”的运用　金克木　大公报文史周刊　34　1947.7.25

宋燕肃吴德仁指南车造法考　［英］A. C. Moule 著　张荫麟 译　清华学报　2/1:457－467　1925.6　插图二

模制考工记车制记　罗庸　中山大学语言历史学研究所周刊　4/48:1－5　1928.9

指南车之车制模制说　王振铎　大公报史地周刊　116　1936.12.18

指南车记里鼓车之考证及模制　王振铎　史学集刊　3:1－46　1937.4

论中国造纸术之原始　劳榦　中央研究院历史语言研究所集刊　19:489－498　1948.10　附图

论中国造纸术之原始后记　周法高　中央研究院历史语言研究

所集刊 19:499 - 500 1948. 10

中国造纸术的发明 Thomas Francis Carter 著 张德昌 译 清华周刊 39/9:902 - 906 1933. 5

中国人发明火药火炮考 陆懋德 清华学报 5/1:1489 - 1499 1928. 6

五 杂著

钟磬之发音 周同庆 科学 13/5:617 - 628 1928. 5

西汉时代的日晷 刘复 国学季刊 3/4:573 - 610 1932. 12

汉张衡候风地动仪造法之推测 王振铎 燕京学报 20:577 - 586 1936. 12

版籍考 黄节 国粹学报 4/47:1 - 5,4/49:1 - 4 1908. 10,12

中国制纸与印刷沿革考 张曼陀 史地丛刊(大夏大学) 1:1 - 8(原载香港循环日报六十周年纪念刊) 1933. 11

柒　古代文化生活

一　音乐

中国古代音乐之世界的价值　[日]田边尚雄 讲演　小峰荑蹊 笔记　晨报副刊　134　1923.5.23

古乐器考　邵茗生　剧学月刊　1/3:1-9,1/4:1-13,1/5:1-10,1/6:1-10,1/8:1-8,1/9:1-11,1/11:1-14,2/2:1-12　1932.3-1933.2　插图九

古乐器小记　唐兰　燕京学报　14:59-101　1933.12　图二五

曲阜孔庙大成乐器考　李华萱　进德月刊　1/5:53-59,1/6:59-66　1936.1-2　附图

殷代乐制遗考　柯莼卿　故都旬刊　1/3:1-2　1946.11

考商氏所藏古夹钟磬　胡光炜　金陵学报　5/2:237-246　1935.11　图一二

洛阳金村出土之石磬

编钟编磬说(辉县发掘报告之一)　许敬参　河南博物馆馆刊　9:1-6　1937.5　图版一　插图八

钟攠钟隧考　冯水　古学丛刊　1:1-4　1939.3

錞于图附记　赵世忠　华西学报　5:卷首　1937.12　说文月刊

3/4:33-34,3/7:82　1941.10,1942.8

铜鼓　李正躬　太白半月刊　1/7:331-332　1934.12

周铜鼓考　[美]福开森　大公报艺术周刊　41　1935.7.13

说铜鼓　黄芝冈　太白半月刊　2/12:530-534　1935.9

铜鼓考略　（郑师许 著　1936年11月中华书局出版）　殷珣　中国博物馆协会会报　2/3:21　1937.1

铜鼓考略追记　郑师许　学术世界　2/4:49-52　1937.4

铜鼓考略追记续补　郑师许　学术世界　2/5:74-75　1937.7

铜鼓研究发凡(广西古代文化探讨之一)　陈志良　旅行杂志　17/2:7-30　1943.2

诸葛铜鼓　马鸿瑞　旅行杂志　18/7:26　1944.7

西南边胞铜鼓研究　赵捷民　益世报史地周刊　49　1947.7.8

铜鼓问题之检讨　安志敏　益世报史地周刊　57　1947.9.2

关于西南边胞铜鼓研究问题

再论铜鼓源流　赵捷民　益世报史地周刊　61　1947.9.30

唐铜钹　艺林月刊　69:7　1935.9　插图一

唐大中铜磬流传考　容庚　燕京学报　18:55-57　1935.12

大中磬刻文时代管见　许地山　燕京学报　18:1-53　1935.12　图二〇

考工记磬制的研究　瓠芦　益世报艺术周刊　5-6　1929.4.30,5.7

二　舞蹈

舞法起于祀神考　刘师培　国粹学报　3/29:1-4　1907.4

中国古代跳舞史　陈文波　清华学报　2/1:407-448　1925

古舞谈　柏年　国闻周报　4/17:1-2　1927.5

中国古代之舞　君绥　艺观　5:1-5,6:29-36　1929.7-8

中国古代的"舞""乐"　黄觉寺　艺浪　1/9-10:1-4

1933.12

中古舞考　邵茗生　剧学月刊　2/6:1－10,2/12:1－20,3/4:1－16,3/6:1－9　1933.6,12,1944.4,6

舞器舞衣考(即古舞考之附录)　邵茗生　剧学月刊　3/7:1－10　1934.7

中国历代乐舞考　李华萱　进德月刊　1/7:74－85　1936.3　图一六

中国古代的舞蹈　陆树楠　文化建设　3/5:117－120　1937.2

中国古代乐舞漫谈　张绍华　责善半月刊　1/3:4－6　1940.4

汉唐输入之外国歌舞　梓材　集美周刊　21/10:6－10　1937.5

汉唐间乐舞所受异族之影响　张亮采　志林　6:1－22,9:1－27　1944.5,1945.6　图二四

唐代歌舞之研究　壬秋　晨报副刊　2079－2082　1927.10.1－5

唐代异族文化输入对于中国乐舞上之影响　齐燕铭　北平晨报剧刊　110－113　1933.2.5、12、19、26

唐代的舞与胡式女舞衣　童书业　文物周刊　63　1947.12　图二

三　杂著

汉画所见游戏考　赵邦彦　庆祝蔡元培先生六十五岁论文集上:525－538　1933.1

汉代画像之艺术　谢刚主　学术界　1/6:15－17　1944.1

骰子起源考　常任侠　申报文史周刊　13　1948.3.6　附图

洛阳新出土古象棋盘图　北平图书馆馆刊　6/2:插图　1932.4

唐代波罗毬戏考　罗香林　亚洲文化论丛　1:91－115　1942.6

契丹之角觝　[日]鸟居龙藏　燕京学报　29:193－200　1941.6　图四

捌 历史地理、名胜古迹与游记

一 综述

黄河与中国文化 许炳琨 史地丛刊(大夏大学) 1:1－12 1933.11

隋运河考 张昆河 禹贡半月刊 7/1－3:201－211 1937.4

旧游识小录 蓝士琳 旅行杂志 17/8:23－37 1943.8

四艳迹 徐荫祥 旅行杂志 18/12:55－56 1944.12

1. 苏小小墓 2. 红拂墓 3. 薛涛井 4. 文君井

两粤纪游 谢刚主 禹贡半月刊 4/9:47－55,4/11:47－58 1936.1,2 图一七

天寄庐笔记(摘录滇黔蜀游记) 人奇 集美周刊 145:13－14,146:10－12 1926.10,11

云贵两省古迹丛谭 赵捷民 益世报史地周刊 45 1947.6.10

西北纪行 许公武 新亚细亚月刊 4/4:117－126 1932.8

一周间西北旅行记 孙媛贞 禹贡半月刊 3/2:28－34 1935.3

平绥路旅行归来 徐文珊 禹贡半月刊 3/7:35－42 1935.6

从长安到安阳 李长之 旅行杂志 12/3:17－33 1938.3

图六

塞外驰骋录　天涯游子　旅行杂志　14/5:31－41　1940.5－6

西征小记　向达　大公报图书周刊　1,10－14　1947.1.4,3.8、15、22、29,4.5

二　北京

房山游记　李书华　禹贡半月刊　5/2:45－67　1936.3　插图五　图一七

房山县名胜纪程　胡士铨　旅行杂志　10/12:23－33　1936.12　图三

潭柘寺戒坛寺记游　汪震　文化与教育　71:24－25　1935.11

西域寺上方山游记　汪震　文化与教育　51:32－34　1935.4

北平庙宇记　小芳　旅行杂志　5/5:55－59,5/8:61－70　1931.5,8　图九

京师法源寺之古物　史地学报　2/6:136－137　1923.8(录自《北大日刊》,原名《法源寺古物瞥记》,源瑞作)

护国寺记　关振声　中和月刊　4/8:35－42　1943.8

五塔寺访古记　许縠人　旅行杂志　9/1:35－36　1935.1　图一

旅行居庸关八达岭明陵记　贾伸　地学杂志　13/1:1－8,13/2:1－3　1922.1,4

居庸关与明陵游记　薛吟白　燕大月刊　6/2:55－60　1930.5

八达岭上看长城　韩鸿藻　旅行杂志　7/12:51－54　1933.12　插图二

游居庸关记　傅沅叔　国民周报　12/47:1－4　1935.12　北平晨报艺圃　1935/11:12

故都屐痕　张涤俗　旅行杂志　6/2:25－38　1932.2　图九

紫禁城—故宫博物院—万寿山

圆明园恭纪　黄凯钧　国粹学报　6/66:1－5　1910.4

自画圆明园题词　林纾　中国营造学社汇刊　2/1:10　1931.4

畏庐老人画圆明园图自题五言诗于上予于厂淀购得追念园游系以小诗　邓镕　中国营造学社汇刊　2/1:10　1931.4

乾隆西洋画师王致诚述圆明园状况　唐在复 译　中国营造学社汇刊　2/1:1－9　1931.4

西书所纪圆明园中之西洋楼(长春园)　欧阳采薇 译　北平图书馆馆刊　7/3－4:29－57　1933.5－8

西书中关于焚毁圆明园纪事八篇　欧阳采薇 译　北平图书馆馆刊　7/3－4:59－117　1933.5－8

圆明余忆　拙菴　中和月刊　1/8:93－104　1940.8

宛平的芦沟桥　梦生　正风半月刊　4/6:554－555　1937.5

芦沟桥与宛平县之史迹　邦英　正风半月刊　4/12:1053　1937.8

三　河北、山西、内蒙古

河北十四县古迹古物调查纪略　严智怡　河北第一博物院画报　79,81,83,85,87,90,92,94,95,98,100,102,103,105,108,110　1934.12－1936.4

河朔谈故之一(塔纪)　苏莘　地学杂志　6/6:6－9　1915.6

河朔谈故再续　苏莘　地学杂志　6/9:9－12　1915.9

河朔三大名迹游览记　去病　旅行杂志　7/9:7－15　1933.9

1. 沧州铁狮子　2. 正定铜佛　3. 定州塔

沧洲的铁狮子　松泉　正风半月刊　4/3:277－278　1937.3

正定记游　许同莘　河北月刊　1/6:1－4　1933.6

正定龙兴寺考古记　巨渊　旅行杂志　7/12:21－26　1933.12　附图

中山三古物　王绍庭　地学杂志　6/5:3－5　1915.5

靖王墓—白果树—料敌塔

古中山国之游　杨晶华　河北月刊　1/2:1－13　1933.2

定县的古迹　阎云　正风半月刊　4/12:1075－1076　1937.8

涞易纪游　苏莘　地学杂志　6/9:3－6　1915.9

涞易游记　藏园老人　国闻周报　11/3:1－6,11/4:1－8,11/5:1－6,11/6:1－4　1934.1

附易州石刻目录、涞水石刻目录

盘山纪游　蒋维乔　地学杂志　11/4:3－8　1920.4

盘山日记　庆珍　中和月刊　5/7－8:15－25　1944.8

深泽县名胜古迹古物调查表　深泽县建设局　河北月刊　1/9:6　1933.9

邯郸游记　德宣　大中华　1/1:1－3　1915.1

武垣故城考　陈铁卿　河北月刊　1/12:补白　1933.12

游西陵记　李书华　国闻周报　12/7:1－6　1935.2　图四

绥游四日记　李秀洁　大公报史地周刊　110　1936.11.6

五台山游纪　蒋维乔　地学杂志　10/7－8:16－22　1919.8

游晋祠考录　凌宴池　旅行杂志　8/7:59－62　1934.7

云中访经礼佛记　蒋唯心　国风半月刊　5/6－7:1－23　1934.10

塞外漫游随笔　方山　旅行杂志　8/11:57－64　1934.11

昭君青冢　地学杂志　6/6:插图　1915.6

归绥汉王昭君冢　艺林旬刊　58:插图　1929.8

青冢汉明妃王昭君之墓　方山　旅行杂志　9/5:63－65　1935.5　图二

明妃身世、墓碑题诗选

青冢　蛰公　新蒙古　4/2－3:44－51　1935.9

昭君墓　云涛　正风半月刊　4/5:455　1937.4

热河纪游　卞鸿儒　东北丛镌　19:1－36　1931.7

四　辽宁、吉林、黑龙江

沈阳史迹　王华隆　禹贡半月刊　6/3－4:159－166　1936.10

吉林县古迹名胜　长公　大公报　1929/9:13

＊日本研究梁圣祖墓　中国博物馆协会会报　1/1:18　1935.9

在黑龙江兴安岭山中

五　江苏、浙江

南京市最新名胜古迹调查表（下）　霖　国艺月刊　1/5－6:32－36　1940.6

千五百年前发掘之古冢　历史博物馆丛刊　1/1:6　1926.10

《文选》引沈约《宋书》彭城王义康修东府城，城堑中得古冢，有明器，刻木人、五铢钱、甘蔗节及梅李核、瓜瓣等

宋六陵　陈去病　国粹学报　5/61:1－5,5/62:1－4　1909.11－12

南通狼山纪游　严俨然　地学杂志　8/10:1－7　1917.10

游摄山记　林振东　地学杂志　12/4:30－32　1921.4

苏扬记游　白月恒　地学杂志　13/8－9:1－11,14/1－2:1－12　1922.8－1923.1

虎丘访古记　程志政　旅行杂志　4/9:59－65　1930.9　图一一

从文物观点上介绍苏州的名胜　张效宗　旅行杂志　21/7:25－27　1947.7

碛砂延圣院小志　叶恭绰　考古社刊　4:119－173　1936.6

画桥三百映江城（苏州名桥选胜录）　陈其英　旅行杂志　23/8:25－29　1949.8　图三

七塔湾前七座塔（苏州名塔选胜录）　陈其英　旅行杂志　23/9:29－33　1949.9

彭城访古记　萧梅性　旅行杂志　4/5:21－28　1930.5　图一二

宜兴的洞府——介绍一处名胜　宜人　大公报　1931/2:10

图一

宜兴胜洞纪游　汪叔梅　旅行杂志　7/1:11－18　1933.1　插图三

游宜兴善卷庚桑两洞记　成竹　旅行杂志　7/4:3－15　1933.4

虞山名胜　闵希贤　旅行杂志　8/8:47－50　1934.8　图三

丹阳访古记　叶祥法　旅行杂志　9/5:3－12　1935.5　图一五

阳羡古迹名胜志略　任以钠　国专月刊　1/5:70－73　1935.7

阳羡名迹记　唐玉虬　旅行杂志　10/8:39－43　1936.8　图四

金陵牛首山访古记　罗香林　旅行杂志　9/8:3－8　1935.8　图六

宝山古城考查记　陈志良　江苏研究　2/11:1－3　1936.11

镇扬游记　李根源　国闻周报　3/43:1－5,3/44:1－5　1936.11

江苏的沛　鲁客　正风半月刊　4/10:927　1937.7

西湖胜迹沿革考　陆承贾　地学杂志　6/11:16－19,7/2:4－18,7/3:9－12,7/4－5:12－23　1915.11,1916.2－5　插图一

庆忌塔墓辨　陈志良　时事新报古代文化　8　1937.5.12　（又收入《吴越文化论丛》　161－171　1937.7）

双林寺考古志　朱中翰　文澜学报　3/1:1－16　1937.3

记嘉兴古迹　蒋玄佁　时事新报古代文化　10,13　1937.5.26,6.26

大佛寺　华子　中华月报　6/3:115－118　1943.9

访剑灶古迹　吴观周　旅行杂志　21/5:44－45　1947.5

世传春秋时欧冶子铸名剑“干将”和“莫耶”处

会稽大禹陵　鞠孝铭　旅行杂志　21/8:35－37　1947.8　插图四

天台纪游　蒋维乔　地学杂志　8/8－9:1－5　1917.9

游天台山记　徐玮　旅行杂志　7/8:39－43,7/9:33－40,7/10:49－76　1933.8－10　插图七

天台山游记　李书华　禹贡半月刊　6/1:43－54　1936.9　图九

插图二

惠山太湖纪游　袭钺　地学杂志　11/6:10 - 11　1920.6

普陀礼游概述　邵潭秋　旅行杂志　7/9:17 - 22　1933.9　插图二

嘉兴小游述　邵潭秋　旅行杂志　8/2:27 - 30　1934.2　插图四

雁荡游楔　黄炎培　人文月刊　5/5:1 - 4　1934.6

雁荡山水纪要　陈适　东方杂志　31/19:175 - 197　1934.10

附山志考

雁荡山游记　李书华　禹贡半月刊　6/2:51 - 63　1936.9　插图二　图一五

山阴道上访古续记　陈万里　旅行杂志　11/9:25 - 33　1937.9　图一〇

山阴道上归来　王建新　旅行杂志　11/10:19 - 32　1937.10　图八

旅行浙东纪略　非庐　人文月刊　5/6:1 - 9,5/10:11 - 20　1934.8,12

两浙纪游　朱偰　东方杂志　32/5:61 - 66　1935.3　图八

金华兰溪游记　藏园老人　国闻周报　12/28:1 - 4,12/29:1 - 4,12/30:1 - 4　1935.7 - 8

六　安徽、福建

安庆旧藩署名胜古迹略考　东原　学风　2/9:74 - 76　1932.11　图二

泗县名胜古迹之调查　学风　5/1:2(据《皖北日报》)　1935.2

包拯遗迹　梦生　正风半月刊　4/2:173 - 175　1937.3

曹溪访古记　罗香林　东方杂志　33/17:203 - 209　1936.9

禅宗与曹溪南华寺　罗香林　中山大学文史学研究所月刊　1/4:25 - 48　1933.4

安徽的采石矶　松泉　正风半月刊　4/8:755－759　1937.6

闽北越王遗迹考　谢道芬　福建文化　3/3－4:1－18　1948.6

泉州各古迹之发现　北京大学研究所国学门月刊　1/4:455－456　1927.1

节录张星烺、陈万里1926年10月至泉州调查古迹报告书

观开元寺塔像图影　可愚　集美周刊　171:20　1928.4

洛阳桥图说　张开川　国学杂志　1:4－5　1915.3

泉州东西双塔伟观　苏菲　旅行杂志　23/2:17－19　1949.2　图一

泉州访古记　张星烺　地学杂志　16/1:3－22　1928.9

旅泉参观记　吴铁民　集美周刊　273:10　1931.4

泉州纪游　隽民　厦大周刊　14/27:26－29　1935.5

世界第一塔在晋江　何敏先　旅行杂志　18/9:42－47　1944.9

鼓山述胜　刘强　福建文化　1/9:1－7　1933

漳州史迹专号　翁国樑　福建文化　3/20:1－124　1935.12　图一五

漳州漫话　憾庐　人间世　41:5－8　1935.12

漳州新游记　雷通群　厦大周刊　10/13:11－12　1930.12

七　江西、山东

赣滨之行　陈云从　人间世　36:9－11　1935.9

游东林寺记　铁僧　旅行杂志　11/2:51－53　1937.2

曲阜泰山济南游记　王猩酋　越风半月刊　2/4:19－25　1937.4

曲阜谒圣记　罗惇曧　庸言　1/18:1－9　1913.8

曲阜纪游　韦润珊　史地学报　2/2:67－71　1923.1

鲁邹圣迹记　张肇崧　艺林月刊　63－84　1935.3－1936.12

泰山游记　张缙璜　四存月刊　4:1－2,5:3－4,7:5,12:6,14:7－

9,15－16:10－11　1921.7－8,10－12

泰山纪游　韦润珊　史地学报　2/2:59－66　1923.1

重游泰山记　傅振伦　地学杂志　19/4:511－531,20/1:69－85　1931－1932

济南千佛山与大明湖　云涛　正风半月刊　4/6:553－554　1937.5

大明湖小志　张次溪　中华月报　6/3:111－114　1943.9

临安诸山游记　唐玉虬　旅行杂志　8/4:23－27　1934.4

鲁游追记　陶希圣　食货半月刊　2/1:46－50　1935.6　图一三

历城古迹杂咏二十首　池源瀚　瓯风杂志　17－18:8－10　1935.6

登莱旅程日记　丁稼民　禹贡半月刊　7/1－3:325－334　1937.4　图一一

临淄小记　丁稼民　禹贡半月刊　7/6－7:357－361　1937.6

八　河南

开封名胜古迹志　戚震瀛　地学杂志　9/11:6－9　1918.11

开封四大古迹　梦生　正风半月刊　4/9:850－851　1937.6

1. 龙亭　2. 铁塔　3. 禹王台　4. 相国寺

开封繁台之沿革及其建置　赵玉芳　河南政治月刊　4/9:1－6　1934.9

函谷关考　萧梅性　旅行杂志　7/7:43－44　1933.7　插图三

启母石考　许同莘　河南政治月刊　6/1:1－4　1936.1　东方杂志 42/13:31　1946.7　河北博物院画刊　115,118,120,123　1936.1－10

虞姬墓碑　次溪　雅言　甲申/2:17　1944

少林古迹考　李鉴昭　河南博物馆馆刊　10:1－9　1937.6

嵩游纪略　武龙章　地学杂志　2/15:13－15　1911.5

嵩洛游记　许同莘　地学杂志　16/1:65－81,16/2:183－196

1928.9　文艺捃华　1/4:1－14,1/5:10－21　1934.8,11

中岳游记　萧梅性　旅行杂志　8/1:17－38　1934.1

浚邑大伾山游记　戚震瀛　地学杂志　6/12:3－5　1915.12

游百泉日记　王介庭 遗稿　地学杂志　13/6－7:17－19　1922.10

游孔子击磐处与比干墓　陈川至　旅行杂志　6/8:65－68　1932.8

三门游记　萧梅性　旅行杂志　7/6:51－55　1933.6　图七

白马寺游记　萧梅性　旅行杂志　7/5:41－43　1933.5　图三

洛阳白马寺记略　戴志昂　中国建筑　1/5:35－37　1933.11　图六

记洛阳白马寺　滕固　方志月刊　9/1:16－19　1936

白马寺与龙门　鲁客　正风半月刊　4/11:996－997　1937.7

彰德袁陵游记　周急　旅行杂志　7/11:27－32　1933.11　插图四

九　湖北、湖南

闲话襄阳　抚松　人间世　42:8－10　1935.12

襄阳的岘山与习池　棣夫　正风半月刊　4/6:557－558　1937.5

襄阳的隆中　嵩泉　正风半月刊　4/5:455－456　1937.4

游武昌西山记　庄礼本　文艺杂志　2:9－10　1913

伯牙台　钟岳　大公报　1932/11:7

长沙市古迹调查　大公报　1929/9:6

洞庭两山游记　李根源　国闻周报　6/46:1－4,6/49:1－5,6/50:1－2　1929.11－12

游南岳衡山记　袁希涛　大中华　2/4:1－7　1916.4　插图三

南岳游记　藏园老人　国闻周报　11/47:1－8,11/48:1－8,11/49:1－8,11/50:1－8　1934.11－12

醴陵的胜景 徐荫祥 旅行杂志 18/4:94－98 1944.4

一〇 广东、广西

广东名胜古迹之性质分类及其文化象征 杨成志 中山学报 1/8:24－41,2/3:7－19 1943.1,1944.4

介绍韶关的古迹及历史遗迹等通讯 清水 中山大学语言历史学研究所周刊 4/48:19－24 1928.9

韶州调查日记 容肇祖 中山大学语言历史学研究所周刊 4/39:13－19 1928.7

恭谒南明绍武君臣冢记 朱希祖 中山大学文史学研究所月刊 1/4:17－19 1933.4

广州白云山古迹考 谢富礼 现代史学 2/3:219－230 1935.1

广州的名胜 屈武圻 旅行杂志 9/11:53－58 1935.11

入罗浮记 朱偰 东方杂志 30/19:161－176 1933.10

光孝寺与六祖慧能 谢扶雅 岭南学报 4/1:175－201 1935.4

东坡故居游记 叶庸菴 旅行杂志 11/8:47－48 1937.8

桂林西山考古记附补志 陈志良 说文月刊 2/8:41－52 1940.11

龙州名胜概述 玄慎 旅行杂志 12/9:29－31 1938.9

记桂林之游 陈柱 国专月刊 3/5:41－43 1936.5

桂南纪游 黄炳权 东方杂志 34/1:359－367 1937.1

一一 四川、云南

蜀中掌故考 蒋唯心 国闻周报 6/44:1－4 1929.11

蜀胜志异 孔令谷 说文月刊 3/4:87－92 1941.10

天芦宝札记 任乃强 康导半月刊 4/2－3:56－68 1942.6

梓潼名胜记 李致刚 旅行杂志 18/4:39－45 1944.4

峨嵋游记　少咸　旅行杂志　7/12:3－14　1933.12　插图四

峨嵋忆游　钦文　东方杂志　32/13:235－249　1935.7

三峡胜览（入蜀记之一）　朱偰　东方杂志　33/18:71－80　1936.9

蜀江纪行（入蜀记之二）　朱偰　东方杂志　33/20:73－76　1936.10

平羌江纪行（入蜀记之三）　朱偰　东方杂志　33/21:57－62　1936.11

峨嵋纪游（入蜀记之四）　朱偰　东方杂志　33/23:61－73　1936.12

白帝城巡礼　倪纲贤　旅行杂志　11/3:47－50　1937.3　图六

四川高唐寺巡礼　倪纲贤　旅行杂志　12/10:49－51　1938.10

云阳桓侯庙与盐井　倪纲贤　旅行杂志　13/2:19－24　1939.2

成都名胜访问记　邵祖平　旅行杂志　14/4:27－35　1940.4

记绵阳蒋琬墓遗址　孙次舟　责善半月刊　1/16:2－5　1940.11

著者考定绵阳所谓蒋琬墓遗址，实清代李象昺氏误以明代一达官之墓葬遗址以当之

新都访古记　李致刚　旅行杂志　15/4:37－41　1941.4

谒惠陵并丞相祠堂　李致刚　旅行杂志　15/8:51－54　1941.8　图三

将军坟　郭祝崧　旅行杂志　19/1:10－13　1945.1

传说为春秋战国时巴国将军蔓子之坟

永昌府属历史上之遗迹　雪生　云南杂志　11:1－14　1907

云南的姚安县与蒙山县　老大　正风半月刊　4/8:760－761　1937.6

滇城名胜小志　元殊　旅行杂志　12/7:21－25　1938.7

历代名将在滇古迹　程兆熊　旅行杂志　17/9:67－68　1943.9

筇竹寺的罗汉和元碑　赵德厚　旅行杂志　21/11:45　1947.11

图六

南诏日记　文廷式 遗著　青鹤杂志　2/1:1－4,2/3:1－4,2/5:1－4,2/7:1－3,2/9:1－2,2/11:1－3,2/13:1－4,2/15:1－4　1931.11－1934.6

昆明风景线　黄卓秋　旅行杂志　15/2:13－19　1941.2

访陈圆圆遗迹　帅雨苍　旅行杂志　18/5:99－100　1944.5

重游滇越　伯商　东方杂志　42/2:41－44　1946.7 再版本

昆明黑龙潭四胜　赵德厚　旅行杂志　22/1:80－82　1948.1

图五

汉祠—唐梅—宋柏—明墓

一二　陕西、甘肃、新疆

黄帝陵的展祭　何正璜　旅行杂志　20/9:27－32　1946.9

图三

公刘墓　章儒　旅行杂志　17/10:50－51　1943.10

周文武陵考　唐长孺　国学论衡　8:1－11　1936.11

阿房宫　王宜昌　文史杂志　3/3－4:95－101　1944.2

谒定军山武侯祠墓记　陆懋德　责善半月刊　1/17:19－21　1940.11

汉中各县诸葛武侯遗迹考　陆懋德　文史杂志　3/5－6:25－40　1944.3

唐太宗昭陵　何正璜　说文月刊　3/10:106　1943.5

女帝御寝　何正璜　旅行杂志　23/1:81－83　1949.1　图三

杨妃墓　松泉　正风半月刊　4/2:174－175　1937.3

陕西纪游　陈钟凡　国学丛刊(东)　2/3:103－112　1924.9

陕西旅行记　王桐龄　地学杂志　15/秋:杂俎1－66　1924.10

秦游日录　傅增湘　国闻周报　9/32:1－7,9/33:1－7,9/34:1－5,9/35:1－6,9/36:1－6,9/37:1－10,1932.8－9　图二○　旅行杂志　7/5:1－29　1933.5

秦辎日记　孙培　禹贡半月刊　3/8:39 -44,3/11:41 -45,3/12:35 -42　1935.6,8

陕游日记　李书华　禹贡半月刊　7/1 -3:297 -315　1937.4

金刘祖谦终南山重阳祖师仙迹记　陈教友　亚洲学术杂志 4:1 -3　1922.8

长安及终南山纪游　蒋维乔　旅行杂志　7/4:31 -41　1933.4 插图八

游长安八仙庵志　风森　北平晨报艺圃　1937/3:24、26

西安一日游　王济远　东方杂志　34/9:57 -60　1937.5

长安访古　孤鸿　旅行杂志　21/5:29 -39　1947.5

陕南杂录　凌鸿勋　旅行杂志　7/6:3 -39　1933.6　插图四一

牛首山之游　叶祥法　旅行杂志　7/7:45 -51　1933.7　插图七

华山游记　张大千　北平晨报艺圃　1934/12:19、21、22、24、25

韩城禹门口记游　黄文弼　禹贡半月刊　4/4:81 -84　1935.10 图六

青峰山及鸡峰游记　徐炳昶　禹贡半月刊　7/1 -3:317 -324 1937.4

咸阳访古　何正璜　旅行杂志　21/12:19 -25　1947.12　图六

两关遗址考　劳榦　中央研究院历史语言研究所集刊　11:287 -296　1943

阳关遗址的过去与未来　劳贞一　边政公论　4/9 -12:28 -31 1945.12

甘肃拉卜楞寺纪游　林竞　开发西北　2/5:49 -51　1934.11 插图八

现今的敦煌与古代的敦煌　劳贞一　读书通讯　83:9 -10 1944.2

黑水城探古　贾兰坡　旅行杂志　22/12:20 -21　1948.12

谒成陵　何正璜　旅行杂志　18/7:27 -28　1944.7

元太祖成吉思汗陵原在内蒙,抗战期间国民政府将他的骨匣由内蒙迁至甘肃榆中县的兴隆山中

高昌疆域郡城考(西北科学考查团短篇论文之一) 黄文弼 国学季刊 3/1:73-86 1932.3 图一

罗布淖尔考 李长傅 中央亚细亚 2/2:1-9 1934.4

于阗国考 [日]堀谦德 著 纪彬 译 禹贡半月刊 4/1:67-82,4/4:21-34 1935.9-10 图一

天山南路大沙漠探险谈 黄文弼 讲演 女师大学术季刊 1/3:1-6 1930.9

古库察一带之文明 王曾善 新亚细亚月刊 4/6:7-16 1932.10 插图九

边疆述闻(新疆杂录) 许公武 新亚细亚月刊 5/6:83-98,6/1:96-104,6/3:63-66,6/5:51-53 1933.6-11

新疆访古记 黎东方 边政公论 3/10:44-60 1944.10

一三 评介序跋

金陵古迹图考 (朱偰 著 商务印书馆出版) 图书展望 2/2:96-97 1936.12

金山卫访古记纲要 (金祖同 著 1935年秀洲学会影印本) 殿珣 中国博物馆协会会报 1/4:62-63 1936.3

奄城访古记纲要 (陈志良 著 1935年秀洲学会影印本) 殿珣 中国博物馆协会会报 1/4:62-63 1936.3

洹洛访古游记二卷 (罗振常 撰 1936年蟫隐庐石印本) 殿珣 中国博物馆协会会报 2/4:27 1937.3

甘肃胜迹 (1938年兰州国民印刷局出版) 敬 图书季刊(新) 2/1:86-87 1940.3

玖　民族史与民族志

一　综述

说民族学　蔡孑民　一般　1/4:478－485　1926.12

民族学的对象领域及其关联的问题　卫惠林　民族学研究集刊　1:27－44　1936.5

民族学学说的新综合——新进化论　林惠祥　民族学研究集刊　1:77－89　1936.5

民族学理论与方法的递演　戴裔煊　民族学研究集刊　5:119－153　1946.4

民族学体系发凡　张少微　民族学研究集刊　5:153－156　1946.4

中国民族学之发展　徐益棠　民族学研究集刊　5:158－160　1946.4

民族学与中国民族研究　黄文山　民族学研究集刊　1:1－26　1936.5

民族学与现代文化　凌纯声　国风半月刊　2/1:40－46　1933.1

民族学与史学　杨堃　中法大学月刊　9/4:1－26　1936.9

论民族与宗族　岑家梧　边政公论　3/4:1－10　1944.4

民族文化论　朱辛流　民族学研究集刊　3:16－33　1943.9

民族生活的进化因素　商承祖　民族学研究集刊　1:91－100　1936.5

中国民族溯源论　章嵚　地学杂志　5/10:论丛1－4,6/1:论丛8－10,6/3:论丛1－7　1914.10－1915.3

中华民族起源考　罗罗　地学杂志　10/3:说郛4－6　1919.3

中华民族之研究——概括的观察　梁任公 讲演　贾伸 笔记　地学杂志　13/1:16－28,13/2:38－45,13/3:16－24,13/4－5:21－30,13/6－7:17－23,14/1－2:1－11,14/3－4:1－7　1922.1－8,1923.1－4

中华民族之成份　梁任公 讲演　东北文化月报　2/9:18－29,2/10:10－21,2/11:21－31　1923.9－11

中国民族西来辨　缪凤林　学衡　37:1－34　1925.1　东北文化月报　4/5:36－61　1925.5

中国民族成立的过程　朱偰　北大社会科学季刊　4/3－4:1－37　1929.12

中华民族起源之新神话　何炳松　东方杂志　26/2:79－94　1929.1

中华民族起源之神话及学说　刘紫萍　河南博物馆馆刊　11:1－6,12:1－6,13:1－6,14:1－6,15:1－6　1937.8,11,1938.1,3

中国民族由来论　缪凤林　史学杂志　2/2:1－18,2/3－4:1－23　1930.5,9

中国民族之来源　卫聚贤　史地丛刊(大夏大学)　1:1－20　1933.11

中国民族文化由来的理论与实际　戴裔煊　珠海学报　1:119－131　1948.5

论中国种族　胡炳熊　东方杂志　4/8:361－384　1907.10

中国上古时代种族史(中国上古时代史之二)　孙传瑗　学风　4/2:1－14　1934.3.1

中国人种中印度日耳曼种分子　张星烺　辅仁学志　1/2:1－16　1929.9

中华人种西来新证　刘盼遂　越风半月刊　2/4:11　1937.4

中华民族体质之研究　罗罗　东方杂志　15/7:51－55　1918.7

医学上中国民族——汉族——之研究　梁伯强　东方杂志　23/13:87－100　1926.7

国史上之民族年代及地理述略　缪凤林　史学(中)　1:63－112　1933.3

再论中华国族的支派及其分布　芮逸夫　民族学研究集刊　5:29－40　1946.4

中国历史上边疆民族发式考(一名胡发考)　李思纯　民族学研究集刊　3:60－68　1943.9

图腾主义　[法]Maurico Besson 著　愈之 译　一般　8/4:643－651　1929.8

中国古代社会的图腾文化　黄文山　新社会科学季刊　1/1:25－52　1934.3

对于《中国古代社会的图腾文化》之我见　王祺　新社会科学季刊　1/1:53－66　1934.3

图腾研究之现阶段　岑家梧　食货半月刊　4/4:11－14　1936.7

中国古代图腾制度论证　卫惠林　民族学研究集刊　3:54－60　1943.9

转形期的图腾文化　岑家梧　食货半月刊　5/6:1－10　1937.3

从诗经上研究古代的图腾制与奴隶制　董家遵　珠海学报　1:83－90　1948.5

玉与“止令茄”　孔君诒　时事新报古代文化　16－17　1937.7.14

吴越鱼图腾考　蒋玄佁　时事新报古代文化　15　1937.6.30

与岑家梧君论研究“图腾”　李则纲　学风　7/1:1－2　1937.1

社与图腾　李则纲　东方杂志　32/13:219－234　1935.7

玄鸟传说与氏族图腾　丁迪豪　历史科学　1/2:1－11　1933.3

蛮族与图腾关系之史的检讨　戴裔煊　现代史学　2/1－2:234－247　1934.5

盘瓠神话与图腾崇拜（中国图腾主义之一章）　陈志良　说文月刊　2/4:57－72　1940.5

文身与图腾的关系（中国图腾主义之一章）　陈志良　说文月刊　2/5:41－48　1940.8

初民社会的性别图腾　黄华节　东方杂志　30/7:23－27　1933.4

东夷南蛮的图腾习俗　岑家梧　现代史学　3/1:1－6　1936.5

苗瑶黎传说中狗的崇拜　江应樑　时事新报古代文化　7　1937.5.5

盘瓠传说与瑶畲的图腾崇拜　岑家梧　责善半月刊　2/7:2－8,2/8:9－15　1941.6－7

中国民族的神话研究　古铁　中原文化　14:9－12,15:8－10,16－17:16－19,18:10－15,19:8－17　1934.11－1935.3

盘古传说试探　杨宽　光华大学半月刊　2/2:36－39　1933.10

中国古代花甲生藏之起源与再现　马长寿　民族学研究集刊　1:261－281　1936

鸟葬杂考　中希　逸经　24:16　1937.2

国境内各民族的地理分布　洪思齐　大公报史地周刊　138　1937.5.28

少数民族问题　马长寿　民族学研究集刊　6:8－23　1948.8

改正少数民族之称谓　保　科学　25/1－2:95　1941.2

“民族志”实地工作的方法　林耀华　北平晨报　1933/11:8

民族学实地调查方法　凌纯声　民族学研究集刊　1:45－75　1936.5

中国近代边疆民族志　华企云　新亚细亚月刊　8/5:37－48　1934.11

十年来中国边疆民族研究之回顾与前瞻　徐益棠　边政公论　1/5－6:51－63　1942.1

边疆社会调查与边疆社会改造　言心哲　边政公论　1/5－6:77－82　1942.1

边疆工作经验谈　于式玉　学思　2/1:24－26　1942.7

边疆研究的途径　林耀华　边政公论　2/1－2:15－27　1943.3

中国边区社会起源论（边区社会学第三章）　姜蕴刚　康导月刊　5/1:18－24　1943.4

中国边疆文化　凌纯声　边政公论　1/9－10:1－8,1/11－12:55－63　1942.5－7

中国边疆艺术之探究　岑家梧　边政公论　6/3:55－64　1947.9

几种未开化民族的奇风异俗　姜国幹　华年周刊　4/3:47－49　1935.9

茶之塞外流传　徐方幹　边政公论　3/5:43－49　1944.5

康藏饮茶风尚　余犇　边政公论　3/11:60－67　1944.11

中国边政之土司制度　凌纯声　边政公论　2/11－12:1－4,3/1:1－18,3/2:1－11　1943.12－1944.2

西南边疆社会　陶云逵 遗著　边政公论　3/9:11－12　1944.9

边区人类学调查法　吴定良　民族学研究集刊　4:6－20　1944.10　插图二

人类学在我国边政上的应用　马长寿　边政公论　6/3:24－28　1947.9

边疆行政与应用人类学　杨希枚　边政公论　7/3:57－60　1948.9

近百年外人考察我国边陲述要　吴传钧　边政公论　3/5:50－

56,3/6:51 - 57　1944.5 - 6

二　古代少数民族

(一)总论

中国历史上民族考　郎擎霄　建国月刊　11/4:1 - 7,11/5:1 - 6,11/6:1 - 6,12/2:1 - 5　1934.10 - 1935.2

从中国文字学上所见诸边裔民族之源流　盛襄子　新亚细亚月刊　11/6:1 - 18　1936.6

述肃慎系之民族　冯家昇　禹贡半月刊　3/7:1 - 5　1935.6

中原民族之开发东北　卫聚贤　时事新报古代文化　4　1937.4.14　江苏研究　3/5 - 6:1 - 7　1937.6　(又收入《吴越文化论丛》63 - 85　1937.7)

历史上东北民族之研究　卞鸿儒　东北丛镌　2:1 - 20　1930.2

华南的古代民族　汗漫生 译　新亚细亚月刊　4/1:130 - 132,4/2:135 - 137　1932.5 - 6

与缪赞虞君论汉后西南民族北徙书　蒙文通　国风半月刊　5/6 - 7:51 - 54　1934.10

历代研究西南民族之谬误　亦琴　新亚细亚月刊　9/6:83 - 90　1935.6

西南民族考释　丁骕　边政公论　1/7 - 8:64 - 76　1942.3

西南民族考释之二　丁骕　边政公论　2/3 - 5:39 - 46　1943.6

史上羌民之记载分析　丁骕　边政公论　3/5:18 - 26　1944.5

中国古代族外婚制研究　陈伟旋　文化建设　3/8:37 - 48　1937.5

(二)夏商周时代

夏殷民族考　姜亮夫　民族杂志　1/11:1937 - 1954,1/12:2103 - 2115,2/1:133 - 158,2/2:309 - 323　1933.11 - 1934.2

夏时与狄族　岑仲勉　民族学研究集刊　6:52 - 55　1948.8

落后的宋族　王明　食货半月刊　5/2:25－30　1937.1

从载籍上论殷奄的关系及奄族迁徙之迹　孔君治　时事新报古代文化　11　1937.6.2

殷代的羌与蜀　董作宾　说文月刊　3/7:103－115　1942.8

匈奴先世鬼方玁狁与殷周之交涉　郑师许　文科研究所集刊　1/1:71－76　1943.10

古三苗疆域考　钱穆　燕京学报　12:2479－2497　1932.12

戎狄蛮夷考　孟世杰　史学年报　1:5－7　1929.7

夷蛮戎狄与东南西北　童疑　禹贡半月刊　7/10:11－17　1937.7

西周戎祸考(上)　钱穆　禹贡半月刊　2/4:2－5　1934.10

犬戎东侵考　蒙文通　禹贡半月刊　6/7:1－16　1936.12

九州之戎与戎禹　顾颉刚　禹贡半月刊　7/6－7:81－95　1937.6

释戎　杨佩铭　边疆人文　4/合刊:42－45　1947

秦为戎族考　蒙文通　禹贡半月刊　6/7:17－20　1936.12

论狄　方庭　禹贡半月刊　2/6:9－11　1934.11

赤狄白狄东侵考　蒙文通　禹贡半月刊　7/1－3:67－88　1937.4

胡考　吕思勉　国学论衡　6:史学8－23　1935.12

西胡考　王国维　亚洲学术杂志　1:专著三1－8　1921.9

淮夷考　方润　责善半月刊　1/23:3－5　1941.2

古巴蜀考略　吴致华　成大史学杂志　2:45－59　1930.5

吴越民族　卫聚贤　进展　1/2－3:57－79　1931.10　江苏研究　3/5－6:1－13　1937.6　(又收入《吴越文化论丛》310－356　1937.7)

古代越族考(上篇)　罗香林　中山大学文史学研究所月刊　1/2:31－42,1/3:81－104　1933.2,3

楚民族源于东方考　胡厚宣　史学论丛　1:1－52　1934.7

(三)秦汉—隋唐时代

匈奴民族及其文化　冯家昇　禹贡半月刊　7/5:21－34　1937.5

古代匈奴民族之研究　黄文弼　边政公论　2/3－5:35－39　1943.6

东胡民族考　[日]白鸟库吉 著　冯家昇 译　地学杂志　22/2:21－44,23/1:55－64　1934.6,1935.3

述东胡之民族　冯家昇　禹贡半月刊　3/8:1－7　1935.6

论龟兹白姓　觉明　大公报文学副刊　148　1930.11.10

关于龟兹白姓之讨论　冯承钧、向觉明　女师大学术季刊　2/2:1－17　1931.4

楼兰土著民族之推测及其文化　黄文弼　边疆研究论丛　31－33:19－22　1945

大月氏与东西文化　郑鹤声　东方杂志　23/10:77－96　1926.5

大月氏民族及其研究之结论　冯家昇　禹贡半月刊　5/8－9:1－18　1936.7

大月氏民族最近之研究　[挪威]斯敦柯诺甫 著　张星烺 述意兼评　禹贡半月刊　5/8－9:19－27　1936.7

月氏西迁考　[日]安马弥一郎 著　王崇武 译　禹贡半月刊　5/8－9:29－36　1936.7

丁零民族史　王日蔚　史学集刊　2:83－114　1936.10

西南夷之族类及其名称与地理生活关系　范义田　东方杂志　40/3:29－37　1944.2

西南夷——"百濮"之种类及其相互关系　范义田　旅行杂志　18/3:49－56　1944.3

豆莫娄国考　冯家昇　禹贡半月刊　7/1－3:195－200　1937.4

慕容氏与高句丽　金毓黻　禹贡半月刊　7/1－3:183－192　1937.4

慕容氏建国始末　冯家昇　禹贡半月刊　3/11:9－20　1935.8

僚族研究　戴裔煊　民族学研究集刊　6:55－91　1948.8

僚(獠)为仡佬(犵狫)试证　芮逸夫　中央研究院历史语言研究所集刊　20上:343－357　1948　图二

爨人谱系新证　董作宾　民族学研究集刊　2:181－200　1940.3

突厥学之研究及其历史　Abdulkadir Inan 著　杨涤新 译　边政公论　4/9－12:21－25　1945.12

阐扬突厥族的古代文化　岑仲勉　民族学研究集刊　6:46－51　1948.8

吐谷浑族考证　张一纯　边政公论　3/5:35－39　1944.5

吐蕃彝泰赞普名号年代考(蒙古源流研究之二)　陈寅恪　中央研究院历史语言研究所集刊　2/1:1－5　1930.5

唐代云南的乌蛮与白蛮考　凌纯声　人类学集刊　1/1:57－86　1938.12

乌蛮统治阶级的内婚及其没落　闻宥、杨汉先　边政公论　2/11－12:15－18　1943.12

唐代蜑族考(上篇)　罗香林　中山大学文史学研究所月刊　2/3－4:13－56　1934.1

南诏种属考　罗香林　中山学报　1/1:43－50　1941.11

南诏建国始末　李絜非　边政公论　3/4:30－32　1944.4

隋唐时代西域归化人考　[日]桑原骘藏 著　王桐龄 译　师大月刊　22:317－334　1935.10

唐后回鹘考　王日蔚　史学集刊　1:19－69　1936.4

葱岭西回鹘考　王日蔚　禹贡半月刊　4/5:1－10　1935.11

(四)五代—元明时代

唐宋诸代回纥衰亡考　[日]桑田六郎 著　钟道铭 译　国闻周报　7/1:1－7,7/2:1－4,7/3:1－4　1930.1

鞑靼考(附鞑靼年表)　王国维　清华学报　3/1:651－678　1926.6

鞑靼起源考 方壮猷 国学季刊 3/2:185-200 1932.6

阻卜非鞑靼辨 徐炳昶 女师大学术季刊 1/1:1-10 1930.3

阻卜年表 徐炳昶 女师大学术季刊 1/2:1-33 1930.6

论阻卜与鞑靼 王静如 中央研究院历史语言研究所集刊 2/3:296-301 1931.4

契丹民族考 方壮猷 女师大学术季刊 1/2:1-53,1/3:1-49 1930.6,9

契丹源流考 盛襄子 新亚细亚月刊 11/3:1-11 1936.3

太阳契丹考 冯家昇 史学年报 3:163-170 1931.8

契丹名号考释 冯家昇 燕京学报 13:1-48 1933.6

契丹汉化考略 尹克明 禹贡半月刊 6/3-4:47-60 1936.10

契丹可敦城考 [日]松井 著 冯家昇 译 禹贡半月刊 6/11:51-64 1937.2

契丹祀天之俗与其宗教神话风俗之关系 冯家昇 史学年报 1/4:105-117 1932.6

契丹先世的神话及其发生的时代 徐世勔 北平华北日报史学周刊 46 1935.8.1

契丹与回鹘关系考 王日蔚 禹贡半月刊 4/8:5-13 1935.12

辽金时代蒙古考 王国维 东北文化月报 5/9:8-17 1926.9

元朝秘史所见蒙古人的婚姻 李咏林 大公报史地周刊 72 1936.2.14

元朝秘史中的蒙古婚姻制度 李子信 读书通讯 129:12-15 1947.3

元秘史中所见古代蒙古之婚俗 蔡美彪 益世报史地周刊 107-108 1948.9.21、28

蒙古民族的史的考察 [日]青木富太郎 著 张觉人 译 边事研究 3/4:100-109 (译自日本《边疆支那》2卷1期) 1936.3

与陈援庵先生论回纥回回等名称 王日蔚 禹贡半月刊 4/

10:15 - 25　1936. 1

三　近代、现代少数民族①

(一)内蒙古、东北地区

东荒民俗闻见琐录　张超夫　地学杂志　17/2:227 - 240　1929

黑龙江沿边调查记　尉迟正荣　国闻周报　7/35:1 - 6，7/36:1 - 4(原载天津《大公报》)　1930. 9

满蒙拾零　赵立明　新亚细亚月刊　4/4:113 - 116　1932. 8

边疆述闻　许公武　新亚细亚月刊　4/6:137 - 142　1932. 10

蒙古族

蒙古种族是哪里来的　张振之　新亚细亚月刊　2/4:41 - 50　1931. 7

蒙古民族之由来　［日］古川园重利 著　张其春 译　国闻周报　10/21:1 - 5(译自昭和8年《同仁》第7卷4号)　1933. 5

蒙古民族的检讨　华企云　边事研究　2/3:1 - 8,2/4:1 - 12　1935. 8 - 9

蒙古民族由来考　褚作民　边事研究　3/1:43 - 57　1935. 12

蒙古民族及其生活　中英　中国学生　1/3:38 - 45　1942. 12

兴安岭外的蒙古民族　李紫珊　新亚细亚月刊　4/6:17 - 35　1932. 10

新疆之蒙族　倪志书　新亚细亚月刊　8/2:7 - 16　1934. 8

土尔扈特与杜尔伯特民族之由来及其生活状况　王金绂　真知学报　3/2:110 - 121　1943. 6

蒙古风俗谭　［美］乞米亚可丁 著　屠孝实 译　东方杂志　9/9:21 - 30(节译自《南西伯利亚游记》)　1913. 3

---

① 编按:凡少数民族名称原偏旁为“犭”者,一律改为“亻”旁或今天的通用族名字,如獞、猺、猓猡分别改为僮、瑶、倮㑩等。

蒙古的风俗习惯与制度　丁薇茵　新亚细亚月刊　4/4:105－113　1932.8

内蒙古风俗详纪　赵伯苏　新中国　1/5:149－159,1/6:133－141　1919.9－10

内蒙古风俗纪略　王华隆　东北文化月报　1/8:12－35　1922.11

内蒙古人民之生活状况　王华隆　东方杂志　19/10:93－102,19/11:83－94　1922.5－6

蒙人生活——吸烟、驱羊、拜佛　北平晨报　1934/11:1

伊克昭盟达拉特旗蒙民的乡村生活　庞守善　东方杂志　32/12:105－107　1935.6

蒙古乡村社会底奴隶制度　庞守善　华年周刊　4/37:731－733　1935.9

蒙古人的生活特质　吴永詹　新蒙古　4/4:37－44　1935.10

蒙古的婚俗　棣夫　正风半月刊　4/3:274　1937

土默特旗婚俗谈　云从龙　新蒙古　3/3:51－53　1935.3

其他民族

黑龙江鄂伦春族近日之状况　姜松年　地学杂志　15/秋:1－8　1924.10

纯粹满族之风俗谈　李季　东北文化月报　5/5:37－40　1926.5

索伦人　辛劳　太白半月刊　2/3:127－138　1935.4

(二)中南、东南地区

中国南方民族源流考　郎擎霄　东方杂志　30/1:88－100　1933.1

湖南之苗瑶　盛襄子　新亚细亚月刊　8/4:57－67　1934.10

湖南苗瑶问题考述　盛襄子　新亚细亚月刊　10/5:11－23　1935.11

*关于华南民族的通讯　黄仲琴、罗雅达、陈汉标　中山大学文

史学研究所月刊 2/1:13 - 134 1933. 10

滇黔粤的苗瑶僮与闽俗之比较 叶国庆 厦大周刊 9/3:5 - 7 1930. 3

琼崖简史 王兴瑞 边政公论 5/1:3 - 7 1946. 7

考察海南岛黎苗民族日记 王兴瑞 边事研究 10/2:13 - 22,10/3:26 - 27,10/5:9 - 18 1939. 10,11,1940. 1

海南岛之黎苗 胡儿 旅行杂志 18/4:75 - 87 1944. 4

琼崖一瞥 志坚 国闻周报 3/12:7 - 11 1926

琼崖一瞥 李钦文 旅行杂志 6/3:11 - 15 1932. 3

中国南疆崖县之现况 张一凡 中华月报 1/4:A27 - 29,1/5:A25 - 29 1933. 6 - 7 图六

琼崖之居民 陈献荣 新亚细亚月刊 11/6:55 - 64 1936. 6

海南岛探险记 [日]后藤元宏 著 邱怀瑾 译 边事研究 5/1:10 - 14 1936. 12

海南岛民族的原始文化——“海南岛黎苗文物展览会”参观记 陈志良 时事新报古代文化 6 1937. 4. 28

广西的民族——苗瑶僮偃 魏觉钟 新亚细亚月刊 2/3:150 - 153 1931. 6

广西奇异风俗杂谈 志昌 新中华(半月刊) 2/21:57 - 58 1934. 11

广西异俗记(西南采风录之二) 陈志良 旅行杂志 17/12:77 - 81 1943. 12

学术通讯 辛树帜 中山大学语言历史学研究所周刊 4/37:32 - 35 1928. 7

关于瑶人风土人情

瑶僮婚嫁奇俗 北平晨报 1934/12:20

广西苗瑶的生活与礼俗 陈志良 说文月刊 5/5 - 6:123 - 136 1947. 1

桂平的苗瑶　佐扬　华年周刊　3/3:54 - 55　1934. 1

广西融罗苗疆谈丛　魏鼎勋　新中华　4/16:69 - 72,4/17:65 - 69　1936. 8 - 9

广西的歌墟　贾农　东方杂志　32/14:111 - 113　1935. 7

广西特种部族歌谣之研究　陈志良　说文月刊　2/6 - 7:67 - 86　1940. 5

广西特种部族的歌舞与音乐　陈志良　说文月刊　2/10:57 - 74　1941. 1

广西特种部族的新年　陈志良　说文月刊　2/12:57 - 70　1941. 3

广西教育厅苗瑶教委会调查苗瑶计划纲目　燕京学报　15:270 - 272　1934. 6

福建省内几种特殊民族的研究　沈骥　福建文化　2/11:1 - 9　1933

福建云霄之瑶僮　王斤役　逸经　13:13　1936. 9

关于"云霄厅志"　简又文　逸经　22:34 - 35　1937. 1

关于王斤役《福建云霄之瑶僮》一文问题

关于"福建云霄之瑶僮"　欧阳飞云　逸经　24:36　1937. 2

客族、瑶僮及闽南民族　憾庐　逸经　25:84 - 86　1937. 3

＊闽粤之蓝蕾　黄仲琴　中山大学文史学研究所月刊　2/1:133　1933. 10

我国沿海的渔民文化调查　吴念中　文化建设　1/10:48 - 62　1935. 7

惠安秃头山下风俗谈　李拱宸　东方杂志　33/4:113 - 114　1936. 2

台湾土人及其反日经过　魏崇阳　新亚细亚月刊　2/2:89 - 101　1931. 5

台湾的风俗与人种　赵立明　新亚细亚月刊　4/4:95 - 103

1932.8

台江边胞生活概述　王嗣鸿　边铎月刊　2/1:9－23　1948.1

壮族

僮民考略　钟敬文　中山大学语言历史学研究所周刊　3/35－36:77－80　1928.7

僮人调查　石兆棠　中山大学语言历史学研究所周刊　3/35－36:81－94　1928.7

僮人的丧俗　石兆棠　中山大学语言历史学研究所周刊　3/35－36:95－97　1928.7

一首很长的僮人结婚仪式歌　石兆棠　中山大学语言历史学研究所周刊　5/57－58:5－45　1928.12

柳州僮人的断片的纪述　石兆棠　艺风　2/12:69－71　1934.12

瑶族

广东瑶人之史的考察　江应樑　新亚细亚月刊　12/6:27－49　1936.12

连州瑶山旅行述略　张景良　地学杂志　15/秋:1－8　1924.10

八排探瑶记谈(风俗)　张景良　北京大学研究所国学门周刊　2/17:8－11　1926.2

瑶民访问记　陈锡襄　中山大学语言历史学研究所周刊　3/35－36:70－71　1928.7

粤北连阳瑶境设立县治　执中　北平晨报　1936/3:31

广东北江瑶人的生活　江应樑　东方杂志　35/11:29－41　1938.6

广东北江瑶山杂记　庞新民　中央研究院历史语言研究所集刊　2/4:471－514　1932

荒峒瑶民志杂　黄朝中　新中华(复刊)　1/10:97－102　1943.10

曲江荒洞瑶民经济生活概况 冯海燕 边政公论 3/6:31-35 1944.6

粤北瑶所残遗的古惯俗 胡耐安 旅行杂志 17/1:29-33 1943.1

记广东北江瑶山荒洞瑶人之建醮 姜哲夫 中央研究院历史语言研究所集刊 4/1:83-88 1932

拜王(广东北江瑶山瑶人风俗之一) 姜哲夫、张伋、庞新民 中央研究院历史语言研究所集刊 4/1:89-119 1932

瑶山记游 任国荣 中山大学语言历史学研究所周刊 3/35-36:64-69 1928.7

瑶山通讯 辛树帜 中山大学语言历史学研究所周刊 3/35-36:110-112 1928.7 图一

瑶山调查 辛树帜、石声汉 中山大学语言历史学研究所周刊 4/42:15-24 1928.8

瑶山两月观察记 任国荣 中山大学语言历史学研究所周刊 4/46-47:1-33 1928.9 图版五

采集瑶山风物品目录 黄季庄 中山大学语言历史学研究所周刊 4/46-47:124-126 1928.9

跋语 顾颉刚 中山大学语言历史学研究所周刊 4/46-47:127-131 1928.9

本刊本期《瑶山调查专号》跋语

广西瑶山采集队报告 中山大学语言历史学研究所周刊 10/116:18-28 1930.1

本文前半是采集生物报告,后半是调查瑶人民族、习俗、语言、服饰、森林、风景等的报告

广西瑶山调查杂记 庞新民 中央研究院历史语言研究所集刊 4/1:45-82 1932

初入瑶山记 徐益棠 学思 2/11:25-29 1942.11

瑶山行纪　徐益棠　大学　2/8:25－29　1943.8

瑶山见闻录　孙诞先　旅行杂志　18/2:77－80　1944.2

广西瑶民社会概况　潘质彬　新亚细亚月刊　9/6:147－155　1935.6

瑶俗零简之二　刘策奇　北京大学研究所国学门周刊　2/24:260－263　1926.8

广西瑶民风俗杂谈　炽昌　新中华　2/15:75－76　1934.8

广西瑶民的婚姻生活　张震道　东方杂志　32/10:130－131　1935.5

奇异婚俗谈　北平晨报　1936/12:11

瑶人同夜(族)结婚为一种半开化民族之婚制

瑶民之婚姻风俗　今心　正风杂志　3/10:1222　1937.1

广西瑶民的生活概况及其教育问题的研讨　周瑞荃　边事研究　3/2:46－49　1936.1

东陇瑶之礼俗与传说(广西特种部族研究资料之一)　陈之亮　说文月刊　3/2－3:133－145　1941.9

广西象平间瑶民之住屋　徐益棠　金陵学报　10/1－2:19－25　1940.5　图一〇

广西象平间瑶民之生死习俗　徐益棠　金陵学报　8/1－2:17－19　1938.5

广西象平间瑶民之宗教及其宗教的文献　徐益棠　边疆研究论丛　30:53－69　1941.12

广西象平间瑶民之占卜符咒与禁忌　徐益棠　中国文化研究汇刊　2:403－420　1942.9　图一一

广西象平间瑶民之村落　徐益棠　边政公论　3/2:38－43　1944.2

广西象平间瑶民之婚姻　徐益棠　边疆研究论丛　31－33:91－96　1945

广西象平间瑶民之饮食　徐益棠　边疆研究论丛　31－33:97－102　1945

广西象平间瑶民之服饰　徐益棠　金陵学报　6/2:75－91　1936.11　图三二

广西贺县瑶民生活的现状　蔡树邦　东方杂志　31/19:165－168　1934.10

《广西省象县东南乡花篮瑶社会组织》导言　吴文藻　禹贡半月刊　5/10:69－74　1936.7

大藤瑶山瑶胞的服饰　唐兆民　旅行杂志　17/10:72－77,17/11:75－80　1943.10－11

桂西蒲伮瑶的家庭　雷金流　旅行杂志　18/5:92－96　1944.5

瑶歌　石声汉　中山大学语言历史学研究所周刊　4/46－47:34－123　1928.9

广西瑶歌　梁宁　艺风　4/4:42－43　1936.4

黎族

海南黎族起源之初步探讨　刘咸　西南研究　1:1－19　1940.12

海南岛黎人来源考略　罗维　边事研究　10/6:35－37　1940.2

琼崖黎民之状况及其风俗与教育　彭程万、殷汝骊　地学杂志　11/11:1－29　1920.11

琼崖黎俗志略　李实　国闻周报　3/41:1－3,3/42:1－3　1926.10

黎人生活　东方杂志　31/4:插图　1933.2

琼崖黎民概况　北平晨报　1933/4:15

琼崖黎人之概况　程万　中华月报　3/12:15－19　1935.12

黎族的状况　陈献荣　边事研究　2/6:54－59　1935.11

黎人风俗考　李旭华　河北博物院画刊　94,96,98　1935.8,9,10　图一三

琼州黎族风俗一斑　林宴春　艺风　4/4:41－42　1936.4

海南黎人文身之研究　刘咸　民族学研究集刊　1:197－239　1936.5　图三

附闻宥跋

海南岛黎民婚丧及年节风俗　魏效强　边疆半月刊　2/3－4:21－22　1937.2

黎族婚制的演变　李俊新　东方杂志　34/15:115－119　1937.8

关于调查琼崖黎民通讯　心园(温祥发)　中山大学语言历史学研究所周刊　4/39:29　1928.7

游历琼州黎峒行程日记　胡传　禹贡半月刊　2/1:22－36　1934.9

海南黎人刻木为信之研究　刘咸　科学　19/2:195－200　1935.2　插图五

海南黎人口琴之研究　刘咸　科学　22/1－2:12－23　1938.2　民族学研究集刊　2:201－210　1940.3　插图九

海南黎人面具考　刘咸　中国文化研究所集刊　2/1－4:24－29　1941.9　图一

畲族

畲民之起源与“畲”字之商订　魏应麒　福建文化　1/6:9－12　1932.11

说“畲”(闽音杂记之二)　董作宾　北京大学研究所国学门周刊　2/14:15－18　1926.1

畲语十八名(闽音杂记之三)　董作宾　北京大学研究所国学门周刊　2/20:161－163　1926.7

畲民的地理分布(附分布图)　何联奎　民族学研究集刊　2:225－233　1940.3

畲民调查记　沈作乾　东方杂志　21/7:56－71　1924.4

畲民问题　何子星　东方杂志　30/13:57－65　1933.7

关于畲民　柳云　逸经　19:35－37　1936.12

畲民的图腾崇拜　何联奎　民族学研究集刊　1:235－239　1936.5　图六

畲民图腾文化的研究　凌纯声　中央研究院历史语言研究所集刊　16:127－172　1947

浙江处州府之畲客　陈裕青 译　东方杂志　8/8:13－14(译自日本《人类学杂志》)　1911.8

浙江温州处州间土民畲客述略　胡先骕　科学　7/3:274－283　1922.3

括苍畲民调查记　沈作乾　北京大学研究所国学门周刊　1/4:11－14,1/5:15－20　1925.11

浙江畲民研究导言　徐益棠　金陵学报　3/2:427－442　1933.11

畲民见闻记　胡传楷　禹贡半月刊　1/12:10－14　1934.8

泰顺畲民生活素描　愿俯　艺风　4/4:40－41　1936.4

福建畲民考略　董作宾　中山大学语言历史学研究所周刊　1/2:21－23　1927.11

福建之畲民　管长墉　福建文化季刊　1/4:31－52　1941.12

疍民

蛋家　罗香林　民俗　76:1－32　1929.9

蛋民的起源　陈序经　政治经济学报　3/3:590－635　1935.4

蛋民在地理上的分布　陈序经　政治经济学报　4/1:93－106　1935.10

蜑族的来源质疑　何格恩　岭南学报　5/1:23－36　1936.7

与罗香林《蛋家》《唐代蜑族考》、陈序经《蛋民的起源》《蛋民在地理上的分布》等文的讨论

唐代的蜑蛮　何格恩　岭南学报　5/2:134－137　1936.8

关于《蜑族的来源质疑》一文的修正和补充

蛋民的职业　陈序经　政治经济学报　4/3:633－658　1936.4

蛋民与政府　陈序经　政治经济学报　4/4:801－820　1936.7

福州蜑户调查记　刘松青　北京大学研究所国学门周刊　2/18:121－134　1926.7

福州蛋民的歌调　谢云声　民俗　76:33－36　1929.9

闽江流域的蜑户　吴永詹　新亚细亚月刊　13/2:37－46　1937.2

汕尾新港蛋民调查　敬文　北京大学研究所国学门周刊　2/22:228－232　1926.8

汕尾新港蛋民的婚俗　亦梦　民俗　76:37－41　1929.9

沙南疍民调查(专号)　岭南社会研究所　岭南学报　3/1:1－151　1934.1

沙南疍民专号提要(岭南学报第三卷一期)　许道龄　禹贡半月刊　1/9:31－35　1934.7

广州蛋俗杂谈　黄云波　中山大学语言历史学研究所周刊　3/35－36:98　1928.7

谈谈广州的蜑家　吕少泉　辅仁广东同学会半年刊　2/1:13－16　1934.12

三水河口蛋民调查报告　伍锐麟　岭南学报　5/2:1－53　1936.8

两阳蛋民生活与歌谣　吴家柱　民俗　1/1:213－216　1936.9

蜑族事迹年表初稿　何格恩　岭南学报　6/4:221－235　1941.6

高山族

台湾生番生活之概况　[日]山崎直方 著　鹦鹉 译　东方杂志　15/12:69－71(译自《台湾地理人情风俗概要》之一节)　1918.12　地学杂志　11/10:1－5　1920.10

台湾生番种族概况　林惠祥　厦大周刊　214:8－9　1929.10

台湾雾社番族之研究　宁墨公　新亚细亚月刊　1/5:101－108

1931.2

台湾蕃族的研究 陈表 新亚细亚月刊 1/6:99－111 1931.3

插图七

台湾蕃族概观 ［日］铃木作太郎 著 王兴瑞 译 民俗 1/2:63－141 1937.1

百年前的台湾及其土番 春雪 民俗 1/2:143－152 1937.1

蕃人的禁忌 汗漫生 新亚细亚月刊 4/2:133－135 1932.6

台湾生番的社会生活 汗漫生 译 新亚细亚月刊 4/3:131－133 1932.7

台湾番族歌曲 静闻 艺风 4/1:84－89 1936.1

录自清同治重刊台湾府志

台湾生番底粟祭 静君 译 艺风 4/4:43－44 1936.4

台湾生番标本目录 林惠祥 厦大周刊 213:8－9,214:4－8 1929.10

台湾番族研究资料 徐益棠 中国边疆建设集刊 1:17－19 1948.3

附:客家

客家研究后记 罗香林 清华周刊 35/1:22－24 1931.2

客家研究导论提要 许道龄 禹贡半月刊 1/12:14－26 1934.8

此文为罗香林著《客家研究导论》而作

客家研究导论序 朱希祖 中山大学文史学研究所月刊 2/2:3－9 1933.11 国风半月刊 4/3:12－20 1934.2

附吴康序及罗香林自序

客族源流考 沈寒流 逸经 21:70－71 1937.1

谈客家佬 陈培璘 逸经 21:72 1937.1

中国拓荒的功臣——客族 陈国桦 大学 2/8:30－34 1943.8

广东客家民族之研究　张景崧 译　集美周刊　13/12:142,13/15－16:226－237　1933.5,6

关于广东中山县客人的通讯　陈汉标　中山大学文史学研究所月刊　2/1:134　1933.10

关于广西客家通讯　李次民　中山大学文史学研究所月刊　2/2:111－112　1933.11

关于瑶僮与客族问题之讨论　黎公耀　逸经　19:37－38　1936.12

关于客族问题之讨论　逸经　23:34－37　1937.2

卢幹、简又文、黎公耀、罗香林等来往函件

“瑶僮即今之客族”说驳议　陈隆吉　逸经　24:34－35　1937.2

福建瑶民误称“客家”考　翁国樑　福建文化季刊　3/3－4:1－3　1948.6

客族风光　黄任潮　国闻周报　12/38:1－8　1935.9

客家人的旧历新年　茬曾　逸经　25:78－81　1937.3

客音的山歌　敬文　语丝　118:371－374　1927.2

客家山歌的社会背景　张腾发　民俗　1/1:164－174,1/2:241－251　1936.9,1937.1

客家妇女及其情歌　金发　太白半月刊　1/6:286　1934.12

客家的情歌　贺扬灵　读书杂志　1/2:1－5,1/3:1－6,1/9:1－13　1932.3

(三)西南地区

单骑调查西南民族述略　杨成志　中山大学语言历史学研究所周刊　10/118:14－19　1930.2

西南民族的研究——西南民族自序　杨成志　西南研究(中)1:9－18　1932.2

中国西南民族来由考　朱祖明　光华半月刊　1/8:13－18

1933.4

西南苗夷种类之研究　铁庵　边事研究　1/6:31-41　1935.5

中国西南民族分类　马长寿　民族学研究集刊　1:177-196　1936.5

西南边疆民族之来源及其现状　郑啸庠　新亚细亚月刊　13/3:72-76　1937.3

西南边胞来源传说研究　赵捷民　益世报史地周刊　40　1947.5.6

西南民族起源的神话——盘瓠　余永梁　中山大学语言历史学研究所周刊　3/35-36:11-17　1928.7

"西南民族起源的神话——盘瓠"书后　钟敬文　中山大学语言历史学研究所周刊　3/35-36:18-20　1928.7

西南少数民族虫兽偏旁命名考略　芮逸夫　人类学集刊　2/1-2:113-189　1941

西南边疆种族艺术研究之意义　岑家梧　责善半月刊　2/3:2-4　1941.5

西南边民与缅甸民族　芮逸夫　边政公论　4/1:17-25　1945.1

西南民族的婚姻　余永梁　中山大学语言历史学研究所周刊　3/35-36:1-10　1928.7

西南民族的婚姻习俗　孙诞先　旅行杂志　17/2:95-98　1943.2

西南几种宗族的婚姻范围　杨汉先　边政公论　3/6:48-50　1944.6

西南边疆的民间文学　毛筠如、李元福　东方杂志　39/15:55-59　1943.10

边地民歌　铭琛　康导月刊　5/1:17、32　1943.4

西南边胞乐器芦笙源流研究　赵捷民　益世报史地周刊　90

1948. 5. 19

西南部族之体饰　岑家梧　文史杂志　1/9:44 –56　1941

西南边胞史料整理　赵捷民　益世报史地周刊　74　1947. 12. 30

川滇秘密区的巴布凉山　宜山　边事研究　5/3:28 –35　1937. 2

大小凉山考察记　林耀华　边政公论　3/5:57 –60,3/6:58 –64　1944. 5 –6

凉山罗夷的族谱　马松龄　民族学研究集刊　5:81 –99　1946. 4

果洛调查报告　王建光 讲演　边铎月刊　1/7 –8:24 –26　1946. 10

川康滇交界的罗罗夷区　林耀华　益世报史地周刊　11　1946. 10. 15

川康北界的羌戎区域　林耀华　益世报史地周刊　20　1916. 12. 18　插图一

桂北黔南苗瑶各部族的经济生活　路伟良　旅行杂志　18/5:33 –49　1944. 5

再论藏缅族的父子连名制　罗莘田　边政公论　3/9:18 –21　1944. 9

僮佷仲为西南民兵名称说　郭豫才　民族学研究集刊　4:109 –120　1944. 10

川康北界的嘉戎土司　林耀华　边政公论　6/2:33 –44　1947. 6　插图一

康藏民族之分类体质种属及其社会组织　马长寿　民族学研究集刊　5:44 –77　1946. 4

滇黔粤的苗瑶僮俗与闽俗之比较　叶国庆　厦大周刊　9/3:5 –7　1930. 3

滇黔归语　秦燮源　旅行杂志　5/5:61 –68　1931. 5　图九

中国西南土司问题　朱祖明　光华大学半月刊　2/5:59 –63　1933. 12

僈俗札记 陈志良 说文月刊 2/9:53－81 1940.12

蛊与西南民族 叶国庆 厦大周刊 9/1:11－14 1930.3

谈放蛊 胡耐安 新中华(复刊) 1/8:82－87 1943.8

苗人的蛊毒 柳固 艺风 2/12:42－44 1934.12

关于苗胞放蛊 希今 历史社会季刊 1/1:24 1947.3

云南的民族 丁骕 新亚细亚月刊 9/6:1－22 1935.6

云南民族之研究 王洁卿 中山文化教育馆季刊 3/4:1195－1223 1936冬

云南民族的地理分布 凌纯声 地理学报 3/3:533－550 1936.9

云南土著民族研究之回顾与前瞻 陶云逵 边政公论 1/5－6:64－76 1942.1

从历史上探讨云南土族的统系 汪懋祖 东方杂志 43/5:29－34 1947.3

从语言上论云南民族的分类 罗莘田 边政公论 1/7－8:45－50 1942.3

滇边土著人种概况 郑名 新中华 3/10:33－38 1935.5

云南藏掸两族之分布及其风化 王洁卿 文化建设 3/9:103－115 1937.6

滇西边地野人的生活状况 李俊辅 旅行杂志 18/5:97－98 1944.5

滇西边胞概述 黄清 边铎月刊 1/12:8－10 1947.2

本所派员出发“云南调查” 中山大学语言历史学研究所周刊 4/37:36 1928.7

调查罗罗

学术通讯(一) 杨成志 中山大学语言历史学研究所周刊 7/76:42－43 1929.4

关于调查罗罗的感想

云南民族调查报告　杨成志　中山大学语言历史学研究所周刊 11/129-132:1-103　1930.5

云南特种民族调查　滇黔月刊　2/4:37-45　1937

古滇土人风俗志　董一道　地学杂志　9/2-3:106-110,9/7-8:2-6　1918.5,8

滇俗琐志　梅子　旅行杂志　15/12:67-73　1941.12

云南散民夷人和子君等族的情歌百首　杨成志　西南研究(中)　2:49-57　1932.4

滇缅交界之车里风土　徐晓寒　朔望半月刊　5:12-13　1933.7　图三

云南建水江外花絮录　陆清亮　珊瑚半月刊　3/5:1-12　1933.9

茂莲社区的男女夜会　马学良　边政公论　3/1:36-40　1944.1

民家地名的初步分析　闻宥　民族学研究集刊　4:30-34　1944.10

几个云南藏缅语系土族的创世故事　陶云逵 遗著　边疆研究论丛　31-33:1-12　1945

云南之土司　陈纪年　华年周刊　2/44:872-874　1933.11

昆明民俗志导论　江应樑　民俗　1/2:27-60　1937.1

贵州民族之分布及其沿革　孙诞先　旅行杂志　17/8:61-72　1943.8

贵州宗族研究述略　岑家梧　边政公论　3/2:33-37　1944.2

论贵州的新疆　李祥金　边铎月刊　1/12:10-13　1947.2

荔波县边胞概况　贵州省政府边胞文化研究会　边铎月刊　1/7-8:26-31　1946.10

平越县边胞概况　贵州省政府边胞文化研究会　边铎月刊　1/9:23-27　1946.11

威宁县边胞概况　贵州省政府边胞文化研究会　边铎月刊　1/10－11:19－23　1947.1

施秉县边胞概况　贵州省政府边胞文化研究会　边铎月刊　1/12:20－26　1947.2

车寨社区调查　梁瓯第　边政公论　6/4:45－49　1947.12

黄平县边胞概况　贵州省政府边胞文化研究会　边铎月刊　2/1:43－48　1948.1

黔东侗家习俗琐记　马若达　旅行杂志　18/3:69－71　1944.3

贵州仲家作桥的道场与经典　岑家梧　边政公论　4/2－3:13－22　1945.3

贵州仲家赶表风俗与其流弊　吴定良　现代学报　1/1:95－98　1947.1

由仲家来源斥泰族主义的错误　岑家梧　边政公论　3/12:18－21　1944.12

桐木岭跳场　姚鉴　边铎月刊　1/10－11:10－13　1947.1

水书与水家来源　岑家梧　社会科学论丛(新)　1:251－263　1948.2

四川西南之异族　邓志福　成大史学杂志　2:60－87　1930.5

四川西北边区民族之检讨　刘恩兰　新中华(复刊)　4/10:27－29　1946.4

川南民族调查　魏大鸣、古振今　新亚细亚月刊　9/6:91－121　1935.6

边地社会巡礼——川西的理番　屈光　边事研究　5/2:80－89　1937.1

凉山通讯　杨成志　中山大学语言历史学研究所周刊　6/65:32－35,6/66:33,6/70:21－24　1929.1,2

大小凉山之行(通讯三则)　江应樑　责善半月刊　2/13:19－21　1941.9

大小凉山的真面目　钟秀生　旅行杂志　23/3:7－12　1949

四川的巴布凉山人——他们的素描　蔡希陶　太白半月刊　1/6:285　1934.12

四川的巴布凉山人——他们的起居饮食　蔡希陶　太白半月刊　1/7:328　1934.12

四川的巴布凉山人——黑骨头和白骨头　蔡希陶　太白半月刊　1/8:407－408　1935.1

四川的巴布凉山人——他们的商业和交通　蔡希陶　太白半月刊　1/9:461－462　1935.1

四川的巴布凉山人　蔡希陶　太白半月刊　1/10:502－503　1935.2

木里游记　且维屏　边事研究　3/1:99－108　1935.12

川边一带土民的俗尚　正风半月刊　4/8:756－757　1937

石纽探访记　卫聚贤　说文月刊　3/9:13－20　1943.1

川省西北边民社会之剖视　西适　大学　2/5:31－34　1943.5

嘉戎民族社会史　马长寿　民族学研究集刊　4:61－78　1944.10

川康嘉戎的家族与婚姻　林耀华　燕京社会科学　1:133－153　1948.11

黑水社区政治　蒋旨昂　边政公论　2/11－12:18－26,3/2:14－19　1943.12,1944.2

黑水头人与百姓　蒋旨昂　大学　3/3－4:66－70　1944.3

麻窝衙门　于式玉　边政公论　3/6:36－43　1944.6

由克村之住居看戎民社区组织　阮怀煦　边政公论　6/1:52－58　1947.3

理番四土之政治　刘恩兰　边政公论　7/2:14－17　1948.6

理番四土之社会　刘恩兰　边政公论　7/3:33－37　1948.9

倮苏族底火把节——倮苏习俗研究之一　廖友陶　责善半月

刊 1/14:8 - 10 1940.10

喇嘛教育制度 李安宅 大学 2/8:10 - 13 1943.8

西康图经 任乃强 新亚细亚月刊 6/1:1 - 17,6/2:9 - 33,6/3:9 - 30,6/6:1 - 35,7/1:1 - 20,7/2:3 - 13,7/3:1 - 17,7/4:1 - 20 1933.7 - 1934.4

古史在西康 卫聚贤 说文月刊 2/11:1 - 12 1941.2

西康人文地理述略 源泉 译 清华周刊 40/7 - 8:155 - 163 1933.12

西康通讯(六则) 李鉴铭 责善半月刊 1/16:18 - 22 1940.11

康西旅行记 黄和绳 责善半月刊 1/21:20 - 24 1941.1

西康情况 李鉴铭 责善半月刊 1/21:19 - 20 1941.1

康游杂记 李鉴铭 责善半月刊 2/8:20 - 21,2/9:17 - 18,2/10:21 - 23,2/14:18 - 19 1941.7 - 8,10

康区概况 徐仁常 康导月刊 4/6 - 7:33 - 40 1942.10

贡噶神山考察记 [美]Joseph F. Rock 著 吴景敖 译 地学季刊 1/2:151 - 169 1933.3

西康牧区之游 李鉴铭 责善半月刊 1/15:13 - 14 1940.10

塞外风光——康南部旅行记 乔亮卿 康导月刊 4/2 - 3:52 - 56 1942.6

康北重镇——甘孜 靖唐 康导月刊 5/1:41 - 48 1943.4

西康北部的藏番区域 林耀华 益世报史地周刊 15 1946.11.13

西康风俗丛谭 黄举安 开发西北 2/2:65 - 71 1934.8

西康的葬仪 北平晨报 1934/9:13

西康人的丧葬奇俗 树德 真理评论 6:17 - 19 1936.3

西康的几个习惯法 羌生 边事研究 4/6:61 - 65 1936.11

康俗杂记 李鉴铭 责善半月刊 1/11:19 - 21,1/23:22 - 23,1/24:16 - 18,2/20:20 - 21 1940.8 - 1941.9

西康之土司喇嘛 孤僧 边事研究 9/3 - 4:29 - 43 1939.6

乌拉问题之解决途径　蒋君章　边政公论　1/7－8:16－33　1942.3

牛厂娃　庄学本　康导月刊　5/1:24　1943.4

康藏情歌　王铭琛 辑译　康导月刊　5/1:64－65　1943.4

西康宁属的边民　王一影　边政公论　2/11－12:26－31　1943.12

康人农业家庭组织的研究　谭英华　边政公论　3/6:43－48,3/8:41－49,3/9:37－42,4/2－3:23－29,4/4－6:33－37　1944.6－1945.6

西康北部的藏番社会　林耀华　益世报史地周刊　44　1947.6.3

康属见闻拾遗　李鉴铭　益世报史地周刊　45　1947.6.10

西康栗粟水田民族之图腾制度　陈宗祥　边政公论　6/4:54－58,7/1:1－4　1947.12,1948.3

西藏名称之沿革及其人种之来源考　德潜　新亚细亚月刊　12/1:19－26　1936.7

西藏民族之检讨　华企云　边事研究　3/5:1－8　1936.4

西藏民族之研究　李旭华　河北博物院画刊　114－140　1936.6－1937.7

藏族考源　姚薇元　边政公论　3/1:50－53　1944.1

西藏种族沿革地理考　张法隐　中央亚细亚　1/1:45－51　1942.7

西藏风俗记　李安陆　地学杂志　3/11－12:9－5,4/1:8－12,4/2:6－12,4/3:8－11,4/5:10－16　1912.12－1913.5

西藏社会调查记　沈与白　东方杂志　11/2:26－32　1914.8

西藏游牧人民之生活状况　唐克　平明杂志　3/5－6:1－18　1934.3

藏族平民生活鸟瞰　钟秀生　旅行杂志　17/5:57－60　1943.5

西藏的民情与风俗　薇茵　新亚细亚月刊　4/5:129－132

1932. 9

西藏风俗摭拾　张痴僧　中央亚细亚　1/1:52 - 61　1942. 7

西藏之婚姻制度　李有义　社会科学　5/1:155 - 170　1948. 10

西藏宗教研究　周长海　中央亚细亚　1/2:10 - 24　1942. 10

钵教源流　马长寿　民族学研究集刊　3:69 - 83　1943. 9

萨迦派喇嘛教　李安宅　边政公论　4/7 - 8:1 - 8　1945. 8

西藏人的文化特质　Dorris E. Shelton 著　李紫珊 译　新亚细亚月刊　8/4:25 - 29　1934. 10

自然环境与藏族文化　吴浦帆　新亚细亚月刊　12/3:1 - 8　1936. 9

西藏之戏剧　庄学本　边政公论　1/5 - 6:89 - 103　1942. 1

再谈西藏民歌的研究　刘家驹　边政公论　1/9 - 10:63 - 66　1942. 5

西藏魔鬼的跳舞　I. A. Ellam 著　叶美棣 译　西南研究(中)　1:69 - 71　1932. 2

西藏杂述　季祖光　地学杂志　11/2 - 3:3 - 7　1920. 3

西藏宦游之回忆　金绍清 讲　斯东 记述　旅行杂志　4/6:1 - 6　1930. 6　图三

西藏杂谈　刘朗泉　学生杂志　17/8:94 - 99　1930. 8

漫谈"番例番规"　于式玉　学思　2/6:17 - 20,2/7:18 - 23　1942. 9 - 10

拉萨过年日记　胡明春　边疆半月刊　2/3 - 4:3 - 6　1937. 2

拉卜楞藏民年节　李安宅　责善半月刊　1/23:5 - 9　1941. 2

拉卜楞寺概况　李安宅　责善半月刊　2/1 - 2:12 - 18,2/3:4 - 8　1941. 4 - 5

拉卜楞寺公开大会　李安宅　责善半月刊　2/5:16 - 20,2/6:10 - 17　1941. 6

拉卜楞寺祈祷大会的布施　于式玉　学思　1/6:11 - 17

1942.3

拉卜楞之民风　李式金　民族学研究集刊　6:36－46　1948.8

日喀则鸟瞰　戴新三　边政公论　4/9－12:52－62　1945.12

苗族

苗族考略　崔蕴奇　地学杂志　8/5:4－7　1917.5

苗族考略　殷顺泌　史学杂志　1:133－141　1929.7

苗族略说　河北第一博物馆半月刊　4－10　1931.11－1932.2　图三

苗族概略　曹鉴庭　旅行杂志　7/9:60－72　1933.9

苗族述略　愈兄　新亚细亚月刊　13/3:43－57　1937.3

说苗　许同莘　河南博物馆馆刊　9:1－3,10:1－6　1937.5－6

苗人来源及其迁徙区域　江应樑　边政公论　3/4:17－30,3/5:27－33　1944.4－5

苗瑶之起源神话　马长寿　民族学研究集刊　2:235－253　1940.3

苗族来源的传说　孙诞先　旅行杂志　18/12:77－82　1944.12

驳中国先有苗种后有汉种说　朱希祖　北京大学月刊　1/1:113－127　1919.1

苗族的名称区别及地理上的分布与神话　杨成志 译　中山大学语言历史学研究所周刊　3/35－36:21－38　（译自《苗族调查报告》，东京帝国大学理科大学人类学教室出版）　1928.7

苗族的洪水故事与伏羲女娲的传说　芮逸夫　人类学集刊　1/1:154－194　1938.12

跋苗族的洪水故事与伏羲女娲的传说　徐中舒　人类学集刊　1/1:195－203　1938.12

大花苗移入乌撒传说考　杨汉先　中国文化研究汇刊　2:421－460　1942.9

苗族的地理分布　凌纯声　民族学研究集刊　5:40－44　1946.4

苗族之种类与习俗　张敷荣　清华周刊　28/9:438 - 445,28/10:491 - 499　1927.11

苗族之特点　张敷荣　清华周刊　28/12:564 - 567　1927.12

苗族的土俗一束　何建民 译　中山大学语言历史学研究所周刊 3/35 - 36:39 - 43　1928.7　插图一七

苗疆风俗志　觉迷　国闻周报　6/12:1 - 2　1929.3

苗民节令风俗撮谈　谭璇　边疆半月刊　2/3 - 4:19 - 20 1937.2

苗人的家族与婚姻习俗琐记　胡鉴民　边疆研究论丛　31 - 33:85 - 90　1945

摇马郎　赤子　历史社会季刊　1/1:10　1947.3

苗语“摇马郎”是青年男女谈恋爱之意

苗族民歌研究——《苗族民歌选》代序　方殷　东方杂志 39/12:57 - 59　1943.8

苗胞情歌　国钧　历史社会季刊　1/1:89　1947.3

大花苗的氏族　杨汉先　中国文化研究汇刊　3:387 - 396 1943.9

花苗的风俗习尚漫谈　王建民　边疆半月刊　2/3 - 4:11 - 18 1937.2

红苗见闻录　卫聚贤　说文月刊　1/合订本:629 - 631　1940.8

湖南苗史述略　盛襄子　新亚细亚月刊　13/4:61 - 79　1937.4

湘西苗民生活状况调查　北平晨报　1933.1.13、14

湘省乾凤古绥区苗民概况　余范传　边疆半月刊　1/2:7 - 10 1936.9

湘西苗疆的风情　萧云厂　旅行杂志　23/4:39 - 43　1949.4

惠阳峚仔山苗民的调查　钟敬文　中山大学语言历史学研究所周刊　1/6:142 - 144　1927.12

云南边区的两种苗族　李灿　文化建设　3/7:105 - 112

1937.4

滇边苗族杂谈　笑岳　边事研究　5/5:9－14　1937.4

贵州苗族之过去及现在　区作霖　新亚细亚月刊　4/3:21－27　1932.7

贵州苗族杂谭　于曙峦　东方杂志　20/13:73－91,20/14:50－66　1923.7

黔省苗族概况　黄曼侬　中山大学语言历史学研究所周刊　3/35－36:44　1928.7

苗族的妇女——贵阳回忆的一页　受仲　华年周刊　2/20:390－393　1933.5

贵州苗民妇女生活概况　吾影　北平晨报　1933/10:14

黔苗近况述要及调整纲领　童振藻　民族杂志　4/5:775－803　1936.5

贵州之苗民问题(节录《贵州苗民问题》导言)　曹经沅　东方杂志　33/22:77－79　1936.11　国闻周报　13/38:41－44　1936.3

研究贵州苗民问题之动机及其经过(节录《贵州苗民问题》导言)　曹经沅　禹贡半月刊　6/6:49－52　1936.11

贵州苗风小录　万稼轩　边疆半月刊　2/7:21－25,2/8:45－49　1937.4

到苗区去　陈国钧　东方杂志　37/16:27－31　1941.8

贵州黑苗的葬俗　同惠 译　北平晨报社会研究　113　1935.12.4

贵州短裙黑苗的概况　吴泽霖　东方杂志　36/16:39－46　1939.8

贵州的短裙黑苗　陈国钧　旅行杂志　18/11:69－74　1944.11

贵州红苗考　履坚　新亚细亚月刊　1/5:108　1931.2

黔苗对于竹王之信仰　童振藻　民族杂志　3/11:1951－1958　1935.11

关于苗胞社会的几点意见　姚鉴　边铎月刊　1/7－8:8－11　1946.10

贵州苗胞传说研究　赵捷民　益世报史地周刊　26　1947.1.28

从黔省苗胞的婚姻习俗看中国史前婚姻形态　陈友伟　历史社会季刊　1/1:79－89　1947.3

穷山溪洞中苗族的生活　皮自牖　边事研究　1/3:41－48　1935.2

贵州安顺苗夷的宗教信仰　陈国钧　边政公论　1/7－8:88－92　1942.3

安顺苗夷的婚姻生活　陈国钧　旅行杂志　18/6:82－87　1944.6

贵州安顺苗夷丧祭习俗　陈国钧　旅行杂志　19/3:83－88　1945.1

川苗概况　林名均　新亚细亚月刊　12/4:49－59　1936.10

海南岛苗人之社会组织　王兴瑞　边政公论　6/2:54－58　1947.6

南洋土著即我国南部之苗民　卫聚贤　说文月刊　2/11:37－38　1941.2

彝族

倮㑩述略　夏廷棫　中山大学语言历史学研究所周刊　3/35－36:49－63　1928.7

关于云南、贵州二省的倮㑩

滇省西南的夷族　招北恩　中山大学语言历史学研究所周刊　3/35－36:45－48　1928.7

罗罗说略　杨成志　岭南学报　1/3:134－152　1930.6

中国西南民族中的罗罗族　杨成志　地学杂志　22/1:1－45　1934

西南夷族问题　潘齐彭　边疆半月刊　2/7:10－12　1937.4

夷地剪影　张植初　康导月刊　3/12:15－18　1942.3

黑夷和白夷　岭光电　边政公论　7/2:35－38　1948.6

从西南民族说到独立罗罗　杨成志　考古学杂志　创刊号:32－54　1932.1

1930 年 6 月 7 日在云南东陵大学讲演

独立罗罗在社会经济学研究上的蠡测　杨成志　西南研究（中）　2:66－70　1932.4

罗罗之社会学研究　李璜　责善半月刊　2/7:20－22　1941.6

倮㑩的宗教　陈宗祥　边政公论　7/2:40－49　1948.6

㑩㑩道场图说　徐益棠　边疆研究论丛　30:35－52　1941.12

倮族的巫师"呗耄"和"天书"　马学良　边政公论　6/1:43－52　1947.3

从倮㑩氏族名称中所见的图腾制度　马学良　边政公论　6/4:49－54　1947.12

倮文祭经的种类述要　马学良　现代学报　1/2－3:19－30　1947.3

㑩民的祭礼研究　马学良　学原　2/2:31－47　1948.6

倮族的招魂和放蛊　马学良　边政公论　7/2:38－40　1948.6

我们夷族过年的风俗概述　曲杰长西　边疆半月刊　2/3－4:7－8　1937.2

倮族之礼节　蒋虚白　边政月刊　2/4－6:25－33　1946.1

倮倮民歌四首　刘复　语丝　129:173－175　1927.4

倮苗跳鸡　十穗　说文月刊　3/1:134　1941.8

凉山夷地调查记　大公报　1931/4:29－5:7

大凉山之倮㑩民族　李旭华 译述　河北博物院画刊　102,103,105,107　1935.12－1936.2　图六

凉山夷族的奴隶制度　江应樑　珠海学报　1:17－53　1948.5

凉山倮㑩的社会及其教育　梁瓯第　中山学报　1/3:55－72

1942. 1

凉山倮民之类政治的组织　徐益棠　中国文化研究汇刊　3:365－386　1943. 9

大凉山㑩㑩的阶级制度　林耀华　边政公论　3/9:21－26　1944. 9

凉山倮民经济概况　谢开明　边政月刊　2/4－6:38－51　1946. 1

打冤家——㑩㑩氏族间之战争　徐益棠、杨国栋　边政公论　1/7－8:77－85　1942. 3

四川宁属的倮㑩　张子凌　边事研究　4/5:69－72　1936. 10

川边倮㑩占据之地带　羌生　边事研究　5/2:76－77　1937. 1

西康宁雅倮夷情况　陶继潜　边事研究　9/3－4:54－55　1939. 6

宁属倮夷一瞥　张鸿海　康导月刊　4/2－3:41－44　1942. 6

宁属夷族鸟瞰　弓也长　康导月刊　4/4:53－60　1942. 9

罗罗的婚姻生育及丧葬　庄学本　康导月刊　3/10－11:10－21　1942. 1

倮族迎亲　湘子　旅行杂志　18/7:80　1944. 7

倮㑩群像　伯商　旅行杂志　20/11:59－61　1946. 11

雷马屏峨夷人生活　无畏　新中华(半月刊)　2/23:59－60　1934. 12

西康东南倮族礼俗纪略　彭世颐　边事研究　10/6:31－34　1940. 2

云南甸鲁坝夷人奇特的风俗　北平晨报　1936/8:8

云南迤西夷人婚俗　安涛　正风半月刊　4/3:273－274　1937. 3

云南澂江㑩㑩的祖先崇拜　雷金流　边政公论　3/9:31－36　1944. 9

云南寻甸县黑夷作祭礼俗记　马学良　旅行杂志　17/3:9－14

1943.3

黑夷风俗之一——除祸祟　马学良　边政公论　3/9:27－30　1944.9

我对于云南罗罗族研究的计画　杨成志　禹贡半月刊　1/4:24－29　1934.4

傣族

摆夷的摆　李景汉　边政公论　1/7－8:51－63　1942.3

摆夷的种属渊源及人口分布　江应樑　边政公论　7/3:24－33　1948.9

云南西部僰夷民族调查序　吴宗慈　史学专刊　3/1:101－106　1938

车里水摆夷的社会组织　姚和生　旅行杂志　17/3:25－36　1943.3

车里水摆夷的自然环境　姚和生　旅行杂志　17/6:23－31　1943.6

僰夷佛历解　章用　科学　23/9:518－528　1939.9

摆夷杂写——滇边风光之一　金洪根　旅行杂志　15/10:41－45　1941.10　图四

追忆滇南芒市的摆夷　陈才　旅行杂志　18/2:73－76　1944.2

芒市遮放间白夷风物掇锦　陈樾　旅行杂志　21/1:95－97　1947.1

藏族

藏族的文化特质　庄严 译　清华周刊　42/3－4:86－90　1934.11

藏族名称之商榷　黄子翼　边政公论　1/7－8:93－94　1942.3

藏人论藏　孔贝 著　李安宅 译　边政公论　1/7－8:95－102,1/9－10:67－77　1942.3－5

藏族藏文考略　萧剑青　中华月报　7/3:27－41　1944.3

藏民妇女　于式玉　新中华(复刊)　1/3:56－62　1943.3

介绍藏民妇女　于式玉　旅行杂志　18/2:13－15　1944.2

青海藏族的婚姻　穆建业　旅行杂志　6/11:53－56　1932.11

甘边藏民民情述略　杨友墨　开发西北　3/5:77－82　1935.5

天葬——西藏游牧民族风俗之一　张帆　中国边疆建设集刊　1:43　1948.3

纳西、傈僳族

关于么些之名称分布与迁移　陶云逵　中央研究院历史语言研究所集刊　7/1:121－135　1936.12　插图三

么些族之羊骨卜及肥卜(附原文)　陶云逵　人类学集刊　1/1:87－153　1938.12

么些民族考　方国瑜　民族学研究集刊　4:79－109　1944.10

么些人之社会组织与宗教信仰　吴泽霖　边政公论　4/4－6:28－32,4/7－8:9－19　1945.6,8

么些人的婚丧习俗　吴泽霖　社会科学　4/2:141－171　1948.4

滇西么些人的生育习俗　吴泽霖　益世报社会研究　62　1948.8.21

云南怒山上的栗粟人　力生　旅行杂志　16/10:57－59　1942.10

碧罗雪山之栗粟族　陶云逵　中央研究院历史语言研究所集刊　17:327－408　1948.4

(四)西北地区

西北民族研究计划刍议　凌纯声　方志月刊　6/4:1－6　1933.4

西北行　麦群玉　旅行杂志　13/1:81－87,13/2:35－43,13/3:19－25,13/4:31－41　1939.1－4

撒里畏兀儿(Sari－Vigurs)部族考　李符桐　边政公论　3/8:33－40　1944.8

祁连山中的番民　贾兰坡　益世报史地周刊　109　1948.10.5

洮州土司僧纲之源流与世系　王树民　大学　2/8:16－24　1943.8

河西垦殖调查别记　张丕介　边政公论　2/3－5:54－62　1943.6

青海蒙藏民族之已往与现在　马鹤天　开发西北　1/4:13－25,1/5:31－41　1934.4,5

青海玉树廿五族之过去与现在　方范九　新亚细亚月刊　9/1:53－69　1935.1

青海环海八族现况一瞥　北平晨报　1934/9:4

青海土番社会之一瞥　鸣山　边事研究　5/6:1－2　1937.5

乌梁海(Uriankhai)边区之概况与素阿特人(Soiots)　祥伯　中央亚细亚　1/1:12－26　1942.7

青海佑宁寺及其名僧　韩儒林　边政公论　3/1:4－5　1944.1

西宁塔尔寺三大盛会　邹豹君　旅行杂志　18/10:83－85　1944.10

记塔尔寺庙会　车臣　边铎月刊　1/10－11:24－28　1947.1

青海杂语　李得贤　责善半月刊　2/13:15－18,2/14:15－18　1941.9－10

祭海行　文俊　边政公论　2/11－12:54－55　1943.12

新疆概况　王应榆　新亚细亚月刊　6/1:19－30,6/2:35－44　1933.7－8

民族学上的新疆民族问题　徐益棠　新中华(半月刊)　3/9:29－36　1935.5

新疆各族之研究　陈志良　开发西北　2/6:43－57,3/3:31－53　1934.12,1935.3

新疆民族鸟瞰　孙翰文　新亚细亚月刊　12/1:27－37　1936.7

现代之新疆民族　马松舲　民族学研究集刊　4:120－128

1944. 10

新疆之伊兰民族 王日蔚 禹贡半月刊 3/11:1 -9,1935. 8

新疆之吉尔吉斯人 [俄]乃达庭 著 王日蔚 译 禹贡半月刊 4/6:63 -68 1935. 11

新疆的满洲人 宫碧澄 边事研究 3/5:9 -19 1936. 4

新疆住民与维吾尔人(新疆住民研究之一) 丁骕 民族学研究集刊 5:77 -80 1946. 4

哈札克、柯尔柯孜及乌孜别克 尹和 瀚海潮 2/4:11 -12 1948. 10

新疆礼俗志 东方杂志 7/7:53 -67 1910. 7 地学杂志 3/7 -8:16 -23,3/9 -10:22 -28 1912. 8,10

新疆民族风俗杂谭 王履康 政衡月刊 1/3:72 -83 1924. 3

新疆各民族的婚礼和丧仪 魏景星 天山月刊 1/3:45 -54 1934. 12

新疆宗族与文化 戈定邦 边政公论 4/1:30 -34 1945. 1

蒙古新疆人民生活状况 丁道衡 女师大学术季刊 1/4:1 -5 1930. 12

回族

新疆回族杂谭 杨大震 东方杂志 21/21:58 -77 1924. 11

新疆之回族 倪志书 新亚细亚月刊 7/5:13 -22 1934. 5

新疆回族风俗习惯谈 张民权 译 边事研究 6/1:70 -75 1937. 6

维吾尔、哈萨克族

维吾尔(缠回)民族名称演变考 王日蔚 禹贡半月刊 7/4:27 -45 1937. 4

新疆缠回生活文化概况 窦震寰 边事研究 4/5:44 -49 1936. 10

新疆的维吾尔人 潘公昭 旅行杂志 21/5:51 -53 1947. 5

哈萨克民族史略　琪屿　大公报史地周刊　11　1934.11.30

哈萨克族历史　尼合采特·明建能 著　苏北海 译　瀚海潮　1/4－9　1947.7－9

“哈萨克”　鲍尔汉　中国边疆建设集刊　1:11－14　1948.3

新疆之哈萨克民族　袁复礼　禹贡半月刊　7/1－3:35－44　1937.4　插图二

新疆哈萨克人之生活风习　永寿　边事研究　5/6:2－5　1937.5

哈萨克女子　谢小云　说文月刊　3/10:167(原载1942年11月6日《新民晚报》)　1943.5

新疆的哈萨克人　周东郊　边政公论　6/3:29－42,6/4:36－44　1947.9,12

哈萨克入甘记　马铃梆　西北论衡　10/7:19－24,10/8:14－28,10/9－12:30－33　1942.7－10

哈萨克入甘续记　马铃梆　新西北月刊　7/2－3:101－115,7/4:54－69,7/5:32－50　1944.3－5

甘肃边境的哈萨克族　贾兰坡　益世报史地周刊　111　1948.10.19

土族、羌族

青海土族的来源　罗藏三旦　边事研究　6/2:43－46　1937.7

青海“土人”的婚姻与亲族制度　卫惠林　中国社会学讯　5:3－5　1947.9

甘肃土人的婚姻　杨堃　中央亚细亚　2/3:6－14　1943.7

羌族之信仰与习为　胡鉴民　边疆研究论丛　30:9－33　1941.12

羌民的经济活动型式　胡鉴民　民族学研究集刊　4:34－60　1944.10

青海羌民之婚姻　李自发　新亚细亚月刊　2/6:149－151

1931. 9

四 民族语言与文字

中亚新发现的五种语言与支白安康尉迟五姓之关系 冯承钧 大公报文学副刊 141 1930. 9. 22

三种古西域语之发见及其考释 方壮猷 女师大学术季刊 1/4:1 -32 1930. 12 图版二

窣利语字母之研究 [法]Robert Gauthiot 著 冯承钧 译 女师大学术季刊 1/4:1 - 10(译自《巴黎亚洲协会会刊》第 2 类第 17 册) 1930. 12

所谓"东伊兰语"即"于阗国语"考 [挪威]Sten Konow 著 方壮猷 译 女师大学术季刊 1/4:1 -20(原名《于阗研究》见英国皇家《亚洲学报》1914 年) 1930. 12 图版一

龟兹国语及其研究之端绪 [法]Sylvain Levi 讲 方壮猷 译 女师大学术季刊 1/4:1 -21(译自日本《现代佛教》第 4 卷 4 -7 月号) 1930. 12

所谓乙种吐火罗语即龟兹国语考 [法]烈维 著 冯承钧 译 女师大学术季刊 1/4:1 -28(译自 1913 年 9 月 10 日《亚洲报》) 1930. 12

吐火罗语略说 子范 边政公论 2/9 -10:40 -45 1943. 10

论吐火罗及吐火罗语 王斐烈 中德学志 5/1 -2:217 -277 1943. 5

唐代粟特城塞之发掘及其出土文书 [日]岩佐精一郎 著 万斯年 译 大公报图书副刊 120(译自《东洋学报》22 卷 3 号) 1936. 3. 5

新出波斯教残经考释 [日]羽田亨 撰 淇园 译 亚洲文化论丛 2:91 -104(原文载《东洋学报》2 卷 2 号) 1943. 7

论唐蕃会盟碑中所见之藏语前置子音与添省子音 闻宥 中国文化研究汇刊 5 下:19 -28 1945. 9

回鹘文字来源及其演变　李符桐　边政公论　3/5:39 – 42　1944.5

西夏国书略说(并序)　罗福苌　亚洲学术杂志　1:1 – 6,2:1 – 6,3:1 – 4,4:1 – 14　1921.9 – 1922.9

西夏国书说　[俄]伊凤阁(A. I. Ivanov)　国学季刊　1/4:675 – 692　1923.12

西夏文专号——引论　王静如　北平图书馆馆刊　4/3:1 – 39　1930.6

西夏语译大藏经考　[俄]聂斯克、[日]石滨纯太郎 著　周一良 译　北平图书馆馆刊　4/3:1 – 7　1930.6

韵统举例　罗福成　北平图书馆馆刊　4/3:1 – 7　1930.6

文海杂类　罗福成　北平图书馆馆刊　4/3:1 – 10　1930.6

大方广佛华严经卷第一释文　罗福苌　北平图书馆馆刊　4/3:1 – 6　1930.6

𗂧𗉖(杂字)　罗福成　北平图书馆馆刊　4/3:1 – 6　1930.6

妙法莲华经弘传序释文　罗福苌　北平图书馆馆刊　4/3:1 – 6　1930.6

妙法莲华净经契序释文　罗福苌　北平图书馆馆刊　4/3:1 – 4　1930.6

大宝集经卷第二十七释文　罗福成　北平图书馆馆刊　4/3:1 – 4　1930.6

大般若波罗密多经卷第一释文　罗福成　北平图书馆馆刊　4/3:1 – 4　1930.6

佛说宝雨经卷第十释文　罗福成　北平图书馆馆刊　4/3:1 – 4　1930.6

佛说佛母出生三法藏般若波罗密多经卷第十七释文　罗福成　北平图书馆馆刊　4/3:1 – 3　1930.6　图一

佛说地藏菩萨本愿经卷下残本释文　[俄]聂斯克、[日]石滨

纯太郎 著 罗福成 译 北平图书馆馆刊 4/3:1-4 1930.6

不空羂索神变真言经卷第十八释文 罗福成 北平图书馆馆刊 4/3:1-3 1930.6

圣大明王随求皆得经卷下释文 罗福成 北平图书馆馆刊 4/3:1-4 1930.6

观弥勒菩萨上生兜率天经释文 [俄]伊凤阁 北平图书馆馆刊 4/3:1-4 1930.6

六祖大师法宝坛经残本释文 罗福成 北平图书馆馆刊 4/3:1-9 1930.6

西夏文残经释文 罗福成 北平图书馆馆刊 4/3:1-3 1930.6

西夏国书残经释文附西藏文拼音 [俄]聂斯克 北平图书馆馆刊 4/3:1-4 1930.6

䴥椤(类林六) [俄]聂斯克 北平图书馆馆刊 4/3:1-2 1930.6

西夏文八千颂般若经合璧考释 [俄]Nicolas A. Nevsky、[日]石滨纯太郎 北平图书馆馆刊 4/3:1-12 1930.6

附1. 梵文 2. 汉文

金光明契经忏悔灭罪记释文 罗福成 北平图书馆馆刊 4/3:1-20 1930.6

大方广佛华严经释文 罗福成 北平图书馆馆刊 4/3:1-6 1930.6

西夏语研究小史 [俄]聂斯克 北平图书馆馆刊 4/3:1-15 1930.6

关于西夏国名 [俄]聂利山 著 唐叔豫 译 北平图书馆馆刊 9/2:1-18 1935.3-4

传世石刻中女真语文材料及其研究 刘厚滋 文学年报 7:37-44 1941.6

女真文字之起源 毛汶 史学年报 3:171-175 1931.8

汏溪古文　黄仲琴　岭南学报　4/2:1－6　1935.6　图二

广西僮语的研究　丁文江　科学　14/1:1－6　1929.9

莫话之分布地点及与他种语言之关系　李方桂　边政公论　2/9－10:23－25　1943.10

莫话记略　李方桂　中央研究院历史语言研究所集刊　19:1－80　1948

广西凌云瑶语　李方桂　中央研究院历史语言研究所集刊　1/4:419－426　1930

武鸣土话音系　李方桂　中央研究院历史语言研究所集刊　12:293－303　1947

台湾的语言　赵立明　新亚细亚月刊　4/3:133－135　1932.7

华阳凉水井客家话记音　董同和　中央研究院历史语言研究所集刊　19:81－201　1948

西南边民语言的分类　闻宥　学思　2/1:10－11,2/4:9－11,2/5:8－11　1942.7－9

西南民族的语言问题　芮逸夫　民族学研究集刊　3:44－54　1943.9

西南边民语言概论　葛毅卿　学艺　17/7:16－18　1947.7

从文献上所见的西南夷语　游国恩　旅行杂志　17/3:37－60　1943.3

介绍西南边疆专用的"国语线式音符"　劳榦　边政公论　7/2:33－35　1948.6

印度支那语族概说　闻宥　边政公论　1/5－6:83－86　1942.1

西藏语之特征　君实 译　东方杂志　14/7:93－98　1917.7

西藏缅甸系语文略说　闻宥　边疆研究论丛　30:1－7　1941.12

语言学在云南　罗莘田　边政公论　2/9－10:24－25　1943.10

记倮㑩音　史禄国　中央研究院历史语言研究所集刊　1/2:

183 – 225　1930

峨山窝尼语初探(语法撮要)　袁家骅　边疆人文　4/合刊:19 – 30　1947

滇黔苗话　伯时　旅行杂志　4/8:29 – 36　1930.8

苗瑶语声调问题　张琨　中央研究院历史语言研究所集刊　16:93 – 110　1948.1

大理民家情歌里面所见民家话辞汇与汉语的关系　张清常　边疆人文　4/合刊:46 – 53　1947

记栗粟语音兼论所谓栗粟文　芮逸夫　中央研究院历史语言研究所集刊　17:303 – 326　1948.4　图二

西南边民文字概论　葛毅卿　学艺　17/3:28 – 31　1947.3

西南边区的特种文字　江应樑　边政公论　4/1:26 – 29　1945.1

罗罗文的起源及其内容一般　杨成志　中山大学语言历史学研究所周刊　11/125 – 128:18 – 31　1930.4

云南罗罗的文字——罗罗经的跋　杨成志　新亚细亚月刊　2/2:150 – 151　1931.5

再论倮㑩文数字　闻宥　大公报图书副刊　115　1936.1.30

关于《读雷马峨屏调查记》一文的改订

㑩㑩文字之初步研究　柯象峰　金陵学报　8/1 – 2:23 – 35　1938.5

罗罗文字的研究　庄学本　说文月刊　3/2 – 3:95 – 96　1941.9

倮译太上感应篇序　马学良　边疆人文　4/合刊:14 – 18　1947

倮文作祭献药供牲经译注　马学良　中央研究院历史语言研究所集刊　20上:577 – 666　1948.6

倮文作斋经译注　马学良　中国科学院历史语言研究所集刊　14:341 – 352　1949.12

川滇黔㑩文之比较　闻宥　中国文化研究汇刊　7:245 – 249

1947.9

苗文略述　庄启　东方杂志　14/1:1－5　1917.1

阿尔泰系语言概说　董同和　边政公论　2/9－10:32－40　1943.10

新疆之语言文字　王日蔚　新亚细亚月刊　10/3:1－8　1935.9

五　目录

近代我国民族学译著目录　古道济　民族学研究集刊　2:261－304　1940.3

抗战以来我国民族学选目　古今式　民族学研究集刊　4:129－169　1944.10

战时我国民族学选目　古道济　民族学研究集刊　6:103－154　1948.8

地学杂志中国边疆问题论文索引　李志徵　边疆半月刊　2/5:53－56,2/6:63－65　1937.3

边疆研究论文选目　边疆研究论丛　30:71－83,31－33:121－133　1941.12,1945

绥远图籍录　丁实存　边政公论　3/1:63－67,3/2:61－66,3/3:54－58　1944.1－3

琼崖参考书目　王兴瑞　边政公论　5/1:32－35　1936.7

西南特种民族研究书目　谔公　苏州图书馆年刊:1－2　1936.7

青海书目提要　陶贤　边政公论　3/7:47－54,3/8:50－53,3/9:51－54,3/12:43－47　1944.7－9,12

新疆书目提要　丁实存　边政公论　1/9－10:105－113,1/11－12:111－122　1942.5－7

苏俄研究院亚洲博物馆藏西夏书籍目录二则　[俄]聂历山　北平图书馆馆刊　4/3:1－11　1930.6

苏俄研究院亚洲博物馆所藏西夏文书目译释　王静如　北

平图书馆馆刊 4/3:1－5 1930.6

馆藏西夏文经典目录附馆藏旧刻经典杂卷目录 周叔迦 北平图书馆馆刊 4/3:1－82 1930.6

六 传记、杂著

蔡孑民先生对于民族学之贡献 何联奎 民族学研究集刊 3:14－15,5:157－158 1943.9,1946.4

敬悼陶云逵先生 编者 边政公论 3/9:1 1944.9

陶云逵先生略历 文汉 边政公论 3/9:1－2 1944.9

附陶云逵先生主要著作目录

悼陶云逵教授 罗莘田 边政公论 3/9:3－4 1944.9

悼云逵 冯文潜 边政公论 3/9:4 1944.9

关于陶云逵先生的二三事 李树青 边政公论 3/9:5 1944.9

悼云逵 瞿同祖 边政公论 3/9:6－7 1944.9

悼云逵 曾昭抡 边政公论 3/9:7 1944.9

念云逵先生 高华年 边政公论 3/9:8－9 1944.9

中国民族学会成立 科学 19/2:272 1935.2

七 评介序跋

评向达黄静渊译鞑靼千年史 （汉译世界名著 商务印书馆出版） 张一纯 边政公论 3/4:55－63 1944.4

爨文丛刻(甲编) （丁文江 编 1936年商务印书馆出版） 熙 科学 20/4:328－329 1936.4

读爨文丛刻——兼论倮文之起源 闻宥 大公报图书副刊 150－151 1936.10.1、8 图书季刊 □/4:177－198 1936

边疆问题论文集 （高长柱 编撰 1941年正中书局出版） 维 图书月刊 2/2:22－23 1942.2

评《中国之边疆》〔赖德懋(Owen Lattimore)著 赵敏求 译 1941年正中书局出版〕 陈宗祥 边政公论 3/1:60-63 1944.1

读过《边疆社会工作》以后 窦季良 边政公论 4/2-3:61-64 1945.3

《边疆社会工作》介绍 (李安宅 著 1944年中华书局出版) 姚鋈 边铎月刊 1/10-11:29-33 1947.1

松花江下游的赫哲族 (凌纯声 著 1934年中央研究院历史语言研究所出版) 瑞 图书季刊 1/4:226 1934.12 容媛 燕京学报 17:226 1935.6

两广瑶山调查 (庞新民 著 中华书局出版) 图书展望 1/4:62 1936.1

瑶山散记 (唐兆民 著 1942年9月桂林文化供应社出版) 愚 图书季刊(新) 4/3-4:98 1943.12

广西瑶歌记音 (赵元任 著 中央研究院历史语言研究所出版) 余逊、容媛 燕京学报 9:1940 1931.6

广西特种部族歌谣集 (陈志良 编著 1942年11月中央银行经济研究处出版) 毓 图书季刊(新) 4/3-4:100 1943.12

莫话记略 (李方桂 著 1943年5月中央研究院历史语言研究所石印本) 董同和 图书季刊(新) 4/3-4:101 1943.12

泰族僮族粤族考 (徐松石 著 1946年6月中华书局丛书本) 壹 图书季刊(新) 7/3-4:36 1946.12

疍民的研究 (陈序经 著 1946年10月商务印书馆出版) 毓 图书季刊(新) 7/3-4:34-35 1946.12

台湾番族之原始文化 (林惠祥 编 中央研究院社会科学研究所专刊3号) 顾天枢 边疆半月刊 2/3-4:89-91 1937.2

客家研究导论 (罗香林 著 1933年希山书藏出版) 容媛 燕京学报 15:282-283 1934.6 华年周刊 3/27:536-537 1934.7

罗香林著客家研究导论 吴文晖 图书评论 2/10:61-66

1934. 6

序岑著西南种族论　胡体乾　责善半月刊　2/13:4－6　1941. 9

西南民族问题　（张潜华 撰　1941 年青年书店出版）　罗香林　图书月刊　2/2:20－22　1942. 2

苗族调查报告　〔[日]鸟居龙藏 著　国立编译馆 译　商务印书馆出版〕　图书展望　1/9:65　1936. 6　山　大公报图书副刊　150　1936. 10. 1

评鸟居龙藏之苗族调查报告　江应樑　现代史学　3/2:1－9　1937. 4

贵州苗夷社会研究　（吴泽霖、陈国钧 编著　1942 年 8 月贵阳文通书局出版）　移　图书季刊(新)　4/3－4:99　1943. 12

贵州苗夷歌谣　（陈国钧 编　1942 年 4 月贵阳文通书局出版）　移　图书季刊(新)　4/3－4:99　1943. 12

《海南岛的苗人》自序　王兴瑞　边政公论　5/1:31－32　1946. 7

湘西苗族调查报告　（凌纯声、芮逸夫 著　1947 年商务印书馆出版）　胡庆钧　边政公论　7/3:61－63　1948. 9

云南边民录　（龚家骅 著　1943 年 4 月正中书局出版）　愚　图书季刊(新)　4/3－4:98－99　1943. 12

滇西边区考察记　（方国瑜 著　1943 年云南大学西南文化研究室出版）　图书季刊(新)　5/4:93－94　1944. 12

芒市边民的摆　（田汝康 著　1946 年商务印书馆出版）　图书季刊(新)　7/1－2:76－77　1946. 6

四川省雷马峨屏调查记　（常隆庆、施怀仁、俞德浚 著　1935 年中国西部科学院出版）　亦文　大公报图书副刊　105　1935. 11. 14　图书展望　1/4:62　1936. 1

读雷马峨屏调查记(专论第三章第三节)　闻宥　大公报图书副刊　112　1936. 1. 9

西康札记 （任乃强 著 1932年新亚细亚月刊社出版） 刘良模 华年周刊 1/26:516－517 1932.10

西康综览 （李亦人 撰 1941年正中书局出版） 朱偰 图书月刊 2/2:23－26 1942.2

大凉山——夷区考察记 （曾昭抡 著 1945年昆明求真社出版） 徐益棠 中国社会学讯 2:6 1947.4 图书季刊(新) 6/3－4:70－71 1945.12

雷波小凉山之倮民 （徐益棠 著 1944年金陵大学中国文化研究所出版） 图书季刊(新) 5/4:93 1944.12

凉山夷家 （林耀华 著 1947年商务印书馆出版） 沈家驹 益世报社会研究 31 1948.3.18

藏边采风记 （万赤峰 著 1942年商务印书馆出版） 毓 图书季刊(新) 4/3－4:97－98 1943.12

新疆研究 （李寰 著 中国边政学会主编 重庆安庆书局出版） 一心 边政公论 3/10:51－52 1944.10

《新疆的民族与礼俗》书后 姚鉴 边铎月刊 1/7－8:32－34 1946.10

新疆的民族与礼俗 （陈志良 著 1946年文通书局出版） 图书季刊(新) 7/3－4:35－36 1946.12

八 世界民族

世界各地奇婚异俗 周新 东方杂志 31/19:219－229 1934.10

朝鲜的婚姻风俗 丁薇茵 新亚细亚月刊 4/2:125－130 1932.6

日本原史时的生活与文化 毕立 译 新亚细亚月刊 4/5:117－125 1932.9

琉球风土琐话 毕立 译 新亚细亚月刊 4/4:103－105

1932.8

安南北圻的野蛮民族　全希文　新亚细亚月刊　4/6:103－106　1932.10

＊越南内地瑶民生活概况　北平晨报　1933/1:22－31(越南通讯)

越南民俗拾零　巨渊　旅行杂志　8/2:50　1934.2

爪哇土人风俗志　蒋东辅　地学杂志　9/2－3:74－79,9/4－5:1－2　1918.3,5

唠仔民族的人类原始说　沈美镇　新亚细亚月刊　4/3:135－137　1932.7

唠仔民族　沈美镇　新亚细亚月刊　4/2:123－125　1932.6

搜索犀貘——萨喀伊族蛮人部落游记　[日]吉井信照 著　张鹤武 译　东北文化月报　5/1:113－126　1926.1

荷属苏岛马来人的奇俗　吴崇华　学生杂志　17/4:76－77　1930.4

马来搜奇录　[英]威尔士 著　华企云 译　新亚细亚月刊　4/3:111－127,4/4:73－87,4/5:107－116,4/6:87－101,5/3:167－179,5/4:155－168　1932.7－1933.4

西曼(Semang)民族的文化　似彭　益世报社会研究　34　1948.4.8

记缅甸北方之野民　[英]Mills 著　西庭 译　国闻周报　3/17:31－33　1926　附图二

缅甸谭屑　国瀚　新亚细亚月刊　4/1:132－133　1932.5

南洋加雅哇答两民族的婚嫁丧葬　魏觉钟　新亚细亚月刊　2/2:139－146　1931.5

白象王国之风俗　振之　新亚细亚月刊　2/3:147－149　1931.6

波斯的风俗和文化　泽英三 著　毕立 译　新亚细亚月刊　4/6:106－113　1932.10

非洲妇女　素尼 译　大陆杂志　1/12:83－87　1933.6

＊非洲土人怪俗　北平晨报　1936/6:11(非洲通讯)

非洲康克河上游的土民生活　松云　正风半月刊　3/11:1340　1937.1

澳洲土人的图腾主义　Maurice Besson 著　愈之 译　一般 9/4:487－496　1929.12

美洲之红人　李旭华　河北博物院画刊　97,99,101,104,106,108,109,111,113　1935.9－1936.5　图三五

美洲最初的居留者印第安人　史透林 著　伍持公 译　旅行杂志　12/3:43－54,12/4:45－57　1938.3－4

黑脚民族　似彭　益世报社会研究　48　1948.6.30

寒带土人的风俗与性生活　丁薇茵　新亚细亚月刊　4/3:129－131　1932.7

哀斯基摩人　李旭华　河北博物院画刊　90,92,93,95　1935.6－8

爱斯基摩人的书法　Andre Leroi－Gourhan 著　顾启源 译　科学　23/11:681－687　1939.11

拾　中外文化交流与外国考古

一　综述

先史时代鸟瞰　[日]西村真次 著　汪馥泉 译　青年界　3/1:129-154　1933.3

先史遗物　刘叔琴　中学生　8:79-98　1930.9

史前考古学发见史略　岑家梧　考古社刊　5:307-319　1936.12

自考古学上观察东亚文化之黎明　[日]滨田耕作 著　张我军 译　辅仁学志　2/2:27-54　1931.9

人类利用金属的经过　燕孙　科学的中国　5/3:35-39　1935.2

亚可布教授论东方对于西方文化的影响　陈诠　大公报史地周刊　79　1936.4.3

中国青铜器文化的传播　姚鉴　中国学报　3/1:33-38　1945.1

中国丝绢西传考　姚宝猷　史学专刊　2/1:1-71　1937

汉代北方艺术西渐的小考察　滕固　学艺　14/4:1-4　1935.5　图一〇

汉代文物的西渐　姚鉴　中央亚细亚　2/1:22－29　1943.1

汉代对西域交通与中西文化之影响　陈安仁　东方杂志　42/2:35－40　1946.7　（再版本）

两汉之胡风　次弓　史学年报　1:45－54　1929.7

新疆在东西文化史上之估价　吴霭宸　国闻周报　12/31:1－7　1935.8

由考古上所见到的新疆在文化上之地位　黄文弼　禹贡半月刊　4/6:1－4　1935.11

从宝石所得古代东西交通观　章鸿钊　地学杂志　18/1:1－19　1930.3

古代西方艺术东渐考　［日］关卫 著　黎峰 译　天山月刊　1/4:39－48,1/5:57－67　（译自1933年出版《西域南蛮艺术东渐史》第一章）　1935.1－2

述佛教之西渐　陈仲益　东方杂志　24/23:75－81　1927.12

中国禅学之发展　胡适之 讲　吴奔星、何贻焜 记　师大月刊　18:1－31　1935.4

西教东来考略　彭炎西　中国学报　3/4:35－46　1945.4

建筑之柱头　华林　东方杂志　17/23:74－78　1920.12　图九
关于希腊、罗马、印度等建筑柱头

谈中西雕塑及雕塑家　滑田友　益世报艺术周刊　87　1948.10.22

近世纪世界画家生卒考　觉寺　艺浪　2/1:1－6　1934.6

二　亚洲

（一）朝鲜、越南

蟹眼常平说　王荫嘉　泉币　29:3－4　1945.3　图一

大东三钱　房良 藏　泉币　31:7－8　1945.7　图一

朝鲜五文　王荫嘉 藏　泉币　31:8　1945.7　图一

安南陈裕宗绍丰大治钱繁变之图(甲) 王荫嘉 泉币 12:首 1942.5 图一三

开泰元宝 罗伯昭 泉币 5:35-36 1941.3 图一

永天通宝 王荫嘉 藏 泉币 32:9 1945.9 图一

昭武(背正中) 丁琮琪 藏 泉币 30:9 1945.5 图一

(二)日本

由考古学上看的中日文化的交流 [日]原田淑人 讲 钱稻孙 口译 钟道铭 记 清华周刊 33/5:53-63,33/7-8:12-23 1930.3-4 插图一六

从考古学上观察中日文化之关系 [日]原田淑人 讲演 大公报文学副刊 117-128 1930.4.7-6.23 图二四

中日文化之交流 郭沫若 讲 马皓 记 国闻周报 12/42:1-6 1935.10

关于"举案齐眉"——读郭沫若先生的中日文化之交流 王咏春等 国闻周报 12/47:1 1935.12

举案齐眉 郭沫若 国闻周报 12/50:1(原载东京《留东新闻》) 1935.12 图二

日本乐器多传自中国 国粹学报 3/33:4-5 1907.8

古代汉族与日本之关系 [日]鸟居龙藏 著 东北文化月报 4/7:30-31 1925.7

中国艺术与日本艺术 赵化成 新东方杂志 1/1:168-173 1940.2

法隆寺与汉六朝建筑式样之关系并补注 [日]滨田耕作 著 刘敦桢 译并补注 中国营造学社汇刊 3/1:1-59 1932.3 图三七

"玉虫厨子"之建筑价值并补注 [日]田边泰 著 刘敦桢 译并补注 中国营造学社汇刊 3/1:61-74 1932.3 图一〇 (补)图一

以日本平安京证唐代西京之规制 瞿兑之 史学年报 1:40-44 1929.7 附图一

三井寺藏唐过所考 [日]内藤虎次郎 著 万斯年 译 北平图书馆馆刊 5/4:11－24 1931.7－8

正仓院考古余记 傅芸子 华北编译馆馆刊 1/1:1－3 1942.10

日本古代埴轮之研究 胡肇椿 中山大学文史学研究所辑刊 1/2:239－260 1932.6

日本古代建筑物之保存 [日]关野贞 著 吴鲁强、刘敦桢 译 中国营造学社汇刊 3/2:101－123 1932.6 图二

(三)印度

印度考古学发达史 郑师许 考古社刊 3:133－153 1935.12

中国佛教艺术与印度艺术之关系 陈之佛 东方杂志 27/1:39－58 1930.1

中国文化所受印度佛教之影响 吴鼎第 文化建设 3/1:102－111 1936.10

印度佛教六大圣迹 谭云山 讲 释大超 记 东方杂志 28/22:59－65 1931.11

泉州印度式雕刻 [印]库玛拉耍弥 著 刘致平 译 中国营造学社汇刊 5/2:67－73 (译自德国《东亚美术季刊》1933年1－2期合刊本) 1934.6 图版六

印度出土之中文碑(五代、宋) 周达夫 责善半月刊 1/18:14－16 1940.12

(四)其他

蒙古戈壁里的新发现 [苏]伊万·叶夫来莫夫 著 陈鄂 译 中学生 204:45 1948.10

石面雕刻之渤海人风俗与萨珊式胡瓶 [日]鸟居龙藏 燕京学报 30:51－61 1946.6 插图八

中国文化传入西伯利亚考 傅振伦 说文月刊 3/10:175－179 1943.5

东部西伯利亚之史前文化 [日]鸟居龙藏 著 安志敏 译 益世报史地周刊 72 1947.12.16

三 欧洲

考古学上所见之史前的革命 周谷城 中国建设 5/3:36－38 1947.12

初民社会与家族 杨堃 清华周刊 40/11－12:116－128 1934.1

纸自中国传入欧洲考略 向达 科学 11/6:735－743 1926.6

华丝传入欧洲考 朱杰勤 文史汇刊 1/2:135－145 1935.6

长安观剑记 幽各 逸经 9:18 1936.7 插图一

此剑为十字军东征之物,出自新疆

十八世纪欧洲之中国园林 陈受颐 岭南学报 2/1:35－70 1931.7

郎世宁简要年表及作品 疑 北平晨报艺圃 1935/4:27、30,5:3

郎世宁传 [日]石田幹之助 著 贺昌群 译 北平图书馆馆刊 7/3－4:1－28 1933.7

上古希腊货币概况 赖国高 译 社会科学论丛季刊 3/1:117－125(译自 René Gonnard 之货币思想史第一章) 1937.1

希腊陶器 [德]仆汝霖(Bruning)著 陈封可 译 益世报艺术周刊 14 1947.4.10 图八

四 非洲

中国古钱与埃及蜣螂符 卜德生(B. C. Patterson)著 李毓麟 节译 山东图书馆季刊 1/1:205－208 1931.3

埃及象形文之组织及其与中国六书之比较 黄尊生 浙江大学文学院集刊 2:1－15 1942.6

荷属新几内亚发现石器时代之部落　科学　23/5－6:332－333　1939.6

五　评介序跋

中国丝绢西传史　（姚宝猷 著　1944年商务印书馆出版）　图书季刊(新)　5/4:79－80　1944.12

朝鲜金石考　〔[日]葛城末治 著　1935年朝鲜京城本町大阪屋号书店发行〕　[日]藤田亮策 著　祜 译　大公报图书副刊　136　1936.6.25

新罗古瓦之研究　〔[日]滨田耕作、梅原末治 著　日本京都帝国大学文学部考古学研究所报告第13册〕　敦桢　中国营造学社汇刊　5/4:165－166　1935.6

日本壁画の研究　〔[日]田中重久 著　1944年日本大阪市东萃书房刊〕　鸟居龙藏　燕京学报　31:204－205　1946.12

佛游天竺记考释　（岑仲勉 著　1934年1月商务印书馆出版）　觉明　图书季刊　1/4:194－197　1934.12

附

编　后　记

本目录的报刊资料部分是由北京大学历史系考古教研室资料室的容媛先生从五十年代起开始搜集整理的,郭淑华同志也参加了一部分工作。1966年以前基本完成初稿的全部卡片整理工作。1975年该资料转至中国社会科学院考古研究所资料室,1984年又移交于北京大学考古系资料室。

1986年夏开始,由贾梅仙同志负责,李卫、张松青、赵景楠三同志先后参加,对全部卡片资料又重新进行了整理。这次整理所做的主要工作是:

一、根据现代考古学通行的分类方法,重新进行了分类编目,有些地方如"杂著""评介序跋"等则尽量保留原来的提法。

二、对大部分条目重新进行了核对和考订,同时又新增补300余条。

三、根据北京大学图书馆、北京图书馆等藏书目录和容媛先生《金石书录目》、上海图书馆《中国丛书综录》等有关文献目录资料,搜集、整理、编写了书目部分。

四、编制了本目录所收用的丛书、报刊一览表。

这些工作尽管花费了较大的精力,但由于水平和资料来源的限制，一定还有很多错误和不足之处，希望大家批评指正。

本《目录》是在北京大学考古系和文物出版社各位领导的直接关心和许多同志的热诚帮助下完成的。宿白、严文明、高明、李伯谦诸位先生审阅了全部条目并提出了很多宝贵意见；李淑霞同志为资料的复制整理提供了方便；文物出版社孟宪钧同志，不仅承担了全书的编辑工作，而且为本书补辑了碑志、法书墨迹部分的书目达百余条；在辑录和整理过程中，我们还得到北京大学图书馆、北京图书馆、中国科学院图书馆等单位的帮助和支持，在此一并致谢。

北京大学考古系资料室

1990年10月

〔选自《中国考古学文献目录(1900—1949)》，北京大学考古系资料室编，文物出版社1991年版〕

广东藏古铜器记

吾粤于道咸间，收藏书画碑帖，刻帖刻书，号称极盛，而于古彝器罕闻。兹述自明至于现代，得八人焉。并及余兄，匪曰阿好。粤人继起，余将珥笔续记之。

一　陈鸣阳

明陈鸣阳字于冈，号贞吾，南海人。父万年，嘉靖三十五年进士，官至江西右参政，为忌者所捃摭，乃致政归，结社浮邱，优游林泉者十余年而卒。鸣阳生而倜傥任侠。郭子章开府于黔，鸣阳入幕赞画，以功授衡州别驾。好读书，靡不博综，著《弈谱》二卷，并粤吟、西征、西游、北游诸稿。所藏癸彊作父乙甗，铭七字，有篆书"南海陈鸣阳家藏"七字，著于《西清古鉴》(卷三十页三)。

二　吴荣光

清吴荣光字伯荣，号荷屋，南海佛山人。嘉庆四年进士，授编修。从翁方纲讲金石考据之学。官至湖南巡抚，兼署湖广总督。生乾隆三十八年，卒道光二十三年，年七十一。所藏仲叔尊铭六字，辛𠦃卣铭二字，祖乙鼎铭二字，夭鼎铭一字，作姬彝铭三字，作父辛尊铭六字，大师虘豆铭二十八字，齐莽史喜鼎铭十九字，伪，父乙鱼彝铭三字，伪，汉居摄二年鐎斗铭十一字，伪，宜侯王洗铭三字，宜侯王宜王侯洗铭六字，延熹弩机铭四十六字，货泉钱范铭八字，大泉五十钱范铭十字，凡十五器，伪者三器。道光十年刻所藏法书曰《筠清馆法帖》六卷，二十一年刻所藏书画记曰《辛丑消夏记》五卷,《石云山人文集》五卷,诗集二十三卷。二十二年刻所藏金石文字曰《筠清馆金石录》,仅成金文五卷。其侄孙荃选,举人,藏有作祖癸鼎,铭三字。筠清馆所藏亦有归之者。

三　潘仕成

清潘仕成字德畬,番禺人,道光十二年副贡,二十七年补两广盐运使,以非分辞。藏书画碑帖为吾粤冠。后以盐务亏累,至破其家。尝刻《海山仙馆摹古帖》十二册,《藏真帖初集》十六册,《续集》十六册,《三集》十六册,《尺素遗芬》四册,《海山仙馆丛书》五十六种。所藏矩尊铭五字(见《筠清馆金文》),酉癸二字亚形父丁角铭五字(见《攈古录目》)。

四　潘正亨

清潘正亨字伯临,番禺人,有为之从子。县贡生,捐刑部员外郎。弱冠能文,以善书名,有《万松山房诗集》。藏有周鬲叔兴父盨铭盖器各十五字。潘仕扬《三长物室诗钞》有句云:“周簋叔兴父唐碑张曲江,吾家三长物,又割紫云双。”

五　李宗岱

清李宗岱字山农,南海佛山人。嘉庆四年进士,山东盐运使,可琼孙。道光二十九年副贡,官山东补用道员,历署盐运使,布政使。年六十余卒。尝得汉麃孝禹刻石,故名汉石园,又得静彝,故名宝彝堂,又得召伯虎簋,改名宝召斋,其所藏彝器至富,间有流转。王懿荣所编《南海李氏宝彝堂藏器目》,得一百四十二器,王兰西所编《宝召斋吉金目录》得二百一十五器,皆就拓本录出,次序凌乱,行数字数或记或否。罗福颐《三代秦汉金文著录表》于其藏器所知虽少，亦有异同。故据三家目录重写定本，其名人旧藏及流传于外者并疏记于目下。

鼎　四十一器

戈鼎　一字

奚鼎　一字　后归雪堂

鼎鼎　一字　后归簠斋

肇鼎　一字

父己鼎　二字

亚中天鼎　二字

[illegible]緻方鼎　二字

[illegible]父乙鼎　三字

[illegible]父己鼎　三字　内府旧藏

羊父庚鼎　三字　内府旧藏

[illegible]父辛鼎　三字　后归攀古楼

戈父辛鼎　三字

[illegible]旁二兽形父辛鼎　三字　后归攀古楼

止、亚形鼎　三字

大保方鼎　三字　山东寿张梁山下出土鼎三甗一簋一牺尊一盉一凡七器　李氏得其五　尚有鼎一牺尊一未收

作宝鼎鼎　三字

作旅鼎鼎　三字

作宝彝鼎　三字

父乙[illegible][illegible]鼎　二行四字

作宝鼎戈鼎　四字　清爱堂旧藏　大如盂鼎

聋鼎　四字　后归雪堂

敔鼎　四字　后归雪堂

册册ᔕᔓ父癸鼎　五字　清爱堂旧藏　后归善斋
亚中𠂔史女子鼎　五字
叔攸鼎　二行五字
叔仓父鼎　二行六字
比子鼎　八字　未详
若𢻱作文姬鼎　三行九字
倗仲鼎　三行十二字
史喜鼎　三行十二字
䍙父方鼎　三行十三字　内府旧藏
从鼎　四行十四字
旂作父戊鼎　四行十六字
杞伯每匕鼎　三行十六字　道光间山东新泰出土　今归日本简斋
应公鼎　三行十六字
师𠂤鼎　四行十八字
戜者鼎　五行二十三字
旂作父日乙鼎　五行二十六字　今归日本上野氏
宜子鼎　三行二十七字
𢦏叔朕鼎　五行二十七字
大保作召伯父卒鼎　六行三十八字　寿张梁山下出土

甗　二器

大史友甗　三行九字　山东寿张梁山下出土　今归日本泉屋
妇闟甗　三行十二字

鬲　七器

雯人鬲　二行五字　后归食旧堂

戒鬲　四行七字　后归善斋

召仲鬲　十五字　清爱堂旧藏　今归日本梦庵

鲁伯愈父鬲　十五字　山东滕县凤凰岭出土

又　二十五字

伯嬰嬰父鬲　十八字

单父邍父鬲　二十字　清爱堂旧藏

簋　旧称为敦　六十器

丌簋　一字

又二　一字

簋　一字

戈簋　一字

舟形簋　一字

子刀簋　二字　内府旧藏　后归澂秋馆

亚醜簋　二字　后归善斋

爻父乙簋　三字

牀父丁簋　三字　四耳

子执刀父辛簋　三字

作姬簋　三字　筠清馆旧藏

作宝彝簋　盖器各三字

族形册父乙簋　四字　盖失

奉册父丁簋　四字　内府旧藏　后归善斋

亚中醜父辛簋　盖四字　今归瑞典

弓亚父辛簋　约四字　未详

亚形中牺形戈形器形簋　约四字　未详

尹簋　四字　今归日本泉屋

伯作实簋　四字

叔作姒簋　二字四字　内府旧藏　后归食旧堂

伯簋　二行五字　今归日本泉屋

事父簋　二行五字　曾归颂斋

𡨦簋　盖五字

季楚簋　盖器各二行五字

父辛簋　六字　未详

广簋　六字　未详

史桒作祖辛簋　二行八字

亚中若癸簋　二行八字　无耳　后归攀古楼

向簋　三行八字　今归雪堂

劏[illegible]作祖戊簋　三行九字　清爱堂旧藏　今归雪堂

弘作簋　十字　未详

旂簋　盖二行十二字

戱𦣞妊簋　二行十三字　今归雪堂

降人𩰫簋　三行十四字　清爱堂旧藏　后归善斋

遣小子䢸簋　三行十四字　盖失

兮仲簋　盖器各三行十五字

又　盖三行十五字

孟郑父簋　三行十六字

杞伯每刂簋　器盖各三行十七字　山东新泰出土

姞氏簋　盖器各三行十八字　后归食旧堂

辛巳作父乙簋　亚中四行十九字

鲁伯大父作仲姬簋　四行十九字　盖失　后归善斋

己侯貉子簋　盖四行十九字　今归瑞典

仲惠父簋　盖器各四行二十字

又二　四行二十字　盖失

仲殷父簋　四行二十字　盖失

叔器父簋　盖四行二十三字器二行八字

又二　盖四行二十三字器二行八字

又　盖四行二十三字

郑虢仲簋　盖器各四行二十三字

师遣父孙孙叔多父簋　四行二十三字　盖失

辰在寅簋　盖四行二十四字　泐四字自作上二字　造器者名已泐

尌仲簋　盖五行三十二字

大保簋　四行三十四字　四耳　山东寿张梁山下出土

陈肪簋　盖七行四十三字右行　清爱堂旧藏　后归簠斋

免簋　四行四十四字

趞簋　九行八十三字

静簋　八行九十字　今归雪堂

召伯虎作召公簋　十一行一百四字　今归雪园

颂簋　十五行一百五十二字　盖配合无字

簠　四器

鲁士浮父簠　三行十字　后归善斋

季身父簠　四行十六字　后归宝华庵

伯其父簠　四行二十二字　清爱堂旧藏　今归雪堂

陈侯作孟姜簠　四行廿七字　今归雪堂

盨　旧称为簋　六器

伯筍父盨　二行六字

中伯盨　二行八字

叔宾父盨　二行十二字

仲铄盨　三行十三字　第三行第二字下夹一虎

虢叔盨　三行十三字

曼龚父盨　四行廿三字

豆　一器

周生豆　二行十字　清爱堂旧藏　陈介祺云乃宋器伪字之佳者

爵　五十器

邑爵　一字

羊爵　一字

叔爵　一字

蠆爵　一字

戈爵　一字

𠦪爵　一字

𨚕爵　一字

鱼爵　一字

倲爵　一字

𡗜爵　一字

□爵　一字　后归食旧堂

并爵　一字　后归延鸿阁

□爵　一字　阳识

父乙爵　二字

又二　二字

父丁爵　二字

又二　二字

父己爵　二字

父壬爵　二字

父癸爵　二字　后归食旧堂

子上爵　二字

[illegible]丨爵　二字　后归随庵

己[illegible]爵　二字

亚中矢格形爵　二字　未详

子蝠形爵　二字

[illegible][illegible]爵　二字　阳识

作宝爵　二字

车祖丁爵　三字　后归攀古楼

亚父乙爵　三字

又二　同上

[illegible]父丁爵　三字

[illegible]父戊爵　三字

[illegible]父己爵　三字

子执斧形父庚爵　三字　父庚二字左行　今归雪堂

又二　三字　父庚二字右行　后归宝华庵

中父辛爵　三字　父辛在柱下　后归补萝庵

鸟父癸爵　三字　内府旧藏　后归善斋

[illegible]父癸爵　三字

非子[illegible]爵　三字

子[illegible]每爵　三字

亚中乙羊爵　三字　后归雪堂

伯作宝爵　三字

子黾形父乙爵　四字　后归宝华庵

亚中串父丁爵　四字

亚中矢格形器形父丁爵　四字　未详

亚中足迹父己爵　四字

屰目父癸爵　四字

又二　四字

子[illegible]妣己爵　四字　后归宝华庵

龙作父丁爵　六字　后归攀古楼

角　三器

亚中奂角　二字　后归延鸿阁

亚中龥父丙角　盖器各四字　后归善斋

亚父丁角　盖四字　今归雪堂

斝　一器

山父乙斝　三字

盉　五器

子鸟形盉　二字

父乙皿盉　盖器各三字

鲁侯盉　盖六字　器亚龥二字　未详

兹女盉　七字

伯害作召伯父辛盉　盖器各十字　山东寿张梁山下出土今归颂斋

尊　十器

[illegible]尊　一字

史尊　一字　怀米山房旧藏　后归移林馆

子执器戴匡形父己尊　三字

作宝尊彝尊　四字

作旅尊彝尊　四字

册拱父辛[illegible]尊　约五字末字阳识　未详
簋尊　五字
亚中醜作季尊　二行六字　后归善斋
咏作日戊尊　二行七字　清爱堂旧藏　今归黄咏雩
剢尊　九字　未详

觚　十器

叔觚　一字阳识　内府旧藏　今归雪堂
册觚　一字
父庚觚　二字
天[illegible]觚　二字阳识
子执斧父庚觚　三字
子执斧庚父觚　三字
册守父乙觚　四字
非子[illegible]父乙觚　五字　今归雪堂
父辛非子[illegible]觚　五字
亚作父乙觚　三行七字　后归宝华庵

觶　九器

作彝觶　二字
[illegible]父戊觶　三字　积古旧藏
[illegible]父癸觶　三字
非子[illegible]觶　三字
[illegible]父乙觶　四字
册拱父丁觶　四字
父辛非子[illegible]觶　五字
姞互母觶　二行五字

凤形車父丁觶　二行六字　后归攀古楼

方彝　一器

亚中富夫方彝　二行十三字　后归宝华庵

卣　二十九器

戈卣　盖器各一字阳识　今归雪堂

丹朿卣　二字

鸟祖甲卣　盖器各三字　器作父甲

亚髋父丁卣　四字

乁父己卣　盖三字器无铭　器甚奇　似盉有流有鋬　求古精舍旧藏

亚中其弔卣　三字　后归攀古楼

亚戈父己卣　盖器各四字

彭女彝丹卣　四字　盖失

伯卣　四字　盖失

作宝尊彝卣　盖器各四字

又二　四字　盖失

又三　四字　盖失

作车宝彝卣　盖器各四字

𤽄卣　五字　盖失　后归簠斋

伯卣　盖器各二行五字

伯虢卣　盖器各二行六字

伯矩卣　盖器各二行六字

又二　同上

井季卣　盖器各六字　内府旧藏　今归日本泉屋

人作父己卣　二行盖七字器少一彝字

▼己祖丁父癸卣　盖器各二行七字
向卣　盖三行八字器二行八字　清爱堂旧藏　后归攀古楼
伯作文公卣　盖器各二行八字
剌作兄日辛卣　盖器各二行九字　内府旧藏
仲作好卣　盖器各二行九字　今归雪堂
宜生作父辛卣　盖二行十二字　内府旧藏盖器全
𢍰卣　盖三行十三字　后归移林馆
貉子卣　盖器各三行三十六字　内府旧藏
农卣　盖六行四十八字器三字　内府旧藏　后归攀古楼

壶　四器

先壶　一字
棙戈父乙壶　三字　内府旧藏
季𡇒父乙壶　五字
杞伯每刂壶　四行二十一字　山东新泰出土

盘　三器

荷贝父乙盘　三器
𩰫父作兹女盘　二行七字　清爱堂旧藏　今归双剑簃
膟侯作叔妊盘　四行二十字　清爱堂旧藏　后归宝华庵

匜　四器

北子𠂇父乙匜　二行五字　后归攀古楼
甫人父匜　二行十字　怀米山房旧藏
伯正父匜　三行十六字　清爱堂旧藏
匽公匜　三行十三字　怀米山房旧藏　后归善斋

鉴　一器

女射鉴　三字　内府旧藏

钟　三器

兮仲钟　廿七字　首行至其字止

又二　廿七字　首行至追字止

虢叔编钟　十七字

凡二百五十四器

尚有汉壶一,鹿卢镫二,铎二,镫一,洗七,镜二十,未详。

李氏官山东久,卒后所藏疑未载归广东也。

六　叶恭绰

叶恭绰字誉虎,号遐庵,番禺人。祖衍兰,咸丰六年进士,以词馆改郎曹,归教于乡,主讲越华书院。绘清代名人一百六十九人为清代学者象传,色相如生。恭绰负干济才,三任交通总长一任铁道部长,财政部长,倡□款筑路计画,草铁路交通建设计画大纲数万言,未能尽行也。退而尽力于文化事业,北京大学研究院,全国美术展览会,浙江文献展览会,吴中文献展览会,上海文献展览会,上海市博物馆,中德美术展览会,及广东文物展览会等,皆任其劳焉。商承祚辑十二家吉金图录,录其所藏傦作父癸簋,邵王之諻簋,双鸟父乙簋,[illegible]簋,鄫子子郑伯鬲,庆孙之子峠簠,铸客盘,莽量八器,皆精品。此外藏品凡六十七器。其后得之汉项伯钟,铭云"阳项伯鹿钟,永建三年六月七日项君于南海府,五官掾遗项君一双钟",乃有关吾粤掌故者。

七　容庚

容庚字希白,东莞人。祖鹤龄,同治二年进士。父作恭,光绪二十三年拔贡。庚少孤,从其舅邓尔雅治篆刻,编纂彝器文字为《金文编》。民国十一年,年二十九,偕弟肇祖北游京师,读书于北京大学研究所国学门。越四年而《金文编》成。民国廿七年,复重定之。任燕京大学教授,喜聚金石书,得四千余卷,颜其室曰五千卷金石书室。编辑古物陈列所藏盛京行宫彝器为《宝蕴楼彝器图录》,所藏热河行宫彝器为《武英殿彝器图录》,庐江刘体智所藏彝器为《善斋彝器图录》,日本所藏彝器为《海外吉金图录》,颐和园南迁所余彝器为《西清彝器拾遗》。前人集录汉两京文字无过百三十器者,其所辑《汉金文录》,得七百四十九器,乃五倍之。并及秦金,为《秦金文录》,得八十六器。间及甲骨、石刻、书画,成《殷契卜辞》《古石刻零拾》《武梁祠画象录》《兰亭集刻》《颂斋书画录》《伏庐书画录》。其所藏吉金初得三十九器,印为《颂斋吉金录》。后作旅簋,郘䵼镈还之估人,仲竞簋以易黄十钟,𣪕鼎归之北平图书馆,余则归之中央博物馆,所自留者仅广州白云山出土之成固戈,以其有关广东文献而不忍去也。廿七年将其续得之器印为《颂斋吉金续录》,凡一百三十四器。复以戈尊易得□鼎,字小而精,为方氏缀遗斋所藏。近著《商周彝器通考》,上编为通论,凡十五章,一起源,二发见,三类别,四时代,五铭文,六花纹,七铸法,八价值,九去锈,十拓墨,十一仿造,十二辨伪,十三销毁,十四收藏,十五著录。下编为各论,凡四章,一食器,1 鼎,2 鬲,3 甗,4 簋,5 簠,6 盨,7 敦,8 豆,9 卢,10 铨,11 俎,12 匕。二酒器,1 爵,2 角,3 斝,4 盉,5 鐎,6 尊,7 觚,8 觯,9 方彝,10 卣,11 觥,12 鸟兽尊,13 壶,14 罍,15 鍑,16 瓶,17 缶杯,18 罐禁,19 卮,20 杯,21 禁,22 勺。三水器及杂器,1 盘,2 匜,3 鉴,4 盂,5 盆,6 甗,7 瓿,8 皿,9 罐,10 铆,11 区,12 盌,13 料,14 不知名器。四乐器,1 钲,2 句鑃,3 铃,4 钟,5 钟钩,6 铎,7 錞于,8 鼓。凡三十万言,彝器图版千余,花纹铭文插图三百余,条理清晰,彝器学中一巨著也。

八 商承祚

商承祚字锡永,番禺人。父衍鎏光绪三十年第三名进士,授编修。承祚从罗振玉治甲骨文字,弱冠刻其所为《殷虚文字类编》,声誉欻起。历任中山大学、师范大学、金陵大学教授。著有《殷契佚存》《十二家吉金图录》。录其所藏天尹钟,兽文钟,饕餮文钟,逌征鼎二器,逌征簋,逌征甗,逌征尊,逌征卣,逌征斝,逌征觚二器,逌征爵二器,父甲鼎,母丁鼎,大字鼎,大师作叔姜鼎,郸孝子鼎,王后左相室鼎,朝歌鼎,方鬲,大亚勺,鄦戈,侯戟,𠛬刀,告刀,吴王长□钩,凡二十八器于《十二家吉金图录》中。然三四年间,散佚殆尽,良由其所嗜博而不专意于铜器也。

(《广东文物》卷十,广东文物展览会编辑,中国文化协进会,1941)

考古图释文之作者

顷读唐立厂君《怀铅随录》，于拙辑《金石书录目》有所批评，至幸。拙辑以目睹为限，当增订时《宛委别藏》尚未印行，故杨銁《增广钟鼎篆韵》未收入，然所缺者尚不仅此书也。《考古图释文》非赵九成作，家兄庚于《宋代吉金书籍述评》别有考，兹录于下，以谂唐君。

案四库著录此书，附于《续考古图》后，署"宋吕大临撰"五字于书名之下。翁方纲跋据《籀史》有"赵九成著吕氏《考古图释》"之语，遂谓"《释文》一卷是赵九成撰，其卷前题词盖九成所为"。陆氏刻此书遂沿其说，故于卷端删去"宋吕大临撰"五字。余取《考古图》校之，此书琱、敢、穆三字引《伯姬鼎》，《考古图》无其器，《考古图》《庚甗史孙盘》等及汉器，此书无其文，《考古图》《师望簋》，此书作《师服簋》，不无讹脱，然所收之器及器之名称十九以上相同，则此书为《考古图》作盖无可疑者。《郡斋读书志》于《广钟鼎篆韵》云"皇朝薛尚功集。元祐中吕大临所载仅数百字。政和中王楚所传亦不过数千字"。此书所收凡八百二十余字，与《读书志》所云合，或原载于吕氏《考古图》之后，其书在王楚《钟鼎篆韵》之前，虽不能必为吕氏自作，然非南宋时人赵九成作，盖亦无可疑者。且赵氏作《续考古图》，而此书不及《续考古图》之字，亦为理之所无。翁氏之言，未足据也。

又唐君谓薛氏《钟鼎款识》数引李氏《古器物铭》，误赵为李，殊可异。然检薛氏所引《古器物铭》并未冠以“李氏”二字，唐氏殆想当然邪。

（《考古社刊》1935 年第 5 期）

学术消息

目　录

经籍要目答问

本年三月间,得傅晨光教授从美国来函,嘱予与洪煨莲教授商量拟一中国国学基本书目,版本不拘,惟价格须廉,而合于国外公私小图书馆之用者。予既请教于洪教授,遂先拟一草稿。

窃谓吾国载籍浩博,《国学图书馆图书总目》总经、史、子、集、志、图六部,都三万七千二种,五万九千二百二十八部,四十七万八千八百三十八卷,犹未尽也。

昔张之洞以诸生好学者请问应读何书,书以何本为善,偏举既嫌绁漏,志趣学业亦各不同,因作《书目答问》以辟途径。分别条流,慎择约举,又于其中详分子目,以便类求,期令初学者易买易读,不致迷罔眩惑,意至善也。然欲尽得此编所目之书,已非十万金以上不办,况《答问》成于光绪元年,于今越六十年,近来所出,势须增选,故范氏希曾有补正之作也。即郡邑图书馆,犹患财力不足,难以据目尽索,遑论私人。

近人胡适博士所拟《一个最低限度的国学书目》,分一、工具之部,二、思想史之部,三、文学史之部,谓此书目不只为私人用,还可以供一切中小学校图书馆及地方公用图书馆之用,然于《史记》《汉书》《资治通鉴》等史部皆未列入,故梁启超先生谓其罣漏过多,博而寡要。及其自撰《国学入门要目及其读法》分:甲修养应用及思想史关系书类、乙政治史及其他文献学书类、丙韵文书类、丁小学书及文法书类、戊随时涉览书类,然于金石类书仅收一《语石》,美术类书皆未收。

夫以胡梁两先生之渊博,所拟犹有偏见之嫌,况不学如予,而欲斟酌恰当,不亦难乎!图书馆亦如百货商店,欲使入门者各得其所欲而归，则缯帛麻布、几案盆盂、园菜果蔬、豉醯酢酱，皆所必备。然以财力所限，彼集股设肆者，铺有大小，货有等差，不能同也。今拙稿亦窃用此意，姑拟资力之丰涩为四等，而为之设计焉。固不仅答傅教授之问，或亦足供国内私人书室及各地方图书馆之参考也。稿成，请洪煨莲、邓文如、顾起潜、裘阎辉、齐致中、聂筱珊诸先生及家兄希白为之审定。齐先生并嘱登载《史学年报》。因叙其始末，希海内外学者指正之。

民国二十七年八月十五日序于哈佛燕京学社

书　名	著（或编订校勘）者
经部	
《十三经注疏》四百十六卷附《校勘记》四百十六卷	清阮元
《周易正义》十卷	唐孔颖达
《尚书正义》二十卷	同上
《毛诗正义》七十卷	同上
《周礼注疏》四十二卷	唐贾公彦
《仪礼注疏》五十卷	同上
《礼记正义》六十三卷	唐孔颖达
《春秋左传正义》六十卷	同上
《春秋公羊传注疏》二十八卷	唐徐彦
《春秋穀梁传注》二十卷	唐杨士勋
《论语注疏》二十卷	宋邢昺
《孝经注疏》九卷	同上
《尔雅注疏》十卷	同上
《孟子注疏》十四卷	宋孙奭

《五经汇解》三十二册	清扶经心室
《周易姚氏学》八卷	清姚配中
《周易引得》一册	
《读易会通》八卷	清丁寿昌
《尚书今古文注疏》三十卷	清孙星衍
《尚书通检》一册	近人顾颉刚等
《诗毛氏传疏》三十卷	清陈奂
《毛诗引得》一册	
《毛诗注疏引书引得》一册	
《周礼正义》八十六卷	清孙诒让
《仪礼正义》四十卷	清胡培翚
《仪礼引得附郑注引书》及《贾疏引书引得》一册	
《礼记集解》六十一卷	清孙希旦
《礼记引得》一册	
《礼记注疏引书引得》	
《春秋左传诂》二十卷	清洪亮吉
《穀梁补注》二十四卷	清钟文烝
《公羊义疏》七十六卷	清陈立
《四书章句集注》五册	宋朱熹
《论语正义》二十四卷	清刘宝楠
《孟子正义》三十卷	清焦循
《尔雅义疏》二十卷	清郝懿行
《白虎通引得》一册	
《经学通论》	清皮锡瑞
《经学历史》一卷	同上
《通志堂经解》	清纳兰成德
《皇清经解》二十四册	清阮元

《皇清经解续编》三十二册	近人王先谦
《皇清经解缩版编目》	近人陶治元
《皇清经解检目》	近人蔡启盛
《春秋经传引得》四册	
《春秋经传注疏引书引得》一册	
《经义述闻》三十二卷	清王引之
《十三经索引》一册附《十三经经文断句》一册	近人叶绍钧
《经传释词》十卷	清王引之
《经籍籑诂》一百〇六卷附补遗	清阮元
《古书疑义举例丛刊》四种	
《古书疑义举例》七卷	清俞樾
《古书疑义举例》补一卷	近人刘师培
《古书疑义举例》续补二卷	近人杨树达
《古书疑义举例》校录一卷	近人马叙伦
《马氏文通》一册	清马建忠
《马氏文通刊误》	近人杨树达
《音学五书》	清顾炎武
《音学》三卷	
《诗本音》十卷	
《易音》三卷	
《唐韵正》二十卷	
《古音表》二卷	
《说文诂林》及补遗	近人丁福保
《说文解字注》三十卷	清段玉裁
《六书音韵表》五卷	
《泽存堂》五种	

《群经音辨》七卷	宋贾昌朝
《玉篇》三十卷	陈顾野王
《广韵》五卷	宋陈彭年
《字鉴》五卷	元李文仲
《佩觿》一卷	宋郭忠恕
《姚刻》三种	
《集韵》十卷	宋丁度等
《韵篇》四十五卷	宋司马光等
《礼部韵略》五卷	宋丁度
《甲骨文编》十四卷附录二卷	近人孙海波
《金文编》十四卷附录二卷器目一卷检字一卷	近人容庚
《金文续编》十四卷附录采用文字一卷检字一卷	同上
《隶辨》八卷	清顾霭吉
《草字汇》十二卷	清石梁

史部

《二十四史》三千二百四十三卷	
《史记》一百卅卷	汉司马迁
《汉书》一百廿卷	汉班固
《后汉书》一百廿卷	宋范蔚宗
《三国志》六十五卷	宋裴松之
《晋书》一百三十卷附《音义》三卷	唐房玄龄等
《宋书》一百卷	梁沈约
《南齐书》五十九卷	梁萧子显
《梁书》五十六卷	唐姚思廉等

《陈书》三十六卷	同上
《魏书》一百十四卷	北齐魏收等
《北齐书》五十卷	唐李百药等
《周书》五十卷	唐令狐德棻等
《隋书》八十五卷	唐魏徵等
《南史》八十卷	唐李延寿
《北史》一百卷	同上
《旧唐书》二百卷	晋刘昫等
《新唐书》二百二十五卷	宋欧阳修等
《旧五代史》一百五十卷目录二卷	宋薛居正等
《新五代史》十四卷目录一卷	宋欧阳修
《宋史》四百九十六卷	元托克托等
《辽史》一百一十六卷	同上
《金史》一百三十五卷	同上
《元史》二百一十卷	明宋濂等
《明史》三百三十六卷	清张廷玉等
《二十五史》九册增人名索引一册	汉司马迁等
《二十五史补编》六册	清汪越等
《食货志十五种综合引得》一册	
《汉书补注》一百卷	近人王先谦
《后汉书集解》九十卷附续志集解三十卷	同上
《新元史》二百五十七卷	近人柯劭忞
《蒙兀儿史记》一百六十卷	近人屠寄
《通鉴目录》三十卷	宋司马光
《资治通鉴纲目》前编二十五卷正编五十九卷续编二十七卷	清张廷玉等
《资治通鉴》二百九十四卷	宋司马光

《续资治通鉴》二百廿卷	清毕沅
《新唐书宰相世系表引得》一册	
《五霸纪事本末》五百零九卷	
《左传》五十三卷	清高士奇
《通鉴》二百卅九卷	宋袁枢
《宋史》一百九卷	明陈邦瞻
《元史》二十七卷	同上
《明史》八十卷	清谷应泰
《通鉴纪事本末》四十二卷	宋袁枢
《宋史纪事本末》廿六卷	明陈邦瞻
《元史纪事本末》四卷	同上
《明史纪事本末》八十卷	清谷应泰
《八十九种明代传记综合引得》三册	
《清史稿》五百二十四卷	清赵尔巽等
《国语》二十一卷	吴韦昭
《战国策》三十三卷	汉高诱
《绎史》百六十卷世系国一卷年表一卷	清马骕
《崔东壁遗书》十九种二十册	清崔述撰近人顾颉刚标点
《十七史商榷》百卷	清王鸣盛
《廿二史札记》三十六卷	清赵翼
《廿二史考异》百卷	清钱大昕
《文史通义》八卷校雠通义三卷	清章学诚
《中国历史研究法》一册	近人梁启超
《中国历史研究法补编》	同上
《古史辨》	近人顾颉刚、罗根泽
《中华二千年史》四册	近人邓之诚
《读史年表附引得》一册	

《清代征献类编》廿九卷	近人严懋功
《碑传集》一百六十卷末二册	清钱仪吉
《续碑传集》八十六卷	近人缪荃孙
《碑传集补》六十卷末一卷	近人闵尔昌
《历代名人年谱》十卷附存疑一卷	清吴荣光
《史姓韵篇》六十四卷	清汪辉祖
《疑年录汇编》十六卷分类人表一卷	近人张惟骧
《历代名人生卒年表》一册	近人梁廷灿
《三十三种清代传记综合引得》一册	近人杜房编
《历代名人年里碑传总表》一册	近人姜亮夫
《水经注》四十卷	后魏郦道元
《水经注引得》二册	近人郑德坤
《历代地理志韵编今释》二十卷	清李兆洛
《历代舆地沿革图》三十四册	近人杨守敬
《中国地方志综录》三册	近人朱士嘉
《中国分省新图》一册	近人丁文江等
《中华民国新地图》一册	同上
《中国地学论文索引》二册续编二册	近人王庸、茅乃文
《大清一统志》六十册	清和珅等
《小方壶斋舆地丛钞》一千四百三十三种	清王锡祺
《中国古今地名大辞典》	近人臧励龢等
《徐霞客游记》三册	明徐宏祖
《历代职官表》六卷	清永瑢等
《历代纪元编》三卷	清李兆洛
《光绪大清会典》三十六册	清崑冈
《十通》十种	
《通典》百五十卷	唐杜佑

《续通典》百五十卷	清高宗敕撰
《清朝通典》百卷	同上
《通志》二百卷附考证三卷	宋郑樵
《续通志》六百四十卷	清高宗敕撰
《清朝通志》百卷	同上
《文献通考》三百四十八卷	元马端临
《续文献通考》二百五十卷	清高宗敕撰
《清朝文献通考》三百卷	清高宗敕撰
《清朝续文献通考》三百二十卷	清刘锦藻
《史通通释》	清浦起龙
《西汉会要》七十卷	宋徐天麟
《东汉会要》四十卷	同上
《唐会要》百卷	宋王溥
《五代会要》三十卷	同上
《宋会要稿》二百册	清徐松
《明会要》八十卷	清龙文彬
《清代学术概论》	近人梁启超
《中国哲学史》一册	近人冯友兰
《中国文学史》四册	近人西谛
《中国小说史略》一册	近人树人
《宋元戏曲史》一册	近人王国维
《中国绘画史》二册	近人俞剑华
《陈氏中西回史日历》二十卷	近人陈垣
《二十史朔闰表》一册	同上
《书目长编》二卷	清邵瑞彭等
《书目答问》一册	清张之洞
《书目答问补正》五卷	近人范希曾

《四库全书总目》二百卷附简明目录未收书目	清纪昀等
《四库简明目录标注》廿卷附录一卷	清邵懿辰
《小学考》五十卷	清谢启昆
《中国通俗小说书目》一册	近人孙楷第
《金石书录目》十卷附录二卷	近人容媛
《书画书录解题》十二卷	近人余绍宋
《道藏目录详注》四卷附续道藏目录	明白云霁
《阅藏知津》四十八卷	清智旭
《许学考》二十六卷	近人黎经诰
《丛书书目汇编》四册	近人沈乾一
《丛书书目汇编》补一册	近人杜连喆
《丛书子目书名索引》一册	近人施廷镛
《丛书书目拾遗》一册	近人孙殿起
《八史经籍志》三十卷	清张寿荣辑
《汉书艺文志》一卷	汉班固
《隋书经籍志》四卷	唐长孙无忌
《旧唐书经籍志》二卷	后晋刘昫
《唐书艺文志》四卷	宋欧阳修
《宋史艺文志》八卷	元脱脱等
《宋史艺文志》补一卷	清卢文弨
《补辽金元史艺文志》一卷	清卢文弨
《补辽金元史艺文志》一卷	清金门诏
《元史艺文志》四卷	清钱大昕
《明史艺文志》四卷	清张廷玉
《艺文志二十种综合引得》四册	
《江苏省立国学图书馆图书总目正续编》	

《郘亭知见传本书目》八册　清莫友芝
《殷契佚存》一卷释文一卷　近人商承祚
《重订殷虚书契考释》三卷　近人罗振玉
《卜辞通纂》一卷考释三卷索引一卷　近人郭沫若
《博古图录》三十卷　宋王黼等
《宝蕴楼彝器图录》二卷　近人容庚
《愙斋集古录》二十六册　清吴大澂
《古泉汇》六十四卷续十四卷补遗二卷　清李佐贤
《十钟山房印举》十二册　清陈介祺
《金石索》十二卷　清冯云鹏
《金石粹编》百六十卷　清王昶
《八琼室金石补正》百三十卷　清陆增祥
《寰宇访碑录》十二卷　清孙星衍等
《补寰宇访碑录》五卷附失编　清赵之谦
《再补寰宇访碑录》二卷　近人罗振玉
《语石》十卷　近人叶昌炽
《金石学录》四卷　清李遇孙
《金石学录》补三卷　清陆心源
《金石学录》续补二卷附录一卷　近人褚德彝

子部

《荀子集解》二十卷　近人王先谦
《老子本义》二卷　清魏源
《庄子集解》一卷　近人王先谦
《墨子间诂》十九卷　清孙诒让
《管子校正》廿四卷　清戴望
《韩非子集解》廿卷　清王先慎
《淮南集证》廿一卷　近人刘家立

《吕氏春秋集释》二十六卷附考一卷	近人许维遹
《盐铁论》十卷考证三卷	汉桓宽
《论衡》三十卷	汉王充
《齐民要术》十卷	后魏贾思勰
《广群芳谱》百卷	清圣祖敕撰
《天工开物》一册	明宋应星
《农政全书》六十卷	明徐光启
《植物名实图考》三十八卷附索引	清吴其濬
《陶说》一册	清朱琰
《脉经》十卷	晋王叔和
《灵枢经》十二卷	佚名
《本草纲目》五十二卷图二卷	明李时珍
《饮膳正要》三卷	元忽思慧
《数理精蕴》五十三卷	清圣祖敕撰
《畴人传》四十六卷	清阮元等
《乐律全书》九册	明朱载堉
《佩文斋书画谱》百卷	清孙岳颁等
《式古堂书画汇考》	清卞永誉
《艺舟双楫》九卷	清包世臣
《广艺舟双楫》一册	近人康有为
《画论丛刊》六册	近人于海晏
《画法要录》六卷卷首一卷	近人余绍宋
《历代画史汇传》七十二卷	清彭蕴灿
《美术丛书》四十集	
《宋元学案》百卷	清黄宗羲
《宋元学案人名索引》一册	近人邓元湘、王默君
《明儒学案》六十二卷	清黄宗羲

《宋学渊源记》一册	清江藩
《汉学师承记》二册	同上
《国朝学案小识》十四卷	清唐鉴
《近思录集注》十四卷	清江永
《困学纪闻》廿卷	宋王应麟
《日知录》三十二卷	清顾炎武
《群书治要》五十卷	唐魏徵等
《太平广记》五百卷	宋李昉
《太平广记引得》	
《太平御览引得》	
《渊鉴类函》四百五十卷	清张瑛、王士祯等
《佩文韵府》一百卷拾遗百五卷	清孙致弥等
《骈字类编》二百四十卷	清圣祖敕编
《古今人物别名》索引	近人陈德芸
《国学论文索引》四篇	北平圕索引组刘修业
《文学论文索引》三篇	陈璧如、刘修业等
《说苑引得》	
《世说新语引得》附刘注引书引得一篇	
《中国人名大辞典》一册	近人方毅等
《康熙字典》十二卷附检字补遗备考	清张玉书等
《辞源正篇》二册	近人正·陆尔奎等
《辞源续篇》一册	近人续·方毅等
《辞通》上下二册	近人朱起凤
《佛学大辞典》九册	近人丁福保
《中国医学大辞典》二册	近人谢观等
《中国药学大辞典》二册、《中国药物标本图》一册	近人陈存仁

《音乐辞典》一册	近人梁得所
《植物学大辞典》一册	近人杜亚泉等
《动物学大辞典》一册	同上

集部

《楚辞》十七卷	汉王逸章句
《陶靖节集》三册	晋陶潜
《庾子山集》十六卷	北周庾信
《李太白集》三十卷附录六卷	唐李白
《杜少陵集详注》四册	清仇兆鳌注
《白香山集》四十卷	唐白居易
《韩昌黎集》四十卷外集十卷附遗文及韩集点勘四卷	唐韩愈
《柳河东集》四十五卷外集二卷附补遗及附录	唐柳宗元
《王临川集》一百卷	宋王安石
《欧阳永叔集》十八册	宋欧阳修
《苏东坡集》十八册	宋苏轼
《栾城集》八十四卷	宋苏辙
《陆放翁集》二十四册	宋陆游
《河南程氏遗书》二十五卷附录一卷	宋朱熹等
《张子全书》三册	宋张载
《象山先生全集》卅六卷	宋陆九渊
《元遗山先生集》五十卷	金元好问
《滹南遗老集》四十六卷	金王若虚
《逊志斋集》廿四卷	明方孝孺
《震川先生全集》正集三十卷别集十卷	明归有光
《王文成公全书》三十八卷	明王守仁

《曝书亭集》八十卷附录一卷	清朱彝尊
《惜抱轩诗文集》	清姚鼐
《潜研堂文集》八册	清钱大昕
《养一斋文集》廿卷	清李兆洛
《大云山房文稿》四册	清恽敬
《洪北江诗文集》六十七卷	清洪亮吉
《戴东原集》十二卷	清戴震
《定庵文集》	清龚自珍
《饮冰室合集》	近人梁启超
《胡适文存三集》	近人胡适
《文选》六十卷考异十卷	唐李善注
《文选注引书引得》	
《古诗源》一册	清沈德潜
《唐诗别裁》二十卷	清沈德潜
《宋诗别裁》一册	清张景星等
《元诗别裁》一册	同上
《明诗别裁》十二卷	清沈德潜、周准
《清诗别裁》四册	清沈德潜
《湖海文集》七十五卷	清王昶
《全上古三代秦汉三国六朝文》七百四十六卷	清严可均
《全上古三代秦汉三国六朝文作者引得》一册	
《古文辞类纂》七十四卷	清姚鼐
《续古文辞类纂》廿八卷	清黎庶昌
《宋文鉴》百五十卷	宋吕祖谦
《辽文存》六卷附录二卷	清缪荃孙
《金文最》一百廿卷	清张金吾

《文心雕龙》十卷	梁刘勰
《诗品》三卷	梁钟嵘
《宋六十名家词》五册	清毛晋
《玉函山房辑佚书》百廿本	清马国翰
《黄氏逸书考》一百册	清黄奭
《汉魏遗书钞》百十二种	清王谟
《古今图书集成》	清圣祖敕编
《四部丛刊》初编二编三编	
《四部备要》	
《丛书集成》	

（《史学年报》1938 年第 2 卷第 5 期）

书　评

《燕京学报》第三十期提要

中华民国三十五年六月燕京大学哈佛燕京学社北平办公处出版

《燕京学报》,创刊于民国十六年六月,年出二期,每期约十一二万字,以发表研究中国学术之著作为主旨,至民国二十九年六月,出至二十九期。迨"十二·八"太平洋战起,燕京大学被日寇封闭,致已经印就而未装订之第三十期《燕京学报》全部散佚,底稿亦多无存。

去年双十节,燕京大学在平复校,当即筹备恢复《燕京学报》。本年六月该刊出版之时,适值司徒雷登校务长七旬大庆,爰特增加篇幅(三百六十二面,约二十万言),以介眉寿。兹将重要论文介绍如下:

(一)高名凯之《汉语的人称代名词》,略谓:高本汉在《原始中国语乃一屈折语》一文中,认为中国古代语的代名词是有格位的形态学的区分。他用统计方法把古书中表示第一身的"吾""我",第二身的"女""尔"代名词来计算,看看在何种情形之下用那一个字,而求其语法的变化,显然是有毛病的。高先生以为,中国语的代名词……古文中,则:第一身:余,予,吾,我,朕,台,卬,身……等。第二身:汝,尔……等。第三身:彼,伊,渠,其,之,他……等。古代的第二身代名词,除了客气用语的“子”“君”之类的字眼外,只有“女”(或作“汝”)和“尔”两字。“女”“尔”的不同,高本汉以为是格位的分野,然而这是没有根据的。……古书中尚有用“而”字来表示第二身代名词者,如《国语·晋语》“曩而言戏乎,抑有所闻之乎”,“韦注:而,汝也”。这也是所形声假借的例子。古代第三身代名词却是值得特别讨论的。……中国语的第三身代名词,多半都是从别的语法成分变化的。……例如“彼”字,“伊”字,“渠”字等,这些都是远指指示词,本来并不是人称代名词,然而因为“远指”和“第三者”有相通之处,后来就拿来当作第三身代名词用。……“其”和“之”的用法也很特别。我们已经说过,“其”和“之”本来都是近指指示词,有时却用做第三身代名词。特别让我们注意的是这两个字眼,用做第三身代名词时却有一定的格位。“其”字是用在所有格上,有现代口语“他的”的意思,“之”字是用在目的格上,不能用在其他的格位上。……高本汉要证明中国古代语为屈折语,不在第三身代名词上找证据,反而从没有丝毫格位分别的第一身第二身代名词上弄把戏,实在是走错了路。(见页五至十)最后并将中国语的多数格及其意义详为引申,诚研究语言学之一助也。

(二)阎简弼之《南宋六陵遗事正名暨诸攒宫发毁年代考》。关于南宋攒宫被毁事,自高启《穆陵行》云“逆髠暗识宝气尽,六陵松柏悲风来”始,嗣后黄宗羲、顾炎武、万斯同、全祖望等大师,亦以一时疏忽,沿用六陵之说,迄今数百年来,未有疑异。兹者阎君旁征博引,反覆申述,以期正名。就宋纪及浙志所述,计徽之永佑,高之永思,孝之永阜,光之永崇,宁之永茂,理之永穆,度之永绍,则为数七,适符洪武间越郡所献图之数,则似宜称七;而言六者,似不免粗疏。岂以徽钦二陵异说纷纭,遂实不计耶?抑由“六函之说，而定六陵之名”欤？要之，众说不一，真伪莫辨，以姑不确言其数为宜，而混称之以“诸”。(见页三六)又谓：自昭慈皇后而下，皆曰攒宫，故宝山亦名攒宫山，而诸先哲或竟曰陵，或陵寝攒宫互陈，万氏既亦知称曰攒宫矣，而复以陵标遗事之目，自相抵触；全氏亦复互出而不之正。不识名以攒宫，实函深谛，盖冀光复中原归葬巩县，此实权攒，非所甘心。……稽史抚事，宜以攒宫为名。(见页三九)至于攒宫发毁年代，亦异说纷纭，莫衷一是。阎君则以周密云“至元一十二年乙酉八月杨髡发陵……至十一月又发”，计先后二次，同在乙酉，比较可靠。否则，至少可与罗有开云“岁在戊寅”之论，可以分庭对垒。多闻阙疑，诚哉斯言。

(三)鸟居龙藏之《石面雕刻之渤海人风俗与萨珊式胡瓶》。鸟居先生为日本考古学者，对于我国辽宁出土古物素有研究，本文的石面雕刻与契丹之角抵(见本报二十五期)所采用的壶同出一源(均辽宁省辽阳县城北废墟出土)。鸟居先生以为此石面雕刻品是冠上或皮带上挂的装饰品，考其图案(此下因原稿漫漶而不得录)……

(《益世报》，1946年9月6日第9991号第3版)

容媛金石學文集

（一）

金石学卷

容媛 著

罗志欢 李炳球 主编

莞城图书馆 编

东莞历代著作丛书

齊魯書社

图书在版编目（CIP）数据

容媛金石学文集 / 容媛著；莞城图书馆编；罗志欢，李炳球主编. -- 济南：齐鲁书社，2020.12
（东莞历代著作丛书）
ISBN 978-7-5333-4410-8

Ⅰ.①容… Ⅱ.①容… ②莞… ③罗… ④李… Ⅲ.①金石学－中国－文集 Ⅳ.①K877.24-53

中国版本图书馆CIP数据核字(2020)第270582号

责任编辑 / 李珂　刘强　　装帧设计 / 李生　亓旭欣

容媛金石学文集

RONGYUAN JINSHIXUE WENJI

容媛 著　莞城图书馆 编　罗志欢 李炳球 主编

主管单位　山东出版传媒股份有限公司
出版发行　齊魯書社
社　　址　济南市英雄山路189号
邮　　编　250002
网　　址　www.qlss.com.cn
电子邮箱　qilupress@126.com
营销中心　（0531）82098521　82098519　82098517
印　　刷　东莞市本色印刷有限公司
开　　本　880mm×1230mm　1/32
印　　张　59
插　　页　27
字　　数　1860千
版　　次　2020年12月第1版
印　　次　2020年12月第1次印刷
标准书号　ISBN 978-7-5333-4410-8
定　　价　780.00元（全四册）

《东莞历代著作丛书》
为东莞市文化精品专项资金扶持项目

容媛（1899—1996）

1933 年 5 月 27 日燕京大学同仁于马鉴家迎林鹏侠
（左起：容庚、顾颉刚、张铨、容媛、马鉴、雷洁琼、林鹏侠）

容媛（1946 年摄于北京）

青年容媛

容媛与容肇祖一家在颐和园（1947 年）

在北京市东城区东堂子胡同 22 号合影（1956 年，右起：容媛、容七婄、容凯、袁熙之、容珊、容瑶、容伊、容庚、容肇祖）

容媛与容七婄（左一）、容伊（左二）合影（1961 年）

容媛与容凯（左一）、容伊（右一）合影

容媛与容璞（左一）合影

容媛与容琬（左一）合影

容媛与何式极（左一，容娴女儿）、
何征（左二）、何永茜（左四）合影（1990 年）

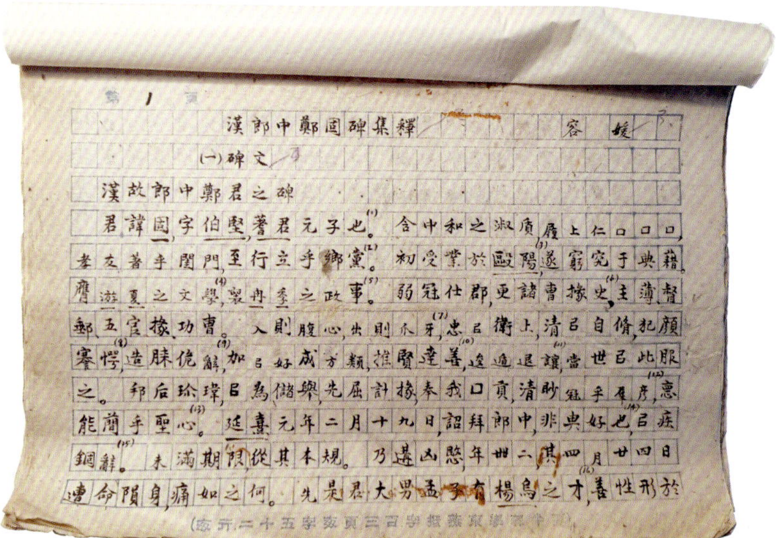
第1頁

漢郎中鄭固碑集釋　容媛

(一)碑文

漢故郎中鄭君之碑

君諱固，字伯堅，蕃君元子也。[1] 含中和之淑質，履上仁□□□，孝友著乎閨門，至行立乎鄉黨。[2] 初受業於歐陽，[3]遂窮究于典藉，膺游夏之文學，[4]襄冉季之政事。[5] 弱冠仕郡，更諸曹掾史、[6]主簿、督郵、五官掾、功曹。入則腹心，出則爪牙，[7]忠㠯衛上，清㠯自脩，犯顏謇愕，[8]造膝佹辭，[9]加㠯好成方類，推賢達善，[10]逡遁退讓，[11]當世㠯此服之。郡后琦瑋，㠯為儲舉，先屈計掾，奉我□貢，清眇冠乎群彥，[12]悳能簡乎聖心。[13] 延熹元年二月十九日，詔拜郎中，非其好也，[14]㠯疾錮辭。[15] 未滿期限，從其本規。乃遘凶愍，年卌二，其四月廿四日遭命隕身，痛如之何。先是君大男孟子有楊烏之才，[16]善性形於

《汉郎中郑固碑集释》手稿

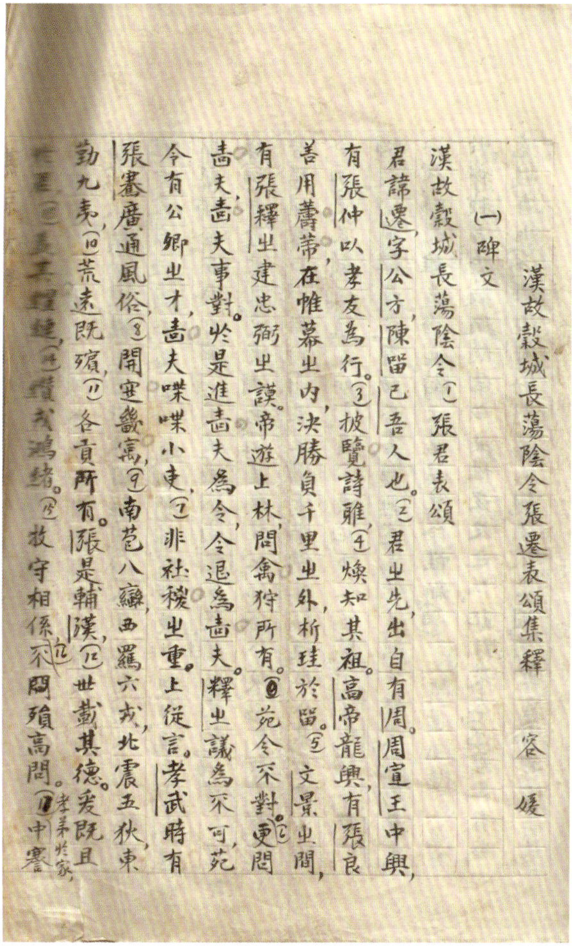

漢故穀城長蕩陰令張遷表頌集釋

容媛

(一)碑文

漢故穀城長蕩陰令(1)張君表頌

君諱遷，字公方，陳留己吾人也。(2)君之先出自有周，周宣王中興，有張仲，以孝友為行。(3)披覽詩雅，(4)煥知其祖。高帝龍興，有張良善用籌策，在帷幕之內，決勝負千里之外，析珪於留。(5)文景之間，有張釋之，建忠弼之謨。帝遊上林，問禽狩所有，(6)苑令不對，更問嗇夫，嗇夫事對。於是進嗇夫為令，令退為嗇夫。釋之議為不可，苑令有公卿之才，嗇夫喋喋小吏，(7)非社稷之重。上從言。孝武時有張騫，廣通風俗，(8)開定畿寓，(9)南苞八蠻，西羅六戎，北震五狄，東勤九夷。(10)荒遠既殯，(11)各貢所有。張是輔漢，(12)世載其德。爰既且於君，(13)蓋其繵縺，(14)纘戎鴻緒。(15)牧守相係，不殞高問。(16)孝弟於家，中謇

《汉故谷城长荡阴令张迁表颂集释》手稿之一

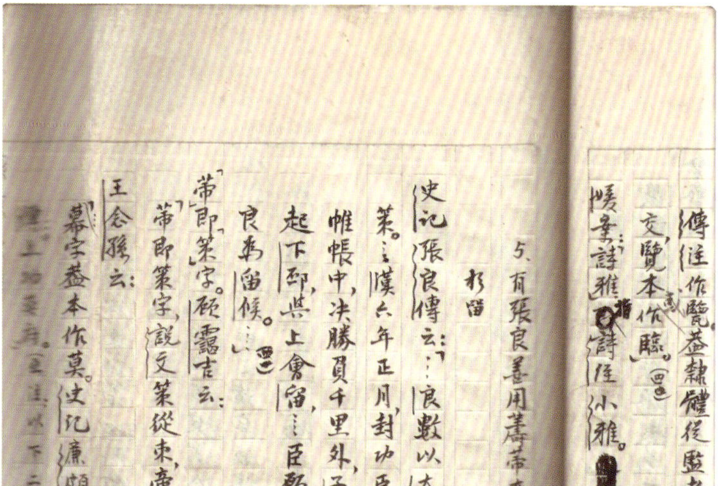

傳從作覽，蓋隸體從監者多變從臨。韓詩外傳覽手陰陽之
文，覽本作臨。（四四）
慢象詩雅：詩經小雅。

5、有張良善用籌策在帷幕之內決勝負千里之外析珪
封留
史記張良傳云：「良數以太公兵法說沛公，沛公善之，常用其
策。」「漢六年正月，封功臣，良未嘗有戰鬬功。高帝曰：『運籌策
帷帳中，決勝負千里外，子房功也。自擇齊三萬戶。』良曰：『始臣
起下邳，與上會留……臣願封留足矣，不敢當三萬戶。』乃封張
良為留侯。」（四三）
「策」即「筞」字。顧藹吉云：
「筞即策字，說文策從朿，帝亦從朿，變策為筞，與帝字同。」（四二）
王念孫云：
「幕字蓋本作莫。史記廉頗藺相如傳『市租皆輸入莫府』，馮唐
傳『上功莫府』（索隱：以下二傳漢書同）李將軍傳『莫府省約

《汉故谷城长荡阴令张迁表颂集释》手稿之二

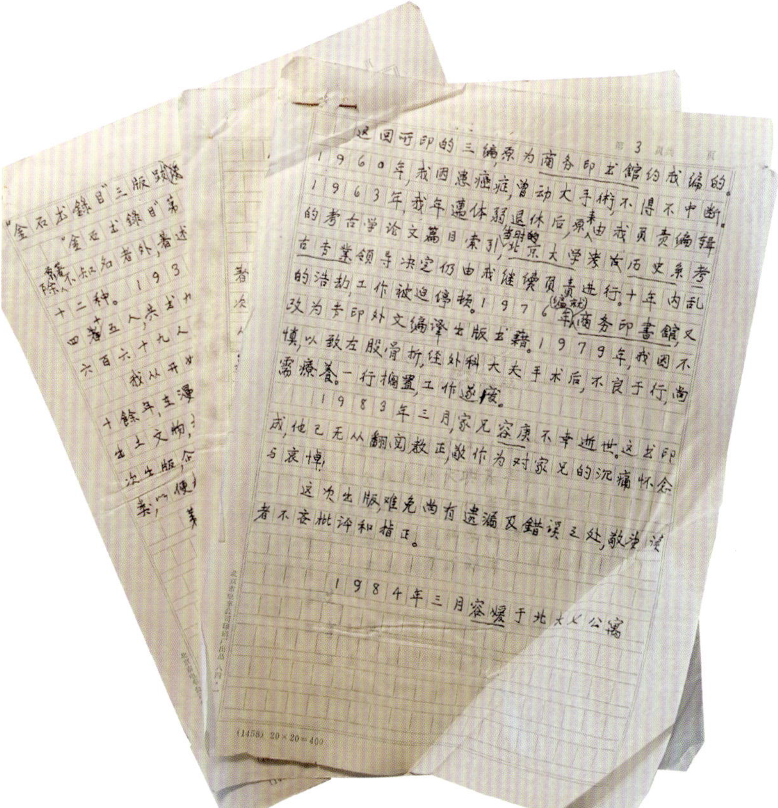

《金石书录目》三版跋手稿

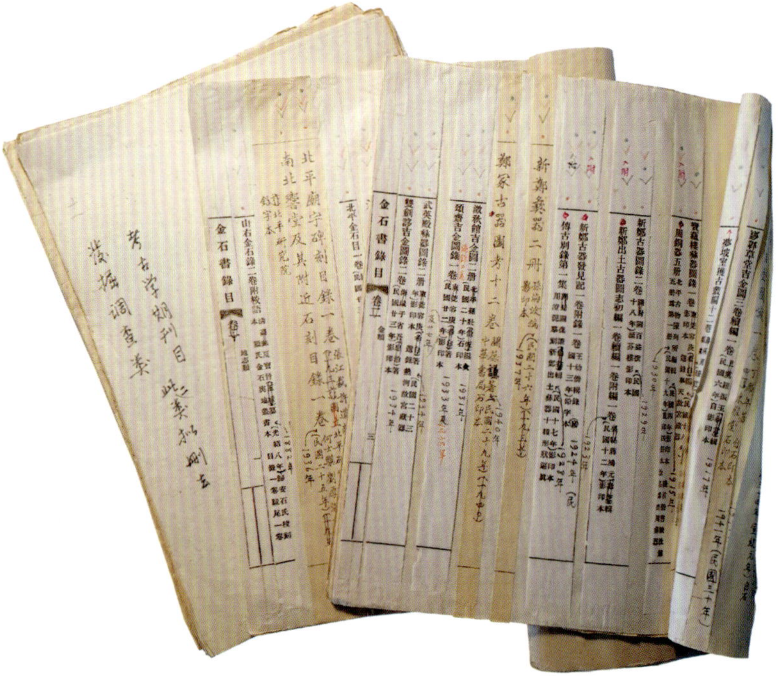

《金石书录目》订正书稿

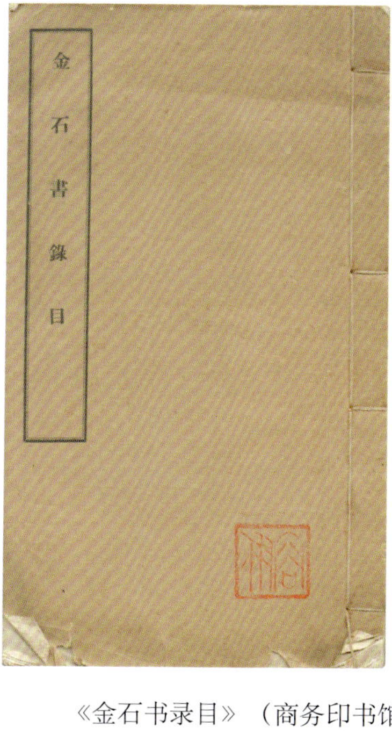

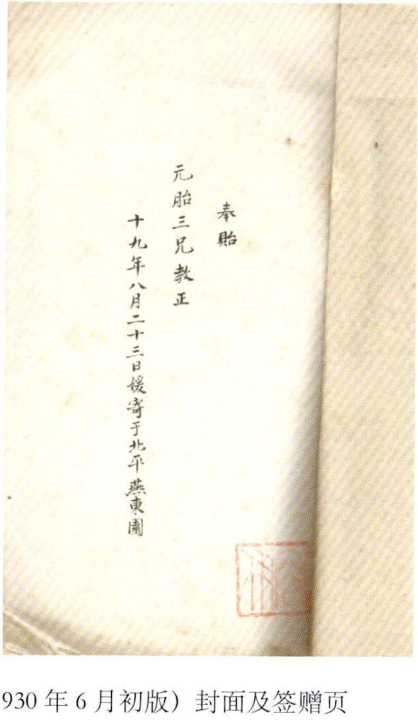

《金石书录目》（商务印书馆 1930 年 6 月初版）封面及签赠页

《金石书录目补编》（1953年油印本）封面、
《燕京学报》（第三十六期，载有《汉郎中郑固碑集释》）封面

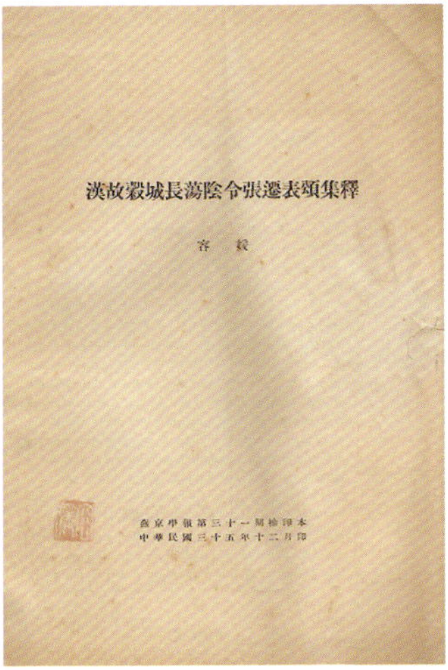

《燕京学报》（第三十一期，
载有《汉故谷城长荡阴令张迁表颂集释》）封面

《秦汉石刻题跋辑录》（上海古籍出版社 2009 年版）封面

容媛藏画

容媛所用印章

容媛曾用笔砚

容庚为容媛题作手迹

容媛藏邓尔雅题赠扇面

容媛藏容庚赠画

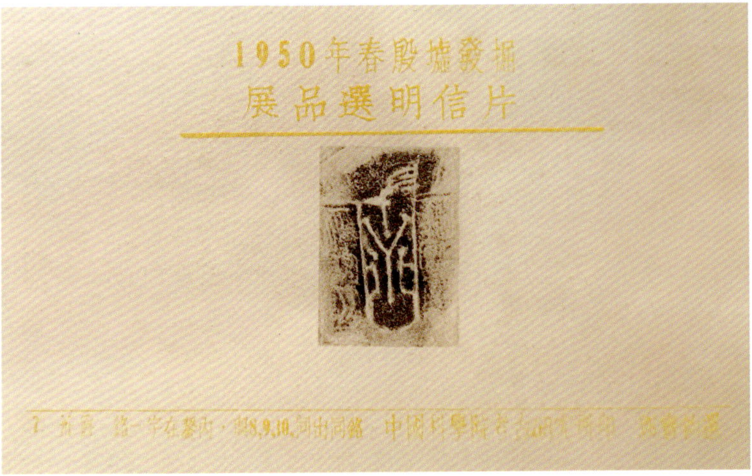

容媛藏“1950年春殷墟发掘展品选明信片”

容媛藏明信片（1）

容媛藏明信片（2）

容媛藏明信片（3）

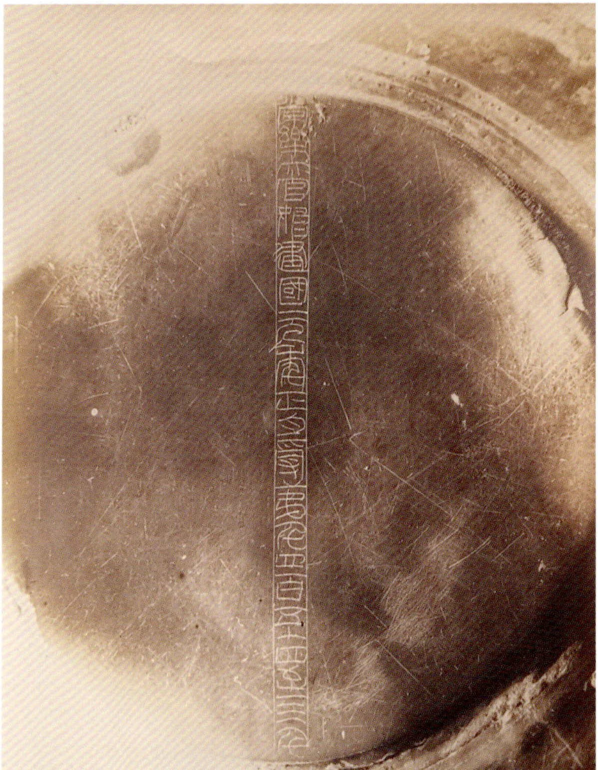

容媛藏明信片（4）

容媛藏明信片（5）

容媛藏明信片（6）

容媛藏明信片（7）

容媛藏明信片（8）

容媛藏明信片（9）

容媛藏明信片（10）

总 序

东莞,晋咸和六年(三三一)立县,唐至德二载(七五七)县城迁于到涌(今莞城),于今有一千六百八十年了。在这悠久的历史中,东莞的先贤,创造了光辉灿烂的文化,也创作了汗牛充栋的典籍。经千百年沧桑变幻,可惜传于今者不多。据清末探花陈伯陶编的《东莞县志·艺文略》所载,至清同治间,莞人著作有八八九种,二八四三三卷,经调查,现存九九种,六二六卷。同治至民国末,近九十年,约得典籍百种。合之前遗,约为双百之数。这是东莞历代著作的家底。

莞城,一千多年来,都是东莞的政治、经济、文化中心,众多的先贤和文化名人都或多或少地与这方土地发生关系。多少历史上精彩的故事,也都发生在这里。因此,我们组织编辑这套丛书,既是责任和使命所在,也有编辑搜集资料的种种便利。

我们编印《东莞历代著作丛书》的目的有二。

第一,把乡邦文献抢救,保存,布刊。乡邦文献,是一地的文化的重要标志,是研究一地的重要素材。时至今日,现存的东莞乡邦文献,已悬命于丝。抢救,保存,布刊东莞乡邦文献,只有我们东莞人自己动手。现在抢救,保存,布刊东莞乡邦文献,已经迟了，如果再不动手，他日就索枯鱼于肆了，我们怎对得住先贤，对后世又怎样交代？

第二，古为今用。东莞历代著作蕴藏着闪光的道德精神，精湛的艺术技巧。发潜德之幽光，对今人的道德教育，提供今人的艺术借鉴，东莞历代著作有重要的价值。

编辑《东莞历代著作丛书》，是我们的尝试，发挥东莞历代著作的作用是我们的愿望。我相信，我们的尝试是成功的，我们的愿望是能实现的。

二〇一一年五月

开启金石学研究的一把钥匙

金石学是中国古代以研究青铜器和石刻资料为主的一门学问。这门学问在宋代和清代比较繁盛。宋代的《考古图》《历代钟鼎彝器款识法帖》《集古录》《金石录》，清代的《西清古鉴》《积古斋钟鼎彝器款识》《攈古录金文》《愙斋集古录》等均为金石学名著。传统金石学的研究偏重于著录和考证文字资料，用来“证经补史”。近代以后，金石学开始向考古学转化，与考古类型学、地层学结合，凸显青铜器的形制、纹饰研究，注重青铜器出土的地点、墓葬环境和同出器物等，以确定器物的年代和族属，使之成为更加可以使用的史料。这方面典型的著作，如郭沫若先生《两周金文辞大系》、陈梦家先生《西周铜器断代》等。

容媛，广东东莞人，生于金石学世家。其兄为容庚、容肇祖两位先生。兄妹三人均为很有成就的学者。容肇祖先生专治哲学、思想史，而容媛先生与容庚先生治学较为接近，均从事金石学研究。容庚先生的大名，研治上古史的学者可谓无人不晓。他的学术贡献，以古文字学和青铜器研究最为著名。其所著《金文编》，摹写字形准确，释读文字精到，至今仍是金文学者案头的必备书。其所著《商周彝器通考》，突破传统金石学的模式，对青铜器的形制、花纹和铭文的流变作综合研究，是青铜器研究从传统金石学向现代考古学转变的重要著作。受家学影响，容媛先生一生亦从事金石学研究。1929年她在燕京大学哈佛燕京学社任中文秘书，1952年转任北京大学讲师，在历史系考古资料室工作。她最主要的学术贡献，是在金石目录学方面。20世纪30年代至50年代，容媛先生编纂了一系列金石、考古学文献目录，成为中国女性考古学者的早期代表之一。

金石目录学是开启金石学的一把钥匙。中国历代的青铜器、石刻和其他文物资料数量庞大且分散，搜集、编排金石资料，是金石学研究的基础。历代著录、研究金石的书籍亦比较多，既有流传较广的金石书籍，又有一些稀见的刻本、藏本，一般难以寻觅。金石目录学为我们按图索骥，寻找古代的金石资料和金石学著作提供了重要工具书，不但有利于我们研究金石学史，了解古代金石学的研究规模和特点，而且为今天深入研究古文物的来龙去脉提供了重要资料。

容媛先生编纂的金石目录学著作，以《金石书录目》及《金石书录目补编》为代表。与以往的金石目录学著作相比，该著作具有明显的从传统金石学向现代考古学过渡的色彩。它打破了以青铜器和石刻资料为主的著录框架，涵盖了出土文物的多个门类，包括总类、金类、钱币、玺印、石类、玉类、甲骨、陶类、竹木类、地志类、发掘调查类等。地志类收录了《城子崖》《西阴村史前的遗址》《甘肃考古记》等考古报告，发掘调查类亦收录一系列发掘报告和考古期刊，这样就将金石学研究对象拓展为所有的遗物和遗迹，与现代考古学接轨了。

今天的文物著录形态多样，既有散见于各类发掘报告中的著录,又有以地域和类别划分的专门性著录。虽然已经有《甲骨文合集》《殷周金文集成》《商周青铜器铭文暨图像集成》等大型著录书,但是以往的金石、甲骨著录书仍不容忽视。研究甲骨之时,不能只依赖《甲骨文合集》,还要注重《合集》中每片甲骨的来源、拓片出处和收藏情况,因此其原始的著录书仍比较重要。青铜器的研究亦如此,需要注意青铜器的出土位置、收藏情况、拓片或摹本的出处等问题,因此旧的金石书籍仍具有不可替代的作用。而且有些青铜器已经毁损亡佚,只在某些古人的金石著录书中保留其图像或文字拓片、摹本,尤为珍贵。缘于此,今天的金文学者亦需要注意金石目录学著作,通过这些著作,去找寻文物的原始信息。故容媛先生的著作仍具有重要的学术价值。

《容媛金石学文集》分为金石学、考古学、学术消息等卷次,主体部分包括了容媛先生的金石目录学著作、金石学研究论文以及其他一些相关文献,其中还有一些未曾刊印的重要著作。《文集》还收录了容媛早年为《燕京学报》撰写的“学术界消息”,其中“学术机关消息”介绍了我国早期考古机构和团体的建立及活动情况,是研究我国考古学史的重要资料。“出版界消息”向学术界通报当时出版的各种文史、金石等方面的重要著作,其中包含容媛先生对若干学术著作和学术问题的评价,体现了容媛先生自己的学术创见。

《容媛金石学文集》的出版,是对于容媛先生一生学术活动的纪念。该书的出版,是一件嘉惠学林之事。《文集》不但是研究近现代学术史,探讨金石学向考古学的演变过程的一手材料,而且对今天的出土资料研究仍有重要作用。容媛先生创立的金石目录学体例,亦对今天的文物著录和文物资料索引的编撰具有重要参考价值。为此,我们也应当感谢为这部《文集》编辑出版的所有先生。

《容媛金石学文集》出版之际,应友人之约写几句话,故不揣浅陋,谈些体会,是为序。

卜宪群

二〇二〇年六月

总目录

整理说明

一、《容媛金石学文集》主要收录容媛先生关于金石学、考古学的论著和所编撰的学术消息，著作方式有著(撰)、辑、编等，包括其从报刊摘编改写之文章。全书主体部分包括金石学卷、考古学卷、学术消息三个卷次。书前有相关图片若干，书后有附录。

二、各卷次内容的前后顺序：原著成书者以问世先后排列于前，再排散篇文章，大致以发表时间先后为序，偶有例外。若一文有多个版本，选录最早或最善者，而在该部分内容结束后括注版本或出处。

三、"金石学卷"，主要包括"金石书录目""金石书录目补编""金石书录目校正""燕京大学图书馆所藏石刻草目""秦汉石刻题跋辑录目录"，以及部分碑文如张迁碑、郑固碑等内容的精深解读。

四、《秦汉石刻题跋辑录》是容媛先生在20世纪三四十年代任职于燕京大学哈佛燕京学社时搜集并请人抄录的，收录秦汉石刻350余种、诸家题跋2000余条，2009年由胡海帆整理、上海古籍出版社影印出版。因卷帙浩繁，《容媛金石学文集》仅收其目录。

五、《中国考古学文献目录(1900—1949)》(文物出版社,1991)中的“报刊资料部分”为容媛于1952年在北京大学历史学系考古专业资料室工作时开始搜集整理的,1958年退休后在家继续编辑,1966年基本完成,共收录报刊300余种、论文5700余篇。今特将这部分抽出,列入“考古学卷”。

六、“学术消息”这一板块内容复杂,但来源相对集中:主要是《燕京学报》,且都有金石学、考古学、历史学的影子,旨在为学界提供学术文化信息,所以综合为一个板块。而以其原刊栏目和内容性质大致分为“书评”和“学术消息”两块。其所收文章,所在原报刊标题名称不统一,如“学人消息”与“个人消息”,“学术机关消息”与“学术团体消息”,“文物消息”与“考古消息”等,收录时在上述两块之下以原来所属报刊为基本单元。

七、经此合并后,《燕京学报》原一级标题“国内学术界消息”和二级标题“学术机关消息”“出版界消息”及每期之目录均删除,以其实际内容和条目为标题。因来源比较单一,且时间层次清晰,又属于摘列个人作品,故此部分不再在每篇文后括注出处信息,只在同一期的最后一篇文章后括注出处。其中有极个别篇目非容媛先生编写,但体现了其观点和倾向,故予保留。

八、《燕京学报》1930—1941年第8—29期“国内学术界消息”一栏,署名容媛;1946—1951年第30—40期“学术消息”一栏,未署名,据容媛(署名八爰)所撰《燕京学报第三十期提要》(载《益世报》1946年9月6日)等资料考之,当为容媛所编撰,故一并收录。

九、书后附录有二:一是容媛先生的作品,包括五篇民俗学文章、一篇日记、四通书信和一篇杂文。二是今人所写关于容媛先生的传略和学术评价性文章,凡三篇。

十、关于体例。本书撰主容媛先生一生跨越晚清、民国、新中国三个时代，其作品从内容到体例深奥而复杂。本书汇集时采少动多从原则，对原书和文章内容基本尊重原体例，包括结构、句式、语言特点等。如全书字体体例为简体，但在字形比较和专用名词方面必要时保留繁体字或繁体偏旁；内容方面，无校勘，不同出处的文章内容和形式不强求一致。

十一、关于标点。如上所述，容媛先生的一生近百年，这个时段也正是标点符号使用规则变化最大的时段。比如，顿号的使用，其原作品几乎没有顿号，顿号多为此次整理所改或添加，这会产生顿号和逗号混杂的问题，但考虑到语境不致产生误解，故只能任之。另外，以今天的习惯，文章题目不加标点，正文则尽可能按今天的习惯加标点。总的原则：原文有标点的少改，无标点的酌加。

十二、本书内容，因其摹刻特点和书法、时代等特性，多有异体字、俗体字、惯用字及今天的字库所缺之字。本书的处理方法是：涉及专用名词如人名、地名、物品名，如不致产生误解则保持原貌，如叶（页）、芦沟桥（卢沟桥）、殷虚（殷墟）、扁（匾）、専（砖）、图象（图像）等；带有时代特点且有特殊色彩的字径改，如涉及民族时原用字“猺”“傜”改为“瑶”，“獞”改为“僮”，“猓猡”改为“倮㑩”。凡缺字或今无对应字者均照原样摹画增补，以保存其貌。个别模糊不清、无从判断之字，以空格符代替。

金石学卷

目　录

金石书录目

金石书录目序

昔郑樵曰:“学之不专者,为书之不明也;书之不明者,为类例之不分也。有专门之书,则有专门之学;有专门之学,则有世守之能。人守其学,学守其书,书守其类;人有存没而学不息,世有变故而书不亡。”《通志·校雠略》夫吾国载籍极博,非无专门之书。然而书之不明,类例之不分,虽有千百种之书目,而鲜可供专门之学之求索者矣。今之书目,弊在博而不专。经史子集,每类皆备,而每类皆不备。欲革斯弊,当在分类以求。分类之目,详于释氏:如唐释道宣之《大唐内典录》,僧智升之《开元释教录》是也。清朱彝尊著《经义考》,谢启昆继之作《小学考》,搜罗宏富,治经学及小学者咸便焉。毕沅及章学诚皆有《史籍考》之作,今皆不传。爰及近代,为分类目者颇众:如缪荃孙之《清学部图书馆方志目》,裘冲曼之《中国算学书目汇编》,马叙伦之《清代关于说文著述目录》,王重民之《老子考》之类,无虑数十种。而金石书目乃有四种,其得失可略言焉。

金石之学,盛于宋代。《籀史》著录金石之书凡三十四种,今所存者仅《宣和博古图》,吕与叔《考古图》,薛尚功《历代钟鼎彝器款识法帖》三种。当时无金石之称,《博古图》等书,晁氏《读书志》以入小学,《直斋书录解题》以入书目。马端临谓其所考者古之礼器,则礼文之事也,故《文献通考》以入仪注。洪遵《泉志》,《书录解题》以入杂艺,《文献通考》以入传记,焦竑曰:"入传记非,改食货。"书之不明,类例之不分,斯不知为专门之学矣。《四库全书》系《历代钟鼎彝器款识法帖》于经部小学类字书之属,系《集古录》《隶释》《隶续》等于史部目录类金石之属,系《考古图》《宣和博古图》《啸堂集古录》等于子部谱录类器物之属,系《金石例》于集部诗文评类之属。以金石之书而分列经史子集四库,虽有所受,实为不伦。乾嘉以来,斯学大兴,其书益富。张之洞《书目答问》依郑樵《通志》之例,于史部别出金石一门,分目录之属,图象之属,文字之属,义例之属。然薛氏之书仍入小学,犹未当也。

专录金石之书者,首推叶铭之《金石书目》。清宣统二年西泠印社印行。著录金石书凡四百九十二种,不著时代,不分类属。自记云:"皆就所见专著,或省志抽印,或诸家丛刻,其版佚而仅有传钞,及稿本未刊者亦与焉。"然其书谬误杂出,标目之误者,如樊彬之《畿辅碑目》而以为《畿辅古石刻》;严观之《江宁金石记》而以为《江宁金石考》;李光庭之《吉金志存》而以为《古金志略》;金忠淳之《古泉考》而以为《古泉录》。其撰人之误者,如《金石学录》,李遇孙而以为李富孙;《攈古录》,吴式芬而以为刘喜海;《瘗鹤铭考》,张弨而以为张照;《金石存》,吴玉搢而以为李宗昉。其卷数之误者,如《镜铭集录》二卷而以为四卷;《补寰宇访碑录》五卷而以为十二卷。其非金石书而误收者,如祝肇之《金石契》;黄氏书目承其误,复误改祝肇为祝允明曹籀之《籀书》;黄氏书目承其误姚际恒之《古今伪书考》原误作《金石伪书考》。其重见者,如第一叶《金石文编》八卷,泾县赵绍祖,第十叶又云《金石文钞》八卷,泾县赵绍祖。第五叶《山左金石录》附跋尾,高邮夏宝晋,同叶又云《山右金石录》,高邮夏宝晋。第十一叶《汉碑录文》,鱼台马星垣,第二十六叶又云《汉碑录文》四卷,鱼台马邦玉。第十三叶《薛氏钟鼎款识》二十卷,薛尚功,阮刻本,第二十六叶又云《薛尚功款识法帖》十卷,钱塘薛尚功。第十四叶《钟鼎字源》五卷,泉塘汪立,第二十九叶又云《钟鼎字源》五卷,钱塘汪立名。第十一叶《宝刻丛编》二十卷,宋陈思,翁氏本,第三十叶又云《宝刻丛编》二十卷,陈思。第二十叶《吉金所见录》十六卷,莱阳祁书龄,第二十五叶又云《吉金所见录》十五卷,莱阳初尚龄。皆因书名、卷数、人名之误而析为二。而未载卷数撰人者过半,大抵皆未见原书。著书如此,亦可概矣。

后十五年而有田士懿之《金石名著汇目》,民国十四年自刊本,正目所录二百七十一种,续目三百一种,补遗五十五种,失录三十一种,都六百六十二种。以时代为次,目下间注版本。昔宋赵明诚撰《金石录》,所著录者仅限于器物及碑志。清乾嘉以来,渐及于瓦当専甓。今则古物出土之种类日益滋多。殷虚之甲骨,燕齐之陶器,齐鲁之封泥,西域之简牍,河洛之明器,皆有专书,而金石学之范围日益滋广。此书不收殷虚文字,而续目有《殷虚书契萃编》。此所未喻者一也。目中所收陈介祺所著之《毛公厝鼎考释》以下八种,皆未印行;而已印行之《簠斋金石文考释》《云窗丛刻》本,《簠斋吉金录》风雨楼影印本,《十钟山房印举》涵芬楼影印本,《簠斋藏古册目并题记》广仓学窘铅字本,四种阙而未收。此所未喻者二也。例言云:“无论见书与未见书,稽之载籍,确可征信者,悉予搜录。”则《籀史》所载各书,当时皆确有传本。若云久已遗佚,则赵明诚之《古器物碑铭》《诸道石刻录》,何独录之。此所未喻者三也。其余误称卷数者,如《十六长乐堂古器款识》四卷,《奇觚室吉金文述》二十卷,《周金文存》六卷,而皆云无卷数;《匋斋藏石记》四十四卷而云二十卷;《宋代金文著录表》一卷,《国朝金文著录表》六卷,而均云四卷;且多未注卷数者,亦由未见原书。余初颇致疑于正目续目之分,其意何居?后得读其所著《金石著述名家考略》,乃知暮年劬学,艰于得书,随辑随刊,故一再续之而不已也。

后一年而有黄立猷之《金石书目》,民国十五年铅字本。书分十类:金文类第一,石文类第二,匋文类第三,骨文类第四,地方类第五,法书类第六,义例类第七,题跋类第八,汇考类第九,目录类第十。著录都八百七十八种,补遗四十七种。余以为吾国向以法书为美术之一,故书画常并列。《佩文斋书画谱》及《津逮秘书》中之宋人书画题跋,入之金石,终觉未安。不如另编美术书目,书画属之,明以后人所刻印谱亦属之,而古铜印谱仍入金石,较为允当。此书疏注版本,视田氏为富,而向壁虚造,则视田氏为诬。凡例云"以所藏所见之金石图籍为限,只知其名目者不录",盖不尽然。如《红崖碑释文》而云《红崖石刻释文》,《元丰题跋》而云《南丰题跋》,非标目之误耶?如马昂《货布文字考》而云冯昂,项怀述《隶法汇纂》而云项怀玉,石梁《草字汇》而云袁日森,其他以字为名,如沈西雍,王念丰,王止仲,孙退谷之类,非撰人之误耶?《历代钟鼎彝器款识》二十卷而云十二卷,《筠清馆金文》五卷而云十卷,《古文审》八卷而云四卷,《宋代金文著录表》一卷,《国朝金文著录表》六卷而皆云不分卷,非卷数之误耶?如《阳羡摩崖纪略》原误作录乃江苏而以属湖北,《莆阳金石录》乃福建而以属陕西,《淮阴金石录》《楚州金石录》乃江苏而以属浙江,《古林金石表》乃金石目而以属蒙古,非地名之误耶？如《石鼓文音释》,《十万卷楼丛书》本,《红崖石刻释文》,《拜经楼丛书》本,《竹云题跋》,《粤雅堂丛书》本,而皆无之,非版本之误耶？如《膜外风光》,《籀书》,《书筌》乃《画筌》之误,《木居士书跋》,《墨井题跋》,非金石书而误以为金石书者耶？《墓铭举例》四卷,明王衎乃行之误《墓铭举例》四卷,清王止仲,非重见耶？《金屑录》《石余录》《闽中石刻记》《古籀余论》,皆未刊行,吾又不知其安得刻本而见之藏之耶？吾国书籍,多无目录,检索为难,故此书附录书名及人名索引。然书名人名,只列首一字,如书名古字有四十六,金字有五十九,人名王字有五十二,罗字有六十二,又重之以讹误,吾不知所谓"以便检查"者,其果便否耶？

出书较后,而记载较真者,厥惟林钧之《石庐金石书志》,民国十七年自刊本,著录九百七十种,分分地,断代,录文,存目,图谱,石经,记载,考证,释例,字书,法帖,杂著十二类。昔叶昌炽《语石》谓著录之书传于世者,约而言之,厥例有六:一曰存目,一曰录文,一曰跋尾,一曰分代,一曰分人,一曰分地。又若元潘昂霄《金石例》等书,其宗旨惟在义例书法,不关著录。又谓前人彝器著录,必图其形制。此书分类略仿之。而其自序亦效叶氏,语焉而加详,可为全书之纲领。著录以所藏为限,每书皆有提要,略仿四库及各家藏书记之例,颇便检览。然有可商者五事:此书既分录文,考证二类,则石经之录文者入录文,考证者入考证,不宜特立石经一类。使石经而可为一类,则石鼓当相同,推而至于甲骨文,金文亦相同。法帖之当入美术,已如前述。此一事也。字书当以集字如《汗简》者为限。此之所收,至为凌杂:如《殷虚书契》诸书,如据《殷文存》例,则当入之断代;如据《流沙坠简》例,则当入之分地。又如《殷虚书契考释》《汉隶拾遗》，宜入考证；《隶释》《隶续》，宜入录文；其他若此者不可胜数。盖此书所短在望文分类，而不细考其内容；充类至尽，恐将如近人所编书目，以《扬州十日记》入游记，以《大唐三藏取经诗话》入诗话，以《镜谭》入金石者矣。此又一事也。著者过信钞本，故凡例云："各书有钞本刊本兼备者，录钞本。"不知钞本之胜于刊本者，十不得一。苟有自刊之本，其传钞本更无价值之可言。余之收书，正与著者相反。譬如《瘗鹤铭考》，与其得一旧钞精本，毋宁得一汪氏写刻本；《国学季刊》本《石鼓为秦刻石考》，亦远胜于精钞本。此又一事也。凡例云："或属两人著作，或非一种撰述，均行析出另列。"此书不尽从其例：如《授堂金石》一跋二跋三跋续跋，著者同，版本同，体例同，而分列为四，如《金石录》三十卷，目录十卷，跋尾二十卷，可以分列，而此书不分。此又一事也。明以前序跋，每属空泛之言。清人序跋，则多扼要可作提要读者。而《四库提要》及各家书跋，评论得失，尤多允当。苟前言之可采，不必作之自我。此书提要，多录自前人，虽剪裁具费苦心，而不知所出，读之者终有未慊。此又一事也。若《楚州石柱题名考》《楚州金石录》《楚州城砖录》乃江苏而以属陕西，《徐州金石考》《徐州碑碣考》乃江苏而以属山东，《常山贞石志》乃直隶而以属浙江，《赵州石刻录》乃直隶而以属云南，《泾县金石记》《泾县石刻纪略》乃安徽而以属甘肃，《沙州文录》《沙州石室文字记》乃甘肃而以属新疆，是亦疏于检点也。

民国十一年夏，余与三弟肇祖偕来北平，读书于北京大学研究所国学门拟编次金石书籍，仿《经义考》《小学考》之例，为《金石书录》，分目录，图象，文字，题跋，字书，传记，义例，杂著八类。三弟于此，用力甚勤。十五年夏，三弟南归，余乃独任之。友人林万里取登《生春红》，未十种，而林氏被军阀惨杀。还余教读于燕京大学，薪金所得，半以购书，所见所藏金石书籍，约千种。摘录序跋，凡例，及各家评语，得百余万言。意欲每书为作提要，略述其体例版本得失。修饰润色，尚有所待。今春八妹媛侍母北来，遂委以清理之责，先将目录刊布，以待增益。其分类以器物为经，以体例为纬，虽视前少密，亦有未安。爰评骘四家书目，并述治学经过以弁于首。并世藏家，幸教督之。

中华民国十八年十二月容庚叙于北平成府燕东园

例 言

一、此目以所见所藏为限。其知而未见者,择要补入,于版本之下加圆点识之。

一、此书以器物之种类区分:曰总类,曰金类,曰石类,曰玉类,曰甲骨类,曰匋类,曰竹木类,曰地志类。各类之下,本复分门。然而分类愈密,纠纷愈多,检查亦不便,还复删去。于金类之中,如钱币,如玺印,著作甚富,复析出为泉币类、玺印类,得类凡十。封泥文字由玺印出,故以附玺印焉。

一、原书之可属两类者,如《金石录》之可属目录,亦可属题跋,略疏注于其下,不复互见。又如《长安获古编》之入金类,《浙江専录》之入匋类,而不入地志。《金石例》等之入石类,而不入总类,则因类相附,取其较近者。

一、次要之书,仿《四库存目》之例,低一格录之。

一、刻书之年,或据序文所记,不尽确实,取其近似而已。

一、古铜印谱,多不胜收,录其稍著者。其有石印本,则不书钤印本,以石印本流通较广也。

一、登载于各学报、杂志中之金石论文,有北平图书馆所编之国学论文索引在,故不复录。

一、方志中金石志，有单行本者收入，无单行本者别为附录。其附载于艺文志、古迹志中不及一卷者不录。

一、外国人所著书，其以中国文写者收入，以外国文写者不录。

一、金石影本单种无关著述者不录，集金石文字为楹帖者不录。

一、金石丛书子目分见于各类中，其总目别为附录。

金石书录分类目

一　总类

目录之属　图象之属　文字之属　通考之属
题跋之属　字书之属　杂著之属　传记之属

二　金类

目录之属　图象之属　文字之属　通考之属
题跋之属　字书之属　杂著之属

三　钱币类

目录之属　图象之属　文字之属　题跋之属
杂著之属

四　玺印类附封泥

目录之属　图象之属　文字之属　通考之属
字书之属

五　石类

目录之属	图象之属	文字之属	通考之属
题跋之属	义例之属	字书之属	杂著之属

六　玉类

目录之属	图象之属	通考之属	题跋之属
杂著之属			

七　甲骨类

图象之属	文字之属	通考之属	义例之属
字书之属			

八　匋类

图象之属	文字之属	通考之属

九　竹木类

文字之属

十　地志类

目录之属	图象之属	文字之属	题跋之属
杂著之属			

金石书录目卷一

总类第一

金石录三十卷　宋东武赵明诚（德父）编著　顺治四年谢世箕刻本　牛运震空山堂刻本　乾隆二十七年雅雨堂丛书本　三长物斋丛书本　行素草堂金石丛书本　结一庐丛书本附缪荃孙札记一卷今存碑目一卷　书分目十卷跋尾二十卷

金石略三卷　宋莆田郑樵（渔仲）辑　学古斋金石丛书本从通志录出

寒山金石林部目一卷　明吴郡赵均（灵均）著　晨风阁丛书本

寒山金石林时地考二卷　明吴郡赵均（灵均）撰　粤雅堂丛书本

金石备考十四卷　明关中来濬（梅岑）搜辑　燕京大学图书馆藏传钞本　以地区分与天下金石志体例相同

天下金石志十五卷　明宛平于奕正（司直）编　崇祯五年坛勺堂刻本　李彚堂修订于藻重刻本　顾氏金石舆地丛书本

古林金石表一卷　清秀水曹溶（秋岳）辑　赐砚堂丛书乙集本

潜研堂金石文字目录八卷　清嘉定钱大昕（竹汀）著　嘉庆十年潜研堂全书本　长沙龙氏重刻全集本

筠清馆金石文字目二卷续目二卷　清南海吴荣光（荷屋）辑

东方文化会图书馆藏潘祖荫旧藏本

竹崦庵金石目录五卷　清仁和赵魏(晋斋)集　宣统元年吴士鉴校刻本　食旧堂丛书本

金石丛目录二册　清利津李佐贤(竹朋)辑　燕京大学图书馆藏孙汝梅缪荃孙旧藏钞本

攈古录二十卷　清海丰吴式芬(子苾)著　家刻本　自三代迄元都一万八千余种目录以此为最富

金石汇目分编十卷　清海丰吴式芬(子苾)著　自刻红印残本　已刻者江苏安徽浙江福建山东山西甘肃七省陕西四川成上卷直隶成下卷余存稿本未刻

艺风堂金石文字目十八卷　江阴缪荃孙(筱珊)著　光绪三十二年刻本　拓本于民国十二年归北京大学研究所国学门

艺风堂金石文字续目五卷　江阴缪禄保(子受)编辑　中多讹误　容庚藏传钞本　拓本亦归北京大学研究所国学门

雪堂藏古器物目录一卷　上虞罗振玉(叔言)著　民国十三年东方学会铅字本

金石萃编补目三卷　清长沙黄本骥(虎痴)编次聚学轩丛书第三集本

辽金石存目一卷　江阴缪荃孙(筱珊)辑　光绪二十二年云自在堪自刻本附辽文存后

癖好堂收藏金石书目一卷　清归安凌霞(子与)著　民国十九年瑞安陈氏刻本

金石书目一卷　仁和叶铭(叶舟)编订　宣统二年叶氏存古丛书铅字本

金石名著汇目一卷续一卷附补遗　高唐田士懿(惠丞)辑录　民国十四年自刻本

金石书目十卷　沔阳黄立猷(毅侯)辑　民国十五年铅字本

上总类目录之属

金石图二卷 清滋阳牛运震(阶平)集说 郃阳褚峻(千峰)摹图 乾隆八年及十年原石刻本 光绪十九年贵池刘氏木刻补目本名金石图说 四库总目分作金石经眼录一卷金石图二卷 容庚藏初拓本只有前一卷末无李翕碑是吾碑五瑞图三种盖此三种有图无说乃后来增补者也

金石契五卷 清海盐张燕昌(芑堂)撰 乾隆三十六年刻本金十二种石二十一种 四十三年重定本金二十种石十种又一本金二十四种石二十七种 嘉庆元年重定本金三十二种石十八种 八年重定本金五十三种石二十二种附录四种续录二种 光绪二十二年刘氏聚学轩重刻本 案乾隆三十六年张氏年三十四嘉庆八年年六十六其八年重定本凡例前云是集弱冠即付梓今此本不可得而见其乾隆四十三年本视三十六年本已有增删刘氏重刻本器物之数与八年重定本同而文字复有修改张氏卒于嘉庆十九年年七十七意此书自弱冠至死凡五十七年屡经变易传世之本当不只前列六种已也

求古精舍金石图四卷 清乌程陈经(抱之)著 嘉庆十八年说剑楼自刻本

金石萃一卷 清云间冯承辉(少眉)著 嘉庆二十三年自刻本

金石索十二卷 清紫琅冯云鹏(晏海)云鹓(集轩)同辑 道光元年自写刻本金索六卷石索六卷

金石苑六卷 清东武刘喜海(燕庭)著 道光二十八年来凤堂自刻本 同文图书馆石印本 民国十三年武进陶氏石印本 此书原无目录六译馆丛书有金石苑补目一卷石印本亦有总目较六译馆本略异且未列各碑所在地

二百兰亭斋收藏金石记四册 清归安吴云(平斋)著 咸丰六年吴让之写刻本后删去石刻五种增订为两罍轩彝器图释 民国十二年石印本

二百兰亭斋金石文字七种 清归安吴云(平斋)著 同光间钩刻本 所见凡七种一周虢季子白盘铭考二汉西岳华山庙碑三东海庙碑四建安弩机五唐化度寺碑六温虞公碑七宋惠山听松石床题字

金石屑四卷附附编 清嘉兴鲍昌熙(少筠)摹 光绪三年自刻本

皆张廷济旧藏器物

金石文字二册　清嘉兴张廷济(叔未)辑　光绪十一年四会严氏鹤缘斋石印本

清仪阁所藏古器物文十卷　清嘉兴张廷济(叔未)辑　民国十四年涵芬楼石印本

宝鸭斋金石拓存一卷　长沙徐树钧(叔鸿)辑　民国十四年石印本

艺术类征四集四卷　杭县邹安(适庐)辑　艺术丛书本

双王玺斋金石图录一卷　杭县邹安(适庐)辑　艺术丛书第四集本　又单行本

雪堂所藏古器物图一卷　上虞罗振玉(叔言)辑　民国十二年影印本

雪堂所藏古器物图说一卷　上虞罗振玉(叔言)著　民国二十二年辽居杂著乙编石印本

古器物范图录三卷附说　上虞罗振玉(叔言)辑　民国五年自影印本　艺术丛编本同

衡斋金石识小录二卷　北平黄濬(伯川)辑　民国二十四年影印本

集古虎符鱼符考一卷　清嘉定瞿中溶(木夫)编辑　其子树镐校刻本附集古官印考后　百一庐金石丛书本

历代符牌图录一卷后编一卷　上虞罗振玉(叔言)辑　民国三年及五年影印本　民国十四年罗福葆福颐摹石印增订本二卷附补遗图由摹写不如前书影印拓本之精

隋唐兵符图录一卷附说　上虞罗振玉(叔言)集　海宁王国维(静安)附说　宣统三年国学丛刊石印本

上总类图象之属

平安馆金石文字七种　清汉阳叶志诜(东卿)辑　道光间钩刻本所见凡七种一岱顶秦篆残刻二仿铸汉建初铜尺三酸枣令刘熊碑四娄寿

碑五庙堂碑唐本存字六虞恭公温彦博碑七日本残碑

随轩金石文字九种　清上海徐渭仁（随轩）辑　道光二十三年钩刻本　同治七年徐大有补刻本

艺海楼金石文字一册　清元和顾沅（湘舟）辑　民国十年震亚书局石印本

金石文字一卷　清嘉兴鲍昌熙（少筠）辑　民国二十年秀水朱氏石印本

二铭草堂金石聚十六卷　清衢州张德容（松坪）著　同治十一年二铭草堂钩刻本　钩刻失真

望堂金石初集三十九种二集十八种　宜都杨守敬（星吾）辑　同治至宣统间飞青阁钩刻本

秦金石刻辞三卷　上虞罗振玉（叔言）辑　民国三年自影印本

金泥石屑二卷附说一卷　上虞罗振玉（叔言）辑　民国五年自影印本　艺术丛编第一集本同

地券征存一卷　上虞罗振玉（叔言）撰　民国七年石印巾箱本

蒿里遗珍一卷　上虞罗振玉（叔言）辑　民国三年贻安堂影印本

蒿里遗珍拾补一卷　杭县邹安（适庐）辑　艺术丛编第一集本

草隶存六卷　杭县邹安（适庐）辑　民国十年广仓学窘影印本

金石蕃锦集初二集　嘉兴胡光炜（小石）辑　民国七年震亚书局石印本将原拓本放大

金石古文十四卷　明成都杨慎（升庵）辑　函海本　学古斋金石丛书光绪三十年刻本

求古录一卷　清昆山顾炎武（亭林）撰　行素草堂金石丛书本

金石存十五卷　清淮安吴玉搢（山夫）著　乾隆四十五年函海本初名金石癖讹舛甚多　嘉庆二十四年山阳李氏闻妙香室精刻许梿写本

张氏吉金贞石录五卷　清吴县张埙（瘦桐）著　民国十八年燕京大学哈佛燕京学社刻本　增订兴平扶风郿三县金石志稿而成

两汉金石记二十二卷　清大兴翁方纲（覃溪）撰　乾隆五十四年

南昌使院自刻本　翻刻本有两种

南汉金石志二卷　清嘉应吴兰修(石华)撰　道光十四年香山郑氏刻本　道光三十年岭南遗书本　翠琅玕馆丛书本

金石文钞八卷续钞二卷　清泾县赵绍祖(琴士)著　嘉庆七年自刻本　光绪二年赵集成重刻本

金石萃编百六十卷　清青浦王昶(述庵)撰　嘉庆十年自刻本　翻刻本　光绪十九年上海醉六堂石印小本　扫叶山房石印小本

读金石萃编条记一卷　清吴县沈钦韩(文起)撰　烟画东堂小品本

金石萃编校字记一卷　上虞罗振玉(叔言)著　光绪十一年刻本

金石萃编未刻稿三卷　清青浦王昶(述庵)撰　民国七年上虞罗氏石印箱本

平津馆金石萃编二十卷补编不分卷　清乌程严可均(铁桥)著　北平图书馆藏原稿本缺卷十五至十七三卷

金石续编二十一卷　清武进陆耀遹(绍闻)纂　同治十三年毗陵双白燕堂刻本后版归上虞罗氏　民国十三年罗氏校正补释本　醉六堂石印小本　扫叶山房石印小本

金石萃编补略二卷　清仁和王言(兰谷)撰　光绪八年自刻本

金石萃编补正四卷　清大兴方履篯(彦闻)撰　光绪二十年上海醉六堂石印本　扫叶山房石印本　附渑池新郑鹿邑碑目

八琼室金石补正一百三十卷目录三卷祛伪一卷札记四卷元金石偶存一卷　清大仓陆增祥(星农)撰　民国十四年吴兴刘氏希古楼刻本

希古楼金石萃编十卷　吴兴刘承幹(翰怡)撰　民国二十二年刻本　金五卷石五卷

话兰堂后金石纪存二十卷　清晋安冯缙(笏轩)著　林钧藏稿本

十二砚斋金石过眼录十六卷续录六卷　清仪征汪鋆(砚山)著

光绪元年自刻本

函青阁金石记四卷　清商城杨铎(石卿)撰　民国二十年瑞安陈氏刻本

上总类文字之属

六艺之一录四百六卷　清钱塘倪涛(昆渠)著　商务印书馆影印四库全书本

权衡度量实验考一卷　清吴县吴大澂(清卿)撰　自刻本　民国四年上虞罗氏重刻本　仅成权度二篇量缺

名原二卷　清瑞安孙诒让(仲容)著　光绪三十一年自刻本　中多缺字容庚曾据传钞本校补

两周金石文韵读一卷　海宁王国维(静安)著　学术丛编第二集写印本　王忠悫公遗书初集本

学古发凡八卷　日本高田忠周(竹山)著　日本古籀篇刊行会印本

古代铭刻汇考四种　乐山郭沫若(鼎堂)著　民国廿二年日本文求堂石印本　一殷契余论二金文续考三石鼓文研究四汉代刻石二种

古代铭刻汇考续编一卷　乐山郭沫若(鼎堂)著　民国二十三年日本文求堂石印本

上总类通考之属

集古录跋尾十卷　宋庐陵欧阳修(永叔)著　欧阳文忠公全集(一百三十四至一百四十三)本　顺治十年谢启光校刻本　青照楼丛书本　三长物斋丛书本　行素草堂金石丛书本　汲古阁本六一题跋附外集杂题跋一卷与各本异

东观余论二卷　宋武阳黄伯思(长睿)著　明项氏万卷楼仿宋刻本　王氏书画苑本　津逮秘书本　学津讨原本　邵武徐氏丛书本　论说书画杂著不尽金石跋也

广川书跋十卷　宋广川董逌(彦远)著　王氏书画苑本　津逮秘书本　行素草堂金石丛书本　适园丛书本

石云先生金石评考一卷　明丹阳孙桢(仲廧)著　万历四十六年姜道生校刻本

金石文字记六卷　清昆山顾炎武(宁人)著　亭林遗书本　借月山房汇钞本　泽古斋丛钞本

金石文字记补遗一卷　清吴江潘耒(次耕)辑　附金石文字记卷六后

金石续录四卷　清襄城刘青藜(太乙)著　康熙四十九年传经堂刻本　学古斋金石丛书光绪二十八年刻本

金石录补二十七卷续跋七卷　清昆山叶奕苞(九来)著　别下斋丛书本二十七卷　涉闻梓旧本续七卷　行素草堂金石丛书翻刻正续本　昭代丛书本辑录三十一条名金石小笺二卷　中国书店铅字本作经锄堂金石小笺

来斋金石刻考略三卷　清侯官林侗(于野)纂辑　嘉庆二十一年冯缙校刻本　道光二十一年春晖堂丛书本　二本不同

曝书亭金石文字跋尾六卷　清秀水朱彝尊(锡鬯)著　光绪九年朱氏槐庐刻本　翠琅玕馆丛书本　皆从曝书亭集录出

观妙斋藏金石文考略十六卷　清嘉兴李光暎(子仲)纂　雍正七年自刻本

金石三跋一跋四卷二跋四卷三跋二卷续跋十四卷　清偃师武亿(虚谷)著　武木淳刻本　道光十一年重刻授堂全集本

潜研堂金石文跋尾六卷续七卷又续六卷三续六卷　清嘉定钱大昕(竹汀)著　潜研堂全书本　长沙龙氏重编二十卷本

古泉山馆金石文编残稿四卷　清嘉定瞿中溶(木夫)撰　适园丛书本　从湖南通志金石续编等书辑出

石经阁金石跋文一卷　清嘉兴冯登府(云伯)著　行素草堂金石丛书本

古墨斋金石跋六卷　清泾县赵绍祖(琴士)辑　嘉庆十五年续泾川丛书本　聚学轩丛书第二集本

铁桥金石跋四卷　清乌程严可均(景文)著　光绪三十一年秀水王氏补刻本　聚学轩丛书第三集本

清仪阁题跋四卷　清嘉兴张廷济(叔未)著　仁和魏锡曾(稼孙)辑　光绪十九年丁立诚刻本

清仪阁金石题识四卷　清嘉兴张廷济(叔未)著　嘉兴陈其荣(桂庼)编辑　光绪二十年观自得斋丛书本

宝铁斋金石文跋尾三卷　清元和韩崇(履卿)著　光绪四年滂喜斋丛书本

退庵金石书画跋二十卷　清长乐梁章钜(茝林)著　道光二十五年自刻本　金石五卷书五卷画十卷　福州梁氏校刻本二卷版后归杭县郑氏小琳琅馆卷上石刻跋卷下书画跋与前书略异乃未定之稿也

东洲草堂金石跋五卷　清道州何绍基(子贞)著　民国五年西泠印社聚珍版本　民国十四年湖南丛书本　均从东洲草堂文钞卷六至卷十辑出

古兵符考略残稿一卷　清吴江翁大年(叔均)著　民国五年罗振玉写印本

古铜爵书屋金石文补遗一卷　清商邱宋世荦(确山)撰　咸丰十年孙三锡校刻本

枕经堂金石书画题跋三卷　清怀宁方朔(小东)著　同治元年刻本　原书无书画跋故西泠印社聚珍版本改名枕经堂金石跋

宜禄堂收藏金石记六卷　清宝应朱士端(铨甫)编辑　同治二年春雨楼丛书本　西泠印社聚珍版本缺补编九种

石泉书屋金石题跋一卷　清利津李佐贤(竹朋)著　宣统三年房山山房丛书本

开有益斋金石文字记一卷　清上元朱绪曾(述之)著　光绪六年翁氏茹古阁刻本附开有益斋读书志后

簠斋金石文考释一卷　清潍县陈介祺(寿卿)著　云窗丛刻袖珍本

香南精舍金石契一卷　清长白觉罗崇恩（仰之）撰　原稿石印本

金石笔识一卷　清独山莫友芝（子偲）著　同治十二年莫绳孙刻本附宋元旧本书经眼录后　又翻刻本

怀珉精舍金石跋尾一卷　清乌程李宗莲（少青）著　民国十六年上虞罗氏铅字本　国粹学报六卷十一十二号本较多四条及凌霞序　晨风阁丛书甲集铅字本

爱吾庐题跋一卷　清同安吴世宜（西邨）撰　光绪五年龙溪林维源写刻本　民国十二年板桥林氏铅字本

陶斋金石文字跋尾一卷　清吴江翁大年（叔均）著　雪堂丛刻本

汉石经室金石跋尾一册　清川沙沈树镛（均初）著　林钧藏稿本

冠悔堂金石题跋五册　清侯官杨浚（雪沧）著　林钧藏稿本

金石文字跋尾二卷　清长洲潘钟瑞（麟生）编　光绪初年香蝉精舍集（卷十九二十）刻本

广雅堂论金石札五卷　清南皮张之洞（孝达）著　民国二十二年刻本

宝鸭斋题跋三卷　长沙徐树钧（叔鸿）著　宣统二年宏文社石印手稿本

壬癸金石跋己庚金石跋丁戊金石跋一卷　宜都杨守敬（星吾）著　光绪三十三年自刻本附晦明轩稿后

邻苏老人手书题跋二册　宜都杨守敬（星吾）著　民国五年石印手稿本凡四十三条半金石跋半书画书籍跋

九钟精舍金石跋尾甲编一卷乙编一卷　钱塘吴士鉴（䌹斋）著　宣统二年自刻本

独笑斋金石文考第一集五卷第二集八卷　长沙郑业敩（君觉）著　民国十八年其子沅手写石印本　光绪十三年自刻本名独笑斋金石考略四卷　光绪二十三年石印本名金石古文考一卷凡四篇改订而成今名

独笑斋金石文考残稿一卷　长沙郑业敩（君觉）著　民国二十四年东莞容氏校印铅字本　存唐碑考证七十种

三邕翠墨簃题跋四卷　义州李葆恂（叔默）著　民国十一年其子放据家藏真迹校刻本　卷一为金石跋卷二至四为书画跋

循园金石文字跋尾二卷　山阴范寿铭（鼎卿）著　民国十二年石印本

泉山古物编三卷　长乐施景琛（涵宇）著　民国十三年铅字本　上卷金属中卷石属下卷陶属多伪器

辽代金石录四卷　南海黄任恒（秩南）辑　民国十四年辽痕四种铅字本

雪堂金石文字跋尾四卷　上虞罗振玉（叔言）著　民国九年永丰乡人稿刻本　光绪三十三年铅字本名唐风楼金石文字跋尾一卷增订而成今名

云窗漫稿一卷　上虞罗振玉（叔言）著　永丰乡人稿刻本

松翁近稿一卷附补遗　上虞罗振玉（叔言）著　民国十四年铅字本

丙寅稿一卷　上虞罗振玉（叔言）著　民国十六年铅字本

丁戊稿一卷　上虞罗振玉（叔言）著　民国十八年铅印本

辽居稿一卷　上虞罗振玉（叔言）著　民国十八年石印本

松翁未焚稿一卷　上虞罗振玉（叔言）著　民国二十二年辽居杂著乙编石印本

车尘稿一卷　上虞罗振玉（叔言）著　民国二十三年辽居杂著丙编石印本　以上七种所收以金石题跋为多

雪堂所藏金石文字簿录一卷　上虞罗振玉（叔言）撰　民国十六年东方学会石印本

籀史一卷　宋丹阳翟耆年（伯寿）撰　守山阁丛书本　静园丛书本　西泠印社聚珍版本　原二卷缺下卷　乃金石书提要

石庐金石书志二十二卷　闽侯林钧（亚杰）著　民国十二年自刻本

诸城王氏金石丛书提要一卷　诸城王维朴（齐民）述　民国十

九年铅印本

上总类题跋之属

金石韵府五卷　明毗陵朱云(时望)辑　云间俞显谟(子昭)校　明嘉靖间朱印本(序目蓝印)

广金石韵府五卷　清古闽林尚葵(朱臣)辑　康熙九年周氏赖古堂重订朱墨印本　咸丰七年张凤藻刻本易名增广金石韵府篆书恶劣

六书通十卷　清五湖闵齐伋(寓五)辑　海盐毕弘述(既明)篆订　乾隆六十年刻本　光绪七年李希祁重刻本　坊刻本

六书通摭遗十卷　清海盐毕星海(昆原)辑　嘉庆六年基闻草堂自刻本

说文古籀疏证六卷　清武进庄述祖(葆琛)著　功顺堂丛书本　光绪二十年庄殿华刻本　珍艺宧遗书本仅刻其目及条例一卷

说文古籀补十四卷附录一卷　清吴县吴大澂(清卿)撰　光绪十年写刻本　光绪十二年点石斋石印小本　光绪二十四年增辑刻本

说文古籀补补十四卷附录一卷　黄县丁佛言著　民国十三年宣纸写印本　粉连纸重印本

说文古籀三补十四卷附录一卷　溧阳强运开(梦渔)辑　民国二十四年商务印书馆石印本

文源十二卷附录二卷　闽县林义光(药园)著　民国九年写印本

秦书集存十四卷补遗二卷　天津华学涑(石斧)撰　民国十一年天津博物院石印本

朝阳阁字鉴三十六卷　日本高田忠周(竹山)著　大正十四年石印补正本　又小本　民国十五年碧梧山庄石印本据此增改易名金石大字典汪仁寿辑

古籀篇百卷补遗十卷隶文索引二卷篆文索引一卷附转注假借说一卷　日本高田忠周(竹山)著　民国十四年日本古籀篇刊行会印本附建首检字一卷蔡廷幹(耀堂)编

古籀文汇编一册　云间马德璋辑　民国二十三年石印小本所

收甲骨文金文以笔画多少为次不知何故仅收至说文卷五之字而止

古籀汇编十四卷　临海徐文镜编　民国二十四年商务印书馆石印本　纂集钟鼎字源说文古籀补说文古籀补补金文编古玺文字征殷虚文字类编六书之字而成而删去各书中附录之字

上总类字书之属

格古要论二卷　明云间曹昭(明仲)著　洪武二十年金陵荆山书林刻本　明胡文焕格致丛书本

新增格古要论十三卷　明云间曹昭(明仲)著　吉水王佐(功载)校增淑躬堂刻本

金石余论一卷　清嘉兴李遇孙(金澜)撰　古学汇刊第二集本

金玉琐碎二卷　清甘泉谢堃(佩禾)著　春草堂集本　春草堂三种本　美术丛书后集第八集本

天壤阁杂记一卷　清福山王懿荣(廉生)著　光绪二十一年灵鹣阁丛书本　美术丛书初集第六集本　王文敏公遗集(卷七)本

翠墨园语一卷　清福山王懿荣(廉生)辑录　古学汇刊第一集本

俑庐日札一卷　上虞罗振玉(叔言)著　民国二十三年东莞容氏铅字本　民国二十四年重订石印本

生春红室金石述记一卷　闽侯林万里(白水)著　民国二十四年东莞容氏铅字本

陈簠斋丈笔记附手札一卷　清潍县陈介祺(寿卿)著　滂喜斋丛书本　与吴云王懿荣等讨论金石函件

簠斋尺牍十二册　清潍县陈介祺(寿卿)著　民国八年涵芬楼石印本　与潘祖荫王懿荣等讨论金石函件　又石印本五册与吴大澂讨论金石函件

吴愙斋尺牍一册　清吴县吴大澂(清卿)著　商务印书馆石印本与王懿荣讨论金石函件

鲍臆园丈手札一卷　清歙鲍康(子年)著　滂喜斋丛书本　与潘祖荫讨论金石函件

清仪阁杂咏一卷　清嘉兴张廷济(叔未)稿　道光十九年自刻本　静园丛书本　美术丛书后集第一集本

东洲草堂金石诗一卷　清道州何绍基(子贞)著　西泠印社聚珍版本　从东洲草堂诗钞辑出尚有未尽

金石摘不分卷附续刻　清郴州陈善墀(丹皆)辑　同治十二年浏阳县学刻本采录金石法帖千种每种摘录数字或数十字真伪杂糅无足取者

上总类杂著之属

金石学录四卷　清嘉兴李遇孙(金澜)辑　道光四年芝省斋自刻本　丹徒刘氏重刻本　民国三年西泠印社聚珍版本　古学汇刊第二集本

金石学录补三卷　清归安陆心源(刚甫)编　光绪十二年自刻本

金石学录续补二卷附附录拾遗　余杭褚德彝(礼堂)述　民国八年石画楼仿宋铅字本

金石著述名家考略一卷续一卷再续一卷拾遗一卷　高唐田士懿(惠忱)辑　民国十七年刻本

宝素室金石书画编年录二卷　清僧达受(六舟)著　古学汇刊第二集本

瞿木夫自订年谱一卷　清瞿中溶(木夫)著　缪荃孙(筱珊)校定　嘉业堂丛书本

徐寿臧年谱一卷　清徐士燕(穀孙)编　古学汇刊第二集本　嘉业堂丛书本　汇刊本较详

上总类传记之属

上总类一百五十三部附录二十六部

金石书录目卷二

金类第二

三代鼎器录一卷　唐吴协著　说郛本　只录彝器目二百八十七种乃宋以后人所作而托名唐人者

清仪阁集古款识一卷　清嘉兴张廷济(叔未)著　民国八年商务印书馆景印手稿本

东武刘氏款识一卷　清潍县陈介祺(寿卿)著　民国八年商务印书馆景印手稿本　附清仪阁集古款识后

簠斋藏古目三册　清潍县陈介祺(寿卿)著　民国十四年陈文会石印手稿本后附瓦当目封泥目玺印目泉范目四种　民国九年广仓学宭铅字本名簠斋藏古册目并题记一卷

长安获古编目一卷附已刻目　清仁和胡琨(次瑶)著　民国二十二年瑞安陈氏校刻本　记器之大小尺寸可补长安获古编之未备

名家藏器目十五卷　清元和江标(建霞)辑　光绪二十一二年灵鹣阁丛书本　计积古斋平安馆清仪阁怀米山房两罍轩木庵梅花草庵簠斋窸斋嘉荫簃爱吾鼎斋石泉书屋双虞壶斋选青阁十四家

宋代金文著录表一卷　海宁王国维(静安)著　民国三年雪堂丛刻本　王忠悫公遗书二集本　容庚重编　民国十八年北海图书馆月刊第

一卷第五号单行本

国朝金文著录表六卷　海宁王国维(静安)著　民国三年雪堂丛刻本　王忠悫公遗书二集重定本

国朝金文著录表补遗二卷校勘记一卷　丹徒鲍鼎(扶九)著　民国二十年石印本　间收伪器鉴别未精

国朝金文著录表校记一卷　上虞罗福颐(子期)著　民国廿二年七月石印本

三代秦汉金文著录表八卷附补遗　上虞罗福颐(子期)著　民国二十二年墨缘堂石印本　未收周金文存

海外吉金录一卷　上虞罗振玉(叔言)著　民国十一年永丰乡人杂著本

内府藏器著录表二卷附录一卷　上虞罗福颐(子期)著　民国二十二年墨缘堂石印本

日照丁氏藏器目一卷　丹徒陈邦福(墨迻)辑补　民国二十年瑞安陈氏校刻本

褒残守缺斋藏器目一卷附瓦当目　丹徒鲍鼎(扶九)集录　民国廿二年蟫隐庐石印本

金文分域编二十一卷　胶西柯昌济(纯卿)编集　民国二十四年铅字本

上金类目录之属

考古图十卷　宋汲郡吕大临(与叔)著　北平图书馆藏明刻黑字本　明万历郑朴考正巾箱本　万历二十九年吴万化宝古堂刻本　(后改名泊如斋东书堂等)　清乾隆十八年黄晟亦政堂重修宝古堂本

博古图录三十卷　宋王黼等撰　元至大重修本　明嘉靖七年蒋旸翻至大本明翻至大本　万历二十四年郑朴考正巾箱本　万历二十七年广陵于承祖刻本　万历二十八年吴万化宝古堂刻本　(后改名泊如斋东书堂等)　万历二十八年新都饶养蒙刻本　清乾隆十七年黄晟亦政堂重修宝古堂本

续考古图五卷附考古图释文　宋阙名　十万卷楼丛书第三集本

古器具名二卷　明钱塘胡文焕(德甫)著　格致丛书本　鼎尊罍彝之属每类摹取一器杂钞博古图录考古图古玉图三书而成四库存目极诋之

西清古鉴四十卷附钱录十六卷　清梁诗正等奉敕编　清乾隆十六年内府刻本光绪十四年迈宋书馆铜版影印本　光绪十四年鸿文书局石印小本　光绪三十四年集成图书公司石印小本　民国十五年云华居庐石印小本

宁寿鉴古十六卷　清高宗敕编　民国二年涵芬楼依宁寿宫写本石印小本

西清续鉴甲编二十卷附录一卷　清高宗敕编　宣统二年涵芬楼依宁寿宫写本石印小本

西清续鉴乙编二十卷　清高宗敕编　民国二十年北平古物陈列所石印小本

十六长乐堂古器款识考四卷　清嘉定钱坫(献之)著　嘉庆元年自刻本　民国廿二年开明书局翻刻本

怀米山房吉金图一卷　清苏州曹载奎(秋舫)辑　道光十九年自刻石本　苏州尊汉阁翻刻石本　日本明治十五年文石堂翻刻木本　民国十一年陈氏影印石本

长安获古编二卷　清东武刘喜海(燕庭)著　自刻本　光绪三十一年刘鹗补刻标题本

吉金志存四卷　清宝坻李光庭(朴园)辑　咸丰九年自刻本　所收以钱币为多彝器伪者十九图既不精说亦简陋

两罍轩彝器图释十二卷　清归安吴云(平斋)著　同治十一年自刻本　文瑞楼石印本

攀古楼彝器款识二册　清吴县潘祖荫(伯寅)著　同治十一年滂喜斋自刻王懿荣手写本　又后印本补板多无直格　民国二年西泠印社重

刻本

恒轩所见所藏吉金录一卷　清吴县吴大澂（清卿）著　光绪十一年自刻本　西泠印社重刻本

陶斋吉金录八卷　清浭阳端方（午桥）著　光绪三十四年自石印本　有正书局石印本略小

陶斋吉金续录二卷附补遗　清浭阳端方（午桥）著　宣统元年自石印本　有正书局石印本略小

移林馆吉金图识一卷　清日照丁麟年（芾臣）著　自石印本

梦郼草堂吉金图三卷续编一卷　上虞罗振玉（叔言）辑　民国六年自影印本

梦坡室获古丛编十二卷　乌程周庆云（梦坡）藏器　海宁邹寿祺（景叔）编次　民国十六年石印本　中多伪器

宝蕴楼彝器图录一卷　东莞容庚（希白）编　民国十八年影印本　选录奉天故宫藏器

周铜器五册　北平古物陈列所编辑　民国四年影印本　后首册售缺改第五册为第一册　民国十九年重印四册本改名为商周彝器

新郑古器图录二卷　开封关百益撰　民国十八年涵芬楼影印本

新郑出土古器图志初编一卷续编一卷附编一卷　吴县蒋鸿元（寿芝）辑　民国十二年影印本

新郑古器发见记一卷附录一卷　王幼侨辑录　民国十三年铅字本

传古别录第一集　开封关葆谦（百益）辑　民国十七年影印本　用澄泥摹刻新郑出土彝器十种形状逼真

澂秋馆吉金图二册　北平孙壮（伯恒）编次　民国二十年石印本

颂斋吉金图录一卷　东莞容庚（希白）著　民国廿二年影印本

武英殿彝器图录二册　东莞容庚（希白）著　民国二十三年影印本　选录热河故宫藏器

双剑誃吉金图录二卷　海城于省吾（思泊）著　民国廿三年影

印本

善斋吉金录二十八册　庐江刘体智（晦之）著　民国二十三年石印本　内分十录一乐器录二礼器录三古兵录四度量衡录五符牌录六玺印录七泉录八镜录九梵象录十任器录

善斋彝器图录三册　东莞容庚（希白）著　民国二十五年哈佛燕京学社影印本　选录善斋所藏彝器一百七十五器

两周金文辞大系图录二编　乐山郭沫若（鼎堂）著　民国二十四年日本文求堂影印本　考释三册别行　又民国二十一年初版两周金文辞大系二卷无图

海外吉金图录三册　东莞容庚（希白）著　民国二十四年考古学社影印本　著录日本所藏中国铜器一百五十八器

十二家吉金图录二册　番禺商承祚（锡永）著　民国二十四年影印本

贞松堂吉金图三卷　上虞罗振玉（叔言）著　民国二十四年墨缘堂影印本

陶斋旧藏古禁全器并说一帙　美国福开森著　民国十四年图石印本说铅字本　附英译文

齐侯四器考释一卷　美国福开森著　铅字本　附英译文

𠫑氏编钟考释一卷　徐中舒著　民国二十一年中央研究院历史语言研究所影印本

楚宝斋藏器图释一卷　定远方焕经（伯常）著　民国二十三年铅字本

寿县所出楚器图释一卷　永嘉刘节（子植）著　民国廿四年影印本

待时轩传古别录一卷附说　上虞罗振玉（叔言）著　民国十七年石印本　摹刻铜器中之错金银为文不可施氈墨者十种附唐封泥之硃墨书者二种

焦山古鼎考一卷　清新城王士禄（西樵）图释　昭代丛书本

焦山鼎铭考一卷　清大兴翁方纲(覃溪)著　乾隆三十八年自刻本　叶志诜重刻本　百一庐金石丛书本

周遂鼎图识题咏一卷　清汉阳叶志诜(东卿)辑　自刻本

盘亭小录一卷　清刘铭传(省三)著　同治十二年自刻本　铅字本

魏熨斗一卷　清嘉兴沈涛(西雍)著　道光十六年隶书自写刻本

浣花拜石轩镜铭集录二卷　清嘉定钱坫(献之)著　嘉庆二年自刻本附古器图后　百一庐金石丛书本

藤花亭镜谱八卷　清顺德梁廷枏(章冉)著　道光二十五年自刻本　民国廿三年顺德龙氏铅印本无图

簠斋藏镜二卷　清潍县陈介祺(寿卿)藏器　民国十四年蟫隐庐石印本

古镜图录三卷附补遗　上虞罗振玉(叔言)撰集　民国五年自影印本

小檀栾室镜景六卷　南陵徐乃昌(积余)辑　民国廿二年石印本

唐赐铁券考一卷　清钱塘钱泳(梅溪)录　乾隆五十九年表忠观刻本

金涂铜塔考一卷　清钱塘钱泳(梅溪)录　嘉庆元年表忠观刻本

宣德鼎彝谱八卷　明吴中吕震奉敕编次　光绪九年铅字本　墨海金壶本　珠丛别录本　美术丛书续集第四集本　民国十九年武进陶氏喜咏轩丛书丙编石印本又宣德彝器图谱二十卷有图又宣德彝器谱三卷容庚藏钞本有图不分卷与二十卷本略同

上金类图象之属

啸堂集古录二卷　宋任城王俅(子弁)辑　淳熙三年跋本　续古逸丛书石印宋淳熙本　明覆宋刻本缺序一叶　百一庐金石丛书石印明刻本　振新书社翻明刻本　嘉庆十六年夗湖张氏醉经堂校刻本附张蓉镜考异二卷

历代钟鼎彝器款识法帖二十卷　宋钱塘薛尚功(用敏)著　明

万历十六年万岳山人刻朱印本考证删节不全　明崇祯六年朱氏刻本　清嘉庆二年仪征阮氏刻本　博文斋翻刻阮氏本　光绪三十三年贵池刘氏刻本附札记　民国古书流通处石印本　民国二十一年中央研究院历史语言研究所影印宋拓残本十叶　民国二十四年海城于氏影印朱氏刻本

钟鼎款识一卷　宋诸暨王厚之(顺伯)辑　嘉庆七年扬州阮氏刻本　道光二十八年汉阳叶氏翻刻本　板心人名翻刻本　百一庐金石丛书缩印板心人名本

积古斋钟鼎彝器款识十卷　清扬州阮元(云台)编录　嘉庆九年自刻本　光绪五年湖北崇文书局翻刻本　光绪八年常熟抱芳阁刻本　光绪九年改称鲍氏后知不足斋刻本

积古斋钟鼎款识稿本四卷　清平湖朱为弼(右甫)著　光绪三十二年石印本

筠清馆金文五卷　清南海吴荣光(荷屋)撰　嘉定瞿树辰(申之)校字　道光二十年自刻本　宜都杨氏重刻本

商周文拾遗三卷　清海盐吴东发(芸父)著　民国十三年中国书店石印本　所释凡二十一器

清爱堂家藏钟鼎彝器款识法帖一卷　清东武刘喜海(燕庭)辑　道光十八年原石拓本　光绪三年尹彭寿补刻本

从古堂款识学十六卷　清嘉兴徐同柏(寿臧)释文　男士燕摹录　光绪十二年同文书局石印本　光绪三十二年蒙学报馆石印本　光绪六年仰视一千七百二十九鹤斋丛书本一卷所收仅八器

古籀拾遗三卷　清瑞安孙诒让(仲容)著　光绪十四年自刻本　校订历代钟鼎彝器款识积古斋钟鼎彝器款识筠清馆金文三书而作

攈古录金文三卷　清海丰吴式芬(子苾)撰　光绪二十一年吴氏家刻本　民国二年西泠印社翻刻本

古籀余论三卷　清瑞安孙诒让(仲容)著　民国十八年燕京大学哈佛燕京学社刻本　民国二十年瑞安陈氏刻本　校订攈古录金文而作

窸斋集古录二十六册　清吴县吴大澂(清卿)著　民国七年涵芬楼影印本

窓斋集古录释文剩稿一卷　清吴县吴大澂(窓斋)著　民国八年涵芬楼影印本　十年再版附窓斋集古录后

窓斋集古录校勘记二卷　丹徒鲍鼎(扶九)著　民国二十二年蟫隐庐石印本

古文审八卷　清嘉鱼刘心源(幼丹)著　光绪十七年自写刻本

奇觚室吉金文述二十卷　清嘉鱼刘心源(幼丹)　光绪二十八年自石印本　宣统末年翻石印本　民国十五年翻石印本　凡杨守敬赠本及购本大抵皆属翻刻

商周彝器释铭六卷　清成都吕调阳辑　观象庐丛书本　款识摹自积古斋筠清馆二书

缀遗斋彝器款识考释　清定远方濬益(谦受)著　民国二十四年涵芬楼影印本　燕京大学图书馆藏草稿本多出四五百器

敬吾心室彝器款识二册　清平湖朱善旂(建卿)辑　光绪三十四年朱之溱石印本

簠斋吉金录八卷　清潍县陈介祺(寿卿)藏器　顺德邓实(秋枚)辑　民国七年风雨楼石印本　民国二十四年翻印本

郁华阁金文四十八册　清长白盛昱(伯羲)辑　燕京大学图书馆藏原拓本

殷文存二卷　上虞罗振玉(叔言)类次　民国六年自影印本　艺术丛编第二集本同

续殷文存二卷　北平王辰(铁庵)类次　民国二十四年考古学社石印本

周金文存六卷附补遗　杭州邹安(适庐)辑　民国五年广仓学窘石印本

小校经阁金文拓本十八册　庐江刘体智(晦之)辑　民国二十四年石印本

读雪斋金文目手稿一卷　清大兴孙汝梅(春山)著　民国十六年影印手稿本

观堂古金文考释五种五卷　海宁王国维(静安)著　王忠悫公遗书初集本　考释毛公鼎不𡢁敦散氏盘盂鼎克鼎五种　学术丛编第一集本毛公鼎铭考释一卷雪堂丛刻本不𡢁敦盖铭考释一卷同

周无専鼎铭考一卷　清甘泉罗士琳(茗香)著　道光二十二年文选楼丛书本　观我生室汇稿本

齐陈氏韶舞乐罍通释上下篇　清晋江陈庆镛(颂南)撰　道光十六年何氏一镫书舍校刻本无双钩铭文　光绪九年籀经堂类稿本附此书有双钩铭文

散氏盘铭楚风楼释文一卷　湘阴周正权(铁山)著　民国十二年石印本

夨彝考释一卷　上虞罗振玉(叔言)著　民国十八年辽居杂著石印本

书余一卷　清顺德梁廷枏(章冉)著　道光十年藤花亭十种本　录金文之过百字者十九种以为尚书之余

双剑誃吉金文选二卷附附编　海城于省吾(思泊)撰集　民国二十三年石印本　选文之高古者为上卷凡一百三十一首词调较逊者为下卷凡三百三十八首附录石刻文字五首

吉金文录四卷　桐城吴闿生(北江)集释　民国二十三年南宫邢氏刻本

铜仙传一卷　清太仓徐元润(秋士)纂　原刻蓝印本　民国十九年文字同盟社铅印本　记官陕西城固县时所得汉唐古镜一百四十余种

古镜铭集一卷　上虞罗振玉(叔言)著　民国十八年辽居杂著本

宋政和礼器文字考一卷　清瑞安孙诒让(仲容)著　光绪十七年自刻本附古籀拾遗后

金天德大钟款识一卷附淮安学元铸祭器录　清山阳丁晏(俭卿)著　颐志斋丛书本

上金类文字之属

古礼器略说一卷　海宁王国维(静安)著　雪堂丛刻铅字本　后

删订收入观堂集林中

宣炉汇释十二卷　仁和邵锐(茗生)撰　民国十六年菰香馆铅字本　后删订收入观堂集林中

殷周青铜器铭文研究二册　乐山郭沫若(鼎堂)著　民国二十年大东书局石印本

金文丛考四册附金文余释之余一册　乐山郭沫若(鼎堂)著　民国二十一年日本文求堂书店石印本

上金类通考之属

绍兴内府古器评二卷　宋张抡(才甫)著　津逮秘书本　四库全书总目谓为明代妄人剽博古图而伪作为博古图所不收者十器余兄庚曾校一过谓不止此数虽多抄袭未可据以为伪也

籀经堂钟鼎考释跋尾一卷　清晋江陈庆镛(颂南)著　西泠印社聚珍版本　案此书从籀经堂集辑出以籀经堂类稿校之多此书四条

韡华阁集古录跋尾甲篇十五卷　胶州柯昌济(纯卿)学　民国二十四年铅字本

上金类题跋之属

钟鼎字源五卷　清钱塘汪立名(西亭)撰　康熙五十五年一隅草堂自刻本　光绪二年洞庭秦氏林庆堂重刻本

字说一卷　清吴县吴大澂(清卿)撰　自写刻本　翻刻本

金文编十四卷附录二卷器目一卷检字一卷　东莞容庚(希白)撰集　民国十四年自写石印本　专收殷周金文

金文续编十四卷附录采用文字一卷检字一卷　东莞容庚(希白)著　民国二十四年涵芬楼石印本　专收秦汉金文

上金类字书之属

鼎录一卷　梁虞荔(山披)著　顾氏文房小说本　宝颜堂秘笈本　说郛本　汉魏丛书本　群芳清玩本　五朝小说本　续百川学海本　龙威秘书本　记鼎之故事

古今刀剑录一卷　梁秣陵陶弘景(通明)著　百川学海本　说

郛本　汉魏丛书本　群芳清玩本　龙威秘书本　指海本　记刀剑故事

传古别录一卷　清潍县陈介祺(寿卿)著　与石居石印手稿本　滂喜斋丛书本　叶氏传古丛书本　美术丛书续集第二集本　天壤阁丛书增刊本　专论拓彝器之法

古器物识小录一卷　上虞罗振玉(叔言)著　民国二十年墨缘堂铅印本　民国二十三年辽居杂著　丙编石印本

镜话一卷　上虞罗振玉(叔言)著　民国十八年辽居杂著本

上金类杂著之属

上金类九十二部附录三十四部

金石书录目卷三

钱币类第三

癖泉书室所藏泉币书目一卷　上元宗惟恭编次　民国二十三年铅字本

上钱币类目录之属

泉志十五卷　宋鄱阳洪遵(景严)撰　明徐象梅校刻本　光绪元年隶释斋校刻本　说郛本只录其目　津逮秘书本　秘册汇函本　学津讨原本

泉志校误四卷　清彭城金嘉采(邠庭)著　观自得斋丛书本

钱通三十二卷　明西蜀胡我崐(自玉)撰　明万历刻本

古今钱谱一卷　清豫章朱多爔著　康熙六年刻本　道光六年重刻本

钱录十六卷　清乾隆十四年梁诗正奉敕编　附西清古鉴后　墨海金壶本　光绪五年茹古室重刻本

古金待问录四卷附录余及补遗　清钱塘朱枫(近漪)辑　乾隆三十四年自刻本　光绪十六年鲍氏后知不足斋重刻本　昭代丛书本

古金录四卷　清锡山万光炜(子昭)辑　乾隆四十九年艺香斋精刻本

选钱斋钱谱十五卷续三卷　清华亭吴均(陶宰)著　传钞本

历代钟官图经八卷　清海宁陈莱孝(谁园)著　北平图书馆藏张廷济批校钞本　故宫图书馆藏旧钞本

泉币图说六卷　清泾县吴文炳(柳门)吴鸾(凤白)纂辑　嘉庆五年香雪山庄自刻本　民国十六年来青阁石印本

古泉考八卷　清休宁金忠淳(砚云)撰　燕京大学图书馆藏稿本

吉金所见录十六卷　清莱阳初尚龄(渭园)纂辑　嘉庆十四年古香书屋刻本　又道光七年印本

虞夏赎金释文一卷　清洪洞刘师陆(青园)述　自刻本　同治十二年观古阁丛刻本

古今钱略三十四卷　清望江倪模(迂存)述　光绪三年两强勉斋刻本　援据详博长于考史

泉布统志九卷　清会稽孟麟(逸冈)著　道光五年自刻本　文字之芜秽读之欲呕所录钞币亦多伪作

钱志新编二十卷　清云间张崇懿(丽瀛)校辑　道光十年酌春堂刻本　咸丰五年赵钫增补本

泉史十六卷　清镇洋盛大士(子履)编　道光十四年金陵邓文进斋刻本

古泉丛话三卷藏泉记一卷　清钱塘戴熙(醇士)撰　同治十一年潘祖荫刻吴大澂手写本无图　翻刻本　民国十三年中华书局影印原稿本

钱式图四卷　清甘泉谢堃(佩禾)著　道光二十年春草堂全集本

货布文字考四卷　清华亭马昂(伯昂)考释　道光二十二年金山钱氏兰隐园刻本　民国十三年上虞罗氏石印本摹写不工

选青小笺十卷　清昭文许元恺(宾门)编释　道光二十四年剪雨楼自刻本

泉币汇考十六卷　清山阴唐与崑(西源)纂辑　咸丰元年红药山

房自刻本

制钱通考四卷　清山阴唐与崑（西源）纂辑　咸丰三年红药山房自刻本　上海聚珍仿宋印书局铅字本三卷删去第四卷厌胜品

泉宝所见录十六卷　清六安沈巍皆（讲虞）著　咸丰元年退庐刻本

泉货汇考十二卷　清琅邪王锡棨（戟门）汇纂　民国十三年中华书局影印本

古泉汇六十四卷续十四卷补遗二卷　清利津李佐贤（竹朋）编辑　同治三年李氏石泉书屋刻本

续泉汇十四卷补遗二卷　清利津李佐贤（竹朋）歙鲍康（子年）同编　光绪元年刻本　二书著录六千品搜罗之富鉴别之精泉谱中以此为巨擘

巽斋所藏钱录十二卷　清海陵费锡申（巽斋）编辑　光绪十六年家刻本

古泉品真六卷　清寿阳王希杰（小石）纂辑　燕京大学图书馆藏光绪十六年原稿本

古泉拓存一卷　清元和江标（建霞）辑　神州国光社影印本

古泉精选一卷　清福山王懿荣（廉生）辑　附潘志万泉拓　神州国光社景印本

遗箧录八卷　梁溪秦宝瓒（岐农）编次　光绪二十九年自写刻本

续遗箧录四卷补遗一卷　梁溪秦宝瓒（岐农）编　民国十五年晚红轩写刻本

古泉薮十二卷　宜都杨守敬（星吾）编　光绪三十年拓本

大钱图录一卷　清歙鲍康（子年）著　光绪二年观古阁丛刻本

咸丰大钱考一卷　宁波张鼎（絅伯）编　银行周报第四百号增刊石印本

铜元集二十四册　吴门邹樛辑　北平图书馆藏民国十一年拓本

东亚民族国币举要一卷　开封关百益编　民国十九年中华书

局景印本

四朝宝钞一卷　清鲁郡吾进辑　民国七年影印本

四朝钞币图录一卷附考释　上虞罗振玉(叔言)辑　民国三年影印本

上钱币类图象之属

钱谱一卷　宋阙名　说郛原本　重刻本作宋董逌著错字甚多　翠琅玕馆丛书翻刻重刻本说郛仍作宋董逌后改作明董遹

钱录十二卷　清云间张端木(崑乔)著　民国十六年新国民日报铅字本

晴韵馆收藏古泉述记八卷　清桐乡金锡鬯(卣甫)撰　民国十九年中国书店石印本

退庵钱谱八卷　清泰州夏荃(退庵)纂　海陵丛刻第三种民国八年铅字本

蒙古西域诸国钱谱四卷　英文原本　清归安陈其镳(骏生)译述　鄞张美翊(让三)勘定　宣统三年振绮堂丛书铅字本

上钱币类文字之属

观古阁丛稿二卷续一卷三编二卷　清歙鲍康(子年)著　同治十二年至光绪二年观古阁丛刻本　多泉谱序跋题咏间有彝器杂著

上钱币类题跋之属

广钱谱二卷　清宣城张世延(钝夫)著　昭代丛书本　赐砚堂丛书本　征引钱之故事自无一钱至万万钱

癖谈六卷　清元和蔡云(铁耕)谈　道光七年精刻本　式训堂丛书本

观古阁泉说一卷附补遗　清歙鲍康(子年)著　同治十二年观古阁丛刻本

续泉说一卷　清利津李佐贤(竹朋)著　同治十三年观古阁丛刻本　亦见于吾庐笔谈卷六

癖泉臆说六卷　清嘉兴高焕文(翰伯)著　宣统三年隶书石印本

谈泉杂录五卷　清嘉兴高焕文（翰伯）辑　民国二十一年石印本

清宁馆古泉丛话一卷　滦阳张可中（庸庵）著　民国十五年庸庵遗集铅字本

古泉丛考四卷　清天津徐士銮（沅青）辑　民国十三年屏庐丛刻本　汇录宋以来论泉杂说

嘉荫簃论泉截句二卷　清东武刘喜海（燕庭）著　其子虞采等注　道光十八年自刻本　咸丰五年赵钫重刻本　同治十二年观古阁丛刻重刻本

古泉杂咏四卷　长沙叶德辉（焕彬）撰并注　光绪二十七年自刻本

药雨古化杂咏二册　定海方若（药雨）著　民国十四年拓印本　多不经见之钱

言钱别录二卷补录一卷　定海方若（药雨）著　民国十七年铅字本　卷上中国古钱歌卷下五铢开元等钱考十篇　补录化说等九篇

钞币论一卷　清海昌许楣（辛木）著　道光廿六年古均阁刻本

上钱币类杂著之属

上钱币类三十八部附录二十二部

金石书录目卷四

玺印类第四　附封泥

印谱考四卷　上虞罗福颐(子期)著　民国二十二年墨缘堂石印本　存佚并收共得一百四十五部

古铜印谱举隅十卷　日本盛冈太田孝太郎纂　民国二十三年铅字本　以见藏为限共得一百〇五部

封泥印古录一卷　清仁和胡琨(次瑶)著　民国二十二年瑞安陈氏校刻本

上玺印类目录之属

二百兰亭斋古印考藏六卷　清归安吴云(平斋)鉴藏　同治三年精刻本　后增订为两罍轩印考漫存九卷光绪七年自刻本

意园古今官印匄八卷　东娄侯汝承编辑　民国十四年自刻本

封泥存真一卷　北京大学文史部编　民国二十三年涵芬楼影印本

上玺印类图象之属

汉晋印章图谱一卷　宋临川王厚之(顺伯)考　元吴孟思明沈润卿摹补　说郛本九十二方乃王氏原本　欣赏编本王氏原本九十六方吴氏摹补六十一方沈氏摹补三十五方共一百九十二方

集古印谱六卷　明太原王常(延年)编　武陵顾从德(汝脩)校

明万历三年顾氏芸阁摹刻朱印本　翻刻本　原刻本有古玉玦印记

集古印谱五卷　明秣陵甘旸(旭)编　万历二十四年钤印本

秦汉印范六卷　明云间潘云杰(源常)编辑　万历三十五年钤印本

秦汉印统六卷　明鄣郡罗王常(延年)编　新都吴元维(伯张)校　万历三十六年刻本朱印　以上三书增改集古印谱而成

稽古斋古印谱十册　清长沙吴观均(立峰)辑　康熙二十三年钤印本

金薤留珍五集　清蒋溥等编次　民国十五年故宫博物院石印本

毓庆宫藏汉铜印二册　清高宗辑　民国十六年故宫博物院钤印本

避暑山庄藏汉铜印四册　清高宗辑　民国二十年故宫博物院钤印本

程荔江印谱二册　清甘泉程从龙(荔江)辑　民国十三年涵芬楼石印本

汉铜印丛八卷　清歙县汪启淑(讱蓉)辑　乾隆十七年钤印本　民国二十四年涵芬楼石印本

两汉印萃五卷　清济州郑支宗(鲁门)摹刻　乾隆四十九年钤印本

宝汉斋印略一卷　清金陵张复纯(芷原)辑　钤印本

铜鼓书堂藏印四卷　清宛平查礼(俭堂)鉴定　嘉庆四年钤印本

松崖藏印八卷　清钱塘金棫(松崖)集　嘉庆二十一年钤印本

清仪阁古印偶存四册　清嘉兴张廷济(叔未)辑　道光十五年钤印本

集古印谱八册　清常熟瞿镛(子雍)编　咸丰八年钤印本

吉金斋古铜印谱十二册　清高要何昆玉(伯瑜)辑　钤印本　有唐宋以后官印一册六卷本无之

十钟山房印举十二册　清潍县陈介祺(寿卿)辑　民国十二年涵

芬楼石印本　搜罗凡万印谱以此为最富

双虞壶斋印存八卷　清海丰吴式芬(子苾)辑　钤印本

汉印偶存二册　清归安姚觐元(彦侍)辑　光绪元年钤印本

二百兰亭斋古铜印存十二册　清归安吴云(平斋)辑　光绪二年钤印本

读雪斋印谱二卷　清大兴孙汝梅(春山)辑　民国十三年涵芬楼石印本

得壶山房印寄八册　清利津李佐贤(竹朋)辑　钤印本

印林十六册　宜都杨守敬(星吾)摹刻　光绪四年钤印本　翻刻集古印谱等印不佳　又二册本均一字真书印

印邮四册　清潍县高文翰(薇垣)辑　光绪十一年钤印本

共墨斋藏古玺印谱八册　清永明周铣诒銮诒同辑　光绪十二年钤印本

十六金符斋印存三十册　清吴县吴大澂(清卿)辑　光绪十四年钤印本　西泠印社重印本

观自得斋印集十六册　清石埭徐士恺(子静)辑　光绪十五年钤印本

汉铜印丛四册　清石埭徐士恺(子静)辑　光绪二十四年钤印本

古印偶存二十册　清潍县王石经(西泉)田镕叡(铸叔)高鸿裁(菀伯)刘嘉颖(实夫)同辑　光绪十六年钤印本

齐鲁古印捃四卷续一卷　清潍县高庆龄(南郑)侄嘉钰辑　男鸿裁校　光绪十七年钤印本

续齐鲁古印捃十六卷　清潍县郭裕之(申堂)辑　光绪十八年钤印本

印揭八册　清潍县赵允中(执斋)辑　光绪十七年钤印本

瞻麓斋古印征八册　清合肥龚心钊(怀西)辑　光绪十九年钤印本

周秦古玺二册　山阴吴隐(潜泉)辑　光绪二十一年西泠印社钤

印本

师让庵汉铜印存四册　清泉唐丁松生辑　光绪二十七年钤印本

古印集存十二册　清庆云崔鸿图（荷泉）辑　光绪二十七年乾修斋钤印本

陶斋藏印四集　清浭阳端方（午桥）辑　有正书局石印本

遯庵秦汉古铜印谱八册　山阴吴隐（潜泉）辑　光绪三十四年西泠印社钤印本

罄室所藏玺印八册　上虞罗振玉（叔言）辑　民国元年钤印本

赫连泉馆古印存一卷续存一卷　上虞罗振玉（叔言）辑　民国四年钤印本

纂籀簃古玺选二册　山阴吴隐（潜泉）辑　民国六年西泠印社钤印本

澂秋馆藏印十册　闽侯陈宝琛（弢庵）辑　民国十三年钤印本

古陶轩秦汉印存二册　番禺商承祚（锡永）上虞罗福成（君美）福葆（君羽）福颐（子期）同辑　民国十三年钤印本

伏庐藏印十二卷　杭县陈汉第（仲恕）辑　民国十四年涵芬楼石印本

伏庐藏印续集十册附印矩二册　杭县陈汉第（伏庐）辑　民国十五年钤印本

雪园藏印三册　大兴孙壮（伯恒）辑　钤印本

福山王氏劫余印存一卷　福山王崇焕辑　民国二十二年锌版钤印本

尊古斋古玺集林六册　北平黄濬（伯川）辑　民国二十二年石印本

两汉印帚三册　日照王献唐辑　民国二十二年钤印本

契斋古印存八册　番禺商承祚（锡永）辑　民国二十三年钤印本

集古官印考十七卷　清嘉定瞿中溶（木夫）编辑　同治十三年其子树镐校刻本　民国十六年东方学会铅字本

凝清室古官印存二卷　上虞罗振玉(叔言)辑　钤印本

隋唐以来官印集存一卷补遗一卷附录一卷　上虞罗振玉(叔言)撰集　民国五年石印本

贞松堂唐宋以来官印集存一卷　上虞罗振玉(叔言)辑　民国十二年钤印本

西夏官印集存一卷　上虞罗振玉(叔言)辑　民国十六年石印本

古官印汇二十四册　歙县方清霖(雨楼)辑　民国二十二年锌板钤印本

石云先生印谱释考三卷　明丹阳孙桢(仲廧)著　万历四十五年刻本

清仪阁古印考释一册　清嘉兴徐同柏(籀庄)著　民国六年神州国光社影印手稿本

周秦两汉名人印考一册　清吴县吴大澂(清卿)辑　上虞罗氏石印本

续百家姓印谱一卷　清吴县吴大澂(清卿)辑　上虞罗氏石印本　民国十七年殷礼在斯堂本有注无印

封泥考略十卷　清海丰吴式芬(子苾)潍县陈介祺(寿卿)同辑　光绪三十年石印本　此书乃吴江翁大年考编

郑广所藏封泥一卷　上虞罗振玉(叔言)辑　光绪二十九年石印本　此乃潍县郭氏所藏误以为吴县潘氏后收入齐鲁封泥集存

铁云藏封泥一卷　清丹徒刘鹗(铁云)辑　光绪三十年石印本　附藏陶后

齐鲁封泥集存一卷　上虞罗振玉(叔言)辑　民国二年自影印本

澂秋馆藏古封泥五册　闽侯陈宝琛(弢庵)辑　民国十五年周康元传拓本

续封泥考略六卷再续四卷　秋浦周明泰(志辅)辑　民国十七年京华书局铅字本

封泥汇编一卷　山阴吴幼潜辑　民国二十年西泠印社石印本

上玺印类文字之属

玺印姓氏征二卷附检姓　上虞罗振玉(叔言)辑　民国十四年东方学会铅字本

玺印姓氏征补正一卷　上虞罗振玉(叔言)著　民国十八年辽居杂著本

汉封泥考略一卷　丹徒陈直(进宧)撰　石印本

上玺印类通考之属

缪篆分韵五卷补五卷　清曲阜桂馥(未谷)撰　嘉庆元年刻本　姚氏愢进斋重校刻本

汉印分韵选集二卷　清袁日省(予三)原本　南海谢云生(倬士)摹录　嘉庆二年漱艺堂刻本

汉印分韵续集二卷　清南海谢景卿(芸隐)纂摹　嘉庆八年刻本

古玺文字征十五卷汉印文字征十五卷检字一卷　上虞罗福颐(子期)撰　民国十九年石印本　用说文部目次序排比除重文外得二千五百八十二文

印字类纂十二卷　诸城孟昭鸿(方儒)纂摹　民国二十二年西泠印社石印本　用字类部目次序排比除重文外得字一千八百七十五文

汉印分均三集二卷　诸城孟昭鸿(方陆)纂摹　民国二十二年西泠印社石印本

玺印类字书之属

上玺印类七十七部附录七部

金石书录目卷五

石类第五

集古录目五卷　宋庐陵欧阳棐(叔弼)撰　清宁乡黄本骥(虎痴)辑　道光十五年三长物斋丛书本　行素草堂金石丛书本　从宝刻丛编辑出江阴缪荃孙(筱珊)辑十卷　云自在龛丛书本采摭较前书为富

舆地碑记目四卷　宋东阳王象之撰　道光十年上元车氏刻本　粤雅堂丛书本　同治九年滂喜斋刻本　金华丛书本　即舆地纪胜十二门中之第十门

宝刻类编八卷　宋阙名　道光十八年东武刘氏精刻四库本　粤雅堂丛书本从永乐大典辑出　北平图书馆藏宋钞残本可校正刻本讹夺甚多

古今碑帖考一卷　明朱晨(长文)编辑　格致丛书本　燕京大学图书馆藏钞本作历代碑帖考　宋以前碑刻录自墨池编晨为之重订宋以后碑刻乃晨所增入明人复以此窜入墨池编中

古今书刻二卷　明古黄周弘祖集　明即墨黄嘉善刻本　光绪三十二年叶氏观古堂仿明刻本　上编为古今书刻下编为古今碑刻

寰宇访碑录十二卷　清阳湖孙星衍(渊如)阶州邢澍(雨民)同撰　嘉庆七年平津馆自刻本　江苏书局刻本　行素草堂金石丛书本附罗振玉刊谬一卷

补寰宇访碑录五卷附失编　清会稽赵之谦(㧑叔)纂集　同治三年自刻本　行素草堂金石丛书本附罗振玉刊误一卷

再续寰宇访碑录二卷　上虞罗振玉(叔言)撰　光绪十九年面城精舍石印本

寰宇访碑录校勘记十一卷补寰宇访碑录校勘记二卷再续寰宇访碑录校勘记一卷　庐江刘声木(十枝)撰　民国十九年直介堂丛刻本

续补寰宇访碑录二十五卷　庐江刘声木(十枝)撰　民国十九年直介堂丛刻本

古志汇目初集六卷　会稽顾燮光(䄀癯)辑　民国九年石印本二卷　民国二十三年重订石印本

古志新目四卷附伪刻目　会稽顾燮光(䄀癯)辑　民国七年石印本一卷　民国十二年增订石印本一卷附补遗　民国二十二年增订石印本　初名琬琰新录民国五年石印本

石刻名汇第一编十四卷补遗一卷　沔阳黄立猷(毅侯)辑　民国十五年铅字本　分志铭造象碑碣杂记四编此乃第一编

蒿里遗文目录十一卷补遗一卷　上虞罗振玉(叔言)辑　民国十五年东方学会铅字本　宣统三年国学丛刊本仅上中二卷未完

蒿里遗文目录续编一卷附补遗　上虞罗振玉(叔言)著　民国十八年辽居杂著本

汉隶今存录附魏吴一卷　清清河王琛(玉航)著　光绪十二年小方壶斋铅字本

汉石存目二卷　清福山王懿荣(廉生)纂　光绪十五年诸城尹氏㪺经堂刻本附周秦石存目　民国四年雪堂丛刻罗振玉校补本　王文敏公遗集(卷八)本

魏晋石存目一卷　清诸城尹彭寿(慈经)纂　附汉石存目后　民国四年雪堂丛刻罗振玉校补本

元氏志录一卷附补遗　绍兴范寿铭(鼎卿)著　民国十九年石印

本　附循园古冢遗文跋尾后

元碑存目一卷　清长沙黄本骥(虎痴)编次　聚学轩丛书第三集本

海外贞珉录一卷　上虞罗振玉(叔言)辑　民国四年雪堂丛刻本　民国十一年永丰乡人杂著增订本

天一阁碑目一卷　清四明范懋敏(苇舟)辑　附天一阁书目后

菉竹堂碑目六卷　明崑山叶盛(与中)撰　粤雅堂丛书本

话雨楼碑帖目录四卷　清吴江王楠(勺山)鉴臧　王鲲(旭楼)编次　道光十五年王氏家刻本　民国十三年东方学会铅字本

陶斋藏石目一卷　清湹阳端方(午桥)编　光绪二十九年排印本

涉园藏石目一卷　武进陶鉴泉(涉园)藏石　民国十一年刻本

千唐志斋藏石目录一卷　新安张钫藏石　洛阳郭玉堂编次　民国廿四年铅字本

上石类目录之属

汉碑缩本三十八种　清金匮钱泳(梅溪)摹刻　原拓本

百汉砚碑一卷　清江右万承纪(廉山)辑　原拓本　光绪十八年石印本　民国二年重印本

汉武梁祠画像考六卷　清嘉定瞿中溶(木夫)撰　民国十五年吴兴刘氏希古楼刊本

南阳汉画象集一卷　开封关百益编　民国十九年中华书局影印本

伊阙石刻图表三编　开封关百益撰　民国二十四年河南博物馆影印本

昭陵六骏赞辩一卷　清山阳张弨(力臣)著　昭代丛书本　张亟斋遗集本

上石类图象之属

小蓬莱阁金石文字五册　清钱塘黄易(小松)著　嘉庆五年钩刻

本　道光十四年石墨轩翻刻本　宜都杨氏翻刻本　此书共收石刻十种其乾隆五十年刻本为武斑碑武氏祠祥瑞图题字郑季宣碑范式碑四种与此异

梅花草庵石刻钩本不分卷　清归安丁彦臣（筱农）著　同治十一年钩刻本

汉碑篆额不分卷　清山阴何澂（竟山）辑　光绪九年思古斋双钩刻本　西泠印社重刻本

奇觚室乐石文述二卷　清嘉鱼刘心源（幼丹）著　光绪二十五年写刻本　专集篆书仅刻岣嵝禹碑红崖石刻石鼓文三种

石林一册　清宜兴路廷佺（补之）辑　要无咎斋钩刻本仅摹吴国山碑汉司农刘夫人碑二种

两汉残石编一卷　清孟定生编　光绪二十五年双钩刻本　疑皆伪刻

汉晋石刻墨影一卷　上虞罗振玉（叔言）辑　民国四年双钩石印本

古石刻零拾七种　东莞容庚（希白）著　民国二十四年考古学社影印本

荥阳郑氏碑不分卷　宜都杨守敬（星吾）辑　光绪七年日本石鼓堂钩刻本

六朝墓志菁英初二编　上虞罗振玉（叔言）辑　民国六年影印本

六朝墓志精华四集　民国九年有正书局石印本

寰宇贞石图六卷　宜都杨守敬（星吾）辑　光绪八年石印本　宣统元年石印本　二本不同

广仓古石录二册　杭县邹安（适庐）辑　又名古石抱守录　民国七年艺术丛编石印本　又单行本　又另出伯乔题名永初官壍罗凤阙为汉刻孤本三种

居贞草堂汉晋石影一卷　秋浦周进（季木）辑　民国十八年石印本

汉魏六朝冢墓遗文图录十卷　海宁赵万里（斐云）编　民国二

十五年中央研究院历史语言研究所石印本

六朝志铭丛录一册　山阴吴隐(石潜)纂辑　会稽顾燮光(褋癯)编目　民国九年西泠印社石印本

唐碑缩本一百二十八种　清金匮钱泳(梅溪)摹刻　嘉庆廿四年鲍氏石刻本　光绪五年俞樾辑存四十种　咸丰十年孙三锡校刻梅溪居士缩临唐碑题跋二卷

隶释二十七卷　宋鄱阳洪适(景伯)著　明万历十六年夏邑王云鹭刻本　清乾隆四十二年钱塘汪氏刻本　同治十年皖南洪氏晦木斋翻刻汪氏本

隶续二十一卷　宋鄱阳洪适(景伯)著　楝亭曹氏刻本　钱塘汪氏刻本　洪氏晦木斋翻刻汪氏本　日本文化元年(嘉庆九年)浪华书铺浅文贯重刻汪氏本

汪本隶释刊误一卷　清吴县黄丕烈(荛圃)著　嘉庆三年士礼居自刻本　洪氏晦木斋翻刻本

隶释碑目表一卷　井研廖平(季平)撰　六益馆杂著本

周秦刻石释音一卷　元鲁郡吾衍(子行)著　十万卷楼丛书本

古刻丛钞一卷　明黄岩陶宗仪(九成)著　知不足斋丛书本　读画斋丛书本　嘉庆十六年平津馆丛书孙星衍重编本　学古斋金石丛书重校平津馆本

金薤琳琅二十卷　明吴郡都穆(元敬)著　明刻本　乾隆四十三年汪氏刻本　学古斋金石丛书光绪三十年刻本

金薤琳琅补遗一卷　清杭郡宋振誉(药川)著　附金薤琳琅后仅四种

汉碑录文四卷　清鱼台马邦玉(荆石)辑　道光二十七年连筠簃刻本　光绪七年补正本　民国七年新华印字馆石印本　搜录汉碑至富

汉碑文范四卷　桐城吴闿生(北江)纂　民国十五年武强贺氏刊本

古志石华三十卷　清宁乡黄本骥(仲良)编　道光八年三长物斋

丛书本

绩语堂碑录不分卷　清仁和魏锡会(稼孙)辑　光绪九年自刻本

陶斋藏石记四十四卷　清淩阳端方(午桥)著　宣统元年石印本

慕汲轩志石文录一卷续编一卷　清苑吴鼎昌(蔼辰)编　铅字本

审美堂藏石录一卷　开封关葆谦(百益)稿　民国三年排印本

石鼓文音释三卷附录一卷　明新都杨慎(升庵)著　明嘉靖刻本　函海本升庵合集一卷(卷一百六十四)本

石鼓文止误四卷　明古绛陶滋(时雨)著　嘉靖十二年刻本

周宣王石鼓文定本二卷　清南丰刘凝(二至)述　康熙四十四年刻本

石鼓文考一卷　明李中馥(凤石)著　乾隆三十八年刻本　民国四年常赞春重刻本

石鼓文集释一卷　清震泽任兆麟(文田)著　乾隆五十三年心斋十种本

石鼓文释存一卷附释存补注　清海盐张燕昌(芑堂)述　乾隆五十三年自刻本　光绪二十八年刘世珩翻刻本

石鼓读七种　清海盐吴东发(侃叔)撰　乾隆五十九年自刻本　民国十五年慎初堂陈氏石印本

石鼓文钞二卷　清许容(实夫)撰　韫光楼刻本

石鼓文钞四卷　清星沙杨世春(煦庵)辑　嘉庆十二年自刻本

石鼓然疑　清武进庄述祖(葆琛)撰　嘉庆二十五年长洲宋氏浮溪精舍丛书本　珍艺宧遗书本　食旧堂丛书本　谓石鼓为宇文周时苏绰所作

石鼓文音训考正一卷　清云间冯承辉(少眉)著　光绪十九年刻本　民国二十四年石印小本

石鼓文纂释一卷　清阳湖赵烈文(惠甫)著　光绪十一年静园刻本

石鼓文定本五卷　清无锡沈梧(旭亭)著　光绪十六年古华山馆刻本　原分十类仅刻五类未成而没

石鼓文汇一卷　清诸城尹彭寿(慈经)纂　光绪十九年历城赵凤章刻本

校补石鼓文音训一卷　清绩溪周庠(养田)著　光绪二十一年刻本　民国二十四年石印小本

石鼓文考证一卷　古安吴广霈(剑华)撰　民国二十一年瑞安陈氏刻本

石鼓文考释一卷　上虞罗振玉(叔言)著　民国五年影印本

石鼓为秦刻石考一卷　鄞县马衡(叔平)著　民国二十年影印本

石鼓释文二册　溧阳强运开(梦渔)审释　民国二十四年商务印书馆石印本

石经考一卷　清昆山顾炎武(亭林)辑　亭林遗书本　借月山房汇钞本　指海本　石经汇函本

汉魏石经考一卷唐宋石经考一卷　清鄞县万斯同(季野)辑　昭代丛书本　赐砚堂丛书本　常熟蒋氏省吾堂经学四种本作石经考一卷

石经考异二卷　清仁和杭世骏(大宗)撰　杭氏七种本　石经汇函本　食旧堂丛书本

石经补考十一卷　清嘉兴冯登府(柳东)纂　嘉庆十九年石经阁丛书本　石经汇函本

历代石经略二卷　清曲阜桂馥(未谷)著　光绪九年陈州郡斋刻本

历代石经考第一编　蒲圻张国淦(乾若)编　民国十九年燕京大学哈佛燕京学社铅字本

汉魏石经考三篇　清汉阳刘传莹(椒云)著　光绪十二年沌城黄氏刻本

集拓新出汉魏石经残字四册　鄞县马衡(叔平)编次　民国十

六年金溪周康元拓本

新出汉魏石经考四卷　峷宾吴维孝(峻甫)撰　民国十六年文瑞楼书局石印手稿本

汉魏石经残字校录一卷　鱼台屈万里(翼鹏)编　民国二十三年仿宋铅字本

汉熹平石经残字一卷　清三山陈宗彝(雪峰)摹刻　道光三年刻本　百一庐金石丛书本

汉熹平石经遗字一册　清汉阳万中立(梅岩)藏　光绪二十七年石印本

汉石经残字考一卷　清大兴翁方纲(覃溪)著　后知不足斋丛书本　石经汇函本　西泠印社聚珍版本　从两汉金石记录出

汉石经残字证异二卷　清曲阜孔广牧(力堂)著　东方文化会图书馆传钞本

汉石经考异补正二卷　清嘉定瞿中溶(木夫)著　适园丛书本

汉熹平石经一卷　阿维越致辑　民国二十年神州国光社石印本

汉石经残字集一卷　西充白坚(坚甫)著　民国十九年影印本

汉熹平石经残字集录一卷补遗一卷续编一卷补遗一卷三编一卷补遗一卷四编一卷补遗一卷又补一卷　上虞罗振玉(叔言)著　民国十八九年双钩石印本又续补一卷民国二十二年辽居杂著乙编石印本又续编一卷续拾一卷民国二十三年辽居杂著丙编石印本

汉石经碑图一卷　蒲圻张国淦(石公)著　民国二十年关东印书馆铅字本

魏三字石经尚书残石一卷　上虞罗振玉(叔言)辑　民国六年吉石庵丛书三集本

魏正始石经残字二卷　海宁陈乃乾辑　民国十二年陈氏慎初堂影印本

魏三体石经遗字考一卷　清阳湖孙星衍(渊如)撰　嘉庆十一年平津馆丛书本　石经汇函本

魏石经考二卷　海宁王国维(静安)著　学术丛编第一集本　后删订收入观堂集林中

魏正始石经残石考一卷附录一卷　海宁王国维(静安)著　王忠悫公遗书二集本

新出三体石经考一卷　余杭章炳麟(太炎)著　民国二十四年钱玄同写刻本

三体石经时代辨误二卷　北平王照(小航)著　民国十四年铅字本

唐石经一百五十八卷附周易略例一卷五经文字三卷九经字样一卷　唐郑覃等奉敕校刊　开成二年石刻本　民国十五年张氏皕忍堂校刻本　附清贾氏补刻孟子七卷唐石经校文十卷

唐石经考异一卷　清嘉定钱大昕(晓徵)撰　涵芬楼秘笈第六集影印袁又恺手写本

唐石经考异补一卷　无锡孙毓修编　涵芬楼秘笈第六集本　录臧庸顾广圻瞿中溶等校前书之笺语而成

唐石经校文十卷　清乌程严可均(铁桥)纂　嘉庆九年四录堂刻本　石经汇函本　张氏皕忍堂刻本

唐石经考正一册　清万年王朝渠著　嘉庆五年刻本

唐开成石经图考一卷　清仁和魏锡会(稼孙)著　藕香零拾本

孟蜀石经八册　庐江刘体乾(健之)辑　民国十五年影印本

蜀石经残字一卷　清三山陈宗彝(雪峰)摹刻　道光六年刻本　百一庐金石丛书本

蜀石经春秋穀梁传残石一卷　上虞罗振玉(叔言)辑　民国六年吉石庵丛书三集本

后蜀毛诗石经残本一卷　清青浦王昶(述庵)撰　石经汇函本从金石萃编录出

蜀石经毛诗考异二卷　清海宁吴骞(槎客)著　道光二年拜经楼丛书本

蜀石经校记一卷　江阴缪荃孙(筱珊)著　古学汇刊第一集本

北宋嘉祐石经周礼礼记残石一卷　上虞罗振玉(叔言)辑　民国六年吉石庵丛书三集本

北宋二体石经礼记檀弓残石一卷　上虞罗振玉(叔言)辑　民国六年吉石庵丛书四集本

北宋二体石经宋拓残本　上虞罗振玉(叔言)辑　民国十七年影印本

北宋汴学二体石经记一卷　清山阳丁晏(俭卿)撰　颐志斋丛书咸丰七年刻本　石经汇函本

北宋石经补考一卷　清李遇孙(金澜)著　道光四年芝省斋刻本

仪礼石经校勘记四卷　清仪征阮元(云台)撰　乾隆五十七年文选楼丛书本　粤雅堂丛书本　石经汇函本

石经考文提要十三卷　清南昌彭元瑞(芸楣)撰　嘉庆四年许宗彦刻本　同治十三年蒋氏刻本　石经汇函本　豫章丛书本

华山碑考四卷　清仪征阮元(云台)编　文选楼丛书本

汉延熹西岳华山庙碑续考四卷　江都秦更年(曼青)编　民国十七年铅字本

夏承碑考一卷　清海宁许梿(叔夏)著　咸丰八年自刻本　光绪二十年秀水王氏重刻本　民国八年嘉兴沈翰重摹石印本　原名古均阁宝刻录

蟫藻阁双钩夏承碑一卷　清歙巴慰祖(晋堂)辑　道光十八年印本

汉沙南侯获刻石一卷　清吴县潘祖荫(伯寅)辑　同治十二年滂喜斋钩刻本　原题攀古楼汉石纪存

汉刘熊碑考二卷　会稽顾燮光(襟癯)辑　民国五年石印本民国七年再版石印本皆一卷　民国二十三年增订石印本

汉孟孝琚碑题跋一卷　石屏袁嘉谷辑　民国十二年云南图书馆铅字本

汉马姜墓石刻考释一卷　丹徒鲍鼎(扶九)著　民国二十二年蟫隐庐石印本

汉武氏石室画象题字补考二卷附考二篇　沔阳陆开钧(和九)著　民国十五年写刻本

天发神谶碑考一卷　清大梁周在浚(雪客)著　民国十五年东方学会铅字本

天发神谶碑考附录一卷　清金陵王蓍(宓草)著　民国十五年东方学会铅字本

天发神谶碑续考一卷　清嘉定汪照(少山)著　民国十五年东方学会铅字本

天发神谶碑补考一卷　上虞罗振玉(叔言)著　民国十五年东方学会铅字本

天发神谶碑考一卷　清淮南吴玉搢(山夫)著　上虞罗氏石印本

国山碑考一卷　清海宁吴骞(槎客)著　乾隆五十一年拜经楼刻本

高丽好大王碑六册　宜都杨守敬(星吾)辑　宣统元年钩刻本

高丽国永乐好大王碑释文纂考一卷　北海郑文焯(叔问)著　光绪二十六年平湖朱氏经注经斋刻本　后收入大鹤山房全书

高句丽永乐好太王碑考一卷　清诸城王志修(脩庐)著　光绪二十一年奉天军粮署刻本

瘗鹤铭考一卷　明姑苏顾元庆(大有)著　正德十三年顾氏四十家小说本

瘗鹤铭辩一卷　清山阳张弨(力臣)著　昭代丛书本　张亟斋遗集本

瘗鹤铭考一卷　清长洲汪士鋐(退谷)编　康熙五十三年松南书屋手写刻本　粤雅堂丛书本　咫进斋丛书本　百一庐金石丛书本

瘗鹤铭考补一卷　清大兴翁方纲(覃溪)著　苏斋丛书本　光绪

三十四年浭阳端方刻本　苏斋丛书本名瘗鹤铭考无铭书出陶贞白辨以下七篇字句亦略有异同

山樵书外纪一卷　清海盐张开福（石匏）著　昭代丛书本　光绪三十四年端方刻本附瘗鹤铭考补后　西泠印社聚珍版本

瘗鹤铭考一卷　清海盐吴东发（侃叔）著　涉闻梓旧本

十二砚斋补瘗鹤铭考二卷　清仪征汪鋆（研山）编　光绪十一年十二砚斋四种本

缩摹泰山石经峪刻字四册　宜都杨守敬（星吾）辑　光绪三十三年杨氏钩刻本

匡喆刻经颂六册　宜都杨守敬（星吾）辑　光绪三十三年杨氏钩刻本

老君洞石墨撷英二册　开封关百益编　民国十九年拓本

观沧阁藏魏齐造像记一册　王潜刚（度公）辑　民国二十四年商务印书馆石印本

庙堂碑唐本存字一卷　清大兴翁方纲（覃溪）著　嘉庆十二年自写刻本　汉阳叶氏刻本　百一庐金石丛书本

阙特勤碑释跋一卷　清日照丁麟年（黼臣）辑　移林馆刻本

御史台精舍题名一卷　清钱塘赵魏（晋斋）辑　读画斋丛书本

唐御史台精舍题名考三卷　清仁和赵钺（星甫）劳格（季言）同撰　月河精舍丛钞本

郎官石柱题名一卷　清钱塘赵魏（晋斋）辑　读画斋丛书本

唐尚书省郎官石柱题名考二十六卷附录一卷　清仁和劳格（季言）赵钺（星甫）著　光绪十二年月河精舍丛钞本

石塔碑刻记一卷　清福州林乔荫（樾亭）著　乾隆四十三年注韩居写刻本

唐陈观察墓志考一卷　清侯官郑杰（人杰）著　乾隆六十年注韩居写刻本

山阳县学唐楚州石柱题名考一卷　清山阳范以煦（咏春）著

道光二十七年自刻本　民国二十三年福山牟氏影印本

旧馆坛碑考一卷　清吴江翁大年(叔均)编　民国二十年瑞安陈氏刻本

景教碑文纪事考正三卷　清番禺杨荣鋕(襄甫)著　光绪二十一年刻本

韩蕲王碑释文一卷　清长洲顾沅(湘舟)著　道光间自刻本　原名吴中金石志　民国二十三年瑞安陈氏刻本

辽帝后哀册文录一卷附录一卷　上虞罗振玉(叔言)著　民国二十二年辽居杂著乙编石印本

辽陵石刻集录六卷　辽阳金毓黻(谨庵)辑　民国二十三年影印本

禹碑五释一卷　清黄松石编辑　雍正十年吕湘中写刻本　伪刻

宋徐鼎臣临秦碣石颂一卷　清江阴孔昭孔双钩　同治六年刘氏刻本　伪刻

红崖碑释文一卷　清新化邹汉勋(叔绩)著　邹叔子遗书本

上石类文字之属

石刻铺叙二卷　宋建昌曾宏父(幼卿)纂述　乾隆四十五年褚平世仿宋新雕本　知不足斋丛书本　贷园丛书本　神州国光社影印翁方纲手校本　古物同欣社石印本

分隶偶存二卷　清甬东万经(授一)编辑　乾隆三十四年其孙绵前校刻本　民国七年陈氏房山山房丛书汉魏碑考一卷乃从此书录出

语石十卷　长洲叶昌炽(缘督)撰　宣统元年自刻本

校碑随笔六卷　定海方若(药雨)著　民国三年西泠印社聚珍本石印大本　小本　民国十二年华璋书局石印小本后附续校碑随笔乃节录语石而成书估作伪可笑

集古求真十五卷　泰和欧阳辅(棠丞)著　民国十二年江西开智书局石印手稿本

集古求真续编十卷补正四卷　泰和欧阳辅(棠丞)著　民国

二十二年江西集古山房石印手稿本

汉碑征经一卷　清宝应朱百度(午桥)著　光绪十五年广雅书局刻本　仅得周易一卷

汉碑经义辑略二卷　清黄县淳于鸿恩(稺鹤)辑　光绪二十八年刻本

汉碑引经考六卷　清善化皮锡瑞(鹿门)撰　光绪三十年刻本

汉碑引纬考一卷　清善化皮锡瑞(鹿门)撰　光绪三十年刻本附引经考后

上石类通考之属

元丰题跋一卷　宋南丰曾巩(子固)著　津逮秘书本　学古斋金石丛书本作元丰金石跋尾　皆从元丰类稿卷之五十录出

宝刻丛编二十卷　宋钱塘陈思纂次　海丰吴式芬校刻本　光绪十四年陆氏十万卷楼刻本

弇州墨刻跋四卷　明太仓王世贞(元美)著　弇州四部稿本

石墨镌华八卷　明盩厔赵崡(子函)著　万历四十六年刻本　艺圃搜奇续集本　青照楼丛书本　知不足斋丛书本　学古斋金石丛书本

金石史二卷　明关中郭宗昌(嗣伯)著　昭代丛书一卷本　青照楼丛书本　知不足斋丛书本　学古斋金石丛书本

碑帖纪证一卷　明四明范大澈(子宣)著　民国十二年蟫隐庐活字本

苍润轩碑跋纪一卷　明秣陵盛时泰(仲交)著　神州国光社影印魏稼孙手校本　民国十八年中央大学国学图书馆铅字本名元牍记

庚子销夏记八卷　清北平孙承泽(退谷)著　乾隆二十六年知不足斋余集写刻本　学古斋金石丛书本　书画跋三卷碑刻跋四卷寓目记一卷

砥斋题跋一卷　清华山王宏撰(无异)著　涉闻梓旧本　小石山房丛书本

竹云题跋四卷　清金坛王澍(虚舟)著　乾隆三十二年经香居精

刻本　乾隆五十三年温氏墨妙楼翻刻本　光绪十年忏花庵丛书本　海山仙馆丛书本

虚舟题跋十卷题跋原三卷　清金坛王澍(篛林)著　经香居精刻本　墨妙楼翻刻本　忏花庵丛书本

隐绿轩题识一卷　清海宁陈奕禧(子文)著　涉闻梓旧本　小石山房丛书本

义门题跋一卷　清长洲何焯(屺瞻)著　昭代丛书本　涉闻梓旧本　小石山房丛书本

苏斋题跋二卷　清大兴翁方纲(覃溪)著　涉闻梓旧本　钱塘何溱(方谷)集录西泠印社聚珍本一卷　此本视前本少十六首依时代为先后而前本则前后失次且无目录

铁函斋书跋六卷　清山阴杨宾(耕夫)著　昭代丛书本不分卷别下斋丛书本　道光二十七年杨霈重编四卷本　文学山房聚珍版翻四卷本

拙存堂题跋一卷　清金坛蒋衡(湘帆)著　宣统二年江浦陈氏房山山房丛书本

平津读碑记八卷续记一卷　清临海洪颐煊(筠轩)著　嘉庆二十一年自刻本　行素草堂金石丛书本　木犀轩丛书本多再续一卷三续二卷

汉隶拾遗一卷　清高邮王念孙(怀祖)著　读书杂志(卷十)本

半毡斋题跋二卷　清甘泉江藩(节甫)著　功顺堂丛书本　上卷经籍跋下卷碑刻専瓦跋

芳坚馆题跋四卷　清莆田郭尚先(兰石)撰　述古丛钞本　翠琅玕馆丛钞本

绩语堂题跋一卷　清仁和魏锡曾(稼孙)著　光绪九年自刻本

有万熹斋石刻跋一卷　清大兴傅以礼(节子)著　西泠印社聚珍版本　从华延年室题跋中辑出

求是斋碑跋四卷　清武进丁绍基(听彝)撰　适园丛书本

写礼庼读碑记一卷　长洲王颂蔚(蒿隐)著　民国四年写礼庼遗

著四种本

读碑小笺一卷　上虞罗振玉(叔言)著　光绪十年唐风楼自刻本

缀学堂河朔碑刻跋尾一卷　象山陈汉章(伯弢)著　附循园金石文字跋尾后

循园古冢遗文跋尾六卷　山阴范寿铭(鼎卿)著　民国十九年石印本

汉射阳石门画象汇考一卷　清上元张宝德(容园)著　金陵丛刻本

元魏荥阳郑文公摩崖碑跋一卷　清钱塘诸可宝(迟菊)著　式训堂丛书本

上石类题跋之属

金石例十卷　元济南潘昂霄(景梁)著　淡生堂余苑本　卢氏雅雨堂金石三例本　郝氏翻卢氏金石三例本　李氏金石四例活字本　读有用书斋金石三例本　朱氏金石全例本　随庵徐氏丛书翻元本附札记　蜀刻十一种本　以下各书虽或以金石为名然所言大抵皆碑刻事故统归石类

墓铭举例四卷　明长洲王行(止仲)著　乾隆二十一年金匮王氏刻本　雅雨堂三例本　郝氏三例本　李氏四例本　读有用书斋三例本　朱氏全例本　蜀刻十一种本

金石要例一卷　清余姚黄宗羲(梨洲)著　乾隆二十一年金匮王氏刻本　昭代丛书本　续艺圃搜奇本　借月山房汇钞本　雅雨堂三例本　郝氏三例本　李氏四例本　读有用书斋三例本　朱氏全例本　国朝名人著述丛编本　蜀刻十一种本

志铭广例二卷　清钱塘梁玉绳(曜北)著　清白士集本　行素草堂金石丛书本　又全例本　式训堂丛书本

汉魏六朝墓铭纂例四卷　清嘉兴李富孙(芗沚)著　嘉庆七年校经庼全书本　别下斋丛书本　行素草堂金石丛书本　又全例本

金石例补二卷　清吴江郭麐(祥伯)著　嘉庆十六年灵芬馆全集本　李氏四例本　行素草堂金石丛书本　又全例本　式训堂丛书本

汉魏六朝志墓金石例三卷　清镇洋吴镐(荆石)著　玲珑山馆丛刻本　后知不足斋丛书本

唐人墓志例一卷　清镇洋吴镐(荆石)著　玲珑山馆丛刻本　后知不足斋丛书本

金石综例四卷　清嘉兴冯登府(柳东)纂　道光七年刻本　行素草堂金石丛书本　又全例本

金石称例四卷续例一卷　清顺德梁廷枏(章冉)纂　道光八年藤花亭十种本　行素草堂金石丛书本　又全例本

碑板文广例十卷　清长洲王芑孙(念丰)辑　道光二十一年江元文写刻本　行素草堂金石丛书本　又全例本

金石订例十卷　清常熟鲍振方(芳谷)著　后知不足斋丛书本

汉石例六卷　清宝应刘宝楠(楚桢)录　道光二十九年连筠簃丛书本　行素草堂金石丛书本　又全例本

石例简钞四卷　南海黄任恒(秩南)辑　民国十七年自刻本

上石类义例之属

隶韵十卷　宋刘球撰　嘉庆十五年阿氏刻本附翁方纲隶韵考证二卷碑目考证一卷

汉隶字源五卷碑目一卷　宋槜李娄机(彦发)辑　北平图书馆藏宋刊本　汲古阁刻本　姚氏咫进斋重刻本

汉隶分韵七卷　宋阙名　明嘉靖九年李石叠重刊本　乾隆三十七年辨志堂刻本　北平图书馆藏元刊本五至七三卷　案明何震续学古编云田汝耔重刻本未列著者名汝耔正德丙子江西提学使许瀚据宋史艺文志定为马居易作

篆隶考异二卷　清吴县周靖(敉宁)著　四库全书本

隶辨八卷　清长洲顾霭吉(南原)撰　康熙五十七年玉渊堂刻本　乾隆八年黄氏重刻本　同治间坊刻本

隶法汇纂十卷字录一卷　清古歙项怀述(惕孜)编录　乾隆五十一年小西山房刻本　删改隶辨而成

汉碑隶体举要一卷　清金坛蒋和(醉峰)辑　原刻本民国七年商务印书馆石印本

汉隶异同十二卷　清宝水甘扬声(实求)辑　道光十一年勤约堂刻本

隶篇十五卷续十五卷再续十五卷　清东莱翟云升(文泉)著　道光十七年自刻本　宜都杨氏重刻本

隶通二卷　清嘉定钱庆曾著　鄦斋丛书据武进费氏传钞刻本

金石文字辨异十二卷　清阶州邢澍(佺山)著　嘉庆十五年自刻本　聚学轩丛书第一集本

金石文字辨异补编五卷　瑞安杨绍廉著　民国十三年集古斋石印本

碑文摘奇一卷　清顺德梁廷枏(章冉)撰　藤花亭十种本

六朝别字记一卷　清会稽赵之谦(㧑叔)著　民国八年商务印书馆影印初稿写字本　未成书

碑别字五卷　清上虞罗振鋆(佩南)辑　光绪二十年食旧堂刻本

碑别字补五卷　上虞罗振玉(叔言)辑　光绪二十七年自刻本　民国十七年合前书为增订碑别字石印本附雪堂校刊群书目录

楷法溯源十四卷　清文昌潘存(孺初)原辑　宜都杨守敬(星吾)编　光绪三年杨氏刻本

上石类字书之属

梦碧簃石言初集六卷　会稽顾燮光(襟癯)著　民国七年初版石印本　民国八年再版石印本　民国十四年三版增订仿宋铅字本

苏斋唐碑选一卷　清大兴翁方纲(覃溪)著　同治十三年偲进斋丛书本

读汉碑一卷　清德清俞樾(曲园)著　俞楼杂纂(第二十五)本　释汉碑中文字得二十三条其说翔实又第一楼丛书中读书余录有汉碑四十一条可合观之

骈隶一卷　清德清俞樾(曲园)著　俞楼杂纂(第三十一)本　取

汉碑中二字属对而注其原文

读隶辑词一卷　清德清俞樾（曲园）著　俞楼杂纂（第三十二）本　采辑汉碑中形况之词如于休于穆之类

重编石鼓文一卷　溧阳强运开（梦渔）著　民国六年广仓学窘石印本

上石类杂著之属

上石类一百九十六部附录五十五部

金石书录目卷六

玉类第六

玉社古玉所见录一卷　阙名　民国十四年岭南玉社丛书本

上玉类目录之属

古玉图二卷　元睢阳朱德润（泽民）著　明万历三十年吴氏宝古堂刻本　乾隆二十八年黄氏亦政堂补刻本　道光十年得月移丛书本　欣赏编本　说郛本　名古玉图考一卷

古玉图谱一百卷　宋龙大渊等奉敕编纂　乾隆四十四年江氏康山草堂刻本　乃后人据三礼图考古图博古图录等书而伪作

古玉图考二册　清吴县吴大澂（清卿）著　光绪十五年古吴毛上珍摹刻本　同文书局石印原稿本

古玉图考补正一卷　高密郑文焯（叔问）著　民国二十三年艺海一勺本　补正吴氏之书凡二十三则其论渠叓大玉玺之伪尤为有识

古玉图一卷　阙名　岭南玉社丛书本

衡斋藏见古玉图二卷　北平黄濬（伯川）辑　民国二十四年影印本

上玉类图象之属

玉纪一卷　清江阴陈性（原心）述　同治三年杜文澜刻本　光绪十

三年金吴澜刻本　民国元年益森公司铅字本　刘氏丛刻本　静园丛书本　美术丛书初集第二集本　岭南玉社丛书本

玉纪补一卷　清武进刘心宝(心白)著　美术丛书初集第二集本　岭南玉社丛书本

玉纪正误一卷　东官李凤廷撰　岭南玉社丛书本

古玉考一卷　梅县刘子芬(竹园)著　民国十四年石印本

上玉类通考之属

弈载堂古玉图录一卷　清嘉定瞿中溶(木夫)撰　民国十九年瑞安陈氏刻本

上玉类题跋之属

玉说荟刊一卷　古杭钱启同(伯年)辑　民国二十年铅字本　摘录昔人论玉之说如玉纪志雅堂杂抄等书凡二十种

上玉类杂著之属

上玉类七部附录六部

金石书录目卷七

甲骨类第七

殷契书录二卷　东台陈振东(枕亚)著　民国十九年铅字本

上甲骨类目录之属

殷虚古器物图录一卷附说一卷　上虞罗振玉(叔言)辑　民国五年影印本　艺术丛编第一集本同

传古别录第二集　上虞罗福成(君美)辑　民国十七年影印本　选印殷虚所出古器物花纹文字之精美者凡十三品

殷虚器物存真一卷　开封关百益辑　民国十八年拓本

上甲骨类图象之属

铁云藏龟不分卷　清丹徒刘鹗(铁云)辑　光绪二十九年褒残守缺斋石印本　民国二十年丹徒鲍鼎补释蟫隐庐石印本

殷虚书契前编八卷　上虞罗振玉(叔言)类次　民国元年自影印本　民国廿二年重印本　宣统三年国学丛刊石印本三卷未完

殷虚书契前编集释八卷　丹徒叶玉森(洪渔)著　民国廿三年石印本

殷虚书契菁华一卷　上虞罗振玉(叔言)类次　民国三年自影印本　翻印本

铁云藏龟之余一卷　上虞罗振玉(叔言)辑　民国四年自影印本　十六年重印本　民国二十年鲍鼎补释蟫隐庐石印本

殷虚书契后编二卷　上虞罗振玉(叔言)类次　民国五年自影印本　艺术丛书第一集本同

龟甲兽骨文字二卷附钞释　日本林泰辅辑　大正十年商周遗文会影印本　翻印本

戬寿堂所藏殷虚文字一卷考释一卷　睢宁姬佛陀(觉弥)类次　海宁王国维(静安)考释　民国八年艺术丛编第三集石印本又单行本

铁云藏龟拾遗一卷附考释　丹徒叶玉森(淇渔)著　民国十四年影印本

簠室殷契征文十二卷附考释　天津王襄(纶阁)著　民国十四年天津博物院石印本

新获卜辞写本一卷　南阳董作宾(彦堂)编著　民国十七年写印本　又收入安阳发掘报告第一册中

殷虚文字存真第一集附考释　开封关百益选拓　许敬参考释民国廿一年河南博物馆石印本

卜辞通纂一卷考释三卷索引一卷　乐山郭沫若(鼎堂)著　民国二十二年日本文求堂影印本

殷契卜辞附释文及文编三册　东莞容庚(希白)吴县瞿润缗(子陵)同著　民国二十二年哈佛燕京学社石印本

福氏所藏甲骨文字附考释一册　番禺商承祚(锡永)编　民国廿二年金陵大学中国文化研究所影印本

殷契佚存一卷释文一卷　番禺商承祚(锡永)著　民国二十二年金陵大学中国文化研究所影印本

上甲骨类文字之属

殷商贞卜文字考一卷　上虞罗振玉(叔言)著　宣统二年玉简斋石印本

殷虚书契考释一卷　上虞罗振玉(叔言)著　民国三年王国维写

印本　民国十二年决定不移轩刻本附殷虚文字类编后乃重订本仅四章民国十四年东方学会石印增订本三卷

殷虚书契考释小笺一卷　丹徒陈邦怀(保之)著　民国十四年自刻本

殷契拾遗一卷　丹徒陈邦怀(保之)著　民国十六年石印本

殷卜辞中所见先公先王考一卷续考一卷　海宁王国维(静安)著　民国六年学术丛编第二集自写石印本　后收入观堂集林中

殷礼征文一卷　海宁王国维(静安)著　民国十七年王忠悫公遗书二集本

殷虚书契补释一卷　胶西柯昌济(纯卿)著　民国十年自刻本

殷契钩沉二卷　丹徒叶玉森(洪渔)著　民国十二年学衡第二十四期单行自写印本　民国十八年富晋书社影印本

说契一卷　丹徒叶玉森(洪渔)著　民国十三年学衡第三十一期单行自写印本　民国十八年富晋书社影印本

揅契枝谭一卷　丹徒叶玉森(洪渔)著　与说契合装

殷虚𩂣契考一卷　丹徒陈邦福(墨迻)著　民国十七年自写石印本

殷契辨疑一卷　丹徒陈邦福(墨迻)著　民国十八年自写石印本

甲骨文字研究二册　乐山郭沫若(鼎堂)撰述　民国十九年大东书局石印本

安阳发掘报告四册　钟祥李济(济之)南阳董作宾(彦堂)等同著　民国十八年至二十二年中央研究院历史语言研究所石印本

契学概论一卷　泰兴陈晋(夕康)著　民国廿二年中华书局石印本

殷契通释六卷　郢臼徐协贞(吉轩)述撰　民国二十二年自刻本

甲骨学商史编十卷　醴陵朱芳圃编　民国廿四年中华书局石

印本

上甲骨类通考之属

契文举例二卷　清瑞安孙诒让(仲容)著　民国六年吉石庵丛书本

甲骨文例一卷　嘉兴胡光炜(小石)著　民国十七年广东中山大学语言历史研究所石印本

上甲骨类义例之属

殷虚书契待问编一卷　上虞罗振玉(叔言)录　民国五年自写石印本

簠室殷契类纂正编十四卷附编一卷存疑一卷待考一卷　天津王襄(纶阁)著　民国十年自写石印本

殷虚文字类编十四卷附待问编　上虞罗振玉(叔蕴)考释　番禺商承祚(锡永)类次　民国十二年决定不移轩自刻本　后附殷虚书契考释一卷

甲骨学文字编十四卷附录二卷　醴陵朱芳圃编　民国二十二年商务印书馆石印本

甲骨文编十四卷附录一卷合文一卷备查一卷　潢川孙海波(涵溥)撰集　民国廿三年哈佛燕京学社石印本

上甲骨类字书之属

殷契说存一卷　丹徒陈邦福(墨迻)著　民国十九年自写石印本

上甲骨类杂著之属

上甲骨类三十六部附录九部

金石书录目卷八

匋类第八

上匋室専瓦文攟十册　清潍县高鸿裁（翰生）辑　东方文化会图书馆藏光绪二十年定本六册前有录目専二百七种瓦百九十八种陶廿六种凡四百三十一种　燕京大学图书馆藏拓本専二百三十种瓦二百六十种陶器三十六种凡五百三十二种　民国二十年山东省立图书馆拓本専二百七种瓦二百七十种杂类陶器五十二种凡五百二十九种

窸斋専瓦录一卷　清吴县吴大澂（清卿）辑　民国八年西泠印社石印本　民国十九年重印本

藏匋拓本四册　定海方若（药雨）辑　燕京大学图书馆藏拓本第一册瓦第二三册専第四册陶器封泥及泉范

严氏古砖存二册　清长洲严福基（麋存）辑　道光二十一年原拓本

慕陶轩古砖图录四册　清桐城吴廷康（康甫）辑　咸丰元年刻本　燕京大学图书馆藏手拓本

百甓斋古砖录六册　清吴县陈璜（寄蟠）著　林钧藏原稿本

千甓亭古専图释二十卷　清归安陆心源（刚甫）辑　光绪十七年石印缩本

遯庵古砖存八卷　山阴吴隐（石潜）辑　宣统三年西泠印社拓本

陶斋藏砖四函　清浭阳端方（午桥）辑　燕京大学图书馆藏原拓本共三百十二种

广仓専录三集　杭县邹安（适庐）辑　又名专门名家集民国六年艺术丛编石印本　又单行本

汉安甋瓳砖录一卷附拾遗　长兴王修（杨庵）著　民国十九年铅字本

高昌専集一册　汉阳黄文弼（仲良）编　民国二十年西北科学考查团理事会影印本

高昌甸集一册　汉阳黄文弼（仲良）编　民国二十三年西北科学考查团理事会影印本

汉魏六朝専文二卷　新城王树枬（晋卿）辑　民国廿四年商务印书馆石印本

汉代圹砖集录二卷　海城王振铎撰　民国廿四年考古学社石印本

汉甘泉宫瓦记一卷　清侯官林佶（吉人）著　昭代丛书本

秦汉瓦当图记四卷附补遗　清钱塘朱枫（排山）辑　乾隆二十四年自刻本

秦汉瓦当文字二卷续一卷　清歙县程敦（彝斋）撰　乾隆五十二年及五十九年横渠书院刻本　石印本

汉宫瓦当一卷　清山阴陈广宁（靖侯）著　北京大学图书馆藏乾隆五十六年拓本

秦汉瓦当图一卷　清镇洋毕沅（秋帆）辑　光绪二十一年翻刻朱墨拓本　光绪十年陈明远宝拙庵日本刻本

竹里瓦当文存不分卷　清嘉兴王福田（心耕）撰　咸丰二年七桥草堂自刻本

遯庵瓦当存一卷　山阴吴隐（石潜）辑　宣统二年西泠印社拓本

秦汉瓦当文字五卷　上虞罗振玉（叔言）辑　民国三年自刻本

琴归室瓦当文钞一卷　黄中慧辑　民国三年日本影印本

绘图藏瓦二册　闽侯何遂(叙甫)藏器　民国十九年拓本

钜鹿宋器丛录一卷　南皮张厚璜(钧孙)大兴李详耆(贯三)同辑　民国十二年天津博物院石印本

古明器图录四卷　上虞罗振玉(叔言)辑　民国五年自影印本　艺术丛编本同

簠室古甬一卷　天津王襄(纶阁)著　宣统元年自影印本

上匋类图象之属

簠斋藏陶八册　清潍县陈介祺(寿卿)辑　北京大学图书馆藏拓本

铁云藏陶四册　清丹徒刘鹗(铁云)辑　光绪三十年褒残守缺斋石印本

遯庵古匋存二册　山阴吴隐(石潜)辑　民国二年西泠印社拓本

梦庵藏陶一卷　日本太田孝太郎辑　民国十一年影印本

邹滕古陶文字三册　瑯琊王献唐辑　民国廿三年山东省立图书馆拓本

瓦削文字谱一卷　萍乡文素松(舟虚)编　民国二十年石印本

淮安府城南宋古砖记　清山阳丁晏(俭卿)辑　咸丰七年颐志斋丛书本

百專考一卷　清阳湖吕佺孙(尧仙)著　滂喜斋丛书本

浙江砖录四卷　清嘉兴冯登府(柳东)辑　郑淳校刊本

砖文考略四卷附砖文考略之余　清临海宋经畬(心芝)著　学术丛编第一集本

千甓亭專录四卷续录四卷　清归安陆心源(刚父)纂　光绪七年自刻本存斋杂纂之三

温州古甓记一卷　清瑞安孙诒让(仲容)著　民国十八年铅字本

陶斋藏砖记二卷　清浭阳端方(午桥)著　宣统元年石印本　附陶斋藏石记后

恒农冢墓遗文一卷　上虞罗振玉(叔言)辑　民国四年永慕园双钩石印本

恒农專录一卷　上虞罗振玉(叔言)辑　民国六年上虞罗氏巾箱本

楚州城砖录一卷　上虞罗振玉(叔言)辑　民国七年上虞罗氏巾箱本

專志征存一卷　上虞罗振玉(叔言)辑　民国七年上虞罗氏巾箱本

高昌專录一卷　上虞罗振玉(叔言)著　民国廿三年辽居杂著乙编石印本

上匋类文字之属

中国明器一册　夏门郑德坤吴县沈维钧(勤庐)合著　民国二十三年燕京大学哈佛燕京学社铅字本

上匋类通考之属

上匋类四十五部附录二部

金石书录目卷九

竹木类第九

南越文王冢黄肠木刻字及明器一卷　杭县邹安（适庐）辑　民国七年广仓学宭艺术丛编临时增刊本

流沙坠简三卷补遗一卷附考释附录　上虞罗振玉（叔言）海宁王国维（静安）同著　民国三年上虞罗氏影印本　民国二十三年重印校正本

仓颉篇残简考释一卷　上虞罗振玉（叔言）著　学术丛编第一集本　从流沙坠简考释中录出

流沙坠简考释补正一卷　海宁王国维（静安）著　学术丛编第一集本

汉晋西陲木简汇编初二编　张凤（天方）辑　民国二十年有正书局影印本

木简考略一卷　镇江陈直（进宧）撰　民国廿一年石印本　考证汇编木简得三十一条

上竹木类文字之属

上竹木类五部附录一部

金石书录目卷十

地志类第十

金陵古金石考目一卷　明江宁顾起元(泰初)著　北平图书馆藏归安姚氏藏旧钞本

江宁金石待访目二卷　清冶城严观(子进)辑　嘉庆九年刻本　宣统二年江楚书局本　皆附江宁金石记后　灵鹣阁丛书本　咸丰元年程氏见古阁刻本

吴郡金石目一卷　清嘉定程祖庆(稚蘅)辑　滂喜斋丛书本

两浙金石别录三卷　会稽顾燮光(褋癯)辑　民国九年石印本

江西金石目一卷　江阴缪荃孙(筱珊)编纂　顾氏金石舆地丛书本

蜀碑记十卷　宋金华王象之撰　清绵州李调元(童山)编　函海本　退补斋金华丛书本附辨伪考异一卷

蜀碑记补十卷　清绵州李调元(童山)著　函海本

京畿金石考二卷　清阳湖孙星衍(渊如)撰　道光七年抱芳阁刻本　惜阴轩丛书本　滂喜斋丛书本　行素草堂金石丛书本　问经堂活字本

畿辅碑目二卷待访目二卷　清天津樊彬(文卿)辑　民国二十

四年河北博物馆铅字本

京兆各县古物调查表一册　阙名　民国八年印铸局铅字本

北平金石目一卷　国立北平研究院史学研究会纂　民国廿三年北平研究院铅字本

中州金石考八卷　清北平黄叔璥(玉圃)撰　乾隆六年其子守谦校刻本　光绪八年邵氏望三益斋重刻本　顾氏金石舆地丛书本

中州金石目四卷附补遗　清归安姚晏(圣常)著　咫进斋丛书本

中州金石目录八卷　清商城杨铎(石卿)辑　徐氏鄦斋丛书本

河南省古物调查表一册　阙名　民国七年印铸局铅字本

河南古物调查表证误一卷　会稽顾燮光(襟癯)著　附河朔新碑目后

河朔新碑目三卷　会稽顾燮光(襟癯)编辑　民国八年石印本　十五年增订再版仿宋铅字本

河南图书馆藏石目一卷　腾冲李根源(印泉)编次　民国十四年铅字本

安阳金石目一卷　山阴范寿铭(鼎卿)编　民国三年石印本

洛阳石刻录一卷　清祥符常茂徕(秋崖)辑　雪堂丛刻本

洛阳存古阁藏石目一卷　上虞罗振玉(叔言)辑　雪堂丛刻本

山左碑目四卷　清益都段松苓(赤亭)辑　光绪三十四年武进李氏圣译楼丛书本

山左访碑录十三卷　清胶州法伟堂(容叔)著　宣统元年山东提学司署石印本　顾氏金石舆地丛书本

山东省古物调查表二册　阙名　民国八年印铸局铅字本

山左北朝石存目一卷　清诸城尹彭寿(慈经)纂　光绪十八年自刻本　光绪二十一年灵鹣阁丛书本名山左南北朝石刻存目

山左汉魏六朝贞石目一卷续一卷再续一卷　高唐田士懿(惪忱)辑述　民国十二年自刻本　附录泰山石经峪金刚经残字

至圣林庙碑目六卷　清曲阜孔昭薰(琴南)编　道光十八年刻本

光绪二十二年积学斋丛书本

曲阜碑碣考四卷　曲阜孔祥霖(少霑)辑　民国四年广智书局铅字本

山右金石录二卷附校语　清高邮夏宝晋(玉延)纂　光绪八年归安石氏校刻本　顾氏金石舆地丛书本　目录一卷跋尾一卷

山右访碑记一卷　清会稽鲁燮光(瑶仙)著　顾氏金石舆地丛书本

陕西图书馆所管碑林碑目表一卷　孙德俦编辑　民国三年图书社铅字本

三韩冢墓遗文目录一卷　上虞罗振玉(叔言)辑　雪堂丛刻本

海东金石存考一卷　清东武刘喜海(燕庭)编辑　木犀轩丛书本　西泠印社聚珍版本

日本金石年表一卷　日本西田直养辑　滂喜斋丛书本

上地志类目录之属

苍玉洞宋人题名一卷　清东武刘喜海(燕庭)著　道光十四年味经书屋自刻本　百一庐金石丛书本

荆南萃古编一卷附续　清泉唐周懋琦(韩侯)山阴刘瀚(北溟)同辑　光绪二十年鸿宝署斋刻本

赵州石刻全录三卷　清贵筑陈钟祥编次　桐乡蔡寿增(鹤君)宛平查辂(寄庵)同辑　同治元年刻本

河南金石志图第一集　开封关百益编纂　民国廿三年影印大本

邺中片羽二册　北平黄濬(百川)辑　民国廿四年影印本

城子崖一册　钟祥李济(济之)等编辑　民国廿三年中央研究院影印本

西阴村史前的遗存一卷　钟祥李济(济之)著　附录袁复礼图说及山西西南部的地形　民国十六年清华研究院印本

甘肃考古记一卷　安特生著　乐森璕译　附甘肃史前人种说略步达生著李济译　民国十四年地质调查所印本　汉英对照

上地志类图象之属

江苏金石记二十四卷待访目二卷　阙名　民国十六年抽印民国江苏通志石印本

江左石刻文编十卷　清元和韩崇(履卿)著　林钧藏稿本

江宁金石记八卷　清冶城严观(子进)辑　嘉庆九年刻本　宣统二年　江楚编译书局刻本附待访目二卷

句容金石记十卷附录一卷　句容杨世沅(芷湘)辑　光绪三十四年铅字本

吴中金石新编八卷　明河南陈暐(耀卿)著　民国廿四年商务印书馆影印四库全书本

句吴金石考六卷　金匮周有壬(佩安)著　容庚藏钞本

吴中冢墓遗文一卷　上虞罗振玉(叔言)辑　自刻本

虎阜石刻仅存录一卷　清长洲潘钟瑞(麟生)编　光绪十四年香蝉精舍集(卷十六)刻本

虎邱金石经眼录一卷　腾冲李根源(印泉)稿　民国十七年自刻本

阳羡摩崖纪略一卷附荆南游草　清海宁吴骞(兔床)纪录　古学汇刊第一集本

楚州金石录一卷附存目　上虞罗振玉(叔言)辑　石印巾箱本初名淮阴金石仅存录　小方壶斋丛书三集铅字本

广陵冢墓遗文一卷　上虞罗振玉(叔言)辑　民国四年自刻本

云台金石记一卷　阙名　古学汇刊第一集本　从云台山志金石门录出而稍加整理

两浙金石志十八卷　清扬州阮元(云台)编录　道光四年李沄刻本　光绪十六年浙江书局重刻本

两浙金石志补遗一卷　清扬州阮福(小芸)著　附两浙金石志后

两浙佚金佚石集存一卷　上虞罗振玉(叔言)辑　民国六年自影印本

武林金石记十卷附碑刻目　清钱塘丁敬(敬身)著　民国五年西泠印社聚珍版本

石屋洞造象题名一卷　上虞罗振玉(叔言)校录　民国四年自刻本

龙泓洞造象题名一卷　上虞罗振玉(叔言)辑　民国四年自刻本

吴兴金石记十六卷　清归安陆心源(伯刚)撰　光绪十六年自刻本

墨妙亭碑目考二卷附考一卷　清乌程张鉴(春治)撰　光绪十年江苏书局刻本

越中金石记十卷目二卷　清山阴杜春生(禾子)编录　道光十年詹波馆自刻本

越中古刻九种一卷　清会稽王继香(子献)著　光绪二十二年石印本　真者仅二种余皆伪作或翻刻

台州金石录十三卷専录五卷阙坊四卷　清临海黄瑞(子珍)编辑　民国五年刘氏嘉业堂刻本

东瓯金石志十二卷　清嘉善戴咸弼(鳌峰)撰　瑞安孙诒让(仲容)校补　光绪二年温州聚珍本十卷　光绪九年孙氏刻本　光绪二十五年石印本

括苍金石志十二卷续志四卷　清嘉兴李遇孙(金澜)辑　海昌邹柏森(殷甫)校补　同治十三年浙江处州府署重刻本

括苍金石志补遗四卷　清海昌邹柏森(殷甫)辑　聚学轩丛书第四集本

石门洞崖刻一卷　阙名　容庚藏稿本

石门题咏录四卷　青田刘耀东(祝群)辑　民国二十三年仿宋铅字本

安徽金石略十卷　清泾县赵绍祖(琴士)辑　聚学轩丛书第二集本

赣石录三卷　余姚邵启贤辑　民国九年写印本

袁州石刻记一卷　会稽顾燮光(褉𤸫)辑　民国十二年石印本

闽中金石志十四卷　清嘉兴冯登府(柳东)辑　民国十五年吴兴刘氏希古楼刻本

闽中金石略十五卷　清晋江陈棨仁(铁香)著　北平图书馆藏柯逢时旧藏钞本

莆阳金石初编二卷　清兴化刘尚文(澹斋)编　光绪二十六年福州刻本

粤东金石略十卷九曜石考二卷　清大兴翁方纲(覃溪)著　乾隆三十六年石洲草堂精刻本　又校改本

九曜石刻录一卷　清乌程周中孚(郑堂)撰　翠琅玕馆丛书本

广州新出土隋碑三种考一卷　番禺汪兆镛(景吾)著　民国十二年吉金轩抽印本

高要金石略四卷　清彭泰来(子大)编　苏元晖校刻本

粤西金石略十五卷　清南康谢启昆(蕴山)著　嘉庆六年铜鼓亭刻本　与广西通志本同

粤西得碑记一卷　清北平杨翰(伯飞)著　光绪二年自刻本　民国十三年上虞罗氏铅字本

湘城访古录一卷　清善化陈运溶(芸畦)纂　顾氏金石舆地丛书本　原十七卷此仅印行第十七卷碑碣类

湖北金石存佚考二十二卷　清蕲州陈诗(愚谷)著　嘉庆二十四年江汉书院刻本

湖北金石志十四卷　江夏张仲炘(次珊)纂　湖北通志单行本

襄阳金石略十二卷　清襄阳吴庆焘(宽仲)述　光绪三十三年自刻本

襄阳冢墓遗文一卷　上虞罗振玉(叔言)辑　民国四年自刻本

钟祥金石考八卷　钟祥李权(博父)著　民国廿二年铅字本

荆南石刻三种双钩本一卷　清山阴刘瀚(北溟)辑　光绪二十九年海天旭日砚斋摹刊本　汉胡广碑唐金枝寺残碑罄寿寺残碑三种

涪州石鱼文字所见录二卷　清归安姚觐元(彦侍)海宁钱保塘(铁江)同撰　古学汇刊第一集本

涪州石鱼题名记一卷　清海宁钱保塘(铁江)编　光绪二十一年清风室校刊本　此书视前书为优疑前书是草稿而此乃定本也姚氏之说则著姚觐元曰以别之

万邑西南山石刻记二卷附录二卷　临桂况周仪(阮庵)撰录　光绪二十八年白岩学堂刻本

滇南古金石录　清仪征阮福(小芸)著　小琅嬛丛记本

九保金石文存一卷　腾冲李根源(印泉)辑　民国八年铅字本　民国十七年刻本　皆近人所作

河北石征第一集　河北省政府河北月刊社编辑　民国廿四年石印大本

河北石范第一集　陈铁卿编　民国廿四年石印本

常山贞石志二十四卷　清嘉兴沈涛(匏庐)撰　道光二十二年刻本　光绪二十三年柯逢时校正翻刻本

上谷访碑记一卷　清江宁邓嘉缉(熙之)撰　古学汇刊第一集本　乃从光绪畿辅通志录出

中州金石记五卷　清镇洋毕沅(秋帆)撰　经训堂丛书本　铅字本

安阳县金石录十二卷　清偃师武亿(虚谷)长宁赵希璜(渭川)同纂　嘉庆四年刻本　嘉庆二十四年安阳县志附刊本

安阳金石录补遗一卷　清长宁赵希璜(渭川)撰　自刻本

邺下冢墓遗文二卷　上虞罗振玉(叔言)辑　民国五年自刻本

濬县金石录二卷　清潜山熊象阶(松樵)纂　嘉庆七年濬县志单行本

芒洛冢墓遗文三卷续编三卷三编一卷续补一卷　上虞罗振玉(叔言)辑　民国六年自刻本　云窗丛刻本仅三卷

河阴金石考二卷　睢阳蒋藩(恢吾)纂　民国六年刻本

偃师金石遗文记二卷　清偃师武亿（虚谷）纂著　乾隆五十三年其子穆淳校刻本

偃师金石记四卷　清偃师武亿（虚谷）纂著　其子穆淳编刻本

偃师金石遗文补录十六卷　清偃师武亿（虚谷）撰　秀水王复（秋塍）续补　自刻本

嵩阳石刻集记二卷附补遗纪遗　清楚黄叶封（井叔）编次　自刻本　湖北先正遗书影印四库全书文津阁本无目录及选目又脱去卷下五十二一叶

山左金石志二十四卷　清镇洋毕沅（秋帆）仪征阮元（云台）同撰　嘉庆二年小琅嬛仙馆自刻本

山左冢墓遗文一卷　上虞罗振玉（叔言）辑　自刻本

济南金石志四卷　清崇川冯云鹓（集轩）著　道光二十年刻本

历城金石志二卷　历城夏曾德夏金年同纂　民国十五年县志单行铅字本

泰山石刻记一卷　清阳湖孙星衍（渊如）编　古学汇刊第二集本

济州学碑释文一卷　清山阳张弨（力臣）著　同治四年张亟斋遗集本

济州金石志八卷　清南通州徐宗幹（树人）辑　道光二十五年闽中自刻本

福山金石志残稿一卷附补　清福山王懿荣（廉生）著　吴兴刘承幹（翰怡）编　民国十二年王文敏公遗集（卷六）本

东莱北魏石刻考略一卷　清阳湖汪彦份（同孙）著　伦明藏钞本

益都金石记六卷　清益都段松苓（赤亭）著录　光绪九年李溱刻本

东巡金石录八卷　清崔应阶梁翥鸿同辑　刻本　专录清高宗自戊辰迄乙酉六幸山东御制各种金石文字

山右金石记十卷　清王轩纂　光绪十五年山西通志（卷八九至九

八)单行本　后印本署张煦修辑

山西金石记略十卷　清孙衍贵(星槎)辑　东方文化会图书馆藏光绪二十年稿本　合夏宝晋山右金石录一卷吴式芬山右碑目一卷王炜山右金石志略十五卷晋泉汇录一卷而成

山右石刻丛编四十卷　清天门胡聘之(蕲生)撰　光绪二十七年刻本

定襄金石考四卷　定襄牛诚修(明允)辑　民国廿一年铅字本

盂县造像录一卷　王堉昌辑　北平图书馆藏民国十四年原稿本

关中金石文字存逸考十二卷附石刻书法源流考　清甘泉毛凤枝(子林)撰　光绪二十七年会稽顾氏刻本

关中石刻文字新编四卷　清甘泉毛凤枝(子林)撰　民国二十四年会稽顾氏石印本

陕西金石志三十二卷　渭南武树善编纂　民国二十三年陕西通志单行铅字本

隋唐石刻拾遗二卷附关中金石记隋唐石刻原目　清长沙黄本骥(虎痴)编　聚学轩丛书第四集本　民国十五年

雍州金石记十卷记余一卷　清钱塘朱枫(近漪)著　乾隆二十四年精刻本　惜阴轩丛书本

唐昭陵石迹考略五卷　清侯官林侗(同人)著　嘉庆二十一年冯缙校刻本　道光四年南海叶氏喜闻过斋仿宋精刻本　粤雅堂丛书本　观自得斋丛书本

昭陵碑考十二卷　清当湖孙三锡(桂珊)撰　咸丰八年刻本

昭陵碑录三卷补一卷附录校录札记及校记　上虞罗振玉(叔言)辑　民国三年自刻本　晨风阁丛书本无补一卷及校记

唐三家碑录三卷　上虞罗振玉(叔言)辑　民国三年自刻本

扶风县石刻记二卷　清钱塘黄树谷(松石)辑　涵芬楼秘笈第五集本　乃张埙所作收入张氏吉金贞石录中此云黄树谷作非

汧阳述古编一卷　清潞河李嘉绩(云生)纂著　顾氏金石舆地丛

书本　原分四篇此仅金石一篇

邠州石室录三卷　吴郡叶昌炽（鞠常）辑释　民国四年吴兴刘氏嘉业堂校刻本

金石一隅录一卷　清偃师段嘉谟（襄亭）著　道光二年刻本　湖南丛书刻本

石门碑释一卷郙阁铭附　清诸城王森文（春林）撰　涉闻梓旧本

石门碑释补一卷　清海昌蒋光煦（生沐）撰　涉闻梓旧本

褒谷古迹集略一卷　清鉴湖徐廷钰（保三）辑　同治十二年写刻本

敦煌石室真迹录六卷　清吴县王仁俊（捍郑）辑　宣统元年写印本

西陲石刻录一卷后录一卷　上虞罗振玉（叔言）辑　自刻本　又前录云窗丛刻本　后录雪堂丛刻本

泾川石刻校释及考证一卷　陈万里著　民国十五年铅字本　附西行日记后

万里校碑录一卷　陈万里著　民国十五年铅字本　附西行日记后

和林金石录一卷诗一卷考一卷　清顺德李文田（若农）撰　灵鹣阁丛书本　烟画东堂小品本作和林金石考　二本略异小品本佳　民国十八年罗振玉辽居杂著重校定本　曾见原稿于李氏后人有光绪十九年自序

海东金石苑八卷　清东武刘喜海（燕庭）著　光绪七年张氏二铭草堂校刻本仅前四卷　民国十一年刘氏嘉业堂校刻本　同治十二年观古阁丛刻本一卷只录题跋而无原文

海东金石苑补遗六卷附录二卷　吴兴刘承幹（翰怡）校录　民国十一年嘉业堂自刻本

日本金石志五卷　清德清傅云龙（懋元）著　光绪十五年游历日本图经本　又单行本

上地志类文字之属

严州金石录二卷　清海宁邹柏森（殷甫）辑　民国十九年嘉业堂校刻本

泾川金石记一卷　清泾县赵绍祖（琴士）辑　续泾川丛书本　聚学轩丛书第二集本

恒山石墨一卷　清平州黄华藩（芳洲）辑　小郁林丛书本

石经山访碑记一卷　清乐平石景芬（诵清）著　林钧藏钞本

关中金石记八卷　清镇洋毕沅（秋帆）撰　乾隆六年经训堂刻本　道光二十七年渭南焦氏校刻本增目录及附记　光绪三十四年渭南严氏重刻焦氏本附札记

关中汉唐存碑跋一卷　清少华王志沂（鲁泉）著　道光四年陕西志辑要本

新疆访古录二卷　新城王树枏（晋卿）著　仿宋印书局铅字本　与新疆图志本同

金石目考览二卷　朝鲜金秉善编　容庚藏钞本　专记朝鲜金石三百种题跋多采自刘喜海海东金石苑

上地志类题跋之属

吴郡西山访古记五卷附录一卷　腾冲李根源（印泉）著　民国十五年泰东图书局铅字本

嵩洛访碑日记一卷　清钱唐黄易（小松）著　粤雅堂丛书本

河朔访古随笔二卷　会稽顾燮光（鼎梅）著　民国十五年铅字本

河朔访古新录十四卷　会稽顾燮光（鼎梅）辑著　民国十九年铅字本　调查河北道属二十三县古迹而成

淇泉摹古录一卷　清增城赵希璜（渭川）著　昭代丛书本　所收五种皆伪作

岱岩访古日记一卷　清钱唐黄易（小松）著　西泠印社聚珍版本

高昌第一分本　汉阳黄文弼（仲良）编　民国二十年西北科学考查团丛刊铅字本

湖北金石诗一卷　清江宁严观（子进）著　道光二十五年安氏刻

本　连筠簃丛书本　光绪元年张氏二铭草堂重校刊本　安氏本每诗之前有小序连筠簃及张氏本无小序而有马绍基跋语记载考证较详

上地志类杂著之属

上地志类一百五十六部附录十部

十类都八百零四部附录一百七十三部

（国立中央研究院历史语言研究所单刊，
上海商务印书馆 1936 年版）

方志中金石志目

江宁金石二卷　清桐城姚鼐纂　嘉庆十六年重刊江宁府志（卷五二　五三）刻本　光绪六年重刻本

句容金石二卷　清杨世沅张瀛同纂　光绪三十年续纂句容县志（卷十六　十七）刻本

扬州金石志一卷　清湘潭张世浣辑　嘉庆十五年重修扬州府志（卷六四）刻本

甘泉碑碣志一卷　清甘泉陈浩恩纂　光绪三十三年甘泉县志（卷二二）刻本

泰州金石一卷　清天津王有庆等辑　道光七年泰州志（卷三四艺文志内）刻本

徐州碑碣考一卷　清南丰刘庠等纂　同治十三年徐州府志（卷二〇）刻本

海州金石录一卷　清休宁汪梅鼎（浣云）等纂　嘉庆十六年嘉庆海州直隶州志（卷二八）刻本

苏州金石二卷　清石韫玉纂　道光四年苏州府志（卷一二九至一三〇）刻本

苏州金石三卷　清冯桂芬纂　光绪九年苏州府志（卷一四〇至一四二）刻本

吴县金石考三卷　民国吴县王謇纂　民国二十二年吴县志(卷五十九至六十一)刻本

常昭金石志一卷　清常熟庞鸿文(伯絅)纂　光绪三十年常昭合志稿(卷四五)活字本

松江金石一卷　清会稽莫晋等纂　嘉庆二十二年松江府志(卷七三艺文志内)刻本

松江金石一卷　清姚光发等纂　光绪十年松江府续志(卷三七艺文志内)刻本

毗陵碑碣一卷　宋史能之撰　嘉庆二十五年赵怀玉重刻咸淳毗陵志(卷二九)本

武进阳湖金石志一卷附续金石志　清李兆洛周仪玮同纂　道光二十三年武进阳湖县合志(卷三四)刻本

宜荆碑刻一卷　清吴德旋纂　道光二十年续纂宜荆县志(卷八之一)刻本　光绪八年重刻本

丹徒碑目二卷　清丹徒蒋宗海茅元铭等纂　嘉庆八年丹徒县志(卷三十三　三十四)刻本

丹徒金石考一卷碑碣一卷　清阳湖吕耀斗等纂　光绪五年丹徒县志(卷九金石　卷一〇碑碣)刻本

丹徒碑碣一卷金石真迹一卷　丹徒李恩绶李丙荣纂　民国六年丹徒县志摭余(卷二碑碣　卷三金石真迹)刻本

嘉定金石志一卷　清杨震福等纂　光绪七年嘉定县志(卷二九)刻本

云台金石一卷　清海州许乔林石华纂辑　道光十七年云台新志(卷一四)刻本

焦山金石五卷　清王豫辑　道光三年焦山志(卷二至六)刻本

金山碑刻二卷　清丹徒周伯义编　光绪三十年金山志(卷三至四)刻本

上江苏省之属

浙江碑碣附钟鼎三卷　北平图书馆藏雍正间浙江通志（卷二〇七至二〇九）精钞本

浙江碑碣四卷　清沈翼机等纂修　乾隆元年浙江通志（卷二五五至二五八）刻本　光绪二十五年重刻本

杭州金石二卷　清邵晋涵等纂　乾隆四十九年杭州府志（卷六〇至六一）刻本

杭州金石三卷　清钱塘吴庆坻纂　民国十五年杭州府志（卷九六至九八）铅字本

钱塘金石一卷　清南乐魏𡺎（云岑）编纂　康熙五十七年钱塘县志（卷三一）刻本

余杭碑碣一卷　清朱文藻原稿　海盐崔应榴余杭董作栋续纂　嘉庆十五年余杭县志（卷三六）刻本　民国八年铅字本

富阳金石志一卷　清香山汪文炳（半樵）纂　光绪三十一年富阳县志（卷二一）刻本

海昌碑碣四卷　清嘉兴钱泰吉辑　道光二十七年海昌备志（卷九学官碑卷十碑碣卷十一十二碑刻遗文）刻本

海宁金石志六卷　朱宝瑨（稼云）辑　民国十一年海宁州志稿（卷一七至二二）铅字本

嘉禾碑碣志十一卷　元徐硕著　至元嘉禾志本

嘉兴金石一卷　清善化许瑶光重辑　光绪四年嘉兴府志（卷八六）刻本

石门金石一卷　清谭逢仕等纂　光绪五年石门县志（卷一十下）刻本

平湖金石一卷　清叶廉锷纂　光绪十二年平湖县志（卷二四）刻本

吴兴金石征一卷　明乌程董斯张（遐周）汇编　吴兴备志（卷二四）刘氏嘉业堂刻本

湖州碑版二卷　清胡承谋纂修　乾隆四年湖州府志（卷四二至四

三)刻本

湖州金石略十卷　清周学浚等纂　同治十三年湖州府志(卷四六至五五)刻本　光绪九年重校本

乌程金石一卷　清汪日桢纂　光绪七年乌程县志(卷三〇)刻本

归安金石略四卷　清陆心源修　光绪七年归安县志(卷二三至二六)刻本

长兴碑碣二卷　清乌程周学浚纂　光绪元年长兴县志(卷三〇上下)刻本

鄞县金石一卷　清嘉定钱大昕等纂　乾隆五十三年鄞县志(卷二三)刻本

鄞县金石二卷　清鄞县张恕等修　光绪二年鄞县志(卷五九至六〇)刻本

慈溪金石三卷　清慈溪冯可镛修　光绪二十五年慈溪县志(卷五〇至五二)刻本

奉化金石一卷　清鄞县张美翊修　光绪三十四年奉化县志(卷三五)刻本

象山金石一卷　清嘉兴冯登府纂　道光十二年象山县志(卷一八)刻本　民国四年重印活字本

镇海金石一卷　清德清俞樾纂　光绪五年镇海县志(卷三三)刻本

南田金石一卷　吕耀钤等创修　民国十九年南田县志(卷三二)铅字本

绍兴金石志二卷补遗附　清山阴平恕金匮徐嵩同修　乾隆五十七年绍兴府志(卷七五至七六)刻本

山阴碑刻一卷　清朱文翰等纂　嘉庆八年山阴县志(卷二七)刻本

诸暨金石志三卷　清陈遹声蒋鸿藻纂修　宣统三年诸暨县志(卷四三至四五)刻本

余姚金石一卷　清孙德祖等纂　光绪二十五年余姚县志（卷一六）刻本

上虞金石志一卷　清朱士黻纂　光绪十七年上虞县志（卷三七）刻本

上虞金石志一卷　清宛平徐致靖纂　光绪二十四年上虞县志校续（卷四〇）刻本

新昌金石一卷　陈畬等纂　民国七年新昌县志（卷一六）铅字本

台州金石考九卷　清黄岩王舟瑶临海叶书同纂　民国十五年光绪台州府志（卷五五至六三）铅字本

黄岩金石志三卷　清黄岩王咏霓（六潭）纂　光绪三年黄岩县志（卷三四至三六）刻本

仙居金石附砖文二卷　清黄岩王棻（子庄）等纂　光绪二十年先居志（卷二一至二二）活字本

宁海金石志一卷　清张浚等纂　光绪二十八年宁海县志（卷二一）刻本

太平金石三卷　清黄岩王棻（子庄）等纂　光绪二十年太平县续志（卷八至一〇）刻本

永嘉金石三卷　清黄岩王棻（子庄）纂　光绪八年永嘉县志（卷二二至二四）刻本

乐清金石志一卷　清乐清陈坤（厚石）纂　光绪二十七年乐清县志（卷一二）刻本　民国元年乐清高谊补刻本

平阳金石志三卷　刘绍宽等纂修　民国十四年平阳县志（卷五五至五七）刻本

青田金石二卷　清黄岩王棻（子庄）纂　光绪二年青田县志（卷六至七古迹志内）刻本

缙云碑碣录二卷　清武进汤成烈（果卿）纂　道光二十九年缙云县志刻本

缙云碑碣一卷　清何乃容葛华同纂　光绪二年缙云县志（卷一二

艺文志内）重刻本

云和金石一卷　清王士铅纂　同治三年云和县志（卷一四）刻本

景宁金石志一卷　清严用光等纂　同治十二年景宁县志（卷一四）刻本

新塍金石二卷　朱士楷纂　民国九年新塍镇志（卷二二至二三）铅字本　属嘉兴县

南浔碑刻四卷　清汪日桢撰　咸丰九年南浔镇志（卷二五至二八）刻本　属吴兴县

南浔碑刻四卷　乌程周庆云（梦坡）纂　民国十一年南浔志（卷三六至三九）刻本　属吴兴县

菱湖金石略四卷　汉孙志熊撰　光绪十九年菱湖镇志（卷一三至一六）刻本　属吴兴县

余姚六仓金石一卷　杨积芳纂　民国九年余姚六仓志（卷二〇）铅字本

西湖碑碣二卷　清傅王露纂　雍正十三年西湖志（卷二七至二八）刻本

上浙江省之属

泾县金石一卷　清阳湖洪亮吉修　嘉庆十一年泾县志（卷一二）刻本　民国三年石印本

南陵金石志四卷　南陵徐乃昌（积余）纂　民国十三年南陵县志（卷四四至四七）铅字本

庐州金石略一卷　清林元望等纂　光绪十一年续修庐州县志（卷九二）刻本

凤阳金石一卷　清魏家骅等纂　光绪三十四年凤阳府志（卷一六下）聚珍本

寿州金石二卷　清葛荫南等纂　光绪十六年寿州志（卷三一至三二）活字本

滁州金石一卷　湖州潘英铨（溶之）修　宣统元年滁州志（卷九之

二艺文志内)铅字本

盱眙金石一卷附补遗　清王锡元(兰生)纂　光绪二十五年盱眙县志稿(卷一三)刻本

上安徽省之属

饶州金石一卷　清乐平石景芬(芸斋)纂　同治十一年饶州府志(卷三〇艺文志内)刻本

安仁金石一卷　清徐彦楠等纂　同治十一年安仁县志(卷三一)刻本

广丰文征金石一卷　清顾兰生等纂　同治十一年广丰县志(册九)刻本

九江金石一卷　清德化黄凤楼(五云)彭泽欧阳焘(九云)同纂　同治十二年九江府志(卷五〇)刻本

德化金石一卷　清黄培之等纂　同治十一年续辑德化县志(卷五艺文志内)刻本

广昌金石录一卷　清山阴刘荣(书云)纂　光绪元年广昌县志(卷一二)刻本

抚州金石一卷　清宜黄谢煌纂　光绪二年重修抚州府志(卷八二艺文志内)刻本

临川金石一卷　清陈庆龄等纂　同治九年临川县志(卷五〇之二)刻本

宜黄金石一卷　清谢煌等纂　同治十年宜黄县志(卷四六)刻本

庐陵金石一卷　清匡汝谐等纂　同治十一年庐陵县志(卷五五)刻本

赣县金石一卷　清高安褚景昕纂　同治十一年赣县志(卷五〇艺文志内)刻本

石钟山金石一卷　清芷江李成谋益阳丁义方搜辑　光绪九年石钟山志(卷四)刻本

上江西省之属

福建金石志并附录三十卷　福建通志局纂　民国十一年福建通志刻本

福州碑碣一卷　清鲁曾煜等纂　乾隆十九年福州府志（卷七三）刻本

闽清金石志一卷　刘训瑺等纂　民国十年闽清县志（卷六内）铅印本

建瓯金石志一卷　蔡振坚等纂　民国十八年建瓯县志（卷二二）铅字本

光泽金石略一卷　清李麟瑞等增修　光绪二十三年增刻道光二十年光泽县志（卷一四）刻本

长汀金石一卷附增刻　清刘国光修　光绪五年重刻增续咸丰长汀县志（卷二九）刻本

鼓山石刻一卷　清黄任修辑　乾隆间鼓山志（卷六）刻本

福州西湖碑碣二卷　何梅生等编　民国五年西湖志（卷一七至一八）铅字本

上福建省之属

广东金石略十七卷　清陈昌齐等纂　道光二年广东通志（卷一九九至二一五）刻本　同治三年重刻本

广州金石略七卷　清史澄等纂　光绪五年广州府志（卷九七至一〇三）粤秀书院刻本

南海金石略四卷　清邓士宪等纂　道光十五年南海县志（卷二七至三〇）刻本　同治八年重刻本

南海金石略二卷　清梁绍献纂　同治十一年南海县志（卷一一至一二）刻本

南海金石略二卷　桂坫纂　宣统二年南海县志（卷一二至一三）刻本

番禺金石略四卷　清史澄等纂　同治十年番禺县志（卷二八至三一）刻本

番禺金石志七卷　丁仁长等纂　民国二十年番禺县续志(卷三三至三九)刻本

顺德金石略二卷　清冯奉初纂　咸丰三年顺德县志(卷一九至二〇)刻本

顺德金石略一卷　苏宝盉分纂　民国十六年顺德县续志(卷一五)铅字本

东莞金石略七卷　东莞陈伯陶纂　民国十年东莞县志(卷八九至九五)铅字本

增城金石一卷　赖际熙纂　民国十年增城县志(卷三〇)刻本

新会金石一卷　清香山黄培芳南海曾钊同纂　道光二十年新会县(卷一二)刻本

新宁金石略一卷　清林国赓等纂　光绪十九年新宁县志(卷一六)刻本　民国十年重印铅字本

清远金石一卷　清朱润芳等修　光绪六年清远县志(卷一四)刻本

花县金石志四卷　利璋纂　民国十三年花县志(卷一一)铅字本

乐昌金石二卷　陈宗瀛等纂　民国二十年乐昌县志(卷二二至二三)铅字本

英德金石略一卷　清陆殿邦纂　道光二十三年英德县志(卷一三)刻本

英德金石略一卷　香山黄佛颐(博慈)著　民国二十年英德县续志(卷十三)铅字本

南雄金石略一卷　清黄其勤编纂　道光四年直隶南雄州志(卷二三)重刻本

始兴金石略二卷　陈及时纂　民国十三年始兴县志(卷九)刻本

海阳金石略二卷　清吴道镕纂　光绪二十六年海阳县志(卷三〇至三一)刻本

高要金石略四卷　清何元等纂辑　道光六年高要县志(卷一一至

一四)刻本

德庆金石一卷　清朱一新纂　光绪间德庆州志(卷一四)刻本

高州金石一卷　清吴川陈兰彬茂名杨颐同纂　光绪十六年高州府志(卷五三纪述内)刻本

灵山金石志一卷　清梁炅纂　嘉庆二十五年灵山县志(卷一〇)刻本

阳山石刻一卷　清刘彬华纂　道光三年阳山县志(卷一五)刻本

九江儒林乡金石略一卷　清冯栻宗黎璿等纂　光绪九年九江儒林乡志(卷七)刻本　属南海县

佛山忠义乡金石志一卷　清南海吴荣光纂　道光十年佛山忠义乡志(卷一二)刻本　属南海县

佛山忠义乡金石志一卷　冼宝幹纂　民国十年佛山忠义乡志(卷一六)刻本

潮州西湖山石刻二卷　饶锷纂　民国十三年潮州西湖山志(卷六至七)刻本

上广东省之属

广西金石略十五卷　清南康谢启昆纂　嘉庆六年广西通志(卷二一五至二二九)刻本

宾州金石一卷　清宾州陆生兰纂　光绪十二年宾州志(卷二二)刻本

容县金石志二卷　清封祝唐纂　光绪二十三年容县志(卷二四至二五)刻本

上广西省之属

湖南金石志二十卷　清王煦等纂　嘉庆二十五年湖南通志(卷二〇〇至二一九)刻本

湖南金石三十卷　清曾国荃等纂　光绪十一年湖南通志(卷二五九至二八八艺文志内)刻本

衡阳金石一卷　清马倚元等纂　嘉庆二十五年衡阳县志(卷三

六）刻本

衡山金石一卷　清林拱榆等纂　道光三年衡山县志（卷五一）刻本

衡山金石一卷　清文岳英等纂　光绪元年衡山县志（卷四一）刻本

永州金石略一卷　清宗绩辰纂　同治六年重校　道光八年永州府志（卷一八）刻本

零陵金石二卷　清龙山刘沛纂辑　光绪二年零陵县志（卷一三至一四艺文志内）刻本

宝庆金石二卷　清新化邓显鹤纂　道光二十八年宝庆府志（卷一〇三至一〇四艺文略内）刻本

新化金石一卷　清刘洪泽等纂　同治十年新化县志（卷三五艺文志内）刻本

桃源金石考一卷　清刘凤苞纂　光绪十八年桃源县志（卷一二内）刻本

辰溪金石志一卷　清辰溪刘家传（肯堂）纂　道光二年辰溪县志（卷三六）刻本

永顺金石二卷　张孔修等纂　民国十九年永顺县志（卷三三至三四）铅字本

澧州金石一卷　清何璘纂辑　道光元年续修直隶澧州志（卷二六）刻本

石门金石志一卷　清梅峄等纂　嘉庆二十三年石门县志（卷五一）刻本

上湖南省之属

湖北金石志十四卷　江夏张仲炘（次珊）纂　民国十年湖北通志（卷九三至一〇六）刻本

黄州金石二卷　清曾锡龄编辑　光绪十年黄州府志（卷三八至三九艺文志内）刻本

安陆金石一卷　清李廷锡纂　道光二十三年安陆县志(卷三四)刻本

襄阳金石志一卷　清襄阳王万芳纂　光绪十一年襄阳府志(卷一八)刻本

南漳金石二卷　清鹤山胡正楷纂　嘉庆二十年南漳县志集钞(卷二二至二三艺文志内)刻本

枣阳金石志一卷　王荣先等编纂　民国十二年枣阳县志(卷三二)铅字本

黄鹄金石一卷　清永康胡凤丹(月樵)编纂　同治十三年黄鹄山志(卷四)刻本

上湖北省之属

四川金石三卷　清金匮杨芳灿等编辑　嘉庆二十一年四川通志(卷五八至六〇舆地志内)刻本

华阳金石一卷　清华阳潘时彤等纂　嘉庆二十一年华阳县志(卷四一)刻本

新津金石一卷　清叶方模等纂　道光九年新津县志(卷一四)刻本

汉州金石志一卷　清侯肇元等纂　嘉庆十七年汉州志(卷三九上)刻本

什方金石一卷　清林时春等纂　嘉庆十七年什方县志(卷五〇)刻本

什邡金石一卷　清王玺尊等纂　同治四年续增什邡县志(卷五〇)刻本

叙州金石一卷　清王麟祥纂　光绪二十一年叙州府志(卷一六)刻本

宜宾金石一卷　清宜宾李世芳编辑　嘉庆十七年宜宾县志(卷五〇)刻本

富顺金石一卷　清吕上珍等纂　同治十一年富顺县志(卷三六)

刻本

夔州金石志一卷　清黄陂刘德铨纂　道光七年夔州府志（卷三四）刻本　光绪七年增补刻本

奉节金石一卷　清长寿杨德坤等纂　光绪十九年奉节县志（卷三五）刻本

彰明金石一卷　清何庆恩（恺棠）纂　同治十三年彰明县志（卷五二）刻本

天全金石一卷　清杨甲秀等纂　咸丰八年天全州志（卷二）刻本

荣县金石一卷　清淄川王培荀纂　光绪三年荣县志（卷一五舆地志内）刻本

荣县金石一卷　赵熙等纂　民国十八年荣县志（卷一四）刻本

潼川金石一卷　清王龙勋等纂　光绪二十三年潼川府志（卷九）刻本

三台金石一卷　张树勋等纂　民国二十年三台县志（卷二一）铅字本

中江金石一卷　陈品全等纂　民国十九年中江县志（卷一六）铅字本

蓬溪金石一卷　清顾士英等纂　道光二十五年蓬溪县志（卷六）刻本

达县金石一卷　清王廷伟等纂　嘉庆二十年达县志（卷四八）刻本

渠县金石志一卷　清贾振麟等纂　同治三年渠县志（卷四七）刻本

大竹金石志一卷　清王怀孟等纂　蔡以修增订　道光二年大竹县志（卷三八）刻本

资阳金石考一卷　清资阳何华元编辑　咸丰十一年资阳县志（卷一三）刻本

井研金石一卷　清吴嘉谟等纂　光绪二十六年光绪井研志（卷一

六)刻本

罗江金石一卷　清李桂林纂修　嘉庆二十年罗江县志(卷三一)刻本

罗江金石一卷　清马传业等修　同治四年续修罗江县志(卷一九)刻本

大邑金石一卷　清宋载纂　同治六年大邑县志(卷一二)刻本

合江金石一卷　清罗增垣等纂修　同治十年合江县志(卷五〇)刻本

上四川省之属

遵义金石一卷　清郑珍纂辑　道光二十一年遵义府志(卷一一)刻本

上贵州省之属

云南金石二卷　清王崧纂修　道光十五年云南通志稿(卷一九五至一九六)刻本

云南金石二卷　清岑毓英等纂修　光绪二十年云南通志(卷二一二至二一三)刻本

云南金石二卷　清罗元黼修　光绪二十六年续云南通志稿(卷一七一至一七二艺文志内)刻本

上云南省之属

吉林金石志一卷　清李桂林等辑　光绪十七年吉林通志(卷一二〇)刻本

上吉林省之属

黑龙江金石一卷　铜山张伯英(勺圃)等纂　民国二十一年黑龙江志稿(卷六二附)铅字本

上黑龙江之属

畿辅金石略十六卷　清黄彭年纂　光绪十年畿辅通志(卷一三八至一五三)刻本　宣统二年石印本

顺天金石志三卷　清江阴缪荃孙纂　光绪十二年顺天府志(卷一

二七至一二九)刻本

永清金石一卷　清会稽章学诚纂　乾隆四十四年永清县志(文征第五)刻本

昌平金石一卷　清麻兆庆撰　光绪十八年昌平外志(卷四)刻本

大城金石志一卷　清刘钟英邓毓怡同纂　光绪二十三年大城县志(卷一一)刻本

定兴金石志三卷　清黄岩杨晨纂　光绪十九年定兴县志(卷一六至一八)刻本

雄县金石篇一卷　刘崇本等纂　民国十八年雄县新志(第一〇册)铅字本

盐山金石志一卷　清潘震乙纂　同治七年盐山县志(卷一四)刻本

正定金石一卷　清涞水赵文濂纂　光绪元年正定县志(卷四六)刻本

获鹿金石志一卷　清海宁曹锳纂　光绪七年获鹿县志(卷一三)刻本

广平金石略二卷　清广平胡景桂纂　光绪二十年重修广平府志(卷三五至三六)刻本

永年碑碣志一卷　清夏诒钰纂修　光绪三年永年县志(卷一四)刻本

长垣金石录一卷　清杨元锡纂　嘉庆十五年长垣县志(卷一五)刻本

深州金石记四卷　清桐城吴汝纶撰　光绪二十六年深州风土记(记一一)刻本

曲阳金石录三卷　清董涛纂　光绪三十年重修曲阳县志(卷一一至一三)刻本

上河北省之属

祥符金石志一卷　清湘潭黄舒昺(曙轩)纂　光绪二十四年祥符

县志(卷二二)刻本

鄢陵金石志一卷　清鄢陵苏源生(菊村)纂　同治元年鄢陵文献志(卷三六)刻本

新郑金石志一卷　清嘉兴黄本诚纂　乾隆四十一年新郑县志(卷二九)刻本

鹿邑碑文一卷　清上元蒋师辙纂　光绪二十二年鹿邑县志(卷十下艺文志内)刻本

辉县碑碣志一卷　清贵筑周际华(石藩)纂　道光十五年辉县志(卷一四)刻本

浚县金石录二卷　清武穆淳纂　嘉庆六年浚县志(别编上下)刻本

怀庆金石志二卷　清阳湖洪亮吉等纂　乾隆五十四年怀庆府志(卷二六至二七)刻本

河内金石志二卷附补遗　清大兴方履钱(彦文)编辑　道光五年河内县志(卷二〇至二一)刻本

修武金石志一卷　清江阴金皋等纂　道光十九年修武县志(卷十)刻本

武陟碑碣志一卷　清大兴方履篯纂　道光九年武陟县志(卷二一)刻本

武陟金石志一卷　武陟王士杰等纂　民国十九年续武陟县志(卷一三)刻本

孟县金石三卷　清钦州冯敏昌等纂　乾隆五十五年孟县志(卷七至卷九)刻本

河南金石志六卷　清会稽章钰等纂　乾隆四十四年河南府志(卷一〇六至一一一)刻本

安阳金石录十二卷　清偃师武亿纂　嘉庆四年安阳县志(附)刻本

安阳金石录十二卷　清偃师武穆淳纂　嘉庆二十四年安阳县志

(附)刻本

安阳续金石录十二卷　民国安阳王幼侨李国禔等纂　民国二十二年续安阳县志(附)刻本

洛阳金石录一卷　清阳湖魏襄纂　嘉庆十八年洛阳县志(卷五九)刻本　民国五年石印本

偃师金石录二卷　清偃师武亿(虚谷)纂　乾隆五十四年偃师县志(卷二七至二八)刻本

巩县金石一卷　清湘潭张紫岘等纂　乾隆五十四年巩县志(卷一七)刻本

登封金石录一卷　清阳湖洪亮吉纂　乾隆五十二年登封县志(卷二六)刻本

渑池金石一卷　清崇仁甘扬声纂　嘉庆十五年渑池县志(卷一六)刻本

许州金石一卷　清高安萧元吉纂　道光十八年许州志(卷一三)刻本

宝丰金石志六卷　清偃师武亿纂　嘉庆二年宝丰县志(卷一四至十九)刻本

陕州金石一卷　清满城赵希曾纂萧山孔广聪续纂　光绪二十六年陕州志(卷一四)重刻本

陕州金石志一卷　清黄璟等纂修　光绪十八年陕州直隶州续志(卷九)刻本

鲁山金石志四卷　清偃师武亿纂　嘉庆元年鲁山县志(卷十七至二十)刻本

上河南省之属

山东金石六卷　荣城孙葆田等纂　民国四年山东通志(卷一四七至一五二艺文志内)铅字本

历城金石考三卷　清李文藻等纂　乾隆三十七年历城县志(卷二三至二五)刻本

历城金石考二卷　夏曾德夏金年同纂　民国十三年续修历城县志(卷三一至三二)铅字本

章邱金石录一卷金石杂缀金石志余附　清吴县曹楙坚纂　道光十五年章邱县志(卷一四)刻本

邹平金石一卷　清临武罗宗瀛修　道光十六年邹平县志(卷一七艺文考上)刻本

临邑金石三卷　清沈淮等纂修　道光十七年临邑县志(卷一三至一五)刻本

临邑金石志三卷　清宁河陈鸿翙(桐溪)河内赵敏功(鉴塘)同纂　同治十三年临邑县志(卷一三至一五)刻本

陵县金石志一卷附补遗外篇　清李图等纂　道光二十六年陵县志(卷一七)刻本　光绪元年刻本

曲阜金石二卷　清安乡潘相纂　乾隆三十九年曲阜县志(卷五一至五二)刻本

邹县金石志一卷　清钱柗等纂　光绪十八年邹县续志(卷一〇)刻本

峄县碑碣一卷　清王宝田等纂　光绪三十年峄县志(卷二四)刻本

泰安金石一卷　清萧儒林等纂　乾隆四十七年泰安县志(卷一一)刻本

泰安金石录一卷　清蒋大庆等编纂　道光八年泰安县志(卷一一)刻本　同治六年修补本

泰安金石二卷　孟昭章等纂修　民国十八年重修泰安县志(卷一三至一四艺文志内)铅字本

肥城金石志一卷　清和平曾冠英编　嘉庆二十年肥城县志(卷六)刻本

莱芜金石一卷　张梅亭等纂修　民国十一年莱芜县志(卷一六)铅字本

东平金石略一卷　清唐鉴等纂　道光五年东平州志（卷二二）刻本

东平金石录二卷　清江宁卢崟纂　光绪七年东平州志（卷二一至二二）刻本

东昌金石二卷　清周永年等纂　乾隆四十二年东昌府志（卷二二至二三）刻本

东昌金石二卷　清谢香开等纂　嘉庆十三年东昌府志（卷四一至四二）刻本

高唐金石录　清鞠建章纂　光绪三十三年高唐州志（卷七之二）刻本

钜野金石三卷　清黄维翰纂修　道光二十六年钜野县志（卷二〇至二二）刻本

益都金石三卷　清法伟堂纂　光绪三十三年益都县图志（卷二六至二八）刻本

诸城金石考二卷　清李文藻等纂　乾隆二十九年诸城县志（卷一四至一五）刻本

诸城金石考一卷　清朱学海纂　道光十四年诸城县续志（卷五）刻本

临朐石刻一卷　清邓嘉缉等纂　光绪十年临朐县志（卷九下）刻本

费县金石二卷　清保安李敬纂修　光绪二十二年费县志（卷一四上下）刻本

登州金石志三卷　清周悦让慕荣榦同纂　光绪七年增修登州府志（卷六五至六七）刻本

平度金石考一卷　清李图王大钥同纂　道光二十九年平度州志（卷二四）刻本

胶州金石考一卷　清李图等纂　道光二十五年重修胶州志（卷三九）刻本

济宁碑目金目一卷　袁绍昂等纂　民国十六年济宁直隶州续志（卷一九艺文二）铅字本

金乡碑刻一卷　清李垒撰　同治元年金乡县志略（卷一〇下）刻本

上山东省之属

山西碑目一卷　明胡谧纂　成化二十一年山西通志（卷一七）刻本

山西金石记十卷　清王轩纂　光绪十八年山西通志（卷八九至九八）刻本

长治金石志一卷　清北屈杨笃等纂　光绪十九年长治县志（卷四内）刻本

长子金石志一卷　清北屈杨笃纂　光绪八年长子县志（卷七）刻本

天镇金石志一卷　清北屈杨笃纂　光绪十六年天镇县志（卷三内）刻本

泽州金石录一卷　清钱唐朱樟纂　雍正十三年泽州府志（卷四四）刻本

临晋金石记一卷　赵意空纂　民国十二年临晋县志（卷一三）排印本

虞乡金石考一卷　虞乡李无逸（念闻）等辑　民国九年虞乡县新志（卷九）石印本

代州金石志一卷　清杨笃纂　光绪八年代州志（卷六）刻本

繁峙金石志一卷　清杨笃纂　光绪七年繁峙县志（卷四内）刻本

闻喜金石一卷　清杨深秀纂　光绪六年闻喜县志补（卷三）刻本

闻喜金石一卷新增金石附　仪张杨韨田（米裳）纂　民国八年闻喜县志（卷二〇）石印本

上山西省之属

西安金石志二卷　清严长明纂　乾隆四十四年西安府志（卷七二

至七三)刻本

长安金石志一卷　清阳湖董曾臣编辑　嘉庆十七年长安县志(卷二四)刻本

咸宁金石志一卷　清董祐诚等纂　嘉庆二十四年咸宁县志(卷一六)刻本

兴平金石一卷　清吴县张埙纂　乾隆四十三年兴平县志(卷八)刻本　光绪二年增刻本

蓝田金石志一卷附辋川金石一卷　清袁廷俊等纂　光绪元年蓝田县志(卷一一)附重修辋川志(卷五)刻本

富平金石志一卷　清谭麟纂　光绪十七年富平县志稿(卷三内)刻本

醴泉金石一卷　清蒋骐昌阳湖孙星衍同撰　乾隆四十八年醴泉县志(卷一一)刻本

同州金石志一卷　清固始蒋湘南编辑　咸丰二年同州府志(卷二六)刻本

澄城金石一卷　清阳湖洪亮吉(稚存)孙星衍(季仇)同撰　乾隆四十九年澄城县志(卷一六)刻本

澄城金石二卷　清韩亚熊等纂　咸丰元年澄城县志(卷二〇至二一)刻本

韩城金石一卷　清钱坫等纂　乾隆四十九年韩城县志(卷一六)刻本

宝鸡金石一卷　清董诏等纂　乾隆五十年宝鸡县志(卷一五)刻本　又光绪铅字本

扶风金石记二卷　清吴县张埙纂　乾隆四十四年扶风县志(卷一〇至一一)刻本

郿县金石遗文录二卷　清吴郡张埙纂　乾隆四十三年郿县志(卷八至九)刻本

洋县金石志一卷　清张鹏翼纂修　光绪二十三年洋县志(卷四)

刻本

延安金石一卷 清洪蕙纂修 嘉庆七年延安府志(卷六七)刻本 光绪十年修刻本

乾州金石志一卷 清周铭旂纂修 光绪十年乾州志稿(卷一〇)刻本

华岳古碑考一卷 清姚远翻编 乾隆三十七年华岳志(卷五)刻本

华岳金石一卷 清关门李榕(荫伯)纂辑 道光十一年华岳志(卷四)刻本 光绪三十年补刻本

上陕西省之属

甘肃金石一卷 清安淮峻纂 宣统元年甘肃新通志(卷九二艺文志附)刻本

上甘肃省之属

蔚州金石志二卷 清庆之金杨笃纂辑 光绪三年蔚州志(卷九至十)刻本

上察哈尔省之属

新疆金石二卷 王树枏等纂 宣统三年新疆图志(卷八八至八九)活字本 民国十二年东方学会重校增补铅字本

上新疆省之属

上方志中金石志都二百九十七部

(《金石书录目》附录一,上海商务印书馆1936年版)

金石丛书目

行素草堂金石丛书二十一种百五十二卷　清吴县朱记荣(懋之)辑　光绪十四年槐庐自刻本

集古录跋尾十卷　集古录目五卷　金石录三十卷　广川书跋十卷　顾氏求古录一卷　金石录补二十七卷　金石录补续跋七卷　京畿金石考二卷　寰宇访碑录十二卷　平津馆读碑记八卷　平津馆读碑续记一卷　汉石例六卷　金石例补二卷　志铭广例二卷　汉魏六朝墓铭纂例四卷　金石综例四卷　金石称例四卷　金石称例续编一卷　石经阁金石跋文一卷　赵氏补寰宇访碑录五卷附失编　碑版广例十卷

学古斋金石丛书十二种六十卷　清会稽董金南(子琛)辑　光绪八年至三十年刻本

金石略五卷　南丰跋尾一卷　古刻丛钞一卷　金薤琳琅二十卷补遗一卷　金石古文十四卷　石墨镌笔六卷附录二卷　金石史二卷　金石续录四卷　庚子销夏记八卷附亭林文集六卷余集一卷　识小编二卷　说文凝锦录一卷

遁庵金石丛书十五种四十七卷　山阴吴隐(石潜)辑　民国十年西泠印社聚珍版本

苏斋题跋一卷　汉石经残字考一卷　武林金石记十卷　岱岩访古日记一卷　海东金石存考一卷　淳化阁法帖释文十卷　宜禄堂收藏金石记

六卷　金石学录四卷　东洲草堂金石跋五卷　东洲草堂金石诗一卷　籀经堂钟鼎考释题跋一卷　山樵书外纪一卷　枕经堂金石跋三卷　有万熹斋石刻跋一卷　校碑随笔不分卷

艺术丛书四集十四种三十卷　杭县邹安(适庐)编民国五年影印本

第一集　部首附类征一卷　殷虚书契后编二卷　殷虚古器物图录一卷　周金文存一卷(钟属)　金泥石屑二卷　古器物范图录一卷　蒿里遗珍拾补一卷

第二集　艺术类征一卷　殷文存二卷　周金文存一卷(鼎属)　古明器图录四卷

第三集　部首附艺术类征一卷　戬寿堂殷虚文字一卷附考释一卷　周金文存一卷(敦属)　古石抱守录一卷(即广仓古石录)　专门名家第一集一卷(即广仓專录)　十友名言一卷(即广仓砚录)

第四集　部首附类征一卷　双王玺斋金石图录一卷　周金文存一卷(盘属)　古石抱守录一卷　专门名家第二集一卷　十友名言一卷

百一庐金石丛书十种十二卷　海宁陈乃乾辑　民国十年石印本

啸堂集古录二卷　王复斋钟鼎款识一卷　焦山鼎铭考一卷　浣花拜石轩镜铭集录二卷　集古虎符鱼符考一卷　汉熹平石经残字一卷　蜀石经残字一卷　瘗鹤铭考一卷　庙堂碑唐本存字一卷　苍玉洞宋人题名石刻一卷

观古阁丛刻九种十二卷　清歙鲍康(子年)辑　同治十二年至光绪二年刻本

观古阁泉说一卷　续泉说一卷　虞夏赎金释文一卷　观古阁丛稿一卷　续丛稿一卷　丛稿三编二卷　论泉绝句二卷　海东金石苑一卷　大钱图录一卷

石经汇函十种四十五卷　阙名　光绪十六年四川尊经书局刻本

石经考一卷　石经考异二卷　汉石经残字考一卷　魏三体石经残字考一卷　唐石经校文十卷　后蜀毛诗石经残本一卷　北宋汴学二体石经记一卷　石经考文提要十三卷　石经补考十一卷　仪礼石经校勘记四卷

唐风楼碑录十三种三十一卷　上虞罗振玉(叔言)辑　自刻仿宋本

昭陵碑录三卷附录一卷补一卷　三原三家碑录三卷　西陲石刻录一卷后录一卷　芒洛冢墓遗文三卷续三卷补一卷续补一卷　东都冢墓遗文一卷　邺下冢墓遗文二卷　中州冢墓遗文一卷　襄阳冢墓遗文一卷　广陵冢墓遗文一卷附一卷补遗一卷　吴中冢墓遗文一卷补遗一卷　石屋洞造象题名一卷　龙泓洞造象题名一卷　山左冢墓遗文一卷

金石三例十五卷　清德州卢见曾(抱经)辑　卢氏雅雨堂刻本　嘉庆十六年郝氏重刻雅雨堂本　光绪四年冯氏读有用书斋朱墨本

金石例十卷　墓铭举例四卷　金石要例一卷

金石例四种十七卷　清吴郡李瑶(子玉)辑　道光十二年仿宋胶泥版印本

金石例十卷　墓铭举例四卷　金石要例一卷　金石例补二卷

金石全例十种四十八卷　清吴县朱记荣(懋之)辑　光绪十一年校刻本

金石例十卷　墓铭举例四卷　金石要例一卷　志铭广例二卷　金石例补二卷　汉石例六卷　金石综例四卷(附金石跋文)　金石称例四卷续一卷　金石碑版广例十卷　汉魏六朝墓志纂例四卷　志铭广例以下七种又收入行素草堂金石丛书中

顾氏金石舆地丛书第一集八种四十二卷　会稽顾燮光(鼎梅)辑　民国十八年铅字及石印本

天下金石志十六卷　中州金石考八卷　山右金石录一卷　山右访碑记一卷　山左访碑录十三卷　湘城访古录一卷　江西金石目一卷　汧阳述古编一卷

上金石丛书十二部

(《金石书录目》附录二，上海商务印书馆1936年版)

附录

朝代人名通检 数目字记卷叶数·点左记卷·点右记叶·例如“二·七”读作第二卷第七叶

梁

唐

宋

王黼	博古图录	二·二
吕大临	考古图	二·二
洪适	隶释	五·四
	隶续	五·四
洪遵	泉志	三·一
陈思	宝刻丛编	五·一〇
张抡	绍兴内府古器评　附	二·七
娄机	汉隶字源	五·一三
曾宏父	石刻铺叙	五·一〇
曾巩	元丰题跋	五·一〇
黄伯思	东观余论	一·五
董逌	广川书跋	一·五
赵明诚	金石录	一·一
翟耆年	籀史	一·八
刘球	隶韵	五·一三
郑樵	金石略	一·一
欧阳修	集古录跋尾	一·五
欧阳棐	集古录目	五·一
龙大渊	古玉图谱　附	六·一
薛尚功	历代钟鼎彝器款识法帖	二·五
阙名	续考古图　附	二·二
	钱谱　附	三·三
	汉隶分韵　附	五·一三
	宝刻类编	五·一

元

朱德润	古玉图	六·一

明

① 编按:原书按繁体笔画数排列,今改简体后,书名排列顺序不变。

十六画

二十二画

民国

二画

三画

四画

十一画

上除阙名外得五百四十五人除互见外得著作九百七十七部

书名通检① 数目字记卷叶数·点上记卷·点下记叶·例如“二·七”读作第二卷第七叶

① 编按:原书按繁体笔画数排列,今改简体后,书名排列顺序不变。

四画

五画

七画

十画

十三画

十四画

十六画

十八画

十九画

二十画

二十一画

金石书录目跋

家兄希白旧有《金石书录》之辑，搜集数年，积稿盈箧。十八年春，余侍母邓太夫人来北平，家兄委以相助。凡所新得之金石书籍，嘱余一一录出其序跋；不足则于各图书馆求之。中央研究院历史语言研究所拟先印行《金石书录目》，命余任其事。北京图书馆藏方志最富，欲附录方志中金石志目，乃往假观。日借三五十种，多至千册，馆员难之，拒不与。后得徐森玉先生之助，许于书库中为设一桌一椅，取书较便，馆藏三千种，二月而毕。是秋母氏返粤而余留平。十九年二月，全目幸得写定，而母氏在粤病剧，遂随家兄南归省视，四月惨遭大故，及七月重到北平，此书已由研究院印成矣。嗣后每有所见辄补注于书眉。而所收各学报杂志中之金石论文及时贤稿本之久未印行者，皆为乙去。灵鹣阁所刻十四家藏器目，昔所分列者，亦合为一书。朱墨狼藉，不可辨识。今夏所长傅孟真先生命以修正再版。牵于他事，或作或辍，以五月之久校录一过。昔之所收八百二十二部，至此增为九百七十七部。嗟乎此一小册耳，自经始至出版，不过一年。吾母以康强之体，及见其始事，而已不及见其成功。兹当再版，追忆慈母，蓼莪之痛，所为废书也。

此书出版，承法国伯希和博士于《通报》中赐以指正；王献唐馆长录寄山东图书馆所藏金石拓本书目，虽多未收入，厚意足感；赵斐云、赵孝孟两先生为校正增补书目，张乾若年伯为校正方志中金石志目，各数条，均此致谢。

中华民国二十四年十一月一日

容媛跋于燕京大学燕匀园

金石书录目补编

总类第一

总类目录之属

慕汲轩金石文字目二册　吴鼎昌编　北京大学图书馆藏稿本　又吴荣曾藏一册内容与此无甚差异惟数量则大减耳

金石书录一卷　罗振玉著　民国三十六年(一九四七)贞松老人遗稿丙集铅字本　书凡七十七种系未竟之作　又名松翁剩稿

总类图象之属

双剑誃古器物图录二册　于省吾著　民国二十九年(一九四〇)影印本

天津博物院古器拓本集存四册　天津博物院编　北京大学图书馆藏近拓本　第一册殷契　第二册古金　第三册古陶　第四册古泉

金匮论古初集一册　陈仁涛著　徐镕校订　一九五二年香港亚洲石印局影印本

古尺图录附图说　罗福颐编　民国三十七年(一九四八)影印本　计图版十四页收商至明尺二十六器

总类文字之属

金石镜二卷　清李宗颢著　汪时璟藏原稿本　邵茗生藏晒蓝本　第一卷收周秦汉曹魏吴晋刘宋梁后魏东魏北齐后周隋　第二卷收唐后晋吴南唐北汉吴越　主要记石刻所在地收藏者及新旧拓本文字多寡异同

总类通考之属

传世古尺图录一卷　罗福颐著　民国二十五年(一九三六)石印本　民国三十年(一九四一)铅字本　无图附诸史律历志汇钞及古今尺度比较表

总类题跋之属

金石摹存五册　清董恂著　容庚藏手稿本　缩摹篆隶碑铭一百又三种并选录各家题跋

写经楼金石目十六卷　清钱泳著　传钞本　记所刻金石碑帖目录及题跋曾见刻样三四卷盖欲付刻而未成者

蒿庐题跋一卷　清傅栻著　华延年室题跋附刊本

景邃堂题跋三卷　李根源著　民国二十二年(一九三三)铅字本

辽居乙稿一卷　罗振玉著　民国二十年(一九三一)石印本

后丁戊稿一卷　罗振玉著　民国三十年(一九四一)贞松老人遗稿甲集铅字本

贞松老人外集四卷补遗一卷　罗振玉著　民国三十二年(一九四三)贞松老人遗稿乙集铅字本

亿年堂金石记一卷　陈邦福著　石印本

摹庐金石记一册　陈直撰　民国十七年(一九二八)石印本

摹庐金石经眼录一册　陈直著　民国二十五年(一九三六)石印本

怡松轩金石偶记一卷　陈洙著　民国二十三年(一九三四)昆

山赵氏刻本

总类字书之属

古文声系二卷　孙海波著　民国二十四年（一九三五）来薰阁石印本

总类杂著之属

柞闲吟庵金石谈一册　常赞春著　铅字本

益斋金石文存一册　关百益著　民国二十九年（一九四〇）集文斋刊本

秦书八体原委二册　华学涑辑　民国十年（一九二一）天津博物院石印本

吴愙斋尺牍七册　清吴大澂著　民国二十七年（一九三八）商务印书馆石印本　与陈介祺讨论金石函件

总类传记之属

清代金石学家列传稿上编一卷　许敬武纂辑　民国二十一年（一九三二）铅字本

上总类二十部附录五部

金类第二

金类目录之属

历代著录吉金目一册　美洲福开森编辑　民国二十八年(一九三九)商务印书馆铅字本

金文分域续编十四卷　柯昌济编　民国二十六年(一九三七)铅字本

石庐藏镜目一卷　林钧辑　民国十八年(一九二九)铅字本

金类图象之属

郑冢古器图考十二卷　关葆谦著　民国二十九年(一九四〇)中华书局石印本

尊古斋所见吉金图四册　黄濬辑　民国二十五年(一九三六)影印本

浑源彝器图一卷　商承祚著　民国二十五年(一九三六)影印本

新郑彝器二册　孙海波编　民国二十六年(一九三七)影印本

濬县彝器一册　郭宝钧著　民国二十七年(一九三八)影印本

河南吉金图志剩稿一卷　孙海波编　民国二十九年(一九四〇)

影印本

颂斋吉金续录二册　容庚著　民国二十七年(一九三八)影印本

西清彝器拾遗一册　容庚著　民国二十九年(一九四〇)考古学社影印本

岩窟吉金图录二卷　梁上椿编　民国三十三年(一九四四)影印本

痴庵藏金一册续集一册　李泰棻著　民国二十九至三十年(一九四〇至四一)影印本

海外中国铜器图录第一集二册　陈梦家编　民国三十五年(一九四六)国立北平图书馆影印本　著录欧美所藏中国铜器一百五十器附英文译文

澹庐藏镜二卷　徐鋆编　其子璟校印　民国二十三年(一九三四)影印本

古竟景一册　容庚编　北京大学藏器　北京大学图书馆藏民国二十四年(一九三五)拓本

岩窟藏镜四集六册　梁上椿著　民国二十九至三十一年(一九四〇至四二)影印本

镜影楼钩影附附录一册　徐乃昌藏器　鲍鼎编　民国二十八年(一九三九)商务印书馆影印本

金类文字之属

集古虎符鱼符考一卷　清瞿中溶编　其子树镐校刻本　东方学会铅字本附集古官印考后　百一庐金石丛书本

贞松堂集古遗文十六卷　罗振玉撰　其子福颐摹　民国十九年(一九三〇)石印本

贞松堂集古遗文补遗三卷　罗振玉撰　其子福颐摹　民国二十年(一九三一)石印本

贞松堂集古遗文续编三卷　罗振玉撰　其子福颐摹　民国二十

三年(一九三四)石印本

三代吉金文存二十卷　罗振玉辑　民国二十六年(一九三七)影印本

秦汉金文录八卷　容庚编　民国二十年(一九三一)国立中央研究院历史语言研究所石印本

山东金文集存二册　曾毅公辑　民国二十九年(一九四〇)石印本

周明公彝文考释一卷　吴宝炜著　民国十九年(一九三〇)石印本

南公鼎文考释一卷　吴宝炜著　民国十九年(一九三〇)石印本

毛公鼎文正注一卷　吴宝炜著　民国十九年(一九三〇)石印本

毛公鼎校释一卷　张之纲著　民国二十三年(一九三四)铅字本

金类通考之属

商周彝器通考二册　容庚著　民国三十年(一九四一)燕京大学出版　上册通考下册图版

金文世族谱四卷　吴其昌著　民国二十五年(一九三六)商务印书馆石印本

金文历朔疏证八卷　吴其昌著　民国二十五年(一九三六)商务印书馆石印本

积微居金文说七卷　杨树达著　一九五二年中国科学院考古研究所铅字本

金文研究一卷　李旦丘著　民国三十年(一九四一)来薰阁书店铅字本　所释凡十九字

铜鼓考略一册　郑师许著　民国二十五年(一九三六)中华书

局 铅字本

四川大学历史博物馆所藏古铜鼓考一册续考一册 闻宥著 一九五三年四川大学历史博物馆石印本

金类字书之属

增广钟鼎篆韵七卷 元杨钧编 民国二十四年(一九三五)故宫博物院影印宛委别藏钞本

金类杂著之属

吉金彝器之辨伪方法一册 郑师许著 民国二十二年(一九三三)学艺小丛书本

上金类三十部附录八部

钱币类第三

钱币类图象之属

古泉汇考八卷　清翁树培著　北京大学图书馆藏稿本　又古泉拓本十册

绿庄严馆古泉拓二十四卷　清孟志青藏泉　其孙昭彭拓　孙铮藏拓本

古今泉币拓本六册　清鲍康旧藏　有民国十一年(一九二二)番禺冯耿光序　北京大学藏原拓本

楚金爰考一卷　清龚心湛著　光绪三十年(一九〇四)刻本

孝建四铢拓本一卷　清吕佺孙辑　民国二十三年(一九三四)丁氏石印本

六泉十布拓本一卷　清陈介祺辑　民国二十四年(一九三五)丁氏石印本

故宫清钱谱一册　黄鹏霄著　民国二十六年(一九三七)故宫博物院铅字本

古钱大辞典十二册拾遗一册　丁福保编　民国二十七年(一九三八)上海医学书局石印本　上编图谱下编考释

泉苑菁华古泉丛话合刻四卷　丁福保辑　民国二十四年(一九

三五）石印本

泉志菁华录一卷　丁福保编　民国二十五年（一九三六）石印本

历代古钱图说二册　丁福保编　民国二十九年（一九四〇）石印本

钱币类通考之属

古钱一册　卫聚贤 丁福保著　民国三十一年（一九四二）中央银行经济研究处铅字本

列国币考一册　陈直撰　石印本

钱币类杂著之属

古泉杂记一卷　丁福保纂　民国二十四年（一九三五）石印本

古钱有裨实用谭一卷　丁福保著　民国二十五年（一九三六）石印本

古钱学纲要一卷　丁福保著　民国二十九年（一九四〇）石印本

上钱币类七部附录九部

玺印类第四 附封泥

玺印类目录之属

古铜印谱书目一册附补遗　王敦化编　近年修文堂铅字本

临淄封泥文字目录一卷　王献唐编　民国二十五年（一九三六）铅字本

玺印类文字之属

秦汉玉印图录一册　倪玉书著　民国三十一年（一九四二）影印本

宝印斋印式二卷　明汪关藏品　昭和己卯年（一九三九）日本影印本　半为古铜印半为自刻印

清内府藏古玉印一卷附汉玉十印　清高宗敕编　民国二十年（一九三一）百川书屋丛书续编石印本

讱庵集古印存三十二卷　清汪启淑藏　乾隆二十五年（一七六〇）钤印本　一有小传　一无小传

汉铜印原　清汪启淑辑　乾隆三十四年（一七六九）钤印本

悔堂印外四卷　清汪启淑藏　乾隆五十三年（一七八八）钤印本

两汉印萃五卷　清郑支宗摹刻　乾隆四十九年(一七八四)钤印本

看篆楼古铜印谱六卷　清潘有为辑　乾隆五十二年(一七八七)钤印本

听帆楼古铜印汇二卷　清潘正炜辑　嘉庆十三年(一八〇八)钤印本

簠斋古印集一册　清陈介祺辑　光绪七年(一八八一)神州国光社石印本

遯庵秦汉印选六册　吴隐辑　宣统元年(一九〇九)西泠印社钤印本

娑罗花树馆藏印六册　周肇祥辑　民国五年(一九一六)钤印本

南皮张氏碧葭精舍印谱己集一册　一九三二年钤印本

衡斋藏印四册　黄濬辑　民国二十四年(一九三五)钤印本

玺印集林四册　林廷勋辑　民国二十七年(一九三八)商务印书馆石印本

金轮精舍藏古玉印一卷　陶祖光辑　民国二十年(一九三一)百川书屋丛书续编石印本

磊斋玺印选存十册续集四册　林熊光藏　一九三四年钤印本　十册本有磦斋玺印选存甲戌盐谷寿石再钤制廿五部印　四册本有磦斋玺印选存甲戌盐谷寿石手钤续集卅部印

古玉印汇一卷　方岩辑　民国二十年(一九三一)西泠印社石印本

弢翁续得印一集一册　一九四一年弢翁属章甫钤印本

玺印类通考之属

金石衡鉴录古印十二卷　清孙三锡著　北京大学图书馆藏晒蓝本　官印考九卷私印考三卷

古玺发微一卷　陈邦福著　石印本

上玺印类二十部附录三部

石类第五

石类目录之属

石刻题跋索引一册　杨殿珣编　民国三十年(一九四一)商务印书馆铅字本

寰宇访碑录校勘记二卷补寰宇访碑录校勘记一卷　清李宗颢纂集　文素松校补　民国十五年(一九二六)蘧庐刻本

写礼庼碑目上二册附释文　王颂蔚编　男李烈录原稿本

墓志征存目录四卷　罗振玉辑　民国三十一年(一九四二)铅字本

秦汉魏六朝碑刻舆地考一卷　清黄易著　漱六篇刻本　版心刻小蓬莱剩稿

汉魏碑刻纪存一卷　清谢道承编　晋安冯缙刻本

汉晋石刻略录一册　柯昌泗辑　孙贯文藏钞本

鸳鸯七志斋藏石目录一卷　于右任藏　民国十九年(一九三〇)铅字本

国立北平图书馆藏碑目(墓志类)一册　范腾端编　民国三十年(一九四一)开明书店铅字本

崇雅堂碑录五卷录补四卷　甘鹏云编　民国二十四年(一九

三五）铅字本

补藤花馆石墨目录一卷　清叶尔安撰　民国三十一年（一九四二）叶氏石印本

石类图象之属

汉石图考四卷　刘泽公著　于省吾藏稿本　签题第四次稿丙寅暮春校竟版心有金石图考四字　每卷内目录又分为二卷共八卷计收碑三十一种残碑二十种碣二种摩崖六种摩崖残字二种阙七种残阙二种刻石六种题字四种共八十种有图

汉武梁祠画像录二册　容庚著　民国二十五年（一九三六）石印本

南阳汉画象汇存一卷　孙文青编纂　民国二十六年（一九三七）金陵大学中国文化研究所影印本

汉代画象全集初编二编　傅惜华编　一九五〇年巴黎大学北京汉学研究所影印本　据凡例云："全书凡四编：初编二编，专收山东省各地所出画象，三编专收河南陕西山西江苏各省画象，四编专收四川省各地所出及新发现之画象，拓本总计约千余幅。"按现仅出初二编图版各二百页

石类文字之属

秦汉金石文字一卷　清石宗建辑　光绪四年（一八七八）双钩刻本

汉碑额一册　杨复编　民国二十六年（一九三七）中华书局据金薤石华楼藏本影印

陵苕馆续刻五种　清高学治辑　道光二十三年（一八四三）钩刻本　所刻为夏承娄寿刘熊吴纪功及华山残字五碑

汉碑五种　清黄易藏　有正书局石印本　所收成阳灵台朱龟谯敏范式魏元丕五碑前三碑乃重刻

葆贞拙轩石刻法帖一册　柯昌泗辑录　民国十四年（一九二五）

双钩石印本　所收皆汉晋间石刻

石鼓纪实二卷　清李棠辑　乾隆四十五年(一七八〇)刻本

御制重定石鼓文一卷　清高宗撰　乾隆五十五年(一七九〇)王杰写本

石鼓文汇考二卷　由云龙辑　民国二十二年(一九三三)石印本

石鼓文疏记一册　马叙伦撰　民国二十四年(一九三五)商务印书馆石印本

覃孽斋石鼓十种考释一卷　赵椿年著　民国二十五年(一九三六)自刻本

石鼓文研究二册　郭沫若撰　民国二十八年(一九三九)商务印书馆影印本　附明锡山安氏十鼓斋先锋本及中权后劲二本诸题跋

汉熹平石经残字集录增订本二卷　罗振玉撰　民国三十二年(一九四三)贞松老人遗稿乙集铅字本未摹原文

魏三字石经集录一卷　孙海波著　民国二十六年(一九三七)考古学社石印本

瘗鹤铭考二卷　清陈鹏年辑　康熙末年(约一七〇一——一七二二)见山楼刻本

古本道德经校刊三册　何士骥著　民国二十五年(一九三六)北平研究院考古专报第二号本

潍县宏福寺造像碑考一卷　清郭麟著　陈介祺订　民国二十五年(一九三六)潍县文献丛刊第三辑铅字本

景教碑考一册　冯承钧著　民国二十年(一九三一)商务印书馆铅字本

唐李思训碑校勘记一卷　阮永墀撰　民国二十年(一九三一)铅字本　以翻本为真本

女直字碑考一册　清刘师陆撰　道光二十三年(一八四三)自刻本

元代白话碑一册　冯承钧编　民国二十年(一九三一)商务印书馆铅字本

石类通考之属

碑帖一卷　清钱泳辑　民国二十五年(一九三六)上海文明书局清代笔记丛刊本　附履园丛话中

石墨考异二卷　清严蔚著　民国二十九年(一九四〇)庚辰丛编铅字本

石交录四卷　罗振玉著　民国三十年(一九四一)贞松老人遗稿石印本

石类题跋之属

绿阴亭集二卷　清陈奕禧著　道光二十八年(一八四八)孙云鸿校刊本　仟花庵丛书本

佛金山馆秦汉碑跋一卷　清牟房著　董井辑录　民国二十三年(一九三四)褒殷堂铅字本

汉晋碑跋二卷　清桂馥撰　孙贯文藏传钞本　首卷为册本凡跋四十一篇次卷为卷轴凡跋十五篇都五十六篇

寐叟题跋一二集四册　沈曾植著　民国十五年(一九二六)商务印书馆石印本

碑薮一卷　明陈鉴辑　民国二十五年(一九三六)上虞罗氏蟫隐庐石印本

定庵题跋一册　由云龙撰　民国二十七年(一九三八)铅字本

南齐吕超墓志跋一册　范寿铭周树人撰　民国七年(一九一八)铅字本

石类杂著之属

杭郡庠得表忠观碑记事一卷　清余懋棅辑　钱唐丁氏重刊本

古碑重模伪刻考四卷　余寿湘著　民国二十一年(一九三二)铅字本

簠斋访碑拓碑笔札一卷　清陈介祺著　民国二十二年(一九三三)潍县文献丛刊第二辑本

上石类四十二部附录六部

玉类第六

玉类图象之属

陶斋古玉图二册　清端方原稿　王大隆编纂　民国二十五年(一九三六)来青阁石印本

古玉图录初集四卷　黄濬辑　民国二十七年(一九三八)影印本

玉类通考之属

玉说二卷　李乃宣张承鋆同辑　民国二十年(一九三一)铅字本

古玉概说一册　日本上野有竹著　胡肇椿译　民国二十五年(一九三六)中华书局铅字本

上玉类四部

甲骨类第七

甲骨类目录之属

甲骨书录解题三卷附附录　邵子风著　民国二十四年(一九三五)商务印书馆石印本

五十年甲骨学论著目一册　胡厚宣著　一九五〇年中华书局铅字本

甲骨类文字之属

殷虚书契续编六卷　罗振玉编　民国二十二年(一九三三)影印本

殷虚书契续编校记六卷　曾毅公编　民国二十六年(一九三七)齐鲁大学国学研究所铅字本

柏根氏旧藏甲骨文字一册　加拿大明义士编　民国二十四年(一九三五)石印本

库方二氏藏甲骨卜辞一册　美国方法敛摹　民国二十四年(一九三五)商务印书馆石印本　陈梦家先生讲白瑞华编

殷契萃编二册考释三册　郭沫若著　民国二十六年(一九三七)日本文求堂影印本

甲骨文录一卷附释文　孙海波辑　民国二十六年（一九三七）影印本

诚斋殷虚文字一卷附考释　孙海波编　民国二十九年（一九四〇）修文堂影印本

铁云藏龟零拾一卷　李旦丘编　民国二十八年（一九三九）孔德图书馆影印本

天壤阁甲骨文存一卷附考释　唐兰编　民国二十八年（一九三九）辅仁大学影印本

殷契遗珠二卷发凡一卷　金祖同著　民国二十八年（一九三九）孔德图书馆影印本

甲骨六录一册　胡厚宣著　民国三十四年（一九四五）石印本原题作甲骨学商史论丛三集

龟卜一册　金祖同编　民国三十七年（一九四八）修绠堂影印本

殷虚文字甲编一册　董作宾编著　民国三十七年（一九四八）国立中央研究院历史语言研究所影印本

殷虚文字乙编上中辑二册　董作宾编著　民国三十七年（一九四八）国立中央研究院历史语言研究所影印本　下辑未印行

殷契摭佚一册　李旦丘编　民国三十年（一九四一）孔德图书馆影印本

殷契摭佚续编一册　李亚农编　一九五〇年中国科学院影印本

战后宁沪新获甲骨集二册　胡厚宣编　一九五一年来薰阁书店石印本

战后南北所见甲骨录三册　胡厚宣编　一九五一年来薰阁书店石印本

战后京津新获甲骨集四册　胡厚宣编　一九五四年群联出版社影印本

甲骨叕存一卷附考释　曾毅公著　民国二十八年（一九三九）石印本

甲骨缀合编一册　曾毅公辑　一九五〇年修文堂石印本

殷契拾掇一卷　郭若愚编　一九五一年上海出版公司影印本

甲骨类通考之属

甲骨学商史论丛初集四册二集二册三集一册　胡厚宣著　民国三十三至三十四年(一九四四—四五)齐鲁大学国学研究所石印本

双剑誃殷契骈枝及续编三编三卷　于省吾著　民国三十年(一九四一)石印本

积微居甲文说二卷附卜辞琐记　杨树达著　一九五四年中国科学院铅字本

甲骨类杂著之属

殷契琐言一卷　陈邦福著　民国二十三年(一九三四)石印本

殷虚卜辞讲话一册　金祖同著　民国二十四年(一九三五)石印袖珍本

古代研究的史料问题一册　胡厚宣著　一九五〇年商务印书馆铅字小本

甲骨文字理惑一卷　徐英著　民国二十五年(一九三六)中华书局石印本　以甲骨为伪作

甲骨年表一卷　董作宾胡厚宣合编　民国二十六年(一九三七)商务印书馆铅字本

甲骨地名通检一册　曾毅公编　民国二十八年(一九三九)齐鲁大学国学研究所铅字本

五十年甲骨文发现的总结一册　胡厚宣著　一九五一年商务印书馆铅字小本

上甲骨类三十二部附录二部

匋类第八

匋类图象之属

尊古斋陶佛留真二卷　黄濬辑　民国二十六年（一九三七）影印本

匋类文字之属

季木藏匋四册　周进考藏　孙浔孙鼎编　民国三十二年（一九四三）影印本

窸斋瓦当文字一卷　清吴大澂辑　同治（一八六二——一八七四）刻本　凡四十四种

石渠瓦斋藏瓦十二册　清王懿荣藏器　北京大学图书馆藏　光绪十四年（一八八八）拓本　原有王氏赠盛昱题记共五百九十一种

半耕草堂藏砖一卷　王承田著　民国二十年（一九三一）铅字本

匋类通考之属

雅尔崖古坟中陶器之研究一卷　黄文弼著　民国二十年（一九三一）铅字本

匋类字书之属

古匋文舂录一卷附附编　顾廷龙著　民国二十五年（一九三六）国立北平研究院石印本

匋类杂著之属

陶玺文字合证一卷　阙名　民国十九年（一九三〇）神州国光社影印本

上匋类八部

竹木类第九 附漆器

竹木类文字之属

居延汉简考释释文四册考证二册　劳榦著　民国三十三年(一九四四)国立中央研究院历史语言研究所石印本　一九四九年商务印书馆铅字本　释文二册附录敦煌汉简校本及简号索引

汉魏木简义证一卷　陈邦福著　民国二十年(一九三一)石印本

晚周缯书考证一册　蔡季襄著　民国三十三年(一九四四)铅字本

竹木类通考之属

漆器考一册　郑师许著　民国二十五年(一九三六)中华书局铅字本

上竹木类二部附录二部

地志类第十

地志类目录之属

北平庙宇碑刻目录一卷　张江裁许道龄同编　民国二十五年(一九三六)国立北平研究院铅字本

南北响堂及其附近石刻目录一卷　何士骥刘厚滋编纂　民国二十五年(一九三六)北平研究院铅字本

洛阳出土石刻时地记附附录一册　郭玉堂访记王广庆校录　民国三十年(一九四一)大华书报供应社铅字本

龙门造象目录一册　陆蔚庭编　孙贯文藏钞本

山东省保存古迹表一册　山东宪政调查局编　宣统二年(一九一〇)石印本

山右金石存略目录摘要一册　清宋琦辑　光绪二十年(一八九四)刻本

西安碑林藏石目录一册　陕西省历史博物馆编　民国三十六年(一九四七)铅字本

云南金石目略初稿一卷　李根源纂　民国二十四年(一九三五)铅字本

地志类图象之属

建康兰陵六朝陵墓图考一册　朱偰著　民国二十五年(一九三六)商务印书馆铅字本

长沙楚民族及其艺术第一卷一册第二卷一册　蒋玄怡著　第一卷一九四九年今古出版社　第二卷一九五〇年美术考古学社影印本

罗布淖尔考古记一册　黄文弼著　民国三十七年(一九四八)国立北平研究院西北考察团理事会铅字本

吐鲁番考古记一册　黄文弼著　一九五四年中国科学院铅字本

奄城访古记一卷　陈志良著　民国二十四年(一九三五)秀洲学会石印本

金山卫访古记纲要一卷　金祖同著　与奄城访古记合装一册

地志类通考之属

昆山见传石刻录四卷　潘鸣凤编　民国二十四年(一九三五)铅字本

安徽通志金石古物考稿十七卷古物存真一卷补遗一卷　徐乃昌纂　民国二十五年(一九三六)石印本

歙县金石志十四卷　叶为铭辑　民国二十五年(一九三六)铅字本

潮州石刻一卷　清丁壬辑稿本

盂县金石志略二卷　王堉昌辑　民国二十三年(一九三四)石印本

汾阳县金石类编十卷　王堉昌辑　民国二十四年(一九三五)石印本

台州金石略一卷　清杨晨编　民国二十五年(一九三六)黄岩杨氏铅字本

滕县金石志一卷　生克昭编　民国三十三年(一九四四)县志单

行本

陇右金石录十卷校补一卷　张维纂　民国三十二年（一九四三）甘肃省文献征集委员会铅字本

石室秘宝二册　存古学会编　清末有正书局影印本　甲集收唐人壁画五种石刻三种　乙集收写本六种刻本一种　共十五种

满洲金石志六卷补遗一卷外编一卷别录二卷　罗福颐校录　民国二十六年（一九三七）石印本

唐昭陵陪葬名氏考一卷　清冯缙纂辑　附刻唐昭陵石迹考略后

地志类题跋之属

河南图书馆藏石跋一卷　何日章辑　民国十四年（一九二五）河南官印刷局铅字本　内收罗振玉汉黄肠石跋等八首杂记一首附刘师陆女直字碑考女直字碑续考及罗福成宴台金源国书碑考都十二篇

阳城金石记一卷　杨兰阶田九德同撰　民国二十五年（一九三六）太原铅字本

汉浒金石小记一卷　王葆心著　民国二十二年（一九三三）铅字本

地志类杂著之属

长沙古物闻见记一册　商承祚著　民国二十八年（一九三九）金陵大学中国文化研究所刻本

上地志类二十六部附录四部

发掘调查类第十一

发掘类之属

田野考古报告第一期一册　国立中央研究院历史语言研究所编　民国二十五年(一九三六)商务印书馆铅字本　系继安阳发掘报告的工作范围扩大故改名田野考古报告

中国考古学报第二至第六册四册　第二至第四册国立中央研究院历史语言研究所编　一九四七至四九年商务印书馆铅字本　第五六册中国科学院编印　一九五一至五三年铅字本　因内容不仅限于田野考古报告并收田野考古研究论文故又改名中国考古学报

斗鸡台沟东区墓葬一册　苏秉琦著　民国三十七年(一九四八)国立北平研究院史学研究所铅字本

南京附近考古报告一册　南京博物院编　一九五二年上海出版公司铅字本　内容一江宁湖熟史前遗址调查记二邓府山古残墓清理记

调查类之属

六朝陵墓调查报告一册　朱希祖滕固合编　民国二十四年(一九三五)中央古物保管委员会铅字本

雁北文物勘查团报告一册　中央人民政府文化部文物局编印一九五一年铅字本

上发掘调查类六部

十一类都一百九十七部附录三十八部

金石书录目校正

总类第一

寒山金石林部目一卷　明赵均著　晨风阁丛书本　容庚藏钞本多狂草集王书法外国文字四部及题词何庄淳化阁帖记闻书家藏法帖贞珉后三篇此书　次序亦有颠倒

金石汇目分编二十卷　清吴式芬著　家刻　民国二十六年(一九三七)文禄堂印行本

金石文字记六卷　清顾炎武著　亭林遗书本　借月山房汇钞本　泽古斋丛书本　指海丛书本

金石录补二十七卷续跋七卷　清叶奕苞著　别下斋丛书本二十七卷　涉闻梓旧本续七卷　行素草堂金石丛书翻刻正续本　昭代丛书本辑录三十一条名金石小笺二卷　中国书店铅字本作经锄堂金石小笺　民国二十六年(一九三七)国学图书馆石印续跋本合卷一卷二为一卷故称六卷

香南精舍金石契一卷　清觉罗崇恩撰　原稿石印本　容庚藏手稿本石刻题跋二十七则与此不同未印行

格古要论三卷　明曹昭著　明夷门广牍金陵荆山书林刻本　明胡文焕格致丛书本

新增格古要论十三卷　明曹昭著　王佐校增　原刻本　淑躬堂重刻本　自强书局石印小本

金类第二

考古图十卷　宋吕大临著　北京图书馆藏明刻黑字本　明万历(约一五七三——一六〇〇)郑朴考正巾箱本　万历二十九年(一六〇一)吴万化宝古堂刻本(后改名东书堂等)　明泊如斋翻刻宝古堂本　清乾隆十八年(一七五三)黄晟亦政堂重修宝古堂本

博古图录三十卷　宋王黼等撰　元至大(一三〇八——三一一)重修本　明嘉靖七年(一五二八)蒋旸翻至大本　明翻至大本　万历二十四年(一五九六)郑朴考正巾箱本　万历二十七年(一五九九)广陵于承祖刻本　万历二十八年(一六〇〇)吴万化宝古堂刻本(后改名东书堂等)　万历二十八年新都镜养蒙刻本　明泊如斋翻刻宝古堂本　清乾隆十七年(一七五二)黄晟亦政堂修补宝古堂本

移林馆吉金图识一卷　丁麟年著　自石印本　民国三十年(一九四一)东雅堂石印本

焦山鼎铭考一卷　清翁方纲著　乾隆三十八年(一七七三)自刻本　咸丰二年(一八五二)叶志诜重刻本合汪士鋐瘗鹤铭考翁方纲瘗鹤铭见存字改名焦山金石文考　百一庐金石丛书本

清爱堂家藏钟鼎彝器款识法帖一卷　清刘喜海辑　道光十八年(一八三八)刻拓本　光绪三年(一八七七)尹彭寿补刻本

缀遗斋彝器款识考释三十卷　清方濬益著　民国二十四年(一

九三五)涵芬楼影印　光绪二十年(一八九四)写定本　北京大学图书馆藏草稿本多出四五百器

铜仙传一卷　清徐元润纂　原刻蓝印本　民国十九年(一九三〇)文字同盟社铅字本　甲戌丛编铅字本　记官陕西城固县时所得汉唐古镜一百四十余种

汉两京以来镜铭集录一卷　罗振玉著　民国十八年(一九二九)辽居杂著本

宣炉汇释十二卷　邵锐撰　民国十六年(一九二七)菰香馆铅字本

金文编十四卷附录二卷器目一卷检字一卷　容庚撰集　民国十四年(一九二五)自写石印本　民国二十八年(一九三九)商务印书馆石印重订本增订六千余字删去器目一卷　专收殷周金文

钱币类第三

钱通三十二卷　明胡我崐撰　万历(一五七三—一六一五)刻本

内容分十类一原二制三象四用五才六行七操八节九分十异以故事为多非金石书宜删去

选钱斋笔记十五卷续三卷　清吴均著　传钞本

玺印类第四

秦汉印统八卷　明罗王常编　吴元维校　万历三十四年(一六〇六)刻本朱印　集印五千一百七十六方

澂秋馆汉印存四册　清陈承裘辑　光绪四年(一八七八)钤印本　民国十三年(一九二四)钤印本十册易名澂秋馆藏印

贞松堂唐宋以来官印集存一卷　罗振玉辑　民国十二年(一九二三)钤印本　七经堪丛书增订本

石类第五

蒿里遗文目录六卷补遗一卷　罗振玉辑　民国十五年（一九二六）东方学会铅字本　宣统三年（一九一一）国学丛刊本仅上中二卷未完

菉竹堂碑目六卷　明叶盛撰　清咸丰八年（一八五八）刻本粤雅堂丛书本

千唐志斋藏石目录一卷续目录一卷　张钫藏石　郭玉堂编民国二十四年（一九三五）铅字本

石林一册　清路廷铨辑　道光十四年（一八三四）要无咎斋钩刻本　仅摹吴国山碑汉司农刘夫人碑二种国山碑录自吴骞国山碑考而不及吴名不无剽窃之嫌刘夫人碑乃伪刻

寰宇贞石图六卷　杨守敬辑　光绪八年（一八八二）石印本　宣统元年（一九〇九）石印本　二本不同　民国三十一年（一九四二）日本藤原楚水增订加大本四册

隶释二十七卷　宋洪适著　明万历十六年（一五八八）夏邑王云鹭刻本　清乾隆四十二年（一七七七）钱塘汪氏刻本　同治十年（一八七一）皖南洪氏晦木斋翻刻汪氏本　商务印书馆四部丛刊三编石印王刻傅山校本

隶续二十一卷　宋洪适著　清康熙四十五年（一七〇六）楝亭曹

氏扬州使院刻本　钱塘汪氏刻本　洪氏晦木斋翻刻汪氏本　日本文化元年(一八〇四)浪华书铺浅文贯重刻汪氏本　曹刻本误字甚多卷四以上每半页十行行二十四字卷五以下每半页十行行二十字

金薤琳琅二十卷　明都穆著　明刻本　乾隆四十三年(一七七八)汪氏重刻校正本　学古斋金石丛书光绪三十年(一九〇四)刻本

续语堂碑录四册　清魏锡曾辑　光绪九年(一八八三)自刻本

石鼓文钞四卷　清杨世春辑　嘉庆十三年(一八〇八)惠迪堂刻本

瘗鹤铭考一卷　清汪士鋐编　康熙五十三年(一七一四)松南书屋手写刻本　咸丰二年(一八五二)叶志诜重刻本　粤雅堂丛书本　思进斋丛书本　百一庐金石丛书本

瘗鹤铭考补一卷　清翁方纲著　苏斋丛书本　光绪三十四年(一九〇八)浭阳端方刻本　苏斋丛书本名瘗鹤铭考无铭书出陶贞白辨以下七篇字句亦略有异同　首章瘗鹤铭见存字及著录摹传有咸丰二年(一八五二)叶志诜补刻本

景教碑文纪事考正三卷　清杨荣鋕著　光绪二十一年(一八九五)刻本　光绪二十七年(一九〇一)思贤书局本只刻一卷其二三两卷以取耶稣本经以证释碑文故未刻

宋徐鼎臣临秦碣石颂一卷　清孔昭孔双钩　同治六年(一八六七)刘氏刻本　光绪三十三年(一九〇七)虞山俞氏重印本　伪刻

金石史二卷　明郭宗昌著　康熙二年(一六六三)刻本　昭代丛书一卷本　青照楼丛书本　知不足斋丛书本　学古斋金石丛书本

庚子销夏记八卷　清孙承泽著　乾隆二十六年(一七六一)知不足斋余集写刻本　学古斋金石丛书本　风雨楼铅字本　全书分书画跋三卷碑刻跋四卷寓目记一卷

芳坚馆题跋三卷　清郭尚先撰　男篯龄刻本　述古丛钞本四卷改上中两卷为三卷内容相同　藏修书屋丛书本同

汉魏六朝志墓金石例三卷唐人墓志诸例一卷　清吴镐著　玲珑山馆丛刻本　后知不足斋丛书本

苏斋唐碑选一卷　清翁方纲著　同治十三年(一八七四)思进斋丛书本　民国十二年(一九二三)中华书局影印手稿本与前本不同前本作于嘉庆五年(一八〇〇)补于嘉庆十二年(一八〇七)此本作于嘉庆八年(一八〇三)

玉类第六

古玉图二卷　元朱德润著　明万历三十年(一六〇二)吴氏宝古堂刻本　清乾隆二十八年(一七六三)黄氏亦政堂修补宝古堂本　道光十年(一八三〇)得月簃丛书本　欣赏编本说郛本名古玉图考一卷

玉纪一卷　清陈性著　同治三年(一八六四)杜文澜刻本　光绪十三年(一八八七)金吴澜刻本　民国元年(一九一二)益森公司铅字本　刘氏丛刻本　静园丛书本　美术丛书初集第二辑本　岭南玉社丛书本　西泠印社聚珍版本

玉纪正误一卷　李凤廷撰　岭南玉社丛书本　民国二十五年(一九三六)改订本

古玉考一卷　刘子芬著　丛书四集第十辑本

甲骨类第七

铁云藏龟拾遗一卷附考释　叶玉森著　民国十四年(一九二五)影印本　又翻石印本将殷虚书契考释小笺之张謇等题字附于前　张冠李戴书估伎俩可笑

甲骨文字研究二册　郭沫若撰　民国十九年(一九三〇年)大东书局石印本共释十七篇一九五二年中国科学院删定本删去九篇增入一篇

匋类第八

高昌砖集一册　黄文弼编　民国二十年(一九三一)西北科学考查团理事会影印本　一九五一年中国科学院增订本

地志类第九

邺中片羽二册二集二册三集二册　黄濬辑　民国二十四至三十一年(一九三五至一九四二)影印本

台州金石录十三卷専录五卷阙访四卷　清黄瑞编　王棻校正　民国五年(一九一六)刘氏嘉业堂刻本

闽中金石略十五卷附考证五卷　清陈棨仁著　林尔嘉考证　民国二十三年(一九三四)中华书局铅字本

邺下冢墓遗文二卷补遗一卷二编二卷　罗振玉辑　民国五年(一九一六)自刻本

芒洛冢墓遗文三卷续编三卷补遗一卷续补一卷三编一卷四编六卷补遗一卷　罗振玉辑　民国六年(一九一七)自刻本　云窗丛刻本仅三卷

偃师金石遗文补录十六卷　清武亿撰　王复续补　嘉庆二年(一七九七)自刻本

隋唐石刻拾遗二卷附关中金石记隋唐石刻原目　清黄本骥编　道光二年(一八二二)关中碑林刻本　聚学轩丛书第四集本　民国十五年(一九二六)湖南丛书本(末六字窜入第八页之首行)

上九类都四十四部附录十一部

金石书录目印行于一九三〇年，一九三五年再版，著录之书，初版计八百二十二种，再版增为九百七十七种。十余年来，新刊又有二百余种。在中国科学院考古研究所副所长梁思永先生、北京大学历史系主任翦伯赞先生的鼓励和督促之下，就所见材料作补编一卷，得书二百三十五种。关于体裁方面大致依照原著而稍有增益，如近年考古发掘和调查报告渐多，因增入发掘调查之属，如《斗鸡台沟东区墓葬》《六朝陵墓调查报告》等书。原著所收如《安阳发掘报告》《城子崖》等书，将来改编时亦拟归入此属。复作校正一卷，得书五十五种。但亦有嫌其繁琐未加校正和增入的如：（一）未列卷数册数只有一卷的，如《石鼓然疑》之类。（二）误列朝代的，如《鼎录》《古今刀剑录》两书，系唐以后的伪作，而误入梁代之类。（三）石印小本及丛书集成等书小本。此书目虽经再三增订，难免尚有遗漏及错误之处。敬希读者赐予批评指正。

一九五三年除夕容媛跋于北京成府蒋家胡同六号

（北京大学历史系油印本，1953年）

燕京大学图书馆所藏石刻草目

序

石刻之有专目,今可得见者,始于宋。欧阳修之《集古录》,赵明诚之《金石录》,王象之之《舆地碑记目》等是也。在昔交通未便,远致为难,故著录之碑为数有限。明于奕正作《天下金石志》,录目渐广,但率据方志未见原碑,故多讹舛。晚清缪荃孙《艺风堂金石文字目》著录至万八千种,《续目》(未刊行)二千种,亦巨观也。民国以来出土墓志无数,顾燮光作《古志汇目》《古志新目》,一再增订,犹未能尽。

民国二十年夏,以洪煨莲、顾颉刚两教授及家兄希白等乘暑假之便往大名、洛阳、曲阜等地访古,为燕京大学图书馆购得石刻拓片千余种。是年冬馆中购得徐氏瀛从所藏拓片数百种,以后陆续购藏,约得五六千种。予于工余之暇,整理编目,于今七年。刻之真伪,拓之先后,每苦于不易辨别。亦有一汉代残石拓片,摩挲竟日,犹不能确知其为何种石刻者。问就家兄希白,质疑问难,承诲綦多。由是对于汉代石刻特感兴趣,并成三国以前石刻著录表,采用之书得二百二十种。燕大图书馆主任田京镐先生拟将馆藏石刻目录登载馆刊,以便检阅,其意甚善,因就已编卡片粗区部类,俾分期披露于馆刊中。一俟异日全部编竣,当更从新厘订,甚望读者为諟正之!

一、就馆中所藏之石刻拓片,暂拟分为十类:曰碑附晋以前各种石刻及残石,曰墓志,曰造像,曰图像,曰榜书,曰经,曰经幢,曰塔,曰杂,曰帖。以类相求,检寻较易。

一、杂类为敕牒、格言、对联、四屏、论赞、诗词、箴言、佛名、题名、残石……等,以之归入任何种类内均觉不合,分之又不胜其烦,故以杂类概括之。

一、本目按年代先后排比。其有刻石年月者书刻石年月,否则书葬或卒之年月。其朝代年月阙泐者,则据前人考定之朝代年月。其有朝代而无年月者,则以姓氏笔画多寡为先后附列于各朝代之后。如朝代年月均无可考据者,亦按姓氏笔画之多寡为先后附列于各类之后。

一、凡石刻原有所在地者则书原地。如为公家或私人收藏者则于原在地之后书某某藏石。

一、凡某君妻之墓志一律冠以丈夫之姓名,以墓志多称某夫人某氏不易分别也。

一、名称之前号码为编目号码之次序,为检寻原拓片之便,故附列之。

一、重复者只列号码不列名称。伪刻及石印本另为附录。

民国二十七年十一月十日序于哈佛燕京学社

本馆所藏石刻拓片,始不甚多,洎民国二十年,经洪煨莲、顾颉刚、容希白诸教授,往大名、洛阳、曲阜等处,访得千余种,旋于徐氏瀛从处,购得数百种,年来陆续搜罗,亦复不少,前后所积,不下六千余种,在馆藏图书中,已骎骎乎成一部居焉。本馆未暇整理编目,检阅者颇感不便。乃得哈佛燕京学社秘书容媛女士,于公余之暇,代编馆藏石刻目录,考订叙次,务求精详,猝时未能蒇事。兹将其已经编就者,付圕报逐期刊载,俾留心石刻各书者,得先据此以便检阅云。田洪都识。

燕京大学图书馆所藏石刻草目　一

碑类　附晋以前各种石刻

秦

1/568　峄山碑　李斯篆书　徐铉摹　秦始皇二十六年（前二二一）　陕西西安府学　西安碑林藏石　宋淳化四年八月郑文宝记正书

1/246　同上

1/531　泰山刻石十字　篆书　秦二世元年（前二〇九）　山东泰安　道光壬辰仲夏徐宗幹识　正书

1/190　始皇诏石权　篆书　秦始皇廿六年（前二二一）　山东高密　居贞草堂藏石

汉

1/400　群臣上酬刻石　篆书　赵二十二年八月（前一五八）　直隶永年县娄山

1/408　鲁孝王刻石　隶书　汉五凤二年(鲁卅四年六月四日)(前五六)　山东曲阜　附金高德裔题记一张　正书

1/167　同上

1/392　同上　无题记

1/162　同上　与故汝南周府君残碑等合装一册

1/320　莱子侯刻石　隶书　汉天凤三年二月十三日(一六)　嘉庆二十二年　颜逢甲记孙生容书　行书

1/619　开通褒斜道石刻　隶书　汉永平六年(六三)　陕西褒城北石门　附宋绍熙五年晏袤释文及碑阴题记一张　隶书

1/606　开通褒斜道石刻晏袤释文及碑阴题记　隶书　宋绍熙五年四月十六日(一一九四)　陕西褒城北石门

1/52　昆弟六人买山地记　隶书　汉建初元年(七六)　浙江会稽跳山摩崖

1/528　袁安碑　篆书　汉永元四年闰三月(九二)　河南偃师

1/49　同上　附民国二十二年张宗芳石印题识一张

1/628　王稚子阙　隶书　汉元兴元年(一〇五)　四川新都县　隶释云王君以和帝元兴元年卒

1/183　同上

1/375　同上

1/344　同上　西安碑林藏石　申兆定翻刻并题跋

1/252　子游碑上段　隶书　汉元初二年六月(一一五)　安阳县西门　又称贤良方正残碑

1/41　子游碑下段　隶书　汉元初二年六月(一一五)　安阳县西门　与安阳汉刻四种合装一册

1/194　祀三公山碑　篆书　汉元初四年(一一七)　直隶元氏县

1/364　嵩山太室石阙铭并额　隶书　额篆书　汉元初五年四月(一一八)　河南登封县

1/601　同上　额失拓

1/603　少室神道石阙铭并额　篆书　汉延光二年三月三日（一二三）　河南登封县

1/362　同上

1/365　开母庙石阙铭　篆书　汉延光二年（一二三）　河南登封县

1/602　同上

1/363　颍川太守杨□泰室阙铭　隶书　汉延光四年三月（一二五）　河南登封县

1/151　裴岑纪功碑　隶书　汉永和二年八月（一三七）　甘肃镇西厅关帝庙

1/387　同上　西安碑林藏石　申兆定摹刻并题跋　隶书　裱本一册

1/284　同上　申兆定摹刻本

1/38　会仙友题字　隶书　汉汉安元年四月十八日（一四二）四川简州逍遥山逍遥洞

1/352　同上　西安碑林藏石　乾隆五十一年申兆定摹刻并题跋刻于翻刻裴岑纪功碑后

1/557　北海相景君碑并额及碑阴　隶书　额篆书　汉汉安二年仲秋（一四三）　山东济宁州学

1/144　同上　贴本一册　无碑阴

1/592　三公山神碑并额　隶书　额篆书　汉本初元年二月八日（一四六）　直隶元氏紫山书院

1/55　乙瑛请置百石卒史碑　隶书　汉永兴元年六月十八日（一五三）　山东曲阜孔庙　后有宋嘉祐七年张稚圭题记正书　乾嘉间拓本　裱本一册

1/505　同上　新拓

1/237　李孟初神祠碑　隶书　汉永兴二年六月十日（一五四）河南南阳县

1/501 孔谦碣 隶书 汉永兴二年七月(一五四) 山东曲阜孔庙

1/506 同上

1/34 同上 裱本一册

1/615 孔君墓碣并额 隶书 额篆书 汉永寿元年(一五五) 山东曲阜孔庙 二份一有翁方纲题记

1/216 同上 无题记

1/502 同上 有题记额失拓

1/507 孔庙礼器碑及碑阴碑两侧 隶书 汉永寿二年青龙在涒滩霜月之灵是极之日(一五六) 山东曲阜孔庙

1/398 孟旋碑 隶书 汉永寿二年十月(一五六) 云南昭通凤池书院 光绪二十七年谢崇基跋 陈伯陶考为永寿二年

1/383 刘平国摩崖 隶书 汉永寿四年八月十二日(一五八) 新疆赛木里东北二百里 附夏桂丛、徐崇立、王运长等跋二张 共三份二份不全

1/604 同上 附王运长跋一张

1/560 郑固碑并额 隶书 额篆书 汉延熹元年四月廿四日(一五八) 山东济宁州学

1/390 同上

1/275 同上

1/184 仓颉庙碑 隶书 汉延熹五年正月(一六二) 陕西白水县 宋嘉祐五年庚子吕大忠乔岳过仓颉祠下题名

1/288 淮源庙碑 隶书 汉延熹六年正月八日(一六三) 河南桐柏县 元至正四年吴炳重书本并记正书 子嗣昌填摹 杜昭立 何德洪题名 颂后刘诉题名

1/563 后汉人封父墓刻石 隶书 汉延熹六年(一六三) 山东图书馆藏石 附罗正钧记一张正书

1/503 孔宙碑及碑阴 隶书 汉延熹七年七月(一六四) 山

东曲阜

1/386　同上　额失拓

1/231　同上　无碑额及碑阴

1/203　封龙山碑　隶书　汉延熹七年岁具执涂月纪冢韦（一六四）　直隶元氏紫山书院

1/585　张敬残碑及碑侧画象　隶书　汉延熹间（一五八——一六五）　河南洛阳　居贞草堂藏石　按旧称魏西乡侯兄张君残碑余嘉锡考为汉池阳令张敬残碑卒于延熹八年之前

1/273　同上　无碑侧画象

1/610　西岳华山庙碑并额　隶书　额篆书　汉延熹八年四月廿九日（一六五）　陕西华阴县　翻刻本

1/64　武荣碑并额　隶书　汉永康元年（一六七）　山东济宁州学　金石存卷七页十引谢沧湄云永康元年十二月帝崩灵帝即位改元建宁盖君之卒当在灵帝未改元之前故不书年也　裱本一册　后有徐瑾题跋云此为乾隆以前拓本

1/558　同上　新拓

1/171　张寿碑　隶书　汉建宁元年五月（一六八）　山东城武县

1/188　史晨飨孔子庙碑　隶书　汉建宁元年四月十一日（一六八）　山东曲阜孔庙　后有周天授二年马元贞等题名正书　乾隆以前拓本

1/500　同上　新拓

1/214　同上　新拓

1/234　建宁残碑　隶书　汉建宁元年（一六八）　洛阳　居贞草堂藏石

1/399　郭太碑　隶书　汉建宁二年正月（一六九）　山东济宁存十六行

1/189　史晨奏祀孔子庙碑　隶书　汉建宁二年三月七日（一六九）　山东曲阜孔庙　乾隆以前拓本

1/221　同上　新拓

1/409　同上　新拓

1/110　夏承碑　蔡邕隶书　汉建宁三年六月廿八日(一七〇)直隶永年县紫山书院　明嘉靖廿四年乙巳唐曜重刻本一册

1/395　陈德残碑并额及碑阴　隶书　额篆书　汉建宁四年三月(一七一)　山东沂州　贴本一册

1/380　李翕西狭颂及颂后题名　隶书　汉建宁四年六月十三日(一七一)　甘肃成县夹山摩崖

1/368　杨叔恭残碑及碑阴碑侧题名　隶书　汉建宁四年七月六日(一七一)　山东巨野　居贞草堂藏石　重碑阳一张

1/586　同上

1/406　孔彪碑及碑阴　隶书　汉建宁四年七月(一七一)　山东曲阜孔庙

1/30　同上　裱本二册

1/618　杨淮表纪　卞玉撰　隶书　汉熹平二年二月廿二日(一七三)　陕西褒城斜谷崖

1/238　同上

1/561　鲁峻碑　隶书　汉熹平二年四月(一七三)　山东济宁州学

1/504　熹平残碑　隶书　汉熹平二年十一月(一七四)　山东曲阜同文门壁阮元识行书　袁廷武翁方纲等观隶书及正书　道光戊戌以前拓本

1/385　同上　后有道光戊戌孔昭薰等题识

1/65　韩仁铭并额　隶书　额篆书　汉熹平四年十一月廿二日(一七五)　河南荥阳县署　后有金正大五年赵秉文及李献能二跋并李天翼题重立年月监立石董□　石匠王福　光绪三十四年十一月初三日孙士琦藏　宣统元年七月初五日汪德光观　裱本一册

1/155　堂谿典嵩高山石阙铭　隶书　汉熹平四年(一七五)河南登封　按铭文原为十七行此仅十一行前缺五行后缺一行

1/562　梧台里石社碑额　篆书　汉熹平五年(一七六)　山东图书馆藏石　另有罗正钧记一张画象一张

1/381　尹宙碑　隶书　汉熹平六年四月廿四日(一七七)　河南鄢县孔庙

1/43　刘梁残碑　隶书　汉光和四年三月十五日(一八一)　河南安阳　与安阳汉刻四种合装一册

1/195　三公之碑并额及碑侧　隶书　额篆书　汉光和四年四月二日(一八一)　直隶元氏紫山书院　附碑左侧房子孟等题名

1/533　潘乾碑并额　隶书　汉光和四年十月廿一日(一八一)　江苏溧水县学

1/538　同上　附元至顺四年单禧释文一张正书

1/145　白石神君碑并额及碑阴　隶书　额篆书　汉光和六年(一八三)　直隶元氏县　左方有燕元玺三年正月十日题字隶书　碑阴下截正书后刻　清字未损本

1/388　同上

1/33　曹全碑及碑阴　隶书　汉中平二年十月(一八五)　陕西郃阳县　西安碑林藏石　裱本一册　灵石杨氏旧藏本

1/180　同上　无阴　新拓

1/150　张迁碑并额　隶书　额篆书　汉中平三年二月上旬(一八六)　山东东平州学明伦堂

1/591　郑季宣碑并额及碑阴题名　隶书　额篆书　汉中平三年四月(一八六)　山东济宁州学　附乾隆五十一年八月十六日黄易等题记一张隶书

1/198　谯敏碑并额　隶书　额篆书　汉中平四年七月十八日(一八七)　真定府　翻刻本　与黄易藏本及下本均不同

1/37　同上　裱本一册　翻刻本与黄易藏本不同　周星诒旧藏陆开钧跋

1/165　圉令赵君碑　隶书　汉初平元年十二月廿八日(一九一)

贴本一册翻刻

1/218 严季男残石 隶书 汉建安六年八月廿二日(二〇一) 四川成都试院

1/244 樊敏碑并额 刘盛息懆隶书 额篆书 汉建安十年三月上旬(二〇五) 四川芦山南十里

1/396 高颐碑 隶书 汉建安十四年八月(二〇九) 四川雅安

1/393 孔褒碑 隶书 汉 山东曲阜孔庙

1/407 同上

1/161 故汝南周府君碑额 隶书 汉 山东曲阜 与鲁孝王刻石等合装一册 附道光戊戌孔昭薰记 叶寿海正书 张馥镌

1/509 同上

1/281 唐公房碑 隶书 汉 陕西城固县 郭芝立

1/589 朝侯小子残碑及碑阴题字 隶书 汉 陕西长安阳甲城

1/254 同上 无阴

1/141 华岳庙武都太守残碑阴 隶书 汉 陕西华阴县 贴本一册

1/130 杨瑾残碑 隶书 汉 河南尉氏县 裱本一册 钩填本

1/179 刘曜残碑 隶书 汉 山东东平学宫明伦堂 清同治九年庚午夏六月宋祖骏记正书

1/250 交阯都尉沈君神道阙 隶书 汉 四川渠县

1/251 左都侯沈君神道阙 隶书 汉 四川渠县

1/223 侍御史李公阙 隶书 汉 四川梓潼

1/187 高颐双阙 隶书 汉 四川雅安 四张

1/258 冯焕神道 隶书 汉 四川渠县

1/314 杨宗墓阙 隶书 汉 阴宋淳熙杨仲修题诗一章 隶书重一份

1/730 贵平黄肠石 隶书 汉永初元年(一〇七) 洛阳 居贞

草堂藏石

1/736　口原举黄肠石　隶书　汉永建二年六月(一二七)　河南博物馆藏石

1/731　樊仲黄肠石　隶书　汉永建二年六月(一二七)　河南博物馆藏石

1/732　左口黄肠石　隶书　汉永建二年六月(一二七)　河南博物馆藏石

1/733　左达黄肠石　隶书　汉永建二年六月(一二七)　河南博物馆藏石

1/734　左次黄肠石　隶书　汉永建三年三月(一二八)　河南博物馆藏石

1/735　王羌黄肠石　隶书　汉永建三年四月(一二八)　河南博物馆藏石

1/737　石仲黄肠石　隶书　汉永建三年四月(一二八)　河南博物馆藏石

1/738　左孟黄肠石　隶书　汉永建三年四月(一二八)　河南博物馆藏石

1/739　左达黄肠石　隶书　汉永建三年四月(一二八)　洛阳居贞草堂藏石

1/740　同上　隶书　后汉永建三年四月(一二八)　河南博物馆藏石

1/741　李多黄肠石　隶书　汉永建三年四月(一二八)　洛阳居贞草堂藏石

1/742　李节黄肠石　隶书　汉永建三年四月(一二八)　河南博物馆藏石

1/743　吕值黄肠石　隶书　汉永建三年四月(一二八)　河南博物馆藏石

1/744　索木黄肠石　隶书　汉永建三年四月(一二八)　洛阳

居贞草堂藏石

1/745 索市黄肠石 隶书 汉永建三年四月(一二八) 河南博物馆藏石

1/746 苏口黄肠石 隶书 汉永建三年四月(一二八) 河南博物馆藏石

1/747 索大黄肠石 隶书 汉永建三年四月(一二八) 河南博物馆藏石

1/340 索叔黄肠石 隶书 汉永建三年四月(一二八) 河南博物馆藏石

1/749 郝叔黄肠石 隶书 汉永建三年四月(一二八) 河南博物馆藏石

1/748 索孙黄肠石 隶书 汉永建三年四月(一二八) 河南博物馆藏石

1/750 郭知黄肠石 隶书 汉永建三年四月(一二八) 河南博物馆藏石

1/751 商孟黄肠石 隶书 汉永建三年四月(一二八) 河南博物馆藏石

1/752 同上

1/753 尹仲黄肠石 隶书 汉永建三年十二月(一二九) 河南博物馆藏石

1/754 石□黄肠石 隶书 汉永建三年十二月(一二九) 河南博物馆藏石

1/755 左开黄肠石 隶书 汉永建三年十二月(一二九) 河南博物馆藏石

1/756 同上

1/757 罗田黄肠石 隶书 汉永建三年十二月(一二九) 河南博物馆藏石

1/758 罗由黄肠石 隶书 永建四年十月(一二九) 洛阳 居

贞草堂藏石

1/759 路伯黄肠石 隶书 汉永建四年(一二九) 洛阳 居贞草堂藏石

1/760 韩廉黄肠石 隶书 汉永建五年(一三〇) 洛阳 居贞草堂藏石

1/761 侯世黄肠石 隶书 汉永建(一二六——一三二) 洛阳 居贞草堂藏石

1/762 樊阳黄肠石 隶书 汉永建(一二六——一三二) 洛阳 居贞草堂藏石 居贞草堂汉晋石影云永建

1/682 阳嘉黄肠石 隶书 汉阳嘉元年十一月廿日(一三二) 洛阳 居贞草堂藏石

1/763 涂伸黄肠石 隶书 汉阳嘉元年十一月(一三二) 河南博物馆藏石

1/404 王师黄肠石 隶书 汉元嘉二年□月(一五二) 河南博物馆藏石

1/11 毕巨黄肠石 隶书 汉元嘉□年□月(一五一——一五三) 河南博物馆藏石

1/230 黄肠石 隶书 汉建宁三年三月(一七〇) 洛阳 居贞草堂藏石

1/233 第九百廿五黄肠石 隶书 汉熹平元年十月廿九日(一七二) 洛阳 居贞草堂藏石

1/549 第六百卌六黄肠石 汉熹平(一七二——一七八) 洛阳 居贞草堂藏石

1/242 王届黄肠石 隶书 汉 河南博物馆藏石

1/625 房睹黄肠石 隶书 汉 河南博物馆藏石

1/36 残黄肠石 隶书 汉 洛阳 居贞草堂藏石

1/726 甘泉山中殿刻石 隶书 汉 扬州府学 有清咸丰十一年阮元甘泉山获石记同年五月翁方纲甘泉山石字拓本跋并同月十七日

甘泉山石字歌各一篇皆行书共四张重一张　据记云当在昭宣之间

1/346　朱君长题字　隶书　汉　两城山下　济宁州学藏石　有乾隆五十七年黄易题记隶书　翁方纲行书　钱泳隶书　光绪丁酉崔鸿图观正书

1/725　殷比干墓题字　隶书　汉　河南汲县

1/578　□□乐安太守麃君亭长题字　篆书　汉　山东曲阜鲁王墓前

1/647　日晷残石　篆书　汉　山西右玉　居贞草堂藏石

1/323　百一十斤石权　隶书　汉　洛阳　居贞草堂藏石

1/517　刘君墓顶镇石　隶书　汉　安徽寿县　居贞草堂藏石

1/727　刘君墓中小石羊　隶书　汉　安徽寿县　居贞草堂藏石　四石

1/728　刘君墓中石羊一　隶书　汉　安徽寿县　居贞草堂藏石　居贞草堂汉晋石影云有背此失拓

1/729　刘君墓中石羊二　隶书　汉　安徽寿县　居贞草堂藏石　居贞草堂汉晋石影云有背此失拓

1/329　小子等字残石及阴面造象　隶书　汉　陕西长安　居贞草堂藏石　居贞草堂汉晋石影云阴面造象似出唐人手

1/676　大将等字残石　隶书　汉　居贞草堂藏石

1/688　元年中三字残石　隶书　汉　洛阳　居贞草堂藏石

1/44　元孙残碑　隶书　汉　河南安阳　与安阳汉刻四种合装一册

1/640　以字残石　隶书　汉　洛阳　居贞草堂藏石

1/642　月字残石　隶书　汉　洛阳　居贞草堂藏石

1/696　戊字残石　隶书　汉

1/719　玄字残石　隶书　汉　洛阳　居贞草堂藏石

1/644　右扶风等字残石　隶书　汉　洛阳　居贞草堂藏石

1/807　五官掾残石　隶书　汉

1/42　正直等字残碑　隶书　汉　河南安阳　与安阳汉刻四种合装一册

1/673　立朝等字残石及碑阴题名　隶书　汉　居贞草堂藏石

1/662　守一等字残石　隶书　汉　洛阳　居贞草堂藏石

1/702　州里等字残石　隶书　汉　洛阳　居贞草堂藏石

1/697　西岳神符等字刻石　隶书　汉　定州　居贞草堂藏石　居贞草堂汉晋石影云除适刻石之一

1/698　天埴建立等字刻石　隶书　汉　定州　居贞草堂藏石　居贞草堂汉晋石影云除适刻石之二

1/699　西南之精等字刻石　隶书　汉　定州　居贞草堂藏石　居贞草堂汉晋石影云除适刻石之三

1/632　行夫等字残石　隶书　汉　洛阳　居贞草堂藏石

1/641　如渊等字残石　隶书　汉　洛阳　居贞草堂藏石　居贞草堂汉晋石影云疑与侯之孙石是一刻

1/715　吕伸题名残石　隶书　汉　洛阳金邨镇　居贞草堂藏石

1/677　同上

1/674　孤竹隐等字残石　隶书　汉　河南　居贞草堂藏石

1/646　君字残石　隶书　汉　洛阳　居贞草堂藏石

1/232　邪相刘三字残石　篆书　汉　山东图书馆藏石　附尹彭寿记一张

1/643　河间等字残石　隶书　汉　洛阳　居贞草堂藏石

1/704　官字残石　隶书　汉　洛阳　居贞草堂藏石

1/694　咎字残石　汉　洛阳　居贞草堂藏石

1/764　青龙等字残石　隶书　汉　直隶　居贞草堂藏石

1/658　毗上等字残石　隶书　汉　居贞草堂藏石

1/639　侯之孙三字残石　隶书　汉　洛阳　居贞草堂藏石　侯字仅一半

1/331　故吏题名残石　隶书　汉

1/705　侯字残石　隶书　汉　洛阳　居贞草堂藏石

1/675　故吏王叔等题名残石　隶书　汉　洛阳　居贞草堂藏石

1/700　故吏廷尉等字题名残石　隶书　汉　洛阳　居贞草堂藏石

1/693　南字残石　隶书　汉　洛阳　居贞草堂藏石

1/660　咸会等字残石　隶书　汉　洛阳

1/669　海字残石　隶书　汉　洛阳

1/707　海东二字残石　隶书　汉　洛阳　居贞草堂藏石

1/691　师字残石　隶书　汉　洛阳　居贞草堂藏石

1/711　涕泣等字残石　隶书　汉　洛阳　居贞草堂藏石　居贞草堂汉晋石影云疑与阳人也等字残石是一碑

1/679　虔恭等字残石　隶书　汉　洛阳　居贞草堂藏石

1/708　秩程翼题名残石　隶书　汉　洛阳　居贞草堂藏石

1/648　高华题名残石　隶书　汉　洛阳　居贞草堂藏石

1/714　耽乐等字残石　隶书　汉　洛阳　居贞草堂藏石

1/222　仓龙庚午等字残碑并碑侧画象　隶书　汉　山东滕县　居贞草堂藏石

1/181　同上　无碑侧画像

1/651　当山真定等字残石　隶书　汉　洛阳　居贞草堂藏石

1/636　当字残石　隶书　汉　洛阳　居贞草堂藏石　重一张

1/581　处士许扬等题名残碑阴　隶书　汉　河南　居贞草堂藏石

1/635　庶字残石　隶书　汉　居贞草堂藏石

1/633　张角等字残石　隶书　汉　山东曲阜　居贞草堂藏石

1/724　同上

1/649　郭苗题名残石　隶书　汉　洛阳　居贞草堂藏石

1/718　曹掾等字残石　隶书　汉　洛阳　居贞草堂藏石

1/638　淹滞等字残石　隶书　汉　洛阳　居贞草堂藏石

1/710　阳人也等字残石　隶书　汉　洛阳　居贞草堂藏石

1/681　寔字残石　隶书　汉　洛阳　居贞草堂藏石

1/685　乡邑及官吏等字残石　隶书　汉

1/713　悲怀等字残石　隶书　汉　洛阳　居贞草堂藏石

1/678　诏书等字残碑并额及碑阴题名　隶书　额篆书　汉　洛阳　居贞草堂藏石

1/659　闲时等字残石　隶书　汉　洛阳　居贞草堂藏石

1/689　董宏等题名残石　隶书　汉　洛阳　居贞草堂藏石

1/701　辟易等字残碑及碑阴题名　隶书　汉　陕西长安　居贞草堂藏石

1/687　乱字残石　隶书　汉　居贞草堂藏石

1/650　敷字残石　隶书　汉　洛阳　居贞草堂藏石

1/645　肇字残石　隶书　汉　洛阳　居贞草堂藏石

1/720　赵顺等字残石　隶书　汉　洛阳　居贞草堂藏石

1/683　雒阳史武等题名残石　隶书　汉　洛阳　居贞草堂藏石

1/723　藁城等字残石　隶书　汉

1/712　履和等字残石　隶书　汉　居贞草堂藏石

1/637　德润二字残石　隶书　汉　洛阳　居贞草堂藏石

1/672　静仁等字残石　隶书　汉　洛阳

1/716　遵立等字残石　篆书　汉　洛阳　居贞草堂藏石

1/686　颜字残石　隶书　汉　洛阳　居贞草堂藏石

1/709　缮治等字残石　隶书　汉　洛阳　居贞草堂藏石

1/684　议郎等字残石　篆书　汉　山东青州　居贞草堂藏石

魏

1/4 受禅表碑 隶书 魏黄初元年十月廿九日（二二〇） 河南临颍县 裱本一册 清初上字初泐本

1/378 同上 贴本一册 新拓

1/609 同上 新拓

1/605 上尊号碑 隶书 魏黄初元年（二二〇） 河南临颍县

1/10 孔羡碑 隶书 魏黄初元年（二二〇） 山东曲阜孔庙 裱本一册

1/519 同上 有篆额 有曹植词梁鹄书宋嘉祐七年张稚圭按图记正书

1/127 黄初残碑 隶书 魏黄初五年（二二四） 陕西郃阳县

1/583 曹真残碑及碑阴题名碑侧画象 魏太和五年（二三一） 陕西长安 居贞草堂藏石

1/272 毌丘俭纪功残碑 隶书 魏正始六年（二四五） 奉天

1/593 胶东令王君断碑 隶书 魏黄初五年（二二四） 山东济宁州学

1/559 范式碑并额及碑阴 隶书 额篆书 魏青龙三年（二三五） 山东济宁州学 有乾隆己酉三月黄易题识

1/555 王基碑 隶书 魏景元二年四月（二六一） 河南洛阳

1/266 公丘长钜鹿霍君神道 篆书 魏

1/154 十三字残碑 隶书 魏 郃阳县康氏藏石

1/655 五字残石 隶书 魏 洛阳 居贞草堂藏石

1/634 司空等字残石 隶书 魏 洛阳 居贞草堂藏石

1/690 西掖门卫士张君残神坐 隶书 魏 洛阳 居贞草堂藏石

1/584 皇女残碑 隶书 魏 洛阳金邨 居贞草堂藏石

1/206 同上

1/717　祖父等字残石　隶书　魏　居贞草堂藏石

1/654　祖载二字残石　隶书　魏　洛阳　居贞草堂藏石

1/703　俾登等字残碑　隶书　魏　洛阳　居贞草堂藏石

1/653　乾字残石　隶书　魏　洛阳　居贞草堂藏石

1/656　将侍残石　隶书　魏　洛阳

1/680　伤字残石　隶书　魏　洛阳　居贞草堂藏石

1/695　禄养等字残石　隶书　魏　洛阳　居贞草堂藏石

1/706　礼式等字残石　魏　河南　居贞草堂藏石

蜀

1/166　侍中杨公阙　隶书　蜀　四川梓潼　案三巴舂古志考十六国春秋蜀李雄建兴元年以杨发为侍中疑即其人

1/215　同上

1/534　同上

1/229　贾公阙　隶书　蜀　四川梓潼

1/106　同上

1/159　同上

吴

1/631　谷朗碑　隶书　吴凤凰元年四月（二七二）　湖南耒阳县北杜公祠

1/137　同上　有额　贴本一册

1/116　国山碑　篆书　吴天玺元年（二七六）　江苏宜兴　贴本一册

晋

1/614　郛休碑并额及碑阴　隶书　额篆书　晋泰始六年二月

（二七〇） 陶斋藏石

1/271 同上 重一份

1/389 同上 碑阴失拓

1/372 任城太守夫人孙氏碑并额 隶书 晋泰始六年十二月（二七〇） 山东新泰县

1/45 同上 裱本一册

1/225 龙兴皇帝三临辟雍皇太子又再莅之盛德隆熙颂及颂后题名 隶书 晋咸宁四年十月二十日(二七八) 洛阳太学遗址 附民国二十年十二月燕京学报单行本顾廷龙跋一册

1/274 冯恭圹门记 隶书 晋太康三年二月三日(二八二)

1/262 安丘长城阳王君神道二种 篆书 晋太康五年(二八四) 陶斋藏石 安丘立 校碑随笔云左右二阙同文右阙笔道较粗未见著录

1/624 同上 右阙

1/369 齐太公吕望表并额 隶书 晋太康十年三月十九日(二八九) 河南汲县学宫 清嘉庆四年秋跋隶书又同年李震跋正书

1/391 同上 额失拓

1/631 成晃碑并额 隶书 额篆书 晋元康元年七月十六日（二九一） 新安张钫藏石

1/220 荀岳墓碑 隶书 晋元康五年十月二十二日(二九五) 河南洛阳县东

1/595 张朗碑并额及碑阴 隶书 晋永康元年十一月(三〇〇)

燕京大学图书馆所藏石刻草目　二

1/247　南阳堵阳韩君神道　隶书　晋　河南洛阳存古阁　艺风堂金石文字目考为永宁元年(三〇一)

1/590　杨阳神道　隶书　晋隆安三年十月十一日(三九九)　四川巴县　居贞草堂藏石

1/208　同上

1/621　爨宝子碑并额　隶书　晋太亨四年四月上旬(四〇五)　云南南宁城　碑文下有立碑人题名　隶书　后有咸丰二年七月邓尔恒跋　隶书

1/526　好大王碑　隶书　晋义熙十年(四一四)　四张　蒿里遗文云考为义熙十年

1/186　赵君神道　隶书　晋

1/657　元行等字残石　隶书　晋　洛阳　居贞草堂藏石

1/668　次柏等字残石　隶书　晋　洛阳

1/276　仲举等字残石及右侧题名　隶书　晋　洛阳　居贞草堂藏石

1/671　字龙等字题名残石　隶书　晋　洛阳　居贞草堂藏石

1/721 李修印范残石 篆书 晋 居贞草堂藏石

1/652 李修等字题名残石 隶书 晋 洛阳 居贞草堂藏石

1/588 袁君残碑及碑阴题名 隶书 晋 居贞草堂藏石

1/670 榆次等字残石 隶书 晋 洛阳 居贞草堂藏石

1/587 当利里社残碑及碑阴画象题名 隶书 晋 洛阳 居贞草堂藏石

1/692 节字残石 隶书 晋 洛阳 居贞草堂藏石

1/722 县人等字残石 隶书 晋 居贞草堂藏石

前秦

1/164 邓太尉祠碑及碑阴 隶书 秦建元三年六月(三六七) 陕西蒲城 后有张伯英题记云为叶氏平安馆旧拓精本

1/550 同上 碑阴 新拓

1/552 同上

1/373 同上

1/289 广武将军□产碑并额及碑阴题名 隶书 秦建元四年十月一日(三六八)

宋

1/71 爨龙颜碑并额 爨道庆撰 正书 宋大明二年九月上旬(四五八) 云南陆凉州贞元堡 裱本一册 道光间拓本 首有徐瑾题跋

梁

1/158 萧憺碑并额 徐勉撰 贝义渊正书 梁普通三年十一月八日(五二二) □明刻字 贴本一册

北魏

1/554 中岳嵩高灵庙碑并额及碑阴 寇谦之撰 正书 额篆

书 魏太安二年(四五六) 河南登封

1/371 同上 碑阴

1/66 晖福寺碑并额 正书 额篆书 魏太和十二年七月一日(四八八) 陕西澄城 裱本一册

1/384 同上 拓片

1/521 同上 额失拓

1/156 同上 有额 贴本一册

1/43 孝文帝吊比干墓文并额 隶书 额篆书 魏太和十八年十一月四日(四九四) 河南汲县比干庙 宋元祐五年重刻本 裱本一册

1/523 同上 拓片 额失拓

1/239 霍扬碑并额 正书 额篆书 魏景明五年正月廿六日(五〇四)

1/367 同上

1/616 石门铭及铭后题字 王远正书 魏永平二年正月卅日(五〇九) 陕西褒城 武□仁凿字

1/21 同上 裱本一册

1/131 南石窟寺碑并额 隶书 额篆书 魏永平三年四月十四日(五一〇) 贴本一册

1/191 郑义上碑 正书 魏永平四年(五一一) 山东掖县

1/620 郑义下碑并额 正书 魏永平四年(五一一) 山东掖县

1/213 同上

1/136 杨宣碑并额 正书 魏延昌元年十一月(五一二) 直隶唐山西霍村 贴本一册

1/553 贾思伯碑并额 正书 魏神龟二年六月(五一九) 山东兖州府学 附宋绍圣三年温益禹弼碑阴题记及康熙庚子金一凤识

1/508 张猛龙碑并额及碑阴 正书 魏正光三年正月廿三日(五二二) 山东曲阜孔庙

1/366　同上　无碑额及碑阴　贴本一册

1/617　根法师碑并额　正书　魏正光四年二月三日（五二三）　山东乐安

1/125　同上　贴本一册

1/546　同上　拓片

1/547　高贞碑并额　正书　额篆书　魏正光四年六月（五二三）　山东德州学宫

1/132　同上　贴本一册

1/56　松滋公温泉颂并额　正书　额篆书　后魏

东魏

1/129　邸珍碑并额　隶书　额正书　魏天平元年七月（五三四）　贴本一册

1/201　程哲碑　正书　魏天平元年十一月三日（五三四）　山西长子程定宗等造

1/544　同上

1/168　高盛碑并额　隶书　额篆书　魏天平三年五月廿八日（五三六）　下截缺

1/613　蔡儁碑并额及碑阴　正书　额篆书　魏兴和二年八月八日（五四〇）　河南安阳

1/622　敬显儁碑及碑阴　正书　魏兴和二年（五四〇）　河南长葛　碑阴有乾隆十四年沈青崖跋　张庚隶书

1/29　同上　裱本一册　同治七年十二月姚正镛题签

1/160　同上　贴本一册

1/263　张奢碑并额　正书　魏兴和三年三月（五四一）　直隶灵寿

1/510　李仲璇修孔子庙碑并额及碑阴　王长儒正书　额篆书　魏兴和三年十二月十一日（五四二）　山东曲阜

1/135　同上　贴本一册

1/243　□君残碑　正书　魏武定五年二月七日(卒日)(五四七)

1/53　修吕望庙碑　穆子容撰　正书　魏武定八年四月十二日(五五〇)　河南汲县　庙为晋太康十年三月十九日卢无忌修造　裱本一册　后有张伯英题记云撰人为穆子容

1/68　同上　无题记

1/16　同上　有阴　与陶迁造像等合贴一册

1/210　关胜诵德碑　正书　魏武定八年二月四日(五五〇)　山西平定州

1/31　同上　有额　裱本一册

1/219　孝宣高公碑并额　正书　额篆书　东魏　蒿里遗文云高翻碑

1/103　同上

1/205　王盛碑并额　正书　东魏

1/209　冀州刺史张公阙　正书　东魏

后齐

1/524　西门豹祠堂碑并额及碑阴　隶书　额篆书　阴正书　齐天保五年(五五四)　河南安阳

1/197　同上

1/199　齐残碑　正书　齐天□□□乙亥八月(五五五)　按齐天保六年为乙亥

1/157　高叡修定国寺颂　正书　齐天保八年四月八日(五五七)　僧树建胡明达等三人题名

1/594　天保残碑　正书　齐天保间(五五〇—五五九)

1/518　夫子庙碑并额　郑述祖撰　隶书　额篆书　齐乾明元年(五六〇)　山东曲阜

1/143　隽敬碑并额　正书　齐皇建元年十二月廿日(五六一)

山东泗水　与碑阴维摩经合贴一册

1/545　同上　附碑阴维摩经一张　正书

1/236　宇文长碑并额　正书　额篆书　齐天统五年八月三日（卒日）（五六九）　河南安阳

1/539　同上

1/532　陇东王感孝颂并额　申嗣邕撰　梁恭之隶书　额篆书　齐武平元年正月廿二日（五七〇）　山东肥城孝堂山　唐开元廿三年秋七月旬有五日杨杰题字正书　重一份

1/361　同上　无额

1/529　高润修平等寺碑并额　隶书　额篆书　齐武平三年八月十五日（五七二）　河南偃师

1/192　临淮王象碑　隶书　齐武平四年六月二十七日（五七三）　山东益都

1/240　高肃碑并额及碑阴　隶书　额篆书　齐　额阴安德王诗　两面刻　赵㧑叔考为武平四年（五七三）

1/224　同上　无阴

后周

1/227　豆卢恩碑　庾信撰　隶书　周天和元年（五六六）　陕西咸阳

1/541　同上

1/200　华岳颂并额　万纽于瑾撰　赵文渊隶书　额篆书　周天和二年十月十日（五六七）　陕西华阴　碑文行间多后人题志

1/249　法师张□妙碑　正书　周天和五年三月十五日（卒日）（五七〇）　末行年月泐

1/226　同上

1/543　曹恪碑　正书　周天和五年十月（五七〇）　山西安邑

1/582　匡喆刻经颂并额　正书　额篆书　周大象元年八月（五

七九） 山东邹县小铁山

隋

1/27 仲思那等卌人造桥碑 正书 隋开皇六年二月八日（五八六） 山东邹县 裱本一册

1/170 龙藏寺碑 张公礼撰 正书 开皇六年十二月五日（五八七） 直隶正定大佛寺

1/803 同上 有额及阴 重一份无阴

1/664 开皇残石 隶书 隋开皇十年正月十五日（五九〇）

1/607 诏立僧尼二寺记 隶书 隋开皇十一年六月（五九一）

1/28 平陈纪功造像碑 正书 隋开皇十三年四月十五日（五九三） 山东兰山 裱本一册

1/394 同上 拓片

1/139 曹植庙碑 正书杂篆隶书 隋开皇十三年（五九三） 山东东阿 贴本一册

1/542 同上 拓片

1/663 慈明残石 正书 隋开皇十四年十月五日（五九四）

1/731 开皇残石 隶书 隋开皇十四年（五九四）

1/51 贺若谊碑 正书 额篆书 隋开皇十六年八月廿二日（五九六） 裱本一册

1/255 安喜公李使君碑并额 隶书 额篆书 隋开皇十七年二月廿□日（五九七） 陕西乾州 蒿里遗文云廿五日

1/185 孟显达碑并额 正书 额篆书 隋开皇廿年十月廿八日（六〇〇） 雍州大兴县涵川乡平乐里之原

1/196 密长盛等造桥碑 正书 隋开皇廿年（六〇〇）

1/212 赵芬残碑 正书 隋开皇五年以后（五八五—六〇〇） 陕西长安

1/665 仁寿残石 正书 隋仁寿元年正月二十日（六〇一）

1/152 修孔子庙碑 隶书 额篆书 隋仁寿元年四月十一日(六〇一) 贴本一册

1/26 龙华道场建塔碑 正书 额篆书 隋仁寿三年(六〇三) 山东博兴 裱本一册

1/627 同上 拓片

1/253 始建县界碑 正书 隋大业四年(六〇八) 四川仁寿

1/207 宁质碑并额 正书 隋大业五年四月(六〇九) 广东钦州

1/520 陈叔毅修孔子庙碑并额 仲孝俊撰 隶书 额篆书 隋大业七年七月二日(六一一) 山东曲阜

1/235 两村诸香火法义造桥残碑 正书 □□□□□二月三日 山东兰山 攈古录云考为开皇九年二月(五八九)

1/211 青州默曹残碑并碑阴及碑侧 隶书 八日 时代沕艺风堂金石文字目列入隋碑

唐 武周附

1/25 等慈寺碑 颜师古撰 正书 唐 河南汜水 金石录云唐史云贞观三年唐会要云四年五月(六二九—六三〇) 裱本一册

1/69 九成宫醴泉铭 魏徵撰 欧阳询正书 唐贞观六年四月(六三二) 陕西麟游天台山 裱本一册 翻刻本

1/327 同上 末附乾隆六年四月六日王端跋并行书 卜兆梦镌 翻刻本二份

1/600 杨□奴残碑 正书 唐贞观六年八月(六三二)

1/599 大法师行记残碑 海云撰 正书 唐贞观六年八月二十日(六三二)

1/217 姜行本纪功碑并额 正书 唐贞观十四年六月廿五日(六四〇) 甘肃巴里坤

1/287 于孝显碑 正书 唐贞观十四年十一月十日(六四〇)

雍州三原县洪寿乡　西安碑林藏石　嫡子正则等立　附道光四年甲申长至卢坤跋隶书　又章毓潮识万宗洛正书　王志沂跋篆书

1/172　同上

1/336　同上

1/22　伊阙佛龛碑并额　岑文本撰　褚遂良正书　额篆书　唐贞观十五年十一月(六四一)　河南洛阳　裱本四册

1/525　同上　拓片

1/667　贞观残石　正书　唐贞观廿年四月八日(六四六)

1/666　同上

1/661　永徽残石　正书　唐永徽元年六月八日(六五〇)

1/16　樊兴碑并额　正书　额篆书　唐永徽元年七月九日(六五〇)　陕西三原　裱本一册

1/202　同上　无额　拓片

1/182　同上

1/146　三藏圣教序　太宗撰　褚遂良正书　唐永徽四年十月十五日(六五三)　陕西西安

1/147　三藏圣教序记　高宗撰　褚遂良正书　唐永徽四年十二月十日(六五四)　陕西西安　万文韶刻字

1/138　韩仲良碑　于志宁撰　王行满正书　唐永徽六年三月十四日(六五五)　陕西富平

1/579　纪功颂并额　高宗撰并行书　额飞白书　唐显庆四年八月十五日(六五九)　河南汜水

1/140　三藏圣教序记　太宗撰　褚遂良正书　唐龙朔三年六月廿三日(六六三)　陕西同州府学　贴本一册

1/48　同上　裱本一册

1/768　道因法师碑　李俨撰　欧阳通正书　唐龙朔三年十月十日(六六三)　陕西西安府学　范素镌

1/6　三藏圣教序记并心经　太宗撰　怀仁集王羲之行书　唐

咸亨三年十二月八日(六七三) 陕西西安府学 朱静藏镌字 裱本一册

1/39 圣帝感舍利铭 张毅撰 正书 唐仪凤三年四月八日(六七八) 与舍利塔下铭及重安舍利建造铜塔记合裱一册

1/17 于大猷碑 正书 周圣历三年十一月十二日(七〇〇) 陕西三原北三家店 裱本一册

1/611 纪信碑 卢藏用撰并隶书 周长安二年七月(七〇二) 河南汜水

1/15 信法寺真容像碑 行书 周长安三年七月十五日(七〇三) 裱本一册

1/570 石窟寺碑 正书 武周(六九〇—七〇四) 新安张钫藏石

1/177 法琬比丘尼碑 承远撰 刘钦旦正书 唐景龙三年五月十日(七〇九) 雍州长安县神禾原 西安碑林藏石 仙悟迦毗等建

1/328 同上

1/267 刘嘉运法师碑 正书 唐景云间(七一〇—七一一)

1/374 吴文碑 大雅集王羲之行书 唐开元九年十月廿三日(七二一) 西安碑林藏石 俗呼半截碑 徐思忠等刻字 张爰造菩提像(像已失)

1/403 同上

1/176 御史台精舍碑并碑阴题名 崔湜撰 梁昇卿隶书 碑阴正书 唐开元十一年(七二三) 西安碑林藏石

1/379 同上 无阴

1/7 臧怀恪神道碑并额 颜真卿撰并正书 额篆书 唐开元十二年十月廿四日(七二四) 京兆府三原县北原 裱本二册

1/537 纪太山铭 玄宗撰 隶书 唐开元十四年九月十二日(七二六) 山东泰安岱顶大观峰

1/5 嵩岳少林寺碑 裴漼撰并行书 唐开元十六年七月十五日(七二八) 河南登封 裱本一册

1/67　大智禅师碑及碑阴记　严挺之撰　史惟则隶书并篆额（额失拓）　唐开元二十四年九月十八日(七三六)　陕西西安府学　史子华刻字　碑阴开元二十九年五月十八日　阳伯成撰　史惟则隶书　刘同施石

1/20　殷履直妻颜氏碑　侄颜真卿撰并正书　额篆书　唐开元廿六年正月(七三八)　河南洛阳玉虚观　裱本二册

1/8　石壁寺铁弥勒象颂　林谔撰　房嶙妻高氏行书　苏俒题额(失拓)　唐开元廿九年六月廿四日(七四一)　山西寿阳县　末附金泰和四年四月题跋　正书　裱本一册

1/12　兖公颂　张之宏撰　包文该正书　唐天宝元年四月廿三日(七四二)　山东曲阜孔庙　裱本一册

1/511　同上　有额隶书

1/282　怀恽法师碑　行书　唐天宝二年十二月十一日(七四三)　西安碑林藏石

1/133　麻姑山仙坛记　颜真卿撰并正书　唐天宝六载四月(七四七)　抚州南城县麻姑山　贴本一册

1/256　元林禅师神道碑　陆长源撰　正书　唐天宝八载二月十五日(七四九)　河南安阳　两面刻

1/576　多宝佛塔感应碑　岑勋撰　颜真卿正书　徐浩题额(失拓)　唐天宝十一载四月廿二日(七五二)　陕西西安府学　史华刊

1/766　同上

1/597　东方朔画赞碑并额及碑阴并额　晋夏侯湛撰　颜真卿正书　额篆书　碑阴颜真卿撰并正书　额隶书　天宝十三载十二月(七五五)　山东陵县　四面环刻

1/18　臧希晏神道碑　隶书　额篆书　唐广德二年八月五日(七六四)　裱本一册

1/178　李氏三坟记　子季卿撰　从子阳冰篆书　唐大历二年(七六七)　陕西咸宁　西安碑林藏石　栗光刻　重一份

1/292　李氏栖先茔记　子季卿撰　从子阳冰篆书　唐大历二年（七六七）　陕西咸宁　西安碑林藏石　宋大中祥符三年九月十四日姚宗萼等重刊

1/54　中兴颂　元结撰　颜真卿正书　唐大历六年六月（七七一）　湖南祁阳　裱本二册

1/580　同上　拓片

1/564　宋璟碑　颜真卿撰并正书　唐大历七年九月二十五日（七七二）　直隶沙河

1/163　同上

1/564　同上

1/514　文宣王庙新门记碑并额　裴孝智撰　裴平正书　额篆书　唐大历八年十二月一日（七七四）　山东曲阜

1/598　李元靖碑　颜真卿撰并正书　唐大历十二年五月（七七七）　江苏句容

1/73　同上　裱本一册

1/265　颜勤礼碑　曾孙真卿撰并正书　唐大历十四年（七七九）　陕西长安旧藩廨库堂　民国十二年癸亥孟春宋伯鲁跋正书　三面刻字

1/50　颜惟贞庙碑　子真卿撰并正书　李阳冰篆额（失拓）　唐建中元年七月一日（七八〇）　陕西西安府学　四面环刻镌毕又续记八月十月事　裱本四册　旧拓

1/297　同上　新拓　有太平兴国七年八月二十九日李准重立李延袭记

1/70　同上　有额篆书　裱本四册

1/57　同上　无额　全碑阙四分之三　裱本一册

1/334　景教流行中国碑并额及两侧　景净撰　吕秀岩正书　唐建中二年正月七日（七八一）　西安碑林藏石　咸丰己未韩泰华观

1/765　不空和尚碑　严郢撰　徐浩正书　唐建中二年十一月十五日（七八一）　陕西西安府学

1/72　灵庆公神祠碑　崔敖撰　韦纵正书并篆额(额失拓)　唐贞元十三年八月廿日(七九七)　山西安邑　裱本一册

1/19　徐浩神道碑　张式撰　子岘正书并篆额(额失拓)　张平淑题讳　唐贞元十五年十一月廿四日(七九九)　河南偃师

1/767　楚金禅师碑　飞锡撰　吴通微正书　唐贞元二十一年七月二十五日(八〇五)　陕西西安府学　宋液摹刻　刻于多宝佛塔感应碑阴

1/13　诸葛武侯祠堂碑　裴度撰　柳公绰正书　唐元和四年二月廿九日(八〇九)　四川成都本祠　鲁建镌　裱本三册

1/9　石壁禅寺甘露义坛碑　李逢吉撰　正书　唐元和八年三月十九日(八一三)　山西交城　元至顺三年三月三日重建　裱本一册

1/175　梁守谦功德铭　杨承知撰并正书　陆邳篆额(失拓)　唐长庆二年十二月一日(八二三)　陕西西安　强琼摹勒并刻字

1/46　阿育王寺常住田碑　万齐融撰　范的行书并篆额(额失拓)　唐大和七年十二月一日(八三四)　浙江鄞县　附于季友记并与范的赠答二诗　韩持镌

1/401　金刚会碑并额　正书　额篆书　唐开成二年四月(八三七)　山东历城县佛峪

1/174　冯宿神道碑　柳公权正书　唐开成二年五月(八三七)　京兆万年县崇□乡□□原　西安碑林藏石

5/44　大达法师玄秘塔碑　裴休撰　柳公权正书并篆额(额失拓)　唐会昌元年十二月廿八日(八四二)　邵建和并弟建初镌　后有汪嘉棠及徐瀛从题识　乾嘉间拓本　裱本二册

1/780　同上　新拓　有道光四年联辉等同见题字隶书　曹仲经观题字正书

1/335　杜顺和尚行记　杜殷撰　董景仁行书　唐大中六年□月二十四日(八五二)　西安碑林藏石　邵建初刻字

1/173　同上

1/148　新修文宣王庙记　贾防撰　正书　唐咸通十一年三月十日(八七〇)　山东曲阜文宣王庙

1/512　同上　有额

1/290　唐元度等题名碑　正书　唐　西安碑林藏石

1/149　张敬固残碑　正书　唐

后晋

1/259　杨光远碑并额　隶书　晋天福二年四月上旬(九三七)

北宋

1/316　重修文宣王庙记　刘从义撰　马昭吉行书并篆额(额失拓)　宋建隆三年八月二十五日(九六二)　西安碑林藏石　安仁祚刻字

1/309　重修开元寺行廊功德碑　刘从义撰　袁正己正书并篆额(额失拓)　宋建隆四年七月十七日(九六三)　西安碑林藏石　安仁祚刻字

1/790　龙兴寺铸金铜像菩萨并盖大悲阁序　惠演撰　正书　宋乾德元年五月八日(九六三)　直隶真定府　刻于龙兴寺大悲阁记碑阴

1/285　千字文碑　梦英篆书　宋乾德三年十二月二十八日(九六六)　吴廷祚建　袁正己正书释文

1/153　篆书千字文序并额　陶谷撰　皇甫俨正书　额篆书　宋乾德五年九月二十八日(九六七)　西安碑林藏石　吴廷祚建　安仁裕刊字　裱本一册

1/307　同上　拓片

1/286　梦英十八体书碑　梦英十八体书　宋乾德五年(九六七)　西安碑林藏石

1/343　夫子庙堂记　程浩撰　梦英后序并正书及篆额(额失拓)　宋壬午岁六月廿五日　西安碑林藏石　安文璨刊字　金石萃编考为太

平兴国七年(九八二)

1/351　新译三藏圣教序　太宗撰　云胜隶书并篆额(额失拓)　宋端拱元年十月七日(九八八)　西安碑林藏石　丘隆等立石　李邈题衔

1/788　重修龙兴寺大悲像并阁碑　田锡撰　吴郢行书并篆额(额失拓)　宋端拱二年正月十五日(九八九)　直隶正定府　李继元镌

1/325　说文部首　梦英篆书　宋咸平二年六月十五日(九九九)　长安文宣王庙　西安碑林藏石　附梦英序及郭忠恕答书正书　安文粲镌字

1/348　永兴军新修文宣王庙大门记　孙仅撰　冉宗闵行书　张格篆额(失拓)　宋大中祥符二年六月十一日(一〇〇九)　西安碑林藏石　安文璨刻字

1/355　□□禅师偈　□□禅师撰　静己行书　省中篆额(失拓)　宋大中祥符三年正月一日(一〇一〇)　西安碑林藏石　僧义远建　安文晟刊

1/359　玄圣文宣王赞并加封诏　真宗撰　行书　宋大中祥符五年八月廿三日(一〇一二)　直隶正定府学

1/317　劝慎刑文　晁迥撰　卢经正书　庞房篆额(失拓)　宋天圣六年二月(一〇二八)　西安碑林藏石　此碑后段缺拓

1/349　慎刑箴碑　晁迥撰　卢经正书　庞房篆额(失拓)　宋天圣六年五月十二日(一〇二八)　长安文宣王庙　西安碑林藏石　悟本大师惠□监刻字

1/516　孔勖祖庙祝文　张宗益撰　孔彦辅正书　宋天圣八年三月七日(一〇三〇)　山东曲阜

1/341　永兴军建立府学牒　惟悟正书　陈谕篆额(失拓)　宋景祐二年二月八日(一〇三五)　西安碑林藏石

1/515　孔道辅祖庙祭文　孔道辅撰　张益宗正书　宋景祐二年六月九日(一〇三五)　山东曲阜

1/294　傅求等释奠题名　许道宁隶书　宋皇祐二年春□月(一

〇五〇） 西安碑林藏石 刻于开成石经碑侧

1/356 京兆府小学规 裴袗正书 李綎篆额(失拓) 宋至和元年四月(一〇五四) 西安碑林藏石 李邵管勾立石 樊仲刻

1/567 万安桥记 蔡襄撰并正书 宋嘉祐四年十二月十日(一〇六〇) 泉州

1/295 善感禅院新井记 侯可撰 慧观正书 李元直篆额(失拓) 宋熙宁七年正月三十日(一〇七四) 西安碑林藏石 智海立石 武德诚刻字

1/315 京兆府学新移石经记并额 黎持撰 安宜之正书 额篆书 宋元祐五年九月廿日(一〇九〇) 西安碑林藏石 安民镌

1/268 灵裕法师传并额 德殊撰并隶额 师庆正书 宋绍圣元年十二月八日(一〇九五) 河南安阳 浩宗仪刊 张宜修塔

1/789 龙兴寺大悲阁记 葛繁撰 正书 宋绍圣四年二月望日(一〇九七) 直隶正定本寺

1/308 张仲荀抄高僧传序并额 陶谷撰 梦英行书 郭忠恕篆额 北宋 西安碑林藏石 绍玄大师施石 袁允忠等建 安文璨镌

南宋

1/612 山河堰落成记 晏袤撰 隶书 宋绍熙五年二月(一一九四) 陕西褒城 重一张 一有嘉定三年唐安等题记

1/360 刘章墓碣铭 杨英撰 张徽隶书 李微题额(失拓) 宋己酉岁孟夏壬寅朔(一二四九) 官塔院屈士茔 西安碑林藏石 高贵立石 内有正大八年韶民东徙等语案从正大八年推至宋淳祐九年(元定宗四年)己酉四月一日壬寅朔恰相符

金

1/115 琅邪普照寺碑 仲汝尚撰 集柳公权正书 □暐篆额(失拓) 金皇统四年十月二十日(一一四四) 山东兰山本寺 贴本二册

1/357　京兆府重修府学记　李栗撰　潘师雄正书　钱义方题额(失拓)　金正隆二年十一月十五日(一一五七)　西安碑林藏石　来昌国等立石

1/354　京兆府建提学所记　正书　金明昌五年四月一日(一一九四)　西安碑林藏石

1/301　京兆府学教授题名记并额　孙通祥撰　王世英正书　孙嘉祥篆额　金泰和六年三月上浣(一二〇六)　西安碑林藏石　康琢立石

1/333　重修府学教养碑　刘渭撰　杨焕正书　张彦邦篆额(失拓)　金正大二年十二月中浣(一二二六)　西安碑林藏石　张和等立石　樊世恒刊

1/2　进士题名碑　金国书　金　河南博物馆藏石

元

1/797　重修真定府龙兴寺功德碑并额　赵从证撰　印从正书并篆额　元□□岁次己未四月二十八日　直隶正定府　智从立石　杨春刻　常山贞石志云考为宪宗九年(一二五九)

1/305　玉真清妙真人本行记　李晋撰　李晖正书　元中统二年清明日(一二六一)　陕西府东金华落众仙坟　西安碑林藏石

1/350　重立文庙诸碑记　孟文昌撰　骆天骧正书　元至元十四年正月十五日(一二七七)　西安碑林藏石　徐鼎董溥立石　王仁刊

1/782　加封孔子为大成至圣文宣王碑　王思廉撰　许维则正书　史熺篆额(额失拓)　元大德十一年七月(一三〇七)　直隶正定府

1/397　追封孔子制诰碑　蒙古文及正书　元大德十一年九月(一三〇七)　山东曲阜　两种

1/382　绍隆禅师碑　徐林撰　正书　元至大二年(一三〇九)贴本一册

燕京大学图书馆所藏石刻草目 三

1/801 祝延圣主本命长生碑并额 王思廉撰 赵孟頫正书并篆额 元延祐四年十一月(一三一七) 直隶正定府隆兴寺 崇琛等立石

1/802 龙兴寺长明灯钱记碑并额 永恩正书并篆额 元延祐五年七月(一三一八) 直隶正定府 密嵓立石 孙和镌

1/304 开元寺兴致碑 澄润正书 元延祐六年正月(一三一九) 西安碑林藏石 上刻元宗及胜光禅师像 窦恭画 金成勒字 附世界图一幅

1/629 达鲁花赤珊竹公神道碑并额 李洞撰 赵孟頫正书 廉希贡篆额 元泰定三年二月(一三二六) 新安张钫藏石 男光山立

1/565 石鼓文音训碑并额 潘迪音训并正书 额篆书 元至元五年五月廿六日(一三三九) 山东曲阜文宣王庙 茅亮刻

1/312 赡学田记并额 正书 额隶书 元至元六年正月十五日(一三四〇) 西安碑林藏石

1/799 佛光宏教大师碑并额 瞻思撰 安童正书 杨俊民篆额 元至正六年八月(一三四六) 直隶正定府隆兴寺 智心等立石 刘守敬刊

1/800　通照大师碑　瞻思撰　安童正书　杨俊民篆额(失拓)　元至正六年八月(一三四六)　直隶正定府隆兴寺　智心等立石　郝德聪刻

1/798　福胜和尚碑并额　答失蛮撰并正书　赵俨篆额　元至正十三年四月(一三五三)　直隶正定府隆兴寺

1/777　宣圣庙塑像碑　杨俊民撰　王恪正书　元至正十七年八月(一三五七)　直隶正定府　刘守敬刻

1/300　义琼和尚碑　罗台□□正书并篆额　元至正二十二年四月(一三六二)　西安碑林藏石　弟子智如等立石

1/345　重修泮宫宣圣庙记　李祺撰　马懿正书　元至正二十四年八月(一三六四)　西安碑林藏石　马懿等立石

1/311　重修宣圣庙记及碑阴题名　董立撰　张冲隶书　王武篆额(失拓)　元至正二十六年三月(一三六六)　西安碑林藏石　何惟敬刊

1/358　重修七贤堂残碑并额　正书　额篆书　元　西安碑林藏石

1/402　玄妙观重修三门记并额　赵孟頫正书　额篆书　元　山东曲阜

明

1/353　复修孔圣庙祀碑　王廉撰并隶书　明洪武十五年八月(一三八二)　陕西西安　西安碑林藏石　王从周等立石

1/293　李得成碑　刘三吾撰　周质正书并篆额(额失拓)　明永乐十五年二月十八日(一四一七)　梁谦镌

1/1　新创顺河庙碑并额　正书　额篆书　明宣德二年四月(一四二七)　河南博物馆藏石

1/310　重修华塔记　正书　明正统十二年九月(一四四七)　直隶真定府　真定府知府张玉等同修

1/306　新开通济渠记　项忠撰　张蓥正书　李俊篆额(失拓)　明成化元年八月(一四六五)　西安碑林藏石　附碑阴为便利军民告示　李璨书　秦旺刻

1/783　重修学宫碑　张昇正书　马绍荣篆额(失拓)　明弘治十年九月(一四九七)　直隶正定府　王佐刊

1/347　祭孔子文　刘云撰　正书　明弘治十六年十一月一日(一五〇三)　陕西西安碑林藏石

1/260　宝山灵泉寺碑　正书　明正德六年十二月(一五一一)　相郡彰德府西至六十里许

1/784　重修临济塔碑并额　王鉼撰　郭希俞正书　张介篆额　明正德十六年七月(一五二一)　直隶正定府　闫仲良镌

1/319　敬一箴碑　世宗撰并正书　明嘉靖五年六月廿一日(一五二六)　西安碑林藏石

1/772　重修天宁寺木塔碑并额　刘邦定行书　陈鸾篆额　明嘉靖十一年五月(一五三二)　直隶正定府

1/779　重修广惠寺多宝塔记并额　天峰清秀撰　正书　额篆书　明嘉靖二十七年三月(一五四八)　文钊立

1/781　重修广惠寺塔殿记　正书　明嘉靖三十一年(一五五二)　直隶真定府　真定知府□□□等修

1/277　白水外城记　韩邦奋撰　正书　明嘉靖四十四年仲冬长至日(一五六五)　陕西西安　西安碑林藏石　阴武卿识

1/14　重修华塔记　郑贞撰　正书　明万历十一年正月十五日(一五八三)

1/278　重修孔庙石经记　王鹤撰　正书　明万历十七年十月(一五八九)　陕西西安　姚继可等重修

1/40　重安舍利建造铜塔记　正书　明万历四十三年五月十日(一六一五)　与圣帝感舍利铭及舍利塔下铭合装一册

5/610　瑞莲赋碑　正书　明　北平八里庄慈寿寺　美国公使詹

森赠

清

1/795　重修大佛寺佛冠碑并额　于清廉撰　正书　额篆书　清顺治六年（一六四九）　直隶正定府

1/796　重修隆兴寺轮藏阁碑并额及碑阴题名　梁清远撰　张纯希正书　清顺治十六年三月廿四日（一六五九）　直隶正定府　沈自然王聪立石　海昇刻石

1/774　重修郡学碑　梁清远撰　刘行等正书　清康熙二年季春谷旦（一六六三）　直隶正定府　史秉真等立石　石匠王好

1/787　重修开元寺浮图碑　梁清远撰　正书　清康熙七年六月（一六六八）　直隶真定府

1/318　鄂恺兴复五义学碑记　周之桂撰　陈大经杜松茂集唐欧光禄正书　清康熙二十二年桂月（一六八三）　西安碑林藏石　王承祖篆额（失拓）　陈彪李世基临摹上石　卜年卜世镌字

1/193　清圣祖书东巡出都碑　清圣祖撰并行书　清康熙二十三年（一六八四）

1/339　武之亨德政去思碑　刘荫枢撰　许汉章集王羲之行书　郑周祚题额（失拓）　清康熙三十六年二月（一六九七）　西安碑林藏石　章廷玿等校勘　任志永等立石

1/792　重修隆兴寺碑并额　王麟超正书　清康熙五十三年三月谷旦（一七一四）　直隶正定府　丁如芳等立

1/793　隆兴寺香火地碑并额　如果撰　王荣增正书　额篆书　清康熙五十三年十月谷旦（一七一四）　直隶正定府　普德等立石

1/791　重修隆兴寺碑并额　如果撰　王荣增正书　额篆书　清康熙五十四年五月谷旦（一七一五）　直隶正定府　普德等立石　戴文焕陈兴镌

1/794　重修隆兴寺功绩碑并额及碑阴题名　如果撰　王原

让正书　额篆书　清康熙五十三年十二月谷旦(一七一五)　直隶正定府普德等立石

1/608　重修隆兴寺碑并额　如果撰　王荣增正书　额篆书　清康熙五十五年九月谷旦(一七一六)　直隶正定府　言信等立石　陈兴戴文焕镌

1/342　冯景夏碑　刘大成撰　朱廷琳行书　清康熙五十八年清和月(一七一九)　西安碑林藏石　附董金等十二人题名

1/296　徐朱爆重修西安府学碑亭记　李珩正书　清康熙五十九年七月(一七二〇)　陕西西安府学　西安碑林藏石　张钟姚文思立石

1/776　重修府学文庙碑并额　郑为龙撰　王原让正书　额篆书　清雍正十一年五月(一七三三)　直隶正定府　蔡永文等立石

1/778　重修学宫碑并额　吴应棻撰并正书　额篆书　清雍正十年十二月(一七三三)　直隶正定府　崔国祥镌

1/269　西安府碑洞石刻目录碑并额　柳云培正书　侯钧篆额清乾隆十六年五月(一七五一)　西安碑林藏石　邱仰文题跋

1/261　华山记　易大鹤撰　郑炳正书　清乾隆二十四年二月(一七五九)　西安碑林藏石

1/771　重修天宁寺佛殿碑并额　王麟超撰　赫之彬正书　清乾隆二十六年黄钟之月谷旦(一七六一)　直隶正定府

1/338　重建西安府学碑林记并额　庄炘撰　盛惇崇正书　庄逵吉篆额(失拓)　清嘉庆十年八月(一八〇五)　陕西西安府学　西安碑林藏石　黄润章镌

1/786　重修开元寺碑并额及碑阴题名　杜南棠撰　王克家正书　额篆书　清嘉庆十四年四月(一八〇九)　直隶正定府　张武刻石

1/575　方受畴德政碑　清仁宗撰并正书　清嘉庆十六年闰三月(一八一一)

1/337　重修兰州城碑记　那彦成撰并正书　清嘉庆十七年八月一日(一八一二)　西安碑林藏石

1/283　重修泉神庙碑记　那彦成撰并行书　清嘉庆十七年八月一日(一八一二)　甘肃皋兰城西南四十里何家山　西安碑林藏石

1/303　重浚吴淞江碑　唐仲冕撰并正书　清嘉庆廿五年二月(一八二〇)　西安碑林藏石

1/332　重修名臣祠碑记　邓廷桢撰　沈琮正书　清道光元年桐月(一八二一)　咸宁县府学署内　西安碑林藏石　咸宁绅士等立

1/572　重修召公祠并建昭忠祠记　汪鉴撰　赵盛奎正书　清道光八年三月谷旦(一八二八)　易州城西北隅

1/574　增修易州学宫墙两庑记　陆费瑔撰并正书　清道光十二年七月(一八三二)　易州

1/279　复修碑林记　富呢扬阿撰　正书　清道光二十二年二月(一八四二)　西安碑林藏石

1/326　宏不器碑　妹金英撰　强谦正书　清道光廿九年五月十五日(一八四九)　西安碑林藏石　孙吉楞布等建

1/775　重修府学文庙碑并额及碑阴题名　王荫昌撰　陈鹤年正书　额篆书　清同治九年六月谷旦(一八七〇)　直隶正定府　史策先等立石　周清元刻

1/770　重修天宁寺正殿碑并额及碑阴题名　张起岩撰　胡元照正书　白玉符篆额　清同治十三年桃月中浣谷旦(一八七四)　直隶正定府　廉梦莲刻

1/302　重修陕西贡院记　邵亨豫撰　李慎隶书　方鼎录篆额(失拓)　清同治十三年九月(一八七四)　西安城西贡院　西安碑林藏石

1/377　重修正定府门楼增祼文昌碑　萧世本撰　陈况篆书　清光绪十三年七月(一八八七)　直隶正定府

1/573　镶黄等八旗汉军枪炮牌营合操碑记　沣深撰　郑梓正书　清光绪十四年九月朔日(一八八八)　广东

1/785　重修开元寺碑并额及碑阴题名　王宸撰　胡绍瑗行书　胡成烈篆额　清光绪十七年七月(一八九一)　直隶正定府　周怀

珍镌

1/270 洪瑚琏祝文 灵顺撰 子洪不器哈哈达正书 清光绪二十三年十二月一日(一八九七) 西安碑林藏石 赓音岱等立石

1/566 重修八旗奉直会馆碑记并额 寿荫撰并正书 额篆书 清光绪二十六年六月(一九〇〇) 广东广州

1/769 大仙堂碑并额 江槐序撰 贺常昱正书 陈庆滋篆额 清光绪二十八年十月既望(一九〇二) 直隶正定府署门外

1/773 重修文庙碑并额 江槐撰并行书 额篆书 清光绪三十三年九月重阳日(一九〇七) 直隶正定府

1/298 保举录用题名碑 王櫰堂正书 清 西安碑林藏石

1/142 云南西南边地省立学校创设记 李文林撰 董福宁隶书 民国二十六年春(一九三七) 云南双江县 双师员生同立石

1/527 双江县政府落成碑 李文林撰 董福宁隶书 民国二十六年花朝(一九三七) 云南双江县 刘有荣等立石 丁石城刻字

1/228 彭锟专祠落成碑 李文林撰 董福宁隶书 民国二十六年花朝(一九三七) 云南双江县本祠 李英彭等立石 杨汉清等刻

墓志类

晋

2/642 冯恭墓门题字 隶书 晋太康三年二月三日(二八二) 直隶唐山县 居贞草堂藏石

2/609 房宣墓志 隶书 晋太康三年二月六日(二八二)

2/839 同上

2/806 同上

2/1048 荀岳墓志及志阴志侧 隶书 晋元康五年十月廿二日(二九五) 河南洛阳县东

2/789　石定墓志　隶书　晋永嘉二年七月十九日(三〇八)　洛阳邙山　居贞草堂藏石

2/1066　同上

2/1078　同上

2/1077　石尠墓志及两侧题记　隶书　晋永嘉二年七月十九日(三〇八)　洛阳邙山　居贞草堂藏石　此志正背两面均刻

2/640　同上　无两侧

2/1154　王君妻开氏墓志　杨敏昇撰　惠进正书　晋□□□年八月二十二日　河南平乐乡朱阳村北　新安张钫藏石

2/639　振威将军郁林太守关内侯赵君墓道　隶书　晋

2/644　郑舒妻刘氏残墓志　隶书　晋

2/646　同上

后秦

2/1125　吕宪墓表并额　隶书　秦弘始四年十二月廿七日(四〇三)　常安北陵去城廿里

宋

2/581　刘怀民墓志　隶书　宋大明八年正月(四六四)　华山之阳

2/841　同上

齐

2/1812　仪同公孙墓志盖　篆书　齐

北魏

2/614　元恩墓志并盖　正书　魏太安二年十一月十九日(四五六)　长陵之左　盖兽形花纹

2/542　元彬墓志　正书　魏太和廿三年十一月廿日（五〇〇）河南博物馆藏石

2/1065　同上

2/610　韩显宗墓志并盖　正书　额篆书　魏太和廿三年十二月廿六日（五〇一）　瀍水之西　末行年月篆书

2/1023　元羽墓志　正书　魏景明二年七月廿九日（五〇一）长陵

2/1041　穆亮墓志　正书　魏景明三年六月廿九日（五〇二）

2/1151　崔君残墓志　正书　魏正始元年正月二十一日（五〇四）

2/636　许和世墓铭　正书　魏正始元年十二月十三日（五〇五）

2/541　李端及妻任氏墓志　正书　魏正始二年五月廿五日（五〇五）　洛阳北芒平乐乡郝里　河南博物馆藏石

2/691　刘先生妻墓志　正书　魏正始三年五月二日（五〇六）

2/619　寇臻墓志　正书　魏正始三年三月廿六日（五〇六）　洛城西十五里

2/1046　同上

2/1113　元思墓志　正书　魏正始四年三月廿五日（五〇七）瀍涧之滨

2/1007　元寿妃麴氏墓志　正书　魏正始四年八月十六日（五〇七）　长陵之东

2/629　元瑛墓志　正书　魏正始四年十月三日（五〇七）　瀍涧之钉山陵东埠

2/618　元绪墓志　正书　魏正始四年十月卅日（五〇七）　洛阳城之西北高祖孝文陵之东　按是年闰十月丙辰朔

2/1019　同上

2/681　江阳王妃石婉墓志　正书　魏永平元年十一月廿三日（五〇八）　西岗

2/1813　司马绍墓志　正书　魏永平四年十月十一日(五一一)　温城西北廿里　阳人名墓刻并识　重刻本

2/1100　杨范墓志　正书　魏永平四年十一月十七日(五一一)

2/631　元悦墓志　正书　魏辛卯十一月十七日　孝靖王陵之左　蒿里遗文云即永平四年(五一一)

2/1029　同上

2/1051　封昕墓志　正书　魏永平五年四月十三日(五一二)　北芒

2/785　冯子璨妻孟氏墓志　正书　魏延昌元年二月十五日(五一二)　邙山阳

2/1097　北海王妃李元姜墓志　正书　魏延昌元年八月廿六日(五一二)　长陵北山

2/638　同上

2/1057　同上

2/621　王蕃墓志　正书　魏永平五年十月廿七日(五一二)　凉阴县南清泉山

2/624　元显儁墓志　正书　魏延昌二年二月廿九日(五一三)　瀍涧

2/598　严震墓志　正书　魏延昌二年四月十日(五一三)　洛阳长陵之左

2/603　何卓墓志　正书　魏延昌二年五月三日(五一三)　洛阳长陵之左

2/784　司马景和妻孟敬训墓志并盖　正书　魏延昌三年正月十二日(五一四)　河内温县温城西　有乾隆己酉(五十四年)十月九日冯敏昌识

2/827　同上　无盖

2/612　元质墓志　正书　魏延昌三年六月五日(五一四)　长陵之东

2/1050　文成皇帝嫔耿氏墓志　正书　魏延昌三年七月十五日（五一四）　洛阳西岭

2/1117　元珎墓志　正书　魏延昌三年十一月四日（五一四）　河南东垣长陵

2/601　同上

2/1011　同上

2/1053　显祖成嫔□氏墓志　正书　魏延昌四年二月九日（五一五）　山陵之城

2/1038　山晖墓志　正书　魏延昌四年三月十八日（五一五）　北芒山　此志石由古碑改造故志阴尚存隶书十行行九字似魏晋人书惜碑文无可考耳

2/840　皇甫驎墓志　正书　魏延昌四年四月十八日（五一五）　鄠县中乡洪澇里嵩山

2/783　同上

2/632　王绍墓志　正书　魏延昌四年闰十月廿二日（五一五）　洛阳西乡里

2/1055　吴光墓志　正书　魏熙平元年八月廿六日（五一六）　西陵

2/1010　元彦墓志　正书　魏熙平元年十一月十日（五一六）　金陵

2/595　同上

5/682　同上

2/580　穆胤墓志　正书　魏熙平元年十一月廿二日（五一六）　华山阴

2/582　元容墓志　正书　魏丁酉八月庚寅朔廿日己酉（五一七）　洛阳之西北山　按中西回史日历魏熙平二年丁酉八月庚寅朔廿日己酉

2/1009　同上　重一张

2/1022　元遥墓志　正书　魏熙平二年九月二日（五一七）　洛

阳西陵

2/596　刁遵墓志　正书　魏熙平二年十月九日(五一七)　饶安城西南孝义里　贴本一册

2/620　阳平怀王妃惠氏墓志　正书　魏熙平二年十一月廿八日(五一七)　洛阳之西陵

2/599　阳平幽王妃李氏墓志　正书　魏熙平二年十一月廿八日(五一七)　洛阳之西陵

2/1056　同上

2/1104　高宗嫔耿寿姬墓志　正书　魏神龟元年三月八日(五一八)

2/1045　寇凭墓志　正书　魏神龟二年二月廿三日(五一九)　洛阳都西二十里北芒

2/1047　寇演墓志　正书　魏神龟二年二月廿三日(五一九)　洛阳城西北芒

2/692　元珽妻穆玉容墓志并盖　正书　魏神龟二年十月廿七日(五一九)　长陵大堰东

2/539　元腾及妻程法珠墓志　正书　魏神龟二年十一月九日(五一九)　陕西长陵东北　河南博物馆藏石

2/546　元怀墓志　正书　魏熙平二年八月廿日(五一七)　河南博物馆藏石

2/1067　穆君妻尉太妃墓志　正书　魏神龟三年六月卅日(五二〇)　景山

2/785　唐云墓志　正书　魏正光元年九月十二日(五二〇)　追远里南

2/843　贺玄墓志　正书　魏正光元年十月廿一日(五二〇)

2/583　刘阿素墓志　正书　魏正光元年十月(五二〇)　陵山秦阿女等立石

2/1054　元君妻赵光墓志并盖　正书　魏正光元年十月廿一日

（五二〇） 长陵之侧西去瀍涧之水五里有余东去武穆王陵一里半

2/538 元譿墓志 正书 魏神龟三年十一月十四日（五二〇） 洛阳西山瀍涧之东 河南博物馆藏石

2/1027 同上

2/1031 叔孙协墓志 正书 魏正光元年十一月十五日（五二〇）

2/649 李璧墓志并志阴 正书 魏正光元年十二月廿一日（五二一） 冀州勃海郡条县南古城东堈山垄 山东金石保存所藏石 有宣统元年罗正钧记

2/1051 宣武皇帝嫔司马显姿墓志 正书 魏正光二年二月廿二日（五二一） 景陵

2/637 张安姬墓志 正书 魏正光二年三月廿九日（五二一） 陵山

2/1033 冯迎男墓志 正书 魏正光二年三月廿六日（五二一） 洛阳之山陵

2/683 同上 重一份

2/1096 王僧男墓志并盖 正书 魏正光二年月侣无射廿日（五二一）

2/604 王遗女墓志 正书 魏正光二年月管南侣廿日（五二一） 终宁陵北阿

2/1098 陶翰妻刘惠芳墓志 正书 魏正光三年四月五日（五二二） 洛阳

2/781 鞠彦云墓志并盖 正书 魏正光四年十一月二日（五二三）

2/1034 奚真及妻孙氏墓志 正书 魏正光四年十一月廿七日（五二三） 洛京西瀍泉之源

2/1017 元斌墓志 正书 魏正光四年十一月廿七日（五二三） 长陵之东

2/1068 统慈庆墓志 常景撰 李宁民正书 魏正光五年五月十八日(五二四) 洛阳北芒山

2/598 孙辽墓志 正书 魏正光五年七月二十五日(五二四) 畿甸平乐乡 与造像四种合装一册

2/1081 元子直墓志 正书 魏正光五年八月六日(五二四) 长陵东北

2/1052 武宣王及妃李媛华墓志 正书 魏正光五年八月六日(五二四) 武宣王陵

2/634 乐安王妃冯季华墓志 正书 魏正光五年十一月十四日(五二四) 长陵之东

2/1044 郭显墓志 正书 魏正光五年十一月廿六日(五二五) 北芒山之西岗

2/829 李超墓志 正书 魏正光六年正月十六日(五二五) 洛阳县覆舟山之东南

2/593 同上 裱本一册

2/1095 同上 拓片

2/790 同上

2/1042 同上

2/826 □法智墓志 正书 魏正光六年正月廿七日(五二五)

2/584 元显魏墓志 正书 魏孝昌元年十月廿六日(五二五) 金陵 裱本一册

2/1018 元纂墓志 正书 魏孝昌元年十一月廿日(五二五) 献武王茔之侧

2/1024 元熙墓志 正书 魏孝昌元年十一月廿日(五二五)

2/677 吴高黎及妻许氏墓志 正书 魏孝昌二年正月十三日(五二六) 北芒

2/834 同上

2/587 李谋墓志并盖 正书 魏孝昌二年二月十五日(五二

六） 齐郡安平县黄山里

2/543 元又墓志 正书 魏孝昌二年七月廿四日（五二六） 成周北山长陵 河南博物馆藏石

2/1049 宣武帝嫔李氏墓志 正书 魏孝昌二年八月六日（五二六） 洛阳景陵垣

2/1112 朱奇墓志 正书 魏孝昌二年十月（五二六） 洛阳之北

2/1105 元寿安墓志 正书 魏孝昌二年十月十九日（五二六） 瀍水之东

2/1006 同上

2/693 元珽墓志并盖 正书 魏孝昌二年十月十九日（五二六） 西陵

2/1035 高广墓志 正书 魏孝昌二年十月（五二六） 洛阳之北螈

2/1114 同上

2/1036 于纂墓志 正书 魏孝昌二年闰十一月七日（五二六） 按中西回史日历是年闰十月

2/635 于景墓志 正书 魏孝昌二年十一月十四日（五二六） 北芒山西南太尉公陵

2/1039 苏屯墓志 正书 魏孝昌三年二月廿一日（五二七） 北茫小山

2/592 于纂墓志 正书 魏孝昌三年五月十一日（五二七） 芒山西垂帝陵东坡

2/1102 胡明相墓志并盖 正书 盖篆书 魏孝昌三年五月廿三日（五二七） 西陵

2/1059 同上 无盖

2/615 元固墓志 正书 魏孝昌三年十一月二日（五二七） 长陵之东

2/1026　同上

2/678　张墀墓志　正书　魏孝昌三年十一月十日(五二七)　京西十八里北岗阴

2/1163　元君妻薛慧命墓志并盖　僧泽正书　盖篆书　魏武泰元年二月十七日(五二八)　澄海乡□武里　新安张钫藏石

2/545　元晫墓志　正书　魏武泰元年三月十六日(五二八)　景陵东山　河南博物馆藏石

2/1092　元悌墓志并盖　正书　盖篆书　魏建义元年六月十六日(五二八)

2/1020　元悛墓志　正书　魏建义元年七月十二日(五二八)　洛阳西卌里长陵西北一十里西乡瀍原里瀍涧之滨

2/1013　元廞墓志　正书　魏建义元年七月十八日(五二八)　竟陵之东

2/1016　元略墓志　正书　魏建义元年七月十八日(五二八)　洛城之西陵

2/1043　王诵墓志　正书　魏建义元年七月廿七日(五二八)　芒阜之隈

2/709　同上

2/540　元昉墓志　正书　魏建义元年七月卅日(五二八)　西陵　河南博物馆藏石

2/1162　元子正墓志　正书　魏建义元年八月廿四日(五二八)　河南　新安张钫藏石

2/1002　元周安墓志　正书　魏建义元年九月七日(五二八)　长陵之东

2/593　元钦墓志　正书　魏永安元年十一月八日(五二八)　西陵

2/1003　元子永墓志　正书　魏武泰元年十一月廿日(五二八)　大陵之□

2/1021　元维墓志　正书　魏永安二年三月九日（五二九）

2/788　元遒墓志　正书　魏永安二年三月九日（五二九）

2/1012　元恩墓志　正书　魏永安二年十一月十九日（五三○）长陵

2/782　元诲墓志　正书　魏普泰元年三月二十七日（五三一）西郊兆懽山

2/687　贾瑾墓志并盖　正书　魏普泰元年十月十三日（五三一）

2/1037　穆绍墓志　正书　魏普泰元年十月二十四日（五三一）京城西北二十里　北京大学藏石

2/1040　韩震墓志及志阴　正书　魏普泰二年三月二十日（五三二）　成周之西

2/1004　元延明墓志　正书　魏太昌元年七月二十八日（五三二）　洛城西二十里奇坑南源

2/1015　元顼墓志　正书　魏太昌元年八月二十三日（五三二）山陵

2/1025　元显墓志　正书　魏太昌元年八月二十三日（五三二）

2/1267　元恭墓志　正书　魏太昌元年十一月十九日（五三二）山陵谷山　新安张钫藏石

2/1014　元袭墓志　正书　魏太昌元年十一月十九日（五三二）长陵

2/680　元文墓志　正书　魏太昌元年十一月十九日（五三二）西陵

2/1032　乞伏宝墓志　正书　魏永熙二年三月二十一日（五三三）　北芒之西岭

2/613　元虔墓志　正书　魏太昌（永熙）二年十月（五三三）　永乐陵梓泽里之西北岭

2/1005　元钻远墓志　正书　魏永熙二年十一月二十五日（五三

三） 长陵之东岗

东魏

2/580 司马升墓志 正书 魏天平二年十一月七日（五三五） 河内温县 裱本一册

2/845 同上 拓片 有乾隆己酉冯敏昌观题字

2/589 王僧墓志 正书 魏天平三年二月十三日（五三六） 饶安 重二份 又结衔二张

2/607 孙彦同墓志 正书 魏天平三年八月十八日（五三六） 武强山南凌消村南原

2/688 元鸷妻公孙甑生墓志 隶书 魏天平四年七月十六日（五三七） 邹城西武城北

2/584 张满墓志 正书 魏天平四年十一月十二日（五三七） 山陵北

2/594 李宪墓志 正书 魏元象元年十二月二十四日（五三九）

2/623 刘懿墓志 正书 魏兴和二年正月二十四日（五四〇） 肆卢乡孝义里

2/617 郗盖祆铭 正书 魏兴和二年闰月二十一日（五四〇） 按中西回史日历是年闰五月

燕京大学图书馆所藏石刻草目　四

2/1150　郄盖祆铭　正书　魏兴和二年闰五月二十一(五四〇)

2/544　元宝建墓志　正书　魏兴和三年八月二十一日(五四一)文宣王陵右　河南博物馆藏石

2/675　王偃墓志并盖　正书　盖篆书　魏武定元年十月二十八日(五四三)　临齐城东六里今陵县东门外三里河刘家庄北　光绪元年三月出土　戴杰识江肇麟余家鼎题名

2/848　同上　重九份　三份失盖

2/701　元湛墓志并盖　正书　盖篆书　魏武定二年八月八日(五四四)　武城北原

2/590　同上　无盖

2/700　元湛妃王令媛墓志并盖　正书　盖篆书　魏武定二年八月八日(五四四)　武城北原

2/1099　同上　无盖

2/585　元显墓志　正书　铭隶书　魏武定二年八月二十日(五四四)　邺城之西陵

2/703　同上

2/699　元均及妻杜氏墓志　正书　魏武定二年八月二十日(五四四)　邺西憘王茔次

2/586　同上

2/1110　侯海墓志　正书　魏武定二年十月二十日(五四四)　漳水

2/787　叔孙固墓志　正书　魏武定二年十一月二十九日(五四四)　紫陌之阳

2/698　同上

2/706　东安王太妃陆顺华墓志　正书　魏武定五年十一月十六日(五四七)　武城西北去邺城十里

2/697　元澄妃冯令华墓志　正书　魏武定五年十一月十六日(五四七)　邺城西岗漳水之北

2/1088　同上

2/708　安丰王妃冯氏墓志　隶书　魏武定六年十月二十二日(五四八)　风义里

2/622　□韶及妻侯氏墓志　隶书　魏武定八年正月五日(五五〇)　东都东北八里邙山阳

2/1111　吴正表墓志并盖　正书　盖篆书　魏武定八年二月廿九日(五五〇)　邺城之西

2/702　穆子岩墓志　正书　魏武定八年五月十三日(五五〇)　邺都之西西门豹祠之曲

2/1058　王诵妻元氏墓志　正书　魏岁次丁酉八月庚寅朔廿日己酉　河阴之西北山　按魏熙平二年丁酉八月庚寅朔二十日己酉(五一七)

2/1030　孙君墓志盖　篆书　魏

2/1076　张盛墓志　隶书　魏　洛阳　居贞草堂藏石

2/833　维那法师惠猛墓志　正书　魏　重一张

2/1008　穆君妻元氏墓志　正书　魏四月十八日　洛阳芒山

后齐

2/579　崔颀墓志　正书　齐天保四年二月廿九日(五五三)　清河齐城南五十里　与时珍墓志合装一册　翻刻本

2/674　同上　拓片翻刻本

2/705　窦武贞妻娄黑女墓志　正书　齐天保六年二月九日(五五五)　邺城西二十里

2/588　窦泰墓志　隶书　齐天保六年二月九日(五五五)　京城之西二十里

2/704　同上

2/838　皇甫琳墓志　正书　齐天保九年十一月廿日(五五八)　邺城西北廿余里

2/707　石信墓志　正书　齐太宁元年十一月十九日(五六一)　邺城西十里漳河之阳

2/872　法勤禅师墓志　隶书　齐太宁二年正月五日(五六二)

2/606　连君妻邢阿光墓志　隶书　齐皇建二年十一月十九日(五六一)　漳河北四里之山

2/596　乐陵王妃斛律氏墓志　隶书　齐河清三年三月二日(五六四)　武城西北三里

2/616　梁伽耶墓志　隶书　齐河清四年二月七日(五六五)

2/842　天统墓志　正书　齐天统元年十月五日(五六五)　姓名泐

2/1090　房仁墓志　正书　齐天统元年十月廿四日(五六五)　鼎足山之阳　重一张

2/611　张起墓志　正书　齐天统元年十一月六日(五六五)　峡山之阳　张景邕造

2/832　乞伏保达墓志并盖　正书　齐武平二年二月十八日(五七一)　邺城西北七里紫陌之阳

2/676　同上　无盖

2/824　刘忻墓志　正书　齐武平二年五月三日（五七一）　武城北

2/1082　高僧护墓志　正书　齐武平四年十一月（五七三）　邺城西

2/625　李琮墓志　正书　齐武平五年正月十二日（五七四）　直隶元氏县　直隶元氏县署藏石

2/1086　魏懿墓志　正书　齐武平五年十一月廿九日（五七四）　邺漳之阴西门豹祠西南

2/1147　渔阳太守皇甫公墓志盖　篆书　齐

陈

2/591　刘猛进墓志　正书　陈大荒之岁建子之月三日丙寅（五七三）　南海郡西北朝亭东一里半　按太建五年癸巳九月甲子朔三日丙寅　形略如碑两面刻字

后周

2/597　贺屯植墓志　正书　周保定四年四月廿一日（五六四）豳州三水县捧川良平原

2/690　长孙君妻罗氏墓志　正书　周天和四年八月六日（五六九）　万年县寿里山

2/578　时珍墓志　正书　周宣政元年十二月九日（五七九）　与崔颀墓志合装一册

2/830　同上　拓片

2/780　寇胤哲墓志并盖　正书　周宣政二年正月四日（五七九）

2/1060　寇峤妻薛氏墓志　正书　周宣政二年正月四日（五七九）　洛阳

隋 郑附

2/2 寇遵考墓志并盖 正书 隋开皇三年十月十九日(五八三) 洛阳北邙 河南博物馆藏石

2/1 寇奉叔墓志并盖 正书 隋开皇三年十月(五八三) 河南河阴县芒山 河南博物馆藏石

2/792 杨居墓志并盖 正书 隋开皇四年三月十日(五八四)

2/633 元洪儁墓志 正书 隋开皇五年七月一日(五八五)

2/1084 淳于俭及妻孟氏墓志并额 正书 隋开皇八年十一月廿日(五八八) 磐阳城西南黄山东北

2/825 张僧殷墓志 隶书 隋开皇九年十月廿四日(五八九) 武安县东南一里

2/695 王曜墓志并盖 正书 盖篆书 隋开皇十年八月十七日(五九〇) 安阳西北

2/1106 同上 无盖

2/1087 张景略墓志 隶书 隋开皇十一年正月二十六日(五九一) 相州安阳河北

2/791 同上

2/1266 朱端墓志并盖 隶书 盖篆书 隋开皇十一年十一月廿四日(五九一)河阴 新安张钫藏石

2/1101 李则墓志 正书 隋开皇十二年十一月七日(五九二) 安平城西北常安乡仁义里

2/1094 巩宾墓志 正书 隋开皇十五年十月廿四日(五九五) 雍州始平县孝义乡永丰里 河南偃师县署藏石

2/823 刘明及妻梁氏墓志 正书 隋开皇十八年五月二日(五九八) 重三张

2/1089 李盛及妻刘氏墓志 正书 隋开皇十八年十月十二日(五九八) 鲁城县西南四里

2/605　臧质墓志　正书　隋开皇廿年十二月四日(六〇一)　四川奉节考院　原志无姓　志右咸丰十年庚申　吴养梅识疑为臧姓　碑下罗升梧等跋　额花纹作蛟形

2/685　卢文机墓志并盖　正书　盖篆书　隋仁寿元年二月十九日(六〇一)　涿县西北廿五里住公山阳　重一份无盖

2/1116　郭休墓志　隶书　隋仁寿二年八月四日(六〇二)　黄门桥之西

2/694　徐纯及妻王氏墓志　正书　隋仁寿二年十一月十六日(六〇三)①　洛州洛阳县北芒山

2/582　苏慈墓志　正书　隋仁寿三年三月七日(六〇三)　同州莲芍县崇德乡乐邑里　裱本一册

2/867　同上　拓片　重一张

2/1085　冯君及妻卢旋芷墓志　正书　隋仁寿四年十一月四日(六〇四)　共城东北十五里柏尖之东

2/627　鞠遵及妻董氏墓志　正书　隋大业二年正月六日(六〇六)　河北卢奴城西七里

2/1148　同上

2/689　蔡君妻张贵男墓志　正书　隋大业二年十二月廿九日(六〇七)　洺州邯郸县孝义乡言信里

2/868　同上

2/1103　丞君妻崔暹墓志　正书　隋大业三年十一月廿七日(六〇七)　隋兴县孝顺乡

2/3　任轨墓志并盖　隶书　盖篆书　隋大业四年二月九日(六〇八)　洛阳县常平乡游仙里　河南博物馆藏石

---

①　编按：今据拓片，徐纯卒于隋大业九年三月九日，王氏卒于隋仁寿二年五月四日。合葬日期年份六字被毁，仅存“十一月十六日”，推测当不早于大业九年三月九日(613)，此处记为“隋仁寿二年十一月十六日(六〇三)”当误。或有记为“唐贞观某年”者。

2/12　范高及妻苏氏墓志并盖　正书　隋大业六年四月十七日（六一〇）　洛阳县邙山　河南博物馆藏石

2/10　羊玮墓志并盖　正书　盖篆书　隋大业六年九月十五日（六一〇）　河南郡河南县灵渊乡　河南博物馆藏石

2/798　宫人程氏墓志　正书　隋大业六年九月廿四日（六一〇）　河南郡河南县千金乡芒山之北原

2/1118　董穆墓志　正书　隋大业六年十一月三日（六一〇）城西北二里

2/1091　□堕墓志　隶书　隋大业六年十一月十四日（六一〇）　河南城东北九里邙山

2/837　同上

2/602　梁环墓志　正书　隋大业六年十一月廿九日（六一〇）芒埠

2/846　甄元希墓志　正书　隋大业六年（六一〇）

2/795　宫人典采朱氏墓志　正书　隋大业六年十二月十一日（六一一）　河南郡河南县千金乡芒山之北岭

2/797　宫人陈氏墓志　正书　隋大业七年四月廿九日（六一一）　河南郡河南县千金乡芒山之北原

2/801　宫人李氏墓志　正书　隋大业七年五月廿二日（六一一）　河南郡河南县千金乡邙山之北原

2/796　宫人何氏墓志　正书　隋大业八年二月廿二日（六一二）　河南郡芒山之北原

2/799　宫人萧氏墓志　正书　隋大业八年七月廿五日（六一二）　河南芒山之北原

2/1083　萧玚墓志并盖　正书　隋大业八年八月十三日（六一二）　河南郡河南县千金乡灵渊里

2/686　同上　无盖

2/802　宫人陈氏墓志　正书　隋大业九年正月十六日（六一

三） 河南郡之千金乡邙山之北原

2/14 姜明墓志 正书 隋大业九年二月廿八日（六一三） 洛阳城北 河南博物馆藏石

2/9 皇甫深墓志并盖 隶书 盖篆书 隋大业九年二月廿八日（六一三） 河南县灵渊乡 河南博物馆藏石

2/4 张盈墓志并盖 正书 盖篆书 隋大业九年三月十日（六一三） 河南县北邙山 河南博物馆藏石

2/5 张盈妻萧氏墓志并盖 正书 盖篆书 隋大业九年三月十日（六一三） 河南县北邙山 河南博物馆藏石

2/6 豆卢寔墓志并盖 隶书 盖篆书 隋大业九年十月三日（六一三） 河南郡河南县邙山 河南博物馆藏石

2/7 赵朗及妻孙氏墓志并盖 隶书 盖篆书 隋大业九年十月十五日（六一三） 洛阳县北邙山 河南博物馆藏石

2/11 宋仲及妻刘氏墓志并盖 隶书 盖篆书 隋大业九年十二月十六日（六一四） 东郡洛阳县北邙山 河南博物馆藏石

2/696 同上 无盖

2/13 萧瑾墓志 隶书 隋大业九年十二月廿八日（六一四） 河南县灵渊乡安川里北邙山 河南博物馆藏石

2/15 张达墓志 正书 隋大业十年七月廿五日（六一四） 洛阳县芒山程涧 河南博物馆藏石

2/804 宫人姜氏墓志 正书 隋大业十一年正月十六日（六一五） 河南北芒山

2/8 张波墓志并盖 正书 盖篆书 隋大业十一年三月廿二日（六一五） 洛阳县北邙山 河南博物馆藏石

2/581 尉富娘墓志并盖 正书 盖篆书 隋大业十一年五月十七日（六一五） 京兆郡长安县龙首乡兴台里 裱本一册

2/803 宫人丁氏墓志 正书 隋大业十一年八月廿五日（六一五） 河南郡北邙山

2/1109　□徹墓志　正书　隋大业十二年三月十日(六一六)　东都城北老子乡大翟村

2/1107　羊本及妻周氏墓志　正书　隋大业十二年七月三十日(六一六)　河南郡都城西北邙

2/800　宫人杨其永墓志　正书　隋大业十二年八月四日(六一六)　河南郡河南县北望山

2/794　宋永贵墓志　正书　隋大业十二年十一月廿一日(六一七)　京兆郡长安县龙首乡之山　西安碑林藏石

2/659　同上

2/1093　同上　有盖篆书

2/668　同上

2/630　吕超墓志　正书　隋□□一年十一月

2/1115　隅阳县令王君墓志盖　正书　隋

2/835　韦匡伯墓志　正书　郑开明二年七月廿□日(六一九)　洛阳县凤台乡谷阳里

唐　武周附

2/354　崔君妻库狄真相墓志　正书　唐武德六年六月五日(六二三)　洛阳邙山南原　河南博物馆藏石

2/360　崔后己墓志　唐武德九年二月廿三日(六二六)　洛州河南县东都故城北十里千金乡安善里邙山　河南博物馆藏石

2/1661　关道爱及妻管氏墓志　隶书　唐贞观元年二月十九日(六二七)　千金里邙山　新安张钫藏石

2/1282　程钟及妻刘氏墓志　正书　唐贞观元年十月五日(六二七)　洛州邙山　新安张钫藏石

2/392　段君及妻□女羡墓志　正书　唐贞观二年十一月七日(六二八)　洛阳县清风乡张方里芒山　河南博物馆藏石

2/1659　屈突通墓志　隶书　唐贞观二年十一月廿八日(六二

八） 洛州河南县千金乡玄门里北邙山 新安张钫藏石

2/289 郭通及妻王氏墓志 隶书 唐贞观二年十一月卅日（六二八） 河南县北邙山千金里 河南博物馆藏石

2/181 谭伍墓志并盖 隶书 盖篆书 唐贞观三年六月廿五日（六二九） 洛阳县邙山阳千金里 河南博物馆藏石

2/1758 蒋国夫人墓志 隶书 唐贞观三年七月廿八日（六二九） 洛州河南县千金乡玄明里邙山 新安张钫藏石

2/1675 胡质墓志 正书 唐贞观四年正月十九日（六三〇） 河南县千金里邙山 新安张钫藏石

2/1655 李徹墓志 隶书 唐贞观四年十一月廿一日（六三〇） 北邙山千金里 新安张钫藏石

2/49 刘节墓志 隶书 唐贞观五年七月十五日（六三一） 洛阳县邙阜 河南博物馆藏石

2/1662 胡俨墓志 正书 唐贞观六年九月四日（六三二） 河南邙山 新安张钫藏石

2/1652 张濬墓志 隶书 唐贞观六年十一月五日（六三二） 河南洛阳里 新安张钫藏石

2/1653 张伯及妻王氏墓志 正书 唐贞观七年二月一日（六三三） 洛州邙山 新安张钫藏石

2/76 张明墓志 正书 唐贞观七年七月廿四日（六三三） 河南县邙山 河南博物馆藏石

2/64 □远墓志 正书 唐贞观七年十月廿八日（六三三） 洛阳千金里 河南博物馆藏石

2/228 张岳墓志并盖 正书 盖篆书 唐贞观八年三月四日（六三四） 河南芒山 河南博物馆藏石

2/182 邢弁墓志并盖 正书 唐贞观八年三月廿二日（六三四） 洛阳邙山 河南博物馆藏石

2/1667 李继叔墓志 正书 唐贞观八年八月廿一日（六三四）

清风乡千金里邙山　新安张钫藏石

2/1670　柳君妻田氏墓志　正书　唐贞观八年八月廿二日(六三四)　邙山　新安张钫藏石

2/1759　长孙家庆墓志　正书　唐贞观九年(六三五)　新安张钫藏石

2/1674　王安墓志　正书　唐贞观十年五月十七日(六三六)　邙山　新安张钫藏石

2/239　王护及妻路氏墓志并盖　正书　盖篆书　唐贞观十一年二月廿九日(六三七)　洛阳邙山　河南博物馆藏石

2/1756　陈君妻□氏墓志　正书　唐贞观十一年七月二日(六三七)　洛阳县邙山　新安张钫藏石

2/1287　长孙仁及妻陆氏墓志　正书　唐贞观十一年十月廿二日(六三七)　河南县瀍涧乡　新安张钫藏石

2/1752　张举墓志　正书　唐贞观十一年(六三七)　新安张钫藏石

2/130　唐逊妻柳婆归墓志并盖　正书　盖篆书　唐贞观十二年闰二月廿七日(六三八)　洛州河南县千金乡千金里北邙山　河南博物馆藏石

2/1654　张骚墓志　隶书　唐贞观十三年十一月四日(六三九)　千金乡泽村西三里　新安张钫藏石

2/166　李护及妻吴氏墓志　正书　唐贞观十三年十一月廿九日(六三九)　河南博物馆藏石

2/62　张君妻秦详儿墓志　正书　唐贞观十四年正月十七日(六四〇)　洛阳千金乡　河南博物馆藏石

2/316　魏君及妻雷氏墓志　正书　唐贞观十四年十一月三日(六四〇)　洛阳宫城东北五里邙山　河南博物馆藏石

2/174　孟保同及妻郝氏墓志　正书　唐贞观十四年十一月九日(六四〇)　洛州洛阳县清风乡　河南博物馆藏石

2/1665　贾仕通墓志　正书　唐贞观十五年五月十二日(六四一)　邙山　新安张钫藏石

2/102　薄氏墓志并盖　正书　盖篆书　唐贞观十五年五月廿五日(六四一)　洛阳邙山　河南博物馆藏石

2/397　梁凝远墓志　正书　唐贞观十五年九月十五日(六四一)　洛阳北邙千金里　河南博物馆藏石

2/202　侯君妻刘氏墓志并盖　正书　盖篆书　唐贞观十五年十月九日(六四一)　洛阳北邙　河南博物馆藏石

2/333　李英及妻周氏墓志　正书　唐贞观十五年十□月五日(六四一)　洛阳北邙　河南博物馆藏石

2/40　杜荣墓志　正书　唐贞观十五年十二月十五日(六四二)　洛阳县邙山　河南博物馆藏石

2/1755　王才粲妻刘氏墓志　正书　唐贞观十六年二月廿四日(六四二)　邙山西北二里　新安张钫藏石

2/60　刘粲墓志　隶书　唐贞观十六年六月廿五日(六四二)　洛阳县邙山　河南博物馆藏石

2/198　刘政及妻董氏墓志并盖　正书　盖篆书　唐贞观十六年十一月廿日(六四二)　洛阳县北芒山王羽村北一里　河南博物馆藏石

2/2267　卢君妻冯氏墓志并盖　正书　盖篆书　唐贞观十六年十一月二十日(六四二)　洛州洛阳县　新安张钫藏石

2/50　姚孝宽墓志　正书　唐贞观十七年十月廿七日(六四三)　洛阳县邙山　河南博物馆藏石

2/1284　□宾墓志　正书　唐贞观十七年十一月十四日(六四三)　洛州河南县北邙山　新安张钫藏石

2/1673　马志道墓志　正书　唐贞观十七年十二月廿八日(六四四)　邙山千金乡　新安张钫藏石

2/1288　王仁则墓志　正书　唐贞观十八年二月五日(六四四)　郑□邙山　新安张钫藏石

2/318　冯信墓志　正书　唐贞观十八年二月十六日(六四四)洛阳北邙南千金里　河南博物馆藏石

2/273　霍恭墓志　正书　唐贞观十八年七月十一日(六四四)洛阳邙山　河南博物馆藏石

2/1658　王通及妻赵氏墓志　正书　唐贞观十八年十月九日(六四四)　洛州河南县北邙山平乐乡安善里　新安张钫藏石

2/1671　张君妻杨氏墓志　正书　唐贞观十九年五月三日(六四五)　洛州河南县平乐乡芒山　新安张钫藏石

2/217　霍汉墓志并盖　正书　盖篆书　唐贞观十九年六月廿五日(六四五)　洛阳邙山阳　河南博物馆藏石

2/1757　张纲墓志　正书　唐贞观十九年十月十四日(六四五)　北邙　新安张钫藏石

2/39　宋君妻斑氏墓志　正书　唐贞观廿年二月廿七日(六四六)　河南县平乐里邙山　河南博物馆藏石

2/213　杨德墓志并盖　正书　盖篆书　唐贞观二十年四月二十四日(六四六)　洛阳邙山　河南博物馆藏石

2/133　张君妻齐氏墓志并盖　正书　盖篆书　唐贞观廿年五月十一日(六四六)　洛阳邙山　河南博物馆藏石

2/322　李护墓志　正书　唐贞观廿年六月一日(六四六)　洛阳北邙　河南博物馆藏石

2/1668　魏文德墓志　正书　唐贞观廿年六月十二日(六四六)　洛阳清风乡邙山　新安张钫藏石

2/1676　杨士达墓志　正书　唐贞观廿年七月十二日(六四六)　河南县平乐乡安川里邙山　新安张钫藏石

2/2237　余当墓志　正书　唐贞观廿年八月廿三日(六四六)　北邙山　新安张钫藏石

2/1678　□忠墓志　正书　唐贞观二十年九月廿日(六四六)　邙山平乐里　新安张钫藏石

2/1290 王君妻马氏墓志 正书 唐贞观廿年十月十五日（六四六） 邙山 新安张钫藏石

2/1290 同上

2/1663 □相墓志 正书 唐贞观廿年十月廿七日（六四六） 洛阳邙山 新安张钫藏石

2/209 段师及妻和氏墓志并盖 正书 盖篆书 唐贞观廿年十一月二日（六四六） 洛阳县北邙 河南博物馆藏石

2/169 万德墓志 正书 唐贞观廿一年六月五日（六四七） 洛阳县邙山平乐乡 河南博物馆藏石

2/390 孔长宁及妻翟氏墓志 正书 唐贞观廿一年八月廿八日（六四七） 洛阳邙山平原里 河南博物馆藏石

2/1677 乐善文墓志 正书 唐贞观廿一年十月八日（六四七） 河南县平乐乡安川里 新安张钫藏石

2/1289 徐君妻刘氏墓志 正书 唐贞观廿一年十月廿日（六四七） 洛阳县界清风原故仓东王村西南一百余步 新安张钫藏石

2/1283 向英墓志 正书 唐贞观二十一年十一月廿日（六四七） 北邙山 新安张钫藏石

2/1680 杨达墓志 正书 唐贞观廿一年十二月廿一日（六四八） 邙山 新安张钫藏石

2/1754 张实墓志 正书 唐贞观二十二年正月二十八日（六四八） 芒山平乐里 新安张钫藏石

2/309 张育及妻赵氏墓志 正书 唐贞观廿二年二月廿一日（六四八） 洛阳北邙山平乐乡 河南博物馆藏石

2/405 张行满墓志并盖 正书 盖篆书 唐贞观二十二年四月二十三日（六四八） 洛城北邙岭阴十五里千金乡 河南博物馆藏石

2/110 丘蕴墓志并盖 正书 盖篆书 唐贞观廿二年六月廿三日（六四八） 洛阳县清风乡邙山 河南博物馆藏石

2/369 张通及妻薄氏墓志 正书 唐贞观廿二年七月廿七日

（六四八） 洛阳邙山 河南博物馆藏石

2/1660 梁基墓志 正书 唐贞观二十二年九月廿八日（六四八） 邙山平阴里 新安张钫藏石

2/1672 胡宝墓志 正书 唐贞观廿二年十二月廿四日（六四九） 河南县邙山 新安张钫藏石

2/1669 辛衡卿及妻卢氏墓志 正书 唐贞观廿二年十二月廿四日（六四九） 邙山 新安张钫藏石

2/1666 任道墓志 正书 唐贞观廿二年闰十二月九日（六四九） 邙山 新安张钫藏石

2/1657 宋荣墓志 正书 唐贞观廿二年闰十二月廿七日（六四九） 邙山千金乡千金里 新安张钫藏石

2/143 关英墓志并盖 正书 盖篆书 唐贞观廿三年三月十一日（六四九） 洛阳芒山阳 河南博物馆藏石

2/218 杨昭墓志并盖 正书 盖篆书 唐贞观廿三年三月十七日（六四九） 洛阳北邙平乐南 河南博物馆藏石

2/1656 薛朗及妻王玉墓志 正书 唐贞观廿三年三月廿六日（六四九） 邙山 新安张钫藏石

2/1664 张云墓志 正书 唐贞观廿三年四月十一日（六四九） 邙山 新安张钫藏石

2/36 刘君妻杨成其墓志 正书 唐贞观廿三年六月十八日（六四九） 洛阳县邙山 河南博物馆藏石

2/339 李良墓志 正书 唐贞观廿三年七月十八日（六四九） 洛阳邙山 河南博物馆藏石

2/1281 张舒墓志 正书 唐贞观廿三年八月廿二日（六四九） 邙山 新安张钫藏石

2/224 王广鹭妻赵氏墓志并盖 正书 盖篆书 唐贞观廿三年九月四日（六四九） 洛阳邙山 河南博物馆藏石

2/81 傅叔墓志 正书 唐贞观□年一月廿一日（六二七—六四

九） 洛阳县北邙平乐里　河南博物馆藏石

2/1479　祁让墓志　正书　唐永徽元年四月二日(六五〇)　邙山　新安张钫藏石

2/2222　乐达墓志　正书　唐永徽元年四月廿九日(六五〇)　邙山　新安张钫藏石

2/1724　笁君妻段氏墓志　正书　唐永徽元年五月廿三日(六五〇)　北邙　新安张钫藏石

2/1499　张凤怜墓志　正书　唐永徽元年六月十八日(六五〇)　北邙　新安张钫藏石

2/1507　张宝墓志　正书　唐永徽元年八月七日(六五〇)　邙山　新安张钫藏石

2/1691　毛文通墓志　正书　唐永徽元年十月□日(六五〇)　洛阳邙山　新安张钫藏石

2/95　张药及妻李氏墓志　正书　唐永徽元年十一月一日(六五〇)　河南县平乐乡邙山　河南博物馆藏石

燕京大学图书馆所藏石刻草目　五

2/1509　王顺孙墓志　正书　唐永徽二年二月九日（六五一）洛阳北邙　新安张钫藏石

2/1688　仇道妻袁氏墓志　正书　唐永徽二年四月十日（六五一）　北邙　新安张钫藏石

2/30　郝荣及妻张氏墓志　正书　唐永徽二年四月廿一日（六五一）　洛阳北邙　河南博物馆藏石

2/1693　李如愿墓志　正书　唐永徽二年六月四日（六五一）洛阳县清风乡邙山　新安张钫藏石

2/1684　张义及妻车氏墓志　正书　唐永徽二年八月廿三日（六五一）　北邙　新安张钫藏石

2/82　孙迁及妻王氏墓志　正书　唐永徽二年九月六日（六五一）　洛阳县邙山　河南博物馆藏石

2/1720　杨基墓志　正书　唐永徽二年闰九月廿五日（六五一）洛州河南县谷阳乡金谷里北邙　新安张钫藏石

2/1722　□骞墓志　正书　唐永徽二年十月一日（六五一）　新安张钫藏石

2/1510 明君妻唐阿深墓志 正书 唐永徽二年十月五日(六五一) 河南县平乐乡邙山 新安张钫藏石

2/1694 许士端墓志 正书 唐永徽二年□月十三日(六五一) 洛阳北原 新安张钫藏石

2/1498 马君妻杨寿墓志 正书 唐永徽二年十二月廿五日(六五二) 北邙 新安张钫藏石

2/1687 牛君妻申好墓志 正书 唐永徽三年二月十日(六五二) 洛阳县平乐乡邙山 新安张钫藏石

2/1504 杨佰陇墓志 正书 唐永徽三年二月廿二日(六五二) 北邙 新安张钫藏石

2/1490 吴孝及妻贾氏墓志 正书 唐永徽三年三月三日(六五二) 清风乡北邙 新安张钫藏石

2/1506 李清墓志 正书 唐永徽三年四月三日(六五二) 邙山 新安张钫藏石

2/1491 王宏墓志 正书 唐永徽三年七月十四日(六五二) 新安张钫藏石

2/2238 张万善墓志 正书 唐永徽三年八月十七日(六五二) 洛阳千金乡 新安张钫藏石

2/1512 笁君妻盖氏墓志 正书 唐永徽三年九月七日(六五二) 邙山 新安张钫藏石

2/268 赵安及妻王氏墓志 正书 唐永徽三年十月十三日(六五二) 河南县平乐乡 河南博物馆藏石

2/1505 颜瓌墓志 正书 唐永徽三年十月十九日(六五二) 河南县平乐乡故仓西百步 新安张钫藏石

2/1514 宫人司设墓志 正书 唐永徽三年十月廿五日(六五二) 邙山 新安张钫藏石

2/1508 扬清墓志 正书 唐永徽三年十月廿五日(六五二) 河南界邙山 新安张钫藏石

2/1515　杨君妻孙氏墓志　正书　唐永徽三年十月廿五日(六五二)　河南县平乐乡北邙　新安张钫藏石

2/270　魏德墓志　正书　唐永徽三年十月廿五日(六五二)　洛阳县清风乡邙山阳　河南博物馆藏石

2/328　张洛墓志　正书　唐永徽四年正月廿一日(六五三)　河南县平乐乡邙山　河南博物馆藏石

2/381　刘裕墓志　正书　唐永徽四年二月二十日(六五三)　洛阳北邙　河南博物馆藏石

2/1517　王协墓志　正书　唐永徽四年三月九日(六五三)　邙山　新安张钫藏石

2/190　张逸墓志并盖　正书　盖篆书　唐永徽四年三月廿一日(六五三)　洛阳县邙山　河南博物馆藏石

2/2240　赵爽墓志　正书　唐永徽四年四月十日(六五三)　河南县平乐乡北原　新安张钫藏石

2/359　李智墓志　正书　唐永徽四年五月十日(六五三)　洛阳七十里邙山千金乡　河南博物馆藏石

2/1679　姚思忠墓志　正书　唐永徽四年五月廿□日(六五三)　邙山　新安张钫藏石

2/1518　孙达墓志　正书　唐永徽四年七月十六日(六五三)　邙山　新安张钫藏石

2/71　周藻墓志　正书　唐永徽四年七月廿三日(六五三)　河南县平乐乡　河南博物馆藏石

2/159　史君妻田氏墓志　正书　唐永徽四年八月十一日(六五三)　洛阳县邙山　河南博物馆藏石

2/1501　杨氏墓志　正书　唐永徽四年九月十五日(六五三)　邙山平乐乡　新安张钫藏石

2/1683　张皎墓志　正书　唐永徽四年九月廿四日(六五三)　邙山　新安张钫藏石

2/225 杨吴生及妻张氏墓志并盖 正书 盖篆书 唐永徽四年十月廿二日(六五三) 洛阳北邙 河南博物馆藏石

2/1682 杨君妻张伯墓志 正书 唐永徽四年十一月十二日(六五三) 芒山 新安张钫藏石

2/304 段会及妻吕氏墓志 正书 唐永徽四年十二月十九日(六五四) 洛阳邙山 河南博物馆藏石

2/2239 韩远墓志 正书 唐永徽五年二月八日(六五四) 北邙平原 新安张钫藏石

2/56 赵嘉及妻郭氏墓志 正书 唐永徽五年二月廿一日(六五四) 河南县平乐乡邙山 河南博物馆藏石

2/1497 韩君妻赵摩墓志 正书 唐永徽五年三月二日(六五四) 邙山 新安张钫藏石

2/1520 华歆墓志 正书 唐永徽五年三月廿四日(六五四) 邙山 新安张钫藏石

2/134 王才墓志并盖 正书 盖篆书 唐永徽五年三月廿四日(六五四) 洛阳北邙 河南博物馆藏石

2/104 李信墓志并盖 正书 盖篆书 唐永徽五年三月二十七日(六五四) 洛阳邙山 河南博物馆藏石

2/1516 祖君妻□陇墓志 正书 唐永徽五年五月九日(六五四) 北邙清风里 新安张钫藏石

2/1492 □君墓志 正书 唐永徽五年五月十五日(六五四) 洛阳县清风乡张方里 新安张钫藏石

2/251 王宽墓志并盖 正书 盖篆书 唐永徽五年闰五月廿八日(六五四) 洛阳北邙 河南博物馆藏石

2/91 姬推及妻程氏墓志 正书 唐永徽五年八月十七日(六五四) 洛阳芒山阳□□乡 河南博物馆藏石

2/93 杨贵及妻武氏墓志 正书 唐永徽五年九月廿五日(六五四) 洛阳县邙山 河南博物馆藏石

2/407 韩怀及妻樊氏墓志并盖 正书 盖篆书 唐永徽五年十月七日(六五四) 洛阳邙山 河南博物馆藏石

2/1513 □君妻效姬墓志 正书 唐永徽六年二月六日(六五五) 邙山 新安张钫藏石

2/1496 沈士公墓志 正书 唐永徽六年二月九日(六五五) 邙山 新安张钫藏石

2/1685 元勇墓志 正书 唐永徽六年二月卅日(六五五) 洛阳邙山 新安张钫藏石

2/253 卢万春及妻崔氏墓志 正书 唐永徽六年三月三日(六五五) 洛阳芒山阳 河南博物馆藏石

2/900 吕君妻张须摩墓志 正书 唐永徽六年三月(六五五) 长安昆明 重一张

2/1686 王孝瑜及妻孙氏墓志 正书 唐永徽六年四月十日(六五五) 邙山 新安张钫藏石

2/1503 张才墓志 贾无名撰 正书 唐永徽六年四月十六日(六五五) 洛阳城北邙 新安张钫藏石

2/1689 李表墓志 唐永徽六年五月四日(六五五) 河南县邙山 新安张钫藏石

2/1519 权开善墓志 正书 唐永徽六年五月十五日(六五五) 北邙 新安张钫藏石

2/247 黄罗汉墓志并盖 正书 盖篆书 唐永徽六年七月一日(卒日)(六五五) 洛阳邙山 河南博物馆藏石

2/1502 王瑗达及妻韩氏墓志 正书 唐永徽六年九月三日(六五五) 邙山 新安张钫藏石

2/1511 □迁及妻吴氏墓志 正书 唐永徽六年十月十三日(六五五) 洛城北邙平乐乡 新安张钫藏石

2/1690 张义墓志 正书 唐永徽六年十一月六日(六五五) 邙山平乐乡翟村西北平原 新安张钫藏石

2/1500　王君妻郭氏墓志　正书　唐永徽六年十二月七日(六五六)　邙山　新安张钫藏石

2/183　杨康妻刘妙姜墓志并盖　正书　唐永徽六年十二月七日(六五六)　洛阳县北邙山大魏村东北卅步　河南博物馆藏石

2/569　高俨仁及妻崔氏墓志　正书　唐永徽六年十二月廿五日(六五六)　洛阳邙山　河南博物馆藏石

2/1553　张羊墓志　正书　唐显庆元年二月三日(六五六)　金谷乡北邙　新安张钫藏石

2/2241　柳君妻萧嬿媄墓志　正书　唐显庆元年二月廿六日(六五六)　北邙山　新安张钫藏石

2/1599　王君妻阴客墓志　正书　唐显庆元年三月廿日(六五六)　平乐乡　新安张钫藏石

2/1560　范重明墓志　正书　唐显庆元年五月十四日(六五六)　清风乡邙山　新安张钫藏石

2/1559　张弘秀墓志　正书　唐显庆元年五月廿一日(六五六)　洛阳邙山千金里　新安张钫藏石

2/35　赵通墓志　正书　唐显庆元年六月四日(六五六)　洛阳县邙山　河南博物馆藏石

2/1521　□君妻张肃墓志　正书　唐显庆元年七月廿日(六五六)　邙山　新安张钫藏石

2/27　韩玄墓志　正书　唐显庆元年八月五日(六五六)　河南博物馆藏石

2/2219　李君妻吕华墓志　正书　唐显庆元年八月廿八日(六五六)　邙山　新安张钫藏石

2/1535　车诜墓志　正书　唐显庆元年九月十一日(六五六)　新安张钫藏石

2/1538　程雄及妻皇甫氏墓志　正书　唐显庆元年十月十八日(六五六)　洛城北河南县平乐乡缠佐里王晏村　新安张钫藏石

2/1547　张盛墓志　正书　唐显庆元年十一月十二日(六五六)　邙山　新安张钫藏石

2/1566　张金刚墓志　正书　唐显庆元年十二月十二日(六五七)　邙山　新安张钫藏石

2/338　程鹭墓志　正书　唐显庆元年十二月十二日(六五七)　洛阳平乐乡邙山　河南博物馆藏石

2/1539　王卿及妻任氏墓志　正书　唐显庆元年十二月十九日(六五七)　洛阳　新安张钫藏石

2/1544　张才墓志　正书　唐显庆二年闰正月廿日(六五七)　邙山千金乡　新安张钫藏石

2/1551　杜文贡及妻王氏墓志　正书　唐显庆二年二月廿六日(六五七)　邙山　新安张钫藏石

2/1531　王君妻张惠墓志　正书　唐显庆二年二月廿六日(六五七)　邙山　新安张钫藏石

2/329　元则墓志　正书　唐显庆二年三月八日(六五七)　洛阳北邙平乐乡里　河南博物馆藏石

2/144　段秀墓志并盖　正书　盖篆书　唐显庆二年三月廿一日(六五七)　洛阳邙山　河南博物馆藏石

2/116　张相墓志并盖　正书　盖篆书　唐显庆二年四月十六日(六五七)　洛阳邙山　河南博物馆藏石

2/1598　吴素墓志　正书　唐显庆二年四月(六五七)　河南洛阳县清风乡崇德里　新安张钫藏石

2/185　王立及妻成氏墓志并盖　正书　盖篆书　唐显庆二年六月三日(六五七)　洛阳县邙山翟村西二里　河南博物馆藏石

2/320　缑纲墓志　正书　唐显庆二年七月十六日(六五七)　洛阳北邙　河南博物馆藏石

2/979　杜君妻崔素墓志　正书　唐显庆二年七月廿七日(六五七)　耀州三原县北原　重一张

2/1606　常君妻柳氏墓志　正书　唐显庆二年八月廿八日(六五七)　平乐乡北邙　新安张钫藏石

2/1532　霍氏墓志　正书　唐显庆二年八月廿八日(六五七)　邙山　新安张钫藏石

2/172　梁君妻孔氏墓志　正书　唐显庆二年九月十七日(六五七)　河南博物馆藏石

2/31　张婉墓志　正书　唐显庆二年九月廿二日(六五七)　洛阳县金谷　河南博物馆藏石

2/1541　张贵墓志　正书　唐显庆二年九月廿四日(六五七)　邙山　新安张钫藏石

2/1548　韩政及妻张氏墓志　正书　唐显庆二年十月二十九日(六五七)　北邙　新安张钫藏石

2/1523　王君妻李捻持墓志　正书　唐显庆二年十一月十八日(六五七)　邙山金谷乡　新安张钫藏石

2/310　姚忠节及妻刘氏墓志　正书　唐显庆二年十一月廿二日(六五八)　洛阳邙山平乐乡　河南博物馆藏石

2/118　王段墓志并盖　正书　盖篆书　唐显庆三年正月十四日(六五八)　洛阳邙山　河南博物馆藏石

2/1524　高达及妻安氏墓志　正书　唐显庆三年正月廿三日(六五八)　平乐乡邙山　新安张钫藏石

2/365　曹君妻慕容丽墓志　正书　唐显庆三年正月廿三日(六五八)　洛阳邙山平乐乡　河南博物馆藏石

2/1556　宋君妻王氏墓志　正书　唐显庆三年三月廿日(六五八)　河南县界平乐乡邙山　新安张钫藏石

2/1558　周绍业墓志　正书　唐显庆三年四月八日(六五八)　邙山　新安张钫藏石

2/1534　徐德墓志　正书　唐显庆三年四月八日(六五八)　邙山　新安张钫藏石

2/383　王法墓志　正书　唐显庆三年四月廿日（六五八）　洛阳邙山　河南博物馆藏石

2/51　张君妻王媛墓志　正书　唐显庆三年五月廿一日（六五八）　洛阳县邙山　河南博物馆藏石

2/1530　韩承墓志　正书　唐显庆三年八月廿二日（六五八）　北芒　新安张钫藏石

2/982　马寿墓志　正书　唐显庆三年九月十八日（六五八）　京城南杜陵原之岗　重一张

2/402　爨君妻张瑞墓志并盖　正书　盖篆书　唐显庆三年九月廿三日（六五八）　洛阳北邙山平乐乡　河南博物馆藏石

2/1552　王氏墓志　正书　唐显庆三年十月廿四日（六五八）　邙山　新安张钫藏石

2/313　霍万墓志　正书　唐显庆三年十二月十三日（六五九）　河南博物馆藏石

2/1537　成朗墓志　正书　唐显庆四年二月廿五日（六五九）　河南县平乐乡　新安张钫藏石

2/340　张安都墓志　正书　唐显庆四年四月三日（六五九）　洛阳芒山　河南博物馆藏石

2/1529　张弘墓志　正书　唐显庆四年五月八日（六五九）　洛汭乡邙山　新安张钫藏石

2/99　支怀墓志并盖　正书　盖篆书　唐显庆四年七月九日（六五九）　洛城之北　河南博物馆藏石

2/1555　张君妻苌氏墓志　正书　唐显庆四年七月十六日（六五九）　河南县平乐乡　新安张钫藏石

2/1522　张义墓志　正书　唐显庆四年七月廿七日（六五九）　平乐乡　新安张钫藏石

2/1577　□陁墓志　正书　唐显庆四年八月十六日（六五九）　东都北邙　新安张钫藏石

2/223　董明及妻郗氏墓志并盖　正书　盖篆书　唐显庆四年十月廿七日(六五九)　洛阳邙山平乐乡　河南博物馆藏石

2/986　皇甫弘敬墓志　正书　唐显庆四年十月卅日(六五九)　龙首原隆安之里　重一张

2/1563　安度墓志　正书　唐显庆四年十一月七日(六五九)　洛阳北邙　新安张钫藏石

2/163　李三墓志　正书　唐显庆四年十一月十八日(六六〇)　洛阳县北邙　河南博物馆藏石

2/1543　辛骥墓志　崔行功撰　正书　唐显庆四年十一月廿九日(六六〇)　新安张钫藏石

2/126　赵君妻张英墓志并盖　正书　盖篆书　唐显庆四年十二月十二日(六六〇)　洛阳邙山　河南博物馆藏石

2/1536　□君妻段金墓志　正书　唐显庆四年十二月廿四日(六六〇)　邙山　新安张钫藏石

2/1565　孟普墓志　正书　唐显庆五年正月五日(六六〇)　洛州洛阳县清风乡月城里邙山　新安张钫藏石

2/1549　张振墓志　正书　唐显庆五年正月八日(六六〇)　洛都城北邙　新安张钫藏石

2/1528　王进墓志　正书　唐显庆五年二月二日(六六〇)　邙山　新安张钫藏石

2/77　翟惠隐墓志　正书　唐显庆五年二月二日(六六〇)　洛阳县邙山清风乡　河南博物馆藏石

2/2242　纥干承基墓志　正书　唐显庆五年二月十三日(六六〇)　东都北邙山　新安张钫藏石

2/124　贾元睿及暝婚妻卫氏墓志　正书　唐显庆五年二月□日(六六〇)　洛阳北芒　河南博物馆藏石

2/1557　宋丰墓志　正书　唐显庆五年三月一日(六六〇)　洛阳县清风乡北邙　新安张钫藏石

2/1540 张德操墓志 正书 唐显庆五年三月八日(六六〇) 邙山 新安张钫藏石

2/1545 崔诚墓志 正书 唐显庆五年三月十三日(六六〇) 邙山 新安张钫藏石

2/258 颜襄子墓志 正书 唐显庆五年五月二日(六六〇) 洛阳平乐乡界 河南博物馆藏石

2/1542 赵轨墓志 正书 唐显庆五年五月九日(六六〇) 河南县千金乡邙山 新安张钫藏石

2/1554 王力士及妻逯氏墓志 正书 唐显庆五年七月七日(六六〇) 平乐乡北邙 新安张钫藏石

2/1526 张泉墓志 正书 唐显庆五年七月十日(六六〇) 邙山 新安张钫藏石

2/1546 二品宫人墓志 正书 唐显庆五年七月廿七日(六六〇) 洛阳北原 新安张钫藏石

2/28 任德及妻乐氏墓志 正书 唐显庆五年七月廿七日(六六〇) 洛阳县邙山 河南博物馆藏石

2/1562 常氏墓志 正书 唐显庆五年七月(六六〇) 北邙 新安张钫藏石

2/355 张怀文及妻高氏墓志 正书 唐显庆五年八月四日(六六〇) 洛阳邙山 河南博物馆藏石

2/20 李君妻韩氏墓志 正书 唐显庆五年八月十六日(六六〇) 河南县邙山 河南博物馆藏石

2/1601 萧慎墓志 贺□撰 正书 唐显庆五年八月廿二日(六六〇) 洛州河南县北邙

2/246 关预仁妻茹氏墓志并盖 正书 盖篆书 唐显庆五年九月四日(六六〇) 洛阳北邙 河南博物馆藏石

2/1533 柳君妻封氏墓志 正书 唐显庆五年十月十七日(六六〇) 芒山 新安张钫藏石

2/380　耿文训墓志　正书　唐显庆五年十一月十二日(六六〇)　洛阳邙山　河南博物馆藏石

2/1550　许行师墓志　正书　唐显庆五年十一月廿三日(六六〇)　平乐里　新安张钫藏石

2/287　梁君妻姚弟墓志　正书　唐显庆五年十一月廿九日(六六一)　河南县平乐乡　河南博物馆藏石

2/1561　许绪墓志　正书　唐显庆五年十二月十三日(六六一)　平乐里邙山　新安张钫藏石

2/1527　贾钦墓志　正书　唐显庆五年十二月十九日(六六一)　邙山　新安张钫藏石

2/1525　贾德茂墓志　唐显庆五年十二月廿一日(六六一)　新安张钫藏石

2/347　张武墓志　正书　唐显庆六年二月七日(六六一)　洛阳北邙　河南博物馆藏石

2/123　□□璋墓志　正书　唐显庆六年二月八日(六六一)　洛阳邙山　河南博物馆藏石

2/186　王敏及妻元氏墓志并盖　正书　盖篆书　唐显庆六年二月十九日(六六一)　洛阳县邙岭　河南博物馆藏石

2/2214　侯忠墓志　正书　唐显庆六年二月十九日(六六一)　邙山　新安张钫藏石

2/1564　康君妻史氏墓志　正书　唐显庆六年三月七日(六六一)　洛阳邙山　新安张钫藏石

2/1607　□氏墓志　正书　唐龙朔元年三月十一日(六六一)　浮山　新安张钫藏石

2/395　王宽及妻李氏墓志　正书　唐龙朔元年三月十九日(六六一)　河南县平乐乡北邙山　河南博物馆藏石

2/1576　□长墓志　正书　唐龙朔元年四月九日(六六一)　洛阳邙山　新安张钫藏石

2/171　王朗及妻魏氏墓志　正书　唐龙朔元年四月廿一日(六六一)　洛阳县邙山翟村之西一里　河南博物馆藏石

2/1586　张善墓志　正书　唐龙朔元年四月廿七日(六六一)　洛阳邙山　新安张钫藏石

2/2243　七品宫人墓志　正书　唐龙朔元年四月卅日(六六一)　新安张钫藏石

2/341　侯君妻谭二娘墓志　正书　唐龙朔元年八月廿一日(六六一)　洛阳邙山　河南博物馆藏石

2/138　竹夫人妙墓志并盖　正书　盖篆书　唐龙朔元年九月廿二日(六六一)　河南县千金乡邙山阳　河南博物馆藏石

2/265　爨君及妻张氏墓志　正书　唐龙朔元年十月八日(六六一)　洛阳芒山阳　河南博物馆藏石

2/88　郭寿墓志　正书　唐龙朔元年十月十一日(六六一)　洛阳清风乡　河南博物馆藏石

2/379　房宝子及妻王氏墓志　正书　唐龙朔元年十月十一日(六六一)　河南县平乐乡王村东北一里半　河南博物馆藏石

2/165　张宝及妻魏氏墓志　正书　唐龙朔元年十月廿三日(六六一)　洛阳县邙山　河南博物馆藏石

2/2218　徐综墓志　正书　唐龙朔元年十月廿三日(六六一)　洛州洛阳县淳俗乡邙山　新安张钫藏石

2/1574　张君妻乔氏墓志　正书　唐龙朔元年十一月十一日(六六一)　邙山北四里　新安张钫藏石

2/1581　段洽墓志　正书　唐龙朔元年十一月十一日(六六一)　北邙山　新安张钫藏石

2/106　张伯通墓志并盖　正书　盖篆书　唐龙朔二年四月十四日(六六二)　洛阳邙山　河南博物馆藏石

2/326　刘君及妻贾令珪墓志　正书　唐龙朔二年四月十四日(六六二)　洛阳芒山　河南博物馆藏石

2/164　侯君妻窦氏墓志并盖　正书　盖篆书　唐龙朔二年五月廿六日(六六二)　洛阳北邙　河南博物馆藏石

2/311　王君及妻冯氏墓志　正书　唐龙朔二年五月廿六日(六六二)　洛州河南县北邙平乐乡　河南博物馆藏石

2/52　董氏墓志　正书　唐龙朔二年六月二日(六六二)　洛阳北邙　河南博物馆藏石

2/1579　田惠墓志　正书　唐龙朔二年六月十四日(六六二)　河南县平乐乡邙山　新安张钫藏石

2/2232　张君妻朱氏墓志　正书　唐龙朔二年六月十五日(六六二)　邙山　新安张钫藏石

2/363　边敏墓志　正书　唐龙朔二年六月□一日(六六二)　洛阳北邙　河南博物馆藏石

2/384　张礼及妻尹氏墓志　正书　唐龙朔二年六月廿七日(六六二)　洛阳邙山　河南博物馆藏石

2/194　索玄及妻左氏墓志并盖　正书　盖篆书　唐龙朔二年七月廿二日(六六二)　河南县平乐乡芒山阳翟村西南□百步　河南博物馆藏石

2/1602　李谞墓志　正书　唐龙朔二年八月四日(六六二)　东都北山　新安张钫藏石

2/349　宫君妻秦冲墓志　正书　唐龙朔二年八月十日(六六二)　洛阳邙山　河南博物馆藏石

2/1567　韩文及妻潘氏墓志　正书　唐龙朔二年八月十六日(六六二)　平乐乡邙山　新安张钫藏石

2/1569　周师及妻张氏墓志　正书　唐龙朔三年正月二十日(六六三)　平乐乡邙山　新安张钫藏石

2/1584　秦义及妻张氏墓志　正书　唐龙朔三年正月廿八日(六六三)　邙山　新安张钫藏石

2/249　孙君妻宋氏墓志并盖　正书　盖篆书　唐龙朔三年二

月十二日(六六三) 洛阳邙山阳 河南博物馆藏石

2/1570 王仁墓志 正书 唐龙朔三年二月廿二日(六六三) 邙山 新安张钫藏石

2/368 段文会墓志 正书 唐龙朔三年四月二日(六六三) 洛阳邙山 河南博物馆藏石

2/1571 田君彦墓志 正书 唐龙朔三年五月八日(六六三) 邙山 新安张钫藏石

2/1597 □漫伍墓志 正书 唐龙朔三年六月十四日(六六三) 北邙 新安张钫藏石

2/1582 王楷及妻张氏墓志 正书 唐龙朔三年八月三日(六六三) 洛阳北邙 新安张钫藏石

2/1578 常开墓志 正书 唐龙朔三年八月三日(六六三) 洛阳邙阜 新安张钫藏石

2/1583 兰达及妻阴氏墓志 正书 唐龙朔三年八月三日(六六三) 洛阳邙山 新安张钫藏石

1/1572 皇甫字及妻窦氏墓志 正书 唐龙朔三年八月九日(六六三) 河南县平乐乡北邙 新安张钫藏石

2/406 张君妻程令秀墓志并盖 正书 盖篆书 唐龙朔三年八月廿一日(六六三) 洛阳邙山 河南博物馆藏石

2/257 斛斯妻张氏墓志 正书 唐龙朔三年十月四日(六六三) 洛阳北邙 河南博物馆藏石

2/1575 樊端墓志 正书 唐龙朔三年十月五日(六六三) 洛阳邙山 新安张钫藏石

2/1600 仵愿德墓志 正书 唐龙朔三年十一月十二日(六六三) 洛阳邙山 新安张钫藏石

2/1585 孟君妻曹氏墓志 正书 唐龙朔三年十一月廿三日(六六三) 洛阳县清风里 新安张钫藏石

燕京大学图书馆所藏石刻草目　六

2/1573　□敬墓志　正书　唐龙朔三年十一月廿四日(六六三)　洛阳邙山　新安张钫藏石

2/1568　刘氏墓志　正书　唐龙朔三年十二月十八日(六六四)　邙山　新安张钫藏石

2/1580　傅交益墓志　正书　唐龙朔三年十二月廿七日(六六四)　河南县平乐乡郝村西北二百步　新安张钫藏石

2/391　袁相墓志　正书　唐龙朔□年十□月□日(六六一—六六四)　洛阳邙山　河南博物馆藏石

2/2164　斛斯君妻董氏墓志　正书　唐麟德元年正月廿八日(六六四)　河南县金谷乡　燕京大学图书馆藏石　重七张

2/1592　王氏墓志　正书　唐麟德元年二月十二日(六六四)　新安张钫藏石

2/1595　边师墓志　正书　唐麟德元年二月廿四日(六六四)　邙山　新安张钫藏石

2/882　王才及妻毛氏墓志　正书　唐麟德元年三月十三日(六六四)　相州城东北平原四百步

2/73　秦宝墓志　正书　唐麟德元年三月廿五日（六六四）　洛阳县邙山　河南博物馆藏石

2/163　□玄德墓志　正书　唐麟德元年四月七日（六六四）　洛阳县邙山　河南博物馆藏石

2/2249　□仁墓志　正书　唐麟德元年五月廿五日（六六四）　邙山　新安张钫藏石

2/1614　王德妻鲜于氏墓志　正书　唐麟德元年七月廿七日（六六四）　东都城□□□邙山　新安张钫藏石

2/1587　皇甫璧墓志　正书　唐麟德元年八月九日（六六四）　平乐乡邙山　新安张钫藏石

2/1611　王玄墓志　正书　唐麟德元年十月十一日（六六四）　洛阳西北十里　新安张钫藏石

2/149　孟师墓志并盖　正书　盖篆书　唐麟德元年十一月二日（六六四）　洛阳邙山阳　河南博物馆藏石

2/74　段赜妻兰氏墓志　正书　唐麟德元年十一月五日（六六四）　洛阳县北邙　河南博物馆藏石

2/299　梁秀及妻曹谯墓志　正书　唐麟德元年十一月五日（六六四）　洛阳邙山　河南博物馆藏石

2/1593　罗端及妻杨氏墓志　正书　唐麟德元年十一月五日（六六四）　邙山　新安张钫藏石

2/98　袁弘毅墓志　正书　唐麟德元年十一月十六日（六六四）　洛州北邙　河南博物馆藏石

2/157　强伟墓志　正书　唐麟德元年十一月廿八日（六六四）　河南县金谷原　河南博物馆藏石

2/188　王达墓志并盖　正书　盖篆书　唐麟德元年十一月廿八日（六六四）　洛阳县北邙　河南博物馆藏石

2/1591　王君及妻杜氏墓志　正书　唐麟德元年十二月十一日（六六五）　北邙　新安张钫藏石

2/1603　冯安墓志　正书　唐麟德元年(六六四)　北邙　新安张钫藏石

2/69　成君妻□尚墓志　正书　唐麟德二年正月三日(六六五)　洛阳县邙山　河南博物馆藏石

2/1596　李远及妻叶氏墓志　正书　唐麟德二年正月十八日(六六五)　洛阳邙山　新安张钫藏石

2/1588　房仁逊墓志　正书　唐麟德二年二月廿五日(六六五)　河南县平乐乡邙山　新安张钫藏石

2/2212　□豹墓志　正书　唐麟德二年二月三十日(六六五)　北邙千金乡界　新安张钫藏石

2/1594　□君妻王淑墓志　正书　唐麟德二年三月廿八日(六六五)　河南县平乐乡杜郭村　新安张钫藏石

2/43　侯僧达墓志　正书　唐麟德二年闰三月廿八日(卒日)(六六五)　洛阳界清风乡　河南博物馆藏石

2/2244　九品宫人墓志　正书　唐麟德二年四月(六六五)　新安张钫藏石

2/105　任君妻王师墓志并盖　正书　盖篆书　唐麟德二年五月十三日(六六五)　洛阳龙门敬善寺西元祚山　河南博物馆藏石

2/1590　□君妻王相儿墓志　正书　唐麟德二年六月二日(六六五)　河南县平乐乡邙山　新安张钫藏石

2/2245　九品宫人墓志　正书　唐麟德二年六月(六六五)　新安张钫藏石

2/44　史信墓志　正书　唐麟德二年七月十二日(六六五)　洛阳县邙山　河南博物馆藏石

2/1605　三宫九品宫人墓志　正书　唐麟德二年七月廿一日(六六五)　新安张钫藏石

2/1612　九品宫人墓志　正书　唐麟德二年七月(六六五)　新安张钫藏石

2/1608　王惠墓志　正书　唐麟德二年八月三日(六六五)　洛阳邙山　新安张钫藏石

2/1589　张思言墓志　正书　唐麟德二年八月三日(六六五)　邙山　新安张钫藏石

2/1613　贾信墓志　正书　唐麟德二年八月三日(六六五)　芒山　新安张钫藏石

2/187　索达墓志并盖　正书　盖篆书　唐麟德二年八月三日(六六五)　河南县平乐乡邙山　河南博物馆藏石

2/234　柳尚远妻宇文氏墓志并盖　正书　盖篆书　唐麟德二年八月十五日(六六五)　洛阳邙山金谷　河南博物馆藏石

2/2217　仇氏墓志　正书　唐麟德二年九月十三日(六六五)　邙山　新安张钫藏石

2/1609　支敬伦墓志　正书　唐麟德二年九月廿一日(六六五)　邙山　新安张钫藏石

2/346　杨客僧墓志　正书　唐麟德二年九月廿五日(六六五)　洛阳芒山　河南博物馆藏石

2/1604　九品宫人墓志　正书　唐麟德二年九月(六六五)　新安张钫藏石

2/388　王仁表墓志　正书　唐麟德二年十月五日(六六五)　洛州洛阳县上东乡嘉善里　河南博物馆藏石

2/1610　王宣及妻张氏墓志　正书　唐麟德二年十月十一日(六六五)　河南县二乐乡邙山　新安张钫藏石

2/204　程君妻周夫人墓志并盖　正书　盖篆书　唐麟德二年十月十一日(六六五)　河南县平乐乡北邙山　河南博物馆藏石

2/337　魏君妻田信墓志　正书　唐麟德二年十月十八日(六六五)　洛阳芒山　河南博物馆藏石

2/2215　刘氏墓志　正书　唐麟德二年十一月二日(六六五)　邙山　新安张钫藏石

2/324　张仁墓志　正书　唐麟德三年①七月三日(六六六)　洛阳北邙　河南博物馆藏石

2/1625　董师墓志　正书　唐乾封元年正月廿九日(六六六)　芒山　新安张钫藏石

2/1626　王延及妻爨氏墓志　正书　唐乾封元年二月五日(六六六)　平乐乡瀍左里河东村北八十步邙山　新安张钫藏石

2/2198　颜仁楚墓志　正书　唐乾封元年二月廿三日(六六六)　邙山北原　新安张钫藏石

2/1749　来僧墓志　正书　唐乾封元年四月廿五日(六六六)　洛阳县清风原　新安张钫藏石

2/162　崔冲墓志　正书　唐乾封元年六月十九日(六六六)　洛州河南县平乐乡北原　河南博物馆藏石

2/19　郭君妻杨氏墓志　正书　唐乾封元年九月七日(六六六)　洛阳县北邙　河南博物馆藏石

2/1617　张君妻梁氏墓志　正书　唐乾封元年九月十日(六六六)　河南县平乐乡　新安张钫藏石

2/974　张行恭墓志　正书　唐乾封元年十月十七日(六六六)　七帝村北三百步平原　重一张

2/1748　裴嗣□墓志　正书　唐乾封二年正月(六六七)　河南县平乐乡　新安张钫藏石

2/267　王道智及妻刘氏墓志　正书　唐乾封二年二月十八日(六六七)　洛阳北芒山　河南博物馆藏石

2/281　赵君及妻梁氏墓志　正书　唐乾封二年二月十八日(六六七)　洛阳芒山　河南博物馆藏石

2/1623　董葵及妻田氏墓志　正书　唐乾封二年二月廿九日(六六七)　平乐里北邙　新安张钫藏石

---

①　编按:麟德为唐高宗年号,只有两年,但此墓碑文确为“三年”,存疑。

2/375 李表墓志 正书 唐乾封二年四月七日(六六七) 洛阳邙山 河南博物馆藏石

2/364 张兄仁妻成公义墓志 正书 唐乾封二年六月三日(六六七) 河南县北邙山 河南博物馆藏石 末书乾封二年六月十三日洛州陆浑县张玄恭母墓志

2/361 陈寿墓志 正书 唐乾封二年七月二日(六六七) 洛阳清风乡 河南博物馆藏石

2/2246 韩逻及妻靳耶墓志 正书 唐乾封二年七月十四日(六六七) 邙山 新安张钫藏石

2/1615 张海墓志 正书 唐乾封二年八月十四日(六六七) 河南县平乐乡邙山 新安张钫藏石

2/1624 张伯陇墓志 正书 唐乾封二年八月廿六日(六六七) 平乐乡北邙 新安张钫藏石

2/122 张鬼及妻薛氏墓志并盖 正书 盖篆书 唐丁卯之岁戊午之朔廿七日(六六七) 洛阳芒山 河南博物馆藏石 按乾封二年丁卯九月戊午朔

2/54 王纂及妻吉氏墓志 正书 唐乾封二年十月廿二日(六六七) 洛阳县邙山 河南博物馆藏石

2/195 王和及妻李氏墓志并盖 正书 盖篆书 唐乾封二年十月廿二日(六六七) 河南县邙山 河南博物馆藏石

2/1619 张善及妻上官氏墓志 正书 唐乾封二年十月廿二日(六六七) 新安张钫藏石

2/1622 靖千季及妻李氏墓志 正书 唐乾封二年十月廿二日(六六七) 芒山 新安张钫藏石

2/314 黄君妻孙智墓志 正书 唐乾封二年十月廿七日(六六七) 河南县芒山平乐乡界 河南博物馆藏石

2/374 段君妻李弟墓志 正书 唐乾封二年十月廿八日(六六七) 洛阳芒山 河南博物馆藏石

2/294 张朗及妻樊氏墓志 子崇珪撰 正书 唐乾封二年闰十二月二日(六六八) 河南县平乐乡邙山 河南博物馆藏石

2/1618 李弘及妻阎氏墓志 正书 唐乾封二年闰十二月五日(六六八) 北邙 新安张钫藏石

2/1616 孙恭墓志 正书 唐乾封二年闰十二月十一日(六六八) 洛州洛阳县清风乡北邙 新安张钫藏石

2/25 杜庆墓志 正书 唐乾封二年闰十二月十七日(六六八) 洛阳县邙山 河南博物馆藏石

2/211 娄敬墓志并盖 正书 盖篆书 唐乾封二年闰十二月十七日(六六八) 河南县平乐乡邙山阳 河南博物馆藏石

2/376 谢通墓志 正书 唐乾封二年闰十二月十七日(六六八) 洛阳邙山平乐乡界 河南博物馆藏石

2/1620 王师墓志 正书 唐乾封三年正月十八日(六六八) 平乐乡杜郭村北二里邙山 新安张钫藏石

2/1621 □彦及妻郭氏墓志 正书 唐乾封三年正月廿五日(六六八) 河南县平乐乡邙山 新安张钫藏石

2/396 靖彻及妻王氏墓志 正书 唐乾封三年二月十六日(六六八) 河南平乐乡 河南博物馆藏石

2/193 通君妻阎玄墓志并盖 正书 盖篆书 唐总章元年三月七日(六六八) 洛阳平乐乡 河南博物馆藏石

2/1751 南斌妻高五子墓志 唐总章元年五月七日(六六八) 河南北山平乐乡瀍左里 新安张钫藏石

2/1627 李文及妻朱氏墓志 正书 唐总章元年六月廿九日(六六八) 洛阳县清风乡芒山 新安张钫藏石

2/358 彭义墓志 正书 唐总章元年七月廿四日(六六八) 洛阳邙山 河南博物馆藏石

2/323 李泰及妻杨氏墓志 正书 唐总章元年十一月二日(六六八) 河南县平乐乡邙山 河南博物馆藏石

2/1631　梁方墓志　正书　唐总章元年十一月四日(六六八)　洛阳邙山　新安张钫藏石

2/1630　徐买墓志　正书　唐总章二年正月廿七日(六六九)　芒山　新安张钫藏石

2/351　王德及妻刘氏墓志　正书　唐总章二年二月十一日(六六九)　洛阳邙山　河南博物馆藏石

2/1628　李氏墓志　正书　唐总章二年三月十九日(六六九)　洛阳县清风乡北芒　新安张钫藏石

2/2248　赵氏墓志　正书　唐总章二年五月十四日(六六九)　洛阳县清风乡平原　新安张钫藏石

2/160　张君妻朱氏墓志　正书　唐总章二年六月廿六日(六六九)①　□山瀍涧里　河南博物馆藏石

2/342　康达墓志　正书　唐总章二年七月八日(六六九)　洛阳北邙　河南博物馆藏石

2/107　杨行袆墓志并盖　正书　盖篆书　唐总章二年八月廿六日(六六九)　洛阳邙山　河南博物馆藏石

2/53　□德及妻淳于氏墓志　正书　唐总章二年八月廿六日(六六九)　洛阳县邙山平乐乡尚书谷　河南博物馆藏石

2/1750　赵义本墓志　正书　唐总章二年九月廿六日(六六九)　邙山　新安张钫藏石

2/96　耿卿妻惠氏墓志　正书　唐总章二年十一月十五日(六六九)　河南县平乐乡邙山　河南博物馆藏石

2/1629　上官义墓志　正书　唐总章二年十一月廿七日(六六九)　芒山　新安张钫藏石

2/282　兰德墓志　正书　唐总章二年十二月一日(六六九)　河

---

①　编按:据该墓志拓片,年代为总章二年(六六九),容媛先生原文为总章三年(六七〇),今据拓片改并调序。

南县平乐乡邙山阳　河南博物馆藏石

2/1746　杜善荣及妻张文母墓志　正书　唐总章三年三月十一日(六七〇)　北邙　新安张钫藏石

2/242　程义墓志并盖　正书　盖篆书　唐咸亨元年三月十二日(六七〇)　洛阳芒山　河南博物馆藏石

2/1635　刘德闰及妻郑氏墓志　正书　唐咸亨元年三月十四日(六七〇)　河南县平乐乡邙山　新安张钫藏石

2/1633　毛景墓志　正书　唐咸亨元年六月十三日(六七〇)　邙山　新安张钫藏石

2/1001　乐达及妻吴氏墓志　正书　唐咸亨元年七月十四日(六七〇)　河南县郏鄏乡邙山之阳　重一张

2/59　张轨墓志　正书　唐咸亨元年闰九月廿日(六七〇)　河南县邙山平阴乡　河南博物馆藏石

2/1648　索行墓志　正书　唐咸亨元年闰九月廿日(六七〇)　洛阳金谷乡芒山　新安张钫藏石

2/1632　狄通墓志　正书　唐咸亨元年九月廿一日(六七〇)　邙山　新安张钫藏石

2/357　赵氏墓志　正书　唐咸亨元年十月一日(六七〇)　河南县邙山平乐乡　河南博物馆藏石

2/1651　王君德墓志　正书　唐咸亨元年十月四日(六七〇)　邙山　新安张钫藏石

2/1753　穆硕及妻车氏墓志　正书　唐咸亨元年十月四日(六七〇)　河南县平乐乡邙山　新安张钫藏石

2/1636　盖蕃墓志　正书　唐咸亨元年十月四日(六七〇)　洛阳芒山　新安张钫藏石

2/1640　朱通及妻冯氏墓志　正书　唐咸亨元年十月廿五日(六七〇)　东都北芒　新安张钫藏石

2/37　乐玄及妻赵氏墓志　正书　唐咸亨元年十月廿八日(六

七〇） 洛阳县邙山 河南博物馆藏石

2/1645 樊玄纪墓志 正书 唐咸亨元年十月□日（六七〇） 新安张钫藏石

2/1865 段玮墓志 正书 唐咸亨元年十一月十日（六七〇） 邙山 新安张钫藏石

2/274 张晓墓志 正书 唐咸亨元年□□月廿日（六七〇） 洛阳邙山 河南博物馆藏石

2/1637 张节墓志 正书 唐咸亨二年正月十一日（六七一） 洛阳邙山 新安张钫藏石

2/1643 程务忠妻郑氏墓志 正书 唐咸亨二年五月十四日（六七一） 邙山 新安张钫藏石

2/1642 张君妻王智墓志 正书 唐咸亨二年八月八日（六七一） 北邙平乐原 新安张钫藏石

2/1760 毕君妻宋五娘墓志 正书 年号泐按唐咸亨二年辛未十一月甲午朔三日景申（六七一） 洛阳县平阴乡 新安张钫藏石

2/315 谢庆□墓志 正书 唐咸亨二年□月十二日（六七一） 洛阳北芒山平乐乡 河南博物馆藏石

2/1639 张无量墓志 正书 唐咸亨二年□月廿二日（六七一） 新安张钫藏石

2/1860 刘盛及妻逯氏墓志 正书 唐咸亨三年正月三日（六七二） 北邙 新安张钫藏石

2/135 王师墓志并盖 正书 盖篆书 唐咸亨三年正月廿二日（六七二） 洛阳平乐乡 河南博物馆藏石

2/608 张祖及妻李氏墓志 正书 唐咸亨三年二月廿二日（六七二） 相州滏阳县滏泉西三里之平原

2/938 同上

2/1650 康武通墓志 正书 唐咸亨三年二月廿三日（六七二） 洛州洛阳县诸葛村 新安张钫藏石

2/1646　□君妻路昭墓志　正书　唐咸亨三年二月廿八日(六七二)　北芒　新安张钫藏石

2/1745　王逢墓志　正书　唐咸亨三年三月廿九日(六七二)　邙山　新安张钫藏石

2/1766　杨氏墓志　正书　唐咸亨三年三月廿九日(六七二)　新安张钫藏石

2/65　王玄墓志　正书　唐咸亨三年五月廿四日(六七二)　河南县平乐乡北邙　河南博物馆藏石　按此志系由旧志改刻原文磨去未尽尚横列行间隐约可辨

2/46　张弘墓志　正书　唐咸亨三年十月廿七日(六七二)　河南邙山　河南博物馆藏石

2/1641　淳于君及妻陈恭墓志　正书　唐咸亨三年十一月十五日(六七二)　平乐乡邙山　新安张钫藏石

2/298　张义墓志　正书　唐咸亨三年十一月廿二日(六七二)　洛阳北邙　河南博物馆藏石

2/350　李子如及妻韩氏墓志　正书　唐咸亨三年十二月三日(六七二)　洛阳邙山　河南博物馆藏石

2/2247　李志及妻薛氏墓志　正书　唐咸亨四年正月廿二日(六七三)　邙山　新安张钫藏石

2/907　朱远墓志　正书　唐咸亨四年二月廿八日(六七三)　咸阳之原　重一张

2/145　慕容知礼墓志并盖　正书　盖篆书　唐咸亨四年二月廿八日(六七三)　洛阳北芒　河南博物馆藏石

2/89　王氏墓志　正书　唐咸亨四年四月五日(六七三)　洛阳县北芒　河南博物馆藏石

2/289　张翌墓志　正书　唐咸亨四年五月□七日(六七三)　洛阳北邙山　河南博物馆藏石　河南博物馆后期拓片目云十七日

2/1634　周君妻成氏墓志　正书　唐咸亨四年六月廿三日(六

七三） 邙山 新安张钫藏石

2/47 边真墓志 正书 唐咸亨四年六月廿六日（六七三） 河南县邙山平乐乡 河南博物馆藏石

2/226 韩节及妻乐氏墓志并盖 正书 盖篆书 唐咸亨四年八月二日（六七三） 洛阳邙山阳 河南博物馆藏石

2/152 □澄墓志 正书 唐咸亨四年八月十四日（六七三） 洛阳县北邙 河南博物馆藏石

2/301 韩仁师墓志 正书 唐咸亨四年九月廿一日（六七三） 洛阳邙山 河南博物馆藏石

2/286 杨晟及妻李氏墓志 正书 唐咸亨四年十月三日（六七三） 洛城北邙 河南博物馆藏石

2/108 王俭及妻刘氏墓志并盖 正书 盖篆书 唐咸亨四年十月四日（六七三） 洛阳邙山 河南博物馆藏石

2/572 韩宝才墓志 正书 唐咸亨四年十一月九日（六七三） 陕西京城西布政原小严村左 西安碑林藏石

2/667 同上

2/1647 张威及妻贾氏墓志 正书 唐咸亨四年十一月廿一日（六七四） 邙山 新安张钫藏石

2/1747 彭君妻侯氏墓志 正书 唐咸亨四年□月丁亥朔十四日庚寅（六七三） 北邙 新安张钫藏石 按中西回史日历三月丁亥朔十四日庚子此云庚寅误

2/1644 王则及妻陈氏墓志 正书 唐咸亨五年二月四日（六七四） 河南县平乐乡邙山 新安张钫藏石

2/385 史氏墓志 正书 唐咸亨五年二月廿九日（六七四） 洛阳邙山 河南博物馆藏石

2/192 黄素墓志并盖 正书 盖篆书 唐咸亨五年四月卅日（六七四） 河南县平乐乡芒山阴陶村北狼谷 河南博物馆藏石

2/125 张玄景墓志并盖 正书 盖篆书 唐咸亨五年七月十

四日（六七四） 洛阳邙山 河南博物馆藏石

2/1638 张才及妻何氏墓志 正书 唐咸亨五年七月廿六日（六七四） 北邙 新安张钫藏石

2/809 刘守忠墓志 正书 唐咸亨五年八月十三日（六七四） 河南高阳原

2/626 同上

2/1649 王客墓志 正书 唐咸亨五年十月八日（六七四） 邙山 新安张钫藏石

2/1681 关君妻王氏志 正书 唐咸亨□年二月十六日（六七〇—六七四） 芒山 新安张钫藏石

2/990 王君妻墓志 正书 唐上元元年八月廿九日（六七四） 长安城西一十五里高烽原 重一张

2/1805 董轴及妻刘氏墓志 正书 唐上元元年十月十四日（六七四） 河南县平乐乡邙山 新安张钫藏石

2/90 王义墓志 正书 唐上元元年十一月廿五日（六七四） 河南北山 河南博物馆藏石

2/1806 许行本墓志 正书 唐上元二年二月廿八日（六七五） 洛阳北邙杜郭村 新安张钫藏石

2/1804 长孙□可墓志 正书 唐上元二年二月廿八日（六七五） 洛州河南县平乐乡 新安张钫藏石

2/1802 左祐墓志 正书 唐上元二年三月十七日（六七五） 洛阳邙山 新安张钫藏石

2/1801 丁赟及妻璩氏墓志 正书 唐上元二年十一月九日（六七五） 河南北邙平乐乡 新安张钫藏石

2/335 张冲儿墓志 正书 唐上元二年十一月九日（六七五） 洛阳邙山 河南博物馆藏石

2/101 张君妻程大燕墓志并盖 正书 盖篆书 唐上元二年十一月九日（六七五） 洛阳北邙山 河南博物馆藏石

2/343 杨轨墓志 正书 唐上元二年十一月廿一日(六七五) 洛阳芒山 河南博物馆藏石

2/336 □寿墓志 正书 唐上元二年十一月廿一日(六七五) 河南博物馆藏石

2/308 李羡妻刘氏墓志 正书 唐上元二年十二月一日(六七五) 洛阳邙山 河南博物馆藏石

2/57 陈怀俨及妻皇甫氏墓志 正书 唐上元三年正月廿二日(六七六) 洛阳县邙山平阴乡 河南博物馆藏石

2/153 史君及妻赵氏墓志 正书 唐上元三年正月廿二日(六七六) 洛阳邙山北平阴乡界 河南博物馆藏石

2/41 马怀墓志 正书 唐上元三年二月廿二日(六七六) 洛阳县北邙山平阴乡 河南博物馆藏石

2/264 武怀亮墓志 正书 唐上元三年四月廿九日(六七六) 河南县□□□西山 河南博物馆藏石

2/1800 李君彦妻魏氏墓志 正书 唐上元三年七月十六日(六七六) 新安张钫藏石

2/216 张客及妻李氏墓志并盖 正书 盖篆书 唐上元三年十月八日(六七六) 洛阳邙山南 河南博物馆藏石

2/2260 尔朱义琛墓志 正书 唐上元三年十月十五日(六七六) 洛阳奇坑北原 新安张钫藏石

2/1799 袁君妻柳氏墓志 正书 唐上元三年十一月八日(六七六) 河南县平乐乡安善里北邙 新安张钫藏石

2/1798 刘义弘墓志 正书 唐上元三年十一月廿一日(六七六) 洛州河南县金谷乡泉源里北邙 新安张钫藏石

2/1796 王烈墓志 隶书 唐仪凤二年五月十一日(六七七) 新安张钫藏石

2/1795 赵臣墓志 正书 唐仪凤二年九月廿三日(六七七) 新安张钫藏石

2/17　张君妻王氏墓志　正书　唐仪凤二年十二月十八日(六七八)　河南县邙山　河南博物馆藏石

2/1794　康君妻曹氏墓志　正书　唐仪凤二年十二月廿六日(六七八)　新安张钫藏石

2/881　周广及妻傅氏朱氏墓志　正书　唐仪凤三年正月十四日(六七八)　黑山东南歆城西北四里之平原　按傅氏朱氏为平妻

2/1793　王烈及妻江氏墓志　正书　唐仪凤三年正月廿七日(六七八)　河南县北山　新安张钫藏石

2/1797　董力墓志　正书　唐仪凤三年二月八日(六七八)　新安张钫藏石

2/42　司马道墓志　正书　唐仪凤三年五月十七日(六七八)　洛阳县都会乡　河南博物馆藏石

2/1792　王宝墓志　正书　唐仪凤三年十月十一日(六七八)　京兆翟村西北一里　新安张钫藏石

2/205　王文晓墓志并盖　正书　盖篆书　唐仪凤三年十二月廿日(六七九)　洛阳邙山　河南博物馆藏石

2/1787　王晟墓志　正书　唐仪凤四年正月廿一日(六七九)　洛阳芒山　新安张钫藏石

2/1788　张仁祎墓志　余令撰　正书　唐仪凤四年正月廿一日(六七九)　洛州北邙　新安张钫藏石

2/1786　乐弘懿墓志　正书　唐仪凤四年正月廿五日(六七九)　洛阳北邙山　新安张钫藏石

2/352　姬宫仁墓志　正书　唐仪凤四年三月十一日(六七九)　河南县平乐乡　河南博物馆藏石

2/1789　元善妻公孙氏墓志　正书　唐仪凤四年四月十一日(六七九)　洛阳县清风乡北邙　新安张钫藏石

2/1785　王韬墓志　正书　唐仪凤四年五月五日(六七九)　河南邙山　新安张钫藏石

2/1784　宫人墓志　正书　唐仪凤四年五月十七日(六七九)　新安张钫藏石

2/1783　宫人墓志　唐调露元年七月五日(六七九)　新安张钫藏石

2/86　李弘裕墓志　正书　唐调露元年七月十九日(六七九)　洛阳县北邙山　河南博物馆藏石

2/196　王庆墓志并盖　正书　盖篆书　唐调露元年八月十二日(六七九)　洛阳北原　河南博物馆藏石

2/1781　四品宫人墓志　正书　唐调露元年八月十二日(六七九)　新安张钫藏石

2/1782　乐玉及妻樊氏墓志　正书　唐调露元年八月十二日(六七九)　洛阳县平阴乡　新安张钫藏石

2/1780　□且墓志　正书　唐调露元年八月廿二日(六七九)　洛州河南县城北芒　新安张钫藏石

燕京大学图书馆所藏石刻草目　七

2/111　元仁师墓志并盖　正书　盖篆书　唐调露元年十月二日(六七九)　洛州河南县金谷乡　河南博物馆藏石

2/963　张晔及妻杜氏墓志　正书　唐调露元年十月二日(六七九)　白道村西二百步平原

2/85　康续墓志　正书　唐调露元年十月八日(六七九)　洛阳城北七里晏村西平乐乡界　河南博物馆藏石

2/2196　朱宪及妻傅氏墓志　正书　唐调露元年十月十三日(六七九)　北邙杜郭村　新安张钫藏石

2/934　杜秀及妻冯氏墓志并盖　正书　唐调露元年十月廿五日(六七九)　高迁村北西临洨水东

2/836　马珍及妻吴氏墓志　正书及篆书　唐调露元年十一月廿日(六七九)　相□东北二里倪犁城东　首行马君之墓志五字篆书　镌碑人孙弘秀

2/793　同上　旧拓　只存末八行每行多五六字或八九字不等

2/94　泉男生墓志并盖　王德真撰　欧阳通正书　盖篆书　唐调露元年十二月廿六日(六八〇)　洛阳邙山　河南博物馆藏石

2/684　同上

2/805　同上

2/1777　何摩诃墓志　正书　唐调露二年二月廿八日(六八〇)　洛阳平乐乡北邙　新安张钫藏石

2/290　安神俨及妻史氏墓志　正书　唐调露二年二月廿八日(六八〇)　洛阳邙山　河南博物馆藏石

2/1779　罗甑生及妻康氏墓志　正书　唐调露元年十月廿三日(六七九)　河南界北邙　新安张钫藏石

2/2221　宫人墓志　正书　唐永隆元年九月一日(六八〇)　洛阳城北　新安张钫藏石

2/113　索义弘墓志并盖　正书　盖篆书　唐永隆元年十一月廿三日(六八〇)　洛阳邙山　河南博物馆藏石

2/916　王善相及妻禄氏墓志　正书　唐永隆二年二月九日(六八一)　京城南洪固乡界韦曲　重一张

2/1808　邢弼墓志　正书　唐永隆二年二月九日(六八一)　河南平乐乡邙山　新安张钫藏石

2/2329　萧瑶及妻杜氏墓志　正书　唐永隆二年二月廿日(六八一)　河南县平乐乡安善里杜郭村西南一里北邙　北平历史博物馆藏石

2/917　法乐法师墓志　正书　唐永隆二年三月廿三日(六八一)　雍州明堂县义川乡南原　重一张

2/1809　王君妻吕氏墓志　正书　唐永隆二年四月八日(六八一)　新安张钫藏石

2/1810　王□墓志　正书　唐永隆二年四月廿一日(六八一)　洛阳芒山　新安张钫藏石

2/1811　王明墓志　正书　唐永隆二年七月十五日(六八一)　河南偃师县邙山　新安张钫藏石

2/2355　康杴墓志　正书　唐永隆二年八月六日(六八一)　邙山　北平历史博物馆藏石

2/1882　杜才墓志　正书　唐开耀元年十一月七日(六八一)　河南洛阳县平乐乡芒山　新安张钫藏石

2/1883　张敬玄墓志　正书　唐开耀元年十二月廿六日(六八二)　河南县北邙　新安张钫藏石

2/1888　张师子墓志　正书　唐永淳元年三月九日(六八二)　新安张钫藏石

2/1884　张和墓志　正书　唐永淳元年三月十六日(六八二)　新安张钫藏石

2/178　康磨伽墓志并盖　正书　盖篆书　唐永淳元年四月三日(六八二)　洛州洛阳县平乐原　河南博物馆藏石

2/29　李君妻裴太一墓志　姑夫□万祯撰　正书　唐永淳元年四月七日(六八二)　长安西南高阳原　河南博物馆藏石

2/2250　成小师墓志　正书　唐永淳元年五月十日(六八二)　邙山　新安张钫藏石

2/933　李才仁墓志　正书　唐永淳元年七月十八日(六八二)　高阳之原

2/2280　韩德信妻程氏墓志　正书　唐永淳元年七月廿四日(六八二)　河南县平乐乡邙山　新安张钫藏石

2/382　李元轨墓志　正书　唐永淳元年七月廿九日(六八二)　洛阳邙山　河南博物馆藏石

2/297　康留墓志　正书　唐永淳元年十月十四日(六八二)　河南平乐　河南博物馆藏石

2/1886　张贵宽墓志　正书　唐永淳元年十月廿六日(六八二)　洛阳县北邙山　新安张钫藏石

2/1885　张达墓志　正书　唐永淳元年十月廿六日(六八二)　洛阳平乐乡北邙山　新安张钫藏石

2/189　燕秀墓志并盖　正书　盖篆书　唐永淳元年十一月十三日(六八二)　洛阳邙山安善里　河南博物馆藏石

2/1887 崔志道及妻李氏墓志 卢献撰 正书 唐永淳元年十一月十七日(六八二) 新安张钫藏石

2/404 赵义墓志并盖 王允元撰 正书 盖篆书 唐永淳元年十一月廿五日(六八二) 洛阳王城北邙 河南博物馆藏石

2/327 王隆墓志 正书 唐永淳元年十二月廿四日(六八三) 洛阳北芒清善里 河南博物馆藏石

2/285 杨君妻杜芬墓志 正书 唐永淳二年二月十四日(六八三) 洛阳邙山 河南博物馆藏石

2/924 张懿墓志 正书 唐永淳二年二月十五日(六八三) 长安县龙首乡之原 重一张

2/119 孟君妻麻氏墓志并盖 正书 盖篆书 唐永淳二年十一月十七日(六八三) 洛阳北邙 河南博物馆藏石

2/1889 畅昉墓志 正书 唐弘道元年十二月十七日(六八四) 新安张钫藏石

2/70 王宝墓志 正书 唐嗣圣元年二月九日(六八四) 洛阳县邙山 河南博物馆藏石

2/1890 成纶墓志 正书 唐文明元年六月五日(六八四) 洛阳平阴乡 新安张钫藏石

2/155 孙通及妻韩氏墓志 正书 唐文明元年七月十二日(六八四) 邙山平阴乡 河南博物馆藏石

2/1908 □义墓志 正书 唐文明元年七月廿四日(六八四) 新安张钫藏石

2/117 王岐及妻孙氏墓志并盖 子神祐正书 盖篆书 唐文明元年八月五日(六八四) 洛阳邙山平乐乡 河南博物馆藏石

2/1855 皇甫镜几及妻王氏墓志 正书 唐文明元年八月五日(六八四) 洛阳邙山西原 新安张钫藏石

2/2226 杨君妻王俱夷墓志 正书 唐光宅元年九月廿二日(六八四) 北邙平乐原 新安张钫藏石

2/2227　李璿墓志　正书　唐光宅元年十月十九日（六八四）　河南县平乐乡邙山　新安张钫藏石

2/238　孟君妻李娘墓志并盖　正书　盖篆书　唐光宅元年十一月廿五日（六八五）　洛阳邙山阳平乐乡　河南博物馆藏石

2/1891　赵承庆墓志　正书　唐垂拱元年正月十三日（六八五）　新安张钫藏石

2/1892　成德墓志　正书　唐垂拱元年二月八日（六八五）　河南　新安张钫藏石

2/373　张夫人贞墓志　正书　唐垂拱元年三月十六日（六八五）　洛阳河阴乡邙山　河南博物馆藏石

2/276　柳永锡墓志　正书　唐垂拱元年七月廿一日（六八五）　洛州北邙　河南博物馆藏石

2/1893　柳偘墓志　正书　唐垂拱元年七月廿一日（六八五）　洛州北芒　新安张钫藏石

2/1894　丁范墓志　正书　唐垂拱元年十月十二日（六八五）　新安张钫藏石

2/1896　朱旻墓志　正书　唐垂拱元年十月十三日（六八五）　洛阳北邙　新安张钫藏石

2/1895　独狐守义墓志　正书　唐垂拱元年十月十三日（六八五）　河南县平乐北原　新安张钫藏石

2/2302　韩郎墓志　正书　唐垂拱元年十二月一日（六八五）　邙山河阴乡之界　新安张钫藏石

2/1897　黄师墓志　正书　唐垂拱元年十二月十三日（六八六）　河南县北邙　新安张钫藏石

2/280　张览墓志　正书　唐垂拱二年三月廿日（六八六）　洛阳邙山平乐原　河南博物馆藏石

2/261　管基墓志　正书　唐垂拱二年六月四日（六八六）　洛城北平乐乡　河南博物馆藏石

2/1898　管思礼墓志　正书　唐垂拱二年十月廿三日(六八六)洛城平乐乡之界　新安张钫藏石

2/2367　郭肃宗墓志　正书　唐垂拱三年闰正月七日(六八七)洛阳平阴乡

2/1899　周君妻公孙平墓志　正书　唐垂拱三年闰正月十九日(六八七)　洛阳邙山　新安张钫藏石

2/2332　吉怀恽墓志　正书　唐垂拱三年闰正月廿五日(六八七)　邙山之阳　北平历史博物馆藏石

2/1900　□守义墓志　唐垂拱三年二月十五日(六八七)　新安张钫藏石

2/2303　许坚墓志　正书　唐垂拱三年二月十五日(六八七)邙山平原　新安张钫藏石

2/1901　张成墓志　正书　唐垂拱三年五月九日(六八七)　河南县平乐乡北邙山　新安张钫藏石

2/1902　樊氏六娘七娘九娘墓志　正书　唐垂拱三年十月廿七日(六八七)　洛阳县金谷乡邙山　新安张钫藏石

2/334　乐师及妻张氏墓志　正书　唐垂拱三年十月廿九日(六八七)　洛阳邙山　河南博物馆藏石

2/161　樊浮丘妻李氏墓志　正书　唐垂拱三年十月廿九日(六八七)　河南县芒山金谷乡石城里　河南博物馆藏石

2/1903　八品宫人墓志　正书　唐垂拱四年正月廿三日(六八八)　新安张钫藏石

2/79　李善智及妻刘氏墓志　正书　唐垂拱四年正月廿三日(六八八)　洛阳县北邙　河南博物馆藏石

2/1907　封君妻崔柔仪墓志　正书　唐垂拱四年正月十□日(六八八)　河阴县芒山　新安张钫藏石　重一张

2/1904　成忠墓志　正书　唐垂拱四年三月三日(六八八)　河南县北芒山　新安张钫藏石

2/140　田君妻衡氏墓志　唐垂拱四年五月一日(六八八)　河南博物馆藏石

2/1905　陆绍墓志　正书　唐垂拱四年五月十五日(六八八)　洛州洛阳县平阴乡平原　新安张钫藏石

2/302　萧洛宾墓志　正书　唐垂拱四年五月廿七日(六八八)　洛阳县北平乐乡　河南博物馆藏石

2/393　吕行端墓志　正书　唐垂拱四年七月十七日(六八八)　洛阳县平阴乡　河南博物馆藏石

2/2301　袁景恒墓志　正书　唐垂拱四年七月十七日(六八八)　北邙　新安张钫藏石

2/1906　郑法明妻李氏墓志　正书　唐垂拱四年九月卅日(六八八)　洛阳平阴乡邙山　新安张钫藏石

2/378　杨宝及妻张氏墓志　正书　唐垂拱四年十月廿四日(六八八)　洛阳北邙　河南博物馆藏石

2/997　张安安墓志　正书　唐垂拱四年十月廿四日(六八八)　龙首原　重一张

2/1778　九品宫人墓志　正书　唐调露元年十一月廿五日(六八〇)　新安张钫藏石

2/2069　徐钦载墓志　正书　唐垂拱四年十二月十八日(六八九)　洛阳县平阴乡北邙　新安张钫藏石

2/1909　张君妻邢氏墓志　正书　唐永昌元年九月廿四日(六八九)　洛阳县平乐乡杜郭村北邙山　新安张钫藏石

2/129　慕容夫人稚英墓志并盖　正书　盖篆书　周载初元年六月十五日(六九〇)　河南邙山平乐原　河南博物馆藏石

2/1910　柳君妻杜氏墓志　隶书　周天授二年正月十八日(六九一)　新安张钫藏石

2/2070　宫人墓志　正书　周天授二年正月廿四日(六九一)　新安张钫藏石

2/1911 王智通及妻李氏墓志 正书 周天授二年二月七日(六九一) 新安张钫藏石

2/1913 杜举墓志 正书 周天授二年二月七日(六九一) 合宫县河阴乡 新安张钫藏石

2/132 格善义妻斛斯氏墓志并盖 正书 盖篆书 周天授二年二月七日(六九一) 洛阳北邙山 河南博物馆藏石

2/1912 皇甫玄志及妻董氏墓志 正书 周天授二年二月七日(六九一) 合宫县平乐乡 新安张钫藏石

2/1915 衡义整及妻元氏墓志 史宝定撰 董履正书 周天授二年二月十八日(六九一) 洛阳县清风乡 新安张钫藏石

2/1914 崔思古墓志 正书 周天授二年二月廿四日(六九一) 洛州合宫县平乐乡瀍阳里 新安张钫藏石

2/1916 杨陶墓志 正书 周天授二年二月廿八日(六九一) 新安张钫藏石

2/2271 掌思明墓志 正书 周天授二年四月九日(六九一) 新安张钫藏石

2/992 张君妻田氏墓志 正书 周天授二年六月三日(六九一) 万年县城东龙首原长乐乡王紫村南一里 重一张

2/1917 陈崇本墓志 正书 周天授二年六月廿二日(六九一) 新安张钫藏石

2/1918 许君妻樊氏墓志 正书 周天授二年七月十六日(六九一) 洛阳城合宫县北邙山 新安张钫藏石

2/1919 皇甫君妻张氏墓志 正书 周天授二年九月十八日(六九一) 新安张钫藏石

2/1921 杨绍基墓志 正书 周天授二年十月十二日(六九一) 洛州洛阳县北邙 新安张钫藏石

2/1922 爨右及妻周氏墓志 正书 周天授二年十月十二日(六九一) 洛州北邙 新安张钫藏石

2/214　焦松及妻种氏墓志并盖　正书　盖篆书　周天授二年十月廿四日（六九一）　洛阳北邙山　河南博物馆藏石

2/1920　宫人六品墓志　正书　周天授二年十月十□日（六九一）　新安张钫藏石

2/2074　庞君妻任氏墓志　正书　周天授二年□月廿四日（六九一）　新安张钫藏石

2/1924　董本墓志　正书　周天授三年正月廿九日（六九二）　合宫县平乐乡邙山　新安张钫藏石

2/1923　李文疑墓志　正书　周天授三年三月四日（六九二）　城东北十里三家店北一里平阴乡北芒山　新安张钫藏石

2/1925　朱行及妻张氏墓志　正书　周如意元年四月廿日（六九二）　新安张钫藏石

2/2071　李琮墓志　正书　周如意元年六月四日（六九二）　洛阳县清风乡　新安张钫藏石

2/1926　杨训及妻郑氏墓志　正书　周如意元年八月十日（六九二）　新安张钫藏石

2/1928　张贞墓志　正书　周长寿二年一月十九日（六九三）　新安张钫藏石

2/1929　梁玄敏及妻朱氏墓志　正书　周长寿二年二月十二日（六九三）　洛州合宫县平乐乡　新安张钫藏石

2/866　和钱墓志　正书　周长寿二年四月二日（六九三）　神□山西五里之平原

2/2072　宫人五品墓志　正书　周长寿二年四月十二日（六九三）　邙山　新安张钫藏石　按志书十二四日盖原乃四日而改为十二日者

2/1930　宫人六品墓志　正书　周长寿二年六月三日（六九三）　新安张钫藏石

2/1931　张道墓志　正书　周长寿二年六月廿四日（六九三）　洛州合宫县太上玄元皇帝庙后　新安张钫藏石

2/1934 陈察及妻柳氏墓志 正书 周长寿二年八月三日(六九三) 洛阳县平阴乡北邙 新安张钫藏石

2/1935 王贞及妻梁氏墓志 正书 周长寿二年八月廿七日(六九三) 洛州邙山 新安张钫藏石

2/1936 张元及妻王氏墓志 正书 周长寿二年八月廿八日(六九三) 合宫县平乐乡 新安张钫藏石

2/112 昝斌墓志并盖 正书 盖篆书 周长寿二年八月廿八日(六九三) 洛阳北邙山 河南博物馆藏石

2/1937 苏永墓志 正书 周长寿二年十月十七日(六九三) 新安张钫藏石

2/853 程仵郎及妻韩氏墓志 正书 周长寿二年十月十七日(六九三) 北□阳村西北三里

2/1938 王君妻刘氏墓志 正书 周长寿二年十月廿九日(六九三) 合宫县平乐乡北邙 新安张钫藏石

2/1927 柏玄墓志 正书 周长寿二年正月十八日(六九三) 新安张钫藏石

2/72 许琮妻李氏墓志 正书 周长寿二年正月廿九日(六九三) 合宫县北邙山 河南博物馆藏石

2/170 莫义墓志 正书 周长寿二年腊月十三日(六九四) 合宫县界邙山 河南博物馆藏石

2/1939 崔德墓志 正书 周长寿二年腊月廿五日(六九四) 新安张钫藏石

2/1264 康智及妻支氏墓志 正书 周长寿三年四月七日(六九四) 洛州城北十三里平乐乡北邙 新安张钫藏石

2/1941 孙师岐墓志 正书 周长寿三年四月十四日(六九四) 新安张钫藏石

2/1940 张玄封墓志 正书 周长寿三年四月十七日(六九四) 合宫县邙山 新安张钫藏石

2/925　程玄景墓志　正书　周长寿三年正月廿二日(六九四)　龙首原

2/807　房怀亮墓志　正书　周延载元年十月廿三日(六九四)　河南龙首之原　重一份

2/371　齐朗及妻王氏墓志　正书　周证圣元年一月十七日(六九五)　洛阳北邙　河南博物馆藏石

2/2336　杨岳墓志　正书　周证圣元年三月十三日(六九五)　河南合宫县邙山　北平历史博物馆藏石

2/1942　申守及妻田氏墓志　正书　周证圣元年正月廿九日(六九五)　洛阳县平阴乡邙山　新安张钫藏石

2/1943　许行及妻崔氏墓志　正书　周证圣元年正月廿九日(六九五)　新安张钫藏石

2/2264　南郭生墓志　正书　周证圣元年腊月廿三日(六九五)　合宫县平乐乡北原　新安张钫藏石

2/641　刘基及妻秦氏墓志　正书　周天册万岁元年十月廿二日(六九五)　山西潞城乐善村西南一里　聂崇岐先生赠

2/330　封抱墓志　正书　周天册万岁元年十月廿八日(六九五)　洛阳龙门山悬岩　河南博物馆藏石

2/367　王思讷及妻乙娄氏墓志　正书　周天册万岁二年正月十一日(六九六)　洛阳邙山　河南博物馆藏石

2/206　马二娘墓志并盖　正书　盖篆书　周万岁登封元年一月九日(六九六)　洛阳芒山　河南博物馆藏石

2/1944　杨昇墓志　正书　周万岁登封元年一月廿七日(六九六)　平乐乡邙山　新安张钫藏石

2/1945　李起宗及妻孟氏墓志　正书　周万岁登封元年七月廿一日(六九六)　新安张钫藏石

2/1963　宫人八品墓志　正书　周万岁通天元年五月十四日(六九六)　新安张钫藏石

2/409 梁瞰墓志并盖 正书 盖篆书 周万岁通天元年五月廿日(六九六) 洛阳邙山 河南博物馆藏石

2/912 仇道朗及妻黄氏墓志 正书 周万岁通天元年五月廿六日(六九六) 京兆南高阳之原 重一张

2/103 崔锐妻高漆娘墓志并盖 正书 盖篆书 周万岁通天元年七月六日(六九六) 洛阳县北邙山 河南博物馆藏石

2/1946 成循墓志 正书 周万岁通天元年十月廿二日(六九六) 新安张钫藏石

2/2073 公士尉墓志 正书 周万岁通天二年二月二日(六九七) 洛阳 新安张钫藏石

2/1947 张金才墓志 正书 周万岁通天二年二月六日(六九七) 都城邙山 新安张钫藏石

2/1948 王君妻薛氏墓志 正书 周万岁通天二年二月十七日(六九七) 合宫县河阴乡 新安张钫藏石

2/2265 李氏墓志 正书 周万岁通天二年二月十七日(六九七) 北邙 新安张钫藏石

2/2289 杨约及妻乔氏墓志 正书 周万岁通天二年二月十七日(六九七) 邙山 新安张钫藏石

2/1949 陈玄墓志 正书 周万岁通天二年二月十九日(六九七) 新安张钫藏石

2/1953 张仁师妻关氏墓志 正书 周万岁通天二年二月廿七日(六九七) 新安张钫藏石

2/571 梁师亮墓志 正书 周万岁通天二年三月六日(六九七) 雍州城南终南山至相寺 西安碑林藏石

2/664 同上

2/1950 赵睿及妻梁氏墓志 正书 周万岁通天二年四月廿日(六九七) 合宫县金谷乡 新安张钫藏石

2/307 刘洪预墓志 正书 周万岁通天二年五月二日(六九七)

洛阳北邙山　河南博物馆藏石

2/23　刘含章妻李五娘墓志　正书　周万岁通天二年六月廿一日(六九七)　河南县邙山　河南博物馆藏石

2/1952　奚弘敬及妻李氏墓志　正书　周万岁通天二年八月十一日(六九七)　新安张钫藏石

2/306　韩仁惠及妻皇甫氏墓志　正书　周万岁通天二年八月廿一日(六九七)　洛阳县北邙　河南博物馆藏石

2/1951　常德及妻裴氏墓志　正书　周万岁通天二年八月廿七日(六九七)　平乐乡老神里北邙山　新安张钫藏石

2/1954　董希令及妻赵氏墓志　正书　周万岁通天二年十月廿二日(六九七)　新安张钫藏石

2/1955　王豫墓志　谢士良撰　正书　周神功元年十月廿二日(六九七)　新安张钫藏石

2/1956　呼延章及妻马氏墓志　正书　周神功元年十月廿二日(六九七)　合宫县梓泽原　新安张钫藏石

2/296　张素及妻赵氏墓志　正书　周神功元年十月廿二日(六九七)　洛阳北邙平乐乡　河南博物馆藏石

2/1957　盖畅墓志　正书　周神功二年①正月十七日(六九八)　新安张钫藏石

2/1958　畅怀祯墓志　正书　周圣历元年二月十一日(六九八)　洛阳北芒　新安张钫藏石

2/2358　秦朗墓志　正书　周圣历元年五月七日(六九八)　洛阳县平阴乡北邙山　北平历史博物馆藏石

2/1964　王忠惠妻孟大乘墓志　正书　周圣历元年五月十四日(六九八)　新安张钫藏石

---

①　编按:据该墓志拓片内容,时代确为“神功二年”,但“神功”为武后年间,使用不到一年,存疑。

2/1959　郑知贤墓志　正书　周圣历元年六月七日(六九八)　洛阳平阴原　新安张钫藏石

2/1960　许枢及妻王氏墓志　邵昇撰　正书　周圣历元年八月廿三日(六九八)　新安张钫藏石

2/1961　傅思谏墓志　正书　周圣历元年九月廿八日(六九八)　洛阳县平阴乡　新安张钫藏石

2/1962　高邈墓志　正书　周圣历元年十月二日(六九八)　新安张钫藏石

2/68　裴咸墓志　正书　周圣历元年十月廿三日(六九八)　洛阳县北芒山　河南博物馆藏石

2/147　姚恭及妻陈氏墓志并盖　正书　盖篆书　周圣历二年一月廿八日(六九九)　河南县北邙山平乐乡　河南博物馆藏石

2/2233　崔玄藉及妻屈突氏墓志　正书　周圣历二年一月廿八日(六九九)　洛州合宫县昭觉原　新安张钫藏石

2/1966　崔仲俊墓志　正书　周圣历二年一月廿八日(六九九)　洛州合宫县昭觉原　新安张钫藏石

2/2077　崔韶墓志　正书　周圣历二年一月廿八日(六九九)　洛州合宫县金谷乡昭觉原　新安张钫藏石

2/1967　秦修墓志　正书　周圣历二年二月二日(六九九)　新安张钫藏石

2/1968　王望之墓志　正书　周圣历二年二月十二日(六九九)　洛北邙山　新安张钫藏石

2/2075　王庆祚墓志　卢俌撰　正书　周圣历二年二月十二日(六九九)　洛州河阴乡邙山　新安张钫藏石

2/362　周弘则及妻马氏墓志　族承烈撰　正书　周圣历二年二月十七日(六九九)　河南博物馆藏石

2/2076　封君妻李氏幽壤记　正书　周圣历二年二月十七日(六九九)　洛阳邙山　新安张钫藏石

2/2365　杜君妻赵慧墓志　正书　周圣历二年二月廿四日　洛阳北邙

2/844　□素墓志　正书　周圣历二年三月十七日(六九九)

2/1970　王德表墓志　薛稷撰　子景正书　周圣历二年三月廿九日(六九九)　合宫县伯乐原　新安张钫藏石　张元敬镌　外孙杨伋书

2/1969　王进墓志　正书　周圣历二年三月廿九日(六九九)　新安张钫藏石

2/1971　杨正本妻韩令德墓志　正书　周圣历二年六月十九日(六九九)　合宫县平乐原　新安张钫藏石

2/177　程瞻墓志并盖　正书　周圣历二年七月二日(六九九)　安喜门北十里　河南博物馆藏石

2/403　慕容君妻费婉墓志并盖　正书　盖篆书　周圣历二年八月七日(六九九)　洛阳北邙山　河南博物馆藏石

2/1972　孔元及妻公孙氏墓志　正书　周圣历二年八月廿一日(六九九)　洛州合宫县平乐乡　新安张钫藏石

2/1974　萧言思墓志　正书　周圣历二年十月十六日(六九九)　新安张钫藏石

2/1973　萧思一及妻宗氏崔氏墓志　正书　周圣历二年十月十六日(六九九)　新安张钫藏石

2/1975　南玄暕墓志　正书　周圣历二年十月廿八日(六九九)　新安张钫藏石

2/248　张达及妻邹氏墓志并盖　正书　盖篆书　周圣历二年十月廿八日(六九九)　河南洛阳北邙山　河南博物馆藏石

2/1965　许君妻王氏墓志　正书　周圣历二年正月四日(六九九)　洛阳邙山　新安张钫藏石

2/1976　田志承墓志　正书　周圣历三年一月十一日(七〇〇)　洛阳县清风乡邙山　新安张钫藏石

2/1979　王建墓志　正书　周圣历三年二月二日(七〇〇)　洛

州合宫县梓泽乡　新安张钫藏石

2/1977　阎基及妻张氏墓志　正书　周圣历三年正月廿一日（七〇〇）　河阴渔阳　新安张钫藏石

2/1978　刘胡及妻马氏墓志　正书　周圣历三年正月廿一日（七〇〇）　新安张钫藏石

2/1263　郑遘及妻贾氏墓志　正书　周圣历三年五月十二日（七〇〇）　洛阳邙山　新安张钫藏石

2/1980　宫人墓志　正书　周久视元年八月十五日（七〇〇）　新安张钫藏石

2/1981　褚君妻王氏墓志　正书　周久视元年十月廿二日（七〇〇）　新安张钫藏石

2/2300　张大酺及妻段氏墓志　正书　周久视元年十月廿六日（七〇〇）　北邙山　新安张钫藏石

2/1983　袁公瑜及妻孟氏墓志　狄仁杰撰并正书　周久视元年十月廿八日（七〇〇）　洛阳县邙山　新安张钫藏石

2/1984　袁承嘉墓志　正书　周久视元年十月廿八日（七〇〇）　洛阳县北邙　新安张钫藏石

2/2294　沈浩祎及妻姚氏墓志　正书　周久视元年十一月十六日（七〇〇）　武康公神道之侧　新安张钫藏石

2/1982　路庭礼墓志　正书　周久视元年十二月十七日（七〇一）　新安张钫藏石

2/847　冯名及妻李氏墓志　正书　周久视元年庚子建亥之月壬申之辰（七〇〇）　应城西□里　重二张　按中西回史日历十一月乙亥朔惟无壬申日

燕京大学图书馆所藏石刻草目　八

2/317　杨君墓志　正书　周大足元年二月廿九日（七〇一）　洛州合宫县平乐乡北芒山杜郭村北一里　河南博物馆藏石

2/1985　孙阿贵妻竹须摩提墓志　正书　周大足元年三月十二日（七〇一）　洛城北千善里　新安张钫藏石

2/1986　元玄庆墓志　正书　周大足元年四月廿九日（七〇一）　合宫县平乐乡北邙　新安张钫藏石

2/1987　柏善德妻仵氏墓志　正书　周大足元年五月十二日（七〇一）　新安张钫藏石

2/1988　宫人墓志　正书　周大足元年七月二日（七〇一）　新安张钫藏石

2/252　王君妻墓志并盖　正书　周大足元年八月六日（卒日）（七〇一）　河南府河南县北邙山南陶村北一百步　河南博物馆藏石

2/1867　卢行毅墓志　苏颐撰　隶书　周大足元年八月廿日（七〇一）　邙山　新安张钫藏石

2/1989　王思墓志　正书　周长安元年十一月十六日（七〇一）　新安张钫藏石

2/1990 秦君及妻张氏墓志 正书 周长安二年正月廿日(七〇二) 洛州合宫县交风乡 新安张钫藏石

2/179 张廉妻樊氏墓志并盖 正书 周长安二年十二月十日(七〇三) 洛阳县北邙 河南博物馆藏石

2/266 刘齐贤及妻李氏墓志 正书 周长安三年正月四日(七〇三) 洛阳北邙陶原 河南博物馆藏石

2/1992 成恽墓志 正书 周长安三年正月八日(七〇三) 新安张钫藏石

2/1993 王贞及妻秦氏墓志 张秀撰 正书 周长安三年二月十四日(七〇三) 河南北邙 新安张钫藏石

2/300 王嘉及妻李氏墓志 正书 周长安三年二月十七日(七〇三) 洛州合宫县北邙山平原 河南博物馆藏石

2/1995 成君妻耿慈爱墓志 正书 周长安三年二月十七日(七〇三) 新安张钫藏石

2/966 张嘉墓志 正书 周长安三年二月十七日(七〇三) 洛阳县西南十三里

2/1994 贾楚及妻金氏墓志 正书 周长安三年二月十七日(七〇三) 新安张钫藏石

2/1996 张士龙及妻程氏墓志 正书 周长安三年二月廿八日(七〇三) 新安张钫藏石

2/1997 程思义墓志 正书 周长安三年二月廿八日(七〇三) 合宫县平乐乡 新安张钫藏石

2/1998 王养及妻成氏墓志 正书 周长安三年二月廿八日(七〇三) 合宫县北邙 新安张钫藏石

2/222 王则墓志并盖 正书 盖篆书 周长安三年四月十一日(七〇三) 合宫县北邙 河南博物馆藏石

2/1999 宫人六品墓志 正书 周长安三年四月十一日(七〇三) 新安张钫藏石

2/2000 张君表墓志 正书 周长安三年八月十二日(七〇三) 合宫县平乐乡邙山 新安张钫藏石

2/2001 元瑛及妻朱氏墓志 正书 周长安三年八月廿四日(七〇三) 合宫县平乐乡北邙 新安张钫藏石

2/2080 高隆基墓志 卢粲撰 正书 周长安三年十月三日(七〇三) 洛州合宫县平乐乡邙山 新安张钫藏石

2/2002 张仁楚及妻赵氏墓志 正书 周长安三年十月十二日(七〇三) 洛阳梓泽乡 新安张钫藏石

2/2003 张茂墓志 正书 周长安三年十月十五日(七〇三) 新安张钫藏石

2/2004 董义及妻王氏墓志 正书 周长安三年十一月廿二日(七〇四) 合宫县廿三里北邙 新安张钫藏石

2/2005 李玄福墓志 正书 周长安三年十二月十日(七〇四) 新安张钫藏石

2/408 李符妻挚氏墓志并盖 正书 盖篆书 周长安四年三月五日(七〇四) 洛阳芒山 河南博物馆藏石

2/2006 杜君妻孙氏墓志 正书 周长安四年三月晦日(七〇四) 河南北山 新安张钫藏石

2/2007 蒋君妻刘氏墓志 正书 周长安四年七月十九日(七〇四) 新安张钫藏石

2/2356 张方仁墓志 正书 周长安四年八月七日(七〇四) 洛州合宫县之北原 北平历史博物馆藏石

2/2008 皇甫文备墓志 正书 周长安四年八月十九日(七〇四) 新安张钫藏石

2/331 王敏墓志 正书 周长安四年九月廿三日(七〇四) 洛阳合宫县北十里王晏村 河南博物馆藏石

2/235 杨亮及妻郑氏墓志并盖 正书 盖篆书 周长安四年十月廿一日(七〇四) 洛阳北邙 河南博物馆藏石

2/1991　宫人墓志　正书　周长安四年十一月二日(七〇四)　新安张钫藏石

2/566　失名墓志　正书　周□□年十一月　河南博物馆藏石

2/528　求君墓志盖　篆书　武周　河南博物馆藏石

2/444　高□□墓志盖　篆书　武周　河南博物馆藏石

2/502　张君墓志盖　篆书　武周　河南博物馆藏石

2/476　张君墓志盖　篆书　武周　河南博物馆藏石

2/2259　银青光禄大夫行利州刺史崔君墓志盖　正书　武周　新安张钫藏石

2/418　崔君妻墓志盖　篆书　武周　河南博物馆藏石

2/435　逯君墓志盖　正书　武周　河南博物馆藏石

2/492　贾君墓志盖　篆书　武周　河南博物馆藏石

2/467　赵君墓志盖　篆书及正书　武周　河南博物馆藏石　铭文九字除一赵字正书外余均篆书

2/2009　卜元简墓志　正书　唐神龙元年二月廿□日(七〇五)　河南北芒　新安张钫藏石

2/876　安令节墓志　郑休文撰　正书　唐神龙元年三月五日(七〇五)　长安县龙首原

2/2025　王及德墓志　正书　唐神龙元年三月六日(七〇五)　洛阳邙山　新安张钫藏石

2/2010　宫人八品墓志　正书　唐神龙元年五月七日(七〇五)　新安张钫藏石

2/2011　宫人六品墓志　正书　唐神龙元年八月廿五日(七〇五)　新安张钫藏石

2/2013　宫人九品墓志　正书　唐神龙元年十一月十四日(七〇五)　新安张钫藏石

2/2012　宫人墓志　正书　唐神龙元年十二月十四日(七〇六)　新安张钫藏石

2/2014　宫人九品墓志　正书　唐神龙元年十二月廿六日(七〇六)　新安张钫藏石

2/2015　李愻墓志　正书　唐神龙二年正月廿一日(七〇六)　新安张钫藏石

2/2283　朱照墓志　正书　唐神龙二年正月廿七日(七〇六)　北邙山　新安张钫藏石

2/2043　宫人九品墓志　正书　唐神龙二年四月廿九日(七〇六)　新安张钫藏石

2/284　孙惠及妻李氏墓志　正书　唐神龙二年五月七日(七〇六)　洛阳北邙　河南博物馆藏石

2/2017　桑贞墓志　正书　唐神龙二年五月十八日(七〇六)　新安张钫藏石

2/2207　甘基及妻唐氏墓志　正书　唐神龙二年七月一日(七〇六)　邙山　新安张钫藏石

2/2018　宫人七品墓志　正书　唐神龙二年七月一日(七〇六)　新安张钫藏石

2/2019　孟孝敏妻陆氏墓志　正书　唐神龙二年七月廿日(七〇六)　新安张钫藏石

2/2020　宫人九品墓志　正书　唐神龙二年九月十九日(七〇六)　新安张钫藏石

2/2021　李延祐墓志　正书　唐神龙二年十一月二日(七〇六)　东都北邙山　新安张钫藏石

2/2016　刘寂及妻裴氏墓志　正书　唐神龙二年十一月卅日(七〇七)　洛阳北邙　新安张钫藏石

2/2024　宫人九品墓志　正书　唐神龙二年十二月三日(七〇七)　新安张钫藏石

2/2023　陈泰及妻房氏墓志　正书　唐神龙二年十二月廿七日(七〇七)　新安张钫藏石

2/2041 宫人八品墓志 正书 唐神龙三年正月廿一日(七〇七) 新安张钫藏石

2/197 王昕妻李清禅墓志并盖 正书 唐神龙三年四月六日(七〇七) 洛阳县邙山 河南博物馆藏石

2/2026 邢君妻刘达墓志 正书 唐神龙三年七月七日(七〇七) 合宫县邙山 新安张钫藏石

2/2022 宫人九品墓志 正书 唐神龙三年七月□日(七〇七) 新安张钫藏石

2/131 八品宫人墓志并盖 正书 盖篆书 唐神龙三年八月十九日(七〇七) 河南博物馆藏石

2/2031 逯□墓志 正书 唐神龙三年十月廿六日(七〇七) 新安张钫藏石

2/2027 郑道妻李氏墓志 正书 唐景龙元年十二月廿六日(七〇八) 新安张钫藏石

2/275 王素臣及妻刘氏墓志 正书 唐景龙二年二月廿四日(七〇八) 河南合宫县平乐乡北邙山 河南博物馆藏石

2/2028 杜安墓志 正书 唐景龙二年三月廿八日(七〇八) 洛阳邙山 新安张钫藏石

2/366 赵本质妻温氏墓志 正书 唐景龙二年十月廿六日(七〇八) 洛阳北邙 河南博物馆藏石

2/400 于赍墓志并盖 张嘉之撰 正书 盖篆书 唐景龙二年十一月廿七日(七〇九) 洛阳北邙 河南博物馆藏石

2/2339 高知行及妻焦氏梁氏墓志 正书 唐景龙三年二月九日(七〇九) 洛阳城北十五里之原 北平历史博物馆藏石

2/570 □君及妻杨氏墓志 柳绍先撰 李为仁正书 唐景龙三年七月十九日(七〇九) 长安县西龙首原 西安碑林藏石 此志全文书于两石前一石佚故不知其姓

2/669 同上

2/2030　邢德弼及妻李氏墓志　正书　唐景龙三年八月六日（七〇九）　新安张钫藏石

2/154　王玄起墓志　正书　唐景龙三年十月二日（七〇九）　洪池　河南博物馆藏石　末云以开元十一年十月改卜宅兆移就河南县河阴乡北邙山南原合葬

2/2033　王果行及妻甄氏墓志　正书　唐景龙三年十月廿六日（七〇九）　洛阳清风乡北邙　新安张钫藏石

2/2066　王景之及妻崔氏墓志　正书　唐景龙三年十月廿六日（七〇九）　新安张钫藏石

2/2034　王感及妻吕氏墓志　正书　唐景龙三年十月廿六日（七〇九）　新安张钫藏石

2/2029　王齐丘墓志　路敬潜撰　正书　唐景龙三年十月廿六日（七〇九）　洛州永昌县北邙　新安张钫藏石

2/2035　韩神及妻田氏墓志　正书　唐景龙三年十一月十八日（七〇九）　新安张钫藏石

2/2037　宫人九品墓志　正书　唐景龙三年十一月三十日（七一〇）　新安张钫藏石

2/894　申屠行及妻崔氏墓志　正书　唐景龙三年十二月二日（七一〇）　潞城县西南一十五里平原　重一张

2/2036　杨承福及妻田氏墓志　寇淑撰　正书　唐景龙四年二月廿八日（七一〇）　洛州合宫县平乐乡西邙山　新安张钫藏石

2/2039　朱怀智墓志　正书　唐景龙四年四月十六日（七一〇）　新安张钫藏石

2/240　陈守素妻李氏墓志并盖　正书　盖篆书　唐景龙四年五月十日（七一〇）　洛阳北邙山　河南博物馆藏石

2/2038　柳顺墓志　何茂撰　正书　唐景龙四年五月廿二日（七一〇）　新安张钫藏石

2/2040　罗承先妻李氏墓志　正书　唐景龙四年六月四日（七

一〇） 合宫县平乐乡 新安张钫藏石

2/957 波斯阿罗憾丘铭 正书 唐景云元年四月一日（七一〇） 建春□外

2/2042 长孙君妻李氏墓志 正书 唐景云元年九月十二日（七一〇） 洛州平乐乡北原 新安张钫藏石

2/2047 张信及妻王氏墓志 正书 唐景云元年十月一日（七一〇） 新安张钫藏石

2/2044 李智墓志 正书 唐景云元年十一月二日（七一〇） 洛州河南县梓泽乡北亡 新安张钫藏石

2/2045 李君妻赵季墓志 正书 唐景云元年十一月十九日（七一〇） 新安张钫藏石

2/2046 邓森墓志 王绍望撰 正书 唐景云二年二月七日（七一一） 洛阳城北河南北山 新安张钫藏石

2/2048 宫人墓志 正书 唐景云二年四月九日（七一一） 新安张钫藏石

2/292 张冬至及妻赵氏墓志 正书 唐景云二年五月四日（七一一） 河南县平乐乡界杨宝村东一百步内北邙山 河南博物馆藏石

2/45 白知新妻郑叔墓志 正书 唐景云二年十月十九日（七一一） 洛州河南县平乐乡 河南博物馆藏石

2/2049 王君妻张法式墓志 正书 唐景云二年十月廿九日（七一一） 新安张钫藏石

2/2050 刘公墓志 正书 唐景云二年十一月十三日（七一一） 河南县梓泽乡北邙 新安张钫藏石

2/2079 何师则[①]墓志 正书 唐景云三年正月六日（七一二） 洛阳城北十五里幸村北三里 新安张钫藏石

---

① 编按：据墓志拓片，相关内容为“故散骑常侍华容县开国公绵州刺史孙何师则年六十三……”，则此处“何师则”存疑。或曰“孙何师”“孙何则”，皆无考。

2/199　何君墓志并盖　正书　唐太极元年二月十日(七一二)　东都北邙　河南博物馆藏石

2/312　贺玄道墓志　正书　唐太极元年三月四日(七一二)　洛阳北邙　河南博物馆藏石

2/880　王天及妻雍氏墓志　行书　唐太极元年三月十五日(七一二)　洹水之南原

2/1861　慕容思廉及妻李氏墓志　正书　唐太极元年十月廿四日(七一二)　洛州洛阳县界北邙　新安张钫藏石

2/319　萧贞亮墓志　正书　唐延和元年七月十八日(七一二)　河南县都会乡王赵村　河南博物馆藏石

2/2051　长孙氏墓志　正书　唐先天元年十月十三日(七一二)　新安张钫藏石

2/2052　王杰墓志　裴翰撰　正书　唐先天元年十月廿五日(七一二)

2/2229　杨孝弼及妻宋氏墓志　正书　唐先天元年十月廿五日(七一二)　河南县洛邑乡北邙山　新安张钫藏石

2/399　□克廉及妻刘氏墓志　正书　唐先天元年十一月十九日(七一二)　洛阳城北邙　河南博物馆藏石

2/1696　孟贞墓志　正书　唐开元二年三月十五日(七一四)　洛阳县北部乡　新安张钫藏石

2/2200　张淑子及妻田氏墓志　正书　唐开元二年四月十四日(七一四)　新安张钫藏石

2/1697　梁焕墓志　正书　唐开元二年八月十七日(七一四)　河南县北邙　新安张钫藏石

2/1080　戴令言及妻张氏墓志并盖　贺知章撰　隶书　唐开元二年十二月七日(七一五)　洛阳清风乡

2/905　郑玄果及妻元氏墓志　正书　唐开元二年十二月廿九日(七一五)　承平里之原　重一张

2/2270 路隐及妻陈氏墓志 正书 唐开元三年二月二十日（七一五） 河南府河南县梓泽乡北邙 新安张钫藏石

2/263 宫人墓志 正书 唐开元三年二月廿日（七一五） 河南博物馆藏石

2/2338 邢思贤墓志 行书 唐开元三年二月廿日（七一五） 河南郡平乐乡 北平历史博物馆藏石

2/2105 封无遣墓志 正书 唐开元三年二月廿一日（七一五） 河南府河南县河阴乡平原 新安张钫藏石

2/1698 王基墓志 隶书 唐开元三年三月二十日（七一五） 平乐乡 新安张钫藏石

2/167 王颇墓志 正书 唐开元三年三月廿四日（七一五） 河南县平乐乡 河南博物馆藏石

2/2228 孟玄一及妻顾氏墓志 正书 唐开元三年四月九日（七一五） 邙山 新安张钫藏石

2/2194 孟裕墓志 正书 唐开元三年四月九日（七一五） 邙山 新安张钫藏石

2/2263 张法真法师墓志 正书 唐开元三年五月十日（七一五） 新安张钫藏石

2/1699 许义诚墓志 正书 唐开元三年六月十一日（七一五） 洛阳邙山 新安张钫藏石

2/2220 杨越及妻陈氏墓志 正书 唐开元三年八月廿三日（七一五） 新安张钫藏石

2/2055 崔君妻李氏墓志 正书 唐开元三年十月十二日（七一五） 河南府河南县金谷乡金谷里无上村 新安张钫藏石

2/2032 卢调及妻王氏墓志 正书 唐开元三年十月十三日（七一五） 河南县平乐乡其村西二里北邙 新安张钫藏石

2/2111 杜忠良墓志 正书 唐开元三年十月廿二日（七一五） 河南府河南县金谷乡北邙 新安张钫藏石

2/1700　安思节墓志　正书　唐开元四年五月廿七日（七一六）　河南邙山　新安张钫藏石

2/887　高应墓志　正书　唐开元四年十一月十九日（七一六）　城东南十一里平原

2/653　元希古墓志　正书　唐开元五年正月五日（七一七）　河南县平乐乡邙山　新安张钫藏石

2/2174　张方墓志　正书　唐开元五年正月二十五日（七一七）　河南府河南县梓泽乡　新安张钫藏石

2/2213　温君妻李跡上座墓志　正书　唐开元五年二月十三日（七一七）　洛阳河阴乡北原　新安张钫藏石

2/1701　源君妻崔氏墓志　正书　唐开元五年三月二日（七一七）　河南县平阴乡乐村东百步邙山　新安张钫藏石

2/2063　崔宜之墓志　正书　唐开元五年五月十日（七一七）　新安张钫藏石

2/1718　元思忠及妻墓志　欧阳植撰并正书　唐开元五年八月五日（七一七）　河南县金谷乡石城里　新安张钫藏石

2/2124　董嘉舫墓志　上官珪正书　唐开元五年十月十九日（七一七）　新安张钫藏石　剑录镌

2/303　赵敬玄墓志　正书　唐开元五年十一月六日（七一七）　洛阳北邙　河南博物馆藏石

2/221　王子麟及妻冯氏墓志并盖　隶书　盖篆书　唐开元六年正月十四日（七一八）　河南县金谷原　河南博物馆藏石

2/61　燕绍及妻刘氏墓志　正书　唐开元六年五月三日（七一八）　河南龙门乡　河南博物馆藏石

2/115　蒋楚宾妻于氏墓志并盖　正书　盖篆书　唐开元六年七月十日（七一八）　洛阳芒山　河南博物馆藏石

2/2187　任明墓志　正书　唐开元六年八月十一日（七一八）　洛阳县东乡　新安张钫藏石

2/662 魏壸墓志 正书 唐开元六年十月廿四日(七一八) 新安张钫藏石

2/883 贾黄中墓志 正书 唐开元六年十月廿四日(七一八) 汜水县求□里原

2/215 刘元超及妻李氏墓志并盖 正书 盖篆书 唐开元六年十一月十九日(七一八) 荥阳东七坛山 河南博物馆藏石

2/2277 李强友墓志 从兄稹撰 正书 唐开元七年五月廿一日(七一九) 洛城东北六里平阴乡邙山 新安张钫藏石

2/1702 元素墓志 正书 唐开元七年闰七月廿八日(七一九) 东都梓泽乡北原 新安张钫藏石

2/1703 王元墓志 正书 唐开元七年九月五日(七一九) 河南县瀍涧里北邙 新安张钫藏石

2/944 吕文倩墓志 正书 唐开元七年九月十八日(七一九) 妻程氏立 重一张

2/970 张君妻郭华严墓志 正书 唐开元七年十一月七日(七一九) 相州城西北二里

2/254 鲜于氏墓志 正书 唐开元七年十一月十九日(七二〇) 洛阳亡山□村西二百步 河南博物馆藏石

2/932 韦又损墓志 正书 唐开元八年正月八日(七二〇) 城东南曲池里

2/1704 王则及妻梁氏墓志 正书 唐开元八年二月一日(七二〇) 河南县平乐乡北原 新安张钫藏石

2/2135 孙思观墓志 欧阳植撰 正书 唐开元八年三月十九日(七二〇) 河南县金谷乡 新安张钫藏石

2/2168 黄承绪墓志 正书 唐开元八年十月六日(七二〇) 河南县梓泽乡 新安张钫藏石

2/2056 周利贞墓志 孙浩然撰 贾庭芝正书 唐开元八年十月十八日(七二〇) 新安张钫藏石

2/965　梁方及妻张氏墓志　正书　唐开元八年十月廿三日（七二〇）　相州城西五十里平原

2/2258　杨琎墓志　行书　唐开元八年十月卅日（七二〇）　河南府北邙山平乐原　新安张钫藏石

2/2098　李鱼墓志　正书　唐开元八年十一月五日（七二〇）　新安张钫藏石

2/2067　路玄墓志　正书　唐开元八年十一月廿三日（七二〇）　东都城北　新安张钫藏石

2/1763　封君妻李当墓志　正书　唐开元九年五月廿日（七二一）　河南洛浦邙山　新安张钫藏石

2/83　桓归秦墓志　正书　唐开元九年七月十六日（七二一）　河南府洛阳县清风乡　河南博物馆藏石

2/2126　王大义及妻段氏墓志　正书　唐开元九年八月九日（七二一）　新安张钫藏石

2/109　贾感及妻鲜于氏墓志并盖　正书　盖篆书　唐开元九年九月九日（七二一）　河南县邙山平乐乡陶村　河南博物馆藏石

2/954　张思道墓志　正书　唐开元九年十月十日（七二一）　豳州□□县之西原　重一张

2/2230　颜谋道及妻虞氏墓志　正书　唐开元九年十月十日（七二一）　河南县界北邙山　新安张钫藏石

2/2209　张景旦及妻王氏皇甫氏墓志　唐开元九年十月十一日（七二一）　河南府河南县梓泽乡张封村西二里邙山　新安张钫藏石

2/2127　杨纯及妻张氏继室张氏墓志　正书　唐开元九年十月十一日（七二一）　河南县河阴乡　新安张钫藏石

2/645　贺兰务温墓志　李昇期撰　正书　唐开元九年十月廿三日（七二一）　洛阳邙山　新安张钫藏石

2/243　樊览及妻李氏墓志并盖　正书　盖篆书　唐开元九年十月廿八日（七二一）　洛阳北邙山　河南博物馆藏石

2/2287　裴抝及妻权坚墓志　正书　唐开元九年十月廿九日（七二一）　河南县平乐乡北邙山之南原　新安张钫藏石

2/2137　裴君妻李芳墓志　正书　唐开元九年十月廿九日（七二一）　河南县平乐乡北邙　新安张钫藏石

2/2123　畅善威及妻王氏墓志　正书　唐开元九年十一月六日（七二一）　河南府河南县　新安张钫藏石

2/1705　李景祥墓志　正书　唐开元九年十二月十七日（七二二）　新安张钫藏石

2/1706　李文奖墓志　正书　唐开元九年十二月廿三日（七二二）　洛阳北邙　新安张钫藏石

2/1707　李敬瑜墓志　正书　唐开元九年十二月廿九日（七二二）　洛阳北邙　新安张钫藏石

2/2170　赵怀悊墓志　正书　唐开元十年二月十二日（七二二）　河南县北邙　新安张钫藏石

2/2054　杨曜法师生墓铭　袁晖撰　正书　唐开元十年五月既望（七二二）　河南县平乐乡山原　新安张钫藏石

2/2100　刘君妻张十一娘墓志　正书　唐开元十年五月廿六日（七二二）　新安张钫藏石

2/146　田嵩及妻张氏墓志并盖　正书　唐开元十一年正月廿八日（七二三）　洛都北邙东　河南博物馆藏石

2/184　董守贞及妻萧氏墓志并盖　正书　盖篆书　唐开元十一年二月一日（七二三）　洛阳北原　河南博物馆藏石

2/2171　杨君及妻李氏墓志　正书　唐开元十一年二月六日（七二三）　洛阳邙山平乐乡　新安张钫藏石

2/2112　马君妻卢氏墓志　正书　唐开元十一年二月十三日（七二三）　河南府河南县河阴乡邙山　新安张钫藏石

2/241　樊晋客墓志并盖　正书　盖篆书　唐开元十一年四月廿一日（七二三）　河南府河南县北邙　河南博物馆藏石

2/2171　崔泰之墓志　崔沔撰　李迪隶书　唐开元十一年十月五日(七二三)　河南府河南县平乐乡　新安张钫藏石

2/2133　庞夷远妻李氏墓志　毋煚撰　正书　唐开元十一年十月五日(七二三)　河南府河南县邙山　新安张钫藏石

2/78　王君妻李氏墓志　杜昆吾撰　正书　唐开元十一年十月十日(七二三)　河南县河阴乡北邙山南　河南博物馆藏石

2/2136　张敞及妻王氏墓志　正书　唐开元十一年十月十七日(七二三)　新安张钫藏石

2/1708　杨琼墓志　徐大亨撰　正书　唐开元十一年十月十七日(七二三)　河南县河阴乡界邙山　新安张钫藏石

2/2313　朱守臣妻高氏墓志　正书　唐开元十一年十月廿五日(七二三)　河南县河阴乡界邙山百乐坞之北原　新安张钫藏石

2/2084　寇钊墓志　正书　唐开元十一年十月廿七日(七二三)　新安张钫藏石

2/55　田灵芝及妻王氏墓志　正书　唐开元十一年(七二三)　洛阳县北邙　河南博物馆藏石

2/892　李琦墓志　正书　唐开元十二年正月廿一日(七二四)　新安张钫藏石

2/1692　夏侯璿前妻樊氏后妻董氏墓志　正书　唐开元十二年正月廿四日(七二四)　洛阳邙山　新安张钫藏石

2/2102　赵洁墓志　行书　唐开元十二年二月一日(七二四)　河南府卢村邙山　新安张钫藏石

2/1709　樊庭观墓志　宋务静撰　正书　唐开元十二年五月二日(七二四)　洛城东北平阴里　新安张钫藏石

2/1710　张嘉福墓志　正书　唐开元十二年五月十一日(七二四)　河南北邙　新安张钫藏石

2/647　王君妻崔金刚墓志　正书　唐开元十二年夏(七二四)　新安张钫藏石

2/909　宋运墓志　正书　唐开元十二年五月十四日(七二四)　京城之西南高阳原三会寺舍利塔南　重一张

2/2139　李怀让墓志　正书　唐开元十二年八月廿七日(七二四)　河南府洛阳县平阴乡河阴里吕村西北一里　新安张钫藏石

2/939　吴善及妻刘氏墓志　行书　唐开元十二年十一月廿六日(七二四)　渤海八特村东北三里

2/2141　陈秀墓志　正书　唐开元十二年十一月廿六日(七二四)　洛阳城东北金墉乡　新安张钫藏石

2/2306　张氏墓志　正书　唐开元十二年十一月廿八日(七二四)　邙山　新安张钫藏石

2/325　纪茂重及妻元氏墓志　正书　唐开元十二年十一月廿八日(七二四)　河南府洛阳县清风乡故都城北十一里平原　河南博物馆藏石

2/1711　娄思墓志　正书　唐开元十二年十二月五日(七二四)　洛阳平阴乡　新安张钫藏石

2/2114　李敬墓志　行书　唐开元十二年十二月十一日(七二四)　河南府河阴乡　新安张钫藏石

燕京大学图书馆所藏石刻草目　九

2/2064　赵思忠墓志　正书　唐开元十二年闰十二月□□日(七二五)　洛阳县清风乡吕乐村　新安张钫藏石

2/1723　裴沙墓志　正书　唐开元十三年正月廿五日(七二五)　邙山　新安张钫藏石

2/2060　刘慎墓志　隶书　唐开元十三年四月七日(七二五)　新安张钫藏石

2/1712　邓君妻王氏墓志　正书　唐开元十三年五月廿七日(七二五)　洛阳县界邙山　新安张钫藏石

2/2122　张君妻吉檀波罗墓志　正书　唐开元十三年七月廿一日(七二五)　新安张钫藏石

2/1721　郑元璲墓志　正书　唐开元十三年九月四日(七二五)　洛阳县北部乡　新安张钫藏石

2/1881　朱崇庆墓志　隶书　唐开元十三年九月十七日(七二五)　河南县河阴乡邙山　新安张钫藏石

2/2106　王待徵墓志　正书　唐开元十三年十月廿三日(七二五)　洛阳北原　新安张钫藏石

2/2190　□昭道墓志　正书　唐开元十三年十一月廿二日（七二五）　河南河阴乡百乐里北原　新安张钫藏石

2/2081　寇堮墓志　正书　唐开元十四年正月十七日（七二六）　新安张钫藏石

2/2276　韦君妻刘氏墓志　正书　唐开元十四年五月十九日（七二六）　河南府河南县平乐乡安善里北邙　新安张钫藏石

2/142　郑戎墓志并盖　正书　盖篆书　唐开元十四年五月十九日（七二六）　洛阳县北邙山平阴里　河南博物馆藏石

2/2231　李信墓志　正书　唐开元十四年六月廿四日（七二六）　洛阳邙山　新安张钫藏石

2/2058　宫人七品墓志　正书　唐开元十四年九月廿二日（七二六）　新安张钫藏石

2/398　张诠及妻李氏墓志　正书　唐开元十四年十一月十日（七二六）　洛阳北邙平乐乡　河南博物馆藏石

2/1713　董怀义墓志　正书　唐开元十四年十一月十日（七二六）　邙山　新安张钫藏石

2/2142　王晓妻崔淑墓志　正书　唐开元十四年十二月十七日（七二七）　新安张钫藏石

2/2132　宫人八品墓志　正书　唐开元十四年十二月廿三日（七二七）　新安张钫藏石

2/2281　宋庄墓志　正书　唐开元十五年正月廿四日（七二七）　洛阳邙山　新安张钫藏石

2/2173　段万顷及妻王氏墓志　正书　唐开元十五年二月六日（七二七）　洛阳城西北李村南　新安张钫藏石

2/410　朱行斌及妻刘娘子墓志并盖　正书　盖篆书　唐开元十五年二月十七日（七二七）　河南府合宫县界北邙山　河南博物馆藏石

2/2086　朱君信及妻蔡氏墓志　正书　唐开元十五年二月十七日（七二七）　河南府合宫县界北邙　新安张钫藏石

2/2103　□君妻冯诚墓志　李系撰　正书　唐开元十五年二月廿九日（七二七）　新安张钫藏石

2/2113　王勗墓志　正书　唐开元十五年二月廿九日（七二七）　新安张钫藏石

2/1715　高崇隐及妻司空氏墓志　李系撰　正书　唐开元十五年二月廿九日（七二七）　洛阳邙山　新安张钫藏石

1/1714　梁崇敬墓志　正书　唐开元十五年二月廿九日（七二七）　邙山　新安张钫藏石

2/2131　周绍业妻赵璧墓志　正书　唐开元十五年二月三十日（七二七）　河南府河南县平乐乡邙山　新安张钫藏石

2/232　李和墓志并盖　正书　盖篆书　唐开元十五年六月十三日（七二七）　洛阳北邙山　河南博物馆藏石

2/1716　孟俊及妻赵氏墓志　正书　唐开元十五年七月十二日（七二七）　洛阳平乐乡邙山　新安张钫藏石

2/386　王氏女十八娘墓志　正书　唐开元十五年八月九日（七二七）　洛阳北邙　河南博物馆藏石

2/648　卢思庄及妻崔氏墓志　正书　唐开元十五年九月三日（七二七）　新安张钫藏石

2/1717　王思齐墓志　正书　唐开元十五年十月五日（七二七）　河南府河南县梓泽原　新安张钫藏石

2/2143　王游艺及妻刘氏墓志　姚景山撰　正书　唐开元十五年十月五日（七二七）　河南府邙山　新安张钫藏石

2/2291　敬觉及妻赵氏墓志　行书　唐开元十五年十月五日（七二七）　河南县河阴乡　新安张钫藏石

2/2236　杨高仁及妻王氏墓志　女婿崔岑撰　女婿王有志正书　唐开元十五年十月廿三日（七二七）　北邙　新安张钫藏石

2/1762　崔守约墓志　韦隐之撰　正书　唐开元十五年十月廿八日（七二七）　洛阳北山　新安张钫藏石

2/1815 邢均及妻张氏墓志 正书 唐开元十五年十月(七二七) 北邙 新安张钫藏石

2/2121 陈思及妻傅氏墓志 正书 唐开元十五年十二月廿七日(七二八) 新安张钫藏石

2/32 娄君妻靳氏墓志 正书 唐开元十六年二月五日(七二八) 河南博物馆藏石

2/1725 范崇礼墓志 正书 唐开元十六年七月三日(七二八) 北邙 新安张钫藏石

2/2096 毛敬凤墓志 正书 唐开元十六年十月八日(七二八) 河南县平乐乡 新安张钫藏石

2/2305 卢君妻辛氏墓志 正书 唐开元十六年十月廿三日(七二八) 新安张钫藏石

2/1726 张楚璋墓志 正书 唐开元十七年二月廿四日(七二九) 河南邙山 新安张钫藏石

2/1727 谈昕墓志 正书 唐开元十七年四月十三日(七二九) 河南县平乐原 新安张钫藏石

2/2109 孔桃栓及妻邓氏墓志 隶书 唐开元十七年四月廿四日(七二九) 新安张钫藏石

2/1870 杨瑊墓志 正书 唐开元十七年十一月十六日(七二九) 河南府河南县河阴乡北源 新安张钫藏石

2/245 刘龙树墓志并盖 正书 盖篆书 唐开元十七年十一月十六日(七二九) 洛城北邙山 河南博物馆藏石

2/2120 李谦及妻刘氏墓志 正书 唐开元十八年四月十六日(七三〇) 新安张钫藏石

2/2193 史待宾及妻邵氏墓志 正书 唐开元十八年闰六月廿三日(七三〇) 洛阳县平阴乡邙山 新安张钫藏石

2/2273 钟绍京妻许氏墓志 正书 唐开元十八年九月九日(七三〇) 洛阳城北邙原 新安张钫藏石

2/2192　朱庭瑾及妻许氏墓志　正书　唐开元十八年十月四日（七三〇）　洛阳县清风乡东原　新安张钫藏石

2/2165　栢虔玉及妻李氏墓志　马光淑撰　正书　唐开元十八年十月十六日(七三〇)　河南县平乐乡北邙　新安张钫藏石

2/278　刘庭训墓志　正书　唐开元十八年十月十六日(七三〇)　洛阳邙山上东里　河南博物馆藏石

2/2101　周义及妻房氏墓志　弟敬友撰　孙良弼正书　唐开元十八年十一月十日(七三〇)　洛阳清风乡北邙　新安张钫藏石

2/2065　韦麟墓志　正书　唐开元十八年十一月二十二日(七三一)　河南府洛阳县平阴乡张相村　新安张钫藏石

2/1728　李偘偘墓志　崔珪璋撰　正书　唐开元十八年十二月廿九日(七三一)　北邙山平乐乡　新安张钫藏石

2/2199　高惩墓志　子宽正书　唐开元十八年(七三〇)　河南北邙　新安张钫藏石

2/1729　吕君妻李氏墓志　正书　唐开元十九年二月五日(七三一)　河南府河南县金谷乡界邙山　新安张钫藏石

2/2083　李景阳墓志　正书　唐开元十九年二月十七日(七三一)　洛阳县北邙　新安张钫藏石

2/654　皇甫慎墓志　正书　唐开元十九年四月七日(七三一)　新安张钫藏石

2/120　胡明期母曹氏墓志并盖　骞国俊撰　正书　盖篆正二体　唐开元十九年四月七日(七三一)　洛阳城东北隅王寇村　河南博物馆藏石　盖第一行大唐故篆书第二行曹夫人正书第三行墓志铭篆书

2/1730　郑君妻朱练墓志　正书　唐开元十九年十月廿二日（七三一）　洛阳县清风乡　新安张钫藏石

2/1731　长孙眄墓志　正书　唐开元十九年十一月廿五日(七三一)　洛阳金谷乡邙山　新安张钫藏石

2/1732　司马铨墓志　张修文撰　摇宝珪正书　唐开元十九年

十一月廿七日(七三一) 北邙 新安张钫藏石

2/1864 王令及妻李氏墓志 陈利见撰 唐逸正书 唐开元廿年二月十一日(七三二) 河南北山 新安张钫藏石

2/1733 王崇礼墓志 隶书 唐开元廿年二月十七日(七三二) 河南北山平乐乡 新安张钫藏石

2/2216 张先及妻扶风郡君墓志 郑稷撰 正书 唐开元廿年如月(七三二) 平乐乡 新安张钫藏石 案如月乃二月

2/2117 王韶墓志 正书 唐开元廿年三月十二日(七三二) 新安张钫藏石

2/2088 赵夏日墓志 正书 唐开元廿年六月十一日(七三二) 新安张钫藏石

2/271 王怡墓志 雍惟良撰 正书 唐开元廿年九月二日(七三二) 河南府河南县平乐乡张阳里北 河南博物馆藏石

2/260 赵南山及妻郭氏墓志 正书 唐开元廿年九月二日(七三二) 洛阳北邙山南原部村里 河南博物馆藏石

2/2169 贾元恭墓志 正书 唐开元廿年九月二日(七三二) 河南县平乐乡北邙 新安张钫藏石

2/2314 源光俗及妻郑氏墓志 源惠津撰 正书 唐开元廿年九月二日(七三二) 新安张钫藏石

2/2167 姚迁墓志 郑乾撰 正书 唐开元廿年九月廿日(七三二) 河南府河南县邙山 新安张钫藏石

2/2146 苗善物及妻蔡氏墓志 侄延嗣撰 正书 唐开元廿年十一月十日(七三二) 新安张钫藏石

2/643 杜孚墓志 正书 唐开元廿年十一月廿一日(七三二) 河南邙山 新安张钫藏石

2/1737 崔光嗣及妻卢氏墓志 正书 唐开元廿年十一月廿一日(七三二) 洛阳城东金墉乡 新安张钫藏石

2/2183 □恽墓志 正书 唐开元廿年□月卅日(七三二) 河

南府河南县泗水原　新安张钫藏石

2/2108　梁玙墓志　正书　唐开元廿一年二月十六日(七三三)　河南北山　新安张钫藏石

2/2116　张时誉墓志　侄翃撰　正书　唐开元廿一年三月五日(七三三)　新安张钫藏石

2/2057　姚重曒墓志　正书　唐开元廿一年闰三月十七日(七三三)　新安张钫藏石

2/2104　王君妻程氏墓志　正书　唐开元廿一年四月十三日(七三三)　新安张钫藏石

2/212　房君妻崔顺墓志并盖　崔镇撰　子宽正书　盖篆书　唐开元廿一年四月十三日(七三三)　洛阳北邙山平阴　河南博物馆藏石

2/2107　张翼墓志　隶书　唐开元廿一年七月十八日(七三三)　新安张钫藏石

2/262　杜君妻张氏墓志　正书　唐开元廿一年八月八日(七三三)　洛阳北邙　河南博物馆藏石

2/2321　卢炅妻李松墓志　正书　唐开元廿一年十月十六日(七三三)　洛阳邙山　新安张钫藏石

2/1734　卢翊墓志　正书　唐开元廿一年十月十六日(七三三)　河南府邙山　新安张钫藏石

2/1734　韩思及妻刘氏墓志　正书　唐开元廿一年十月十六日(七三三)　河南北邙　新安张钫藏石

2/1735　杨瑶墓志　正书　唐开元廿一年十月廿七日(七三三)　洛阳县清风乡邙山　新安张钫藏石

2/1736　裴同墓志　正书　唐开元廿一年十月廿七日(七三三)　河南府河南县连岗　新安张钫藏石

2/2062　开休元墓志　郭虚己撰　正书　唐开元廿一年十一月九日(七三三)　河南北邙朱阳里之南原　新安张钫藏石

2/66　江璀墓志　正书　唐开元廿一年十一月廿二日(七三四)

河南梓泽乡金谷　河南博物馆藏石

2/2059　李君及妻郭氏墓志　郭幹正书　唐开元廿一年十一月廿七日(七三四)　河南县梓泽原　新安张钫藏石

2/1738　孟晖墓志　正书　唐开元廿二年正月十日(七三四)东都河南县金谷乡　新安张钫藏石

2/1739　崔泽妻张端墓志　正书　唐开元廿二年正月廿八日(七三四)　邙山　新安张钫藏石

2/26　裴肃墓志　洪孝昌撰　正书　唐开元廿二年三月廿四日(七三四)　河南城北山　河南博物馆藏石

2/2087　李全眘妻苏究墓志　正书　唐开元廿二年四月六日(七三四)　河南县邙山　新安张钫藏石

2/656　安孝臣墓志　正书　唐开元廿二年四月九日(七三四)河南县平洛乡邙山　新安张钫藏石

2/2251　翟铣及妻李氏墓志　正书　唐开元廿二年七月十四日(七三四)　北邙　新安张钫藏石

2/22　段贞墓志　正书　唐开元廿二年八月十四日(七三四)河南县北邙山　河南博物馆藏石

2/2119　白义宝及妻李氏墓志　正书　唐开元廿二年十月十九日(七三四)　洛阳东北　新安张钫藏石

2/305　张休光墓志　万俟余庆撰　张若芬隶书　唐开元廿二年十月廿二日(七三四)　河南北山平乐乡　河南博物馆藏石

2/885　萧令臣及妻张氏墓志　正书　唐开元廿三年二月十日(七三五)　清风乡安乐里

2/1854　王景曜及妻李氏高氏墓志　正书　唐开元廿三年二月廿三日(七三五)　河南平乐原　新安张钫藏石

2/2130　同上

2/156　郑谌墓志　杨宗撰　外孙元光济正书　唐开元廿三年二月廿三日(七三五)　洛阳县平阴乡　河南博物馆藏石　镌工陈须达

2/813　夏侯昣及妻刘氏墓志　宋杞撰　正书　唐开元廿三年三月四日(七三五)　河南府河南县金谷乡　新安张钫藏石

2/657　白知礼及妻刘氏墓志　正书　唐开元廿三年三月廿九日(七三五)　洛城东北廿里　新安张钫藏石

2/2145　马君妻董氏墓志　徐占撰　正书　唐开元廿三年三月廿九日(七三五)　洛城东北隅邙山　新安张钫藏石

2/1764　白羡言墓志　正书　唐开元廿三年八月十九日(七三五)　河南洛阳县平乐乡邙山　新安张钫藏石

2/651　卢全操墓志　正书　唐开元廿三年九月十八日(七三五)　洛阳北邙平乐原　新安张钫藏石

2/2140　姚珝及妻张氏墓志　正书　唐开元廿三年十月十五日(七三五)　东都河南县金谷乡西北岗　新安张钫藏石

2/2307　张文珪墓志　正书　唐开元廿三年十月廿七日(七三五)　洛阳北邙　新安张钫藏石

2/891　梁义方及妻陈氏墓志　正书　唐开元廿三年闰十一月三日(七三五)　林虑县城东五里曲尚村西北平原　重一张

2/655　崔贸本墓志　宋华撰　正书　唐开元廿三(或五)年四月廿三日(七三五—七三七)　河南县金谷原　新安张钫藏石

2/2115　张仁方及妻姚氏墓志　正书　唐开元廿四年四月十八日(七三六)　新安张钫藏石

2/2100　刘秦客及妻扬氏墓志　正书　唐开元廿四年五月十七日(七三六)　洛阳县平阴乡　新安张钫藏石

2/2144　宫人墓志　正书　唐开元廿四年六月□五日(七三六)　新安张钫藏石

2/2172　皇甫宾妻扬氏墓志　正书　唐开元廿四年八月廿六日(七三六)　洛阳县北邙山南麓　新安张钫藏石

2/2097　张惠则墓志　正书　唐开元廿四年十月九日(七三六)　河南县金谷乡北邙　新安张钫藏石

2/860 邵真及妻马氏墓志 正书 唐开元廿四年十月廿六日(七三六) 李村北里平原

2/1858 徐令名墓志 子易撰 正书 唐开元廿四年十一月七日(七三六) 邙山 新安张钫藏石

2/2085 郑诉及妻张氏墓志 正书 唐开元廿四年十一月七日(七三六) 新安张钫藏石

2/2138 陈敬忠墓志 正书 唐开元廿五年正月廿一日(七三七) 新安张钫藏石

2/1743 李君墓志 正书 唐开元廿五年二月廿八日(七三七) 洛阳 新安张钫藏石

2/1740 程冬笋墓志 崔愿撰 表弟刘昆正书 唐开元廿五年四月十六日(七三七) 洛阳北部乡 新安张钫藏石

2/1741 武幼范及妻谢氏墓志 正书 唐开元廿五年五月十二日(七三七) 洛阳清风乡 新安张钫藏石

2/2293 杨偘墓志 正书 唐开元廿五年八月十日(七三七) 邙山 新安张钫藏石

2/2180 姚处琎墓志 正书 唐开元廿五年十月廿七日(七三七) 河南县金谷乡 新安张钫藏石

2/229 宫人墓志并盖 正书 唐开元廿五年十月廿七日(七三七) 河南博物馆藏石

2/1856 卢曒墓志 正书 唐开元廿五年十一月三日(七三七) 河南县平乐乡 新安张钫藏石

2/345 李昷及妻邓氏墓志 瞭少逸撰 正书 唐开元廿五年十一月十四日(七三七) 河南博物馆藏石

2/1742 竹敬敬墓志 正书 唐开元廿五年十二月三日(七三七) 洛阳县平阴北邙 新安张钫藏石

2/1744 李知墓志 正书 唐开元廿六年正月廿七日(七三八) 河南平阴乡 新安张钫藏石

2/1761　元君妻郑氏墓志　正书　唐开元廿六年二月十六日(七三八)　洛阳县北芒　新安张钫藏石

2/87　□君妻墓志　正书　唐开元廿六年五月十七日(七三八)　帝城东北邙山南　河南博物馆藏石

2/277　王固己及妻卢氏墓志　正书　唐开元廿六年闰八月六日(七三八)　河南府河南县平乐乡　河南博物馆藏石

2/291　李敬固及妻朱氏墓志　侄再昌撰并正书　唐开元廿七年正月四日(七三九)　洛阳北邙山　河南博物馆藏石

2/2166　郑㧑及妻皇甫氏墓志　蒋溢撰　寇峦正书　唐开元廿七年正月廿八日(七三九)　河南县金谷乡金谷原　新安张钫藏石

2/672　姚如衡墓志　正书　唐开元廿七年四月九日(七三九)　新安张钫藏石

2/1765　张若讷墓志　正书　唐开元廿七年五月廿三日(七三九)　河南金谷　新安张钫藏石

2/2184　王君妻赵氏墓志　正书　唐开元廿七年十月十四日(七三九)　新安张钫藏石

2/136　白知新及妻郑氏墓志并盖　正书　盖篆书　唐开元廿七年十月十四日(七三九)　洛北邙山河南县平乐乡(后迁先茔)　河南博物馆藏石

2/2129　杜元顺妻崔氏墓志　正书　唐开元廿七年十月十四日(七三九)　河南县平澄乡　新安张钫藏石

2/2099　杨君及妻张氏墓志　正书　唐开元廿七年十月廿五日(七三九)　河南府洛阳县清风乡邙山　新安张钫藏石

2/200　赵庭秀墓志并盖　正书　盖篆书　唐开元廿七年十月廿六日(七三九)　河南府河南县平乐乡杜翟村邙山　河南博物馆藏石

2/857　崔玄隐及妻陈氏墓志　正书　唐开元廿七年十月廿六日(七三九)　□唐村北

2/2053　李泉及妻张氏墓志　向迁高撰　正书　唐开元廿七年

十二月廿七日(七四〇) 洛阳城东北邙山 新安张钫藏石

2/2118 萧绍远墓志 马巽撰 正书 唐开元廿八年二月(七四〇) 河南洛阳陶村北邙 新安张钫藏石

2/2128 崔君妻郑敏墓志 正书 唐开元廿八年八月十八日(七四〇) 新安张钫藏石

2/80 康庭兰墓志 行书 唐开元廿八年十月十七日(七四〇) 河南杜郭 河南博物馆藏石

2/201 唐裴坦及妻李氏墓志并盖 正书 盖篆书 唐开元廿九年二月二十日(七四一) 洛阳邙山北王晏村 河南博物馆藏石

2/1866 张守珍墓志 陈众甫撰 侄孙有邻正书 唐开元廿九年二月廿日(七四一) 东京邙山 新安张钫藏石

2/2134 赵琼琰及妻姚氏程氏墓志 赵翌撰 正书 唐开元廿九年三月(七四一) 新安张钫藏石

2/1873 白知礼及妻张氏墓志 正书 唐开元廿九年四月廿三日(七四一) 洛阳邙山 新安张钫藏石

2/2330 杨琎及妻源内则墓志 正书 唐开元廿九年五月廿三日(七四一) 邙山 北平历史博物馆藏石

2/1791 田仙寮墓志 李华撰 卢肃正书 唐开元二十九年六月(七四一) 新安张钫藏石

2/2335 李君妻严真如海墓志 马巽撰 正书 唐开元廿九年七月一日(七四一) 北邙 北平历史博物馆藏石

2/180 豆善富墓志并盖 正书 盖篆书 唐开元廿九年八月十八日(七四一) 洛都河南县梓泽乡邙山 河南博物馆藏石

2/2061 邢超及妻辛氏墓志 正书 唐开元廿九年十月八日(七四一) 新安张钫藏石

2/2082 □浩丰墓志 正书 唐开元廿九年十一月十四日(七四一) 新安张钫藏石

2/2296 苏咸墓志 刘锽撰 犹子广文正书 唐开元廿九年十

一月廿三日(七四二) 洛阳邙山 新安张钫藏石

2/288 张景阳墓志 张楚金序 马巽铭 正书 唐开元廿九年十一月廿五日(七四二) 洛阳邙山陶原 河南博物馆藏石

2/2125 蒋敏妻张氏墓志 阎琪撰 正书 唐开元二十九年十一月二十六日(七四二) 新安张钫藏石

2/1876 八品宫人墓志 正书 唐开元□年二月二日(七一三—七四一) 北邙 新安张钫藏石

2/2078 裴迥妻李氏墓志 蒋洌撰 正书 唐开元□年四月廿七日(七一三—七四一) 河南县梓泽乡 新安张钫藏石

2/121 张嵒妻魏氏墓志并盖 正书 唐开元廿□年七月廿五日(七三二—七四一) 河南县平乐乡雀村 河南博物馆藏石

2/1853 张本及妻郑氏王氏墓志 正书 唐天宝元年正月廿六日(七四二) 河南县界张阳村北原 新安张钫藏石

2/1839 王泠然及妻裴氏墓志 隶书 唐天宝元年正月晦日(七四二) 邙山平乐乡 新安张钫藏石

2/1825 高德墓志 正书 唐天宝元年四月廿三日(七四二) 河南梓泽乡 新安张钫藏石

2/401 赵巨源及妻杨氏墓志并盖 正书 唐天宝元年四月二十三日(七四二) 新安县白土川北原 河南博物馆藏石

2/137 崔君妻朱氏墓志并盖 正书 盖篆书 唐天宝元年四月廿三日(七四二) 河南府洛阳县清风乡平乐北 河南博物馆藏石

2/1775 郑瑨墓志 正书 唐天宝元年五月十六日(七四二) 新安张钫藏石

2/1821 李公季女墓志 正书 唐天宝元年七月四日(七四二) 东京洛阳县平阴原 新安张钫藏石

2/1844 李宾墓志 正书 唐天宝元年八月廿四日(七四二) 洛阳县平阴乡 新安张钫藏石

2/1829 姚氏殇女墓志 正书 唐天宝元年八月三十日(七四

二） 邙山金谷原 新安张钫藏石

2/1838 张尊师乘运墓志 正书 唐天宝元年九月廿八日（七四二） 崇邙西原 新安张钫藏石

2/2155 樊君妻田氏墓志 正书 唐天宝元年十月（七四二） 洛阳平乐乡 新安张钫藏石

2/151 苑玄亮墓志 梁普撰 正书 唐天宝元年十一月十九日（七四二） 东京平阴乡 河南博物馆藏石

2/1837 徐元隐墓志 正书 唐天宝二年四月廿一日（七四三） 河南县平乐乡陶园 新安张钫藏石

2/1842 张敬己妻王氏墓志 马昚言撰并正书 唐天宝二年七月十二日（七四三） 河南县金谷乡北邙 新安张钫藏石

2/1850 王秦客墓志 正书 唐天宝二年十月廿日（七四三） 洛阳县清风乡北邙 新安张钫藏石

2/24 姚晅墓志 四兄通理撰 正书 唐天宝二年十月廿日（七四三） 河南县平乐乡北邙山 河南博物馆藏石

2/958 崔君妻独孤氏墓志 长子季良修并正书 唐天宝二年十一月二日（七四三） 长安县义阳县义阳原 重一张

2/961 陈周子墓志 正书 唐天宝二年十一月十四日（七四三） 寿安积善乡

2/2176 左光胤墓志 张楚金撰 李新正书 唐天宝二年十二月七日（七四三） 河南杜郭原 新安张钫藏石

2/2156 王公度墓志 正书 唐天宝二年十二月（七四三） 河南北山 新安张钫藏石

2/128 李祎妻吕氏墓志并盖 正书 盖篆书 唐天宝三年闰二月三日（七四四） 洛阳邙山西北原 河南博物馆藏石

2/1820 张思鼎墓志 正书 唐天宝三年闰二月八日（七四四） 河南县邙山 新安张钫藏石

2/1830 皇甫政及妻淳于氏墓志 正书 唐天宝三年闰二月

八日（七四四） 北邙 新安张钫藏石

2/394 卢友度墓志 郑齐敷撰 正书 唐天宝三年三月九日（七四四） 东京城东北原 河南博物馆藏石

2/1768 陆君妻元氏墓志 正书 唐天宝三年八月十二日（七四四） 河南县平乐乡北原 新安张钫藏石

2/910 索思礼墓志 正书 唐天宝三年八月十二日（七四四） 京兆龙门乡 重一张

2/1875 杨令晖墓志 正书 唐天宝三年十一月十三日（七四四） 金谷乡 新安张钫藏石

2/1833 裴镐墓志 正书 唐天宝三年十一月卅日（七四五） 北邙 新安张钫藏石

2/1836 马延徽墓志 正书 唐天宝四年正月十四日（七四五） 北邙山 新安张钫藏石

2/2151 王元及妻杨氏墓志 正书 唐天宝四年二月十四日（七四五） 河南府河南县平乐乡邙山 新安张钫藏石

2/48 王训及妻朱氏墓志 正书 唐天宝四年二月廿一日（七四五） 洛阳县邙山 新安张钫藏石

2/1848 李怀及妻王氏墓志 杨坦撰 行书 唐天宝四年四月二十二日（七四五） 洛阳县平乐乡 新安张钫藏石

2/2323 张肃珪及妻文氏墓志 王寰撰 左光叡正书 唐天宝四年四月廿二日（七四五） 河南县平乐乡 新安张钫藏石

2/2149 王季随妻郑氏墓志 阳陵撰 正书 唐天宝四年六月廿八日（七四五） 东京北邙 新安张钫藏石

2/1847 郑君妻万俟氏墓志 正书 唐天宝四载七月五日（七四五） 洛阳县平阳乡 新安张钫藏石

燕京大学图书馆所藏石刻草目 十

2/1874 和守阳墓志 毛肃然撰并正书 唐天宝四年十月十三日（七四五） 北邙山平乐原 新安张钫藏石

2/1932 高備及妻卢氏墓志 窦兰撰 正书 唐天宝四年十月十三日（七四五） 河南县梓泽乡 新安张钫藏石

2/293 刘升墓志 行书 唐天宝四年十月十三日（七四五） 河南县平乐乡北原 河南博物馆藏石

2/1871 杜君及妻李氏墓志 孙贾慫撰并正书 唐天宝四年十月廿五日（七四五） 河南府河南县平乐乡景业村东北一里 新安张钫藏石

2/1773 张俊墓志 赵推撰 从侄同晏正书 唐天宝四年十月廿五日（七四五） 新安张钫藏石

2/1818 裴琨墓志 蒋思之撰 子有信正书 唐天宝四年十月廿五日（七四五） 河南府河南县都城北金谷乡泉原 新安张钫藏石

2/878 诸葛明悊妻韩氏墓志 正书 唐天宝四年十月廿五日（七四五） 零泉县西北一里半平原 陶斋藏石

2/879 同上

2/2163 刘颖墓志 行书 唐天宝四年十月二十九日(七四五) 东京北邙 新安张钫藏石

2/1846 庾若讷墓志 正书 唐天宝五年二月卅日(七四六) 东京河南府河南县平乐乡 新安张钫藏石

2/2152 苏君妻吕氏墓志 正书 唐天宝五年三月三十日(七四六) 新安张钫藏石

2/2366 郭密之妻韦氏墓志 郭密之撰并正书 唐天宝五年十一月七日(七四六) 河南北山之中麓

2/1822 杨岌墓志 崔潜撰 正书 唐天宝六年正月廿六日(七四七) 河南北山 新安张钫藏石

2/1807 源光乘及妻姜氏墓志 柳芳撰 正书 唐天宝六年二月廿七日(七四七) 河南洛阳邙山之宣武原 新安张钫藏石

2/1852 朱光宙墓志 正书 唐天宝六年三月六日(七四七) 北邙 新安张钫藏石

2/2150 卢明远及妻杨氏墓志 崔至撰 正书 唐天宝六年十月十九日(七四七) 洛阳北邙山 新安张钫藏石

2/348 李迪墓志 正书 唐天宝六年十一月廿五日(七四七) 东京城东北十四里北邙 河南博物馆藏石

2/1843 宋遥墓志 宋鼎撰 郑长裕正书 唐天宝七年正月十一日(七四八) 洛阳县清风乡崇德里北邙 新安张钫藏石

2/1872 程思处墓志 薛成撰 张瑨正书 唐天宝七年三月十二日(七四八) 河南府河南县平乐乡安善里杜郭村北二里 新安张钫藏石

2/1879 王元泰墓志 郭怀琰撰并正书 唐天宝七年十月十一日(七四八) 河南邙山平乐乡 新安张钫藏石

2/1817 丁韶墓志 正书 唐天宝七年十月廿三日(七四八) 洛阳北邙 新安张钫藏石

2/956 大慈禅师净觉墓志 正书 唐天宝七年十一月十八日

(七四八) 咸宁县 重一张

2/2262 王君妻李氏墓志 王缙撰 正书 唐天宝七年十一月廿四日(七四八) 洛阳北原 新安张钫藏石

2/244 李君妻窦氏墓志并盖 卢沼撰 正书 盖篆书 唐天宝七年十一月廿四日(七四八) 洛阳北邙 河南博物馆藏石

2/158 王同福及妻裴雍熙墓志 子稷撰 子税正书 唐天宝七年十一月卅日(七四八) 东京洛阳县清风原 河南博物馆藏石

2/1878 陶元钦及妻王氏墓志 正书 唐天宝七年十一月卅日(七四八) 河南府洛阳县召乐村 新安张钫藏石

2/1776 寇洋及妻邢氏墓志 侄婿贺兰弼撰 侄埙正书并篆盖 唐天宝七年十一月三十日(七四八) 河南县金谷原 新安张钫藏石

2/1819 史庭及妻尹氏墓志 正书 唐天宝七年十一月(七四八) 芒山 新安张钫藏石

2/906 薛义墓志 正书 唐天宝八年七月廿八日(七四九) 长安国门之西龙首原 陶斋藏石 重一张

2/203 康君妻翟氏墓志并盖 正书 盖篆书 唐天宝八年八月十日(七四九) 河南县平乐乡 河南博物馆藏石

2/2158 陆丰妻胡氏墓志 正书 唐天宝八年八月十四日(七四九) 洛阳县芒山 新安张钫藏石

2/1824 高琛墓志 邢宙撰 正书 唐天宝八年八月廿二日(七四九) 洛阳县平阴原 新安张钫藏石

2/1869 崔氏殇子糸孩墓志 正书 唐天宝八年九月廿三日(七四九) 邙山 新安张钫藏石

2/1832 吴福将墓志 周颀撰 正书 唐天宝八年十一月十一日(七四九) 东京平阴原 新安张钫藏石

2/2147 李济墓志 刘去奢撰 正书 唐天宝八年十一月十八日(七四九) 河南府洛阳县平阴乡邙山陶村 新安张钫藏石

2/97 卢复墓志 杜杳言撰 正书 唐天宝九年二月十三日(七

五〇） 洛阳邙山 河南博物馆藏石

2/1823 张椅墓志 正书 唐天宝九年二月十四日（七五〇） 北邙 新安张钫藏石

2/1828 张君妻崔氏墓志 张恒撰 李封行书 唐天宝九年七月廿三日（七五〇） 东京城北平乐乡 新安张钫藏石

2/984 裴君妻韦氏墓志 正书 唐天宝九年十月六日（七五〇） 城东嘉宁乡之平原 陶斋藏石 重一张

2/1827 于偃墓志 正书 唐天宝九年十一月四日（七五〇） 新安张钫藏石

2/1831 李君妻韦小孩墓志 高盖撰 陈绚正书 唐天宝九年十一月十一日（七五〇） 新安张钫藏石

2/981 李系墓志 栘成撰 正书 唐天宝九年十一月十七日（七五〇） 河南府洛阳县北邙之南原 陶斋藏石

2/1816 李庭训墓志 子婿杜镇撰 正书 唐天宝九年十一月十七日（七五〇） 河南府洛阳县 新安张钫藏石

2/2261 张贞昚墓志 王伯伦撰 正书 唐天宝九年十一月十七日（七五〇） 首阳山 新安张钫藏石

2/33 李华墓志 正书 唐天宝九年十二月十七日（七五一） 洛阳清风之南原 河南博物馆藏石

2/1770 赵佺及妻裴氏墓志 郑蓁撰 正书 唐天宝十年正月一日（七五一） 洛阳兴艺里 新安张钫藏石

2/1771 房光庭墓志 正书 唐天宝十年三月十七日（七五一） 黄河南邙山北 新安张钫藏石

2/967 崔虞延墓志 正书 唐天宝十年三月廿二日（七五一） 重一张

2/353 慕容氏女神护师墓志 正书 唐天宝十年四月十八日（七五一） 洛阳北芒 河南博物馆藏石

2/1841 房有非墓志 正书 唐天宝十年八月廿二日（七五一）

邙山　新安张钫藏石

2/256　张君妻郭班墓志　正书　唐天宝十年八月廿二日(七五一)　洛阳县平乐乡　河南博物馆藏石

2/2159　高君妻杜兰墓志　正书　唐天宝十年十月十一日(七五一)　洛阳北邙　新安张钫藏石

2/230　裴肃及妻阳氏墓志并盖　子婿杨宽撰　正书　盖篆书　唐天宝十年十月廿四日(七五一)　洛阳北邙山平乐　河南博物馆藏石

2/227　王志悌及妻李氏墓志并盖　正书　盖篆书　唐天宝十年十一月五日(七五一)　河南府河南县安乐乡北邙山　河南博物馆藏石

2/1774　王鸿及妻薛氏墓志　正书　唐天宝十年十一月五日(七五一)　河南县安乐乡邙山　新安张钫藏石

2/2157　卢憕墓志　正书　唐天宝十年十一月十一日(七五一)　河南邙山平乐乡　新安张钫藏石

2/2185　崔义邕墓志　正书　唐天宝十年十一月廿七日(七五一)　洛阳北山　新安张钫藏石

2/2202　倪彬墓志　隶书　唐天宝十年十二月十一日(七五二)　洛阳平阴乡北原　新安张钫藏石　李演刻

2/808　李君妻崔氏墓志　正书　唐天宝十年十二月十一日(七五二)　河南寿安北原　陶斋藏石　重一份

2/2256　张之绪妻李氏墓志　张之绪撰　李凑正书　唐天宝十一年二月廿四日(七五二)　宣武原　新安张钫藏石

2/2186　贾崇璋妻陆英墓志　正书　唐天宝十一年二月廿四日(七五二)　洛阳县吕村西北原　新安张钫藏石

2/2254　苏咸妻韦顺仪墓志　正书　唐天宝十一年闰三月二十六日(七五二)　新安张钫藏石

2/2148　王君妻萧慱墓志　正书　唐天宝十一年五月八日(七五二)　洛阳邙山平乐乡　新安张钫藏石

2/1840　齐子墓志　正书　唐天宝十一年五月十五日(七五二)

河南县北邙平乐乡　新安张钫藏石

2/1849　崔澄墓志　行书　唐天宝十一年八月十日(七五二)　北邙山　新安张钫藏石　撰并书人名泐

2/2160　屈澄墓志　正书　唐天宝十一年九月三日(七五二)　洛阳邙山　新安张钫藏石

2/1772　卢君及妻杨氏墓志　正书　唐天宝十一年十月廿九日(七五二)　新安张钫藏石

2/1803　于君妻裴氏墓志　辛稷撰　正书　唐天宝十一年十一月五日(七五二)　洛阳北山　新安张钫藏石

2/148　刘君妻王光赞墓志并盖　正书　唐天宝十一年十一月廿七日(七五三)　洛阳县平阴乡北原　河南博物馆藏石

2/1851　房君妻耿氏墓志　正书　唐天宝十二年正月三十日(七五三)　邙山杜郭东原　新安张钫藏石

2/976　张璥及妻王氏墓志　张晏撰　正书　唐天宝十二年二月十二日(七五三)　京兆府金□县三陂乡旧茔东北三十二步　陶斋藏石　重一张

2/2285　崔君妻王京墓志　正书　唐天宝十二年二月十二日(七五三)　新安张钫藏石

2/67　贾隐及妻杜氏墓志　杜芳撰　正书　唐天宝十二年二月廿四日(七五三)　洛阳县吕村北芒山南　河南博物馆藏石

2/2161　车锷妻侯氏墓志　夫车锷撰　正书　唐天宝十二年四月一日(七五三)　洛阳北邙伯乐川原　新安张钫藏石

2/1834　卢咸妻郑进墓志　崔众甫撰　正书　唐天宝十二年五月廿日(七五三)　新安张钫藏石

2/1835　李君妻裴氏墓志　郑詧撰　正书　唐天宝十二年五月廿六日(七五三)　洛阳北部　新安张钫藏石

2/2177　韦元逸妻李氏墓志　正书　唐天宝十二年八月廿八日(七五三)　新安张钫藏石

2/1933　裴处琎及妻赵氏墓志　正书　唐天宝十二年十月六日（七五三）　河南县平乐原　新安张钫藏石

2/1880　卢含墓志　崔泉撰　正书　唐天宝十二年十月六日（七五三）　东郡北邙　新安张钫藏石

2/2162　元舒温墓志　行书　唐天宝十二年十月十七日（七五三）　洛阳北原　新安张钫藏石

2/2175　贾钦惠墓志　萧颖士撰　侄栖梧正书　唐天宝十二年十月十七日（七五三）　河南县梓泽乡　新安张钫藏石

2/1767　姚希直墓志　王邕撰　正书　唐天宝十二年十月三十日（七五三）　河南县北原　新安张钫藏石

2/18　崔鋅墓志　正书　唐天宝十二年十一月九日（七五三）　河南北山　河南博物馆藏石

2/666　张元忠妻令狐氏墓志　行书　唐天宝十二年十二月四日（七五四）　京兆府长安县龙首乡　西安碑林藏石

2/575　同上

2/2298　郑宇墓志　正书　唐天宝十二年十二月廿四日（七五四）　河南县梓泽乡　新安张钫藏石

2/1790　李涣墓志　行书　唐天宝十三年正月廿五日（七五四）　河南县邙山　新安张钫藏石

2/1877　卫冯墓志　赵宫撰　正书　唐天宝十三年正月廿五日（七五四）　河南府　新安张钫藏石

2/1769　裴君妻李氏墓志　李翼撰并正书及篆额（额失）　唐天宝十三年二月十八日（七五四）　河南县梓泽乡北邙　新安张钫藏石

2/75　张崈墓志　赵昙撰　褚凑正书　唐天宝十三年五月七日（七五四）　洛阳县邙山　河南博物馆藏石

2/2286　刘玄豹妻高氏墓志　李渐撰　正书　唐天宝十三年七月十五日（七五四）　洛阳县界平阴乡邙山之阳　新安张钫藏石

2/2252　李君妻韦氏墓志　正书　唐天宝十三年八月三日（七

五四） 河南里□乐乡 新安张钫藏石

2/1845 裴铣墓志 正书 唐天宝十三年闰十一月十一日（七五四） 河南县宣武陵北原 新安张钫藏石

2/2154 卢自省墓志 房由撰 正书 唐天宝十三年闰十一月十一日（七五四） 洛阳北原 新安张钫藏石

2/940 崔克让墓志 正书 唐天宝十四年二月十六日（七五五） 洛阳城东嘉宁乡 陶斋藏石 重一张

2/2188 魏令直墓志 郭怀琰撰并正书 唐天宝十四年三月一日（七五五） 河南平乐乡北邙 新安张钫藏石

2/985 韦琼墓志 范朝撰 正书 唐天宝十四年五月十三日（七五五） 长安县永寿 陶斋藏石

2/856 刘智及妻孙氏墓志 张邁撰 正书 唐天宝十五年五月十九日（七五六） 京兆府长安县国城门西七里龙首原

2/1826 赵怀琎墓志 正书 唐天宝十六年九月二日（七五七） 北邙 新安张钫藏石

2/210 卢君妻崔氏墓志并盖 正书 盖篆书 唐天宝十□年九月十七日（七五二——七五七） 河南府北□ 河南博物馆藏石

2/1181 独孤君妻马凌虚道士墓志 李史鱼撰 刘太和正书 燕圣武元年正月廿二日（七五六） 洛阳邙山 新安张钫藏石

2/1183 卢氏女子殁后记 正书 燕圣武元年三月六日（七五六） 洛阳 新安张钫藏石

2/1184 陈□少及妻李氏墓志 正书 燕圣武元年五月十三日（七五六） 邙山 新安张钫藏石

2/84 李玢及妻裴氏墓志 王良辅撰 外甥胡涀正书 燕圣武元年十二月五日（七五六） 洛阳平阴乡 河南博物馆藏石

2/1182 呼延君妻张即墓志 正书 燕圣武二年二月廿四日（七五七） 新安张钫藏石

2/600 徐怀隐墓志 正书 燕圣武二年十月十六日（七五七）

汤阴县城西十五里平原　陶斋藏石

2/679　同上

2/828　同上

2/658　长孙君妻杜氏阴堂文　正书　燕圣武二年十月十七日（七五七）　陶斋藏石

2/1186　李庭训妻崔上真墓志　正书　燕顺天二年十一月十日（七五九）　洛城北平阴乡陶村　新安张钫藏石

2/1185　司马望墓志　郑齐舟撰　柴闳正书　燕显圣元年六月十九日（七六一）　河南县平乐乡　新安张钫藏石

2/1187　太常寺主簿孙君墓志　正书　燕显圣二年七月十三日（七六二）　河南县　新安张钫藏石

2/451　王尊师墓志盖　篆书　燕　河南博物馆藏石

2/2089　明希晋墓志　杨谔撰　正书　唐至德二年十一月十日（七五七）　洛阳清风乡曜店里北邙　新安张钫藏石

2/1179　慕容晓墓志　正书　唐乾元元年三月十三日（七五八）　河南邙山东陶山村东原　新安张钫藏石

2/1180　卢仲容墓志　徐崌撰　正书　唐乾元二年二月十二日（七五九）　邙山

2/1178　崔夐墓志　裴颖撰　正书　唐乾元二年七月十八日（七五九）　河南县朱阳乡朱阳村　新安张钫藏石

2/822　刘奉芝及妻赵氏墓志　赵昂撰　刘秦行书　唐上元二年正月十一日（七六一）

2/2094　张琛及妻刘氏墓志　正书　唐宝应元年二月四日（七六二）　新安张钫藏石

2/983　焦璀墓志　正书　唐宝应元年十二月廿七日（七六三）　邠州三水县归义乡邠邑原　陶斋藏石　重一张

2/1189　李璀墓志　韦应物撰　正书　唐广德二年十二月九日（七六五）　河南府河南县谷阳乡　新安张钫藏石

2/937 张义琬禅师墓志 正书 唐大历三年八月十九日(七六八) 陶斋藏石

2/1200 李邕及妻温氏墓志 族子昂撰 正书 唐大历三年十一月廿日(七六九) 洛阳北原 新安张钫藏石

2/1195 元贞墓志 正书 唐大历四年七月八日(七六九) 河南金谷乡焦古村 新安张钫藏石

2/1193 元真墓志 正书 唐大历四年七月八日(七六九) 河南金谷乡焦古村 新安张钫藏石

2/237 窦叔华妻崔缊墓志并盖 季父祐甫撰 正书 盖篆书 唐大历四年十月廿日(七六九) 洛阳北邙陶村北 河南博物馆藏石

2/1191 卢招任妻李严爱墓志 正书 唐大历四年十一月廿日(七六九) 河南县平乐乡杜郭村北原 新安张钫藏石

2/2290 李琰墓志 内兄崔阳元撰 正书 唐大历四年(七六九) 北茫原 新安张钫藏石

2/2316 李湍及妻郑氏墓志 邵说撰 正书 唐大历四年十二月二十日(七七〇) 邙山 新安张钫藏石

2/1199 王晋俗墓志 崔儒撰 隶书 唐大历六年五月十日(七七一) 新安张钫藏石

2/1201 张炅及妻孟氏墓志 孙子聓李系撰 正书 唐大历六年八月十九日(七七一) 东京北山平阴乡 新安张钫藏石

2/1198 张愿墓志 外甥赵植撰 正书 唐大历八年闰十一月十九日(七七四) 邙山 新安张钫藏石

2/996 张锐墓志 张慆正书 唐大历九年三月四日(七七四) 京兆凤栖原 陶斋藏石 重一张

2/2295 李涛墓志 独孤及撰 正书 唐大历九年四月廿八日(七七四) 洛阳清风乡北邙 新安张钫藏石

2/1192 高如诠墓志 正书 唐大历十一年二月廿四日(七七六) 河阳县邙山 新安张钫藏石

2/2328 窦君妻杨莹墓志 丁翥撰 正书 唐大历十二年十一月廿二日(七七七) 北芒 北平历史博物馆藏石

2/2319 李君妻独孤氏墓志 正书 唐大历十二年□月十七日(七七七) 洛阳清风乡之原 新安张钫藏石

2/1196 崔众甫及妻卢氏墓志 从父弟祐甫撰 正书 唐大历十三年四月八日(七七八) 邙山 新安张钫藏石

2/1197 崔浑及妻卢梵儿墓志 崔沔撰 正书 唐大历十三年四月八日(七七八) 新安张钫藏石

2/959 李国清墓志 正书 唐大历十三年四月廿七日(七七八) 益都县西原 陶斋藏石

2/2195 寇锡墓志 崔祐甫撰 侄京正书并篆额(额失) 唐大历十三年四月廿七日(七七八) 河南府河南县邙山 新安张钫藏石

2/2268 李涛及妻独孤氏墓志 梁肃撰 正书 唐大历十三年七月廿三日(七七八) 洛阳北邙 新安张钫藏石

2/2153 崔杰及妻卢氏墓志 萧伦撰 袁真正书 唐大历十三年十月十二日(七七八) 邙山 新安张钫藏石

2/849 李嘉珍及妻彭氏墓志 正书 唐大历十三年十月廿五日(七七八) 县西南卅里 陶斋藏石

2/1190 窦寓墓志 正书 唐大历十四年八月廿三日(七七九) 洛阳县平乐原 新安张钫藏石

2/1194 张倜及妻裴氏墓志 李系撰 正书 唐大历□年十月十九日(七六六—七七九) 洛阳北山平阴乡十里北 新安张钫藏石

2/873 萧俱兴墓志 正书 唐大历十五年正月十六日(七八〇) 安阳高平村东北半里平原 陶斋藏石

2/1202 张翔墓志 独孤良弼撰 女聟独孤愿正书 唐建中元年二月十四日(七八〇) 洛阳北邙焦固原 新安张钫藏石

2/1204 张翃及妻郑氏墓志 子士源撰 正书 唐建中元年二月十四日(七八〇) 北邙 新安张钫藏石

2/1286　房有非及妻尚氏墓志　正书　唐建中二年十月廿四日（七八一）　洛阳邙山　新安张钫藏石

2/1203　源溥墓志　蒋录撰　正书　唐建中四年二月二日（七八三）　河南县张阳村西二里　新安张钫藏石

2/950　宋俨墓志　正书　唐建中四年四月廿七日（七八三）　幽州昌平县东北十里武安乡　陶斋藏石

2/1333　陈揆墓志　张劝撰并正书　唐贞元二年七月廿二日（七八六）　洛阳邙山　新安张钫藏石　原姓阙志云颍川之子故定为陈姓

2/1324　司马齐卿及妻王氏墓志　刘震撰　正书　唐贞元三年二月十七日（七八七）　洛阳县平阴乡　新安张钫藏石

2/1293　邢倨妻景氏墓志　邢倨撰　正书　唐贞元三年七月廿一日（七八七）　北邙　新安张钫藏石

2/953　田侁墓志　桑叔文撰　储彦琛正书　唐贞元三年八月四日（七八七）　江都县山光寺南原　有江都梅植之获石道光壬寅六月记光绪壬午年仪征张丙炎购藏榕园等字二行　重一张

2/1299　刘搢妻源氏墓志　陶戴撰　正书　唐贞元四年五月十九日（七八八）　洛阳邙山　新安张钫藏石

2/1322　孙君及妻李氏墓志　侄公辅撰并正书　唐贞元五年五月廿日（七八九）　新安张钫藏石

2/2223　孙成墓志　兄绛撰　正书　唐贞元六年五月七日（七九〇）　北芒山陶村西原　新安张钫藏石

2/1305　李萼妻扬氏墓志　皇甫翰撰　正书　唐贞元六年七月十八日（七九〇）　洛阳县界　新安张钫藏石

2/854　正性墓志并盖　正书　唐贞元六年十月八日（七九〇）　城南神禾原　陶斋藏石

2/2204　程俊墓志并盖　外甥王颜撰　李同系隶书并篆额　唐贞元六年十月廿八日（七九〇）　河南县平乐乡徐娄村西南二里　新安张钫藏石　志铭刻于石之两面

2/1302 薛君及妻郑氏墓志 正书 唐贞元六年十月廿八日（七九〇） 河南县平乐里 新安张钫藏石 志云夫人荥阳□□故定为郑氏

2/1300 阎士熊墓志 乔融撰 正书 唐贞元六年十一月十日（七九〇） 洛阳县平阴乡吕乐里 新安张钫藏石

2/1320 杨颂墓志 正书 唐贞元七年四月十九日（七九一） 新安张钫藏石

2/975 卢峤墓志 赵佶撰 李谦正书 唐贞元八年二月十二日（七九二） 河南县万安山之南原 陶斋藏石 重一张

2/941 张君妻王氏墓志 扬自政撰 正书 唐贞元八年三月廿二日（七九二） 长安县城西龙首乡 陶斋藏石 重一张

2/2278 李皋墓志 阳樊泽撰 徐项正书并篆铭（按篆铭即篆盖也盖失） 唐贞元八年五月十二日（七九二） 河南县平阴乡 新安张钫藏石 镌字人屈贲马瞻

2/1296 李宏墓志 弟宰撰 正书 唐贞元八年十二月十五日（七九三） 洛阳邙山 新安张钫藏石

2/1315 贾旋墓志 正书 唐贞元九年正月廿九日（七九三） 洛阳邙山 新安张钫藏石

2/1319 樊涚及妻孙氏墓志 从孙宗师撰 正书 唐贞元九年十月一日（七九三） 新安张钫藏石

2/989 卢峤妻崔氏墓志 子婿再从侄延赞撰 正书 唐贞元九年十月三日（七九三） 陶斋藏石 重一张

2/2292 源君妻蒋婉墓志 子晋撰 正书 唐贞元十年九月二日（七九四） 河南县张阳村 新安张钫藏石

2/1321 郑君妻卢氏墓志 郑易撰 正书 唐贞元十一年二月廿二日（七九五） 河南邙山 新安张钫藏石

2/946 陈诸墓志 正书 唐贞元十一年四月十二日（七九五） 北邙山 陶斋藏石 重一张

2/902　田侁及妻翼氏墓志　正书　唐贞元十一年八月廿七日（七九五）　有江都梅植之获石道光壬寅六月记光绪壬午年仪征张丙炎购藏榕园等字二行　重一张

2/1295　郑君妻卢氏墓志　郑易撰　正书　唐贞元十二年三月廿九日（七九六）　新安张钫藏石

2/1314　刘希阳及妻韩氏墓志　张传礼撰　行书　唐贞元十二年四月八日（七九六）　河南府洛阳县刘村岗　新安张钫藏石　铭文由左至右

2/2191　李汲墓志　正书　唐贞元十二年十一月廿二日（七九六）　洛阳北邙山　新安张钫藏石

2/1868　曹王妃崔旡生忍墓志　张文哲撰　正书　唐贞元十三年八月十七日（七九七）　河南邙山乐乡原　李清刻字　新安张钫藏石

2/969　李侯七墓志　兄将顺撰　正书　唐贞元十三年十一月三日（七九七）　河南府缑氏县公路涧西原　陶斋藏石

2/1309　臧晔及妻翟氏墓志　杨遂撰　正书　唐贞元十三年十一月廿一日（七九七）　洛阳金谷乡　新安张钫藏石

2/1323　王君妻侯氏墓志　兄造撰并正书　唐贞元十三年十一月廿九日（七九七）　河南府邙山　韩义昌镌字　新安张钫藏石

2/921　王实照墓志　陈淑向撰　正书　唐贞元十三年十二月十九日（七九八）　原题龙花寺墓志铭乃女尼也　陶斋藏石　重一张

2/1297　苏日荣墓志　房次卿撰　正书　唐贞元十四年八月七日（七九八）　河南县金谷园　新安张钫藏石

2/1292　魏君墓志　正书　唐贞元十四年十一月四日（七九八）　东洛北邙　新安张钫藏石

2/1301　吕秀及妻霍氏墓志　侯造撰并正书　唐贞元十四年十二月十五日（七九九）　洛阳邙山　新安张钫藏石

2/1303　崔契臣墓志　正书　唐贞元十五年四月廿九日（七九九）　新安张钫藏石

2/993 崔程及妻郑氏墓志 陆复礼撰 季弟税正书 唐贞元十五年八月十八日(七九九) 洛阳县平阴乡陶村 陶斋藏石 重一张

2/1318 王平墓志 沙门温雅撰 正书 唐贞元十六年十月十九日(八〇〇) 国城北安喜门外邙山 新安张钫藏石

2/810 清河郡张氏墓志 裴同亮撰 正书 唐贞元十六年(八〇〇) 陕西咸宁 陶斋藏石

2/1291 张滂墓志 李灞撰 正书 唐贞元十七年九月廿六日(八〇一) 河南府洛阳县金庸乡邙山 新安张钫藏石

2/1307 薛迅墓志 杜密撰 正书 唐贞元十七年十一月十二日(八〇一) 河南县平乐乡北邙山 新安张钫藏石

2/1308 李进荣墓志 沙门灵沼撰 正书 唐贞元十七年十一月廿六日(八〇二) 都城北邙山 新安张钫藏石

2/1316 元襄墓志 杨必复撰并正书 唐贞元十七年十一月廿七日(八〇二) 河南县金谷乡 新安张钫藏石

2/862 李孙孙墓志 李藩撰 从父淳正书 唐贞元十七年十二月三日(八〇二) 万年县高平乡西焦村之南原 陶斋藏石 重一份

2/863 张容成墓志 伯兄安时撰 正书 唐贞元十八年正月廿七日(八〇二) 河南县龙门乡午桥村 陶斋藏石

2/1298 孙婴墓志 侄保衡撰 正书 唐贞元十八年二月九日(八〇二) 新安张钫藏石

2/1317 孙婴幼女墓志 再从兄保衡撰 正书 唐贞元十八年二月九日(八〇二) 陕西蓝田县 新安张钫藏石

2/1325 柳均及妻李氏墓志 李师稷撰 正书 唐贞元十八年七月十九日(八〇二) 榆林北原 新安张钫藏石 一志刻二石铭文由左至右

2/207 张游艺及妻傅氏墓志并盖 高弘规撰 正书 唐贞元十八年十二月一日(八〇二) 洛阳县北原 河南博物馆藏石

2/1304 李君妻刘氏墓志 赵南华撰 正书 唐贞元十八年十

二月七日(八〇三)　河南　新安张钫藏石

2/2357　孙君妻李氏墓志　正书　唐贞元十九年四月廿二日(八〇三)　河南县邙山之北原　北平历史博物馆藏石

2/1310　蔡浩妻段氏墓志　赵南华撰　正书　唐贞元十九年八月廿四日(八〇三)　洛阳平阴　新安张钫藏石

2/1306　崔千里及妻李氏墓志　子恕撰　正书　唐贞元十九年十月廿日(八〇三)　新安张钫藏石

燕京大学图书馆所藏石刻草目　十一

2/1311　陶英妻张氏墓志　成公羽撰并正书　唐贞元十九年十一月五日(八〇三)　雒阳县平阴乡　韩义昌刻字　新安张钫藏石

2/1719　张君妻郭仪墓志　正书　唐贞元十□年(七九五—八〇三)　洛阳邙山　新安张钫藏石

2/2288　陈皆及妻丘氏墓志　崔芃撰　正书　唐贞元廿年二月十五日(八〇四)　成周北原　新安张钫藏石

2/913　武珍及妻裴氏墓志　正书　唐贞元廿年七月一日(八〇四)　江阳县嘉宁乡□□村之平原　张氏藏石　重一张

2/1312　卢翊墓志　吕周任撰　正书　唐贞元廿年八月八日(八〇四)　河南北邙山　新安张钫藏石

2/1294　李君妻荣修墓志　韦少辑撰　正书　唐贞元廿年十一月廿五日(八〇四)　洛阳东北平乐乡南原　新安张钫藏石

2/1313　元浚长墓志　侄京撰　侄章正书　唐贞元廿一年三月四日(八〇五)　河南县金谷乡焦故里　新安张钫藏石

2/1326　孙君及妻卢氏墓志　裴珀撰　子保衡正书　唐永贞元年十一月五日(八〇五)　新安张钫藏石

2/114　李肃墓志并盖　从弟茂正撰　正书　唐永贞元年十二月□日(八〇五或八〇六)　河南县东北原　河南博物馆藏石　按十二月七日以前则为八〇五七日以后则为八〇六

2/1340　崔氏十六女墓志　正书　唐元和元年正月廿日(八〇六)　新安张钫藏石

2/1339　萧鍊墓志　从兄策撰　正书　唐元和元年二月二日(八〇六)　洛阳北原　新安张钫藏石

2/897　魏和墓志　房寅撰　正书　唐元和元年二月十五日(八〇六)　北茫　陶斋藏石　重一张

2/2266　杨择交墓志　张莒撰　正书　唐元和元年七月廿九日(八〇六)　新安张钫藏石

2/1273　□孝仙墓志　正书　唐元和元年八月十二日(八〇六)　洛阳城北十里　新安张钫藏石

2/908　刘君妻张氏墓志　正书　唐元和元年八月廿五日(八〇六)　嘉宁乡五乍村　光绪壬午年仪征张丙炎购藏榕园　重一张

2/1149　三乘墓志　正书　唐元和二年二月八日(八〇七)　长安　重一张

2/1398　郑君妻孙氏墓志　兄保衡撰　弟审象正书　唐元和二年八月十一日(八〇七)　洛东　新安张钫藏石

2/38　高岑墓志　从侄岳撰　正书　唐元和二年八月十七日(八〇七)　洛阳县平阴乡王赵村邙山　河南博物馆藏石

2/978　李卅三娘墓志　正书　唐元和三年五月十九日(八〇八)　伊水之西　陶斋藏石　重一张

2/1330　李汇及妻郑氏墓志　韦谟撰　正书　唐元和三年七月廿九日(八〇八)　河南府北邙山陶村　新安张钫藏石

2/1393　苗君妻杨氏墓志　子苗让撰　正书　唐元和四年八月十七日(八〇九)　河南县陈村　新安张钫藏石

2/935　陈君及妻独孤氏墓志　陈汭撰　正书　唐元和四年十

月廿四日(八〇九) 邙山东原 陶斋藏石 重一张

2/372 袁秀岩及妻李氏杨氏墓志 李播撰 正书 唐元和五年二月二日(八一〇) 洛阳平洛乡 河南博物馆藏石

2/1338 韦君妻孙娩墓志 正书 唐元和五年八月十六日(八一〇) 洛阳清风乡 新安张钫藏石

2/1334 李良妻任昭墓志 李仲殷撰并行书 唐元和六年十月十八日(八一一) 洛阳县□□村 新安张钫藏石

2/1399 陈商妻南氏墓志 弟卓撰 正书 唐元和六年十一月六日(八一一) 新安张钫藏石

2/150 王君妻薄氏墓志并盖 杜师义撰 侄弘乂正书 盖篆书 唐元和六年十一月十二日(八一一) 洛阳县平阴乡积润村 河南博物馆藏石

2/955 符君妻李氏墓志 子苻载撰并正书 唐元和七年八月七日(八一二) 凤翔 陶斋藏石 重一张

2/1331 何君妻边氏墓志 沙门文皎撰并正书 唐元和七年八月廿八日(八一二) 当县平乐乡积润村 新安张钫藏石

2/922 秦士宁及妻王氏墓志 正书 唐元和八年二月廿五日(八一三) 汜水县东平原 陶斋藏石 重一张

2/988 刘通墓志 正书 唐元和八年十月十八日(八一三) 江阳县嘉宁乡五乍村之原 光绪壬午仪征张丙炎购藏榕园 后归陶斋 重一张

2/889 高承金及妻苏氏墓志 李说复撰并正书 唐元和八年十一月十一日(八一三) 昭义县临水乡之西原 陶斋藏石

2/1342 郑君妻赵氏墓志 卢载撰 正书 唐元和九年五月三日(八一四) 河洛之邑 新安张钫藏石

2/1335 李翘及妻王氏墓志 子正卿撰 正书 唐元和九年七月廿一日(八一四) 河南府河南县金谷乡泉源里 新安张钫藏石

2/1328 裴节妻崔氏墓志 裴节撰 正书 唐元和九年七月廿

八日(八一四)　新安张钫藏石

2/915　陈志清墓志　步□撰　行书　唐元和九年十月六日(八一四)　长乐乡原　有光绪三年二月毛凤清题记篆书　陶斋藏石　重一张

2/1119　李辅光墓志　崔元略撰　巨雅正书　唐元和十年四月廿五日(八一五)　泾阳县咸阳原

2/573　魏邈墓志　子匡赞撰并行书　唐元和十年四月八日(八一五)　京兆府万年县毕原　西安碑林藏石

2/671　同上

2/971　刘大德墓志　弟陟撰　正书　唐元和十年七月十三日(八一五)　龙门望仙乡护保村　陶斋藏石

2/1341　薛君妻元氏墓志　外生杜密撰　外生孙杜景立正书　唐元和十年八月四日(八一五)　密县　新安张钫藏石

2/1121　臧协妻向氏墓志并盖　张季平撰　正书　盖篆书　唐元和十年十月十二日(八一五)　洛阳龙门　陶斋藏石

2/1329　郑敬墓志　弟易撰　正书　唐元和十一年二月十三日(八一六)　新安张钫藏石

2/855　石默啜墓志　正书　唐元和十一年八月廿四日(八一六)　州西北燕山之阳陵云乡之胜阜　陶斋藏石

2/1332　崔泰之妻李氏墓志　裴諿撰　严湛正书　唐元和十一年八月廿七日(八一六)　东洛　新安张钫藏石

2/1373　郑氏嫡长殇墓记　正书　唐元和十一年八月廿七日(八一六)　河南县梓泽乡续村　新安张钫藏石

2/962　李岸及妻徐氏墓志　行书　唐元和十一年十一月廿九日(八一六)　郭下县城北一十五里寿阳之原　陶斋藏石

2/1344　元君妻崔氏墓志　外弟李或撰　正书　唐元和十二年二月四日(八一七)　河南府伊阙县邙山　新安张钫藏石

2/92　李岗墓志　正书　唐元和十二年六月二十四日(八一七)　洛阳县平阴乡三家店　河南博物馆藏石

2/2297　李君妻卢氏墓志　从祖叔卓撰　正书　唐元和十二年六月廿七日(八一七)　北邙　新安张钫藏石

2/1392　权氏殇子墓志　正书　唐元和十二年七月十五日(八一七)　洛阳县平阴乡　新安张钫藏石

2/100　张士陵墓志并盖　弟士阶撰　侄承庆正书　唐元和十二年八月三日(八一七)　洛阳金谷原　河南博物馆藏石

2/1327　杨宁及妻长孙氏墓志　钱徽撰　孔敏行正书　唐元和十二年八月十五日(八一七)　河南县金谷乡尹村北原　新安张钫藏石

2/861　李仍叔女德孙墓志　父仍叔撰　正书　唐元和十三年七月廿七日(八一八)　京兆府万年县龙首乡因圣寺佛阁西门之南　陶斋藏石

2/1170　李孔明妻刘媛墓志　从侄三复撰　正书　唐元和十三年八月十五日(八一八)　洛阳县平阴乡北邙　新安张钫藏石

2/936　萧子昂及妻高氏墓志　周众撰　正书　唐元和十四年三月廿五日(八一九)　彝州西卅五里　陶斋藏石

2/1378　裴琪墓志　父弘泰撰　正书　唐元和十四年十二月九日(八一九)　新安张钫藏石

2/1337　郑绲墓志　弟纁撰　正书　唐元和十五年闰正月廿九日(八二〇)　新安张钫藏石

2/1343　郑憬墓志　正书　唐元和十五年四月十九日(八二〇)　河南府河南县平乐乡缠涧里　新安张钫藏石

2/574　韦端及妻王氏玄堂志　子纾撰并正书　唐元和十五年五月一日(八二〇)　京兆万年县洪固乡毕原　西安碑林藏石

2/1396　向晋妻宋氏墓志　沙门齐诸撰　正书　唐元和十五年九月廿二日(八二〇)　河南县平乐乡杜郭村　新安张钫藏石

2/1336　崔偃墓志　从弟俊撰　正书　唐元和十五年十月十六日(八二〇)　河南府洛阳县平阴乡邙山　新安张钫藏石

2/920　杨君妻赵氏墓志　顾方肃撰　正书　唐永新元年二月

十二日(八二〇)　长安县昆明乡魏村　陶斋藏石

2/1395　苏恩妻卢氏墓志　赵博齐撰　正书　唐长庆元年十一月九日(八二一)　河南县龙门乡南王村　会昌元年十月七日(八四一)改葬于同县金谷乡张村界北茫　新安张钫藏石

2/1372　魏称妻卢氏墓志　夫魏称撰　正书　唐长庆元年十一月廿七日(八二一)　新安张钫藏石

2/1346　李君墓志　王玄同撰　子居贞正书　唐长庆二年五月七日(八二二)　河南府洛阳县清风乡诸葛村　新安张钫藏石

2/2304　王师正妻房氏墓志　王师正撰　正书　唐长庆二年八月十四日(八二二)　河南县平乐乡杜翟村　新安张钫藏石

2/1345　卢直墓志　堂兄方撰　正书　唐长庆三年十月二十二日(八二三)　东都邙山　新安张钫藏石

2/2282　能政墓志　李退思撰　赵齐卿正书　唐长庆三年十二月十日(八二四)　河南县平乐乡安善里北邙　新安张钫藏石

2/1349　王端墓志　正书　唐宝历元年二月廿八日(八二五)　河南平乐　新安张钫藏石

2/1348　胡泰墓志　薛蒙撰　正书　唐宝历元年二月二十八日(八二五)　河南县伊洛乡司马里　末有唐会昌四年甲子闰七月壬子朔十日辛酉迁附于河南县金谷乡北原张村重纪　新安张钫藏石

2/926　诸葛澄墓志　韩宬撰　正书　唐宝历元年九月十五日(八二五)　河阳城南六里大和里之北原　陶斋藏石　重一张

2/1347　解君妻李氏墓志　赵南华撰并正书　唐宝历二年正月廿九日(八二六)　新安张钫藏石

2/1188　王敬仲墓志　卢德明撰　正书　唐宝历二年十月廿七日(八二六)　河南府河南县平洛乡杜泽村　新安张钫藏石

2/1350　高君墓志　正书　唐宝历二年十一月七日(八二六)　新安张钫藏石

2/893　郑仲连及妻冯氏墓志　史方蘧撰　正书　唐宝历二年

十一月七日(八二六) 潞府城东北阌村之平原 重一张

2/904 何允墓志 沙门惟一撰 正书 唐大和元年五月廿五日(八二七) 广陵嘉宁乡陆遂里 陶斋藏石 重一张

2/1367 韦行素墓志 崔周冕撰 正书 唐大和元年十月八日(八二七) 洛阳县北部乡北原 新安张钫藏石

2/1374 向清墓志 正书 唐大和二年二月十六日(八二八) 洛阳北邙之阳杜郭村 新安张钫藏石

2/1369 崔君妻李贞墓志 崔耿撰 男杭正书 唐大和二年二月十六日(八二八) 北邙山 新安张钫藏石

2/1355 李君妻杨氏墓志 正书 唐大和三年七月十三日(八二九) 洛阳 新安张钫藏石

2/1452 卢初墓志 外舅李公撰述侄商记 正书 唐大和三年十月廿六日(八二九) 河南县金谷乡焦古村 新安张钫藏石

2/283 卢昂及妻房氏墓志 孙商撰 正书 唐大和三年十月廿六日(八二九) 河南县金谷乡焦古村 河南博物馆藏石

2/1365 裴谊墓志 弟简撰 正书 唐大和三年十二月九日(八三〇) 河南府河南县梓泽乡宣武里 新安张钫藏石

2/919 王逖墓志 宋肃撰 正书 唐大和四年二月廿七日(八三〇) 河南府河南县长乐乡平原 陶斋藏石 重一张

2/972 强君妻杜氏墓志 杜师颜撰 行书 唐大和四年九月廿九日(八三〇) 镇府真定县城西北五里寿阳村 陶斋藏石

2/928 高诚墓志 正书 唐大和四年十月一日(八三〇) 当邑江津乡阎村 陶斋藏石 重一张

2/911 吴达及妻万氏墓志 寇同撰 正书 唐大和四年十月廿日(八三〇) 京兆府万年县洪固乡北韦村 有嘉庆二十二年获嘉谟记 陶斋藏石 重一张

2/1354 刘茂贞墓志 内兄元弘庆撰 虚枞正书 唐大和四年十月二十日(八三〇) 河南府河南县金谷乡 新安张钫藏石

2/1359　任修墓志　李师可撰　正书　唐大和四年十二月六日（八三〇）　河南县平乐乡百洛村　新安张钫藏石

2/1364　崔弘礼墓志　王璠撰　权璩正书　唐大和五年四月廿八日（八三一）　东都洛阳县郭村北邙　新安张钫藏石

2/1352　刘尚宾妻卢氏墓志　弟涧撰　正书　唐大和五年八月十四日（八三一）　洛阳县平阴里　新安张钫藏石

2/2274　残墓志　正书　唐大和五年十一月二日（八三一）　新安张钫藏石

2/1351　卢君妻崔氏墓志　弟谠撰　正书　唐大和六年正月廿六日（八三二）　洛阳县平阴乡陶村　新安张钫藏石

2/356　马儆墓志　赵侔撰　男栒正书　唐大和六年二月二十一日（八三二）　江陵县桐台乡之原　河南博物馆藏石

2/929　王君妻李氏墓志　刘础撰并正书　唐大和六年五月八日（八三二）　京兆府万年县龙首乡成义里　陶斋藏石　重一张

2/2225　郑潒及妻崔氏墓志　王球撰　正书　唐大和六年七月七日（八三二）　东都河南县平乐乡北邙　新安张钫藏石

2/814　辛幼昌墓志　睦畲撰　正书　唐大和七年三月廿七日（八三三）　京兆万年县之赵村东原　陶斋藏石

2/1360　李蟾墓志　崔楄撰　正书　唐大和七年闰七月七日（八三三）　河南府河南县金谷乡张村　新安张钫藏石

2/1358　王翼墓志　卢蕃撰　仲儒正书　唐大和八年正月廿日（八三四）　河南府河南县金谷乡泉源里邙山　许元晸刻字　新安张钫藏石

2/1357　窦季余墓志　高证撰　子浑正书　唐大和八年三月十九日（八三四）　东都城北　李元楚刻字　新安张钫藏石

2/1370　严氏墓志　田聿撰并行书　唐大和八年五月四日（八三四）　河南府河南县平乐乡张阳村　新安张钫藏石

2/1361　王振墓志　陈钦撰　正书　唐大和八年八月廿四日（八

三四） 河南县杜郭村 新安张钫藏石

2/991 杨迥墓志 贾文度撰 弟赵正书 唐大和八年八月廿四日（八三四） 万年县高平乡高望里 陶斋藏石 重一张

2/58 周著墓志 侯琏撰 正书 唐大和八年十一月八日（八三四） 河南府河南县平乐乡杜郭村 河南博物馆藏石

2/1353 崔勗及妻梁氏墓志 行书 唐大和八年十一月十四日（八三四） 河南县邙山 新安张钫藏石

2/1366 田少直墓志 郭夷简撰 正书 唐大和八年十一月廿日（八三四） 河南县平乐乡王筱村 新安张钫藏石

2/1368 李翼墓志 子耷武公绪撰 正书 唐大和九年正月十五日（八三五） 河南府洛阳县平阴衙村邙山 新安张钫藏石

2/34 李绅墓志 正书 唐大和九年二月廿二日（八三五） 洛阳县邙山 河南博物馆藏石

2/998 杜君妻李氏墓志 李遇撰 行书 唐大和九年四月十日（八三五） 长安县龙首乡 陶斋藏石 重一张

2/1362 赵容旨墓志 袁都撰 正书 唐大和九年四月十日（八三五） 河南府河南县平乐乡杜翟村 新安张钫藏石

2/1371 郑党五墓志 从兄纪撰 从兄缜正书 唐大和九年四月十日（八三五） 邙山 新安张钫藏石

2/1363 魏叔元墓志 妹夫李逞撰并正书 唐大和九年七月卅日（八三五） 洛阳城河南县杜翟村 新安张钫藏石

2/1356 崔君妻郑氏墓志 堂侄崔倬撰 正书 唐大和九年八月三日（八三五） 河南县平乐乡杜翟村 新安张钫藏石

2/1382 崔湑墓志 堂侄耿撰 堂侄倬正书 唐开成元年二月十四日（八三六） 邙山 新安张钫藏石

2/943 李彦崇墓志 正书 唐开成元年七月卅日（八三六） 江阳县仁善乡弦歌坊千秋里 陶斋藏石 重一张

2/1381 孙恪及妻程氏墓志 赵韶撰 正书 唐开成元年十一

月一日（八三六） 洛阳县北部乡邙山 新安张钫藏石

2/1375 王修本墓志 韦廛撰 正书 唐开成二年十月（八三七） 河南县北邙 新安张钫藏石

2/871 陈汭墓志 正书 唐开成三年四月廿二日（八三八） 河南府寿安县连理乡秾庄村 陶斋藏石

2/370 桂休源妻崔霞墓志 桂休源撰 正书 唐开成三年四月十日（八三八） 洛阳邙原杜翟里 河南博物馆藏石

2/980 崔慎经妻李平墓志 崔重撰 正书 唐开成三年十月十三日（八三八） 颍阳县万安山南原 重一张

2/1379 卫君妻高氏墓志 正书 唐开成三年十月十九日（八三八） 洛阳县平阴乡成村 新安张钫藏石

2/1376 孔望回墓志 舅韦承素撰 外兄贺直方正书 唐开成三年十一月十八日（八三八） 东都洛阳平阴乡 新安张钫藏石

2/914 卫君妻辅德一墓志 正书 唐开成四年八月廿七日（八三九） 万年县宁安乡于毕原 陶斋藏石 重一张

2/878 杨澄文及妻程氏墓志 正书 唐开成四年戊午□□□□辛酉（八三九） 陶斋藏石

2/387 陈宣鲁墓志 兄修古撰 正书 唐开成五年四月廿一日（八四〇） 河南县平乐乡杜翟原 河南博物馆藏石

2/139 张氏女婵婵墓志并盖 兄塗撰并正书 唐开成五年五月九日（八四〇） 洛阳北邙 河南博物馆藏石

2/2312 崔揆母林氏墓志 崔倬撰 正书 唐开成五年十一月十二日（八四〇） 河南县平乐乡杜翟村 新安张钫藏石

2/1857 孙君妻李氏墓志 子景商撰并正书 唐开成五年十一月廿四日（八四〇） 东都河南县陶里 新安张钫藏石

2/2224 卢伯卿墓志 再从弟懿撰 正书 唐开成五年十一月三十日（八四〇） 河南县金谷乡焦古原 新安张钫藏石

2/2201 李潘墓志 兄恭仁撰 萧子真正书 唐开成五年十二

月廿四日(八四一) 洛阳县平阴乡从心里 新安张钫藏石

2/1377 吴仲甫妻毛氏墓志 外孙杨知玄撰 吕造正书 唐开成六年正月十日(八四一) 濮阳郡 新安张钫藏石

2/1380 赵贯妻张氏玄堂记 侄元戣撰 正书 唐开成六年正月十九日(八四一) 河南县平乐乡杜翟村 新安张钫藏石

2/811 陈君妻蒋氏墓志 吕贞俭撰 正书 唐会昌元年二月十三日(八四一) 江阳县嘉宁乡北五乍之平原 光绪壬午仪征张丙炎购藏榕园 后归陶斋 重一张

2/958 王方彻墓志 程恭己撰 正书 唐会昌元年十月十三日(八四一) 镇府真定县永安乡北房村北原 陶斋藏石

2/269 李璆墓志 崔玙撰 裴儋正书 崔础篆额(额失) 唐会昌元年十一月廿四日(八四二) 河南府洛阳县平阴乡北原 河南博物馆藏石

2/1389 孙审象墓志 侄简撰 正书 唐会昌元年十二月七日(八四二) 河南县邙山 新安张钫藏石

2/1391 孙起继室裴氏墓志 侄孙彀撰 正书 唐会昌元年十二月廿五日(八四二) 河南府河南县陶村 新安张钫藏石

2/1383 郑过真墓志 苏玄赏撰 正书 唐会昌二年正月廿五日(八四二) 河南府河南县平乐乡北邙 新安张钫藏石

2/321 曲元缜墓志 卢希颜撰并正书 唐会昌二年八月廿三日(八四二) 河南府河南县平乐乡瀍涧里东北一十里 河南博物馆藏石

2/1400 郑纪墓志 宋黄撰并正书 唐会昌二年十月卅日(八四二) 河南县梓泽乡北邙 新安张钫藏石

2/1404 张从古墓志 郑或撰 正书 唐会昌三年二月十三日(八四三) 河南县金谷乡邙山 新安张钫藏石

2/947 张氏墓志 沈櫓撰 安子正书 宜郎篆额(额失) 唐会昌三年五月廿六日(八四三) 京兆府长安县小严村之原 闰郎刻字 陶斋藏石 重一张

2/127　贾政及妻程氏墓志并盖　赵韶撰　正书　盖篆书　唐会昌三年八月廿八日(八四三)　河南县邙山平乐乡杜翟村　河南博物馆藏石

2/1390　杨宇妻杜氏墓志　夫杨宇撰并正书　李义山篆盖(盖失)　唐会昌三年八月(八四三)　洛阳北原　新安张钫藏石

2/1403　唐汝幼墓志　叔师礼撰　正书　唐会昌四年二月十九日(八四四)　洛阳县平阴乡凤凰里北陶村　新安张钫藏石

2/1388　胡宗约妻杨氏墓志　徐备撰　胡竦正书　唐会昌四年闰七月十日(八四四)　河南县金谷乡张村　新安张钫藏石

2/1384　王君妻苏氏墓志　侄让撰　侄谢正书　唐会昌四年八月七日(八四四)　新安张钫藏石

2/1394　刘氏墓志　史实撰　正书　唐会昌四年九月四日(八四四)　河南县平乐乡　新安张钫藏石　按刘氏前夫张姓后夫孙姓暮年张姓子勍迎养以终　故不冠夫姓

2/1069　李正卿及妻元氏墓志　李褒撰　外甥窦存辞正书　唐会昌四年十二月十九日(八四五)　河南县金谷原　新安张钫藏石　重四份

2/1401　同上

2/864　柳老师墓志　兄仲郢撰　正书　唐会昌五年六月二十一日(八四五)　杜城村　陶斋藏石

2/1385　田地卞墓志　弟雍撰并正书　唐会昌五年八月廿一日(八四五)　东都　新安张钫藏石

2/576　魏邈妻赵氏墓志　王倚撰　正书　唐会昌五年十一月廿三日(八四五)　京兆万年县洪固乡北韦村　西安碑林藏石

2/670　同上

2/1387　窦师亮妻李氏墓志　正书　唐会昌六年十一月十四日(八四六)　洛阳县金谷乡尹村　新安张钫藏石　铭文由左至右

2/1386　陈元师妻闾丘氏墓志　正书　唐会昌六年十二月廿三

日(八四七) 洛阳城东平阴乡成村 新安张钫藏石

2/1409 李氏墓志 韦邈撰 正书 唐大中元年二月十八日(八四七) 榆林大茔 新安张钫藏石

2/2318 卢践言及妻李氏墓志 从兄懿撰 正书 唐大中元年闰三月七日(八四七) 河南府洛阳县平阴乡陶村 新安张钫藏石

2/1435 曹植及妻樊氏李氏墓志 殷仲宜撰 正书 唐大中元年七月廿一日(八四七) 河南县平乐乡杜翟村 新安张钫藏石

2/2315 崔迁墓志 裴沆撰 正书 唐大中元年九月十日(八四七) 洛阳县清风乡北原 新安张钫藏石

2/890 契苾公妻何氏墓志 正书 唐大中元年十月二日(八四七) 陶斋藏石

2/1431 崔君妻刘琬墓志 崔陟撰 正书 唐大中元年十月廿八日(八四七) 洛阳县清风乡诸葛村 新安张钫藏石

2/1450 殷涛妻朱氏墓志 正书 唐大中二年七月四日(八四八) 新安张钫藏石

2/1424 韦顼妻张氏墓志 夫韦顼撰 正书 唐大中二年十一月十六日(八四八) 河南府洛阳县平阴乡邙山 新安张钫藏石

2/1425 魏仲连墓志 薛承彪撰 正书 唐大中三年二月十一日(八四九) 河南府洛阳县平阴乡 新安张钫藏石

2/903 王氏残墓志 正书 唐大中四年正月五日(八五〇) 重一张

2/1397 郑君妻卢氏墓志 李宽中撰并正书 唐大中四年四月一日(八五〇) 河南县梓泽乡续村 新安张钫藏石 李宽中下阙未审撰人或书人

2/1413 刘宣墓志 正书 唐大中四年七月一日(八五〇) 洛阳县平阴乡成村 新安张钫藏石

2/2275 李惟一墓志 陈圆撰 孙汉章正书 唐大中四年八月廿日(八五〇) 洛阳 新安张钫藏石

2/1430　张汶墓志　畅曈撰　正书　唐大中四年十月五日（八五〇）　洛阳县平阴乡　新安张钫藏石

2/896　翟君妻纪婉墓志　正书　唐大中四年十月五日（八五〇）　京兆府鄠县宜善乡庞村　陶斋藏石　重一张

2/1421　孙君妻张氏墓志　侄孙项撰并正书　唐大中四年十月十七日（八五〇）　河南府河南县平乐乡杜翟村　新安张钫藏石

2/850　范阳卢氏墓志　王兹撰　正书　唐大□□□庚午十月廿八日（八五〇）　寿春县儁造乡左史坊寿□东之廿里　陶斋藏石　按中西回史日历大中四年庚午

2/1436　张信墓志　侄淇撰　正书　唐大中四年十一月廿日（八五〇）　河南府河南县金谷乡　新安张钫藏石

2/923　刘继墓志　女婿徐有章撰　正书　唐大中四年十二月廿九日（八五一）　长安县城西龙首乡未央里祈村白帝坛西南隅三百步　陶斋藏石　重二张

2/1438　吴孝恭墓志　正书　唐大中五年四月廿七日（八五一）　东都城北清风乡郭村　新安张钫藏石　按吴孝恭本为苗乡家人捧琴

2/2211　孙公乂墓志　冯牢撰　正书　唐大中五年七月三日（八五一）　河南府平乐乡杜翟村　新安张钫藏石

2/1408　张季戎墓志　李蜀撰　正书　唐大中五年十月十一日（八五一）　洛北平乐乡杜翟村　新安张钫藏石

2/1432　□君妻王氏墓志　正书　唐大中五年十月十五日（八五一）　河南县平乐乡张阳村　新安张钫藏石

2/332　曲元缜妻李氏墓志　杜行修撰　曲璘正书　唐大中五年十月二十三日（八五一）　洛阳北邙　河南博物馆藏石

2/1427　杨宇墓志　兄牢撰　正书　唐大中五年十一月二日（八五一）　河南县平乐乡安善里　新安张钫藏石

2/1437　崔苣及妻郑氏墓志　堂侄倬撰　堂侄校正书　唐大中六年二月十七日（八五二）　河南县平乐乡杜翟村　新安张钫藏石

2/1416 卢就墓志 毕诚撰 子乔正书 唐大中六年二月二十三日（八五二） 洛阳县平阴乡成村 新安张钫藏石

2/812 董惟靖墓志 邹敦愿撰 正书 唐大中六年六月十九日（八五二） 光绪壬午仪征张丙炎购藏榕园 后归陶斋

2/1449 刘致柔墓志 男熚记 正书 唐大中六年十二月（八五三） 新安张钫藏石 自制志文

2/1419 李公度墓志 薛耽撰 正书 唐大中七年正月十八日（八五三） 河南府河南县金谷乡焦古里 新安张钫藏石

2/236 朱敬之妻卢子玉墓志并盖 正书 唐大中七年四月十三日（八五三） 河南县平乐乡杜翟村 河南博物馆藏石

2/1410 李珪墓志 外兄高璩撰 弟行正书 唐大中七年七月廿日（八五三） 河南县平乐乡朱阳村 新安张钫藏石

2/1433 魏弘章墓志 夏侯湘撰 正书 唐大中七年七月廿日（八五三） 河南县平乐乡北邙 新安张钫藏石

2/1418 华君妻张氏墓志 吕慎微撰 韩师复正书 唐大中七年十月十三日（八五三） 河南府洛阳县清风乡大阳村 新安张钫藏石

2/173 卢知宗妻郑子章墓志 卢知宗撰并正书 唐大中八年二月二十九日（八五四） 河南县金谷乡焦古村 河南博物馆藏石

2/1417 沈师黄墓志 兄中黄撰 弟佐黄正书 唐大中八年八月十八日（八五四） 河南府河南县平乐乡张杨里 新安张钫藏石

2/1423 卢当墓志 外兄郑勃撰 表甥卢岫正书 唐大中九年二月十一日（八五五） 河南府洛阳县平阴乡 新安张钫藏石

2/952 赵建遂妻董氏王氏墓志 行书 唐大中九年二月十七日（八五五） 易州东南五里 陶斋藏石

2/1428 苗弘本墓志 侄恪撰 侄博正书 唐大中九年闰四月廿五日（八五五） 长安城东 新安张钫藏石

2/1422 李氏室女墓志 从兄驷撰并正书 唐大中九年六月十三日（八五五） 河南府河南县金谷乡 新安张钫藏石

2/1429　杨乾光墓志　刘旭撰　乌次安正书　唐大中九年八月廿四日(八五五)　河南县平乐乡邙原　新安张钫藏石

2/175　张氏女婴墓志并盖　父勤撰　仲弟存休正书　唐大中九年十月廿六日(八五五)　洛阳金谷原　河南博物馆藏石

2/945　卢子暮妻郑氏墓志　郑嗣恭撰　正书　唐大中九年十一月十五日(八五五)　郑州荥阳县檀山岗卢氏先茔　陶斋藏石

2/2253　李弘敏及妻郑氏玄堂志　正书　唐大中九年□月十七日(八五五)　河南府河南县金谷乡焦古里南原　新安张钫藏石

2/851　霍君妻刘氏墓志　周遇撰　正书　唐大中十年正月廿九日(八五六)　万年县龙首乡　重一张

2/1420　支光墓志　朱贺撰　正书　唐大中十年五月十八日(八五六)　河南县平乐乡邙山　新安张钫藏石

燕京大学图书馆所藏石刻草目　十二

2/1440　支成墓志　朱贺撰　正书　唐大中十年五月十八日（八五六）　河南府河南县平乐乡北邙　新安张钫藏石

2/2333　支公女子璋墓志并盖　陈昼撰　正书　唐大中十年五月十八日（八五六）　河南府河南县平乐乡北邙山　北平历史博物馆藏石

2/999　李昼墓志　再从叔庾撰并正书　唐大中十年六月（八五六）　陶斋藏石　重一张

2/250　贾从贽墓志并盖　张弘庆撰　正书　唐大中十年七月一日（八五六）　河南县邙山平乐乡杜翟村　河南博物馆藏石

2/964　张再清墓志　正书　唐大中十年十月廿日（八五六）

2/877　李府君墓志　张元赟撰并正书　唐大中十年十月廿四日（八五六）　军城正西三里平原　陶斋藏石

2/874　郑恕己及妻邵氏墓志　正书　唐大中十年十一月九日（八五六）　庄西南一里平原　陶斋藏石

2/1412　卢缄妻崔氏墓志　夫卢缄撰　弟浑正书　唐大中十一年四月廿七日（八五七）　河南府河南县平乐乡杜翟村　新安张钫藏石

2/1415　李耽墓志　兄业撰　正书　唐大中十一年五月廿四日

（八五七） 新安张钫藏石

2/1405 陈谕墓志 正书 唐大中十一年八月六日（八五七） 河南县金谷乡张村 新安张钫藏石

2/1406 李述墓志 郑希范撰 正书 唐大中十一年八月十四日（八五七） 河南府河南县金谷乡焦古村 新安张钫藏石

2/1434 刘君妻张氏墓志 子航撰 正书 唐大中十一年十一月廿六日（八五七） 河南府河南县金谷乡尹村 新安张钫藏石

2/1407 卢宏及妻崔氏墓志 郑球撰 隶书 唐大中十二年二月二十七日（八五八） 嘉兴县礼贤乡学秀里 新安张钫藏石

2/1439 张昱墓志 正书 唐大中十三年十月三日（八五九） 河南县平洛乡杜郭村 新安张钫藏石

2/1000 朱萱及妻杨氏墓志 宋玕撰 正书 唐大中十三年十月八日（八五九） 重一张

2/1414 丁佑及妻于氏墓志 正书 唐大中十三年十月廿七日（八五九） 河南府河南县平乐乡伯乐村 新安张钫藏石

2/1426 张审文墓志 李仿撰 兄审理书并篆盖（盖失） 正书 唐大中十三年十一月廿一日（八五九） 河南县平乐乡朱阳里 新安张钫藏石

2/233 孙嗣初妻韦氏墓志并盖 从侄纾撰 子郑九正书 唐大中十四年二月廿七日（八六〇） 河南府河南县平乐乡杜翟村 河南博物馆藏石

2/1411 韦君妻齐孝明墓志 弟孝曾撰 正书 唐大中十四年十月二十一日（八六〇） 洛都平阴乡积润村 新安张钫藏石

2/21 郑堡墓志 仲兄迪撰 正书 唐大中十四年十月廿一日（八六〇） 河南府洛阳县平阴乡成村 河南博物馆藏石

2/1464 李钧长女招儿墓志 兄梦龟撰并正书 唐咸通二年四月二日（八六一） 河南县金谷乡北邙 新安张钫藏石

2/1463 裴君妻彭氏墓志 子蟾撰 唐咸通二年四月廿八日

（八六一） 河南府河南县平乐乡尚店村瀍涧里伯乐坞邙山 新安张钫藏石

2/2269 郑君妻崔琪墓志 季弟瓌撰 正书 唐咸通二年五月十七日（八六一） 河南府长水县梓泽乡续村 新安张钫藏石

2/1441 郑纪妻卢氏墓志 崔居晦撰 正书 唐咸通二年五月廿三日（八六一） 河南县邙山 新安张钫藏石

2/1468 张勍墓志 刘征撰并正书 唐咸通二年八月七日（八六一） 河南府洛阳县平阴乡王□村 新安张钫藏石

2/1465 张君妻巩内范墓志 陈汀撰 正书 唐咸通二年十一月二日（八六一） 河南县平乐乡杜郭村 新安张钫藏石

2/1402 杨皓墓志 叔坛撰并正书 唐咸通二年十一月十四日（八六一） 河南县尹村 新安张钫藏石

2/949 马惟良及妻王氏墓志 正书 唐咸通三年正月七日（八六二） □州城西南约七里 陶斋藏石

2/2284 李璋妻卢氏墓志 夫李璋撰 正书 唐咸通三年正月十六日（八六二） 河南府洛阳县成村 新安张钫藏石

2/219 □君妻崔氏墓志并盖 田石撰 正书 唐咸通三年十月八日（八六二） 河南府河南县平乐乡杜翟村 河南博物馆藏石

2/1458 支志坚墓志 弟谟撰 正书 唐咸通三年十月八日（八六二） 河南府河南县平乐乡杜翟村 新安张钫藏石 支公长女錬师法号志坚

2/279 赵璜墓志 兄璘撰 正书 唐咸通三年十月十四日（八六二） 河南县平乐乡伯乐原 河南博物馆藏石

2/1446 严筹墓志 杜严撰 正书 唐咸通三年十月廿六日（八六二） 河南府河南县平乐乡杜翟村

2/1481 韦君妾李氏一娘子墓志 张之美撰 正书 唐咸通三年十二月廿六日（八六三） 河南府洛阳县清风乡郭村 新安张钫藏石

2/660 程修己墓志 温宪撰 男进思正书 男再思篆盖（盖失）

唐咸通四年四月十七日(八六三) 京兆府万年县 西安碑林藏石

2/665 同上

2/1472 张观墓志 李琼撰 正书 唐咸通四年四月廿三日(八六三) 河南府河南县金谷乡 新安张钫藏石

2/1447 李肱儿母陈太仪墓志 李肱撰 正书 唐咸通四年六月五日(八六三) 河南县平乐乡王寇原 新安张钫藏石 按陈太仪为李肱之妓

2/1445 张谅墓志 卢兼撰 妹婿李庆复正书 唐咸通五年十一月十九日(八六四) 河南府洛阳县平洛乡朱阳里 新安张钫藏石

2/1469 孙备妻于氏墓志 孙备撰 正书 唐咸通六年五月十六日(八六五) 河南府河南县邙山杜翟村 新安张钫藏石

2/2272 崔君妻郑娟墓志 崔晔撰并正书 唐咸通六年十月六日(八六五) 河南县平乐乡杜翟村 韩师复刻字 新安张钫藏石

2/1471 魏俦墓志 义弟李球撰 正书 唐咸通六年十月二十二日(八六五) 河南县平乐乡杜翟村 新安张钫藏石

2/1444 谢观妻李纮墓志 男承昭撰 正书 唐咸通六年十一月八日(八六五) 河南府河南县平乐乡王寇村邙山 新安张钫藏石

2/1466 □君妻姜氏墓志 李坦撰 正书 唐咸通七年二月二十日(八六六) 洛阳县清风乡高村里 新安张钫藏石

2/1473 孙虬侧室杜令仪墓志 孙玩撰 子婿任体仁正书 唐咸通八年四月十日(八六七) 东都北邙 新安张钫藏石

2/918 李郴妻宇文氏墓志 李郴撰 楚封正书 唐咸通八年八月六日(八六七) 长安县承平乡龙首原南刘村 陶斋藏石 重一张

2/1470 谢观墓志 自制志文 正书 唐咸通八年八月廿四日(八六七) 洛阳县清风乡郭村 新安张钫藏石

2/1859 崔规行及妻郑氏墓志 季弟晔撰 从父弟膺正书 唐咸通戊子岁癸亥月十二日癸酉(八六八) 邙原大墓 韩师复刻字并篆盖(盖失) 新安张钫藏石 按中西回史日历咸通九年戊子六月癸亥朔十一

日癸酉此云十二日误

2/1454　欧阳正字妻谢迢墓志　兄承昭撰　正书　唐咸通九年七月十二日(八六八)　河南府河南县杜翟村邙山　新安张钫藏石

2/1461　魏中山妻张氏墓志　李球撰　正书　唐咸通九年七月十八日(八六八)　新安张钫藏石

2/63　魏涿墓志　郝乘撰　李诫正书　唐咸通九年七月十八日(八六八)　河南县平乐乡杜郭村　河南博物馆藏石

2/344　孙方绍墓志　男郴撰　侄郢正书　唐咸通九年八月十一日(八六八)　东都邙原杜翟村　河南博物馆藏石

2/1467　孙虬女小迎墓志　正书　唐咸通九年八月二十三日(八六八)　河南府河南县平乐乡　新安张钫藏石

2/1462　魏虔威墓志　郝乘撰　正书　唐咸通九年十一月八日(八六八)　河南县平乐乡杜郭村　新安张钫藏石

2/1495　崔揆妾樊氏墓志　张玄晖撰　正书　唐咸通十年七月二十八日(八六九)　河南县平乐乡杜郭里　新安张钫藏石

2/899　戎仁诩妻墓志　正书　唐咸通十一年三月廿一日(八七〇)　钦贤乡修山东北原　重一张

2/1477　孙君墓志　弟孙徽撰　弟孙纲正书并篆盖(盖失)　唐咸通十一年八月二十二日(八七〇)　河南县平乐乡杜翟原　新安张钫藏石

2/1442　张晔及妻赵氏墓志　李夷遇撰　正书　唐咸通十一年十一月十二日(八七〇)　雒北平乐乡杜翟村　新安张钫藏石

2/1451　李潘妻崔氏墓志　侄李瞻撰并正书　唐咸通十一年十二月五日(八七〇)　洛阳县平阴乡　新安张钫藏石

2/1443　杨管管墓志　兄安期撰并正书　唐咸通十二年五月二十七日(八七一)　河南雒阳县尹村　新安张钫藏石

2/1028　孙备墓志　再从兄瑝撰　子储正书　唐英武至仁号之年八月(八七一)　河南县平洛乡杜翟村　新安张钫藏石　按咸通十二年

正月懿宗再上尊号曰睿文英武明德至仁大圣广孝皇帝

2/1478　李克谐妻纥于氏墓志　父濬撰　正书　唐咸通十二年十月十八日(八七一)　河南府河南县平乐乡张阳村　新安张钫藏石

2/1448　樊驷墓志　王铤撰　徐珙正书　唐咸通十二年十一月十二日(八七一)　河南府河南县平洛乡杜翟村仓部坟　新安张钫藏石

2/1453　李氏女墓志　兄庄撰　贺昭正书　唐咸通十二年十一月廿四日(八七二)　新安张钫藏石

2/1455　孙泳墓志　兄果撰　堂兄饶正书　唐咸通十二年十二月五日(八七二)　新安张钫藏石

2/1460　苗景符墓志　兄义符撰并正书　唐咸通十二年十二月十三日(八七二)　洛阳县平阴乡陶村　新安张钫藏石

2/1483　支诉妻郑氏墓志　兄谟撰　正书　唐咸通十二年十二月廿九日(八七二)　邙山杜翟村　乾符三年五月十四日改葬　新安张钫藏石

2/1480　崔纾墓志　堂弟延辉撰　正书　唐咸通十四年二月十九日(八七三)　新安张钫藏石

2/1456　贾洮墓志　弟涉撰　表生顾绍孙正书　表弟陈利物篆额(额失)　唐咸通十四年八月廿八日(八七三)　万年县宁安乡姜尹村　尹仲修镌　新安张钫藏石

2/1457　崔淯妾张氏墓志　崔膺撰并正书　唐咸通十四年十月二十四日(八七三)　东都平乐乡杜翟村　韩敬密刻字　新安张钫藏石

2/1486　韦君妻李氏墓志　韦厚撰　正书　唐咸通十五年二月七日(八七四)　北邙山杜翟村　新安张钫藏石

2/208　张君妻刘冰墓志并盖　侄绍仁撰　正书　唐咸通十五年闰四月十四日(八七四)　河南府河南县金谷乡　河南博物馆藏石

2/1482　郑濆墓志　张玄晏撰　正书　唐咸通十五年十月十五日(八七四)　洛阳邙山　新安张钫藏石

2/1459　孙氏女子墓志　季父偓撰　正书　唐咸通十五年十月

十八日(八七四) 河南县杜郭村邙山 新安张钫藏石

2/389 赵璜及妻苏嗣君墓志 李澹撰 赵称正书 唐咸通十五年十一月廿七日(八七五) 河南府河南县伯乐村 河南博物馆藏石

2/176 王氏殇女容墓志并盖 正书 唐咸通季夏翌月十八日(八六〇—八七四) 河南博物馆藏石 盖云太原王氏女铭为七言诗

2/931 郭宣墓志 谢珉撰 夏廷珪正书 盖篆书(盖失) 唐乾符二年十一月五日(八七五) 京兆府长安县龙首乡

2/1485 崔璘墓志 崔阅撰并正书 唐乾符三年二月十八日(八七六) 汝州梁县新丰乡赵村 子钵添郡望 韩敬密刻 新安张钫藏石

2/1484 杨思立墓志 兄知退撰 从弟篆正书 唐乾符三年九月十日(八七六) 河南府河南县西尹村 新安张钫藏石

2/901 李颛墓志 裴璆撰 正书 唐乾符四年七月十日(八七七) 陶斋藏石 重一张

2/1474 崔滂妻李慇墓志 弟陲撰并正书及篆盖(盖失) 唐乾符四年八月二十八日(八七七) 河南府洛阳县平阴乡北陶村 新安张钫藏石

2/1475 崔植墓志 子蒴撰 正书 唐乾符五年四月廿六日(八七八) 河南府洛阳县清风乡郭村北原 新安张钫藏石

2/1487 卢乐娘墓志 正书 唐乾符五年五月十九日(八七八) 洛阳县平阴乡北陶村 新安张钫藏石

2/1476 韩绶墓志 赵均撰 正书 王厚德篆盖(盖失) 唐乾符五年十月廿三日(八七八) 河南县平乐乡朱阳村 韩师复镌字 新安张钫藏石

2/927 杨子书墓志 兄检撰并正书 唐乾符五年十月廿八日(八七八) 长安县南原姜允村 陶斋藏石

2/994 张师儒墓志 蔡德章撰 男溥正书 唐广明元年十月五日(八八〇) 万年县宁安乡 陶斋藏石 重一张

2/1488 柳延宗墓志 薛纁撰并正书 唐广明元年十月十四日

（八八〇） 河南府河南县平乐乡伯乐村 新安张钫藏石

2/2095 孙幼实墓志 兄徽撰并正书 唐广明元年十月二十日（八八〇） 洛阳县北邙山杜翟原 新安张钫藏石

2/960 祖君妻杨氏墓志 徐胶撰 唐中和元年十一月八日（八八一） 沧州清池县玄都乡龙祥里 陶斋藏石

2/875 王府君墓志 正书 唐中和二年二月廿四日（八八二） 相州东北三里古北王村 陶斋藏石

2/930 范正词墓志 田绰撰 正书 唐中和二年十一月廿八日（八八三） 卢龙山之东南 陶斋藏石 名泐字正词陶斋石记云名寓 重一张

2/973 戚高墓志 赵玭撰 正书 唐中和三年九月十九日（八八三） 石解皇父之茔右 陶斋藏石 重一张

2/995 杨君妻李氏墓志 李贻厚撰并正书 唐大顺二年正月十七日（八九一） 万年县同仁乡仇白村 刻石人李彦容 陶斋藏石 重一张

2/951 崔舣及妻郑氏墓志 李舟撰 再房兄德雍正书 唐乾宁五年八月六日（八九八） 河南府寿安县甘泉乡连里村 陶斋藏石

2/1602 □英墓志 正书 唐

2/2379 女道士李墓志并盖 正书 唐 东京河南县界

2/898 王郑及妻王氏墓志 王润撰并正书 唐□□年闰十月七日 万年县浐川乡 陶斋藏石 陶斋藏石记附在大历后 重一张

2/1153 元衮及妻张氏墓志 唐钦撰 正书 唐□□□年十一月四日 河南洛阳邙山 新安张钫藏石

2/1064 仇君墓志并盖 正书 盖篆书 唐□□年四月十三日

2/977 石忠政及妻何氏墓志 正书 唐□元年八月九日 陶斋藏石 陶斋藏石记云长庆二年七月十日卒 重一张

2/2182 吉浑墓志 正书 唐 新安张钫藏石

2/884 何叔平妻刘氏墓志 梁昕撰并正书 唐 陶斋藏石

陶斋藏石记附元和后

2/1279　何寂墓志　裴泫撰　正书　唐□□□年四月十一日　河南洛阳邙山　新安张钫藏石

2/869　李元会墓志　陈谂撰并正书　唐

2/2279　李氏墓志　李就撰　正书　唐　新安张钫藏石

2/1063　李训墓志　男子与撰　正书　唐□□年八月十六日

2/987　杜君妻朱氏墓志　正书　唐其年十一月廿五日　龙首原　陶斋藏石　重一张

2/377　豆卢妻魏氏墓志　正书　唐辛巳岁十一月十四日　洛阳龙门山西　河南博物馆藏石

2/865　南海大都督残墓志　正书　唐元□□戊寅朔

2/16　宫人八品墓志　正书　唐　河南博物馆藏石

2/1157　孙君妻李氏墓志　侄孙纾撰　侄孙绿正书并篆盖（盖失）　唐乙亥年七月二十五日　河南县平乐乡　新安张钫藏石

2/2367　凋遂等字残墓志　正书　唐　龙泉故里矩阴山

2/255　张君亡女墓志　正书　唐　河南博物馆藏石　全文哭亡女五言诗二首

2/852　许洛仁妻宋善主墓志　正书　唐□□□年五月廿四日　陶斋藏石　古志石华及陶斋藏石记均附仪凤元年　重四张

2/191　乔难及妻杜氏墓志并盖　正书　盖篆书　唐□元二年十一月□日　洛阳城北邙山平乐乡　河南博物馆藏石

2/1160　残墓志　正书　唐　新安张钫藏石

2/1158　贾栖汭墓志　正书　唐己巳七月己丑朔十四日　洛阳　新安张钫藏石

2/870　赵□宁墓志　申畇述　正书　唐

2/858　赵寿墓志　正书　唐

2/1277　杨君及妻长孙氏墓志　钱徽撰　正书　唐□□□年八月二十八日　河南　新安张钫藏石

2/859　刘君妻侯氏墓志　正书　唐壬申岁辛亥月　常山城东北五里之平原　陶斋藏石

2/948　郑淮墓志　郭儒立撰　正书　唐□元十一年五月

2/1155　郑鲁墓志　卢弘宣撰　正书　唐□□□年十一月四日　河南洛阳邙山　新安张钫藏石

2/1156　褚峰墓志　崔周桢撰　正书　唐□□□年二月戊戌　新安张钫藏石

2/563　沣州□阳令墓志　正书　唐　洛州邙山　河南博物馆藏石　姓名年月均泐

2/457　七品宫人墓志盖　篆书　唐　河南博物馆藏石

2/1144　北平□府君合袝墓志盖　篆书　唐

2/504　□君墓志盖　篆书　唐　河南博物馆藏石

2/1131　太原郡王公墓志盖　篆书　唐

2/487　太原王夫人墓志盖　篆书　唐　河南博物馆藏石

2/515　王君墓志盖　篆书　唐　河南博物馆藏石

2/1123　赠户部郎中太原王君墓志盖　正书　唐

2/460　仁君墓志盖　篆书　唐　河南博物馆藏石　此盖系由旧盖改刻原文为赵君之铭

2/421　李夫人墓志盖　篆书　唐　河南博物馆藏石

2/423　李夫人墓志盖　篆书　唐　河南博物馆藏石

2/496　李夫人墓志盖　篆书　唐　河南博物馆藏石

2/2335　赠陇西县太君李氏墓志盖　正书　唐　新安张钫藏石

2/1128　赵郡李氏幼子墓志盖　篆书　唐

2/490　辛君墓志盖　篆书　唐　河南博物馆藏石

2/438　邢君墓志盖　篆书　唐　河南博物馆藏石

2/507　高夫人墓志盖　篆书　唐　河南博物馆藏石

2/413　渤海县太君高氏墓志盖　篆书　唐　河南博物馆藏石

2/417　武水孙府墓志盖　篆书　唐　河南博物馆藏石
2/518　袁君合祔墓志盖　篆书　唐　河南博物馆藏石
2/459　崔君墓志盖　正书　唐　河南博物馆藏石
2/420　登封县令崔府君墓志盖　篆书　唐　河南博物馆藏石
2/499　康君墓志盖　篆书　唐　河南博物馆藏石
2/454　张夫人墓志盖　篆书　唐　河南博物馆藏石
2/411　张君墓志盖　篆书　唐　河南博物馆藏石
2/447　张君墓志盖　篆书　唐　河南博物馆藏石
2/529　梁夫人墓志盖　篆书　唐　河南博物馆藏石
2/509　郭夫人墓志盖　篆书　唐　河南博物馆藏石
2/493　陈君墓志盖　篆书　唐　河南博物馆藏石
2/512　阳君夫人墓志盖　篆书　唐　河南博物馆藏石
2/527　朔陂府折冲统君墓志盖　篆书　唐　河南博物馆藏石
2/464　贺君墓志盖　篆书　唐　河南博物馆藏石
2/533　傅君妻梁氏墓志盖　篆书　唐　河南博物馆藏石
2/437　杨君墓志盖　篆书　唐　河南博物馆藏石
2/426　董君墓志盖　篆书　唐　河南博物馆藏石
2/452　贾君墓志盖　篆书　唐　河南博物馆藏石
2/517　臧君墓志盖　篆书　唐　河南博物馆藏石
2/530　裴君墓志盖　篆书　唐　河南博物馆藏石
2/491　赵君墓志盖　篆书　唐　河南博物馆藏石
2/523　赵君墓志盖　篆书　唐　河南博物馆藏石
2/475　刘君墓志盖　篆书　唐　河南博物馆藏石
2/440　乐□□墓志盖　篆书　唐　河南博物馆藏石
2/503　沙弥僧蒋氏子墓记盖　正书　唐　河南博物馆藏石
2/1120　郑故大将军虞公墓志盖　篆书　唐
2/455　独孤夫人墓志盖　正书　唐　河南博物馆藏石

2/1143　萧府君墓志盖　篆书　唐
2/2328　颜君墓志盖　篆书　唐　新安张钫藏石
2/448　窦君妻杨氏墓志盖　篆书　唐　河南博物馆藏石

以下无年代之墓志盖姑附于此

2/500　于君墓志盖　篆书　河南博物馆藏石
2/465　王君墓志盖　篆书　河南博物馆藏石
2/415　王君墓志盖　篆书　河南博物馆藏石
2/477　王君墓志盖　篆书　河南博物馆藏石
2/501　王君墓志盖　篆书　河南博物馆藏石
2/446　王君墓志盖　篆书　河南博物馆藏石
2/466　王君墓志盖　篆书　河南博物馆藏石
2/532　之君墓志盖　篆书　河南博物馆藏石
2/1124　史公夫人王氏墓志盖　篆书
2/445　石君墓志盖　篆书　河南博物馆藏石
2/141　田玄达墓志盖　篆书
2/433　吉恽志铭盖　正书　河南博物馆藏石
2/461　何夫人墓志盖　篆书　河南博物馆藏石
2/434　何君墓志盖　篆书　河南博物馆藏石
2/1136　宋公墓志盖　篆书
2/1138　李公墓志盖　篆书
2/522　李夫人墓志盖　篆书　河南博物馆藏石
2/472　李君墓志盖　篆书　河南博物馆藏石
2/429　李君墓志盖　篆书　河南博物馆藏石
2/510　李君墓志盖　篆书　河南博物馆藏石
2/537　李君墓志盖　篆书　河南博物馆藏石
2/505　李君墓志盖　篆书　河南博物馆藏石

2/480　李君墓志盖　篆书　河南博物馆藏石

2/1146　李府君墓志盖　篆书

2/1127　李钦嗣墓志盖　篆书

2/1142　杜氏夫人墓志盖　篆书

2/489　杜君墓志盖　篆书　河南博物馆藏石

2/2255　辛君墓志盖　篆书　新安张钫藏石　用盖志石改刻原文尚未磨去

2/506　房君墓志盖　篆书　河南博物馆藏石

2/1139　邵君墓志盖　正书

2/1122　侯夫人墓志盖　篆书

2/414　侯君墓志盖　篆书　河南博物馆藏石

2/511　姚君墓志盖　篆书　河南博物馆藏石

2/439　段君墓志盖　篆书　河南博物馆藏石

2/486　段君墓志盖　篆书　河南博物馆藏石

2/521　封君墓志盖　篆书　河南博物馆藏石

2/1140　胡府君墓志盖　篆书

2/1145　徐府君墓志盖　正书

2/484　马夫人墓志盖　篆书　河南博物馆藏石

2/422　马君墓志盖　篆书　河南博物馆藏石

2/488　秦夫人墓志盖　篆书　河南博物馆藏石

2/497　孙君墓志盖　篆书　河南博物馆藏石

2/431　桓君墓志盖　篆书　河南博物馆藏石

2/508　耿君墓志盖　篆书　河南博物馆藏石

2/516　郝君墓志盖　篆书　河南博物馆藏石

2/1129　副使墓志盖　篆书

2/1132　右拾遗崔君与郑氏夫人合祔墓志盖　正书

2/449　张夫人墓志盖　篆书　河南博物馆藏石

2/432　张君墓志盖　篆书　河南博物馆藏石

2/450　处士张君墓志盖　正书　河南博物馆藏石

2/412　张君墓志盖　篆书　河南博物馆藏石

2/419　张君墓志盖　篆书　河南博物馆藏石

2/436　张君夫人墓志盖　篆书　河南博物馆藏石

2/471　张君墓志盖　篆书　河南博物馆藏石

2/1133　张君墓志盖　篆书

2/1137　张君墓志盖　篆书

2/531　郭君墓志盖　篆书　河南博物馆藏石

2/513　焦君墓志盖　篆书　河南博物馆藏石

2/535　杨夫人墓志盖　篆书　河南博物馆藏石

2/481　杨君墓志盖　篆书　河南博物馆藏石

2/483　杨君墓志盖　篆书　河南博物馆藏石

2/453　杨君墓志盖　篆书　河南博物馆藏石

2/478　杨府君墓志盖　篆书　河南博物馆藏石

2/494　廉夫人墓志盖　篆书　河南博物馆藏石

2/442　董夫墓志盖　篆书　河南博物馆藏石

2/443　董君墓志盖　篆书　河南博物馆藏石

2/498　路夫人墓志盖　篆书　河南博物馆藏石

2/495　司兵参军事贾君墓志盖　篆书　河南博物馆藏石

2/1141　贾君墓志盖　篆书

2/567　冯思诲墓志盖　正书　河南博物馆藏石

2/424　赵夫人墓志盖　篆书　河南博物馆藏石

2/479　赵君墓志盖　篆书　河南博物馆藏石

2/458　赵君墓志盖　篆书　河南博物馆藏石

2/485　赵君郭夫人墓志盖　篆书　河南博物馆藏石　盖铭篆书四旁书十二属辰正书

2/462　赵君墓志盖　篆书　河南博物馆藏石
2/425　赵府君墓志盖　篆书　河南博物馆藏石
2/468　赵君墓志盖　篆书　河南博物馆藏石
2/2257　刘氏墓志盖　篆书　新安张钫藏石
2/430　刘君墓志盖　篆书　河南博物馆藏石
2/456　刘公墓志盖　篆书　河南博物馆藏石
2/469　乐君墓志盖　篆书　河南博物馆藏石
2/416　乐君墓志盖　篆书　河南博物馆藏石
2/473　乐君墓志盖　篆书　河南博物馆藏石
2/463　樊君墓志盖　篆书　河南博物馆藏石
2/482　蔡夫人墓志盖　篆书　河南博物馆藏石
2/1135　郑长史墓志盖　正书
2/1134　萧公墓志盖　正书
2/441　萧公袁夫人墓志盖　正书　河南博物馆藏石
2/1130　萧君墓志盖　篆书
2/474　韩君墓志盖　篆书　河南博物馆藏石
2/2197　[illegible]□墓志盖　篆书
2/520　[illegible]夫人墓志盖　篆书　河南博物馆藏石
2/525　[illegible]君墓志盖　篆书　河南博物馆藏石
2/534　[illegible]夫人墓志盖　篆书　河南博物馆藏石
2/427　[illegible]君及妻严氏墓志盖　篆书　河南博物馆藏石
2/514　[illegible]夫人墓志盖　篆书　河南博物馆藏石
2/524　[illegible]夫人墓志盖　篆书　河南博物馆藏石
2/470　[illegible]夫人墓志　篆书　河南博物馆藏石
2/428　[illegible]君墓志盖　篆书　河南博物馆藏石
2/519　[illegible]君墓志盖　篆书　河南博物馆藏石
2/526　[illegible]君墓志盖　篆书　河南博物馆藏石

后梁

2/831　穆君弘墓志　张峭撰　正书　梁开平四年十月十七日（九一〇）　涿州东三里孝义乡河村　陶斋藏石

2/2317　韩仲举及妻王氏墓志　正书　梁乾化三年十月二日（九一三）　河南府河南县平洛村之高原　新安张钫藏石

2/895　孟璠墓志　正书　梁贞明元年闰二月五日（九一五）　光绪乙未正月仪征张丙炎购藏榕园云案此石焦里堂孝廉定为杨吴天祐十二年物寔朱梁末帝贞元元年也详见北湖小志计自刻石时距今九百六十有八年矣丙炎又志　重一张

2/1270　贾邠墓志　郑山甫撰　正书　梁贞明元年五月十三日（九一五）　河清县述仙乡杨寺村　新安张钫藏石

燕京大学图书馆所藏石刻草目　十三

后唐

2/1265　萧符墓志　从叔蘧撰　子处谦正书　癸未年八月一日（九二三）　河南县金谷乡燋谷村　新安张钫藏石　按萧君为梁左仆射癸未为同光元年故列于此

2/272　吴君妻曹氏墓志　崔匡撰　弟光业正书　唐同光三年正月廿二日（九二五）　河南县平乐乡朱阳村　河南博物馆藏石

2/220　孙拙墓志并盖　表侄王蹇撰　子昼正书　唐天成二年二月十五日（九二七）　河南县平乐乡张杨里　河南博物馆藏石

2/295　张稹墓志　正书　唐天成二年十一月壬子朔（九二七）河南县平乐乡杜郭村　河南博物馆藏石

2/1493　清河郡君张氏墓志　匡习撰并正书　唐天成三年十一月十三日（九二八）　新安张钫藏石

2/2299　韩汉臣墓志　周渥撰　正书　唐天成四年十月十五日（九二九）　新安张钫藏石

2/1489　西方鄴墓志　王豹撰　王汭正书　唐天成四年十月十

八日（九二九） 河南府河南县平洛乡朱阳里 阎斌镌 新安张钫藏石

2/1494 商在吉墓志 正书 唐清泰二年三月二十日（九三五） 新安张钫藏石

后晋

2/1159 梁瑰及妻王氏墓志 李芝撰 李□正书 晋天福五年三月十八日（九四〇） 河南县平乐乡杜翟村 新安张钫藏石

2/560 王廷胤及妻周氏墓志 苏畋撰 正书 晋开运二年四月十四日（九四五） 西京河南县平乐乡杜泽村邙山 河南博物馆藏石

后汉

2/1280 □令图墓志 纥干德覃撰 张光胤正书 汉乾祐元年正月二十二日（九四八） 洛京河南县平乐乡朱阳村 新安张钫藏石

2/1268 邢德昭及妻刘氏墓志 王成允撰 行书 汉乾祐三年四月八日（九五〇） 洛都北原朱阳里 新安张钫藏石

后周

2/1274 王进威墓志 正书 周广顺元年九月十三日（九五一） 京西北河南县金谷里尹村 新安张钫藏石

2/1260 安重遇及妻刘氏墓志 颖赞撰 正书 周显德元年十一月八日（九五四） 河南县平乐乡朱杨村 翟玫镌 新安张钫藏石

2/1161 刘光赞墓志 郭玘撰 正书 周显德元年十一月二十六日（九五四） 洛阳县玄象乡南陶里 新安张钫藏石

2/1262 石金俊及妻元氏墓志 赵逢撰 正书 周显德二年三月三日（九五五） 西京河南县平洛乡朱阳里 新安张钫藏石

2/1261 袁彦进墓志 韩桂撰 张绍节正书 周显德三年七月十三日（九五六） 河南县宣武乡 新安张钫藏石

2/568 萧处仁及妻张氏三夫人墓志 侄士明撰 石惟忠正书

周显德三年七月二十四日(九五六) 洛京河南县平乐乡乐善里 河南博物馆藏石

2/1272 宋彦筠及妻张氏戴氏刘氏墓志 高弼撰 高继昇正书 周显德五年十月十一日(九五八) 河南县北邙 新安张钫藏石

北宋

2/2093 王守恩墓志 杨延美撰 正书 宋建隆元年二月十四日(九六〇) 河南县紫宅乡宣武管宋村 新安张钫藏石

2/1276 垛匡图墓志 正书 宋建隆二年十月十六日(九六一) 男去莘等记 新安张钫藏石

2/1238 范君妻冯氏墓志 正书 宋乾德三年二月七日(九六五) 河南县北原 新安张钫藏石

2/1221 杨光赞墓志 宋白撰 正书 宋乾德四年四月十八日(九六六) 河南县梓泽乡宣武村 新安张钫藏石

2/1269 蔡徽墓志 正书 宋乾德五年八月二十八日(九六七) 河南县朱阳村 新安张钫藏石

2/1246 牛孝恭墓志 正书 宋开宝三年十月五日(九七〇) 河南县平乐乡杜翟村 新安张钫藏石

2/550 冯测墓志 卫渎撰 正书 宋开宝三年十月十七日(九七〇) 洛阳县玄将乡积闰里 河南博物馆藏石

2/1235 安崇礼及妻高氏墓志 李象撰 正书 宋开宝四年十月二十三日(九七一) 河南县平乐乡朱阳村 新安张钫藏石

2/1233 孙汉筠及妻李氏墓志 张贺撰 正书 宋开宝八年五月一日(九七五) 西京洛阳县贤相乡陶村 新安张钫藏石

2/1862 王建福墓志 贾黄中撰 傅孝恭正书 宋太平兴国七年十一月六日(九八二) 河南府河南县宣武原 新安张钫藏石

2/2092 □君妻墓志 正书 宋太平兴国八年五月五日(九八三) 新安张钫藏石

2/1863　李廷珪妻张氏墓志　外孙赵永撰　外孙婿柳丕正书并题盖(盖失)　宋太平兴国九年二月十五日(九八四)　洛阳县平洛乡百乐村崇德里　新安张钫藏石

2/547　药继能及妻刘氏张氏李氏墓志并盖　侄男永图撰正书　盖篆书　宋太平兴国九年四月二日(九八四)　洛阳县平乐乡杜泽里邙山　河南博物馆藏石

2/886　张敬德墓志　正书　宋雍熙二年十月九日(九八五)　陶斋藏石

2/1237　祖仲宣墓志　左贞撰　正书　宋端拱元年十月八日(九八八)　洛京洛阳县平乐乡杜泽里　新安张钫藏石

2/1227　梁文献墓志　句中正撰　正书　宋淳化四年十一月七日(九九三)　洛阳县宣武原　新安张钫藏石

2/2377　陇西李残石　篆书及正书　宋淳化四年(九九三)　陶斋藏石　右旁横刻长男光胤次子光嗣等字造像正书

2/1241　石继远及妻侯氏牛氏墓志　赵安仁撰　孙中立正书　宋淳化五年七月十一日(九九四)　河南府洛阳县宣武村　新安张钫藏石

2/1247　源护及妻杨氏李氏墓志　杨世英撰　药为光正书　宋至道二年十一月十八日(九九六)　河南府洛阳县金谷乡尹村　新安张钫藏石

2/552　符昭愿墓志　陈舜封撰　李仁璲正书　宋至道四年八月(九九八)　西京洛阳县贤相乡陶村　和彧刻字　河南博物馆藏石

2/1224　源崇墓志　李乾贞撰　李尧臣正书并篆盖(盖失)　宋咸平三年庚子丁亥月癸酉日(一〇〇〇)　洛阳县金谷原　新安张钫藏石　按中西回史日历是年无丁亥朔

2/2308　范贻孙墓志　杨亿撰　正书　宋咸平五年十一月十七日(一〇〇二)　河南府洛阳县北乡徐楼村　翟文显文翰镌字　新安张钫藏石

2/2090　吴元载及妻郭氏张氏郭氏墓志　张舜宾撰　正书

宋咸平五年十一月二十三日(一〇〇二) 西京洛阳县平乐乡张阳村 新安张钫藏石

2/1256 张曙墓志 魏用撰 杨俨正书并篆盖(盖失) 宋咸平六年三月十二日(一〇〇三) 洛阳县平洛乡宣武里 翟文显弟文翰镌 新安张钫藏石

2/1254 梁君及妻镡氏墓志 子鼎撰并正书 宋咸平六年十月二十九日(一〇〇三) 西京洛阳县宣武原 新安张钫藏石

2/1252 吴元吉墓志 王琛撰 刘惟清正书 宋景德四年正月二十三日(一〇〇七) 西京洛阳县上店管张杨村 翟询镌 新安张钫藏石

2/1214 宋可度墓志 商敦古撰 相里及正书 刘策篆盖(盖失) 宋大中祥符元年十一月十五日(一〇〇八) 洛水之阳邙山 翟文翰刻 新安张钫藏石

2/2203 宋文质墓志 蔡宗道撰 李天锡行书 宋天禧五年十月初七日(一〇二一) 西京洛阳县 沈政刻字 新安张钫藏石

2/1223 焦宗古墓志 李昭遘撰 王载正书 宋景祐元年二月二十五日(一〇三四) 河南府洛阳县金谷乡尹村 翟文会刻字 新安张钫藏石

2/554 符承煦墓志 范隐之撰 王载正书 宋明道三年①三月十三日(一〇三四) 河南 翟文会刻 河南博物馆藏石

2/2205 王贻庆墓志 陈经撰 李元卿正书 宋康定二年十一月二十六日(一〇四一) 河南洛阳县邙山北原 张灵凤刊字 新安张钫藏石

2/1236 刘永墓志 茹孝标撰 臧师锡正书 宋庆历八年十月八日(一〇四八) 河南府洛阳县贤相乡 王达刊 新安张钫藏石

2/1245 刘再思墓志 王复撰 侄齐正书 宋庆历八年十月八

① 编按:明道年号只有两年,此处存疑。

日(一〇四八) 北邙 新安张钫藏石

2/1275 刘拯墓志 正书 宋庆历八年十月八日(一〇四八) 洛阳北原贤相乡杜泽里 新安张钫藏石

2/559 魏处约墓志 吕夏卿撰 男孝孙正书 王仝署讳 王伯纯篆盖(盖失) 宋嘉祐三年十二月十二日(一〇五八) 河南府洛阳县平乐乡杜泽里北邙 康坦勒 河南博物馆藏石

2/1258 任孚及妻朱氏墓志 卢震撰 正书 宋嘉祐五年十月十八日(一〇六〇) 河南府洛阳县平乐乡杜泽里 新安张钫藏石

2/1253 焦宗古及妻薛氏墓志 薛通撰 王辨正书 宋嘉祐七年二月二十四日(一〇六二) 河南府洛阳县金谷乡尹村 阎永真刊 新安张钫藏石

2/1257 焦世昌妻张氏墓志 郭甫撰 王辨正书 宋嘉祐七年二月二十四日(一〇六二) 河南府洛阳县金谷乡尹村 王易刊 新安张钫藏石

2/1259 焦宗说墓志 李昭文撰 王辨正书 宋嘉祐七年二月二十四日(一〇六二) 河南府洛阳县金谷乡尹村 阎永真刊 新安张钫藏石

2/2347 郭文庆妻刘氏墓志 秦翔撰 张策正书 宋嘉祐八年十月三十日(一〇六三) 陶牙村 张道清刻 北平历史博物馆藏石

2/815 张正中及继室陆氏墓志并额 李俣撰 王郧正书 郑方平篆额 外孙李倜书讳 宋治平元年六月二十七日(一〇六四) 李凤立石 陶斋藏石 重一张

2/1229 张君及妻申氏墓志 李藩撰 田经正书 宋治平元年九月十一日(一〇六四) 河南 新安张钫藏石

2/1220 姚奭妻米氏墓志 夫姚奭撰 子焕正书 宋治平三年正月廿七日(一〇六六) 洛阳县邙山 新安张钫藏石

2/2322 何庆之墓志 姚奭撰 尹材正书 张冕篆盖(盖失) 宋治平三年七月九日(一〇六六) 贤相乡 李缜刻 新安张钫藏石

2/551 魏处约妻赵玉城县主墓志 苏畋撰 男孝明正书 张

守诚篆盖(盖失) 刘育书讳 宋熙宁二年闰十一月十五日(一〇六九) 西都洛阳县平乐乡杜泽里北邙 康度刊 河南博物馆藏石

2/1243 姚君及妻李氏墓志 男辉撰并正书 宋熙宁五年五月初六日(一〇七二) 洛阳县尹原 新安张钫藏石

2/1219 宋世昌墓志并盖 张起撰 宋世隆正书 张成务篆盖 宋元丰元年正月廿七日(一〇七八) 西京河南县贤相乡杜泽里 刘有方刻 新安张钫藏石

2/1231 刘忠举妻乐氏墓志 表兄陆经撰 兄乐涣正书并篆盖 宋元丰元年二月十五日(一〇七八) 西京河南县南北张里 吕密刊 新安张钫藏石

2/1271 舒之翰妻李氏墓志 张端撰 王森正书 宋元丰元年十二月二十一日(一〇七九) 河南府河南县贤相乡北张里 王诚刻 新安张钫藏石

2/1228 舒昭叙及妻吕氏墓志 侄纪实正书 宋元丰元年十二月二十一日(一〇七九) 河南府洛阳县贤相乡北张里 张士宁刊 新安张钫藏石

2/820 赵仲伋墓志 蔡确撰 张隆正书 宋元丰二年五月十一日(一〇七九) 河南永安县 郭翼刊

2/821 赵仲伋妻刘氏墓志 章惇撰 黄杰正书并篆盖(盖失) 宋元丰三年三月(一〇八〇) 沂州 王克明镌

2/1232 石祖方墓志 王史撰 范澄正书 宋元丰三年九月十三日(一〇八〇) 河南府河南县宣武原 王□刊 新安张钫藏石

2/549 吴君妻宇文氏墓志 吴执中撰 侯宗质正书 宋元丰七年十二月十九日(一〇八五) 河南县杜泽村 阎忠美刻 河南博物馆藏石

2/2310 任稷妻吴氏墓志 杨仲宏撰并正书 苏宝臣篆盖(盖失) 宋元祐元年闰二月二日(一〇八六) 河南府河南县贤相乡杜泽里 李積刊 新安张钫藏石

2/1216 范子修妻刘氏墓志并额 范子修撰 正书 宋元祐

元年五月十六日(一〇八六) 洛阳金谷乡 新安张钫藏石

2/1240 王镃墓志 张起撰并正书 宋元祐二年十一月一日(一〇八七) 西京洛阳县宣武乡 刘有方刊 新安张钫藏石

2/1250 何君及妻柴氏墓志 子何中行撰并行书 宋元祐四年九月十七日(一〇八九) 吕密刻 新安张钫藏石

2/556 吴贲墓记 正书 宋元祐七年八月初九日(一〇九二) 西京河南府洛阳县贤相乡杜泽村 河南博物馆藏石

2/2091 朱绩墓志 杨畏撰 侄敦复正书 杨国宝篆盖 宋元祐八年十月十七日(一〇九三) 河南府洛阳县金谷乡 王诚刊 新安张钫藏石

2/1222 刘乙及妻乐氏墓志 李谊伯撰 楚潜正书 冯如晦篆盖(盖失) 宋元祐九年四月二十六日(一〇九四) 河南府洛阳县金谷乡南北张村 刘习刊 新安张钫藏石

2/1248 范子猷墓志 李师直撰并正书 宋绍圣元年五月二日(一〇九四) 洛阳北山宣武原 新安张钫藏石

2/1278 焦世隆妻赵氏墓志 李昭玘撰 正书 男恭叔篆盖(盖失) 宋绍圣二年五月八日(一〇九五) 河南府洛阳县金谷乡南北张村 王震镌 新安张钫藏石

2/1244 焦世隆妻赵氏墓志 李昭玘撰 正书 男叔恭篆盖(盖失) 宋绍圣二年(一〇九五) 河南府洛阳县金谷乡南北张村 新安张钫藏石 与前石不同

2/1251 王甫及妻梁氏墓志 陈振撰 崔材正书 卢君佐篆盖(盖失) 宋绍圣二年八月二十一日(一〇九五) 河南府洛阳县宣武村 张士安刊 新安张钫藏石

2/1242 苻补之墓志 侄世功撰 正书 宋绍圣二年十一月二十八日(一〇九五) 新安张钫藏石

2/2320 慕容伯才遗戒 王寀撰 王森正书 宋绍圣四年二月初六日(一〇九七) 霍卞刻 新安张钫藏石

2/2234 苻君妻王氏墓志 侄苻世功撰 正书 宋绍圣四年九

月十六日(一〇九七) 新安张钫藏石

2/661 游师雄及妻张氏墓志 张舜民撰 邵籥虎正书 章楶篆盖(盖失) 宋绍圣四年十月十七日(一〇九七) 京兆府武功县西凤凰冈 西安碑林藏石

2/1212 段择墓志 正书 宋绍圣五年五月十三日(一〇九八) 河南洛阳贤相乡积润里 新安张钫藏石

2/818 韩宗厚墓志 朱光裔撰 杜纮正书 吴安常篆盖(盖失) 宋绍圣五年九月廿二日(一〇九八) 颍昌府长杜县嘉禾乡灵井里 陶斋藏石 重一张

2/2309 魏宜妻席氏墓志 吴仪撰 乐温正书 宋元符元年十月二十三日(一〇九八) 河南洛阳县上店村 王诚摹刻 新安张钫藏石

2/1285 成延年墓志 张羽撰 正书 宋崇宁元年三月十八日(一一〇二) 洛阳县贤相乡积润里 新安张钫藏石

2/2206 符世表妻赵氏墓志 张琏撰 夫符世表行书 宋崇宁三年十月初二日(一一〇四) 河南府河清县陶村 刘友谅刊 新安张钫藏石

2/548 苻守诚墓志并盖 蔡天辅撰 王万正书 郑景平篆盖 宋崇宁四年正月十三日(一一〇五) 河南府洛阳县陶牙村 刘友谅刊 河南博物馆藏石

2/2324 姚君及妻米氏墓志 次男涣撰并正书 宋崇宁五年五月初六日(一一〇六) 洛阳县尹原里 党从志刊 新安张钫藏石

2/1225 舒之翰及妻王氏墓志 许巨卿撰并正书· 宋大观初元九月初七日(一一〇七) 河南府 霍亮刊

2/2325 王仲原墓志 许光疑撰 贾炎行书 李孝称篆盖(盖失) 宋大观二年七月十三日(一一〇八) 洛阳 新安张钫藏石

2/652 宋元孙及妻赵氏黄氏墓志 张克涣撰并正书 宋大观四年十一月八日(一一一〇) 河南府洛阳县贤相乡杜泽村 祁处恭刊 新安张钫藏石

2/1218 范子舟墓志 陈述之撰 范坦正书 王阐篆盖(盖失)

宋大观四年十一月初八日(一一一〇) 洛阳县金谷乡宣武里 霍奕刊 新安张钫藏石

2/1239 范辉墓志 兄埴撰 兄坦正书并篆盖(盖失) 宋大观四年十一月初八日(一一一〇) 洛阳县金谷乡宣武村 霍奕刊 新安张钫藏石

2/1213 钱愲墓志 陈恬撰 马玿正书并篆盖 宋政和元年四月四日(一一一一) 西京洛阳县北邙山 新安张钫藏石

2/2068 钱愲妻向氏墓志 马永稽撰并正书 吕希莘题盖(盖失) 宋政和元年四月四日(一一一一) 西京洛阳县北邙山 新安张钫藏石

2/558 钱昷墓志 父钱景祥撰 正书 宋政和二年十二月十九日(一一一三) 河南博物馆藏石

2/553 钱旦墓志 正书 宋政和二年十二月十九日(一一一三) 陕西华阴 河南博物馆藏石

2/1230 杨龙图妻恭氏墓志 魏介撰 正书 宋政和三年五月六日(一一一三) 洛阳县贤相乡杜翟里 新安张钫藏石

2/1234 王士英墓志 李彝撰 宋元常正书 周洵篆盖(盖失) 宋政和四年十月八日(一一一四) 洛阳县金谷乡宣武原 袁异刻 新安张钫藏石

2/1249 王君及妻范氏墓志 李彝撰 宋元常正书 周洵篆盖(盖失) 宋政和四年十月八日(一一一四) 洛阳县金谷乡宣武村 新安张钫藏石

2/1226 许咸亨及妻崔氏墓志 韩容撰 王子久正书 王子弼篆盖(盖失) 宋政和六年四月二十一日(一一一六) 河南府洛阳县宣武村 新安张钫藏石

2/816 陈煜墓志 叔宜之撰 正书 宋政和七年四月十二日(一一一七) 河南府寿安县龛涧里

2/555 胡和叔及妻石氏荆氏墓志 孟琫撰 赵不巳正书 赵不伐篆盖(盖失) 宋政和七年十二月廿九日(一一一八) 河南府洛阳县

贤相乡杜泽里　袁异刊　河南博物馆藏石

2/1217　赵琢墓志　正书　宋政和八年闰九月五日(一一一八)　洛阳邙山　兄璞立石　新安张钫藏石

2/2326　魏宜墓志　自制志文　富直柔正书　宋政和八年闰九月十二日(一一一八)　河南府洛阳县上店村　魏介题志　新安张钫藏石

2/817　杜宗象墓志　从侄公力撰并正书　宋重和二年二月十四日(一一一九)　河南府洛阳县贤相乡双洛原　陶斋藏石　重一张

2/557　郝瑋妻赵氏墓志　吴愬撰　张湜正书　宋宣和元年四月二十七日(一一一九)　河南府洛阳县贤相乡旌德里　河南博物馆藏石

2/2208　符世表及妻赵氏墓志　许光弼撰　婿赵仲楫正书　宋宣和四年九月廿九日(一一二二)　河南府洛阳县陶牙村　新安张钫藏石

2/536　卢君墓志盖　正书　宋　河南博物馆藏石

2/1215　怀州司法范君墓志盖　正书　宋　新安张钫藏石

2/2181　符彦琳墓志　正书　洛阳陶村　新安张钫藏石　原称黄武五年十一月十六日疑后人伪改故附于此

元

2/2375　李妙清坟前记　正书　元中统元年九月一日(一二六〇)

2/2376　宣武将军残墓志　行书　元泰定七年　陶斋藏石　按志中有泰定七年请告封等语惟元泰定仅四年(一三二七)①而志云七年疑误　陶斋藏石记云康公墓志铭残石

2/888　万权墓志　正书　元元统三年九月初五日(一三三五)　北海县西北二十五里　陶斋藏石

2/2383　冯士安及妻王氏李氏墓志　高凝撰　萧㪺正书　元大德七年二月三日(一三〇三)　安西咸宁县之凤栖原　陶斋藏石

---

① 编按:此处叙述有误,泰定五年。

2/2381　莫简墓志　正书　元至正九年春(一三四九)　长安县苑西乡青架社先茔

明

2/561　郑刚墓志并盖　郭纪撰　赵璿正书　申安篆盖　明景泰二年(一四五一)　汴城南郊　河南博物馆藏石　无卒葬日从生于洪武丙寅享年六十六推定

2/562　郑刚妻孙氏墓志并盖　郭纪撰　赵璿正书　申安篆盖　明成化七年九月十四日(卒日)(一四七一)　汴城南郊　河南博物馆藏石

2/1209　光阳王妃孙氏圹志　正书　明成化十年十一月初九日(一四七四)　壬山　新安张钫藏石

2/1174　韩敬及妻杨氏朱氏墓志　毕亨撰　戚惠正书　明成化十六年九月二十日(一四八〇)　洛阳邙山　镌字匠王荣郑表　新安张钫藏石

2/1211　王春妻李氏墓志　廷玺撰　正书　明成化十八年八月十六日(一四八二)　洛阳东北七里许北邙　新安张钫藏石　书人泐

2/1164　孙铉及妻朱清墓志　翟庭蕙撰　王剑正书　扈俊篆额(额失)　明成化十九年十一月廿一日(一四八三)　子孙广孙升立　郑表镌　新安张钫藏石

2/2311　陆礼墓志　张澍撰　毕孝正书　李诚篆盖(盖失)　明弘治八年十二月十一日(一四九五)　翠云山　新安张钫藏石

2/564　伊府西鄂王妃郭氏圹志　金钟正书　明弘治十一年十月初八日(一四九八)　河南府洛阳县北邙山　河南博物馆藏石

2/1169　张振墓志　乔缙撰　张澍正书　李剑篆盖(盖失)　明弘治十五年十二月四日(一五〇三)　洛阳翠云山　袁铭镌　新安张钫藏石

2/1177　韩镔墓志　正书　明正德四年八月二十四日(一五〇

九） 邙山 新安张钫藏石

2/565 朱吁滦及妃李氏圹志 正书 明正德七年十月初九日（一五一二） 洛阳邙山 河南博物馆藏石

2/2210 沈俊墓志 张文撰 男谨正书并篆盖（盖失） 明正德九年十月十七日（一五一四） 新安张钫藏石

2/1206 元典榕墓志 林橦撰 陈道正书 朱纪篆盖（盖失） 明嘉靖四年闰十二月十二日（一五二六） 洛阳杜村 新安张钫藏石

2/1176 孔彰墓志 李献撰 潘仿正书 明嘉靖九年八月十五日（一五三〇） 洛阳邙山 刘雄镌 新安张钫藏石

2/1207 石麟妻登封郡主墓志 方楷撰 丰俭正书 李淮篆盖（盖失） 明嘉靖十五年十二月廿五日（一五三七） 邙山二龙冈 伊阙散人镌 新安张钫藏石

2/1166 孔君及妻丘氏墓志 许□撰 陈□正书 明嘉靖十九年八月（一五四〇） 洛阳 新安张钫藏石

2/1210 季尚仁墓志 方楷正书 明嘉靖二十七年十一月二十五日（一五四八） 邙山 新安张钫藏石

2/819 张穆及妻方氏墓志并盖 文明撰 孙袷正书 张文宪篆盖 明嘉靖二十八年十一月二日（一五四九） 城南田家庄

2/2178 吕怀健墓志并盖 孙铤撰 崔学履正书 王汝言篆盖 明嘉靖三十四年五月四日（一五五五） 京师城西畏吾村（本校燕南园出土） 张琚镌 哈佛燕京学社藏石 附洪业撰明吕乾斋吕宇衡祖孙二墓志铭考燕京学报第三期单行本一册

2/1255 卢安轩及妻王氏墓志 弟应奎撰 刘贽正书 吴三乐篆□ 明嘉靖三十八年（一五五九） 洛阳 刘□镌 新安张钫藏石

2/1205 朱佳龄墓志 张其平撰 侯恂正书 邢绍德篆盖（盖失） 明万历三年十一月二日（一五七五） 新安张钫藏石

2/1814 米玉及妻马氏墓志并盖 黄辉撰 冯有经正书 区大相篆盖 明万历二十七年十二月二十五日（一六〇〇） 京师海甸（本

校燕南园出土） 哈佛燕京学社藏石

2/2179 吕志伊墓志并盖 孙承荣撰 吴文灿正书 赵拱极篆盖 明万历二十九年九月二十七日（一六〇一） 京师海甸（本校燕南园出土） 王守义携 哈佛燕京学社藏石 附洪业撰明吕乾斋吕宇衡祖孙二墓志铭考燕京学报第三期单行本一册

2/1175 司忠妻王氏墓志 夫司忠撰 子邦庆正书并篆盖（盖失） 明万历三十四年二月初三日（一六〇六） 新安张钫藏石

2/1165 段德懋及妻张氏墓志 男世重世美撰并正书 明万历三十四年三月十六日（一六〇六） 后河之原 新安张钫藏石

2/1167 恭惠王及妃冯氏墓志 刘衍祚撰 魏养蒙正书 范宗文篆盖（盖失） 明万历四十二年二月二十日（一六一四） 新安张钫藏石

2/1173 武应光及妻苏氏段氏缑氏秦氏墓志 邢绍德撰 孙振熊正书并篆盖 明万历四十二年七月五日（一六一四） 新安张钫藏石

2/1168 王秉灏妻牛氏墓志 父牛从极撰 夫王秉灏正书并篆盖 明天启元年十月十七日（一六二一） 新安张钫藏石

2/1171 吉天伦及妻刘氏墓志 弟天叙撰 侄诏正书 明天启四年十二月二十六日（一六二五） 邙山 新安张钫藏石

2/1208 陈元埕墓志 正书 明崇祯二年八月十六日（一六二九） 邙山 侄男储麟立 新安张钫藏石

2/1172 吉天伦及妻刘氏娄氏墓志 弟天叙撰 正书 明天启七年十二月二十七日（一六二八） 新安张钫藏石

2/1126 迪功郎监利县丞致仕冯公墓志盖 篆书 明

清

2/673 顾夔墓志并盖 张祥河撰 何绍基正书 姚楗篆盖 清咸丰□年□月□日（一八五一——一八六一） 娄县四十一保下四图阑字圩 西安碑林藏石

2/2369 胡裕熙妻徐氏墓表 王闿运撰 魏械正书 清光绪二

十七年(一九〇一) 线装本一册

2/2368 安维峻继室雷金娥墓志并盖 夫安维峻撰并正书盖篆书 清光绪二十九年十月初九日(一九〇三) 胡家巷口东阡先茔 姜晋刻字 线装本一册

2/2189 顾家相妻罗金芝墓志并盖 胡钦撰 吴士鉴正书舒树基篆盖 清光绪三十四年九月吉日癸卯(一九〇八) 鄂东北坡头村 孙维新张向堃镌 按中西回史日历九月廿一日癸卯

中华民国

2/663 裕淑贞圹记 宋伯鲁撰并正书 中华民国六年二月十二日(一九一七) 陕西长安城南芙蓉原 西安碑林藏石

2/2374 顾元昌妻王怀婉墓志并盖 金天翮撰 汪克埙正书并篆盖 民国十二年十二月十六日(一九二四) 吴县五都四图福寿山之麓 周梅谷刻 志云竹庵妻王氏 按显君名元昌字竹庵 与顾元昌墓志合装一册 顾起潜先生赠

2/1695 张清和墓志 章炳麟撰 于右任正书 吴昌硕篆盖(盖失拓) 民国十二年十二月(一九二四) 河南新安水源村 新安张钫藏石

2/650 王国维墓志并盖 杨钟羲撰 袁励准正书 盖篆书民国十六年七月十七日(一九二七) 北平西清华园 宋德玉刻石 二张 容希白先生赠

2/2364 孙岳明墓志并盖 张继撰 沈尹默正书 崔其枢篆盖民国十七年十二月二十五日(一九二九) 北平温泉山下 李月亭镌石

2/2373 顾元昌及聘室高氏妻王氏继室许氏墓志并盖 章钰撰并正书及篆盖 民国二十二年十二月初五日(一九三四) 吴县福寿山 孙仲渊镌石 裱本一册 顾起潜先生赠

2/628 尹君妻罗氏墓志并盖 邵瑞彭撰 樊增祥正书 额篆书 重一份

造像类

北魏

3/117　晋王常侍造像　正书　魏太平真君三年正月十八日(四四二)

3/384　同上

3/439　同上　见造像汇集一页一

3/143　清信女□知法造像　正书　魏皇兴五年六月卅日(四七一)

3/68　同上

3/487　同上　见造像汇集一页一二

3/682　同上　见造像汇集三页二〇

3/666　勒还香造弥勒像　正书　魏皇兴五年七月十八日(四七一)　见造像汇集三页三

3/479　西村寺三姓王马任望等造大中王像　正书　魏太和元年二月十五日(四七七)　见造像汇集一页一〇

3/104　邑□信士女等五十四人造像　隶书　魏太和七年八月卅日(四八三)

3/420　王金生造石佛像　正书　南齐兴平二年十二月卅日(四八八)

3/323　席伯仁造弥勒像　正书　魏太和十二年四月十五日(四八八)　陶斋藏石

3/670　同上　见造像汇集三页九

3/339　始平公造像　孟达撰　朱义章正书　魏太和十二年九月十四日(四八八)　洛阳龙门大佛洞

3/411　同上

3/30　昙识等造像　正书　魏太和十九年八月十五日(四九五)

3/338　长乐王丘穆陵亮夫人尉迟造弥勒像　正书　魏太和十九年十一月(四九五)　洛阳龙门大佛洞

3/399　同上

3/129　姚伯多兄弟等造像　正书　魏太和廿年九月四日(四九六)　两份共四张

3/64　同上

3/340　张元祖妻一弗造像　正书　魏太和廿年(四九六)　洛阳龙门大佛洞

3/406　同上

3/28　元详造弥勒像　正书　魏太和廿二年九月廿三日(四九八)　洛阳龙门大佛洞　与孙辽墓志及造像三种合装一册

3/341　同上　拓片

3/408　同上

3/123　元景造像　正书　魏太和二十三年四月八日(四九九)

3/215　同上

3/243　比丘僧欣造弥勒像　正书　魏太和廿三年十二月九日(五〇〇)

3/394　解伯达造弥勒像　正书　魏太和年造(四七七—四九九)　洛阳龙门大佛洞

(未完)

(《燕京大学图书馆报》,1939年第122—135期,原缺135期,未完停刊)

容媛 著
罗志欢 李炳球 主编

容媛金石學文集

（四）

学术消息
附录

莞城图书馆 编

东莞历代著作丛书

齊魯書社

教育部第二次全国美术展览会

教育部第二次全国美术展览会于本年四月一日至二十日在南京国府路国民大会礼堂及美术陈列馆公开展览，内容计分九类：(一)图书，(二)刻印，(三)美术工艺，(四)建筑图案及模型，(五)雕塑，(六)西画，(七)现代书画，(八)历代书画，(九)摄影，都二千三百余件，以现代书画为最多，历代书画次之，建筑图案及雕刻最少。出品机关计有中央研究院，西北科学考察团，故宫博物院，北平历史博物馆，北平研究院史学研究会，河南博物馆，古物陈列所，西湖博物馆，中央博物馆筹备处，天津市美术馆，北平图书馆，国学图书馆，中央图书馆，浙江图书馆，山东教育厅，江西教育厅，广东教育厅，福建教育厅，云南教育厅，中国营造学社，上海美专，河北省立邢台师范，河北省立正定师范，江苏女子职业学校，江西省立南昌女职，江苏省立宜兴陶器职业学校，商务印书馆等。私人参加者计有朱希祖，齐白石，滕白也，司徒乔等。兹略述如下：

(一)图书　计有安阳书写甲版，契刻骨版，龟版，汉代西陲木简，敦煌唐人写经，宋元明清典章，戏曲，小说及诗文集等二百三十五种，满目琳琅，多为坊间不易得之善本书籍。

（二）刻印　计印谱等书籍三十三种，印框七种，印轴七种，多为近人所作。

（三）美术工艺　1. 铜器，计有三代钟，鼎，尊，勺，匜，盘，甗，鬲，簋，盨，豆，觯，觚，卣，盉，斝，角及汉铜镜等九十一件。2. 陶瓷，计有黑陶，汉砖，汉紫黑色釉坛，六朝双耳瓶，缥色大瓶，唐釉马，昌南窑划花青釉盏，宋定窑，官窑，哥窑，钧窑，龙泉窑，广窑，景德窑及元明清各朝之杯，盆，碗，洗，壶，炉，瓶，觚等五十四件。3. 玉器，计有圭，璧，琮，璜，环，瑗，玦，珑，琫，璲，尊，洗，钩等百五十三件。（内有陈大年收藏之古玉器百二十件，因其后到，故未列入展品目录）4. 漆器，计有西北科学考察团罗布淖尔古烽火亭出土之汉漆杯一，于漆之演进史上极为重要。其次有明清及现代之花瓶，盘，盒，杯，笔筒，围屏，挂屏等三十六件。5. 杂品，计有汉画像石刻，六朝石造像，雕竹，雕牙，铜胎珐琅，玳瑁，缂丝等八十二件。6. 图案，计有各种封面，染织，壁纸装饰图案等五十件。7. 织绣，计山水风景画及丝织品等十八件。以上合计四百三十四件。

（四）建筑图案及模型　计有观音阁，金山寺，戚继光纪念馆等图案及模型三十一件。

（五）雕塑　计有滕白也之《唐少川先生像》及《前进》，张充仁之马相伯造像，王时峨之木刻人像等二十九件。

（六）西画　计有司徒乔之印度诗人泰戈尔像，张安治之《后羿射日》，潘玉良之《春》，颜文梁之油画《卧室》等二百四十六幅。

（七）现代画　计有齐白石之《雨后蕉蛙及松鹰》，余绍宋之《松竹》，滕白也之《指画花卉》，高剑父之《烟树》等计六百五十二件，数量为全部美展之冠。

（八）历代书画　计有晋王羲之之《快雪时晴帖》，唐褚遂良书《倪宽传赞卷》,敦煌石室唐画,五代荆浩《匡庐图》,宋巨然《秋山图》,宋十二名家法书册,元赵孟頫《鹊华秋色》卷等三百二十五件,历代名人真迹,均在网罗之列。

(九)摄影　计有《黄山》《蓬莱三岛》《黄海奇峰》《风动云起》等百九十一件。

以上佳品极多,美不胜收。惟其中最精彩,而最有历史价值者首推中央研究院河南安阳发掘古物。此项古物质既精,量亦富,且其展览时另外编号自成一系统。

该会参加展览之殷代遗物(除书契部分少数外),皆出土于民国二十三年九月至二十五年十二月间。其中十之九出自安阳城西北十二里之侯家庄西北冈,十之一出自城西七里之小屯村北地。侯家庄为殷代陵墓之残迹,小屯村为殷代宫室之遗址。展览品之选择,大致以殷人生活物质遗留之能表现殷代艺术者为标准。其陈列系统分为:衣服,装饰,饮食,起居,兵战,音乐,陈设,建筑,丧葬,书契十类。兹分述如下:

(一)衣服　发掘殷墟以来对于殷人衣服之实物尚未有所获。虽于铜器之上偶得为铜酸所保存之纺织物遗痕,但残片皆极碎小,无从推知衣服之形式。故侯家庄西北冈墓出土之石刻跪坐人像实为研究殷人服制之惟一资料。观此像所着之交领右衽短衣,短裙,裹腿,翘尖鞋,可见殷代一部分人之装式。衣缘裙褶,腰带之纹饰皆常见于铜器,陶器,室壁,仪仗之纯粹殷花纹。

(二)装饰　大致可分为十类:1. 戴冠跪坐人形佩玉,显示形式极复杂之高冠轮廓。2. 雕石冠饰,为缀于冠前之装饰,戴时位置当在额发线与头顶间。(以上侯家庄西北冈墓出土)3. 绿松石砌冠饰,为冠前或巾上装饰,出土时多见于左右两鬓,间亦有见于额际者。其结构系以绿松石砌着于极薄之圆形骨片上,然后将全片粘于冠巾上。4. 骨簪或笄,簪头之形式已发现四十余种，其顶头雕刻各种兽头及花纹，极为美观。此次展览者仅十五种。殷人插戴骨簪，少者只一枝，多者至数十枝。5. 石簪。（以上小屯村出土）6. 象牙梳，为插戴于发中之装饰品，非实用器物。7. 骨首饰，此种管形骨器，出土时屡见于人头骨顶，似为束于发中之骨饰。（以上侯家庄西北冈墓出土）8. 化装用具，圆形陶片为研磨红色之器，蚌壳为盛色之碟。（以上侯家庄小屯村出土）9. 佩玉，其种类极多，计有人面，兽头，虎，兔，象，鸮，鸟，蝠，鱼，蛙，蝉形等之玉石器三十一件，大部为侯家庄出土，因出土时多见于人之胸部腰部，故统名为佩玉。在此笼统名称之下，大致有两种器物：A. 象征色彩极重之纯粹装饰品，B. 装饰兼实用品。此种玉器之正确用途虽多不明，惟在此发现之前，中国雕玉之历史最古至汉代为止，在此发现之后中国雕玉艺术可上推千年以至殷代。10. 雕纹骨器及绘纹骨器皆侯家庄西北冈出土，其花纹有龙，凤，蝉等，制作精美，惟用途不明。

（三）饮食　殷人对于饮食极讲究，故饮食用器制作异常精美。皇室所用，多为铜器，形式之讲求，花纹之精致，远非周以后所能及。展品中之饮食用器，分为若干组，每组同在一处出土者为一组。1. 饮器共二组，一组十器，铜爵二，铜觚一，铜觯二，铜角一，铜斝二，铜卣一，铜彝一。一组亦十器，铜爵四，铜觚三，铜觯一，铜卣一，铜尊一。爵为斟酌器，觚角为饮器，觯为饮器兼盛器，尊卣为盛液体器，斝为温暖兼盛液体器，方彝为盛食物器。2. 食器二组，一组二器，铜鼎一，铜簋一。鼎为烹饪器兼盛器，簋为食器。一组二十器，中柱旋龙盂形铜器二，铜盂一，铜壶三，铜铲三，铜箸六（三双），铜漏勺一，圆形片铜器一，中柱盂形陶器一，盂形陶器一（破碎不全），骨锥一。以盂三，壶三，铲三，箸三双之配合，似为三组颇复杂之餐具。3. 饮食器一组，铜爵一，铜觚一，铜鼎一。（以上侯家庄西北冈墓出土）饮食烹饪器三组，一组七器，铜爵一，铜觚一，铜斝一，铜罍一，铜鼎一，铜甗一，铜簋一。一组十三器，铜爵二，铜觚二，铜斝一，铜罍一，铜簋一，铜鼎一，铜盘一，铜戈四。一组二器二方鼎。罍，簋为盛食物器，甗为烹器。（以上侯家庄西北冈墓及小屯村出土）厨中烹饪器，一组三器，带柄无耳鼎形铜器二，大圆鼎一。（以上侯家庄西北冈墓出土）此墓惟埋此三器，别无所有。以此与西邻墓所葬之一人与一刀合观，知此必为厨中烹饪用具。此外零星不成组之饮食用器计有镶嵌绿松石之象牙鸮尊，铜鸮尊，雕纹骨器，象牙碟，石皿，白陶簋，盘，缶，瓯，刻纹白陶罍片，鼎片，壶片，豆片等。白陶在殷代遗物中比较稀罕。该院自殷墟发掘以来，采获之白陶共五六百片，且无一完整之器，大概在殷代当时亦视为珍品。

（四）起居　殷人对于起居用器似乎远不如对饮食用具之讲求之甚，该院掘获此类器物极小。侯家庄西北冈墓东道西口之台阶上出土，计盂一，勺一，盘一，人面具一（以上铜器），陶器五（陶制搓洗手具）。盂盖及底铸有“寝小室盂”四字，全组为盥洗用具无疑。壶以汲水，盂以盛水，勺以取水，盘以承水，面具为盥洗室之装饰，陶器背面有纽，正面有划格齿，盖用以去垢。

（五）兵器　殷人为尚武之民族，故在发掘出土之遗物中，武器在质与量两方面皆占最重要之地位。其种类有弓，矢，戈，矛，戚，钺，斧，大小刀，兵车，盔等。小屯村墓出土物中之全部葬物为兵玉一组，铜兵二组，佩玉二组，马饰四组，车饰一组，而主要之葬物实为兵车一乘。车之主要结构部分之木料早已腐化，惟车之形式可由遗存车饰之排列推知大略如下：舆（车箱）略作半圆形，由后升降，一辕，驾四马，两服两骖，两服之轭有全部之铜饰，两骖之轭惟上端有铜饰。大体言之，与《考工记》所记之春秋时期兵车无大区别。马辔即与后代同，惟无金属之衔而多一双夹腮之铜器。乘车之法已为每乘三人，一主人，一御，一右。

墓中之玉兵,一玉戈,十玉矢,乃代表主人之物,铜兵及佩玉各二组,每组铜刀一,铜戈一,铜弓饰一,铜矢十,璧一,玉觿一,长管形玉器一,短管形玉器一双,兽头形佩玉一,乃御右之物。铜盔系在侯家庄西北冈墓南道北口出土,每个铸成怪兽形,顶上有一长筒以备插戴小旗之用,为中国最古之防御武器。

(六)音乐　在侯家庄墓西北冈发掘所得之殷代乐器有磬,铙,埙,鼓四种。其中石磬数量较多,皆属于特磬一类形式,皆弧背。铜铙得一组,四件,三音。(案哈佛燕京学社古物研究展览室购藏两件,形制正同,殆是一地所出而分散者。铙三件为一组,合之正成二组)埙有陶制(陶制者小屯村出土),骨制,石制三种,大小虽有别,形式孔位皆同。鼓之发现实为意外之收获。现存者乃为细砂土淤积成之模型。鼓腔之木与鼓面之皮早已腐化,但腔面之饰纹仍大略可辨,鼓面蟒皮纹理清晰如原物。

(七)陈设　此项多为大理石雕刻之立体鸟兽形物,有龟形,虎形,鸮形,蟾形,双兽形等,有独立之性而无显明之实用物。彼等之被埋葬于墓中,虽或含宗教上象征之意义,但亦不失为殷代纯粹美术之作品。

(八)建筑　殷代建筑之留存至今者,惟有版筑成之黄土宫室台基,基上排列整齐之河流石柱础,及各种形式之窖穴。

(九)丧葬　殷代帝王大墓之墓穴,有亚形,方形两种,东,西,南,北四面皆有墓道,南道为平坡,东,西,北道为台阶。墓室,木构在穴底中心,一律亚形。墓室之木结构,装有各种石质立体雕刻,有兽头形,双面形,牛头形,兽形,鸟形等,制作极为生动。壁之内面,雕,镶,刻,画有复杂之花纹。至于殉葬物,则可以包括本次展品中侯家庄西北冈墓出土之全部。此次展览之器物,影片,图片只限于侯家庄西北冈大墓之形制与装饰及丧葬所用之仪仗而已。

（十）书契　殷人应用文字于贞卜事项之记录，是为卜辞，由卜辞可以考见殷代书契之方法及其艺术。书是书写，契是契刻，本为两事，先书写而后契刻，已成为甲骨文字制作之定论。其写字之工具为毛笔，所用之颜料有朱墨二种。自盘庚至帝辛可分为五期：1. 武丁及其以前（盘庚，小辛，小乙）；2. 祖庚，祖甲；3. 廪辛，康丁；4. 武乙，文丁；5. 帝乙，帝辛。在此五期书契中，约略可看出其各时代之特殊风格。其中最值得注意者，有一块第一期牛胛骨刻契卜辞，右边一辞是贞人韦所写，字中涂朱。左边一辞是贞人亘所写，字中涂墨。细加审视，其笔力之肥瘦疏敛，显然各有其特别作风。由此观之，可知该院参加展品，为我国三千余年前之殷商文化艺术精品，亦为我国发掘所得之珍贵史料也。（以上参考《教育部第二次全国美术展览会展品目录》及《补充目录》，梁思永编《国立中央研究院参加教育部第二次全国美术展览会出品目录》）

豫省洛阳龙门辉县古物多被盗掘

中央古物保管委员会，前迭据报告豫省洛阳，龙门，辉县等处古物屡被盗掘，长此以往，影响古迹极巨。该会前由第十六次常务会议决，推该会委员袁同礼前往查勘，共历两星期，将豫省古物被盗情形调查甚详，已向该会报告。该会据情即呈请行政院转函军事委员会转饬豫皖绥靖公署暨驻豫各军队，并令饬河南省政府转令各县政府对盗掘古物人犯，务予认真缉究，依法严惩，以护古迹。行政院顷已指令该会，准予照办。兹将袁氏报告录下：

洛阳为吾国旧都，古迹甚富，城北城东，古墓尤多，近十余年来出土古物，以铜器为大宗，土人以大利所在，私行盗掘者，几成一种职业，并发明一种铁锥，专作采试地层之用。沿城北邙山一带，盗掘痕迹，不计其数，地层因之凌乱，古物因之损伤，实为学术上之重大损失。查洛阳盗墓无月无之，而以秋冬为尤甚，盖本地农人多有盗墓者，秋收后尤尚盗掘不致妨碍农作物也。传闻盗墓者多在夜间为之，且全副武装，组织完备，其规模之宏大，迥非地方官吏之实力所能制止。此次前往查看，经古玩商人之导引，在邙山井沟村之北郑家凹村之南，发见土人在白昼间亦作大规模之盗掘，其参加工作者共二十余人，各执铁锥，分区探试，偶有所获，则欢呼若狂。此种情形，除面告第十区行政专员王君泽民从速取缔外，本会亟应再筹制止之方，不容再缓者也。

龙门一名伊阙，在洛阳城南二十五里，营窟造像，肇始后魏，为我国至可宝贵之雕刻。比年以来，外人游洛，诧为鸿宝，在显露而易凿者辄向村民购之，村民因有利可图，乃将石佛头颅一一击落，且间有毁灭其全身者，毁损情形，年有增加，亦近年来我国古迹之一大劫也。此次前往勘看，以宾阳洞，八仙洞，千佛洞，万五佛洞，郭爱洞，莲花洞被毁情形为最惨，兹列表于下：

宾阳洞中洞四佛像头颅被击落，洞内外龛像有被砍头者，有全身被盗者。八仙洞八仙面部已毁其七，内中一仙系最近所毁，佛头被砍者一，全身被盗者一。千佛洞全数佛头无一幸免，四壁之小佛像极少完整者，面北之佛像全身被盗。万五佛洞四角佛像，佛头全数被毁，南北龛内佛头亦被砍去，入门右边佛头同郭爱洞十余佛头全数被毁。莲花洞大佛三件全毁，其余亦全被毁。各洞外龛像残缺，及被盗者又不计其数焉。民国二十二年钱王倬著《洛阳名胜记》，各洞佛像尚多完整，今则满目疮痍，盖被毁程度以近三年为最烈也。传闻盗掘佛头者，多为回人，龙门之南，有外凹村（亦名魏家凹村），内多石匠，咸以盗窃龙门石像为其职业。此辈勾结土匪，往往于夜间携带高梯，手执电筒，从事毁坏，而土匪多自南来，毁后每向南逃去。八月间土人马云亭，老五（住东门马坡），马禄超（住东关新街），马子明，石文化等曾将砍下石佛运平求售。九月二十二夜十二时复有二三十名土匪，全副武装，拟从事大规模之盗窃，旋为驻军保安第六团所击退，但魏灵藏（龙门廿品之一）已被毁坏。据该团副队长面称，该团有百十余人驻守龙门寨，其地距龙门口尚有一里余，故对古迹不易保护。又河南建设厅正辟洛宁公路，在龙门口修筑，伊河林雇用工人一百七十余人，皆宿于宾阳洞三洞内，并在该处内作炊，于古迹亦不无损毁，但土匪竟置一百七十余工人于不顾，屡来盗窃，其声势之浩大，可见一斑也。他日工人解雇，则毁坏程度，大有不堪设想者。此种情形至为严重。此本会亟宜速筹办法又一也。

辉县为古共，城外固围村，传闻共伯墓及共主女墓前三年曾为某军队所盗掘，本年八月城外琉璃阁（在辉县与汲县大道上）复有土匪盗墓之举，旋以分赃不均，由地方报告县长，县长吕达当即追回铜鼎一件，由县政府送交民众教育馆保存（今改河南博物院）。该处古墓尚多，而土人盗墓之风甚炽，沿汲县大道上盗掘痕迹之多，至为可惊。传闻主使者多在新乡(距辉县一小时汽车)守候,彼处为平汉路及道清路衔接处,交通便利,私运甚易,故此后制止之方,新乡较辉县尤为重要也。

三代吉金文存

罗振玉辑　廿六年六月旅顺墨缘堂出版　定价一百八十元

自清嘉庆九年阮元著《积古斋钟鼎彝器款识》以来,彝器之出土日富,著录之书亦日多。罗福颐校补王国维所著《三代秦汉金文著录表》,著录之书三十五种,著录之器三代至列国四千六百十一,秦八十八,汉九百六十一,魏晋至宋元百二十,共计五千七百八十器,除疑伪三百五十七,计得五千四百二十三器,独未尽也。各书所录,有摹刻影印之不同,而以晚近刘体智所著《小校经阁金文》为至备。惟印刷未精,鉴别未审,识者病焉。此书之富,驾刘书而上之。计卷一钟一百十四器,卷二鼎四百七十四器,卷三鼎二百六十五器,卷四鼎九十四器,卷五甗七十二器,鬲一百二十一器,卷六彝三百九十五器,卷七簋二百三十六器,卷八簋一百二十三器,卷九簋六十七器,卷十簠九十一器,簋六十器,豆十二器,卷十一尊二百七十一器,罍二十六器,卷十二壶一百十三器,卣一百四十五器,卷十三卣一百九十三器,斝五十二器,卷十四盉六十三器,觚二百二十器,觯二百五十六器,卷十五爵三百六十八器，卷十六爵三百四十四器，角三十三器，卷十七盘六十三器，匜六十八器，卷十八杂器一百六十一器，卷十九戈一百三十四器，卷二十戟六十器，矛四十六器，杂兵九十一器，都四千八百三十一器。言金文者得此一书，不烦他索，诚至便也。

金陵古迹图考

朱偰著　廿五年八月商务印书馆出版　实价一元二角

金陵为六朝都会，继以南唐，俱称繁盛，古迹遗留，其足供人留连凭吊者众矣。惟年代辽远，风雨剥蚀，又自太平天国失败之后，宫殿全毁，古迹大受摧残。民国十六年后，新都建筑，日新月异，其变化递嬗之繁剧，古迹文物于有形无形中亦有丧失者。朱偰先生为中央大学教授，性嗜古，课余之暇偕二三知己，漫游于荒烟蔓草间，访寻昔日之颓垣断壁，并摄影测量，以祈保存史迹之万一。二十五年夏曾刊行《金陵古迹名胜集》（商务印书馆出版），计收照片三百十七幅，系从所摄照片二千余幅中选录者，并有中英文说明，颇便检阅。本书系考证该集所辑之名胜古迹，一图一考，相辅而行，诚艺林之佳事也。

全书分十四章，都二十万言，首冠《自序》，次《凡例》，次《绪论》，叙述研究之范围与方法及参考书目。第一章《金陵之形势》，叙述金陵山川河流形势之分布及史迹之存亡。第二章《金陵大事年表》,除记载重要史实外,并将历代建筑事业一一胪列。第三章《秦汉以前之遗迹》,第四章《六朝城郭宫阙遗址》,第五章《六朝陵墓》,第六章《南朝四百八十寺》,第七章《隋唐之遗迹》,第八章《南唐遗迹》,第九章《宋元之遗迹》,第十章《明代之遗迹》,第十一章《满清及太平天国遗迹》,第十二章《近代之玄观祠宇及梵刹》,第十三章《园林及第宅》。以上第三至十三各章,以时为经,以事为纬,分别考订各城池陵墓宫阙寺刹祠观园林宅第等之存亡讹误,叙述简洁,条理分明,并附有各种图表以资参考,展卷了然。惟所引《金陵古迹名胜影集》图版之号码,错误者十居八九,如页一九上灵谷寺(图一五七,一五八),按图一五七为凤游寺石瓶,一五八为鸡鸣寺远景。灵谷寺则为一六九,一七〇。页二二下鸡鸣寺(图一四六,一四七,一四八),按图一四六为中华门外西南南岳行宫琉璃顶,一四七为文光阁,一四八从文光阁南望雨花台。鸡鸣寺则为一五八至一六〇。所谓相辅而行者不无遗憾。望著者能于再版时改正之。

李卓吾评传

容肇祖著　二十六年一月商务印书馆出版　定价二角五分

关于李贽(卓吾)之生平,明万历间,有潘曾纮辑《李温陵外纪》,所载关于李贽之材料至夥。此书附刻于李氏《续焚书》后,颇不易得。吴虞先生著《李卓吾别传》竟未之见。《李卓吾评传》分三部分:(一)李贽年谱;(二)李贽的思想;(三)李贽的文学的见解。年谱多取材于《李温陵外纪》,较之《李卓吾别传》,实为远胜,而李贽之生平,遂多有年可考。作者贯串诸书,颇费经营。余记康熙三十一年范承勋增辑本《鸡足山志》卷六有云:“李□翁,讳贽,号卓吾,任姚安知府。万历八年游鸡山,寓钵盂庵听经。”案之《年谱》,列“入鸡足山”于万历八年,则甚相合,惟未列“寓钵盂庵听经”,似可以补其缺。至述李贽的思想一章总括云:“李贽的思想,是从王守仁一派解放的革命的思想而来,他几乎把一切古圣贤的思想或偶像打破了,到了极自由,极平等,极解放的路上,而他又是个自然主义,适性主义的思想家,在批评方面,贡献了不少创新的独特的见解。”又李贽的文学的见解一章,以为袁宗道,宏道,中道和李贽极相交厚,袁宏道有时竟称为师,公安派之文学见解,不无受有李贽之影响。所说甚为有据。

青溪文集

十二卷续编八卷附编三卷附录一卷共十册　程廷祚著

附编及附录为胡适编著　民国二十六年国立北京大学出版　定价三元

程廷祚(西历一六九一——一七六七),即《儒林外史》中所记之庄征君。所著《青溪文集》十二卷,有道光十七年东山草堂刻本,又有民国四年蒋国榜活字版印《金陵丛书》本。至《青溪文集续编》八卷,则有道光十八年东山草堂刻本,颇为难得,《金陵丛书》中亦无之。胡适先生因研究颜元李塨之学派,从孙人和先生借得正续编原刻本,发现此书中有许多极重要之传记材料,因由北京大学影印发行。他又辑录程廷祚集外文四篇,传记材料六篇,为附编三卷,又将所著《颜李学派的程廷祚》一文附后,作为附录。据胡适先生《序》中所说,正编十二卷,内有《原人》《原心》《原气》《原性》《原道》《原教》《原鬼神》七篇,及《礼乐论》二篇,为程廷祚思想之综合的自述,与《论语说自序》同样重要。其中《原气》《原性》《原道》诸篇,更可见其思想确为上承颜学,而下开戴震之学。卷十一《与家鱼门论万充宗仪周二礼说书》有云:"闻里中戴东原素留心经义,足下早与往复,望走札问以大夫士寝庙有西房与夹室否?东西堂属何地?厢在何所?以与万说愚说相发，不无裨益。”又卷三《六书原起论》云：“六品之中，名转注者，有展转训注之义。”自注于下云：“近日新安戴东原说。”可证他与戴震果然相知相识。至《续编》八卷中，颇多极重要之传记材料。据胡适先生所举者，约述于下：（一）据卷八《外舅楚江陶公行状》，可知他从外舅陶窳（即李塨年谱及《恕谷后集》内之陶甄夫）得读颜李之著作。（二）据卷七《与家鱼门论学书》及《与宣城袁蕙纕书》，可知他确为颜李之信徒。而《与袁蕙纕书》更可证明他中年以后“不以颜李之书示人”，为怕得着“共诋程朱”之罪名，而仍是颜李之信徒。（三）据卷三《纪方舆纪要始末》，可证《儒林外史》中之卢信侯，即颜李信徒刘著。私藏禁书之案即是《方舆纪要》一案。兵围玄武湖庄征君之住宅，是确有其事。（四）据卷八《金孺人墓志》，金孺人即《儒林外史》作者吴敬梓之姊。卷六《与吴敏轩书》，敏轩即吴敬梓。书中之“葺城女士”，即《儒林外史》中之沈琼枝。卷四之《与友人樊某》两书，樊某即《儒林外史》中之迟衡山。由此可证《儒林外史》一书颇有历史之根据。附编三卷，有程廷祚少年时与李塨往来之书札，及晚年时程晋芳，袁枚所与之书札，为有关颜李学派之史料。附录胡适先生《颜李学派的程廷祚》一文（原载《国学季刊》五卷三号），分两部分，第一部分为程廷祚传，于与颜李学派关系之处尤为叙述详明。第二部分，叙说程廷祚之思想，以及阐明其思想与颜李学派的关系，所以上承颜李而下开戴震者。程廷祚为颜李信徒，他对于宋儒程朱之学，表面上有时不敢反对，但极力攻击宋儒之经学，以为：“宋儒之学根本既与三代有异，而复好为高论，与魏晋习尚似异而实同。然在魏晋，出于庄老本不自讳，而宋人之于佛氏则陷于不自知。”（《与家鱼门论学书》，《续编》七）此种语，可见他的是颜李派之学者。胡适先生此文，讨论他的建设思想，以为他老老实实承认气质是性，是颜李学之嫡派。说理为脉理条理,是李塨之说,而下开戴震的新理学。他最大胆的创说,未有人之前,“人在天地”,有人之后,“天地在人”。因为人有心知,能知天地之所不能知,能为天地之所不能为。他以为最尊贵的是人,此为他的“立人道”的哲学的人生观。他以为气之外无理,气之外无道,是最彻底的气质一元论,最彻底的唯物论。他反对中古宗教以及宋儒的无欲说,承认“饮食,男女之欲,乐生恶死”都是“发于至善之性”的物感。他比颜李更进一步,破除去颜元的“不为子嗣比内”应记过的戒律。又颜李推翻宋儒“主敬”而建立了“习恭”,始终不能逃出主敬的中古宗教态度,而程廷祚之著作中,则全不见“小心翼翼,昭事上帝”的颜李宗教,此为程廷祚思想更进一步之证。胡先生此文,阐述颇为详细,真是学术史上一篇重要文字。

古今人物别名索引

陈德芸编著　廿六年一月广州岭南大学图书馆出版

铅字本一册　精装道林纸本国币六元　平装报纸本国币四元

“别号之称,大抵始于周秦之际,瑰奇之士,不得志于时,放浪形骸,兀傲自喜,假言托喻用晦其名。……至宋,上而君相,下至商贾,莫不假山林隐士之称,儒林文墨之号,甚且彼此沿袭,不厌雷同。”(见《异号类编》史一经序)其泛滥之极,于此可见一斑矣。

晚近新闻杂志日多，言论又不大自由，偶一不慎，辄招怨尤。其次主持一刊物之人，为免偏袒起见，有时不能不求变化，由是别名之多，更不可胜数矣。

别名之书有宋徐光溥之《自号录》，清史梦兰之《异号类编》，近人陈乃乾之《室名索引》，袁涌进之《现代中国作家笔名录》。其纂辑目的不同，故取材不一。本书则集各家之大成，无论庙号室名均在网罗之列，计七万余条，蔚为大观。其搜罗之富，用力之勤，非他书所能及也。惟集录既多，颠倒错乱遗漏之处，在所难免，个中困苦，陈先生于《编后话》中言之详矣。兹复举例如下，以就正于陈先生：

（一）颠倒错乱者：冯淑兰号沅君，本书则误以淑兰为号，沅君为名。高尔柏笔名郭真，本书则误作希圣。高尔松笔名希圣，本书则误作郭真。（以上高君二条见《民国名人图》第一册一五四）

（二）误书者：如季豫为余嘉锡字，而本书误为余嘉绩。

（三）遗漏者：高尔柏号咏薇，高尔松号继郇。（见同上）周树人笔名张承禄，赵令仪，倪朔尔，宓子，章，翁隼，孟弧，韦士繇，黄凯，音，崇巽，黄棘，白道，曼雪，梦文，常庚，莫朕，史贲，康伯度，朔尔，焉于，越侨，张沛，仲度，苗挺，及蜂，阿法。（以上见廿五年十月廿八日北平《世界日报图书馆周刊》梅心之《鲁迅笔名补志》）又如汪兆铭之别号贞惠。柳亚子之别号安如，亚庐。朱自清之别号玄玄。沈雁冰之别号芬君，宾芬，佩韦。胡也频之别号宛约。徐志摩之别号大兵，云中鹤，海谷。（以上见燕京大学田洪都先生编辑中之《现代作家别号索引及传略》）沈从文之别号炯之等。以近人笔名之繁复，固不能责陈先生一一收入，然亦可见笔名之举不胜举矣。又此书检字之法，用横，直，点，撇，曲，捺，趯七种为次序检查，未习惯者未免觉不方便。近人检字之法，多自出新奇，此书作者欲贯彻其《德芸字典》（此书亦岭南大学出版）之主张，为新奇检字法之一种。又所列参考书太为狭隘,太无伦次,如杂志只举《正风》,诗集只举《吴宓诗集》,可见编者随所见书而漫为之,绝无标准,是则此书之缺憾也。

简体字典

容庚著　廿五年十月北平燕京大学哈佛燕京学社出版　定价二角

简体字之倡议起于清末,自《教育杂志》创刊号陆费逵之《普通教育当采用俗体字》之建议,其后国语统一筹备会第四次大会曾有汉字省体委员会之组织,至二十四年八月,教育部乃有《简体字表》公布推行,所采各字虽未尽当,然简体字之要求,固已为一般所公认。本校教授容希白(庚)先生于二十二年春曾以简体试写《颂斋吉金图录》及《金文续编》二书为举世倡。后以教育部所颁行之《简体字表》三百二十四字昧于偏旁合并之理,不先改革部首,如鷄驢作鸡驴,于从鳥从馬之偏旁皆未减,以为未妥,遂商之燕京大学国文系设简笔字一科,从学者二十人,先改革《康熙字典》部首,次以《平民字典》四千四百四十五字为据编为简体字典,逐一讨论,或述或作,从最多三十二画之字减至最多十七画,如鱸鑿鸞籲作鲈凿鸾吁。总笔画之数,约减三分之一而弱。其中不无过于求减者,可见洽当之难也。

字体研究会编纂《简体字表》三册,其第一册已印行,以五千字为标准,每字必有来历,似较容氏自我作古者为优。然其弊有可言者:所谓来历,采用自坊刻小说为多。坊刻小说但求省工,原无一定之标准。今复集合若干种小说而随意采用,不免笔画纷歧。如从言之字或从讠,或从言,从足之字或从⻊或从足,从水之字或从乚或从氵,从雨之字或从帀或从再,或从雨,或从帀,或从雨,从芻之字或从彐,或从刍,或从彑,此一弊也。吾国之字以形声为多,故不识之字读其偏旁尚无大误。今采用古俗体不甚通行之字,并失其声,请观下举之字将如何读法:均,指,赶,扣,损,擾,轆,恳,咁,钋,有不钳口结舌者乎? 此二弊也。吾国字多数由偏旁合并而成,張既作张,则漲可作涨,或张,何以皆不用而用笔画较多之漲,爵既作时,则爝可作焠,何以不用而用笔画较多之爝,则以每字有来历之一念误之也。此三弊也。每字既求有来历,则不当数典忘祖,如达字见《说文》,而以为见《京本通俗小说》,辞字见《说文》籀文而以为见《古列女传》《京本通俗小说》,时字见《龙龛手鉴》,而以为见《字汇补》。此四弊也。要之吾人所欲得者在实用而非在考古,则取《简体字典》以较此书,未始非彼胜于此耳。

民 俗

广东国立中山大学文科研究所民俗学会出版

每期大洋三角　全年六期一元五角

中国民俗学运动导源于民国七年北京大学之歌谣研究会及风俗研究会。继之而传播推动者则为广东国立中山大学语言历史学研究所民俗学会。该会成立于民国十六年冬,曾刊行《民间文艺》十二期,《民俗周刊》百廿三期,丛书卅五种,极一时之盛。后以人事变迁,曾经一再停顿。直至去年秋,该校教授杨成志先生因念昔日园地之荒芜,殊为可惜,遂从新纠合同志,继续耕耘,与北京大学歌谣学会复刊之《歌谣周刊》互相媲美。该刊年出六期,现已出至第一卷第二期,内容充实,材料丰富,较之往日出版之《民间民艺》及《民俗周刊》,则有过无不及也。兹录要目如下:第一卷一期杨成志之《Introduction》及《现代民俗学——历史与名词》,王兴瑞、岑家梧之《琼崖岛民俗志》,刘伟民之《东莞婚俗的叙述及其研究》,张为纲之《江西南昌的民俗》,区世焯之《新会潮莲乡的大王菩萨》,高贵兰之《高要的几桩地方传说》,张滨源之《阿拐四的故事》,张腾发之《客家山歌的社会背景》,吴家柱之《两阳疍民生活与歌谣》,杨成志之《民俗学会的经过及其出版物目录一览》。第二期，吴宗慈之《处置死尸的方法》，钟敬文之《中国古代民俗中的鼠》，江应梁之《昆明民俗志导论》，王兴瑞之《台湾蕃族概观》，春雪之《百年前的台湾及其土蕃》，杨成志之《安南人的信仰》，清水之《名人故事试探》，叶德均之《猴娃娘型故事略论》，王启琇之《锡兰岛民间故事》，朱舜葩之《我家乡（浙江）的几桩故事实录》，刘伟民之《东莞婚歌研究》，张腾发之《客家山歌之社会背景（续）》，袁洪铭之《粤讴与招子庸》，梁鉴波之《从东莞歌谣中所见的妇女观》。

广州市立中山图书馆创刊二种

广州市立中山图书馆自罗香林先生长馆后，积极推行馆务并创刊《广州学报》及《书林》，冀以树风声，宏实学。兹分别介绍如下：

一、《广州学报》 二十六年一月一日出版 定价国币一元

该馆以纪念孙总理为旨，故本刊内容性质首重发扬三民主义及民族精神与救国思想。次为华南民族与人种之调查报告，及广东先贤先烈之学术道艺论著。次为广州市政，社会研究调查之论著。次为图书管理与分类目录版本及金石碑刻等。其他如社会科学，或文哲史地自然，东西洋学术思想之专论，新旧书籍之介绍与批评，均在网罗之列。兹将第一期要目录下：温廷敬

《经史金文证补》，朱希祖《梁代货币考》，罗香林《罗芳伯所建婆罗洲兰芳大总制考》《唐岭南行军总管陈元光考》，陈恩成《中山学说之法理体系》，朱倓《东林著述考》，姚薇元《欧阳修集古录目考》，朱杰勤《龚定庵研究》，岑家梧《史前学研究概述》，朱杰勤校录《朱九江先生谈诗》，罗汉校录《天地会文件》。

二、《书林》 二十六年三月十日出版　定价八分

本刊内容宗旨首重各类文献及秘籍或史料之搜讨与叙录。次为中外书籍之介绍与批评及版本目录之研究。次为图书管理及各地图书馆与藏书家出版界之通讯，或书林掌故，读书随笔，序跋与作家介绍等。次为该馆馆务及新增书籍与重要公文等。兹将第一期要目录下：李景新《图书分类概述》，温丹铭《竹林草堂诗钞序》，黄遵宪遗著《关于乡邦文献及山歌寄胡晓岑》，钱玄同《关于黄公度先生墨迹寄罗香林》，谢富礼《粤东采珠考》，朱倓《钞本〈崖山志〉跋》，易大厂《精绘广东全省舆图题记》，孙星衍遗著《开元占经校记》，梁振东《客家研究导论读后》。

章氏四当斋藏书寄存及赠与燕京大学

章式之先生捐馆之五阅月，其夫人王丹芬女士将先生藏书分别赠与及寄存燕京大学，其言曰：

先夫霜根老人式之公家寒力学，平时节衣缩食，遇有所

余，辄以购书。自念其得之非易，昕夕勤读，并以“霜根老人四当斋藏书”命其积年所集，盖取宋尤延之“饥读之以当肉，寒读之以当衣，孤寂读之以当友朋，幽忧读之以当金石琴瑟”之义也。先夫易箦遗言，即以藏书赠诸丹芬，分配处之，由丹芬定之。

丹芬因念燕京大学之缔造，其艰苦正与先夫采集书籍相同。除略选留有其手泽及善本书数种，暂行寄托燕京大学保管，以备传诸后人外，其余悉赠燕京大学。

双方于二十六年十月二十三日定约。全部书籍约计三千数百种，当即点收运校。校中特辟纪念室，专以储存，并将先生生前书斋用物，一并陈列，如北平图书馆于梁任公之例也。

全部藏书计分三类。

子、手泽本：凡先生手校手抄及经批点题跋者。

丑、善本：凡家钞、旧钞、精椠、旧刻、批校稿本，以及朋好题字者。

寅、普通本：凡子丑两类以外者。

子，丑两类为寄托者，寅类为赠与者。

是项书籍，现由该校图书馆分别整理，编纂目录。目录将次就绪，凡书中所有先生及朋辈题跋，收藏印记，均著于录，以详渊源；未经刊行之本，其叙跋亦并附入，以资考稽；凡先生题语所及友朋往还者，酌注其人履贯，以志因缘，明年二月即可出版。

兹将三类书籍，略述一二，以见一斑。

凡经批校点跋之本，约四百余种，所校诸史巨帙，如《汉书》校景祐本，《旧五代史》校邵二云本，《宋史》校元刊本，《契丹国志》《大金国志》校明钞本，《三朝北盟会编》校旧钞本，贯彻始终，引申义类，新知时获，有功乙部。于《国语》据陆敕先校本，纠士礼居刊本之疏；于《南齐书》据《眉山七史》宋本补嘉靖以来久佚之二叶；于《宋史》据元本补《田况传》一叶，更出卢抱经补《孝宗纪》一叶。其他若《资治通鉴》校宋百衲本，钱遵王《读书敏求记》汇校各本，此二者，一已写成校记，一已勘为校证，刊行于世。

善本书籍约计三百余种。家钞有项药师《历代名家书画题跋》，韩崇《山左石刻目》未经刊行，外间传本极少。稿本有钱泳《写经楼金石目》，褚逢椿《清籁阁集》，汪宗沂《佚书事纬》《佚礼定论》，顾栋高《司马温公年谱》皆系原稿未刊之本。校本有叶石君之《华阳国志》，黄荛圃之《李贺歌诗编》，鲍以文之《入蜀记》，翁覃溪之《惠氏诗说》。其他刘履芬，陈如升两氏钞校之本甚多，颇有罕见之本。盖履芬字彦清，号泖生，江山人，好钞校书籍，寄居吴中，身后书散，其友吴县潘钟瑞收最多，迨潘氏书散，则先生得之亦不少。如升字同叔，宝山罗店人，少以词名，刻入《沧江乐府》。光绪二十年后，客游苏州，与先生往还甚密，好传写友人所著，以代刊刻，故写赠先生之本甚多。旧刻有宋元本数种，明本，清精椠本稍多。其他有先生友朋题记者，若俞陛云，冒广生，吴昌绶，罗振玉等，皆近时知名之士手笔也。

赠与书籍，凡普通应用之本，大都有之，其他清初精刻，近时精刻，亦均不少，至清季以来，名家著述，尤为多数，或尚流传未广，或尚初刻试印，四十年中，艺林之盛业，几毕萃于此，一时征求匪易，况皆先生故旧之贻赠，其可贵为何如乎？

综观先生所藏，以乙丁两部为最富。而其中以乡邦文献收蓄尤多，尝自谓珍视乡先辈遗著如护头目，即此可以略知先生为学之所尚矣。

先生名钰，式之其字也。又字茗理，晚年自号曰霜根老人。先世由诸暨服贾入苏，居今吴县阊门外，遂著籍为苏州府长洲县人。早岁入府庠，旋肄业于学古堂。尝师事俞曲园先生，所学益进。光绪十五年己丑举人，二十九年癸卯进士，刑部主事，继荐经济特科召试一等，奏留本籍办理学务，历充两江督府，南北洋大臣幕府文案，奏调外务部主事，江南图书馆参议，京师图书馆纂修；民国开清史馆，就聘纂修，承修乾隆朝《大臣传》《忠义传》及《艺文志》等。先生自宣统三年后，息影津沽，致力于学，尤喜勘书，同时朋好，如罗振玉，吴昌绶，刘承幹，陶湘精刊各书，均请先生代为校雠，悉称善本。校刊而外，旁及金石考据之学，聚古今石墨数千种。临池遣兴，每晨必作字数百，得者宝之。尝临《明徵君碑》数十通，以近临一本景印行世，足为后学津逮。有余暇，辄手不释卷，盖数十年如一日。晚岁积书至二万余卷，名之曰"四当斋藏书"。二十六年五月九日卒于北平寓庐，享年七十有三。

先生所著《读书敏求记校证》十四卷，《通鉴正文校宋记》三十三卷，《四当斋集》十四卷，又临《明徵君碑》一卷。所有印本及前二者之原稿板片悉以相赠。先生所校所批，现正一一为之移录成书，他日将陆续刊布，以传先生一生辛勤之所得，海内学者当亦欣所观摩也。

殷契萃编附考释

郭沫若著　民国二十六年五月日本文求堂影印本　五册定价二十元

郭氏著作关于甲骨文字者，有《甲骨文字研究》二册，《卜辞通纂》四册。此书乃从刘体智所藏甲骨择取十一得一五九五片而成。其重要者为高祖夒及夒罘上甲诸片，足证王国维夒为帝喾之说确不可易。《史记·殷本纪》叙殷之先世，于上甲微之后次以报丁，报丙，报乙，主壬，主癸。王国维由罗振玉及戬寿堂所藏两片相合，知其先公之次为上甲，匚乙，匚丙，匚丁，示壬，示癸，以正《史记》之误。而刘氏所藏复有一片与之相合，合成全文为乙未酒兹品囗十，匚三，匚三，匚三，示壬三，示癸三，大乙十，大丁十，大甲十，大庚七，米三(中缺)，三祖乙(下缺)。燕京大学所藏关于先公一片，刘氏所藏复有二片与之相合。郭氏前于《甲骨文字研究·释干支》中谓大丁之上为大甲。及作《卜辞通纂·世系》，则于大甲，大乙疑不能定。至此不能不舍弃前说，定大丁之上为大乙而与明义士，董作宾等所猜相合矣。郭氏未见中央研究院所得殷虚骨尺，而据周初师旅鼎铭有"乃罚得㬎贝古三百寽，今弗克厥罚"之语，谓"如该尺而短于周尺者，可断言其必非殷物，或竟出于伪造耳"。及唐兰告以此尺较刘歆铜斛尺约短三寸余,仍谓“非发掘所得,未敢遽信”。然郭氏此编所考,宁讵皆发掘所得者耶?“疑事无质”,似不必根据孤证,遽下断语也。

此编所录,不无新异之语,诚如自序所谓“如日之出入有祭,足证《尧典》‘寅宾出日’及‘寅饯入日’之为殷礼。凤为伊奭,步有方位,足证殷人神话之残痕。曦假兮字为之,昏实不从民作,雩或为霾,舞旱之意甚明。廐本作寓,畜马之闲如睹。方伯舞胥之官,南单三门之地,又史又宗,五山五臣,或制启后来,或名属仅见。又加以已字为语助,假火字以代冎,八千八百,三万十朋诸合文,大今二月,大今三月之异语,均本编所创获,足以矜耀于契林者也”。

新郑彝器

孙海波著　廿六年河南通志馆出版　珂罗版本二册一函　定价十二元

民国十二年八月,新郑县城内有李锐者,以凿井掘地至三丈余,发现大鼎一,中鼎二,时靳云鹗师长驻郑,得闻其事,收归公有,并邀邑中官绅,从事公开发掘,至十月五日,先后共得铜器百余件,碎铜片等六百余件,及介,贝,骨,玉等若干,现藏河南博物馆。该项古物出土后,震荡全国,研究者颇不乏人。是年冬蒋鸿元即有《新郑出土古器图志》初续附三编出版。初编著录铜器八十九,玉器三,陶质小星二,破碎铜片六百三十五。续编著录铜器十八,瓦器二,秦瓦当六,宋磁碗三,贝货三百十七,贝片七,蚌介锯一,兽牙二十三,碎骨三,玉器九,碎铜片三十五。末附古物隧中位置略图,志古物原来位置并记墓中深广情形。附编集录当时来往之函电。其中器物未经修补,残阙不完者颇多,以致误将方壶盖上之立鹤另称为周仪饰。又误将人身兽面形器头上侧出四柱,足下所伏两螭,杂入碎铜块中。其中名称多出张庆麟鉴定,马衡更正,与后来诸家著录略有不同。又此书缩景器形较小,图版未佳。

十八年冬,关百益之《新郑古器图录》出版,选录该项周代铜器九十三件,书分上下二册,上册图版,下册考释,(一)史略,叙述该项古物出土之经过。(二)正名,征经引史考正各器之名称。(三)分类,以所收各器分为三大类,1. 乐器类,钟属;2. 礼器类,A. 鼎鬲属,B,甗鬲属,C. 锜鍑属,D. 尊彝属,E. 簋簠属,F,匜盘属,G. 附属王子方器;3. 兵器类,A. 句兵属,B. 刺兵属,C. 击兵属。(四)修理,叙述修理之人材及去锈起字,修整,补阙之方法。(五)度量,略谓《新郑出土古器图志》中测量各器时太半残缺未经修补,及重整后,重量与高度与前略异。且该书所用汉尺比汉建初铜尺略小,不知其所据者何尺?兹为通俗起见,用市秤权其轻重,用汴省市用二十斤斗测其容量,高广之度改用旧工部尺。(六)释文,集录王国维,马吉樟及著者考释王子器之论文。(七)疑年,略谓就制器,埋藏,地域,历史各方面观之,可断新郑所出者为礼器而非明器。无论器文上为王子颓或王子婴齐,要不离乎东周迁后战国以前者近是。再以其铜质,文字,花纹,形体上考之,亦正与此时代相称也。

最近孙氏受河南通志馆之托著成此书,其中选录彝器及所用之权度均与关著同。惟分类略异:(一)乐器,钟属;(二)烹饪器及食器，为鼎，鬲，甗，簋，盨之属；（三）酒器，罍，觥之属；（四）用器，为壶，盘，匜，盆，蓥，舟，卢之属；（五）杂器，不知名器及柄饰之属；（六）兵器，戈矛之属。分类既异，名称亦略有不同，兹举例如下：蒋著称蟠虺钟者，罗叔言称镈或编钟（见王幼侨《新郑古器发现记》），关著称特钟或编钟，孙著称虺蟠镈，或螭凤文编钟。又蒋著称人身兽面形器，罗氏称丰侯，关著称残丰，孙著称不知名器。新郑古器，惟一鼎有铭文五行，不可辨识。又一方器有铭文一行七字，王国维释为“王子婴次之□卢”，以婴次为楚公子婴齐，即令尹子重，卢为饭器。其出郑墓则以鄢陵之役，楚师宵遁为解，马吉樟释为“王子婴齐之鐇盘”，以古今多以婴齐为名，无从证为何时，但绝非成周盛时器。关百益释为“王子颡次之庶盘”，藏器之地为郑厉公墓。郭沫若于《新郑古器之一二考核》文中论婴次为郑子婴齐，卢为燎卢，新郑之墓当成于鲁庄公十四年（西纪前六八〇）后之三五年间，墓中殉葬器物至迟亦当作于西纪前六七五年，而王子婴次卢之制作，必当在郑子尚为公子之时，故至迟亦当作于鲁庄公元年。孙君以为其说甚是，故从之。又鹤立方壶，郭沫若于《新郑古器之一二考核》文中曾一度考证该壶之图案或系受印度艺术输入之影响。后以马衡谓西周之铜器凡壶盖必却置，鹤立壶盖乃无理之缀合。故郭氏于《古代铭刻汇考》论新郑古器中特为更正前说之谬误。孙氏谓：“壶盖上立鹤之铜版与壶盖相吻合，且有旧迹之可寻，知非任意缀合者。”并以中央研究院在汲县掘获之立鸟壶为证。此二壶余在河南博物馆亦曾见之，郭马二氏之言出于臆断，不足信也。又不知名器，关著称残丰，以为是丰坐之仅存。郭沫若举以当王子婴次卢之坐。孙氏谓：“丰似豆而卑，其体圆，此为方器之坐，关说有近于臆测。此器后柱高，而前两柱低，上不能置物，知郭说亦有可商。”此书仅于以上四器加以讨论，余记尺寸，重量，花纹，色泽而已。自宋以来,以簋为彝为敦,以盨为簋,至今日始知其误。此书不敢称毁为簋,而竟以簠为盨,何也?此书除收河南博物馆所藏外,复补入柏林博物馆所藏二鬲(一鬲图版误反印),曾见法国O. Siren 所著《中国古代美术史》(Histoire des Arts Anciens de la Chine)录一簠(册一图版103B)与此同,恐散佚尚或有之也。图版较蒋关二氏之书为精,且于摄影全形外,另将花纹拓出,于研究上颇称便利。

魏三字石经集录

孙海波编　考古学社专集第十七种　民国廿六年七月印行　一册定价八元

魏正始中,刊立古篆隶三字石经,其经为《尚书》《春秋》。其石数,《西征记》谓为三十五石,《水经注》谓为四十八石,《洛阳伽蓝记》谓为二十五石,三说不同。宋皇祐五年,洛阳苏望得三字石经拓本八百一十九字于故相王文康家,刻石于洛阳。洪适录入《隶续》中,题曰《魏三字石经左传遗字》。至臧琳《经义杂记》始从其中分出《尚书》残字。孙星衍《三体石经残字考》复以其中《春秋》残字分系诸公。除《尚书》《春秋》二经外,尚有《左传·桓公》二十四字。

清光绪廿一年,洛阳龙虎滩出土《尚书·君奭》残石一百十字,为黄县丁氏所得。王国维作《魏石经考》,据此残石考定每行二十字，以排比苏刻残字，列为碑图，分：一、《尚书·大诰》；二、《尚书·吕刑》《文侯之命》；三、《春秋·桓公》《庄公》；四、《春秋·宣公》；五、《春秋·襄公》。

民国十一年十二月，洛阳城东南三十里朱格搭村田中发见一石，面为《尚书·无逸》《君奭》，背为《春秋·僖公》《文公》，两面共得一千七百七十一字。其《君奭》篇恰与丁氏所得之石相衔接。石为邑人购得，以体重难徙，中剖为二，计缺字者二行，残字者四行，而《春秋》下方又缺数字，共残缺一百二十二字。又出一残石，面为《尚书·多士》，背为《春秋·文公》，两面共得二百二十九字。事为省吏所知，檄洛令提取归公，今藏河洛图书馆。外此残石陆续发见，约二百块，分藏各家。其印行拓本者，则有陈乃乾之《魏正始石经残字》。其考证源流者，则有章炳麟《新出三体石经考》，吴维孝《新出汉魏石经考》，张国淦《历代石经考》。王国维作《魏正始石经残石考》未成而卒，后人亦收入遗书中。

此书分四卷，首录拓本，次述源流，次及碑图，次释文字，较各家著作独为完备。兹亦分四项论之：

一、拓本　陈氏所印为已断本，所收残石不过数块，此书所收为未断本，所收残石过百七十块，自以此书为远胜。惟近日估人伪造一巨石，一面为《多方》，一面为《僖公》十三年至十六年经。此书收其《多方》一面，实为大错。《魏正始石经残石考》所载《梓材》一石六十五字，此书无之。又据以定石数之“弟廿一”及“弟八”五字未印入，未免可惜。《文公》第六不另行，并无“文公”二字小标题，亦是小失。附录品式三体者，三字直下五字一行者，古篆二体者，古文一体者，篆文一体者，隶书一体者六种。品式三体，今所发见皆属《尧典》《皋陶谟》二篇，其真无疑，或是试刻之石，后不采用而改成三字直下者。次为古篆二体，今能知其属于何经者仅二碎石,一为《高宗肜日》每行五字,一为《禹贡》每行九字或八字,疑莫能明,似不必分列二种。其古文一体者,“与众异”与《急就章》“急就奇觚与众异”合,必非经文。介来石与来尔石乃一石分裂,可相接合。卫齐师石字小,与他石不类。其篆文一体者,所列四石皆只一字,疑当属之古篆二体。其隶书一体者,“留一株”必非经文,其余二石亦大小不一,不当定为石经有此一体。估人工于作伪,除《多方》伪作可确知外,其余尚难保无伪作混入其中也。

二、源流　首记石经刊立之时代,为魏废帝齐王芳之正始中。经数为《尚书》《春秋》二经。其古文出自壁中本。所刊之二经,皆当时学官所立。二经之石数为二十八,表里刻之,合以品字二体诸石,故《西征记》三十五碑之数为最确。石非一人所书,为卫觊,为邯郸淳,为嵇康,无从断定。书刊既竣,树于洛阳城南开阳门外太学讲堂前南北行。碑长八尺,广四尺。崩败于晋永嘉之世,存十八版。至东魏武定四年,自洛阳徙于邺都,值岸崩,遂没于水,其得至邺者不盈大半。隋开皇六年自邺载入长安。唐贞观中魏徵请置于九成宫秘书监内,凡十数段。后天后移于著作院。宋高绅为湖北转运使,道中闻砧声清远,得石经于其覆,已断裂矣,遂载以归。绅死,石归赵竦。竦死,不知所归。次记拓本之流传。末记原石之发见。其说多取材于王国维之《魏石经考》及诸家论著。其引《魏三字石经考》三,骤视不易知为何人之书。引书随意删节,不尽扼要。

三、碑图　自《无逸》《君奭》及《僖公》《文公》一石出土,本可据此以排比《尚书》《春秋》二经以定其石数,顾时人尚无为之者。此书据刊刻碑数之残石拓本二纸,一面为《君奭》,刊号第二十一,一面为《宣公》,刊号第八,因排其碑图,得二十八石之数,可云重要发见。惜不能如张国淦《汉石经图》之例尽排二经之文,使续有发见易于圈注。又《隶续》所载不补入图中而别录王国维《隶释所录魏石经碑图》,亦非善法。若谓为惜纸计,然全排所增不过五页,究属有限也。

四、古文　王国维作《魏石经考》,其《古文考》录丁氏残石古文三十一字,《隶续》所载古文一百四十字。又《魏正始石经残石考》录新出古文一百四十九字。此书所载古文三百七十九字,除《多方》伪刻二十六字,不知何经残石十三字,尚存三百四十字,可云远过。《说文》序言六书,一曰古文,六曰鸟虫书。战国时鸟篆今有存者。而谓“壁中书即六国文字中之鸟篆可断言”,何武断乃尔。作者著书,过于仓卒,即《汗简》所引异同,亦未细校。又如怒字古文作𢖻,仅引王国维之说,不知《说文》亦载之,但误入恕字下云“古文省”,盖古文如作女也。又[illegible]乃诸字,误释为旅。《文侯之命》有旅字作[illegible]。古文若将《隶续》所载新出所无者收入,可增五十五字,较便众考,合计可得三百九十五字。

昔王国维仅见丁氏残石一百十字,已谓“得见正始原刻,足傲欧、洪诸君于千载之上”,况此总集三千余字,不尤可宝贵乎。虽有小疵,可勿论已。

引得编纂处最近刊行引得四种

一、《藏书纪事诗》引得 引得第二十八号 蔡金重编 民国二十六年九月出版 定价道林纸本一元 报纸本七角

古者书藏于官。春秋以降，王官失守，诸子争鸣，于是私人藏书之风渐起，《庄子》所谓“惠施多方，其书五车”，足为明证也。第雕版未兴之时，典籍流布，端赖传写，成书既难，得自不易，故蔡中郎拥书万卷，当时已播为美谈。五季而后，印刷日精，得书较易，因之私人收藏之量，亦远较往日为多，卷帙之逾三万五万甚至十万者，前后相望，吁，亦盛矣！

藏书诸家，每好于书中加盖印章以为标志。其文字除姓名字号而外，有郡望，有籍贯，有诗句，有格言，有斋舍之称，有官位之号。大凡书之刊印年代愈远，经过收藏之人愈多，其印章亦愈为繁夥。门外之人，睹此方圆大小星罗棋布之图记，固难明其究竟；惟收藏赏鉴之家，则反可借以考订书之传授源流，而贾侩亦可凭为索价低昂之依据焉。

近人叶鞠裳(昌炽)氏于胜朝光绪十年至十六年，用七载之力搜罗各藏书家之掌故，撰《藏书纪事诗》七卷。伦哲如(明)氏又因叶氏体例为《辛亥以来藏书纪事诗》一帙，举凡古今藏书诸

家之遗闻佚事、传授源流，与夫所用印章之字句，二书大致皆已收录，虽微小疵谬有时难免，但大体尚称完善，颇足为治版本目录者之参考也。

顷岁，张思骞（鉴）氏曾就叶氏之作，为《藏书纪事诗之板本》及其《索引》一文，载于《浙江图书馆馆刊》，顾索引仅及人名，为用较小。今蔡金重君之作，既兼收叶伦二氏之书，复将各藏书家之字号，籍贯，别号，谥号，庋藏之室名，印章之文句，一一为之引得，且于序文中，分将二书之纰缪加以纠正，其利便自较仅及一书一项之索引为大，而精细处亦不仅为参考之工具已也。

二、《春秋经传注疏》引书引得　引得第二十九号　民国二十六年十一月出版　定价道林纸本七角五分　报纸本四角五分

三、《礼记注疏》引书引得　引得第三十号　民国二十六年十一月出版　定价道林纸本七角　报纸本四角

四、《毛诗注疏》引书引得　引得第三十一号　民国二十六年十一月出版　定价道林纸本八角　报纸本五角

自周秦迄于清季，朝代数十易，先哲述作之毁于兵戈水火者，大小不知已有数千百次，其幸存者，先秦两汉之书恐已十不得一，三国两晋南北朝隋唐之作，则亦难及什三四，是真学术上之一大恨事也。

清代乾嘉之际，朴学大兴，辑佚工作随之而起，于是经史注释，遂益为人所重。《十三经注疏》，刊成于宋，其笺注诸家，年代早者，若何休，赵岐，郑玄诸人皆远生于东汉之世，而近者若孙奭，邢昺等亦为天水一朝中叶之人。其所引用之书，后世存者，已属无几，故零金碎玉，颇为辑佚之家所取资焉。

上列三种经传注疏引得，皆根据民国十五年上海锦章书局影印南昌本《十三经注疏》而成，举凡注疏中所引之书，书名著者，皆为引得，其便于检查，当不待言也。

甲骨文录

孙海波著　廿七年一月河南通志馆出版
珂罗版本二册一函　定价国币十元

孙君研究甲骨文字有年,用力至勤,前曾著有《甲骨文编》一书行世(燕京大学哈佛燕京学社出版)。本书系从河南博物馆所藏甲骨三千六百片中选录其菁英,得九百三十片。书分上下二册,上册文录,下册释文。其分类虽未标目,然所列程序,大致先干支,次天象,次卜贞,次世系,次征伐,次畋游,次奇字。释文之下间加按语,亦有独到之处。末附笔划及奇字,人名,地名,室名,方国等索引,颇便检寻。昔许敬参著《殷虚文字存真第一集考释》,于民国廿一年出版,其甲骨亦取自河南博物馆所藏。惟未加抉择,颇伤繁重,故仅出第一集而止。然于拓本之外复有摹本,则拓本之不清晰者,得以摹本补其缺,实亦善法也。

浚县彝器

孙海波著　民国二十六年冬河南通志馆出版

珂罗版本二册一函　每部实价八元

民国二十一年四月十六日国立中央研究院与河南省政府合组之河南古迹研究会,开始在河南浚县西南隅之辛村发掘,至是年十二月十二日止,共计四次,发掘期间约六个月,清理残墓八十八。墓之形制,分甲乙丙丁四种:甲种有墓道,羡道,墓室,棺穴各部,形制最大。乙种有墓室,棺穴而无墓道,形制亦堪与甲种比。丙种墓道棺穴同乙,惟形制略小。丁种厝埋极浅,无墓室棺穴之分,棺穴即墓室也。甲乙种皆公侯夫人之墓,丙丁种皆公族侍从之墓。八十余墓,计甲种约六,乙种约四,丙种约五十五,丁种约六,此外有车马之坑十三。其中经昔人盗过者三分之二,经今人盗过者三分之一,欲求一当日原封,位置不紊,可以考见古人墓葬仪节者,不过一二见耳。墓中所获遗物约千余件,有金,铜,玉,石,陶,骨,角,龟甲,蚌壳,丝,麻,布,席,竹,木,丹漆等。其中以铜器为最多,足为铜器时代之代表。又以车器,兵器为最多,足为车战时代之特征。(以上见书首转载《田野考古报告》第一册,郭宝钧之《浚县辛村古残墓之清理》)

本书系由辛村出土铜器中选录七十六器,分为五类:(一)烹饪器及食器,有鼎,甗,簋。(二)酒器,有尊,卣,盉,爵,方彝。(三)兵器,有句兵,戈,戟,矛,斧,古兵。(四)车马饰,有輨,軎,軝,畅毂,牙饰,軎饰,辖銅,踵饰,颈,衡饰,銮,残轭,较,车饰,马衔勒,铃。(五)杂器,有甲饰,犬饰,铜兽面,铜面具,壁饰。编纂体例大致与《新郑彝器》(见本报廿二期本栏)无异,除详其形状,大小,重量,花纹,色泽外,间加按语。孙君略云:按浚县卫墓彝器,其中铭文纪述足资考订者惟《㠱尊》有铭文二十四字,文字奇诡,颇不易通。铭文首句云"隹公䣙于宗周",孙君疑公即卫武公。犬戎杀周幽王,武公将兵往佐周平戎甚有功,周平王命武公为公,是卫君之称公自武公始。遂定该器为卫武公墓器。又《束父辛鼎》,孙君云:"按上虞罗振玉氏之辑《殷文存》也,以器之文字简质及以甲乙称者属殷器。予曩者为友人辑《续殷文存》亦用是法。由右鼎观之,则成周时器之犹称父辛,知旧说之未尽确。盖甲乙之称,乃殷商人命名之制如此。周代殷政,制度虽有因革,民间犹有因仍旧习未尽改者,故成周时尚有此类铜器之发见也。"案周初命名尚沿甲乙称,于洛阳出土之臣辰诸器最为明显。若此《束父辛鼎》虽与《㠱尊》同出于第六十墓中,犹未足为同时所铸之证。安阳小屯出土之带彩陶片一块,李济君以其胎质,作法,色衣,彩纹,彩色,与仰韶出土陶片类似,遂定该陶片为殷虚的外货,或殷商时代的古董(见《安阳发掘报告》第二期《小屯与仰韶》页三三七)。则此墓虽为成周时墓,然参入殷商器物陪葬亦平常事耳。

民国二十年浚县盗掘之风甚炽,所出器物,时见于各家著录中。战争之后,即此著录之器,能保存无恙否?读此书所为悬悬于怀也。

南阳汉画象汇存

孙文青编纂　民国二十六年六月南京金陵大学中国文化研究所出版
珂罗版本一册　实价国币八元

南阳东关省立高级中学，为清宛南书院旧址，系明代古刹东大寺改建，其殿宇石基有用汉画石者，遗迹犹存。惜时人不知其可贵，咸以常石目之。民国十二三年间，邑人董彦堂，杨章甫两君，始有所发见。十七年冬，张中孚君以勘灾回宛，始诧其多，搜拓数十品返汴，交关百益君为之整理刊布，成《南阳汉画象集》一册(中华书局出版)。于是南阳汉画象，始渐闻于世，然犹未详其石之功用也。

二十一年春，孙君任教于河南第五中学校，既闻宗资墓石兽有移城保存之议，复见画象石刻多散露于廊阶之间，恒以不知其功用为憾。时适县属之草店有汉墓发现，得窥其石室之全制，乃著《南阳草店汉墓画象记》(见二十二年十月六日《国闻周报》十卷四十一期，本报十四期本栏亦有转载)以表彰之。更竭二年之力，搜拓地面残像，又益以平昔所得画象计共百四十五纸，以成此书。

全书除拓片外，有草店墓影片三幅，模型二幅，草店墓画象位置图一幅，测绘图一幅，自序二，南阳汉画象汇存表及商承祚跋。孙氏记石室之制，谓："墓中石室多二三楹，室在棺前，两端有耳室以贮明器。栋梁门楣俱以刻石，壁垒垒砖为常，非至贵不用石壁。故石壁之出土者特鲜。刻象似亦有定制，凡星象之悬于天，龙螭之腾于空者，每刻于梁及顶。……前楣正面，多刻奇形怪兽争逐之状。前楣背面，多刻人与奇兽斗猎之形。后楣正面，多刻人类嬉游乐舞之事。门前多刻铺首衔环。……门后多刻冠服对鞠诸象。……前柱正面，多刻执戟之士，端立之夫。……前柱背面，多刻执翣之象。……石室之后，已邻冥窟，不与外接，故多缺而不刻。至于后柱之上，或刻兽身之人，边限之前，每多独角之兽。……此由草店，沙冈，石桥，广阳各墓参证所得，大体如是。"其说至为明确，皆吾人所欲知者也。

忆去年暑假，随家兄希白往游河南，见开封博物馆廊下，堆积汉墓砖墓柱百余事，且多有汉人所题朱字。家兄谓，如不及时整理，以广流传，诚恐日久为暴风骤雨所侵，较之埋藏地下时损坏尤甚。言犹在耳，转瞬期年，更经战争，不知尚能安然无恙否？抚书神往，不禁慨然！

史记纪年考

刘坦著　民国二十六年五月商务印书馆出版　定价二元五角

司马迁《史记》中年表之作,整齐殊国纪年,开史学上之先例,实为不朽之伟绩。然而案之《史记》一书,所纪之纪年,则《年表》与《本纪》《世家》间有歧异。而纪年之正确者,则《年表》每较《本纪》《世家》所记为长,盖《年表》为司马氏考定纪年之作,各国并列,逐年分填,讹误自少也。刘君此作,案照《史记》一书,凡有年历可考者,溯至周厉王,鲁考公,降及六国秦汉,悉依《十二诸侯年表》,为之推定。其有《本纪》《世家》与《年表》歧异者,多取《年表》,而舍《世家》,其见解自属不误。其自叙云:"今考《史记》纪年,虽多疏略抵牾,然要其本末,则常遗之于前,终得之于后,又或失之于后,而可证之于前。即间有一二,未能遽定,然总其大略,都无爽失。于是并谱《本纪》《年表》《世家》之纪年作为《综合年表》,以见其参差。作为周,秦,鲁,齐,晋,楚,宋,卫,陈,蔡,曹,郑,燕,杞,吴,韩,赵,魏,汉等《纪年考》,以纠其错误。复为《考定年表》,以明其实是。……然唐虞夏商讫周共和以前之纪年,于《本纪》《世家》中,一鳞一羽,间或隐约可明,既志在通考《史记》纪年,因并采摭其文,略加申述,以备遗闻,而作为唐虞夏商及周共和以前纪年考。”可以见此书之内容。然而此书于《史记》以外之纪年,无论是非,片语只辞,并无所取,在作者自谓为“以完一家之言”,而读者自未免有不足之感。而《史记》中最大错误者,间有可以《竹书纪年》正之。加杜预《左传·后序》云:“古书《纪年篇》,惠王三十六年改元,从一年始,至十六年而称‘惠成王卒’,即惠王也。疑《史记》惠成之世,以为后王年也。”《史记》以魏惠王改元后之年,属之于魏襄王。不考《竹书纪年》以正之,则于《史记》纪年之误,亦不能得其是正。然而作者急于成书,序后自记云,自作始至完稿,“凡未满四十日”。如此仓卒,安能望其援引他书,以证《史记》之纪年乎?

敦煌石室写经题记与敦煌杂录

许国霖编　民国二十六年六月商务印书馆出版　定价二元四角　分装二本

此书前有胡适先生序及作者自序。据胡先生序云:“湖南许国霖先生是胡鸣盛先生的助手。……敦煌《写经题记》共收四百多条,是一组最有趣味又最有历史价值的材料。……《敦煌杂录》是继续蒋斧,罗振玉,罗福葆,刘复,羽田亨诸先生的工作,专钞敦煌石室所藏非佛教经典的文件。……许国霖先生钞的这些文件,大约可分为几类:第一是‘藏外’的佛教文学,如变文,佛曲,劝善文,净土赞之类。第二是一些训诂及训蒙的残卷,如《礼记音义》《论语音义》《太公家教》之类。第三是一些俗世应酬文字的范式,如祭文程式之类。第四是许多民间经济往来的文契,如借麦种牒,雇作儿契,典儿契,卖地契之类。第五是藏经点勘帐,如姓氏录之类。”可见此书之内容。此书完全是钞自北平图书馆所藏之敦煌写本。陈垣先生曾有《敦煌劫余录》一书,即记北平图书馆所藏敦煌写本之目录。此则一鳞一爪,选钞其内容。而《敦煌杂录》中所钞之几卷变文,当更为研究文学者所欲先睹为快者也。

旧五代史辑本发覆

陈垣著　民国二十六年七月北平辅仁大学刻本　定价一元

《五代史》一百五十卷,目录二卷,宋薛居正等撰。其后欧阳修别录《五代史记》七十五卷藏于家。修没后,官为刊印,二书遂并行于世。至金章宗泰和七年,诏学官止用欧阳史,于是薛史遂渐就湮没。惟明内府有之,见于《文渊阁书目》,故《永乐大典》多载其文,然割裂淆乱,已非薛史篇第之旧。乾隆间,由邵晋涵等就《永乐大典》各韵中所引辑出,又考宋人书之征引者以补其阙,名《旧五代史》,于乾隆四十九年武英殿刊行。民国十年,丰城熊氏影印南昌彭氏藏本,此《四库全书》初写本也。民国十四年,吴兴刘氏刻甬东卢氏藏本,大体与熊本同,其传写在殿本前,在熊本后。陈君常以熊刘二本校殿本,字句颇有异同。最著者熊刘本“戎王”二字,殿本悉改为“契丹”或“契丹主”。又尝以《册府元龟》校三本,异同之处尤多,“胡”“虏”“夷”“狄”等字,莫不改易或删除,殿本然,熊刘本亦莫不然。乃刺取各卷所得,凡缘触犯嫌忌而改窜者,都一百九十四则,以为此书。忌虏第一,忌戎第二,忌胡第三,忌夷狄第四,忌犬戎第五,忌蕃忌酋第六,忌伪忌贼第七,忌犯阙第八,忌汉第九,杂忌第十。附薛史辑本避讳例。

傅增湘序云:“自内外之例,发于《春秋》,于是夷夏之防,深入人心,若天理民彝之不可越。历观近代以来,凡外力内侵者,恒欲多方调协以泯其迹,始震之以刑威,继煦之以惠泽,期于积久而相忘。然其究也,外之弥缝愈力,而内之离携乃益甚,潜伏于人心者,隐然若画鸿沟,终古不可复合。迨其后萌芽滋长,触机迸发,举累世奉戴者,颠覆其宗而曾不之恤。此人心向背之机,亦读史者所宜鉴也。溯四库开馆之日,有清立国,已百有三十年,畛域之见,宜泯除久矣。今观是书,其嫌讳避忌之迹,何其屑屑焉不惮烦耶?夫援为尊者讳之例,讳建州可也,推而上之,讳女真犹可也,兹有讳及契丹,讳及沙陀。夷虏之名称,内犯之史例,咸奋笔芟易以灭其迹。即令遵时王之制,已为过举,况雍乾两朝,频诏禁止,而执事诸人,仍指瑕索瘢,若惟恐其不尽者,抑又何说?且考当日编辑之事,主之者为余姚邵二云。邵氏固以博通史学称,其于史例之违戾,事实之矫诬,与夫词旨之淆紊,宁有不知而顾躬冒不韪,羼乱前史而不辞,此其故可深长思矣。嗟夫!乾隆中叶,海宇安和,文治勃兴,号为极盛之世,人君方憪然肆于民上,骋其雄猜之略,以涂饰天下之耳目,而孰知隐伏于士大夫之衷曲者,固沉挚而不可磨灭如是耶。其外之虔恭愈甚,斯其内之厌弃也益深,君子观人心之未亡,而知国事尚有可为也。援庵之为此编,殆亦有感于是,故就其删削之处,推寻避忌之原,以明馆臣不得已之故,非欲翘前贤之失以自喜也。”呜呼！灭国之术,晚出而愈工,昔之避忌改窜者,今则并语言文字而毁灭之。读此书者,其亦怵于亡国之痛而思所以自保也。

清升平署志略

王芷章编　二十六年四月国立北平研究院史学研究会出版
商务印书馆发行　实价四元八角

升平处为清代内廷演剧之机关,所存之档案及钞本戏曲千余册,均为清代戏剧史之重要材料。民国十三年冬,朱希祖君购自北平宣武门外会文书局,曾著有《整理升平署档案》一文(载本报第十期),作提纲挈领之介绍,不久即将该项档案让归北平图书馆。二十二年周明泰君曾著有《清升平署存档事例漫钞》一书,该书条理分明,叙述颇详,惜花名及散角档在戏剧上俱占重要地位,而未引用(见本报第十四期本栏)。

本书分上下二册,六章。首冠朱希祖君序。第一章引论。第二章沿革:1. 南府,2. 景山,3. 南府景山之合并。第三章,升平署之成立。第四章分制:1. 总管,2. 内学,3. 中和乐,4. 钱粮处,5. 档案房。第五章职官太监年表,附民籍学生年表。第六章署址。关于职官太监年表胪列较详,可补周书之不足。

引得编纂处最近刊行引得二种

二、食货志十五种综合引得 引得第三十二号 民国二十七年三月出版 定价道林纸本五元五角 报纸本三元五角

近世西洋学者倡唯物史观,主以经济为社会主要动力之说。其见地虽不免偏倚,第以立论新颖,且颇含几许至理,故多数承学之士,靡然向风;而对经济制度之研究,遂成为一时习尚焉。

我国言经济制度之书,几于汗牛充栋,惟重要者,则当首推诸正史中之食货志。正史于今有二十五之目,若并《清史稿》言之,可云已有二十六种。其中或有志或无志,但志食货者仅下列十五种:

1.《史记》(称《平准书》),2.《汉书》,3.《晋书》,4.《魏书》,5.《隋书》,6.《旧唐书》,7.《新唐书》,8.《旧五代史》,9.《宋史》,10.《辽史》,11.《金史》,12.《元史》,13.《新元史》,14.《明史》,15.《清史稿》

各志繁简不同,惟秦汉以来,二千年中,国家财政状况,社会经济情形,若田制,赋役,户调,丁税,漕运,盐课,币制,矿产,关

政，杂捐等类之变迁沿革，由此十五志中，大致可得一有系统之概念，是诚治经济史者不可不读之要籍也。

引得编纂处以各食货志所述，门类纷繁，检查不易，因就五洲同文书局影殿本《念四史》，附以庚午重刊本《新元史》及《清史稿》，将各食货志部分，综合为之引得，其于学者裨助，当非浅鲜也。

（其他略）

（《燕京学报》1938 年第 23 期）

汉魏两晋南北朝佛教史

汤用彤著　民国二十七年六月商务印书馆出版　二册　定价二元五角

汤用彤先生为国立北京大学教授,研究佛教史专家。此书为其所著《中国佛教史》中,最先写定之一部分。其自跋为民国二十七年元旦写于南岳掷钵峰下者。

此书分钉二册,内容共八百七十八页。中分为二分:第一分,汉代之佛教;第二分,魏晋南北朝佛教。第一分汉代之佛教,分五章:(一)佛教入华诸传说;(二)永平求法传说之考证;(三)《四十二章经》考证;(四)汉代佛法之流布;(五)佛道。关于佛教入华诸传说,异说纷歧,少可信者。此书著者以为不宜强解。所谓休屠王金人见于《汉武故事》,《史记》《汉书》并未言及,亦不宜置信。汉武帝时,印度未有造佛象之事。《魏书·释老志》以汉武帝获休屠金人为佛道流通之渐,不免虚妄。其次,汉明帝永平求法之传说,事实之真相,虽颇难明,似有相当之根据。佛教之流传,不始于东汉初叶。哀帝时,伊存已授佛经,明帝时,楚王英已为桑门伊蒲塞设盛馔。孝明之世,当是像法之初。至《四十二章经》,出世甚早。最早引用本经者,则为后汉之襄楷,则后汉桓帝时已有此经。明帝至桓帝时约百余年,明帝于大月氏写译此经,或亦可能之事。然而《四十二章经》译本有二,现存之本,文辞优美,不似汉译人所能,疑为吴支谦所译之本。而汉译朴质者,早已不存。即现今存本,以丽本为佳,而他本亦颇有经唐以后人之增改也。佛教自西汉来华之后,与道流牵合附益,翻译甚少,遂不显其真面目,而襄楷遂以与黄老并。至桓灵之世,安清、支谶等来华,出经较多,释迦之教,乃有所托。牟子作《理惑论》,为现存支那撰述之最早者,黜百家经传,斥神仙方术,始表现佛教独立之精神。除牟子外,佛教在汉世,大概被视为道术之一种。其流行之教理行为,与当时黄老方技相通。及至魏晋,玄学清谈渐盛,佛教更依附玄理,大为士大夫所激赏,而佛学之演进,遂入另一时期矣。此书第二分,魏晋南北朝佛教,续分十五章:(六)佛教玄学之滥觞;(七)两晋际之名僧与名士;(八)释道安;(九)释道安时代之般若学;(十)鸠摩罗什及其门下;(十一)释慧远;(十二)传译求法与南北朝之佛教;(十三)佛教之南统;(十四)佛教之北统;(十五)南北朝释教撰述;(十六)竺道生;(十七)南方涅槃佛性诸说;(十八)南朝《成实论》之流行与《般若三论》之复兴;(十九)北方之禅法净土与戒律;(二十)北朝之佛学。

汉代佛教,至魏晋之世进为玄理之大宗,其变化之始,已萌芽于牟子《理惑论》。然三国时佛教重镇,北为洛阳,南为建业。建业译经,则支谦及康僧会为特出之秀。魏朱士行西行求经,写得《般若》梵书九十章,遣弟子弗如檀送还洛阳,开西行求经之先路。《方等》《般若》等经行于中土,始于支谶,而继有支谦,又继有朱士行之《放光》《般若经》,印度之空无旨趣,至晋代遂与风行之老庄学说合流,而更扩张其势力。盖《般若》理趣,同符老庄,而名僧风格,酷肖清流也。至东晋之初,能使佛教有独立之建设不籍清谈之浮华者,则为释道安。至鸠摩罗什入长安,重译大小品，盛弘性空典籍，其弟子有慧远，僧肇，道生之流，名德更多，由是为佛学之更进一新时代。此书于重要之名僧，如道安，罗什，慧远，道生，皆立有专章，可餍学者之研求。至于南北朝时代，佛教之地位，佛学之译著，以及经义之研究，与通俗之迷信，阐述颇详。其第十八章有云："晋末至陈，南朝佛学，前后不同。刘宋南齐，《涅槃》《成实》，相继流行。其学风颇异于东晋之特重虚无。梁陈二代，玄谈又盛，《三论》复兴，与宋齐复有差异。虽《成实》极盛于梁代，然即在齐世，《成论》已颇有人非议。梁世《般若》则稍昌。浸假而至于《成实》与《三论》争辨至烈，各立门户，与唐代各宗之争，性质几全相同。惟唐代之争，已立宗派，而六朝之世，佛学只有师法，尚未成立教派。日本僧人所传，谓南北朝有成实宗，三论宗，等等，实则不合史实。依史实言之，南北朝仅有经师，如一代大师，研通经论，而于《成实》特所擅长，复依此论，发明佛学，则谓之《成实论》师也。据此则法师可兼善数经，而不必即宗一经。……而僧人均为释子，亦不必有正统之争，当时因绝未见传统定祖之说也。正统之争，生于学派冲突以后，而不起于其前。"此为确切之见解。书中考证，颇多有深入微细者。至于佛学与他学之关系，书中亦有涉及，第十四章有云："元魏经学，上接东都，好谈天道，杂以谶纬。而阴阳术数者，乃北方佛子所常习，则似仍延汉代'佛道'之余势者也。及至隋帝统一中夏，其政治文物，上接魏周。而隋唐之佛理，虽颇采江南之学，但其大宗，固犹上承北方，于是玄学澌尽，而中华教化以及佛学，乃另开一新时代。夫佛学在北之与经学，固不如在南与玄学之密契。然俱起俱盛，其间转移推进最相同，故在全体文化上，此一大事因缘，实甚可注意也。"此可见著者眼光所及，固已及于中国思想史之全范围。然则研究中国思想史者，固不可不一读此书也。

历代名人年里碑传总表

姜亮夫编　上海商务印书馆印行　民国二十六年一月初版
一厚册　定价国币三元

自钱大昕创为《疑年录》，继之者，有吴修《续疑年录》，钱椒《补疑年录》，陆心源《三续疑年录》，张鸣珂《疑年赓录》，闵尔昌《五续疑年录》等家之作。近年来，又有张惟骧《疑年录汇编》及梁廷灿《历代名人生卒年表》先后问世。二书均系混合诸录，略加增益，总为一编者。惟其所收，皆不逾五千人，阙略仍复不少，于是姜亮夫之《历代名人年里碑传总表》遂应运而生。

姜氏之书，有名人表，有帝王表，有高僧表。表前附序例及引用书目，表后附四角号码及笔画两索引。全书都凡六百二十页，三表之部共五百五十五页，所收录者约九千余人。（据序例言，约万二千余人。惟实际计算，仅九千余人，不知姜氏将所阙之二千余人置之何所？）较之旧录，所增约超一倍。盖姜氏以旧录或偏重文儒，或独取名德，范围皆嫌不广，因之"凡有一德之足以影响一方，一事之动关当世治乱，一艺之足以传于后世者，皆在当录之例"（用本书序例语），故能成如是之巨制也。表之格式，首为姓名，次字号，次籍贯，次岁数，次生年，次卒年，末为备考。生卒年下皆仿梁氏《历代名人生卒年表》之法，附列西历纪元，非但有助于中土人士，即对异域学者，亦有莫大之便利。引用之书，有诸史，有文集，有笔记，有杂考，有碑版，有报章：总约三百余种。统观全书，用力不可谓不勤，较之旧录，为用亦不为不广；惟讹谬百出，未免美中不足耳。今以翻阅所及，别其舛误为六类，各举二例以明之。

一曰承袭旧误。表第二十七页诸葛瑾下，书：年六十八，生于汉灵帝熹平六年，卒于吴大帝赤乌七年。此乃袭陆氏《三续疑年录》之误。考《三国志》（五洲同文书局本）《吴志》卷二《孙权传》，赤乌四年闰月下云，诸葛瑾卒；而卷七《瑾传》亦云，卒于赤乌四年，年六十八。则瑾之不卒于赤乌七年，似无疑义。以赤乌四年年六十八上推，瑾之生当在熹平三年。姜氏于备考中有"《年谱》以为生熹平三年。《三国志》卷五十二"之注，不知何以仍沿陆氏之误，不一读《瑾传》（《三国志》卷五十二即《吴志》卷七），不从《年谱》而为之更正也。又，表第一百七十七页，尹源下，书：年五十，生于宋真宗景德二年，卒于宋仁宗至和元年。此乃袭吴氏《续疑年录》之误。考欧阳修《欧阳文忠全集》卷三十一（《四部备要》本），《太常博士尹君墓志铭》云："君讳源……以庆历五年三月十四日卒于官……享年五十。至和元年十有二月十三日，其子材葬君于河南府寿安县……"吴氏误以葬年为卒年，于是上下相差，遂皆有九年之多。以卒于庆历五年年五十上推，源之生当为宋太宗至道二年。姜氏于各备考中，数引欧阳文忠之文，不知何以独遗《尹氏墓志》未读，仍沿吴氏之误而不为改正也。

二曰姓名舛误。表第一百六十五页，有"穆玮"一条。下书：字宝臣，籍灵寿，年五十八，生于宋太祖开宝五年（按应为六年，姜氏算错），卒于宋仁宗天圣八年。备考中注"王安石《彰武军节使侍中曹穆公行状》”。此后隔二人,有“曹玮”一条,其下所书字号籍贯年岁卒年皆与所谓“穆玮”者相同,不同者仅生年为开宝六年,备考中注为“……宋庠……彰武军节度……使……侍中曹公行状……”耳。考二备考中所注王安石宋庠二文,皆为曹玮行状(王集内之曹玮行状恐系神道碑之误),姜氏误读王氏之文,辄以谥号为姓,于是曹玮遂化为二人,其一且舍“曹”取“穆”而为“穆玮”矣。又表第一百七十六页,有“苏涣始”一条,下书“公群晚字文父”,备考中注“苏辙《伯父墓表》”。考苏辙《栾城集》卷二十五(《四部丛刊》本)《伯父墓表》云:“公讳涣,始字公群,晚字文父。”姜氏误以始字与涣字连读,于是苏涣遂被改名为“涣始”矣。

三曰乡里错谬。表第一百九十八页,赵明诚下,书:字德甫,籍湖南桂阳,年四十九,生于宋神宗元丰四年,卒于宋高宗建炎三年。考明诚即名女词人李清照之夫,宰相挺之之子。据《宋史》卷三百五十一,挺之为密州诸城人,则明诚本贯亦当为诸城无疑,不知姜氏何以隶之于桂阳。又表第二百八十二页,杨荣下,书:字勉仁,籍麟州,年七十,生于明太祖洪武四年,卒于明英宗正统五年。考荣为明宣德时名相三杨之一,据《明史》卷二百四十八,乃建安人,不知姜氏何以徙之于边塞之麟州也。

四曰一人复见。表第一百六十六页,王曾下,书:字孝先,籍青州益都,年六十一,生于宋太宗太平兴国三年,卒于宋仁宗宝元元年,备考中注“宋祁《文正王公墓志铭》”。又第一百九十页亦有王曾,其下亦书字孝先,籍青州益都,无岁数,无生年,仅注卒于宋仁宗景祐五年,备考中注“《宋史》卷三百十”。考景祐五年即宝元元年,而宋祁《文正王公墓志铭》之王曾与《宋史》卷三百一十之王曾实即一人,不知姜氏何以分之为二。又表第一百三十六页,冯道下,书:字可道,籍景城,年六十,生于唐僖宗中和二年，卒于后晋出帝开运三年。又第一百五十七页亦有冯道，其下所书字号籍贯，岁数生年皆同上条，惟卒年为后周世宗显德元年。考此二冯道，其为一人重出无疑。今据《旧五代史》卷一百二十六《道传》(五洲同文书局本)知其卒于显德元年四月十七日，年七十三。《新五代史》卷五十四《道传》(五洲同文书局本)亦云卒年七十三。由显德元年上推，道之生当在唐僖宗中和二年。姜氏非徒误将一人分置二处，且岁数亦均不合。备考中有"《五代史》卷五十四《杂传》"之注，不知姜氏何以未读传文即贸贸然为减十三岁也。

五曰误二为一。表第四十二页张悌下，无字号，无岁数，无生年，仅书籍建康，卒于吴乌程侯天纪四年，备考中注"《南史》卷七十四附孝廉《滕昙恭传》"。考《三国志·吴志》卷三裴《注》引《襄阳记》，卒于吴天纪四年之张悌乃襄阳人，晋大举伐吴，悌以丞相督师，临阵战死。《南史》卷七十四之张悌为建康人，以孝称，其生当在齐梁之世。二张悌相差二百余年，不知姜氏何以误之为一人。又表第八十八页李贤下，书：字贤和，籍成纪，年三十四，生于唐高宗永徽二年，卒于光宅元年，备考中注"《周书》卷二十五"。考《新唐书》卷四《武后本纪》及卷八十一《三宗诸子传》(五洲同文书局本)卒于光宅元年年三十四之李贤字明允，即著名于世之章怀太子，而《周书》卷二十五之李贤字贤和，成纪人，卒于周天和四年，年六十八，推其生年，当在北魏宣武帝景明三年。二李贤相差约有百年，不知姜氏亦何以混为一人也。

六曰生卒阙误。表第一百六十三页柳开下，书：字仲涂，籍大名，年五十四，生于开宝初年，备考中注"《宋史》卷四百四十《文苑传》"。考柳开《河东先生文集》(《四部丛刊》本)后附开行状云："公讳开……生于晋开运末。……开宝六年……公年二十有七，一举登进士第。……今上改元咸平……明年……九月，公上书……明年三月六日卒……年五十有四。"其卒年为咸平三年,由此上推,开当生于后晋开运四年即后汉高祖天福十二年。姜氏于引用书目第五页列有《四部丛刊》本柳开《河东先生文集》,不知何以未一读其行状,而空阙卒年且并生年而误也。又表第二百三十三页李显忠下,书:籍绥德军青涧,卒于宋孝宗淳熙五年,无岁数,无生年。考《琬琰集》下集卷二十四显忠行状,云卒于淳熙五年七月朔,春秋六十有九。由此上推,其生当在徽宗大观四年。姜氏于备考中数引《琬琰集》,不知何以独遗显忠行状也。

此外若误字之累牍连篇,举不胜举,阙而弗论可也。夫一书之成,本属不易,倘无大谬,讵肯吹求。但工具之书,首重正确,今此书之不正确乃如是,用是书者,岂可不稍加注意乎?

悼钱玄同先生

钱玄同先生初名夏,字仲季,别署王敬轩,异,浑然,疑古玄同,晚号鬳暗,肄鬳,鬳叟,鬳庵居士,逸谷老人,忆菰翁,师黄等。先生为浙江吴兴望族,生于清光绪十三年丁亥(1887)。其父振常,进士,曾官礼部主事,晚年为绍兴,扬州书院山长。长兄恂曾任驻俄使馆参赞,驻荷兰及意大利公使,留日学生监督。

先生家学渊源,幼而聪颖,八岁(1894)识《说文部首》。

十四岁(1900)读段玉裁,王筠,严可均等言《说文》之书,粗谙六书大意,及篆隶变迁。

十五岁(1901)读庄存与,孔广森,刘逢禄等言《春秋》之书,深信《公羊》最得经意,《左传》必有伪窜,即尊《公羊》而黜《左氏》,信今文而疑古文。

十六岁(1902)读梁启超之《论中国学术思想变迁之大势》。

十七岁(1903)读章炳麟《驳康有为论革命书》,邹容《革命军》,始以清政府为公敌,排满为天职。

十八岁(1904)读章炳麟之《訄书》,及刘师培之《攘书》。是年四月二十五日剪发,以示义不帝清。又当时与友人合办之《湖州白话报》,以不愿书光绪三十年,又不能书黄帝纪元四六〇二年,故只书甲辰年以示不遵正朔。

十九岁(1905)读刘师培之《国学发微》《周秦学术史序》《两汉学术发微论》《汉宋学术异同论》《南北学派不同论》《古政原始论》《群经大义相通论》《小学发微补》《理学字义通释》《国学教科书》,及《国粹学报》中其他诸文。又读夏曾佑之《中国古代史》(原名《中国历史教科书》,后改今名),于是始知国学梗概。

二十岁(1906)以其兄任留日学生监督,举家随任,先生于是秋入早稻田大学肄业。是时章炳麟初出上海狱,到东京为《民报》主笔。先生始趋谒章氏于民报社,对于章氏之学问品行,均所崇拜,遂执弟子礼事之。

二十一岁(1907)四月二十二日,于章氏座上始识刘师培。是年先生加入同盟会。

二十五岁(1911)居故乡吴兴,谒其师崔适,得读《史记探源》,乃续康有为之《新学伪经考》者。其时康书屡遭清廷焚毁,先生因假崔氏藏本读之。自读康崔两书,以为所论精确不易,知《春秋左氏传》乃刘歆取左丘氏《国语》所改作,易国别为编年,并窜入书法凡例，以冒充《春秋》之传。并凡古文经典悉为刘氏所伪造之赝鼎。此意至晚年犹然，且持之益坚。是年十二月著《深衣冠服说》。

二十六岁（1912）在吴兴浙江中学任教员及浙江教育司当科员。

二十七岁（1913）著《中小学校改良国文教授并加课语言文字文学》（见《独立周报》十五期）。

二十八岁（1914）始读康有为之《孔子改制考》，对于诸子（包孔子）改制托古之说深信不疑（以上参考钱先生自著之《刘申叔先生遗书序》及《语丝》第八期《三十年来我对于满清的态度底变迁》）。是年任北京高等师范附属中学经学教员，及北京大学预科文字学教员。

三十一岁（1917）著《文字学音篇》（北京大学出版）。

三十二岁（1918）著《论注音字母》（见《新青年》四卷一，三期），《尝试集序》《世界语》《句号符读》（以上见同上二期），《论世界语》《论汉字索引制及西洋文学》（以上见同上四期），《斥灵学杂志》（同上五期），《随感录》（16－18，28－32，44－45，以上见同上五卷一，三期及六卷一期），《答陈望道横行与标点书》《答宋云彬黑幕书》《答区声白中国文字与世界语书》《答查刘忠新文体书》（以上见同上六卷一期）。

三十四岁（1920）著《随感录》（50－52），《答 S. E. 娄叔节之孔经谈书》，《答周祜文学革命与文法书》，《答周祜世界语书》，《答凌霜世界语与现代思潮书》，与启明（周作人）《论英文 she 字译法之商确》，及《再答启明书》，《答彝铭氏对于文学改革之意见书》二则（以上见同上二期），《随感录》（55）（见同上三期），《论中国当用世界公历纪年》，《答潘公展关于新文学的三件要事书》，附《答陈懋治同音字之当改与白话文之经济书》，《答郭惜黔写白话用国音书》，《中文改用横行的讨论书》，《答不平请看姚明辉的三从义和妇顺说书》(以上见同上六期)。

三十五岁(1921)著《减省汉字笔画的提议》(见同上七卷三期)。

三十六岁(1922)著《与顾颉刚论近人辨伪见解书》,及《论今古文经学及辨伪丛书书》《论编纂经部辨伪文字书》《论诗经真相书》(以上见《古史辨》第一册上编)。

三十七岁(1923)著《与顾颉刚论诗说及群经辨伪书》(见同上),及《答顾颉刚先生书》(见同上中编及《努力周报》《读书杂志》十期),《研究国学应该首先知道的事》(见《古史辨》第一册中编及《读书杂志》十二期),《汉字革命》《国语字母二种》(以上见《国语月刊》一卷七期),《他和他们两个词儿的分化之讨论》(同上十期)。

三十八岁(1924)著《恭贺爱新觉罗溥仪君迁升之喜并祝进步》(见《语丝》一期),《随感录》(关于溥仪的称呼,同上二期),《告遗老》(同上四期),《三十年来我对于满清的态度底变迁》(同上八期),《古音考据沿革》(见《国语周刊》三三八期)。

三十九岁(1925)用"疑古玄同"名字发表论著(见《语丝》四十期《废话》)。著有《论说文及壁中古文经书》《论春秋性质书》《论获麟后续经及春秋例书》(以上见《古史辨》第一册下编及北京大学研究所国学门周刊一期及十四期),《论庄子真伪书》(见《古史辨》第一册下编),《写在半农给启明的信的后面》(见《语丝》二十期),《中山先生是国民之敌》(原注:国民之敌是一ㄅㄙㄅㄙㄣ,一本戏剧名著底名目,同上二十二期),《回语堂的信》(同上二十三期),《介绍戴季陶先生底孙中山先生著作及讲演纪录要目》,《敬答穆木天先生书》(同上二十五期),《关于反抗帝国主义》(同上三十一期),《关于野有死麕的卒章》(同上三十三期),《废话》(《废话的废话》同上四十期,《论十三经》同上五十四期),《关于数人会》(见北大研究所国学门周刊八期)。

四十一岁（1927）著《关于 Gwoyeu Romatzyh 字母的选用及其他》（见《新生周刊》一卷八期及《国语周刊》二三一至二三五期）。

四十三岁（1929）著《读汉石经周易残字而论及今文易的篇数问题》（见《古史辨》第三册上编）。

四十四岁（1930）著《论观象制器的故事出京氏易书》（同上），《章草考序》（见北平师范大学《国学丛刊》一卷一期）。

四十五岁（1931）著《左氏春秋考证书后》（见《古史辨》第五册上编及师大《国学丛刊》一卷二期），《重论经今古文问题》（见《古史辨》第五册上编及北京大学《国学季刊》三卷二期），《十八年来注音符号变迁的说明》（见《国语周刊》一至二期），《各省名称的罗马字写法》（同上八期），《关于ㄛ跟ㄜ底读音》（同上十四期）。

四十六岁（1932）著《古音无邪纽证》（见师大《国学丛刊》一卷三期），《国音声符略说》（见《国语周刊》三十七期），评赵荫棠的《中原音韵研究》（同上五十二期），《中原音韵研究审查书》（见北大《国学季刊》三卷三期），《述几段古书的今译》（见《国语周刊》五十四期）。

四十七岁（1933）著《关于魏建功的胡适之寿酒米粮库》（见《国语周刊》六十八期），《以公历一六四八年岁在戊子为国语纪元议书》（同上七十七期），《古书今译》（同上一百期）。

四十八岁（1934）著《辞通序》（同上一百三十一期），《亡友刘半农先生》（同上一百四十七期），《“币”韵之说明》（同上一百五十期），《哀青年同志白涤洲先生》（同上一百六十期），《几句老话》（注音符号 G. R. 和简体文，见同上一百七十期），《与黎锦熙汪怡论采选简体字书》（同上一百七十六期），《刘半农先生挽辞》（同上一百五十九期），《白涤洲先生挽词》（同上一百六十一期）。

四十九岁（1935）著《致王部长函》《致张司长函》（以上二函均论简体字，同上一百九十一期），《论简体字致黎锦熙汪怡书》（同上二百〇四期）。

五十一岁(1937)整理刘师培遗书,并著《左庵年表》《左庵著述系年》《刘申叔遗书序》(见《刘申叔遗书总目》)。

先生执教二十余年,历任北京大学教授,研究所国学门导师,中法大学国文系教授,北平师范大学国文系主任,北平大学女子师范学院,清华大学,燕京大学国文系讲师等职。学识渊博,性情和蔼,善于词令,口若悬河,滔滔不绝,故从学者甚众。先生所贡献,以提倡注音字母及简体字两者为独多。近数年以悼心失国,宿疴加剧(《致章太炎书》,见《制言半月刊》十六期),遵医生之嘱,辞去一切职务,居家静养。遽于民国二十八年一月十七日下午九时半许,以脑溢血逝世,享年五十二。悲夫。

天壤阁甲骨文存并考释

唐兰著　民国廿八年四月辅仁大学出版　每部二册　实价五元

唐氏得王懿荣所藏甲骨文拓本一百八片,考释而为此书。原拓本用珂罗版影印,后附检字。考释并摹写原文,石印略有缩小。卜辞中所见文字二百五十一,每每批驳众说,独申己见,可见作者治学之精严,虽一点一画亦不轻易放过。如叀释为惠,读若惟,确当不易。如SEQ,罗振玉本孙诒让说释作谢,谓持席以谢。作者谓:“全出臆说。考殷虚文字者多好向壁虚构,实罗氏启之。”然作者释作寻,未见胜之。唐氏之学亦从罗氏出,入室操戈,似可不必也。

金文编

容庚著　民国廿八年一月商务印书馆出版

国立中央研究院历史语言研究所专刊之一　每部五册定价六元五角

《金文编》于民国十四年印行,此其重订本也。初版所收殷周金文凡一千三百八十二文,重七千五百九十八文,附录九百二十四文,重四百三文。此次所收凡一千八百又四文,重一万二千七百三十六文,附录一千一百六十五文,重九百六十六文。共得一万六千六百七十二文,视初版增六千三百六十五文,约三分之一而强。初版间收伪器,如《公伐郐钟》等,兹悉删去。摹写亦视前较胜。此书未印行前,容君曾以稿本寄示其友陈梦家君于昆明,陈君为作《金文编校记》一卷,惜此书已付印,未能附入。兹摘录十三则于下以见一斑,并望《校记》他日能别行也。

(卷三)　《无叀鼎》史,容先生从《积古斋款识》释为友字,盖《说文》之古文有作者。案此翏字也,金文翏作,而往往作,翏象人头戴羽。

(卷四)　《述作兄日尊》,容先生未释。案《说文》有伭字,云“很”也。

(卷七)　《毛公鼎》“圂湛于艰”,容先生从吴大澂释家,

误。同器邦家之家作[illegible]，知圂家有别。圂段作溷，溷湛即溷乱也。

[illegible] 《姜林母作䨮𣪘》，容先生释作从宀从雪。案《说文》：[illegible]，凝雨就物者，从雨彗声。䨮𣪘者，鏏𣪘也。鏏亦器名：《淮南子·说林篇》“水火相憎，鏏在其间”，《说山篇》“鼎鏏日用而不足贵”，注并云“鏏，小鼎”，《广韵》作鏏，注云“小鼎”。彗有小义，小声谓之嘒，小星之貌曰嘒，小棺曰槥，小智曰慧，小鼎曰鏏，此云䨮簋，或即小簋矣。

[illegible]（卷八） 《王乍臣䨼簋》，金文《说文》土部𩫏部互通，故此当是坒字。

[illegible] 《齐侯镈》，“虩虩成唐，又敢在帝所，尃受天命，𠜶伐𩓃司。”𩓃司即夏后，谓成汤伐夏后也。古玺夏侯作𩓃侯，可证。

[illegible]（卷九） 《周鹭盨》，容先生从吴大澂释貉，误。此从鸟各声，《说文》云：“鵅，鸟㬥也。”

[illegible]（卷十） 此非大于二字合文，乃夸字也。《说文》云：“奢也，从大于声。”

霝（卷十一） 《克鼎》“锡女小臣，史，霝，鼓钟”，四者皆官名也，鼓钟者，鼓钟之官也。《师嫠簋》，“令女嗣乃且考旧官少辅眔鼓钟”，鼓钟与少辅并为官名，可证。霝读若灵，即《左传》《国语》之泠人也，泠人乐官，或作伶。《国语·周语》“钟成，泠人告和”。故知泠人乃所以协和声律者。凡钟之可以作协和声律者曰霝钟，《郑井叔钟》曰“作霝钟，用绥宾”；而钟必协于霝，《者减钟》曰“择其吉金，自作䳑钟，不帛不苹，不泺不彫。协于我霝，俾龢俾㝑。”《者减钟》四字一句，故知霝非合文。金文龢或作訸，龠音互通，故霝者疑即䨩字，《集韵》有之，注云“音也”。

闟（卷十二） 《闟丘作鵮戈》，闟即闾字，闾丘地名，见《左传·襄廿一年》经。又复姓，《左传·定十一》有闾丘明，《汉志》

有闾丘子,《世本·氏姓篇》有闾丘比。

(卷十四) 《卯簋》地名。容先生释阠。案《毛公鼎》队字作,省阜,此从阜从豖,当即隊或队。

(附录下) 《伯仲父簋》"夙夜事𣄨考",字从𡗜从止,即走之繁文,《成鼎》"丕显走皇且""走考""走皇且"同一文例,走为领格之第一人称。

《伯其父簠》,此亦庆字,《秦公簋》作,从文,此从,金文文或作即此。

论衡校释

黄晖著 民国二十七年一月商务印书馆出版 四册定价五元五角

《论衡》一书,据范晔《后汉书·王充传》云:"著《论衡》八十五篇,二十余万言。"《隋书·经籍志》子部杂家,著录"《论衡》二十九卷,后汉征士王充撰"。新旧《唐志》俱云"《论衡》三十卷"。宋晁公武《郡斋读书志》,陈振孙《直斋书录解题》,俱云"《论衡》三十卷"。今传有明刻通津草堂本。据黄丕烈《士礼居藏书题跋记》卷四,"《论衡》三十卷,宋刻本",为通津草堂本所从出。今本《论衡》三十卷,八十五篇,内《招致篇》有目无篇,实八十四篇。《四库提要》曾疑八十五篇非《论衡》之旧,余嘉锡《四库提要辩证》有所阐释,以为《论衡》实八十五篇,《自纪篇》所云百篇,乃统叙平生著述,不独为《论衡》而云。其说甚当。至《论衡》一书,或疑中有伪篇,容肇祖曾有《论衡中无伪篇考》一文,说亦有据(见本书中附编五所录)。此书向无注释之本,闻刘盼遂有《集解》之作,尚未见其出版。黄君此书,细为校释,经历七年乃成。此书所据之本,有宋本残卷,杨守敬校宋本,孙诒让校元本,朱宗莱校元本,明天启本,通津草堂本,程荣刻本,何镗刻本,黄嘉惠刻本,钱震泷刻本,潮阳郑氏刻本,湖北崇文局本。其所引据各家之校录,有俞樾《曲园杂纂》卷二十三《读论衡》,孙诒让《札迻》,杨守敬《论衡校录》,朱宗莱《论衡校录》,孙人和《论衡举正》,吴承仕《论衡校录》,刘文典《三余札记》二《论衡斠补》,胡适《论衡校录》,齐燕铭《论衡札记》。此书注释,亦颇详明。然亦间有失于征引者,如卷二《率性篇》云:"故曰'齐舒缓,秦慢易,楚促急,燕戆投'。"注释中据《初学记》八引《河图》为说,然《管子·水地篇》云:"齐之水,遒躁而复,故其民贪粗而好勇;楚之水,淖弱而清,故其民轻果而贼;……秦之水泔最而稽,淤滞而杂,故其民贪戾罔而好事;……燕之水,萃下而弱,沉滞而杂,故其民愚戆而好贞,轻疾而易死。"《水地篇》所说,似较引《河图》所云"雍冀合商羽,端驮烈,人声捷;荆扬角征会,气漂轻,人声急"更为适切。此种小失,书中不能无之。书后附有《王充年谱》一卷,《论衡旧评》一卷,胡适《王充的论衡》一卷,《版本卷帙考》一卷。《论衡旧评》及《版本卷帙考》集录古今人对于《论衡》一书之批评及考订之作,便于检阅。总之,此书取材广博,校释精慎,为现在《论衡》一书最可参考之本。

四库全书纂修考

郭伯恭著　民国廿六年八月国立北平研究院史学研究会出版
商务印书馆发行　每册实价国币二元二角

《四库全书》为我国典籍之巨擘，其搜罗之广，采摭之富，集中国古来典籍之大成，凡无遗碍当时正学之典册，几全荟萃于斯矣。当纂辑《四库》时，高宗已年届古稀，深恐《四库全书》浩如渊海，不克获观其成，故复成《四库荟要》。《荟要》之外又另刊《四库简明书目》及《四库全书总目提要》，俾学者由《书目》而寻《提要》，由《提要》而得全书，嘉惠后学，诚匪浅也。"惜乎学术其名，芟刈其实，去取之际，率狃主观，以故网罗虽富，而珍闻秘笈之横遭屏斥者，乃难悉数。惟其寓禁于征，故锢蔽摧残，靡所不至，其沦为灰烬者又不知凡几也。"(见顾颉刚序)考其所以禁书之故，约有二端：一，消灭清初史事之记载也。如奴虏，奴酋，胡雰，腥膻诸词，清人认为绝大之悖逆，不容留存者也。二、遏止汉人之反清观念。以前明遗老，犹念故国，耻事奴虏，或遁迹缁流，或隐居山林，多著书志痛，以文字泄其愤。其说足以鼓起排满反清之念，且肆意诋毁，揭发清人宫闱之秽事，尤非清廷所堪。观四库开馆之初，高宗第一道禁书令，即注意明末清初之稗官野史，即可知其真意之所在也。至四库馆所奏进应毁书目，其详虽不可考，按近人陈乃乾氏所辑《禁书总录》总合其所载，计全毁书目二千四百五十三种，抽毁书目四百零二种，销毁书版目五十种，销毁石刻目二十四种。就《禁书总目》之统计，尚不敢云必备，其目已将及三千种。而当时官吏妄揣意旨，额外搜求，小民惧祸，私自焚弃，其所毁更不知凡几。书籍厄运，自秦政而后，实以此次为最甚。

郭君此书将《四库》纂修之始末，禁毁之情形，及优点之影响与缺点之遗憾，均一一胪列。全书计分十二章：一、《四库全书纂修之缘起》，二、《寓禁于征之实际情形》，三、《四库全书馆之组织》，四、《四库全书之编辑》，五、《四库全书之容量》，六、《四库七阁之告藏》，七、《四库全书之增改》，八、《四库全书之校勘》，九、《四库全书之今昔》，十、《四库全书荟要》，十一、《四库全书总目提要》，十二、《四库全书评议》。附录三：一、《四库全书之续修与影印述略》，二、《四库全书依据书本一览》，三、《四库全书荟要册函数表》。每章之下分若干节，条分缕析，叙述详明。读此则于《四库全书》纂修之经过可了然矣。

中国艺术论丛

滕固编　民国廿七年七月商务印书馆出版　每册实价一元

本书原名《教育部第二次全国美术展览会专刊》，在民国廿六年四月开会期间印行，以所印无多，当时即于会场售罄。想以出版仓卒，鲁鱼亥豕，满纸连篇。兹由商务印书馆重印，改定今名，其编次与前无甚差异，内容则增加余绍宋之《中国画之气韵问题》，及胡厚宣之《中央研究院殷墟出土展品参观记》二文，材料较富，校对亦佳。全书一七〇面，约十万言，其撰稿者，多为专门家，文虽简短而扼要。兹录目如下：首冠滕固《初印本编辑弁言》。次《重印弁言》。次邓以蛰之《书法之欣赏》，其范围拟分为四：1. 书体，2. 书法，3. 书意，即书之表现，4. 书风，即历代书家。惟此篇仅完成书体一项，未克尽窥全豹为憾。次宗白华之《中西画法所表现之空间意识》，略云西洋画所表现之空间情绪，寄托在光影彩色明暗里面，使画境空灵生动，自生气韵。而中国画的空间意识表现是以书法为基础，书法中所谓气势，结构，力透纸背，都是表现这书法底空间意境。如果能状物生动，绘一枝竹影，几叶兰草，纵不画背景环境，而一片空间，宛然在目，风光日影，如绕前后。次秦宣夫之《我们需要西洋画吗》，略谓国人对于西洋画未有真正的认识,故对于西洋画不感兴趣;希望研究者,能取彼之所长,以补我之所短。次吕凤子之《中国绘画的变》,略谓:中国的画,由最初的简,变到六朝以还的工,变到唐以还的浑朴恣肆,即由尚形似变到脱略形似,复变到不废形似。迄今两类画的形,均在这样变迁中。作者依据变的历程及环境所需求,推测以后的变,仍当注重形色与光,嗣后皆应愈趋简单显著。次葛康俞之《南北宗及其废兴》,略述画之原流得失,及南北宗派师资传授之脉络;历代帝王之收藏与散佚,及上好下效之风盛行,作提纲挈领之介绍。次卞僧慧之《国画管窥》,略谓:论画必以魏晋为一关键,魏晋以上为画工之画,魏晋以下为文人之画。画工之画,极力求工于形迹之中,终不脱匠气;文人之画,借画抒思,虽不求必工而自合神理。盖文人在绘画技术之训练上,及精神生活之陶养上能造其极。故发之于绘画,亦能进于道而不囿于艺。故魏晋以来之文人画,固中国文化之具体表征也。次马衡之《故宫博物院参加美展会之书画》,首述此次故宫所选参加展品之名贵。继云宋以前画家大都不署款,即有款亦在不显著之处;不署款者,后人按其笔法而定为某人,就不能百无一失,即如此次出品中的朱锐《赤壁图》,在明朝项子京家的时候,已经呼为朱锐了,画之本身未署款,图后有金赵秉文书赤壁词,亦不言画者为谁。朱预卿君偶在《元遗山集》中见赵闲闲书《赤壁词》,末云:"《赤壁图》武元直所画,门生元某谨书。"始知此图之真正作者为武元直。元直亦金人,明昌中名士,以时以地皆无不合。诸如此类,在故宫书画中一定甚多,正讹定误,是所望于国内鉴古之学者。此亦指示欣赏故宫书画者之一南针也。次蒋吟秋之《书画与装潢》,关于裱工之技术,与材料之选择,均阐述详明。次董作宾之《殷人之书契》,关于殷人之书与契,以前都认为是二而一,而不知去今三千年以前,中国已有毛笔为书,铜刀为契刻矣。本篇内容分:1. 书写,2. 契刻,3. 书契之工具,4. 书契的艺术。其艺术之发展又分为五期:A. 雄伟,B. 谨饬,C. 颓靡,D. 劲峭,E. 严整。取材新颖,有独到之处。次滕固之《诗书画三种艺的联带关系》,略云:能诗能书者不必能画,惟能画者,必须能书,能诗,其画方能得更高之评价。次余绍宋之《中国画之气韵问题》,此文为余氏演讲稿,略云:中国画最重要之部分,不外气韵与画法两种,关于画法有一定之规律,尚有书籍可以参考,独此气韵问题是难以言语形容者,所以历来论画书籍中并无整个研究,偶然散见一二条,亦皆知其然,而不知其所以然之论,无由使人领会。内容分:1. 气韵二字之起源;2. 气韵二字之解释;3. 气韵在国画上之价值;4. 气韵与形似之关系;5. 如何而始有气韵:A. 多读书游览,B. 博览名迹,C. 敦品励行,D. 须精习书法,E. 不可过事临摹;6. 气韵非仅墨笔写意画有之;7. 今后中国画仍应注重气韵;8. 余论。语语中肯,可称论画者之圭臬。次袁同礼之《全国美术展览会陈列之版画书》,略述明季唐氏世德堂,文林阁,富春堂,及陈氏继志斋四家所刊画版书之特色与种类。次蒋复璁之《教育部第二次全国美术展览会的图书》,略述展览会所陈列之宋元明三代书籍之版本,版图,型式,种类,装潢等。次唐兰之《中国古代美术与铜器》,略述殷商铜器,由美术的眼光来看,可以注意的有五点:1. 冶铜,2. 器形,3. 装饰,4. 花纹,5. 书法。铜器为三代文化美术之菁华,故研究古代美术者,首先当研究铜器。次黄文弼之《罗布淖尔发现汉漆杯考略》,略述漆杯出土年代,地址,及其花纹色泽等。次王逊之《玉在中国文化上的价值》,略云:玉出自石,石器从工具的范围中被淘汰以后,玉在一般社会生活中所代表的意义有三方面:1. 宗教的,2. 政治的,3. 道德的。征引颇详。次徐中舒之《关于铜器之艺术》,内分:1. 名称及范围,2. 铜器之分期及其重要作品,3. 铜器中所见之雕塑,4. 铜器刻纹镶嵌与绘画之关系,5. 篆刻,6. 结论。关于铜器之制造,型式,种类,盛衰,均叙述周详。次邓懿之《汉代艺术鸟瞰》,略述汉代明器,石刻,绘画,玉器,铜器,丝织等,作概括之介绍。次袁同礼之《我国艺术品流落欧美之情况》,略谓:欧美各大博物馆收藏吾国古物不外二途:1. 采掘,2. 购买,并将其公私收藏机关及艺术品之种类详为著录。次胡厚宣之《中央研究院殷墟出土展品参观记》,此文参照梁思永所编之展品说明,先分展览品为十类:1. 衣服,2. 装饰,3. 饮食,4. 起居,5. 兵战,6. 音乐,7. 陈设,8. 建筑,9. 丧葬,10. 书契。继将其重要之点以作者之意说明:1. 殷代铜的丰富,2. 殷代玉器的精美,3. 殷代立体石雕的生动,4. 殷代与南方和西方的交通,5. 殷代的文字和典策。

广韵校勘记

周祖谟编 国立中央研究院历史语言研究所专刊

民国廿七年十一月商务印书馆出版 每部五册实价四元

《广韵》传世有详略二本。张士俊从毛扆借得宋本校刊,复因潘耒假徐元文家藏善本勘对,而详本遂行于世。然张本为王为玉所校雠,不无臆改。杨守敬于日本得宋椠本与张氏祖本相同,为黎庶昌刊入《古逸丛书》。黎氏欲从张本改正,或去或从,往往转失宋椠佳处。而《广韵》之作，承袭旧文，修于众手，其谬误亦可得而说。一体例不纯，二立说有误，三误记书名，四引书割裂，五注引旧文于字义无关且不标举书名，如斯之类，自《唐韵》已然。故欲理其乖违，发其漏误，殊非易事。

此书所校之本，一详注本凡七种：

一张士俊泽存堂本

二傅增湘双鉴楼所藏北宋刻本

三日本金泽文库所藏北宋刻本

四涵芬楼所藏影宋写本

五涵芬楼覆印宋刊巾箱本

六黎刻《古逸丛书》本

七曹刻《楝亭五种》本

二略注本凡二种：

一黎氏《古逸丛书》翻刻元泰定本

二顾炎武翻刻明经厂本

三唐人韵书残叶凡二十种：

一蒋斧所藏《唐韵》残卷

二故宫旧藏王仁昫《刊谬补缺切韵》

三卞永誉《式古堂书画汇考》所录《唐韵序》

四英国伦敦博物院所藏敦煌之《切韵》残卷三种

五法国巴黎国家图书馆所藏敦煌之王仁昫《刊谬补缺切韵》

六又五代刻本韵书

七又刻本韵书

八又《切韵》残叶

九又唐《切韵》残叶

十又唐韵残叶

十一又唐本韵书残叶

十二刘复《敦煌掇琐》所录韵书序甲本

十三又韵书序乙本

十四德国柏林普鲁士学院所藏吐鲁番之唐人韵书残片两种

十五又刻本《切韵》

十六又刻本韵书残叶

十七日本大谷光瑞《西域考古图谱》吐峪沟之唐写韵书断片

四校本凡二种：

一涵芬楼所藏黄丕烈临段玉裁校本《广韵》

二赵万里临王国维校本《广韵》

作者以张氏泽存堂本为主，凡张本增改处皆一一笺出，是者求其所据，未当者则曲核众本以正之，其用力之勤可知也。

此书短处在无凡例（非书中所云校例）。窃谓“《广韵》校勘记”旨在“校勘《广韵》”，与陈澧《切韵考》冀欲“恢复陆生之旧”，目的迥然不同。周序云“参以今日所见之唐人韵书残叶以正宋人重修之失”（叶二），原无不可。然书中所校各节，显有出乎此范围者。例如一册二十七叶下“尸式之切之字误，切三及古宫王韵作脂是也”。按此不当言“是也”，此“是”盖音韵之“是”，而非版本之是。例当从同册二十八叶上“葵”字条不作“是也”。此虽小节，然究有关体例。书中如此前后乖违之处，例不胜举。同理，韵目表通用独用之例，每从顾戴，于体例更说不过去。

其他疏漏之处正多。书中据《玉篇》（不言唐《玉篇残本》抑《宋玉篇》）《集韵》，大徐《说文》校勘之处屡见，而“校例”不声明。上平韵目表（一册七叶）“呼黎本讹作乎”，而“许巾欣”下不提黎本讹作“中”，诸如此类，撷拾即得，然其大病还在体例也。原书名《广韵校勘记》而封面题作《广韵校刊记》，亦误。

历代著录画目

福开森编　民国廿三年三月金陵大学中国文化研究所出版
实价国币十二元

我国著录书画之书，始于唐而盛于清，然尚未有合各家之书而为之通检者。作者以偏嗜之故，故仅录画而不及书，画之有通检，自此书始也。首自序，次凡例，次引用书目略称，次历代著录画目。附录一，为集画及合作画。附录二，为无名氏及时代未详者。附录三，为别号待考者。附录四，为缂丝及织绣者。末附人名检字，别号检字及英文人名索引。此书之病，每画分列，太费篇幅。画之名目，多为后人所定，故同一名目者不尽同为一画，固也。孰分孰合，区别不易。苟题跋之不同，不妨分之，苟题跋之相同，虽有真伪，不妨合之。其无题跋而名目同者亦合之。如此可省若干之篇幅，且检阅较便。作者作《历代著录吉金目》采合并之法，想亦惩此书之失。此书引用之书一百三十种，不可谓不富，然如郁逢庆《书画题跋续记》，缪日藻《寓意录》，陈焯《湘管斋寓赏续编》，曹錤《石鼓砚斋所藏书画录》，朱逢泰《画石轩卧游随录》，潘正炜《听帆楼书画记》，谢兰生《常惺惺斋书画题跋》，梁廷枏《藤花亭书画录》，谢诚钧《瞶瞶斋书画记》，金凤清《桐园卧游录》，李放《养疴读画录》，罗振玉《雪堂书画跋尾》，皆所未收。如《贞观公私画史》《图画见闻志》《云烟过眼录续录》《容台集》《画禅室随笔》皆非难得，不必从《佩文斋书画谱》转载。亦有漏误者：如张槃，清人，字小蓬，《瓯钵》四，三十著录，此漏其名。汤贻汾《秋林伴侣图》《天师小像轴》《虚续》著录，此漏其画。周笠，字牧山，善山水；周笠，字云岩，善花卉，此合为一人（陈献章，云一作宪章亦沿误）。苏宣，明人，字尔宣，一字啸民，新安人，此人之别号待考。皆当改正者也。

要之，从一百三十种名号不一，时代各异，樊然殽乱之中，而能纲举目张，有条不紊，大非易事。其给与鉴藏家检查上极大之方便自不待言。国人有继此而作《历代著录书目》者乎？毋使外国人独为其难也。

历代著录吉金目

福开森编辑　民国廿八年一月商务印书馆出版　实价国币十二元

金文之有通检，始于王国维之《宋代金文著录表》《国朝金文著录表》。继之者则有容庚之《西清金文真伪存佚表》，罗福颐之《三代秦汉金文著录表》《内府藏器著录表》，然皆以有铭之器为限，未遑编及无铭之器也。此书晚出，首自序，次凡例，次引用书目及略称，次总目，次历代著录吉金目，末附笔画索引，其长短可得言焉：

王氏《宋代金文著录表》所收之书十一种，《国朝金文著录表》所收之书十六种，罗氏《三代秦汉金文著录表》所收之书二十三种。此书所收迄民国二十四年底止，共得八十种，并及无铭之器，其长一也。前各著录表未录释文，此独有之，其长二也。前各著录表于器名之异者，除改正外不复附见，每每不知其改入何类，无从检查。此书并为互见，其长三也。

同铭而不同器者，前各著录表皆细为区别，如《郘钟》，《三代秦汉金文著录表》分为十三器，此则混而一之，其短一也。《兄尊》见于《西清》，形如觚，《爰壶》见于《两罍》，盖兽头鸟嘴，形制绝异而铭文则同。《彖壶》，愙斋称为《彖尊》，《缀遗》称为《彖兽尊》，并云“李眉生旧藏，今归吴平斋，此器长颈有流，盖作兽面，连环系于提梁”。然此书则以两家称壶为尊之故，不以系于《彖壶》而以系于《兄尊》，张冠李戴，其短二也。释文往往前修未善而后出转精。此书以首先编入之书为主，如《邢侯尊》不用两《录》而用《西清》，谬误不可属读，其短三也。著书之要，首在辨伪，故前各著录表均注意于此。此书作者即于此未加研究，似可取各表所定附注于下。而翻刻之本，辨别亦非甚难，此书均未之及，其短四也。

他如著录之书尚有可补者：如张抡《绍兴内府古器评》，孙汝梅《读雪斋金文目手稿》，吴大澂《愙斋集古录释文剩稿》，孙诒让《古籀拾遗》《古籀余论》，周庆云《梦坡室获古丛编》，刘承幹《希古楼金石萃编》，于思泊《双剑誃吉金文选》是也。有一器分列为二类，应注参看者：如《天尹钟》又作《天尹铃》，《留里杨里酒器》又作《留里杨黑铜器》，《大师钟伯侵鼎》又作《大师钟伯戛匜》是也。有一器分列为二，应合并者：如《叔作懿鼎》铭文五即《叔鼎》铭文六,《国诸鼎》即《戎都鼎》是也。有误字者:如《𠌥大侼鼎》侼乃㑩之误(又当与《大保鼎》合并),《中官父鼎》官乃宦之误是也。

如作者以此书聊备检查,无关著作,则此书已便检查,为治金文者所必需,作者之目的为已达。如作者以为四十年精力所聚,更当精益求精,则此篇之批评,或为作者所不弃乎。

引得编纂处最近刊行引得三种

一、《三国志》及裴注综合引得 引得第三十三号 民国二十七年十二月出版 一厚册 定价道林纸本六元,报纸本四元

陈寿《三国志》,叙事赅简,剪裁允当,在史学及文学上均居重要地位。裴松之《注》,旁征博引,举凡一人之事迹,一事之首尾,务抉隐而穷源,非徒为陈氏功臣,抑亦学林福星。兹编引得,系据五洲同文书局石印《二十四史》本编纂而成,其体例有可述者:

1. 凡三国时代之人,无论帝王平民,皆以姓名为主;有字号或别号者,皆括于姓名之下,如曹丕之下括"世子丕,五官将,文帝,文皇帝,魏太子"等异称,而于"世子丕……"等异称之下括"见曹丕"。

2. 凡人、地名同而实异者,皆分别立目。如张邈有二,一为

曹操之友，一为张缉之子；又如汉寿有二，一为葭萌所改，一为武陵属县。凡此皆不混列。

3. 凡一人因各种关系而有二称，一地以前后更改而有二名者，则于每一名称下皆书参其另一称谓。如"李述"下书"参李术"，"李术"下书"参李述"，是为人名因传钞讹误而致歧异者。又如"葭萌"下书"参汉寿"，"汉寿"下书"参葭萌"，是为地名因前后更改而不同者。

4. 凡官名有两种称谓者亦用互见法，如"徐州别驾"下书"参徐州别驾从事"，"徐州别驾从事"下书"参徐州别驾"。

兹编于《三国志注》中之人名、地名、官名、爵号，以及其他专名大致详尽无遗。其为研究三国史者之良好工具，可断言也。

二、四十七种宋代传记综合引得 引得第三十四号 民国二十八年二月出版 一册 定价道林纸本三元，报纸本一元五角

宋代武事无足言，但文化地位则远超前后并立诸国。言义理，有理学之勃兴；言词章，有词之发扬光大；言考据，有疑古风气之崛起；言政治经济制度，熙宁变法，尤足震撼千古。又宋人好标榜，喜撰述，故乙部之作，独迈前代。惜数经丧乱，存于今日者已无多耳。

兹编所取宋传，以类言，有正史，别史，以及题名记，登科记之属；以书之时代言，则二十六种为宋人著作，余为元明以来之撰述。内容分字号引得及姓名引得二部，都二百二十四页，被录者共九千二百零四人。有宋人士之足传者固不止此数，惟重要者大致已备于是矣。

三、《琬琰集删存》附引得 引得特刊第十二号 民国二十七年十月出版 毛边纸印 华装三册 定价三元五角

杜大珪《名臣碑传琬琰集》，久为士林所重，顾其书极难得。民国二十七年春初，引得编纂处编者偶见宋刊本，以其在学术上

颇有价值,因择录所载宋《实录》及已佚于宋代文集诸文,共八十篇,汇为一书,依其原次,厘为三册,名曰《琬琰集删存》,以为留心宋事者之参考,且附引得,用便检查,并录载原目原序,俾阅者得稍窥庐山真面。原书文已缺者,于原目下注一"缺"字,其文尚见于流行之宋集及他书者,注明其所在之书名卷次版本。是故书名虽曰"删存",而为用正复等于原书也。

(《燕京学报》1939 年第 25 期)

顺德李氏所藏碑刻书籍寄存及让与燕京大学图书馆

李文田，字仲约，号芍农，广东顺德县人，咸丰九年一甲三名进士，官至礼部侍郎。书法唐贤，精严似欧阳询，遒丽似褚遂良，一时丰碑钜制，皆出其手。好读书，手不释卷，廉奉所入，事畜外，不置产业，尽以购求秘籍碑刻。所著有《元秘史注》《元圣武亲征录校注》《元史地名考》《塞北路程考》《和林金石录》《西游录注》《双溪醉隐集笺》诸书；又著《四库提要进书表注》《撼龙经注》，旁征博引，多所考证，其余手批之书亦夥。生于道光十四年（一八三四），卒于光绪二十一年（一八九五），年六十二。

民国二十三年，李氏之孙棪肄业于辅仁大学，毕业后，转入北京大学文科研究院，曾将家藏碑刻书籍一部分携来北平参考，并修补整理。二十六年暑假南归，适遇卢沟桥事变，遂留广州。本年八九月间北来，收拾旧籍，损失不少。唯以携归未便，遂将其中书籍六七十种让归燕京大学图书馆，其余二十余箱，概行寄存。其中有禁书及四库未经著录者，有李氏手校及批点题跋者。编目整理，尚须时日。兹先将寄存碑刻各册校录如下：

汉司隶校尉杨涣石门颂 建和二年

同治十一年顺德李文田得明拓本重治之。

碑额十字，拓者绝少，金石家亦多未见，盖悬崖斗峻，难以施工故也。同治十年，绩溪程蒲孙茂才秉钊客文田幕中，所藏本有额。按《隶释》跋此碑亦称汉司隶校尉犍为杨君颂，据此额而名也。文田收南海吴氏筠清馆本，拓于明代，亦无此额，乃钩而填之，盖五字为一行也。是年六月十日，装成书之。

案此碑与新拓无甚差异，惟“或解高格”之高字缺口，笔画略肥耳。

汉孔庙置百石卒史碑 永兴元年六月十八日

同治六年五月，顺德李文田重装题签。

案此本辟雍之辟字尚存�，高约七分，乃明拓之佳者。

又第二本

右《汉孔庙置百石卒史碑》，故相快雪堂藏本也，盖明初精拓之最矣。同治三年，余从一旧家收得之，其摩灭割去之字，则以国初精拓补之，至此成完璧矣。所见胜此者，惟某氏一宋拓耳。同治十年八月望日，李文田续记。

案此本“辟雍”之“辟”字尚存匿，高约四分，视前本略逊，石花描去。

汉韩敕造孔庙礼器碑并阴 永寿二年

《韩叔节造礼器碑》，汉隶之冠，石至今完好。鲁人打碑者纸墨皆草草，画之浅细者或至不可辨识，深可惋也。此冯伯衡旧藏本，毡蜡精审，神观飞越。昔人谓褚书自此碑得法，必获此佳拓观之，乃可相证。惟碑末有七人同造一小行，竟置不拓。又时有补缀字，如碑首永寿二字，因其稍泐翦去，却以永享牟寿补，是亦明月之类也。郭尚先。

右《汉韩敕造孔庙礼器碑》中有云“食粮亡於沙丘”者，疑出纬书，今不可得见矣。宋刘敬叔撰《异苑》尚载其事，必有所本，今录之焉。“秦世有谣曰：‘秦始皇，何强梁：开吾户，据吾床，饮吾酒，唾吾浆，餐吾饭，以为粮，张吾弓，射东墙。前至沙丘当灭亡。’始皇既坑儒焚典，乃发孔子墓，欲取诸经传。圹既启，于是悉如谣者之言。”又言：“谣文刊在冢壁，政甚恶之，乃远沙丘而循别路。见一群小儿辇沙为阜，问云沙丘，从此得病。”以上并《异苑》所述矣。同治十年重阳日，由建昌发船按试广信，倚舷录之，顺德李文田。

王充《论衡·实知篇》云：“孔子将死，遗谶书曰：‘不知何一男子，自谓秦始皇。上我之堂，踞我之床，颠倒我衣裳，至沙丘而亡。’其后秦王兼吞天下，号始皇，巡狩至鲁，观孔子宅，乃至沙丘，道病而崩。”同治十一年十月，科试广信府，舟出贵溪。

案此乃冯氏快雪堂旧藏，石花描去，“亡於沙丘”之“於”字左旁少损，描作未泐状。

汉泰山都尉孔庙碑并阴 延熹七年

案此乃乾嘉间拓本，有“覃溪审定金石”印。“少习家訓”之“訓”字，石花侵及言旁，且与川旁中笔相连。

又碑阴

案此乃明拓本。前缺一页，后缺四页。

汉西岳华山庙碑 延熹八年四月

同治十一年得之南昌，十二年重治之，顺德李文田题识。

案此碑初藏扬州马氏玲珑山馆，嘉庆中，归于金陵伍福。道光元年，伍氏售于阳城张敦仁，得缗钱十五万。时已失去两页九十六字。同治十一年除夕，张氏后人有在江西者，以银三百两售于顺德李文田。由会稽赵之谦钩补缺页。后有孙星衍，张敦仁，龚自珍诸名人题跋，以此碑已由李氏印行，故不录。匋斋所藏长垣，华阴，四明三本，以长垣本为最胜，其华阴四明两本，俱泐九十余字。然长垣本“所生殖也”之“殖”字，“或在诸侯”之“在”字末笔，“各诏有司”之“司”字，皆有泐损，尚逊于此。四本合观，必当以此为巨擘焉。

覆刻本汉西岳华山庙碑 延熹八年四月

右《汉西岳华山碑》，核其残阙处，与朱笥河藏本同。朱本得之黄文莲，黄得之歙县何氏，何氏得之华阴王无异家，王得之郭允伯，郭得之前明东肇高家，所谓华阴本者也。毕秋帆《关中金石记》云：“郭本今为曲阜孔继涑所刻，然则此本泐处，既与华阴本同，则是曲阜重刻本矣。”又严铁桥可均撰有《漫稿》，所列此碑重摹本，有姜任修本，巴慰祖本，曲阜孔氏本，大兴翁氏本，琉璃厂本，阮抚部本，孙大参本。翁阮两本，均照原碑式，其他皆短狭，非三十八字为行也。此本以八字为一行耳。同治癸酉十月，因校表宋拓《华山碑》，附跋于此，顺德李文田。

汉鲁相史晨奏定孔子庙祀碑并阴 建宁二年三月七日

同治七年五月顺德李文田重装。

《汉史晨奏定孔庙祀典前后碑》，予于同治三年得之京师，验为国初故相冯铨快雪堂中物，明初拓本之极精善者。盖屡易主者而后归余矣。惜冯本无学，皆其门客所审定，凡碑字刓灭处悉割去之，别补碑中前后字相同者，良可惋惜。因摘去其补字，取他拓原字，一一复其旧观。虽不及原拓之工，较胜断鹤续凫矣。并以褚千峰《金石经眼录》碑图弁于卷端。冯氏收藏各印，亦姑存之，以征旧物而已，亦不以此遂秽至宝也。同治七年五月，文田。

郭允伯论汉碑最称《韩敕》《史晨》，世以为知言。今二碑特完好，岂信有神物呵护之耶。此明初拓本，王家字尚未泐，其验也。与余藏本正同，第纸墨更胜耳。郭尚先。

《史晨后碑》前半整炼，与前碑同。后半笔势纵逸，大似《乙瑛百石卒史碑》，恐非一人所书。要皆分隶上乘也。郭尚先。

案此碑石花皆描去。

汉武都太守李翕西狭颂　建宁四年六月十三日

同治十二年以筠清馆旧藏拓本重装，顺德李文田记。

汉李翕郙阁颂　建宁五年

案此本“校致攻坚”之“校致”二字未损。惟缺字甚多，周果用朱笔校注于碑内。

汉司隶校尉鲁峻碑并阴　嘉平元年

同治七年五月，顺德李文田手装因题。

右《汉司隶校尉鲁峻碑》，所见海内旧拓，未能逾此者。即非宋拓，亦明初拓本。君讳峻，字仲嚴，嚴字无山旁。弹纠五卿，系纠字。《隶释》“仲嚴”作“仲巗”，弹纠作弹绌，似误也。光绪五年五月廿八晚间，纳凉泰华楼，书于碑后，顺德李文田。

案此碑视丁彦臣藏本相差甚远,非宋拓也。惟碑阴略同。

汉司隶校尉杨淮表纪 熹平二年二月

同治十年七月,取所藏筠清馆本重装之,此明拓也,顺德李文田记。

同治甲戌七月,福山王懿荣观。

此本约身字黄字俱存,在旧本中为最难得。后来吴清卿学使新拓本俱有之矣。光绪辛卯六月,懿荣再观,是日同观者为江阴缪祐孙,嘉兴沈曾桐,瑞安黄绍箕,元和江标,并牵连记之。

汉豫州从事尹宙碑 熹平六年四月

同治十二年五月,以所得明拓残本,合旧拓未缺字拓本合装之,顺德李文田记。

此碑与《韩敕》《孔宙》《衡方》《张迁》《夏承》《曹全》皆各为一体,与他碑远不相涉。学之者宜还其面目,不容糅杂。桂馥记。

又第二本

案此本亦新旧拓本合装。盖以旧拓合明拓残本而成前本,所余旧拓之字复以一乾嘉间拓本补足之。凡新者三百〇三字,旧者六十五字。

又第三本

案此本亦新旧拓本合装。

汉郃阳令曹全纪功颂 中平二年十月

同治丙寅五月,顺德李文田重装因题。

案此碑已中断后拓。“咸曰君哉”之“曰”损作“白”，然“盖周之胄”之“周”字，“秉乾之机”之“乾”字，“悉以薄官”之“悉”字，“庶使学者”之“学”字皆未损，亦明拓也。惟石花描去，碑阴阙。

汉张迁表颂并阴 中平三年

《退谷销夏记》云：“《张荡阴碑》，建于中平十年，石完好无缺。而书法方整尔雅，汉石中不多见者。考之《通志·金石略》既无其目，而《集古录》《金石录》及《隶释》《隶续》并不载，岂亦出自近代耶？而近代人如秦中赵崡及郭宗昌搜访旧碑，亦不之及，何也？”庚午四月，种榆仙馆书。

右陈曼生司马鸿寿所录，是碑故其所藏也。检《庚子销夏记》校之，全段并退谷语，碑本明代始出，而疑《通志》《隶释》之不载，盖其疏也。都穆《金薤琳琅》及杨慎《金石古文》并录，固何必以赵郭不见为病乎。碑本中平三年，而云十年，亦误也。附辨其后。同治丙寅二月朔日仲约书。

右《汉张迁表颂》，在今山东东平州学。迁为谷城长，故城在今东阿县西，而碑出于东平，则东平州之西北，仍汉谷城地也。迁已迁荡阴令，此碑乃立于谷城，则是谷城人立去思碑也。

“开定畿寓”，定即定字，变宀从穴耳。《尹宙碑》：“窟波侯相。”《隶释·孙叔敖碑》：“家窟人喜。”《成阳灵台碑》：“贫窟相均。”《唐扶颂》：“不侮窴矜。”诸窟窴字同例。或疑为㝐，非也。

“爰既且于君”，顾亭林《金石文字记》以“既且”为“暨”之误，是矣。《礼记·祭义篇》“見間以侠甒”，郑氏注云：“見間当为覸字之误也。”然则汉代写官，固有误分一字为两字者，顾氏说自为有据。钱阮二氏曲为之辞，恐非也。《后汉书·赵咨传》载咨遗子敕云“爰暨暴秦，违道废德”，此东汉人用“爰暨”之证。

《班彪传》载彪《史记后传略论》云："暨于诸侯，国自有史。"《隶释·帝尧碑》："暨于亡新，圮汉之业。"此东汉人用"暨于"之证。

"牧守相系"，系即继字之通写。《后汉书·安帝纪》："延平八年八月，皇太后诏长安侯祜年已十三，亲德系后，莫宜于祜。"章怀注："系即继也。"

"艺于从畋"，畋即政之误文。《后汉书·郎觊传》："伏见光禄大夫黄琼果于从政，明达变复。"《儒林传》："周堪果于从政，数有直言。"一艺一果，皆用《论语》成文者。

"臈正之僚"，僚即际字。《隶释·成阳灵台碑》云"□□之隙，道小衰阻"，又《孔耽神祠碑》"初鲁遭亡新之隙，苗胄析离"，两隙字可证也。《授堂金石跋》以为祭祀之祭，盖失考耳。桂未谷以为蔡字，解为蔡杀，不知章帝元和二年诏云"《月令》冬至之后，有顺阳助生之文，而无鞠狱断刑之政"，其定律无以十一月十二月报囚，然则臈正不杀人矣，何云蔡乎。

"八月荛民"，顾南原《隶辨》误为荚字。钱竹汀《跋尾》读为算，是也。《后汉·皇后纪》曰"汉法常因八月算人"，章怀注又引《汉仪注》云"八月初为算赋"。又《周礼》"九赋"，郑《注》曰"赋今之算泉"，孔《疏》云"汉法民年二十已上至六十，出口赋人百二十以为算"。又《周礼·大比》郑司农云"五家为比，故以比为名，今时八月案比是也"。孔《疏》云"汉时八月案比而造籍书，故以汉法八月况之"。寻诸数说，则两汉编户籍，征口赋，并在八月也。

"流化八基"，基即期字。《隶释·成阳灵台碑》"承嗣基年"，《柳敏碑》"传于万基"，《任伯嗣碑》"基月有成"，并同。以碑立中平三年计之，则迁以光和二年为谷城长也。黄巾初起，事在中平元年。

"纪行求本"，翟文泉《隶篇》以为求字，引《祀三公山碑》"乃求道要”为证。以文势论之，求字甚确。

同治四年十二月，退直书此，顺德李文田。

褚千峰云：“第十四行末衣字，旧拓无之。”翁覃溪《两汉金石记》力言其非。今案图容字十九行，盖余幅太多，书碑者往下移写，而洗抹未尽，刻者即依其余字刻之。推寻其故，殆为此耳。褚氏以为“沾沾好事者所为”，似不然也。八年三月二十六日校记。

右《金石经眼录·张迁碑》图第三列“故吏韦孟平钱三百”，此图误作五百。同治八年三月二十六日校记。

案此碑“東里润色”，尚存“⺕色”二字，及東字右上角。

魏修孔子庙碑 黄初元年 《魏志》立碑在二年

同治六年五月，顺德李文田重装因题。

案此冯氏快雪堂旧藏本，内有缺字，且有配补之字。

苻秦广武将军产碑并阴 建元四年

同治十年，得筠清馆旧本重装之，顺德李文田记。

右《苻秦征西大将军左司马产碑》，金石家俱以碑首行有广武将军字，称曰《广武将军□产碑》。核其文义，则产乃广武将军益州太守之元孙，建忠将军扶风太守之允子，不合即以广武将军为产官也。诸家所题，斯为误矣。碑首云大秦建元四年者，苻坚之第三号，是年岁在戊辰，而碑云丙辰，碑之误也。知者《魏书·临渭氏苻坚传》云，坚改年为甘露，时建国二十二年也。二十八年改为建元，是建元四年当魏建国三十一年。又《晋书·苻坚载记》云，兴宁三年，坚又改元为建元，是建元四年当晋太和三年，其非丙辰决矣。碑叙产父建忠将军下有冯庆护军一衔，以是时官制考之，本碑有冯翊护军苟辅，《晋书》载记有云中护军贾庆,以此为例,则冯庆是郡名。遍检晋魏隋志均无之,岂苻健苻生僭位,曾置此郡,如盛乐建业襄国统万之类乎?庆字明白,《萃编》误阙,并误冯为抚字也。又碑中有“西至洛水,东齐定阳”,定阳,汉上郡属县,故城在今洛川县境。后魏属华州敷城郡,敷城今鄜州也。碑在今宜君县,据《魏书·地形志》置于太平真君中。此碑立时,未有斯名。苻秦建置县名,亦不可考矣。同治十一年四月,按试宁都,舟次雩都记此,顺德李文田。

案此碑首缺一行余,末缺碑侧四行,半泐之字皆剪去,拓工不善,以校新拓本亦复不如也。

后魏石门铭 永平二年正月

同治十年七月,顺德李文田审定明拓本重装。

咸丰十一年,余乞假归里,会吴氏子孙以汉魏六朝碑文鬻人,遂收得十余种。此种为同县周茂才所爱,因乞与之。茂才素与番禺陈兰甫孝廉游,喜为训诂词章之学,因是稍稍为金石学,余遂馈以百十种。同治丁卯,茂才举孝廉矣,所学日进。余庚午任江西督学,方招致之,而孝廉病中书还,凶问随至,身后子幼,余忝知交,不敢无以恤之也。其令弟以诸碑版归余。故重理之,并记其聚散之由如此。辛未七月十四日,文田。

凿山为道,峭岨深迂,峭深字《萃编》阙释。

抚境绥边,抚绥字《萃编》阙释。

天险难升,天字上系以字。

自回车以南,《萃编》误难。

释□□之劳,就方轨之逸,《萃编》于之劳之上误空三格。

诏遣左校令贾三德领徒一千□□师□□人。

皆填溪栈蠶梁砰险危自回车至咯口二百余里,《萃编》此行多阙释。

充下系㓖字,《萃编》阙。

以宣四方,宣《萃编》误奠。

河山虽险,凭德是强,《萃编》误虽作帷,险凭二字阙。

在上似国字,又其上似烈字,此永怀前烈,国在人亡也。

水下系眊字,似即看字也。水看悠皛,林望幽长,《萃编》阙其五。

威夷石道,《萃编》阙威字。

百两下系更字。

铭后摩崖首一字系梁字,盖在石梁之西壁刻为文耳。首四字乃题目也。

右《石门铭》文云三年诏假羊祉梁秦二州刺史,承上正始言之。而《魏书·酷吏传》,祉为刺史实在上年也。钱竹汀跋尾云"正始元年,汉中献地,即梁天监三年,夏侯道迁背梁归魏。《梁史》书魏陷梁州于二月。魏收史书于闰十二月。《通鉴》移于后一年,非也"。文田案《通鉴》置此事于下年,亦有所考。《北齐书·皇甫和传》,父徽字子元,魏正始二年随妻父夏侯道迁入魏。合以《祉传》正始二年,王师伐蜀,以祉假节龙骧将军益州刺史,亦正相合。碑云元年,实误早一年。犹之祉刺史二年,碑又误迟一年也。未可据碑以议《通鉴》之疏矣。同治十一年八月十日,顺德李文田。

右《石门铭》以王昶《金石萃编》校之,序文得《萃编》之讹者一,"回车以难",难是南字。铭词又得其一,"河山帷险",当是"虽险"。字《萃编》所缺而此存者共二十字,"岞抚绥徒壑碎险危自㓖",铭内"以险皛林望幽岁",石师题名下"郡洛阿"。此本无而《萃编》有者二,序内及字,铭内辚辚下一辚字。其余如真直等偏旁,皆此本尚仿佛可见而《萃编》已缺者。若诏祉等字,从《萃编》校得,然皆拓工不精所致,非石已泐也。仲若定为国朝拓本,然王氏所收尚不及此,则当为明拓无疑矣。同治三年三月二十三夜灯下校过书此,顺德周果识。

此故人黻园孝廉之笔也,悲夫黻园卒于同治九年闰十月,而此碑复归于予,每伸卷辄泫然也。文田记。

案第二行“此门”之此字未泐。

北魏郑羲碑草 永平四年

同治十年十一月,顺德李文田题于饶州试院。

隋建义主诸葛子恒等造像碑

右《隋建义主诸葛子恒等造像碑》,咸丰十年得之京师厂肆。或题曰《隋晋王广平陈碑》。求之金石著录家,多未闻也。惟宋张敦颐《六朝事迹》有《隋平陈碑》,云“薛道衡撰,虞世南书,在石头城西”,此似题者所据欤。今考碑云“皇帝遣行军元帅晋王,爰整六师,以开皇九年军次于江左,执讯获丑,我征聿至”云云,此平陈之事,与《六朝事迹》甚合。且书体亦类世南,又似即《平陈碑》之一证。惟铭词末有缺泐,无撰书人名氏,则疑不能明。又碑中有云“俱愿树碑,铭斯游历。遂在东蒙之南,扐田之北。长沂浩汗,伊处其旁。大道交横,盖经其侧。乃于斯地,置此神功”。是平陈后振旅归阙,于道造像之文,非纪功碑也。故碑中有“大像主萧宝袟,左右葙菩萨主孙桃姜”之名,此于《平陈碑》稍不合。《汉书·地理志》泰山郡下有蒙阴县,班注云:“《禹贡》蒙山在西南有祠。颛臾国在蒙山下。”《论语》邢昺疏引释东蒙亦同。以今地考之,《明史·地理志》青州府蒙阴县,汉蒙阴,北齐省入新泰,元于沂水县新寨镇置,南有蒙阴山。是明之蒙阴即汉蒙阴,此县南之山,即《论语》之东蒙也。国朝升明兖州府下之沂州为府,以蒙阴县来属。是今蒙阴即《论语》

东蒙也。《左氏传》隐八年“郑人使宛来归祊”，杜注：“祊，郑祀泰山之邑，在琅邪费县东南。”案费县三国属琅邪，据杜此文知之。班《志》属东海郡，《续汉志》属泰山郡，有祊亭。刘昭《注》引杜此语略同。又以今地考之，《明史》兖州府沂州领费县，西北有故费城，县治乃故祊城也。《春秋》隐公八年，郑归祊即此。又西北有故颛臾城，东北有蒙阳，水下流俱入于沂河。国朝升沂州为府，费县在府之西北。又《汉志》泰山郡盖县《注》云：“沂水南至下邳入泗。”以今地考之，《明史》青州府莒州下沂水县西北有废盖县，南有沂水。国朝升明之沂州为府，附郭置兰山县、沂水县来属，此水径二县之间。今此碑云“东蒙之南”，是在今蒙阴县南也。云“祊田之北”“长沂浩汗”，是在今兰山费县之北也。碑必在三县境中，与《六朝事迹》所称“在石头城西”亦不合。然则非《平陈碑》矣。碑无额无题目，今改此题，使不相混耳。同治十年十一月，考试饶州毕，跋于舟中，顺德李文田。

唐牛秀碑

右《唐左骁卫大将军牛秀碑》，旧在陕西醴泉，盖陪葬昭陵诸臣之一。但《唐书》无传，又无附葬事耳。顾亭林《金石文字记》于昭陵诸碑胪考甚详，亦未见此。近人王兰泉司寇撰《萃编》仅列之附考中，其碑尚不及著录，则亦竟未见矣。余曩从故家收昭陵诸碑，并是乾隆以前拓本。以此对勘，则彼甚残缺矣。此碑乃南海吴荷屋中丞所藏，首行有“荷屋所得古刻善本”印，乃知中丞审定为不虚也。箧衍中检出重理之，并记其后。同治辛未八月二日，顺德李文田记于抚州试院。

端州石室记 唐开元十五年正月

同治十年十月，顺德李文田得旧拓重装。

范蔚宗《后汉书》明帝永平十八年纪，吏称其官，民安其业，此记石缺处似用此二语，但改称为修耳。光绪十年二月二十五日，理董藏碑，漫书于记后，李文田记。

明何镗《古今游名山记》卷之十三：

唐李邕《石室记》　高要郡北十五里，有石室，诡怪万状，崆峒其中。发挥灵踪，盘薄厚地。皆神仙之窟宅，为奥区之胜概。有巨石，皆似蹲兽之顾，叠花仰空。的皪琼脂，色如截肪。旁引六窍，疑为洞门。横耸石床，方次仙座。西厢峭壁，下有涵泉。涨澄镜色，味轻瑶浆。东西倚山之阳，二十余里，西通武林，东抵灵羊峡。

右别一《石室记》，与此文不相属。明人所见宋元图经尚多。予在翰林院见残本《永乐大典》养韵广字，所收吾广图经，即非人间所有。方知阮文达《广东通志》所收黄佐旧志，皆可宝贵也。盖文裕在内阁，固日见《永乐大典》，而《大典》所收地志，皆宋元古本。乃叹明人学问，如文裕，升庵往往出外间学者耳目之外，人苦不见，便疑伪造，良有由也。检录于此，并记所见。光绪十五年十二月二十二日，文田。

上海合众图书馆筹备近况

江南藏书，古今称富。历兹浩劫，摧毁殆尽。沪滨一隅，仅获保其万一，可胜痛惜。张菊生（元济），陈陶遗，叶揆初（景葵）三先生，有感于是，乃即在沪有图书馆之组织。搜孑遗于乱离，征文献于来日，冀集众力，以成斯业，因命名曰合众图书馆，亦众擎易举之意也。叶先生首将藏书，悉数捐赠，其最精者为稿本，若顾祖禹之《读史方舆纪要》，张惠言成孙父子之《谐声谱》，严可均之《全上古三代秦汉三国六朝文》，皆可订正通行之本（《谐声谱》叶先生已为印行），诚人间至宝也。又蒋抑卮先生（鸿林）亦愿尽出所藏，以示赞助，数量甚富，四部兼备。又多清代精椠，昔钱塘汪柳门先生（鸣銮）藏书大半归之，弥足珍异。现已设立筹备处，以利进行。拟一面编纂目录，分卡片书本两种，以资在馆内外检阅之便。一面校印前贤未刊之稿，嘉惠后学，并广其传。所谓风雨如晦，鸡鸣不已也。

墨学源流

方授楚著 民国二十六年四月中华书局出版 铅字本一册 实价一元八角

晚近言墨学者甚多,异说蜂起。江瑔言墨子非姓墨,钱穆,冯友兰等且信从之。更有谓墨子为印度人者,为印度婆罗门教徒者,为亚剌伯回教徒者。亦好奇之过,而辞而辟之者之不可无也。

本书分上下二卷,共三百三十七面,首《自序》,次《附言》,《导言》。

上卷《墨子之生平及其学派》,第一章《墨子之身世》,略谓墨子姓墨名翟,鲁国人,生于周敬王三十年(西纪前四九〇),卒于威烈王二十三年左右(西纪前四〇二),并将墨子行事列为简表。第二章《墨子之事迹》,略谓墨子出身于匠人,受学于史角之后与儒者。初讲学时,当在越未灭吴之日。以其道不行于鲁,遂周游宋、卫、齐、楚、魏、越诸国,鼓吹其“兼爱”“非攻”“尚贤”“尚同”等学说。以鲁与宋接壤,故墨子与宋之关系较深;如墨子闻公输般为楚造云梯,一方即亲往游说请无攻宋,一方并指使其弟子禽滑厘等三百人为宋守御,其与宋之关系与为义精神于此可见一斑。第三章《墨子书之考证》,略谓墨子未尝自著书,今所传墨子书乃墨子弟子及其后学所记述缀辑而成者。并将《墨子》书中五十三篇画分为三期考订之。第一期为《尚贤》《尚同》《兼爱》《非攻》《节用》《节葬》《天志》《明鬼》《非命》《非乐》等篇，为墨子弟子记述其师之言。第二期为《兼爱》《经》《经说》《大小取》《贵义》《公孟》《鲁问》《公输》《非儒》《法仪》《七患》《辞过》《三辩》《备城门》《备高临》《备梯》《备水》《备突》《备穴》《备蛾傅》等篇，为墨家后学所作。第三期，《所染》《耕柱》两篇为秦汉之际所成。《亲士》《修身》《迎敌祠》《旗帜》《号令》《杂守》等篇，为西汉时伪作，其宗旨与墨家相反者。第四章，《墨学发生之背景》，略谓墨子生于春秋之末，长于战国之初，而春秋战国之际，实历史上一大变革之枢纽也。此种变革何自发生？盖社会生产状况已呈蜕化之迹，旧有制度文物自随之动摇，崩溃，而别立一适应此新状况之组织。此种变革固非墨子一生所能见其发轫与完成，然不察其环景，则无以明墨学之渊源也。第五章，《墨子之学说》，略谓自来言墨学渊源者有三：有谓原于尧舜者，见《韩非子·显学篇》；有谓原于夏禹者，见《庄子·天下篇》；有谓原于史佚者，见《汉书·艺文志》。以上三说皆他家所述而非墨子所自道也。墨学乃墨子所独创，故九流多以其学术名家，而墨乃举其倡导者一人之姓以名家，此与众不同者也。墨子学说之中坚有《尚贤》《尚同》等十一篇，乃用以打破当时政治社会之现状，而有所建立，因而攻击彼维持(或改良)现状之学说。其作用有消极积极两方面，消极在反周道之亲亲及从周之儒家学说，积极则在自申已说以建立理想之政治与社会也。墨子之政治思想，由反贵族而尚贤，由息争而非攻，兼爱为非攻之本，尚同乃统一之方，此墨子于政治方面之主张也。墨子之经济学说，其方法则在节用，而其目标则在以万民之利否为标准，故虽与当时人心理想相违，亦不之顾。墨子之宗教信仰，因墨子以贱人出身,而欲于政治社会有所改造,且以贱人为标准而行之,故于传统精神不能不有所破坏,以别图建立,则有非命,天志,明鬼之提倡。墨子之根本精神在平等,然墨子实行家也,故必察其环境,因地因人而施,如:“凡入国必择务而从事焉,国家昏乱,则语之尚贤、尚同;国家贫,则语之节用、节葬;国家憙音湛湎,则语之非乐、非命;国家淫僻无礼,则语之尊天事鬼;国家务夺侵凌,即语之兼爱、非攻。故曰择务而从事焉。”(见《鲁问篇》)第七章,《墨学之传授》,略谓墨子之诲人,以“隐匿良道而不相教诲”者视为大恶;“有道者劝以教人”(均《尚贤下》语),视为至善;书中此类语句,前后屡见,均足见墨子之重视教育。传授之情形,孙诒让根据《墨子》本书及先秦诸子,钩稽甚勤,成《墨学传授考》。此据孙氏所考,列表以明梗概。第八章,《墨学之进步》,略谓按《庄子》仅南(邓陵子)北(相里勤)两派,《韩非子》则多一相夫氏之墨,以此分派不同,则《庄子》至《韩非子》时代,墨学尚在发达中,亦可推想而知矣。其《经》上下、《经说》上下四篇,所包者极博而精。惜文字简奥,加以二千年来之讹夺改窜,理董甚难。《墨经》视墨子之说,其显然之进步有三:1. 反古,2. 重情,3. 新功利观,此三者,或与墨子相反,或相类而内容不同。当时重要学派,如儒家之求知识,多在诵说,道家多重冥想,名家则以文字语言为游戏,因均脱离生产关系也。惟墨家则闻见思维之外,能动手实验,乃有真知灼见,与他家迥殊。墨家之辩学既甚完密,而又喜与人辩难,且以反对辩难者为非。其特点在离坚白,合异同也。《墨经》内所蕴藏尚有实用科学及技术,如形学(几何),物理学,经济学,是则《墨经》多实验而亲历甘苦之言,固非空谈者可比。《墨经》非墨子一人所著,乃墨门多数信徒百余年心力之结晶,如能认清此点,其成就如此精博,则不足致疑矣。第九章,《墨学之衰微》,胡适谓:1. 由于儒家的反对,2. 由于墨家学说之遭政客猜忌,3. 由于墨家后进的诡辩太微妙(《中国哲学史》页二五〇—二五三)。梁启超于评《中国哲学史大纲》中更增一条,即《庄子·天下篇》所谓“其道大觳,使人忧,使人悲,其行难为也……反天下之心,天下不堪,墨子虽能独任,奈天下何?”方君则以为:1. 墨学自身之矛盾。墨子以兼爱非攻相号召,而谓杀狗非杀犬,杀盗非杀人,可见实无善法足以弥缝补缀。2. 理想过高。墨子以贱人出身,而其学说亦以贱人为立场,故其日常生活以节用,节葬,非乐等为标准,此种学说与生活,仅行之于贱人自无阻碍,若行之于君子,则以为其道大觳,或役夫之道矣。3. 组织之破坏。《韩非子·显学篇》云:“儒分为八,墨分为三,取舍相反不同,而皆自谓真孔墨。”夫墨本以组织严密而骤盛,今既分裂,而彼此背驰,此其所以速亡。4. 拥秦之嫌疑。因墨者钜子腹䵍在居秦与惠王接近,又有唐姑果在王左右,是秦已有墨也。其后关系如何,无从考证。第十章,《墨学之复活》,略谓正式治墨学者,则以乾嘉及道光初年为一期,时有张惠言,卢文弨等。自鸦片战争,历太平天国以迄现在,此一时期关于墨学之著作甚多,不暇缕指,就其最著者言之,则有苏时学,俞樾,孙诒让,梁启超等。然用力勤劬,著作精审,足以沾溉后学于无既者,则惟孙诒让;其著述较多,而文辞畅达,使新学小生能知所谓墨学者,则梁启超也。末附《墨学书目表》。

下卷《墨子之姓氏国籍学说辨》。第一章,《驳墨子非姓墨说》;第二章,《驳墨子为印度佛教徒说》;第三章,《驳墨子为印度婆罗门教徒说》;第四章,《驳墨子为亚剌伯回教徒说》。以上为与各家辩论之文,从各杂志转载者,大要见于上卷,故不赘述。末附《墨学余论》,因稿已写成,尚有余意,故复论之。一,《礼运大同之义源于墨家说》;二,《墨子与革命思想》;三,《墨子与宗教战争》;四,《惠施与墨家考辨》。

王船山学谱

张西堂著　民国二十七年七月商务印书馆出版　每册实价七角

王夫之，字而农，号姜斋，湖南衡阳人，明崇祯举人，官至行人司行人。明亡隐居于湘西蒸左之石船山，杜门著述，故学者称船山先生。王氏之学以汉儒为门户，宋五子为堂奥，尤神契张载《正蒙》之说。尝谓老庄，浮屠，申韩为三大害。又訾议程朱，更深恶陆王之学。盖王氏生当明末清初之际，深感王学末流之弊，窃佛老之旨，游心于虚无，而引起亡国之祸，故提倡实有生动之说，以破虚无寂静之谬论。其政治思想，以夷夏之分为天下之大防，而主张极激烈之民族主义。其生平著述凡百余种。可知者，经类二十五种，史类五种，子类十八种，集类四十一种，共八十九种。其子及门人初刊十种。道光时，其后人刊行十八种，咸丰初，板毁于兵。曾国藩与弟国荃重刻之于金陵，凡六十三种。光绪间，王氏裔孙王之春，及湘人又续刻数种。民国十九年，上海太平洋书店依据各刻本，及手稿本，排印为《船山遗书》。研究船山著述者，由是日众。

民国二十三年，王君永祥著《船山学谱》六卷，卷首《船山先生年谱》《船山先生传记录》；卷一，《根本观念》；卷二，《气化论》;卷三,《心性论》;卷四,《修养论》;卷五,《识知论》;卷六,《历史进化论》。本书首《自序》,次《例言》,一、《传纂》,叙述王氏之生平家世,并附年表。二、《学术》,叙述王氏思想渊源,及时代背景,哲学,政治之思想;经学,史学,文学之心得。三、《著述考》,依经史子集四部著录,各书下著其版本存佚,及成书年代。附《研究船山生平学术遗著之参考书》。四、《师友记》,据罗正钧《船山师友记》作一略述并补遗。本书《传纂》较王著《年谱》为略。学术思想方面材料之引用,各有去取,故不甚一致。间有相同之处,王著常录全文,张著则钩稽数语。注释之方法,王著于引用原文时,除首尾加联络语外,间加己意注释。张著则取夹叙夹议法。总而言之,王著详赡,注重哲学思想方面。张著简洁,旁及著述及师友等问题,作提纲挈领之介绍。可以互相参考。

吴愙斋尺牍

吴大澂著　民国二十七年十一月商务印书馆出版
石印本七册　每部定价九元

吴大澂,号愙斋,为晚清政治家之一。其政绩何如,顾廷龙君《吴愙斋先生年谱》言之綦详。吴氏于政务之暇,喜治金石文字,著有《说文古籀补》《恒轩所见所藏吉金录》《愙斋集古录》《愙斋集古录释文剩稿》《字说》《十六金符斋印存》《续百家姓印谱》《周秦两汉名人印考》《古玉图考》《愙斋専瓦录》《权衡度量实验考》《吴愙斋尺牍》(与王懿荣讨论金石函件)等书,早已刊行问世,故言考古学者莫不推重之。

陈介祺致吴氏尺牍五册,已于民国十年间印行。本书为吴氏致陈氏尺牍,始同治十二年癸酉(1873),迄光绪九年癸未(1883),次年陈氏即归道山。两氏神交十年,仅留此翰墨缘,供后人景慕而已。计书五十八通,篆、隶、行、楷各体书法俱备。原墨迹现藏国立北平图书馆。是时陈氏退居林下,吴氏则视学三秦,每有所获,尺素往还,相与欣赏,凡鼎彝石刻,古匋,货布,封泥,玺印,以及朝野时事,治兵,赈济之方,莫不析疑问难。

吴氏以视学三秦之便,輶车所历,亦时策马荒郊,流连古迹,于同治十三年(1874)甲戌十月之望往游褒城石门,并撰《石门访碑记》,得《石门铭》精拓本,较王氏《金石萃编》多三十七字,又半字三。又辨证《萃编》误字五,其石质剥泐不可辨者仅四字而已;字体有可疑者并录出以俟考正(见册一甲戌仲冬廿七日书后)。光绪三年(1877)丁丑四月九日游焦山访无専鼎,以其文字既弱,又多缺笔,误笔。虽古文随意增损,多不一例,而此鼎变化无理,必系明人仿铸而失其真(见册二丁丑四月十八日书)。此则非深思灼见者不能道也。

末附《釿说》《齐瓮》《陈太公瓮》《读古匋文记》。其中考释文字之意见,如有相左者,陈氏辄批于书眉。如释《陈太公瓮》,愙斋原文云:"□疑即辰字,□为□之变体,□与□相似,加示旁者,取三辰垂象之义,与下月丙辰之□字从火同一会意,非归祳之祳也。"簠斋释云:"□即某,从示从女,兼禖媒二义,佀仍是□非从火。"愙斋《读古匋文记》云:"□非塙,疑即鄗字,见《说文》。□疑棋字。"簠斋云:"仍宜入土部。"两氏对于学术见解,不肯苟同,于此可见一斑矣。后有谢国桢《吴愙斋尺牍跋》及《吴陈两家尺牍编年表》,颇为扼要。

(《燕京学报》1939 年第 26 期)

北平图书馆入藏郑振铎所藏善本戏曲书籍

郑振铎君专研文学，尤爱戏曲，著有《中国文学史》《清人杂剧》《西谛所藏善本戏曲目录》等书，并喜收藏宋元以来戏曲小说，民国二十一年任教燕京大学时，曾将所藏《北西厢记》及有关此类之书二十一种（共计二十七种，其中六种假自北平图书馆），公开展览，多为坊间不易得之善本（详见本报第十二期本栏）。郑氏去年以兵燹频仍，保存不易，爰将历年所藏之善本戏曲一部分，让归北平图书馆，两次共书八十四种，其中仅陈眉公评《西厢记》，《会真记杂录》，及《会真记辨》三种，为以前曾经展览者。兹将该馆所购书目录下：

第一次四十二种

《古今名剧合选柳枝集酹江集》崇祯刊本廿册

《罗懋登注释两厢记》明刊本四册

《昆仑奴》徐文长批改本二册

《牡蛎园》清刊本（附《青溪风雨录》后）

《秋声谱》清刊本一册

《四婵娟》旧钞本一册

《玉玦记》明程伯仁校刊

本二册

《绣襦记》明刊本二册

《明珠记》同上

《锦笺记》明继志斋刊本二册

《丹桂记》明陈眉公评本二册

《两湖记》同上

《葵花记》明刊本一册

《眉山秀》顺治刊本四册

《宣和谱》清初刊本二册

《酒家佣》明刊本二册

《永团圆》明刊本二册

《孙月峰评西厢记》明刊本四册

《花里钟》清刊本一册

《乐府名词》万历刊本二册

《禅宗正脉》明刊本十册

《证学编》(附《秣陵纪闻》)明刊本八册

《拳勺园小刻》明刊本四册

《章枫山集》明刊本五册

《倘湖遗稿》旧钞本八册

《鸣凤记》同上

《量江记》同上

《南柯记》明柳浪馆评刊本四册

《节孝记》明刊本二册

《偷桃记》同上

《芙蓉影》明刊本二册

《清忠谱》顺治刊本二册

《钮少雅格正牡丹亭》康熙刊本六册

《酒家佣》(石琰撰)清初刊本三册

《洒雪堂》明刊本一册

《玉环缘》清刊本四册

《玉台秋》同上

《吴都法乘》旧钞本十二册

《东谷遗稿》成化刊本二册

《芝园文稿》明刊本六册

《虞精集》明刊本六册

《清源洞文集》明刊本二册

第二次四十二种

《西厢记》刘龙田刊本四册

《西厢记》陈眉公评本一册

《四声猿》明李告辰刊本二册
《大雅堂杂剧》万历刊本一册
《秋风三叠》(附《倘湖诗》)顺治刊本二册
《红纱》顺治刊本一册
《紫芝缘》清初刊本一册
《鸳鸯史》同上
《琵琶记》明玩虎轩刊本六册
《玉合记》李卓吾评本二册
《锦笺记》同上
《红拂记》同上
《红梨花记》杨居寀刊本二册
《风流梦》墨憨斋重定本二册
《玉簪记》陈眉公评本二册
《焚香记》玉茗堂评本二册
《义烈记》明环翠堂刊本二册
《八义双杯记》明刊本存一册
《千金记》明刊本二册
《玉丸记》明刊本四册
《金雀记》明刊本二册
《西楼记》同上
《妆楼记》同上
《樱桃记》明末刊本二册
《双蝶梦》明末刊本一册
《目莲救母行孝戏文》明刊本三册
《雷峰塔》乾隆刊本二册
《玉门关》乾隆刊本一册
《酬红记》嘉庆刊本二册
《征歌集》明刊本存一册
《古今奏雅》同上
《南北词广韵选》旧钞本十册
《万锦清音》明末刊本存四册
《北雅》明刊本三册
《蓝桥玉杵记》明刊本四册
《曲目表》道光刊本一册
《会真记杂录》隆庆刊本一册
《会真记辨》弘治刊本一册
《思玄集》明刊本八册
《螺冠子咏物诗》明刊本十二册

《禅林僧宝传》明刊本三册　　　　《小宛集》清初刊本一册

燕京大学图书馆购藏顺德李氏书籍续志

甲　经部

一、《毛诗古音考》四卷　明陈第著　明万历丙午刊本

二、《广韵》五卷　宋陈彭年等修　元初刊本

乙　史部

三、《龙飞纪略》不分卷　（序云八卷）　明吴朴撰　明嘉靖壬子序刊本

四、《两朝宪章录》二十卷　明吴瑞登编　明万历甲午刊本

五、《皇明永陵编年信史》四卷《皇明昭陵编年信史》二卷　明支大伦纂修　明万历丙申序刊本

六、《皇明宝训》四十卷　明吕本校刊本

李文田题云："《明宝训》四十卷，题武英殿大学士吕本校，又有陈治本，朱锦，吕允昌（按原书称吕胤昌）阅。自洪武至隆庆止，中间缺建文景泰两朝，是此书之刊刻在万历后也。以《明史·

宰辅年表》核之,自隆庆至崇正(按祯字原作正)并无大学士吕本其人,故提要不出吕本之名,而以陈治本为编纂,盖其慎也。考嘉靖有大学士李本,余姚人,以二十八年入阁,至四十年丁忧,其结衔与此所题柱国少傅兼太子太傅礼尚武英殿大学士纤悉不异,则当题云李本,不当云吕本也。盖此书乃万历以后书贾取《列朝宝训》合成,伪题李本,而偶然声误,致有此谬,非李本所编纂也。本与严嵩同时,无足道者。书则可供考证耳。光绪辛卯六月,李文田。”

七、《皇明典故纪闻》十八卷　明余继登辑　明周曰校刊本

八、《皇明四大法》十二卷　明何栋如辑　明万历乙卯刊本

九、《皇明世法录》九十卷　明陈仁锡著　明刊本

一〇、《傃庵野钞》十卷　明蔡士顺撰　钞本

一一、《国朝献征录》一百二十卷　明焦竑编　明万历丙辰刊本

一二、《新安名族志》二卷　明戴廷明等辑　明嘉靖辛亥刊本

一三、《水经注》四十卷　明朱谋㙔校刊本

一四、《方舆胜览》七十卷　宋祝穆编　元刊本

一五、《历代舆图》二卷(又名《修攘通考》)　明何镗辑　明万历七年刊本

一六、《皇舆考》十二卷　明张天复辑　明张象贤重刻本

一七、《大明舆地名胜志》一百九十三卷　明曹学佺撰　明崇祯三年序刊本

一八、《帝京景物略节录》一卷(原八卷)　清刘侗撰　钞本

一九、《四镇三关志》十卷(缺末卷)　明刘效祖纂修　据翰林院本传钞

李文田题云:“《四镇三关志》九卷,存翰林院清閟堂中,乾隆三十八年十月,直隶总督周元理送到,计书十本,其末卷夷部考已抽毁,全书亦不著录《提要》中。惟杨宾《柳边纪略》、厉鹗

《辽史拾遗》皆引之，外间罕有传本，盖当日抽毁后查禁之书。今边防渐亟，此亦药笼中物，故命工钞之，原本仍还清阁堂云。光绪己丑正月人日，顺德李文田记。”

二〇、《大明官制》五卷　阙名　明万历中刊本

丙　子部

二一、《韩非子》二十卷　明万历十年赵用贤刊本

二二、《沈氏学弢》十六卷　明沈尧中撰　怡王府旧藏明刊本

丁　集部

二三、《沙南遗草》十卷　明叶权著　明万历辛巳刊本

二四、《苏堂集》十卷　明吴文奎撰　明万历甲辰刊本

二五、《澹然斋小草》十二卷　明张维枢撰　明万历乙卯序刊本

李文田题云：“案顾秉谦，魏广微撰《天监录》有张维枢，则奄党也。”

又云：“张维枢入《天监录》，以沈国元《两朝从信录》考之，官陕西巡抚，在天启七年，正奄党最得志之日也，当是张瑞图之族人耳。”

二六、《虞德园先生集》二十五卷　明虞淳熙著　明天启癸亥刊本

二七、《容台集》九卷《别集》四卷《诗集》四卷　明董其昌撰　冢孙庭辑　明刊本

二八、《存笥小草》六卷　明冒乾撰　清康熙辛丑重刊本

二九、《魏氏忠孝全集》内

《藏密斋集》二十四卷　明魏大中著

《茅檐集》八卷　明魏学洢著　清乾隆五年重修本

三〇、《松园偈庵集》二卷　明程嘉燧撰　明刊本

三一、《雪堂文集》十五卷　清熊文举著　明崇祯丙子序刊本

又手书自题云："是为予初刻《雪堂集》，尔时年路方强，笔锋锐出。行游万里，峨嵋巫黛，秀入奚囊。复对公车，宫阙旌旗，雄生几席。至分符而令岩邑，则又束带以恤民劳，枕戈而定寇难。心酸墨盾，梦断刀环。是其伸楮含毫，皆有百端情绪，濴洄映发，岂与留连景物，嘲风弄月者可同日语哉。流云过雁，过瞬茫然。二十年来，兵火周遭，梨枣总成灰烬。而吾弟士彦犹存此本，暇日装潢，出以相示。如逢故剑，展之叹息。余且老矣，江淹才尽，鲍照锦归，即欲秉烛夜游，而风露熹微，景光萧飒，是可慨也，伊可怀也。丁酉孟秋乞巧后一日，雪堂居士漫书于淇园之瘦思小阁。"

三二、《唐音》十四卷　元杨士宏编　明顾璘批点　明嘉靖辛丑刊本

三三、《雍熙乐府》十三卷　海西广氏编　明嘉靖十九年重刊本

戊　丛书

三四、《广百川学海》十集一百三十种　明冯可宾编　明刊本

以上第一次购得者三十四种。

悼中央研究院院长蔡元培先生

蔡元培，字鹤卿，后取“周余黎民，靡有孑遗”二句意，号曰孑民，浙江绍兴人。生于清同治六年（1867）十二月十七日。祖与父均经商。年十一，丧父，一兄一弟，均在弱龄。母周氏，克勤克俭，抚诸儿以成立。蔡氏幼读《史记》《汉书》《困学纪闻》《文史通义》《说文通训定声》等书，皆得其叔铭恩之教。十三岁受业于同县王懋修。十七岁补诸生。二十岁读书于同乡徐氏，兼为校所刻书，徐氏藏书富，因得博览，学大进。二十三岁中光绪己丑科举人。二十四岁中庚寅科进士。被聘为上虞县志局总纂，因所定条例与分纂不合，即辞去，一生难进易退，大抵如此。二十六岁壬辰，得翰林院庶吉士。二十九岁甲午，补编修。三十二岁戊戌，与友人合设东文学社，学读日文书。厥后历任绍兴中西学堂监督，南洋公学教员，爱国女学管理，中国教育会会长，《警钟报》编辑。入同盟会，以鼓吹革命。时清政府议派编检出洋留学，蔡氏遂进京销假，请留学欧洲不果。四十一岁丁未，得驻德公使孙宝琦及商务印书馆之助，留学德国柏林，翌年迁居来比锡，进大学，听讲凡三年，致力于人类学，心理学及美学等，其研究欧洲文学由此奠基焉。在此四年中，曾编《中学修身教科书》五册,《中国伦理学史》一册,译包尔生《伦理学》一册。四十五岁辛亥,武昌起义,蔡氏受柏林同学之招,赴柏林助为鼓吹,未几回国。民国元年政府成立,任教育总长,是时教育界或提倡军国民主义,或提倡实利主义,而蔡氏独提倡美育,盖在德国受有极深之印像也。夏,辞教育总长职,秋,偕眷再赴德国至来比锡,在世界文明史研究所研究。二年夏,得上海电,以宋案促归国,奔走调停无效,卒有赣宁之战。秋,复赴法,于习法语外,且助李石曾汪精卫办理留法俭学会,组织华法教育会,编《哲学大纲》一册,《石头记索隐》一册,编《欧洲艺术概谈》,成《赖斐尔》一册。五年秋,得教育部电,促返国,任北京大学校长,六年一月始任事。是时北大学风,废弛不振,赖蔡氏博采众议,励行革新,复倡自由研究之风,浸假而有全国最高学府之誉。八年五四运动,北大学生被捕者十余人,蔡氏乃辞职出京,终以学生挽留未得去。九年夏,北大开始招收女生。十月为筹划里昂大学事宜赴法,次年秋始返国。十二年一月,因与教长彭允彝不合作辞职。旋赴法游历,荐蒋梦麟继任北大校长。十五年,第二次全国代表大会,推为国民党中央监察委员。是年秋回国。十六年一月,被任为浙江省政府委员。及南京国民政府成立,任国府委员,中央政治会议委员。十七年任大学院院长,兼代司法部部长。十八年任中央研究院院长。二十九年(1940)三月五日上午十时,以脑充血,在香港九龙私邸逝世,年七十四岁。兹将其著述目录列后(以时代为次,以已刊专著为限):

科培氏《哲学要领》	一九〇三年	商务印书馆出版
包尔生氏《伦理学原理》	一九〇九年	同上
《中国伦理学史》	一九一〇年	同上
《中学修身教科书》	一九一二年	同上

《哲学大纲》	一九一五年	同上
《石头记索隐》	一九一七年	同上
《艺术概谈》(《赖斐尔》)	一九二三年	东方文库本

殷契遗珠

金祖同述　民国二十八年五月中法文化出版委员会出版

珂罗版本三册　定价三十元

甲骨出土,迄今四十年,除国内学者及学术机关,竭力网罗,潜心考订,以期斯学日益彰明外,海外学者亦颇注意及之,尤以东邻为最。金君专研契学,尝赴日从郭沫若游,并助其编纂《殷契粹编》,日有暇晷,则亲往日人河井荃庐,中村不折,堂野前种松,中岛蠔叟,田中救堂,三井源右卫门等各收藏家请益拓墨,汰芜存精,计得一千四百五十九片,重加整理,以成是编。

书分上下二卷,皆甲骨拓本,后附发凡一卷,以胪列陈言,徒滋纷扰,仅就其残泐漫漶或有新见解者注释之。如发凡页二三释第二七一片“贞㾗耳隹有壱”,谓:“此病耳也。问耳病之有害与否,它辞曰‘王聑其㞢壱’,‘王聑不隹囚’,‘王聑不隹父乙壱’,足证武丁为一耳欠聪者。聑作,为聋之初文,盖以口就耳,明如观画,其为聋字无疑,今聋乃后起形声字。”又页二八释第三四〇片,“贞賁于王亥告,其从望乘,贞㾗止”,谓此病足

也。按武丁实为一体弱多病之主,卜辞之言“王𤕫”“㞢𤕫”者甚多。除病首病耳病足外,且其齿亦不健。如《铁》一九〇页二片“贞𤕫齿不隹[父]乙[壱]”等不胜枚举。由卜辞中竟能推断武丁实为一体弱多病之主,其见解亦颇新颖。其中有与他书墨拓缀合而成者,计有第二六三片,四五八片,九四八片,一〇三六片,一一八二片,一四五九片等,一一八二片见于《殷虚书契》卷七页三七,谓罗氏于拓本多加剪裁,此则其原骨全形也。

铁云藏龟零拾

李旦丘编　民国二十八年五月中法文化出版委员会出版

珂罗版本一册　定价五元

光绪二十五年,甲骨出土于安阳之小屯村,二十六年王懿荣得千余片,是为收藏之始。义和拳乱起,王氏殉难,其子崇烈售所藏,清夙责,甲骨尽归刘鹗,刘氏复肆力购求,所藏约过五千片,选拓千片印行,名曰《铁云藏龟》,是为著录之始。刘氏殁,罗振玉复辑其箧衍零拓四十片,为《铁云藏龟之余》。其后刘氏后人,又将此项甲骨出售,太隆罗诗氏购得千片,选印为《戬寿堂所藏殷虚文字》,王国维为之考释。叶玉森购得千三百片,选印二百四十片为《铁云藏龟拾遗》。民国二十七年夏,吴振平君将所藏甲骨拓墨九十三片,寄存孔德图书馆,并请李君为之考释,其中有数片已见《铁云藏龟》，然多属未经著录者。

李君于《考释》中引证诸家之说颇详，虽有证明，无甚创获。其第十七页引卜辞“丁丑卜大贞于五示告丁祖乙祖丁沃甲祖辛”（《佚》第五百三十六片），谓卜辞中常见三示五示十示等称谓，凡被称为示者皆属直系，而沃甲适在五示之列，沃甲既为直系，而祖丁与祖辛之间，据《本纪》《三代世表》《古今人表》均称仅沃甲一帝，则沃甲之为祖辛子，祖丁父也奚疑。并谓：“《殷本纪》《三代世表》《古今人表》，以沃甲为祖辛弟者盖误。”案卜辞“□未卜桒雨自甲，大乙，大丁，大甲，大庚，大戊，中丁，祖乙，祖辛，祖丁十示率牡”（《佚》九八六），祖辛，祖丁之间无沃甲，可知沃甲非直系之先王，而《殷本纪》等书以沃甲为祖辛弟为可信。至于五示并及沃甲，祖辛兄弟，或是小宗未迁之故也。

诚斋殷虚文字

孙诚温搜集　孙海波考释　二十九年二月修文堂出版　定价十二元

此书所收甲骨五百片，孙海波考释。如易日释为旸日，犹言阴日。啟与每为对文，啟为啟之省文，雨而昼晴为啟；每盖为晦之假借，晦冥也。羌甲引于省吾之说，盖羌字讹为芙，后人改为渋，自隶省后则通作沃。引于省吾之说释作屯。颇有新义。

殷虚书契续编校记

曾毅公编　民国二十六年齐鲁大学国学研究所出版

铅字本一册　定价二元

《殷虚书契续编》六卷，罗振玉辑，民国二十二年出版，计收各家甲骨墨本二〇一六片，除自序外，无释文。曾君以致力于商代文化之研究，见该书所收重出互见，颇以为苦，爰就翻检所及，录其重见于各书者，表而出之；其中与他书苟有可拼合者，亦附记之，以成斯编。据编者所统计："《续编》除重出七十五片，三见一片，实收墨本一千九百四十片。所收已见著录者，有《戬寿堂所藏殷虚文字》约六百片（《戬寿》收六五三片，本书只六十六片未载），《簠室殷契征文》约六百片，《铁云藏龟之余》三十八片（《之余》收四十片，本书只二片未载），所收几尽三书之全。其他见于《殷契佚存》者约百片，《铁云藏龟》《殷虚书契前后编》《卜辞通纂》等书者约二百片，而北大凡将所藏，除《佚存》《通纂》所已收不计外，散见于他书中者亦若干片。其未著录者约六百片，仅占全书四分之一而羡。"得此一书，于《续编》与他书异同如指诸掌，凡藏有《续编》者不可不备也。

甲骨地名通检

曾毅公编　民国二十八年齐鲁大学国学研究所出版
铅字本一册　定价三元

自卜辞发现以来,书之刊布流传者,其片数盈万,字逾两千,业经考订可识者,约占半数,其不可识者,则以人名地名为多。曾君近著《商代地理考》,因而成此附编。其地名之排列,依笔画为次,得五百二十四,其字之不可识者悉入待考,得三百九十五。间有似地名而非地名者亦一并收入。地名有自,又有低一格之自,未审其意何居?如盂与盂方,羌与羌方分列,而庚与庚方,林与林方合而为一,亦嫌例之不纯。大邑商即天邑商,亦未注明。要之,此书足备检查,而未足信据也。

柯尔中国吉金集

The Cull Chinese Bronzes 叶慈(W. P. Yetts)著

一九三九年伦敦大学出版　定价英金二磅

A. E. K. Cull 及 James K. Cull 两君搜集中国古铜器三十,英国伦敦大学中国艺术及考古学教授叶慈君编纂而成此书。1. 饕餮方鼎,2. 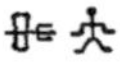鼎,3. 子雨卣,4. 父辛卣,5、6. 饕餮觚,7. 夔纹觯,8. 亚舟爵,9. 矦觥,10. 亚又方彝,11. 夔纹簋,12. 黄池壶二器,13. 兽首环,14. 车轴,15. 银错奁座,16. 云纹铎,17. 两首夔纹盉,18. 羽波纹镜,19. 内清镜,20. 四山镜,21. 熊形器饰,22、23. 鸟形戈饰,24. 鸠杖首,25. 熏炉,26. 兽炉,27. 二十乳镜,28. 新善铜镜,29. 四灵三瑞镜,30. 海兽葡萄镜。数虽不多,而类繁质要,考释甚详。

《黄池壶铭》云:"禺邗王于黄池,为赵孟疥邗王之惕金,以为祠器。"禺邗王即吴王,《战国策》《吕氏春秋》又称吴干。《春秋经》哀公十三年"公会晋侯及吴子于黄池"。赵孟者,晋正卿赵鞅也。疥,《韵会》引《说文》"一曰助也"。惕金犹言敬金,祠器犹言祭器。叶氏将首禺字置于器字之下,谓禺为铸器者徽号。或者以前称禺邗王,后称邗王,名号不一,故置禺字于铭末。然如《趞鼎》前称厚趞而后称趞,《师奎父鼎》前称师奎父而后称奎父,此例铭文多有之。若以邗王与禺为一人,不如读作禺邗王,与攻敔王为同例。若以邗王与禺为二人,作器者为禺,则铭文尚无此例,如《康鼎》末有“奠井”二字,“奠井”为康之国族,当读郑井叔康也。

西清彝器拾遗

容庚编　民国二十九年二月考古学社印行

考古学社专集第二十种　珂罗版本一册　定价八元

乾隆间,编纂内府所藏铜器为《西清古鉴》《宁寿鉴古》《西清续鉴》诸书。光绪末年,颐和园建筑成,曾移所藏若干器于其中,并有臣工之进呈者。民国二十年,故宫博物院选拓《叔氏钟》,《子璋编钟》,《邾叔止伯钟》,《[illegible][illegible]鼎》(《续鉴》二:十),《射女鼎》(《古鉴》三:十四),《天[illegible]父癸鼎》(《续鉴》一:三),《梠鼎》,《韦鼎》(《古鉴》三:三十一),《历鼎》(《续鉴》一:一),《才僩父鼎》(《续鉴》一:二十三),《仲殷父鼎》,《史宜父鼎》,《吿鼎》,《颂鼎》(《续鉴》一:三十一),《癸䢼甗》(《古鉴》三十:三),《郑侯父甗》,《郑伯筍父鬲》,《□仲虎簠》,《史簋》(《古鉴》十三:三十七),《单簋》,《非子[illegible]父乙簋》,《戈父丁簋》,《枚父辛簋》(《续鉴》六:十八),《作父戊簋》(《续鉴》六:二十一),《司土司簋》(《续鉴》六:二十二),

《莫臤誯簋》(《续鉴》六:三十二),《稡作父甲簋》,《塍虎簋》,《伯椃父簋》(《续鉴》十二:四九),《史話簋》,《艾簋》(《续鉴》六:四二),《大簋》(《续鉴》十二:四十),《追簋》,《攸鬲盨》(《古鉴》二十九:二十二),《叔五父盘》(《续鉴》十五:四),《毛叔盘》(《续鉴》十五:三),《[illegible]壶》(《续鉴》八:四四),《[illegible]壶》(《古鉴》十:十五作尊),《[illegible]伯壶》,《瞏妫壶》,《栕父乙壶》,《芮公壶》(《古鉴》十九:五),《者敃方罍》,《作父辛尊》(《古鉴》九:四十),《[illegible]作父丁尊》(《宁寿》三:三),《作父丁尊》(《宁寿》三:二),《者敃方尊》,《伯盂》(《续鉴》十六:一),《子荷贝父丁盉》,《丁[illegible]卣》(《古鉴》十六:十二失盖),《史父丁卣》(《续鉴》八:十失器),《鸟祖辛卣》(《续鉴》八:十七),《頙卣》(《宁寿》七:八),《亚中得父癸卣》(《续鉴》八:九失盖),《斋作兄癸卣盖》,《子卣》,《鸟父乙觚》(《古鉴》二十四:二十),《皮父乙觶》(《古鉴》二十六:二十四),《[illegible]父丁觶》(《古鉴》九:五作尊),《免觶》(《宁寿》三:十六作尊),《串斝》(《古鉴》二十三:五),《[illegible]父乙斝》,《汉大利洗》,《大官鍑》(《续鉴》十四:二十),《万斛量》,《十斗六升钟》,《元和四年洗》(《续鉴》十五:三十一),《□□六年洗》,《宜侯王洗》,《大吉羊洗》,凡七十器。二十一年,古物南迁,由故宫博物院派员选取,上列诸器,皆已南迁,其残存者,则以为伪,弃而不顾者也。某年月日,容庚君偶游颐和园,观所藏尚有佳品,承当事允许,乃选出二十器为之摄影拓字以成此书。曾观初稿为《颐和园藏器拾遗》,前有容氏序记述缘起,而印本改颐和园为西清,序亦删去,殆有所讳言欤?观于此书,窃憾当时执政诸公既知古物之足珍,而南迁为之策安全之地,曷不摄影印行以示国人。复憾选择诸公,于真赝未能尽辨。此二十器不获南迁,宜若被屈,然以被屈而得早与世人相见,又抑何幸欤。

古钱大辞典

丁福保编纂　民国二十七年上海医学书局石印本

每部定价五十元　拾遗二十八年石印本　定价五元

我国钱币,自周至清三千年来,历代沿用。周代初兴,形制不一,有刀有布及圆钱。自秦以后,圆钱行而刀布废,虽王莽一度复古,亦未能久。观其字体,可知文字之迁变。观其制度之厚薄,流行之多寡,可窥朝代之兴衰,故学者每有取焉。自宋始有专书,至清而极盛。然以周之刀布,而推始于太昊葛天,此时代之不辨也。"齐法货"而读为"齐吉货""齐大公货""齐杏九","大布横千"而读为"大黄布刀",此文字之不辨也。王莽十布皆为四字,而谱录多作两字,此其伪之不辨也。三事不明,得钱数百,即可钞撮成书,著者多而读者厌矣。

此书集录各家之书而成,如翁树培之《古钱汇考》,刘喜海之《泉苑菁华》,皆属稿本未刊者。首为总论,上编为图谱,下编为考释。总论分锾锊,环,货币金,泉钱,权制,贝,刀布,周秦,汉,三国,晋,六朝,隋,唐,五代,宋,辽,西夏,金,元,明,清,外国,无考品,伪泉,钞票,铜元,藏泉家,谱录,结论诸节。图谱一古刀布类,二圆钱类,三压胜,吉语,支钱,马钱类,附补遗。每类以钱文笔画多少排列，观于十布六泉之类聚于一，则知笔画排列之不当。使按朝代排列，而以笔画作一通检，自无不便检查之虞。或者以书名《古钱大辞典》之故，不能不如是欤？所收之钱，下注价格，虽不尽确，亦足参考。此书体例与作者所编《说文诂林》略同。《说文诂林》于诸家之说，尽为刊入，此则不欲承讹袭谬，故错误者皆从删汰，省去篇幅不少。《拾遗》体例相同，后附金品元《古泉目录》，则依时代之先后排比，复注以简单之说明，可补此书之未备也。

定庵题跋

由云龙著　民国二十七年出版　铅字本一册　定价二元七角

案《略例》云“立石镌文，昉于两汉，盛于代魏，极于李唐，兹编题识，以此数世为多；六朝以来，名贤手迹，因辗转钩摹，已失庐山真相，故诸家帖书题识甚少”，可知此书之体例。又自序云：“滇中向少谈碑之客，又古籍寥落，即收罗考订，亦属匪易。”著者处境困难如此，而能踽踽独行，以成斯愿，诚难能可贵。然其中如篇名有目无文，如《北海相景君碑》及《樊敏碑》。又或有文无目如《杨淮表纪》及《补李翕西狭颂》《魏三体石经》。及目录与文字之次序颠倒，不相联属者，则未免过于疏忽也。

题跋多因袭前人之成说，无甚新颖可言，间有年代之轇轕，聚讼纷纭,而由君加以判断者,亦不无错误,如《石鼓》为秦刻石,而由君仍主俞理初之说为北魏则非,如《孟孝琚碑》,由君初主河平四年,后改正为永寿二年则是也。

贞松堂藏西陲秘籍丛残

罗振玉辑　民国二十八年影印本　六册　定价九十元

敦煌秘籍,以其可订史乘之讹阙,虽吉光片羽,亦为世所重视;本书影印极精,几与原本无异,弥足珍贵。书无序跋及刊行年月,编辑人姓名,仅有罗氏私印二方,一为"罗振玉印",一为"抱残翁壬戌岁所得敦煌古籍",由此可知本书材料得于民国十一年也。

书分三集:一集:《论语何氏集解》残卷,《老子》残卷六种,《南华真经田子方品》,《维摩诘经解》二种,《百行章》残卷,《疗服石医方》,《后唐天成元年残历》,《后晋天福四年残历》,又《天福十一年历残叶》,《书仪残叶》,《周公卜法》,《占书残叶》,《开蒙要训》,《书仪断片》,《尺牍残叶》,《鱼歌子词残叶》,《先天大顺等户籍》四种,《开元残牒》,《文殊问疾佛曲》。又二集:《残道家书》二种,《老子天应经》一卷,《大道通玄要》卷十四,《大玄真一本际经》卷二,又卷五,《太上灵宝洗浴身心经》,《十戒经》。又三集:《晋魏间写本大品第廿四》,《六朝写本大集经》卷十九,又《摩诃般若波罗密经》卷九，又《佛说安宅咒经》，又《残写经》二种，又《经义》二种，《唐人行书经义》，又《草书经赞》，《晋魏间书残律》三种。按本书所收《南华真经田子方品》上半篇（下半篇阙）渊㞐二字阙笔，确系唐写本无疑，兹以之与涵芬楼影印北宋本（《续古逸丛书》之二卷七）相校，异同颇多。兹录如下，以示一斑（页数行数按本书计算）：

第一页上第三行，无择之里人，宋本人下增一也字。

第四行，阙八字，宋本作文侯曰，然则子无师。

第五行，阙八字，宋本作邪，子方曰，东郭顺子。

第七行注，而独任自然也，宋本夺也字（以下注夺也字常见，不另录）。

第八行注，虚而顺，故真不失也。宋本虚下增一物字，失下夺也字。

同上，夫清者患于大洁，宋本作絜。

第十一行，阙八字，宋本作前立臣而语之曰远。

第一页下第二行，吾所学，宋本学下增者字。

第四行，阙七字，宋本作鲁鲁人有请见之。

第五行，阙三字，宋本作明乎礼。

第九行，入叹，宋本入下增一而字。

第十行，阙二字，宋本作吾固。

第十一行，中国之君子，宋本作中国之㞐。

第十二行，盘辟其步，宋本作槃。

第二页上第二行，其导我也，宋本作道。

第三行，吾子欲见温伯雪子也久矣，宋本夺也字。

第四行，见之而不言何，宋本何下增一邪字。

第七行，而回瞠若乎后耳矣。宋本作回，后下夺耳字。

第九行，步亦步也者，趋亦趋也者；及第十行驰亦驰也者。

宋本均夺者字。

第十一行,而瞠若乎后也者,宋本而下增回字,后下夺也字。

第十二行,而民蹈乎前,宋本作滔。

第二页下第二行,而人死次之,宋本死下增一亦字。

同上注,乃更速死,宋本速下增一其字。

第三行注,乃哀之大者也,宋本大误作天,并夺者字。

第三行,日出东方入于西,宋本方下增一而字。

第五行注,而足成行功也,宋本夺而字。

第七行注,待显谓之生耳,宋本夺耳字。

第八行注,则化尽旡期矣,宋本作期也。

第九行,日夜旡陈,宋本作旡隙。

第十二行注,故虽交臂相守,宋本作执臂。

第三页上第一行注,若哀死,则此亦可哀者也。宋本死下增一者字,哀下夺者字。

第二行,汝求之,以有是求,宋本汝上增一而字,以下增一为字。

第四行注,斯须新,宋本作须史新。

同上,言汝殆见,宋本作言女。

同上,吾所以见者耳,误衍一句,宋本不误。

第五行注,汝安得有之耶,宋本夺耶字。

第七行,汝服吾也亦忘,宋本亦下增一甚字。

同上注,不问贤圣,宋本贤下增之与二字。

第八行,虽忘乎吾有不忘者存,宋本乎下增故吾二字。

同上注,谓继之以新也,宋本以下增一日字。

第九行注,而与物旡不冥者也,宋本夺者字。

第十行,老聃新沐,宋本作新沫。

第十一行注,家泊之至也,宋本作寂泊,至下夺也字。

第十一行，孔子便而待，宋本待下增一之字。

第三页下第一行，离人而立于独，宋本独下增一也字。

同上注，旡其身，宋本其下增一心字。

第二行注，故游于物之初，宋本夺之字。

同上，而自有耳，宋本作有也。

第五行注，向旡形耳，宋本向下增一之字。

第十二行注，随之不见其后者也，宋本夺者也二字。

第四页上第四行，而不失其大常者也，宋本夺者字。

第五行，不入于匈中，宋本作胸次。

第十行注，逾不足患也，宋本作愈，夺也字。

第十一行，知身贵于隸者也，宋本夺者字。

同上注，苟死生之变，宋本苟下增一知字。

本篇至本面终，以下阙。

永乐大典考

郭伯恭著　民国二十七年七月商务印书馆出版

铅字本一册　实价国币八角

《永乐大典》为明成祖敕解缙等纂修之类书，都二万二千九百三十七卷，囊括百家，统驭万类，天壤间秘笈，赖此多得而传。惜屡经浩劫，全书散佚几尽，其残余散佚于各地者，据袁同礼《永乐大典现存卷目表》统计,国内现存百九十五册,国外现存百四十四册,都三百四十九册。

全书二三五面,共分十章:第一章《导言》:略述历代帝皇靡不垂意典籍,以稽古右文为盛业。第二章:叙述《大典》纂修事前之酝酿与经过。第三章:纂修诸人考略,凡当时参与其事者,上至监修下至誊录,今得识与斯役有关者,计百九十四人,均尽行收入。第四章:叙述《大典》编纂体制及目录撮要。第五章:叙述《大典》之录副经过与完成。第六章:叙述《大典》在明代之沉晦与正本被毁及记载之辨证。第七章:叙述清乾隆《四库》开馆时《大典》之露面,与当时《大典》存缺之实况。第八章:叙述由《大典》辑出之佚书,与《大典》辑佚之遗憾。第九章:叙述《大典》之散亡,翰林院诸臣之盗窃,与咸丰庚申英法联军之役,光绪庚子八国联军之役,两劫之散亡。第十章《余论》:叙述秘府藏书递传递失之十五厄,颇为扼要。末附《永乐大典内辑出佚书目一览表》二,共得书五百四十二种,系根据赵万里之《永乐大典内辑出之佚书目》而成。

清儒学案

徐世昌著　民国二十八年七月文楷斋刻本

北平修绠堂书店发售　二百八卷分钉一百本　定价一百二十元

学案之作，仿自黄宗羲《明儒学案》及《宋儒元儒学案》。宋元两学案，黄氏迄未成书，今通行之《宋元学案》，经全祖望修补而成，皆体大思精，允为巨著。记述清儒之作，旧有唐鉴《国朝学案小识》，不免简陋。黄嗣东《道学渊源录》中之《圣清录》三十卷，辑自各书，人只一传，无以见其学术思想之大凡。江藩之《汉学师承记》《宋学渊源记》，别出手眼，允称佳作，但究非学案之体。徐氏此著，网罗颇富。理学之外，一切经史考据，以及小学，金石，算学诸家，皆在网罗。其体仿自《明儒学案》，而不为《明儒学案》之拘守狭隘。所列正案一百七十九人，附之者九百二十二人。诸儒案六十八人，凡二百八卷，共一千一百六十九人。蔚然大观，绝非唐鉴《学案小识》之所可企及。其甄录各人著述，颇为谨严，其凡例有云：

一甄录著述，盖有二义，一其书贯串，未容剪裁，如《礼书纲目》《廿二史考异》之属，则取其序例，以见大凡。一其书美富不胜标举，如《日知录》《东塾读书记》，则择其尤至，以概其余。凡近于帖括者,虽经不录也。近于评骘者,虽史不录也。

一采纂诸事,必求原本。正续经解,多割弃序跋,而所收札记文集,虽经抉择,往往未睹其全。后出单行,每堪补订,其未见之丛书。或有序跋载之文集,刻于丛书,如《说文统释》之属,则记注其下,庶免疑误将来。其文集不传而得篇章于总集选本者,题曰文钞,亦同此例。

徐氏此书自序,称清圣祖,以为“天纵之圣,岂过谀哉”。又云:“清代之达人杰士,悉推本于圣祖教育而成。”盖曾为清相,语亦有故。其反清最著,而学问甚优者,如吕留良,竟不为立学案,只以之附在张履祥《杨园学案》中,以为“龈龈于夷夏正闰之辨”,“名心未净,终贾奇祸”,盖以成败论,未以正义辨也。吕留良为清诸生,后一旦弃去。传中云“明亡后弃诸生”,亦失考。留良《四书讲义》《文集》虽遭禁毁,尚有留存,徐氏绝不一看,故全未甄录。徐氏此书,于阑入民国诸人,多不涉及,如康有为,廖平,未曾一提。至如王先谦卒于民国六年,为立《葵园学案》,传中云“先生于壬子后,书札诗笺,自署曰遁,不复书名”,似特著其为清人也者。此书所著各家学案,言行著作,类能提要钩玄。以清代一朝,著作之家,浩如烟海,而徐氏批隙导窾,派别支分,实一研究清代学术思想之最好参考书也。

一百七十五种日本期刊中东方学论文篇目附引得

（特刊第十三号） 于式玉、刘选民合编

民国二十九年二月燕京大学哈佛燕京学社引得编纂处出版

一厚册 定价道林纸本国币十二元 报纸本国币五元

民国二十二年于式玉女士编制《日本期刊三十八种中东方学论文篇目附引得》一书，由引得编纂处校订，列为引得特刊第六种，付印问世。嗣燕京大学图书馆主任田洪都先生，以馆中所收日本期刊颇有增益，因请于女士依照前书体例，再行编制引得，用资检查之助。民国二十七年，于女士以事不克兼顾，乃由刘选民先生继其任，迄民国二十八年夏，方告蒇事，即此书也。全书共分四部：1.《分类篇目》，大致依照中华图书馆协会《国学论文索引》方法，稍与变通；2.《篇目引得》，依中国字庋撷法排列；3.《著者引得》，排列方法如第二篇；4.《著者音译引得》，凡日本人皆依日本读法，中国人皆依中国读法，用西文拼缀，按字母顺序排列。此外尚附有《笔画检字》《拼音检字》及《日本期刊表》等。全书都五百四十二页，所录论文篇目约七千余条。学者手此一编，其能收按图索骥之效，可断言也。

（《燕京学报》1940 年第 27 期）

中国营造学社调查川康古建筑及附属艺术概况

中国营造学社于民国二十八年八月底，曾派专门研究员梁思成，刘敦桢等往川康从事调查古建筑及附属艺术，历时半载，所经三十余县，至今年二月中旬返抵昆明。兹撮要如下：

（一）汉阙　汉代及汉系统之墓阙，业经调查测绘者，有新都王稚子阙，雅安高颐阙，夹江杨宗阙，杨畅阙，绵阳平阳府君阙，梓潼李业阙，杨公阙，贾公阙，边孝先阙，渠县冯焕阙，赵君阙，及楠木桥，王家坪，赵家坪等无名阙十六座。

（二）崖墓　汉系统之崖墓，经此次调查者，有乐山之白崖与篦子铺，彭山江口镇，绵阳白云洞，广元唐家沟，阆中北崖，岳池冯家湾等处。其中乐山白崖诸墓，规模最宏大；其墓堂壁面，并浮雕柱枋斗拱檐椽瓦陇等，表示当时木建筑情状。而彭山江口墓中，雕有独立之矩形柱与八角柱，柱上施斗拱，乃汉墓中初见之例，未经介绍于世者。

（三）石窟及造像　此次调查之造像，以绵阳平阳府君阙上梁大通三年所镌佛像为最早。次为阆中涧溪口隋开皇十四年摩崖,与绵阳西山观大业六年所刻道像。降及唐代石窟造像,风靡全蜀,如梓潼,广元,昭化,阆中,绵阳,夹江,乐山,大足,合川,潼南,遗迹甚多,其数量与艺术皆超迈前代。赵宋以后,中原造像风尚虽已稍杀,而蜀中犹盛极一时。除在潼南,大足,巴县开凿新崖外,而大足,合川,广元,夹江等处,尚有继续唐崖经营者。及至元明两代,创作之风未已。数量既多,题材中且有孔雀明王,千手观音,九子母等,皆他处摩崖石刻中所未见者。

(四)木建筑　此类遗物,据调查所及,以明代为最早。但仍保存宋手法,颇足珍异。计有峨眉明洪武二十四年所建飞来殿,及宣德以后所建芦山广福寺觉皇殿,姜维庙大殿及姜庆楼,蓬溪鹫峰寺诸殿,宝梵寺大殿,梓潼玛瑙寺大殿,文昌宫诸殿,剑阁觉苑寺与南禅寺等。

(五)塔幢及其他　塔幢遗迹较罕,仅调查新都宝光寺唐塔,大足振恩寺南宋塔,乐山凌云寺宋塔,蓬溪鹫峰寺明塔等。此外阆中铁塔寺铁幢,则为唐开元四年所铸。

(六)附属艺术　经调查者有公私收藏明器,瓦屋,石椁,造像,铜钟等;新都正因寺梁碑,及芦山姜庆楼,蓬溪宝梵寺,定香寺,梓潼玛瑙寺,剑阁觉苑寺,南禅寺等处之明代壁画。

其余民居,商店,会馆,庭园,牌坊,坟墓,桥梁,及建筑术语等,随地搜集,所获亦甚丰富。

引得编纂处十年概况

引得即索引,英文 index 之音译兼义译也。引得工作,在欧美颇为发达,上自古代经典,下至近世杂志,除小说戏曲等书外,不附引得者盖寡。我国昔日读书,专尚背诵,引得需要不甚迫切,故仅有少数类似引得之书(如汪辉祖《史姓韵编》)。今则时迁势异,凡百事物,再难故步自封,于是引得工作,以受西方潮流之激荡,遂渐发展。惟专事此道者,仍不甚多,而稍著成绩者,则似应推哈佛燕京学社之引得编纂处。

引得编纂处创办于民国十九年九月,抵今年九月,已有十年。初,民国十七年秋,燕京大学历史学系教授洪煨莲先生应美国哈佛大学之请,前往讲学,感我国古书,浩如烟海,翻检綦难,因有编纂引得用便研究探讨之意。旋于民国十八年秋,草拟计画,提交于民国十九年春季之哈佛燕京学社年会,当获通过。迨其年九月,洪先生还自新陆,引得编纂处遂告成立。今就所知,略述该处十年来概况如下:

甲　组织　引得编纂处初成立时,有主任一人,综理处中一切事务;编辑三人,分任编校引得;经理一人,掌来往书札及一切杂务;书记五人,掌缮录引得稿件。中经一度更改,至今除主任外，有副主任一人，佐主任处理日常事务及总负编校之责；编辑兼校印所主任一人，专理引得校印所事务；编辑一人，经理一人，助理二人，书记八人，共十五人。

乙　工作程序　引得工作，自编纂至成书，约经过十种步骤，即：

1. 选书　选应引得之书。

2. 择本　选择应引得之书之版本。

3. 标钩　编辑就书之性质加以标号。

4. 钞片　书记将已标竣之书钞引得所需要之辞句于白片上（片宽长比例为3×5寸）。

5. 校钞片　助理将书记钞完之片与原书对校，遗者补之，误者正之，助理校毕，再由编辑复校。

6. 排片　书记将校毕之钞片，依中国字庋撷法分排。（中国字庋撷法为引得编纂处自创之检字法，与王云五之四角号码检字法小同大异）

7. 校排片　助理将排完之钞片，逐一校正后，编辑再复校一次，除正误以外，其字句删润多在此时为之。

8. 送印　将校毕排完之片付引得校印所排植。（校印所成立于民国二十二年秋。在该所未成立时，引得于校完排片后，尚须誊钞于稿纸上，然后送于北平市内印刷局排印；自校印所成立后，即直接以片发排，不再誊钞矣）

9. 校印样　校印所排植完毕，即将样张送校，先由编辑审查格式，然后书记作第一校，助理作第二校，编辑作第三校。

10. 发印　排印样三校无讹后，由编辑批"付印"二字于校样上，发于校印所，上版刷印，然后装订成册。

按引得工作，似易而实不易。盖于标钩时，何者应取，何者应舍，不易有绝对标准。"运用之妙在乎一心"，岳武穆论兵法之言,亦可适用于引得之编纂也。

丙　出品　引得编纂处十年来共印正刊三十六种,特刊十四种,共五十种,其目列下:

正刊　1.《说苑引得》　2.《白虎通引得》　3.《考古质疑引得》　4.《历代同姓名录引得》　5.《崔东壁遗书引得》　6.《仪礼引得附郑注引书及贾疏引书引得》　7.《四库全书总目及未收书目引得》　8.《全上古三代秦汉三国六朝文作者引得》　9.《三十三种清代传记综合引得》　10.《艺文志二十种综合引得》　11.《佛藏子目引得》　12.《世说新语引得附刘注引书引得》　13.《容斋随笔五集综合引得》　14.《苏氏演义引得》　15.《太平广记引得》　16.《新唐书宰相世系表引得》　17.《水经注引得》　18.《唐诗纪事著者引得》　19.《宋诗纪事著者引得》　20.《元诗纪事著者引得》　21.《清代书画家字号引得》　22.《李涪刊误引得》　23.《太平御览引得》　24.《八十九种明代传记综合引得》　25.《道藏子目引得》　26.《文选注引书引得》　27.《礼记引得》　28.《藏书纪事诗引得》　29.《春秋经传注疏引书引得》　30.《礼记注疏引书引得》　31.《毛诗注疏引书引得》　32.《食货志十五种综合引得》　33.《三国志及裴注综合引得》　34.《四十七种宋代传记综合引得》　35.《辽金元传记三十种综合引得》　36.《汉书及补注综合引得》

特刊　1.《读史年表附引得》　2.《诸史然疑校订附引得》　3.《明代敕撰书考附引得》　4.《引得说附引得》　5.《勺园图录考附引得》　6.《日本期刊三十八种

中东方学论文篇目附引得》 7.《封氏闻见记校证附引得》 8.《清画传辑佚三种附引得》 9.《毛诗引得》 10.《周易引得》 11.《春秋经传引得》 12.《琬琰集删存附引得》 13.《一百七十五种日本期刊中东方文学论文篇目附引得》 14.《杜诗引得》

五十种总计:引得之部共一万三千三百七十六页,附属之部如序、叙例、检字、诸经经文等共三千五百九十二页,合为一万六千九百六十八页。引得一万三千三百七十六页中,每页两栏者七千四百八十三页,三栏者四千七百八十七页,四栏者九百一十七页,五栏者一百八十九页,共三万三千九百四十栏。每栏引得四十条,计有引得一百三十五万七千六百条。若以字数计,连同附属之部恐须超过两千万也。

据闻,引得编纂处所刊各期引得,行销于外国者甚多,而西方汉学家对之尤为重视。以故洪煨莲教授,曾于民国二十六年因主办引得事务获得法兰西铭文学院(Académie des Inscriptions et Belles-Letters)之一九三七年度茹理安奖金(Prix Stanislas Julien)云。

悼罗振玉先生

先生名振玉，字叔言，上虞人。生而颖异安祥，不为嬉戏。年十六，入县学。服习经史之暇，以古碑版可资考证，山左估人岁必挟山左，中州，关中古碑刻至淮安，时贫不能得，乃赁碑读之，遂成《读碑小笺》，是为考古著书之始，时年仅十九。

甲午中日战役之后，国瘠民贫。念农为邦本，有学稼之志，因服习《齐民要术》《农政全书》等书，乃与蒋黼创立农学社于上海，购译欧美日本农书百余种。

光绪三十一年，学部初设，任参事厅行走。宣统纪元，补农科大学监督。辛亥革命，应日本旧友之招，挈家东渡。筑室于净土寺町，杂植花木，著书遣日。

先是，光绪二十五年，殷虚卜辞出于安阳，为王懿荣所得。次年王氏殉国，所藏尽归刘鹗，印行《铁云藏龟》。先生尽得摩挲，自遣厂估至郸购求，所得逾万。答林泰辅之问，成《殷商贞卜文字考》，阐发犹有未尽。及居海东，始尽墨所藏为《殷虚书契》前后编并成《考释》六万余言。王国维先生跋谓“分别部目，创立义例，使后之治古文者于此得其指归，而治《说文》之学者亦不能不探源于此”，斯言是也。居东八年，成书至富。

民国八年暮春归国，卜居天津。十七年移居旅顺。每岁必成书数卷，金石而外，旁及小学、目录、校勘、姓氏、书画、史料。

“满洲”建“国”，宜若有可以报故主者。既屡上疏，多格不行。再三疏陈，乞恩休致。国是翻覆，民生涂炭，悲天悯人，益鲜欢悰。以民国二十九年六月十九日卒于旅顺，距生于同治五年六月二十八日，年七十五(1866—1940)。

先生相貌清臞，体力刚健，眠睡三四小时即起，伏案把卷，未尝少休。以近代印刷术之进步，故成书较易。自旅东以迄居辽，校刊书凡四百余种，自著书凡百三十种。自著书中多排比材料而无考证。盖材料我所独有，而考证人皆可为，故流布为急也。喜奖掖后进，经其延誉因以成名者甚众。乃忧同屈子，眷怀楚国，憔悴以死，岂不惜哉。其著作校刊之要藉，按年月先后具列如下：

著作书目

《读碑小笺》一卷　光绪十年(1884)　刻本

《〈金石萃编〉校字记》一卷　光绪十一年(1885)　刻本

《〈毛诗草木鸟兽虫鱼疏〉新校正》二卷　光绪十二年(1886)　铅字本

《毛郑诗校议》一卷　光绪十六年(1890)　铅字本

《眼学偶得》一卷　光绪十七年(1891)　刻本

《面城精舍杂文》甲编一卷　同上　石印本

《再续〈寰宇访碑录〉》二卷　光绪十九年(1893)　石印本

《面城精舍杂文》乙编一卷　光绪二十一年(1895)　石印本

《〈碑别字〉补》五卷　光绪二十七年(1901)　刻本

《五史校议》五卷　光绪二十九年(1903)　刻本

《郑广所藏封泥》一卷　同上　石印本

《〈王无功集〉校勘记》一卷　光绪三十二年(1906)　刻本

《唐风楼金石文字跋尾》一卷　光绪三十三年(1907)　铅字本　民国九年增改名《雪堂金石文字跋尾》四卷　刻本

《俑庐日札》一卷　同上　民国二十三年东莞容氏铅字本　民国二十四年重订　石印本

《莫高窟石室秘录》一卷　宣统元年(1909)　铅字本

《殷商贞卜文字考》一卷　宣统二年(1910)　石印本

《〈老子化胡经〉补考及校勘记》　同上　《敦煌石室遗书》　铅字本

《隶古文〈尚书顾命〉残本补考》　同上

《流沙访古记》　同上

《隋唐兵符图录》一卷　宣统三年(1911)　《国学丛刊》　石印本

《〈唐折冲府考〉补》一卷　同上

《殷虚书契》八卷　民国元年(1912)　影印本　民国二十二年重印本

《罄室所藏玺印》八册　同上　铅印本

《齐鲁封泥集存》一卷　民国二年(1913)　影印本

《殷虚书契菁华》一卷　民国三年(1914)　影印本

《殷虚书契考释》一册　同上　王国维写印本　民国十四年石印增订本三卷

《秦金石刻辞》三卷　同上　影印本

《秦汉瓦当文字》四卷　同上　刻本

《流沙坠简》三卷《补遗》一卷附考释附录(与王国维同著)　同上　影印本　民国二十三年重印校正本

《历代符牌图录》二卷　同上　影印本　民国十四年增订石印本

《蒿里遗珍》一卷《考释》一卷　同上　影印本

《四朝钞币图录》一卷附《考释》　同上

《芒洛冢墓遗文》三卷　同上　刻本

《西陲石刻录》一卷《后录》一卷　同上　刻本　又前录《云窗丛刻》本后录《雪堂丛刻》本

《昭陵碑录》三卷附录校录札记及校记　同上　刻本　又宣统元年《晟风阁丛书》本乃初稿

《唐三家碑录》三卷　同上　刻本

《续汇刻书目》十卷附《闰集》一卷　同上　连平范氏双鱼室刻本

《〈铁云藏龟〉之余》一卷　民国四年(1915)　影印本

《赫连泉馆古印存》一册　同上　钤印本

《汉晋石刻墨影》一卷　同上　双钩石印本

《恒农冢墓遗文》一卷　同上

《芒洛冢墓遗文续编》三卷《补遗》一卷　同上　刻本

《襄阳冢墓遗文》一卷《补遗》一卷　同上

《广陵冢墓遗文》一卷《附录》一卷　同上

《吴中冢墓遗文》一卷《补遗》一卷　同上

《山左冢墓遗文》一卷　同上

《石屋洞造象题名》一卷　同上

《龙泓洞造象题名》一卷　同上

《楚州金石录》一卷附《存目》一卷　同上　石印巾箱本

《三韩冢墓遗文目录》一卷　同上　刻本　又《雪堂丛刻》本

《洛阳存古阁藏石目》一卷　同上　《雪堂丛刻》本

《殷虚书契后编》二卷　民国五年(1916)　影印本　又《艺术丛编》本

《殷虚古器物图录》一卷《附说》一卷　同上　影印本

《古器物范图录》三卷《附说》一卷　同上

《金泥石屑》二卷《附说》一卷　同上

《古明器图录》四卷　同上

《石鼓文考释七种》一册　同上

《古镜图录》三卷　同上

《殷虚书契待问编》一卷　同上　手写石印本

《历代符牌图录后录》一卷　同上　影印本

《赫连泉馆古印续存》一册　同上　钤印本

《隋唐以来官印集存》一卷《补遗》《附录》各一卷　同上　石印本

《高昌壁画精华》一卷　同上　影印本

《邺下冢墓遗文》二卷《补遗》一卷《二编》二卷　同上　刻本

《敦煌古写本诸经校记》二卷　同上　《学术丛编》本

《殷文存》二卷　民国六年(1917)　影印本　又《艺术丛编》本

《梦郼草堂吉金图》三卷　同上　影印本

《两浙佚金佚石集存》一卷　同上

《六朝墓志菁英》初二编各一卷　同上

《恒农專录》一卷　同上　刻本

《芒洛冢墓遗文续补》一卷《三编》一卷《四编》六卷《补遗》一卷　同上

《汉晋书影》一卷　民国七年(1918)　影印本

《專志征存》一卷《续编》一卷　同上　石印巾箱本

《地券征存》一卷　同上　石印巾箱本　又刻本

《楚州城專录》一卷　同上　石印巾箱本

《二十家仕女画存》一卷　同上　影印本

《〈临川集〉拾遗》一卷　同上　铅字本

《永丰乡人甲乙丙丁四稿》八卷　民国九年(1920)　刻本

甲、《云窗漫稿》一卷

乙、《雪堂校刊群书叙录》二卷

丙、《雪堂金石文字跋尾》四卷

丁、《雪堂书画跋尾》一卷

《集殷虚文字楹帖》一卷　民国十年(1921)　石印本　又十六年《汇编》本四卷

《永丰乡人杂著》八卷《续编》八卷《附录》一卷　民国十一年(1922)　刻本

杂著目录

《高昌麹氏年表》一卷

《补〈唐书·张义潮传〉》一卷

《唐折冲府考补》一卷《补遗》一卷

《万年少先生年谱》一卷《附录》一卷

《徐俟斋先生年谱》一卷《附录》一卷

《海外吉金录》一卷

《海外贞珉录》一卷

《宋元释藏考》一卷

续编目录

《补〈宋书·宗室世系表〉》一卷

《〈道德经〉考异》二卷

《〈南华真经〉残卷校记》一卷

《〈王子安集〉佚文》一卷《附录》一卷《校记》一卷

《古写经尾题录存》一卷　(罗福苌著附录)

《雪堂所藏古器物图》一卷　民国十二年(1923)　影印本

《凝清室古官印存》二卷　同上　钤印本

《贞松堂唐宋以来官印集存》一卷　同上

《雪堂藏古器物目录》一卷　民国十三年(1924)　铅字本

《〈魏书·宗室传〉注》十二卷《表》一卷　同上

《玺印姓氏征》二卷附《检姓》一卷　民国十四年(1925)　铅字本

《重校〈纪元编〉》三卷　同上

《蒿里遗文目录》六卷《补遗》一卷　民国十五年(1926)　铅字本

《永丰乡人续稿》十二卷　同上　石印本

《增订碑别字》五卷

《雪堂所藏金石文字簿录》一卷

《天发神谶碑考》一卷(周在浚)《附录》一卷(王蓍)《续考》一卷(汪照)《补考》一卷(罗振玉)

《增订历代符牌图录》二卷

《松翁近稿》一卷附《补遗》

《丙寅稿》一卷

《丁戊稿》一卷

《西夏官印集存》一卷　民国十六年(1927)　石印本

《纪元以来朔闰考》六卷　同上　铅字本

《北宋二体石经宋拓残本》一卷　民国十七年(1928)　影印本

《辽居稿》一卷　民国十八年(1929)　石印本

《辽居杂著》九卷　同上

《〈夨彝〉考释》一卷

《玺印姓氏征补正》一卷

《汉两京以来镜铭集录》一卷

《镜话》一卷

《蒿里遗文目录续编》一卷

《重校订〈和林金石录〉》一卷

《敦煌古写本〈毛诗〉校记》一卷

《〈帝范〉校补》一卷

《宋椠〈文苑菁华〉残本校记》一卷

《汉〈熹平石经〉残字集录》三卷　民国十九年(1930)　石印本

《辽居乙稿》一卷　民国二十年(1931)　石印本

《贞松堂集古遗文》十六卷《补遗》三卷　同上

《古器物识小录》一卷　同上　铅字本

《〈经义考〉目录》八卷《校记》一卷　民国二十二(1933)　石印本

《殷虚书契续编》六卷　同上　影印本

《辽居杂著乙编》十一卷　同上　石印本

《汉〈熹平石经〉集录续补》一卷

《增订高昌麴氏年表》一卷

《高昌專录》一卷

《增订唐折冲府考补》一卷

《辽帝后哀册文录》一卷《附录》一卷

《雪堂所藏古器物图说》一卷

《上虞罗氏支分谱》一卷

《本朝学术源流概略》一卷

《松翁未焚稿》一卷

《金州讲习会〈论语〉讲义》一卷

《辽居杂著丙编》四卷　民国二十三年(1934)　石印本

《汉〈熹平石经〉残字集录》又《续编》一卷

《汉〈熹平石经〉残字集录续拾》一卷

《唐折冲府考补拾遗》一卷

《古器物识小录》一卷

《车尘稿》一卷

《贞松堂集古遗文续编》三卷　同上

《贞松堂吉金图》三卷　民国二十四年(1935)　影印本

《三代吉金文存》二十卷　民国二十五年(1936)　影印本

《贞松堂藏历代名人法书》三卷　民国二十六年(1937)　影印本

《百爵斋藏历代名人法书》三卷　民国二十七年(1938)　影印本

《唐〈宰相世系表〉补正》二卷　同上　《七经堪丛书》本

《瓜沙州曹氏年表》一卷　同上

校刊书目

《玉简斋丛书初集》十四种《二集》八种　宣统二年(1910)刻本

《鸣沙石室佚书》十九种　民国二年(1913)　影印本　十七年摹写石印本

《宸翰楼丛书》八种　民国三年(1914)　刻本

《云窗丛刻》十种　同上　影印巾箱本

《雪堂丛刻》五十二种　同上　铅字本

《吉石庵丛书初集》十种《二集》三种《三集》六种《四集》八种　民国五年(1916)　石印本

《鸣沙石室佚书续编》四种　民国六年(1917)　影印本

《鸣沙石室古籍丛残》三十种　同上

《明季三孝廉集》三种　民国十年(1921)　铅字本

《敦煌零拾》七种　民国十三年(1924)　铅字本

《六经堪丛书》九种　同上

《史料丛刊初编》廿一种　同上

《敦煌石室碎金》十七种　民国十四年(1925)　铅字本

《高邮王氏遗书》四种　同上

《海宁王忠悫公遗书初集》十种《二集》十三种《三集》九种

《四集》十一种　民国十六年(1927)　铅字巾箱本

《殷礼在斯堂丛书》二十种　民国十七年(1928)　铅字巾箱本

《七经堪丛刊》七种　民国二十二年(1933)　石印本

《百爵斋丛刊》十四种　民国二十三年(1934)　石印本

《淳化阁帖》十卷　民国二十七年(1938)　影印本

《贞松堂西陲秘籍丛残》三集　民国二十八年(1939)　影印本

甲骨叕存

曾毅公著　民国二十八年十一月出版

商代甲骨之埋藏，迄今三千年矣，其速朽之质，远非殷周铜器之可任久存。更兼土人无知，发掘不慎，时有损折，求其完好无阙者甚稀。故欲据此以订正古史之阙讹，必先将此分散残存之材料综合整理，使其联缀可读，而后考证之功始有所施。王国维先生《殷卜辞中所见先公先王续考》谓："前考据《书契后编》上第八叶一条证匚丙 匚丁即报丙报丁。……比观哈氏拓本中有一片有田 匚乙示癸等字，而彼片有匚丙 匚丁等字，疑本一骨折为二者，乃以二拓本合之，其断痕若合符节，文辞亦连续可读。"是为甲骨缀合之始。其后商承祚，董作宾，唐兰，郭沫若，明义士诸人，皆尝于此致力。曾君参考《铁云藏龟》等书十六种，缀合甲骨拓本七十五片。非但从文字上相缀合，且有从甲骨之位置上相缀合者。

如第六片之甲，由六片合成，二十七片之骨，由四片合成，可谓极联缀之能事。昔之断烂不完者，缀合之后，庶几完整可读，能不令人抚掌称快乎。

双剑誃殷契骈枝

于省吾著　民国廿九年十月出版

北京琉璃厂函雅堂总代售　石印本一册定价四元

文字之孳乳，由简而繁，殷契为记载史事之鼻祖，文辞奥谊，非淹贯古训不能通其读。此书摭举诸家诠释殊异者三十事，爰就分析点画偏旁之法，辅以声韵通假之方，博引繁征，多所创获。

双剑誃古器物图录二册

于省吾著　民国二十九年十二月景印本　每部定价六十元

著者前曾录其所藏为《双剑誃吉金图录》,凡一百一十五器,迄今六年,续有所获,以成此书。卷上金类彝器四十,戎器十二;卷下金类杂器十,玺印六,石类九,玉类六,甲骨类八,陶类六,凡九十七种。以数量言,不可谓富,而选择之精严,器物之瑰异,求之国内藏家,岂易得耶。著者喜新厌故,少不当意,辄斥而去之。所得虽多,而久存实鲜。若楚王酓璋,吴王光,宋公栾,许伯彪四错金字戈,皆绝世尤物,愿毋轻于一掷也。

痴庵藏金

李泰棻著　民国二十九年十月国立北京师范大学影印本　定价二十四元

著者专研史学，谓春秋以前，《周书》而外，绝无著述，非资古物，别无史料。以需要之殷，研几之亟，蓄甲骨千余片，吉金七十余种。兹先将吉金全部分刊行。计收三代彝器三十一件，兵器三十九件，除考释铭文外，并权其轻重，度其大小，缩景其原器，墨拓其铭文，记录其花纹、质色、坑锈。细辨其中伪铭颇多：如《侯鼎》《父丁罍》《兄丁斝》《父乙彝》《乙孖觚》《龙伯戟》《并泉子剑》《李氏剑》《延熹刀》均是。《师雍父鼎》《带盘》《郳妇鬲》，其器亦伪。器之佳者，如《鸱鸮卣》《父丁卣》《师酉敦》，皆不能保，诚足为李氏惋惜也。

山东金文集存(先秦编)

曾毅公著　民国二十九年五月出版　每部实价九元六角

吉金文字著录,有以时代编次者,有以字类编次者,有以藏家编次者,其以地域编次者实始此书。曾君对于甲骨金文均注重地域研究,民国二十八年曾刊行《甲骨地名通检》一书(见本报第二十七期页二六二),为研究商代地理考之副产品。兹又集先秦铜器之出土于山东省,以其铭文上国别区分之,以见各国文化从违因袭之迹。其铭文上不言国别,而确知为山东出土者,则画以时代,殿之末编;并附《山东先秦吉金出土地址图》,以明先秦器物遗留之所在。

书分三编,铭文之后附释文。如确知出土地址及年月时,则于铭后注明之。上编计收鲁器三十九,出土于滕县凤凰岭,有《鲁白俞父鬲》五,簠三,盘三,匜一;曲阜林前村者,有《鲁大司徒元盂》一,匴三,《羊子戈》一。邾器二十九,出土于滕县东北安上村者,有《邾义白鼎》二,《京叔盘》一,《孟嬴匜》一,《孟弭父簋》四;邹县者,有《益公钟》一。邿器十二,《寺伯鬲》三,与《邾义白鼎》等同出于安上村。出土于东平县者,有《邿造遣鼎》一。滕器六。薛器二。曾器十六。杞器十一,出土于新泰县者,有

《杞白每匕鼎》二,簋五,壶一,匜一,盨一,郜器一。中编齐器七十七,出土于河北易县者,有《齐侯鼎》、簋、盘、匜各一;青州者,有《齐田姜簋》一;山西荣河县后土祠旁河岸者,有《齐綸镈》一;胶县灵山卫者,有《子禾子釜》《陈纯釜》《左关鋘》各一;出于临淄县者,有《右里启鎣》一。莒器七,出土于博山县香峪村者,有《簷刀》一。纪器十八,出土于寿光县纪侯台下者,有《纪侯钟》一。铸器十,出土于齐东县者,有《铸公簠》二,桓台县者,有《铸子叔黑颐鼎》一,簠二,盨一,匜一。下编不知国别,而确知出土于山东者五十一器;不详其出土何处,以铭文校之自是一系者,计二十四器。其中彝器二百四十一,兵器二十五,泉币三十七,凡三百又三器。如《郰肤盘》,《邿遣盘》,《郜史硕父鼎》,《齐太宰盘》第二器,《齐不趄鬲》,《亚矣鼎》,《铸公簠》第二器,皆属伪刻。《郰肤盘》别有真者未收。《鲁侯彝》乃鸮尊非彝,《滕侯稣簋》乃盨盖非簋。曩侯恐非纪侯。如《大史友甗》出于寿张梁山下未收,《齐史遳觯》二器收其一,故知其有未尽也。

岩窟藏镜第一集(先汉式)

梁上椿著　民国二十九年十二月出版　景印本一册定价二十元

吾国著录古镜,始于宋之《博古图录》。民国以来,于古彝器类多摄影印行。于古镜之专著仅得《古镜图录》《簠斋藏镜》

《小檀栾室镜景》三种，皆以拓本影印，于平面花纹尚清晰可观，于浮雕花纹如海兽葡萄镜，则模糊莫辨。与外国人所印镜谱如《泉屋清赏》之镜鉴部相较，辄自惭形秽。今得见《岩窟藏镜》，诚我国空前之作。著者为矿学专家，总办山西官矿十年，成绩卓著。卢沟桥事变后，隐居著述。藏古镜四五百面，一一以科学方法为系统之研究，而成此书。其第一集为先汉式镜，凡九十五面。一概说，于名称，时代，著录，合金，色泽，铭文，形状，记载綦详。次分论，就背面图案分为十类，并于蟠螭文镜中之各种鸟兽，分摘摹绘。三图录，记载镜名，推测年代，传闻出土地，镜质厚薄，完整与否，铸造程度，直径，重量，钮，钮座，地文，主文，铭文，外缘，色泽，锈，及备考。非特印刷之精，前所未有，即记载之确，亦非他收藏家所能及者。镜背花纹，于图案学所关至钜。此书胡秉信君所绘花纹极精，惜仅及于蟠螭文中之各种鸟兽。苟能尽所有之花纹而一一摹之，则工业美术之纹饰必将受其影响。于梁君此书不能无奢望焉。

韩非子校释十卷

陈启天编　民国二十九年三月　中华书局排印本　合订一册　定价七元

《韩非子》注释，以王先慎《集解》本最为通行。后来考证注释之类，单辞只义，创获亦颇有之，如刘师培《韩非子斠补》，梁启超《韩非子显学篇释义》(见《饮冰室合集专集》),孙人和《韩非子举正》(见《图书馆馆刊》五卷一期),陶小石《读韩非子札记》(见《制言》半月刊三十至三十二期),高亨《韩非子补笺》(《武汉大学文哲季刊》二期至四期)等。又如容肇祖《韩非子考证》(商务印书馆出版),于《韩非子》内容之分别,颇具识力。陈启天此书校释《韩非子》,每篇篇首有释题,提要,考证三项。于原文分段之后,附以校释,引据之书,凡四十三种,加以别择,为最近研究《韩非子》之巨著。至于《韩非子》原书之篇次,颇为凌乱,著者不避僭越之嫌,以《显学》《五蠹》二篇居首,不依原书序次,甚有胆识。每篇次序之订定,原本为一困难问题,照此书所排列观之,如《初见秦》篇,既认为绝非韩非所作,则当摈除不录,或者附列于最后,而位在《存韩》之前,未为得体。《存韩》篇中只录韩非所上书,而以李斯的上书为附录,既失之拘泥,亦犯擅为改易原篇之嫌。至《有度》《说难》,是否韩非所作尚有疑问者,以列见称于秦王之《孤愤》篇前,未免轻重倒置。至于校释方面,颇具细心,可供研究者之参考。

性命古训辨证三卷

傅斯年著　国立中央研究院历史语言研究所单刊乙种之五
民国二十九年四月商务印书馆出版　分订二册　定价二元

阮元(西历一七六四——一八四九)以为"古今义理之学,必自训诂始"(《揅经室续集》一《冯柳东三家异文疏证序》)。此为师述戴震从古训求义理之意。然戴震此种精神,在尊古守残之时代,本欲以压倒宋儒,以标榜其所发明之义理,其于义理之所得,当然有个人所受于时代之影响,不尽以阐释古义为能。故戴氏《孟子字义疏证》之作,虽释《孟子》,而带有荀卿之精神。章炳麟《释戴》有云:"戴震生雍正末,见其诏令谪人,不以法律,顾摭取洛闽儒言以相稽,觇司隐微,罪及燕语。九服非不宽也,而迥之以丛棘,令士民摇手触禁,其䖝伤深。震自幼为贾贩,转运千里,复具知民生隐曲,而上无一言之惠,故发愤著《原善》《孟子字义疏证》,惠务平恕,为臣民诉上天,明死于法可救,死于理即不可救。"又云:"极震所议,与孙卿若合符,以孙卿言性恶,与震意拂,故改而赴《原善》。"阮元受戴震一辈汉学家之影响,因泥古而不识其通,其著《诗书古训》有曰:"万世之学,以孔孟为宗,孔孟之学,以《诗》《书》为宗。不宗孔孟,必入于异论。孔孟之学所以不杂者,守商周以来《诗》《书》之古训也。”(《诗书古训序》)其著《性命古训》(《揅经室一集》卷十),以为“古性命之训虽多,而大指相同”,遂举《尚书·皋陶谟》《西伯戡黎》《召诰》《洪范》《诗·大雅·文王》《卷阿》《抑》《周颂·昊天有成命》,《春秋左氏传》刘康公朱文公语,《穀梁传》,《周易·文言》《乾象》《萃象》《系辞传》《说卦传》,《孝经》,《论语》,《礼记·中庸》《礼运》《乐记》《王制》,《孟子》诸书,凡言及性命,莫不认为同意指者。傅斯年先生认为阮氏《性命古训》一篇,其结论固多不能成立,然其方法足为后人治思想史者所仪型。即以语言学的观点解决思想史中之问题。至阮氏之蔽,则以材料蔽之,时代偶像蔽之,门户蔽之,有此三端,因此而令人于《性命古训》可以重作。所以此书命名《性命古训辨证》者,不敢昧阮元之方法也。此书分上中下三卷,上卷释字,统计周金中之“生”“令”“命”字而考其字义,因以次说及《周诰》《诗经》《左传》《国语》《论语》中之性命字,及《孟子》《荀子》《吕氏春秋》中之性字,而说生与性,令与命之语言学上的关系。中卷释义,具述先秦儒家性命说之来源,演成,及变化。以《周诰》《周诗》中之天命无常语为人道主义之黎明。以为东周之天命说,大约有五种趋势,其源似多为西周所有,即命定论(以天命为固定不可改易);命正论(谓天眷无常,依人之行事以降祸福);俟命论(天命不齐,修身以俟天命之至);命运论(命之转移在潜行默换中有其必然之公式);非命论(非命之一词亦否认之)。命定论为儒家,非命论为墨家,而命运论为邹衍。至于性之问题,傅斯年先生以为孔子以为人之生也不齐,必学而后志于道,荀子以为人之生也恶,必学而后据于德。其人论虽有中性与极端之差,其济之之术则无以异。孟子在性格,在言谈,在逻辑,皆非孔子之正传,且时与《论语》之义相背。孟子在墨子之后,迁就于墨说,舍宗教而就伦理,罕言天志而侈言人性,墨子以为自天出者,孟子皆以为自人出。孟子之性善说,为反墨反宗教后应有之态度,与孔子迥不相侔,由此而开心学之宗派。荀子援法家之精义以入儒,孟子为儒术中之心学,俱为儒术而非杂学,俱与西汉杂新学之儒学不同。卷三释绪,说汉儒性说之特点为其善恶二元论。自东汉下逮魏晋,则三品之性说以渐代二元之性说,至唐韩愈始用三品之名于其《原性》一文中。至宋程朱,合孟轲韩愈以为论,旁参汉晋之性情二元说,以求适于孔子所谓"性相近,习相远","唯上智与下愚不移"。程朱将气禀自性中分出,或名之曰气质之性,或竟名之曰才,以为兼具善恶。由此孟子性善说之不易说圆处,扬雄韩愈诸子说之错综处,皆得其条理。此可见程朱之说乃努力就孔子说作引申者。又附论李习之在儒家性论发展中之地位,以为《复性》上下两书皆不杂禅学者,中篇诸问或杂或不杂。李氏于古儒学中认出心学一派,是其特识,此事影响宋儒甚大。戴震,阮元皆未认明古有心学之宗,更忽略汉儒之性情二元说,故李氏说之与禅无关,于儒有本者,号称治汉学者反不相识矣。综而言之,傅斯年先生此书,以性命二字在古文字中性即生,命即令之字义发其端,更从先秦诸子之天道论,人性论之来源及变化而错综其论,其所以纠正阮氏之说者甚确。其所采阮氏之方法,为研究史学者所宜注意。至于此篇所讨论者为古代思想史之重要问题,即所谓天人问题,上涉商周,而下至汉宋至清儒之学,亦治思想史者所当涉猎而商讨之者也。

五十万卷楼藏书目录初编二十二卷

莫伯骥著　线装连史纸　上海商务印书馆代印铅字本
民国二十五年九月初版　分订二十册　未有定价

莫伯骥先生字天一，广东东莞县人，前清光绪间秀才，后习西医，与陈垣先生同学，二先生俱以案首秀才而习西医，人视为奇。及后二人又皆邃于国学，皆无独有偶者。莫先生在广州开设仁寿西药房，因以丰裕，民元以后，购书益多，而古本善本，尤为笃嗜。持筹握算之外，便即读书，上下丹黄，独有千古。其于宋元版本，斥千金购置者，亦颇有之。北平，上海，南京等处大书坊，无不知有其人者。邮函目录，寄递首本备采择者日恒接迹于其庐，而先生乐此不疲，积三十余年，所得旧本新刊古今纂述都五十万卷有奇，自号为五十万卷书楼。此《目录初编》，仿晁公武《郡斋读书志》，陈振孙《直斋书录解题》，及参以钱曾《读书敏求记》，《四库全书提要》之例所著成，殚见洽闻，颇足供研究书籍版本及内容者之参考。书凡二十二卷，经部三卷，史部五卷，子部六卷，集部八卷。内中所记亦有曾先登《北平图书馆馆刊》《岭南学报》等杂志者。莫先生于题识，颇推陆心源《仪顾堂题跋》，以为富赡无疵，故此于作者遗事，板本异同经眼之处，不厌求详。此书印成时,尚未发出,或待最后之校勘,适遭广州沦陷,书中所列善本,想亦半付劫灰。而此《书目初编》令人遇之,不免倍为珍惜也!

引得编纂处最近出版四种引得

一、杜诗引得 特刊第十四号 民国二十九年九月出版 三厚册 定价道林纸本三十二元 报纸本十六元

杜工部诗,气魄沉雄,前无古人,后无来者,其价值之大,无待赘述。数年前,日本学者饭岛忠夫及福田福一郎二氏曾合编《杜诗索引》,以每句末字为准,其用不宏。引得编纂处缘取清嘉庆间翻宋刻郭知达《九家集注杜诗》重为排印,并将民国十年上海扫叶山房石印仇兆鳌《杜诗详注》中所有而为《九家集注》中所无者共二十二首附排于后,名曰《补遗》,然后即据此新印之杜诗,以一句为准,逐字或辞编为引得,其名虽为引得,实则一详尽之"堪靠灯"(Concordance)也。引得前附洪煨莲教授《序》并冯续昌先生《杜诗编次表》。《序》于杜诗版本源流考证綦详,尤以揭破钱谦益伪造吴若本一节为发前人所未发。《表》以《九家集注》本编次为准,依次列其他十七家杜诗之篇第,可作一总目用,亦可作一对照推算表用。

二、《六艺之一录》目录附引得 特刊第十五号 民国二十九年

九月出版　一厚册　定价道林纸本十元　报纸本五元

夏商以来,我国文字变迁甚多。以形而言,若甲骨,若金文,若大小篆,若鸟虫书,若隶,若行,若章草,若八分……细分析之,盖不下十余种。汉魏以还,文字书法浸成美术之一,于是钟王蜚声于魏晋,虞欧著誉于唐初,而鲁公诚悬,尤为后人临摹之楷则。宋元而后,能者多家,但大致未能脱前贤矩范焉。

清初,钱塘倪涛酷嗜书法,虽未能以此艺名家,而鉴赏则殊精博。以书为六艺之一也,因上采三代钟鼎铭文,下择元明墓志函帖,为《六艺之一录》四百六卷,又《续录》十四卷,共四百二十卷。正录六集:曰金器款识,曰石刻文字,曰法帖论述,曰古今书体,曰历朝书论,曰历朝书谱;续录八集:曰金器题跋,曰石刻题跋,曰金石题跋,曰法帖题跋,曰续书体论,曰六书疏略,曰书论,曰书谱续编。《四库题要》誉为"凡六书之异同,八法之变化,以及刊刻墨迹之源流得失,载籍所具者,无不裒辑","唐以后论书之语,未有该备于是者",则其价值可知矣。惟书向乏目录,检查殊多不便。引得编纂处缘据《四库全书珍本初集》之影印本,先为编目,然后就目作为引得。从此凡欲寻觅资料于此书中,当无多困难矣。

三、《论语》引得　特刊第十六号　民国廿九年十一月出版　一册　定价道林纸本六元　报纸本三元

儒家精义粹于群经,而记述孔子及其门弟子言行之《论语》尤为重要。年来中日坊间虽有《十三经索引》或《四书索引》,《论语》亦收于其中,但编制稍简,为用不宏。引得编纂处因据阮刻《十三经注疏》本将《论语》加以标点数码,重为排印,然后即就此新印经文,依"堪靠灯"(Concordance)办法,逐字或辞编为引得,用为检查之助。其中人名之互见,字辞之参见,为例綦详,盖非草率从事者也。

四、《周礼》引得 附注疏引书引得 第三十七号 民国廿九年十二月出版 定价道林纸本五元 报纸本二元

《周礼》一称《周官》，又称《周官礼》，或称《周官经》，为秦汉以来儒家之理想政典。昔人以为周公所作，固不足信，而遽谓刘歆伪撰，亦未免武断也。其书于后世政治组织影响甚大，如隋唐以还之吏户礼兵刑工六部制度，即隐师《周礼》之意者。

《周礼》与《仪礼》《礼记》合称“三礼”，其性质虽不同，但多互相关照之处，故必相辅而行，不能偏废。引得编纂处前曾编有《仪礼》及《礼记》二引得，今又取《四部丛刊》本《周礼》，编为引得，俾为研究古代典章制度与夫彝器车服之助。又以郑玄《周礼注》及贾公彦《周礼疏》引用之书，近世多有亡佚，爰更取上海锦章书局影阮刻《十三经注疏》本《周礼》，另编《周礼注疏引书引得》附于《周礼引得》之后，其于嗜古者，当亦有裨助也。

（《燕京学报》1940年第28期）

鸟居龙藏博士
山东临淄等地考古略志

此次本大学客座研究教授鸟居龙藏博士,偕夫人喜美子、女公子绿子女士,并临时助手张雁深、刘选民二君,一行五人,于本春三月四日,由北京出发,至山东各地,作考古学、人类学之研究勘察,颇多期待以上之发现与收获,且于四月卅日,安返燕园。

此次出发,先赴青岛,发掘先史时代之"贝冢"(Kjökkenmöddings),获得研究有用之遗物甚多。次至张店勘察,并于地下发现汉代砖墓,亦研究之良好材料。继而至淄川及南定测勘发掘前者之"虾蟆石"及后者之"石棚"(Dolmen)等先史时代之"巨石遗迹"(Megalithic monuments),并作极有兴味之研究。

后复于博兴县发现《春秋左传》所载"庄公八年冬十二月齐侯游于姑棼遂田于贝邱"之贝邱,并获得若干有用之采集品。该"贝邱"乃考古学上所谓"贝冢"者。

再至益都县,于城内发现有古代土城遗迹,对其年代虽略有所推测,俟日后重行勘查,再作定论。此外并发现古庙遗迹一所。

末至此行最后之目的地临淄县,作“齐墟”之探查,并对该县城附近残存之土城遗址数处及土城一带地区,从地质学及地理学上,作苦心之研究。至土城内外及其附近残存之遗迹遗物,亦加意勘查。又该地所谓“包含层”者,触目皆是,且由此而获得许多研究上之新见解。

此外于临淄并发现“贝冢”与“骨冢”(Bone mound),此于考古学上洵有无穷兴味。

又该处非唯“齐墟”遗迹而已,其外先史时代、商、周、汉、唐、宋等各时代之遗物,比比皆是,故鸟居博士对诸遗物碎片,破瓦残砖,亦多所采集,籍作研究之参考资料。

虽然如是,据鸟居博士表示,此行仅其研究之“前奏”而已,他日卷土重来,重加研索,增搜确证,再将所得,以精细之论文发表之云云。

又鸟居博士本拟至山东之龙口,作贝冢之发掘,卒因船路过于转折而未果。故上述旅行终了之后,更于五月十二日偕夫人及女公子由北京出发至大连,由大连乘船至龙口,始偿所愿。于龙口并新发现贝冢二所,详作发掘勘查。其一之下,且发现埋葬完整之人类骸骨一具。死者人种,当系贝冢之积成者。是该骸骨,自为研究华北新石器时代民族颇具深刻意味之资料也。

商周彝器通考

（《燕京学报》专号之十七） 容庚著

民国三十年三月哈佛燕京学社出版 道林纸本二厚册 定价七十元

宋代商周故都，钟鼎彝器时有出土。著录之书如吕大临《考古图》《宣和博古图录》等，既图其形，复摹款识，此一派也。如王俅《啸堂集古录》，薛尚功《钟鼎彝器款识法帖》，专摹款识，或加考释，此又一派也。清乾嘉以来斯学大兴，属于图象者则有高宗敕编《西清古鉴》，钱坫《十六长乐堂古器款识考》等。属于文字者，则有阮元《积古斋钟鼎彝器款识》，吴荣光《筠清馆金文》等。惟自来研究者，均阐发一端，而无融会贯通之作。学者欲肆力研究，苦无一扼要之书可读。著者于民国十六年曾著《殷周礼乐器考略》一书（见《燕京学报》第一期），已为治此学者所称道。兹复以八年之力扩充而成此书。

此书分上下两编，上编通论十五章，下编各论四章，兹摘要如下：

第一章《起原》 青铜器古称彝器，彝者，常也，谓钟鼎为宗庙之常器也。盖铜器之用，盛行于商周，其器多为一族及祖若父而制，而周器复有“子子孙孙永宝用”之文以祈世守。战国以后,世禄之制浸衰,而铜器之用渐少。秦始皇并兼天下,收天下兵聚之咸阳,销以为钟鐻金人十二,意可为兵器之铜,亦在收聚之列,故出土之秦器除权量诏版外,罕所闻见。两汉铜器形制与商周大异,其属夏代者,尚无由考知也。

第二章《发见》 《易·系辞》云:“古之葬者厚衣之以薪,葬之中野,不封不树,丧期无数。”其葬也至俭。至殷乃有以祭器葬者。《檀弓上》云:“仲宪言于曾子曰:‘夏后氏用明器,示民无知也。殷人用祭器,示民有知也。周人兼用之,示民疑也。’曾子曰:‘其不然乎,其不然乎。夫明器者鬼器也,祭器者人器也,夫古之人胡为而死其亲乎。’”夫唯不死其亲,于是称家之有亡,遂有以厚葬久丧为仁者。冢墓既为宝藏之所,发掘冢墓以求宝物,自汉广川王去疾以迄清末,无代无之。民国以来,始有专事发掘之举,其事始于新郑,继之者有浚县,安阳,盗发者有浑源,洛阳,寿州等。本章关于发掘时地与器物数量,均分别阐述之。

第三章《类别》 彝器之著录,始于宋吕大临,其所定器名每多讹舛,及《博古图录》成,所定器名大体确定。然郑玄等之图《三礼》,因名以图器,王黼等之图《博古》,因器以定名,汉人固失之,而宋人亦未尽得也。器之类别,始于《考古图》。《博古图》分为二十类,每类皆有总说,疏其大意。《西清古鉴》以来只记器名,无复类别,亦以类别之不易也。本章自其应用言,分为四类:(一)食器:鼎、鬲、甗,用以烹饪;簋、簠、盨、敦、豆、卢,用以盛食;俎用以切肉;匕用以取肉。(二)酒器:爵、角、斝、盉、鐎,用以煮酒;尊、觚、觯、方彝、卣、觥、鸟兽尊、壶、罍、瓶、鐳、缶、罉、卮、杯,用以盛酒;□用以陈酒器于上;勺用以挹酒。(三)水器及杂器:盘、匜、鉴、盂、盆、甗,用以盛水;枓、碗,用以斢水;杂器则有瓿、皿、罐、鉶、区、行镫、不知名器附焉。(四)乐器:钲、句鑃、铎、铃、钟、钟钩、錞于、鼓。其详则于下编各论中论之。

第四章《时代》 《考古图》于器名之上,未著时代,于考释之中,间考定之。至《博古图》于目录之前区别商周,然亦间作疑词。方濬益《缀遗斋彝器款识考释》,并商周为一,但署曰三代器,潘祖荫亟称之,谓必如此方可正宋以来穿凿傅会之陋。然《清爱堂彝器款识》《攀古楼彝器款识》《恒轩吉金录》《攈古录金文》诸书,已不复分商周矣。罗振玉先生著《殷文存》序云:"考殷人以日为名,通乎上下,此编集录,即以此为准的。其中象形文字,或上及于夏器,日名之制,亦沿用于周初,要之不离殷文者近是。"顾学者犹或疑焉。周器每记年月日,于是有用长历推定其属于何王者,始于吕大临《散季敦》。今观此器形制,当在厉宣之世,吕氏以太初历推属武王,实为大误。次为罗士琳之《周无砖鼎铭考》,推《无砖鼎》为宣王十六年。张穆更以罗氏之术推定《虢季子白盘》为宣王十二年。鼎有月日而无年,得此盘相证,其代益显。厥后刘师培阅吉金款识,凡铭文备书年月者计三十余器,因踵张罗成法为《周代吉金年月考》。所考定者为《散季敦》等二十五器,存疑者《望敦》等六器。其《遂攺諆鼎》铭乃伪刻,《师訇敦》属之康王,《盂鼎》属之宣王,后先颠倒,不足信据。吴其昌作《金文历朔疏证》,郭沫若谓:"骤视之颇惊其成绩之浩大,然夷考其实,实大有可议。盖周初历法迄未确知,即宗周列王之年代亦有异说。例以恭王言,《太平御览》第八十五引《帝王世纪》云在位二十年。《通鉴外纪》则云在位十年,又引皇甫谧说在位二十五年。《皇极经世》复推算为十二年,世多视为定说。吴氏历谱中所取者即此十二年说。然今存世有《趞曹鼎》第二器,其铭曰'隹十又五年五月既生霸壬午,龏王在周新宫,王射于射卢'。龏王即恭王,谥法之兴,当在春秋中叶以后。由此器可知恭王有十五年,彼二十五年说与二十年说虽未知孰是,然如十二年说与十年说,则皆非也。"其言正中吴氏之失,于是吴氏重定历谱时，截取懿王八年以归之共王，断鹤续凫，不知懿王十七年之说之出于何书也？郭氏则专就彝铭器物本身以求之。盖器物年代每有于铭文透露者，据此等器物为中心以真推证他器，其人名事迹每有一贯之脉络可寻，更就文字之体例，文词之格调，及器物花纹之形式以参验之，一时代之器大抵可以踪迹，即其近者，于先后之相去要必不甚远。然以此求年代，亿中与否，恒视其人思想之疏密而异。如郭氏《两周金文辞大系》初成于民国廿一年，及廿四年再版，即有若干之修正。又《宗周钟》，郭氏属之邵王，唐兰则属之厉王；《骉羌钟》，郭氏属之安王，温廷敬则属之威烈王；《秦公簋》郭氏属之秦景公，容氏则属之秦桓公。所谓不待辩者尚如此，况于铭文中无确实之记载，而从形制字体花纹以踪迹之者乎。此章略依郭氏之法以排比各器，分为四期：（一）商时期，（二）西周前期，（三）西周后期，（四）春秋战国期，较郭氏更为精密矣。

第五章《铭文》 商周制器，每有铭文，宋人称之为款识，如薛尚功集录彝器铭文，称之曰《历代钟鼎彝器款识》是也。昔人于图形文字，类皆望形生训。郭沫若谓："此等图形文字，乃古代国族之名号，盖所谓图腾之孑遗或转变也。"容氏更补充郭氏之说，谓："商代有某族公共作器及某族为某作器之例。"图形文字多不可识，然亦有易识者，如田告、羊、鱼诸族是。所据以定为商器者，一为图形文字，一为以日为名。然二者皆下及周代，本章列举周代（一）有图形文字及日名者，（二）有图形文字者，（三）以日为名者，以见商周因变之迹。日名之上加以日字，虽始于商，而以周代为多。日名之下有加公字者则为周器。商代铭文以一字至五字为多，记作器之人及为某人作器。其作器之故，以祭祀赏锡为多。其所记之事，奥晦难晓。其长无过五十字者。西周前期铭文渐长，其文辞仍古奥不能尽解，而所纪之事多异。

西周后期多以锡命而作器，虽铭文有详略，而大体相同。春秋战国之器，有铭者少而无铭者多，新郑浑源所出其著例也。至于字体，商周两代亦有差异。商代可分雄壮秀丽两派。西周初期尚承其体。西周后期则笔画停匀，不露锋铓。春秋战国，异体朋兴。细长之体，盛行于齐徐许诸国。有复两端纤锐之旧者，有加羡文者，有加点于细长之体者，有草率不成字者，有鸟书者。商及西周之器多铸款，春秋以后乃渐多刻款。铸款字画肥，刻款字画瘦。寿州所出楚王诸器，刻款为多。本章所举铭文有有方格者，有反正体者，有左右行者，有左右转者，有顺逆行者，有重文者，有添字者，有异同者，有夺字者，有衍文者，有颠倒者，有误字者，有文义不完者，有缺器名及动词者，有无作器人名者，有挖上款者，足资异闻。

第六章《花纹》 言花纹者，始于《吕氏春秋》，其次《博古图录》，于器之花纹每有解说。然自是书外，言花纹者甚少。其以花纹命名者漫无标准。本章取所见花纹，于其特征加以诠释：一、饕餮纹，二、焦叶饕餮纹，三、夔纹，四、两头夔纹，五、三角夔纹，六、两尾龙纹，七、蟠龙纹，八、龙纹，九、虬纹，一〇、犀纹，一一、鸮纹，一二、兔纹，一三、蝉纹，一四、蚕纹，一五、龟纹，一六、雷纹，一七、钩连雷纹，一八、斜方格雷乳纹，一九、波形雷纹，二〇、目雷纹，二一、三角雷纹，二二、四瓣花纹，二三、圆涡纹，二四、圈带纹，二五、舟字纹，二六、乳纹，二七、直纹，二八、弦纹，二九、鱼纹，三〇、鸟纹，三一、凤纹，三二、象纹，三三、鹿纹，三四、蟠夔纹，三五、仰叶夔纹，三六、斜角雷纹，三七、蛙藻纹，三八、蛟龙纹，三九、鳞纹，四〇、瓦纹，四一、重环纹，四二、环带纹，四三、垂鳞纹，四四、窃曲纹，四五、两头兽纹，四六、蟠蛇纹，四七、兽带纹，四八、兽纹，四九、鸟兽纹，五〇、立鸟纹，五一、战斗纹，五二、车马猎纹，五三、猎纹，五四、象首纹，五五、象鼻纹，五六、鸟首纹,五七、垂叶兽纹,五八、垂叶象鼻纹,五九、蟠虺纹,六〇、兽面蟠虺纹,六一、斜格点纹,六二、浪花纹,六三、绹纹,六四、贝纹,六五、三角窃曲纹,六六、粟纹,六七、蝌蚪纹,六八、夔凤纹,六九、蛇兽纹,七〇、窃曲目纹,七一、圆花纹,七二、云纹,七三、三角云纹,七四、两V相交纹,七五、蝠纹,七六、变形鸟纹,七七、斜方花纹。乃极艰巨之工作,为前人所未及者。据上述花纹观之,则商代主要之花纹,为饕餮、为夔、为两尾龙、为蟠龙、为蝉、为蚕、为龟。西周前期为鸟、为凤、为象,均有雄奇伟丽之观。西周后期为蛟龙、为瓦、为重环、为环带、为窃曲,则质朴无文,渐趋退化。春秋战国期为蟠蛇、为兽带、为鸟兽、为象鼻、为蟠虺、为绹、为贝,纤巧繁缛,与前异趣。其车马、战斗、狩猎诸纹,极生动活泼之致,如放异彩。要之商与西周前期,大致相沿,无急遽之变化,形制如此,花纹亦然。西周后期以降,其形制变,花纹亦随之而变,故形制花纹每有不易名状者焉。

第七章《铸法》 铸器之法,赵希鹄《洞天清禄集》,及宋应星《天工开物》,两者皆言蜡模之法,宜若可信。惟近年出土土范颇多,见于《邺中片羽》二集者有鼎范三,尊范四,壶范一,觚范六,爵范三,彝范七。虽破碎不完,盖用合范之法,合数范而成一器,故范之边沿光滑,且鼎范有子口串合处。复就鼎彝观之,其铸造草率者,于范之接合处或相差至一二分。如《窃曲纹鼎》是也。浚县所出《饕餮纹兽盖方器》,郭宝钧谓:“制法为四模合成,棱与兽即其接模处。”罗振玉先生谓:“秦公敦之文每字为一范,合多范而成文,以证活字之始,远在东周之世。”庐江刘氏所藏奇字钟,亦为一字一范。若《秦瓦量》则四字为一范,合十范而成全文。则蜡模之法当属后起。阮元《散氏敦铭拓本跋》谓“刻字于木范为阴文”亦非也。如先刻木范,则一范必可成数器。今所见古器及铭文无一同范者。试观《父戊舟爵》二器绝相似,其足皆有洼下处,有若同范。然细按花纹,实不相同,且铭文“乍”字,一反一正。即平阳安阳方足布,虽千百品亦无一同范者。阮氏又谓调极细土以笔书于土范之上一再书之使高,亦未必然。曾见上虞罗氏所藏《叏作父乙卣盖范》殆是刻土范为阳文反书者。古者铜器非以纯铜,必以锡合。其合锡之多寡,则视器之用而异。惟今日所出之器,其成分是否与《考工记》相合,吾国化学家尚未有及此者。近代铸器每用焊合之法,铸成各部分而焊合之,花纹铭文不刻范而刻铜,工省易成,而古法遂失。

第八章《价值》　古器价值以好尚而异,有甲得之百金而售之乙得千金者,未可刻舟求也。本章沓录宋元明清诸书所记器价,其中以录自张廷济《清仪阁所藏古器物文》为多。

第九章《去锈》　乾嘉以前出土之器,每磨砻光泽,外敷以蜡,今所称熟坑者是也。锈之甚者,铭文每为所掩,拙工加以刀剔,有似伪刻。铜丝刷剔,亦损字边。张廷济则用醋渍之法。惟渍及全器,不能施之局部,未为善法。近来则通用山楂敷法,盖始于延暄。山楂之妙,在于欲去何处之锈即敷于何处,不致波及其他部分。惟锈之绿者,山楂之酸性可去之。若数敷之后,绿锈去,而变为红锈,则非山楂之酸性所易去,或竟不能去。则最后办法,惟有刀剔。近年喜用化学方法,以盐酸浸洗去锈,以为美观。美国哥伦比亚大学电化学教授芬克著《古铜器及其他合金物之恢复原状法》一书,谓以电解方法去锈比较以强烈之酸溶液或以机械之方法者为佳。试验数器,确能将锈层除去而现出本来面目。所不足者经电解之后,原器每黯然无光。其锈之甚者,外面经已腐蚀,锈去而器亦伤。故质地之佳者,可用电解法除锈,否则当审慎用之也。

第十章《拓墨》　《籀史》称宋皇祐三年,诏出秘阁及太常所藏三代钟鼎彝器付修太乐所墨器款以赐宰执,是为彝器拓墨之始。惜《考古图》《钟鼎彝器款识》等书，未能尽据墨本。嘉庆以后，钱坫以刻《十六长乐堂古器款识考》，阮元以刻《积古斋钟鼎彝器款识》，而拓本始为人所重视。时以拓墨著名者，为僧达受，淡拓若蝉翼。后则为陈介祺，浓拓若乌金。拓墨之法，先以沸水泡白芨出胶。纸铺器上，用笔蘸白芨水涂纸上，以湿巾按之。再以干纸铺纸上，以棕帚或发帚轻击之，一则使纸入字内，一则使纸速干。再三换干纸使拓字之纸下陷，干至八九分，然后施墨。拓包外用帛一层，或素缎一层，内包新棉，扎紧。包上墨时，以笔抹墨涂于小碗盖上或瓷碟上，以包速揉之令匀，干则再上墨，不可以包入墨聚处蘸之，使棉有湿点，着纸即成墨点。有墨点即须易棉。有使棉全湿者，究不合法，最易使墨入字中。包外墨用不到处，易积，而忽用之，则墨重，须常揉去之。帛敝则易，包松则时扎之。紧则不入字，松则易入字。拓包之大小视器之大小而异，圆径约二分至四分。扎时若圆球，抑之使略平。拓墨时不可心急。拓墨一遍，宜俟墨少干再拓第二遍，方不致拓包将纸粘起。工熟者可两三器并拓，由甲器而乙器，再由乙器而甲器，不至候干废时。初拓可先试用字之大者，渐及其小者。工之良窳以小字浅字试拓便知。拓全形始于马起凤，能依原器大小。拓之佳者，可作美术品观。墨字法则始于英国叶慈。

第十一章《仿造》　宋以前，彝器代有发现，其数殊小，未有以仿造著称者。皇祐以后，商周彝器出土者多，士夫深悟《三礼图》之失，故徽宗铸器，一依古制。当时复有翟汝文，高宗，贾似道，廖莹中所铸器。至元成宗即位，诏修文庙，朔望祭祀，由是祭器流传亦多。然模铸草率，去殷周制作远甚。明宣宗宣德年间所仿铸古彝器，据《宣德鼎彝谱》所载，其规模之大，器物之多，有出人意表者。然就见存诸器及《宣炉汇释》所载观之，形状，花纹，色泽，终不与古彝器相类。惟明崇祯八九年潞王常淓所制鼎甗诸器形制差为近古耳。

第十二章《辨伪》 彝器之书始于《皇祐三馆古器图》,然收录伪器,亦始于此书。宋赵希鹄《洞天清禄集》有《古钟鼎彝器辨》,其言虽不可尽信,然亦可知当时于彝器已有伪作者矣。明高濂《遵生八笺》论《新铸伪造》,于伪造屑凑之法及作伪之地之人,揭发至为详尽。关于鉴定文字真伪之法,约有六端:一、凡铭文与宋代著录之器相同者,除商器常见之铭辞如“史”“戈”“[illegible]”“[illegible][illegible][illegible]”之类间有真者外,其余多字之器,或铭文同而形状花纹异之器皆伪。二、凡增减改易宋代著录之铭辞者皆伪。三、凡宋代著录之铭辞,由此类器移于彼类器,或加以删改者皆伪。四、凡文句不合于铭辞体例者皆伪。五、凡形制与铭辞时代不相合者皆伪。六、凡铭辞仅云“作宝彝”者多伪。要之常见之铭辞难辨,罕见之铭辞易辨,字少之铭辞难辨,字多之铭辞易辨,此其大较也。作伪之器约可分三时期:第一期伪器,为乾隆以前,铭伪者器亦伪。第二时期伪器,在道光至清末。道光间,刘喜海官陕西,搜购彝器,成《长安获古编》,无铭文者不录。于是估人于无字之器,伪刻铭文,于字少之器,加刻铭文,如西施黥面,而古器受其殃矣。然其时估人未尝学问,所刻铭文,文义荒谬,字体恶劣,真伪易辨。民国以来之伪器,是为第三时期。其作伪之技巧视前更精,而辨别真伪也愈难。自影印之法行,人皆得见影本;自辨伪之说行,人皆提防伪器,故作伪之术亦因之而日益进。然伪作之铭,笔力每伤于软弱;且一人而伪作数器,笔意雷同,易于发覆耳。

第十三章《销毁》 物之成也必有毁,然未有若铜器之甚者也。宋代《博古图录》著录之八百三十九器,今不传一焉。其余可知者,一《厚趠方鼎》,一《兮甲盘》而已。本章举古器之厄凡七,一董卓,二隋文帝,三周世宗,四宋太宗、高宗、宁宗,五金海陵王，六明思宗，七乡民。

第十四章《收藏》 记载各藏家，起宋寇准，迄清端方，计宋三十三人，明二人，清三十九人，附录清收藏家藏器较少者一百四十八人。自宋以来，于清为盛，民国虽有藏家，以其流转至速，复不易尽窥其所藏。其已有成书者，见于著录一章，故不复论列。

第十五章《著录》 彝器之有图，始于《皇祐三馆古器图》，嘉祐八年，刘敞作《先秦古器记》刻于石。李公麟著《考古图》，每卷每器，各为图叙。其释制作铸文，款字义训及所用，复总为前序后赞。士大夫知留意三代鼎彝之学，实始于公麟。今其书并失传，所得见者自吕大临《考古图》始。著录之法，每视印刷术之进步以为转移，盖经三变。自宋至清同治以前，绘图刻木，或刻于石。光宣时代，乃有石印。民国以来多用摄影，印以玻璃版。著录之书，其要者可分二类，一图象，一文字。图象者多属自藏，文字者多属汇集。本章计著录图象之书三十七部，文字之书二十部，关于各书之得失，及器之真伪，均有评述。

下编第一章《食器》 一鼎，二鬲，三甗，四簋，五簠，六盨，七敦，八豆，九卢，十鐙，十一俎，十二匕。

第二章《酒器》 一爵，二角，三斝，四盉，五鐎，六尊，七觚，八觶，九方彝，十卣，十一觥，十二鸟兽尊，十三壶，十四罍，十五瓶，十六鑐，十七缶，十八鑪，十九卮，二十杯，二十一禁，二十二勺。

第三章《水器及杂器》 一盘，二匜，三鉴，四盂，五盆，六甗，七科，八碗，九瓿，十皿，十一罐，十二鉌，十三行镫，十四区，十五不知名器。

第四章《乐器》 一钲，二句鑃，三铎，四铃，五钟，六钟钩，七錞于，八鼓。于各器之用，作器之故，器之形状，器之名称，铭之位置，一一详述。各器举例，多者至一百六十器，少者一二器。其于簋盨二器，辨证尤详。

全书三十万言，附图千余幅，插图三百余幅，繁征博引，阐见洽闻，理众说之不齐，建斯学之标准。虽不敢谓得此一书不烦他索，然得此一书，其于彝器之情伪，庶几可了然也乎。

秦妇吟校笺一卷

陈寅恪著　民国二十九年四月　商务印书馆代陈氏排印本　未标定价

陈寅恪先生原著有《读秦妇吟》，初载民国二十五年十月《清华学报》，此为二十九年陈先生在昆明增订者，特改今名，复承清华大学许可重刊。此书前列天复五年乙丑岁十二月十五日（案即西历九〇六年一月）敦煌郡金光明寺学仕张龟写本之全文。后列《校笺》分（甲）从洛阳东奔之路程，（乙）从长安至洛阳之路程，（丙）诗句校释三项。《校笺》于后出之周云青《秦妇吟笺注》（商务印书馆出版）亦有所纠正。如《秦妇吟》云："仍闻汴路舟车绝，又道彭门自相杀。""汴路"，周云青据别本作"汴洛"，《笺注》云："汴洛谓河南开封至洛阳也。"陈先生《校笺》据《元和郡县图志》九徐州条云："自隋氏凿汴以来，彭城南控埇桥，以扼汴路，故其镇尤重。"又同书同卷宿州条云："其地南临汴河，有埇桥为舳舻之会。"《白氏长庆集》四四《杭州刺史谢上表》云："属汴路未通,取襄汉路赴任。”以为:“据此,‘汴路’乃当时习用之名词,不可改为‘汴洛’,亦不得释为开封至洛阳明矣。”又如《秦妇吟》云:“逡巡走马传声急,又道官军全阵入,大彭小彭相顾忧,二郎四郎抱鞍泣。”周云青《笺注》云:“大彭小彭谓黄巢部下之将时溥及秦彦。”陈先生据《旧唐书》一八二《时溥传》及《高骈传》后附秦彦传,以为:“溥虽高骈谓其为黄巢外应,是否诋诬之词,犹待考实,但其始终未作黄巢部下之将,则事迹甚明。秦彦虽一度入黄巢军,中和二年二月以前,早已降于高骈,奏授和州刺史。故以时地考之,中和二年二月时溥在徐州或宣州(秦彦袭取宣州事,《通鉴》系于中和二年之末,盖难定其日月也)。二人既均不在长安,又俱非黄巢部将,何得在围城之中,闻官军将入而相顾以忧乎?”增订之处颇多,亦皆考据精确。

述也是园旧藏古今杂剧

(《图书季刊》专刊第一种) 孙楷第撰

民国二十九年十二月图书季刊社出版 铅字本一册 定价五元五角

也是园旧藏古今杂剧,于民国二十七年春出现于沪上,为国立北平图书馆以重资购得,计六十四册,都二百四十二种,刊本约十之三,钞本约十之七。刊本钞本中并有赵琦美题跋,知斯编所收十之七八为赵琦美录校之脉望馆本。琦美殁后尽归钱谦益,谦益绛云楼火后,又悉举以赠钱曾,曾著《也是园书目》曾备载剧名。书自钱曾而后,辗转流传,固非一家,如何煌,如试饮堂顾氏,如黄丕烈,如汪士钟,如旧山楼赵氏等,除钱谦益外,诸家收藏本书皆有文字图章可考。孙楷第先生于二十八年八月游沪,得阅斯书,凡三周读讫,既归,乃出沪游掌记,分类排比,大加考稽,撰为此文。书凡二篇,上篇述收藏经过,赵琦美,钱谦益,董其昌,钱曾,季振宜,何煌,顾氏试饮堂,黄丕烈,汪士钟,顾瑞清,赵宗建,丁祖荫。下篇述今本:今本之历史,今存钞本曲;《赵琦美录内府本》,《赵琦美录于小谷本》,其他钞本;今存刊本曲;《明息机子刊元人杂剧选本》,《明新安徐氏刊古名家杂剧本》;《赵琦美校曲与何煌校曲》,编次沿革,今本之价值。末附《附录》三篇,凡二十万言。非特于书之授受源流,本之离析合并,毛举栉剔,阐发靡遗,即元剧中之专名,如折,楔子,开,砌末,竹马,路岐,书会,捷讥引戏,为今人所不易了解者,皆有详尽之叙论。仅观书名,固不能知此书之博大也。

释氏疑年录

陈垣著　民国二十八年冬辅仁大学出版　刻本四册　定价十二元

《疑年录》创自钱竹汀,继之者则有吴修之《续录》,钱椒之《补录》,陆心源之《三续录》,张鸣珂之《赓录》,张惟骧之《汇编》,迭有增订补苴,而释氏一门均择要附列于编末。释氏之有专书者,实自本书始。

陈先生专研史学,博通淹贯,正史而外,旁及宗教。其关于佛教者,近著有《明季滇黔佛教考》,《清初僧诤记》(见《辅仁学志》九卷二期)。此书《自序》略云:"往岁阅僧传,见有卒年可纪者辄记之。顾同一僧也,而有记载之殊,同一传也,而有版本之异;达摩卒年有五说,玄奘年岁有四说;然既见之,则不能置之,故又每以考证其异同为乐;同则取其古,异则求其是,讹者订之,疑者辨之,辨论既定,遇有佳证,仍复易之,如是一人恒用三四出处,不敢冀无误,亦冀少误云尔。"书凡十二卷,起吴建业建初寺康僧会晋太康元年卒,迄清初以生于明者为限。其排比方法,以年为经,以人为纬;又以僧人同名者多,故按僧传例于名上悉冠地名、寺名,以资识别。所收凡二千八百人,其有裨于研究释氏者可知也。然既以西历著其生年,曷不并以西历著其卒年,不更便于检查乎?

广东文物

广东文物展览会编　民国三十年一月香港中国文化协进会出版
三册　实价港币六元

广东文物展览会费四个月之筹备,动员四百余人,努力合作,征集得陈列品约二千件,开会一连八天。该集的内容,有会议纪录,筹备经过,开会情形,各方评论,研究论文,学生征文,题词及照像等。全集共分两部,钉装三册,上册为图录之部,中下册为研究之部。每部复分五卷。图录之部:卷一,广东文物展览会出品目录;卷二,广东文物展览会出品撮影;卷三,广东文物展览会纪录;卷四,报章之纪载;卷五,学生征文。研究之部:卷六,史地交通门;卷七,人物考证门;卷八,人文艺术门;卷九,学术文艺门;卷十,鉴藏考古门。全集最精彩为卷二之出品撮影,中有先贤遗像四十八幅,金石三十二幅,书法手迹八十六幅,绘画九十二幅,典籍五十三幅,文具二十幅,服玩用品名人制品五十七幅,革命文献三十二幅。又研究论文,目录如下:

李景康《广东疆域沿革提要》,李景新《广东之国际交通史》,程若驱《明清间中西文化沟通的枢纽——广东》,王兴瑞《海南岛古代海上交通史略》,麦应荣《广州五县迁海事略》,许地山《香港与九龙租借地史地探略》，简又文《国民革命文献丛录》，何格恩《张曲江诗文事迹编年考》，李健儿《陈子壮年谱》，颜虚心《明史陈邦彦传旁证》，麦少麟《民族英雄张家玉》，李履庵《关于何吾驺伍瑞隆史迹之研究》，简又文《广东文化之研究》，任真汉《广东的绘画》，孙完璞《岭南画人黎二樵》，高剑父《居古泉先生的画法》，李健儿《广东两画人——黎简与居廉》，李履庵《榄溪画人小传》，何勇仁《画师高奇峰》，麦华三《岭南书法丛谭》，罗香林《古代越俗方言考》，金曾澄《广东之教育》，麦梅生《基督教在广东》，吴灞陵《广东之新闻事业》，麦啸霞《广东戏剧史略》，王永载《潮州民间戏剧概观》，罗明佑《广东人与中国电影》，徐信符《广东藏书记略》，徐信符《广东版片记略》，黄慈博《广东宋元明经籍椠本纪略》，陈德芸《广东未刻之书籍》，饶宗颐《广东之易学》，孙完璞《粤风》，陈融《论岭南人诗绝句》，黄庆云《民族诗人屈大均》，李景新《广东民族诗人黄公度》，冼玉清《广东之鉴藏家》，容媛《广东藏古铜器记》，马小进《西汉黄肠木刻考》，黄咏雩《南越虡钟考》，又《广州部曲将印考》，胡肇椿《广州古物发掘追记》，李景康《石湾陶业考》，简又文《太平天国之文物》。

齐鲁学报

(第一期) 民国三十年一月齐鲁大学国学研究所出版 每册实价二元

齐鲁大学国学研究所自迁成都以后,即由顾颉刚先生主持,虽戎马倥偬,工具未备,然策划整顿,努力进行。该所原有不定期刊物一种,名曰《国学汇编》,十余年来,几度刊布。兹者改弦更张,于是创刊专著汇编及《齐鲁学报》。学报年出二期,第一期于民国三十年一月出版,分论著与杂俎两栏,兹录目如下:首《发刊词》;次论著,丁山之《九州通考》,吕思勉之《汉人訾产杂论》,张维华之《汉置边塞考略》,钟凤年之《水经著作时代之研究》,张维思之《古无四声说》,冯汉骥之《由中国亲属名词上所见之中国古代婚姻制》,杨宽之《伯益考》,孙次舟之《读古蜀国为蚕国说的献疑》,赵泉澄之《咸丰东华录人口考正》,童书业之《没骨花图考》;次杂著,钱穆之《古今南北产铁量》,《汉初侯邑分布》,《禹贡山水杂说》,《说苍梧九疑零陵》,《说邢》,《说滇与昆明》,王育伊之《三朝北盟会编考异》,凡二百二十二面。

教案史料编目

吴盛德、陈增辉合编　民国三十年一月燕京大学宗教学院出版
每册道林纸本四元五角　报纸本三元　邮费在外

自鸦片战役以还,以条约关系,外国传教士得自由深入我国腹地传教。教徒中良莠不齐,甚有借教会之力以欺压细民,细民不堪其苦,亦有聚而反抗,轻则互相殴打,重则彼此杀戮,焚毁教堂。教案频兴,几无宁岁。此种不幸事件,不独阻碍教务进行,抑亦邦交上之梗塞也。

吴盛德、陈增辉二君,热心宗教,搜集清道光二十二年至光绪末年,与教案有关之史料辑为是编,俾研究外交文化及教会历史者之参考。本编目将各教案按年代区分为四段:(一)道咸年教案,(二)同治年教案,(三)光绪庚子前教案,(四)光绪庚子及庚子后教案。前三段均按时日排列,末一段则按省分与时日分列。每案之缘起除题意明显者外,余均择要说明,检寻甚便。

引得编纂处最近出版三种引得

一、《尔雅注疏》引书引得 第三十八号 民国三十年一月出版 一册 定价道林纸本国币三角 报纸本二角

自汉迄唐，注释《尔雅》者甚多，但除晋郭璞《注》外，存者盖寡。五代以还，致力于《尔雅》者亦夥，宋邢昺《尔雅疏》，清郝懿行《尔雅义疏》，皆为精到之作。郝氏参用之书，今皆可见。唯郭、邢所引者，亡佚过半，故颇为嗜古辑佚者所重视。本编系据阮刻《十三经注疏》本，将二氏引书书名，作为引得。其于检觅资材，当有裨助。

二、《全汉三国晋南北朝诗》作者引得 第三十九号 蔡金重编 民国三十年三月出版 一册 定价国币道林纸本三角 报纸本二角

《全汉三国晋南北朝诗》，近人无锡丁福保编，分《全汉》《全三国》《全晋》《全宋》《全齐》《全梁》《全陈》《全北魏》《全北齐》《全北周》《全隋》十一集，共五十四卷。本编系将作者姓名字号作为引得，盖与《全上古三代秦汉三国六朝文作者引得》相辅而

行者。

三、《孟子》引得 附标校经文 特刊第十七号 民国三十年一月出版 一厚册 定价国币道林纸本十二元 报纸本六元

邹人孟轲,继孔子之后,崇仁尚义,论性说命,贱霸尊王,贵民轻君,巍然为当时大师。其书存者七篇,由汉至唐皆以之与荀子并举,入于子部儒家,降及有宋,始升之于群经之列,且定为考试必习之书。物之显晦,信有时也。本编系据阮刻《十三经注疏》本,先将经文加标点号码重印,然后即就之逐字或词作为引得——谓之引得固当,谓之“堪靠灯”(Concordance)亦无不可也。

(《燕京学报》1941 年第 29 期)

民国三十年至三十四年间逝世之著名汉学家

自第二次世界大战爆发以来,战祸延于全世,兵燹离乱之惨,为空前所未有,学人乐道安贫,处境尤艰。吾国自七七事变以后,国学名家,或忠贞自持,愁苦以终;或慷慨赴义,身膏敌刃。若张孟劬,冯承钧,张荫麟,吴其昌诸氏之逝世,姚名达先生之殉国,皆我国文化界之重大损失。而法国自沦陷以来,学人艰苦,不下中华,汉学三大师,皆于战争期间相继逝世。大儒凋落,冀北群空。此尤西方汉学界之大损失已。特辑诸大师事略,用资景仰。

(以下略)

我国学者赴英美讲学

自德、日溃败，日月重光，英、美政府各大学为沟通中外学术，提倡汉学研究起见，特创设汉学讲座，邀请我国著名学者前往讲学。我国教育部亦经行政院通过，创设二十五奖学金额，俾助美国学生来华研究汉学。我国学者经美、英政府或大学邀请，前往讲授国学者，有以下各氏。

1. 洪业教授

本校史学教授及哈佛燕京学社北平干事洪煨莲先生，本年应美国国务院之招，赴美国哈佛大学讲学，并与美方哈佛燕京社当局商讨该社进行事宜，聘电早已接到，以候护照及飞机，直至四月十五始得由平启程赴美。

2. 陈寅恪教授

陈寅恪教授，年来在本校成都分校讲授史学，并指导学生研究工作，成材甚多。三十三年英国皇家学会聘为研究通讯员，学者荣之。客岁战争停止，即应英国牛津大学之聘，讲授汉学。陈先生年来患目疾甚深，亦拟借此机会，在英就医。现闻陈先生已归国,目疾未痊,且有失明之虑。若然,不惟陈先生个人之不幸,亦诚中国学术界之一大损失矣。然左邱失明,厥传《国语》;卜商盲目,授经西河。古今学者,不乏盲者。纵陈先生失明之说果确,望亦无以此而戚戚也。

3. 冯友兰教授

清华教授冯芝生先生,近应美国国务院之聘,前往讲演中国哲学,不日即启途赴美。

燕京大学复校

七七事变后,华北各省,相继沦陷。国立大学,纷纷南迁,黉序榛芜,生徒离散。本校巍然独存,弦歌不辍,且自由讲学,宗旨不变,不与敌伪发生任何关系。敌伪衔怨至深,目为抗日大本营,常于城中逮捕燕大学生以泄愤,以国际关系,对学校无如之何。然含怨衔恨,固已久矣。三十年暑后开学后,日美关系,日形紧张。敌伪特务,侦察燕京益亟。十二月八日日人偷袭珍珠港,日美战起。九日晨,日宪兵闯入学校,封闭办公室,设司令部于校长办公室,当晚非法逮捕教职员及学生多人。翌日勒令学生离校,封闭学校。教授亦被迫相继移出。司徒校务长则被捕于天津,教职员被捕者十有一人。学校遂被迫停办,而为日寇所窃据矣。于是湖光凄凉,塔影失色,弦歌辍响,畴人离散,鸟迹兽蹄,交遍于园林矣。直至日寇投降,校址始复为我校所收回,则图籍散失,仪器全空,设备凌乱,房舍颓圮,蓬蒿没人,三径荒芜。学校经日寇蟠踞不过四年,而受破坏,已如是者。司徒先生于八月十一被释,即招学校重要领袖,筹商复校事宜,经积极筹备,卒于三十四年双十节复校。筹备之速,复校之早,为其他因事而停之学校所未追也。

燕京复校后,学校各种重要刊物,亦拟次第恢复,而首先筹备恢复者为《燕京学报》。本学报创始于民国十六年,年出两册,专刊载关于中国文化各方面研究之论文与书评消息,出版以来,甚为国内外汉学界所推重,至学校停顿时,已出二十九期,第三十期已全部排定,仅待装订。日寇既窃据学校,遂以废纸出卖。复校后,旧稿荡然无存,遂积极筹备,重新复刊。卒以物资缺乏,印刷困难,稿件征集,亦需时日,于今日始得与读者相见焉。

辅仁大学战争期间出版品

美日战争既起,辅仁大学以公教及德人关系,学校进行,未大受影响。学校期刊继续出版,新出书籍,亦有数种,兹摘要介绍于后:

(a)辅仁学志

《辅仁学志》创刊于民国十八年,专刊载汉学论文,年出一册,内容与《燕京学报》略同。至日美战起,出至第十期,至三十二年出至第十二期,后亦告停顿。兹录其要目如下:

第十期(一九四一年)要目:1. 余嘉锡:《疑年录稽疑》,2. 陈垣:《明末殉国者陈子阶传》,3. 赵光贤:《明失辽东考原》续,4. 周祖谟:《审母古音考》,5. 牟润孙:《崔浩与其政敌》,6. 柴德赓:《宋宦官参预军事考》,7. 叶德禄:《四库提要宣室志考证》。

第十一期(一九四二年)要目:1. 冯承钧:《高车之西徙与车师鄯善国人之分散》,2. 余嘉锡:《王雱不慧有心疾辩》,3. 陈垣:《书全谢山先侍郎府君生辰记后》,4. 孙楷第:《近代戏曲原出宋傀儡影戏考》,5. 沈兼士:《袒裼》《但马》《划袜》,6. 余逊:《早期道教之政治信念》,7. 叶德禄:《七曜历入中国考》,8. 孙德宣:《联绵字浅说》,9. 冯先恕:《疑年录释疑》。

第十二期(一九四三年)要目:1. 朱师辙:《北魏六镇考辨》,2. 戴君仁:《古音无邪纽补证》,3. 余逊:《南朝之北士地位》,4. 柴德赓:《鲒埼亭集谢三宾考》,5. 赵光贤:《清初诸王争国记》,6. 周祖谟:《颜氏家训音辞篇注补》,7. 周祖谟:《宋代汴洛语音考》。

闻第十三期,现已付印,不日出版,内容有陈垣先生《通鉴胡注表微》等文云云。

(b)华裔学志

创刊于民国三十四年,年刊,专以西文发表关于汉学之论文书评与消息。日美战起时,出至第六期,永未停刊。兹录其自第六至第九期要目如下:

第六期(一九四一):Liebenthal:《永嘉证道歌考释》;Dumoulin:《中国禅宗之发达依据慧能无门关》。

第七期(一九四二):Fuchs:《汉洲史书目》①;Erkes:《中国古代之猪》。

第八期(一九四三):Drake:《唐代回教考》;Grootaers:《中国之语言地理》;Kasakevich:《中国征蒙古史料》(罗文达译)。

第九期(一九四四):Heissig:《蒙古地图考》。

第十期(一九四五):Heissig:《蒙古史料考》;Grootaers:《中国之语言地理》。

第十一期(一九四六):Bunger:《中国法律史》。

(c)民俗研究

创刊于一九四二年,辅仁大学人类学博物馆(一九四〇年设立)主任叶德礼博士主编。每册约计百余页,用英、法、德三国文字写成。末附书评及每一论文之中、英文提要。

研究之对象为远东各民族及其相互关系。换言之,其研究范围,包括人种学及民俗学之各门科学,与讨论中国、日本、高丽等国。

本年已出至第四册,本期内容,视往年为丰,计分四部如下:

一、《一年内各节令之民歌》,德国叶德礼神父 Matthias Eder 著(1-160 页),共二百三十首,多关于节令与农事者,皆已译成德文,并附注释。

二、《大同东南村庄之庙宇、碑铭及其历史》,William A. Grootaers 著(161-212 页)。本论文系对于大同附近一百四

---

① 编按:原书(德语)Fuchs Walter: Neue Beiträge zur Mandjurischen Bibliographie und Literatur 直译为"对法定书目和文学的新贡献"。存疑。

十村庄之四百零一个庙宇研究之结果,用法文写成者。第一部分著者,编列各村庙宇发见各种之碑文并考察其对于史料上之价值。第二部分著者,考察各村之各种信仰,并决定其时代之先后。

三、《大同南部儿童之谜语及歌曲》,Paul Serruys 著(213 - 290 页)。由三十个村内搜集一百八十九个谜语加以分析,予以注释并译成英文。

四、《荷包及其技术》,Ilse Martin 著(291 - 318 页)。在历史之序言后,描述 Hammer 氏所搜集之二十五荷包(德文),末附有 Berthotd Laufer 氏一稀见之论文,题为《中国希伯来之原稿》。《中国犹太人之历史之新资料》(319 - 326 页)。及英文译释之张相文之《开封犹太社会早期之史料》罗文达译注。又附有《七个蒙古摇篮诗》之原文及英译文,Walter Heissig 著(332-335 页)。本卷结尾附有日本人论文之两篇书评(336 - 337 页),德法论文之英文提要(338 - 340 页),及本卷之中文摘要(341 - 343 页)。

中德学会

《中德学志》,自创办以来,原专刊关于德国学术之论文。自民国三十三年(一九四四)五卷一二期合刊起,并登载中国文史之研究论著,使该刊成为一中德文化交流之刊物。该期为中德学会十周年纪念专号,内容计有:(1)刘厚滋:《易学》,(2)赵贞信:《论语尧曰章》,(3)王斐烈:《论吐火罗及吐火罗语》,(4)曹京实:《汤若望》,(5)吴丰培:《清季达赖喇嘛》,(6)刘诗孙:《南京国学图书馆善本书》,(7)谢刚主:《雪堂编丛书》。

五卷三期有:(1)赵万里:《魏东阳王荣与敦煌写经》,(2)邓之诚:《柏葰守陵密记》。

五卷四期有:(1)俞平伯:《左传"震夷伯之庙"》,(2)谢刚主:《朝鲜李朝实录》,(3)吴丰培:《西藏志版本考》,(4)李鑫午:《岔曲考》。

六卷一二期合刊有:(1)许世瑛:《长门赋真伪考》,(2)王斐烈:《王莽》,(3)孙德宣:《魏晋士风》,(4)刘厚滋:《宋金钞币》,(5)朱宝昌:《论体》,(6)傅康吾(Wolfgang Franke):《论福克斯刊之皇舆全览图》(书评一)。

又中德学会自民国三十三年(一九四四)五月十周年纪念日起,复刊行德人所著之关于中国文史之德文研究论著。由罗越(Max Loehr)主编。第一期名称为《中德学志德文增刊》。载有:(1)傅康吾(Wolfgang Franke):《明各朝实录纂修及钞本》,(2)福克司(Walter Fuchs):《布勒瑚里湖》,(3)罗越(Max Loehr):《商代灰色陶器》,(4)马仪思(Martin Ilse):《列女传》,(5)霍福民(Alfred Hoffmann):《散曲体制》,(6)卫德明(Hellment Wilhelm):《顾炎武与张尔岐》,(7)艾克(Gustar Erke):《安阳铜刀》。

第二期即改称为《汉学季刊》,然仍沿前期编次为二期,亦由罗越(Max Loehr)主编。载有:(1)傅康吾(Wolfgang Franke):《再论明实录》,(2)罗越(Max Loehr):《古铜器铭辞》,(3)海斯克(Walter Heissig):《关于噶尔丹之蒙文记载》,(4)马仪思(Ilse Martin):《再论列女传》,(5)宝尼斯(P. Beatus Thennissen,O. F. M.):《论卫德明(Hellment Wilhelm)之论顾炎武与张尔岐》。

第三期有:(1)傅吾康(Wolfgang Franke):《永乐北征记》,(2)马仪思(Ilse Martin):《史记淮阴侯列传译文》,(3)傅兰阁(Otto Franke):《中国史学》,(4)罗越(Max Loehr):《容庚编甲骨文书籍目录》,(5)秉格(Karl Bünger):《通典中之唐律考》,(6)傅吾康(Wolfgang Franke):《三论明实录》,(7)海斯克(Walter Heissig):《再论关于噶尔丹之蒙文记载》。

又自《中德学志》五卷一二期合刊起,曾登载关于德文各篇之中文概略,以便中文读者。该志编辑委员会委员为方志浵,胡隽吟(常务),张星烺,傅康吾(Wolfgang Franke)(主任),曾一新,杨丙辰,杨宗翰,罗越(Max Loehr),顾华。此外该会又曾编印傅兰阁教授(Professor Otto Franke)关于中国历史之德文各篇论著(Ars Kultur und geschichte Chinas),重印 Hildehandt 之《大觉寺》(Ta Chich Szu),Sahedentz 之《汉文经纬》(Chinische Grammatik),及刊行 Von Zach 之《汉文经纬补编》等书云。

中法汉学研究所

中法汉学研究所成立于三十年十月间,由驻华法大使馆戈思默氏主持,暂借前中法大学礼堂院为所址,以沟通中法文化,提倡汉学研究为目的。出版品主要者为:

(1)《汉学》第一辑(一九四四),要目如下:(一)张尔田:《论中国文化及其宗教道德》;(二)高名凯:《汉语规定词“的”》;(三)孙楷第:《傀儡戏考》;(四)杨堃:《灶神考》等。全书共二七八页。

(2)古籍通检,已出版者有:(一)《论衡通检》,(二)《吕氏春秋通检》,(三)《风俗通义通检》,(四)《春秋繁露通检》,(五)《淮南子通检》,皆秦汉要籍,学者便之。

禹贡学会拟定复员计划

禹贡学会,创始于民国二十三年,由著名史学家顾颉刚先生发起,以研究地理沿革,民族演进,边疆史地等问题为目的。当时著名史地学者,以及燕京,北大,辅仁等校史地学系学生,参加者甚多,成立未及三年,会员已将近千。所出刊物,有《禹贡半月刊》《边疆丛书》《禹贡专号》《游记丛书》《地图底本》等若干种,甚为社会人士所重视。七七事变后,被环境所迫,会务即告停顿,顾先生旋亦赴成都重庆等处讲学,同时仍领导在渝蓉各地会员从事研究边疆种种问题,及赴甘、青诸省作实地视察等工作。最近顾先生由渝飞平,特召集在平会员于三月十日借本市太庙图书馆开禹贡学会复员第一次会议,议决事项有以下各点:(一)关于经费,拟募集基金充作学会经费,已募得较有把握者,有顾起潜先生经募之百余万元,讨论结果,列席会员多愿努力负责募集。(二)议决组织“管理基金委员会”,专司保管及筹划基金事宜,并当场选出九人,为“基金管理委员会”委员。(三)关于会务之推进,公推三人为常务委员,负责办理一切会务。(四)关于编辑方面:(1)因现在印刷纸张昂贵,将《禹贡半月刊》改为《禹贡季刊》,年出四册。(2)最近拟在报端出《禹贡副刊》,刊布通俗稿件。(3)编印禹贡文库以印专书。(4)鉴于现在会员散处四方,亟应设法联络,互通声气,藉便研究,爰议决编印《禹贡会讯》,其内容拟为:会员动态,会员著作简目,会务报告,通讯,会议录等项。以上讨论各事历三小时之久,散会后,复由各部负责者分头研议,对各事之进行步骤,皆有详密计划云。

大理发现古迹

国立中央博物院吴金鼎氏于民二十七年自昆明赴大理,调查古迹。二十八年三月,吴氏偕曾昭燏、王介忱两君同往,开始发掘,至二十九年六月止,在大理苍洱境内,发现遗址凡三十二处,勘定古迹六处,共三十八处。此外发现古墓十七座,皆南诏及南诏以后者,此项考古报告,已由曾君缩写,于三十一年该院筹备处编辑出版。

川康古迹考察团发掘成绩

民国三十年春国立中央研究院历史语言研究所与中央博物院筹备处，曾合组川康古迹考察团，由吴金鼎氏率领，在四川彭山境内，从事发掘考察工作，先后参加人员有：曾昭燏、王介忱、陈明达、夏鼐、高去寻、赵青芳等六人，历时两年之久，所得重要成绩，不外四种：(一)崖洞葬制之考定，(二)汉代村落遗址之寻获，(三)花砖墓之发掘，(四)奇异夯土墓制之发见。其时代最早可至战国，晚亦至西汉初年。

成都抚琴台发现古墓

三十二年春，于成都老西门外约一里许，俗称“抚琴台”之小土山（成都人俗呼此小山为抚琴台者，以为此即诸葛武侯抚琴之处，甚至或以为即西汉司马相如抚琴之处，自是流传之误），发现古墓，后经四川博物馆馆长冯汉骥氏与华西大学博物馆馆长郑德坤氏会同中研院史语所考古组吴金鼎氏从事发掘，证明此墓即为前蜀王建之墓，今又简称为王建墓矣。并于是年八月十三日正式展览。王建石棺两旁有石人像各四，相所装饰甚异，石棺后有王建石坐像一，石棺上有铜器金饰之类。所有王建墓中之资料，现存于华大博物馆中。吴氏证明此墓已被盗。而其中最有史料价值之物品为王建之皮质玉带，皮质已朽，而每方块之玉，后面均刻有长宽之尺寸，可以作古今尺度之比较，自是第一等材料。闻此次发掘报告，尚在整理编辑中。

明清写本及刻本罗罗文经典之发现

罗罗族为西南少数民族之一大支,其文化在西南民族中享有甚高地位,惟其文献,因地处关陲之关系,访求至为不易。国立北平图书馆于三十二年春间,访闻云南武定县那土司家藏明清写本及刻本罗罗文经典为数甚夥,请得教育部拨给国币十万元之资助,遂派该馆编纂万斯年君前往收购,时正在该处研究罗罗语文之中央研究院历史语言研究所助理研究员马学良君,亦参与协助。那土司以家传宝物,既由国家注意,慨然廉价让售,并捐赠其一部分。是项罗罗文经典与文献,为数约四百册,此外又有木版七八片,两面皆刻罗罗文,系明清遗物,尤足珍异;汉文档册凡十余册,为研究罗罗文物、制度、言语、事物之绝好材料。全部运抵昆明,由教育部拨归国立北平图书馆永久保藏,并由中研院史语所专家研究云。

徐霞客逝世三百周年纪念刊

徐宏祖，字振之，别号霞客，江阴人，生明万历十四年，卒崇祯十四年，生平以游历为事业，足迹几遍四海。民十二三年间，丁文江氏标点重印《霞客游记》，并为绘制地图，撰《霞客年谱》，推为三百年来首出之地理学者。三十一年为霞客逝世三百周年，国立浙江大学文科研究所史地学部爰发行特刊以为纪念（国立浙江大学《文科研究所丛刊》第四号，三十一年十二月出版，一六七页，定价五元）。此特刊凡文十一篇，关系霞客生平与时代者有竺可桢氏《徐霞客之时代》，叶良辅氏《丁文江与徐霞客》，方豪氏《徐霞客与西洋教士关系之初步研究》，及方树梅氏《大错遗文霞客自滇归年之贡献》四文，订正丁文江撰《霞客年谱》者有方豪氏《徐霞客年谱订误》。此外谭其骧氏《论丁文江所谓徐霞客地理上之发现》一文，驳丁氏所谓霞客之五项重见，以金沙江为江源，班固、郦道元早有是说，特后世学者因《禹贡》有“岷山导江”之语，不敢明据班郦以轻诋经文，霞客以真理驳经，是其正名之功不可没，未可言发见也。

吴稚辉八十寿庆专号

国府委员吴稚晖氏，学界耆宿，尤致力于国音统一与文史之学。三十三年三月二十二日为吴氏八十寿辰，重庆说文社征集学术论文八十篇，以为吴氏八十大庆纪念专号，于是年五月出版，内容包括考古、文字与音韵、史地、哲学、文学、神话各部门。

三十三年度教育部学术审议会史学部门得奖著作

三十三年度教育部学术审议会社会科学类史学部门得奖作品有:陆懋德《史学方法大纲》,郭宝钧《中国古铜器大纲》,胡厚宣《甲骨学商史论丛》,全汉昇《中古自然经济》,罗香林《国父家世源流考》等。在《高等教育季刊》中会将该项得奖作品各篇提要刊出。

(《燕京学报》1946 年第 30 期)

中央研究院评议会通过重要议案

中央研究院第二届三次评议会,于十月廿日在南京该院大礼堂举行开幕式,到政府各首长及评议员胡适、王世杰、张云、吕炯、林可胜、罗宗洛、陈垣、竺可桢、周仁、吴学周、傅斯年、吴有训、秉志、王家揖、胡先骕、李书华、茅以升、钱崇澍等,由朱评议长家骅主席,领导行礼并致开会词,说明该院近年来工作概况,并该院与全国学术研究工作之相互关系与发展方向作精辟之分析。继由吴文官长鼎昌恭读蒋主席训词,周副院长钟岳等致词。评议员公推胡适答词。本次共收到提案十九件,可分五类:一、关于学位及奖金者,有授给博士学位办法及杨铨、丁文江奖金审查意见等案。二、关于内部组织者,有修正评议会组织及任务等案。三、关于学术之审议与合作者,有代考试院审查著作或发明办法,确定该院与教部关于学术审议之职责,及与各大学合作等案。四、关于纪念会者,有孔子二千五百年纪念,提请政府举行学术的历史的庆祝等案。五、关于国际会议者,有邀请联合国教育科学文化组织于一九五〇年在我国举行大会等案。兹案会议日程略述如下:

二十一日第一次全体大会,到胡适等三十三人,由议长朱家骅主席、秘书翁文灏报告三年来工作情形，及上次决议案决议情形，以经济方面报告最为详尽，略谓：中央研究院本年度经常费仅四千四百万元，而研究工作无论实验或调查均须先有充足经费方能开展；下年度预算为八亿元，国防最高委员会能否通过尚不得而知。至于复员工作大部分已顺利完成，仅历史语言研究所尚有少许人员与设备滞留在渝，其他各研究所均已分别迁至上海与南京。继由总干事《科学纪录》编辑、《学术汇刊》编辑，以及数学、天文、物理、化学、地质、气象、动物、植物、历史、语言、社会、体质人类学、医学、工学、心理学等十四研究所报告，并通过向蒋主席致敬电文。

二十二日第二次全体大会，到评议员等二十八人，由议长朱家骅主席，讨论一般工作方针与经费之分配。吴有训、胡适、傅斯年认为中研院在人材之集中方面，尚未臻理想。茅以升谓中研院本身为研究机构，一方面固应充实研究工作，另一方面应该负责辅导全国各学术机构之研究工作。胡适并建议将性质相近之研究所予以合并，减少单位，集中人力，易有工作表现。继检讨各研究所工作报告。为节省时间起见，选出傅斯年、吴有训、汪敬熙、胡先骕、茅以升、李书华、竺可桢为委员，傅斯年为召集人。下午三时开讨论会，“请规定 Member of the Academia Sinica 之名称，设置选举及有关事项案”。对于 Member of the Academia Sinica 之名称问题，各评议员纷纷发表意见，计有“院士”“院儒”“院侣”“院正”“院员”“会员”等，种种不一，结果院士一名获得通过。另一重要案：“请设置中央研究院院士及修正评议会组织与任务案”，决议院士之名额，第一期定八十至一百人，以后每年至多举出十人。将来评议会之产生，即由院士中推选评议员而组织之。此一决议，已由胡适、傅斯年、李书华等组织审查委员会，并推胡适为召集人。

二十三日第四次全体大会,出席傅斯年、胡适等十人,胡适主席。因"院士"问题牵涉组织法甚大,故此问题之具体事项为修改组织法。讨论结果,列举审查意见,提交下午第五次大会讨论。下午三时全体大会,由朱家骅主席,宣布讨论"院士"及研究院组织法,审查委员会审查意见修正通过,即在原有中研院组织法第四条后共加入六条,此六条之大意为:一、中研院设置院士。二、今后评议员须院士选举,再经国府聘任。三、院士之职权,中研院院士由后列三组所包括之各科学中产生:1. 数学科学组(包括:数学、天文学、物理学、化学、气象学、地质学、古生物学、矿物岩石学、地理学、海洋学、工程学)。2. 生物学组(包括:动物学、植物学、人类学、生理学、心理学、微生物学、医学、药物学、农学)。3. 人文社会科学组(包括:哲学、史学、语言学、考古学、法律学、经济学、政治学、民族学)。下午讨论第二中心问题,为博士学位之考试规则与授予方法;各评议员均踊跃发言,结果因问题重大,经推定胡适、周鲠生(代表大陆派)、秉志、罗宗洛、何康、钱雨农、王仲济、吴化予、陈垣、翁文灏为小组,审查委员会委员,加以审查。继讨论评议会与教部学术审议会事权之划分及其他关系、奖金等四案,推定周仁、凌鸿勋、林可胜、张云、唐钺、谢家荣、吕炯、吴定良等八人,为小组审查委员会。关于各所工作报告及其他法规条例事项,交昨日推出之工作审查委员会小组审查。

二十四日第六次全体大会,继续分组讨论审查各所工作报告,审查博士学位考试规则及授予各种问题,讨论中研院与教部学术审议会事权之划分及其他问题。下午首讨论关于各单位工作报告之检讨,讨论结果,除删掉原审查报告第七、八、九三条外,第六条略加修正,第五条修正为"天水研究所兼任政府观象授时之工作,为全国与世界人士所注目,应请本院呈请政府指拨巨款,解决天文所目前种种之困难,并加强研究之设备与人才之训练”。其余各条均照原审查意见通过。继讨论天水所改气象台之修正案，请政府指拨巨款解决困难，并加强设备与人才训练。讨论第二组审查报告关于博士学位问题，决议本会认为博士候选人平时研工作及博士论文，均应由政府核准设立研究所五年以上，并经特许收受博士学位候选人之大学及独立学院自行审查考试，审查考试合格者，经教育部之核定后由该校院授予博士学位。旋又讨论拟定政府指令本院负责筹备孔子二千五百年诞辰纪念，即一九五〇年，并请政府训令，我国出席本年十一月联合国教育科学文化组织大会之代表，正式提出邀请该会于一九五〇年大会时，在中国开会案。决议：1. 纪念孔子二千五百年诞辰一案，交由下届评议会讨论。2. 拟定教部训令我出席联合国教育科学文化组织大会代表，于本年十一月第一届大会中，正式邀请一九五〇年大会在中国举行。第三组审查报告，关于确定评议会与教部学术审议会事权案，决议照审查意见通过。关于国际科学团体评议会，增加科学及其与社会关系委员会委员名额十二人，请提出候选人案；决议推定竺可桢、翁文灏、萨本栋为候选人。矿业及冶金业工程学会举行七十五周年纪念，请我国派代表参加案，决议派王宠佑评议员参加。大会于七时圆满闭幕。（节录十月廿一日—廿五日天津《大公报》）

北平研究院复员及今后计划

国立北平研究院副院长李书华，于八月七日由沪抵平，筹备复员事宜。该院原设物理、化学、镭学、药物、生理、植物、动物、史学等研究所，七七事变前，植物研究所迁陕西武功，与西北农学院合作，成立西北植物研究所。七七事变后，镭学、药物两研究所迁沪，其他各所均迁昆明。在此抗战期间，该院以大部力量研究应用科学，如制光学仪器、物理探矿等。据李氏云：该院在昆图书仪器约二百吨，将分急缓两批运平；研究员及职员约百余人，将由沪北上。今后该院各研究所除恢复试验室工作外，仍将继续研究各种应用科学。关于镭学研究所改原子学研究所事，正在沪筹备，并在国外定购一批试验仪器，将来筹备完竣，仍迁北平，期与物理研究所配合工作。（节录八月八日天津《大公报》）

故宫国宝历险记

故宫博物院院长马衡，于七月三日到平整理院务，据云：自民国二十二年负责院务以来，十三年中，国家多故，但古物始终安全，到处逢凶化吉，殊可安慰。中国文化，不善宣传，为日本所压抑，但自二十四年中国古物参加伦敦展览会以后，世界震惊，始知中国古文化程度之高。故宫古物，自九一八后，即准备分为“古物”“文献”“图书”三部门。中国古物价值不能以数字计，如瓷器，故宫所藏足以雄视世界。图书方面，亦有不少孤本，如《唐音统笺》一书，自甲至癸俱全，为外间所罕见。至于文献，过去已将《中日外交史》光绪朝出版，今后此项工作必须继续，重要文件均未散失。

马氏又谓：在南京朝天宫，破山腹建新式仓库后，二十五年十二月八日，自沪启运古物入仓。不料双十二事变发生，然仍决运不辍，二十四日全部入库。古物入库一年，抗战即起，决于迁都前西运。库中一万九千箱(其中属于院方者一万六千箱)，未运出者仅二千九百箱。西运系自两方面首途者，一部乘船载九千箱，二十七年一月到汉后转运至渝，在二十八年大轰炸中，溯江上至宜宾。是年嘉定及泸县全遭炸灾，而宜宾独免，年底始运至嘉定乡间暂存,至抗战结束,始再运返重庆。又陆运者,系以蒋主席特准之三列专车运徐州,转由陇海路运至宝鸡,当地亦因不安全,旋即又转运至汉中,翌年再迁至成都。当在汉中时,系寄存文庙中,迁出十二日后,文庙中弹全毁,古物又告幸免;二十八年卒乃陆运至峨嵋山存放。此外,尚有珍品八十箱,在八一三时即行运出,孰知运出后,方二日是区即行被炸。该等珍品平安运到长沙,二十七年入贵阳,二十八年藏于安顺县之华严洞,距黄桷树大瀑布不远,但人鲜有知者。至三十三年十一月,独山失守,始又用车抢运至渝。观乎此三批古物之流离颠沛,实与抗战密不可分。现此一万六千余箱均集中重庆,候命东运,何时运返北平,不敢想象。南京所存之二千九百箱,敌伪于二年以后,在库旁以炸药炸裂启视,但无损失。北平方面,除铜缸变为敌人军火外,余亦无大变动。至于该院组织,此后即拟扩充,延聘人才,使故宫博物院之文化性质增加,以供学术界研究与使用。(见七月七日天津《大公报》)

接收东北图书古物情形

中央图书馆馆长蒋复璁,中央博物院筹备主任李济之两氏,前奉派赴东北,协助接收东北之图书馆与博物馆事宜,已于九月一日由平返京。据蒋馆长云:渠等此行仅到沈阳,该地有伪满国立图书馆与博物馆各一所，所藏图书均我国古籍，其有价值者，如《四库全书》，明清大库档案，及民国以来至九一八事变前之东三省各机关之档案，均完好无损。被毁者仅书籍一二千册，尚无关重要，短期内即可整理开放阅览。至博物馆情形则正相反，所有古物、书画、古玩、磁器，均已荡然无存，遍地纸屑狼藉；惟可庆幸者，辽金元之法器及少数辽碑尚完好无缺，此一部分为该博物馆之特色。辽碑上之契丹文字为遗留之契丹文字之硕果仅存者，且被劫去之古玩大部分为明清两代出品，关内收藏甚丰，故损失不算严重。此外于长春危急时，曾在伪宫中抢出古本书十三箱，皆宋元明本，现已运抵之沈阳，渠亦曾参观。惜当时因缺乏交通工具，至伪宫中其他有价值之文物均被抢劫一空。又沈阳图书馆房屋为张作霖产业，博物馆为汤玉麟产业，现两家均请收回。（见九月四日天津《大公报》）

日人劫我图书三万册归还

日政府定于八月十八日，将以太平洋战争爆发时，日本占领香港，自该地劫去之书籍三万五千册归还我国。该项劫去之书籍，初置于日本帝国图书馆及东京帝大图书馆内，轰炸东京开始时，移置神奈川货栈内。该项书籍原存香港，待运往华盛顿以策安全，香港之日军遂截其大部分，书箱上尚有“寄华盛顿区中国

大使馆胡适博士收”等字样。原本《永乐大典》及明版书籍多种均在内。（见八月十八日天津《大公报》）

汉文黄册印稿发现一部

故宫博物院文献馆前将北京大学国学研究所、中央研究院历史语言研究所及该馆所藏之汉文黄册一万七千余册，汇编联合目录，曾由北大印刷所承印，全部印成，尚未装订，忽逢七七日寇难作，北大印刷所被敌人改为宪兵队。胜利后，由文献馆提议，请北大查寻印成之稿，历时既久，幸于废纸堆中发现。该馆乃会同北大中研院清理此劫余仅存之珍贵史料，现已竣事，计得页数三十二万四千六百零八页，其中相接连者仅有十四万九千五百六十八页，按已印者应为七十二万九千六百页，计损失四十万零四千九百九十二页，刻正计画补印中。

按黄册为清代京内外各衙署进呈御览官文书之一种，存于内阁大库，因册衣以黄绫为之，故名黄册，大部分为关系经济材料，其他如吏治、军制、刑法、工事等亦复不少。综合参考，可以由此反映当时一般政治情形，诚为前代档案中最有系统之大宗史料。此目蔡元培先生曾为之作序，闻不久即可续印问世云。（见十二月二十二日天津《大公报》）

外蒙发现汉朝住宅遗迹

据苏联大使馆新闻处九月二十五日出版之《新闻类编》一五三五号刊载，卢特内赫所著之《李陵住宅的发现》，原文如下：

一九四五年夏天，由历史博物馆、文化史料研究所（属科学院）和哈喀斯克（按在外蒙以北）自治区的文史研究所共同组织的一个联合探险队，出发到哈喀斯克叶尼赛河上的阿巴冈镇附近工作。今年的发掘，解答了关于一座中国房子的历史的难题。一九四〇年与一九四一年叶尼赛中游的发掘，发现了一座屋顶上有许多排瓦的中国式建筑物，并在瓦上发现题着中国字。在离中国边境好几百公里，而没有人知道在历史上住过中国人的叶尼赛地方，一座中国建筑物的发现，引起了科学界很大的兴趣。

苏联第一流的汉学家V.M.阿历克舍也夫，断定瓦上的题字是属于纪元前不久的汉朝的。

领导探险队的卢狄亚·叶夫杜活娃，和S.D.基含列夫教授于一九四五年九月四日到莫斯科后，对他们的发现曾发表简要谈话如下：

在建筑物的中央，我们发现有一个大院子，面积约有四百平方公尺。院子的四周筑着许多小的房子。在土层底下曾保存着温气石管。也有在西伯利亚的严冬取暖的炭盆的痕迹。院子正中的门上都装饰着黄铜门环,做成一个奇怪的有角的妖怪,即古代中国宗教中的门神。显然,这些假人是现今哈喀斯克的祖先做的,他们借用中国人对妖怪的一般特征,而又加上当地居民容貌。

有些有趣的资料是在考察屋顶时获得的。由题字判断,房上盖的那些瓦是按照中国的模型做的,但在瓦的背面却有着所谓奥罗河诺·叶尼赛的字母形式。这字母是古代哈喀斯克时代用的。这个堂皇富丽的房子是谁住过的呢?

中国汉史上所描写的事件,似乎和苏联考古学者所发现的有关。在纪元前一世纪,中国人曾猛力进攻当时占领中亚细亚一部分的匈奴国。在纪元前九十九年,中国派遣年青的将领李陵将军带领中国军队攻击匈奴。李陵被匈奴包围,他的军队弹尽粮绝后他就被俘。匈奴王子见李陵勇武,并是出身名门,所以委任他做吉尔卡斯省的总督,即现在的哈喀斯克自治区,当时是在匈奴人的统治之下的。

据说,李陵的遗物曾保留在南叶尼赛区好几个世纪。苏联学者的意见,认为建筑物在叶尼赛河边发现,是直接和李陵有关的,显然这是他的住所。这臆测是被一九四五年探险队所找到的一些物件证实了,这些物件当中包括一部分东方器皿,它们的形状和装饰和古代匈奴人所有的很类似。探险队所获得的材料将于最近出版。

赣西发现汉晋古墓

赣西樟树镇近发现汉晋古墓。缘有赣省立樟树中学事务主任饶惠元闲游该镇近郊之牛头山，发现汉晋古墓数冢，其中已有一部露出地面，其砖上有蟒龙、双钱、云鱼等花纹，并有初平及宁康二年、崔四郎妻聂四娘墓、桂氏墓等字样。按初平为汉献帝年号，宁康为晋孝武帝年号，故可证明为汉晋古墓，距今千五六百年。其拓本正由专家研究中。（见十二月九日天津《大公报》）

库车艺术之劫

《大公报》记者杨永颐君，于七月三十一日与于右任等，赴新疆库车城东十里之佛洞参观。该佛洞在天山脚下之黄土山山腰，计约二十余处，然所有壁画几已破坏净尽，惟仅荒僻之洞顶上尚余壁画一幅，计飞仙八个，就其线条与风格而论，诚唐代以前之作品，且为敦煌壁画之先驱。以破坏情形言之，至堪痛心，大部系欧洲考古学家斯坦因等所为，将壁画全部挖出，劫盗而去，仅余黄土空壁，其不及挖去者亦均挖破其面貌及衣服，使后人无法了解其艺术价值。现惟一保存壁画者仅克考尔地方之佛洞，甚盼国内考古家及艺术界人士加以注意。（见八月四日天津《大公报》）

（《燕京学报》1946 年第 31 期）

天水麦积山发现石佛窟

天水麦积山石窟，为北魏时佛教艺术建筑，自民国三十年冯国瑞氏编著《麦积山石窟志》后，闻名于世。惟石窟年代久远，堙破不堪；东窟之七佛阁、牛儿堂、散花楼等遗迹，三十五年十月，经四区专员胡受谦氏督导补修，梯柱栏干完全可通，并将石窟西之瑞应寺重新修葺，增建山馆，以为游人栖止之所。三十六年二月初，天水县长方定中氏，约同冯国瑞氏至麦积山察勘续修工程。冯氏独留山中，偕寺僧率木工探险西窟，仅携木板长绳，由西窟已毁之栈道遗物间架板递接，攀木牵绳，自大佛足下竟升入距地面高数十丈相传之万佛洞内。发见深广五丈余之长方洞，内有大佛造像二十五尊；巨碑十八座，有高至七尺者，碑上浮雕佛像三十四排，每排二三尊，碑侧亦刻佛像，碑下堆积鸽子、松鼠粪土深数尺，洞内光线甚暗，未见题字，仅见塑壁小像无数，均高数寸。经冯氏审定，确系北魏作风。天水地方人士，决定补修栈道，俾人能得窥观研究，亦胜事也。（见三十六年二月二十日天津《益世报》）

长安近郊发见史前遗迹

西北大学教授王子云氏，三十五年四月于长安近郊从事考古学研究工作，于城南小陵原西北坡广数亩之灰土层中，掘得精致之红黑陶器及彩陶片甚多。据王氏之研究，谓其为古杜伯遗址之所在。长安之古迹，吾人所知之者，仅周秦以来者，今有史前遗址之发见，当可解决国史上之若干问题也。

四明天一阁藏书之今昔

本年三月初，宁波范氏后裔，请准浙江省教育厅将天一阁善本图书自内地运回，作公开展览，参观者甚多。抗战军兴以还，公私图籍，受厄而遭损失者不少，聊城杨氏海源阁最近即遭火劫。而天一阁藏书，竟在烽燧之余，犹得使后人窥见一鳞半爪，亦云幸矣。

溯自明中叶以来，海内藏书家莫不以四明天一阁为巨擘，黄梨洲既表彰之于前，全谢山复记之于后，阮文达为之编目，缪荃孙为之作始末，于是海内学者心目中，均有天一阁矣。天一阁为明范钦所手创，钦字尧卿，明嘉靖十一年进士，官至兵部右侍郎，致仕后搜罗金石，旁求遗书，垂二十年，复向丰道生、王世贞钞所未备；尤喜收经说、方志、典章，及先辈诗文集未传世者，凡七万余卷，善本之多，冠于两浙。嘉靖中侍郎于其宅东月湖深处，构楼六楹，为储藏之所①，“前后累石为山，环植竹木，凿池其下，取揭文安公傒斯《天一池记》以水制火之意，名之曰天一阁云”。范钦没后，子孙相约为例，凡阁厨锁钥分房掌之，以书下阁者禁，子孙无故开门入阁者罚，私领亲友入阁及擅开厨者罚，擅将书出借者罚，因而典鬻者逐，其例严密如此；又以环境优良，远隔阛阓，宽闲静阒，不使持烟火者入，阁书能留传久远，岂偶然哉。

侍郎手编书目，久佚不传，明清易代，稍有阙失，犹存其十之八，经籍及明历朝实录之半，于斯时流出，此一劫也。侍郎没后，封闭甚严，黄宗羲破例登之，钞有目录，今不可见。清高宗开四库全书馆，侍郎八世孙懋柱秀才进呈阁书六百三十八种，采入四库，计《四库总目》著录者九十五种，入存目者三百七十八种，时有钞竣给还之谕，然为承办者擅留，此二劫也。道光庚子，英人据宁波，取《一统志》、舆地书数十种而去，此三劫也。咸丰辛

---

① 黄宗羲康熙己未《天一阁藏书记》云：“嘉靖至今，盖已百五十年矣。”以此推之，当建于嘉靖九年，时侍郎年二十五中举人。李邺嗣《甬上耆旧传》云：“司马归里，于宅东起天一阁。”案侍郎于嘉靖三十九年擢兵部右侍郎，未上，遽乞归；则阁之建，当在嘉靖四十年以后。二说不同，当以后说近是。

西，太平军下宁波，游民毁阁后墙潜运范氏藏书，贱售纸户，侍郎后人、邦绥知县偕宗老多方购求，稍稍复归，此四劫也。民国三年，偷儿薛继渭入阁盗书，丧失过半①；越四年，又遭窃，为范氏追还无几，此五劫也。抗战军兴，天一阁善本图书经浙教育厅运去庋藏，胜利后，虽即运回，然屡经播迁，一查对书目，已损失不少，此六劫也。总此六劫，图书散之于外者，必在一千种以上，厄运之余，留人间者，仅吉光片羽而已。

天一阁藏书，当明代已有人为之编目，今可考者，有范钦《东明书目》一册，见朱睦㮮《万卷堂书目》，范钦《四明万氏书目》二卷，见焦竑《国史经籍志》，前者当出侍郎手编初稿，后者当出侍郎重编之稿。范钦《四明范氏天一阁藏书目》二册四卷，见祁承爜《澹生堂藏书目》及黄虞稷《千顷堂书目》；黄氏宗羲、范氏廷辅《天一阁书目》，见《南雷文定》；无名氏《天一阁书目》，见沈叔埏《颐采堂文集》；无名氏《司马氏书目》二钞本，见《四明天一阁书目》；无名氏《浙江省第五次范懋柱家呈送书目》，有《涵芬楼秘笈》第十集《各省进呈书目》本；无名氏《四明天一阁藏书目录》两册，有罗振玉《玉简斋丛书》本；范氏邦甸等《天一阁书目》十卷，《补遗》一卷，有清嘉庆十三年阮元命汪校刻本；汪氏本《天一阁书目》四卷，见刘锦藻《清续文献通考》；刘喜海《天一阁见存书目》十二卷，有传钞本；杨振藩、何松《天一阁见存书目》，见光绪《慈溪县志》及何松梦《璞居诗钞》；薛福成《天一阁见存书目》四卷，首末二卷，有光绪己丑仲夏无锡薛氏新刻本；林集虚《目睹天一阁书录》四卷，《附编》一卷，有民十七年黎照庐活字本；杨铁夫重编《宁波范氏天一阁图书目录》不分卷一册，有民

---

① 近人赵万里谓至少有一千种散出，宋元明集最多，明季杂史次之，登科录、地方志，约去一百余种。

十九年油印本;赵万里《重整天一阁现存书目内篇外篇附篇》,载《国立北平图书馆馆刊》八卷一号;冯贞群《鄞范氏天一阁书目内篇》,内《劫余书目》四卷,《藏书目录》一卷,《附录》四卷,《补遗》一卷,有民二十九年重修天一阁委员会用活字版排印本;冯氏此书既革旧目编者随意取舍之弊,又补阁书残缺卷第作者名氏,为现行《天一阁书目》之最完备者。

天一阁虽朝历三代,书经六劫,幸存者尚不下千余种,其中明代方志占二百余种,内十之八九他处不可得。如《上海县志》,嘉靖本已可贵,而天一阁竟有弘治本。《武康县志》在全浙方志中最罕见者,阁中竟有骆文盛修嘉靖本。杨循吉所修《吴邑志》,乾隆间修《吴门补乘》已不见,而天一阁亦有初印本。此外朱长文《吴郡图经续记》、正德间周季凤修之《云南志》、正德间《建阳县志》,及嘉靖二十七年谢庭桂所修之《隆庆志》,皆海内孤本秘笈。至于陕西沿边各县方志,有不少明代边政史料;四川云贵僻省方志,亦有不少民族史料。传记类之登科录及会试、乡试、武举等录,阁中所藏皆今所罕有者;登科录者洪武、永乐以下各朝之记载,为范东明所手辑;各省会试、乡试、武举等录,约亦有一千二百余种,进士三代履历十余册,皆万历朝坊本,不知名文学作家身世,借此得考见者不少。昔嘉庆间法梧门偶得顺治进士三代履历三册,上者王士祯昆仲履历,一时翰苑诸彦题字甚多,后世传为美谈,然以天一阁所藏一较,则法梧门诚少见多怪矣。

天一阁所藏碑拓,考其碑目,虽仅七百余通,远逊欧赵所藏之富,然孤本甚多,如周石鼓(编者按:近时马衡、郭沫若两先生已考定石鼓为秦刻石,似不宜再称周石鼓矣),汉西岳华山、赵圉令刘熊、侯成王纯诸碑,皆为瑰宝;孙氏著《寰宇访碑录》时,录取几二百余种,咸丰兵燹以后,阁碑散失殆尽;上列各珍本,惟《华山碑》已归端方,余皆不知何往。读冯氏登府《石经阁金石文字跋》记天一阁各事,及沈氏子淳《天一阁碑目跋》,则知物聚则难,散失则易,著录之功,曷可已乎!

天一阁图书至今虽有四百余年之久,然藏之名山,传之其人,深门固锁,秘笈难见,自乾隆三十九年侍郎八世孙懋柱进呈阁书后,绝少与世接触。昔日大儒如黄梨洲、袁子才之登阁浏览,尚有人为之先容。近人马隅卿、赵万里诸氏曾一度过此编目,然亦未尽睹所藏,秘笈之富,即可想见矣。惟近来办法稍有变通,除公开展览外,犹定有捐款钞书办法,即以所得移为管理修书之用,使学者斥区区之金,得未见之书,法意良美可谓一举两得矣。惟近闻天一阁公展之书,以历年久,播迁多,致为水浸湿者有之,虫蠹蚀者有之,钜籍若《图书集成》,亦散零不堪触手,岂不可惜,所愿保管委员会诸公,为保存地方文献计,亦当急谋设法管理也。(见本年四月九日《东南日报·文史副刊》第三十七期宋炎撰)

国立北平图书馆特藏组概况

北平图书馆特藏组自胜利复员后始告成立。除历年购藏满蒙藏文书籍外,西文方面以德人穆麟德遗书为基础,分别补充,蔚为大观。

该组藏书有:一、满文,三百三十二种,三千九百三十七册。

二、蒙文，一百二十六种，五百七十八册。三、藏文，九百〇一种。四、阿拉伯文，包括国内出版之回文书三百余种，及近东各国出版之书。五、西夏文，宁夏出土西夏文佛典百余册，皆属宋元旧刻，人间瑰宝；斯学沉霾已数百年，该馆馆刊曾刊《西夏文专号》以表扬之。六、啰啰文，云南武定土司旧藏，计明清写本五六百种，并有明刻本及明刻版片，世所罕见。七、莫些文，系在云南丽江采购者，多属象形文字，约四千余种。八、梵文及巴利文。九、印度支那文。以上两项文字，除少数已到平外，大部分尚在国外，俟交通恢复，方能运平。（见三月二十九日《大公报·图书周刊》）

中法汉学研究所新出古籍通检三种

中法汉学研究所自成立以来，即着手编纂古籍通检，已出版者，计有（一）《论衡通检》，（二）《吕氏春秋通检》，（三）《风俗通义通检》，（四）《春秋繁露通检》，（五）《淮南子通检》等书，皆秦汉要籍，学者称便。本学报已于第三十一期加以介绍矣（页三四五）。以后有续出（六）《潜夫论通检》，（七）《新序通检》，（八）《申鉴通检》，编纂体例一仍旧贯，精确谨严，堪与燕大引得丛书相比拟，而专重汉代要籍，尤为该丛刊之特点，诚对于汉学研究之一大贡献。望以后按期续出，其有裨于国学之研究，当非浅鲜也。

庄子引得

民国三十六年五月燕京大学哈佛燕京学社引得编纂处出版

排印本七〇四页　平装一厚册　定价二十元

《庄子》一书，词旨深奥，披阅困难，贯通匪易，前人之所以于是书成绩较少者，盖亦由于工具书之缺乏也。哈佛燕京学社引得编纂处有鉴于斯，乃据郭庆藩《庄子集释》原刊本精校全文，并字为引得，以便检索。嘉惠艺林，诚匪浅也。

（《燕京学报》1947 年第 32 期）

北平故宫博物院接收古物陈列所

逊清已三十六年之北平紫禁城内行政，自九月一日起始变为一元化。历史的两个产物，由此统一，故宫博物院一日起进行接收故宫最南端开放最早之古物陈列所，由何市长思源监交，定四个月毕事。

据马衡院长称：此举系三十五年十月行政院议决者，自三十六年内，内政部古物陈列所之经费即系由故宫博物院拨发者，内部职员三十余人，尽可能不予变动，警卫即将与故宫者合编，以资划一。现双方已组织两个机构，即接收与移交两委员会进行清点。东华、西华两门自九月一日起，即行停止开放，改由午门及神武门出入，武英殿即日起开始整理，亦不售票。午门上有中央博物院之历史博物馆，仅接收房屋，不干涉其行政。

按内政部古物陈列所系民国三年间由朱启钤总长呈请开放者，其古物系由奉天及热河各行宫中运回者。民国四年袁世凯称帝，即在太和殿筹划登基，八十一天即告毕事。抗战前之所长为军人钱桐，沦陷后即死去，今日负责移交者为副所长张勇亮。

故宫博物院成立在十四年四月十二日，系于宣统废帝离宫后开放者，因民元条件内，划内朝全部为宣统帝驻跸处，以后面之神武门为大门，故宫博物院成立后，亦即以此为正门，今起将拆下古物陈列所之匾，午门亦挂故宫博物院之巨额。

至于午门上部博物馆之成因，据马院长称：前清学部大库档案本存国子监，民初即改存午门，教育部欠薪后，即以此件售诸纸厂为还魂纸之用，易钱发薪维持，购主为罗振玉，彼整出一部，又售李盛铎，李未整理，所余全售诸中央研究院，当民初教部决设博物馆之时，即移完整之部在午门楼上展览，此小部分，今日已改归北大研究所保管。故宫统一后之开放办法，改为三路，第一路为自午门至神武门，专门为建筑物展览，每日均开放。东西两路仍分单双日开放。三大殿之古物将统一陈列，不固定原有地位。至于外来文化，如钟表、八音盒等外国古董，即外国亦不多见，系原内务府造办处徐姓负责保管已达三十年之久，今后当徐图辟专室整理。至于重庆所存古物，半数已到南京，善为保管，战火中古物能无少缺，马氏至表欣慰。（见九月一日天津《大公报》）

沈阳东北文物展览

两年来东北一直在烽火中，对于历史上的文物与文献，更难得有人注意。在文化荒芜的沈阳，由国庆日开始在清故宫开了一个盛大的文物展览会，展览十天，这的确为文化界放一异彩。

东北文物展览会系国立沈阳博物院等四个文教机关所主办。在历史上东北的文物与文献，实较国内任何边陲地方丰富得多。由这个展览会中可以看到辽、金、元以及满族初期文化的模型，充分表现北方民族风格。更有史前史新石器时代的遗物（辽南出土），对于研究民族学、社会学，以及考古学者，都有莫大的帮助。在万劫之余，还能有这种规模的展览会，实在是难能可贵了。

沈阳城内的清故宫，是爱新觉罗皇朝的发祥地，据《盛京通志》载，是清崇德二年所建，以后康熙、乾隆时代均不断加以修建。在这建筑物中，虽亦兼有汉族建筑的格调，还可以看出东北部落民族的建筑形式，例如清宁宫，是皇帝和太后住的屋子，门狭小，面偏东，乃是适应东北气候口袋式之建筑。凌纯声先生于《松花江下游的赫哲族》一书中，调查之住屋平面图即与此宫殿格式相同，一大间屋子三面是炕，西墙挂有神像。南炕有两铁锅，这个大锅可以煮整猪整羊，旁边还陈列着有三尺长木柄，舀汤的大铜葫芦，另外还有好多把铁钩，是作钩肉用的，由此可以想到部落民族生活的方式。

大殿前有"索伦杆"，是祭祀用的，传说努尔哈赤被追兵围困时，曾为乌鸦所救，故立国后享以祭礼。除了神话以外，这十足表示东北民族，在图腾社会时，部落的标志多是飞禽，和西部的民族多以走兽代表一样的意义。

在这展览会中，有很多有价值的东西。魏、唐、辽、金的墓志铭，其中有十五块是契丹文的，更是珍贵稀有。契丹文字现已成历史上的死字，没有人再能音读。这文字显受汉字的影响，也是方块字，写的样式和汉字一样。据说有位罗先生专研究契丹文，尚能够讲解其中意思。另外还有巴斯巴文的帖片，这文字是蒙文的前身。这些都是辽庆陵出土的东西，都是国内罕有的了。

院里有一石塔,是朝鲜新罗时代(唐朝)的东西。这是某日本收藏家由朝鲜庆州搬来的。此外还陈列着辽、元、清的乐器,商、周时的鼎、盘、角,汉时的洗、钫,汉、唐、辽的金镜,和辽、金的马具,以及周、汉、辽的武器等。

这里并展览着私人收藏家的东西,如汉吐鲁蕃、辽越王、金上京的印信。在史前史的陈列品中,有很多新石器时代的罐、斧,另外还有很多壁画,及辽、金的瓷器。辽的三色彩盘,虽不如唐的三色彩盘,但颜色也很鲜明。

其他清宫内文物甚多,由这些可以看出部落民族虽然定居,仍处处留有游牧民族的遗风,例如瓷壶的形状,仍如同一个皮革盛水的背壶形状。

最值得我们留恋的是文溯阁,一百五十余年来,东北几经沧桑,文溯阁健在,《四库全书》也幸存无恙。经、史、子、集分用绿、红、青、灰绢面,据说是代表春、夏、秋、冬四季。在民国二十四年日人曾筹五万元,在文溯阁西南,新建两层楼房的新书库一幢,门窗全用铁叶做的,并可防水火,书架全是钢制的。从此这些历史文献,受到了现代建筑的保护。在逊清时代,每年要用七十斤樟脑防虫蚀。现在正计划用 DDT 防御。

在文溯阁中还有几件很宝贵的东西,就是清太祖老满文的档案、太宗新满文的档案。我们知道满文是在明朝万历二十七年以蒙古文为蓝本而制定,在制定满文的七年期间是使用老满文的时期。在太宗时(一六〇七年后)曾由达海改定新满文。此外阁内还有有清一代的《玉牒》(皇帝家谱)、《玉册》《实录》《圣训》。这些文献对修著清史,是有莫大的帮助,现在都完整无缺地保存在文溯阁里。日人曾将《圣训》《实录》影印,现均经接收,并分配于每国立大学各一部。十五年来文溯阁《四库全书》未遗失一册,实是可庆贺的事。

出乎意料之外,东北还存着这么多的历史文献文物,对于考据我国边疆民族的文化,实有莫大的帮助。在四处狼烟中,在这里做文化的开荒工作的专家们,虽受现实生活的压迫,但仍在努力整理着祖先们的遗产。这种精神实值得人敬佩。(见十月二十一二日天津《大公报》)

清代学部档案

清代学部档案,经罗振玉购得后所整理之一部,据辽金史专家金毓黻氏称:已在沈阳发现,计有六万件之多,刻正在整理中。(见九月一日天津《大公报》)

四川邛崃城郊发现唐代古物

成都西南二百里之邛崃县城郊，顷于大水冲圮处之河岸，发现唐代石刻、经幢、浮屠、佛像、金刚、护法观音、番僧等造像，及铜铸佛像甚夥。上有开成四年、会昌三年、咸通三年、八年等年号。又有元代至正十五年云□石刻造像，大者约丈，小者或五六寸不等，刊刻精妙，足媲美敦煌石室。按会昌五年（公元八四五年），诏毁天下佛寺，并勒令僧尼归俗。今该处发现经幢，有咸通年号，及番僧衣服，足值考古家之继续发掘研究。（见三十六年九月十三日天津《益世报》）

洛阳城北发现殷代铜器

洛阳城北邙岭发现殷代古物，乡民以巨款八千万盗卖于古董商时被警局破获。计查得最名贵之殷代青铜坛一件，计重约十斤。该坛为一盛酒器，虽系四千年前之古物，而花纹犹历历如新，精彩别致。尚有其他大小祭器，小鼎，扁瓶，圆瓶等件，价值在十亿元以上。又查获瓷质鸡头人、虎头人各一件，大小碗各一件，三彩唐盘一件，现已由洛阳参议会会同各界首长点收，移交河洛图书馆保存。（见七月六日天津《大公报》）

（《燕京学报》1947 年第 33 期）

辅仁大学方言地理研究室近况

辅仁大学方言地理研究室，创办于去年九月，地址在北平东城牛排子胡同，主任贺登松（字重九）（William A. Grootaers）神父，比籍，一九三九年来华。神父为比国语言学大家鲁文大学教授 L. Grootaers 哲嗣，尝在鲁文大学研究是学四年，来华后，赴大同研究语言民俗，一九四三年遭日人逮捕幽禁者二年，直至一九四五年日军溃败，神父始获自由，任教于辅仁大学，一九四七年九月方言地理研究室成立，隶属于辅仁大学。

去夏贺神父率学生至万全调查方言民俗报告已见于《华裔学志》第十二卷，今后仍拟在宣化一带从事于方言调查。按方言地理学之研究，在中国刘复、林语堂、岑麒祥诸氏已开其端，惜久已中断，此研究室之成立，于中国方言之调查、此项人材之训练，皆具有重大意义也。

甘肃史前考古报告初稿出版

裴文中博士去岁于甘肃一带作史前考古工作，达五阅月之久，其重要发见及工作概况，已载于本学报第三十三期学术消息栏中，兹不赘述。

裴博士返平以后，即从事于考古报告之整理，遂于去岁十一月由经济部中央地质调查所北平分所油印四种，综其名称曰《甘肃史前考古报告初稿》，分赠全国各学术机关，本校亦蒙惠赠一册。惟此报告乃系博士之未定稿，且有甚多之遗址尚未正式开掘，为防止盗掘计，故对外暂不发表。今提要于下，以供学术界之参考。本文之发表，已蒙裴博士之同意，谨此致谢。

一、渭河上游史前人类遗址之初步调查　裴文中、王永焱、米泰恒合著

于渭河上游所调查之地域，计为天水之籍河南岸、北岸，三阳川附近，甘谷之渭河南岸、北岸，武山，陇西等地，共发见史前遗址二十九处，所采集之史前遗物颇夥。

本区域内之遗址，除有一处可能为旧石器时代之遗址外，其他可分为三大类：(一)彩陶多者，(二)彩陶甚少者，(三)无彩陶者。而其彩陶文化又可分为三期：

（一）早期　即最盛时期，彩陶之使用甚广，而制作亦极精致，相当于安特生（J. G. Andersson）氏所谓之“仰韶”期。

（二）中期　彩陶衰落时期，彩陶之使用虽仍广泛，但不敷彩衣者渐多，且制作粗陋，有轮制痕迹，纹饰简单。此期相当于安特生氏所谓之马厂期及辛店期，惟性质不同，须另行命名。

（三）末期　中期以后，彩陶并未完全绝迹，若干遗址中仍微有存在。彩陶以外之遗物，多代表原始中国文化，故渭河上游彩陶文化衰落之原因，乃受原始中国文化西来之影响，此期亦须另行命名。

此次于渭河上游彩陶末期之遗址中，未能发见铜器之痕迹，或因工作疏忽未能发见，或渭河上游铜器开始较迟，将来再行开掘之际，当可解决此问题也。

附图

1. 三阳川附近之史前遗址（投影图）
2. 关子店东南之史前遗址（投影图）
3. 彩陶文化衰落期之陶片
4. 彩陶行将绝迹时期之陶片
5. 渭河上游史前时代之遗址（二十万之一地形图）
6. 七里墩附近之史前遗址（剖面图）
7. 烟铺下之史前遗址（剖面图）
8. 吴家庄南旧石器时代（？）遗址（剖面图）

渭南故市发现古代史前陶器

渭南故市一带原为太古涸湖之遗迹，故市立中学教员王重九等偶于公路侧发现布纹陶片，当即执回研究，知为一口小腹直无底，高约尺五，粗约三把之圆形陶器。初疑为秦汉郑白渠工南北输水之器（白渠大干在故市北五里许，有遗址可按），继以其为器过小，且不可能，始疑为古代先民之遗物，因于次日率学生前往发掘，遂有珍贵之发现。按就陶片之花纹言，有布、绳、席各纹，亦有一片兼具数纹者。就其种类言，其口颈大小，花纹形式之不同，约计十余种，有腹有二道单纹者，三道者，有口径大可尺五至二尺者，有黝黑、淡红及灰色者，有药纹甚粗或甚细者。除碎片之外，尚有：（一）小如瓦罐之半截古陶，无耳，底破不存，由下向内视之，制作极粗，表皮薄厚不一，颈高可七八分，有对称之圆孔二个，似为穿绳汲水之器。又一个陶片底多烟煤，似为煎煮之用者。（二）为长可六寸许之幼鹿鹿角一枚，粗逾大拇指，已断为二，可为上古关中平原上气候暖和有鹿之证据。（三）形为拳斧刀刃之石器各一，其次与此古物发现同地数坑内，有灰有骨，有黑如木炭薄仅一分长可寸许之物一件（或即木炭，仅见此一点发黑红色），可证居此之先民，已知食肉用火，而木段金属贝壳之类未一见。尤可注意者,即发掘之地土为灰紫色,极坚硬,而位在一层胶泥层之下,去地面约五尺至三二尺不等,既无穴洞遗迹,或尚在野处之时代,湖水暴涨,人居被毁,固亦临水居民常遭之事。至其地东去故市不过里许,在此里许公路之南北二侧,即古湖之滨,亦均值注意,盖北崖之下,顺手均可拾得布纹之陶片也。果能大事发掘,则成绩当不止此。(见民国三十七年一月二十一日天津《大公报》)

桂林发现六朝古墓

桂市北郊发现六朝古墓,内有瓶瓯多件,土人不知保存,均已散失。惟殉葬之"地券"一方尚存,原券高市尺五寸七分,宽三寸六分,共一百零一字,七行,每行十三字、十五字不等。考其时代,为宋泰始元年(465)十一月(按泰始乃宋明帝年号,距今已一千四百八十三年)。此次发现,对考古学上实有重大价值,且中原文化在西南传播情形之研究,可因此辟一新径。(见民国三十七年二月一日天津《大公报》)

江西清江发现史前遗迹

江西省立樟树中学教员饶惠允，顷在清江县属大姑山、牛头山发现史前陶片数十种，及石器、铜器、磁片各二件。闻石器经判定系石斧，而二者略有精粗之别。铜片略似左彝器耳脚，陶片花纹有与常州及热河查不干庙出土者相似。但仍有若干种系前次未见者。饶君现亟望海内外考古学家合作继续发掘。（见民国三十六年十二月二十七日天津《益世报》）

广东潮州发现史前遗迹

潮州修志馆总编纂饶宗良，偕同专家多人，清明日在揭阳黄岐山发掘新石器时代遗址。该遗址在半山亭后山窝，前经日军挖壕，有多量残碎陶片散见地面，其花纹为盘纹、网纹、篮纹、刻纹，距表土二三尺黄土层中，有石镐及不少石刀发见，磨光后，经确认为新石器时代遗物。又助光岩一带，亦发见石器，有石戚、石刀、石环、石凿多种，间有灰蓝色、黄色陶多种。据饶君称，旧《府志》载，黄岐山一带，相传秦汉时岩居者甚多，由此次出土石器陶片之多，足见所载并非子虚，并可推知新石器时代潮州境内有住民。再就地形论，古时黄岐山当为一岛屿，其前之冲积层，古时当为内海。此种史前住民，或系以渔业为生者，海丰、汕尾一带，前此亦有史前遗物发见，当与此处石器时代文化有密切关系。闻修志馆拟继续从事发掘，将以采获遗物，整理刊成报告。

（见民国三十七年四月十八日北平《华北日报》）

复刊或重印之文史杂志

抗战期间，各学术机关纷纷南迁，颠沛流离，研究工作大受影响，兼之物资缺乏，刊布非易，故定期学术刊物，颇多中断。胜利后，各学术团体，先后复员，研究出版工作，渐复旧观。兹将本社迩来所接到之学术杂志，略加介绍于下：

甲、国立中央研究院历史语言研究所集刊

《国立中央研究院历史语言研究所集刊》，至太平洋战争爆发时，已出至第八期，内容皆专门名家之作，久已为海内外学术

界所重视，至日美战起，因港沪商务印书馆印刷所为日人所占据，不得不移入后方出版。限于物资，印刷既不甚佳，且出书较少，购求不易。复员后，自第九期至十七期，全部由商务印书馆重印，现已出版。每期约四百五十页，所收论文约二十篇，皆系专家精湛之作，于中国历史语言之研究，贡献极大。执笔诸君于流离颠沛之中，研究不辍，此种精神，尤甚钦佩云。

……

丙、文史杂志

《文史杂志》为抗战后之新杂志，三十年创刊于重庆，主编者为名史学家顾颉刚先生。每年四期，内容文史并重，性质较为通俗，所以提倡文史研究之兴趣也。胜利时已出至第五卷，因印刷所迁移关系，略遭停顿，本年又改由上海文通书局出版，第六卷第一期已于三月出版，六月又出版第二期，每期约九十页，所收论文约十篇左右，仍由顾颉刚先生主编。

墨子引得

中华民国三十七年五月燕京大学哈佛燕京学社引得编纂处出版

排印本八五〇页　平装一厚册

先秦学派以儒墨二家为最盛，故《韩非子·显学篇》即以孔墨并称，为世之显学。惟自汉以后，儒学独尊，墨学日渐式微，及至清季孙诒让《墨子间诂》出，始集墨学之大成。民国以来，子学大盛，研治斯学者日众，于是尘埋千载之绝学，如日丽于中天，岂非墨学亦有其足垂不朽者耶？兹者引得编纂处据孙氏定本《墨子间诂》而为《墨子引得》，不惟便于治哲学者之考索，即究心语言文字者亦可资以寻检。首冠齐致中教授序，关于儒墨派别之源流，与乎墨家学说之大旨，提纲扼要，叙述简明。

（《燕京学报》1948 年第 34 期）

东方语文学会成立

本年夏秋之间，燕京大学、清华大学、北京大学等教授，对于东方语文学有兴趣的人，成立了一个东方语文学会，每两个月开会一次，每次由会员二人讲演。第二次是季羡林先生讲“梵文 t、d 两字的对音”，王森先生讲“因明入正理论——书评”。第三次，十月三日，由翁独健先生讲《元典章》“禁回回抹杀羊作速纳”条考释，周一良先生讲“牟子理惑论时代考”。并拟于年内出版会报一册，刊载会员著作。

燕京大学史前陈列馆重行开幕

位于本校镜春园七十七号之史前陈列馆，因地点僻静，或不为一般同学所注意，但该馆标本丰富，陈列完善，实为国内之唯一史前博物馆。当一九四〇年正式开幕之日，参观者逾千人，盛况空前。惜校难时，史前陈列馆亦遭摧残。所幸损失尚不严重，近经年余之积极整理，已完全恢复旧观。最近又购到模型数百件，更呈壮观，已于本年十一月九日下午一时至五时，正式重新开幕展览。参观者络绎不绝，达百余人，致延长展览一小时。

史前陈列馆所陈列之物品，包括古人类化石模型（如北京人，爪哇猿人，海德堡人，尼安德特人，克鲁马努人等），欧洲旧石器（初期至末期）新石器，中国旧石器（初期至末期）新石器时代遗物（细石器，彩陶，黑陶等），以及若干史前之遗物、图片、表册等，皆为其他各大学博物馆所未有者。观众置身其中，宛如神游太古世界。

该馆每星期一至六日午前开放，欢迎参观。

张伯驹氏书画展览会

张伯驹氏，河南项城人，嗜书画，喜收藏，精鉴赏，所藏历代名画，品类之富，冠绝一时，尤以晋陆机《平复帖》及隋展子虔《游春图》，据册籍所载，为国内最古之真迹。

本年十月二日，张氏应本市文化界之请，特假燕京大学贝公楼，将其所藏书画名迹，选出精品四十五件陈列，琳琅满目，美不胜收，堪称最近书画展览之一盛事。兹录目如下：1. 晋陆机《平复帖》卷，2. 隋展子虔《游春图》卷，3. 唐李白《上阳台帖》卷，4. 宋范仲淹《道服赞帖》卷，5. 宋蔡襄自书诗帖册，6. 宋黄庭坚《诸上座帖》卷，7. 宋王诜《烟江叠嶂图》卷，8. 宋徽宗《雪江归棹图》卷，9. 宋米友仁《姚山秋霁图》卷，10. 宋高宗书马和之画《节南山之什》卷，11. 宋朱胜非暨宋人书札册，12. 宋吴琚杂书诗帖卷，13. 宋赵孟坚画水仙并自书诗卷，14. 宋钱舜举《山居图》卷，15. 元赵孟頫章草《千字文》卷，16. 元颜辉《煮茶图》卷，17. 元方从义《云林钟秀图》卷，18. 五元人画卷，19. 元俞龢临赵孟頫《清净经》轴，20. 明陈叔起、王绂合画《潇湘秋意图》卷，21. 明沈周山水长卷，22. 明唐寅《孟蜀宫妓图》轴，23. 明文徵明《三友图》卷，24. 明文徵明闽荔吴裁图卷，25. 明文徵明《桃源别镜图》卷,26. 明周之冕《百花图》卷,27. 明董其昌山水卷,28. 明项元汴《桂枝香圆图》轴,29. 明林良《枯木寒鸦图》轴,30. 明来复草书轴,31. 明陈继儒《云□雨过图》轴,32. 清项圣谟花卉册,33. 清吴历《兴福庵感旧图》卷,34. 清王翚《观梅图》卷,35. 清樊圻《柳村渔乐图》卷,36. 清陈鹄《紫云出浴图》卷,37－40. 清黄瓒、张淑、禹之鼎、沈宗敬、陆谬、戴本孝、严绳孙、恽寿平、程义等《楝亭图》四卷,41. 清禹之鼎《纳兰性德像》轴,42. 清蒋廷锡《瑞蔬图》轴,43. 清金廷标《接梅图》轴,44. 邹一桂《芙蓉鹭鸶图》轴,45. 清华嵒《青绿山水》轴。

按张氏所藏名品,间有著录。兹摘录如下,以资参考:

1. 晋陆机《平复帖》:纸本,共八十四字,卷前后有宋徽宗金字标签,双龙图玺,宣和、政和诸玺。卷后隔水有明董其昌跋,宋倭锦套,外成亲王书白绢签。是帖为宋御府所藏,见宋徽宗《宣和书画谱》,至明万历时见于宗伯学士韩世能家;清归梁清标、安仪周藏,后归内府。乾隆时赐成亲王,嗣传于恭亲王。按《宣和书画谱》,是帖作于晋武帝初年,早于王羲之《兰亭序》约百有余年,当为中国墨迹最古之帖。

2. 隋展子虔《游春图》卷:绢本,青绿,重着色,人物五分许,山峦树石空勾无皴,渲染山头小树,以花青作大点如苔,甚为奇古,始开唐李将军一派。卷前黄绢隔水,宋徽宗墨笔标书,上钤双龙方玺,下钤宣和连珠大玺,中钤朱文旧印。图后上角,有元"大长公主皇姊图书"朱文大印,又有宋贾似道"悦生"葫芦印。后黄绢隔水上下钤政和、宣和小玺,下钤贾似道"封"字大印。后纸有元冯子振、赵岩、张珪等题诗。前黄绢隔水,有明宋濂和冯子振题诗。再前隔水,有清乾隆和冯子振诗,御题。卷末明董其昌题。是卷与陆机《平复帖》同为其馆师韩宗伯所藏。见宋徽宗《宣和画谱》及《清和书画舫》《钤山堂书画记》《铁网珊瑚》

《佩文斋书画谱》《式古堂画考》《大观录》《墨缘汇观》《石渠宝笈二编》《石渠随笔》诸著录。自宣和以迄元、明、清流传有绪；世无晋顾恺之真迹，此当为中国最古之画。

3. 唐李白《上阳台帖》卷：纸本，卷前后有瘦金书题字，引首清高宗题，卷后有清高宗释文，及元人诸跋。卷前后有宋赵孟坚、贾似道，元张晏，明项子京，清安仪周、梁清标诸印。此帖为清内府所藏，见《石渠宝笈》著录。太白真迹，此为孤本。

4. 宋范仲淹《道服赞》卷：纸本，楷书，后有宋文同、戴蒙，元柳贯、胡助，明刘魁、戴仁、司马亜、吴宽、卢濬、王世贞等跋。前后有"寿国公图书"，宋官印。清梁清标为清内府藏刻《三希堂法帖》，见《石渠宝笈》及安仪周《墨缘汇观》著录。

8. 宋徽宗《雪江归棹图》卷：绢本，墨笔，卷前上方徽宗自题《雪江归棹》图，上钤双龙方玺，卷后书宣和殿制，上钤御书葫芦小玺，下书御押。引首乾隆题字，前隔水有内府编号半字，卷前后有宋宣和、政和小玺，清卞永誉"书画汇考"印，梁清标诸印，乾隆、宣统诸玺，及"太上皇帝八征耄念"大玺，卷中有乾隆题诗，后纸有"宋内府图书"印，宋楚国公蔡京跋，明王世贞、王世懋、董其昌跋；备见《弇州续稿》《大观录》《清河书画舫》《东图玄览》《式古堂书画汇考》《铁网珊瑚》《石渠随笔》，著录称为第一。宋徽宗书，王世懋跋，内云："此卷以古锦为标，羊脂玉为签，两鱼胆青为轴，宋缂丝龙衮为引首，延吴人汤翰装池，现只存缂丝龙衮包首，至为精美。"明詹景凤《东图玄览》称："韩宗伯藏钟繇摹正考父鼎铭卷首，古锦一幅长四尺余，青地色花阑，中横一金龙鱼，极鲜美，曾见王敬美徽庙《雪天归棹》卷，亦有如此锦一幅，生平见古锦如此二而矣。"考之周公谨《云烟过眼录》云："是宣和法锦，是此缂丝龙衮在明代已属稀见。"按《雪江归棹》卷尚有一赝作，尺寸题跋均相同，前隔水无宋内府编号字，无宣和、政和小玺,无乾隆题诗,后纸无"宋内府图书"大印,而卷前后钤以项子京诸伪印,后题跋字句无异,而钤印不同。董其昌跋原本为行草,而赝者为行楷,且遇字误为过字,似为清初人所伪托者。是赝卷曾为庞莱臣收去,后归日人,现归英国某收藏家,有珂罗版本行世。

10. 宋高宗书马和之画《诗经·节南山之什》图卷:绢本,书画相间,共十段。引首乾隆御题,卷前后有乾隆、宣统诸玺,清梁清标诸印。纸钤"乾隆学诗堂"大玺,及乾隆御题。见《大观录》《墨缘汇观》著录。

15. 元赵孟頫章草《千字文》卷:纸本,乌丝格,全文前后有清乾隆诸玺,安仪周藏印,后纸之柳贯草书跋。见《墨缘汇观》著录,为文敏晚年之笔。

16. 元颜辉《煮茶图》卷:宋笺纸本,白描,写唐陆羽《煮茶图》。卷前后有乾隆、嘉庆、宣统诸玺,后藏经纸自书唐韩愈诗并跋语,为清内府藏。按颜辉画不多见,书尤罕睹。

17. 元方从义《云林钟秀图》卷:纸本,墨笔,前后有乾隆、嘉庆、宣统诸玺,后纸明沈周跋,清高士奇题诗。见高士奇《江村消夏录》著录,称为神品,为其晚年之笔。

20. 明陈叔起、王绂合画《潇湘秋意图》卷:纸本,墨笔,无款,前为陈画,自平沙落雁以后为王画,见后黄思恭跋中。前引首乾隆题字,卷前后有耿昭忠、李之赤、梁清标诸印,及乾隆、宣统诸玺。见《石渠宝笈》著录。

21. 明沈周山水长卷:纸本淡浅绛,自题款,有清乾隆、嘉庆诸玺。见《宝笈三编》著录。

22. 明唐寅《孟蜀宫妓图》轴:绢本,着色。五代蜀主孟昶令宫妓多衣道服,绢簪莲花冠,施脂夹粉,名曰醉妆。此写其图。绢素清洁,气色鲜研,人面傅粉用唐三白法。右上首自题诗并跋，为清安岐所藏。《墨缘汇观》著录，称为精品。

26. 明周之冕《百花图》卷：纸本，墨笔，写杂花牡丹、玉梅花三十种，自题款。明张凤翼、王穉登、陈继儒、文葆光、杜大绶、文震孟、钱允治、陈元素等，各间题五七言诗，每种均有乾隆题诗。引首乾隆御题，卷中前后有乾隆、嘉庆诸玺，又有“烟雨楼”大玺，颇罕见。为清恭亲王藏，有贝勒载滢印，系受赐内府者。

29. 明林良《枯木寒鸦图》轴：绢本，墨笔，写竹石枯木，上栖寒鸦六七，瞑目冻缩，笔法遒劲生动，若有寒风萧瑟之意。左下款署“林良”二字。

36. 清陈鹄《紫云出浴图》卷：纸本，着色，象可三寸许，着水碧衫，支颐坐石上，右置洞箫一，发鬖鬖然，脸际轻红，凝睇若有所思。卷中及卷后题咏，自张纲孙、陈维岳、吴兆宽、冒襄、王士禄、王士祯、崔不凋、尤侗、毛奇龄、宋荦等七十四人诗一百五十三首，词一首，清末以后题者不计。是图盖写陈其年眷冒辟疆(襄)家伶徐九青故事之一，在当时已脍炙人口；雍正间图为吴青原所得，乾隆间有一摹本，为罗两峰画，陈曼生手录题咏；清末是图归端午桥，摹本迄未发现。

小屯殷虚文字甲编

（《中国考古报告集》之二） 董作宾著 民国三十七年四月
国立中央研究院历史语言研究所出版 上海商务印书馆发行
珂罗版道林纸洋装本一厚册 定价国币三百元

中央研究院历史语言研究所，于民国十七年冬至二十三年春，曾在安阳小屯村殷虚，先后发掘九次，所得甲骨、牛头骨、鹿头骨、鹿角和铜器、陶器等无算。在这悠久的岁月当中，读者们未免望眼欲穿；因而有些性急的人，发出了“责难”之声。著者在《自序》中，首先提出出版迟慢的理由：一是抗日的播迁，二是印刷期间，因上海、香港相继沦陷，以致功败垂成——一再毁版。个中缘因，不无困难；但事过境迁，姑且勿论。兹将著者对于本书的观点略述如下：

1. 关于本书的价值，著者略谓：“这部书中的材料，如果单就文字学方面看去，自然和以前著录的许多甲骨文字书籍，有同样的价值，只是读者可以绝对地信任它没有一片伪刻罢了。如果从考古学的眼光看去，就和以前的甲骨文字书籍大大的不相同了。它们每一片都有它们的出土小史，它们的环境和一切情形都是很清楚的。每一片都是经我们亲手挖掘出来，而又经摩挲玩赏过的,因此,我们对于这批材料,有着很亲密的感情。这固然是我们少数人的偏爱,可是也希望读者们也能够对于它们加以另眼看待。”(见《自序》页3)

2. 关于甲骨文字在考古学上的贡献,著者略谓:第一,是断代研究法的启示。第二,是以前著录的甲骨文字出土地,可借此推求。第三,是甲骨文字在地下埋藏的情形。第四,是可以确证遗址遗物的年代。(同上页4-9)

3. 著者现在对于甲骨文字的看法:一、甲骨文字不能代表殷代文化。这里所谓代表,是指一般人的意见,以为殷代的文化,只能从甲骨文字里去寻找,只有甲骨文字中的记载,是整个的殷代文化。这是一种奢望,是一种不可能实现的企图。1. 甲骨文字,只是殷代应用文字的一种,是一种专记贞卜事项的文字,有点像《周易》卦爻辞,也有点像现在神庙中的签文。2. 殷代普通的文例,只有下行而又左行的一种,这是和现在一样的。从许多较长的铭刻中,可以证明如此。3. 贞卜的事项是没有一定的。固然这应该说是除了卜旬、卜夕等例行公事。二、甲骨文字不是原始文字。这里可以分三项来说明它:1. 世界上最初创造的文字,都是起源于图画的。我们看埃及和云南丽江的么些文,很清楚知道他们是许多组的图画,而看甲骨文字,除了少数象形字外,却很难看懂它的意思,这就足以证明我们的文字,到殷代已有悠久的历史了。2. 殷代不是创造文字的时代,我们就不能根据甲骨文字来研究殷代的社会背景。3. 我们的原始图画文字,在殷代还使用着,却不为人们所注意,这就是殷代铜器铭文中的象形字,也称为“文字画”的。我们把殷代金文和甲骨文比一比,就知道甲骨文是殷代的今文,而金文中的图画文字,是殷代的古文了。三、甲骨文字研究,现在仍是初步的。研究既然是初步,方法也仍然几句老话:1. 首先应该把材料集中,把所得十万甲骨,汇为一编。2. 用分派、分期、分王的方法,整理全部材料。3. 尽量拼合复原的工夫,把全部材料,化零为整。4. 作成字典、辞典、类典等索引,以便从事各方面的研究。5. 要用隅反的原则,从一鳞一爪中去推测殷代的文化。(同上页9-13)

综观以上所述,著者对于殷虚的地层,以及出土的甲骨文字等,都有丰富的经验和致密的研究,而本书又是著者从发掘起,以至编排图版止,每事都必躬必亲,摩挲玩赏过的,似乎没有什么问题了。但是,事实不然,关于甲骨文字"在考古学上的贡献",第四,"是可以确证遗址遗物的年代"一项,本书的总编辑,李济先生,即提出了些修正说:

> 照董先生的论断,凡是E16坑出土的器物,都属于祖甲或祖甲以前的时代,这条重要的论断同时包含下列几条必然的推论:
>
> 1. 见于E16坑的各色各式陶器——黑色陶、灰陶、红陶、白陶、带釉陶——都是祖甲或祖甲以前的陶器;
>
> 2. 见于E16坑的各种铜器——各式斧形器,各式句兵,刺兵,各样铜矢,各种装饰小件——都是祖甲或祖甲以前的铜器;
>
> 3. 见于E16坑的其他各种实物——朱砂、黄金、玉器、雕花骨器等——也都是祖甲或祖甲以前的实物。
>
> 假如我们确能证实E16坑是在祖甲时封闭或塌陷的,上列的推论自然不会引起什么疑问。若说照断代的研究,这一坑所出的甲骨文字,没有比祖甲时代更晚的,因此也就联带地断定了,与甲骨同出的器物,也必然与它们同时——这个"必然"却需要另外的证明。关于这一点,彦堂在他的《自序》内,却没详细地说明;他只说——甲骨文字"是可以确证遗址遗物的年代"的。在原则上,我们自然可以承认这

话的正确性;但它的正确性也应该是有条件的。……若说,在一块版筑土中,找出一块可以认为是祖甲时代的带字龟版或兽骨,就断定这片版筑也是祖甲时代筑的,这就可以引起大大的争端;……同样地,我们不能因为某一坑内出有某一时代的甲骨,也就断定其他的实物与甲骨同时;甲骨的存在,若运用得适当,只能给同坑出土的实物一个最早时代的限制;至于最晚时代的限制,单靠甲骨文的联系,是不够的。(以上见《跋董彦堂自序》页15)

李先生是安阳小屯村发掘的总指挥,对于殷虚的地层和出土的实物是了如指掌的,他所说的话当然是正确的。著者对于殷虚文字造诣之深,贡献之大,任何人也不能否认。然千虑之失,亦所难免!

全书共收图版三二九页,计:甲骨三九三八片,牛头刻辞一片,鹿头刻辞二片,鹿角器一片,都三九四二片。前冠著者《自序》,其次李济《跋董彦堂自序》。材料丰富,印刷尚精。

(《燕京学报》1948年第35期)

广东丛书第二集

广东丛书编印委员会编辑　中华民国三十七年四月初版
粉连纸十二开本九册

本丛书第一集，于本报第三十四期二七九页已有介绍。本集系按编印略例，依次续出之第二集，计收：

1.《皇明四朝成仁录》十二卷（六册），明屈大均撰，近人叶氏恭绰校订。叶氏略谓：是书似原为未定之稿，且为清廷所禁，故并无刊定之本；而流传诸本，书名、篇名、卷数、篇数，以至字句，均有异同。是书稿本，先后所得计有七种：一、吴县叶调笙（廷琯）写本，名《皇明四朝成仁录》，凡十四卷，据称曾见旧钞本外，尚有所谓崐本、肇本者，惜年代均不能悉。然就所见诸言，此为根据最富且较早之本。二、吴县张叔鹏（炳翔）写本，亦名《皇明四朝成仁录》，乃根据叶本参以他书改编，较叶本略有分合。三、番禺邬伯坚（庆时）校本；先是翁山之裔（向邦）得风雨楼旧藏《皇明四朝成仁录》钞本四册，不分卷，无序、例，无篇目，且多脱误，因属邬君校勘时，广州沦陷无他本可资对校，仅能以他书参证，且有所叙述，因编为十二卷。四、番禺徐信符（绍棨）传钞本，名《皇明四朝成仁录补篇》，每朝一卷，凡四卷，四十七篇；然以之与诸本比对,却未有足补诸本之阙者;但似亦为一较早之传本,其中字句仍足为校勘之助。五、新阳陈凤藻刊本,名《明季南都殉难记》,凡一册,不分卷,光绪三十三年所印,属《国学丛书》第四种,由均益图书公司印行,目录之后有陈氏按语云"先生原书目录尚有《杭州死节传》《建兴死事传》《海宁起义传》《海宁死事传》《海兴死事传》五篇,惜皆亡失"云云。其中海宁死事一传,诸本均阙,惜陈氏未说明其所据者为何本,未由追溯。六、中央研究院历史语言研究所藏钞本,名《明臣尽节录》,凡二册,不分卷,有可以补诸本之阙者四篇,为《河南知县死事传》《新城死事王与胤传》《无锡死事传》《各省州县死事传》。七、南京国学图书馆写本,名《四朝成仁录》,三册,不分卷,原为钱塘丁(丙)氏所藏,原《序文》略曰:"余于戊寅夏,得徐司寇家藏屈大均《成仁录》一书,翁山以目所亲历,而又采实事以辑之,可谓详密者矣。然尚有缺者,不无遗恨,因不自揣,搜罗散佚,积之数载,汇为一帙。"盖文中明言补翁山之缺,而末又署"大均撰"三字,矛盾已极。且全书所纪四十八人,除王玑外,余皆见于《明史》,而其文亦几与《明史》全同,似即钞自《明史》者?又凡清兵皆称大清兵,决非翁山所作,故不克采用。除此七种外,日本静嘉堂文库《汉籍分类目录》亦著录是书,凡十六册,不分卷,原属十万卷楼旧藏,抗战军兴以迄胜利,至今未获见其本,谢国桢《晚明史籍考》卷二,则具载其篇目,然其文则莫由取校。以上各本其来历均难上溯,然叶本似最有渊源,且较完备,故此次即以叶本为底本,而以其他各本拾遗补阙,并参他书订其脱误,期不失原书之真相。(见《校订例言》四)

2.《翁山文钞》六卷,二册,明屈大均撰,国立北平图书馆藏钞本,附《翁山佚文二辑》一卷,近人黄荫普辑。黄氏略谓:《广东丛书第一集》景印敝藏薛刻文钞仅有序、记、碑记、传四体,疑非完本。后阅《贩书偶记》,得悉《文钞》为卷十,乃知景印者仅十之四,遗阙正多。三十二年得故都友人伊见思函谓“《文钞》原刻本见于厂肆”,与敝藏初刻本编次版式大异,并有翁山印章,余即将所钞目次与《文钞》初刻本,及嘉业堂刊本、国学扶轮社刊本暨《翁山文钞》薛刻本相较,计多文十五篇,因知此原刻本与世称初刻者大异,当为最初刻本无疑。乃以各本所无之文十五篇,与徐信符君所钞存之《翁山佚文》四篇并刻之,名曰《翁山佚文第二辑》。(见下册书后《志》)又云:《翁山文钞》中有十八篇已刊入丛书第一集《翁山佚文》辑内,兹为求完整,仍将全部景印;惟佚文二辑原采之文,已见于此次所得钞本《翁山文钞》内者,则分别剔出不再采入二辑,此佚文二辑仍附刻于《翁山文钞》之后,循前例也。(见同上《再志》)

3.《蒯缑馆十一草》一册,明薛始亨撰,番禺黄氏忆江南馆藏钞本,黄氏荫普略谓:薛剑公(始亨)诗文集世少传本,《四库全书总目》暨《附存目录》均未收入;十年前《华南杂志》曾分期登载,惟校勘未精,杂志亦流行不远;国土重光后,余于五羊市上购得钞本诗文各一册,卷首有黄士俊序,知当时曾付剞劂,其后是否板遭禁毁,自归湮灭,则未可知也。至原钞先后次序颇凌乱,兹重为厘订,以赋居首,以祭文为殿,循《文选》例也。(见黄氏《跋》)

按黄氏忆江南馆收藏乡先贤名著虽富,惟年代久远,星散难免,如《翁山文钞》于第一集印行后续有发现,即是一例;苟能建议丛书编辑委员会,今后如再发刊丛书时,事先广事征求国内外图书馆,有无是类书籍入藏,及早钞借校阅,以免事后续出,想编者与读者均有同感也。

哈佛燕京学社引得编纂处新刊两种

1.《史记》及注释综合引得 民国三十六年十二月哈佛燕京学社引得编纂处出版

《史记》本名《太史公书》,汉司马迁撰,上起黄帝,下讫汉武,举二千余年之史实,纳之一书,发凡起例,为正史不祧之祖。班氏父子因而断代为书,虽稍有创作,大半仍袭其余绪。自后历代修史,莫不奉为圭臬。而名家为之注释考证者,无虑数十,第传于今日者,厥维宋裴骃《集解》,唐司马贞《索隐》,及张守节《正义》而已。迨近年日本泷川龟太郎之《会注考证》出,始荟萃宋清人著作而成一书,尤便学者,故引得编纂处因综合以上四种注释为之引得,俾为探讨古史者之助云。

2.《后汉书》及注释综合引得 民国三十八年五月哈佛燕京学社引得编纂处出版

正史自《史》《汉》而后,降及晋宋,作者无虑十数家。晋范晔删八家《后汉书》以成一家之言,前后历十有八年,不让班马,所本既宏,下笔尤为谨严,其最踌躇满志者,则在论赞。后人每忽视之，又不知范氏之苦心矣，迨唐章怀太子贤为之注，出于一时学者，取材最富，后人鲜能增益。唯范氏并未作志，今所附《志》三十卷，为晋司马彪撰，成书先于范氏，即梁刘昭注志，亦早于章怀太子，后人取以合之，足补其阙。今引得编纂处因据范书、彪志及刘李二注，综合为之引得，堪备专攻东京文物者之取资云。

巴黎大学北平汉学研究所通检丛刊新刊四种

按该所刊行之通检丛刊一至八期已见本报第三十二期页二六八出版消息栏。兹将新刊九至十二期四种介绍如下：

1.《山海经通检》 （通检丛刊之九） 中华民国三十七年四月出版

《山海经》原名《五藏山经》，简称《山经》，汉刘歆始定名为《山海经》。是书初著录于《汉书·艺文志》，历魏、晋、唐、宋，目录学家罔不以之冠于地理类，明胡应麟著《少室山房笔丛》，始破旧日成见，认为怪语之祖；清修《四库全书》，师胡氏之意，遂改入小说类中。晋郭璞为之注，清吴任臣作《广注》，毕沅作《新校正》，郝懿行作《笺疏》。惟校勘之学，往往后来居上，故本通检即用郝氏《笺注》为蓝本纂辑而成;首冠法文、中文《序文》,次《凡例》,次《各版山海经推算法》,次《法文拼音检字》,次《英文拼音检字》,按图索骥,足资参考。

2.**《战国策通检》** (通检丛刊之十) 中华民国三十七年九月出版

本书名称不一,篇章互异,或曰《国策》,或曰《国事》,或曰《短长》,或曰《事语》,或曰《长书》,或曰《修书》。迨及汉刘向校书天禄阁时,始裒集成篇,名曰《战国策》。关于作者,迄无主名,近人齐致中(思和)先生《战国策著作时代考》(见本报第三十四期)谓:"大抵汇集自战国末年至汉初时期关于六国时之杂事与夫说士之谈论而成。"言之成理。

本通检系根据士礼居仿宋本《战国策》纂辑而成,次序与上述体例相同。

3.**《大金国志通检》** (通检丛刊之十一) 中华民国三十八年六月出版

《大金国志》四十卷,旧题宋宇文懋昭撰。懋昭以金人降宋,行文之于金国无所贬抑,而于宋朝亦复不为内词。清纪昀则揭其抵牾,谓不可解。王士祯及李慈铭则均直谓其为宋人伪造。钱大昕则断作元初人所撰,其表文则后之好事者为之,而嫁名于懋昭也。序文略谓:"平心论之,此书载记有金史实,始末该备,首尾完具,不惟可谓作者有意于史笔,而复可知其于当代史实必多亲所闻见;分量不称者,则似此书当已创始于作者入宋之前,本为懋昭草拟稿本,间架虽具,改治待期。疑其自身不及铨次写定,乃为后来宋元人氏辗转窜乱也。"(见页五)此说近是。

本通检系根据扫叶山房刊《四朝别史》本《大金国志》纂辑

而成,体例一如上述通检。

4.**《契丹国志通检》** (通检丛刊之十二) 中华民国三十八年四月出版

《契丹国志》二十七卷,宋叶隆礼撰。关于此书之短长优劣,前人论述颇不一致,然著者自谓:“臣奉敕命,谨采摭遗闻,删繁剔冗,辑为《契丹国志》。”则此书本为钞撮而成,著者固未尝自讳也。至于著者所据载籍,其现存者如《资治通鉴》《续资治通鉴》《三朝北盟会编》《新五代史》及《松漠纪闻》诸书,固无论矣;若《燕北杂记》《辽庭须知》《使辽图抄》《辽遗事》《契丹疆宇图》及《契丹事迹》等书,则均久佚于世,其有裨于辽代历史之研究不可掩也。

本通检系根据扫叶山房刊《四朝别史》本《契丹国志》纂辑而成,体例与上述通检无异。

(《燕京学报》1949 年第 36 期)

中国新史学研究会筹备会成立

中国新史学研究会于七月一日在北平正式成立筹备会。大会全体通过了筹备会的《组织规程》和《中国新史学研究会暂行简章》，并决定迅速筹备召开全国历史工作者代表会议，选举了筹备会的常务委员郭沫若、吴玉章、范文澜等十一人，负责进行召开全国历史工作者代表会议的筹备事宜。

北京四文物机关专门陈列室展览

华北人民政府高等教育委员会所属故宫博物院、北平图书馆、历史博物馆、北平文物整理委员会等四个文物机关，于八月二十九日又有两个新的陈列室举行预展，高教会特邀请专家数十人参观，以广泛征求意见。座谈会上郑振铎、裴文中、范文澜、王冶秋等，相继发言，一致认为今天人民能把心爱的珍藏交给人民政府，以供人民研究欣赏，这种化私藏为公有的精神，是值得我们学习与表扬的。关于将来博物馆的发展，大家认为应该着重在人民的历史方面，不要只注意在帝王贵族的圈子里，以说明谁是历史的主人翁，及社会发展的规律。并考虑将来的博物馆，是否除了保留几个最大的综合性历史博物馆外，则大量发展专门化的博物馆，以达到改变游览场所为社会教育工具的目的。

按华北高等教育委员会所属四个文物机关，近来布置的几个专题陈列室如下：故宫博物院，除已开辟的革命史料陈列室外，并布置了帝后生活陈列室、丝织品陈列室、玉器陈列室、禁书陈列室。北平图书馆布置了抗日史料陈列室、美帝侵华史料陈列室、中国政体资料陈列室及赵城《藏经》特展。历史博物馆有人民捐献陈列室与新收文物陈列室。北平文物整理委员会有历史古迹及文物建筑法式等图片陈列室。（见中华民国三十八年八月三十日《人民日报》）

华北人民政府拨交
北京历史博物馆大批文物

华北人民政府教育部于九月一日，将前在土改期中获得的文物（包括前晋察冀、晋冀鲁豫边区政府）与发掘和抢救的文物一批，共八十八箱（内有图书三十箱）由石家庄运京，拨交北京历史博物馆保藏。该馆于五日起，会同这次护运的人员开箱点收，并邀请在京的专家、学者鉴定。这批文物有河北景县出土的陶俑、铜器、磁器，燕下都出土的陶鬲、陶壶、饕餮纹半瓦当，以及高阳出土的铜壶，与土改中收获的字画、陶、瓷等名贵东西。其中以景县出土的古器物为最珍贵。其中的男俑、女俑，可资研究汉魏六朝服饰的演变，瓷器的雕花樽、高足盘，可阐明六朝瓷器的特殊风格，有助于中国陶瓷史的研究。历史博物馆曾开辟了“解放后人民捐赠文物特展”“解放后新收文物特展”，得到这一批极宝贵的文物后，又赶忙开辟“景县北朝封氏墓出土文物特展”，以供人民大众的欣赏和研究。（见中华民国三十八年八月三十日《人民日报》）

收藏家捐献图书文物

天津启新洋灰公司总经理周叔弢先生与霍明治先生，献出珍藏之图书文物：

1. 周叔弢先生将他收藏的海内孤本，宋版《经典释文》，交由北京大学教授唐兰先生，转送华北人民政府高等教育委员会，与故宫博物馆收藏之二十三册，合并即成为完整之一部。

2. 霍明治先生将他毕生收藏的图书一万零七百九十册，及珍贵的金石漆器等古物三千九百九十二件（其余一部正清点中）捐献给政府。

华北人民政府对两位先生此种化私为公、裨益人民的精神，已准由华北高等教育委员会分别发给奖状，以资鼓励，并将该项图书文物拨交故宫博物院、北平图书馆、历史博物馆三处保管。

（见中华民国三十八年八月三十日《人民日报》）

赵县广胜寺金代大藏经运京保存

赵城《藏》是原来保存在山西赵城县广胜寺的一部金代雕刻的《大藏经》，今年二月北平解放后，华北人民政府由太行行署移送北平图书馆保存。凡四千四百三十卷，又九大包。九月中国立北平图书馆特将装订好的金《藏》，分作《经》《律》《论》《目录》《传记》，及《入藏著述》两部分，择尤展览，并将宋、元、明三朝刻的《南系大藏经》样本同时陈列，以便比较研究。它在《藏经》雕版史上占有继往开来的重要地位。抗日期间，日寇想抢走它，幸赖八路军游击队把它抢救出来。为了抢救这部名藏，八路军曾牺牲了几位战士。（见中华民国三十八年九月十六日《人民日报》）

（《燕京学报》1949 年第 37 期）

文物局号召保护古迹文物

文化部文物局自成立以来，积极保护文物，不遗余力。郑振铎局长于六月六日又发表谈话，要求各地机关、部队、团体和人民中的积极分子一致注意保护古迹文物。郑局长谈话如下：

近来有不少古迹文物遭受破坏，这是国家宝贵财富的重大损失，亟应予以有效的制止。例如平原省安阳县的殷墟，南京牛首山一带六朝古坟、李贤妃墓、沐英墓等数十座，东北辽西省的义县、阜新的辽墓，均为当地人民所发掘，出土古物，散失颇多。河北省正定的广惠寺华塔，为金代建造，在我国建筑史上极为重要，最近竟被拆毁。河北省宝坻的广济寺三大士殿，为辽圣宗太平五年(一二〇五年)所建，亦被拆毁，将木材作为铺桥之用。察哈尔省大同的下华岩寺海慧殿，亦为辽代所建筑，被下坡寺小学校长拆毁，将木材另建一屋；殿中色彩鲜明的藻井，也被一块块拆下作了畚箕。

自帝国主义势力侵入中国以来，我国的文物图书在长期间曾被大量盗运出口，买办奸商更勾结土劣私掘古墓，盗窃古祠庙的木石刻像，贩卖出口。国民党反动政府不但不加禁止，并擅自准许帝国主义学者在我国从事发掘、收购；国民党反动政府本身也将许多古物盗运国外，私自出卖，造成民族历史遗产的重大损失。所幸现在这些情况已经根本转变。中央人民政府是十分重视古迹文物的，各级地方政府也多能注意及此，有些省政府发了保护古迹文物的专门命令，若干城市截留了许多打算私运出口的古物。但仍有少数人不能认识古代建筑等文物之重要，或为“利用废物”而拆毁古建筑，或为“生产”而发掘古墓，以致不少古迹文物受到破坏；上举各例，仅为我们已知者。希望各地机关、部队、团体和全体人民，对所有古迹、文物迅速采取有效办法，加意保护，防止毁坏与非科学的发掘；对已经被毁坏和正在被毁坏者应及时加以清理和坚决制止；并望各级人民政府及文化、新闻机构就保护古代文物之意义加以广泛宣传，使人民自动自觉协助政府共同保护古迹文物。（一九五〇年六月八日《人民日报》）

武进靖江发现宋明古墓

江苏武进卜弋区石佛乡韩家村，在开荒中发现宋代古墓一座。此墓占地面五六亩，高约三丈，墓前有高约五尺、厚约五寸石碑一块，上面刻着篆体字，中间为“宋吏部侍郎先贤霍讳端友之墓”，左边为“乾隆五十年岁次己巳孟冬通族后裔重建”，反面刻有“千墩古迹，历代免粮”。但因挖掘不慎，此碑已裂为两截，同时在泥土下面紧夹此碑的两截石块，上面字迹已模糊不清。现常州专区文教当局为保存文物古迹，已通知卜弋区妥为保护此墓，并禁止私人擅自挖掘。

江苏省靖江县侯河区集福乡白前门野于四月四日，发现明嘉靖二十七年古墓一座。该墓占地约六亩见方，墓碑上刻“明嘉靖二十七年七省巡抚陆状元之墓”。（《文物参考资料》第五期，一九五〇年五月）

江都宝应发现古墓

江苏省江都县郭村区邠州乡黄毛墩，发现古墓，并掘出黑漆古绿翠锈有铭文之古铜镜一面，白釉赤胎小陶罐一件，及其他碎陶瓷片砖瓦数十件，据铜镜形纽当属东汉以后隋唐以前之物，其铭文尚待研究，字体与汉代为近，陶罐系隋器。据上海文物管理委员会考察，此墓当属隋代遗迹；惜为乡人挖掘损坏，不能见其墓型，故亦不能证明其为何人之墓。

又该省宝应县汜水镇沿堤南首火星庙坡下于四月中，民工挑土挖起古迹地穴一道，据相传为汉袁术墓，惟因墓之本身尚未发现，故尚不能确定，但由出土之墓砖花纹，可认为在汉末年至

六朝初期之墓制。(《文物参考资料》第六期,一九五〇年六月)

皖北发现古墓

皖北行署凤召县焦冈区梁家庵,近于修筑淮堤时,发掘古墓一座。墓形已掘部分,分上面与正面,据传墓之前门在早期已被水冲出,距现在的石门丈许。现在的墓门是二道门。石门前面后面都有石刻爬虫动物图形,石柱也有同样的刻纹,在挖掘时,毁了一个断成数段。正面在石门内,现出了三个墓道门,中间的墓道已掘开,深约五尺,掘毁一个黑陶器,一个绿方陶器。此外掘出有两个五铢钱。皖北文委会派员前往调查后,已商洽焦冈区政府将出土的石门、石柱、整砖等加以保管,未出土的将墓门掩封,派人看管,以便进一步彻底的发掘研究。(《文物参考资料》第六期,一九五〇年六月)

广西发现铜鼓

广西省蒙山县中区文墟乡屯治村农民关立修，于开垦荒地时掘得古代大铜鼓一个，直径七十三公分，高五十公分，鼓面和鼓脚大小相等，鼓身成腰形。鼓面边缘浮雕着四个青蛙，另有一战士模样的人像，威武地骑在一匹马上。鼓腰有六个耳，四耳双瓣，两耳单瓣。鼓面及鼓身画着许多层宽度不等的圆周，每层刻着不同的花纹，而发声一如皮鼓。现关君已将此器献给政府，并在公安局陈列展览。(《文物参考资料》第六期，一九五〇年六月)

辽西发现辽墓

辽西省阜新县十区腰卫村小洞庙西山坡上，于去年十一月，丈评土地时发现古墓。此墓墓门向南，系穹窿形。墓高约六米，直径五米七，隧道长四米，宽一米三，墓门高二米。在隧道中间左右，又另筑穹窿形圹二个，其直径二米，高三米三；左右之小隧道长零点九米。头道墓门系用石封，开掘后墓内全系泥土，掘至隧道中间，发现有故晋国夫人墓志铭一合，长宽各三尺，铭厚3.8寸，盖厚2.5寸。二道墓门旁，发现镶银铁锁一个，约长尺余，门两旁置黄釉鸡冠壶各二个（均遗失，碎片不可得）。根据墓志铭的记载，知为契丹耶律元之妻晋国夫人之墓。墓志铭载明重熙（辽兴宗年号）七年十七日安葬，距今九一二年。墓志文字完整，内容颇具历史价值，可以补《辽史》之不足。

又该省义县九区清河门西山村西山东坡上，于去年八月发现古圹，其形状大小，隧道长宽，大致与阜新古圹相同，惟隧道左右无穹窿小圹，只于左右筑宽约半米、长约一米半之凹出形，使隧道略宽。头道门用砖砌成，二道门系木制，惟已腐朽，仅余乱木。墓中及隧道无泥土，惟充满积水，水上漂有羊角（已遗失）及朽木。将水放出后，地面平铺方砖，其周围置有坛、瓶及鸡冠壶等瓷器。墓中间靠内面，南北方尚有朽木一堆(疑系置棺木处)。朽木堆之北头发现妇女饰物及头盖骨。其木堆南头有马下颚骨及马镫、铜铃等物(疑系将其爱马殉葬之处)。坟中靠墓门内亦有横长形朽木，在朽木中发现碗、盘、铜勺等物(疑系置祭案处)。墓内周围，皆饰以站版，惟皆腐朽。墓墙亦系用砖筑成，非常坚固。墓形尚完好，惟无碑志可考，仅铜勺口有“崇德宫造”等数字。根据《辽史》及出土瓷器，可推定为辽代古墓。惟不能断定确实年月。(《文物参考资料》第五期，一九五〇年五月)

松江发现史前古墓

松江省依兰亚麻工厂，于三月二十八日在该县东北郊倭肯河东山上，打石工作中，发现了人骨及磨制石斧，当由县委会转报文化部。文化部当派文管处专人前往，在亚麻工厂工友协助之下，掘得人骨、石器、陶器、玉器、鱼骨、兽骨及木炭等四十余件。该遗迹为一古墓，用一部天然石壁和一部人工砌壁筑成，上下面均有大石板。墓为一横穴式，东北从未发现过此种形式，其葬法折叠葬，和以往发现的仰面伸展葬不同。根据这些出土物，可以看出是东北北部史前新石器时代的文化，就遗物中玉器的形式和玉质，可以见其与汉中原文化的关系。现该项出土物已运回东北博物馆，正进行研究中。(《文物参考资料》第五期，一九五〇年五月)

辽西掘出大批古钱

辽西省辽中县八区古城子地方，在四月十六日挖壕时，挖出古钱一缸，共重四百八十余斤，大部为北宋遗物，依年号有宋太宗淳化，以及咸平、景德、祥符、天禧、至和、嘉祐、治平、熙宁、元丰、绍圣、崇宁以至徽宗政和等铸钱，此外还有唐代开元等钱。现已运抵锦州辽西省立图书馆。（《人民日报》一九五〇年七月二日）

虢季子白盘之捐献

虢季子白盘为周代铜器中之有历史价值者，与盂鼎、曶鼎、散盘、宗周钟、毛公鼎等同为罕有之重器。

此器出土于陕西省宝鸡县虢川司，清道光间常州人徐燮钧于任鄜县令兼宝鸡县篆时发现,村人以此器为水槽饮马,乃将其携归常州。同治间淮军刘铭传于常州攻打太平军,由护王陈坤书府中获得此盘,运回合肥,并筑亭保存。

一九四九年八月,曾由华北高等教育委员会具呈华北人民政府,请皖北行署查明此器下落。中央人民政府文化部文物局成立后,又与皖北行署函商进行调查,最近此器已经发现,藏主刘肃曾自愿捐献给人民政府。并将此器与另一铜器诸葛鼓,一并送交当地人民政府,请转献中央人民政府毛主席。皖北行署以其捐献有功,已送给大米五千斤,并设宴招待,同时赠与拓本留念。

此器由于群众之要求,曾留合肥公开展览一个月。运抵北京后,首于文物局举行预展,招待学者参观,现已陈列于故宫博物院,长期供广大人民观览,并供学术界研究。

此盘高一尺二寸五分,足高一寸五分,口宽二尺四寸八分,口长三尺九寸,腹深一尺一寸,腹围十二尺左右,腹四侧匀布花纹,重约四百五十斤,腹底铭文共一百十一字:“隹十又二年正月初吉丁亥,虢季子白作宝盘。丕显子白𤔲(壮)武于戎工(功),经纆(维)四方,博伐厰𤞷于洛之阳,折首五百,执讯五十,是以先行。桓桓子白,献䤋(聝)于王。王孔加子白义,王各(格)周庙宣廟爰乡(饗)。王曰伯父,孔顯又(有)光。王賜乘马,是用左(佐)王。賜用弓彤矢,其央。賜用戉,用政(征)䜌(蠻)方。子子孙孙,万年无疆。”

关于此盘之制作年代,各家之说不一。有主张其为宣王时期者,有主张其为夷王时期者,亦有主张其为春秋时期者。总观诸说,当以第一说为近是。

䣄原钟之捐献

天津熊述匋先生，最近把他珍藏的古物“䣄原钟”，捐献给中央人民政府。五月十一日在天津由黄敬市长代表政府接受后，于十二日由文化部文物局派员偕同熊氏将该器运送到京，现暂存文化部文物局。“䣄原钟”原器椭圆形。以营造尺计量：钟高一尺，纽高三寸，上径八寸，短径六寸五分，下长径一尺一分，短径七寸五分，上周二尺一寸六分，下周二尺六寸九分。钟两面有四十八个略近鸟篆的文字（其中有十七字尚不能释出）。十三日政务院郭沫若副总理，文化部沈雁冰部长，周扬、丁燮林副部长，故宫博物院马衡院长等均来鉴定，断为春秋时越国器。（《文物参考资料》第五期，一九五〇年五月）

中国科学院发掘殷墟遗迹

中国科学院为继续发掘安阳殷墟遗迹，今春请历史语言研究所北京图书史料整理处研究员郭宝钧先生领导，于四月十一日在平原安阳成立工作站，十三日开工，到五月十一日共作田野发掘十九日半。发掘在两个区域进行。

一区在安阳城西北洹河南岸殷墟中心地点大屯村西约二里的四盘磨村。在这村的西地，已开长十公尺，宽一公尺的探坑十个。得墓葬十五，灰土窖二，墓都是长方形直穴，多长二点五公尺，宽一点二公尺，深在四点五到七公尺间。在未被盗掘过的几座墓里，掘得青铜制的爵、觚、簋、锛、斧、戈、矛、镞、铃，陶制的甗、尊、爵、觚、斝、卣、簋、盂，和玉、贝等多件。在同地的文化堆积层中，获得带火号的卜骨四版，其中一版刻有十七个字。这是安阳出土刻字卜骨、卜龟的一个新地点，连同前此发现的小屯村、高楼庄后冈、侯家庄南地三个地点，共为四处。西地之西的万金渠、五道沟是殷代平民居住的遗址。已开十公尺长一公尺宽的探坑六个，得灰土坑二，深窖一，墓葬二。在这遗址中，掘得陶器颇多，并得铜器十余件。根据文化遗存积压的情形，可以证明四盘磨区地下含有殷代文化遗迹三层：先是居住址，留有窖穴;后来是破坏这些窖穴的墓葬;最后又是居住遗址,留有殷代筑的台基石础。

一区在四盘磨村对岸,北去约五里的武官村北地。这是抗日战争前,前中央研究院历史语言研究所所发掘的殷代王室墓地的一部分,紧接在已发掘部分的东边。已开十七公尺长一公尺宽的探坑三个,十公尺见方的探坑三个,长十公尺宽七公尺的探坑一个,二公尺长一公尺宽探坑多处,探洞二百多个。得排列整齐的殉葬坑二十三,斩头人骨二百多架。又得大墓一座,墓室南北长十四公尺,东西宽十二公尺,深在八公尺以上,南北各出一墓道。可惜和战前所掘各大墓一样,在墓室中心已有径约六公尺的圆形早期大盗坑一个。东部、西南部、东北部又有近代新盗坑三个。现已清理到地面下三公尺处。在早期盗坑的扰乱土中,得铜戈、石刻残片多件;在未曾扰乱的版筑土中,得到若干殉葬者的头骨、童骸和狗架。

从这两区的发掘,可以清楚看到殷代社会阶层贫富极端悬殊的情形,更可以看到殷代统治阶级和被压迫阶级间的尖锐的对立情形。(《科学通报》第一卷第二期,一九五〇年六月)

本组到五月三十一日为止,已将四盘磨和武官村的小墓发掘作一结束,武官村殷代大墓也发掘了,墓室木椁顶层放置的随葬的人、鸟兽和器物,木椁内部,椁底下的殉葬坑,和北墓道的一部分。现正在继续发掘大墓椁外周围的版筑土,和墓道未掘完部分和南墓道东北部分。

大墓墓室内掘到地面下约四点二公尺处露出木椁周围约跟椁顶等高土层上放置随葬人、兽、器物。它们摆满了墓室这一层的全面,上下厚约半公尺。正当椁顶处已被一个直径约六公尺的早期盗坑所破坏。在这盗坑周围未被扰动的土层中,据初步不完全的报告,已发现随葬人的遗骨三十四架,兽骨十五六架。

个别的随葬者,有的附有铜制鼎、簋、卣、觚、爵、戈、弓形饰、削,或其他小铜器,石玉制璧、璜、鱼形、虎形佩饰、绿松石饰、骨笄等伴葬物。跟这些人骨一道放着的还有许多木制器物和一面大石磬。这些木制品的木质已消减不存,只在土里留下原器上雕旋的花纹和涂抹的红色。因为他们在埋葬时是重重叠叠的堆置的,所以所留的痕迹互相混合,很难分辨出原来的形状。大石磬出在这层的西部,长八十四公分,厚二点五公分,面雕虎纹,完整无缺,敲击起来声音清越,是本次发掘最重要的发现。

木椁长方形,南北六公尺余,东西五公尺余,深二点八公尺。木椁的木质虽已完全消灭,但留下了清楚的痕迹,可以看出四壁都是九根大木材叠成,椁底大约是三十根铺成。椁内已被早期盗掘者全部清除一空,又被近代盗掘者局部的搜寻了一次,只在盗坑扰乱土中挖到少数的残骨和碎石,和一枝碧玉制刻刀,形状和现代刻图章所用者略同,不过比较短小而横断面下段为圆形上段椭圆形,刀身表面磋磨精莹,上段琢有竹节纹并钻有二孔。刀刃狭斜,颇锋利。这种狭斜刀刃的小利器,前中研院在各次发掘中曾获得多件,有石、玉制的,也有铜制的,但柄部都作鱼形、兽形。这次的发现是一个前所未见的型式。椁底去现地面七点二公尺。椁底以下正当椁的中心有一个深约一点二公尺的小殉葬坑。

北墓道接近墓室部分,东西两壁下各出狗骨一架,马骨四架,狗骨在南,马骨在北,东西对称,排列整齐。马骨附有铜制辔饰。北墓道中埋葬犬马是前中研院发掘各大墓中所未曾遇见的现象。(《科学通报》第一卷第三期,一九五〇年七月)

协大学报

（第一期） 福建协和大学中国文化研究委员会编 一九四九年出版

《协大学报》为福建协和大学中国文化研究委员会创刊之定期刊，年出一期。该会曾编印《福建文化》（已出至三十八期），该校国文系又曾编辑《协大文艺》（已出至二十一期）。此刊乃合并以上二刊物而成者。其研究范围为中国文史及福建文献。本期计收论文九篇，兹录目如下，以当介绍：1. 徐绪典《乾隆禁毁书籍考》，2. 郑德坤《太平场文化》（英文），3. 檀仁梅《王安石论人性》，4. 郭茂章《国语声韵调性四合并音字新体制》，5. 方豪《台湾方志中之利玛窦》，6. 甘景镐《闽瓷考略》，7. 傅衣凌《明代奴变史料拾补》，8. 陈增辉《关于利玛窦集中之犹太人艾氏》，末附本期各篇英文提要。

荀子引得

（引得特刊第二十二号） 一九五〇年三月哈佛燕京学社引得编纂处出版

自唐人排斥荀子，以为大醇小疵，后儒遂谓《荀子》不足以继孔氏之嫡传，而荀学几绝。至清初汉学昌明，学者渐知重荀子。民国以来，研习者益众。于是孟、荀同为儒家巨宗，遂无异义。今引得编纂处依西洋“堪靠灯”之例，将《荀子》一书，据长沙王氏《集解》本，逐字为通检。复据《四部丛刊》景印《古逸丛书》本细校一过，所有异文以及宋朝避讳字，通录于异文栏内。一字之数见，一辞之重出者，皆聚集于一条之下，以便翻检，全书凡九百一十九页，装成一巨册。

（《燕京学报》1950 年第 38 期）

延熹土圭

燕京大学哈佛燕京学社于一九四九年七月间，购得陶斋(端方)旧藏东汉桓帝延熹七年(164)土圭一方世所罕见，仅《陶斋藏石记》《广仓專录第二集》《草隶存》《希古楼金石萃编》及《刘申叔先生遗书·左庵集》等书著录而已。

一　土圭之形状及所在

此器以土为之，乃專之属，上狭下丰，以公尺度之，高32.5，上广22.5，厚9，下广29，厚4.9。[①] 三行，十四字，大径13.75，小径4或4.75不等。[②] 分兼行书。清末出于定州[③](今河北定县)，后归陶斋，今归北京燕京大学哈佛燕京学社。

---

① 《陶斋藏石记》，1/17b云："高一尺零七分，上广七寸，下广九寸二分，盖以工部营造尺度之也。"

② 同上云："大径四寸三四分，小径一尺二三分不等。"媛案："小径一尺二三分"，尺乃寸之误也。《希古楼金石萃编》7/7b亦沿误。

③ 同上云："此圭出于定州。"

二　土圭之用途

土圭之用途,见于《周礼》记载者:

1.《地官·司徒》:"大司徒之职……以土圭之法,测土深,正日景,以求地中。"①郑玄注:"测犹度也,不知广深,故曰测。……"郑司农云:"测土深,谓南北东西之深也。"②戴震云:"古者宫室皆南向,故南北为深,东西为广,犹之车舆以前后为深,左右为广也。表景短长,即南北远近必测之而得;故曰:测土深。"③孙诒让谓:"案戴说是也。"④

"正日景,以求地中"者,《大司徒》云:"……日南,则景短多暑,日北,则景长多寒,日东,则景夕多风,日西,则景朝多阴。日至之景,尺有五寸,谓之地中。"⑤郑司农云:"土圭之长,尺有五寸,以夏至之日,立八尺之表,其景适与土圭等,谓之地中。"⑥《隋书·天文志》:"案土圭正影(《颜氏家训》卷六页五云:'《周礼》土圭测景,景朝景夕等字,皆当为光景之景。至晋世葛洪《字苑》傍始多加彡,音于景反,而世间辄改治《周礼》从葛洪字,甚为失矣。'),经文阙略,先儒解说又非明审。……"⑦媛案:孙诒让《周礼正义》因成书较晚,故解释比较简明而科学,略云:

> 地之方位,远近不同,日景有长短朝夕之异,故必测度而后乃得其正。……地体浑圆,以距日之远近为景之长短

---

① 涵芬楼本,3/13b。

② 同上,3/14a。

③ 孙诒让《周礼正义》(《四部备要》本),18/14a。

④ 同上。

⑤ 《周礼》,3/14a。

⑥ 同上,页14b。

⑦ 光绪二十九年五洲同文局,19/22a。

及气之寒暑。盖日行出入常近赤道,中国居赤道北,若其地偏南,则于日为近,南距日较近,日光线所射微正,故其景短,得日之光热亦最盛而多暑。若其地偏北,则于日为远,北距日较远,日光线所射尤斜,故其景长,得日之光热亦大减而多寒也。……凡地之东西纬度同,则距日远近亦不异;故景无长短而有朝夕,气亦无寒暑而有燥湿。若其地偏东,则得日较早,故地中日方中,而此已夕,其气亦燥而多风。若其地偏西,则得日较迟,故地中日已中,而此尚朝,其气亦湿而多阴。但风雨为地气蒸荡而成,虽由日光所照,气有涨缩聚散,而与景夕景朝则绝不相关。然则近东多风,近西多阴,盖由测验而知,与寒暑之系于日行固不同也。……①

2.《春官·宗伯》:"典瑞……土圭以致四时日月,封国则以土地。"②郑玄注:"以致四时日月者,度其景至不至,以知其行得失也。冬夏以致日,春秋以致月。"③冯相氏注:"冬至日在牵牛,景丈三尺;夏至日在东井,景尺五寸,此长短之极。……春分日在娄,秋分日在角,而月弦于牵牛东井,亦以其景知气至不。春秋冬夏气皆至,则四时之叙正矣。"④

"封国则以土地"者,郑玄注:"土地,犹度地也。封诸侯以土圭度日景,观分寸长短,以制其域所封也。"⑤戴震云:"……封国必以度地,以此知某国偏东、偏西、偏南、偏北,然后可定各地之分至启闭,其疆域广轮之实,亦于是分明不惑焉。"⑥

---

① 《周礼正义》,18/14a。
② 《周礼》,5/36b。
③ 同上。
④ 同上,6/44b。
⑤ 同上,5/36b。
⑥ 《周礼正义》,19/1b。

3.《夏官·司马》:“土方氏掌土圭之法,以致日景,以土地相宅而建邦国都鄙。”①郑玄注:“土地,犹度地,知东西南北之深,而相其可居者宅居也。”②孙诒让云:“……《释名·释宫室》云:‘宅,择也,择吉处而营之也。’凡都(疑都为邦之误)国都鄙并择吉处而营居,故通谓之宅也。”③

刘师培云:

> 案此器名为土圭,始于盛伯希(昱)祭酒。今考周代土圭,掌于《典瑞》及《玉人》,则以玉为圭甚明。故后郑训土为度。后世则以铜为之,见《隋书·律志》,均无制土为圭之说。然此器度以汉尺(建初尺),长一尺四寸八分。《续汉书·律历志》引《易纬》谓“夏至之晷,长一尺四寸八分”,与此适相符合。《玉人》所记谓土圭尺有五寸,特据成数言之耳。又此器上狭下丰,亦符圭制,其为夏至度景所用,昭然甚明。意东汉俗儒解释《周礼》土圭,或案文生训,以土为土泥之土,遂制土为圭,以为度景之用。此则民间之器,异于朝廷者也。④

媛案:关于土圭之宽厚,《周礼》虽无明文,然以其用途推之,当无如此雄厚笨重,不合于实用之理。且此器有铭,记载当日气候转变之时刻,亦非《周礼》土圭之制。谅必东汉之好事者,意仿《周礼》所记“以土圭测日景”之法,制此玩艺⑤,以消长昼。其非“民间之器,异于朝廷者也”甚明。

---

① 《周礼》,8/29b。

② 同上。

③ 《周礼正义》,64/12a。

④ 《陶斋藏石记》,1/20a。

⑤ 陆志韦先生亦如此说。

三　文字之考证

文云:“延熹七年,五月九日己卯,日入时雨。”卯字稍泐,字形犹存。盛伯希考定五月九日是夏至。① 刘师培并用四分历详为推算,以证“日入时雨”即夏至日也。② 媛案:陈援庵(垣)先生《中西回史日历》是年五月辛未朔,九日己卯。土圭所以测日,故日入时雨亦并志之。

四　字体

端方云:

> 《书断》谓:“行书,后汉颍川刘德升所造,其后胡昭、钟繇并师之。”是延熹时固已有行书矣。然当时(指东汉)乃由分入行,故此刻虽近于行书,仍是当时分书笔意,不过务从简易,相间流行,亦如《书断》所云耳。昔人谓章草乃解散隶体为之,余谓此时行书,当亦近是。然则即此十余字,而古书正变源流具可见矣。③

刘师培云:

> 书法与汉隶稍异,已开六朝《瘗鹤铭》之先。④

媛案:家兄希白谓:“古籀、篆者,乃自然之脱变也。隶、正、草、行,苟趋简易,其理亦然。”⑤其说甚确。至《书断》谓“行书,

---

① 《陶斋藏石记》,1/17b。

② 详同上,页18a。又《刘申叔先生遗书 · 左庵集》,6/8b。

③ 《陶斋藏石记》,1/17b。

④ 同上,页20b。

⑤ 容庚《文字学形篇》(燕京大学国学研究所石印本),页12b。

后汉颍川刘德升所造”,疑其所举,乃当时以行书名家之代表者,定非刘氏一手一足所能竟其功也。此專虽仅十四字,诚如端氏所云“仍是当时分书笔意”。惟字字劲挺流丽,实开后世行书之先河。汉代行书專刻,流传迄今者,如《急就專》及恒农冢墓專,数以数百计,皆此类也。

千佛洞及敦煌文物研究所近况

千佛洞位于甘肃敦煌县城东南二十五公里三危鸣沙两山之间,石窟开凿于玉门系铄崖削壁上,比栉相联,累累如蜂房。据武周李氏重修功德碑所载,“石窟始建于苻秦建元二年”(公元三六六年),经两魏、隋、唐、五代、宋、元、明、清各朝陆续增修,中以唐代为最盛,共经一千三百四十五年,为中国最古最重要之佛教窟寺。

千佛洞各朝代修凿之洞窟,因起建时并无整个工作计划,所以分布情形极为杂乱,唐宋之后因洞窟数量之增加,而崖壁面积有限,涂抹重划之风兴起,以宋代为最盛,各时代皆有壁画塑像。共计洞窟四二五个:

魏窟二十个(三八六—五八〇年修建)

隋窟八八个(五八一—六一七年修建)

唐窟一七七个(六一八—九〇六年修建)

五代窟二九个（九〇七—九五九年修建）

宋窟一〇二个（九六〇—一二七六年修建）

元窟七个（一二七七—一三六七年修建）

清窟二个（一六四四—一九一一年修建）

除经近年清理整顿，有壁画塑像之洞窟四二五个外，还有未经清除为沙土掩没之洞窟尚待发掘，全部洞窟共计六百多个，自南至北迤逦一六一八公尺。

敦煌文物研究所即前敦煌艺术研究所，筹设于一九四三年三月，隶属于伪教育部，该所的筹设是由于国内学者的大声呼吁，又由于伪监察院长于右任的提议，认为敦煌是历代艺术宝藏，确有设立研究保管机构的必要而决定的。该所主要任务是临摹壁画，模仿塑像，摄影文字碑石之考古，及管理保护石窟等工作。该所设有总务、考古两组，所长是常书鸿。

去年四月南京解放后，至河西区解放前这一阶段，反动派抓丁征粮，全县陷入恐怖状态。该所虽处于经济断绝的情况下，仍继续清理一九四八年所发掘的六个洞窟，因五代窟规模过大，无法全部清理，其他大体已具规模。今年一月该所工作人员曾参加了酒泉地委主办的新年画工作，并完成了全部洞窟壁画塑像分类编号等工作。又于五月二十日浴佛节庙会时，开放全部洞窟，展览古物及所中部分工作成绩。

解放后复因隶属关系一时未能确定，部分员工情绪曾有波动，近已由西北军政委员会接管，行政上由西北军政委员会领导，业务上则建立文物局与该会双重领导关系，一九五一年拟由中央文化部（通过文物局）直接领导。（见《文物参考资料》第七期页11）

参加苏联中国艺术展览预展

本年八月二至五日在故宫太和、中和、保和三大殿，将初选的艺术品一千二百多件举行预展四日后，并在这些初选品中复选精品六百件，运往苏联参加十月间在莫斯科举行的中国艺术展览会。其时代则自纪元前二千二百余年至清末一九一一年的都有。其类别：1. 陶瓷一八八件；2. 铜器四四件；3. 玉器三四件；4. 雕刻四六件；5. 绘画五八件；6. 板画五〇件；7. 漆器三七件；8. 缂绣二八件；9. 毡毯一二件；10. 杂项：甲、珐琅二五件，乙、成扇八件，丙、文具二一件，丁、雕竹二一件，戊、雕木三件，己、雕牙一一件，庚、瓠器一〇件，辛、木器四件，都六百件。其出品机关计有：北京故宫博物院三百九十九件，历史博物馆八十四件，北京图书馆三十九件，北京大学图书馆十一件，中央文化部文物局暂时保管的和私人的九件，徐悲鸿先生五件，南京博物院五十一件，南京图书馆二件。

按过去国家所有的文物，差不多都已为国民党反动派劫运到台湾去。这里所有的，只是他们存留下的来不及运走的和解放以来新收到的东西。由于中国中央人民政府对于古代艺术的关心和负责保护，新的发掘、新的发现和新的获得是很不少的，而且正在逐渐增加中。这里只是就现在所保管着的，选择其中一部分代表作品，以供对于中国古代艺术有兴趣的友人们研究欣赏的开端而已。（详见《文物参考资料》第七期特辑《参加苏联中国艺展古代艺术品目录》）

天津佛教居士林所存古物收归国有

自文物局郑振铎局长发表谈话，要求各界注意保护古迹文物后，各地大多能及时注意，加以保护整理。本年六月初，天津市人民政府接到市民密告称，津市东南城角佛教居士林存有石佛造像十余件，系敌伪时期日人自云冈、龙门等地盗来，后因抗战胜利，无法运走，藏于寺中。市府得报后，即由文化局钱局长等亲往调查，结果先后发现六朝及唐以下各代古物一百二十余件。其中，大部分年代均鉴定，有唐代大彩色壁画一片，明小壁画三十片，六朝以下大小石佛十九座，石佛头及石木浮雕三十七件，宋元磁塔石塔三件，明木刻佛像二十三件，明清铜残造像四件及佛像残石数片等。该局得报后，即派文物处张珩副处长前往察看，经选定珍品：六朝浮雕，唐代造像、壁画，明代木雕佛像十二种运京陈列，其余将交由天津市艺术馆保存展览。（见《文物参考资料》第七期页61《文物的发掘与发现》）

吴县角直镇保圣寺调查报告

苏南区文物管理委员会,前于六月十二日派吴雨苍同志到吴县角直镇保圣寺,调查唐代名雕塑家杨惠之所塑罗汉像及其他古物,经实地调查,报告情况及订定保管计划如下:

角直镇位于苏州、昆山两县交界处,四周皆水,成小岛形。罗汉像及其他古物系在保圣寺古物馆内。该馆系宫殿式钢骨水泥建筑,四周有围墙,颇为坚固;但屋顶系平面,而非弧形,故下雨后容易积水,不能排泄。该馆建筑于一九三四年(按该馆建筑,历时三载,于一九三二年十一月十二日举行闭幕典礼。详见本报第十二期二七一二面),仅注意外表之富丽堂皇,而未注意承包者之偷工减料,以致屋顶水泥干燥不合适度,发生裂缝,日久浸蚀,罅隙渐大。在抗战以前,该馆落成未及一年,即已穿漏,伪国民党政府虽亦一再责由原承包人加以修理,但屡修屡坏,迄未彻底整修成功。抗战期间,日寇占驻馆内甚久,屋顶天窗玻璃大部破损,致下雨时,漏水更甚,加以馆内窗户甚少,空气潮湿,对罗汉泥身不无影响。所幸现在馆内靠壁四周及罗汉佛台地区尚未漏水,仍属完好,目下罗汉像并无若何损伤,房屋一时亦决不致塌倒,但罗汉原有彩色,均已褪落,仅高层一尊,仰面裂眦怒视之罗汉,朱色袈裟,古艳可爱,其余略呈灰白色,甚至若干罗汉,面貌亦似有涂改,但神态生动,衣褶流利,云山参差,与中国人物山水画之线条布景相吻合,实为我国珍贵之古代雕塑艺术。现该会已拟订保护办法四项,呈由苏南行政公署训令吴县人民政府转饬角直区政府妥慎执行。保护办法:(一)由地方人民政府领导群众,组织角直保圣寺古物保管委员会,负责保管修理等事宜。(二)第一步首先装配古物馆左侧后门及前门锁钥,以便启闭。后门管理暂由该处原住户担任。(三)第二步由保管会邀请工程专家设计具体修理办法呈核,或暂于平坦屋顶上,漆架铅皮斜面以利泻水。(四)所需经费,先将该寺大殿前开设商店之房租,抵用一部分,再设法向地方人士募集凑用,如需款过巨,另行呈候核夺。(见《文物参考资料》第七期页15)

洛阳发现大批古物

人民革命军四野后勤军械部洛阳保管处,于去年十二月修建仓库时,掘得大批古物,计有石器、铜器、陶器、币类等二千余件。其中有宋徽宗时期石棺一口,长二公尺二十五公分,宽八十三公分,高九十八公分,厚十公分,重约万斤,质为青石,棺盖上书"大宋宣和五年癸卯金紫光禄大夫孙王十三秀才寿棺"。石棺四边刻二十四孝图。按宋宣和五年为公历一一二三年,距今已有八百二十七年。现该项古物已先后运抵汉口,四野后勤部已于八月十一日起将此棺公开展览。(见《文物参考资料》第八期页196)

燕京社会科学第五卷一期出版

《燕京社会科学》(*Yenching Journal of Social Studies*)第五卷第一期于本年七月出版。论文四篇:(一)张锡彤《西方政治学传入中国的起源》,(二)张雁深《一八四四年中法黄埔条约》,(三)侯仁之《北京的地形与地理关系》,(四)陈芳芝《东北边疆外交》。末附杂缀两篇,政府公文告数篇。本期共一七五页,共约八万言。本刊通用英文撰述,惟张雁深先生之稿件则系以法文写成者。

北大国学季刊复刊

《国学季刊》为国立北京大学所编印，其主旨在发表国内外学者研究中国国学论文，但与中国国学有关之各种论述亦在网罗之列。该刊于一九二三年创刊，至一九三七年，共出六卷二期。七七事变，该校南迁，遂告停顿。兹者复刊，以七卷一期起，前所阙之六卷三、四两期，则以前出版之《北大四十周年论文集乙编》作为六卷三期，文科研究所印之油印论文作为六卷四期。本期所收论文计有：向达《西征小记》，俞敏《释蚯蚓名义兼辨朐忍二字形声》，游国恩《柏梁台诗考证》，王重民《千顷堂书目考》，金毓黻《群书会元截江网与续资治通鉴长编》，杨联升《汉代丁中廪给米粟大小石之制》，金毓黻《沈阳故宫新发现的明代史料》，阎文儒《河西考古简报》（上），末附北京大学《文科研究所纪事》。

四明丛书第八集出版

一九五〇年上海北京西路觉园十一号发行　每部现价二十万元

《四明丛书》，为鄞县张伯颂（寿镛）先生，于一九三二年发起，编辑有关乡邦利病，足资身心学问，而坊肆无传本，或传而未广者，汇刊之。倘非本乡人士，其著述有裨四明掌故者，亦概在甄录之列。

该丛书已陆续刊行七集，都一百四十六种，一千一百一十三卷。第八卷刻未及半，而张先生遽归道山；其公子康源等，仰继遗志，续成斯举。自晋迄今，凡十有八种，都九十六卷，次成八集。兹录目如下，以资参考：

《晋书》一卷　晋虞预撰　清汤球辑　广雅书局刻本

《舒懒堂诗文存》三卷《补遗》一卷《附录》一卷　宋舒亶撰　张寿镛辑稿本

《石鱼偶记》一卷　宋杨简撰　二老阁刻本

《安晚堂诗集》七卷《补编》二卷《补遗》一卷《辑补诗文》一卷　宋郑清之撰　宋陈起补编　清李之鼎辑补　宜秋馆《宋人集》丙编本　补编《江湖后集》本

《梅读稿》十卷《附录》五卷　明杨自惩撰　弘治十八年刻本

《徐徐集》二卷　明王梃撰　嘉靖刻本

《摄生众妙方》十一卷　明张时彻撰　隆庆三年重刻本

《白岳游稿》一卷　明沈明臣撰　伏跗室藏烟屿楼钞本校大西山房活字版本

《碑帖纪证》一卷　明范大彻撰　蟫隐庐活字版本

《西汉节义传论》二卷　明李邺嗣撰

《杲堂文续钞》四卷《附录》一卷　明李邺嗣撰　伏跗室传钞李氏农德楼藏稿本

《甬上高僧诗》二卷　明李邺嗣编　康熙胡氏敬义堂刻本

《庙制图考》一卷　清万斯同撰　宜兴吴氏藏万氏旧钞本

《四明文征》十六卷　清袁钧编　伏跗室藏稿本

《徐偃王志》六卷　清徐时栋编　烟屿楼藏稿本

《味吾庐诗文存》二卷《外纪》一卷　清江仁徵撰　《外纪》张寿镛编　稿本

《容膝轩诗文集》十二卷　王荣商撰

《峡源集》一卷　毛宗藩撰　稿本

（《燕京学报》1950 年第 39 期）

敦煌文物展览在京揭幕

中国千余年来,最光辉的艺术遗产之一的敦煌文物于四月十三日起在北京历史博物馆举行展览。

展览内容以莫高窟(俗称敦煌千佛洞)的壁画摹本为主,包括有北魏、西魏、隋、唐、五代、宋、元一千年间各朝代壁画摹本九百余件,此外还有一部分辽阳汉墓壁画摹本,六朝彩画墓砖摹本,六朝的写经和洞窟模型、塑像等,同时还陈列有被帝国主义盗窃的文物照片、材料等。

展览的壁画摹本有佛像、佛传、经变故事,有各种藻井、龛楣、边饰、项光、莲座等图案,有山水、人像、舟车、动物等数十种。这些壁画的创造者,都是一千年来默默无名的"画工"或"画匠"。他们继承了中国古代以画人像与描绘社会生活为主的现实主义传统,把佛教的影响和人民的生活揉在一起,真实地表现了历代的社会生活(包括衣冠制度,生产活动)与人物。作品中充满了健康与淳朴的作风,充分表现了中国艺术的雄伟的气魄。

莫高窟在甘肃敦煌县东南四十里,从北魏到明,前后开凿了无数佛窟,各个朝代的艺术工作者都根据各朝代不同的风格制作了一些精美的塑像和壁画,而壁画一项更是"国之瑰宝"。莫高窟现有四百六十九个洞窟，如果把洞窟的壁画连接起来长达二十五公里。它是我国最重要的现存的图书宝库，是世界上现存的最大的美术馆。

自一九零零年敦煌艺术宝库被发现后，它即为帝国主义分子所觊觎。英国的史坦因、法国的伯希和与美国间谍华尔纳，相继而来。他们贿赂了看守洞窟的道士，把新发现的具有极大历史价值与艺术价值的古写本、古画、丝绣品等，捆载而去。美国间谍华尔纳并用胶布把大幅壁画粘走。这些劫掠造成了我们民族文化的莫大损失。

这次展览是由中央文化部文物局主持的，作品完全由敦煌文物研究所供给。敦煌文物研究所所长常书鸿自一九四三年起即从事敦煌文物的研究、描摹和保管工作。

敦煌历史文物，是我国民族文化、艺术上的一宗珍贵的遗产。近五十年来，被美、英、法、德、日等帝国主义者一再劫夺，和国民党反动派的盗卖，已失去数万件之多。自甘肃解放以后，中央文物局即着手加以整理。这次以壁画部分为主的“敦煌文物展览”在中央历史博物馆的展出，是有非常重大的意义的。从这些遗产中，正如毛主席在延安文艺座谈会上的讲话所指示：“我们必须批判地吸收这些东西，作为我们的借鉴，作为我们从此时此地的人民生活中的文学艺术加工成为观念形态上的文学艺术作品时候的借鉴。”

敦煌是甘肃省最西的一个县城。公历纪元前二世纪，汉武帝刘彻辟河西走廊，置敦煌郡，从此敦煌形成总绾东西交通的要隘。佛教传入中国后，四世纪初，中国西北部的封建割据统治者拓拔氏，就以“如来佛”自居，把“神权”和“王权”联系起来，麻醉人民。我国各地的石窟，正是历代统治阶级受印度凿窟造像风气的影响所作；敦煌千佛洞莫高窟，是其中的一处。

莫高窟，在敦煌城东南四十里鸣沙山。从北魏到宋、元约千年间，封建主们都在这里役使人民，陆续凿造了无数佛窟，制作了许多宏伟瑰丽的塑像和壁画。经过一千五六百年的历史变迁，和风沙烈日的蚀毁，现在还保有壁画和塑像的洞窟，共四百六十九个。敦煌文物研究所全体人员，在常书鸿所长领导下，工作于周围二十里内渺无人烟的这几百个洞窟中，前后共达八年。经过这次系统的整理，对我国民族艺术风格和特点有了更明确的认识。从展品的八百多幅壁画摹本，与近百件雕塑模型，以及被美、英等帝国主义者劫去部分的影印本，和少数原件残片中，使我们体认出我国民族艺术发展的踪迹；同时，自南北朝到宋、元的社会经济史方面，又获得了若干有力佐证。

敦煌艺术，基本上是我国封建社会时代以佛教经变故事为主题的宗教艺术。可是，艺术的发生，并非由于剥削阶级的"有钱""有闲"及其主观的企图，而是倚仗广大人民的特有的感情和思想的状态；这状态，正形成于劳动和斗争中。因此，敦煌艺术的作者——那无数被剥削阶级埋没了姓名的"塑匠""画工"……同时在宗教故事中，渗入而且发展了一种可贵的乡土艺术的成分。特别是宗教主题的大构图以外的许多帧生活即兴小幅，强烈地表现了劳动人民的反抗情绪和控诉。这足以证明宗教艺术乃至整个宗教教义的魔力，虽然在当时的士大夫阶层起了相当作用，但是，对广大的农民阶级尤其是手工业者，却显得薄弱无力了。

展品依历史时代陈列。魏—北朝(公元三六六至五八〇年)部分，计二五六幅，是敦煌艺术的初期作品，因此，充分保存中国艺术汉魏以来传统的风格和形式，反映出当时社会的现实。同第一室陈列的辽阳汉墓壁画摹本与敦煌佛爷庙所出的六朝初期画砖拓本参照，可以看出敦煌艺术在佛教传入以前的本来面目，和逐渐演变的脉络。有许多地方,可以和西域各地所发现的早期佛教艺术及印度犍陀罗艺术相比较,间接地受了犍陀罗艺术的一些影响是可以肯定的,虽是这影响不太大。另一部分具有西域风格,藉此可以想见当时西陲人民的生活方式。一部分却纯粹是印度画风。

“尸昆王本生故事”是纯印度风。尸昆王为救一被鹰伤害的鸽,从自己的腿上割肉二斤以赎鸽,以致“气力不接,失胯堕地”而死。“萨埵那太子本生故事”,表现太子因同情一只哺育七只小虎的母虎饥饿无乳,他自己舍身喂了母虎。当时五胡十六国纷争不已,人民在“尚寐无吪,不如无生”的怨怼中过活着,拓拔氏便用这类消极的“行善”故事来缓和人民的斗争情绪。“五百强盗故事”,相反地表现了许多战斗与屠杀俘虏等场面,可是却又“殊途同归”地“皈依我佛”,收到了自圆其说的效果。

在北魏乃至晋唐与五代的敦煌石窟佛教故事壁画中这两个故事是被一再引用的。“须达那太子本生故事”,也占去相当的比重。“白象”的主题,即表现须达那太子看见七个步行的穷人走得太疲乏了,就把他勇敢无敌的无价之宝的白象送给了他们。“鹿王本生故事”,是“九色鹿”拯救溺人的传说。而“降魔变”,“净土变”,密宗的“摩醯首罗天”等等,和五百强盗被剜眼后信佛得复明,皆成“罗汉”一样,是佛教教义达到其灵物崇拜的另一面。

在这些佛窟创建的时代,敦煌当地政治上的变迁,和中原的政治变迁一样或更甚,会影响到这些无名艺术家的。苻秦建元十八年,即曾徙江汉人民万余户至敦煌。敦煌远在晋永和元年已属前凉沙州。

展品中隋代的计一七七幅。和北魏时代的相同,从佛故事画画面间点缀的奇禽异兽,和洞窟顶壁门装饰的飞天神人,都表现出一种飘然轻举的景象,与南齐时艺术批评家谢赫六法论中首要的“气韵生动”要求相合。

二四九号窟画幅中,有《楚辞·天问》篇述及的九首雄虺及有翼飞龙,下面却是魏晋时代的游猎图。表现在菩萨的衣饰上的,由热带的上身半裸的印度风,逐渐改为中国民族形式的袍服。这些,都可以看出中西艺术逐渐融合的源流。由隋代起,经过北魏以来约二世纪的提炼,已将外来艺术逐渐融化成为民族的新艺术。在表现方面,除佛故事画外,已出现场面简单的“维摩经变”,给唐代的经变画作了准备。故事画中,反映了当时社会现实的人物,作品也更为写实了。隋代在政治上统一了南北,文化艺术也综合了汉以后南北发展出来的多种多样形式,作了由六朝过渡到唐代的桥梁。

敦煌入唐代,在公元六一九年时属瓜州;到六九八年至圣历元年时,莫高窟佛窟已达一千多座。开元间更造了高达一百二十尺的佛像,和中原媲美。这时在创作主题上,已由绝对的消极转变为比较积极了。而无名的艺术家们笔上的人物,就更富于现实味;神、佛、飞天,全是活生生的人像的写照。西方净土、东方乐师、弥勒、报恩等十六种经变相的画幅,全都场面壮丽,构图紧凑,装銮彩绘,金碧辉煌——充分表现一个时代的艺术提高和社会发展关系的密切。“维摩经变”的维摩诘,已从北魏以来中原同时期塑、绘的清癯病容变作了慷慨放言的虬髯客。画幅中的女性和塑像的女供养人,全丰容浑厚,明眸秀眉,如新疆吐峪沟发现的唐画妇女相。人物以外的风景,亦由六朝以来的人大于山水不容泛,趋于写实。盛唐时代的作品,尤为大气磅礴。

公元七八一年——德宗李适建中二年,敦煌在被吐蕃围攻十余年后陷落。一直到宣宗李忱大中二年——公元八四八年,当地的民族英雄张议潮率众起义,才逐吐蕃复沙州。一五六窟的“河西节度使张议潮出行图”，和张的夫人“宋国夫人出行图”，两幅大构图，更是完全脱去了宗教画气味的写实之作。其中的冠服、甲胄、仪仗、车马……在社会历史制度考证方面的价值尤其高。马的画法，和中原同时代的陶马俑的塑法相近，主角的乘马更传出了骏马的神气。小幅的城垣、厅堂、舟渡、监狱、胡商遇劫、楼阁、城门守卫、孩车、纤夫等，更是十足的写实了。

晚唐的文化艺术表现在石窟中的，已趋低落。时中原形成军阀割据的局面，敦煌也于九〇五年昭宗李晔的天祐二年唐亡时，由张议潮后裔承奉自立为“白衣天子”，号西汉金山国，九一一年降回鹘。在政治极度变乱的五代，从九二三年起，敦煌在曹议金三世相继统治下，以偏处西北，人民的艺术工作者还能继续作画，承唐代之风。菩萨像犹有生气，九十八窟的风神相等尤佳，是以西域人作模特儿而再夸张的。

宋代东西交通断绝，敦煌失去了重要性，经济上衰落。从敦煌壁画中，也看不出北宋时自然主义兴起以后，山水花鸟画高度发展的影响。洞窟的装修，大都为机械的仿制品，颜色单纯，多用绿黑白色，可以想见社会经济衰落下人民生活必更苦，崇拜的对象，也已转向白衣观音和地藏王菩萨相，反映当时人民在剥削压迫加紧上更加穷困，连往生西方的幻想都放弃了，只盼望神佛解救目前的苦难。可是，从小幅的驼运、挤乳、耕作、担夫、习射、推磨等，说明了劳动人民更加正视生活，面对现实。这是宋元寄生阶级的文人画中所没有的。（以上两则转载一九五一年四月十五日至十六日《光明日报》）

川西文物保管委员会展开工作

川西行署文教厅根据中央文物局的指示对历史文物作有效的保护起见，于一九五〇年十二月十五日正式签呈行署核准成立川西文物保管委员会，聘请谢无量、李劼人、蒙文通、向楚、芮敬予、徐中舒、闻宥、冯汉骥、陈翔鹤等九人为委员，并推谢无量为主任委员。该会目前之主要任务，为在文教厅领导下作文物之保护、调查、研究、征集等工作。

该会成立后，依据政务院颁布各项政策法令，积极展开工作。两月来在文物保护工作方面：（一）川西具有历史文物价值的新津观音寺、新繁龙藏寺壁画、西康境内的《平蛮碑》、金堂火盆山的汉代崖墓、绵阳西山观的隋唐造像、仙鱼桥的汉《平阳府君阙》，都先后去文有关县人民政府遵照政务院颁办法妥为保护。（二）在反封建斗争中，为了防止一些地主将所藏古物分散破坏或贱价出售，十二月三十日已由文教厅代电各专、县转知所属公安机关作有效制止。（三）为了严密查禁偷运古物图书出口，曾由文教厅代电各专、县、公安局、邮政总局，如有发现偷运古物、图书等情事，即予扣留，立刻报请西南文教部处理。（四）前西南文教部指示培修王建墓，已由川西博物馆拟具培修计划，正与市人民政府洽商协同修建。(五)本市各纸厂在收购还魂纸中,曾发现有关历史文物书籍,已由川西博物馆及川西图书馆各派定一个干部,经常前去各厂库房鉴定搜集,一月来已获得了相当的成绩。

征集工作方面:征集原则确定征集富有历史意义之古文物、革命文物、历代名人字画、稀有书籍及古书本等。方法主要采取捐赠及代为保存,必要者亦可收购。征集工作展开两月以来,先后收到古铜器二〇九件、陶瓷三四件、书籍六二三册、字画一九五件、碑帖二一五一件、汉砖九方、端砚九方,总计收到三二三〇件。又,二月二十二日中共川西区委员会交来王匪陵基瓷器、字画等共五十七箱,已初步鉴定、清点,就中较有价值之碑帖、字画二十帧,瓷器古物及艺术雕刻一百二十四件,内以瓷器为最多。

在此次征集历史文物中,军区副司令员黄逸民的字画三五件,文德彬先生的《二十二史》(宋本)、汉砖、铜器,及烈士王幹青先生手书遗诗,胡子康先生的字画六件,严谷声先生的字画、古物五二件,黄希成先生的希成博物馆,均全部无条件捐赠政府保存,黄、文、胡、严四先生所捐赠之字画多属精品,希成博物馆内之古物大多为川西区出土,它是川西历代劳动人民伟大精杰创作。五位先生打破了私有观念,将珍藏古物全部捐献人民政府,这充分的表现对人民政府的热爱与信赖,是值得赞美的。(转载《文物参考资料》第二卷第三期页七二)

中国科学院一九五〇年度秋季辉县发掘工作

中国科学院考古研究所所组织的中国科学院考古研究所平原省调查发掘团，自1950年10月8日至1951年1月26日止，在平原省辉县一带进行考古发掘工作。该团团长为夏鼐，副团长为郭宝钧，秘书长为苏秉琦，团员为安志敏、石兴邦、王伯洪、王仲殊、徐智铭、赵铨、马得志、白万玉、魏善臣等共十二人。

此次发掘工作，可分为两区，西区为辉县城东南二里之琉璃阁，前中央研究院战前曾在此地掘得甚多战国墓葬，遗物极为丰富，十余年来，盗掘风气很盛，盗坑探眼遍地皆是，但在此地仍获得殷、战国、汉等墓葬五十八座，及殷代灰坑四座，殷墓中出土若干铜器，有戈、斝、鬲、爵、觚等；特别在容器方面和安阳小屯期的并不完全相同，除了地域性以外，可能还代表时代早晚的不同。其他还发现有白陶和花骨等。殷代灰坑最深的达十一米半，出土有陶鬲、石斧、石刀、骨镞、铜镞和卜骨等，但是在卜骨上并没有贞卜文字。战国墓葬是小墓，遗物大多数是陶器，有鼎、豆、壶和铜制戈、剑、镞、带钩等。最重要的是战国时代的车马坑，有马骨和十九辆车，木制车轮和车箱等都已腐朽，仅由土色的不同看出原来的轮廓，根据照像及实测图，可以大致复原，对《周礼·考工记》中车制的争论将可迎刃而解了。

东区是在城东五里的固围村，其他有高出周围约二公尺的土台基，面积有三十余亩，传说为古共伯城故址。据试掘结果，其地有三座大墓并列，时代是战国到汉初，墓口广袤皆在十余公尺以上，深度十七公尺余，墓制结构相当雄伟，在椁室上填塞七八尺的细砂，最后用一层层的夯土封住，发掘时每日用四百余人，在亚洲考古史上可以说是规模最大的发掘工作。但这三大墓因经盗掘的关系，残余不多，但也有很多珍品，在西大墓的南马道中，出土一件马头形的辕端铜饰，姿态生动，在上面并用金银细条错嵌着极工细的花纹。同时并在大墓附近发掘了几座小墓，除大批的陶器以外，还出土一件嵌玉虺龙文黄金带钩等。另外在一个深度约六公尺的小坑中，埋藏了一百零五件玉器，加上玻璃珠和圭形石片等共达二百十一件之多，玉器中有五十片玉册，但无字的痕迹。其他并在大墓和小墓的填土中，发现了大批铁制生产工具，有斧、锛、刀、锹、犁铧、镬头等，这些工具向来是很少见于著录，由于这些发现，对研究上可有很大的帮助。

这次的发掘工作，共工作了一百多天，发掘了六十三座墓葬，四个灰坑，得有二百四十七张记录，二百三十九张实测图，六百四十八张照像，一百零六箱标本，现正在积极整理研究中，准备在最近期间完成初步发掘简报。

中国科学院一九五一年度春季调查工作

中国科学院考古研究所继辉县发掘之后，又组织了河南、陕西两调查发掘团分赴河南、陕西一带作调查发掘，工作日期约两个月。

河南省调查发掘团团长为夏鼐，团员为安志敏、王仲殊、马得志等四人，调查路线为成皋、荥阳、巩县、偃师、洛阳、渑池等地。工作重点，主要是调查发掘成皋县秦王寨及渑池县仰韶村等史前遗址。

陕西省调查发掘团团长为苏秉琦，团员为石兴邦、王伯洪、白万玉、钟少林等四人，调查路线为西安、武功、扶风、郿县一带，工作重点为调查发掘先秦遗址。

云南石钟山发现唐代雕像

云南剑川城南石钟山发现八石窟,唐代雕像数十尊;下谷第八窟弥勒像旁题“大理国天启二年二月造”。第一窟,为南诏王阁罗凤及其弟阁陂和尚和卫侍。另一窟,为阁罗凤之孙异牟寻王及其清平官汉人郑回与杜光虔。第六窟,为雕像人自雕像,服装与今剑川少数民族不同。第七窟,波斯人像,服装亦异于今日。余为佛像及婆罗门神像。第三窟,观音、释迦间有“阿盎白”,为国内仅存的女性生殖器崇拜遗迹,是研究中国古代社会史的宝贵资料。(转载一九五一年二月二十三日《光明日报》)

三希堂帖考

林志钧著　一九五〇年上海合众图书馆出版
油印毛边纸本一册　一〇三页

《三希堂帖》真迹，原为内府所藏，刻于清乾隆十五年(1750)。所收墨迹，以时代言，则上自魏晋下迄元明；以书体言，则正、行、草具备，可为临池式范。自来学者重之。惟真赝工拙，墨本源流，非寝馈于斯者，难以道其原委。林宰平(志钧)先生致力帖学数十年，就所见所藏益以前人之成说，记其行款存佚，考订讹谬异同，荟萃成编，堪为后学之津逮。惟前无目录或一览表，检寻颇感不便。

孝经引得

(引得特刊第二十三号)　一九五〇年
燕京大学哈佛燕京学社引得编纂处出版

引得编纂处,因《十三经》皆为引得,独缺《孝经》,于研究上颇感不便,此即所以补足之也。

本编《孝经》正文,以渭南严氏重刊唐玄宗御注宋相台岳氏本为准,将《孝经》正文各篇按原来篇章格式缀以次第之数,刊于引得之前。又引得以一句为主,逐字或辞为之。字或辞之下皆缀原句,每句之下皆标明其所在之页数、篇次及行次,检寻甚便。

广东丛书第三集

广东丛书编印委员会编辑　一九五一年初版
粉连纸十二开本十册　北京及上海来薰阁代售

《广东丛书》第一、二集出版后，本报第三十四期及三十六期均已先后介绍矣。兹者第三集又已刊行，其可贵之资料不亚于前二集。

一、太平天国官书十种。按海外收藏太平天国文献之图书馆，据今日所知其重要者约有六处：曰巴黎东方语言学校，曰大英博物院，曰普鲁士国立图书馆，曰巴黎国家图书馆，曰剑桥大学图书馆，曰牛津大学图书馆。约而言之，以柏林所藏为最精，剑桥所藏为最富。本丛书所收十种，乃剑桥所藏，而王重民先生摄影携归者也。

简又文先生《弁言》略云：

太平天国建国虽仅十四年，而典章制度，亦复灿然。独惜自覆亡而后，所遗一切文物，多被清军毁灭。而偶得存留供人观读者，又多鄙俚怪异，晦涩难解。以故八十年来，国人无由认识此一革命大运动之真相，甚或错见误解，因而判断不确，是非不明。幸而天朝文物之保存于海内外者犹属不少。近年经各方史家之陆续发见，及辛勤搜集，纵未完全复现，已足使此一革命大运动之真相较前明显。

至于太平天国官书之总数，照吾人现在所确知之数，则太平天国官书至少有四十一种，其中原版孤本，大多已在海内外发现，而亦经抄录影印或摄影复传于国内；尚有数种，则仅知其名目而原版已绝，迄未发现也。发现各书或抄录或摄影以公诸国人者，要以程演生、萧一山、王重民三君之功绩为最大。程君之《太平天国史料第一集》，北京大学出版。萧君之《太平天国丛书》，商务印书馆出版。而王君十年前在英伦剑桥大学摄影之世界孤本《太平天国官书十种》，今编刊于《广东丛书第三集》。自此十种发见重刊后，太平官书之保留于国外者，几全部复得流传海内以供国人之阅读研究矣。

其有裨于研究近代史者可知。兹录目如下，以资参考：

1.《天理要论》，2.《甲寅四年新历》，3.《戊午八年新历》，4.《太平礼制》，5.《天国九年会试题》，6.《干王宝制》，7.《资政新编》，8.《军次实录》，9.《诛妖檄文》，10.《太平天日》。

二、《广州城坊志》六卷，黄佛颐纂。关于广州城坊建置沿革史迹，迄无专书纪载。此书以原日广州府城及附郭为范围，集合前人之成说，按序排比。倘有意见纷歧，或前人之成说未备者，间加按语。惟仅及清末，民国以后，各有变迁，则赋阙如，未免有详古略今之憾。其次，图表为研究地理之要素，而黄君则以匆促付印，考绘未竟为辞。

三、《六脉渠图说》一卷，陈坤撰(原刊本)。穗垣地面之有沟渠，犹人身之有脉络，必须流通，乃少疾病；因渠有六，遂传为六脉渠。

清光绪戊子，陈君两奉浚渠之役，亲历其境，目验绘图付梓。其后虽间有修浚，但未闻有足为依据详明之纪载。时至今日，此书犹为最重要之指南。

（《燕京学报》1951年第40期）

附录

目　录

附录一

槟榔的历史

槟榔的一种东西，在南方食品及礼物上甚为重要。现在他的用途虽或少减，然而在婚礼上，在筵席上，在药物上仍是通行。南海的佛山镇，有旧槟榔街的街名，三水的西南市，则专售槟榔的商店颇不少，招牌都写着"南洋槟榔"。在广州亦有专售槟榔的。在儿歌上说及槟榔的亦甚多。我读书不多，考究槟榔的历史，连类找求，有见即为录出，分类比次，藉以贡其一得之愚。挂一漏万，或所不免，读者谅之。

一、槟榔的出产地

晋嵇含《南方草木状》说：

槟榔出林邑。（卷下页一，《汉魏丛书》本）

又说：

交趾、武平、兴古、九真有之也。（见《齐民要术》卷十页十五引）

《唐书》说：

婆赙伽卢，土热，衢路植椰子、槟榔，仰不见日。

唐姚思廉《梁书》说：

干陀利国，在南海州上……出槟榔，槟榔特精，为诸国

之极。(卷五十四页六)

宋周去非《岭外代答》说:

槟榔生海南黎峒,亦产交趾。……海商贩之,琼管收其征,岁计居什之五。广州税务收槟榔税,岁数万缗。(卷八页三,《知不足斋丛书》本)

明李时珍《本草纲目》引各书说:

《别录》说:"槟榔生南海。"

恭说:"生交州、爱州,及昆仑。"

颂说:"今岭外州郡皆有之。"

刘恂《岭表录异》说:"真槟榔,来自船上。"……(卷三十一页十四)

志说:"大腹生南海诸国。"(仝上页十八)

《本草纲目》李时珍说:

大腹子,出岭表、滇南。……(卷三十一页十八)

马槟榔生滇南、金齿、沅江,诸夷地。……(卷三十一页二十九)

明屈大均《广东新语》说:

槟榔产琼州,以会同为上,乐会次之,儋、崖、万、文昌、澄迈、定安、临高、陵水又次之。若琼山则未熟而先采矣。会同田,腴瘠相半,多植槟榔以资输纳,诸州县亦皆以槟榔为业,岁售于东西两粤者十之三,于交趾扶南十之七,以白心者为贵。暹罗所产曰番槟榔。……(卷二十五页二十二)

吴其濬《植物名实图考》引各书说道:

《图经》说:"槟榔生南海,今岭外州郡皆有之。"(卷之十五页八十二)

《海药》,谨按广志说:"生东海诸国。"(同上页八十三)

吴录《地理志》说:"交阯,朱载县有槟榔树,郡内及九

真、日南并有之。”(同上页八十五,又《渊鉴类函》亦引及)

《海槎余录》说:“槟榔产于海南,惟万、崖、琼山、会同、乐会诸州县为多,他处则少。”(同上)

《云南记》说:

云南多生大腹槟榔,色青,在枝叶上每朵数百伙,云是弥臣国来。(见《渊鉴类函·药部》页四引)

《琼州府志》说:

四州皆产,文昌、琼山、会同特多。(卷三页十二)

看上,可见槟榔在晋时代,已甚显著。如《南方草木状》所说的,俱是从林邑、武平、兴古、九真各地而来。可见槟榔始入中国是由于越南各地输入的。《梁书》说:“出干陀利国……槟榔特精,为诸国之极。”案干陀利国即后来的三佛齐,在明代称为旧港。明费信《星槎胜览》说:“自爪哇起程,顺风八昼夜至。”又说是“爪哇所辖,今在噶剌巴峡口内”。是槟榔在六朝时,又由南洋群岛输入中国。宋周去非《岭外代答》说:“槟榔生海南黎峒,亦产交阯。”则在宋时广东的海南岛亦已盛产槟榔,不纯靠安南、南洋的输入。又说:“琼管收其征,岁计居什之五。广州税务收槟榔税,岁数万缗。”又可见那时广东一带食槟榔的厉害了!从明李时珍的《本草纲目》,又可见岭外、滇南各地方皆有槟榔出产。屈大均《广东新语》记琼州各地的槟榔出产,以为“岁售于东西两粤者十之三,于交趾扶南十之七”。则琼州各地各时的出产特多,而且是输出品的一大宗,输出交趾、扶南的较两粤为多一倍余。可见广州一带食槟榔的数量必已减少。现在婚礼上用的槟榔,多自南洋、安南各地输入,可证槟榔的出产又已远差。此时槟榔的应用,只留礼仪上的设备,需要更少,自然种植槟榔的更少了!

二、槟榔的种类

汉俞(《本草纲目》及《琼州府志》引作"喻")益期与韩康伯笺说:

槟榔信南游之可观,子既非常,木亦特奇,大者三围,高者九丈;叶聚树端,房生叶下;华秀房中,子结房外。其擢穗似黍,其缀实似谷;其皮似桐而厚,其节似竹而概;其中空,其外劲;其屈如覆虹,其申如縋绳;本不大,末不少;上不倾,下不斜;调直亭亭,千百若一;步其林则寥朗,庇其荫则萧条;信可以长吟,可以远想矣。性不耐寒,不得北植,必当遐立海南;辽然万里,弗遇长者之目,令人恨深。(见《齐民要术》卷十页十五,《本草纲目》及《琼州府志》《植物名实图考》亦引及)

晋嵇含《南方草木状》说:

槟榔树高十余丈,皮似青铜,节如桂竹,下本不大,上枝不小,调直亭亭,千万若一,森无秀柯,端顶有叶,叶似甘蕉,条派开破。仰望眇眇,如插丛蕉于竹杪,风至独动,似举羽扇之扫天,叶下系数房,房缀数十实,实大如桃李,天生棘重累其下,所以御卫其实也。……一名宾门药饯。(卷下页一,《汉魏丛书》本;又《植物名实图考》卷之三十二页六十亦引及)

后魏贾思勰《齐民要术》引各书说道:

《南方草木状》说:

槟榔三月华,色(《云南通志》引作"包")仍连著实,实大如卵,十二月熟,其色黄……。(卷十页十五,《云南通志》卷七十三页十七引)

《异物志》说:

槟榔若笋竹生竿,种之精硬,引茎直上,不生枝叶,其状若柱,其颠近上末五六尺间,洪洪肿起若瘣(黄圭反,又音回)木焉。因拆裂,出若黍穗,无花而为实,大如桃李。又棘针重累其下,所以卫其实也。……(卷十页十六)

《林邑图记》说:

槟榔高丈余，皮似青桐，节如桂竹。下森秀无柯，顶端有叶，叶下系数房，房缀数十子，家有数百挂。（卷十页十六）

《南州八郡志》说：

槟榔大如枣，色似莲子。……（页同上）

《广州记》说：

岭外槟榔，小于交趾者而大于蒳子，土人亦呼为槟榔。……（同上）

《文选·吴都赋》李善注说：

槟榔树高六七丈，正直无枝，叶从心生，大如循，其实作房，从心中出，一房数百实，实如鸡子，皆有壳。肉满壳中，正白，味涩。（卷一页三十一）

宋周去非《岭外代答》说：

木如棕榈，结子叶间，如柳条颗颗丛缀其上。春取之，为软槟榔……夏秋取而干之，为米槟榔。渍之以盐，为盐槟榔。小而尖者，为鸡心槟榔。大而扁者，为大腹子。（卷八页三，《知不足斋丛书》本）

《太平御览》说：

槟榔一名蒳子，干似蔗，叶类柞，一丛十余干，每干生十房，房底数百子。四月采。树似栟榈，五月子熟，长寸余。

明李时珍《本草纲目》引各书说道：

诜曰："闽中呼为橄榄子。"

弘景曰："此有三四种，出交州者形小而味甘，广州以南者形小而味涩。又有大者名猪槟榔，皆可作药。小者名蒳子，俗呼为槟榔孙，亦可食。"（卷三十一页十四）

颂曰："……木大如桄榔而高五七丈，正直无枝，皮似青桐，节似桂枝，叶生木颠，大如楯头。又似芭蕉叶，其实作房从叶中出，旁有刺若棘针重叠其下。一房数百实如鸡子状，

皆有皮壳。其实春生，至夏乃熟，肉满壳中，色正白。”（同上）

苏恭言：“其肉极易烂，不经数日。今入北者皆先以灰煮熟，焙薰令干，始可留久也。小而味甘者名山槟榔。大而味涩、核亦大者名猪槟榔。最小者名蒳子。”（同上）

雷氏言：“尖长而有紫文者名槟，圆大而矮者名榔。榔力大，而槟力小。今医家亦不细分，但以作鸡心状正稳。心不虚，破之作锦文者，为佳。……”（同上）

唐刘恂《岭表录异》说：

……交广生者佳，大腹子也。彼中悉呼为槟榔。或云槟榔难得真者。今贾人所货者，皆是大腹槟榔也。与槟榔相似，但茎叶小异。……（卷三十一页十五）

《岭表录异》又说：

交广生者非舶上槟榔，皆大腹子也。彼中悉呼为槟榔……收其皮入药，皮外黑色，内皆筋丝，如椰子皮。（卷三十一页十八）

竺法真《罗山疏》说：

山槟榔一名蒳子，生日南树，似栟榈而小，与槟榔同状。一丛十余干，一干十余房，一房数百子，子长寸余。五月采之，味近苦甘。观此，则山槟榔即蒳子，猪槟榔即大腹子也。（卷三十页十五）

苏颂说：

以味甘者为山槟榔，涩者为猪槟榔，似欠分明。（同上）

吴其濬《植物名实图考》引各书说道：

陶隐居云：“此有三四种，出交州者形小而味甘，广州以南者形小而味涩，核亦有大者名猪槟榔，作药用之，又小者南人名蒳子，俗人呼为槟榔孙。亦可食。”（卷之三十二页五十

九）

《图经》说：

槟榔大如桄榔，而高五七丈，正直无枝，皮似青桐，节如桂竹，叶生木巅，大如楯头，又似芭蕉叶，其实作房，从叶中出，傍有刺，若棘针重叠，其下一房数百实，如鸡子状，皆有皮壳，肉满壳中，正白，味苦涩。……其实春生，至夏乃熟。然其肉极易烂，欲收之，皆先以灰汁煮熟，仍火焙薰干，始堪停久。此有三四种，有小而味甘者名山槟榔，有大而味涩，核亦大者名猪槟榔，最小者名蒳子。又云，尖长而有紫文者名槟，圆而矮者名榔，槟力小，榔力大，今医家不复细分，但取作鸡心状存坐正稳，心不虚，破之作锦文者为佳。大腹所出与槟榔相似，但茎叶根干小异。并皮收之，谓之大腹槟榔。或云，槟榔难得真者，今贾人货者多大腹也。（卷之三十二页五十九至六十）

《海药》谨按广志说：

生东海诸国，树茎叶干与大腹小异耳。又说："如棕榈也，叶茜似芭蕉状。"

陶宏景说："向阳曰槟榔，向阴曰大腹。"

吴录《地理志》说："交阯朱载县，有槟榔树，直无枝条，高六七丈，叶大如莲实房。"（同上页六十至六十一）

《说文句读注》说：

孟康曰："仁频，棕也。"李善曰，《仙药录》云"槟榔一名棕"。然则仁频即槟榔也。（卷十一页九）

李时珍《本草纲目》说槟榔：

释名：宾门，仁频（音宾），洗瘴丹。宾与郎皆贵客之称，则槟榔名义盖取于此。（卷三十一页十四）

又说道：

槟榔树，初生若笋竿，积硬，引茎直上，茎干颇似桄榔椰子而有节；旁无枝，柯条从心生，端顶有叶如甘蔗。条脉开破，风至则如羽扇扫天之状。三月叶中肿起一房，因自折裂，出穗凡数百颗，大如桃李，又生刺重累于下，以护卫其实。五月成熟。剥去其皮，煮其肉而干之，皮皆筋丝，与大腹皮同也。（卷三十一页十五）

又说道：

大腹子出岭表滇南，即槟榔中一种腹大形扁，而味涩者，不似槟榔，尖长味良耳，所谓猪槟榔者是矣。盖亦土产之异，今人不甚分别。又曰：大腹以形名，所以别鸡心槟榔也。（见《本草述》卷之十八页六引）

又说道：

马槟榔蔓生结实，大如蒲萄，紫色珠甘，肉有核，颇似大枫子，而壳稍薄，团长斜扁不等。核内有仁，亦甜。（卷三十一页二十九）

明王象晋《群芳谱》说：

马槟榔，俗讹为马金囊，一名马金南，一名紫槟榔，结实紫色，内有核，而壳薄。去壳，其仁色白。（卷三页五十九）

《植物名实图考》说：

按马槟榔壳似云南槟榔壳，扁圆如小梯，老则开裂粘壳，有核十余枚，似松子而扁，皮亦薄，核中仁，扁如瓜子仁而厚。有弯尖，盖其芽也。……滇中多有，知之者希。（卷之三十二页六十二）

《淡水厅志》引《台湾志》说：

槟榔树，直无枝，高一二丈，皮类青桐，节似�竹，叶皆上竖，犹如凤羽临风，旖旎甚可人目，叶脱一片，内现一包，数日包绽即开花二三枝淡黄白色，朵朵连珠，香芬袭人，

实附花下，形圆而光，宛若枣形，自孟秋以至孟夏，发生不绝。……惟六七月始无。……(卷十二页五)

《临安府志》说：

树高十余丈，皮似青桐，节如班竹，叶如芭蕉，花如金粟；实累缀于房中。……(见《云南通志》卷六十九页二十一引)

《儋州志》说：

子坚圆，小者名为槟榔，性热。大者名大腹子，壳名大腹皮。树如椰而小，花香远而清。……(见《琼州府志》卷五页十七至十八)

媛案：槟榔的种类不一，而名称亦繁多，今将各书上所记的名称，为槟榔别名表如下：

槟榔别名表

名称	特征	参考书
槟榔	出交州形小味甘 广州形大味涩	《本草纲目》引弘景说
槟榔孙	俗呼	同上
橄榄子	闽中呼	《本草纲目》引诜说
仁频		《本草纲目》引《上林赋》说
宾门		《本草纲目》说
洗瘴丹		同上
椋		《说文句说》注引《仙药录》说
槟	尖长而有紫纹	《本草纲目》引雷氏说
榔	圆大而矮	同上
鸡心槟榔	小而尖	《岭外代答》说
山槟榔	与槟榔同状	《本草纲目》引竺法真 《罗山疏》说

续表

槟榔别名表		
蒳子		同上
大腹子	皮外黑色内皆筋丝	《本草纲目》引《岭表录异》说
猪槟榔		《本草纲目》说
马槟榔	大如蒲萄紫色味甘	同上
马金囊		《群芳谱》说
马金南		同上
紫槟榔		同上

三、食槟榔的理由

唐刘恂《岭表录异》说：

安南自幼及老，采槟榔实啖之，自云：交州地湿，不食此无以祛其瘴疠。广州亦啖槟榔，然不甚于安南也。（见《植物名实图考》卷之三十二页六十一引）

宋周去非《岭外代答》说：

食槟榔唯广州为甚，不以贫富长幼男女，自朝至暮宁不食饭，唯嗜槟榔。富者以银为盘置之，贫者以锡为之。昼则就盘更啖，夜则置盘枕旁，觉则啖之。中下细民一日费槟榔钱百余。有嘲广州人曰"路上行人口似羊"，言以蒌叶杂咀，终日噍饲也，曲尽啖槟榔之状矣。每逢人则黑齿朱唇，数人聚会则朱殷遍地，实可厌恶！客次，士大夫常以奁自随，制如银铤，中分为三，一以盛蒌，一盛蚬灰，一则槟榔。交阯使者亦食之，询之于人何为酷嗜如此。答曰：辟瘴下气消食，食久，顷刻不可无之，无则口舌无味，气乃秽浊。……（卷六页十五至十六，《知不足斋丛书》本）

宋《类苑》说：

南海地气暑湿，人多患胸中痞滞，故常啖槟榔数十口。

雷氏说道：

……岭南人啖之以当果食，言南方地湿，不食此，无以祛瘴疠也。（见《本草纲目》卷三十一页十五引）

《琼州府志》说：

……人无贫富，皆酷嗜之以消瘴，能忍饥而不能顷刻去此。……（卷三页十二）

案：食槟榔的理由，普通以为因瘴疠的关系。究竟槟榔是不是可以抵御瘴疠？抑或别处人不惯在南方居处的，见南方人多食槟榔，遂以为可以御瘴疠？宋周去非《岭外代答》说，广州人食槟榔的嗜好，说得利害极了，所说，“路上行人口似羊”。家兄元胎以为安南人至今尚且如此。所谓瘴疠的广州，后来不大食槟榔了，难道不食槟榔就没有瘴疠吗？大概广州人食槟榔的嗜好自越南、南洋一带传入，积渐薰染，到南宋周去非移桂林时（宋淳熙中，即公历1177—1189）尚且利害。宋亡以后，中原人士迁入的渐多，槟榔的习惯亦逐渐消失。总之，食槟榔是一种嗜好，象是食烟酒一样。一般所承认的理由，未必就是正当的要食的理由呵？

四、槟榔的食法

1. 槟榔的性质

明李时珍《本草纲目》引各书说道：

甄权说：“味甘大寒。”（卷三十一页十六）

大明说：“味涩。”（同上）

弘景说：“交州者味甘，广州者味涩。”（同上）

珣说：“白者味甘，赤者味苦。”（同上）

元素说：“味辛而若纯阳也，无毒。”（同上）

《本草纲目》说：

苦辛温涩，无毒。（同上）

《本草纲目》又说：

大腹子，辛涩温，无毒。与槟榔同功。（卷三十一页十九）

《本草纲目》又说：

马槟榔，甘寒无毒。（卷三十一页二十九）

2. 普通食法

晋嵇含《南方草木状》说：

槟榔……味苦涩，剖其皮，鬻其肤，熟如贯之，坚如干枣。以扶留藤、古贲灰并食则滑美，下气，消谷。……（卷下页一，《汉魏丛书》本，又《植物名实图考》亦引及）

《南方草木状》又说：

……剥其子，肥强不可食，唯种作子青，其子并壳，取实曝干之。以扶留藤古贲灰合食之，食之则滑美。亦可生食。……（见《齐民要术》卷十页十五）

《异物志》说：

……剖其皮，煮其肤，熟而贯之，硬如干枣。以扶留古贲灰并食，下气及宿食白虫消谷，饮啖设为口实。（见同上页十六）

宋周去非《岭外代答》说：

自福建下四川与广东西路皆食槟榔者，客至不设茶，唯以槟榔为礼，其法斮而瓜分之，水调蚬灰一铢许于蒌叶，裹槟榔咀嚼，先吐赤水一口，而后啖其余汁，无蚬灰处只用石灰，无蒌叶处只用蒌藤。广州又加丁香桂花三赖子诸香药，谓之香药槟榔……。（卷六页十五，《知不足斋丛书》本）

《岭外代答》又说：

……春取之，为软槟榔，极可口，夏秋取而干之，为米槟榔。渍之以盐，为盐槟榔。……（同上卷八页三）

明李时珍《本草纲目》引各书说道：

苏恭言:"……其肉极易烂,不经数日。今入北者皆先以灰煮熟,焙薰令干,始可留久也。……"(卷三十一页十四)

雷氏言:"……生食其味苦涩,得扶留藤与瓦屋子灰同咀嚼之,则柔滑甘美也。"(同上页十五)

刘恂《岭表录异》说:"大腹子……彼中悉呼为槟榔……自嫩及老,采实啖之,以扶留藤瓦屋灰同食之。……"(同上页十八)

《云南记》说:"大腹槟榔……以一片蒌叶及蛤粉卷和食之,即减涩味。"观此二说,则大腹子与槟榔皆可通用,但力比槟榔稍劣耳。(同上)

思邈说:"鸩鸟多集槟榔树上,凡用槟榔皮,宜先以酒洗,后以大豆汁,再洗过晒干入灰火烧煨切用。"(卷三十一页十九)

机说:"马槟榔核仁,凡嚼之者,以冷水一口送下,其甜如蜜亦不伤人也。"(卷三十一页二一九)

教说:"大凡使用白槟榔及存心坐稳正,心坚有锦文者为妙。半白半黑并心虚者,不入药用。以刀刮去底,细切之,勿令经火,恐无力,若熟使,不如不用。"(卷三十一页十五)

《本草纲目》说:

近时方药亦有以火煨焙用者,然初生白槟榔须本境可得,若他处者必经煮薰,安得生者耶?又槟榔生食必以扶留藤、古贲灰为使相合。嚼之,吐去红水一口,乃滑美不涩,下气消食。此三物相去甚远,为物各异,而相成相合如此,亦为异矣。俗谓槟榔为命赖扶留;以此古贲灰即蛎蚌灰也,贲乃蚌字之讹,瓦屋子灰亦可用。(卷三十一页十五至十六)

明屈大均《广东新语》说:

番槟榔杂扶留叶椰并食之亦能醉人。实未熟者曰槟榔青，青皮壳也，以槟榔肉兼食之，叶厚而芳，琼人最嗜之。熟者曰槟榔肉，亦曰玉子，则廉、钦、新会及西粤、交趾人嗜之。熟而干焦连壳者，曰枣子槟榔，则高、雷、阳江、阳春人嗜之。以盐渍者曰槟榔咸，则广州、肇庆人嗜之。日暴既干，心如香附者，曰干槟榔，则惠、潮、东莞、顺德人嗜之。当食时咸者直削成瓣，干者横剪为钱，包以扶榴，结为方胜，成如芙蕖之并跗，或效蛱蝶之交翻。内置乌爹泥石灰或古贲粉，盛之巾盘，出于怀袖，以相酧献。入口则甘浆洋溢，香气薰蒸。若夫灰少则涩，叶多则辣，故贵酌其中。大嚼则味不回，细咽则甘乃永，故贵得其节。善食者以为口实，一息不离，不善食者汁少而渣青，立唾之矣。予尝有《竹枝词》云："日食槟榔口不空，南人口让北人红。灰多叶少如相等，管取胭脂个个同。"（卷二十五页二十三）

又说道：

椰心宜以槟榔兼嚼之。雷琼妇女多鬻槟榔于市，以浮留叶结叠鸳鸯相饷，潜点椰心其中。予有《竹枝词》云："数钱争出手纤纤，叶结鸳鸯满翠奁。莫道槟榔甘液好，买侬椰子更心甜。"（卷二十五页二十五）

明王象晋《群芳谱》说：

马槟榔，虽干嚼之软美，嚼完以新汲水送下，其清甜香美，凡果无与为比，味甘，寒无毒。（卷三页五十九）

《琼州府志》按《儋州志》说：

……取其实合扶留叶及灰食之，辟腥。

……今郡人食槟榔又以荔枝嫩叶捣成饼，名曰茶饼，加入合食。（卷五页十七、五十八）

《琼州府志》说：

槟榔生食，必以扶留藤，古贲灰，相合嚼之，吐去红水一

口,乃滑美不涩,下气消食,俗谓"槟榔为命赖扶留"以此。古贲灰即蛎蚌灰也。贲乃蚌字之讹。瓦屋子灰亦可用。(卷五页十七)

《广东通志》说:

……食时剪削成瓣,包以扶榴,佐以蚬灰。……(卷九十三页九)

《植物名实图考》说:

马槟榔,嚼之,味初如核桃,松子仁,渐甜美而隽永,凡果无比。……(卷之三十二页六十二)

《淡水厅志》说:

……和荖藤叶食之,能醉人,可祛瘴。《赤嵌集》云:"槟榔即广东鸡心,粤人俟成熟取子而食,台人于未熟食其青皮,细嚼麻缕相属,即大腹皮也。中心水少许,尚未成粒,间有大者,剖视其实,与鸡心无异。"或云:"粤人食子,台人食皮。"一色青者为雄,味厚;黑脐者为雌,味薄。颗向上长者,尤贵蛎房灰,用孩儿茶,或柑仔蜜染红,合浮留藤食之。按《范石湖集》,"顷有峤南人,好食槟榔,合蛎灰,扶留藤,(一名蒌藤)食之辄昏,已而醒快。三物合和,唾如脓血可厌。"蒌藤一作浮留藤,土人误为荖。《台湾志略》云:"……与椰肉、香藤、蒌根夹灰同啖。无鲜者,以薰干者继之。"(卷十二页五)

梁绍壬《两般秋雨庵随笔》说:

粤人以蛎房灰染红,包浮留藤叶(俗呼櫓叶)食之。……其食也,满口咀嚼,吐汁鲜红。邱濬赠五羊太守诗云:"阶下腥臊堆蚬子,口中脓血吐槟榔。"此言其鲜者。干者本地人不常食,多行于外省。京师人嗜此品,杂砂仁、豆蔻,贮荷包中,竟日细嚼。(卷七页十二至十三)

3. 药用的食法

明李时珍《本草纲目》引各医家药方说道：

《御药院方》说："痰涎为害。槟榔为末，白汤，每服一钱。"(卷三十一页十七)

《千金方》说："呕吐痰水。白槟榔一颗，烘热橘皮二钱半炙为末，水一盏，煎半盏，温服。"(同上)

《梅师方》说："醋心吐水。槟榔四两，橘皮一两为末，每服方寸匕，空心生密汤调下。"(同上)

《宣明方》说："伤寒痞满。阴病下早成痞，按之虚软而不痛，槟榔枳实等分为末，每服二钱，黄连煎汤下。"(同上)

庞安时《伤寒论》："伤寒结胸。已经汗下后者，槟榔二两，酒二盏，煎一盏，分二服。又说，蚘厥腹痛，方同上。"(同上)

《直指》说："心脾作痛。鸡心槟榔，高良姜各一钱半，陈米百粒，同以水煎服之。"(同上)

《海药本草》说："膀胱诸气。槟榔十二枚，一生一熟为末。酒煎服之。良。此太医秦鸣鹤方也。"(同上)

《斗门方》说："本脏气痛。鸡心槟榔以小便磨半个服，或用热酒调末一钱服之。"(同上)

《斗门方》又说："腰重作痛。槟榔为末，酒服一钱。"(同上)

《梅师脚气论》说："脚气壅痛。以沙牛尿一盏磨槟榔一枚，空心暖服。"(同上)

《广利》说："脚气冲心。闷乱不识人，用白槟榔十二枚为末，分二服，空心暖小便五合调下，日二服，或入姜汁温酒同服。"(同上)

《外台秘要》说："脚气胀满。非冷非热，或老人弱人病

此，用槟榔仁为末，以槟榔壳煎汁，或茶饮苏汤，或豉汁调服，二钱甚利。”(同上)

《圣济总录》说：“干霍乱病。心腹胀痛，不吐不利，烦闷欲死，用槟榔末五钱，童子小便半盏，水一盏煎服。”(同上)

《普济方》说：“大肠湿闷。肠胃有湿，大便秘塞，大槟榔一枚，麦门冬煎汤磨汁温服，或以蜜汤调末二钱服亦可。”(同上页十七至十八)

《普济方》又说：“大小便秘。槟榔为末，蜜汤调服二钱，或以童子小便葱白同煎，服之亦良。”(同上页十八)

《十便良方》说：“小便淋痛。面煨槟榔、赤芍药各半两为末，每服三钱，入灯心木煎，空心服，日二服。”(同上)

《千金方》说：“血淋作痛。槟榔一枚，以麦门冬煎汤，细磨浓汁一盏。顿热，空心服，日二服。”(同上)

《千金方》又说：“虫痔里急。槟榔为末，每日空心以白汤调服二钱。”(同上)

《千金方》又说：“寸白虫病。槟榔二七枚为末，先以水二升半煮槟榔皮，取一升空心调末，方寸匕，服之经日，虫尽出，未尽，再服，以尽为度。”(同上)

《圣惠方》说：“诸虫在脏。久不瘥者，槟榔半两，炮为末，每服二钱，以葱蜜煎汤调服一钱。”(同上)

《圣惠方》又说：“金疮恶心。白槟榔四两，橘皮一两为末，每空心，生蜜汤，服二钱。”(同上)

《圣惠方》又说：“小儿头疮。水磨槟榔洒，取粉和生油涂之。”(同上)

《本事方》说：“丹从脐起。槟榔末醋调傅之。”(同上)

又说：“口吻生疮。槟榔烧研入轻粉末，傅之良。”(同

上)

《鲍氏方》说:"聤耳出脓。槟榔末吹之。"(同上)

《直指》说:"漏疮恶秽。大腹皮煎汤洗之。"(卷三十一页十九)

《圣济总录》说:"乌癞风疮。大腹子生者或干者连全皮勿伤动,以酒一升浸之,慢火熬干为末,腊猪脂和傅。"(同上)

刘若金《本草述》引各书说道:

卢复说:"无枝直上,此从甲而乙,从乙而丙,生长炎方,色白味涩,谓有金气,杂之西南偏隅故也。故其气前往,有大迁之象焉。又云,气迅机速,四气咸宜,然于脾土最为亲切。"(卷之十八页七)

希雍说:"槟榔,本经不载,见于别录,其主治消谷逐水除痰癖杀虫,兹物得天之阳气,地之金味,故味辛气温,无毒。洁古言:'苦以其感盛夏之火气耳。气薄味厚,阳中微阴降也。入手足阳明经二经病,则水谷不能以时消化,羁留而成痰癖。或湿热停久则变生诸虫。此药辛,能散结破滞;苦能下泄杀虫,故主如上诸证也。'

草果、枳实、橘皮,治食疟,加三棱、蓬茂、砜红、红曲、山查、麦蘖,消一切坚硬肉食,及诸米面,生冷,食积成块作痛。

黄连、藊豆、莲肉、橘红、白芍药、红曲、乌梅、葛根、枳壳,治滞下后重。

雷丸、使君子、白芜荑、芦荟、肉豆蔻、胡黄连,治小儿疳蚘。

楝根、鹤虱、锡灰、薏苡根、贯众、乌梅,治一切寸白虫。

苍术、草果、青皮、甘草,治山岚瘴气发疟。"(卷之十八页七至八)

嘉谟说:“大腹皮治下膈气亦佳,消浮肿尤捷。又云,攻心肠,大肠壅毒。”

类明说:“大腹皮,丹溪常用之以治肺气喘促,及水肿,药中又多用之,盖亦取其泄肺以杀水之源也。”

希雍说:“大腹皮与槟榔所主治大略相同,第腹皮下气,稍迟入足阳明太阴经。

白术、茯苓、车前子、木瓜、桑白皮、五加皮、猪苓、泽泻、薏苡仁、蠡鱼,治水肿有效,虚者加人参。”(卷之十八页十一)

《本草述》说:

槟榔白者味辛,多散气,赤者味苦涩,杀虫。生时甚大易烂,用灰汁煮熟焙干,始堪停久。尖长有紫纹者,名槟,力小。圆而矮者名榔,力大。今不复分,但取鸡心正稳,中实如锦文者佳。刀刮去底,细切。急治,生用,经火则无力。缓治,略炒或醋煮过。(卷之十八页十)

刘若金《本草述》说:

愚按:槟榔泻气,世谓其视枳实青皮尤甚,第枳实味苦兼酸,亦有辛,固与槟榔之辛温者不同。至于青皮,本与之同一辛温也,何以兹种泻气更甚乎?盖槟榔入口便涩,次苦,又次辛,最后微微有甘,虽涩不敌苦,而苦者又不敌辛,是物以涩始之,辛终之,是全乎金者也,固禀降令之厚矣。然木产于南土,而实熟于仲夏,则金之用全。盖五脏以胜己者为主,经言甚明也。夫厚禀降令,更乘乎火土之用,固宜专于气分以下行矣。虽然,火为金用者,在他药亦不少,何以兹味之下行极也?曰:槟榔木亭亭直上,旁无枝柯,此降气至极者,即经所谓上行极而下也,是唯兹物独擅耳。若夫升者降之本,万物莫不皆然矣,抑金为气之主,火为气之灵,虽曰:以胜己者为主,而金之本乃在火,所谓有升而后有降

(火升金降),气化固如斯也。故用兹味,如泄痢之后重,小便之淋痛,下而不达,如奔豚之逆行,脚气之冲心,上而不下,他如水谷之不消化,痰癖之为久稽,心痛之积聚,隔气之壅滞,二便之为气秘,诸虫之为粉聚,必审其病于升者大过,降者不及,则用兹味之金以和火可也。倘病于升之不及,降之大过,又须益火以培金之元,借金以全火之用,乃为巧心,盖此固虚实之分,未可紊也。(所云补火,即阳者其精奉于上,不外于补中土,益中气,所谓借金以全火之用,即借槟榔辈于补中行其壅滞也。)然卢复谓其于脾土最切,希雍定其所入在手足阴阳二经,亦以为气化之本,更金气之所司也。盖肺与大肠属金,胃土本金气之升降以为施化,所以亦曰阳明燥金耳。良工致慎于此,勿为厉阶可也。(卷之十八页八至九)

刘若金又说:

愚按:刘恂《岭表录异》云:"交广生者,非舶上槟榔,皆大腹子也。彼中悉呼为槟榔,自嫩及老,采实啖之,以祛瘴。收其皮入药,皮外黑色,皮内皆筋丝,如椰子皮。"若然,则希雍所谓"大腹皮即槟榔皮者,固本此也"。槟榔子既得金味之厚,而其皮何独不然,但在实气味凝厚,而皮则轻扬,故其疏壅气之性同,而下坠迅速则不侔也,气虚弱者固不宜矣。然见治虚肿者,用大补气之味,而亦少入腹皮。又见有治痰火者,常以此味少少入健脾之剂,或皆取其能导壅顺气而不甚酷烈乎,用者审之。(卷之十八页十一)

刘若金又说:

愚按:此味经火则无力,是为得金味之厚者更的矣。(卷之十八页十)

媛案:槟榔的性质,大率都是承认"苦辛温涩,无毒"(《本草纲目》)。至普通的食法,或干制,或盐渍,而最普通的就是以蒌叶及蚬灰(或石灰)并食。在晋前已是如此。在广州又有加丁香、桂花、三赖子。其次则椰子夹槟榔的一种食法,现在尚通行。屈大均《广东新语》已有说及。又说,海南有"槟榔为酒,桄榔为饭"之语。(卷二十五页二十四)可见海南食槟榔一种习惯,在清初尚是利害的。至于药品上槟榔的应用,尚待新医术上的化分与实验,或亦足资参考的呵?

五、婚丧礼上所用的槟榔

宋祁《唐书》说:"盘盘东南有哥罗。……凡嫁娶纳槟榔为礼,多至二百盘。"(卷二百二十二下)

明屈大均《广东新语》说:

> 粤人最重槟榔,以为礼果,款客必先擎进。聘妇者,施金染绛,以充筐实。女子既受槟榔,则终身弗贰。而琼俗嫁娶,尤以槟榔之多寡为辞。(卷二十五页二十三)

《广州府志》说:

> 婚礼用槟榔、扶留叶、椰子、芝麻、枣、粟之属,以当委禽。其义各有所取,而尤以槟榔为重。(卷十五页二,《顺德县志》《佛山忠义乡志》皆同)

又说道:"新安婚姻,必以槟榔、蒌叶、茶果之属,曰过礼。"(卷十六页二十八)

《番禺县志》说:

> 聘用槟榔,扶留叶、椰子之属,以当委禽。(卷六页五)

《东莞县志》说:

> 聘用槟榔茶果之属,曰过礼。(卷九页四)

《增城县志》说:

> 其贫者,或只具茗、酒,及槟榔,为聘。(卷之一页四十四)

《花县志》说:

> 婚聘用槟榔、椰子、茶、果。(卷之一页三十一)

《惠州府志》说：

婚礼俗用槟榔为聘，以多为贵。（卷四十五页六，《归善县志》同）

《肇庆府志》说：

婚礼用槟榔当委禽。（卷三页二十九）

《茂名县志》说：

婚之六礼，并而为四。虽物仪色备，而必用槟榔，多者以万计。（卷一页六十八）

《信宜县志》说：

婚礼，聘，娶，皆用槟榔，多至盈万。又以二大锡盒，择榔之大小均者，饰顶间，蒟团装如搶，高二尺许，谓之双橐。（卷一页二）

《琼州府志》说：

婚礼，媒妁通问之初，洁其槟榔，富者，盛以银盒，至女家，非许亲不开盒。但于盒中手拈一枚，即为定礼。凡女子受聘者，谓之吃某氏槟榔。此俗延及闽广。（卷三页十二）

《文昌县志》说：

婚嫁择门第，定婚自少时，谓之送槟榔。以纳聘兼用槟榔为礼也。（卷一页五十一）

《澄迈县志》说：

两家各用婚书，槟榔动以千万计。（卷之一页四十一）

《鹤山县志》说：

昏礼，以槟榔、椰子、古劳茶为首重之物。（卷之二页一）

《新宁州志》说：

婚礼不重财，礼用槟榔、猪、酒，遍分亲族。（卷二页二）

《平乐县志》说："婚礼以槟榔为定。"（卷一页四十八）

《八闽通志》引《图经》说：

里闾朋友，吉凶庆吊，皆以槟榔为礼。（见《福建通志》卷五十六页二引）

《福建通志》说：

及笄，送聘礼书一函，收一，回一。礼榔双座，以银为槟榔形，每座四圆，上镌“二姓合婚”“百年偕老”八字，收“二姓合婚”一座，回“百年偕老”一座。贫家则用干槟榔，以银薄饰之。（卷五十八页十三）

《云南通志》说：

丧礼旧俗尚奢，凡吊客皆宴待，且有酬赠。致缺费而停丧不举者。今易以槟榔、清茶，便甚。（卷三十页八）

《镇安府志》说：

婚嫁……行聘用槟榔、盐茶、米花、油团、猪、鸡等。（卷八页二十三）

《富川县志》说：

婚，自幼女父母，以片纸书庚帖为定。问名用槟榔，纳采，纳征，尚糍食。（卷二页二）

《石城县志》说：

行聘，用槟榔、饼饵等物，以当委禽。（卷二页三十四）

《海槎余录》说：

每亲朋会合，互相擎送以为礼。至于议姻，不用年帖，只送槟榔而已。久之，多以家事消长之故，改易告争，官司难于断理，以无凭执耳。愚民不足论，士大夫亦多有溺是俗者。（见《植物名实图考》卷之三十二页六十一引）

《九真蛮僚》记说：

九真欲婚，先以槟榔子一函诣女，女食，与男婚。（见《渊鉴类函·药部》页四引）

媛案：滇闽广各属聘礼，多以槟榔为主。间有以槟榔的多少为许婚问题的标准,可见槟榔在婚礼上势力的伟大。它的势力为什么能够这样伟大呢?大约盲婚时代,一切听之“父母之命,媒妁之言”。子女的意见是可以不顾的,而槟榔为两家往来的信物,故此槟榔较诸一切都为重要了。宋以前,岭外人们均有吃槟榔的习惯。婚嫁期间,亲朋聚会,女家讨来的槟榔如果较多,一则可以炫耀男家的阔绰,于体面上就觉得很风光。一则也可款待宾客。然而此习相沿至今,后人不察,只根据旧习,不知根据社会兴革情形变通,故此数千年来,婚礼上所用的槟榔不能全数取消。现在新式结婚的人,多数已将旧习打破,我想再过若干年,国民政府的婚丧礼制度实行了,即槟榔在婚丧礼上的寿终正寝之时了!

六、槟榔的功用

(1)礼仪上的功用

晋嵇含《南方草木状》说:

……彼人以为贵,婚族,客必先进,若邂逅不设,用相嫌恨。一名宾门药饯。(卷下页一,《汉魏丛书》本,又《植物名实图考》亦引及)

宋祁《唐书》说:

真腊一曰“吉蔑,本扶南属国,户皆东向,坐上东客至,屑槟榔、龙脑、香蛤以进”。(卷二百廿二下)

明屈大均《广东新语》说:

有斗者,甲献槟榔,则乙怒立解。至持以享鬼神,则陈于二伏波将军之前以为敬。……(卷二十五页二十三)

《海槎余录》说:

……每亲朋会合,互相擎以为礼。(见《植物名实图考》卷之三十二页六十一引)

《福建通志》引各书说:

《雍正通志》《台海见闻录》说：

闾里诟谇，辄易构讼，亲到其家送槟榔数口，即可消怨释忿。

张巡方湄诗说：

眦睚少忿久难忘，牙角频争雀鼠伤。一抹腮红还旧好，解纷惟有送槟榔。

盖全台土俗皆以槟榔为礼。（卷五十八页十二）

《广东通志》说：

七月十四祭先厉，为盂兰会，相饷龙眼、槟榔，曰结圆。（卷九十二页二十五）

《广东通志》又说：

尤重槟榔，以为礼果。……（卷九十三页九）

《淡水厅志》说：

遇庆吊事，例相分馈……槟榔最甚。每诣，人多献之，为敬。遇小诟谇，一盘呼来，彼此释憾矣。（卷十一页四）

《番禺县志》说：

粤人相见，即荐槟榔，邀人小坐，辄云：吃口槟榔。（卷六页九）

《琼州府志》说：

亲朋来往，非槟榔不为礼。（卷三页十二）

《文昌县志》说：

凡会亲，非槟榔不行。客至，茶罢，进以槟榔。（卷二页二）

《澄迈县志》说：

礼尚槟榔，宾友往来，执以相见。（卷之一页四十一）

《会同县志》说：

寻常相过，先荐槟榔，主宾以此成礼。（卷之二页八）

《瀛崖胜览》说:

瓜哇国人,槟榔不离口,寘饭于盘,酥浇之餐,则嗽去槟屑,向盘掬而食。食既,饮水。待宾以槟榔。

(2)治病的功用

明李时珍《本草纲目》引各书说道:

元素说:

槟榔味厚,气轻沉,而降阴中阳也。苦以破滞,辛以散邪,泄空中至高之气,使之下行,性如铁石之沉重,能坠诸药至于下极,故治诸气后重如神也。(卷三十一页十六)

《别录》说:

消谷,逐水,除痰澼,杀三虫,伏尸寸白。(同上)

苏恭说:

治腹胀,生捣末服,利水谷道,傅生肌肉,止痛,烧灰傅口吻白疮。(同上)

甄权说:

除一切风,下一切气,通关节,利九窍,补五劳七伤,从脾调中,除烦,破症结。(同上)

李珣说:

主贲豚膀胱诸气,五膈气,风冷气,脚气,宿食不消。(同上)

好古说:"治冲脉有病,气逆里急。"(同上)

开宝说:

大腹子治冷热气攻心腹,大肠蛊毒,痰膈醋心。并以姜盐同煎,入疏气药,用之良。(同上页十九)

大明说:

大腹子下一切气,止霍乱,通大小肠,健脾,开胃调下。(同上)

汪机说：

马槟榔，产难，临时细嚼二枚，井华水送下，须臾立产。再以四枚去壳，两手各握二枚，恶水自下也。（同上页二十九）

李时珍《本草纲目》说：

治泻痢后重心腹诸痛，大小便，气秘，痰气喘急，疗诸疟御瘴疠。（卷三十一页十六）

又说道：

大腹子降逆气，消肌肤中水气，浮肿，脚气，壅逆，瘴疟，痞满，胎气恶阻，胀闷。（同上页十九）

又说道：

伤寒热病，食马槟榔数枚，冷水下。又治恶疮肿毒，内食一枚，冷水下。外嚼涂之，即无所伤。（同上页三十）

(3)祛瘴疠与御饥渴

宋罗大经《鹤林玉露》说：

岭南人以槟榔代茶，且谓可以御瘴。余始至不能食，久之，亦能稍稍，居岁余，则不可一日无此君矣。故尝谓槟榔之功有四：一曰醒能使之醉，二曰醉能使之醒，三曰饥能使之饱，四曰饱能使之饥。尝举似于西堂先生。范旂叟曰："子可谓槟榔举主矣。然子知其功，未知其德，槟榔赋性疏通而泄气，禀味严而有余甘，有是德，故有是功也。"

明屈大均《广东新语》说：

在寒而暖，方醉而醒，既红潮而晕颊，亦香汗而微滋，真可以洗炎天之烟瘴，除远道之渴饥。虽有朱樱紫梨，皆无以尚之矣。（卷二十五页二十二至二十三）

《福建通志》说：

夏日则赤日炎蒸，无高山越荫，暑气袭人，与瘴疠相似，土人多嚼槟榔解之。（卷五十页二十一）

《淡水厅志》说：

嗜者齿尽黑，谓可辟瘴。(卷十一页四)

《酉阳杂俎》说：

槟榔枝苗，可以忘忧。

(4)槟榔酒及器皿

宋祁《唐书》说：

环王本林邑也。其地冬温，多雾雨……稻岁再熟，取槟榔沉为酒，椰叶为席。(卷二百二十二下)

《广东新语》说：

南人有槟榔为酒，桄榔为饭。(卷二十五页二十四)

《植物名实图考》说：

可绩为布，亦可为席。(卷之三十二页五十九)

李调元《粤东笔记》说：

志云："清浆升许，微酒气，名曰椰酒。"《虞衡志》云椰酒新者极芳。(卷十三页一)

又说道：

按：槟榔子蒂可作念珠，皮可为器皿。(同上)

媛案：槟榔在宋以前，为应酬上一种普通的礼节。至若诟谇和斗争的时候，将它敬上，即可排难解纷，那么槟榔在那时的势力可见了！可是它的肉可食，皮及蒂又可为器皿。槟榔的功用，真算不少呵！《鹤林玉露》说："醒能使之醉，醉能使之醒。"这样看来，它的性质或者含有麻醉和兴奋性？它在医药上的功用如何？多食是宜不宜呢？还要请教于医药的专家了。

七、多食槟榔之害

宋周去非《岭外代答》说：

尝与一医论其故，曰：槟榔能降气，亦能耗气，肺为气府，居膈上为华盖，以掩腹中之秽，久食槟榔则肺缩不能掩，

故秽气升闻于辅颊之间，常欲啖槟榔以降气，实无益于瘴。彼病瘴纷然，非不食槟榔也。（卷六页十六，《知不足斋丛书》本）
吴兴章杰《瘴说》说道：

岭表之俗，多食槟榔，日至十数。夫瘴疠之作，而因饮食过度，气痞积结，而槟榔最能下气消食去痰，故人狃于近利而暗于远患也。夫峤南地热，四时出汗，人多黄瘠，食之则脏器疏泄，一旦病瘴不敢发散攻下，岂尽气候所致。槟榔盖亦为患，殆未思尔。（《本草纲目》卷三十一页十六至十七引）
东阳卢和说：

闽广人常服槟榔，云能祛瘴，有瘴服之可也。无瘴服之，能不损正气，而有开门延寇之祸乎。南人喜食此果，故备考诸说以见其功过焉。（见同上页十七引）
朱晦庵《槟榔诗》说：

忆昔南游日，初尝面发红。药囊之有用，茗碗讵能同。蠲疾收殊效，修真录异功。三彭如不避，糜烂七非中。亦与其治疾杀虫之功，而不满其代茶之俗也。（见同上引）
诜曰：

多食亦发热。（见同上页十六引）
汪机说：

……欲断产者，常嚼二枚，水下，久则子宫冷，自不孕矣。（卷三十一页三十）
黄瑜《双槐岁抄》说：

南人凡病皆谓之瘴，率不服药，惟事祭鬼，设犯伤寒阴阳一症，岂有坐视而不药耶。且南方之人，往往多汗，上盈下虚，用药者忘发汗吐下，其祸可立而待也。瘴疠之作，率因饮食过度，气痞痰结，槟榔能下气消食化痰，故岭海之人多食之，此可类北人之食酥酪，北方地寒食酥酪故肤理紧密，一旦病疫当汗则闭塞，而汗不得出，所以病多难治。岭南地热，食槟榔故脏气疏泄，然一旦病瘴，当下则虚羸而本不能堪，所以土人多体瘠面黄，盖槟榔为患，习而不觉耳。(见《广东通志》卷九十二页三至四引)

《淡水厅志》说：

……以符灰杂于烟茗槟榔间，食之，罔迷弗觉，颠倒至死。……(卷十一页九)

以上是说多食槟榔的害，从前的人猜想是如此。最奇怪的，汪机说："欲断产者，常嚼二枚……久则子宫冷，自不孕矣。"这真是很奇怪不过的说话了。

八、关于槟榔的杂记

(1)古书上关于槟榔的记载

《三辅黄图》说：

扶荔宫在上林苑中，汉武帝元鼎六年，破南越，起扶荔宫，以植所得奇草异木，龙眼、荔枝、槟榔、橄榄、千岁子、甘橘，皆百余本。

《风俗记》说：

王高丽，年十四五时，四月八日，在彭城佛寺中，谢混见而以槟榔赠之，执王手谓曰：王郎，谢叔源可与周旋否？

唐李延寿《南史》说：

刘穆之少时家贫，诞节，嗜酒食，不修拘检，好往妻兄家乞食，多见辱不以为耻。其妻江嗣女，甚明识，每禁不令往。江氏后有庆会，属令勿来，穆之犹往，食毕，求槟榔。江氏兄弟戏之曰：槟榔消食，君乃常饥，何忽须此？妻复截发市殽馔为其兄弟以饷穆之，自此不对穆之梳沐。及穆之为丹阳尹，将召妻兄弟，妻泣而稽颡以致谢。穆之曰：本不匿怨，无所致忧。及至醉，穆之乃令厨人以金柈贮槟榔一斛以进之。

(卷十五页二)

又说道:

任昉父遥,本性重槟榔,以为常饵,临终常求之,剖面许口不得好者。昉亦所嗜好,深以为恨,遂终身不尝槟榔。(卷五十九页三)

乘舆,扇,伞。朔望时节,席地香火、盘水、酒、脯、干饭、槟榔,便足。

《金楼子》说:

寄槟榔与家人者,显为合字,盖人一口也。

唐邱悦《三国典略》说:

齐命通直散骑常侍辛德源,聘于陈,陈遣主客蔡凝宴酬,因谈谑手弄槟榔,乃曰:"顷闻北间有人为啖槟获罪?人间遂禁此物,果否?"德源答曰:此是天保初王尚书罪状词耳。犹如李固被责,云"胡粉饰貌,搔头弄姿",不闻汉世顿禁胡粉。

齐高帝《诸子传》说:

豫章文献王嶷,临终召子子廉、子恪曰:吾亡后三日,施灵帷香火、盘水、干饭、酒、脯、槟榔而已,朔望菜食一盘,加以甘果,此外悉省;葬后除灵,可施吾常所。

《宋类苑》说:

程思孟知番禺,凡左右侍史啖槟榔者,悉杖之。或问其故。曰:恶其唇如漱血耳。(《天中记》引同)

《广东新语》说:

广人喜食槟榔,富者以金银,贫者以锡为小合,雕嵌人物花卉,务极精丽,中分二隔,上贮灰脐蒌须槟榔,下贮蒌叶。食时,先取槟榔,次蒌须,次蒌叶,次灰,凡四物,各有其序。蒌须或用或不用,然必以灰为主。有灰而槟榔蒌叶乃回甘,灰之于槟榔蒌叶,犹甘草之于百药也。灰有石灰蚬灰,以乌爹泥制之作汁益红,灰脐状如脐,有盖,以小为贵。在合与在包,为二物之司命,包以龙须草织成,大小相函,广三寸许,四物悉贮其中,随身不离,是曰槟榔包。以富川所织者为贵,金渡村织者次之,其草有精粗故也。合用于居,包用于行。(卷十六页二十五)

《两般秋雨庵随笔》说:

按梁陆倕谢安成王赐槟榔一千口。见《北户录》。则口之称其来以久,其食也满口咀嚼,吐汁鲜红。……

又渔洋山人《调程给事诗》云:"趋朝间夜未渠央,听鼓应官有底忙。行到前门门未启,轿中端坐吃槟榔。"读之失笑。然程系南海人,固不足怪,今之士大夫往往耽之。余三滞京师,两游岭海,酒酣以往,手奉难辞,间一效颦,则蹙额攒眉,苦涩难忍。而甘之如饴者,其别有肺肠耶。(卷七页十二至十三)

《广东通志》说:

广州数槟榔曰几口。……亦曰几子。陈少主尝敕施僧智𫖮槟榔二千子是也。(卷十五页六)

(2)诗文上的颂美

梁王僧孺谢赐干佗利所献槟榔启说:

窃以交轨一覃,充仞斯及。入侍请事朔,航海梯山。献琛奉贡充庖盈府。故其取题在赋,多述俞书。萍实非甘,荔花惭美。

梁庾肩吾谢赉槟榔启说:

形均绿竹,讵扫山坛,色譬青桐,不生空井。事逾紫柰,用兼芳菊,方为口实,永以蠲疴。

又谢东宫赉槟榔启说:

无劳朱实，兼荔枝之五滋，能发红颜，类芙蓉之十酒；登玉案而上陈，出珠盘而下逮，泽深温柰，恩均舍枣。

梁刘孝绰咏有人乞牛舌乳不付，因饷槟榔，诗说：

陈乳何能贵，烂舌不成珍。空持渝浩齿，非但污丹唇。别有无枝实，曾要湛上人。差比朱樱熟，讵易紫梨津。莫言蒂中久，当看心里新。微芳虽不足，含咀愿相亲。

周庾信《咏槟榔诗》说：

绿房千子熟，紫穗百花开。莫言行万里，曾经相识来。

宋苏轼《槟榔诗》说：

月照无枝林，夜栋立万础。眇眇云间扇，荫此九月暑。上有垂房子，下绕绛刺御。风欺紫凤卵，雨暗苍龙乳。裂包一堕地，还以皮自煮。吸津得微甘，著齿随亦苦。面目大严冷，滋味绝媚妩。瘴风作坚颜，导利时有补。

又说：红潮登颊醉槟榔。

黄庭坚《几道复觅槟榔诗》说：

蛮烟雨里红千树，逐水排痰肘后方。莫笑忍饥穷县令，烦君一斛寄槟榔。

李纲《槟榔诗》说：

疏林沧海上，结实已累累。烟湿赪虬卵，风摇翠羽旗。飞翔金鹭鸶，掩映箨龙儿。护落哈椰子，匀圆讶荔枝。当茶销瘴速，如酒醉人迟。蒌叶偏相称，蛎灰亦漫为。乍餐颜愧渥，频嚼齿愁疲。饮啄随风土，端忧化岛黎。

朱熹《槟榔五绝卒章戏简及之主簿》诗说：

暮年药里关身切，此外翛然百不贪。薏苡载来缘下气，槟榔收得为祛痰。

锦文缕切劝加餐，蜃炭扶留共一盘。食罢有时求不得，英雄邂逅亦饥寒。

向来试吏著南冠，马甲蚝山得饫餐。却藉芳辛来解秽，鸡心磊落看堆盘。

个中有味要君参，螫吻春喉久不甘。珍重人心亦如此，莫将寒苦换春酣。

高士沉迷簿领书，有时红糁缀元须。定知不著金盘贮，儿女心情本自无。

明刘基《初食槟榔诗》说：

槟榔红白文，包以青扶留。驿吏劝我食，可已瘴疠忧。初惊刺生颊，渐若戟在喉。纷纷花满眼，岑岑晕蒙头。将疑误腊毒，复想致无由。稍稍热上面，轻汗如珠流。清凉彻肺腑，粗秽无织留。信知殷王语，瞑眩疾乃瘳。三复增咏叹，书之遗朋俦。

明黎遂球《槟榔赋》说：

槟榔生于海外，予粤人，喜杂蒌叶、蚬灰嚼之。婚姻之约以表结言。客粤者每不谙食，且资嘲笑。然考食槟榔，不惟予粤人也。晋刘穆之微时，尝造妻家，已食毕，求槟榔。妻兄弟曰：君尝苦饥，何用此物。及任丹阳尹，召妻兄弟，以金盘贮槟榔一斛赠之。然则往故吴俗所贵何以云然。予读书之暇，作赋争之。

美嘉实之贞烈，含文采于炎方，干亭亭而直上，枝扶举而疏张，涉南海以流望，见团盖之彷徉。摘鲛人之明珠，犹什袭而锦装。牵异卉而荐叶朋，翡翠于越裳。准削瓜以成瓣，或如钱而掷筐。疑獭髓与玉屑，并资嚼而得浆。拟漱石而蛎齿，胜含脂以为容。于是集良耦，邀上宾，进鲤尾，献猩唇，调甘选脆，嘉澹雪醇。龙华代烛，鸡人迟更，羽觞倦而既醉，德味饱乎大烹。却易牙而不顾，视杜康以逡巡。并牵裾与捧袂，见微诚于华巾。结方胜以象物，翅则蝶而首蜯，香俨含乎鸡舌，液半饮而霞蒸。酌腑脏之损益，导元气以降升。是以靡俗不珍，无时不宜。托吉士以为友，比白茅而包之。指标梅以兴感，伫斯焉之相遗。陈瓜果以穿针，悬艾虎而续丝。匪一端以调笑，即怀袖以寄怡。在凝寒而拥背，或立月而露滋。忽温霭而如醺，惟丹丸之馥颐。彼啮唇与喽舌，乐并枕于低帷。畅同心之兰言，相吞吐而气佳。笑贞士之苦节，采松实而缘阿。分藜藿之我安，适晚食而婆娑。咏素餐以不怍，歌无酒而可酡。从乐饥于衡门，亦回味以旨多。况鼎养之罗列，侑退食而委蛇。

明吴宽诗说：

有树吾不识，人云马槟榔？槟榔产南海，结实因瘴乡。平生冒其名，岂亦如丁香。白花细而密，实甘翻可尝。其叶与麻同，沃若泽且光。麻马音或讹，欲问郭驼亡。

赵有成《瑶僮竹枝词》说：

花簪高髻饰银珰，百折腰裙刺绣装。方领布衫长及腹，一双赤足吃槟榔。

彭孙遹《岭南竹枝词》说：

妾家溪口小回塘，茅屋藤扉蛎粉墙。记取榕阴最深处，闲时来坐吃槟榔。

徐振《珠江竹枝词》说：

官纱帐暖水沉香，并坐蛮姬赢钿床。侬最爱渠织指甲，亲将蒌叶裹槟榔。（同上页五）

范学经《琼州竹枝词》说：

金盘饷客味清芳，好共扶留仔细尝。满颊红潮增妩媚，谁知侬是醉槟榔。（同上页二十三）

(3)关于槟榔的歌谣及谜语

广州儿歌说：

月光光,照地塘;年卅晚,摘槟榔;槟榔香,摘子姜;子姜辣,买葡突(注一);葡突苦,买猪肚;猪肚肥,买牛皮;牛皮薄,买菱角;菱角尖,买马鞭;马鞭长,起屋梁;屋梁高,买把刀;刀切菜,买箩盖;箩盖圆,买只船;船漏底,沉死两个番鬼仔:一个蒲头(注二),一个沉底,一个匿埋(注三)门扇底,恶恶(注四)食孖(注五)油炸鬼。(注六)

注:

一"蒲突"即苦瓜。

二"蒲"与"浮"同。

三"埋"即入。

四"恶恶"嚼硬物声。

五"孖"即对。

六"油炸鬼"即油条。

广州谜语说:

(一)我在深山深又深,蛇唔(注一)拖,虎唔吞,人娶老婆连累我,连累骨肉上刀斩。

揭穿:槟榔。

注一"唔"即不。

髫髻(注一)大姐嫁苏州,俾人提倒(注二)剃光头,千刀万斩唔流血,入到牙(注三)门血就流。

揭穿:槟榔。

注一"髫髻",即未嫁姑娘。

注二"倒"与到通。

注三"牙"与衙相关。

九、结论

由上可知槟榔的名称及产地,在汉代已见著录,《三辅黄图》说:"汉武帝元鼎六年,破南越,起扶荔宫,以植所得奇草异木,龙眼、荔枝、槟榔、橄榄、千岁子、甘橘,皆百余本。"可证槟榔入中国是始于汉武帝破南越时。《汉书·西南夷两粤传》说:"南越已平,以其地为儋耳、珠崖、南海、苍梧、合浦、交阯、九真、日南九郡。"九郡既为中国地方,当然槟榔的输入各地更方便了。俞益期与韩康伯笺说:"性不奈寒,不得北植,必当遐立海南。"可见汉时中原人已有嗜之而欲移植之者,这是第一个时期。

据《南方草木状》所说的,是"林邑、交趾、武平、九真(案:以上各地在汉置为郡,即今越南地)、兴古(即今云南东川)"俱产槟榔,可见晋时槟榔的出产地。然而不提南海及珠崖,则广州及海南是否这时已有槟榔的出产,未能定实。然而那时槟榔已在南方极为通行。《南方草木状》又说:槟榔"味苦涩……以扶留藤、古贲灰并食则滑美,下气,消谷。"这种食法现在仍通用的,而在晋时已早通行。又在医药上能从经验发明其下气、消谷的功用。又说:"彼人以为贵,婚族,客必先进,若邂逅不设,用相嫌恨。"可见南方的槟榔为应酬及婚礼上的必须品,早已在晋前显著的见于记录了。这是第二个时期。

南北朝时关于槟榔的种类研究,比晋时更进一步,已能将槟榔的种类略为分别,如陶弘景说:"此有三四种,出交州者形小而味甘,广州以南者形小而味涩。"则那时广东已有槟榔出产,但不及安南的佳。《南史》说,刘穆之少时家贫,在江氏家庆会,"食毕,求槟榔"。可见南北朝时人已有喜嗜好槟榔的。或饭后食槟榔为交广人的习惯,渍染至中原人士,而贵流子弟已仿效成风。习惯相沿,至今则各地酒楼茶馆上,饭毕,多有奉槟榔一碟为敬,其来源盖远。《南史》又说,任昉父遥,本性重槟榔,临终求之不得好者,"昉亦所嗜好,深以为恨,遂终身不尝槟榔"。案:任昉是乐安人,在当时济南、青州交界的区域,又可证明此时北方人亦有嗜好槟榔的。南北朝时书启及诗章颂美槟榔的不少,而齐高帝子嶷临终时嘱诸子朔望以槟榔为祭物,又可见那时人士对于槟榔的嗜好之深了！这是第三个时期。

唐刘恂《岭表录异》说:“安南自幼及老,采槟榔实啖之,自云:交州地湿,不食此无以祛其瘴疠。广州亦啖槟榔,然不甚于安南也。”看此,则槟榔可以御瘴疠的传说,又是由安南传入中国的无疑。又可见那时广州啖槟榔的习惯,不象安南人的利害。

至宋周去非《岭外代答》说的:“自福建下四川与广东西路皆食槟榔者,客至不设茶,唯以槟榔为礼。”又说,广州不论“贫富长幼男女,自朝至暮宁不食饭,唯嗜槟榔”。又引民间语“路上行人口似羊”。可证广州食槟榔的入,这时差不多要与现在的安南相等。《岭外代答》又说:“海商贩之,琼管收其征,岁计居什之五;广州税务收槟榔税,岁数万缗。”可见此时广州人食槟榔的利害,而琼州槟榔的出产特多了。这是第四个时期。

至明代食槟榔的习惯虽不甚盛行,而琼广一带出产的槟榔是最丰富的。如《广东新语》说:“岁售于东西两粤者十之三,于交趾、扶南十之七。”可见那时出产特多,为输出品一大宗,而且输出交趾、扶南的较两粤多一倍,则那时广州食槟榔的数量必已减少？大约宋南渡后,中原人士迁入广东的日多,他们本来是不惯食槟榔的,因土人的习惯未便相违,久而久之,槟榔在礼节上的名目尚存,而食槟榔的习惯实渐失丢了。

清代以来,如《广东通志》《琼州府志》《福建通志》《云南通志》等,对于用槟榔作礼物的遗俗尚有记载。这是第五个时期。

继此以往,用槟榔作礼物的遗俗,将仍旧名存实亡的留存？抑或尚要经若干年始才完全的失却呢？不是我所知道的了！下附槟榔事表,槟榔的产地及输入地域图,如下:

槟榔事表		
时代及人物	事迹	著录的书
汉武帝	元鼎六年，破南越得槟榔若干本，移随于长安扶荔宫	《三辅黄图》
汉俞益期	与韩康伯笺说槟榔	《齐民要术》
晋左思	《吴都赋》中说及槟榔	《文选》
晋嵇含	说槟榔的产地：林邑、交趾、武平、九真、兴古	《南方草木状》
宋刘穆之	饭后索槟榔	《南史》
齐萧嶷	临终嘱诸子朔望祭用槟榔	《南史》
梁任昉	因父终求槟榔不得好者，以后终身不食	《南史》
梁元帝	以寄槟榔与人为显——"合"字，盖人一口也	《金楼子》
后魏贾思勰	集各家说槟榔	《齐民要术》
北齐辛德源	说北方不禁槟榔	《三国典略》
梁庾肩吾及北周庾信	有谢赉槟榔启二通，及咏槟榔诗	《庾子山全集》
唐刘恂	说槟榔的形状	《岭表录异》
宋周去非	说广州人嗜槟榔的厉害，及琼广槟榔的税收	《岭外代答》
宋罗大经	说槟榔的功用	《鹤林玉露》
明屈大均	说槟榔的产地及其状况	《广东新语》

续表

槟榔事表		
明李时珍	集说槟榔的性质,及医药上的功用	《本草纲目》
明王象晋	说马槟榔	《群芳谱》
清吴其濬	集各家说槟榔的记录	《植物名实图考》
清梁绍壬	说京师人嗜此品,杂砂仁、豆蔻贮荷包中,竟日细嚼	《两般秋雨庵随笔》

〔《民俗周刊(槟榔专号)》1929 年第 43 期〕

东莞遗俗上所用的槟榔

1. 聘礼，以染红的槟榔若干，以乳金写上双喜，百子千孙，百年好合，五世其昌……等吉祥语，同茶果之属一齐送去女家，名曰过礼(即纳聘)。女家受了，除回答礼物外，最少须剩回一套(即写上吉祥语一句的名一套)给男家。

2. 结婚时，凡宾客至，无论长幼，新妇必起立奉槟榔。(干槟榔剪成片的)，又命大妗(大妗即随新妇的仆人)捧槟榔一盘(盘用锡制的)，往接亲戚及伴郎伴娘等。但那喜娘奉槟榔时，如见老人家，则说："食了槟榔曰老曰福，福子荫孙。……"青年男子，则说："食了槟榔勤书执笔，步步高升。……"女子，则说："食了槟榔聪明伶俐，绣花绣朵。……"少妇，则说："食了槟榔福夫旺子，添丁发财。……"小孩，则说："食了槟榔长命百岁。……"谒祖时，新妇陪拜后必跪奉槟榔。(礼节须尚槟榔，但没人吃的)

翌晨，新妇盛水及槟榔各一盘，手巾每人一条，递给亲戚，名曰捧水。

3. 担槟榔。婚后数日，女亲戚家，每家须馈槟榔一担(一担四盒至十二盒)，内载果饼之属，另一钻盒，盛糖果、烟、槟榔等物，送男家及他的亲戚，名曰担槟榔。

4. 酬槟榔。待新妇满月后,第一次归宁时,男家备槟榔一担馈女亲戚家酬谢,名曰酬槟榔。

5. 拜七仙。七月初六晚,以槟榔(裹以蒌叶)七口(一包曰一口),和花果之属,祀七仙,名曰乞巧。

6. 祀鬼神。迷信的人们,倘家里有人染了病,即往盲人和女巫处问休咎。如那盲人或女巫说:“病人因时运不好,偶然撞着了鬼神,开罪了他。须在某地某处以槟榔果酒奉之,病人方可痊愈。”

东莞是南方的一小部分,礼节上用槟榔的习惯仍留存至今。可见在宋以前槟榔为重要及普通的食品了。但是由东莞一县推而至于南方各省各县,我想吃槟榔的习惯虽亡,而用槟榔的礼节存在的想亦不少。可惜我的眼光不大,不能见及各处了!

东莞的槟榔歌

槟榔歌始于何时,不大可考。我现在所得的材料,均是三十年前的。那时世家闺秀,于婚嫁后数日,嫂嫂、姊、妹、姑、侄等,因悬念新嫁娘之殷,有作槟榔歌一首随槟榔担送去的,名曰槟榔歌。新娘接歌后,到酬槟榔时,乃作答歌,名曰酬槟榔歌。该歌均用红笺,画上花篮、金钱、六耳……等式样(现因日久多已失存),以乳金写成回文。兹录槟榔歌于下:

槟榔歌一(送姑母)

离别苦,暗悲伤,　特修草札奉娇娘。
自从与姐分携后,　朝夕无心在绣房。
欲思缩地同娇会,　自恨无能各一方。
正系人面桃花增百感,　难以旋归合浦藏。
哩吓(注)流水落花归别涧,　不见云笺转画堂。
知姐百年新燕尔,　闲情笑结水鸳鸯。
河洲正合关雎咏,　孔雀屏开在绣房。
鹦鹉杯传忘昼夜,　同欢笑对画眉郎。
所以鱼书忘记凭鸿雁,　风流新谱凤求凰。
亏(注)我怕听杜鹃啼午夜,　黄莺声噪怒人肠。

正系(注)子规叫断空盈恨，入耳啼鹃倍惨伤。
姐你莲塘栖宝鸭，伯劳膝下别亲娘。
哩吓兰闺多寂寞，盼断衡阳书一章。
如今咫尺成千里，鸟啼花谢尽悲伤。
红鸟无音传鸟舌，赤绳牵断故人肠。
亏我愁多赖写连环句，金钱砌就递红妆。

(此段即上图内所写的歌文)

静坐兰闺见日长，寒来自觉菊花芳。
几阵雁飞云外过，归鸦频噪闹斜阳。
寂静归房安卧榻，回忆贤姑夜见长。
昔日与娇同共乐，如似蓬莱一样妆。
自小未离亲膝下，姑侄兰闺度岁长。
或看诗书同砥砺，或围双陆在兰房。
或把金针同刺绣，或时消遣共闲游。
或玩名花兼赏柳，或时无事酌金瓯。
只话千年把袂无分偶，同吟同咏过春秋。
岂知薄命唔由算(注)，难得同娇玩月游。
怀忆我姑眉锁皱，啼痕重叠泪难收！
露冷蒹葭人去后，贤姑何日正归楼。
点得相欢如旧日，尽把离愁一笔钩。
记得个朝鼓乐堂前奏，梅锦喧天别绣楼。
自从握手分携后，回家万事懒凝眸。
愁对月，怨孤单，无聊静坐忆娇颜。
与姐自从分拆散，无情绿水隔青山。
难将草札凭鸿雁，锦堂何日转回还。
亏我愁怀一别情何限，又见百花开放惹人烦。

(下段每句夹一花名)

步出栏杆翘首盼，　只见紫竹成林种苑间。
沼上荷花开正散，　墙边菊故似凋残。
哩吓牡丹亭上无人赏，　夜来香闺指空弹。
瑞香祷尽姐你何时返，　凤尾同欢那日还？
蒳牙姐就唔终始，　金钱卜尽更为闲。
点得含笑相逢如姊妹，　红粉团圆早日翻。（翻，归也）
姐与紫微郎作伴，　急星忘却会亲颜。
姐你梅帐香销成夜合，　桂花枝与海棠扳。
不愿白蝉同与鸡冠唱，　愿将金菊买更栏。
独惜椿萱凭盼望，　吊兰心挂倚门间。
一自素馨别姐愁何限，　葵花向日望娇还。
归剪春罗徒怅望，　百朝红杏懒思餐。
姐你绣球同咏河洲日，　好似蔷薇路远隔关山。
姐你早整芙蓉归梓里，　夜来香阁觅耽烦。
望姐回音期有限，　休要慢！
及早脂车返！　故园盼望大刀还。（花名完）
偷想起，别娇姿，　不觉分离数日期。
难见征鸿传锦字，　同群异地各伤悲。
知娇已入繁华地，　了无心事返归期。
亏（注）我暮云朝夕常翘企，　怀忆贤姑锁皱眉。
春树香忙分两地，　屋梁月落更愁思。
虽则未几别娇成数日，　好似睽违相隔十年期。
哩吓女娲不补人离恨，　长房难效各分飞。
好似猿背玉环归古洞，　狮拖金锁会无期。
愁怀难剖分携事，　回家依旧懒绒丝。
兰房万物全抛弃，　别娇难赋断肠词。
等我粗物买些回故里，　差环传柬达娇姿。

休见弃！薄物成知己，　　愿娇笑纳莫推辞。
无物送，送张笺，　　物轻意重递妆前。
（下段每句夹一果名）
圆眼望穿娇不转，　　亏我荔枝常有泪珠连。
姐你榄仁金桔欢无厌，　　全无心意转回旋。
知姑身近高才子，　　佛手难扳返故园。
独系闺闱莲藕丝难断，　　可惜天冬异地隔云烟。
瓜子咬开藏丝线，　　满怀心事倩谁传。
蒌结槲槟排上面，　　怀人仍得锁眉尖。
虽则钻盒内中无别物，　　看来亦可解心田。
重有粗槟数盒来呈上，　　特差环接姐归边。
记得与姐甜茨分手后，　　姑侄难依旧日前。
菱角闺中徒自怨，　　香蕉盼望姐回旋。
白蔗无缘同握手，　　未晓何时四会见妆前。
花生若是为男子，　　共你雪梨云馆向书篇。
免使间别香瓜和姊妹，　　沙检分携叠叠连。
天桃聚散人何见，　　柠檬难以问平安。
蒲桃有路谁传柬，　　沙梨别后信茫然。
往日堂前禾碌同娇伴，　　今日寒梅满苑愈熬煎。
独惜慈帷近日如劳骨，　　黄皮消瘦不同前。
芒果望穷娇不转，　　粟米忙餐不可言。
罡斗星移难就枕，　　石榴思忆意空悬。
记得黄橙上日同娇赏，　　新春嬉桔乐无边。
怎想今日波罗愁隔远，　　桂木难逢各一天。
怀思姑侄何时见，　　华堂那日会娇仙。
姐你当念故人生一片，　　虽早见，
归心如似箭，　　莫怀鸳枕两相怜。（果名完）

（下段每句夹一药名）

言未尽，寄多娇，　　别离闺内似连翘。
满腹郁金谁得晓，　　重有柴胡恨怎消。
只望薄荷甘草同含笑，　　怎想北杏南星各寂寥。
哩吓甘菊怀人何日了，　　正系阻隔常山路远遥。
开冬别后音容杳，　　难传白芷达多娇。
姐你归身百合知何日，　　独我蝉褪无心泪万条。
云连朝夕怀娇苦，　　知母堂前为你憔。
到台苡米占来少，　　花粉无心对镜朝。
黄柏枯凡心内悄，　　亏我单皮独坐盼天桥。
又见蟾声断续檐前叫，　　撩我黄连苦未消。
正系云灵通木难凭鸟，　　当归帐内听更樵。
沙参愐等同娇会，　　泽阑闺内免零凋。
姐你贝母不如归杜仲，　　生地他乡锦瑟调。
熟地沙仁忘却了，　　亏我茯苓京芥首空翘。
姐你车前不转谁能料，　　独我菊精难止泪珠飘。
苏合膝前谁为解，　　牛七开心免寂寥。
亏我阻隔淮山难定省，　　含愁只谷见心憔。
一自苦心与姐同分袂，　　半夏回家懒绣描。
只话花椒与姐同携手，　　兰闺西角极逍遥。
正系无缘杞子相离别，　　羚羊难近会贤娇。
分携桔梗愁多少，　　干葛难同路远遥。
虽则隔别南街离不远，　　好似怀人咫尺路迢迢。
阳月分携难得会，　　何日堂中叙寂寥。
别离此后音容杳，　　心悄悄，
难得同含笑，　　何日兰闺共绣描。（药名完）
愁未歇，恨难通，　　今日差环达姐容。

并奉粗槟盛几盒，　　正系鹅毛千里表愁衷；
自古物轻意重从来道，　　箧筐略达见情溶。
特具愁文书半幅，　　万斛离愁在纸中。
姐你言告言归当禀上！　　兰闺姑侄得相逢。
桑梓团圆须及早，　　免教异地盼飞鸿。
吓哩付来拙句唔成韵，　　难比阳春白雪同。
愧无佳品来呈上，　　巴词虽鄙表情浓。
再递离诗成二首，　　愁怀略解我心衷。
惟愿我娇怀旧义，　　早日旋归故里中！
并候好音回锦字，　　玉缄开启侄愚蒙。
鱼书挥就青鸾送，　　愁万种。
望断成用何，　　愿娇及早转帘宠！

拙句

忆娇何日得相逢，　　鱼雁传书尚未通。
万斛愁思言不尽，　　衷情略诉在诗中。

二

枕衾灿烂笑娇颜，　　言归无意赋诗还。
鼓瑟鼓琴新好合，　　料无怀念旧时间。

贤姑姐姐妆次　　愚侄金玉裣衽百拜

注：一，“唔由算”即不由人算。
二，“哩吓”即现在。
三，“亏”即无奈。

酬槟榔歌一（答侄女）

陇头梅放景清幽，　　朔风凛凛夜悠悠。
屈指俄经冬已暮，　　怀人赢得两眉皱。

三径黄花难买笑，　　一樽绿蚁莫消愁。
回忆闺房同聚首，　　焚香玩月乐无忧。
只话百年姑侄忘离恨，　　秋月春风任去留。
岂料皇恩敕命传丹诏，　　分携随任几经秋。
所以桑梓每因相暌隔，　　椿萱犹赖极优游。
正系(注)绿窗灯下闲歌咏，红粉丛中乐唱酬。
怎想年来岁月催人候，　　人生难免咏雎鸠。
话系(注)缘到自然成个对，天上人间两女牛。
离别苦，忆相知，　　底事终身作女儿。
月斧破开尘世界，　　冰人消尽古今痴。
红粉兰闺心悄悄，　　青春萱草夜迟迟。
晨昏尽把河洲隔，　　你话怎得闲心学画眉。
正欲承欢菽水凭娇代，　　点想琴瑟先听在侄儿。
所以高堂远隔龙溪道，　　在衙长耽雁弋诗。
郎君尽是新风月，　　父母存抛旧日时。
娇你不仁奴不义，　　就系(注)莲塘栖鸭亦安之。
劝娇切勿多嘲议，　　伉俪新婚事事宜。
梳洗罢，画堂前，　　一朝乍听好音传。
槟榔奉赠情何许，　　睹物思娇几可怜。
闻道差环来接我，　　回首同群免挂牵。
不觉对槟肠欲断，　　自思自想自缠绵。
古道人离物合真愁绪，　　暮雨朝云各一天。
亏我见槟不见阿娇面，　　你话(注)人生能得几回圆。
总系(注)少年不惯分离苦，儿女相思大抵然。
今日无庸他敬奉，　　槟榔聊赠女婵娟。
往来礼亦无兼味，　　不过将情传达两心欢。
寄语侍儿须谨记，　　平安二字早相传。

槟一口,表情真,　愁煞相分姊妹群。
回忆前番欢笑极,　联床风雨几经春。
惯向多情耽月夜,　闲来无事赏花晨。
今年欢笑明年复,　只语红闺作伴免分飞。
怎想侄儿竟别奴归字,　镜台先定姐朱陈。
哩吓旷怀渭北思春树,　翘首江东盼暮云。
娇你归宁怜父母,　大家(注)聚首免销魂。
恐你莲塘放懵知栖鸭,　风流那管倚门人。
个阵任人嘲笑都唔论,　娇在深闺总不闻。
奴亦不过于归才一月,　算来犹未太无亲。
总知今日知音问,　等我尽把离因讲过人。
槟再奉,恨填胸,　见物无非见女容。
伏望家人同笑纳,　将槟略表别离衷。
人间生女成何用,　孝思有始总无终。
亏我身无彩凤双飞翼,　心有灵犀一点通。
等我随时果命言归赋,　俾得瞻依笑语同。
免至梦魂虚夜夜,　何堪思忆费重重。
今日物轻人意重,　相思尽在不言中。
所以拙歌呈一政,　往来礼尚亦相从。
不比文君琴操曲,　难同苏蕙锦文工。
总系有情谁遣此,　颇施小技学雕虫。
惟愿转传女侄知消息,　买舟千万勿离踪。
正系书不尽言情欲动,　聊赠送。
误我鸳鸯梦,　鸿裁凭寄我情浓。

注:一,“正系”即正是。
二,“话系”即是。
三,“就系”即就是。

四,"你话"即你说。

五,"总系"即都是。

六,"大家"即共同。

酬槟榔歌二(答嫂与妹)

良辰美景奈何天,　　愁倚东风意惘然。
淡云微雨春阴积,　　柳媚花明景物鲜。
桃花在望思人面,　　兰闺独坐锁眉尖。
霎时(注)又过元宵夜,　　月缺灯残几可怜。
我想人世亦如天上月,　　有谁终古得团圆。
忆自于归冬已暮,　　别来无日不情牵。
亏我云白长系思亲念,　　遥望天涯目欲穿。
况且姑嫂恩情难遽断,　　就系姊妹暌违已隔年。
哩吓悲处总因欢处得,　　渺渺春愁逐日添。
我想桃夭一咏人难免,　　女嫁男婚自古然。
总系行止不由人自主,　　翁姑情性未知全。
因此欲归归未得,　　可知儿女要从权。
厚惠槟榔诚雅爱,　　亏我片刻难将别绪传。
及览阳春歌一什,　　几宵辗转不成眠。
今日聊将别意传鱼腹,　　洁槟回奉数妆前。
槟薄具,表离愁,　　聚话光阴果在浮。
回忆前番欢笑候,　　春风秋月等闲游。
三径好花争玩赏,　　一帘明月共勾留。
煮茗香中同促膝,　　卖花声里并梳头。
线引金针同刺绣,　　诗歌闲读乐优游。
只话与嫂百年长聚首,　　方幸闺中臭味投。
怎想冰人月老偏多事,　　竟教红叶御沟流。

哩吓糟糠已作人家妇，　　不比前番得自由。
昨阅玉音叨领教，　　以为能解我心忧。
做乜(注)话奴帐底唔机密，含吐微词作楚咻。
我地(注)夫妻本系如宾敬，垣墙耳属并无忧。
莫是嫂你这般成热调，　　夜半长生拜女牛。
嫂你不必对面将人来着笔，奴今尽晓你机谋。
虽则闲话讲来无足校，　　听来未免各含羞。
想奴与嫂分离后，　　怀人一月似三秋。
正系月夕情多心耿耿，　　春宵梦觉夜悠悠。
叔婶近来疏问候，　　望娇代把礼仪周。
旦夕愿资贤嫂力，　　匡辅奴身得寡悠。
容日归宁亲问候，　　试娇春瓮鹅儿酒。
跻堂来介寿，　　等我醉折花枝当酒筹。
槟再敬，意如痴，　　恨煞人生作女儿。
缘结三生为姊妹，　　风前玉树喜连枝。
只话长着莱衣同戏彩，　　那知百辆赋迎之。
哩吓昊天罔极恩难报，　　采兰抱歉在南陔。
虽则门楣今日叨生色，　　父母全抛理岂宜。
夙兴夜寐惭多忝，　　希为贤妹代维持！
安寝得蒙亲熨贴，　　相随不啻姊瞻依。
想必堂上双亲多纳福，　　料应矍铄过前时。
伯父此番当大喜，　　定折蟾宫桂一枝。
独系幼弟少年妨习染，　　约束须求至教施。
虽则不肖未能亲奉侍，　　好音传达我情怡。
奴奴亦赖平安福，　　别来无恙我相思。
所以用竭鄙诚抒薄悃，　　收藏愿勿倩人知。
下坐巴人难入和，　　毋得高明见鄙夷。

正系书不尽言何况意， 愁欲结，
情伸书一纸， 阖潭安福恕来迟。

注：一，"霎时"即转瞬。
二，"做乜"即为什么。
三，"我地"即我们。

槟榔歌二（送小姑）

护桂轩开列画屏， 檐牙喜鹊报连声。
宜人好景春三月， 丽日迟迟绣阁明。
斗草风光轻淡荡， 养花天气半阴晴。
杜鹃枝上鹃啼急， 蛱蝶花间蝶梦萦。
乳燕穿帘闻软语， 流莺坐树送新声。
正系侬李夭桃皆斗艳， 聘棠嫁杏亦多情。
我想人生好似花开候， 正好及时婚娶趁春明。
因忆姑娘亲迎日， 暮春春服喜初成。
驹影悠悠才几度， 鞋绣家家说踏青。
哩吓寒食清明都过了， 你话教人别绪怎能平。
今日人面桃花牵旧恨， 离怀柳絮谱新声。
故此薄具粗槟凭寄意， 聊修寸草达余情。

（下段花名）

槟初敬，献兰房， 一点葵心正向阳。
犹忆梅花吟咏罢， 剪春罗共绣鸳鸯。
月浸紫薇花下坐， 夜来香手细添香。
只话家庭长乐事， 谁想迎春花辇忽匆忙。
今日姐你令姑萱草堂前茂， 定然命妇作羹汤。
姐你老来娇性谙还未， 奚不杏匙先遣小姑尝。
我想姑姐合欢今日久， 织女牵牛乐未央。

唔好并蒂花开忘姊妹，　　迎輂支唔却几场。
倘若牡丹花下风流恋，　　不肯兰闺时返旧香房。
我就含笑传言教菊婢，　　乱把趣语来倾姐米囊。

（花名完）

（下段鸟名）

槟再敬，更情牵，　　鸟语时闻意惘然。
姐你跨凤自从萧史后，　　鸳鸯帐底乐缠绵。
亏我绣带懒拈思不寐，　　知更愁听鹊声传。
所以特修雁字陈萎悃，　　我想传杜鹃娘定我怜。
哩吓虽则飞燕伯劳分两地，犹喜翁姑鹤寿健同前。
姐你堂上不鸬鹚母念，　　鸟哺私情有所天。
但愿姐你姑爷勤布谷，　　燕子怀胎十月全。
产下清声雏凤小，　　鹦鹉音传到我先。
翡翠帘开灯影闹，　　等我笑把海棠鹅贺姐华筵。
必定鹧鸪灯宴赐，　　俾我提壶快饮乐无边。

（鸟名完）

（下段牌名）

槟三敬，意还痴，　　曲牌揩起手迟迟，
自系扭碎梅花歌别曲，　　我就好似火炼丹田不自持。
踏梯望月无人伴，　　空系落花红满小阶时。
细想为媳不同为女日，　　姑你一枝花已别家移。
春水鱼游同耍乐，　　亦系三纲理共五常宜。
想你姑爷观灯十五勤书史？好似樱桃九熟时。
点得龙虎风云秋报捷，　　传书折足雁先驰。
探花不满年三十，　　十八名登学士宜。
姐你此日平步天梯皆遂意，归宁时弄耍孩儿。
锦裙兰衬朱霞帔，　　红映天机拜母仪。

等我梅梢明月夜，　再共姐你赏花十月小春期。
马军猜起多豪兴，　好似双龙出海时。
独系唔好隔子眼时分彼此，俾我望断霞天只雁儿。

（牌名完）

槟四敬，贺新娘，　蝶恋花枝乐正长。
今日绣帏共写于飞乐，　正好月底修箫谱凤凰。
杏花天气梨花酒，　玉楼春雨赏韶光。
想姐鹊桥仙子欢应似，　忆旧游知此念忘。
独我翠楼吟懒倚，　空寄春云愿意长。
哩吓八宝妆前情可达，　故此词名聊谱寄垂阳。
愿姐昼夜乐时须保重，　锁窗寒怕怯微凉。
锦帐春光虽乍暖，　仍要系裙腰莫懒衣裳。
更愿点绛唇多餐玉粒，　切莫嬲人娇意少沾尝。
今日诉衷情近无多祝，　但愿姐你百年长寿乐无疆；
但愿姐你送别时思南浦意，念奴娇忆莫遗忘。
莫谓换巢鸾凤新栖稳，　就好薄幸抛人在一傍。
情脉脉，意绵绵，　更欲细写私衷附七弦。
自愧才疏同袜线，　何敢画蛇又见足频添。
而且疏果数枚非敬意，　乜好哓哓亟读屡痴缠。
但系姑姐瑟琴新好合，　敢不连环喜字寄云笺。
遥祝起居安燕后，　更询谭第吉羊先。
芜词非敢防青日，　不过微伸薄意虔。
谫陋大方知见笑，　伏望海量包涵我万千。
临楮神驰言不尽，　挑灯聊自续残篇。
故此更有拙作数章呈大教，恭求斧削启妆前。

诗曰

春情如海付云屏，　　几树黄鹂没绪听。
好月待圆三径柳，　　惠风犹约一池萍。
葛根纵乐依樛木，　　桃影须嫌夹竹棂。
我代姑娘花下祝，　　愿郎休种满天星。

春欲尽，柳丝丝。落花飞，纱窗寂。
画帘垂，彩笺书。红豆盒，最相思。
人已去，燕空归。又何时，同煮茗，
共弹棋？月娟娟，风淡淡，话心期。

（上调三字令）

芝范久相违，　　问姑何日归。
椿萱情恋恋，　　棠棣意依依。
春恨惟花共，　　相思逐絮飞。
香车加速驾，　　扫径倚晨晖。
一别才几日，　　卷帘思悄然。
羡煞双飞燕，　　飞到洞房前。
折得桃李花，　　心情如欲诉。
回音怕无言，　　谁云花解语。
恼煞黄莺历乱啼，　　闻姑笑语玉栏西。
一声唤起香衾梦，　　晓月依帘滟滟低。
愁绪千条复万条，　　纱窗春雨听潇潇，
怀人句倩芭蕉写，　　宛转主情一纸描。
蝴蝶粉墙醉舞，　　见一双飞去。
开帘梨雨扑人来，　　独自个伤春无绪。
别后深情如许，　　倩谁传语。
几回吹笛倚红楼，　　声不到花姑处。

（上调一落索）

望得人欲眼穿，　想得人心越窄，
好着我难猜，　来也那不来？
红杏枝头春意闹，　凭君传语报平安。

酬槟榔歌三(答嫂嫂)
暮春时节日方长，　园百卉物袭人香。
落红成阵风飘过，　数声啼鸟闹斜阳。
堤畔柳残莺有恨，　苑中花发蝶留香。
林静鸟争栖玉树，　水寒鱼喜自潜翔。
倚槛闲观鸥对对，　开帘偶见燕双双。
推扉摇动双环响，　远盼蝉光影射梁。
漏正长分无别事，　只见案头嫂寄有诗章。
淋漓满纸□骚句，　韩柳欧苏总在行。
才跨道韫班姬笔，　神工鬼斧甚精良。
拜读鸾笺情已切，　几回低首倍神伤！
解起怀人愁万种，　无聊移倚对纱窗。
回忆昔年姑嫂同欢叙，　睡觉东方日晒墙。
耳提面命听慈训，　荆花同乐绕高堂。
或同对镜梳云鬓，　或时联步玩风光。
或读经文观史记，　或谈世态话炎凉。
或共联吟题好句，　或调琴韵啄诗腔。
或持彩笔临风写，　或劫棋枰遣日长。
或唱竹枝歌白雪，　或调鹦鹉醉红梁。
或临池沼观鱼戏，　或看嘉卉斗芬芳。
坐低三尺楼头月，　痴谈犹未转香房。
得□且过寻快乐，　逍遥犹似住山乡。

自系别嫂于归迎百辆，　　异乡无日不悲凉！
望衡对宇如千里，　　每刻思亲挂在肠。
双眼望穿云外雁，　　强从鸾镜整新妆。
眉抛粉黛春山锁，　　泪滴成冰玉貌黄！
惆怅白云堆峻岭，　　感怀绿水绕长江。
三楚精神皆减色，　　六朝金粉暗消香。
怀人那晓韶光速，　　不觉分离一月长。
蒙嫂玉音来见惠，　　强持班管覆诗章。
挥锦札，意如痴，　　不觉分携有月余。
记得回门此日旋桑梓，　　归宁膝下乐班衣。
谁想一杯闷酒尊前道，　　低首无言别霎时；
美目盼兮相对泣，　　鲛人珠泪尽沾衣。
咫尺天涯分二地，　　绿窗憔悴懒琴书。
日在红闺还寂寂，　　阶前散步漫踟蹰。
只见满径落花红不扫，　　檐前疏网挂蜘蛛。
闲中亦觉愁无赖，　　临风忆别自踌蹰。
华翰前蒙临敝处，　　满幅叮咛致嘱余。
礼尚往来从古道，　　正须回盒慰相思。

（下段每句夹一果名）

酬槟盒，献妆前，　　并凭梅使寄诗笺。
愧无珍品来回敬。　　就把粗果聊申薄意虔。
自叹花生不幸身为女。　　无能怀橘奉慈严。
惟愿马蹄兄踏皇都地！　　菱角峥嵘衣锦旋。
元眼欣看人报捷，　　香瓜名姓榜中传。
嫂你裙衬石榴欢接宴。　　斛斗酒能诗百篇。
忆自桃夭载咏于归日，　　黄皮消瘦不如前。
日夜不成蕉鹿梦，　　望嫂你如消隔波萝各一天。

粟米虽餐难进口，　　形同劳骨损眉尖。
枇杷有恨凭谁诉，　　怀人如藕断丝连。
泪洒荔枝红欲染，　　无意双柑斗酒听莺言。
堪笑奴身聚散如萍果，　　嫂若红杏云栽在日边。
虽日计期成四会，　　无多携手共流连。
多蒙珍物新诗赐，　　做乜付来佳品没佳言？
米囊倾倒愚难解，　　谅嫂前时必自先。
定然菊婢知灵变，　　鹦鹉前头不敢言。

（果名完）

槟转敬，表微衷，　　全凭双鲤案邮筒。
琅函昨日蒙遥赐，　　欣悉言言药石教奴躬。

（下段每句夹一药名）

知母倚闾长盼望，　　归身前日喜相逢。
旨亭街内车前返，　　免令生地隔天冬。
百合联肩诸姊妹，　　琥珀衔杯尽笑容。
度过连桥穿曲径，　　徘徊淡竹叶阴中。
渊明有癖看黄菊，　　谢安原不事防风。
回忆菊叶花开离别后，　　莲心常觉苦无穷。
哩吓飘零花粉人何处，　　好似云连秦岭隔山峰。
铁马檐前鸣断续，　　声声撩我恨人踪。
思归远志常怀念，　　五味难沾损玉容。
白纸一篇难写恨，　　系怀之子实愁侬。
但愿贤嫂常山连几子，　　金兰玉桂乐溶溶。
五灵芝子阶前秀，　　金银花插满头浓。

（药名完）

书敬覆，续回文，　　末提班管意怅怅。
正系一函情泪红犹湿，　　满纸春愁恨转频。

哩吓心在故乡身在外，　终朝犹效息夫人。
劳燕东西分两地，　楼头倚遍暗销魂。
只见夕阳大道人初静，　杨柳长堤日又昏。
门遍双扉人寂寞，　感怀蕉侣倍伤神。
槛外萤飞思悄悄，　残灯剔尽泪纷纷。
怀人欲诉无人管，　聊作芜篇向嫂陈。
虽则表心无别物，　亦见愚姑问候嫂殷勤。
讵敢班门来弄斧，　略申丹悃表情真。
故此特修寸楮烦鱼雁，　俚词聊效不成文。

以上各首槟榔歌，第一首确是卫女士金玉作的，其他大率倩人代作，故不列主名了。附记于此。

十七年重阳节日

（《民俗周刊》1929年第43期）

东莞旧历年例

旧历过年的习惯由来已久,人们的脑海里已深刻着牢不可破,任从你怎样的声嘶力竭来提倡过新历年,他们仍然是置若弗闻。可是旧历的年关将近,无论店户任由你怎样禁止,他们仍然是忙不了的算它一年来的旧账,将一年来的债权债务清理,及其他的事务作一总结束,以了“一年还一年”的手续。

东莞的人保守性深,迷信神权亦利害,故视旧历过年,为一年中最重要的事务,除了清理债权债务外,还有以下的麻烦的手续。兹将其大概写下,凑凑《民俗周刊》新年专号的趣:

酬神 许平安愿的习惯,普通每年于正月底或二月初旬,必择一吉日在神(以观音及当天为普通)前许下平安的愿,期望合家大小平安!许愿的手续:以果盒一盆,点烛焚香,跪在神前来问杯珓,但以取得二次胜杯(一阴一阳的名曰胜杯),一次宝杯(二只阴的),或二次胜杯为标准;如果问不合的时候,或许下灯笼一对,或许明镜一个(取其光明的意事),其次或许长幡,或请男巫诵经……等,不一而定;其余士农工商亦有许下各种期望的愿,以求名成利就;待年底的时候,就一宗宗一件件的如数酬还。

传说,如果遗忘了一个愿不酬,日后必成烂愿,将来恐受神的遣罚。故许下愿的人无论如何都要牢牢的记着，不敢遗忘。这种迷信的习惯不足为奇，最奇怪的是强盗亦有许愿的，以劫掳所得人及财物多少，视为营业赚钱与否。如果那年分赃较多，则称生意顺利，以为是神的庇佑才不为政府捕获；故年底酬的时候，则择吉日宴会它的党羽；但酬神以后，例不再出山劫掳，它的意事以为前者胜利是由于神的庇佑，现在旧愿已酬，神的责任已卸，如果不守神的信实，恐有不测之祸。故强盗酬神之后，无论如何技痒也不敢触犯神威。倘若他的偻㑩不守规矩，私自劫掠回来的什物，他也不肯坐地分赃，以失信义；宁可待开了年，许了新愿之后，马上如故做他的生意亦不为过。如此看来，强盗为民间所厌恶的，亦有守义之时；神为民间可仰慕的，亦有助纣为虐之日；则神之庇佑善人一说，是真的吗？

尾祃　每月初二、十六俗称为祃祭，凡属商店均于是日买些酒肉奉土地（即门口的旺相堂）地主，祀毕以祭品享店伙，故又称祃祭为牙祭。家庭亦有因风水不利，而在地主处举行的，亦有专祀床头神的。惟十二月十六日这次祃祭，俗称为尾祃，商店里除以三牲（即鹅或鸡猪肉、鲮鱼等）等祀奉土地、地主外，照例设宴以享伙伴；如店东明年去留那一个伙伴，亦于那日通知为定，故伙伴视尾祃那一顿饭为明年去留的最后决定之一日。

谢灶（即祭灶）　东莞风俗，各家皆有灶神，或安在厨房，或安在神堂，故每年十二月二十三日，名曰小年晚，各家皆以三牲、茶、酒、白饭、片糖、寿桃、油豆腐等祀奉，另有灶君衣一套，烧给灶君更换，以谢它一年来司灶的辛勤劳苦。但祀神的时候，需以香水一盆放在灶栏上，给灶君沐浴更衣；俾它洁净衣冠然后上天朝玉帝。

他们为什么要这样的虔诚祀灶君呢？因为传说灶君是由天上玉帝派它下凡司灶，及查察人间的善恶，每月朔望之晨上天朝奏一次；所以迷信厉害的人，亦有在朔望前一天在它前或诵经，或以宝烛来拜，希望它奏本时说那家人是积善的，将来赐福赐寿给他。

又说：灶君是聋子，故煮饭不许唱歌及多谈话，因恐它听不清楚，以为是家庭的糊闹，将来奏知天帝，给天帝谴罚。

又说：以白鸡谢灶三年，可以致富；因白鸡称为银鸡，或以此讹传未定？

接灶君爷落天（即迎灶神） 有的人家于十二月三十日接它落天过年，亦有于正月十五日接的；但接时须以斋菜一盆，及油豆腐、寿桃、片糖、桔等祀奉。惟接时以上午为佳，因俗传接得早则可接一年青的，勤于作事；否则恐接着一位年老的，将来不能尽它的职务。

团年 每年十二月底必举行一次，是日无论贫富必以三牲、酒、汤丸、茨菇、寿桃、油豆腐等，祀神及祖先，祀毕除将三牲及汤丸留剩些少责年外，其余的将来给家人父子聚餐，俗称团年，疑即完年聚餐罢？

卖懒 或于团年晚，或于年三十晚，以鸭蛋一个、茨菇一个，插上一枝燃着的线香，给小孩去卖懒；从前有的唱着卖懒的歌谣，随行随唱，大约是："卖懒仔，卖懒儿，卖得早，卖俾广西王大嫂；卖得迟，卖俾广西王大姨；今晚齐全来卖懒，明朝恭喜做新年。"直唱至街或巷的土地神处将线香插上香炉，然后回去，将那鸭蛋分给尊长吃；谓分给人的多则自己的懒惰少云？现在的小孩虽然有这种习惯，但歌也不唱了，懒也不卖了，拿到鸭蛋只是自己吃完了，究竟现在的小孩比旧时懒或勤呢？

正月初一日祀神 多数人家先在历书上择一吉时祀神及祖先，祀神的东西约略如下：茶、酒、白饭、钻盒、斋菜（五碗至九碗，或共置一盆，视家之贫富而定）、生果（五盘或一盆）、如龙（即年羔）、碌堆

（即煎堆）等；祀神时，先焚香，次点烛（但点烛须以腊烛上的花纹相对方为合式），再其次焚元宝，燃串炮。但是日由祀神时起，各种果品均供奉至晚，中上的人家祀神均灯火长明，香烟不绝，正所谓“上通天界，下达幽冥”呵。

正午则以芋煮糖水丸祀神，祀毕，以水丸分给家中老少吃，名曰富贵有缘（以芋作富，以丸作缘，同音也）。

是日多数人家食素不吃荤的。邂逅相见必称“恭喜”；凡宾客至，必奉钻盒，名曰“食大桔”；凡见小孩，必以红纸封成的银或钱赏给小孩，名曰利市；尊长则赏至结婚止，或婚后仍照旧例。

初二日祀神 祀神的东西约略如下：茶、酒、生果、钻盒、糖环、炒米饼、丹青饼、冬果等（以上是最普通的，其余中上的人家随意加多）。祀神的手续如前。初三日照例。

开祃 初二日商店称为开祃，以三牲（平常三牲里用的鲮鱼，现在所用的生鲤鱼，俗称为生理，鲤与理同音也）等，祀土地、地主，是日仍须设宴以享伙伴。

开年 初二日人家称为开年，在中午的时候以三牲（亦有用鲤鱼的）……等祀奉神及祖先，祀毕，以鸡或鹅、猪肉（年具中上的人家以八盒或六盒）等物往母家及契家处探年。俗语说：“五月初五，年初二，无定寻钩挂盒箩。”即指出嫁女探年、探节时所送的年具，及探节的粉果之多而说的。

初四日 俗例是疯疾人求乞的日子。东莞素来是花园岭有麻疯院一所，收容那些疯疾人的。后来德国人所办的普济医院，又扩充了一所房子在消潭，将邻近的田地都收归麻疯院所有，给疯疾人自耕，自植，不许他出外游行。但是年初四日，是俗例上特别许可他派人出来求乞的。那医院因习惯所在，未便相遗，故至今犹存。他到店户的门口，只说“年初四米”，人们就会意是疯疾人求乞，那么即给他米一升，年具若干，他拿了即去。这样集腋成裘，也是疯疾人入息的一大宗，未审别处地方有无此例？

初七日 必煎咸的及甜的如龙祀神。我小孩的时候，很像闻说是为“补天穿”的，但是现在请教于几位老人家，均说“不知来由”。只因习俗相沿，照例祀奉而已。看此可见祀神的人的心理，多数是人云亦云，非先有所仰慕，而后迷信的了。

开灯 凡去年所生的男孩，照例今年必需在祖先及神前点一纸灯。开灯的日期大约由正月初二日起，至十三日止（因十三日俗称为灯头生日，故过了灯头生日规矩不能开灯），任由人家在这期间内择一吉日，将大的八角纸灯（灯瓣里每瓣画一段故事，如先姬送子、八仙贺寿、状元及第等）挂在宗祠及神堂正中，两傍及大门口均挂莲花一对，其余土地、地主、灶君、井君、床头婆，及街头街尾巷头的土地等均安置小的纸灯一个（内凿花纹的）。开灯的时候，均择潮水涨时祀神，祀毕，由家长拿一小刀在灯上剖一瓣，故名开灯。是日必设宴款客，极为热闹。由开灯之日起，那纸灯上早晚必需点烛，俟后又另择一吉日，以酒馔祀奉，称为庆灯；十三日，名曰灯头生日，照例亦需庆灯的。结灯的日期，大约在十六左右。

凡属外婆，如果是第一个外孙开灯，必需备办衣服一套，饰品若干，鸡（一只）、猪肉（三斤）、鸭蛋（八个）、腊肉（二方）、茨菇（数斤）、米（一盒）、酒（一罂）等（以上是普通的例子，如中上的人家则有金猪全只，衣服首饰等若干，不一而定）凑成一担（四盒至八盒）于开灯日送去男家，它则将衣服等和小孩穿带，又将送来的食物煮熟祀神；祀毕，除将首饰衣服全领外，其余的食物均领受过半，将来析分亲友。照例随答煎堆、猪肉、鸭蛋、茨菇等若干，如果是第二三个，外婆则随意送多少，不象第一个的热闹了。

又开灯后，凡属亲友亦需以袍料一件，猪肉、鸭蛋、茨菇等，装成一担送去，名曰庆灯。袍料照例是受的，其余猪肉、鸭蛋等，倘若不受，则只答回煎堆、茨菇等；如果受了猪肉和鸭蛋，又需答回猪肉、鸭蛋，故怕手续麻烦的人多数不受的。

十三日 是日为灯头生日，凡属新嫁娘必须回去男家，俗称以便接子云。

十五日 祀神的手续及物品和初二日一样，惟加多向丸、银、钱（各一封）、白榄、红枣等凑成一盆，俗称为钱银有缘（丸与缘同音）。

是日会客，多捧向丸一盆，名曰结缘。如向丸掉下地的，例不拾起，俗传拾了地上的丸，即是和地下结缘，恐寿命不长云。

凡属新嫁娘，是日必须回男家。于十五日左右，女家多有以向丸、年具等凑成一担送去男家，名曰结缘。

年具 年具一项，视家之贫富为办年具多少的标准；惟如龙及碌堆两样是不可少的东西，俗称“如龙是本，碌堆是利”。无论贫富的人，均要有本有利的，那么无论如何就免不了了。自制的年具名称及制法大约如下：

如龙（即年糕） 以糯米粉蒸的，有甜的，有咸的，视人之所嗜什么，就用什么材料来配制；惟祀神的均用黄沙糖蒸。

碌堆（即煎堆） 大约糯米一升，白糖十两，先将糯米粉少许煮熟，再将白糖及生熟的粉挪匀，作成空心的，然后以油炸，熟时形象大球。另作石榴、富贵子（东莞俗称苹果为富贵子）、银锭、银利等（均以象形而名的）一套，为祀神之用。

糖环 配制法如煎堆一样，以木印印成，然后用油炸。

炒米饼 以粘米炒熟磨粉，米一升，糖十两，以芝麻、花生、梅花、桂花等配制，用擂盆擂匀，然后以木印印成，焙干，硬如铁石，入口馨香。

粉片 粘米一升，糯米一分二三，以沸水冲下，加糖盐少许，用红白粉相衬，挪成卷书形，切成纸样薄，晒干，炸熟，酥脆异常。

鹅肠 糯米一升，糖数两，先将粉煎熟，再将剪刀剪破中心，反转，形象蛋扣，炸熟，以炒米粉调匀白糖加上，酥脆适口。

油榄 材料及配制法如糖环。

麻葛 以黄沙糖煮炒糯米粉，熟时切成榄尖形。

雪球 以糯米粉挪匀，握薄如纸，形象月儿，炸熟，以白糖调匀炒米粉加上。

向丸 以浸透的糯米舂粉，米一升，糖六七两，煎熟切粒如绿豆大，以炒米碎或粉来焙炒，熟时空心，比点豆更大。

以上各物均土产自制的，但买外来的亦有，不便尽录了。俗语说得好："第一为神恩，第二为弟子。"言其祀了神也是人食的意义。

扫屋 不知何故每年只限扫一次，如迁居时扫了，过年就不能再扫（广州亦然）；又不择火星日，及避去家人生日的那个月；倘家中人数过多，当真避不了的时候，或不避小孩及妇人生日的那个月。这样看来，扫尘避去生日一说虽然是无稽之谈，可见习俗上视妇人与小孩一样的无足轻重了！

门神 无论店户，每届新年必将祖先及神的金花、红，和大门口至房门口的对联、门神、横额，均更换新的。语云"桃符万户更新"，的确说得相符呵。

十八年元旦后三日写于东莞

〔《民俗周刊》1929 年第 53 - 55 期合刊（复）〕

钱树歌及尼姑问讯

东莞的男乞丐,在新年间,或手携钱树(以大桔若干,铜钱若干,和树叶合扎成的)一枝,在店户门口唱歌求乞。我从前未有研究民俗兴趣的时候,不见则已,如见乞丐拿钱树过门,不待它唱完,即给它钱挥之去,不然,则觉得非常的讨厌呵!现在受了顾颉刚先生和家兄元胎的领导,无论什么事情,倘与民俗有关的,虽在繁忙之中,也要抽出些时间来写下。钱树歌虽然粗俗,也是民间的天然文艺。兹将我所听闻的数首录下:

钱树歌(一)

钱树有一枝,
金花报喜要麟儿。
男儿长大勤书史,
女儿长大绣花枝;
绣出龙袍金角带,
君皇赐奉去游街;
顺天知府担皇伞,
朝官文武两边排。

钱树歌(二)
一添人口,二添财,
三添福禄寿筵来;
四季兴隆通四海,
五谷丰登大发财;
六国夷人进宝贝,
七星伴月用车推;
八仙齐贺长生寿,
九子连登拜相台。

钱树歌(三)
钱树到门来,
主人添福又添财;
添财又买良田地,
读书君子八人抬;
抬抬抬抬入书窗内,
文章考出秀才来;
先中秀才后中举,
探花榜眼一齐来。

钱树歌(四)
钱树到门来,
恭喜主人大发财;
又买青砖和木料,
泥水三行(注)起两边;
左边起座文昌殿,
右边起座大门楼;

钱树摇休真喜庆，
老少平安□乐然。

“三行”即“泥水”“木匠”“打石”，俗称为“三行”。

钱树歌（五）
钱树又来傲（注一），
傲起金银满地铺；
捡起金银归买铺，
买田买到好收租；
高田买到黄旗岭（注二），
低田买到广州城；
大斗收租细斗粜，
买卖营生遇贵人。

注一：“傲”，借用音兀幺，俗语。

注二：“黄旗岭”，东莞山名。

钱树歌（六）
唱一只，贺新春，
佳景时时日日新；
一年景致无穷尽，
岁岁英雄多聰银；
福屋加添财两进，
华堂兄弟点花灯；
夫唱妇随多孝顺，
晚间罗帐看麒麟。

尼姑问讯

东莞的尼姑，无论贫富，在新年期间，多数出门求化的。如

有十岁左右的小徒,必教会她问讯,俟求化时,则命她到施主面前稽首问讯。兹录如下:

贺喜寿星公,
福如东海寿如松;
贺喜施主今年行好运,
出路相逢遇贵人;
人财两进,
四季兴隆。

某某(自称)问讯。

〔《民俗周刊》1929 年第 53 - 55 期合刊(复)〕

游妙峰山日记

十八年五月十七日

六时起,盥漱毕即收拾行李;吃完早饭,已七时二十分。我因两日前曾患喉痛,故昨天临别时与顾颉刚先生约定,如喉痛痊愈,则今天七时半在燕大校门相待,否则作罢。因怕失约,忙着叫老妈雇车至校门。车至校门时,遥听辚辚的车声自远而近,且贴着"开往妙峰山"的黄纸条。我当时心里以为来得很凑巧,岂料那车经过校门时,竟风驰电掣的飞跑过去;如此四五次,而顾先生的车始至。家兄希白替我将皮包送上车,又介绍我见徐旭生先生、魏建功先生及其太太等。清华大学同去的五个人亦由清华来,顾先生为我一一介绍。魏先生车前摄了一幅照片,八时然后开行。

车行二三分钟,经过颐和园,红的围墙,罩着绿的浓荫;一群小鸟在枝杈上,啁啾,啁啾,诵它赞美春日的歌;殿宇楼台,高出云表:好一幅天然图画活现目前。

九时半车至北安河,车马之声,喧哗错杂。我们下车入一民房歇息,闻说:这里是中北道的要区,凡上山下山的人必在此住足,故那些人家多数于四月初一日前(因初一日开山),打发娘儿们进城投奔亲戚家,将这房子空出来接待香客。白涤洲先生提出上山的条件问:“谁愿走路?谁愿乘肩舆?”我当时高兴的说:“我走路。”白先生瞧了我一眼,说:“你真能走吗?”我答:“为什么不能呢?”他说:“从这里到妙峰山尚有四十里,山路崎岖,你穿一双帆布鞋恐怕对付不来呵。”没奈何只得自怨没有多带一双鞋子。

十时一刻由北安河动身,分为二队,步行的顾颉刚先生,白涤洲先生,罗香林先生,周振鹤先生,徐旭生先生,葛毅卿先生,王义诠先生共七人。乘肩舆的,王老太太,魏建功先生、魏太太,朱保雄先生,朱佩弦先生,连我共六人。每乘肩舆来回三元五角,负行李的农夫二人,每人力金二元。沿路见有无数妇女席地而坐,左右堆着许多麦杆编的玩具。还有十余岁的小足姑娘,手里不停编织。我见精致可爱,拟买几件回家给侄儿玩弄,转念路途遥远,携带麻烦,因而中止。

行里许,渐渐入山。山路蜿蜒。舆夫直抬至旸台山石傍歇息。我们下舆浏览,见泉水悠悠,从台下流出注入深壑。石壁刻着“旸台山金山圣境”,傍贴“此水烧茶,请勿洗手”。我当时好奇心胜,扳援俯视,台里空无别物。魏先生叫我们沿着进香的规矩,向金仙庵娘娘参拜。我觉得没有什么意思,和魏太太始终不肯弯腰。很奇怪的,就是魏先生们参拜的时候,那庙司只有敲磬。其余的人参拜时,如见携香火的,就知道是上山的人,它就是一边敲磬,一边唱着:“先参驾,后落坐,这边喝茶。”如见带着花朵儿的,就知道是下山的人便唱着:“带福还家,这边喝茶。”和那悠扬的磬声互相应答。难道我们没有携香火,举动不像吗?

一会儿罗先生们也来了,说顾先生尚在下半山的向福观抄傻佛爷的碑文。我遂和魏先生们下山去看,那傻佛爷安在娘娘殿前一个桌子,碑是“民国十年任邱县李树毅撰并书”的。魏先生又和傻佛爷摄了一幅照片。

金仙庵对过数十步有一破庙，据农夫说是“龙王爷庙”。庙前有一龙口鱼池。水深数尺，清可见底。那水直从龙口泻出，泠泠之声不绝。我很爱它，徘徊多时然后去。再行数十步，有一凉亭和玉皇，刘海神庙，香烟断绝，殿宇荒凉，野草蔓生，似乎人迹少到的。

回来时，见他们一块儿，在金仙汽水公司附近的树阴之下，或站或坐的，环绕着一道流水吃午饭，以饼饵充饥，以流水解渴，尚觉味甘适口。可惜我因喉痛初愈，不敢多喝。午饭毕。由胡泛舟先生引导我们到中法大学第三农林试验场参观。院中有银杏二株，大可三围半，后座安着关帝等神，闻是金仙庵故址。

由金仙庵起行，一路贴着“金顶妙峰山真灵，弟子△△叩”；“报恩单，妙峰山王奶奶，有求必应，信士弟子△△因病叩酬”。从那些标语式的报恩单看来，可见妙峰山的王奶奶近来也与碧霞元君一样的灵感了。更有贴着“阿弥陀佛，不许烧山”；“诸恶莫作，众善奉行”。又可见由信仰妙峰山的神，而推爱及妙峰山一带的草木。神的威灵伟大，由此可见一斑呵。

至玉仙台瓜打石茶棚，舆夫向我要了四吊钱的茶钱。因为那茶棚现在茶也不施了，里面只有净水三缸，还贴着“水根不可泼地”。好在棚外有几当小买卖，我们每人化了四个铜子喝一碗绿豆水。

由玉仙台至庙儿洼，我一路蓄着欣喜和恐惧的心：欣喜的是无路中硬凿出路来让我们走。更瞧见山边贴着“圆明园正白旗修道老会修此”，就不能不感谢那香会赐给香客们的一条好路儿。恐惧的是山路险竣，曲折盘旋，万一失慎掉下深坑里时，那把骨头纵然不成粉碎，手足亦必挫折，遍身伤损。想到那儿，不禁毛发竖起来，打了几个寒噤！眼巴巴的好客易望到庙儿洼，才把那恐惧的心情抛了。路旁小憩,白先生又找出携来的梨,每人分给我们一个。我此时渴极了,如尝甘露一般。在我们吃梨的时候,魏周二先生又和我们摄了二幅吃梨的照片。

自庙儿洼下山,山坡满植杏树,青果累累,大如指头。我欣赏风景,下舆缓行。白先生见我的肩舆空着,遂请徐先生坐上。四时至涧沟,入一民房休息,复乘舆上山,至回香亭而下。那卖香的瞧见人来,不歇叫着"虔诚,虔诚,买香,买香"。罗先生和他买了几捆,至山顶娘娘庙时问我烧香求签否?我因鉴于金仙庵的情景,恐怕再给人家瞧不起,有碍同伴的调查,乃说烧罢。

参拜的仪式,本来要先在净手烧香的盆里洗过手(只因那水污浊,故多不举行)。然后点着香,拿到神前,恭恭敬敬的在檐下行三跪九叩(或一跪三叩)礼,拜完后,将那香送入香炉内,给那轰轰烈烈的火光,烧得化作袅袅婷婷的香烟,直升云表。香客一队队的摩肩接踵而来,哨哨的磬声,嘶沙嘶沙的签筒声,和入香资于"进香大吉"时星霜星霜声,错杂响应,比那丝竹管弦之声还觉好听。我们也照例去烧香,我求得的是第五十一(中平)签,每张铜子二十枚。

娘娘庙正殿供的是三尊圣母,中间"天仙圣母碧霞元君",右"眼光圣母明目元君",左"子孙圣母佑渡元君";旁楹为"送生圣母保产元君","瘫疹圣母慈幼元君"。壁上挂着朱漆的扁和布的横楣,多数写着"有求必应,沐恩弟子△△敬酬"。殿前有石碑三十余块,排列两行,最古的是引善老会康熙二年立碑。可见进香之风由来已久。侧有王奶奶殿,司庙的是几位带发修行的妇女,但香火总不及娘娘庙之盛。后进白衣大士殿,白衣大士抱一小孩,桌上放着许多瓦娃娃及《南无大悲圣宗感应救苦真经》《白衣大士神咒》《规条摘要》等书。我每样拿了两份,一份送给顾先生。又请罗先生多拿一份带回广东,送给中山大学风俗陈列所。又请他选了四个不同样的瓦娃娃带回。那庙司瞧见了，忙拿一条红布替他捆上，说："这样携回必定恭喜。"（即是说必得孩子）罗先生送还他一点香钱。

至客室时已六点余钟。他们均在那里歇息。白先生见天快黑了，谅必不能回去，遂招集舆夫们发给力金。不料那二十四个舆夫蜂拥而进，把白先生围在中心，要求什么茶钱呀，酒钱呀，闹了差不多半个钟头，好容易说好了每乘加酒钱六角，才把他们遣散。又忙着找那住持，吩咐厨房，弄一席素菜晚餐，及收拾一间房子让我们女客住宿；又找人预备明天出发的肩舆。白先生作事真个千妥万妥，难怪他们都称他作白总指挥呵。

七时半晚餐毕，随王老太太们往喜神庙及回香亭。回香亭的正殿为东岳大帝，配殿为速报、现报两司。侧有科神殿，鲁班，仓神，火神，库神，财神殿。周先生请那庙司用黄纸盖了一个东岳大帝印，送回香资二角。那庙司瞧了，就很不高兴的说："不用，不用，随便，随便。"后来魏先生也想请他用黄布盖一个。他就老实不客气地说："刚才费了我半天的工夫，只给我香资二角，连买印色及黄纸都不够。"魏先生问："要多少？"他答："最少一元。"魏先生见他要得这样利害，就撒手作罢。

回至客室里，听见白先生说："离此二十里的滴水岩，风景很好，不知你们去逛否？"魏先生说："应开一临时会议，讨论明天进行的程序。"那么临时主席自然是白先生。结果赞成先去滴水岩，次至三家店村和天台山的人数过半。顾先生又提议："去的人签名，免得临时纷乱。"除朱佩弦决定明早回校外，其余的均次第签上。

在黄昏的时候，凭栏远望，一湾新月掩映着翠色的山坡，那儿是天，那儿是山，已分不清楚了。惟有那三路的灯火，如波涛起伏，若明若隐的出没于其间；幽深哟！仿佛我的心灵也一般幽深。不知站了多少时候，忽然给那凛冽的山风，一阵阵吹来，浸入肌肤，乃入室就寝。

五月十八日（旧历四月初十日）

六时起，七时半早餐毕；也照例去买了两朵纸花，一朵写着“回香大吉”的。周先生叫我带上，和我摄了一幅照片，即乘舆下山。高峰峻峭，如悬崖壁立。在倒抬的肩舆中，仰望山峦起伏，连绵不断，巍峨耸立，高与天齐的妙峰，时现目前。

八点余钟至梅花山锤古洞。由舆夫持火引路，阴森漆黑，凛冽寒风。洞中有龙床九具（实在是石钟乳），高约六七尺，深约六七寸，四面石栏环绕。石壁光滑晶莹，温润可爱。再入则幽深窄小，仅容三数人，空气逼促，火尽冒烟。我给它薰得掉了几点无情的泪。魏先生借着火光摄了一幅照片。

回至天泉寺侧的凉亭时，白徐二先生才缓缓骑驴而来。歇息一会，即同上滴水岩。石岩里有一观音庙。门口的扁刻着“普照人来”，门外的石碑勒着“功德缘满”。门前冷落，香火不盛。水由庙前光滑滑地，没有缝儿，没有洞儿，高约数十尺的石岩中间，点点滴滴掉下，如檐溜之水，淅沥有声。

九时半复下山，一路树与人齐，仰望之，无峰不奇，无山不险。我因肩舆颠顿得难受，故随着顾先生们慢慢儿走，慢慢儿看，真的乐极忘疲呵。

十一时至南庄。遥见望儿山耸立，与颓朽的南海大士庙遥遥相对。

十八盘的岭上有一砖门，刻着“孟尝岭云聚寺”。过去就是西北涧茶棚，贴着“西北提灯会”。恰巧今天封销了，故未进去。

十二时至浑河。我们过浮桥时，白葛二先生已拴着驴子，赤足，坐在河边歇息了。我们下了肩舆，也来坐在浮桥上。那不阴不晴的蔚蓝色的天，映着银样的波涛；我的烦襟都被微风吹送到水色泉声里，我满足在山水无边变幻中。

午饭吃过了。他们又催着赶路了。此时我坐上肩舆更觉难过，沿路仿仿佛佛，迷迷糊糊的幻想昨儿的山，今儿的水，其余一切都无心玩赏了。

三点余钟至宛平县属的三家店村，入一茶馆歇息。白先生拟每乘肩舆加五角（共四元五角）给舆夫直抬至天台山。舆夫不肯，要加一元。后来雇了三个骡子（一个负行李），每个洋四角。九辆洋车，每辆六角。由三家店村至天台山约二十余里，洋车只能拉到山麓，由山麓至顶还有好几里。其实比起来，肩舆要一元也不算贵。

三家店村店户虽然不少，究竟是交通不便的地方，所以骡子也找不出几多，而且都瘠瘦不堪骑的；洋车那时只有九辆，故周先生出来慢些，便要走了好些路才能雇得一辆坐上。距天台山麓数里，路虽平坦，小石颇多，洋车也拉不动了。下车之后，我们本来不认得路的，凑巧碰着一位老人家和一位少妇，他们也是到天台山附近村落。白先生就请他们引路，和背负些零碎的东西，我们慢慢儿跟着他们走。那老人家抵家时，便遥指着天台山的寺，告诉我们沿着那条山路上。至古刹慈善寺时已六点余钟了。

那寺宽阔宏敞，殿宇簇新，修饰得几净窗明；院子遍植时花果木，点缀得幽雅异常。佛殿五间：

一、魔王殿，正殿供着魔王，配殿为王奶奶，及魔王弟子牌位，傍置魔王升仙塔，及其修道时拜佛的方石，所留的手足印。

二、大悲宝殿，正殿供着白衣大士，右关帝，后面地藏王四位，右傍观音弟子六位及韦陀；左傍地藏王弟子六位及托塔天王。

三、达摩殿。

四、三大殿。

五、多宝财神殿(现作客室)。

寺外小殿:

1. 真武,马王殿。

2. 火神殿。

3. 娘娘殿。

4. 地藏王殿。

5. 弥勒佛殿。

6. 王奶奶殿。

7. 玄坛殿。(以上七间都毗连的)

8. 水莲洞。

9. 接引殿。

10. 卧佛殿。

客室大小八间,我们住的在魔王殿隔壁。四围皆筑短栏,凭栏远望,虽不及妙峰山之幽深险峻,而风景亦大有可观。八时晚餐,九时半睡觉。

五月十九日(旧历四月十一日)

五时半起,七时早餐,我因喝了一碗牛奶,再食不下了。七时一刻预备下山,因顾先生钞香会招贴的工作未完,我见罗先生拿着照相机,遂请他和我摄一幅以留纪念。七时三刻下山,因见洋车夫负行李下山时是往南走的,所以我们也跟着那条路曲折下山。不意走了半点多钟,还不见他们的影迹。那时顾先生恐怕走错了路,有点儿着慌了。我说:“记得昨天走了一点多钟始到,今儿才走了三刻,还差半个钟头的路程。”他们半信半疑。至山麓的村落,问小孩方知不错。再往西行二三里,则见他们和洋车一块儿在那里等着。上车之后,分为二队,六人进城,六人至海淀。顾先生本来是进城的,因应我的请求,也陪到海淀。二时半抵家。

(《民俗周刊》1929 年第 69 – 70 期合刊)

致罗香林先生书(四通)

(一)

香林先生赐鉴:

接三月十六日大札,备悉一切。

前承惠大著《客家研究导论》一册已收。惟媛以寒假期间曾往首都旅三星期,返平后又以猬务纷纭,未克修书致谢,至以为歉。日来拜读一过,觉此书为客家研究著作中最精审者,至深敬佩。

《日本期刊三十八种中东方学论文篇目附引得》系本校引得编纂处出版,已请该处直接挂号寄上。

顾颉刚先生现仍在燕校任教,并未闻有任他往之意。所云就上海暨大史系主任职前,曾在上海报上阅见,未知是何人所制造之空气耳。

专复并颂

著安

容媛谨上

三、廿八

(1933 年 3 月 28 日)

（二）

香林先生左右：

承赐令先翁《罗幼珊先生挽言录》一册又《民俗》一二两期均已收到。谢谢。

日机已于前昨两日到平侦察，谅弹炮将不日临头。亡国奴滋味亦不日可尝矣。

贵校风潮何如？暇希赐示一二。

专此即颂

著安

容媛上

廿二、五、十三

（1933年5月13日）

（三）

香林先生左右：

惠书及尊编《广州学报》与《书林》均先后收到。谢谢。

承询敝处有无关于广东先贤遗著出版。查敝处迄今仍无此类书籍刊行。以后如有，定当随时奉告。

兹另邮奉上敝处出版书目一份，如贵馆需要，可按优待办法。

又三家兄元胎现寓北平东城景山东大街八号。并此奉闻。

专复并颂

大安

容媛谨上

三月卅日

（1936年3月30日）

（四）

香林先生座右：

叠接赐书，备悉一切。

关于大作铜鼓考事，家兄已另函奉覆，恕不赘述。

颉刚先生约于两月前曾患伤寒，数日即愈。

平津谣言虽盛，惟敝校员生均持镇静，课余余暇并努力抗日工作，故较平时略为紧张。

贵校此次风潮何如？希赐示。

即颂

著安

容媛谨上

四、十四

（1936 年 4 月 14 日）

（《乙堂函牍》第三十三册，出版时间未详，裱贴本，香港大学冯平山图书馆藏）

中国妇女应上那儿跑

我理想中的新妇女，不是“离开家庭去找职业”，亦不是“丢掉职业回到家庭”就算了事的。我以为在这过渡时代，有志的青年，应该团结起来，群策群力，提倡创办儿童寄托所，创办协助家庭，创办养老院等。硬干，苦干，渡过这过渡的难关。如果自己一辈子干不完，亦应该布下些种子留给后辈继续努力，务求达到家庭枷不住主妇，儿女束缚不住母亲，各尽所长，自由发展。不以结婚生子而结束一生的事业，那么才算达到新妇女的最终的目的。

（《妇女旬刊》1935 年第 19 卷第 2 号）

附录二

容媛传略

贾梅仙

容媛先生字八爰，广东东莞人。1899年12月生于家乡莞城镇。从小学于家塾，并深受其舅父书法、篆刻家邓尔雅先生和其兄容庚、容肇祖两先生治学精神和学术道路的影响。她青年时代因痛感妇女地位之低下，积极投入妇女解放运动。1926年初在东莞城内创办妇女工读学校，由先生本人及其姊、妹和东莞中学女学生等义务任教。这年在广州市国民政府创办中央妇女部学校，何香凝任校长，邓颖超等任教员，容媛考入妇女部学校读书。1927年顾颉刚先生到东莞，容媛与之调查东莞城隍庙，绘有城隍庙诸神图并解释，又曾向中山大学《民俗周刊》投稿数篇。1928年，在中山大学旁听。1929年来京。1931年9月至1941年12月，任燕京大学哈佛燕京学社秘书和《燕京学报》学术界消息编辑。

1943年7月至1946年5月，因日寇据北京，随燕京大学南迁至四川，历任成都燕京大学国文系兼历史系助教及图书馆编目员，重庆中央文史杂志社总干事等职。1946年6月至1952年

9月,先后任哈佛燕京学社及《燕京学报》社秘书。1952年10月,院系调整后,任北京大学讲师,在历史系考古资料室工作。1958年退休,在家继续做研究工作。

先生于1934年首批参加考古学社,从此即将毕生精力贡献于金石考古事业。其主要成绩略述如下:

一、长期担任哈佛燕京学社的秘书工作

主撰和编辑了《燕京学报》第8至29期(1930—1941)的"国内学术界消息"专栏。这个专栏,虽名为"消息",实际上却是一面琳琅满目的学术橱窗,它全面地反映了我国历史、考古、文学等人文科学的各个方面,交流了学术信息,促进了学术研究,同时也为后人提供和保存了很有价值的学术史料。

先生主撰和编辑的这个专栏,每期约1万至3万余字,分为"学术机关消息"和"出版界消息"两部分。"学术机关消息"一方面全面报道介绍了我国早期各种考古机构和团体的建立及活动情况,其中主要的有中央研究院历史语言研究所、北平研究院史学研究会考古组、故宫博物院、北京大学国学门研究所、西北科学考察团、中亚调查团、燕下都考古团、东特区文物研究所、胶东考古团、山东古迹研究会、山东省立图书馆、陕西考古学会,等等。另方面简明扼要地评介了各考古机构和团体在不同地区所取得的工作成绩和收获,如《西北科学考察团之工作及其重要发现》《周口店北京猿人头骨之发现》《殷墟发掘之重要记述》《山东益都苏埠屯发现周代铜器》《浑源出土古器》《河南汲县山彪镇新获古物》《新女直国书碑之发现》《陕西发现新石器时代遗址》《新疆发现西汉论语残简》《广东木塘冈汉冢》等等。另外还报道了某些文物古迹惨遭破坏和被盗卖海外的消息,如《云冈石窟之厄运》《古物流出海外》等。这些报道共计约130条,它对

我国刚刚开始的考古学科起了宣传和推动作用,极大地鼓舞了我国人民的民族自信心。今天,这些消息已成为我国考古学史的极其重要的资料。“出版界消息”及时向学术界通报了当时出版的各种文史、金石等方面的重要著作,如郭沫若的《青铜时代》、罗振玉的《三代吉金文存》、孙海波的《甲骨文编》、陈垣的《新刻元典章校补》、顾颉刚的《古史辨》、于省吾的《双剑誃吉金文选》、向达的《唐代长安与西域文明》、魏建功的《古音系研究》、汤用彤的《汉魏两晋南北朝佛教史》、丁福保的《古钱大字典》、翦伯赞的《中国史纲》第一卷、郑振铎的《西域画上集》等等。在每篇介绍文章中,除了简要指明各书的大概内容外,每每都有先生自己的见解融于其中。例如对国立北京大学研究院文史部编的《封泥存真》云:“清道光之初,封泥始稍稍出土,刘喜海《长安获古篇》收入三十种。吴式芬、陈介祺著《封泥考略》,始有专书。民国以后,罗振玉著《齐鲁封泥集存》,周明泰著《续封泥考略》,相继刊布,斯学益彰。惟各书除模拓及考证其文字外,不言形制,未免有憾。本书撰集该校所藏潍县郭氏旧藏之封泥百七十七枚,除模拓印文外,并影写其实状,俾读者由此以求玺印之用法,并考见简牍之形制。又此集有‘杜丞之印’四字封泥,足以纠正吴氏《封泥考略》疑‘杜丞’二字为‘杜陵之监丞’之误。‘句莫乡印’《封泥集存》作‘郇’。‘鄱乡之印’《集存》作‘昧’亦误。首冠马叔平(衡)先生存,对于封泥之用法发挥甚详。”虽仅200余字,但言简意明,评骘适度。有的书评,则是长篇大作,如评容庚著《商周彝器通考》一文,开篇回顾金石研究历史及其局限:“宋代商周故都,钟鼎彝器时有出土。著录之书如吕大临《考古图》《宣和博古图录》等,既图其形,复摹款识,此一派也。如王俅《啸堂集古录》、薛尚功《钟鼎彝器款识法帖》,专摹款识,或加考释,此又一派也。清乾嘉以来斯学大兴,属于图像者则有高宗敕编《西清古鉴》,钱坫《十六长乐堂古器款识考》等。属于文字者则有阮元《积古斋钟鼎彝器款识》、吴荣光《筠清馆金文》等。惟自来研究者,均阐发一端,而无融会贯通之作,学者欲肆力研究,苦无一扼要之书可读。”接着按该书章节做了摘要介绍,最后则总结其学术价值云:“全书三十万言,附图千余幅,插图三百余幅,详征博引,阐见洽闻,理众说之不齐,建斯学之标准,虽不敢谓得此书不烦他索,然得此一书,其于彝器之情伪,庶几可了然也乎。”全文 6300 余字,虽多系摘录,但剪裁得当,读后对商周彝器的起源、发现、类别、时代、铭文、花纹、铸法以至去锈、拓墨、仿造、辨伪、收藏都有简略了解,对食器、酒器、水器、杂器、乐器的种类、名称也可知其大概,真可谓见书评如窥全书,使读者得益匪浅。这些书刊评介共计 250 余条,它既交流了学术信息,活跃了学术空气,同时也反映了先生的学术功力。

另外,在该专栏中,先生还撰写了一些悼念我国学术界知名人士的传记文章,并整理了他们的著作目录,如:《地理学家张相文先生逝世》《悼刘复先生》《悼国学大师章太炎先生》《悼钱玄同先生》《悼中央研究院院长蔡元培先生》《悼罗振玉先生》等等。这些悼文表彰了先辈们的学术业绩,弘扬了国学,也鼓舞和鞭策了以后学者的进取精神。

总之,先生主撰和编辑的这个专栏是当时《燕京学报》的一大特色,其学术价值和贡献是不容忽视的。

二、编纂金石和考古学目录

先生一生编纂两部目录书,一是 20 世纪 30 年代出版的《金石书录目》,一是尚未出版的《1900—1949 年中国考古学文献目录》。

《金石书录目》先后共出两版,1930年中央研究院历史语言研究所初版时,著录书822部、方志中金石志190部、金石丛书12部。1936年商务印书馆再版时作出了增订,增收书目122部、方志中金石志107部。随着出土文物的增加和考释研究工作的进展,1955年又在《考古通讯》上发表了《金石书录目》,共著录书1215部、方志中金石志297部、金石丛书12部,是迄今著录金石书目最全的一部。在此书之前,专录金石之书者有4种:叶铭之《金石书目》、田士懿《金石名著汇目》、黄立猷《金石书目》和林钧《石庐金石书志》。前两种不分类属,后二者虽分类叙述,但立意不明,门类和主法混杂并列,撰人、卷数、地名等舛谬者也甚多。出书较后的《石庐金石书志》虽撰述较真,但在分类、版本的取舍、提要的编写、地点的考证上,亦有许多疏于检点之处。先生是书则是在前人工作之基础上,根据我国金石学从宋代发展到清末民国初年,各种资料更加丰富,同时又对各门类开展了专题研究或综合研究的情况下,重新进行了编纂,它优于前人者主要有四:其一、在内容的编排上,以器物研究为经,将各研究门类分为十类(一曰总类、二曰金类、三曰钱币、四曰玺印、五曰石类、六曰玉类、七曰甲骨、八曰陶类、九曰竹木类、十曰地志类);以研究方法、体例为纬,分列八目(目录、图像、文字、通考、题跋、字书、杂著、传记)。从不同的角度反映各门类的研究情况,条理分明,脉络清晰,摆脱了以往研究中纲目混杂、不举不张的状况。其二、反映了我国考古学早期发展的一些成果,如收录了《城子崖》《西阴村史前的遗址》《甘肃考古记》等考古报告,由于时代的局限性,这些考古学报告均被纳入金石学的范畴,而归入了地志类图像之属。到1955年《金石书录目补编》发表时,便专门增加了发掘调查类,将《斗鸡台沟东区墓葬》、《南京附近考古报告》、《中国考古学报》(第一至第八册)等考古学著作一一收入。这既反映了我国考古学与金石学的联系,同时也反映了我国考古学发展的客观情况。其三、收录方志中金石志297部,这是从北京图书馆所藏3000余种方志中精心摘录出来的,这样的辑录工作是前所未有的。其四、该书目对每本著作的作者、版本、出版时间、卷数等都详加考证,确而可信。书后附朝代人名通检和书名通检,便于查阅,使用方便。

此书目出版不久,就受到极大的赞誉,称其"分类谨严,搜罗完备,末附索引,尤便检查。金石书目录,当以此为最详赡矣"。著名古文学家唐兰先生指出:"书目之学,号称难治。容媛先生此编搜采甚勤,剪裁亦颇得当,为金石书目中不可多得之佳作。"实际上,《金石书录目》,可说是一部早期的中国考古学书目,它几乎囊括了美术考古以外的所有领域,在我们今天的考古学研究中仍为重要的参考书目。

《1900—1949年中国考古学文献目录》的报刊资料部分是1952年容媛先生来到北京大学历史系考古资料室以后开始搜集整理的,1958年退休后仍在家继续从事这项工作,"文化大革命"前基本完成全部卡片。其中共收录清末至中华人民共和国成立前后所公开发表的报纸、杂志、文集300余种,论文5700余篇。其体例与前书基本相同,但又增加了美术考古(包括古代建筑、绘画、壁画、书法、雕塑等)、古文物(包括石器、陶瓷与窑址、玉类、漆器、度量衡类、竹木简、文具、玺印、封泥等)、各地简讯、博物馆、少数民族(包括语言文字民族史志)等分类和发现、论述、书评、序跋等分目。由于十年动乱,未能出版。近来考古系资料室对此目录又重新进行了加工整理和补充,已经定稿,准备付梓。如果该书能出版面世,则又为我国考古学界提供一部重要的参考文献。

三、从事专题研究

先生在将大量精力用于报道学术消息、评介书刊和整理目录的同时,还从事某些深入的金石学专题研究,其代表作可推《汉故谷城长荡阴令张迁表颂集释》和《汉郎中郑固碑集释》。这两篇集释体例相近,均从碑文、碑之形状及所在、碑之出土时代、人地之考证、文字之考证、文辞之批评、字体之批评等方面,将诸家异说一一集出,或在字里行间夹叙己说,或在最后发表自己的研究意见。整篇文章详征博引、资料齐全,既可认为是研究该二碑的资料汇编,也可以认为是深刻的研究论著。在《张迁表颂集释》中,关于碑之出土时代,列举了宋时说、元时说、明时说的各家之言以后,先生论道:“此碑始著录于明都穆《金薤琳琅》。都氏谓:‘余官京师时,尝于景太史伯时处见旧拓本,不及录。……’都氏为明弘治十二年己未(1499年)进士,授工部主事,历礼部郎中,加太仆少卿。则其见此碑时不能早于弘治十二年。洪武元年(1368年)至弘治十二年(1499年)为百三十一年,如宋或元拓,都氏必详为记载,泛称旧拓,则百或数十年间拓本亦可。马邦玉谓为‘前明之初’出土,似属可信。”关于文字之考证,先生不仅识出许多古字、假借字,考证出谷城为今山东省东阿县治,荡阴故城是今河南省汤阴县西南,陈留故城在河南省宁陵县西南20公里等。尤其是“爰既且于君”句中“爰既且”三字的考证,先生更有独到之处。该三字诸家异见分歧,各执一说,孙桢谓“‘爰既且于君’当是既祖”;顾炎武谓“则‘暨’之误”;翁方纲谓“自当阙疑”;阮元谓“既,终也,且,始也,且既与祖字同字同音,则其谊亦同”等等。先生则曰:“顾炎武云‘暨字离为既且’确属不刊之论。张表碑立于建宁元年(168年),有‘爰暨后稷’。魏元丕碑刊于光和间(181—183年)……有‘爰暨于君’。可为东汉人用‘爰暨’之明证。”以碑证碑使诸家异说迎刃而解。进而,又以此为证,说明暨字离为既且:“则恐系书吏或镌石者所为,未可据以疑为摹刻也。”从而否定了顾炎武因一字离为二字就认为是“好事者得古本而摹之石”的论断及其他附和说。在《郑固碑集释》中，因郑固既非显宦，又无殊能，故史传无稽。而先生则根据后汉应劭《风俗通义》关于郑伯坚的点滴记载得出“所谓伯坚即固也。以此知固系汝南郡人，可补碑文之阙”。关于弱冠仕郡更诸曹掾史文字的考证，先生曰：“郡下一字诸家皆作‘吏’，惟艺苑真赏社影印《古鉴阁藏宋拓本》显然是更。……更者，经历也。‘更诸曹掾史’于文义也无轩轾。及后检阅《金石聚》双钩本的是更字。并谓：‘更诸曹，犹云历诸曹耳。’可谓不谋而合。”又关于“君大男孟子有杨乌之才”句，先生据艺苑真赏社本以男上有“是君大”三字，子下杨上之“有”字可补其他释碑者之阙。如此例证，俯拾皆是。在考证研究之后，先生又详列著录表于篇末，分目录、图像、文字、题跋、字书、义例、文集七项，将从不同角度研究此碑的所有文字材料集中在一起，为他人研究提供了极大方便。

先生为人耿直、朴实，治学勤奋、严谨，一生中长时间从事秘书和资料编整工作，踏踏实实，勤勤恳恳，虽无重大、惊人的贡献，却甘为他人铺路，为科学事业的发展进步添砖加瓦。其成绩不可谓不大。其精神可嘉可敬，值得我们学习。

附：容先生主要著作目录

1.《金石书录目》，国立中央研究院历史语言研究所单刊乙种之二》，中央研究院历史语言研究所 1930 年 6 月初版，商务印书馆印；1936 年再版。

2.《金石书录目补编》，《考古通讯》1955 年第 3 期。

3.《经籍要目答问》，《史学年报》第 2 卷第 5 期，1938 年。

4.《燕京大学图书馆所藏石刻草目》，《燕京大学图书馆报》第 122—134 期，1939 年 1—8 月。

5.《国内学术界消息》,《燕京学报》第8—29期,1930年12月—1941年6月。

6.《汉故谷城长荡阴令张迁表颂集释》,《燕京学报》第31期,1946年12月。

7.《汉郎中郑固碑集释》,《燕京学报》第36期,1938年6月。

(《东莞文史》第三十一期,东莞市政协文史资料委员会编,2001年)

秦汉石刻题跋辑录序

高明

《秦汉石刻题跋辑录》即将由上海古籍出版社出版，该书辑录的题跋，是容媛先生早在上个世纪三四十年代，任职于燕京大学哈佛燕京学社时搜集并请人抄录的，至今相隔已七十余年。容媛先生出自东莞书宦世家，是我国著名古文字学家、考古学家，燕京大学、中山大学教授容庚先生胞妹。一九二九年春，容庚先生在燕大任教时，容媛侍母北上，从此就职于哈佛燕京学社，在其兄长容庚指导下，编辑金石书目。她借此机会大量接触金石书籍，经长期积累，而奠定了金石目录学的深厚功底。一九五二年全国院系调整，燕大并入北大，容媛随即在北京大学历史系考古专业资料室继续从事资料工作，直至一九五八年退休。

容媛先生师从兄长，得其治学之道，默默耕耘，先后编撰《金石书录目》《金石书录目补编》《中国考古学文献目录》等书，贻惠学林。她为人真诚，耿直，酷爱治学，终身未婚，晚年同其未嫁的胞姐长期相依。一九九六年一月辞世，享年九十七岁高龄。

此书得以出版，应感谢北京大学图书馆金石组胡海帆先生。

由于原稿陈积半个世纪，曾经多次迁动，内容非常散乱，不仅没有编次，各碑题跋抄页也互相掺杂，有些则同废纸混在一起，俨然成一堆乱纸团。胡海帆非常珍惜这些资料，以最大的耐心将其进行有绪的整理。首先将散乱的原稿逐一归类，分别编次，撰写原石标题、年代、地点、书体行款，按照石刻条目和年代顺序，及其题跋之先后编制全书目录和索引，使其成为一部荟萃前人秦汉石刻题跋，尽显自宋至清多位先贤研究成果之重要参考书。

容媛与胡海帆是两位隔代的专门研究石刻的学者，彼此虽不相识，而胡氏对容先生非常敬佩，曾撰《容媛对金石学的贡献》颂赞专文？《秦汉石刻题跋辑录》资料是容媛搜集的，何以由胡海帆整理成书，其中有一鲜为人知的故事，我想利用该书出版的机会，作一简单介绍。

一九五八年容媛自北大历史系考古专业退休后，则由城府街蒋家胡同迁到清华园六号楼，仍同胞姐一起居住。当时我住清华园七号楼，彼此相邻。容媛姐妹皆已高龄，虽有侄儿在京，但相距甚远，有时遇到力不能及的事，叫我过去帮助。记得容媛胞姐病重卧床不起，把我叫去商量，我及时报告历史系党总支，总支派张万仓同志同我一起从床上将病人抱上车送往医院。自其胞姐去世之后，容先生更加孤单，请了一位保姆照料她的生活。有一次我去她家，她讲：日常开支较大，经济有些困难，想把自己所用的书卖掉。我问：想卖多少钱？她说：两千。说实话，容先生自藏的书并不多，曾有一部百衲本《二十四史》早已处理，剩下的仅是一些金石方面的著作，在当时我们这些北大中年教员的工资，每月只有七八十元，两千人民币的价格并不低。宿白先生与系领导商量，把这批书归于考古资料室，实际付了三千元。此事即由资料室贾梅仙同志负责办理。我因公出差未能参与付款和运书。我从外地回来见到容先生，她很高兴，托我替她谢谢各位领导，书款超出了她的希望。事隔约半年，她派保姆来叫我，她说，当年抄录的石刻资料不见了，可能同书一起运走，让我帮她找回来。我问了当时负责运书的贾梅仙，她说：曾请了一些同学帮忙，秩序有些乱，运来的除书之外还有些旧杂志、旧报纸、杂七杂八东西，我们除把书编目上架，其它没用的东西当时就处理了，没发现什么资料。我把她的原话转告了容先生，她很生气，我只好答应再继续找。

后来，中华书局编辑刘宗汉先生找我，中华想重印过去容庚编撰的《商周彝器通考》，询问原来的玻璃底版保存如何，是否还能用。因此约定他来文史楼考古资料室隔壁小仓库检验底版。结果很失望，多数已坏，不能复印。可是就在盛放玻璃底版木箱上堆放的纸箱内，发现有用毛笔抄写的文稿，有的稿纸还印有容媛名字。箱中东西虽然很乱，可以断定这就是容媛在世时要找的资料。此时贾梅仙患病休养，资料室只有小张同志一人，我问她这些资料从何而来。她说：在这堆放很久了，来源不清楚，都是该处理的。我告诉她这是容媛集的资料。其实它同玻璃底版一起，原来就存放在资料室，并不在容先生家。当时研究石刻的孙贯文、容媛两位老专家均已去世，考古系无人再搞，如果继续堆在这里，将来可能被当作废品处理。因此我把它拿了出来，向北大图书馆金石组胡海帆先生咨询，请他谈谈对这些资料的处理意见。胡先生看后讲：如果放在金石组，还是有用，不过太散乱，整理颇费时间，目前我们正为石刻编目，工作较忙，只能先放一放。于是我把资料交给了他，胡氏给我写了一张收据。搁置了一段时间之后，胡先生非常敬业，他断断续续用了两年业余时间，将三百五十余种秦汉石刻诸家题跋汇编成完整的书稿，令人佩服。

此书的编成，先由容媛搜集资料，后由胡海帆编辑整理，乃为二人合作。稿酬也应归他们二人所得,各取一半。容媛后人难寻,她得的稿酬,则以容媛的名义全部捐助四川灾区,待该书出版后,原稿本归北京大学图书馆金石组收藏。我想容媛先生在天之灵,如能知道她当年搜集的资料已编辑成书,不久即将问世,一定欣然高兴。凭容先生慈爱之心,将她的稿酬捐给灾区,也会怡然满意。

此书出版,实属难得,据我所知,以实具陈。

二零零八年八月高明序并书

(《秦汉石刻题跋辑录》,上海古籍出版社 2009 年版)

容媛对金石学的贡献

胡海帆

广东东莞容氏一家,廿世纪出了三位有成就的学者:容庚(1894—1983)、容肇祖(1897—1994)、容媛(1899—1996)。兄妹三人,术有专攻,容庚为著名古文字学家、考古学家;容肇祖在哲学、思想史方面堪称巨擘;容媛名气不及兄长,但在金石考古、文献目录方面却很有建树,金石目录之学最为擅长。

容媛,字八爰,1899年12月出生在广东东莞。在容氏兄弟姐妹中,行八。容家是东莞书宦世家,祖容鹤龄是清同治二年进士,掌教东莞龙溪书院。父容作恭是清光绪五年拔贡。从叔容祖椿则工于绘画。容媛外家邓家亦为书香门第。外祖父邓蓉镜是同治十年进士,入翰林院,晚年任广雅书院院长。四舅邓尔雅是广东著名的书法篆刻家。

容氏兄妹自小就读于家塾,有扎实的家学功底。同时深受四舅邓尔雅重视治学基本功的影响。然而,对容媛日后治学影响最大的还是其兄长容庚和燕京大学的学术氛围。

1929年春,年已30的容媛,侍母北上,来京后,任燕京大学哈佛燕京学社秘书，此时的容庚已是著名学者，任燕京大学教授，兼《燕京学报》主编。容媛师从兄长，得其治学门道。“质疑问难，承诲綦多。”在容庚影响下，容媛在金石考古方面着力甚多。1934 年，加入容庚倡办的燕大考古学社，成为第一期社员。她笔耕不辍，在《燕京学报》上撰写了大量的文史类报道。在容庚的指导下，编辑金石书目，借此机会大量接触熟悉金石书籍，同时为燕大图书馆编制石刻拓片目录，如此，长期积累和实践，逐步奠定了容媛金石目录之学的深厚功底。

容媛是一位值得人尊敬的老人，从燕大到北大，一生从事资料工作，脚踏实地，默默地为学术界搜集、整理和积累大量的基础资料，贻惠学林，有目共睹。其目录成果对学术事业的发展起到了重要的推动作用，对金石学的贡献尤多。她勤奋好学，从一位只有中学文化的文字秘书，自学成才，最后成为一位令人敬重的学者，一位在金石考古、文献目录方面极有造诣和成就的专家。她的职别虽为资料员，但以其成就和学识，称之为金石目录学家并不为过。

容媛为人真诚、耿直，终身未嫁，晚年与同样未婚的姐姐长期相依，并得到侄子的照料，1996 年 1 月，以 97 岁高龄去世。

容媛对金石学的贡献主要体现在三个方面：在《燕京学报》上撰述大量的学术报道、书评和文章；编制《燕京大学图书馆所藏石刻草目》；编辑《金石书录目》《金石书录目补编》。

一

容媛最早涉足学术领域，是为《燕京学报》撰写“国内学术界消息”。从撰写消息开始，而后书评，直至撰写研究文章，可以说《燕京学报》见证了容媛从一般文字秘书逐渐成为学者专家的经历。

《燕京学报》是燕京大学出版的学术刊物,半年刊,分别于6月、12月各出版一期。1927年创刊,1941年至1946年因日军侵华而停刊数年,1946年复刊,1951年停刊,其间共出版发行了40期。

1929年容媛来京后,担任哈佛燕京学社秘书,负责《燕京学报》"国内学术界消息"栏目的编辑工作。从第8期(1930年12月)开始,至第29期(1941年6月),每期都有容媛撰写的最新国内学术界消息。从第31期(1946年12月)开始,至第40期(1951年6月),每期都有容媛撰写的书评。抗战前后17年,期期不落。除了开始2期与余逊合编,其余均独立撰写。经统计,《燕京学报》40期,32期有容媛撰文(第30期未署名不计),共载国内学术界消息、书评419条,其中与金石有关者143条。

"国内学术界消息"内容大致分为学术机关消息(实为各种学术消息)、出版界消息(实为书评)两类。其中有关金石文物考古内容所占比例很大。

学术消息既有我国各地考古文博机构建立和活动情况,也有文物出土、文物流失的报告,还有记述悼念学术界知名人士文章。这些消息在当时是重要的学术信息,在今天则成为有价值的史料。学术消息并非简短小文,不少报道非常详尽,还有加入考释的内容。如很多考古消息,似今日考古发掘报告,发掘过程、结果,研究方法,结论,颇为详尽周全。又如碑志出土消息,有碑石形状特征,出土所在,有释文,有考订。在消息中,容媛特别注意介绍燕京大学学术研究情况,引得编纂情况,便于读者了解燕大。

学术消息情况可以一例窥之。《顺德李氏所藏碑刻书籍寄存及让于燕京大学图书馆》(见第26期)一文,将顺德李文田所藏宋拓汉华山庙碑(顺德本)、明拓石门颂等20余种碑刻详加介绍,还有版本流传,金石书著录情况,并录下李文田等人的部分跋文、钤印。文章达 14 页,约 7 千字。校录的碑刻有:汉华山庙碑;覆刻华山庙碑;汉石门颂;汉乙瑛碑(又第二本);汉礼器碑;汉孔庙碑;汉史晨碑;汉西狭颂;汉郙阁颂;汉鲁峻碑;汉杨淮表纪;汉尹宙碑(又第二、第三本);汉曹全碑;汉张迁碑;魏修孔子庙碑;苻秦广武将军碑;北魏石门铭;北魏郑羲碑;隋诸葛子恒造像碑;唐牛秀碑;唐端州石室记。

这批善拓中,有些非常珍贵,如"汉西岳华山庙碑(顺德本)"为传世四本华山庙碑中传拓年代最早者,瞩目于世。这些碑拓虽然最终未归燕大,但后人通过是文,对其基本情况、特征、流传过程,都有了明确的了解,是一篇很有资料价值的文章。

容媛撰写出版消息、书评非常认真,不仅大处把握,面面俱到,小的细节也加以点评,详述书的内容、章节、图片、相关背景资料,品评优劣,指出错误,商榷不足,评述中肯到位,还常常横竖比较,显现出她的学识水平。比如,以冼玉清著《广东丛帖续录》(见第 39 期)书评为例,在介绍评述该书后,又指出其不足:"惟丛帖一览和叙录中似宜添上版本,使读者更便检阅。如《海山仙馆尺素遗芬》,有民国十二年癸亥上海会文堂书局本,称《海山仙馆法帖》,卷三赵光致德畬二兄书内云:'……软红硌硌,无足告慰。……'因上下页关系而致重复一行。苟原本无误(因手头无原本),岂非画蛇添足乎。此版本之可贵也。又本书校对极疏忽,鲁鱼亥豕,满纸连篇,其已正误者不计,兹举例如下:1. 衍文,'宋之不足征也',衍之字。(杜序页一)2. 落字,'听帆楼所刻二居士帖',落一帆字。(页八三)"

容媛在《燕京学报》还撰写过两篇研究考释文章,《汉故谷城长荡阴令张迁表颂集释》(见第 31 期)和《汉郎中郑固碑集释》(见第 36 期),考证极详尽,除了碑之形态、释文、背景和现况介绍,还有碑主先世考证、书人立碑人考证、碑阴题名考证、人地之考证、文字之考证、文辞之批评、字体之批评、摹刻本、著录表等等。文章题材集中在汉碑,不仅印证了容媛自己说的“对于汉代石刻特感兴趣”,而且说明以她在金石领域的渊博学识写这类文字已然是驾轻就熟。

二

燕京大学是民国年间著名学府,燕大图书馆也是当时著名的大学图书馆之一。文献收藏丰富,藏书中西并重,中文古籍收藏量多达 40 余万册。金石拓片属燕大图书馆古文献特藏,收藏量约 7 千种。这些收藏中除了少量约数百种裱本作为书籍编入古籍、善本,绝大部分的单幅拓片,都是由容媛利用业余时间编目的,从 1931 年开始编制至 1938 年,前后达七年之久。1939 年 1 月燕大图书馆将已编完的拓片目录连续刊载于《燕京大学图书馆刊》上。

在《燕京大学图书馆所藏石刻草目》序中,燕大图书馆主任田洪都跋云:“本馆所藏石刻拓片……前后所积,不下六千种,在馆藏图书中,已骎骎乎成一部居焉。本馆未暇整理编目,检阅者颇感不便。乃得哈佛燕京学社秘书容媛女士,于公余之暇,代编馆藏石刻目录,考订叙次,务求精详,猝时未能蒇事。兹将其已经编就者。付图书馆报,逐期刊载……”

容媛在序中谈道:“民国二十年夏,以洪煨莲、顾颉刚两教授及家兄希白等乘暑假之便往大名、洛阳、曲阜等地访古,为燕京大学图书馆购得石刻拓片千余种。是年冬馆中购得徐氏瀛从所藏拓片数百种,以后陆续购藏,约得五六千种。余于工余之暇,整理编目,于今七年。刻之真伪,拓之先后,每苦于不易辨别。亦有一汉代残石拓片,摩挲竟日,犹不能确知其为何种石刻者。

问就家兄希白,质疑问难,承诲綦多。由是对于汉代石刻特感兴趣,并成三国以前石刻著录表,采用之书得二百二十种。……”

自122期至134期(1939年1月至8月)《燕京大学图书馆刊》上连续十三期刊载《燕京大学图书馆所藏石刻草目》,条目包括:

碑类(附晋前各种石刻及残石)626号:其中秦4,汉247,魏27,蜀6,吴3,晋32,前秦5,南朝宋1,梁1,北魏26,东魏21,北齐16,北周7,隋25,唐86,后晋1,北宋27,南宋2,金6,元21,明18,清41,民国3号。

墓志2285个号:其中晋14,后秦1,南朝宋2,齐1,北魏144,东魏36,北齐21,陈1,北周6,隋68,唐1821,后梁4,后唐8,后晋4,后周7,北宋99,元5,明32,清41,民国7号。

造像(未完停刊)29个号:均为北魏。

总数量达2940个号。此后,目录刊载因太平洋战争爆发,燕京大学停办而不得不中止。容媛余下的编目也无法善终。否则全部编出刊印,对学术界的贡献不言自明。

1952年燕大拓片全部归入北大图书馆。因工作关系,笔者对燕大拓片较为热悉,笔者以为,容媛的编目虽未能结束,但已有成就是巨大的,它表现在:

第一,有科学严谨的编目体例。著录类目设置齐全,“考订叙次,务求精详”。著录内容包括:号码、名称、撰人、书人、时代、公历、所在、种类、质材、书体、字数、购入年月、编目年月、价值、附记,共15项。的确做到了“考订叙次,务求精详”。

第二,编目工作可谓细致认真,一丝不苟。目录卡片、拓片口袋上均印有前述内容之表格,毛笔小楷字工整填写。这样的目录,无论按当时还是现在都可称是一流水平的目录。

第三,创制了分类编号法。其形式为“类号/同类拓片顺序号”。这种编号既便于按类查找，也可反映同类石刻数量，颇具创意。容媛在草目凡例中云：“就馆中所藏石刻拓片，暂拟分为十类……以类相求，检寻较易。”事实表明拓片分类号后来又有扩展，不只十类。现将已知分类编号开列如下：

碑 1/980，墓志 2/2545，遗像 3/1400，图像 4/156，榜书 5/□□，经 6/96，经幢 7/11，塔铭 8/99，敕牒 9/189，格言 10/40，对联 11/114，条屏、条幅 12/12，论赞 13/9，诗词 14/113，箴言 15/8，佛名 16/3，题名残石 17/19，记表传序 18/50，其它 19/36，帖 20/48，砖 21/12。

所见最大顺序号相加，数量为5647，可知容媛的编目工作已大部分完成（是否有 1946 年以后编目的，尚不清楚）。

第四，容媛以工余时间，以一己之力，7 年时间编目数千种拓片，实属不易。没有相当水平的专业学识自然是不能胜任，同时，没有孜孜以求的敬业精神也会难耐寂寞。

三

容媛对学术界贡献中，影响最大的莫过于编写《金石书录目》《金石书录目补编》二书。《金石书录目》缘起于容庚兄弟，在编订体例、校对方面容庚也有参加，可以说这部书融进了容家三兄妹的心血。但是大量具体编辑工作直至最终完成以及增订续编，都是由容媛来完成的。

容庚在《金石书录目》序中言及起因经过：“民国十一年夏，余与三弟肇祖偕来北平，读书于北京大学研究所国学门，拟编次金石书籍，仿《经义考》《小学考》之例，为金石书录，分目录、图像、文字、题跋、字书、传记、义例、杂著八类。三弟于此，用力甚勤。十五年夏，三弟南归，余乃独任之。……余教读于燕京大学，薪金所得，半以购书，所见所藏金石书籍约千种。摘录序跋，凡例,及各家评语,得百余万言。意欲每书为作提要,略述其体例版本得失。修饰润色,尚有所待。今春八妹媛侍母北来,遂委以清理之责,先将目录刊布,以待增益。……”

此目起于容庚,终于容媛,前后编纂八年。一九三〇年《金石书录目》由中央研究院历史语言研究所印行,列国立中央研究院历史语言研究所单刊乙种之二。

是目以容氏所见所藏为限。《金石书录目》分类目,以器物之种类区分,分为:一总类;二金类;三钱币类;四玺印类附封泥;五石类;六玉类;七甲骨类;八陶类;九竹木类;十地(方)志类。每类再细分为:目录、图像、文字、通考、义例、题跋、字书、杂著之属。后有著者人名、书名索引。每一条目,详录书名卷次、撰者、刊刻出版时间、该书的各种版本,有些还附有注释。兹选录其中一条,现其体例:

艺风堂金石文字目十八卷　江阴缪荃孙(筱珊)著

光绪三十二年刻本　拓本于民国十二年归于北京大学研究所国学门

是目收金石书822部,出版后即受到学术界的欢迎和重视。此后容媛继续多方搜求,不断增补,六年之后,1936年,在历史语言研究所所长傅斯年先生的要求下,容媛又增补金石书录155种,由商务印书馆出版“增补本”。当年即出版两次,6月初版,10月再版。增补本收金石书目977部。

容媛在再版《金石书录目》后记中,言及多年编撰增补的经过和个中的艰辛:“家兄希白旧有金石书录之辑,搜集数年,积稿盈箧。十八年春,余侍母邓太夫人来北平,家兄委以相助。凡所新得之金石书籍,嘱余一一录出其序跋;不足则于各图书馆求之。中央研究院历史语言研究所拟先印行《金石书录目》,命余任其事。北京图书馆藏方志最富,欲附录方志中金石志目,乃往假观。日借三五十种,多至千册,馆员难之,拒不与。后得徐森玉先生之助,许于书库中为设一桌一椅,取书较便,馆藏三千种,二月而毕。是秋母氏返粤而余留平。十九年二月,全目幸得写定,而母氏在粤病剧,遂随家兄南归省视,四月惨遭大故,及七月重到北平,此书已由研究院印成矣。嗣后每有所见辄补注于书眉。……朱墨狼藉,不可辨识。今夏所长傅孟真先生命以修正再版。牵于他事,或作或辍,以五月之久校录一过。昔之所收八百二十二部,至此增为九百七十七部。……中华民国二十四年十一月一日容媛跋于燕京大学燕勺园。"

1952 年,容媛调至北大历史系资料室工作。自 1936 年《金石书录目》重订后,已时隔十余年,此期间容媛一直关注、收集新发现的金石书目。1953 年在翦伯赞先生等人的支持下,《金石书录目补编》问世,但限于当时的环境,只发行了油印本。

关于《金石书录目补编》,容媛自跋云:"《金石书录目》印行于一九三零年,一九三五年再版(应为 1935 年底完稿,1936 年再版),著录之书,初版计八百二十二种,再版增为九百七十七种。十余年来新刊又有二百余种。在中国科学院考古研究所副所长梁思永先生、北京大学历史系主任翦伯赞先生的鼓励和督促下,就所见材料作补编一卷,得书二百三十五种。关于体裁方面大体依照原著而稍有增益,如近年考古发掘和调查报告渐多,因增入发掘调查之属,如《斗鸡台沟东区墓葬六朝陵墓调查报告》等书。……复做校正一卷,得书五十五种。……一九五三年除夕容媛跋于北京成府蒋家胡同六号。"

《补编》不仅将新问世、新发现的金石书籍收集甚全,且增加类目,以适应现代考古学的发展。遗憾的是《补编》只有油印本问世,刊行范围很小,以至使用者了解和利用该书都十分不易。好在 1955 年补编又登载在《考古通讯》第三期上,同时再增补若干，凡238种，方便了学术界的使用。

《金石书录目》《金石书录目补编》共收金石书目1215部，又校正55种，可谓古往今来金石书录之大成。与历史上其它“专录金石之书”如叶铭《金石书目》、田士懿《金石名著汇目》、黄立猷《金石书目》、林钧《石庐金石书志》比较，《金石书录目》“分类谨严，搜罗完备。末附索引，尤便检查。金石书目录，当以此为最详赡矣”。

《金石书录目》不仅体例完备，收录系统、全面，且以所见所藏为限，记载可靠，长期以来深受学术界的欢迎和重视，为学术研究中必备之工具书。民国年间不断再版，1992年台北“中研院”历史语言研究所又重新影印出版，反映了学术界对此书的需求，也从一个侧面反映出此目为治学者“提供路径、指点迷津”的重要作用。《金石书录目》《金石书录目补编》的编撰，是容媛对学术界的重大贡献，集中体现了容媛在金石目录学方面的深厚功力和学术水平。

附带指出，《金石书录目》及补编，均未收录帖学著作，容庚在序言中已道明原委：“余以为我国向以法书为美术之一……不如另编美术书目，书画属之。”“法帖之当入美术，已如前述。”窃以为刻帖虽系法书，但亦属金石范畴，一些名人名作之法书石刻，既是碑，也可归入单帖，自古碑石刻帖就同属石刻文字，所以，未收刻帖著述，现在看来应算是此目的一点不足。若容氏目收录法帖之属，不仅更加完备，而且在收录数量上，也会远远超出以往收录最多的《石庐金石书志》(收970种，含法帖)。

容媛的工作、治学经历大部分处在燕京大学时期，因此她的学术成就也主要诞生于那一期间。

1952年，全国院系调整，燕大并入北大，此后，容媛在北大历史系考古专业资料室继续从事资料工作，直至1958年退休。

这期间她主要致力于搜集整理考古学文献,编制考古学文献目录。甚至退休后数年中仍在家里继续岗位上未完的工作。后来北大考古系资料室编写《中国考古学文献目录》(1900—1949),所引用的大量基础资料即源于容媛此时的积累。容媛 50 岁以后的学术成就以及对北大考古专业的贡献,也主要体现于此。

晚年容媛还将收藏的书籍,有偿赠予北大考古系资料室,这些文献多为线装金石类书籍。这些她一生积累的书籍,与她的学术成就一起,细润无声,泽被后人。

致谢:承前辈宿白、高明、郭淑华先生相助,赐告容媛学术成就、晚年工作生活之经历,谨表衷心谢意。

参考文献:

《燕京学报》《燕京大学图书馆刊》《金石书录目》《金石书录目补编》《史学年报》《中国考古学文献目录》《广州市志》《南方日报》(吴真文《广东东莞容庚家族家学探秘》2002. 9. 16)

(《岭南书学研究论文集》,广东人民出版社 2004 年版)

后　记

《容媛金石学文集》属于《东莞历代著作丛书》之一种。

东莞莞城街道办事处历来重视地方优秀传统文化的挖掘、整理和保护工作。《东莞历代著作丛书》的策划和编纂正是这方面工作的成果之一。该丛书由莞城图书馆具体负责组织实施,其初衷在于“挽典籍之坠绪,发潜德之幽光”。自2010年起,该丛书以“随得随刊”的方式整理出版历代莞人著作,迄今已出版四辑共四十八册,其中包括《容庚学术著作全集》和《容肇祖全集》。

容庚先生、容肇祖先生及其妹容媛先生,是从莞城旨亭街走出来并在国内享有崇高学术地位的大家,被誉为“容门三杰”。容媛先生作为我国第一代考古、文博女性学者代表之一,为近代金石目录学的发展贡献良多。为进一步响应党和国家传承弘扬中华优秀传统文化的号召,发掘传统文化中具有深厚积淀的学术成果,抢救和保存乡贤文献,弘扬本土特色文化,我们在整理出版“二容”著作的基础上,继续搜集整理容媛先生的著作和文章,前后历时十载,今得以结集出版。

本书即将付印,感谢容媛先生的亲属容伊先生、容璞女士,以及广东人民出版社副总编辑倪腊松先生的鼎力支持和无私帮助。中国社会科学院历史研究所所长卜宪群先生为本书慷慨作序,在此谨表谢忱!

由于各种原因,本书附录部分文章尚未与作者取得联系,未经诸位先生的同意就收录了文章,在此表示歉意。诚望相关先生见书后,可随时与莞城图书馆联系。鉴于编纂水平所限,错漏之处,在所难免,敬请方家批评指正。

本书编委会

二〇二〇年十一月